한국어
러시아어
입문사전

КОРЕЙСКО-РУССКИЙ СЛОВАРЬ

도서출판 **문예림**

한국어
러시아어
입문사전
КОРЕЙСКО-
РУССКИЙ СЛОВАРЬ

저자 M.안또니나
B. 바실리
G. 굴쇼다
김 춘 식
김 경 환

도서출판 문예림

머 리 말

러시아는 원유와 가스 등 천연자원의 부국일 뿐만 아니라 세계 최초로 유인 우주선을 쏘아 올린 과학기술 강국이며, 푸쉬킨, 톨스토이 등 우리에게도 널리 알려진 세계적인 문인과 예술가를 배출한 문화강국입니다. 그리고 한국과 러시아는 1990년 수교 이래 정치경제, 사회문화 등 모든 분야에서 단절되었던 역사를 극복하고 폭넓은 실질협력관계를 계속 발전시켜 왔으며, 경제적 측면에서도 러시아는 우리 기업의 거대한 수출유망시장이자 에너지, 철도, 우주, 과학기술, 산업 등 모든 경제분야에 걸쳐 호혜적인 협력 대상국이며, 정부 차원에서의 협력뿐만 아니라 민간차원에서의 교류 또한 활발히 진행되고 있습니다. 최근에는 한 해 10만명 이상의 양국 국민이 상호 방문하고 있으며, 각종 문화행사를 통해 서로에 대한 이해의 폭을 넓혀가고 있습니다. 이렇게 한국과 러시아 사이에 협력과 발달이 증가할수록 러시아 사용권에서 한국어 연구에 관심이 더욱 증가하고 있으며. 동시에 한국에서도 러시아어 연구에 관심이 증가하는 것입니다. 이와 관련하여 여러 가지 유형의 번역 사전들이 필요로 하는 것입니다. 그리하여 러시아어 사용권에서 또는 한국어 사용권에서 많은 한-러, 러-한 사전들이 출판되어 이용되었습니다.

그러므로 오래 전부터 독자들의 요구에 의해서 초보자들을 위한 러-한 입문사전 출판 이후로 한국어-러시아어 입문사전을 편찬 작업에 임하여 출판하게 되었습니다.

본 한-러입문사전은 러시아어를 처음 배우는 학생은 물론이며 한국어를 처음 배우는 학생들과 번역자 및 통역자 뿐만 아니라, 일반인 까지 쉽게 읽을 수 있도록 편집하였으며, 번역과 통역의 참고서로 연구하는 사람들에게 큰 도움을 줄 수 있다고 기대합니다. 연구진 들이 본 사전에 러시아 생활에서 새로운 사회적, 과학적과 문화적 현상을 반영할 수 있는 단어와 용어들 포함하려고 했으며, 일반적으로 현대의 러시아어 넓게 사용하고 있는 생활 어휘는 물론, 본 사전은 사회·정치적 어휘, 또한 기술, 농업, 예술과 스포츠 분야에서 전문 용어들도 포함했으며, 러시아어를 한국어 발음으로 표기할 때 가능한 원어발음 그대로 표기하도록 노력하였으며, 러시아어를 그대로 표기하기 어려운 부분은 국립국어 연구원에서 규정한 러시아어 기호와 국제음성규정 원칙에 의하여 표기하도록 노력하였습니다.

그리고 사전의 원고 교정과 워드작업에 수고하신 김진우, 황준호, 올가루돌프손, 따찌아나초이 알리나초이 연구원들에게 감사드리며, 한러 입문사전을 쾌히 출판을 해주시는 도서출판 문예림의 서덕일 사장님 과 임직원 여러분들께 감사드립니다.

끝으로 입문 사전이 러시아어를 배우고 익히는 학도들과 러시아에 관계하고 계시거나 관심을 가지고 계신 모든 분들에게 도움이 되길 진심으로 바라며, 계속하여 좋은 사전이 출판 되도록 여러분들의 많은 관심과 아낌없는 성원을 부탁 드립니다.

2012. 12.
저자 어문학박사 **M**.안또니나. **B**바실리이바노비치 , 김 춘 식.김경환

РУССКИЙ АЛФАВИТ(러시아어 자모)

차례	활자체	명칭	발음	영어표기
1	А а	а 아	(a) 아	a
2	Б б	бэ 베	(b) ㅂ	b
3	В в	вэ 붸(웨)	(v) ㅂ	v
4	Г г	гэ 게	(g) ㄱ	g
5	Д д	дэ 데	(d) ㄷ	d
6	Е е	е(йэ)예	(e) 예	e
7	Ё ё	ё(йо)요	(jo) 요	yo
8	Ж ж	жэ 제(줴)	(3) ㅈ	zh
9	З з	зэ 제	(z) ㅈ	z
10	И и	и 이	(i) 이	i
11	Й й	и(краткое)이끄라트꼬예	(j) 이	j
12	К к	ка 까	(k) ㄲ	k
13	Л л	эль 엘	(l) ㄹ	l
14	М м	эм 엠	(m) ㅁ	m
15	Н н	эн 엔	(n) ㄴ	n
16	О о	о 오	(o) 오	o
17	П п	пэ 뻬	(p) ㅃ	p
18	Р р	эр 에르	(r) ㄹ	r
19	С с	эс 에스	(s) ㅆ	s
20	Т т	тэ 떼	(t) ㄸ	t
21	У у	у 우	(u) 우	u
22	Ф ф	эф 에프	(f) ㅍ	f
23	Х х	ха 하	(x) ㅎ	x
24	Ц ц	цэ 쩨	(ts) ㅉ	ts
25	Ч ч	че 체(쳬)	(tʃ′) 치	ch
26	Ш ш	ша 샤(솨)	(ʃ) 시	sh
27	Щ щ	ща 시챠(쏴)	(ʃtʃ′) 시치	shch
28	ъ	твёрдыйзнак	뜨뵤르디즈낙	-
29	ы	ы 의	(i) 의	y
30	ь	мягкийзнак	미야키즈낙	-
31	Э э	э 에	(e) 에	e
32	Ю ю	ю(йу)유	(ju) 유	ju
33	Я я	я(йа) 야	(ja) 야	ja

☞ 러시아어 알파벳과 발음

□ 러시아의 모음

러시아어의 모음을 표시하는 철자는 모두 10개가 있다. 그 중 경자음을 표시하는 철자 5개와 연자음을 표시하는 철자 5개가 있다.

⇒ 앞에 오는 자음이 경자음 임을 나타내는 경자음 표시 모음은 다음 같다

A a ㅏ 우리말의 '아'음과 비슷하다.
하지만 우리말 '아'음 보다 긴장정도가 더 강하다
мама(마마) 엄마. парк(빠르끄) 공원
Э э ㅔ 우리말의 '에' 음과 유사하다.
러시아어의 'э'음은 혀끝을 아랫니에 대고 혀의 중간부분을 경구개를 향해 들어 올리며, 혀를 옆니에 밀착시켜서 내는 소리
это(에또) 이것은, экспорт(엑스뽀르뜨) 수출
Ы ы ㅢ 우리말의 '의'음과 유사하다.
이 모음을 정확히 발음하기 위해서는 혀를 뒤로 끌어당기면서 입천장 쪽으로 높이 들어 올리고, 입을 옆으로 벌려 강하게 긴장시키면서 발음해야 한다. (단어의 중간 또는 끝에서 사용됨)
сын(씬) 아들, сыр(씌르) 치즈, вы(븨) 당신
O o ㅗ 우리말 '오'음과 유사하다.
이 모음을 정확하게 발음하려면, 혀끝을 아랫니 쪽으로 내리고, 혀 뒷부분을 연구개를 향해 들어 올린후에 입술을 아래로 내밀어 둥그렇게 해야 한다
осень(오신) 가을, дом(돔) 집, отпуск(옷뿌스까) 휴가
У у ㅜ 우리말 '우'음과 비슷하다.
우리말 '우'음에 비해 발음할 때 더 원순성이 강하며, 입을 벌릴 때 더 긴장해야 한다.
ум(움) 지혜, улица(울리짜) 거리, уксус(욱수스) 식초.

⇒ 앞에 오는 자음이 연자음 임을 나타내는 연자음 표시 모음은 다음 같다

Я я ㅑ 우리말의 '야' 음과 유사하다.
'и'음과 'а'음이 결합된 복모음으로 [и+а]로 발음한다.
няня(냐냐) 유모, яма(야마) 구멍, язык(야직) 언어
E e ㅖ 우리말의 '예' 음과 비슷하다.
'и'음과 'э' 음이 결합된 복모음으로 [и+э]로 발음한다.
если(예슬리) 만약에, день(젠) 낮, есть(예스찌) 있다
И и ㅣ 우리말의 '이'음과 비슷하다.
이 모음을 정확히 발음하기 위해서는 혀를 입천장 쪽으로 가깝게 끌어당겨야 한다.
книга(끄니가) 책, гость(고스찌) 손님, газета(가제따) 신문
Ё ё ㅛ 우리말의 '요'음과 비슷하다.
'и'음과 'о'음이 결합된 복모음으로 [и+о]로 발음한다.
ёлка(욜까) 크리스마스 트리, мёд(묜) 꿀, тётя(쪼쨔) 숙모
Ю ю ㅠ 우리말의 '유'음과 비슷하다.
'и'음과 'у'음이 결합된 복모음으로 [и+у]로 발음한다.
юг(유그) 남쪽, ключ(끌루치) 열쇠, юрист(유리스뜨) 법률가

● 러시아의 자음

러시아의 모음은 모두 21개이다.
유성음과 무성음 그리고 소리나는 위치에 따라 다음과 같이 분류할 수 있다.

⇒ **두입술소리: 두 입술로 공기의 흐름을 막았다가 열면서 내는 소리**

П п ㅃ,ㅍ 우리말의 된소리 'ㅃ'에 가까운 무성음이다. 경음으로 발음함.
     парк(빠르끄) 공원, потом(빠똠) 다음에, папа(빠빠) 아빠
Б б ㅂ 우리말의 된소리 'ㅂ'에 유사한 유성음이다.
     бабушка(바부쉬까) 할머니, брат(부라뜨) 형제, клуб(끌럽) 클럽
М м ㅁ 두 입술 사이에 나는 양순음으로, 우리말 'ㅁ'과 비슷하다.
     мама(마마) 엄마, март(마르따) 3월, машина(마쉬나) 기계.

⇒ **이-입술소리: 아랫입술을 윗니에 대었다가 떨어뜨리면서 내는 소리**

В в ㅂ 아랫입술을 윗니에 살짝 대었다가 떨어뜨리면서 내는 소리
     우리말에는 동일한 음가가 없으며, 영어의 'v'와 유사하다.
     восток(보스똑) 동쪽, ваш(바스) 당신의
Ф ф ㅎ в의 무성음이다. 우리말에는 이에 상응하는 자음이 없으며,
    영어의 'f'와 유사하다.
     фонарь(훠나리) 가로등, файл(화일) 파일, флаг(훨라그) 깃발

⇒ **잇소리: 혀끝을 윗니 안쪽에 대엇다가 떨어뜨리면서 내는 소리**

Т т ㅌ,ㄸ 혀끝을 윗니 안쪽에 대어서 내는 무성음이다.
    우리말의 된소리 'ㄸ'에 가깝다
     тут(뚜뜨) 여기에, строительство(스뜨로이젤스뜨보) 건설,건축
Д д ㄷ т의 유성음으로 우리말의 'ㄷ'음과 유사하다.
     да(다) 네, дом(돔) 집, 주택, друг(드루그) 친구
С с ㅅ 우리말의 된소리 'ㅅ'에 가깝다. 영어의 s소리와 비슷하다.
     сын(신) 아들, сон(손) 잠, мост(모스뜨) 다리
З з ㅈ 우리말에는 이에 상응하는 소리가 없다.
    우리말의 'ㅈ'음과 유사하며, 영어의 z음과 유사하다.
     запад(자빠드) 서쪽, музей(무제이) 박물관, знать(즈나찌) 알다
Н н ㄴ 우리말의 'ㄴ'과 유사하며, 영어의 'n'음에 가깝다.
     нет(니예뜨) 아니다, ночь(노치) 밤, 야간, луна(루나) 달
Л л ㄹ 대체로 우리말의 'ㄹ'음과 유사하다. 그러나 우리말의 'ㄹ'음과
    달리 혀끝이 윗니의 뒤쪽에 닿아서 내는 소리이다.
     лиса(리사) 여우, лук(룩) 양파, культура(꿀뚜라) 문화

⇒ **잇몸소리: 혀끝을 윗잇몸에 대고 내는 소리**

Р р ㄹ 우리말의 'ㄹ'음과 달리 혀끝을 여러 번 진동시켜 내는 소리
     река(레까) 강, рис(리스) 쌀, ремонт(레몬뜨) 수리, 정비
Ж ж ㅈ 우리말에는 정확히 상응하는 소리가 없으나, 대체로 '쥐'와 비슷하
    다. ш가 무성음인데 반해 유성음이다.
     жена(줴나) 아내, журнфл(줴르날) 잡지, тоже(또줴) 또한
Ш ш ㅅ 혀끝을 경구개를 향해 들어 올려서 혀와 잇몸 사이의 작음 틈을
    통해 내는 소리이다. 우리말의 쉬에 가깝다
     шар(솨르) 공, 구슬, шарик(솨리끄) 풍선, шахта(솨흐따) 광산
Ц ц ㅉ 우리말에 상응하는 자음이 없다. 'ㅉ'음과 약간 유사하다.
     центр(쩬뜨르) 중심, царь(짜리) 황제, цвет(쯔베뜨) 색상

⇒ **센 입천장소리: 혓몸 앞부분을 경구개에 대었다가 떼면서 내는 소리**

Ч ч ㅊ 우리말의 'ㅊ'음과 유사하다. 러시아어의 ч음은 우리말과 달리 기음을 수반하지 않는다. 이 자음은 항상 연자음이다.
  чай(차이) 차, час(차스) 시간, чёрный(쵸르느이) 검은
Щ щ ㅆ 이 자음에 상응하는 문자가 우리말에는 없다. 대체로 우리말의 '쉬'음에 가깝다.
  щель(쉘) 틈, 균열, щётка(쑈뜨가) 솔, 브러쉬, ещё(예쑈) 아직
Й й ㅣ 우리말의 '이'음과 거의 비슷하다. 하지만 и음보다 훨씬짧게 발음해야 한다. 이 자음은 자음 뒤에는 절대로 오지 않으며, 항상 모음과 결합하여 이중모음을 형성한다.
  йод(이오드, 요드) 요오드용액, май(마이) 5월, мой(모이) 나의

⇒ **여린입천장소리: 혀의 뿌리 부분을 연구개에 대었다가 떼면서 내는 소리**

К к ㅋ,ㄲ 영어의 'k'발음과 유사하지만, 기음을 소반하지 않는다.
  우리말의 된소리 'ㄲ'에 가깝다.
  кто(크또) 누가, Корея(까레야) 대한민국,한국, как(까끄) 어떻게
Г г ㄱ 연구개음으로 우리말의 'ㄱ'음과 유사하다.
  к가 무성음인데 비해 г는 유성음이다.
  газета(가제따) 신문, гость(고스찌) 손님, город(고-로드) 도시
Х х ㅎ 혀의 뒷부분과 연구개 사이의 좁은 통로를 통해서 공기를 유출시켜 내는 소리이다. 우리말의 'ㅎ'음을 발음할 때보다 뒷부분을 구개에 더 접근시켜 강하게 발음한다.
  хорошо(하랴소) 좋다, холод(홀로드) 추위, химия(히미야) 화학

● **경음부호 ъ와 연음부호 ь**
⇒ **경음부호 ъ(твёрдыйзнак):** 단어 중간에 위치하여 앞부분과 뒷부분의 경계역할을 하며, 발음할 때 부호가 있는 앞부분과 뒷부분을 서로 떼어서 발음함으로써 연자음 표시 모음 앞에 있는 자음의 연음화를 박아준다.
  съесть() 다먹다, отъезд() 출발, объект() 대상
⇒ **연음부호 ь(мягкийзнак):** 앞에 나오는 자음이 연자음 임을 나타낸다.
  мать(마찌) 어머니, дочь(도치) 딸, только(똘-까) 단지

● **몇 가지 예외사항**
1. 동사원형 어미인 -ть는(-찌), -чь는 (-치)로 발음
  ехать(예하찌), жечь(줴치)
2. 구개화 현상으로 -де-, -ди-, -дя-, -те-, -ти-, -тя-,는 각각
  (-제-), (-지-), (-쟈-),(-쩨-),(-찌-),(-쨔-)로 발음
  дети(제찌) 어린이들, динамика(지나미까) 역학, дядя(쟈쟈) 아저씨,
  телевизор(쩰레비조르) 텔레비전, тяжесть(쨔줴스찌) 인력.
3. 연음부호가 단어 가운데 있는 경우 대부분의 -тель-은(-쩰-)로 발음
  строительство(스뜨로이쩰쓰뜨보) 건설,
  рентабельный(렌따벨늬) 안정적
4. 역점이 있는 -о-는(오), 역점이 없으면 (오) 와(아)의 중간발음을 하되, 대부분 (아)로 발음하며, 역점없는 -е-, -я-는 (이)에 가깝게 발음
  молоко(말라꼬) 우유, осень(오씬) 가을, явлене(이블레니에) 현상

☞ 러시아어 발음 규칙

⇒ 모음의 발음 규칙
1. **강세가 있는 모음의 발음**(а, о, е, я, и, у)
    러시아어의 모음은 강세를 가질 때만 제 음가를 그대로 나타낸다. 강세를 가진 모음은 강세가 없는 다른 모음보다 상대적으로 더 길고 또렷하게 발음된다.

    часто(차쓰또) 자주, осень(오씬) 가을, день(젠) 낮
    моя(마야) 나의, мой(모이) 나의, иду(이두) 가다

2. **모음약화**: 모음이 강세를 갖지 않을 때는 본래의 음가를 발휘하지 못하고 약화된다. 강세가 없는 모음은 강세를 가진 모음보다 더 짧고 약하게 발음된다.

3. **모음 а, о의 약화**:
    강세가 없는 а, о는(ʌ) 또는(ə)로 발음 된다.
    강세 앞의 음절, 또는 어두의 첫 음절에서는 (ʌ)로 발음된다.
    강세가 없는 기타 다른 음절에서는 (ə)로 발음된다.
    сама(사마) 자신, пальто(빨또) 외투, она(아나) 그녀
    окно(아크노) Москва(마쓰크바) 모스크바, молоко(말라꼬) 우유

4. **모음 е, я의 약화**: 강세를 갖지 않는 е, я는 대부분(ji)로 발음되고, 일부 어미에서는(jə)로 발음되기도 한다.
    весна(베쓰나) 봄, язык(야직) 언어, море(모레) 바다
    театр(찌아뜨르) 극장, яицо(아이초) 계란, тётя(쪼쨔) 숙모

5. **모음 и, у의 약화**: 강세를 갖지 않는 и, у는 본래 음가를 유지하면서 상대적으로 짧게 발음된다.
    бабушка(바부쉬까) 할머니, книги(크니기) 책

⇒ 자음 발음의 규칙
    러시아어는 유-무성음 동화현상을 일으키며, 항상 역행동화한다.
1. **유성음화**: 유성자음 앞의 무성자음은 유성자음으로 동화된다.
    также(또줴) 또한, отдых(앗듸흐) 휴식
2. **무성음화**: 무성자음 앞이나, 어미말에 위치한 유성자음은 무성자음으로 동화된다.
    автобус(압또부쓰) 버스, водка(보드카) 보드카
    бабка(밥까) год(고드) 일년, зуб(주브) 이,
    глаз(글라자) 눈, юг(유가) 남쪽
3. **향음**(л, м, н, р)은 다른 자음들이 어떤 영향도 미치지 않고 또 자신도 동화되지 않는다. 마찰음 в는 자신은 무성음화 되지만 다른 자음을 유성음화시키지 않는다.

☺ 그밖에 일러두기
1. 러시아어 올림말은 한글의 자모순으로 한다. 매개 러시아어 올림말은 대역 및 그 올림말과 관계되는 설명자료와 함께 올림말해설을 이룬다.
2. 동음이의어 즉 적기는 같으나 의미가 다른 단어들은 개별적인 올림말로 주고 명조체의 로마숫자로 표시한다
    예: **рак** 1 (남) 가재 **рак** 2 (남) (의학) 암, 종양

3. 미래완료태동사와 완료태동사는 개별적인 올림말로 준다. 이때 대역은 흔히 미완료태동사에서 주고 완료태동사에서는 미완료태동사를 보라는 표식을 준다.
    обидеть (완) → обижать.

обижать (미완) 모욕하다 노여움을 사다

4. 같은 어간을 가지고 의미상 가까운 단어가 자모순으로 나란히 놓여있는 경우에(이것은 기본적으로 태의 쌍을 이루는 동사들이다) 그것들은 하나의 올림말로 합친다.

предписать(완), **предписывать** (미완) 지시하다 명령하다

〈불규칙 동사의 변화표〉에는 -ся, -сь로 끝나는 동사의 본보기가 없다. 똑같은 본보기가 타동사와 -ся, -сь로 끝나는 동사의 형태조성을 보여준다. 따라서 예컨대 동사를 찾으려면 표에서 동사를 찾아보아야 하며 그 본보기에 따라 조사 -ся, -сь를 덧붙여 형태를 조성하여야한다.

예, стучался, стучалась, стучусь, стучишься, стучись.

5. 대명사(인칭, 의문 등)는 사전에 주격 형태로 올리며 여기에 대명사의 격형태의 사용실례를 준다 사격에 놓인 대명사는 주격형태를 가리키면서 자모순에 따라 해당한 장소에 놓인다. 때로는 이러한 사격형태가 개별적 올림말로 될 수 있다.

6. 러시아어 올림말은 사전에서 굵게 표시하며 신명조체로 준다. 올림말의 변화하지 부분은 평행선(‖)으로 구분된다. 부호 ~(물결표)는 평행선으로 구분된 올림말의 부분을 대신하거나 혹은 그 부호가 없는 경에 올림말 전체를 대신한다.

7. 올림말의 의미는 동그라미속에 든 아라비아수자로 갈라놓는다.

예, **пример** (남) ① 예, 실례 ② 모험, 본보기 ③ (수학)실례

참고서적(Лексикографические источники)

1. Словарь русского языка: В 4-х т./ АН СССР. Ин-т рус.яз.; Гл.ред. А.П.Евгеньева. 2-е изд., испр. и доп. М., 1981-1984. Т. 1-4
2. Ожегов С.И. Словарь русского языка/Под ред. Н.Ю.Шведовой.14-е изд.стер.М., 1981
3. Орфографический словарь русского языка. 18-е изд., испр. и доп.М., 1981
4. Орфоэпический словарь русского языка/Под ред.Р.И.Аванесова 2-е изд., стер.М.,1985
5. Фразеологический словарь русского языка/Под ред. А.И.Молоткова. 3-е изд.,М.,1978
6. Большая Советская Энциклопедия/Гл.ред.А.М.Прохоров.3-е изд.М., 1969-1978.Т.1-30
7. Советский Энциклопедический словарь.3-е изд.,М.,1985
8. Мазур Ю.Н.Моздыков Д.М.Усатов В.М.Краткий русско-корейский словарь.2-е изд.,М.,1959
9. 최신한러 사전 김문욱, 김춘식 편 도서출판 문예림, 서울. 2009.
10. 최신러한 사전 김춘식 도서출판 문예림, 서울. 2009
11. 러한 입문사전 김춘식 도서출판 문예림 서울 2011.
12. 새우리말 큰 사전, 신기철, 신용철, 서울 1981.
13. 엔센스 한영사전, 민중서관, 6판 서울 2000.

ㄱ

가건물	**барак** (바락)
가게주인, 창고 관리인	**кладовщик** (클라도브쉬크)
가게방, 매점(賣店),	**лавка** (라프까)
가격, 가치(액)	**ценность** (쩬노쓰찌)
가격, 값, 경제(교환)가치	**величина** (벨리치나)
가격을 낮추다, 가격인하 하다	**уценивать** (우쩨니와찌)
가격인상; c ~ой 가격을 인상하여	**наценка** (나쩬까)
가격표(價格票), 가격리스트	**ценник** (쩬니크)
가계, 혈통(血統), 계보(系譜)	**генеалогия** (게네알로기야)
가공(加工), 제각(題刻)	**переработка, выделка** (뻬레라보뜨까) (븨젤까)
가공(정련, 정세)하다;	**обрабатывать** (압라바찌와찌)
가공, 정련, 정제, 처리;	**обработка** (아브라보트까)

가공되다	**перерабатываться** (뻬레라바띄와쨔)
가공하다, 만들어내다, 제작(제조)하다 ~ кожи 생가죽을 이기다	**выделывать** (븨곌릐와찌)
가공하지 않은, 천연 그대로의, 생짜의,	**грубый** (그루븨이)
가교용(도하용)너벅선; 배다리, 부교, 부량	**понтон** (빤똔)
가구의, 세간살이의	**мебельный** (메벨느이)
가구, 집 세간(洗肝);	**мебель** (메벨)
가구가(집 세간)설치된(갖추어진)	**меблированный** (메블리로완느이)
가구를 갖추다, 집 세간을 갖추어놓다(비치하다)	**меблировать** (메블리로와찌)
가구의 비치; 비품, 가구; 가구의 설치(배치)	**меблировка** (메블리로브까)
가극(극장), 오페라(극장)	**опера** (오뻬라)
가금목장, 양계농장	**птицеферма** (쁘찌쩨페르마)
가금업(家禽業), 양계업	**птицеводство** (쁘찌쩨봍쓰뜨붜)
가금우리; 가금사양공	**птичник** (쁘찌츠닠)
가금축사, 양계장	**птичник** (쁘찌츠닠)
가까운 것, 근방	**близость** (블리조쓰찌)
가까운, 근방의	**близкий , ближний** (블리즈끼이) (블리지느이)

가까운, 간단한;	**короткий** (꼬로뜨끼이)
가까워지다, 가까이가다(오다),	**приблизиться** (쁘리블리지쨔)
가까이 가다(오다), 다가서다, 접근하다;	**подходить** (빨호지찌)
가까이 옮겨가다, 접근되다;	**сдвинуться** (즈드비누쨔)
가까이, 근처에, 부근에;	**поблизости, близко** (빠블리조쓰찌),(블리즈까)
가까이에 있는, 부근의, 근처(이웃)의	**близлежащий** (블리즐레자쉬이)
가까이에, 곁에, 주위에, 근처에, 부근에	**вблизи, за** (브빌리지), (자)
가까이하기[접근하기, 도달하기, 얻기] 어려운	**недосягаемый** (네다쌰가예므이)
가깝다, 멀지 않다	**близко** (블리즈까)
가난, 빈곤, 결핍, 궁핍	**нужда** (누즈다)
가난[빈곤]해지다, 빈약[초라]햇다	**обеднеть** (아베드네찌)
가난뱅이, 비렁뱅이, 걸인(乞人), 각설이;	**попрошайка** (빠쁘로샤이까)
가난한 살림을 하다, 빈궁(곤경) 속에서 살다	**нуждаться** (누즈다쨔)
가난한, 구차한, 빈한한	**скудный, бедный** (스꾸드느이), (베드느이)
가난해지다, 부족(구차)해지다	**беднеть, оскудевать, оскудеть** (베드네찌),(아쓰꾸데와찌),(옷꾸데찌)
가냘픈, 연약한	**хрупкий** (흐루쁘끼이)
가는 것, 갈다;~ коньков 스케이트 날을 가는 것.	**точка**

	(또츠까)
가는 것, 얇은 것	**тонкость** (딴꼬쓰찌)
가는 곳마다, 도처에, 곳곳에, 사처에, 사방으로	**везде, тамсям** (볘즈졔), (땀쌈)
가는 곳 마다에서, 방방곡곡에서, 사방에서	**повсеместно** (빠브셰몌쓰뜨나)
가는 길에 들리다;	**заезжать** (자예즈좌찌)
가는 끈, 가는 밧줄	**бечёвка** (볘쵸브까)
가는 선 그늘지게, 차광, 차일; 묘영법, 명암법	**штриховка** (쉬뜨리호브까)
가는 선, 줄, 획, 우모(羽毛), 선영특성, 특징, 특색, 두드러진 점	**штрих** (쉬뜨리흐)
가는 섬유, 수염뿌리, (근육·신경의) 원(原)섬유.	**Фибрилла** (피브릴라)
가는 양털 ~ые овцы 털이 가는 양	**тонкорунный** (딴꼬룬느이)
가는 줄 세공(선조 세공)의 (을 한);섬세한, 세밀한,	**филигранный** (필리그란느이)
가는, 얇은, 엷은, 두껍지 않은, 굵지 않은;	**тонкий** (똔끼이)
가늘고 긴 구멍, 공중전화기 동전 투입구	**шлиц** (쉴리쯔)
가늘고 작은 목, (물건의) 협소한 부분	**шейка** (쉐이까)
가늘어지다; 야위다; 약해지다; 엷게되다;	**продёргивать, поредеть** (쁘라죨기와찌), (빠례졔찌)
가능성(확실성)이 적은, 믿기 어려운,	**маловероятный** (말라볘로야뜨느이)
가능성, 실현성, 있을[일어날] 수 있음,	**возможность** (바즈모즈노쓰찌)

가능한, 되도록 ~возможно 되도록 가능한,	**елико** (옐리까)
가능한, 있을 수 있는, 될 수 있는;	**возможный** (바즈모즈느이)
가다, 오다, 찾아오다, 방문하다	**быть, идти** (븨찌),(잇찌)
가다, 지나가다, 움직이다, 나아가다	**проходить** (쁘라호지찌)
가다, 출발하다, 오다;	**ехать** (예하찌)
가다듬다, 추스르다, 다듬다, 정리(整理)하다	**набираться** (나비라짜)
가담(포함)시키다	**подключить** (빠드클류치찌)
가담, 합류	**присоединение** (쁘리싸예지네니예)
가담하다, 합류되다	**подключиться** (빠드클류치짜)
가동(稼動), 작용, 작업. 움직임, 행동, 동작;	**действие** (제이쓰뜨비에)
가동(개발.개척.경영.이용.사용.영업)하다.	**эксплуатировать** (엑쓰쁠루아찌로와찌)
가동장치, 이동장치	**тележка** (젤레즈까)
가두다; 보이지 않게하다; 어두워지다	**захлопывать** (자흘로쁴와찌)
가두어두다, 간수해두다, 보관해 두다	**запирать** (자삐라찌)
가득 쌓아서 막다, 가득 쌓다, 가득 놓다	**заваливать** (자왈리와찌)
가득차다, 만원이 되다; 메워지다, 막히다;	**зарыгать** (자릐가찌)

| 가득 채운, 가득 찬; ~ дурак 천치, 백치 | **набитый** (나비 뜨이) |

ㄱ

가득(히) 채우다(붓다), 충만 시키다	**наполнять** (나쁠냐찌)
가득하게 하다, 채우다; ~에 (잔뜩)채워 넣다;	**возмутить** (바즈무찌찌)
가득하게 채우다; ~에 내용을 채우다	**налить, заполнить** (날리찌) (자뽈니찌)
가득하게 하다	**начинить, огласить, заправить, наполнить** (나치니찌), (아글라씨찌) (자쁘라비찌),(나쁠니찌)
가라앉기, 침전, 침재, 침적;	**оседание** (아쎄다니예)
가라앉다, 잠잠해지다, 멎다	**успокаиваться** (우쓰뽀까이와짜)
가라앉다, 침강(沈降)하다, 침전하다; 진정시키다	**стихать** (스찌하찌)
가라앉다, (홍수·부기 따위가) 빠지다	**осесть** (아쎄쓰찌)
가라앉다, 침몰하다	**затонуть, утонуть** (자또누찌), (우또누찌)
가락이 안 맞아;	**фальшиво** (팔쉬붜)
가락지 빵, 도넛(doughnut)	**бублик** (부블릭)
가락지, 반지, 귀걸이, 팔찌, золотое~о 금가락지	**кольцо** (깔쪼)
가락지의 свернувшись ~ом 가락지모양으로	**калачик** (깔라치크)
가래, 담(痰), 각출물;	**мокрота** (마크로따)
가래, 삽, 가래 비슷한 평평한 날 달린 도구; 돋을새김을 하는 끌, 고래 (절개용) 끌, 작살.	**пика** (삐까)

가래, 침, 피 따위를 뱉다, 토하다;	**харкать** (하르까찌)
가래나무로 만든	**ореховый** (아레호브이)
가래를[침을] 뱉다, 기침을 하여 뱉다, 뱉어내다;	**плевать** (쁠레와찌)
가려내다, 구분하다 골라내다	**выделить** (븨젤리찌)
가려움, 옴, 개선(疥癬). 가려움(증), 소양(瘙痒)(증).	**зуд** (주드)
가려움증을 일으키다, 긁다, 갉다	**зачесаться** (자체쓰짜)
가려지다, 덮이다, 막다	**заслоняться, закрываться** (자쓸론야짜) (자크릐와짜)
가렵다, 근질근질하다	**зудеть, чесаться** (주제찌), (체싸짜)
가로 건너, 가로질러, 앞을 가로질러;	**наперерез** (나뻬레레즈)
가로대, (높이뛰기의) 바, 빗장, 크로스바,	**штанга** (쉬딴가)
가로등, 가등	**светильник** (스뻬찔니크)
가로막다, 바리케이드를 쌓다[치다]; (가로)막다.	**загораживать** (자고라 쥐와찌)
가로막다, 차단하다	**пересекать** (뻬레쎄까찌)
가로세로 글풀이, 퍼즐게임	**кроссворд** (크롯쓰볼드)
가로수 길,	**аллея** (알레야)
가로수로 심어진 수목, 가로수.	**шпалерник** (쉬빨렐닉)
가로 자리표(수학)	**абсцисса**

(압쓰찌싸)

가로장, 대들보, 가로대(나무) 가름대, (체육) 철봉	**перекладина** (뻬레클라지나)
가로지르는, ~와 교차하는	**пересечённый** (뻬레쎄촌느이)
가로지르다, 횡단[통과, 관통]하다, 교차하다.	**пересечь** (뻬레쎄치)
가로지르다; 넘다. 건너가다(오다), 넘어가다(오다)	**переходить** (뻬레호드지찌)
가로지른, 가로 놓여있는;	**поперечный** (빠뻬레치느이)
가로채다, 호려내다;	**отбивать** (아트비와찌)
가뢰. 반묘;	**шпанка** (쉬빤까)
가루 등을 나누어 넣다	**рассыпать** (라쓰씌빠찌)
가루, 모래 따위를 쏟아 넣다, 붓다;	**сыпать** (씌빠찌)
가루, 분말, 낟알(곡식)가루;	**мука** (무까)
가루; 가루약;	**порошок** (빠로쇼크)
가루가 되다;	**пере- молоться** (뻬레말로짜)
가루가 쏟아지다, 가루가 떨어지다,	**сыпаться** (씌빠쨔)
가루로 만든	**мучной** (무츠노이)
가루로 찧다, 갈아서 가루로 만들다, 분쇄하다	**растолочь** (라쓰똘로치)
가루를(흔들어) 다져지게 하다;	**утрясать** (우트랴사찌)

- 8 -

가루를 사방에 뿌리다(끼얹다),	**обсыпать** (압씨빠찌)
가루를 쏟뜨리다, 헤뜨리다	**просыпать** (쁘라쓰샤찌)
가루를 포함한, 가루 같은, 전분을 포함한	**мучнистый** (무치쓰뜨이)
가루받이, 수분; 수정	**опыление** (아쁼레니예)
가루탄, 분탄(粉炭)	**штыб** (쉬띄브)
가르다, 잘라서 떼어놓다, 분리하다,	**разлучить** (라슬루치찌)
가르마, 가리마.	**пробор** (쁘라볼)
가르며 지나가다;	**бороздить** (보로즈디찌)
가르지[나뉘지] 않은, 분할되지 않은;	**неразделённый** (녜라즈젤룐느이)
가르쳐주는	**руководящий** (루까뷔쟈쉬이)
가르쳐주다, 훈시하다;	**наставить** (나쓰따비찌)
가르치다, 교수하다, 교육하다, 훈육하다.	**поучать обучить** (빠우차찌)(아부치찌)
가리. 낟가리	**стог** (스또그)
가리다, 그늘지게 하다, 어둡게 하다	**затмить** (자뜨미찌)
가리다, 덮다, 뒤덮다;	**застилать закрывать** (자쓰찔라찌) (자크릐와찌)
가리다, 차폐(엄폐)하다, 숨기다, 막다,	**заслонить, заслонять** (자쓸로니찌)(자쓸론야찌)
가리지 않는, 까다롭지 않은	**неразборчивый**

	(네라즈볼치브이)
가리켜 주다, 인도하다, 데려다주다;	**наводить**
	(나뷔지찌)
가리키다, 지시[지적]하다, 표시[명시]하다, 나타내다.	**обозначить**
	(아바즈나치찌)
가마, 가마솥, 큰 솥	**котёл**
	(까쬘)
가마, 자비, 교자, 승교	**паланкин**
	(빨란낀)
가마니, 마대	**куль**
	(꿀)
가마우지(cormorant) 수로아, 노자	**баклан**
	(바클란)
가만가만 속삭이다, 작은 목소리로 말하다,	**шёпотом**
	(쇼뽀똠)
가만히 있게 하다, 위협하기 위하여 소리치다	**цыкать**
	(쯰까찌)
가만히, 슬그머니, 남몰래	**втихомолку**
	(프찌호몰꾸)
가망 없는, 망망한, 끝없는;	**безбрежныйб, отчаянный**
	(베즈브레쥐느이),(앗나얀느이)
가면·베일 따위를 벗기다; 위장을 벗기다;	**срывать оторваться**
	(스릐와찌) (아따르와쨔)
가면적인, 거짓	**наигранный**
	(나이그란느이)
가무는, 가뭄이 드는;	**засушливый**
	(자쑤쉬리브이)
가문비(전)나무, 종비나무; новогодняя ~ 신년트리, 올까	**ёлка**
	(욜까)
가물거리다, 반작거리다, 깜박이다,	**мерцать**
	(메르짜찌)
가물에 타마르다 (해볕에) 데다:	**сгореть**
	(즈고레찌)

가뭄; подвергаться ~e 가뭄을 타다	**засуха** (자쑤하)
가뭄에 견디는, 내한성 있는;	**засухоустойчивый** (자쑤호우쓰또이 치브이)
가방, 주머니; дамская ~ 핸드백	**сумка** (숨까)
가버리다, 떠나다, 출발하다;	**уходить** (우호지찌)
가벼운 짐을 들고, 짐 없이	**налегке** (날레그께)
가벼운, 경한, 가뿐한, 가붓한;	**лёгкий** (료그끼이)
가벼이 봄, 경감, 정상참작; 참작할 만한 정상	**смягчение** (스먀그체니예)
가변성, 가동성, 이동성, 변동성. 불안정성	**непостоянство** (네빠쓰또 얀쓰뜨붜)
가변적인, 변하기 쉬운, 변동되는, 교류하는;	**переменный** (뻬레멘느이)
가볍게 두드리다;	**трепать** (뜨레빠찌)
가볍게 밀다(밀치다)	**подтолкнуть** (빧똘크누찌)
가볍게 하다, 쉽게 하다, 헐하게 하다,	**облегчить** (아블렉치찌)
가볍고 부드러운	**плавный** (쁠랴브느이)
가산(금), 계산(금)	**начисление** (나치쓸레니예)
가산되다, 셈에 보태다, 더하다	**зачитываться** (자치띄와쨔)
가산하다, 계산하다;	**начислить, начислять** (나치쓸리찌)(나치쓸랴찌)

가살꾼, 꾀보, 음흉한(교활한) 사람	**хитрец** (힐레쯔)
가상적인, 허구적인 거짓, 가짜의; ~ые числа 허수	**мнимый** (므니므이)
가서 가져오다, 가서 데려오다. 가서 불러오다	**принести** (쁘리네쓰찌)
가선; 감침질.(천·모자 등의) 가두리, 가,	**подшивка** (빧쉬브까)
가설, 추측, 억측, 억설(臆說)	**гипотеза** (기뽀쩨자)
가속도(加速度)	**ускорение** (우쓰꼬레니에)
가솔린, 휘발유, 벤진	**газолин** (가조린)
가수(歌手), 노래쟁이, 노래꾼	**певец** (뻬베쯔)
가스 발생기	**газогенератор** (가조게네라또르)
가스, 기체(氣體)	**газ** (가스)
가스관, 가스 수송관	**газопровод** (가조쁘로볻)
가스통,(액체. 가스를 넣는) 용기(통), 병(倂);	**баллон** (발론)
가스해제, 유독물질해제	**дегазация** (제가자찌야)
가스화, 기체화, 기화(氣化), 가스 발생	**газификация** (가지피까찌야)
가슴 뜨거운, 다정한, 충심으로부터의	**душевный** (두쉐브느이)
가슴, 흉부;	**грудь** (그루지)
가슴살, 갈비사이 살;	**грудинка**

	(그루진까)
가슴에 십자를 긋다. 십자를 긋다	**перекреститься** (뻬레크레쓰찌짜)
가슴의, 옷가슴의 ~знак 가슴에 붙이는 표;	**нагрудный** (나그루느이)
가슴이 터질[찢어질]듯한, 비통한	**истошно** (이쓰또쉬나)
가슴폭이 넓은, 넓은 가슴.	**широкогрудый** (쉬로까그루드이)
가시 있는, 콕콕 찌르는, 쏘는;	**колючий, шильчатый** (깔류치이) (쉴리니차뜨이)
가시(침(針), 바늘, 자극(刺棘), 경자(莖刺)	**колючка** (깔류츠까)
가시가 돋다, 박히다	**занозить** (자노지찌)
가시가 많은, 바늘투성이의; 따끔따끔 아픈,	**тернистый** (떼르니쓰뜨이)
가시나무, 들장미; 나무딸기, 가시있는 관목(灌木).	**ежевика** (예줴비까)
가시아버지, 장인(丈人), 빙부. 악부(岳父).	**тесть** (쩨쓰찌)
가신의[같은]; 예속하는; 노예적인	**рабский** (랍쓰끼)
가연성(可燃性), 인화성(引火性)	**горючесть** (가류체쓰찌)
가연성의 것, 인화성의 것	**воспламеняемость** (바쓰쁠라메냐마쓰찌)
가열, 달구는 것; 데우는 것, 덥히는 것	**каление, нагревание** (깔레니예), (나그레 와니예)
가열하는, 따뜻하게 하는.	**нагревательный** (나그레와쩰느이)
가열하다, 따뜻이 하다, 불을 지피다	**натопить, отопить** (나또삐찌), (아따삐찌)

- 13 -

가열한, 치열한, 맹렬한, 격렬한	**ожесточённый** (아줴쓰또쵼느이)
가엾게 생각하는, 동정심 많은(일으키는)	**жалостливый** (좔로쓰뜰리브이)
가엾다, 안됐다. 애석하다, 유감이다, 유감스럽게도	**жаль** (좔)
가엾은, 처량한, 불쌍한, 가련한, 비루한, 비참한	**жалкий** (좔르끼이)
가엾지 않은	**нелёгкий** (넬료그끼이)
가오리, 홍어(洪魚), 요어(鰩魚), 해요어(海鰩魚), 분어	**скат** (스까트)
가용성의, 용해되는, 녹는	**растворимый** (라쓰뜨붜리므이)
가운데, 복판에, 중간에, 한가운데, 한복판에	**посреди** (빠쓰레지)
가운데선, 중앙선	**медиана** (메지아나)
가위, 전도, 가시게, 가새	**ножницы** (노즈니쯰)
가위질하다; 양의 털을 깎다, 자르다, 가위질하다,	**настригать** (나쓰뜨리가찌)
가을, 가을철, 추절(秋節), 추일, 금추(金秋), 추계	**осень** (오쎈)
가을갈이 작물을 봄갈이로 변화시키는	**яровизация** (야라비자찌야)
가을의, 가을철에, 추계의	**зяблевый:осенний** (쟈블레브이) (아쎈느이)
가인식성, 인식가능성	**познаваемость** (빠즈나와예모스찌)
가입(加入)(전화의)	**абонемент** (아바네멘트)
가입하다, 참가하다; ~에 입회[입학, 입대]하다,	**заключить**

	(자클류치찌)
가입자(加入者)	**абонент** (아바녠트)
가입하다, 입회하다, 가당하다	**вступать** (프쓰뚜빠찌)
가장 가까운, 최근의	**ближайший** (블리좌이쉬이)
가장 낮은, 최저, 하등, 하급; 초등; 말단	**низший** (니즈쉬이)
가장 수요가 많은;	**ходовой** (하도보이)
가장 알맞은(적합한)	**оптимальный** (압찌말느이)
가장 적게; ~ трудный 가장쉬운	**наименее** (나이메네예)
가장 좋은(훌륭한), 일등(급); ~ый ученик 최우등생	**первый** (뻬르비이)
가장 중요한, 으뜸가는, 첫째가는, 일차적인	**первостепенный** (뻬르붸쓰쩨뼨느이)
가장 효과적인, 최고(값)의, 최대한의, 극대의	**наибольший** (나이볼쉬이)
가장 나쁜, 제일 나쁜, 최악의,	**наихудший** (나이훋쉬이)
가장(제일) 높은, 최고; в ~ей степени 최고도로	**наивысший** (나이븨쓰쉬이)
가장(제일) 작은, 최소	**наименьший** (나이몐니쉬이)
가장(제일) 좋은, 최상의	**наилучший** (나이루츠쉬이)
가장, 거짓꾸밈, 거짓	**маскировка** (마쓰끼로브까)
가장무도회, 가장행렬	**маскарад карнавал** (마쓰까라드) (까르나발)

가장시키다, 가면을 씌우다	**маскировать** (마쓰끼로와찌)
가장자리, (페이지의)여백, 난외. ~가, 변두리; (호수의)물가	**поле** (뽈레)
가장하다, 가면을 쓰다	**маскироваться** (마쓰끼로와쨔)
가장한, 이중인격, 거짓, 부자연스러운	**напускной** (나뿌쓰크노이)
가재; 왕새우, 대하, 석해(石蟹); 가장구	**рак** (락)
가정 용품, 부엌세간, 기구, 도구	**утварь** (우뜨와리)
가정 의료집에서 간호하는	**патронажный** (빠뜨론나즈느이)
가정(가상) 하다	**допускать** (다뿌쓰까찌)
가정(용)의, 제 집[자택]의 ~ая работа 가내공업	**надомный** (나돔느이)
가정집, 가옥, 주택, 저택. 내 집, 자택	**дом** (돔)
가정, 가족; 세대	**семья** (쎄미야)
가정법(의), 서상법(敍想法)(의),	**сосла гательный** (싸쓸라가쩰느이)
가정부인, 주부(домашняя хозяйка)	**домохозяйка** (다마하재이까)
가정용 린네르류, 수직물(手織物)	**домашний** (다마쉬니이)
가정용 전기, 가정전화의	**электробытовой** (엘렉드로븨또보이)
가정용 전기기구	**электроприбор** (엘렉드라쁘리볼)
가정의, 가족의	**семейный**

	(쎄메이느이)
가정의, 집안의, 가정생활의, 가사상의	**домашний** (다마쉬니이)
가정하다, 상상하다, ~을 추측[억측]하다. 추측하다	**предположить** (쁘렏뿔로지찌)
가져(끌어)가다;	**растаскать** (라쓰따쓰까찌)
가져가다(오다), 가져오다, 데려[불러]오다	**тащить, приносить** (따쉬찌),(쁘리노씨찌)
가져다주다(드리다), 주다, 거저주다, 증여하다	**подавать** (빠다와찌)
가져오다, 데려오다. 함께오다.	**привезти, подведение, навезти** (쁘리베즈찌)(빧붸제니예)(나베즈찌)
가족(식솔)이 적은	**малосемейный** (말라쎄메이느이)
가족(용)의, 가정의. 집안의, 일족의, 친족의	**домашний** (다마쉬니이)
가족, 가정, 가구	**семейство** (쎄메이스뜨붜)
가죽 끈, 혁대, 끈, 가죽끈[채찍], 가죽멜띠	**ремень** (레멘니)
가죽, 가죽으로 만든;	**кожаный** (꼬좌느이)
가죽채찍	**нагайка** (나가이까)
가증스러운 것, 추잡성, 추악성	**мерзость** (멜조쓰찌)
가증스러운, 얄미운, 추악한	**мерзкий** (멜즈끼이)
가지가 늘어진, 매달린, 늘어진; (절벽 따위의) 쑥 내민	**плакучий** (쁠라꾸치이)
가지가 무성한	**развесистый** (라스베씨쓰뜨이)

가지가 뻗다, 무성해지다; 갈라지다	**разветвляться** (라스뼤트블랴쨔)
가지가지 잡다한, 혼합의, 잡동사니의, 여러가지	**разнородный** (라스나로드느이)
가지가지의, 여러 가지의, 가지각색의	**разный** (라스느이)
가지고 가다, 들고 지나가다	**пронести** (쁘라네쓰찌)
가지고 가버리다, 휩쓸어가다	**сносить** (스나씨찌)
가지고 내려가다, (아래로) 나르다;	**снести** (스네쓰찌)
가지고(진고) 있다, 소유하고 있다;	**держать, обладать** (제르좌찌), (아블라다찌)
가지다, 소유하다; ~ право 권리를 가지다	**иметь** (이몌찌)
가지를 뻗다(치다)	**ветвиться** (붸드뷔짜)
가짜, 속임, 협잡(挾雜), 위선; 위조(僞造)	**липовый** (리뽀브이)
가짜의, 위조의, 모조의	**подставной фальшивый** (빧쓰땊노이), (팔쉬브느이)
가축,(동물이)사육되어 길든.	**живот** (쥐보트)
가축[동물]에 유행하는.	**эпизоотический** (에삐조오찌체쓰끼이)
가축병 치료의, 수의(학)의.	**зооветеринарный** (조오베쩨리나르느이)
가축의 무리, 가축의 떼; 짐승의 떼, 소·돼지의 떼	**гурт** (구르트)
가치 없는 개인, 쓸모 없는 놈, 시시한 놈	**ничтожество** (니쉬또췌쓰뜨붜)

-18-

가치 있는, 당연한, 정당한, 적당한, 타당한	**достойный** (다쓰또이느이)
가치(의의)가 있다, 존중을 받다	**цениться** (쩬이짜)
가치, 값어치	**стоимость** (스또이모쓰찌)
가치, 의의를 평가(인정)하다	**ценить** (쩬이찌)
가치가 모자라는, 질이 낮은, 처진, 뒤떨어진,	**неполноценный** (네빨노쩬느이)
가치가 적은	**малоценный** (말라쩬느이)
가치를 가지다, 값이 있다	**стоить** (스또이찌)
가톨릭교도, 천주교도	**католик** (까똘리크)
가파르지 않은, 경사가 심하지 않은, 기울기가 완만한	**пологий** (빨로기이)
가파른, 깎아지른 듯한, 급 경사진, 험한	**круча, круто** (크루차).(크루따)
각 곳에서 많이 모여들다	**съехаться** (스예하짜)
각(角)을 이룬, 모진, 모난; 모서리진	**коленчатый** (깔롄차뜨이)
각, 각도, 모, 모서리, 귀; 구석; ~ стола 책상모서리	**угол** (우갈)
각각; ~대로	**соответственно** (싸아뜨베뜨쓰뜨볜나)
각기 제자리로 보내다	**разводить** (라스붜지찌)
각막(角膜), 안막(眼膜)	**роговица** (라고비짜)
각뿔, 각추(角錐), 추(錐), 뾰족탑 모양으로 가꾼 나무.	**пирамида**

	(삐라미다)
각색하다; ~ повесть 소설을 각색하다	**инсценировать** (인쓰쩨니로와찌)
각서, 비망록, 메모, 계약, 약정, 맹약	**купюра** (꾸쀼라)
각성, 자각성(自覺性), 의식성	**сознательность** (싸즈나쩰노쓰찌)
각오(자각)하다, 인식하다	**осознавать** (아쏘즈나와찌)
각자 모두, 누구나, 모두	**весь, все, всё** (웨시), (프쎄), (프쑈)
각종의 관;резиновая ~a 고무관	**трубка** (뜨루브까)
각혈(咯血), 객혈(喀血), 피게우기	**кровохарканье** (크로붜할까니예)
간(桿); 측량간, 가늠자, 저울,	**шток, штанга** (쉬똑),(쉬딴가)
간, 간장(肝腸), 간과 창자	**печёнка** (뻬죤까)
간격; 차이, (의견 따위의) 소격(疎隔)	**пропасть** (쁘로빠쓰찌)
간결한, 간명한; 말수 적은	**лаконичный** (라까니츠느이)
간계, 계략, 계교, 속임수, 모략(謀略)	**проделка, интрига** (쁘라젤까), (인뜨리가)
간곡한 권유, 권고, 충고, 경고, 훈계	**наставление** (나쓰따블례니에)
간교한, 교활한, 내흉스러운, 능청맞은	**коварный** (까와르느이)
간단(단순)하게 되다, 간소화되다	**упрощать упрощаться** (우쁘로쓰찌찌) (우쁘로샤짜)
간단없는, 끊임없는, 부단히, 계속적으로	**беспрестанно** (베쓰쁘례쓰딴나)

간단한 것, 간결성, 함축성	**краткость** (크라뜨까쓰찌)
간단한 회의, 비상회의, 긴급회의	**летучка** (레뚜츠까)
간단한; 소박한	**простой** (쁘라쓰또이)
간단히, 간결하게, 요약해서	**кратко** (크라뜨까)
간단히, 간략하게, 단순하게;	**сокращённо, просто** (싸크라숀나) (쁘로쓰따)
간목(刊木), 산예, 채벌장 벌목장(伐木場)	**лесосека** (레싸쎄까)
간부, 인재;	**кадры** (까드릐)
간사한, 능청스러운, 교활한	**лукавый** (루까브이)
간석지, 염성토양	**солончаки** (쌀론차끼)
간선의 동맥의; (도로등의) 동맥 같은	**магистральный** (마기쓰뜨랄느이)
간섭(干涉), 참견, 개입(介入),	**вмешательство интервенция** (브메샤쩰쓰뜨붜) (인쩨르벤찌야)
간섭자, 강점자	**интервент** (인쩨르벤트)
간섭(참견, 개입)하다, 섞여들어가다	**вмешаться, вмешиваться** (브메샤쨔), (브메쉬와쨔)
간수(看守), 교도관, 간수자	**тюремщик** (쮸렘쉬크)
간수하다, 거두어두다	**прятать** (쁘랴따찌)
간식(점심과 저녁 사이에)	**полдник** (뽈드닉)
간신히, 가까스로, 겨우, 거의 ~없다	**. лишь**

	(리쉬)
간신히, 지금 막 ~한, 하자마자 방금, 막	**едва** (예드와)
간악한, 잔인한, 흉악한	**злодейский** (즐로제이쓰끼이)
간원(懇願)하다, 빌다, 희구하다, 간구하다	**поминать** (빠미나찌)
간이매점, 매매대, 작은 상점	**ларёк** (라료크)
간이식당 (카페) 음식점	**закусочная, кафетерий** (자꾸싸츠나야),(까페쩨리이)
간이식당판매원	**буфетчик** (부페뜨칙)
간이침대, 보조 침대, (배·기차의) 침대	**койка** (꼬이까)
간장(肝臟); 간(肝), 간장병(病), 담즙증, 간과 창자	**печень** (뻬체니)
간절하게	**убедительно** (우베지쩰나)
간절한	**убедительный** (우베지쩰느이)
간절히 바라는, 간절히 하고 싶어 하는	**жадный** (좌드느이)
간절히 바라다, 열망(동경,그리워, 생각,사모)하다	**вздохнуть** (쓰도흐누찌)
간절히 빌다, 간청하다, 애걸하다	**умолять** (우말랴찌)
간접적인, 부차적인; ~ый налог 간접세;	**освенный** (꼬쓰벤느이)
간주하다, 생각하다. ~라고 여기다(생각하다)	**относиться** (아트노씨쨔)
간지럼, 연양(軟痒), 간지러운 것, 근질근질한 것	**щекотка** (쉐꼬뜨까)

- 22 -

간지럼, 민감, 예민; ~ положения 민감한 정세	**щекотливость** (쉐꼬뜰리와찌)
간지럽게 ему ~ 그를 간질이다	**щекотно** (쉐꼬뜨나)
간직(간수)하다, 가지(고 있)다, 유지(보존)하다	**накормить** (나꼬르미찌)
간질; ~тик 간질병 환자, 지랄병 환자	**эпилепсия** (에삘레쁘씨야)
간질이다. 자극하다, 고무하다.	**щекотание, пощекотать** (쉐꼬따니에), (뽀쉐꼬따찌)
간책(奸策), 모략(謀略)	**подвох** (빧드보흐)
간청(탄원)하다, 간절히 원하다,	**упрашивать** (우쁘라쉬와찌)
간청하다; ~를 강요하다, ~에게청하다(부탁하다)	**домогаться** (다마가쨔)
간판, 알림판, 게시판(揭示板)	**вывеска** (븨볘쓰까)
간판을(기를) 걸다, 간판을 내걸다; 밖에 말리다	**вывесить** (븨볘씨찌)
간편한, 휴대용	**портативный** (빠르따찝느이)
간행, 출판, 발행; 출판[간행]물	**литература** (리쪠라뚜라)
간행물, 출판물; первое ~ 초판; иновое ~ 신판, 새판;	**издание** (이즈다니예)
간호, 시중, 손질, 관리: ~ за больным 간호	**уход** (우호드)
간호사, 간호원	**сестра медсестра** (쎄쓰뜨라), (메드쎄쓰뜨라)
갇혀있다, 구금(수용)되어 있다.	**содержаться** (싸졔르좌짜)
갈, 갈대, 노위(蘆葦), сахарный ~ 사탕수수	**камыш, тросник**

	(까믜쉬) (뜨로쓰니크)
갈가마귀, 땅까마귀	**галка** (갈까)
갈고랑이, 갈고랑 못, 군두쇠	**крюк** (크류크)
갈고리로 걸다, 드리우다, 채우다, 찌르다, 달다	**прицепить** (쁘리쩨삐찌)
갈고리에서 벗기다; 훅을(단추를) 끄르다(끄르고 벗다)	**асцеплять** (라쓰쩨쁠랴찌)
갈구리, 갈고리막대기	**багор** (바고르)
갈기(말의), 머리털	**грива, правка** (그리와) (쁘라브까)
갈기갈기 찢다(째다), 비틀어 뜯다	**азодратьразрываться** (라즈드라찌) (라즈르와짜)
갈다, 경작하다	**вспахать, вспахивать, разрабатывать** (프쓰빠하찌), (브쓰빠히와찌) (라자라바띄와찌)
갈다, 교체(교대)하다;	**менять** (메냐찌)
갈다, 깎다; ~ нож 칼을 갈다; ~ карандаш 연필을 깎다;	**точить** (또치찌)
갈대밭, 갈밭; 노전(蘆田), 노장(蘆場)	**камыш** (까믜쉬)
갈라놓다, 격리시키다	**растащить отделять** (라쓰따쉬찌) (아트젤랴찌)
갈라디아서(Послание к Галатам, 6장)	**Галатам** (갈라땀)
갈라져; 따로따로, 단독으로, 개별적으로	**отдельно** (아트젤나)
갈라지다, 나누어지다; 구분(분류)되다	**делиться, разбиться** (젤리짜) (라스비짜)
갈라진, 분리된, 분산된, 끊어진	**отдельный** (아트젤늬이)

갈래, 갈래길, 지선, 지류, 지맥, 분지	**ответвление** (아트볘트블례니예)
갈래갈래 찢어버리다; 찢어 죽이다	**растерзать** (라쓰쩨르자찌)
갈려 쓰기, 서투르게 쓴 글씨	**каракули** (까라꿀리)
갈망(渴望), 열망, 애착(愛着);	**влечение** (블례체니에)
갈망하는, 절망하는, 열망하는	**жаждущий** (좌즈두쉬이)
갈망하다, 간절히 원하다, 강한 희망을 갖다	**жаждать** (좌즈다찌)
갈매기, 백구	**чайка** (차이까)
갈바니 전기의, 동(動)(직류)전기의;	**гальванический** (갈와니체쓰끼이)
갈색 머리인 사람.	**шатен** (샤쩬)
갈색, 밤색; ~е глаза 밤빛 눈	**карий** (까리이)
갈색의, 다갈색의, 엷은 갈색의, 브라운의	**бурый** (부르이)
갈아 신기다; 갈아 신다, 벗었다가 다시 신다;	**переобувать(ся)** (뻬레아부와찌)(쨔)
갈아 젖히다[일구다] 뒤집다; 위로 향하게 하다	**взорвать** (프자르와찌)
갈아서(비벼서) 가루로 만들다	**растирать** (라쓰찌라찌)
갈아입다; 변장(가장)하다	**переодеваться** (뻬레아제와쨔)
갈아 입히다; 갈아입다; 변장(가장)시키다	**переодевать** (뻬레아제와찌)

- 25 -

갈아타기, 갈아타는 것	**пересадка** (뼤레싸드까)
갈아타지 않는, 직통의, 직행의	**беспересадочный** (볘쓰뼤레싸도츠느이)
갈이, 논밭갈이, 경작(耕作)	**вспашка** (프쓰빠쉬까)
갈지 않은, 가공하지 않은; 처리하지 못한	**необработанный** (네아브라보딴느이)
갈차비를 하다; ~을 하려고 하다	**собираться** (싸비라짜)
갈퀴, 살고무래	**грабли** (그라블리)
갈피를 못잡게 말하다	**путать** (뿌따찌)
갉아먹다, 쏠다	**глодать** (글로다찌)
감(나무)	**хурма** (후르마)
감가상각(減價償却)(재정)	**амортизация** (아마르찌자찌야)
감각(感覺), 감성, 느낌	**чувственность** (춥쓰뜨볜노쓰찌)
감각(느낌, 촉감)으로 찾아내다,	**нащупать, нащупывать** (나수빠찌), (나수쁴와찌)
감각, 감촉, 초각, 이해력	**чутьё** (추찌에)
감각, 지각(知覺) 촉감, 감촉; 더듬음.	**ощущение** (아쓔쒜니예)
감각기관 따위 아픈 자극에 반응하는	**болевой** (발례보이)
감각을 없애다, 마비시키다, 저리다	**отсидеть затекать** (앗씨졔찌),(자쩨까찌)
감각을 잃다, 마비되다	**омертветь**

	(아메르뜨뻬찌)
감각이 없는(둔한), 무감각한	**нечувствительный** (네춥쓰뜨비쩰느이)
감각이 없어지다, 마비되다, 생기를 잃다	**мертветь** (메르뜨베찌)
감각학(感覺學)	**эстезиология** (에쓰쩨지올로기야)
감각할 수(느낄 수) 없는, 겨우 알아볼 수 있는	**неуловимый** (네울로 비므이)
감겨지는, 감겨있는, 감겨 붙는	**мотальный** (마딸느이)
감격, 열정, 격정; 기백(氣魄)	**пафос** (빠파쓰)
감귤!, 오렌지	**апельсин** (아뻴씬)
감금, 투옥, 유형	**заточение** (자또체니예)
감금하다, 투옥하다; 유폐하다	**заточить** (자또치찌)
감기, 감음, 감아 올리기, 감긴 물건; 감음 줄	**обмотка** (압모트까)
감기, 고뿔, 풍한, 인플루엔자(influenza)	**насморк простуда** (나쓰모르크) (쁘라스뚜다)
감기다, 휘감기다	**обвиваться** (압뷔와짜)
감기에 걸리다	**простудиться** (쁘라스뚜지짜)
감긴 것을 풀다, 물레로부터 풀어내다, 실을자아내다	**сматывать** (스마띄와찌)
감나무의, 흑단으로, 흑단재; ~ое дерево 감나무	**эбеновый** (에볜노브이)
감다, 감아두다, (해쾌) 휘감다	**наматывать**

- 27 -

(나마띄와찌)

감다, 돌리다, 얼레에(둘둘) 감다; 뚤뚤말다, 사리다 **намотать**
(나마따찌)

감당(처리)하다, 해제 끼다 **справляться**
(스쁘라블랴쨔)

감독 없는, 방임된 **беспризорный**
(볘쓰쁘리조르느이)

감독(제도)의 **епископский**
(예삐쓰까쁘스끼이)

감독, 감시, 단속, 관리 **. глаз**
(글라즈)

감독관, 감독자, 감시인; тюремный ~ 간수, 옥리 **надзиратель**
(나드지라쩰)

감독자, 감시원; 책임자 **смотритель**
(스마뜨리쩰)

감독하다, 체험하다, 느끼다 **прочувствовать**
(쁘라춥쓰뜨붜와찌)

감돌아 흐르다, 둘러싸다 **омывать**
(아믜와찌)

감동(감격)되다 **растрогаться**
(라쓰뜨로가쨔)

감동시키다, 격동시키다 **сяэлектризовать**
(엘렉뜨리조와찌)

감동, 감격, 정서, 희로애락 **эмоция**
(에모찌야)

감동[흥분]시킨, 감동된 **растроганный**
(라쓰뜨로간느이)

감동력, 감동적인; 격동적인 어조, 격정 **патетика**
(빠쩨찌까)

감동시키다, 감격하게 하다 **растрогать**
(라쓰뜨로가지)

감동적인, 감격적인, 감격할 **эмоциональный, трогательный**
(에모찌오날느이), (뜨로가쩰느이)

감동하기 쉬운, 정에 약한	**эмоциональность** (에모찌오날노쓰찌)
감로(甘露); (식물) 꽃꿀; 감미로운 음료, 과즙, 넥타	**нектар** (네크딸)
감마선(γ線)	**гаммалучи** (감말루치이)
감명 깊은, 인상 깊은	**внушительный** (브누쉬쩰느이)
감방, (교도소의) 독방	**камера** (까메라)
감복[찬탄]하다, 칭찬하다, 사모하다	**полюбоваться, восхитить** (빨류 보바쨔),(바쓰히찌찌)
감사(感謝), 사의(私意)	**благодарность** (블라가다르노쓰지)
감사를 드린다, 감사하다, 고마워하다, 은혜갚다	**благодарить** (블라가다리찌)
감사의 표시를 보이다, 은혜의 보답을 하다	**отблагодарить** (아트블라고다리찌)
감상적인, 감상주의적인 애상적인.	**сентиментальный** (쎈띠멘딸리느이)
감상주의, 주정주의, 센티멘털리즘	**сентиментализм** (쎈띠멘딸리즘)
감소, 절감; 축사(縮寫); 축도(縮圖); 할인	**редукция** (레둑찌야)
감속기, 감압기	**редуктор** (레둑똘)
감수성, 감염성, 자극성	**восприимчивость, чувствительность** (바쓰쁘리 임치뷔쓰찌),(춥쓰뜨뷔쩰노쓰찌)
감수성이 강한 것	**впечатлительность** (프뻬차뜰리쩰노쓰찌)
감수성이 빠른것, 민감성	**чувствительность** (춥쓰뜨뷔쩰노쓰찌)

감수성이 약한	**невосприимчивый** (네붜쓰쁘리임치브이)
감수성이 예민한, 감염되기 쉬운	**восприимчивый** (바쓰쁘리임치브이)
감수성이 풍부한, 감수성이 강한, 민감한	**впечатлительный** (프뻬차 뜰리쩰느이)
감시(監視), 감독(監督), 감찰(監察)	**надзор, присмотр** (나드졸) (쁘리쓰모뜰)
감시, 미행; 밀정노릇	**слежка** (슬레쥐까)
감시하다, 감독하다	**присматривать** (쁘리쓰맡리와찌)
감싸다, 싸다; 포장하다	**закутать, закутывать** (자꾸따찌), (자꾸띄와찌)
감아두다, (해해)휘감다, 감아띠다	**накрутить, накручивать** (나끄루찌찌), (나끄루치와찌)
감염돼[물들어] 있다 ~ примером ~을 본받게 하다	**заражать** (자라좌찌)
감옥; посадить в ~у 투옥하다	**тюрьма** (쮸르마)
감옥의; ~ое заключение 구금	**тюремный** (쮸렘느이)
감은, 꼰 것을 풀다	**разматывать** (라스마띄와찌)
감은, 꼰 것이 풀리다, 풀어지다	**разматываться** (라스마띄와짜)
감응기, 유전자, 유도자(子), 유전체(誘電體)	**индуктор** (인두끄또르)
감자 등의 덩이뿌리, 구경; ~ картофеля 감자알	**клубень** (클루벤니)
감자 캐는 기계	**швырялка** (쉬브럘까)
감자, 마령서(馬鈴薯), 감저(甘藷),	**картофель, картошка**

	(까르또펠), (까르또쉬까)
감자의; ~ая мука 감자가루, 농말	**картофельный** (까르또펠느이)
감정, 마음을 바로잡다, 사로잡다	**овладевать, овладеть** (아블라제와찌), (오블라제찌)
감정을 지워(풀어) 버리다, 생각을 지워버리다	**рассеивать** (라쓰쎄이와찌)
감정, 생각이 풀리다, 해소되다	**рассеиваться** (라쓰쎄이와쨔)
감정이 휩싸이다, 마음을 사로잡다	**захлестнуть** (자흘레쓰뜨누찌)
감청색, 하늘색; 푸른 하늘	**лазурь** (라주리)
감촉(감각)할 수 없는, 느낄 수 없는; 미세한	**неосязаемый** (네아쌰자예므이)
감촉(촉감)하다, 느끼다	**осязать** (아쌰자찌)
감촉할 수 있는, 느낄 수 있는	**осязаемый** (아쌰자예믜이)
감추다, 숨겨두다, 은폐하다	**упрятать** (우쁘랴따찌)
감추다, 숨기다,	**хоронить, прятать, утаивать** (하로니찌), (쁘랴따찌), (우따이와찌)
감치기, 깁기 꿰맨 곳, 옷을깁다, 사뜨다	**штопать, заштопать** (쉬또빠찌), (자쉬또빠찌)
감치다, 깁다, 꿰매다	**заштопать** (자쉬또빠찌)
감침질한 것, 기운 것, 꿰맬 것;	**штопать** (쉬또빠찌)
감침질한, 옷을 기운, 꿰매는, 옷을 사뜨기 위한	**штопальный** (쉬또빨리느이)
감탄(황홀)하게 하다	**увлекать** (우블레까찌)

감탄, 탄복, 황홀	**восхищение** (바쓰히쒜니에)
감탄사, 느낌씨, 감동사, 경탄사(驚歎詞),	**междометие** (메즈도몌찌에)
감탄의미: 아!, 아이구!, 에라!.	**a!** (아!)
감탕(늪, 논 등의 물밑에 개흙과 섞여 깔려 있는) 가래,	**тина** (찌나)
감탕, 진흙, 진창, 침니.	**ил** (일)
감히 ~하다, 감행하다,	**осмеливаться отваживаться** (아쓰몔리와쨔), (아트와쥐와쨔)
갑(岬), 곶, (바다에 길게 돌출한) 모래톱	**коса** (까싸)
갑, 케이스, 함; 손그릇, 작은 상자~ для очков 안경집	**футляр** (풋랼)
갑각의: ~ корабль 거북선	**панцирный** (빤치르느이)
갑갑증, 권태	**скука** (스꾸까)
갑상선(甲狀腺: 내분비샘의 하나. 목밑샘)	**щитовидка** (쒸따뷛까)
갑옷(甲—), 갑주(甲冑), 갑의(甲衣)	**кольчуга, броня** (깔추가), (브로냐)
갑자기 움직이는, 움찔하는, 실룩이는, 경련적인	**отрывистый** (앗릐비쓰뜨이)
갑자기, 별안간, 뜻밖에, 불의에, 언뜻;	**вдруг, внезапно** (프드루그) (브녜자쁘나)
갑작스레 놀라다(불안하다), 발칵 뒤집히다,	**всполошиться** (프쓰빨라쒸쨔)
갑주, 방비: быть во ~и 완전히 무장하다	**всеоружие** (프쎼아루쥐에)

갑주를 입히다; 장갑하다; (유리를) 강화하다	**забронировать** (자브로니로와찌)
갑충류(甲蟲類), 초시류(鞘翅類), 딱정벌레	**жесткокрылые** (줴쓰뜨까크릴르예)
갑판; верхняя ~ 윗 갑판; нижняя ~ 아래갑판	**палуба** (빨루바)
갑판실, 조종실, 사령실	**рубка** (루브까)
갑판장, 수부장	**боцман** (보쯔만)
값 싸게, 눅은 값으로	**дёшево** (죠쉐붜)
값, 가격, ~a на хлеб 빵값	**цена, стоимость** (쩨나), (스또이모쓰찌)
값은 얼마입니까? 양(값)이 얼마? 어느 정도?, 몇?	**сколько** (스꼴까)
값을 가지다, 값이 나가다	**стоить** (스또이찌)
값을 깎다, 에누리하다;	**скидывать, скинуть** (스끼듸와찌), (스끼누찌)
값을 매기다, 가격을 정하다 값을 정하다	**сторговаться** (스따르고와쨔)
값을 물지 않은, 갚지 못한; 보수가 없는	**неоплаченный** (네아쁠라쳰느이)
값을 정하다	**расценивать, ценить** (라쓰쩨니와찌), (쩬이찌)
값을 흥정하다	**поторговаться** (빠돌고와쨔)
값이 가다, 경비가(돈이)들다; с чем. ~를 취급하다	**обходиться** (압호지짜)
값이 높아지다(오르다), 비싸지다	**дорожать** (다라좌찌)
값있는, 가치 있는	**ценный**

- 33 -

	(젠느이)
갓난아이, 갓난이	**новорожденный** (나붜로즈젠느이)
갓난아이, 어린애; грудной ~ 젖먹이, 유아	**младенец** (믈라제네쯔)
갔다 오다, 왕복: ~ в магазин 상점에 갔다 오다	**сходить** (스호지찌)
강; 시내, 개울. ~ Волга 볼가 강	**река** (레까)
강간, 겁간, 강음, 겁탈, 능욕, 추행, 강제추행	**изнасилование** (이즈나씨라와니예)
강공하게, 세차게	**крепко** (크레쁘까)
강낭콩, 콩꼬투리	**репа** (레빠)
강냉이, 옥수수, 옥고량(玉高粱), 옥촉서(玉蜀黍)	**кукуруза** (꾸꾸루자)
강농어, 농어, 노어, 거구세린(巨口細鱗)	**окунь** (오꾼-)
강당(큰), 대강당, 큰 강의실	**аудитория** (아우지또리야)
강도, 살인귀, 강탈자, 갱 악당, 도적	**бандит, головорез** (반딧트),(갈로붜레즈)
강도, 농도, 도수	**крепость** (크레뽀쓰찌)
강도배, 강탈자	**налётчик** (날료뜨치크)
강력한 견인차, 견인트랙터	**тягач** (쨰가츠)
강력한, 맹렬한, 사나운, 세찬, 드센, 억센	**энергичный** (에네르기츠느이)
강령, 방침, 규범, 정강, 요강	**программа, тезис** (쁘라그람마),(쪠지쓰)

강령적인, 정책, 방침의, 소프트웨어, 프로그램의	**программный** (쁘라그람늬이)
강모, 뻣뻣한 털	**щетина** (쒜찌나)
강바닥, 하상, 물길, 강줄기	**русло** (루쓸로)
강변, 강의 절벽, 강 언덕, 계곡; 좁은 골짜기, 산골짜기	**яр** (야르)
강세, 악센트(기호), 비트(beat)	**нажимать** (나지마찌)
강수량(降水量)	**осадки** (아싸드끼)
강습(소), 양성소	**курсы** (꾸르쓰이)
강습, 습격, 공격, 돌격, брать ~ом 강습하여 빼앗다	**штурм** (쉬뚤므)
강습생, 수강생	**курсант** (꾸르산트)
강아지풀, 가라지, 구미초(狗尾草), 낭미초(狼尾草)	**щетинник** (쒜쩐닉)
강압(降壓), 강요(强要)	**диктат** (지크따트)
강어구, 합류점, 하구	**впадение** (프빠제니에)
강연자; (대학의) 강사. 훈계자	**лектор** (렉또르)
강옥(鋼玉); 금강사(金剛砂), 다이아몬드 원석	**корунд** (까룬드)
강요(强要), 강제(强制); 위압; 압제 정치.	**принуждение** (쁘리누즈제니예)
강요(강제)하다, 의무(세금·벌)를 지우다, 부과하다	**спускать** (스뿌쓰까찌)

강요된, 강제적인, 무리한, 억지의, 부자연한.	**невольный** (네볼느이)
강요하다; 조르다, 고집(주장, 집착)하다	**навязывать настоять** (나뱌즤와찌) (나쓰또야찌)
강요하다; ~시키다, ~하게 하다	**заставлять** (자쓰따블랴찌)
강의 상류의[로]; 수원(水源)으로 향하는	**верховой** (붸르호보이)
강의, 강연; читать ~ю 강의(강연)하다	**лекция** (렉찌야)
강의를 받다	**слушать** (슬루샤찌)
강이 흘러들어가다, 합류하다	**впадать** (프빠다찌)
강이나 호수의 깊은 곳, 심연	**омут** (오무트)
강점(점령)하다	**оккупировать** (아꾸삐로와찌)
강점, 점령, 점유 탈취	**захват, оккупация** (자흐와트) (아꾸빠찌야)
강점자(强占者), 점령자, 강탈자, 침략자	**захватчик, оккупант** (자흐와뜨치크),(아꾸빤트)
강제(강압)하다, 우격다짐하다	**насиловать** (나씰로와찌)
강제, 억지, 주먹다짐	**сила** (씰라)
강제로 이송[수송]하다, 죄수호송	**этапный** (에따쁘느이)
강제로, 강다짐으로, 우격다짐으로	**насильно** (나씰나)
강제로, 억지로	**силой** (씰로이)
강제하다, 억지로 ~시키다, ~에게 강제하다	**заставить**

	(자쓰따비찌)
강조; (윤곽 따위를) 두드러지게 하기	**нажим** (나짐)
강조하다 ~의 밑에 선을 긋다	**акцентировать** (악쩬찌로와찌)
강조하다, 두드러지게 나타나다	**заострить** (자오쓰뜨리찌)
강철, 쇠, 강(鋼), 철(鐵), 스틸(steel);	**сталь** (스딸)
강철의, 강(鋼)의, 스틸의	**сталепла-вильный** (스딸레쁠라빌느이)
강철의; ~ая плита 강판	**стальной** (스딸노이)
강타, 맹타, 세게 휘두르기	**наотмашь** (나오뜨마쉬)
강탈(强奪), 약탈(掠奪), 강도질; 약취, 탈취	**разбой, грабёж** (라스보이), (그라뵤즈)
강탈[약탈]하다; 성폭행하다, (법률을) 어기다	**изнасиловать** (이즈나씰라와찌)
강탈하는; 욕심 많은, 탐욕스러운	**хищнический** (히쉬니체쓰끼이)
강하게, 공고히; 격심하게, 맹렬히; 열심히,	**накрепко** (나끄렙까)
강한 요구, 주장(主張);	**домогательство, настояние** (다마가쩰쓰뜨뵈) (나쓰또야니에)
강한, 강력함, 유력함, 우세성, 위력, 강대성	**мощность** (마쉬노쓰찌)
강한 홍미에 찬, 열망하는,	**жадный** (좌드느이)
강해지다, 강대해지다, 건강해지다.	**здороветь** (즈다로볘찌)
강화(强化), 증강, 확대, 공고화	**упрочение, усиление** (우쁘로체니에), (우씰레니에)

강화(제고)되다, 높아지다	**расти** (라쓰찌)
강화되다, 굳세어지다, 두터워지다	**крепнуть** (크레쁘누찌)
강화된; ~ое питание 영양가가 높은 식사	**усиленный** (우씰렌느이)
갖가지 빛을 뿌리다, 아롱지다, 갖가지 울리다	**переливаться** (뻬렐리와짜)
갖가지로, 갖은 방법으로, 백방으로	**всячески** (프쌔체쓰끼)
갖고 있다, 유지하다; 붙들다, (붙)잡다, 쥐다	**зацепить** (자쩨삐찌)
갖다 드리다, 대접하다	**подносить** (빠드나씨찌)
같게, 동등하게, 평등하게	**ровно, наравне** (로브나), (나라브네)
같은 것을 열거할 때, ~등등(и тому подобное 의 간략형)	**и т. п.** (이 떼, 뻬)
같은 관직(전문 직업)의 동료	**сослуживец** (싸쓸루쥐볘쯔)
같은 높이로, 같은 수준으로, 동등하게; 나란히	**вровень** (프로볜니)
같은 말 되풀이	**тавтология** (따브똘로기야)
같은 몸, 분리할 수 없는, 동체	**единосушный** (예지나쑤쉬느이)
같은 음으로 맞추다, 다이얼[채널]을 ~에 맞추다	**настроиться** (나쓰뜨로이쨔)
같은 의견, 같은 사상	**единомыслие** (예지나믜쓸리예)
같은 일(것), 꼭 같은, 비슷한, 같은 길(방법) 같은 책[페이지, 구,장]에(略: ib, ibid.)	**же** (줴)

같은 종교를 믿는 것	**единоверный** (예지나볘레느이)
같은 종교를 믿는 사람, 같은 신자	**единоверец** (예지나볘레쯔)
같은 책(문서등의) 부, 권, 통; 부본	**экземпляр** (에크젬쁠랴르)
같은 피를 나눈, 혈통이 같은, 혈연적인	**кровный** (크로브느이)
같은, (~와) 닮은, ~와 같은, ~와 비슷한	**наподобие** (나뽀도비예)
같은 부족(종족)의 일원, 같은 종족(인종)	**единоплеменник** (예지나쁠레몐니크)
같이, 함께, 공동으로;	**вместе, заодно** (브몌스쩨) (자오드노)
같이 보다, 동일시하다; 나란히 놓다	**приравнивать** (쁘리랍니와찌)
같지 않은, 오롱조롱한, 닮지 않은	**неодинаковый** (네아지나꼬브이)
갚다, 반제(返濟)하다 상환하다;~에게 변상하다	**возвратить** (바즈브라찌찌)
갚다, 보상하다, 벌충하다, 배상하다	**возместить** (바즈몌스찌찌)
갚다, 보수를 주다, 보답하다	**вознаградить** (바즈나그라지찌)
갚다, 보답(보복)하다, 은혜를 갚다;	**отплатить, отплачивать** (앗쁠라띠찌), (앗쁘라치와찌)
갚음, 갚음을 하는 것, 속죄(贖罪)	**искупление** (이쓰꾸쁠레니예)
개(늑대. 여우 짐승이) 새끼를 낳다. 새끼를 낳다	**щениться** (쉐니쨔)
개, 견(犬), 견공(犬公); охотничья ~ 사냥개	**собака** (싸바까)
개가 짖다, 컹컹 짖다	**лаять**

	(라야찌)
개·여우·칠면조 따위가 캥캥[꽥꽥]하고 울다[짖다].	**скулить** (스꿀리찌)
개가 물려고 짖다(으르렁거리다)	**огрызаться огрызнуться** (아그르자쨔), (아그릐누쨔)
개간, 개작, 개척, 개발	**освоение возделывание** (아쓰붜예니예) (바즈젤와니에)
개간하다, 경작하다	**поднимать** (빠드니마찌)
개개의, 각개의, 일개인의, 개인적인	**индивид единичный** (인지비드) (예지니츠늬이)
개관, 일람, 평론, 통론	**обозрение, обзор** (아바즈레니예), (압조르)
개괄(총괄, 총화)하다; 일반화하다	**обобщать** (아밥샤찌)
개괄적으로 서술(보고)하다	**реферировать** (레페리로와찌)
개괄적으로 서술하는 것	**реферирование** (레페리로와니예)
개구리	**лягушка** (랴구쉬까)
개구리밥, 부평(浮萍), 부평초(浮萍草), 평초(萍草),	**ряска** (랴쓰까)
개구멍 뒷구멍, 빠질 구멍	**лазейка** (라제이까)
개굴개굴 울다, 맹꽁맹꽁하다	**квакать** (크와까지)
개념, 의상(意想), 생각, 관념, 심상(心豫)	**понятие** (빠냐찌예)
개두술, 천두술, 두개골 절개술	**трепанация** (뜨레빠나찌야)
개똥벌레, 반디, 반딧벌레, 단량, 단조, 반딧불, 형작,	**светляк** (스붸뜰랴크)

- 40 -

개략적인, 요약적인	**конспективный** (깐쓰뻭찝느이)
개량(改良) 개조(改造);	**реконструкция** (레꼰쓰뜨루끄찌야)
개량주의	**реформизм** (레포르미즘)
개량주의자(改良主義者)	**реформист** (레포르미쓰트)
개량하다, 개선하다; 향상시키다	**изменить(ся)** (이즈메니찌)
개미, 곽공충(郭公蟲)	**муравей** (무라뼤이)
개미집	**муравейник** (무라뼤이니크)
개발 도상에 있는, 발전 도상의.	**развивающийся** (라스비와유쉬이쌰)
개발(개간)하다;	**осваивать** (아쓰와이와찌)
개발, 개척(開拓)	**разработка** (라자라볽까)
개발하다;	**разрабатывать** (라자라바띄와찌)
개별적인, 특수한, 별개, 별난;	**особый** (아쏘브이)
개봉하다, 봉인을 떼다;	**распечатать** (라쓰뻬차따지)
개봉하다; 열다; (입을) 열게하다	**вскрыть(ся) отпечатать** (프쓰크릐찌) (앗뻬차따찌)
개선(개량)된	**улучшенный** (울루츠쉔느이)
개선(개량)하다	**улучшать** (울루츠샤찌)
개선(개량)되다, 완성되다	**усовершенствоваться**

	(우쏘볘르쉔쓰뜨뷔와쨔)
개선된 점, 개량된 점	**усовершенствование**
	(우쏘볘르쉔쓰뜨뷔와니에)
개선(개량,완성)하다, 고치다, 바로잡다,	**усовершенствовать**
	(우쏘볘르쉔쓰뜨뷔와찌)
개성, 개성적 특성, 인격	**индивидуальность**
	(인지비두알리노쓰찌)
개시, 개설, 여는 것;	**открытие**
	(아트끄릐찌예)
개시되다, 시작되다, 일어나다;	**начинаться**
	(나치나쨔)
개시된 사업, 시작하는 것; 발의, 발기, 선창.	**начинание**
	(나치나니예)
개암(나무)(의); 담갈색(의).	**орешник**
	(아례쉬니크)
개어 진흙으로 만들다, (가루·흙 따위를) 반죽하다;	**замесить**
	(자몌씨찌)
개요, 개론, 요강, 요점, 적요, 줄거리	**конспект, очерк**
	(깐쓰뻭트),(오체르크)
개우리, 개집;	**конура**
	(까누라)
개인, 개체, 어떤 사람	**индивидуум**
	(인지비두움)
개인 사업. 예술의 보호자, 후원자, 지지자, 후원조직	**шеф**
	(쉐프)
개인경영농민, 혼자 힘으로 일하는 사람;	**единоличник**
	(예지날리츠니크)
개인으로 만든 물건, 수공품(手工品)	**самоделка**
	(싸모젤까)
개인의, 개인경영의, 소작농민의	**единоличный, частный**
	(예지날리츠늬이) (차쓰트늬이)
개인적인, 개성적인;	**индивидуальный**
	(인지비두알리늬이)

개인주의	**индивидуализм** (인지비두알리즘)
개작, 개조(改造), 변경(變更);	**переделка** (뻬레젤까)
개작(改作)된 이야기, 서술, 이야기하기 진술,	**пересказ** (뻬레쓰까즈)
개작된 물건, 개작된 작품	**переделка** (뻬레젤까)
개작하다, 개조하다; 고쳐 만들다; 많은 일을 하다,	**переделывать** (뻬레젤릐와찌)
개정, 교정(校訂), 교열, 수정.	**ревизионный** (레비지온느이)
개정하다, 수정하다, 정정하다	**исправить(ся)** (이쓰쁘라비찌)
개조(改造), 전환;	**преобразование** (쁘레옵라조와니예)
개조자	**преобразователь** (쁘레옵라조와쩰)
개찰원, 검표원	**билетёр** (빌롓쬬르)
개척자, 선구자, 선각자	**первооткрыватель, первопроходец** (뻬르붜오트크릐와쩰) (뻬르붜쁘로호제쯔)
개편, 재조직, 재편성	**преобразование реорганизация** (쁘레옵라조와니예) (레오르겐니자찌야)
개편하다, 재조직(재편성)하다	**переформировать, реорганизовать** (뻬레파르미로와 찌) (레오르간니조와찌)
개혁, 변혁, 개정, 개량	**реформа, преобразование** (레포르마) (쁘레옵라조와니예)
개혁자(改革者), 개조자	**реформатор** (레포르마또르)
개혁하다, 개정[개량]하다.	**перевоспитывать[ся]** (뻬레붜쓰삐띄와짜)

개화(開化), 만발(滿發) 융성, 번영	**процветание, расцвет** (쁘라쯔베따니예) (라쓰쯔베트)
개회, 개정(開廷); 회기, 개정 기간, 개회중	**сессия** (쎄씨야)
객관성, 객관적 실재	**объективность** (아비예크찌브노쓰찌)
객관주의; 객관성(客觀性)	**объективизм** (아비예크찌비즘)
객실, 응접실, 사교실;	**салон** (쌀론)
객쩍은 이야기(를 하다), 잡담(하다)	**сплетня** (스쁠레쨔)
갤런(용량의 단위로 4 quarts; 略; gal., gall.).	**галлон** (갈론)
갱, 강도(强盜)	**гангстер** (간그스쩰)
갱도, 연락 갱도 수평갱도	**галерея, штрек** (갈레례야) (쉬뜨레그)
갱생하다, 부흥하다, 부활하다,	**воскресать** (바쓰크레사찌)
갱신(일신)하다, 새롭게 만들다(바꾸다)	**обновлять** (압나블랴찌)
갱차, 광석차(鑛石車), 탄차	**вагонетка** (와가녜뜨까)
갸름한, 길쭉한	**удлённый** (우들룐느이)
거기[그 곳]에, 거기(에)서, 저기, 저기에	**там, вон** (땀),(볜)
거기로, 저기로; билет ~ и обратно 왕복표	**туда** (뚜다)
거꾸러지다, 엎어지다, 곤두박질하다,	**перекувырнуться** (뻬레 꾸븨르누짜)
거꾸로 서기, 물구나무서기, 물구나무서기 운동	**стойка**

(스또이까)

거꾸로(역행) 할 수 없는, 뒤집을 수 없는	**необратимый** (네아브라찌므이)
거꾸로, 뒤집히어, 역으로, 반대로	**шиворот, навыворот** (쉬붸롣) (나븨뷔로트)
거꾸로(전도, 전환)할 수 있는; 뒤집을 수 있는	**перекидной** (뻬레끼드노이)
거닐다, 산보하다	**гулять** (굴랴찌)
거대한, 막대한, 비상한, 강대한	**титанический ,гигантский** (찌따니체쓰끼이), (기간드쓰끼이)
거동, 버릇, 행세	**замашка** (자마쉬까)
거두는 것, 치우는 것; ~ [урожая] 가을걷이	**уборка** (우보르까)
거두다, 수집하다, 끌어 모으다, 모으다,	**пожинать** (빠쥐나찌)
거두다, 치우다, 집어(치워)놓다, 정돈하다	**убирать, прибрать** (우비라찌) (쁘리브라찌)
거드름 피우는, 뽐내는	**важный** (와즈느이)
거들(우쭐)거리다, 거드름 피우다,	**позировать жеманиться** (빠지로와찌) (줴마니쨔)
거들다, 돕다	**помочь** (빠모치)
거들다, 참견하다, 끼어들다, 간섭하다	**ввязаться** (붸자쨔)
거듭(되는), 다시 한 번 되풀이하는	**повторный** (빠브또르늬이)
거래, 계약, 협정:	**сделка** (즈젤르까)
거래소(去來所), 취인소(取引所)	**биржа** (비르자)

거르개, 여과기; 차광판, 여광기	**фильтр** (필트르)
거르게 하다, 여과시키다	**процедить** (쁘라쩨지찌)
거르다, 여과하다	**профильтровать фильтровать** (쁘라필뜨로와찌) (필트로와찌)
거름(두엄, 퇴비)을 주다	**навозить** (나보지찌)
거름, 두엄, 퇴비	**удобрение, навоз** (우다브레니에) (나보스)
거름의, 비료의; 똥거름으로	**навозный** (나보즈느이)
거리, 간격, 원거리, 길거리;	**дальность расстояние** (달노쓰찌) (라쓰다야니예)
거리(距離), 연장선(延長線)	**протяжённость** (쁘라쨔죤노쓰찌)
거리, 길거리, 가두(街頭), 가항(街巷), 항맥(巷陌);	**улица** (울리짜)
거리의 휴지통(休紙桶)	**урна** (우르나)
거리의, 시가지; ~ое движение 시내교통	**уличный** (울리츠느이)
거리장사꾼, 중간상인, 매점자, 전매자	**перекупщик** (뻬레꾸쁘쉬크)
거리측정기	**дальномер** (달노몔)
거만(倨慢), 교만(驕慢), 거드름, 고달, 오만(傲慢),	**высокомерие** (븨싸까메리에)
거만하게: 건방지게,	**свысока** (스븨쏘까)
거만한, 교만한 오만한,	**спесивый, высокомерный** (스뻬씨브이) (븨싸까몔느이)
거머리, 수질(水蛭)	**пиявка**

	(삐얍까)
거무스레한	**смуглый** (스무글르이)
거물(巨物), 거인(巨人), 권력자	**туз гигант** (뚜즈) (기간트)
거물거리는 것, 반짝거리는 것	**мерцание** (메르짜니에)
거미, 지주(蜘蛛)	**паук** (빠욱)
거미줄, 거미집, 주사(蛛絲), 지망(蜘網);	**паутина** (빠우찌나)
거미집, 거미집 모양의 것	**перепонка** (뻬레뽄까)
거부, 부인(否認), 금지(禁止)	**вето** (붸따)
거부하다, 부인하다, 받아들이지 않다.	**отречься** (앗레치쌰)
거북딱지, 별갑 직사각형의 방패, (곤충의 가슴의) 순판	**щит** (쒸드)
거북살스러운, 불편한, 굼뜬	**неуклюжий** (네우끌류쥐이)
거북이, 해귀(海龜), идти как ~ 매우느리게 가다	**черепаха** (체레빠하)
거북이의, 거북의, 해귀의; ~ий панцирь 거북이잔등;	**черепаший** (체레빠쉬이)
거북한 것, 불편한 것	**неловкость** (넬로브꼬쓰찌)
거북한, 적절치 못한	**неудобный** (네우도브느이)
거세(去勢), 불까다	**кастрация** (까쓰뜨라찌야)
거수경례를 하다	**козырять** (까즤랴찌)

거스름돈	**сдача** (즈다차)
거울; смотреть(ся) в ~ 거울을 보다	**зеркало** (제르깔라)
거울과 같은, 거울의	**зеркальный** (제르깔느이)
거위(기러기)의 수컷, 숫거위	**гусак** (구싸크)
거위가 꽥꽥 울다, 꽥꽥거리다	**гоготать** (가가따찌)
거의 ~ 아니다(않다), 간신히, 겨우, 지금 막 ~한	**еле** (옐레)
거의, 대체로, 대략, 약. ~에 대[관]하여. ~경(에), ~(때)쯤.	**о, обо** (오)(오바)
거의~아니다[않다]. 아마 ~않을 것이다	**навряд ли** (나브랴들리)
거의 일치하다, ~에 가깝다	**граничить** (그라니치찌)
거인(巨人), 대인(大人)	**великан** (벨리깐)
거장, 거물, 대가, 명인	**титан, величина, исполин, колосс** (찌딴), (벨리치나), (이쓰뽈린) (깔로쓰)
거저, 공자로, 무급으로, 매우 값 싼	**даром** (다롬)
거적, 멍석, 거적자리, 멍석짝	**рогожа** (라고좌)
거절(거부, 사절)하다, 물리치다, 불허하다	**отказывать(ся)** (아트까즈와찌)(쨔)
거절, 거부	**отказ** (아트까즈)
거절(사절,각하)하다. 물리치다,	**отказать забраковать** (아트까즈찌) (자브라꼬와찌)
거주등록, 주거등록	**прописка**

- 48 -

	(쁘라삐쓰까)
거주를 등록하다, 거주등록이 되다	**прописаться** (쁘라삐싸쨔)
거주의, 주민의; ~ая книга 주민대장	**домовый** (다모브이)
거주자, 정주자, 거류민, 주민,	**обитатель, резидент** (압비따젤) (레지젠트)
거주지, 주소, 살림터	**местожительство** (메쓰따쥐쩰쓰뜨붜)
거주하다, 이사하다	**въезжать** (프에즈좌찌)
거지, 비렁뱅이, 걸인, 걸개,	**нищая, нищенка, нищий** (니샤야), (니쉔까) (니쉬이)
거지가 되다, 가난뱅이가 되다	**обнищать** (압니샤찌)
거지의, 거지같은	**нищенский** (니쉔쓰끼이)
거짓(말), 허위(虛僞)	**ложь** (로쥐)
거짓, 진실이 아닌, 정직하지 못한, 허위적인	**неправдивый** (네쁘라브지브이)
거짓말쟁이, 대포쟁이, 뻥쟁이	**врун** (프룬)
거짓말, 빈소리, 꾸며낸 말	**враки, враньё** (프라끼이), (프라니요)
거짓말, 헛소리, 날조	**вымысел, россказни** (븨믜쎌),(로쓰까즈니)
거짓말하다, 거짓부리하다, 허튼소리하다	**врать, солгать** (프라찌) (쏠르가찌)
거짓보도, 허위(왜곡, 조작, 날조) 보도	**дезинформация** (제진포르마찌야)
거짓선전자, 허위선전자	**демагог** (제마고그)

거치른(서투른, 더러운) 글	**стряпня** (스뜨랴쁘냐)
거친 것, 조잡성	**грубость** (그루보쓰찌)
거친, 거칠거칠한, 껄껄한, 조잡한, 날쌍한;	**грубый** (그루브이)
거칠게 다루다, 학대하다, 괴롭히다; (~를)이용하다	**гоняться** (간야쨔)
거칠게 하다(되다), 조잡(야비, 추잡)하게 하다	**загрубеть** (자그루베찌)
거칠어지다, 조잡해지다;	**грубеть** (그루베찌)
거품(덩어리), 기포; 시시한(하찮은) 것	**пузырь, вспениваться** (뿌걱리), (프쓰뻬니와쨔)
거품이 많은, 거품이 부그르르한	**пенистый** (뻬니쓰뜨이)
거품이 일다, 풀리다	**мылиться** (믤리쨔)
걱정(근심, 고민)하다, 안달하다	**переживать, встревожить** (뻬레쥐와찌) (프쓰뜨레보쥐찌)
걱정하지 않는 것	**беззаботность** (베즈자보뜨노쓰찌)
건강, 건강상태;	**здоровье** (즈다로비예)
건강에 이로운, 건강에 좋은	**здоровый** (즈다로브이)
건강에 좋은, 치료에 효력이 있는	**целебный** (쩰레브느이)
건강에 좋지 않은, 유해한	**вредно** (프레드나)
건강히 지내다, 건재하다, 평온하게 지내다	**здравствовать** (즈드라쓰뜨붜와찌)

건너 주다, 도하시키다	**перевозить** (뻬레뷔지찌)
건너가다, 지나가다	**переезжать** (뻬레예좌찌)
건너는 것, 도하; 나루터, 도하장소; 도하시설	**переправа** (뻬레쁘라와)
건너편에; 맞은편에; ~ дома 집 맞은편에	**напротив** (나쁘로찌프)
건네(넘겨) 주다, 수교하다,	**выдать(ся), вручить, сдавать** (븨다찌(쨔)) (프루치찌) (즈다와찌)
건달, 게으름뱅이, 놀고먹는 놈	**бездельник** (베즈젤니크)
건드리다, 스치다, 언급하다	**задевать** (자졔와찌)
건드리다, 시끄럽게 하다; 간섭하다;	**трогать** (뜨로가찌)
건들건들 거닐다, 방랑하다, 배회하다	**шастать** (샤쓰따찌)
순식간에(들어온. 뛰쳐나간. 가로지른)	**шасть** (샤쓰찌)
건망증, 잊음증, 기억력부족	**забывчивость** (자븨브치보쓰찌)
건물(建物), 집, 방(房), 주택 공급, 주택건설.	**помещение** (빠몌쒜니예)
건물(建物), 청사(廳事) 건축물	**здание, дом** (즈다니예), (돔)
건물(선박. 비행기)의 뼈대, 구조, 갈빗대, 늑골	**шпангоут** (쉬빤고우트)
건물·지붕 따위가 무너지다, 붕괴하다, 내려앉다;	**обрушиться** (아브루쉬쨔)
건물의 앞면, 정면	**фасад** (파싸드)
건물의 층(層); 사회의 계층 первый ~ 1층; второй ~ 2층	**этаж**

- 51 -

	(에따즈)
건물이 내려앉다, 침하(침강)하다	**оседать** (아쎄다찌)
건반, 키보드 (바이올린 따위의) 지판(指板); 건반	**гриф** (그리프)
건설(建設); 건축물, 건물	**постройка** (빠쓰뜨로이까)
건설, 건조, 건축, 구성; (건조·건축·건설) 공사, 작업	**построение** (빠쓰뜨로-예니예)
건설(건축)장, 건설장	**стройка, стротельство** (스뜨로이까) (스뜨로쩰쓰뜨붜)
건설의 발대, 발판	**леса** (레싸)
건설의, 건축의; ~ая площадка 건설장:	**строительный** (스뜨로이쩰느이)
건설자, 공사자	**строитель** (스뜨로이쩰)
건설장, 기업;	**объект** (아비예크트)
건설적인	**конструктивный** (깐쓰뜨룩찌브느이)
건어, 건어물(乾魚物)	**штокфиш** (쉬똑피쉬)
건장한 젊은이; 참 장하다	**молодец** (말로제쯔)
건장한, 장대한; 키가 큰	**дюжий** (듀쥐이)
건재(建材), 건축 용재	**стройматериал** (스뜨로이마쩨리알)
건전하게 만들다	**оздоровить** (아즈도로비찌)
건전하게 사고하는, 생각하는, 상식적인	**здравомыслящий** (즈드라보믜쓸랴쉬이)

건전한, 올바른, 분별있는	**здравый** (즈드라브이)
건져내다, 구출(구원)하다, 도와주다	**выручать вызволить** (븨루차찌) (브즈뷜리찌)
건조, 구성, 건축(술), (건조·건축·건설)공사(작업)	**проведение** (쁘라볘졔니예)
건조기, 건조장치	**сушилка** (수쉬르까)
건조시키다; 말리다, 닦아내다	**просыхать** (쁘라쓰하찌)
건조실, 말림터, 건조대	**сушилка** (수쉬르까)
건조한, (토지가) 바싹 마른, 불모의	**безводный** (볘즈보드느이)
건초 가리, 말린 풀 퇴적기	**сенокопнитель** (쎼노꼬쁘니쩰)
건초간, 건초 보관장, 말린 풀 저장고, 건초창고	**сеновал** (쎼노왈)
건초용 포크, 갈퀴, 쇠스랑, 걸이대, 소시랑	**вилы** (뷜리)
건축물의 기초 구덩이, 기초 홈	**котлован** (까뜰로완)
건축술, 건축학(建築學)	**зодчество, архитектура** (조드체쓰뜨뷔)(아르히쩩뚜라)
건축양식(建築樣式)	**архитектура** (아르히쩩뚜라)
건축의 측면, 물림, 퇴, 날개, 익(翼), 익벽(翼壁)	**крыло** (크릴로)
건축의 층막, 지붕	**перекрытие** (뼤례크르띠예)
건축의	**архитектурный** (아르히쩩뚜르느이)
건평, 주택내부면적	**жилплощадь**

(쥘쁠로샤찌)

건포도, 마른 포도,	**изюм** (이쥼)
걷기, 보행, 보측(步測), 산보	**ходьба** (하디바)
걷는 사람, 보행자, 걸어 다니는 사람	**пешеход** (뻬쎄홑)
걷는데 버릇(습관)되다;	**расходиться** (라쓰하지쨔)
걷다(짧은 거리를), 걸음걸이를 하다; 걸음을 옮기다,	**вступить** (프쓰뚜삐찌)
걷다, 다니다, 갔다 오다	**ходить** (하지찌)
걷어 올리다, 걷다; ~ рукава 소매를 걷다	**засучить** (자쑤치찌)
걸다, 걸어놓다, 걸어 당기다	**зацеплять** (자쩨쁠랴찌)
걸레, 먼지 닦는 헝겊	**тряпка** (뜨랍까)
걸리다, 걸키다	**зацепляться** (자쩨쁠랴쨔)
걸리다, 매달리다;(공중에) 떠있다;	**повисать, повиснуть** (빠뷔싸찌), (뽀비쓰누찌)
걸쇠, (문의) 빗장, 자물쇠청, 쇠고리 볼트, 나사못	**шпингалет** (쉬뼨갈롙)
걸쇠, 버클, 죔쇠, 혁띠고리	**пряжка** (쁘랴즈까)
걸식하다, 빌어먹다, 몹시 가난하게 살다;	**нищенствовать** (니쉔쓰뜨붜와찌)
걸어가는, 보행, 워킹, 도행	**пеший** (뻬쉬이)
걸어서, 보행으로, 워킹으로	**пешком** (뻬쓰꼼)

걸으면서, 급히;	**походя** (빠호쟈)
걸을 수 있다, 걸으려는 마음이 있다	**шагаться** (샤가쨔)
걸음 길, 보도(步道), 인도(人道)	**тротуар** (뜨로뚜알)
걸음걸이, 발걸음, 보조	**поступь** (뽀쓰뚜삐)
걸이, 모자걸이, 옷걸이;	**вешалка** (볘샬까)
걸작(傑作), 명작(名作).	**шедевр** (쉐데브르)
걸죽한(걸쭉한) 국	**похлёбка** (빠흘료브까)
걸출한, 눈에 띄는, 현저한. 수훈(殊勳)이 있는	**выдающийся** (븨다유 쉬이쌰)
걸치다, 매달다	**нацепить, нацеплять** (나쩨삐찌), (나쩨쁘랴찌)
검(劍), 긴 칼, 장검(長劍)	**меч** (메츠)
검거망, 포위수색	**облава** (아블라와)
검거하다,	**арестовать, арестовывать** (아레쓰따와찌) (아레쓰또븨와찌)
검게(거멓게, 까맣게) 보이다	**чернеть** (체르네찌)
검게 되다; 어두워지다.	**почернеть** (빠체르네찌)
검게 하다, 어듭게 하다	**закоптить, чернить** (자까쁘찌찌) (체르니찌)
검댕, 철매, 그을음	**сажа** (싸좌)

검류계(檢流計)	**гальванометр** (갈와노메뜨르)
검부러기, 부스러기	**труха** (뜨루하)
검붉게 되다, 진홍색으로 물들다	**побагроветь** (빠바그로붸찌)
검붉어지다, 진홍(다홍)색으로 되다;	**багроветь** (바그로베찌)
검붉은, 자주빛, 적자색	**багровый** (바그로브이)
검붉은색의, 선홍색	**вишнёвый** (뷔스뇨브이)
검사(檢事), 소추자, 기소자, 고발자; 검찰관	**прокурор** (쁘라꾸롤)
검사(검열, 감독, 감시)하다, 통제하다	**контролировать** (깐뜨로리로와찌)
검사(의학), 진찰	**анализ** (아날리즈)
검사(시험)하다, 테스트하다, 조사하다	**испробовать** (이쓰쁘로보와찌)
검사원, 감독원; билетный ~ 검표원	**контролёр** (깐뜨로료르)
검사자(관), 조사자(관), 시찰(관), 검열원(관)	**осмотрщик** (아쓰모뜰쉬크)
검사하다, 조사[심사]하다, 고찰[검토,음미]하다.	**оглядеть** (아글랴제찌)
검약의, 절약의, 검소한	**экономный** (에까놈느이)
검약한, 소박[질박]한, 조리차한 검박한:	**неприхотливый** (네쁘리호뜰 리브이)
검역소(檢疫所)	**карантин** (까란찐)
검열, 검사, 감독, 통제	**контроль**

	(깐뜨롤)
검열의, 검사하는, 감시하는, 통제하는	**контрольный** (깐뜨롤느이)
검열관, 감독자; 장학사	**инспектор** (인쓰뻬크따르)
검열원, 검사원, 검표원;	**контроль** (깐뜨롤)
검은 구름;	**туча** (뚜차)
검은 딸기열매; 검은 딸기 관목	**ежевика** (예줴비까)
검은 무, 여름 무	**редька** (레지까)
검은 점, 반점, 얼룩점, 아롱점	**затемнение** (자쩸녜니예)
검은 체리 스페인종 벚나무;	**шпанка** (쉬빤까)
검은, 흑색 ~ый흑인; ~ый рынок 암시장,	**черный** (쵸르느이)
검은담비; 검은담비의 모피	**соболь** (쏘볼)
검은땅 ~ая зона(полоса) 흑토대(黑土帶)	**чернозёмный** (쵸르노죰느이)
검은색, 흑색(黑色)	**чернота** (쵸르노따)
검인(檢印), 검증(檢證), 실증(實證);	**виза** (뷔자)
검인, 낙인, 도장, 상표; ставить ~ 검인을 찍다	**клеймо** (클레이마)
검인관(鈐印官)	**штемпельмейстер** (쉬쩸뼬리메이쓰뗄)
검인을 찍다	**визировать** (뷔지로와찌)

검전기(檢電器)	**электроскоп** (엘렉뜨라쓰꼬쁘)
검증(검정)하다; 검진하다	**освидетельствовать** (아쓰비제쩰쓰뜨붜와찌)
검찰청(檢察廳), 기소자측, 검찰 당국	**прокуратура** (쁘라꾸라뚜라)
검토, 조사(助事), 심의(審議);	**проработка** (쁘라라볻까)
겁 많은, 비겁한, 소심한	**трусливый** (뜨루쓸리브이)
겁, 소심, 비겁, 소심성, 비겁성	**малодушие** (말라두쉬에)
겁나게 하다, 놀래다, 소름끼치게(무서워 떨게)하다	**ужасать** (우좌싸찌)
겁에 질린, 기를 못 펴는	**забитый** (자비뜨이)
겁이 많은, 두려워하는, 소심스러운	**боязливый** (바야즐리브이)
겁쟁이, 비겁한자	**трус** (뜨루쓰)
겁주어[위협해] ~하게 하다,	**припугивать** (쁘리뿌기와찌)
겉껍질, 표면층	**покров** (빠끄롭)
겉면에 온통 바르다(칠하다, 더럽히다)	**размазать** (라스마자찌)
겉면에 온통 발라지다(칠해. 더럽히다)	**размазаться** (라스마자쨔)
겉모양, 겉모습, 외양, 외면, 외형, 모양, 꼴 생김,	**вид** (뷔트)
겉모양, 겉치례하다	**видимость** (뷔지마쓰찌)

겉모양, 외모, 풍채, 외관, 몰골;	**наружность** (나루즈노쓰찌)
겉모양뿐인;	**показной** (빠까즈노이)
겉씌우기, 겉바르기, 겉붙이기	**облицовка** (아블리쪼프까)
겉옷, 덧옷, 망또	**манто** (만또)
겉으로, 표면상	**внешне** (브네쉬네)
겉을 씌우다(바르다, 붙이다)	**облицовывать** (아블리쪼븨와찌)
게걸; есть с ~ю 게걸스레 막먹다	**жадность** (좌드노쓰찌)
게걸스러운; 탐욕스러운, 만족을 모르는	**ненасытный** (네나씌뜨느이)
게걸스레 먹다 배불리 먹다, 가득채우다.	**жрать** (쥐라찌)
게다가, 더군다나, 보다더, 더욱이, 가뜩이나	**вдобавок** (프다바뷬크)
게시, 고시, 공보(公報), ~и 통보(通報),	**ведомость** (붸다마쓰찌)
게우기 구토, 토하기	**рвота** (르보따)
게우다, 토하다;	**рвать** (르와찌)
게으른, 굼뜬, 느럭느럭한	**ленивый** (레니브이)
게으름, 나태, 권태;~하기가 싫다,~하기를 게을리하다;	**лень** (렌)
게으름부리다, 게을리 하다, 태만하다	**лениться** (레닌쨔)
게으름뱅이, 게으름쟁이	**шалбер,шлёнда, шаматон**

(살베르), (쉴튠다) (샤마똔)	
게을러지다, 게으른 버릇이 붙다	**облениться** (아블레니쨔)
게을리하다, 게으름(을) 피우다, 건달부리다	**лентяйничать** (렌쨔이 니차찌)
게임·경기를 하다, ~하며 즐기다	**разыгрывать** (라즈그르와찌)
겨, 쌀겨, 벼겨, 밀기울, 맥부. 맥피.	**отруби** (올루비)
겨냥(하는), 조준(의)	**настроенный** (나쓰뜨로옌느이)
겨냥을 하다, 겨누어 ~을 던지다	**нацелить(ся)** (나쩰리찌)
겨냥하는, 조준하는	**прицельный наводящий** (쁘리쩰느이) (나보드야쉬이)
겨누는 것, 조준; 조준기, 조척	**прицел** (쁘리쩰)
겨누다, 노리다	**наставить, прицеливаться** (나쓰따비찌) (쁘리쩰리와쨔)
겨눔못, 조성; (수리용의) 쇳조각; 판자 조각.	**мушка** (무스까)
겨드랑이 нести под ~ой 겨드랑이에 끼고 가져가다	**мышка** (믜스까)
겨레(동포,동족)를 살육하는	**братоубийственный** (브라따우비이쓰뜨뻰느이)
겨루다, 경쟁하다; 서로 맞서다, ~에 필적하다	**равняться** (라브냐쨔)
겨룸, 경쟁; на~ 내기를 하여	**спор** (스뽀르)
겨우 걸어가다, 겨우 발을 옮기다	**брести, поплестись** (브레쓰찌) (빠쁠레찌시)
겨우 나가다;	**пробраться** (쁘라브라쨔)

겨우 눈에 띄는, 잘 나타나지 않은	**малозаметный** (말라자몌뜨느이)
겨우 살아나가다, 간신히 입에 풀칠하여 살아오다;	**перебиться** (뻬레 비쨔)
겨우, 간신히	**кое-как** (꼬에-깍크)
겨우, 가까스로, 거의 ~없다	**еле, еле-еле** (옐레) (옐레-옐레)
겨울 작물들, 가을작물	**озимые** (아지믜예)
겨울(용)의; 겨울 저장이 되는; 가을에 파종 하는	**озимый** (아지믜이)
겨울, 겨울철, 동계	**зима** (지마)
겨울나이, 겨울나이 장소	**зимовка** (지모브까)
겨울을 나다, 월동하다, 동면하다	**перезимовать зимовать** (뻬레지모와찌),(지마와찌)
겨울의, 겨울철의; 겨울철에, 동계	**зимой, зимний** (지모이), (짐니이)
겨자(mustard), 청개(靑芥), 갓, 개자(芥子), 개채	**горчица** (가르치쨔)
격(格)(언어), 격식(格式), именительный ~ 주격,	**падеж** (빠데즈)
격검(술), 펜싱, 검술	**фехтование** (폐흐또와니에)
격납고(格納庫), 비행기 창고.	**ангар** (안가르)
격노, 분노, 맹렬, 광포, 발정, 열광, 교미기	**ярость** (야로쓰찌)
격노케(화나게)하다, (분)노하게 하다, 분격시키다	**разозлить** (라조즐리찌)

격노한, 분노한, 노발대발한, 맹렬한, 광포한	**разгневанный** (라스그녜완느이)
격동, 동요(動搖); ~ умов 민심동요	**брожение** (브로줴니예)
격려, 고무, 선동, 자극; 자극물, 동기	**наущение** (나우쉐니예)
격려하다, 부추기다, 북돋우다	**воодушевлять, вдохновлять** (바아두쉐브랴찌) (프다흐노블랴찌)
격렬[강렬]하게 하다; 격심하게 [강하게] 하다.	**обостриться** (아바쓰뜨리쨔)
격리, 고립(화), 고독. 분리, 교통 차단	**изоляция** (이졸랴찌야)
격멸, 소탕, 청산, 숙청	**уничтожение** (우니츠또줴니에)
격멸하다, 소탕하다, 숙청하다, 청산하다	**уничтожать** (우니츠또좌찌)
격문(檄文), 호소문(呼訴文);	**воззвание** (바즈와니에)
격변화(格變化)	**склонение** (스클로녜니예)
격분(분노, 분개)하다, 통분하다	**негодовать** (녜가다와찌)
격분, 분개, 분노, 비분;	**негодование** (녜가다와니예)
격분시키다, 초조하게 하다 자극하다	**раздражать** (라스드라좌찌)
격분을 자아내다, 불쾌감을 주다	**возмущать** (바즈무샤찌)
격분케 하다, 악에 받치게 하다	**ожесточать** (아줴쓰또차찌)
격분하다, 분개하다, 격분이 치밀다, 통분하다	**возмущаться** (바즈무샤쨔)
격분한, 분개한, 의분한, 분노한	**возмущённый**

(바즈무숀느이)

격식(을 차리는 것), 사양.	**церемония** (쩨레모니야)
격식에 따라, 형식적으로	**официально** (아피치알-나)
격심한 폭풍우.	**штормяга** (쉬똘매가)
격언, 명언, 속담	**поговорка, изречение** (빠가볼까) (이즈레체니예)
격자무늬, 바둑(판)(정자) 무늬 있는	**клетчатый** (클레뜨차뜨이)
격침(擊沈), 침몰(沈沒), 침륜	**ударник потопление** (우다르니크) (빠또쁠레니예)
격파하다, 분쇄하다;	**разбить** (라스비찌)
겪다, 맛보다, 체험하다, 체득하다,	**переживать испытать** (뻬레쥐와찌) (이쓰쁵따찌)
겪어보다, 느끼다, 맛보다;	**изведать, отведать** (이즈볘다찌) (아트볘다찌)
겪어보지 못한, 체험하지 못한	**неизведанный** (네이즈베단느이)
겪은(체험한) 일	**пережитое** (뻬레쥐또예)
견고; 견실; 확고부동, 안정성, 불변성, 안정;	**устойчивость** (우쓰또이치붜쓰찌)
견고성, 강의성(剛毅性)	**стойкость** (스또이까쓰찌)
견고한 요새, 대전차 장애물, 철조망	**ёж** (요쥐)
견고한 요새의, 철조망(X형 틀에 감은)	**ежовый** (요죠브이)
견고한, 오래 견디는	**стойкий** (스또이끼이)

견딜만하다	**так-сяк** (따크-쌰크)
견본 추출. 추출 견본; 시식품. 샘풀	**розыгрыш, дегустация** (로즈그릐쉬),(제구쓰따찌야)
견본(見本), 본보기; 표본	**образчик** (오브라즈치크)
견본, 본보기, 식(飾), 형(型), 모형(模型);	**образец** (아브라졔쯔)
견본품 제작인, 모델 제작인,	**модельер** (마뎰에르)
견사, 생사, 실크 실, 명주실	**шелчина** (쉘치나)
견사조의	**шёлкомотальны** (숄까마딸리느이)
견습생, 실습생, 견습공, 수습공	**подмастерье стажёр** (빠드마쓰쩨리예) (스따줴르)
견인, 견인력	**тяга** (쨔가)
견인성	**твёрдость** (뜨뵤르도쓰찌)
견장(肩章), (장교 정복의) 견장, 표장,	**погон эполет** (빠곤) (에뽀레트)
견주다,~와 비슷하게 하다,~와 유사하게 하다,	**уподоблять** (우빠도블랴찌)
견지, 관점;	**плоскость** (쁠로쓰꼬쓰찌)
견지하다, 지탱하다;	**закрепляться** (자크레쁠랴쨔)
견책, 경고, 주의, 계고(戒告).	**внушение** (브누쉐니에)
견책[징계]하다; 호되게 꾸짖다.	**постыдить[ся]** (빠쓰띄지찌)

견학(유람)가다, 여행단체(소풍단체)가다	**экскурсировать** (엑쓰꾸르씨로와찌)
견해(見解), 의견, 관점; 판단	**взгляд суждение** (쓰글럇) (수줴제니예)
견해(태도)를 밝히고 갈라지다	**размежеваться** (라스몌줴와쨔)
결과(結果), 결말(結末);	**результат** (레줄따트)
결과, 결론, 성과, 성적, 결실, 효과	**плод, итог, следствие** (쁠로드) (이또그) (슬롓쓰뜨비예)
결과로서 생기는; 합성된.	**равнодействующий** (라브노졔이쓰뜨부유쉬이)
결과로서 일어나는, 있음직한, 가능성 있는.	**эвентуальный** (에벤뚜알느이)
결과를 가져오다, 끼치다;	**приносить** (쁘리노씨찌)
결과(보람)없이, 헛되게, 소득 없이	**безрезультатно** (볘즈레줄따뜨나)
결근(결석)하다	**прогуливать прогулять** (쁘라굴리와찌) (쁘라굴랴찌)
결단성 없는, 어줍은, 설미지근하다	**нерешительный** (녜례쉬쩰느이)
결단성(決斷性), 과감성, 확고부동	**решительность** (레쉬쩰노쓰찌)
결론(結論), 귀착점(歸着點);	**вывод** (븨붜드)
결론(공식 등을) 짓다, 끌어내다	**выводить** (븨붜지찌)
결론(연령·확신)에 도달하다, ~에 도착(도달)하다	**доехать** (다에하찌)
결론하다, 결론짓다; 끝맺다;	**аключать** (자클류차찌)
결막염(結膜炎)	**конъюктивит**

	(간육찌빗트)
결말을 짓다; 폐업시키다[하다];	**зажить** (자쥐찌)
결백, 순결;	**чистота** (치쓰또따)
결백한, 순결한	**кристальный** (크리스딸느이)
결별의, 고별[송별]의. 안녕!	**прощаться** (쁘라샤쨔)
결부(합치)시키다	**увязывать** (우뱌자찌)
결사적인;	**смертный** (스메르뜨느이)
결산(청산)하다;	**разделаться** (라스젤라쨔)
결석(缺席), 궐석(闕席), 흠석(欠席)	**камень** (까멘니)
결석(흠석,궐석)하다;	**пропускать, отсутствовать** (쁘라뿌쓰까찌) (앗쑤뜨쓰뜨보와찌)
결석자;~ие (복수) 결석자들;	**отсутствующий** (앗쑤뜨쓰뜨부유쉬이)
결속, 단결(斷結)	**монолитность** (마놀리뜨노쓰찌)
결속시키다	**сплачивать** (스쁠라치와찌)
결승선, 결승점; прийти к ~у 결승선에 도달하다	**финиш** (피니쉬)
결승선에 도달하다;	**финишировать** (피니쉬로와찌)
결승전 출전자	**финалист** (피날리느트)
결승전, 결승경기;	**финал** (피날)

결심(決心)하다; 결정하다	**решить** (레쉬찌)
결심, 결의, 각오, 다짐, 생각;	**решимость, решение** (레쉬마쓰찌) (레쉐 니예)
결심하다, 마음먹다	**надумать** (나두마찌)
결원(缺員), 공석(公席), 빈자리	**вакансия** (와깐씨야)
결재, 재결(裁決), 재가(裁可)	**резолюция** (레솔류찌야)
결점, 결함, 단점, 약점, 부족점, 흠점	**пассив, недостаток** (빠씨프) (네다쓰따또크)
결점(트집)을 잡다, 흠잡다, 시끄럽게 잔소리하다;	**придраться** (쁘리드라쨔)
결정(결의)하다	**постановить** (빠쓰따노비찌)
결정(決定), 결의(決意)	**приговор** (쁘리고볼)
결정(서); 지령(指令)	**постановление** (빠쓰따놉레니예)
결정체	**кристалл** (크리스딸르)
결정적인, 근본적인	**радикальный решительный** (라지깔느이) (레쉬쩰느이)
결정체(보석)의 작은 면, 깎은 면, 마면(磨面), 각면	**грань** (그란니)
결채(結綵), 딴채, 별채	**флигель** (플리겔)
결코 ~하지 않다. *кому* ~에게는 아무것도 아니다	**нипочём** (니뽀촘)
결코, 도저히, 전혀, 조금도	**никак, отнюдь** (니깍크) (아트뉴지)

결코(조금도. 절대로) ~않다,	**никоим образом** (니까임옵라좀)
결투(決鬪), 싸움, 두사람의 시합, 격투,	**дуэль, поединок** (두엘) (빠예지녹)
결함(고장)이 없는 것;	**исправность** (이쓰쁘라브노쓰찌)
결함, 결점, 부족점	**минус, дефект** (미누쓰) (제펙트)
결함, 부족점, 빠짐	**пробел, недочёт** (쁘라벨) (네다쵸트)
결함[결점]이 있는, 하자가 있는	**бракованный** (브라꼬바느이)
결합(結合) 배합, 조화	**стыковка, сочетание** (스띄꼬브까) (싸체따니에)
결합(배합) 하다, 결부(조화)시키다	**сочетать** (싸체따찌)
결합(배합, 경비)되다, 조화되다	**сочетаться** (싸체따짜)
결합, 일치; 겸비;	**совмещение** (쌉메쉐니에)
결합시키다, 연합[합병, 합동]시키다, 협력하게 하다;	**совместить** (쌉메쓰찌찌)
결합용, 연결용;~ый союз 연결접속사	**соединительный** (싸예지니쩰느이)
결합(가산,합산,합계)하다	**состыковаться присоединить** (싸쓰뜨이까와짜)(쁘리싸예지니찌)
결합(합, 접합, 합병, 합동)하다, 하나로 묶다,	**объединиться** (압비지니짜)
결핵, 결핵증; ~ лёгких 폐결핵	**туберкулёз** (뚜베르꿀료즈)
결혼 약속이 있는, 약혼중인, 결혼할 것 같은.	**женихаться** (줴니하짜)
결혼(結婚), 혼인(婚姻);	**брак**

	(브랕)
결혼등록을 하다	**регистрироваться** (레기쓰뜨리로와짜)
결혼상대로서 적당한 미혼 남자 (남자의) 구혼자.	**жених** (줴니흐)
결혼시키다 시집[장가]보내다	**жениться** (줴니찌쨔)
결혼식(結婚式),	**бракосочетание** (브라깐싸체따니예)
결혼의 выходить ~ 시집을 가다;	**замуж** (자무쥐)
결혼한, 기혼의, 배우자가 있는	**женатый** (줴나뜨이)
결혼할 수 있는 소녀, 혼기의 처녀,	**невеста** (네베쓰따)
겸사겸사, 슬쩍, 지나가는 김에;	**мимоходом** (미모호돔)
겸손(소박, 수수)하게	**скромно** (스크로므나)
겸손성, 수수한 것	**скромность** (스크로므노쓰찌)
겸손하게 굴다, 사양하다	**скромничать** (스크로므니차찌)
겸손한, 조심성 있는, 삼가는.	**скромный** (스크로므느이)
겸임, 겸직, 겸무, 겸업	**совмещение, совместительство** (쌉메쉐니에),(쌉메쓰찌쪨쓰뜨붜)
겸임자(兼任者), 겸직자	**совместитель** (쌉메쓰찌쪨)
겸하다, 겸임하다, 겸비하다	**совмещать** (쌉메샤찌)
겹모음, 이중모음	**дифтонг** (지프똔그)

겹쳐 쌓다, 쌓아 올리다, 축적하다,	**складывать[ся]** (스클라듸와찌)
겹치다, 중복하다	**дублировать** (두블리로와찌)
겹치다, 포개다, 이중으로 하다; 둘로 접다	**сдваивать** (즈드와이와찌)
경각(傾角), 경사도, 내려본각, 기울기, 경사,	**наклонение** (나끌로녜니예)
경각성 있는, 경각성이 높은,	**бдительный** (브지쩰느이)
경각성, 주의 깊게	**зоркость бдительность** (조르까쓰찌) (브지쩰리노쓰찌)
경감하다; 완화하다, 누그러뜨리다, 고통을 덜다	**смягчить** (스먀그치찌)
경계 부근의 영토, 경역(境域)	**граница** (그라니짜)
경계, 경계선; 국경(지방);	**грань** (그라니)
경계를 정하는 것, 한계(범위)를 정하는 것	**размежевание** (라스메줴와니예)
경계선, 출발진지;	**рубеж** (루베즈)
경계선을 긋다, 경계를 정하다	**разграничивать** (라스그라니치와찌)
경계의 확정; 경계선, 경계	**разграничение** (라스그라니체니예)
경고, 경계, 주의, 계고, 조심	**предостережение** (쁘레도쓰쩨레줴니예)
경고하다, ~에게 조심시키다,	**предостерегать оглядка** (쁘레도쓰쩨레가찌) (아글랴드까)
경관(警官), 순경, 경찰관(警察官)	**полисмен** (뽈리쓰멘)

경기(競技); 시합(試合), 운동경기 경기운동;	**атлетика** (아틀레찌까)
경기(시합) 하다; 경쟁하다	**состязаться соревноваться** (싸쓰쨔자짜) (싸레브노와짜)
경기, 구기, 시합; футбольная ~ 축구경기	**. игра** (이그라)
경기대회, 선수권 대회; 승자 진출전, 토너먼트.	**розыгрыш** (로즈그릐쉬)
경기장(競技場)	**стадион** (스따지온)
경대(鏡臺), 장경(粧鏡), 장렴, 경가(鏡架); 거울	**трюмо** (뜨류모)
경도(經度), 경선(略: lon(g).)	**долгота** (돌가따)
경도, 밀도, 농도	**консистенция** (깐씨쓰쩬찌야)
경련, 쥐(살) 소아의 경기.	**конвульсия, судорога** (깐불씨야) (수다로가)
경련, 자간(子癎) 어린아이의 발작	**спазм. эклампсия** (스빠즘) (엑클람쁘씨야)
경로(經路), 항로(航路)	**трасса** (뜨랏싸)
경륜선수	**шоссейник** (샤쎼이닉)
경리;	**хозяйство** (하쟈이스뜨붜)
경리책임자, 경리(부장)과장	(*заведующий хозяйством*) **завхоз** (자브호즈)
경마(경기)	**бега** (볘가)
경마의 기수; 조종자, 말의 시중을 드는 하인.	**жокей** (조꼐이)
경마장(競馬場)	**ипподром**

	(이빠오드롬)
경매(競賣)	**аукцион, торги** (아욱찌온)(따르기)
경멸(무시, 멸시)하여;	**пренебрежительно** (쁘레네브레지쩰나)
경멸(비난)의 뜻으로 쉬 소리를 내다	**шикать, шикнуть** (쉬까찌), (쉬끄누찌)
경멸(멸시. 모욕)하다, 코웃음치다.	**чихать, побрезговать** (치하찌) (빠브레즈가와찌)
경박하게, 경솔하게	**легкомысленно** (렉꼬믜쓸렌나)
경박한, 경솔한, 천박한; 하찮은,	**ерундовый, лёгкий** (예룬도브이) (료그끼이)
경보 воздушная ~a 공습경보:	**тревога** (뜨레붜가)
경비, 보위, 지킴, 수호, 보위, 방위;	**охрана** (아흐라나)
경비대(警備隊), 수비대	**охрана** (아흐라나)
경비분대, 전초	**застава** (자쓰따와)
경사(면); 경도, 비탈, 자드락	**наклон, склон** (나끌론) (스클론)
경색(梗塞: 심근 경색·뇌경색)	**инфаркт** (인파르크트)
경솔, 경박; 건방짐. 경박한 것, 분별없는 것	**легкомыслие** (렉꼬믜쓸리에)
경시, 경멸(輕蔑), 멸시(蔑視), 무시 무관심(無關心)	**пренебрежение** (쁘레네브레제니예)
경연, 경연대회, 콩쿠르, 경쟁	**конкурс** (꼰꾸르쓰)
경영, 조처, 관리	**ведение** (붸제니에)

경영하다, 운영하다	**хозяйничать, хозяйствовать** (하쟈이니차찌) (하쟈이쓰뜨뷔와찌)
경우:	**случай** (슬루차이)
경운기. 중경기	**рыхлитель** (릐흘리쩰)
경의(敬意), 존경(尊敬)	**честь почтение** (체쓰찌) (빠치쩨니예)
경의를 표하다;	**почтить** (빠치찌찌)
경작, 논밭갈이, 작(作), 경가(耕稼), 농작, 경종	**обработка** (아브라보트까)
경작지(耕作地) 갈이땅, 부침땅, 농작물.	**пашня** (빠쉬냐)
경작하다, 일구다, 땅을 갈다, 사이갈이하다	**возделать** (바즈젤라찌)
경쟁(競爭), 다툼, 경합 각축; ~я 경기, 시합	**соперничество** (싸뻬르니 체쓰뜨붜)
경쟁자, 적수	**конкурент** (깐꾸렌트)
경쟁하다, 다투다	**конкурировать, тягаться** (깐꾸리로와찌) (쩨가쨔)
경쟁하다, 내기하다, 내기를 걸다	**спорить** (스뽀리찌)
경전(經典)의 해석, 석의(釋義). 주석(註釋).	**экзегеза** (에크제게자)
경제(經濟), 경제활동, 경제학	**экономика** (에까노미까)
경제(조심)하여, 정신을 바싹 차리고;	**настороже** (나쓰따로줴)
경제(편중)주의	**экономизм** (에까노미즘)

경제, 경제성; 절약, 검약, 저축금	**экономия, экономичность** (에까노미야) (에까노미즈노쓰찌)
경제; народное ~ 국민경제;	**хозяйство** (하쟈이스뜨붜)
경제대국(大國);	**актив** (악찌프)
경제부(經濟部)(экономическое отделение)	**эко** (에까)
경제의 시가, 가격, 시세, 값, 경제[교환] 가치	**курс** (꾸르쓰)
경제의, 경제적으로, 경제학의, 경제상의	**экономический** (에까노미체쓰끼이)
경제적으로 쓰다, (~을) 절약하다, 경제적이다,	**экономничать** (에까놈니차찌)
경제적으로 쓰다, ~을 절약(절감)하다	**экономить** (에까노미찌)
경제지리의.	**экономико-географический** (에까노미꼬-게오그라피체쓰 끼이)
경제학, 경제면	**экономика** (에까노미까)
경제학자, 경제 전문가;	**экономист** (에까노미쓰트)
경제학자, 경제전문가	**эконом** (에까놈)
경제화, 절약하다;	**экономить** (에까노미찌)
경제회의(экономический совет).	**экосо** (에꼬쏘)
경주; 요트(보트. 자동차)레이스, 경마, 경견, 경륜	**гонка** (곤까)
경주용(競走用)	**беговой** (볘가보이)
경찰, 경찰관; 경찰대(警察隊) 경찰서, 경찰청	**полиция**

	(빨리치야)
경찰의 불시 단속; (불량배) 일제 검거, 불시의 검열	**рейд** (레인)
경축(기념)하다	**отмечать** (아트몌차찌)
경축; 경축행사, 기념행사	**празднование** (쁘라즈드노와니예)
경축하다, 기념하다; ~ Новый год 설을 쇠다	**праздновать** (쁘라즈드노 와찌)
경축행사, 축전	**торжество** (따르쮀쓰뜨뷔)
경치, 풍경, 광경	**вид** (뷔트)
경향, 동향, 추세	**тенденция** (뗀젠찌야)
경험 있는, 노련한; 본데가 많은	**опытный** (오쁴트느이)
경험(經驗), 체험, 섭력	**эмпирия** (엠삐리야)
경험, 숙달, 숙련, 단련	**опытность** (오쁴트노쓰찌)
경험하다, 체험하다; ~을 경험하여 알다	**испробовать** (이쓰쁘로보와찌)
경험론(經驗論), 합리론, 이성론, 오성론(悟性論)	**эмпиризм** (엠삐리즘)
경험론의, 경험주의의	**эмпирический** (엠삐리체쓰끼이)
경험이 없는 것, 미숙한 것	**неопытность** (네아쁴뜨노쓰찌)
경험이 없는, 노련치 못한,	**желторотый неискушённый** (쥏또로드이) (네이쓰꾸숀느이)
경험이 풍부한	**умудрённый** (우무드룐느이)

곁가지, 분지(分枝), 차아	**ответвление** (아트볘트블레니예)
곁눈질로, 흘기어 смотреть ~ 흘끔흘끔 쳐다보다	**искоса** (이쓰꼬싸)
곁에, 가까이에. ~의 (바로) 옆에, ~곁에[의], ~에 가까이	**по, к, у** (뽀),(까),(우)
곁에, 옆에, 가까이에; 부근에, 근처에	**около, подле возле** (오깔로)(뽀둘레)(뵈즐레)
계(량)기(우량계·풍속계·압력계 따위), 자, 줄치는 기구	**лекало** (레깔라)
계기; электрический ~ 전력계	**счётчик** (스쵸뜨치크)
계단, 사다리; верёвочная ~ 줄사닥다리	**лестница** (레쓰뜨니짜)
계란 깨는 기계.	**яйцерезка** (야이쩨레즈까)
계란빵, 롤빵(건포도를 넣은 달고 둥근 빵), 호떡;	**плюшка** (쁠류쉬까)
계란풀(겨잣과의 관상용 식물); '벽의 꽃'	**желтофиоль** (젤또피올)
계란후라이, 계란지짐	**глазунья** (글라주니야)
계량기의 눈금표시	**показание** (빠까자네예)
계류장, 정박장	**швартовать** (쉬와르따와찌)
계몽(계발.계발.교화)하다; ~에게 가르치다	**просвещать прсветить** (쁘라쓰볘샤찌) (쁘라쓰볘찌찌)
계발(연마, 신장, 촉진, 장려)하다	**рививать** (쁘리비와찌)
계보, 족보(族譜)	**родословная** (라도쓸로브나야)

계산(결산)하다	**высчитать, высчитывать подсчитать** (븨쓰치따찌), (븻치띄 와찌) (빤쓰치따찌)
계산(計算), 산출(算出)	**вычисление** (븨치쓸레니에)
계산(용)	**расчётный** (라쓰쵸뜨느이)
계산; (흔히 복수) 총화, 결산	**подсчёт** (빧쓰쵿)
계산[측정]하다, 산정(算定)하다, 평가하다; 어림잡다;	**считать** (스치따찌)
계산기(조작자), 오퍼레이터	**арифмометр, калькулятор** (아리프모메트르) (깔꿀리랴또르)
계산대, 카운터, 데스크	**прилавок** (쁘릴라붜크)
계산서; 청구서; 목록, 표, 명세서	**счёт** (스쵿트)
계산에 넣다, 계산하다	**засчитать** (자쓰치따찌)
계산원, 통계원	**счётчик** (스쵿뜨치크)
계산원; 접수계	**учётник** (우쵿트니크)
계산의; ~ая машина 계산기	**счётный, вычислительный** (스쵿뜨느이), (븨치쓸리쩰느이)
계산자; (줄간치는, 재는) 자	**линейка** (리네이까)
계산하는 것, 재는 것; 공제; 수읽기.	**отсчёт** (앗쵿트)
계산(산정,추계)하다	**просчитывать рассчитать, посчитать[ся]** (쁘라쓰치드와찌),(라쓰치따찌),(빠쓰치따찌)(쨔)
계산(산출, 실사)하다	**вычислить, вычислять, учитывать** (븨치쓸리찌),(븨치쓸래찌), (우치띄와찌)
계산해서 부족을 발견하다	**недосчитаться, недосчитываться**

(네다쓰치따쨔), (네다쓰치띄와쨔)

계속, 지속; 연장	**продолжение** (쁘라돌줴니예)
계속되는, 연속[일련]의; 순차의; 연속물인; 정기의	**серийный** (쎼리이느이)
계속하다; 늘이다, 연장하다	**продолжать** (쁘라돌좌찌)
계속해서[잇따라] 일어나다	**наступать** (나쓰뚜빠찌)
계승, 승계, 계위,	**преемственность, эстафета** (쁘레옘쓰뜨볜노쓰찌) (에쓰뻬따)
계승(후계,승계,전승)자	**последователь, продолжатель, преемник** (빠쓸레도와쩰) (쁘라돌좌쩰) (쁘레옘니크)
계약, 계약서; заключать ~ 계약을 맺다	**контракт** (깐뜨락트)
계약을 맺다, 수매를 예약하다;	**контрактовать** (깐뜨락따와찌)
계약체결	**контрактация** (깐뜨락따찌야)
계열(系列), 일련(一連);	**ряд** (랴드)
계전기(繼電器)	**реле** (렐레)
계절의, 주기적인 ~ий промысел 계절적 품팔이(노동)	**отхожий** (앗호지이)
계지, 기준 치수, 규격	**калибр** (깔리블)
계책, 획책	**замысел** (자믜쎌)
계층(階層), 사회층	**среда, слой, круг** (스레다) (슬로이) (크루그)
계통학, 계보학(系譜學)	**генеалогия** (게네알로기야)

계피색, 갈색	**коричневый** (까리츠네브이)
계획(計劃), 설계(設計)	**планировка** (쁠라니로브까)
계획(서), 플랜, (방)안(案), 계략. 예정안, 속셈	**план намётка** (쁠란) (나묘뜨까)
계획대로 하다, 계획에 포함시키다	**планировать** (쁠라니로와찌)
계획외의, 계획에 없는;	**внеплановый** (브네쁠라노브이)
계획으로. 계획적인	**плановый** (쁠라노븨이)
계획을 고쳐 세우다, 계획을 변경시키다;	**перепланировать** (뻬레쁠라니로와찌)
계획을 세우다, 음모를 꾸미다,	**замыслить, скомбинировать** (자믜쓸리찌) (스깜비니 로와찌)
계획(궁리, 입안)하다; 꾀하다	**спланировать, запланировать** (스쁠라니로와찌)(자쁠라니로와찌)
고개, 산마루, 령(嶺); 고개 길, 재를 넘는 것	**перевал** (뻬레왈)
고개 짓	**кивок** (끼보크)
고객, 손님, 단골손님	**клиент** (클리엔트)
고결성, 고상한 것	**благородство** (블라가로드쓰뜨붜)
고구마, 감서(甘薯), 감저(甘藷), 단감자	**батат картошка** (바따트) (까르또쉬까)
고국, 고향, 조국;	**отчизна** (앗치스나)
고국을 떠나다, 국외로 추방하다,	**экспатриировать** (엑쓰빠뜨리이로와찌)

고귀한, 귀한, 보배로운	**драгоценный** (드라가쩬느이)
고급 펠트, 모전(毛氈); 펠트 제품	**фетр** (폐트르)
고급유리	**хрусталь** (흐루쓰딸)
고급유리제품, 고급유리그릇, 크리스탈	**хрусталь** (흐루쓰딸)
고기를 훈제하다, 그슬리다	**коптить** (꼬쁘찌찌)
고기 만두[파이]. 만두(의 한 가지);	**пирожок** (삐로죠크)
고기 파는 사람, 고기장수	**мясник** (매흐쓰니크)
고기, 육류; говяжье ~ 소고기; варёное ~ 삶은 고기	**мясо** (매흐쏘)
고기국물, (살코기·물고기의) 묽은 수프; 고깃국,	**отвар** (아트와르)
고기를 가는 기계;	**мясорубка** (매흐쏘루브까)
고기를 굽다, 익히다, 오븐[뜨거운재]에 굽다	**жаркое** (좌르까예)
고기만두, 고기교자	**пельмени** (뻴메니)
고기만두식당	**пельменная** (뻴멘나야)
고기요리	**мясное** (매흐쓰노에)
고기의, 육류로; ~ой суп 고기국;	**мясной** (매흐노이)
고기잡이, 어로(漁撈), 어업,	**рыболовство** (릐발로브쓰뜨붜)
고기잡이터, 낚시터	**рыбалка**

	(리발르까)
고기잡이하다, 낚시질하다, 고기를 낚다	**рыбачить** (릐바치찌)
고깔모자, 위생모(자)	**колпак** (깔르빠크)
고도계(高度計)	**высотометр** (븨싸따메뜨르)
고독, 외로움, 쓸쓸함, 은퇴, 은둔	**уединение** (우에지네니에)
고독한, 외로운, 쓸쓸한, 적막한, 적적한	**единичный, одинокий** (예지니츠늬이) (아진노끼)
고동, 기적, 싸이렌	**сирена** (씨레나)
고등(高等), 고급(高級)	**высший** (븻쓰쉬이)
고등어, 청어(鯖魚), 고도어(古刀魚)	**скумбрия, макрель** (스꿈브리야) (마크렐)
방고래, 방구둘, 갱동(炕洞)	**кит** (끼트)
고래고래 소리지르다(외치다), 들이지르다,	**орать** (아라찌)
고려하다, ~에 대하여 생각하다; 회상하다	**относиться** (아트노씨쨔)
고루한 사람, 보수적인 사람	**рутинёр** (루찌뇨르)
고르게 하다, 평탄하게 하다, 평평하게 하다	**выравнивать** (븨라브니와찌)
고르게, 조용한, 고요한; ~ый пульс 고르게 맥박	**ровный** (로브느이)
고르다, 선택(선정, 선발, 발췌)하다	**выбрать, избирать** (븨브라찌) (이즈비라찌)
고르지 못한, 불균형적인,	**неровный, неравномерный** (네로브느이) (네라브노메르느이)

고름, 농(膿), 농액(膿液), 농즙(膿汁)	**гной** (그노이)
고름이 생기다, 화농하다;	**нагноиться** (나그노이짜)
고리; 바퀴; 고리 모양의 것	**позвонить кольцо** (빠즈뷔니찌) (깔쪼)
고린내, 악취	**зловоние** (즐로보니예)
고린도전서(Первое послание к Коринфянам)	**1 Коринфянам** (1 꼬린프야남)
고린도후서(Второе послание к Коринфянам, 16장)	**2 Коринфянам** (2. 꼬린프야남)
고릴라(gorilla), 대성성(大猩猩), 큰 성성이	**горилла** (가릴라)
고립(격리)시키다, 분리하다	**изолировать** (이졸리로와찌)
고립(분리)되다, 따로 떨어지게 하다	**обособлять** (아바쏘블랴찌)
고립[화], 분리 (언어)고립화	**обособление** (아바싸블레니예)
고립된	**беззащитный** (베자쉬뜨느이)
고립적인, 개별적인, 떨어진;	**обособленный** (아바쏘블렌늬이)
고맙게 생각하는, 감사를 생각하는(표시하는)	**благодарный** (블라가다르느이)
고맙습니다, 감사 합니다	**спасибо** (스빠씨바)
고모, 이모; (일반적으로) 나이 먹은 여자	**тётка** (쫕짜)
고무 덧신, 오버슈즈, 콘돔	**калоша** (깔로샤)

고무(鼓舞)[격려]하다, 발분시키다	**вдохновить, воодушевить** (프다흐노븨찌) (바아두쉐븨찌)
고무, 고무 제품; 고무[칠판] 지우개	**резина** (레지나)
고무다이야; (뿔의) 가죽외피	**покрышка** (빠끄릐쉬까)
고무(격려)되다, 분발하다	**воодушевляться, вдохновляться** (바아두쉐브랴쨔) (프다흐노블랴쨔)
고무젖꼭지	**соска** (쏘쓰까)
고무해주다, 원기를 북돋아주다	**приободрить** (쁘리오볼리찌)
고문, 상담역; 법률 고문, 의논 상대; 카운슬러	**советник** (싸볘뜨니크)
고문, 학대(虐待), 고통, 괴로움	**истязание, пытка** (이쓰쟈자니예) (쁴뜨까)
고문하다, 학대하다, 지독하게 고통을 주다	**пытать истязать** (쁴따찌) (이쓰쟈자찌)
고물, 배꼬리	**корма** (까르마)
고물, 폐물, 잡동사니 협잡, 트릭	**шурум-бурум** (슈룸 – 부룸)
고민, 걱정, 근심, 불안, 고생, 안달, 골칫거리	**переживание** (뻬레쥐와니예)
고발(告發), 고소, 기소, 비난; 죄과	**обвинение** (압뷔녜니예)
고발인의[과 같은]; 탄핵[고발]주의적인	**обвинительный** (압뷔니쩰 느이)
고발자, 고자쟁이, 밀고자(密告者)	**доносчик** (다노쓰치크)
고발하다, 고소하다; ~에게 죄를 씌우다	**обвинить** (압뷔니찌)
고백(자인, 인정)하다	**сознаваться**

	(싸즈나와쨔)
고백, 자백, 자인(自認)	**признание, исповедь** (쁘리즈나니예)(이쓰뽀베지)
고백(자백.자인.실토)하다, 털어놓다	**признаваться сознаться** (쁘리즈나와쨔) (싸즈나쨔)
고삐, 말고삐, 통어하는 수단	**повод, вожжи** (뽀본) (붜즈지)
고사리. 궐채, 양치식물의 종류	**папоротник, щитовник** (빠뽀로트니크) (쒸또브닉)
고사포(高射砲), 고각포(高角砲), 항공기사격포	**зенитка** (제니뜨까)
고상한, 고결한, 숭고한,	**благородный, возвышенный** (블라가로드느이) (바즈븨쉔느이)
고생, 고통, 괴로움;	**мытарство** (믜딸쓰뜨붜)
고생스럽게 살다	**бедствовать** (볘드쓰트붜와지)
고생시키다, 맥빠지게 하다;	**морить** (마리찌)
고생을 많이 하다, 몹시 괴로워하다	**настрадаться** (나쓰뜨라다쨔)
고소인, 원고, 불평하는 사람	**жалобщица** (좔로브쉬차)
고속 모터 보트, 수상 활주정	**глиссер** (글리쎄르)
고속도(高速度), 쾌속도 ~ое судно 쾌속선	**быстроходный** (븨쓰뜨라호드느이)
고속도로 출입구의 램프, 진입로.	**серёжка** (쎼료즈까)
고속도로	**автострада** (압따쓰뜨라다)
고수(鼓手). (저음의) 북;	**тамбур** (땀부르)

- 84 -

고수머리, 곱슬머리	**кудри** (꾸드리)
고아(孤兒)	**сирота** (씨로따)
고아의, 부모 친척이 없는	**безродный** (베즈로드느이)
고안(발명)하다; 연구하다	**скомбинировать, смастерить** (스깜비니로와찌) (스마쓰쩨리찌)
고압(高壓), 높은 전압;	**высоковольтный** (븨싸까뷜리드느이)
고양이가 가르릉 거리는 것(소리)	**мурлыканье** (물릐까니에)
고양이새끼	**котёнок** (까죠녹)
고어, 옛말, 고언(古言)(언어)	**архаизм** (아르하이즘)
고역(苦役), 힘든일, 가역(苛役), 노역(勞役)	**каторга** (까따르가)
고온계, 파이로미터, 고온도계. 온도계, 체온계	**пирометр** (삐로메뜰)
고와지다, 예뻐지다, 아름다워지다	**хорошеть** (하로쉐찌)
고요한, 잠잠(조용, 온화)한, 잔잔한	**покойный безветренный** (빠꼬이늬이) (베즈붸트레느이)
고요히, 조용, 가만	**спокойно** (스빠꼬이나)
고요히!, 조용히!	**тихо!** (찌하!)
고용된, 임차한	**вольнонаёмный** (뷜노나욤느이)
고용살이를 하다	**батрачить** (바트라치찌)

고용인; 돈을 위해 일하는 사람; 빌려 온 물건	**наймит** (나이미트)
고용인용의, 업무용의.	**служебный** (슬루줴브느이)
고용하다; рабочих 노동자들을 고용하다	**нанимать** (나니마찌)
고운 옷을 차려 입히다, 치장시키다	**наряжать** (나랴좌찌)
고운 체; 조리.	**сито, решето** (씨따) (레쉐따)
고운, 예쁜	**смазливый** (스마즐리브이)
고원(高遠), 대지	**плато** (쁠라따)
고원지대	**плоскогорье** (쁠로쓰꼬고리예)
고위급, 지위가 높은;	**высокопоставленный** (븨싸까뽀쓰따블렌느이)
고유(固有)하지 않은, 외부의; 외부로부터의	**посторонний** (빠쓰또론느이)
고유한, 독특한	**присущий** (쁘리쑤쉬이)
고요한, 조용한, 잔잔한	**тихий, спокойный** (찌히이) (스빠꼬이느이)
고유한, 특유한, 보래 가지고 있는	**свойственный** (스보이쓰뜨벤느이)
고의가 아닌, 무심코 한, 우연한	**: невольный** (네볼느이)
고의(고의적으)로, 일부러, 알고서,	**умышленно, намеренно** (우믜쉴렌나 나몌렌노)
고의적이 아닌, 본의 아닌, 뜻하지 않은,	**неумышленный** (네우믜쉴렌느이)
고의적인, 의도적인,	**умышленный намеренный**

- 86 -

한국어	러시아어
고임목, 받침목, 고이개, 굄목, 받침대,	**подушка, подставка** (우미쉴렌느이) (나메렌느이) (빠두스까) (빨쓰땁까)
고장, 파손, 파괴, 사고, 장애	**повреждение, поломка, авария** (빠브레즈다니예) (빨롬까), (아와리야)
고장(결함)이 없는, 정연한, 정상상태에 있는	**исправный** (이쓰쁘라브느이)
고장난, 결함[결점]이 있는, 하자가 있는	**неисправный** (네이쓰쁘라브느이)
고적(古蹟), 유적(遺蹟)	**древность** (드레브노쓰찌)
고전 문학, 고전적인, 정통파의	**классика** (클라씨까)
고전적인; ~ая литература 고전문학;	**классический** (클라씨체쓰끼이)
고전주의, 의고적(擬古的)인; 고전 음악의	**классицизм** (클라씨찌즘)
고정(상설)적인; 한결같은;	**постоянный** (빠쓰또얀늬이)
고정(정착)하다, 응시하다; 병적으로 애착하다	**фиксироваться** (피크씨로와쨔)
고정, 고착;	**закрепление** (자크레쁠레니예)
고정[고착]시키다, 붙박다.	**зафиксировать назначать** (자피크씨로와찌) (나즈나차찌)
고정되다, 고착되다;	**закрепляться** (자크레쁠랴쨔)
고정된, 일정(불변)한 (일정 장소)에 붙박아 놓은	**пристальный** (쁘리쓰딸느이)
고정된, 일정(불변)한, 견고한, 안정된	**устойчивый положенный** (우쓰또이치브이) (빨로쥇늬이)
고정재산(固定財産)《부동산·기계 등》	**недвижимость** (네드비쥐모쓰찌)

- 87 -

고지(高地), 높은 곳, 창공(蒼空)	**высота** (븨싸따)
고지의, 산지의, 대지(臺地). ~ые поля 밭	**суходольный** (수호돌느이)
고집(불통), 완고	**упрямство** (우쁘럄쓰뜨뷔)
고집을 부리다, 화를 내다, 약 오르다, 확 타오르다	**ершиться** (예르쉬짜)
고집을 쓰다	**брыкаться упираться** (브르까짜), (우삐라짜)
고집이 센, 완고한; 다루기 힘든,	**упрямый, неподатливый** (우쁘랴믜이) (네빠다뜰리브이)
고집쟁이	**упрямец** (우쁘랴몌쯔)
고집하다, 주장하다, 집착하다	**упорствовать** (우뽀르쓰뜨뷔와찌)
고체성, 고형성; 단단함, 저항력, 내구력, 견고성	**крепость** (크레뽀쓰찌)
고쳐 놓다; 고쳐박다; (톱의) 날을 다시 갈다	**перебирать** (뻬레비라찌)
고쳐 만들다; 새로운 모양으로 고쳐 만들다	**перекраивать** (뻬레크라이와찌)
고쳐 쓰다; 다시 쓰다	**переписать** (뻬레삐싸찌)
고쳐지다, 개작(개조)되다	**перерабатываться, переделываться** (뻬레라바띄와짜), (뻬레젤릐와짜)
고쳐지다, 시정되다, 수정되다	**исправляться** (이쓰쁘라블랴짜)
고쳐 짓는 것, 재건, 재조직, 재편성, 개편, 변경	**перестройка** (뻬레쓰뜨로이까)
고쳐짓다, 재건하다	**перестраивать** (뻬레쓰뜨라이와찌)

한국어	러시아어
고추(후추)가루 병(단지, 항아리, 독)	**перечница** (뻬레치니짜)
고추(후추)가루를 치다;	**перчить** (뻬르치찌)
고추, 후추; 고추(후추)가루, 고추양념	**перец** (뻬레츠)
고층의 ~ое здание 고층건물(高層建物);	**высотный** (븨쏘뜨느이)
고치(cocoon), 알주머니; шелковичный ~ 누에고치	**кокон** (꼭꼰)
고치는 것, 수리, 수선	**починка** (빠친까)
고치다, 바로잡다, 수정(시정, 교정, 정정)하다	**исправ-лять** (이쓰쁘라블랴찌)
고치다, 수리하다	**починить, чинить** (빠치니찌) (치니찌)
고칠 수 없는, 불치(만성)의;	**неизлечимый** (네이즐례치므이)
고칠 수 없는; 시정 못 할; 고질이 된	**неисправимый** (네이쓰쁘라비므이)
고통(고생)받는 사람; 목숨을 바치는 사람; 수난자	**мученик** (무체니크)
고통, 괴로움, 고민, 괴로움 쓰라림, 아픔	**мучение, мука** (무체니에) (무까)
고통스러운, 병색이 도는	**болезненный** (볼례즈네느이)
고통스러운; 곤란한.	**тернистый** (떼르니쓰뜨이)
고통스럽게(상심하게)하다	**угнетать** (우그녜따지)
고통을 주다. 괴롭히다	**ткнуть** (뜨크누찌)
고함, 환성, 외침, 짖는소리 부르짖음	**крикун, выкрик**

- 89 -

	(크리꾼) (븨크리크)
고함치다, 소리지르다, 외치다,	**раскричаться, завопить** (라쓰크리차쨔) (자뷔삐찌)
고향의, 자기가 태어난; 조국, 모국;	**родной** (라드노이)
고혈압병, 고혈압증(高血壓症)	**гипертония** (기뻬르또니야)
고혈압환자	**гипертоник** (기뻬르또니크)
고환(睾丸).	**ядро** (야드로)
곡, 곡조, 멜로디; 가곡; 주(主)선율; 올바른 가락,	**мотив** (마찌프)
곡물 반죽, 밀가루반죽	**клейстер** (클레이쓰쩰)
곡물 저장통, 탈곡 저장, 벙커,	**закрома, закром** (자끄로마) (자크롬)
곡물, 곡류; 곡초류; 곡물식(穀物食), 벼목(나룩) 식물	**злаки** (즐라끼)
곡물생산농장	**зерносовхоз** (제르노쏘브호즈)
곡물창고(穀物倉庫), 곡간	**амбар** (암바르)
곡분의, 밀가루; 분말의, 가루의	**мукомольный** (무꼬몰늬이)
곡선(曲線), 곡선도표, 그래프; 운형(雲形)자	**кривая** (크리와야)
곡식, 마른 풀의 낟가리, 더미; ~ соломы 짚(낟)가리	**копна** (꼬쁘나)
곡식을 베다, 가을하다, 추수하다	**сжать** (즈좌찌)
곡식의 단, 묶음	**сноп** (스노쁘)

- 90 -

곡식의 줄기가 땅으로 구부러지다, 넘어지다, 눕다,	**полечь** (빨레치)
곡식이 자라다, 익다, 열매를 맺다	**родиться** (라지짜)
곡예단의 어릿광대, 광대; 코메디안, 삐에로, 개그맨	**клоун** (클로운)
곡예무대	**манеж** (마네즈)
곡예사(曲藝師), 곡예배우	**циркач** (찌르까치)
곡예사(曲藝師), 스커스인	**акробат** (악로밧트)
곡예술(曲藝術), 스커스 기술	**акробатика** (악로바찌까)
곡예의, 예술의; ~ое искусство 곡예술	**цирковой** (찌르꼬보이)
곡조(曲調), 음조(音調), 가락	**мелодия** (멜라지야)
곡조, 가락, 선율, 멜로디(melody), 칸토(canto),	**мотив** (마찌프)
곡조가 좋은, 듣기 좋은	**мелодичный** (멜라지츠느이)
곡조가 틀리게 연주하다(맞지 않게 노래하다)	**фальшивить** (팔쉬뷔찌)
곡하다, 애도(탄식)하다	**оплакивать** (아쁠라끼와찌)
곤경(困境), 궁지	**переплёт** (뻬레쁠료트)
곤경에 빠지게 하다, 속이다.	**подводить** (빧뷔지찌)
곤두(거꾸로), 쭈뼛, 꼿꼿하게	**дыбом** (듸밤)
곤두박질하다, 공중제비(허궁잡이)로 나뒹굴다	**кувыркаться**

곤두박질하여, 거꾸로;	**кувырком** (꾸브르까짜) (꾸브르꼼)
곤란에 빠지다, 난처하게 되다; (흙탕,나쁜습관)빠지다	**погрязнуть** (빠그랴즈누찌)
곤란하게 하다, 어렵게 하다, 방해하다	**затруднять** (자뜨루드냐찌)
곤란한, 어려운, 난처한	**затруднительный** (자뜨루드니쩰느이)
곤로, (요리용) 레인지, 전자[가스] 레인지.	**литка** (쁠리뜨까)
곤봉; 타봉(打棒), 몽둥이	**дубина** (두비나)
곤충, 벌레, (모기·각다귀 등) 작은 곤충, 갈파리, 모기	**мошка** (모쉬까)
곤충, 어류의 산란기관.	**яйцеклад** (야이쩨클랃)
곤충이 쏘다;	**ужалить** (우좔리찌)
곤충이 날카로운 소리를 내다, 찍찍 울다.	**трещать** (뜨레샤찌)
곤충학(昆蟲學).	**энтомология** (엔또말로기야)
곧 일어나는, 즉석의, 즉시의, 가까운	**незамедлительно** (네자메드들리쩰나)
곧, 즉시, 곧 바로, 바로 그때, 곧바로	**тотчас, немедленно** (또뜨차쓰) (네몌들롄나)
곧, 즉시에, 단번에 단 한번에, 일거에, 일시에	**разом, сразу** (라좀) (쓰라주)
곧게 되다, 펴지다;	**распрямиться** (라쓰쁘랴미짜)
곧게 하다, 주름(살)을 펴다	**распрямить расправить** (라쓰쁘랴미찌) (라쓰쁘라비찌)

곧장, 똑바로, 일직선으로. 직선으로, 곧게, 곧바로	**прямо** (쁘랴마)
곧추, 수직으로, 가파르게	**отвесно** (아트베쓰나)
골, 골짜기, 협곡, 산골짜기	**овраг** (아브락)
골, 틀, 형(形);	**форма** (포르마)
골; 결승점(선)	**гол** (골)
골격, 해골, 뼈만 앙상한 사람, (집·배의) 뼈대	**остов костяк** (오쓰또프) (까쓰짝)
골라내는 것, 뽑기, 뽑아내기, 선택	**выборка** (븨바르까)
골려주다, 조롱하다	**тешиться** (쩨쉬짜)
골로새서(Послание к Колоссянам, 4장)	**Колоссянам** (꼴로쌰남)
골몰하다, 전념하다;	**корпеть** (까르뻬찌)
골무(재봉용); 끼우는 고리[통]; 쇠고리(마찰방지용).	**напёрсток** (나뾰르쓰똑)
골문, 골대	**ворота** (바로따)
골반(骨盤), 엉덩뼈.	**таз** (따스)
골조, 골격, 골간	**каркас** (까르까쓰)
골짜기, 계곡, 골, 협곡. 골짜기의 샘, 개울.	**яруга долина** (야루가) (달리나)
골키퍼, 문지기	**вратарь** (브라딸)
곪기, 화농	**нагноение**

	(나그노예니에)
곪다, 헐다, 고름이 나다, 화농하다	**гнить, гноиться** (그니찌), (그나이쨔)
곰, 웅(熊); белый ~ 흰곰, 백곰; бурый ~ 갈색 곰	**медведь** (메드베지)
곰보, 작은 종기의 흔적	**щедрина** (쉐드리나)
곰팡내 나는, 썩은내 나는	**затхлый** (자뜨흘르이)
곰팡내, 썩은 냄새	**затхлость** (자뜨흘로쓰찌)
곰팡이, 균(菌);	**плесень грибок** (쁠레세니) (그리보크)
곱게 차려 입히다	**разодеться разодеть** (라조제쨔) (라조제찌)
곱게 차려 입은, 옷을 입은; 정장한	**разодетый** (라조제뜨이)
곱다, 예쁘다;	**хороший** (하로쉬이)
곱사등(이), 꼽추	**горбун, горбунья** (가르분), (고르부니야)
곱새기다, 왜곡하다, 멋대로 고치다;	**перевирать** (뻬레비라찌)
곱슬곱슬한, 고수머리의;	**кудрявый** (꾸드랴브이)
곱슬곱슬한; 웨이브	**вьющийся** (뷔유쉬이샤)
곱슬곱슬해지다(하다), 지지다, 컬하다.	**завить(ся)** (자비찌)(쨔)
곱슬머리(의 사람)	**курчавый** (꾸르차브이)
곱지 않은, 아름답지 못한, 보기 싫은; 좋지 못한,	**некрасивый** (네크라씨브이)

곱하기, 승법; таблица ~я 구구표	**умножение** (움나줴니에)
곱(셈)하다, 승하다, 배로하다	**умножить, помножить, помножать** (움노쥐찌) (빠므노지찌) (빰노자찌)
곱해질 수(피승수), 인수	**сомнжитель** (싸므느쥐젤)
공, 볼(ball), 구(球); футбольный ~ 축구공(볼)	**мяч** (매흐츠)
공갈(恐喝), 위협(威脅), 협위(脅威), 협박	**запугивание** (자뿌기와니예)
공갈하다, 겁에 질리게 하다, 놀라게 하다	**запугивать** (자뿌기와찌)
공개(公開), 공포(公布)	**гласность** (글라쓰노쓰찌)
공개적으로, 노골적으로, 공공연히;	**открыто** (아트끄릐또)
공개토론, 공개변론; 논쟁	**диспут** (지쓰뿌트)
공격(攻擊), 돌격(突擊), 진공, 진격,	**удар атака** (우다르) (아따까)
공격(습격)받지 않는	**неуязвимый** (네우야즈비므이)
공격, 강습, 공세, 습격; 침략, 침범	**наступление, нападение** (나쓰뚜쁘레니예) (나빠제니예)
공격(습격.비난.돌격)하다	**напасть наступать атаковать** (나빠쓰찌) (나쓰뚜빠찌) (아따까와찌)
공고해지다, 강화되다	**закрепляться** (자크레쁠랴쨔)
공고화, 견고화	**закрепление** (자크레쁠레니예)
공고히 하다, 견고하게 하다;	**закреплять** (자크레쁠랴찌)
공고히 하다, 튼튼히 하다, 강화하다	**упрочить, крепить**

(우쁘로치지) (크레삐찌)

공공(공중) 위생의, 보건상의.	**оздоровительный** (아즈도로비쩰느이)
공공; ~ая квартира 공공주택;	**коммунальный** (꼼무날리느이)
공구(기구) 제작용; ~ая сталь 공구강	**инструментальный** (인쓰뜨루멘딸느이)
공구의, 공작기계의.	**станкостроительный** (스딴까쓰뜨로이쩰느이)
공급, 보급, (물자)의 급여	**поставка снабжение довольствие** (빠쓰땁까) (스나브줴니예) (다볼쓰뜨뷔에)
공급되다, 대다, 대어주다,	**подаваться** (빠다와쨔)
공급자, 납입자; 조달자	**поставщик** (빠스땁씩)
공급(지급, 배급, 배달, 교부)하다	**питать, отпустить, завезти** (삐따찌) (앗뿌쓰띠찌) (자붸즈찌)
공기 없는, 진공의	**безвоздушный** (베즈붜즈두쉬느이)
공기, 대기;	**воздух** (붜즈두흐)
공기를 넣은, (공기 따위로) 부픈, 충만된, 팽창한	**надутый** (나두뜨이)
공기를 환기하다. 신선한 공기로 정화하다	**проветривать** (쁘라붸트리와찌)
공기의 조절 ~ воздуха 공기조절	**кондиционирование** (깐지찌 아니라와니예)
공기의, 대기의	**воздушный** (바즈두쉬느이)
공단(工團)	**атлас** (아클라쓰)
공도(公道), 간선도로, 큰길, 한길, 하이웨이;	**шоссе** (샤쎄)

공동사회, 공동체, (정치·문화·역사를 함께 하는)사회,	**братство** (브라뜨쓰뜨뷔)
공동(空洞), 두(竇), 누(瘻)(해부) 안, 내부; 강(구강, 복강);	**пазуха** (빠주하)
공동생활, 단체생활, 합숙생활	**общежитие** (압쉐쥐찌예)
공동으로, 힘을 합쳐서, 단체로	**сообща** (싸아브샤)
공동의(共動), 함께의;	**совместный** (쌉메쓰뜨느이)
공동자본; ~ое общество 주식회사	**акционерный** (악찌오네르느이)
공동저자(저술), 공동 집필(자)	**соавторство, соавтор** (쏘아브따르쓰뜨뷔)(쏘아브따르)
공동체, 공동사회	**община** (압쉬나)
공란의	**холостой** (할로쓰또이)
공론가, 순이론가, 교조(敎條)주의(자), 공리공론	**начетчик** (나체치크)
공리적인, 실리(용)적인, 공리주의의	**утилитарный** (우찔리딸느이)
공명기, 공진기	**резонатор** (레소나똘)
공명심(公明心), 야심(野心). 허영심	**тщеславие, честолюбие** (트쉐쓸라비에)(체쓰똘류비에)
공모, 동모(同謀), 통모(通謀), 공동모의	**сговор сделка** (즈고붜르)(즈젤르까)
공모자(共謀者), 공범자, 연루자,	**сообщник, соучастник** (싸아브쉬니크), (싸우차쓰뜨니크)
공무상의, 관(官)의, 공식의, 직무상의; 공인의:	**должностной** (달즈노쓰뜨노이)
공무원, 관리; 경관, 순경; 집달관	**комсостав**

	(깜싸쓰따프)
공물, 조세; 과도한세, 터무니 없는 징수금	**должное** (돌즈노에)
공부 잘하다, 성적이 우수하다	**успевать** (우쓰뻬와찌)
공부, 글, 글공부, 학습, 학문, 학업; 면학,	**учёба, учение** (우쵸바) (우체니에)
공부하다, 연구하다, 배우다	**заниматься** (자니마쨔)
공사. (외교) 사절, 특사(特使); 전권 대사	**посланник** (빠쓸란닉)
공사관, 외교, 대표부	**миссия** (미씨야)
공산당(共産黨)(комму-нистичекая партия)	**компартия** (꼼빠르찌야)
공상(空想), 환상(幻想), 유토피야	**утопия** (우또삐야)
공상[상상]하다; 마음에 그리다. ~ себе 상상하다	**представить** (쁘렏쓰따비찌)
공생(共生), 공동생활, 함께살이, 더부살이	**симбиоз** (씸비오즈)
공손한 것, 순종(順從)	**покорность** (빠꼬노쓰찌)
공손한, 순종(복종)하는	**почтительный, покорный** (빠치찌쩰느이) (빠꼬르느이)
공손히, 겸손하게	**покорно** (빠꼬르나)
공식적인, 공개적으로, 형식상의	**формальный, официальный** (파르말느이) (아피치알느이)
공식, 식;	**формула** (포르물라)
공식적으로;	**официально** (아피치알-나)

- 98 -

공식화(정식화)하다, 형식(공식)으로 나타내다,	**формулировать** (파르물리로와찌)
공업(工業)	**промышленность** (쁘로믜쉴렌노스찌)
공업(상)의, 공업용의. 산업(상)의, 산업용의	**индустриальный** (인두쓰뜨리알느이)
공업[산업]에 종사하는; 공업(산업)노동자의.	**производственный** (쁘라이즈보드쓰뜨볜느이)
공업품(工業品)	**промтовары** (쁘람또바르)
공연(公演), 출연	**выступление** (븨쓰뚜쁠레니에)
공원(公園), 유원지(遊園地);	**парк** (빠르크)
공유하다, 함께하다, 같이하다	**передать[ся]** (뻬레다찌)
공을 패스하다, 자기편에 송구하다	**пасовать** (빠싸와찌)
공인, 격식(형식)을 차리는, 공식적인;	**официальный** (아피치알느이)
공인되지 않은, 인정받지 못한	**непризнанный** (네쁘리즈난느이)
공인된, 검정필인, 권한을 부여받은	**авторизованный** (압따리조완느이)
공작기계; токарный ~ 선반; ткацкий ~ 직포기	**станок** (스따노크)
공작기계제작	**станкостроение** (스딴까쓰뜨로예니예)
공장, 제조(작)소,재제소 швейная ~ 피복공장	**фабрика** (파브리까)
공장(工場), 제조소(所), (물건·자격 등의) 제조 장소	**завод** (자볻)

- 99 -

공장관리부(工場管理部)	**заводоуправление** (자붜도우쁘랍레니예)
공적인 도장(직인)을 찍다, 날인하다,	**штамповать** (쉬땀뽀와찌)
공정(정당) 하게	**справедливо** (스쁘라볘들리붜)
공정가격, 평가가격; 규정된 품값(임금)	**расценка** (라쓰쩬까)
공정치 못한, 공명정대하지 못한, 부정직한	**неправый** (녜쁘라브이)
공제, 공제액	**вычеты, вычет, удержание** (븨체트) (우제르좌니예)(븨체뜨이)
공제하다, 제하다, 차감하다	**отчислить, отчислять** (앗치쓸리찌), (앝치쓸랴찌)
공존(共存), 동존, 공생, 공존공생(共存共生)	**сосуществование** (싸쑤쉐쓰뜨보와니예)
공중 위생, 위생시설, 보건	**ассенизация, здравоохранение** (아쎄니자찌야),(즈드라붜오흐라녜니예)
공중사진촬영	**аэрофотосъёмка** (아에로포또스욤까)
공중의, 공공의, 공립의	**воздушный, открытый, народный** (바즈두쉬느이) (아트끄릐뜨이) (나로드느이)
공중전화 박스, 칸막이한 작은 방(침실), 개인열람실	**кабинка** (까빈까)
공중전화의 ~ый пункт 전화통화소;	**переговорный** (뻬레가보르느이-)
공중활주, 공중회전	**сальто, планирование** (쌀따) (쁠라니로와니예)
공증(公證); ~ая контора 대서소	**нотариальный** (나따리알느이)
공증인(公證人), 대서인	**нотариус** (나따리우쓰)
공차, 허용오차(許容誤差)	**допуск**

	(도뿌쓰크)
공통[적인],공동;	**общий** (옵쉬이)
공통성, 일치, 상합, 부합	**общность** (옵쓰노쓰찌)
공평한, 공정한, 공명정대한 편견이 없는,	**беспристрастный** (베쓰쁘리쓰뜨라쓰뜨느이)
공포(광고, 발포, 포고, 선포)하다	**объявлять,обнародовать** (아비야블랴찌) (압나로다와찌)
공포, 무서움, 두려움, 불안함; чувство ~а 공포심,	**страх** (스뜨라하)
공포, 발포(發布), 통치	**сведение обнародование** (스볘제니예) (압나로다와니예)
공학, 공업[과학] 기술	**технология** (쩨흐놀로기야)
공학, 기사; ~ые войска 공병	**инженерный** (인줴네르느이)
공학의: 여러 공예의, 종합(과학)기술	**политехнический** (빨리쩨흐니체쓰끼이)
공항(空港), 비행장,	**аэропорт** (아에로뽀르트)
공항, 에어필드(airfield); 비행기장	**аэродром** (아에론롬)
공허감, 허전함	**опустошённость** (아뿌스또숀노쓰찌)
공화국; 공화제, 공화정체	**ресбублика, республиканский** (레스부블리까) (레스뿌블리깐스끼이)
공화당원, 공화주의자(共和主義者)	**республиканец** (레스뿌블리까네쯔)
공훈, 공로, 업적, 위훈, 위업	**подвиг, заслуга** (뽀드빅) (자쓸루가)
곳, 갑	**мыс** (믜쓰)

과(科); первый ~ 제 1과;	**урок** (우로크)
과감성, 대담성, 용기	**отвага** (아트와가)
과거(過擧), 지난 날, 옛적	**былое** (븰로예)
과냉(過冷)하다[되다]. 빙점 이하로 냉각하다	**переохладить[ся]** (뻬레아흘라지찌)
과녁(관), 목표, 목적물, 목표액	**целевой, мишень** (젤레보이) (미쉔니)
과대평가하다, 높이사다.	**переоценивать** (뻬레아체니와찌)
과도하게, 지나치게 하는, 넘쳐나는;	**невоздержанный** (네붜즈젤좐느이)
과도한, 과대한, 과다한. 지나친, 심한, 무절제한	**непомерно** (녜빠메르나)
과로시키다, 너무 일을 시키다 피로하게 하다	**заморить** (자모리찌)
과로하게 하다, 기진맥진하게 하다	**переутомлять[ся]** (뻬레우또믈랴찌)
과목(科目), 학과목	**предмет, дисциплина** (쁘레드몔)(지쓰찌쁠리나)
과묵한; 말이 적은; 억제된 숨기는; 비밀주의의,	**скрытный** (스크릐뜨느이)
과부(寡婦), 미망인(未亡人)	**вдова** (브다와)
과세, 징세; 세제 조세(액),	**налогообложение, обложение** (날로가오브 라줴니예) (아블로줴니예)
과소평가, 불충분한 평가	**недооценка** (네다아쩬까)
과소평가하다;	**преуменьшать, недооценивать, недооценить** (쁘레우메느샤찌) (네다아쩨니와찌),(네다아쩨니찌)

과수원, 과원;	**сад** (싸드)
과시하다, 자랑하다. 과시(자랑)하기.	**щеголять, щегольнуть** (쉐골랴찌) (쉐골누찌)
과식, 포식, 포끽, 지내먹기	**обжорство** (압졸스트붜)
과실, 잘못, 허물, 실패	**вина** (뷔나)
과실있는, 불완전한, 결점[결함]이 많은	**неисправный** (네이쓰쁘라브느이)
과실주, 담근 술, 감흥주	**настойка** (나쓰또이까)
과업, 과제, 임무	**задача** (자다차)
과연, 정말, 확실히. 실로, 참으로. 그뿐 아니라,	**же, разве** (줴) (라스붸)
과열(過熱), 너무 뜨겁게, 과도의 열, 지나친 흥분	**перегрев** (뻬레그레프)
과음하다. 많이 마시다,	**перебирать** (뻬레비라찌)
과일 졸임, 과일통조림	**компот** (깜뽀트)
과일(포도의) 짜고 남은 찌끼, (사탕무우의) 찌꺼기	**жом** (좀)
과일, 실과; свежие ~ы(싱싱한 과일)	**фрукт** (프룩트)
과일(열매)의 껍질; снимать ~y 껍질을 벗기다	**кожура** (까주라)
과일(잎)을 뜯다, 따내다, 따다	**обрывать** (아브릐와찌)
과일묵, 잼(jam)	**кисель** (끼쎌)
과일술, 과실주; вишнёвая ~ 양벗술, 버찌(흑앵)주	**наливка**

	(날리브까)
과일껍질을 벗기다, 외피가 벗겨지다	**шелушить** (쉘루쉬찌)
과일의 살;	**мякоть** (먜흐꼬찌)
과일의 응어리, 과일(야채)의 속. 과실의 인(仁)	**сердцевина** (쎄르드쩨비나)
과일의, 열매의; 과일로 만든	**плодовый** (쁠로도브이)
과잉생산; кризис ~а 과잉생산	**перепроизводство** (뻬레쁘로이즈보드 쓰뜨뷔)
과자, 가루반죽, 구워서 만든 과자(류),	**печенье** (뻬체니예)
과자류 ~ая фабрика 과자공장;	**кондитерский** (깐지쩨르쓰끼이)
과장, 과대(誇大), 과칭(誇稱), 침소봉대(針小棒大)	**преувеличение** (쁘레우벨리체니예)
과장된, 과대한	**хвастливый, преувеличенный** (흐와쓰뜰리브이) (쁘레우벨리첸느이)
과장(과대)하다, 허풍떨다,	**преувеличивать, утриро-вать** (쁘레우벨리치와찌) (웃리로와찌)
과정, 학과, 학년, 학년(도)	**курс** (꾸르쓰)
과정, 행정, 경과, 과정(過程); 공정;	**процесс, ход** (쁘라쩻쓰) (혼)
과제, 과업, 임무	**задание** (자다니예)
과학; ~а и техника 과학과 기술;	**наука** (나우까)
과학상의 관측 ~ пункт 관측소;	**наблюдательный** (나블류다쩰느이)
과학연구의;	**научно-исследовательский** (나우츠나-잇쓸레도와쩰쓰끼이)

- 104 -

과학의 분야, (전문인 아닌) 박물연구	**естествознание** (예쓰쩨쓰뜨붜볏자니예)
과학자의	**академический** (아까제미체쓰끼이)
과학자(科學者)	**академик** (아까제미크)
과학적인, 과학의, (자연) 과학의, 학술상의	**научный** (나우츠느이)
관(棺), 널, 영구(靈柩), 나무관	**гроб** (그로프)
관(冠), 화관, 꽃테; 월계관	**венец** (붸네쯔)
관, 통, 물통, 초롱	**труба** (뜨루바)
관개(灌漑), 수리화	**ирригация** (이리가찌야)
관개수리	**гидромелиорация** (기드로메리오라찌야)
관개의, 수리화; ~ые сооружения 관개시설	**ирригационный** (이리가찌온느이)
관계를 맺다, 시작하다	**завязывать** (자뱌즤와찌)
관계(연계)를 가지게 하다	**связать** (스뱌자찌)
관계되다, 관련이 있다	**касаться** (까싸쨔)
관계없이	**безотносительно** (베조뜨노씨쩰나)
관광 (여행), 유람(遊覽)	**туризм** (뚜리즘)
관광객을 안내(가이드)하다. 안내자, 가이드.	**экскурсовод** (엑쓰꾸르싸보드)

관광객, 관광단원, 유람객(遊覽客)	**турист** (뚜리쓰트)
관광기지	**турбаза** (뚜르바자)
관념론, 유심론 이상화, 이상주의	**идеализм** (이제알리즘)
관념학[론]; 공리, 공론, 사상(思想)	**идеология** (이제올로기야)
관능성, 육욕성 호색, 음탕	**эротика** (에로찌까)
관대, 아량, 고결. 너그러움, 후한	**щедрость** (쉐드로쓰찌)
관대하게, 너그럽게, 후하게, 박애하게	**щедросоты** (쉐드로쏘쩍)
관대한, 아량 있는, 고결한, 편견 없는, 대범한	**щедросый** (쉐드로쓰이)
관대성, 관대한(너그러운)태도; 관대한 처분	**снисхождение** (스니쓰호즈제니예)
관대하다, 관용이 있다, 융화하다	**либеральничать** (리베랄니차찌)
관대한, 너그러운, 호의적인	**терпимый, снисходительный** (떼르삐므이) (스니쓰호지쩰느이)
관대한, 아량, 너그러움, 관용	**щедрота, великодушие** (쉐드로따) (벨리까 두쉬에)
관대히 대하다, 양해하다	**мириться** (미리쨔)
관람, 방문	**поход** (빠호드)
관람대(觀覽臺)(극장 위층의)	**балкон** (발꼰)
관람석	**трибуна** (뜨리부나)

관련되다, 관계(관련)를 가지다; 속하다	**относиться** (아트노씨쨔)
관례, 습관, 일상생활; войти в ~ 일상생활화 되다,	**обиход** (압비호드)
관료주의	**бюрократизм** (뷰로크라찌즘)
관리(官吏), 관료(官僚)[배]	**чиновник** (치노브니크)
관리(감독)하다, 지휘(지도, 통치)하다	**управлять, надзирать** (우쁘라블랴찌) (나드지라찌)
관리능력(통제능력)이 없는 것	**нераспорядительность** (네라쓰뽀랴지쩰노쓰찌)
관리부(管理部), 지도부	**дирекция** (지렉찌야)
관리소, 관리실, 응접실	**палата** (빨라따)
관리위원회, 관리부, 이사회	**правление** (쁘라블레니예)
관리인, 지배인, 경영(관리)자, 주임; 은행총재	**управляющий** (우쁘라블랴유쉬이)
관리자, 처리자, 지휘자	**администратор, распорядитель** (아드미니쓰트라따르) (라쓰빠랴지쩰)
관리, 통치, 지휘	**управление** (우쁘라블레니에)
관사(冠詞) (언어)	**артикль** (아르찌클)
관성(타성)이 있는;	**инертный** (이네르뜨느이)
관성, 타성 게으른, 나태, 동작이 느린, 굼뜬;	**инертность** (이네르뜨노쓰찌)
관수욕, 관수요법	**обливание** (아블리와니예)
관심없는, 무관심한, 방관적인, 냉정한	**безучастный**

	(볘주차쓰뜨느이)
관심, 관심성, 이해관계	**заинтересованность** (자인쩨레소완노쓰찌)
관심을 가지다, 흥미를 가지다	**поинтересоваться** (빠인쩨레싸와쨔)
관심을 갖다: ~을 보살피다[돌보다]	**позаботиться** (빠자보찌쨔)
관심을 끄는, 인상적인, 눈에 띄는	**выигрышный** (븨이그릐쉬느이)
관심있는, 이해관계가 있는;	**заинтересованный** (자이쩨레소완느이)
관악기의 지공(指孔); (자동차의) 삼각창(窓)	**кларнет** (클라르녜트)
관여, 참여, 관련	**причастность** (쁘리찻쓰뜨노쓰찌)
관여[관지]하지 않는, ~에 상관(관계)없는	**непричастный** (네쁘리차스 뜨느이)
관용어, 관용구	**идиома** (이지오마)
관자노리(귀와 눈 사이의 태양혈(太陽穴)이 있는 곳)	**висок** (븨쏘크)
관절, 뼈마디, 마디, 골절(骨節), 골관절(骨關節)	**сочленение** (싸츨레녜니예)
관절염, 류마티스	**ревматизм** (레브마찌즘)
관절을 삐게하다, ~을 뒤죽박죽으로 만들다	**переместить[ся]** (뻬레메쓰찌쨔)
관점, 견지	**план сторона** (쁠란) (스따로나)
관중(觀衆), 청중	**публика** (뿌블리까)
관찰, 관측, 감시, 감독 주목, 주시	**наблюдение** (나블류졔니에)

관찰[관측]하다; 주시하다, ~을 알아채다(인지하다)	**заметить** (자몌찌찌)
관찰력, 안광(眼光), 관찰안, 통찰력	**наблюдательность** (나블류다쩰노쓰찌)
관찰자, 감시자(군사) 감시병	**наблюдатель** (나블류다쩰)
관청, 공청(公廳)	**комсомольский** (깜싸모리쓰끼이)
관통의, 꿰뚫고 지나가는:	**сквозной** (스크뷔즈노이)
관통하다, 꿰뚫다, 침입하다.	**проникать[ся]** (쁘라니까쨔)
관현악단, 악대, 오케스트라	**оркестр** (아르케쓰뜰)
광, 헛간; 가축의 우리; 누옥(陋屋), 오두막집.	**ниша** (니샤)
광견병(狂犬病);	**бешенство** (볘솅쓰뜨붜)
광고(廣告), 선전(宣傳)	**публикация афиша** (뿌블리까찌야) (아쀠샤)
광고(선전)하다	**рекламировать** (레끌라미로와찌)
광고, 게시, (신문, 벽 등에서) 알림	**объявление** (아비야블례니예)
광고, 선전, 공연프로	**реклама** (레끌라마)
광고하다, 자랑하다, 뽐내다	**афишировать** (아쀠시로와찌)
광궤의, 관대한, 마음이 넓은 광범한	**ширококолейный** (쉬로까깔례이느이)
광기(狂氣), 발광,	**умопомешательство, невменяемость** (우마뽀몌샤쩰쓰뜨붜) (녜브몌냐예모쓰찌)

- 109 -

광대뼈, 관골(觀骨), 협골(頬骨), 관자뼈	**скула** (스꿀라)
광대뼈가 두드러진(나온)	**широкоскулый, скуластый** (쉬로까쓰꿀르이) (스꿀라쓰뜨이)
광도의 단위 촉, 촉광	**свеча** (스베차)
광란, 지랄, 발광, 광기, 정신착란	**безумие** (볘주미예)
광란을 부리다	**бушевать** (부쉐와찌)
광목천	**бязь** (뱨지)
광물(鑛物), 광석(鑛石)	**ископаемые, минерал** (이쓰까빠에므예)(미녜랄)
광물을 채굴하다, (보물) 발굴하다	**шурфовать** (슐포와찌)
광물질(鑛物質);	**минеральный** (미녜랄느이)
광물학(鑛物學), 광석학	**минералогия** (미녜랄로기야)
광부(鑛夫), 광산 노동자	**рудокоп, горняк** (루다꼬쁘) (가르냐크)
광분(狂奔), 횡행(橫行)	**разгул** (라스굴)
광산(鑛山)	**рудник** (루드니크)
광산의	**рудничный** (루드니츠느이)
광상곡(狂想曲: rhapsody) 카프리치오, 광시곡, 랩소디	**рапсодия** (라쁘쏘지야)
광석, 석탄, 소금 соляные ~ 돌소금채취장, 소금밭	**копи** (꼬삐)
광석의; ~ый слой 광층	**рудный**

	(루드느이)
광석이 매장되어있다, 묻혀있다	**залегать** (잘레가찌)
광선이 비끼(게 하)다, 빛을굴 절시키다	**преломить[ся]** (쁘렐로미찌)
광시(狂詩), 풍자적, 희극의	**пародийный** (빠로지이느이)
광야, 벌판, 황야, 황원; степное ~ 광활한 초원;	**приволье** (쁘리볼예)
광유(鑛油)	**вазелин** (와젤린)
광주리, 바구니	**корзина** (까르지나)
광채(光彩), 섬광, 눈부신 빛	**блеск** (블례쓰크)
광천(鑛泉), 온천장, 탕치장(湯治場)	**курорт** (꾸롤트)
광축각 등분선, (광축각(光軸角)의) 2등분선	**биссектриса** (빗쎄끄뜨리싸)
광택(光澤), 윤기, 기름기	**лоск** (로쓰크)
광학(기하,·물리 광학·분광학) 광학기구, 광학기기;	**оптика** (옵찌까)
광활한 지역(지대)	**пространство** (쁘라쓰뜨란스뜨붜)
광휘로운 빛, 광채(光彩)	**сияние** (씨야니예)
괜찮게, 나쁘지 않게, 쏠쏠하게; 웬만하게	**неплохо** (네쁠로호)
괜찮다, 무방하다, 일없다, 상관(염려) 없다	**пустяк ничего** (뿌쓰쨔크) (니체보)
괴깔[보풀]의, 솜털의, 괴깔[보풀]이 인, 솜털로 덮인	**пышный** (쁵쓰늬이)

괴로운, 고민(苦悶), 고통(苦痛);	**страдание** (스뜨라다니예)
괴로운, 고통스러운, 어려운	**томительный, страдальчиский** (따미쩰느이), (스뜨라달리치쓰끼이)
괴로움, 고통스러운, 견딜 수 없는	**мучительный** (무치쩰느이)
괴로워(고민, 고생)하다,	**терзаться, маяться, мучиться** (쩨르자쨔) (마야쨔) (무치쨔)
괴롭히다, 고문하다, 괴롭게 하다	**измучить, томить** (이즈무치찌) (따미찌)
괴롭히다, 부담(불편)을 주다	**тяготить, тягость** (쨰고찌찌),(쨰고쓰찌)
괴물(怪物), 괴귀, 요괴	**чудовище** (추도뷔쉐)
괴상한, 이상한	**экзотический** (에크조찌체쓰끼이)
괴짜, 괴벽한 삶, 기이함, 괴상함, 진묘함. 이상한, 기묘한	**чудак** (추다크)
괴혈병, 혈루병	**цинга** (찐가)
굄목, 쐐기(통·바퀴 밑에 괴어 움직임을 막음)	**подшипник** (빧쉬츠닠)
교각, 교대(橋臺), 창 사이의 벽; 각주(角柱)	**столп опора** (스딸르쁘) (아뽀라)
교과서(敎科書), 소책자, 입문서	**учебник** (우체브니크)
교단, 연단, 무대, 스테이지, 플랫폼(platform)	**эстрада** (에쓰뜨라다)
교대(교체)되다, 바뀌다	**меняться** (메냐쨔)
교대, 교대시간, 대거리	**смена** (스멘나)

교대, 임시대리 하는 것	**подмена** (빠드몌나)
교대로(번갈아, 엇바꾸어)하는;	**посменный** (빠쓰몐느이)
교대로, 번갈아, 엇바꾸어	**посменно** (빠쓰몐나)
교대하다, 교체하다, 바꾸다, 번갈아 하다	**чередовать** (체레도와찌)
교대하지 않는, 항구적인, 간단없는;	**бессмен-ный** (베쓰몐느이)
교란자, (조직, 질서) 파괴자	**дезорганизатор** (제자르가니자똘)
교란하다, 어지럽히다, 파란을 일으키다	**возмущать** (바즈무샤찌)
교만, 거만, 자만, 거드름	**заносчивость, спесь, важность** (자노쓰치붜쓰찌) (스뻬시) (와즈노스찌)
교미시키다, 흘레(교접)시키다	**случать** (슬루차찌)
교부(交付), 분배(分配)	**выдача** (븨다차)
교살(絞殺), 교수형(絞首刑)	**повешение** (빠볘쉐니예)
교살하다, 교수형에 처하다	**вешать** (붸샤찌)
교수, 수업(授業)	**преподавание** (쁘레뽀다와니예)
교수(敎授), 전문가	**профессор** (쁘라폐쏘르)
교수법의, 수업방법, 방법적인	**методический** (메따지체쓰끼이)
교시, 가르침, 지시	**указание** (우까자니에)
교시하다, 가르치다;	**указывать**

	(우까즤와찌)
교실(敎室), 강의실(講義室);	**аудитория** (아우지또리야)
교압기(絞壓器), 구혈대(驅血帶). 지혈기[대],	**жгутик** (쥐굿찌크)
교양 없는, 예절 없는, 버릇(이)없는	**невоспитанный** (네붜쓰삐딴느이)
교양 있는, 문화수준이 높은, 수양을 쌓은	**культурный** (꿀뚜르느이)
교열(校閱), 수정(修正), 변경, 개수, 개량; 변형	**редактирование** (레닥찌로와니예)
교외 주택(두 채가 붙은), ~의 주택	**вилла** (빌라)
교외(郊外), 시외(市外), 야외, 외곽	**предместье пригород** (쁘레드몌쓰띠예) (쁘리고로드)
교외의, 시외의, 야외의, 와곽의	**загородный пригородный** (자고로드느이) (쁘리고론늬이)
교원(敎員), 선생(先生), 교사	**преподаватель** (쁘레뽀다와쩰)
교육, 육성, 양육, 양성 학식,	**воспитание образование** (바쓰삐따니에)(아브라조와니예)
교육(敎育); 교수, 육영	**педагогический** (뻬다고기체쓰끼-)
교육받는 사람, 제자, 학생, 피교육자	**воспитанник** (바쓰삐딴니크)
교육받다, 양육되다, 육성되다	**воспитываться** (바쓰삐뜨와쨔)
교육받지 못한, 무학의, 무지의, 비문화적인	**некультурный** (네꿀뚜르느이)
교육자, 교직자, 교육학자, 교원	**педагог. тренер** (뻬다고그) (뜨레네르)
교육하다, 훈육하다; 육성하다	**образовать[ся]** (아브라조와찌)

| 교육학(教育學) | **педагогика** (뻬다고기까) |

교전, 교차사격, 사격전 — **перестрелка** (뻬레쓰뜨렐까)

교정, 정정 — **корректура** (까르렉뚜라)

교정기구(의족, 의수, 의치, 의안 등); 정형기구. — **протез** (쁘로떼즈)

교정원, 교정 보는 사람 — **корректор** (까르렉또르)

교정지, 게라지, 초교지 — **корректура гранка** (까르렉뚜라) (그란까)

교정하다, 고치다. 똑바르게 하다 — **выпрямить** (븨쁘래미찌)

교제, 사교, 연예; — **общение** (압쉐니예)

교제를 끊다(그만두다), 절교하다 **отвёртываться отгородиться** (아트뵤르띠와쨔) (아트가로지쨔)

교조(教條), 교리(教理); 원리(原理) — **догма** (도그마)

교조주의적인; 독단적인 — **догматический** (다그마찌체쓰끼이)

교차 도로; 갈림[골목]길(간선도로와 교차되는) — **переезд** (뻬레예즈드)

교차(점), 건널목, 십자로; 횡단점[보도] **скрещение. пересечение**
가로지름, 횡단; 교점, 교선 (스크레쉐니예) (뻬레쎄체니예)

교차시키다; (손·발 따위를) 엇걸다 — **скрещивать** (스크레쉬와찌)

교차점의 교통 신호등 — **свет** (스베트)

교차하다, ~와 마주치다; ~ на след 발자국을 찾다 — **набрести** (나브레쓰찌)

교체, 교대, 대용품, 대신할 사람	**замена** (자몌나)
교차되다, 엇바뀌다, 갈리다	**чередоваться, смениться** (체레도와쨔) (스몌니쨔)
교통, 운수, 연락	**сообщение** (싸아브쉐니예)
교통부(交通部)	**автоинспекция** (압따인쓰뻭찌야)
교통순경	**автоинспектор** (압따인쓰뻭따르)
교통안전원, 교통정리원	**регулировщик** (레굴리로브쉬크)
교통안전원, 교통지도자	**автоинспектор** (압따인쓰뻭따르)
교통의 혼잡, 교통 체증[마비]. 혼잡	**пробка** (쁘롭까)
교통정리 지시봉, (왕. 사령관의) 권장(權杖), 지휘봉.	**жезл** (줴즐)
교통정리용 광선 신호등, 색등신호기	**светофор** (스볘따포르)
교파, 종파, 분파, 파벌	**секта** (쎄크따)
교합력	**стресс** (스뜨렛쓰)
교향곡, 심포니(symphony);	**симфония** (씸포니니야)
교환, 교체, 교류, 상환, 교역	**обмен** (압몐)
교환기, 전화 교환기	**телефонист коммутатор** (쩰레폰이쓰트) (꼼무따또르)
교환의, 바꾸는; 교역하는, 주고받는	**размен-ный** (라스몌느이

- 116 -

교환하다, 바꾸다; 교역하다	**обменять, обмениваться** (압메니와쨔), (옵메냐찌)
교환할 수 있는, 바꿀(교체할) 수 있는	**равноценный** (라브노쩬느이)
교활하게(속임수로) 장사를 하는 사람,	**шахер-махер** (샤헬-마헬)
교활하게, 기묘하게	**хитро** (히뜨라)
교활하다, 음흉하다, 비열하다	**схитрить** (스히뜨리찌)
교활한 놈, 간사한 놈, 꾀 많은	**шельмец** (쉘메쯔)
교회, 교회당, 교당, 예배당, 성당, 성전, 성회, 예수당	**церковь** (쩨르꼬뷔)
교훈, 훈시, 훈련, 교수, 교육, 훈계; 권고, 충고;	**наставление** (나쓰따블레니에)
교훈적인, 배울 점이 많은, 유익한	**поучительный** (빠우치쩰느이)
구(9), 9(아홉), 9의 숫자[기호](9, ix, IX)9세; 9시	**девятка** (제뱌뜨까)
구(球), 공, 구체(球體), 지구의(儀)	**глобус** (글로부쓰)
구(句), 문구	**фраза** (프라자)
구(球); 구상체, 공 모양의 것, 구체, 구형, 천구	**сфера шар** (스페라) (샤르)
구강학(口腔學)	**стоматология** (스따마똘로기야)
구개수의, 구개수음의; 에델바이스(Edelweiss)	**язычковый** (야즤츠꼬브이)
구개음으로 발음하다, 구개음화하다([k]를[ç],[ʃ]로발음)	**смягчить** (스먀그치찌)
구겨지다, 쪼그라지다, 구김살이 잡히다	**помяться, мяться**

	(빠먀짜) (매흐짜)
구겨진 것을 펴다, 다리다, 바로잡다	**разгладить** (라스글라지찌)
구겨진, 쪼글쪼글한	**смятый, мятый** (스먀뜨이) (매흐뜨이)
구경, 견학, 참관, 관람	**осмотр** (아쓰모뜰)
구경할 만 한, 불만 한, 주목할만 한	**достопримечательный** (다쓰따 브리메차쩰느이)
구과(毬果)를 맺는, 침엽수의 ~лес 바늘잎나무숲,	**хвойный** (흐보이느이)
구금, 감금; место ~я 구금소; тюремное~е 투옥	**заключение** (자클류체니에)
구금, 검거, 체포; 구류; 억류. 지체	**задержание** (자제르좌니예)
구금(검거)하다, 잡아가다	**забирать, задерживать** (자비라찌) (자제르쥐와찌)
구급함(救急函), 약장(藥欌)	**аптечка** (앞쩨치까)
구기다, 쭈글쭈글하게 하다; 찌부러뜨리다	**скомкать замять** (스꼼까찌) (자먀찌)
구덩이	**провал** (쁘라왈)
구독자, 예약자, 신청자, 주문자	**подписчик** (빠다삐쓰칰)
구두, 단화, 양혜, 양화, 슈즈(shoes);	**туфли** (뚜프리)
구두, 일상화	**ботинки** (바진끼)
구두를 신기다; (말)에 편자를 박다	**обуть[ся]** (아부찌)(쨔)
구두쟁이, 구두수리공, 제화공	**сапожник** (싸뽀즈니크)

구둣주걱	**рожок** (라조크)
구레나룻	**бакенбарды** (바껜바르드)
구령 шагом ~ 앞으로 갓! бегом ~ 구보로 앞으로 갓!	**марш** (마르쉬)
구령(호령)하다, 호령을 치다	**командовать, скомандовать** (까만도와찌) (스까만도와찌)
구루마, 리어카(rear car)	**арба** (아르바)
구류(拘留), 구금(拘禁), 관압(管押), 감금, 구치, 유치	**привод** (쁘리봇)
구류(억류)하다	**арестовать, арестовывать, интернировать** (아레쓰따와찌), (아레쓰또븨와찌) (인쩨르니로와찌)
구르기, 굴리기; 회전; 눈을 두리번거림	**прокатка** (쁘라깥까)
구르는; 회전하는 ~ые коньки 로라 스케이트	**роликовый** (롤리꼬브이)
구르다, 굴러가다, 회전하다	**катить, подкатывать** (까찌찌) (빠드까띄와찌)
구름 등이 뒤덮다, 가리우다, 둘러싸다	**обволакивать обволочь** (압뵐라끼와찌), (옵뵐로치)
구름(안개 등)이 가리다, 덮다	**заволакивать** (자뵐라끼와찌)
구름, 비행운(飛行雲); кучевые ~а 더미구름, 뭉게구름	**облако** (오블라까)
구름다리, 육교, 입체교, 고가도로	**путепровод, эстакада** (뿌쩨쁘로붓) (에쓰따까다)
구름이 많은(낀), 흐린	**облачный** (오블라츠느이)
구름이 없는, 맑음	**безоблачный** (볘즈오블라츠느이)

구릉(丘陵), 둔덕	**курган** (꾸르간)
구리, 구리쇠, 동(銅)	**медь** (메지)
구리, 동(銅; Cu; 29), 구리로 만든	**медный, медеплавильный** (메드느이), (메제쁘라빌느이)
구린내, 나쁜 냄새, 악취(惡臭)	**вонь** (뵌니)
구매, 구입. 사는 것, 사온 물건	**покупка** (빠꿉까)
구매자(購買者), 사는 사람	**покупатель** (빠꾸빠젤)
구멍 뚫기, 천공(穿孔), 착암(鑿巖)	**бурение** (부레니예)
구멍뚫는 기구로 구멍을 뚫다	**штамповка, штампование** (쉬땀뽀브까) (쉬땀뽀와니에)
구멍 가위로 찍다,(못을) 처박다	**штампование** (쉬땀뽀와니에)
구멍 파는 도구[장치]	**канавокопатель** (까나뷔까빠젤)
구멍, 구덩이, 함정, 분지(分地),	**. яма, ямина** (야마) (야미나)
구멍, 아가리, 터진, 틈, 짬, 자리창	**брешь, отверстие** (브레쉬) (아트볘르스찌예)
구멍가게, 전빵, 가계.	**сухарь** (수할리)
구멍뚫이, 기계송곳	**сверло** (스볘르로)
구멍뚫이기계, 천공기	**перфоратор** (뻬르파라똘)
구멍을 뚫다	**высверливать, высверлить, продырявить** (븨쓰볠리와찌), (븨쓰볠리찌) (쁘라디랴비찌)
구멍을 뚫음; 보링; 보링작업 ~станок 보링반	**расточный**

	(라쓰또츠느이)
구멍을 틀어막는 것, 뚜껑 막기, 밀봉;	**закупорка** (자꾸뽀르까)
구백(900)	**девятьсот** (제뱌쏘트)
구별(분별, 분간)하다, 식별하다	**различать, отличать** (라슬리차찌) (앝틀리차찌)
구별; 식별(력), 판별(력) 차별(의 인정), 구분	**разделение** (라스젤레니예)
구부러지다, 굽혀지다, 휘어지다, 휘청거리다	**изгибаться** (이즈기바쨔)
구부려서 두르다(돌려 매다, 씌우다)	**огибать** (아기바찌)
구부리다, 숙이다; 굽히다, (활을)당기다	**нагибать, покривить** (나기바찌) (빠끄리비찌)
구부리게하다, 꼬부리다, 커브시키다,	**согнуть сгибать** (싸그누찌) (즈기바찌)
구분, 부분; 구(區), 부(部), 단(段), 절(節). 국(局),	**подразделение** (빧라즈젤레니예)
구분하다, 구별하다, 분화하다;	**дифференцировать** (지프페렌찌로와찌)
구불거리다, 구불구불해지다, 굽이쳐가다	**извиваться** (이즈비와쨔)
구불구불한, 굴곡이 많은;	**извилистый** (이즈빌리쓰뜨이)
구상, 구면, 구형, 구형도	**шарообразность шаровидность** (샤로옵라즈노쓰찌) (샤로뷔드노쓰찌)
구상(공모양)의.	**шаровиднос ый** (샤로뷔드노쓰느이)
구상, 착상(着想)	**замысел** (자믜쎌)
구석방, 코너방 ~ая комната; ~ой удар (축구에서) 코너킥,	**угловой** (우글라보이)

- 121 -

구성, 조성, 성원; 성부; химичекий ~ 화학적 성분	**состав** (싸쓰따프)
구속받지 않고, 가뿐가뿐, 거뿐거뿐.	**непринуждённо** (네쁘리누즈죤나)
구속자	**арестованный** (아레쓰또와느이)
구속하다, 행동을 제어하다;	**сковывать** (스꼬븨와찌)
구수한, 맛좋은;	**приятный** (쁘리야뜨느이)
구슬픈, 쓸쓸한, 처량한;	**заунывный** (자우느브느이)
구식의; ~ обычай 낡은 풍습	**старинный, старомодный** (스따린느이)(스따로모드느이)
구실, 핑계, 빌미, 변명, 탁사, 빙자;	**предлог** (쁘레들록)
구역, 블록, 구, 범위, 영역, 분야;	**квартал** (크와르딸)
구역, 지역, 지방, 라이온, 섹터,	**сектор, район** (쎅또르)(라이온)
구역질 나는, 얄미운, 냄새가 구리터분한	**гадкий** (가드끼이)
구역질이 난다;	**тошно** (또스나)
구운, 익힌, 태운, 볶은, 군	**печёный** (뻬쵼느이)
구워지다, 볶아지다.	**пережарить[ся]** (뻬레좌리찌)
구원, 구조(救助), 구출(救出)	**спасение** (스빠쎄니예)
구원(구출, 해방)되다, 벗어나다, 빠져 나오다	**избавляться** (이즈바블랴쨔)
구원되다, 빠져나오다, 면(모면)하다	**спасаться избегать**

구원자, 구제자	**спаситель** (스빠싸짜) (이즈베가찌) (스빠씨쩰)
구월(九月), 9월, 구추(九秋),	**сентябрь** (쎈쨔브리)
구월의, 9월의	**сентябрьский** (쎈쨔브리쓰끼이)
구유, 여물통, 모이통	**кормушка** (까르무쉬까)
구의, 공의, 구체의, 볼의, 공의, 공 같은(모양) 것	**шаровой** (샤로보이)
구입, 구매, 수매	**закупка** (자꾸쁘까)
구정물, 구지렁물, 고지랑물, 꼬장물, 꾸정물, 오수(汚水)	**помои** (빠모이)
구조, 구성, 조립, 조직, 기구,	**построение структура** (빠쓰뜨로예니예) (스뜨루끄뚜라)
구조물	**конструкция** (깐쓰뜨룩찌야)
구조하다 (해난·화재 따위로부터)	**спасать** (스빠싸찌)
구차한, 극빈한;	**нищий** (니쉬이)
구체(球體), 구(球), 구형, 구면	**круг** (크루그)
구체적으로	**конкретно** (깐크레뜨나)
구체적인; ~ план 구체적인 계획	**конкретный** (깐크레뜨느이)
구체화(具體化), (뜻의) 한정, 제한; 전문화	**конкретизация** (깐크레찌자찌야)
구체화하다; 상징하다, ~의 전형이 되다	**воплотить(ся)** (바쁠로찌찌)

구축하다 밀어내다, 몰아내다, 내쫓다,	**вытеснить** (븨쩨쓰니찌)
구출(救出), 구원, 건져내는 것	**выручка** (븨루츠까)
구출, 구원, 해방, 벗어남	**избавление** (이즈바블레니예)
구충(제)의; ~ое средство 회충약	**глистогонный** (글리쓰따곤느이)
구타(매질.탈곡)하다, 두드려 패다, (벌로) 때리다,	**отколотить** (아트클로찌찌)
구토제	**рвотное** (르뵈뜨노예)
구하다, 건지다 구조(보호)하다	**извлечь, избавить, спасти** (이즈블레치) (이즈바비찌) (스빠씨찌)
구현(具現·具顯), 실현(實現)	**воплощение** (바쁠로쉐니에)
구현(실현)하다; (사상을) 스스로 체현하다	**воплотить(ся)** (바쁠로찌찌)(쨔)
구호(口號), 표어(標語)	**лозунг** (로중)
구획(구분)하다, 사업(개념)의 한계를 규정하다,	**разграничивать** (라스그라니치와찌)
국(局), 과(課), 성(省), 부(部).	**департамент** (제빠르따멘트)
국(점심의 첫 번째 음식) 국(soup; broth) 슙	**суп, первое** (슙) (뻬르붜예)
국가 보조금(補助金)	**дотация** (다따찌야)
국가 통치제도, 사회 조직(제도), 통치(관리)양식;	**режим** (레짐)
국가(國家), 정부, 내각	**государство** (가쑤달쓰뜨붜)

국가, 인민, 국민, 백성; ~ый гимн 국가;	**национальный** (나찌오날리느이)
국가기관(國家機關), 국가기구	**госаппарат** (가쌉빠라트)
국가의, 국립의, 국영의, 정부의, 정치의,	**государственный** (가쑤달쓰뜨벤느이)
국가재산의 탐욕, 부정지출	**растрата** (라쓰뜨라따)
국경의, 국경지대; 국경경비	**пограничный** (빠그라니치느이)
국고의, 국고금의, 국가재산	**казна** (까즈나)
국립은행(國立銀行)(государственный банк)	**госбанк** (가쓰반크)
국민(國民), 백성, 인민	**гражданин, гражданка** (그라즈다닌),(그라즈단까)
국민, 종족, 민족, 국가,	**народность национальность** (나로드노쓰찌)(나찌오날리노쓰찌)
국민; 신하, 신(臣).	**подданная** (뽇단나야)
국민경제의; 인민경제적인;	**народнохозяйственный** (나로드나호쟈이 스뜨벤느이)
국민성, 민족성, 국민적 감정,	**народность, национальность** (나로드노쓰찌)(나찌오날리 노쓰찌)
국민의 주권, 종주권; 통치권; 독립국	**наро-довластие** (나로도블라쓰찌에)
국방력, 방어능력, 방위능력, 수비능력	**обороноспособность** (아바론 쓰뽀솝노쓰찌)
국부적인, 부분적인, 일부 지방적인;	**локальный местный** (라깔리느이)(메쓰뜨느이)
국산, 국내산	**отечественный** (아쩨체스뜨벤느이)
국유화(國有化)	**национализация**

	(나찌오날리자찌야)
국유화하다	**национализировать**
	(나찌오날리지로와찌)
국자, 구기, 작자, 바가지, 쪽박	**поварёшка, половник, ковш**
	(빠와료쉬까), (빨롭닉), (꼬브쉬)
국장, (방패·기(旗) 따위의) 문장, 표지	**герб**
	(게르프)
국적이탈, 국외거주, 국외로 추방당한 사람.	**экспатриант**
	(엑쓰빠드리안트)
국제연합(國際聯合), 유엔(UN: United Nations)	**ООН**
(Организация Объединённых Наций)	(오온)
국제적인	**междугородный, интернациональный**
	(메즈두고로드느이) (인쩨르나찌오날느이)
국제주의;	**интернационализм**
	(인쩨르나찌오날리즘)
국제회의;(일부 나라들의) 국회, 의회	**конгресс**
	(깐그레쓰)
국화(菊花), 은군자, 중양화, 황화만절(黃化晩節)	**хризантема**
	(흐리잔쩨마)
국회(國會), 의회(議會);	**парламент**
	(빠라멘트)
국회의원	**конгрессмен**
	(깐그레쓰멘)
군(郡), 지역; 지구(행정·사법·선거·교육등을 위해 나눈)	**уезд**
	(우에즈드)
군(君), 씨, 선생, 님, 귀하	**граждане!**
	(그라즈다네)
군(軍)~ ~ые силы 공군(空軍)	**военно-воздушный**
	(바엔나-뷔즈두쉬느이)
군대 병원(病院);	**госпиталь**
	(가쓰삐딸리)
군대(軍隊), 군(軍)	**армия**

- 126 -

	(아르미야)
군대에서 병원; 진료소	**лазарет** (라자레트)
군더더기, 무용지물;	**балласт** (발라쓰트)
군데군데, 여기저기에	**местами** (메쓰따미)
군도(群島), 제도(諸島)	**архипелаг** (아르히뻴라크)
군사~ ~флот 해군(海軍)	**военно-морской** (바엔나-모르쓰꼬이)
군사연습	**манёвр** (마뇨브르)
군속, (무관에 대하여) 문관. 군속	**военный** (바엔느이)
군용의 수송선	**транспорт** (뜨란쓰뽀르트)
군인 막사, 숙사	**квартирный** (크와르찌르느이)
군인 이외의 사람, 민간인	**шпак** (쉬빠크)
군인(軍人), 군복무자	**военно-служащий** (바엔나-쓸루좌쉬이)
군인(軍人), 전사(戰士), 병사(兵士)	**воин** (붜인)
군주정체, 군주제도, 군주정치	**монархизм, монархия** (마날히즘), (마날 히야)
군주정체의, 군주제도의	**монархический** (마날히체쓰끼이)
군중(群衆), 대중(大衆)	**толпа** (딸빠)
군중, 사람들이 많이 모임, 혼잡. 붐빔, 떼	**полчища; гурьба** (뽈치샤) (구리바)

군중대회, 집회, 결기모임	**митинг** (미찐그)
군집하다, 떼를 지어 모이다, 무리를 이루다	**толпиться** (딸삐짜)
군호(軍號), 암호(暗號)	**пароль** (빠롤)
굳건한, 단단한, 튼튼한	**надёжный** (나죠즈느이)
굳게 믿다(다지다), 굳히다, 확신하다,	**уплотнить уверовать** (우쁠로뜨니찌) (우볘로와찌)
굳게, 단단히, 견고(단호.정밀)하게, 엄밀히	**накрепко** (나끄렙까)
굳게, 단단히; 튼튼히	**твёрдо, крепко** (뜨뵤르도) (크레쁘까)
굳다, 단단(튼튼.견고)하게 되다	**окрепнуть** (아크렙누찌)
굳센: 세찬, 심한:	**сильный** (씰느이)
굳어지다, 경화(응고)되다	**твердеть, затвердевать** (뜨베르제찌) (자뜨베르제와찌)
굳은 것, 견고성; ~духа 불굴의 정신	**твёрдость** (뜨뵤르도쓰찌)
굳은, 단단한, 견고한, 딱딱한,	**шибко** (쉽꼬)
굳은, 단단한, 견고한, 딱딱한, 뻣뻣한,	**дубовый, крепкий** (두보브이) (크레쁘끼이)
굳은살이 박히게 하다, 물집이 생기게 하다	**мозолить** (마졸리찌)
굳히다, 딱딱하게 하다; (금속을) 경화하다	**зачерстветь** (자체르쓰뜨베찌)
굴(길), 동굴, 차굴, 터널(tunnel)	**пещера, туннель** (뻬쎼라), (뚠넬)

굴(야수의), (동물원의) 우리.	**берлога** (볘를로가)
굴; 굴과 비슷한 쌍각류(雙殼類)의 조개류	**устрица** (우쓰뜨리짜)
굴곡, 굽이, 구부러진 것	**изгиб** (이즈기프)
굴곡, 만곡(彎曲), 곡선, 굽이	**искривление, загиб** (이쓰크리블레니예), (자기프)
굴대, 중심축, 차축	**веретено, ось** (볘레쩨나)(오시)
굴뚝, 연(기)통 дымовая ~a 굴뚝	**шашка, труба** (샤스까) (뜨루바)
굴뚝·화산 등이 뿜어내다, (용암)이 분출하다	**изрыгать** (이즈릐가찌)
굴뚝 청소부	**трубочист** (뜨루보치쓰트)
굴러 내리다(떨어지다), 전락되다,	**сползать, скатиться** (스뽈자지) (스까찌쨔)
굴러가다 (자동차 등의) 달리다	**катиться укатиться** (까찌쨔) (우까찌쨔)
굴러들어가다	**закатываться** (자까띄와쨔)
굴려가다, 실어 나르다; 탈것(굴림대)로 옮기다	**покатать[ся]** (빠까따찌)(쨔)
굴리다, 굴려가다, 실어 나르다; 탈 것으로 옮기다.	**прокатить** (쁘라까찌찌)
굴리다, 회전(回轉)시키다, 굴려가다	**катать, валять** (까따찌)(왈랴찌)
굴복하다, 압도되다, 굽히다, 지다	**поддаваться** (빧다와쨔)
굴절(屈折), 굴곡 угол ~я 굴절각	**преломление, рефракция** (쁘렐롬례니예) (레프락찌야)
굴절어(屈折語)유럽 각국의 말이 이에 속함》	**флективный**

	(플렉찌브느이)
굴착(掘鑿), 발굴(發掘)	**экскавация** (엑쓰까와찌야)
굴착공, 굴착기공	**проходчик** (쁘라호드칙)
굴혈(窟穴), 근거지(根據地), 소혈, 와굴, 소굴	**гнездо** (그네즈도)
긁어 모으다, 긁어 들이다	**загребать** (자그레바찌)
굵은 돌멩이, 조약돌, 자갈의	**булыжный** (불릐지느이)
굵은, 두꺼운, 두터운; ~ая книга 두꺼운 책	**толстый** (똘쓰뜨이)
굶다 싶이, 먹는둥 마는둥	**впроголодь** (프쁘로골로지)
굶주리는 것, 굶주림, 단식, 금식;	**голодание** (갈로다니예)
굶주리다	**голодать** (갈로다찌)
굶주린 사람;	**голодающий** (갈로다유쉬이)
굼뜬 것(느린 것), 늑장	**медлительность неповоротливость** (메드리쩰노쓰찌) (네빠뵈로뜰리붜쓰찌)
굼뜬, 느린, 느릿느릿한, 완만한	**неповоротливый** (네빠뵈로뜰리브이)
굽는 것, 볶는 것;	**жаренье** (좌레니예)
굽다, 불에 쬐다, 익히다, 콩(커피)를 볶다(덖다)	**зажарить** (자좌리찌)
굽어진 부분, 굽이진 곳, 굽이굽이	**излом** (이즐롬)
굽은 것(곳), 구부러진 곳, 굴곡부분	**искривление** (이쓰크리블레니예)

굽이, 굽음, 굽은 곳, 굴곡(부), 만곡(부), 굽은 것	**извилина** (이즈빌리나)
굽히는(굽은, 접은) 곳:	**сгиб** (즈기브)
굽히다, 구부러뜨리다, 비뚤이다, 휘다	**изгибать, искривлять** (이즈기바찌)(이쓰크리블랴찌)
굽힐 수 없는,(불요)불굴의, 빳빳한	**несгибаемый** (네쓰기바예드이)
궁리(생각)하다, 사색(심사숙고)하다	**размышлять** (라스므쉴랴찌)
궁지, 궁경(窮竟), 진퇴유곡(進退維谷), 진퇴양난	**тупик** (뚜삐크)
궂은 날씨, 진날	**слякоть** (슬랴까찌)
권(券), 분책, 책(冊); первый ~ 제 1권;	**том** (똠)
권고(제의, 충고, 조언)하다	**рекомендовать советовать** (레꼬멘도와찌)(싸베따와찌)
권고 요청, 초빙	**приглашение** (쁘리글라쉐니예)
권고하다, 권면하다	**посоветовать** (빠싸웨또와찌)
권력 있는, 세력 있는	**властный** (플라쓰뜨느이)
권력, 세력, 힘, 권세, 세도, 실력	**власть** (블라쓰찌)
권리, 권한, 자격 быть ~ 권리가 있다;	**вправе, право** (프쁘라웨)(쁘라보)
권리를 회복시키다, 복권시키다	**реабилитировать** (레아빌리찌로와찌)
권세가, 세력가, 세도가	**повелитель** (빠웰리쩰)
권위(자), 중견(中堅)	**авторитет**

	(압따리쩨트)
권총, 육혈포(六穴砲) 피스톨(pistol), 단총(短銃);	**пистолет**
	(삐쓰따레트)
권총집	**кобура**
	(까부라)
권태; 지루함, 지루한 것, 싫증, 게으름, 권타(倦惰)	**скука**
	(스꾸까)
권태를 느끼다, 답답(심심)해하다;	**скучать**
	(스꾸차찌)
권투(拳鬪), 복싱	**бокс**
	(복스)
권하다, 권고하다	**предлагать**
	(쁘레들라가찌)
권한부여, 위임; 공인, 관허, 강제력[권].	**разрешение**
	(라즈레쉐니예)
권한(권위)있는	**компетентный**
	(깜뻬쩬뜨느이)
권한(자격)이 없는;	**некомпетентный**
	(네꼼뻬쩬뜨느이)
권한, 권능, 직권 특권; 특전 [водительские] ~ 운전면허증	**права**
	(쁘라와)
궤, 장롱, 뒤주	**сундук**
	(순두크)
궤도; 전자(電子) 궤도, 레일 (rail), 궤조(軌條), 궤철	**орбита**
	(아르비따)
궤도의, 선로의, 레일(rail로)	**орбитальный**
	(아르비딸느이)
궤변, 역설, 자가당착, 모순	**софистика, парадоксальность**
	(싸피쓰찌까) (빠라독살노쓰찌)
궤양성의, 궤양에 걸린	**. язвенный**
	(야즈벤느이)
궤양형성에 의해 진무르다, 미란케(쇠퇴케) 하다	**эродировать**
	(에로지로와찌)

- 132 -

귀; уши горят (부끄러워서 또는 얼어서) 귀가 빨갛게 되다;	**ухо** (우호)
귀걸이, 귀고리, 이환, 이어링(earring)	**серьга, наушники** (쎼리가) (나우쉬니끼)
귀결되다, ~에 있다;	**крыться** (크릐쨔)
귀국,(포로, 이주민, 망명자등의) 본국소환,	**репатриация** (레빠뜨리아찌야)
귀국시키다,(포로,이주민을) 송환하다,	**репатриировать** (레빠뜨리로와찌)
귀금속, 보석(寶石), 보옥, 주옥(珠玉), 보배	**драгоценность** (드라가쩬노쓰찌)
귀담아듣다	**прислушаться** (쁘리쓸루샤쨔)
귀뚜라미, 귀뚜리, 실솔(蟋蟀), 청렬, 촉직	**сверчок, кузнечик** (스베르초크) (꾸즈 네치크)
귀를 기울이다, 귀담아 듣다	**послушать, вслушаться** (빠쓸샤찌) (프쓸루샤쨔)
귀머거리, 벙어리, 농아(聾啞)	**глухонемой** (글루호네모이)
귀먹다, 귀머거리가 되다; 농아가 되다	**глохнуть** (글로흐누찌)
귀볼, 귓방울, 이근	**мочка** (모츠까)
귀신, 도깨비, 악마, 사탄, 마귀, 요귀;	**чёрт** (쵸르트)
귀엣말, 속삭임, 작은 소리로 말하다	**шёпот** (쇼뽈)
귀여운, 예쁜, 어여쁜, 곱살하다	**хорошенький, милый** (하로쉔끼이) (밀르이)
귀여워하다	**приласкать** (쁘릴라까찌)
귀여워하다, 떠받들다, 알뜰히 손질하다;	**лелеять**

	(렐레야찌)
귀여워하다, 애무하다	**ласкать** (라쓰까찌)
귀염둥이, 마음에 드는, 총애하는, 애완의	**любимец** (류비몌쯔)
귀엽게 생긴, 빤빤하다;	**миловидный** (밀로비드느이)
귀족(貴族), 양반, 지배층, 명문가출신	**аристократ, знать** (아레쓰또크라트)(즈나찌)
귀족; 상원의원(senator); 경(卿)(archbishop, bishop)	**лорд** (롤르드)
귀족계층, 특권층	**аристократия** (아레쓰또크라찌야)
귀중품	**ценность** (쩬노쓰찌)
귀중한 유물; 가보	**реликвия** (렐리끄비야)
귀중한, 존귀한, 귀한, 소중한, 중요한	**ценный, дорогой** (쩬느이) (다라고이)
귀중히(소중히) 여기다, 진귀히(진중히) 여기다	**дорожить** (다라쥐찌)
귀착되다;~에 있다,~으로 되다,	**заключаться** (자클류차쨔)
귀착하다, 끝나다	**вести** (볘쓰찌)
귀찮게, 계속 참석하다, 삐치다, 나타나다.	**торчать** (따르차찌)
귀청을 째는듯 한, 새된;	**пронзительный** (쁘라느지쩰늬이)
귀틀(집)	**сруб** (스루브)
귀화시키다, 시민권을 주다.	**натурализация** (나뚜랄리자찌야)

규격, 기준(基準), 표준(標準);	**стандарт** (스딴다르트)
규격에 맞는, 표준적인;	**стандартный** (스딴다르뜨느이)
규격화, 표준화, 규격통일	**стандартизация** (스딴다르찌자찌야)
규모, 범위(範圍), 범위정도	**масштаб, размах, размер** (마쓰쉬따프),(라스마흐),(라스몔르)
규범적인, 규준적인, 규칙적인	**нормативный** (나르마찌프느이)
규범화하다, 규준을 세우다	**нормализовать** (나르마리조와찌)
규소(硅素: (비금속 원소; 기호 Si; 번호 14)	**кремний** (크렘니이)
규율 없이 되다, 방종해지다, 자제력을 잃다	**распуститься** (라쓰뿌쓰 찌쟈)
규율(規律);	**дисциплина** (지쓰찌쁠리나)
규율성 있는, 규율을 지키는	**дисциплинированный** (지쓰찌쁠리니로완느이)
규율성	**дисциплинированность** (지쓰찌쁠리니롭완노쓰찌)
규정(規定), 규칙, 기준, 법규	**положение, регламент** (빨로제니예)(레글라 멘뜨)
규정(규칙, 법규)을 제정하다	**регламентировать** (레글라멘찌로와찌)
규정대로의, 원칙적인	**правильный** (쁘라빌리느이)
규정량, 정량(定量) 상(한사람분의 음식, 요리);	**порция** (뽈치야)
규정에 의한, 규칙적인	**регламентный** (레글라멘뜨느이)

규정하다, 명기하다, ~의 필요조건이 되다	**обусловить** (아부슬로비찌)
규정(지시, 지적)하다, 명령하다	**предначертать, назначать** (쁘레드나첼따찌) (나즈나차찌)
규준, 규범, 기준, 규칙	**норма** (노르마)
규칙(정상, 정기)적인;	**регулярный** (레굴랴르느이)
규칙, 조례, 법령, 성문법; 정관(定款);	**устав** (우쓰따프)
규칙적인, 체계적인, 규적적인	**ритмичный, методичный** (리뜨미츠느이) (메따지츠느이)
규탄, 비난; 단죄	**осуждение** (아쑤즈제니예)
규탄하다, 단죄하다	**клеймить** (클레이미찌)
균등하게, 고르게, 일정하게	**равномерно** (라브노메르나)
균등한, 고른, 일정한	**равномерный** (라브노몔느이)
균열, 갈라진 틈	**язва** (야즈와)
균일화, 균등화	**нивелирование, нивелировка** (니벨리로와니예), (니벨리로브까)
균형(均衡), 밸런스(balance)	**баланс** (발란스)
균형, 비등, 형평,	**соотношение противовес равновесие** (싸아뜨노쉐니예) (쁘라찌붜붸쓰) (라브노베씨예)
균형(이 잡힌 것), 조화	**симметрия** (씸메뜨리야)
균형성, 조화, 조화성	**симметричность** (씸메뜨리츠노쓰찌)
균형을 잡는 것; 균형점, (체조) 평균 운동	**бревно**

	(브례브노)
균형을 잡다(유지하다)	**сбалансировать, балансировать** (즈발란씨로와찌) (발란씨로와찌)
균형이 잡히다, 평등(동등)하게 되다	**уравновешиваться** (우라브노붸 쉬와쨔)
균형이 잡힌, 조화된	**симметричный** (씸메뜨리츠느이)
균형적인, 균형이 잡힌, 조화된;	**пропорциональный** (쁘라뽀르찌오날늬이)
귤; (만다린) 감귤(柑橘), 밀감(蜜柑)	**мандарин** (만다린)
귤의; 귤나무의, 만다린 귤(의 나무)	**мандариновый** (만다리노브이)
그 다음에, 그 후에	**потом, дальше** (빠똠) (달쉐)
그 대신에 ~지만;	**зато** (자또)
그 대신에, 그보다도, ~의 대신에, ~을 대신하여	**взамен** (프자몐)
그 때문에; ~의 이유로, ~때문에	**затем** (자쩸)
그 밖에, 따로. 게다가. ~밖에, ~이외에	**помимо** (빠미모)
그 어느 때도, 아무 때에도, 한시도; 절대로	**никогда** (니까그다)
그 어떤 까닭이 있어서	**почему-либо** (빠체물-리보)
그 어떤, 그 어느, 아무런,	**какой-либо, какой-нибудь** (까꼬일-리보) (까꼬이-니부지)
그 어떤, 어느, 얼마간의, 다소간의, 약간의	**некоторый** (녜까따르이)
그 여자, 그녀, 그분, 그것	**она, её, ей, ею** (아나).(예요),(예이), (예유)

그 위에, 덤으로. в ~y 그밖에, 게다가, 그 외에	**придача** (쁘리다차)
그 전날에; приехал ~ 그전 날에 왔다	**накануне** (나까누네)
그 후, 후에, 차후에, 이다음	**впоследствии** (프빠스레드쓰뜨뷔이)
그, 그이, 그분, 그 사람; 그것	**он, его, ему** (온), (예보),(예무)
그, 저 쪽의, 저. 이것 저것	**то, ту тот** (또) (뚜) (또트)
그것도, 게다가. 그래서, 그러자. 그렇게 하면, 그러면.	**c(co)** (에쓰)
그것이 ~하는 이유다, 그런 까닭에, 따라서;	**оттого** (앗또가)
그곳으로부터 ~하는, 어디로부터 ~하는지.	**откуда** (앝꾸다)
그곳으로부터, 거기로부터	**оттуда** (앗뚜다)
그곳의, 저기의	**тамошний** (따모쉬니이)
그녀는[가], 그 여자를[에게]	**её, неё, нею, ней** (예요) (녜요) (녜유) (녜이)
그가, 그녀는(가), 그것의	**его** (예붜)
그늘에, 저쪽에 ~의 뒤로부터,~뒤에서 (부터)	**из-за** (이즈-자)
그늘이 많은 지는	**тенистый** (쩨니쓰뜨이)
그늘지게 하다, 가리다, 어둡게 하다.	**осенять** (아쎼냐찌)
그대로 있는, 다치지(건드리지)않은, 고스란한,	**нетронутый** (녜뜨로누뜨이)

그득 차다, 넘치다, 충만해지다, 그득[뿌듯]해지다	**начинить** (나치니찌)
그들; 그들은[이]; 그것들, 그것들은[이],	**они, их, ими, них** (아니)(이흐)(이미)(니흐)
그들은(이), 그것들은(이). 그들을(에게) 그것들을(에게)	**ними** (니미)
그 따위; ах, он ~! 야, 그 따위 놈 봐라	**такой-сякой** (따꼬이-쌰꼬이)
그때에, 당시;	**тогда** (따그다)
그래, 그런즉, 그러니까; 그러나; ~ или иначе 어쨌든	**так** (딱)
그래도 (역시), 그럼에도 불구하고	**всё** (프쑈)
그래프, 도식(圖式), 도표, 난(欄),	**графа** (그라퐈)
그램(gram; 1그램은 4℃의 물 1㎤의 질량이다. 기호는g.)	**грамм** (그람므)
그러나, 그런데,~나, 그렇지만, 그렇지마는, 그러하지만,	**однако** (아드나까)
그러나, 그렇지만, 다만,~이기는 하나,~을 제외하고는	**лишь** (리쉬)
그러나, 그렇지만;	**как** (까크)
그러하지 않지만, 아니다,~하지는 않지만(그러나),	**нет** (녯트)
그러니, 이리하여, 그런즉, 따라서	**итак** (이따크)
그러면(주의를 끌기 위해);(대답 또는 행동을 계속할 때)	**а** (아)
그러면, 그런 경우에는; ~ как 오히려, 반대로	**тогда** (따그다)
그러모으다, 모으다, 거두어들이다.	**набрать снимать**

- 139 -

	(나브라찌) (스니마찌)
그러므로, 그래서; 따라서	**и** (이)
그러므로, 그렇기 때문에, 그것이 ~하는 이유다,	**потому** (빠또무)
그러자 그 곳에(서), 그리고 거기서[로]	**где** (그제)
그러한, 바로 그런, 이러한	**такой** (따꼬이)
그러한, 참말, 그런, 그[이]와 같은. 이런, 무슨	**этакий** (에따끼이)
그런즉, 따라서, 그러므로, 그렇기 때문에	**стало быть** (스딸로븨찌)
그럼에도 불구하고, 여하튼, ~에도 불구하고,	**несмотря** (네쓰마뜨랴)
그렇게, 이렇게, 이와 같은; (술어로); ~ㄹ이? 그런가?;	**так** (딱)
그렇지 않으면, 그렇지 않은 경우에	**или** (일리)
그렇지 않으면, 그렇지 않은 경우에는	**иначе** (이나체)
그렇지만, 여하튼, 어쨌든	**всё-таки** (프쇼-따끼)
그룹, 종파(宗派), 분파(分派)	**группировка** (그룹삐롭까)
그룹, 패, 무리, 군중, 집단	**группа** (그룹빠)
그룹을 모으다	**сгруппироваться** (즈그룹삐로와쨔)
그르치다, 실패하다, 실현되지 않다.	**провалиться** (쁘라왈리쨔)
그를, 그에게 *см*. он, оно	**нём** (뇸)

그릇, 식기(食器), 용기(容器)	**посуда** (빠쑤다)
그릇되게, 옳지 않게;	**превратно** (쁘레브랕나)
그릇된, 불합리한, 틀린, 그른; 거짓의; 잘못된	**ошибочный** (아쉬보츠느이)
그리 나쁘지 않은, 괜찮은, 쏠쏠한;	**недурной, сносный** (네두르노이) (스노쓰느이)
그리고, 게다가, 또한;	**причём** (쁘리촘)
그리고, 그러나, 그렇(하)지만: -или же 그렇지 않으면	**же** (줴)
그리고, 이것도, ~와 _, ~ 및 _, ~이나 _; 그리고, ~또(한)	**со** (쏘)
그리다, 그리워하다; ~ по отцу 아버지를 그리다	**соскучиться** (싸쓰꾸치짜)
그리다, 묘사하다, 기술하다, 말로 설명하다.	**описать** (아삐싸찌)
그리워 찾다, 그리워 한탄하다	**вздохнуть** (쓰도흐누찌)
그리하여, 따라서, 그러기에:	**следовательно** (슬레도와쩰리나)
그림 그리기 화법 화공의 직, 그림 그려 넣기	**живопись** (쥐붜삐시)
그림 버티개, 화가(畵家), 캔버스	**мольберт** (말베르트)
그림, 도형, 도표, 작업진행표; 일람표; 도식, 도해	**график** (그라픽)
그림, 삽화, 도해	**иллюстрация** (일류쓰뜨라찌야)
그림, 회화, 유화; 광경, 장면, 경치; 영화	**картина** (까르찌나)
그림에서 쓰는 묽은 색연필	**пастель**

	(빠쓰쩰)
그림으로 장식하다; 채색하다	**разрисовать** (라즈리싸와찌)
그림을 그리다, 삽화를 넣다, 예증하다	**иллюстрировать** (일류쓰뜨 리로와찌)
그림을 그리다; 글로 묘사하다	**рисовать** (리쏘와찌)
그림자	**тень** (쩬)
그림첩, 앨범	**альбом** (알봄)
그만 둬, 그만하면 됐다, 잠자코 있어	**ша** (샤)
그만, 그만하면 된다, 충분하다, 다됐다.	**баста** (바쓰타)
그만두다, 둬두다, 중단하다	**оставить, оставлять** (아쓰따비찌)(아쓰따 블랴찌)
그만두다, 멈추다, ~하지 않게 되다	**переставать** (뻬레쓰따 와찌)
그만큼, 그 정도로; ~, что 얼마나(어쩐지) ~한지	**настолько** (나쓰똘꼬)
그만큼, 그렇게까지	**столько** (스똘까)
그만해!, 이제 그만!	**полно** (뽈나)
그무엇, 무엇인지, 무엇이든지: 무엇~하는(라는)것;	**что** (쉬또)
그물, 그물망, 구럭, 망태기	**сеть сетка** (쎄찌)(쎄뜨까)
그밖에, 또한, 뿐만아니라	**притом** (쁘리똠)
그스름, 탐, 눌음; 탄[눌은] 자국, 겉이 탄 것	**палёное** (빨룐노예)

그와 반대로; понять ~ 반대로의 뜻으로 이해하다	**наоборот** (나오보르트)
그을리다, 불에 그을다;	**палить** (빨리찌)
그저께, 그제, 엊그제, 그그일	**позавчера** (빠자브체라)
그치다, 멎다	**прекратиться** (쁘레크라찌쨔)
극(極), 극지, 북극성. Северный ~ 북극; Южный ~ 남극	**полюс** (뽈류쓰)
극. 영화. 방송에서, 소리. 빛 따위의 효과(장치);	**эффект** (에펙트)
극구 찬양하다, 매우 칭찬하다	**расхваливать** (라쓰흐왈리와찌)
극단성, 극도, 과격성;	**крайность** (크라이노쓰찌)
극단적으로 단순[평이, 간이]화한	**упрощенческий** (우쁘로쉔체쓰끼이)
극단주의, 과격주의, 극단주의자, 극단론자	**экстремизм,** (엑쓰뜨레미즘)
극도, 최대, 최고	**предельный** (쁘레젤느이)
극도, 최대한도, 극한;	**предел** (쁘레젤)
극도로 긴장(격화)되다	**накаливаться** (나깔리와쨔)
극도로 긴장시키다(격화시키다)	**накаливать** (나깔리와찌)
극도로, 완전히, 극단적으로	**предельно фибры** (쁘레젤나) (피브리)
극도의 피로(疲勞), 기진맥진, 과로	**переутомление** (뻬레우또믈레니예)
극도의	**смертельный, безграничный**

- 143 -

	(스메르쩰느이) (베즈그라니치느이)
극도의, 과격한, 극단한	**непревзойдённый. экстремальный** (녜쁘레브조이죤느이) (엑쓰뜨레말느이)
극동의, 극동 지방, 원동의, 원동 지방	**дальневосточный** (달녜뵈스또츠느이)
극복(克復), 이김, 정복, 타승	**преодоление** (쁘레오도레니예)
극복(억제)하다, 이겨내다;	**побороть** (빠바로찌)
극복할 수 없는, 이겨낼 수 없는	**непреодолимый** (녜쁘레오도리므이)
극심한, 심한	**острый** (오쓰뜨르이)
극작가(劇作家)	**драматург** (드라마뚜르그)
극장(영화관 내의) 휴게실휴식장, 로비	**фойе** (파이에)
극장의 2층 관람석	**бельэтаж** (벨예따즈)
극장의 분장실.(침실 옆에 있는) 화장실, 탈의실	**перевязочная** (뻬레뱌조츠나야)
극장의 특별석, 상등석	**ложа** (로좌)
극저하로, 극단(적)으로 낮게, 극도로. 낮은	**сверхнизкий** (스베르흐니즈끼이)
극적인, 비극적인, 아슬아슬한	**драматический** (드라마찌체쓰끼이)
극지(極地)의, 남극[북극]의; 극지에 가까운. 상반되는	**полярный** (빨랴르느이)
극진히 보살피다	**трястись** (뜨랴쓰찌시)
극치(極致), 극값.	**экстремум** (엑쓰뜨레뭄)

- 144 -

극히 작은, 미세한, 보잘 것 없는	**мизерный, нищенский** (미젤느이)(니쉔쓰끼이)
극히 해로운 것, 파멸(破滅)	**пагубность** (빠굽노쓰찌)
극히, 극도로	**крайне** (크라이네)
근; 근호, (수학)뿌리식, 근식; 뿌리표; знак ~a 뿌리표(√);	**радикал** (라지깔)
근거 불충분한; 불합리한, 불확실한,	**неплатёжес-пособный** (네쁠라죠줴스뽀쏘브느이)
근거없는, 터무니없는;	**необосно-ванный, голословный** (네아바노완느이),(갈로쓸로브느이)
근거 있는, 정당한;	**основательный** (아스노와쩰느이)
근거(논거)대는 것, 입증; 논거, 증거, 논증	**обоснование** (아바쓰노와니예)
근거, 이유, 까닭, 터무니	**основание** (아쓰노와니예)
근거; 정당한[충분한] 이유	**наряд** (나랴드)
근거하다, 기초하다, 의거하다	**базироваться** (바지라와찌샤)
근근히(겨우) 살아가다	**пробиться** (쁘라비쨔)
근동의	**ближневосточный** (블리지느볘쓰또츠느이)
근로자(勤勞者) 노력자	**трудящийся, труженик** (뜨루쟈쉬이), (뜨루줴니크)
근로자의 날, 5.1.(오일)절의,	**первомайский** (뼤르붜마이스끼이)
근로하는; 자기 노력으로 살아가는;	**трудящийся** (뜨루쟈쉬이)

근로하지 않은, ~ые доходы 불로소득	**нетрудовой** (네뜨루도보이)
근면, 노동애호	**трудолюбие** (뜨루돌류비예)
근면한, 부지런한	**трудолюбивый** (뜨루돌류비브이)
근무를 마치다, 퇴직하다; (일정한 기간)일하다	**отслужить** (앗쓰루지찌)
근무표, 출근부(出勤簿)	**табель** (따벨)
근본적 변화, 큰 변화	**метаморфоза** (메땀몰포자)
근본적인, 기본적인, 본질적인,	**коренной, кардинальный** (까롄노이), (까르지날느이)
근사한, 대략적인; ~ый 측근자	**приближённый** (쁘리블리죤늬이)
근시; 근시안적인 것, 청맹과니	**близорукость** (블리조루까쓰지)
근심 없는, 걱정 없는	**беззаботный** (베즈자보뜨늬이)
근심(걱정)하다, 염려하다, 미리 생각하다	**побеспокоиться** (빠베스빠꼬이쨔)
근심, 걱정, 염려,	**озабоченность, беспокойство, забота** (아자보첸노쓰찌) (베쓰뽀꼬이스뜨붜),(자보따)
근심스러운, 염려하는	**озабоченный** (아자보첸느이)
근심(걱정)시키다, 불안케 하다	**побеспокоить, беспокоить** (빠베스빠꼬이찌) (베쓰뽀꼬이찌)
근원, 기원, 원서, 원작	**первоисточник** (뻬르붜이쓰또츠느이)
근위대(近衛隊), 근위부대	**гвардия** (그왈지야)
근육, 힘줄, 힘살, 심줄, 살, 근(筋)	**мускул**

	(무스꿀)
근육의. 근육이 늠름한; 억센; 활력(힘) 있는	**мускульный** (무스꿀리느이)
근육이 잘 발달된(불끈불끈한)	**мускулистый** (무스꿀리쓰뜨이)
근저, 기초, 기부(基部), 저부(底部); 토대	**пьедестал** (삐예제쓰딸)
근절, 숙청, 퇴치	**искоренение** (이쓰꼬레네니예)
근절하다, 뿌리뽑다, 뿌리빼다	**выкорчевать** (븨까르체와찌)
근지점(近地點)(달·행성이 지구에 가장 가까워지는 지점). 근점	**перигей** (뻬리게이)
근처(近處), 접근하는 길;	**подступы** (뽇쓰뚜쁘)
근처에, 근방에, 부근에	**близ** (블리즈)
근친, 가까운 친척	**близкие** (블리쯔끼이)
근해(近海); 천해(淺海)	**взморье** (프모리에)
글동무, 동창생	**соученик** (싸우체니크)
글리세린(glycerin)글리세롤(glycerin의 학명).	**глицерин** (글리쩨린)
글쓴이, 소설가, 문필가, 집필자, 저작자; 저자, 작가,	**писатель** (삐싸쩰)
글을 뜯어보다, 판독[해석]	**прописью** (쁘로삐시유)
글자, 문자; 문헌, 손으로 쓴 글, 자체(字體)	**письменность** (삐시멘노쓰찌)
긁다, 끊어 뜯다,	**расчесать, сковырнуть** (라쓰체싸찌) (스까븨르누찌)

긁다, 긁적거리다, 허비다, 할퀴다	**чесаться, скрести** (체싸쨔),(스크레쓰찌)
긁어 모으다; (재산을) 축적하다;	**сберегать, накопить(ся)** (즈베레가찌)(나꼬삐찌)(쨔)
긁어(닦아, 씻어, 털어) 버리다;	**счистить** (스치쓰찌찌)
긁어내다(내리다)	**сгребать, выгребать** (즈그레바찌), (븨그레와찌)
긁어모으다, 갈퀴를 쓰다(긁다)	**загрести, грести** (자그레쓰찌) (그레스찌)
긁어지다, 두꺼워지다	**утолщаться** (우딸샤쨔)
긁적거리다	**почёсываться** (빠체쓰와쨔)
금, 황금, 순금	**золото** (졸로따)
금강사(金剛砂)의, 연마지의	**наждачный** (나즈다츠느이)
금강사(金剛砂: 석류석을 가루로 만든 물건)	**наждак** (나즈다크)
금강석, 보석(寶石)	**бриллиант, брильянт** (브릴리안트) (브릴얀트)
금강석, 다이아몬드	**алмаз** (알마스)
금고실,	**сейф** (쎄이프)
금광업	**золотопромышленность** (졸로또쁘로믜쉬렌노쓰찌)
금란, 금(은)실로 수놓은 비단	**парча** (빠르차)
금발의, 연한밤색	**белокурый** (벨라꾸르이)

금빛으로 물들이다	**золотить** (졸로찌찌)
금빛의, 황금빛, 순금빛의	**золотистый** (졸로찌쓰드이)
금성(金星), 태백성(개밥바라기(Hesperus), 샛별(Lucifer)	**венера** (붸네라)
금속 세공술의, 금공(업)	**металлообрабатывающий** (메딸로옵라바띄와유쉬이)
금속 절단기	**шевер** (쉐붿)
금속, 쇠붙이, 금철	**металл** (메딸리)
금속노동자	**металлист** (메딸리쓰뜨)
금속으로 가공하다	**шабрить** (샤브리찌)
금속이나 나무의 가늘고 긴 박판, 키(key), 키홈,	**шлица** (쉴리짜)
금속제, 가죽제의 고리	**шлёвка** (쉴료브까)
금속판, 박(薄); золотая ~ 금박	**фольга** (팔가)
금속피복법(金屬 被覆法)	**шоопирование** (쇼오삐로와니에)
금실과 은실; 허식, 겉치레	**мишура** (미쉬우라)
금액, 액수	**сумма, размер** (숨마), (라스몔르)
금언(金言), 경구(警句)	**афоризм** (아풔리즘)
금요일(金曜日)	**пятница** (뼷야찌니짜)
금욕주의(禁慾主義)	**аскетизм**

	(аскетизм) (아스께찌즘)
금융자본가	**финансист** (피난씨쓰트)
금이 들어있는, 금분이 있는; ~ая жила 금줄	**золотоносный** (졸로따노쓰느이)
금잔화(金盞花), 금송화, 전륜화(轉輪花)속의 식물	**календула** (깔렌두라)
금주가, 금연가, 절제가	**воздержавшийся** (바즈제르좌브쉬이샤)
금지(禁止), 금(禁), 금제, 제한, 저지	**запрет запрещение** (자쁘레트) (자쁘레쉐니예)
금지하다, 막다, 못하게 하다	**воспретить, воспрещать** (바스쁘레찌찌), (붜쓰쁘레샤찌)
금품, 금세공품	**золото** (졸로따)
금화(金貨)	**золото** (졸로따)
급(級), 등급, 지위	**ранг, степень** (란그) (스쩨뻰니)
급강하, 수직강하	**пикирование** (삐끼로와니예)
급격한 변동, 동란	**пертурбация** (뻬르뚤바찌야)
급격한 움직임, 갑자기 당기는(미는, 찌르는)일	**рывок** (릐보크)
급격한(발작적인) 동작	**рывок, бурный, резкий** (릐보크)(부르느이) (레스끼이)
급격히, 쏜살같이, 신속히	**стремительно** (스뜨레미쩰나)
급냉, 과냉; 지나치게 식히는 것(식는 것)	**переохлаждение** (뻬레아흘라즈제니예)
급류, 여울. 여울목	**порог** (빠록)

- 150 -

급변, 대변동, 변혁, 전환	**переворот** (뻬레뷔로트)
급변하다; 굽어들다	**переломиться** (뻬렐로미짜)
급보(急報).	**экспресс – информация** (엑쓰쁘레쓰-인포르마찌야)
급사, 사자(使者); 심부름꾼. 연락병	**гонец** (곤녜쯔)
급속히 움직이다(왔다갔다하다)	**шмыгать, шмыгнуть** (쉬믜가찌), (쉬믜가찌)
급속히 퍼지다, 전파되다, 울리다	**разнестись** (라스녜쓰찌시)
급송하다; 급파(특파.파병)하다	**отправить отсылать** (앗쁘라비찌) (앗쓰라찌)
급수(汲水), 물공급	**водоснабжение** (뷔도쓰나브줴니에)
급수탑. 워터 타워, 저수탑	**водонапорный** (바다나뽀르느이)
급습, 습격; (약탈 목적의) 불의의 침입	**налету** (날레뚜)
급식, 사양(飼養); 먹음, 식생활	**питание** (삐따니예)
급작스러운; 갑작스러운, 돌발적인	**порывистый** (뽀릐비쓰뜨이)
급진(急進), 급진파(急進派)	**радикальный** (라지깔느이)
급하게 하는 일.	**штурмовщина** (쉬뚤마브쉬나)
급한, 갑작스러운	**крутой** (크루또이)
급한, 긴급한, 조급한, 덤비는	**срочный, поспешный** (스로츠느이), (빠쓰뻬쓰느이)

급회전하다	**раскрутиться** (라쓰크루찌쨔)
급히 갔다 오다	**сбегать** (즈베가찌)
급히 떠나다; 허둥지둥 도망치다, 몹시급하게 가다	**слинять** (슬리냐찌)
급히 벗다.	**сдёргивать** (즈죠르기와찌)
급히오다, 바삐 달려오다, 허둥지둥 오다	**прилетать** (쁘릴레따찌)
급히, 긴급히, 속히	**срочно** (스로츠나)
긋다, 그리다, 줄[선]을 긋다, 제도하다	**проводить** (쁘라붜지찌)
긍정의, 승낙의, 찬성의, 좋은, 확신하는,	**положительный** (빨로지쩰느이)
긍정적으로, 긍정[승낙·동의]하여	**положительно** (빨로쥐쩰나)
긍정적인 확언적인, 단언적인, 단정적인, 명확한,	**положительный** (빨로지쩰느이)
긍정하다, 수긍하다	**апробировать** (압쁘라비로와찌)
기(어가)듯 움직이다, 기어가다.	**пробираться** (쁘라비라쨔)
기, 깃발, 기폭; государственный~ 국기	**флаг** (플라크)
기간, 기(期). (시간의 한 토막) 시간, 시기	**полоса, срок** (빨로싸) (스로크)
기간, 임기, 학기, 형기(刑期)	**семестр** (쎄메쓰뜨르)
기갑의, 장갑(裝甲)의, ~ые части 장갑부대,	**бронетанковый** (브로네딴까브이)
기계 기사; 기계공, 기계 기술자, 기계 제작자	**моторист**

	(마또리쓰트)
기계 등의 씌우개, 덮개	**кожух** (꼬주흐)
기계 등이 못쓰게 되다, 멎다	**сдать** (즈다찌)
기계가 움직이기(돌기, 일하기) 시작하다,	**заработать** (자라보따찌)
기계가 작용하다, 가동하다, 돌아가다	**действовать** (제이쓰뜨붜와찌)
기계(운전)공, 기계취급전문가	**оператор** (아뻬라따르)
기계(재봉)틀의 실패(북). 실꾸릿대 얼레, 보빈	**шпулька** (쉬뿔리까)
기계 차동장치, 차동(差動) 톱니바퀴	**дифференциал** (지프페렌찌알)
기계, 기기	**машинный** (마쉰느이)
기계(재봉틀)의 실패(북). 실꾸릿대 얼레, 보빈,	**шпулька** (쉬뿔리까)
기계·부품 등을 설치[설비]하는 사람, 조립공, 정비공	**сборщик** (즈보르쉬이크)
기계공(機械工), 기계기술자	**механик** (메하니크)
기계공, (기계의) 조작자, 기사, (기계의) 운전자.	**станочник** (스따노 츠니크)
기계로, 기계적으로; 무감정적으로, 무의식적인	**машинально** (마쉬날나)
기계류, 기계장치, 타자기, 재봉틀	**машинка** (마쉰까)
기계를 조절하다, 조정하다, 맞추다	**настраивать** (나쓰뜨라이와찌)
기계운전공	**механизатор** (메하니자똘)

기계의 공기 조절기	**кондиционер** (깐지찌아넬)
기계의 굴대, 회전축; 공구의 자루; 골통대의 축	**ножовка** (나조브까)
기계의 내부장치, 구조, 기구	**механизм** (메하니즘)
기계의 운반대, 대가(臺架); 포가(砲架) (자동차·마차의) 차대	**рама** (라마)
기계의 조작자, 기사, (기계의) 운전자	**моторист** (마또리쓰트)
기계의 원격조종(법); 원격공학	**телемеханика** (쩰레메하니까)
기계의 조이개, 죔쇠	**зажим** (자쥐므)
기계장치 트랙터, 견인(자동)차	**машинно-тракторный** (마쉰나-뜨락또르느이)
기계적 암기	**зубрёжка** (주브료쥐까)
기계적인 생산; 무턱대고 도장을 찍다;	**штамповать** (쉬땀뽀와찌)
기계적인, 자동적인, 무의식의, 무감정한.	**машинальный** (마쉬날느이)
기계제작(機械製作)	**машиностроение** (마쉬나쓰뜨라예니에)
기계학, 기계공학	**машиноведение** (마쉬나볘제니에)
기계화(機械化), 자동화장치	**машинизация, механи-зация** (마쉬니자찌야),(메하니자찌야)
기계화하다, ~에 기계설비를 도입하다.	**механизировать** (메하니지로 와찌)
기골이 없는, 우유부단한.	**беспозвоночный** (볘쓰뽀즈붜노츠느이)

기관 기구(정부·정당의)	**аппарат** (아빠랕)
기관 풍금, 오르겐(organ)	**аккордеон** (아크까르제온)
기관(機關)(생리)	**аппарат** (아빠랕)
기관(器官); (생물의) 기관(器官), (인간의) 발성기관	**орган** (오르간)
기관(부서) 본위주의적인;	**узковедомствен-ный** (우즈꼬붸돔쓰뜨붼느이)
기관, 기구, 구조, 체계	**механизм** (메하니즘)
기관, 시설; учебное ~ 교육기관;	**заведение** (자붸제니예)
기관고(機關庫)(철도)	**депо** (데뽀)
기관소총,	**автомат** (압따맛트)
기관지(氣管支) (해부)	**бронхи** (브론히)
기관차(機關車)	**локомотив** (라까모찌프)
기관차(난로) 불을 지피다(피우다, 때다),	**шуровать** (슈로와찌)
기교한 행위, 행동; ~ый 편심기(륜)	**эксцентричность** (엑쓰쩬뜨리츠노쓰찌)
기구(器具), 기계(機械)	**аппарат** (아빠랕)
기구(器具), 장치(裝置), 설비(設備)	**аппаратура** (아빠라뚜라)
기구(氣球), 풍선(風船), 경기구	**аэростат** (아에로쓰땉)
기구, 도구; 기계, 설비;	**снаряд**

	(스나랴드)
기구, 조직, 체계	**устройство** (우쓰뜨로이쓰뜨붜)
기구제작	**приборостроение** (쁘리보로쓰뜨로니예)
기권(棄權), 거부(拒否)	**воздержание** (바즈제르좌니에)
기권자(투표 등에서)	**воздержавшийся** (바즈제르좌브쉬이샤)
기권하다, 기피하다;	**воздержаться** (바즈제르좌짜)
기금, 폰드(fond), 자금, 준비금; ~ обороны 국방기금	**фонд** (폰드)
기꺼이 (~하다), ~했으면 하다, ~하고 싶어하다	**рад** (라닷)
기꺼이 ~하는 자진해서 (행)하는, 자발적인.	**готовый** (가또브이)
기나나무, 퀴닌; 키니네	**хина, хинин** (히나, 히닌)
기념, 추억	**память** (빠먀찌)
기념, 축하; 기념식[축제], 축전; 기념물	**ознаменование** (아즈나메나와니예)
기념물, 고적, 유적, 고적지;	**памятник** (빠맡니크)
기념비(紀念碑), 기념탑(記念塔)	**обелиск, монумент** (아벨리스크)(만누멘트)
기념비, 동상; ~ Пушкину 푸쉬킨 동상;	**памятник** (빠맡니크)
기념품(紀念品)	**сувенир** (수베니르)
기념하다, 경축하다	**ознаменовать**

	(아즈나메나와찌)
기능, 관습을 잊어버리다;	**разучиться** (라주치쨔)
기능, 기술, 숙련, 자질	**квалификация** (크왈리피까찌야)
기능공, 숙련공, 명수	**мастер** (마쓰쩨르)
기다, 기어가다(오다); (천천히) 가다, 움직이다;	**ползти** (빨즈찌)
기다리고 있다, 준비되어 있다,~를 기다리다	**дожи-даться** (다쥐다쨔)
기다리는 것, 대기	**ожидание** (아쥐다니예)
기다리다, 대기하다, 만나려고 기다리다	**ожидать, поджидать** (아쥐다찌) (빧쥐다찌)
기대(희망)를 가지게 하다	**обещать** (아베샤찌)
기대다, 버티다	**упираться** (우삐라쨔)
기대다, 의지하다	**прислонять[ся]** (쁘리쓸로냐찌)(쨔)
기대에 어긋나다	**подкачать** (빠드까차찌)
기대하다, 의지하다	**опираться** (아삐라쨔)
기도(문), 기원(문), 예배	**молитва** (말리뜨와)
기도, 시도, 의도, 획책, 음모	**затея умысел, намерение** (자쪠야) (우믜쎌) (나몌레니예)
기도[의도]된, 고의의; 예정된, 소기의	**предназначенный** (쁘레드나즈나첸느이)
기도하다	**молиться** (말리쨔)

기독교, 예수그리스도교 기독교 신앙, 기독교적	**христианство** (흐리쓰찌안쓰뜨붜)
기독교신자(들), 기독교도	**христиане** (흐리쓰찌아네)
기독교의	**христианский** (흐리쓰찌안쓰끼이)
기동성 있는	**манёвренный** (마뇨브렌느이)
기동성, 기동력	**манёвренность, мобильность** (마뇨브렌노쓰찌) (마빌리노쓰찌)
기동작전;	**манёвр** (마뇨브르)
기동적인, 기동성이 있는; ~ые части기동부대	**мобильный** (마빌느이)
기동하는, 기동전	**манёвренный** (마뇨브렌느이)
기동하다	**маневрировать** (마녭리라와찌)
기둥 모양의 것(물건). 불기둥; 물기둥	**столп** (스딸르쁘)
기둥, 받침대	**стойка** (스또이까)
기둥, 원주, 지주; 표주(標柱), 기념주; 대각	**графа, столп** (그라파) (스딸르쁘)
기둥, 주, 가주; пограничный ~ 국경경계표	**столб** (스똘브)
기둥에 세로 홈을 새긴, 홈이 있는, 홈의	**желобчатый** (줴레브차 뜨이)
기러기, 쇠기러기, 안압(雁鴨), 신금(信禽),삭금(朔禽),양조	**гусь** (구씨)
기록(記錄), 회의록, 조서; 프로토콜; 의정서(議定書)	**протокол** (쁘라또꼴)

기록[기입]하다; 등록[등기]하다	**прописать, прикрепляться** (쁘라삐싸찌), (쁘리끄레쁠랴짜)
기록보유자	**рекордсмен** (레꼴드쓰멘)
기록에(회의록에) 기입하다	**запротоколировать** (자쁘로또깔리로와찌)
기록적인, 최고(最高)	**рекордный** (레꼴드느이)
기록하다; 목록을 만들다;	**наговорить описывать** (나고붜리찌), (아삐쓰와찌)
기르다, 교양하다, 육성하다, 키우다, 배양하다	**воспитать** (바쓰삐따찌)
기르다, 키우다	**растить, выхаживать** (라쓰찌찌) (븨하쥐와찌)
기름 넣기, 기름 치기	**заправка** (자쁘라브까)
기름 흙, 석고, 깁스	**пластилин** (쁠라쓰찔린)
기름(을) 뺀	**обезжиренный** (아베스쥐렌느이)
기름(oil), 유(油), 유액, 지방 сливочное ~о 버터	**масло** (마쓸라)
기름기, 윤활성	**маслянистость** (마쓸랴니쓰또쓰찌)
기름기가 없는	**постный** (뽀쓰뜨느이)
기름배, 유조선(油槽船)	**танкер** (딴께르)
기름사탕, 캬라멜	**карамель** (까라멜)
기름으로 바르다; 문대다, 매대기치다, 더럽히다	**намазать** (나마자삐)
기름으로 튀기다, 프라이로 하다, 볶다	**жарить, зажарить**

- 159 -

	(좌리찌) (자좌리찌)
기름을 바르는 것, 기름치기, 주유	**смазка** (스마스까)
기름 바르다(치다), 기름칠(미끄럽게) 하다	**мазать, намазать** (마자찌) (나마자삐)
기름을 주다, 휘발유를 넣다	**заправлять** (자쁘라블랴찌)
기린, 지라프	**жираф** (쥐라프)
기만(欺瞞), 속여 넘기기	**мистификация** (미쓰찌피까찌야)
기만적인, 오해케 하기 쉬운, 속여 넘기기 쉬운	**обманчивый** (아브만치븨이)
기만(사취, 협잡, 사기)하다, 속이다, 외곡하다	**передёргивать** (뻬레죠르기와찌)
기묘한; 변덕스러운, 괴벽한	**причудливый** (쁘리추들리브이)
기민, 민속; 급속, 신속; 성급, 조급	**прыть** (쁘릐찌)
기반, 멍에	**иго** (이고)
기병(騎兵)	**кавалерист** (까바레리쓰트)
기병대, 기갑부대, 기마대, 기병중대,	**эскадрон** (에쓰까드론)
기병대(騎兵隊), 기마병	**кавалерия, конница** (까바레리야) (꼰니짜)
기본(근본) 원인	**первопричина** (뻬르붜쁘리치나)
기본의, 주요의, 중심의	**центральный** (쩬뜨랄르늬이)
기본적인	**принципиальный** (쁘리찌삐알느늬이)

기부 청약, 기부	**подписка** (빠다삐쓰까)
기분 좋은, 기운찬, 마음을 밝게 하는,	**жизнерадостный** (쥐즈네라도쓰뜨늬이)
기분, 정신상태;	**настроение** (나쓰뜨로예니에)
기분이 언짢음, 찌뿌드드함; 가벼운 병(두통)	**недомогание** (네다마가니에)
기분좋은, 편한, 위안의; 고통이 없는	**покойный ловкий** (빠꼬이늬이) (로브끼이)
기뻐하다, 반가워하다;	**порадоваться, радоваться** (빠라도와쨔) (라도와쨔)
기쁘게(즐겁게)하다	**радовать, порадовать** (라드와찌) (빠라도와찌)
기쁘게, 반가이, 즐겁게	**радостно** (라도쓰뜨나)
기쁘다, 반갑다, 즐겁다	**рад** (라닷)
기쁜(뜻깊은) 날; 명절 기분	**праздник** (쁘라즈드닉)
기쁨, 기쁜 일; 기쁨의 대상	**радость** (라도쓰찌)
기쁨 없는, 쓸쓸한, 삭막한, 쌀쌀한	**безрадостный** (베즈라다쓰뜨늬이)
기사(技士); главный ~ 기사장; ~ механик 기계기사	**инженер** (인줴네르)
기사-기술의; 기술적, 과학기술의	**инженерно-технический** (인줴네르나-쩨흐니체쓰끼이)
기상예보(신호), 기상관측예보	**побудка** (빠부드까)
기상관측기구	**зонд, шар-зонд** (존드) (샤르-존드)

기상학(氣象學)	**метеорология** (메쩨오로로기야)
기색이 엿보이다(느껴지다)	**сквозить** (스크뷔지찌)
기생, 더부살이, 우생, 착생	**паразитизм** (빠라지찌즘)
기생동(식)물, 기생충[균], 기식자식객. 어릿광대	**шаромыга** (샤로믜가)
기생적 생활(근성)	**паразитизм** (빠라지찌즘)
기생충; 기생식물	**паразит** (빠라지트)
기생하다, 더부살이, 우생하다, 착생하다	**паразитировать** (빠라지찌로와찌)
기선(汽船), 증기기선, 증기선, 상선	**пароход** (빠로홀)
기소, 소추(訴追), 고소; 구형(構桁)	**обвинение** (압뷔녜니예)
기소자, 고소자, (형사) 고소인, 고발자; 비난자	**обвинитель** (압뷔니찔)
기소자측, 검찰 당국	**обвинение** (압뷔녜니예)
기소하다, 고발하다, 고소하다	**обвинять** (압뷔냐찌)
기수(旗手)	**эстандарт-юнкер** (에쓰딴다르트-윤께르)
기수(基數); 기선; 밑변, 밑면, 기본수, (로그의)밑	**основание** (아쓰노와니예)
기수[홀수]의 ~ое число 홀수, 기수; ~ый день 기일	**нечётный** (네쵸뜨늬이)
기숙사, 하숙집, 여관, 기숙학교	**пансион** (빤씨온)
기숙사, 합숙, 숙사; за водское ~ 공장합숙;	**общежитие**

	(압쉐쥐찌예)
기숙학교, 특수학교	**интернат** (인쩨르나트)
기술; 수법, 방법; 기교	**техника** (쩨흐니까)
기술공정, 제작법, 제작기술;	**технология** (쩨흐놀로기야)
기술기자재(무장)를 갖추다(장비하다)	**оснащать** (아쓰나샤찌)
기술의; ~ое образование 기술교육	**технический** (쩨흐니체쓰끼이)
기술장비, 기재, 설비(設備)	**техника** (쩨흐니까)
기술전문학교	**техникум** (쩨흐니꿈)
기술지식 (технический минимум)	**техминимум** (쩨흐미니뭄)
기슭의 여울; 여울 살, 천탄,(조류 때문에 형성된) 모래톱	**отмель** (오트멜)
기식하다, 기생적 생활을 하다	**паразитировать** (빠라지찌로와찌)
기압(氣壓)	**атмосфера** (앝마쓰페라)
기압계, 바로미터(barometer)	**барометр** (바로메뜨르)
기어 나오다(나가다, 물러가다)	**выползать, отползать** (븨뽈자찌) (앗뽈르자찌)
기어 올라가다, 기어올라서다, 바라 오르다	**взбираться** (프비라쨔)
기어가다, 포복하다, 기어지나가다	**поползти проползать** (빠뽈즈찌) (쁘라뽈자찌)
기어내리다, 내려오다	**слезть** (슬레즈찌)

기어들어가다, 잠입하다	**влезать, заползать, заползти** (블레자찌), (자뽈자찌), (자뽈레찌)
기어를 고속으로 넣다	**настроенный** (나쓰뜨로옌느이)
기어서 넘다(건너다), 기어서 옮겨가다	**переползать** (뻬레뽈자찌)
기어오르다, 기어들다	**карабкаться, лазить, лезть, залезать** (까라브까쨔) (라지찌) (레즈찌) (잘레자찌)
기어오르다, 기어내려오다, 기어 나가다(나오다)	**вылезать** (빌레자찌)
기억(인상이) 어렴풋해지다	**высыхать** (븨씌하찌)
기억, 기억력; хранить в ~и 기억하다, 기억해두다;	**память** (빠먀찌)
기억나다, 기억되다, 잊혀지지 않다;	**помниться** (뽐니쨔)
기억되다, 기억하고 있다; 회고하다, 생각나다.	**запомниться** (자뽀므니쨔)
기억에 남지 않은 옛적의, 태고의, 먼 옛날의	**незапамятный** (네자빠먀뜨느이)
기억에서 사라지다(지워지다)	**изгладиться** (이즈글라지쨔)
기억하다, 잊지않다, 잊지않고 있다	**помнить, памятовать** (뽐니찌) (빠먀또와찌)
기억해두다, 명심해두다, 기억하다, 생각하다,	**запоминать** (자뽀미나찌)
기업활동(企業活動)	**предпринимательство** (쁘렌쁘리니마쩰쓰드붜)
기업(체), 사업, 회사, 상회; 재벌. 기업경영. 기업,	**предприятие** (쁘렌쁘리야찌예)
기여(寄與), 공헌(公憲)	**вклад** (프클랃)
기여, 증여	**лепта**

	(레쁘따)
기와(起臥) 기와 한 장	**черепица** (체레삐차)
기와이기, 타일붙이기, 기와[타일]류, 기와지붕, 타일면	**паркет** (빠르껱)
기운(원기)이 나다, 팔팔해주다	**ободряться** (아바드랴쨔)
기운, 용기, 배짱, 끈기, 지구력, 결단력; 뻔뻔스러움	**кишка** (끼쉬까)
기운나다, 격려하다, 기쁘게 하다,	**развеселить** (라스베쎌리찌)
기운을 내게 하다, 원기를 내게 하다	**бодрить** (바드리찌)
기운을 내다, 용기를 내다,	**мужаться, бодриться** (무좌쨔)(바드리쨔)
기운을 돋우어주다, 북돋아주다, 격려하다,	**ободрять** (아바드랴찌)
기운찬, 쾌활한, 명랑한, 작품에서의 열정, 활기	**живость** (쥐붜쓰찌)
기울기, 경사, 비스듬하게, 기울어져	**набекрень** (나베크렌니)
기울다, 경사지다, 편향하다, 기울이다,	**наклонить(ся)** (나끌로니찌)
기울다, 기울어지다, 고개를 숙이다, 몸을 구부리다	**склонять** (스클로냐찌)
기울이다, 옆으로 기울게 하다	**кренить** (크레니찌)
기원(起源), 발생, 발생사	**генезис** (게네지쓰)
기원, 본원, 근원 положить ~о *чему* ~의 기원이 되다	**начало** (나찰라)
기원하다, 유래하다 ~에 근원을 두다	**корениться** (까레니쨔)

- 165 -

기음(氣音), 격음, 거센소리(ㅊ·ㅋ·ㅌ·ㅍ등과 같은 파열음)	**придыхание** (쁘리드하니예)
기음의, h음의, 거센소리의; 대기음의 (帶氣音)([kh, gh] 따위의 음)	**придыхательный** (쁘리드하쩰르이)
기이(奇異), 기묘, 야릇함; 희유(稀有); 비범	**отдельность** (아트젤노쓰찌)
기입(記入), 등록(登錄);	**внесение** (브네쎄니에)
기입하다, 등록(가입, 입적)하다;	**заполнять записываться** (자뽈냐찌) (자삐씌와쨔)
기자, 통신원; специальный ~ 특파기자	**корреспондент** (까르레쓰뽄젠트)
기자회견	**пресс-конференция** (쁘렛쓰-꼰페렌찌야)
기장(記帳)기입, 기재; 등기, 기입사항	**запись** (자삐시)
기장, 기장쌀	**пшено** (쁘쉐나)
기장, 수수, 조	**просо** (쁘로싸)
기재(記載), 언급, 진술, 암시, 변죽울림, 빗댐	**упоминание** (우뽈미나니에)
기저귀, 애기싸개	**пелёнка** (삘룐까)
기저귀를 갈아 채우다, 기저귀를 채우다	**перепеленать** (뻬레벨레나찌)
기적적인, 불가사의한, 신기한, 놀랄 만한, 기적적으로	**чудом** (추돔)
기전판(起電盤), 전기쟁반	**электрофор** (엘렉뜨라포르)
기절하게 하다, 정신 멍하게 만들다	**оглушить** (아글루쉬찌)

기준(량)을 제정하다, 규범화하다; 한정하다;	**нормировать** (나르미로 와찌)
기준, 표준, 척도	**критерий** (크리쩨리이)
기준량, 책임량, 비율(比率);	**норма** (노르마)
기준의, 표준기준으로	**нормативный** (나르마찌프느이)
기준화된, 표준화된, 제정된	**нормированный** (나르미로완느이)
기중기 운전사	**крановщик** (크라노브쉬크)
기중기, 거중기, 크레인, 리프트(lift);	**кран** (크란)
기증자, 시주(施主).(혈액·장기의) 제공자	**жертвователь** (쩨르뜨뷔와쩰)
기지(基地), 근거지(根據地)	**база** (바자)
기지, 꾀바른, 기략이 풍부한, 책략이 있는	**находчивость** (나홀치보쓰찌)
기지개하다	**тянуться** (쩨누쨔)
기진맥진되다, 녹초가 되다	**размякнуть** (라스먀크누찌)
기진맥진한, 기운이 진한	**разбитый** (라스비뜨이)
기질(基質), 수매질	**субстрат** (숩스뜨라트)
기질, 성질, 특질, 광맥	**жила** (쥘라)
기차역(汽車驛), 역사(驛舍); 정거장, 정류장	**вокзал** (바크잘)
기차, 선박, 승강기 등의; 급행선, 직통선	**экспресс**

- 167 -

	(엑쓰쁘레쓰)
기차, 열차, 화차, 기관차; 철륜, 철마	**поезд** (빠예즈드)
기차·버스·승강기 등의 급행편, 직통편	**курьерский** (꾸리옐쓰끼이)
기체력학, 항공력학(航空力學)	**аэродинамика** (아에로디나미까)
기체의 배출의, 배기의; ~газ 배기가스	**выхлопной** (븨흘로쁘노이)
기초적인, 기본적인, 근본(根本)의	**краеугольный** (크라예우골느이)
기초(근거)하다, 근거를 두다	**основывать** (아쓰노븨와찌)
기초, 기반, 지반, 토대,	**база, фундамент, устои** (바자)(푼다멘트)(우쓰또이)
기초, 요인, 원칙; организующее ~о 조직적요인	**начало** (나찰라)
기초로 삼다, 근거를 두다	**базировать** (바지라와찌)
기초를 두다[세우다]; ~의 근거를 두다	**отливать** (알틀리와찌)
기초의, 기본적인, 주요한	**фундаментальный** (푼다멘딸느이)
기초하다, ~에 입각하다	**зиждиться** (지즈지쨔)
기침, 헛기침; сильный~ 목기침	**кашель** (까쉘)
기침을 하다, 기침하여 목청을 가다듬다	**откашли-ваться** (아트까쉴리와쨔)
기침하다, 기침이 나다, 콜록거리다	**кашлять** (까쉴랴찌)
기타(guitar)	**гитара** (기따라)

기타, 나머지, 다른; ~ее 기타의 것, 나머지 것	**прочий** (쁘로치이)
기포 가소물, 발포(發泡) 스티롤	**пенопласт** (뻬노쁠라쓰트)
기하(幾何), 기하학(幾何學)	**геометрия** (게오메뜨리야)
기한 전에, 앞서서	**досрочно** (다쓰로츠나)
기한부의, 정기의	**срочный** (스로츠느이)
기한을 넘기다	**просрочить** (쁘라쓰로치찌)
기한이 연기되다	**передвигаться** (뻬레드비가쨔)
기한초과의	**свеохсрочный** (스베오흐쓰로츠느이)
기형성, 퇴화	**извращение** (이즈브라쉐니예)
기형적인, 불구의	**уродливый** (우로들리브이)
기호, 부호	**обозначение** (아바즈나체니예)
기호, 어음전사법, 음운전사법	**транскрипция** (뜨란쓰크리쁘찌야)
기호의 7; (카드의) 7.	**семёрка** (쎄묘르까)
기혼녀, 시집간 여자; (женщина) ~ жизнь 시집살이	**замужняя** (자무쥐냐야)
기화기(氣化器), 카뷰레터. 가스 만들개	**карбюратор** (까르뷰라또르)
기화로 삼다	**спекулировать** (스뻬꿀리로와찌)

- 169 -

기회, 호기, 전망, 가능성, 좋은 기회, 찬스 경우	**шанс** (샨쓰)
기회, 호기; 행운; 가망	**возможность** (바즈모즈노쓰찌)
기회주의 적인(행동); 무절조(한). 보신주의	**приспособленчество** (쁘리쓰뽀싸블렌체쓰뜨붜)
기회가 올 때까지 기다리다,	**переждать** (뻬레즈다찌)
기회가 있다	**случиться** (슬루치쨔)
기회를 놓치다	**прозевать** (쁘라제와찌)
기회를 엿보다	**улучить** (울루치찌)
기후, 기절; 천후, 풍후	**климат** (클리마트)
긴 걸상, 벤치(bench), 긴 의자, 장의자(長椅子)	**лавка** (라프까)
긴 못 첨각, 첨탑, 뾰족탑,(탑의) 뾰족한 꼭대기	**шпиль** (쉬삘리)
긴 못, 담장못, 스파이크, 대못.	**остриё** (아쓰뜨리요)
긴 주둥이 끝의 폭이 넓은 오리과의 일종	**широконоска** (쉬로까노쓰까)
긴 트럼펫, 신호나팔, 화려한 취주(吹奏), 팡파르	**фанфара** (판파라)
긴, 기다란, 길죽한	**длинный** (들린느이)
긴, 느린, 느리고 오랜	**протяжный** (쁘라쨔즈니이)
긴급, 위급, 급박, 특별인물	**экстренность** (엑쓰뜨렌노쓰찌)
긴급한, 특별한; ~ый съезд 비상회의	**чрезвычайный**

	(츠례븨차이느이)
긴급히, 급히, 촉박한	**экстренно** (엑쓰뜨롄나)
긴밀한; ~ая связь 긴밀한 연계	**тесный** (쩨쓰느이)
긴양말	(чулок)**чулки** (출끼)
긴의자의 일종,(등받이를 젖히는) 의자	**шезлонг** (쉐즐론그)
긴장, 팽팽함, 장력	**напряжение** (나쁘랴줴니예)
긴장되다, 팽팽해지다	**напрягаться** (나쁘랴가쨔)
긴장된, 정력적인;	**напряжённый, натянутый** (나쁘랴죤느이) (나쨔누뜨이)
긴장시키다 ~слух 귀를 도사리다	**напрягать** (나쁘랴가찌)
긴장을 풀다, (긴장성을) 늦추다;	**разрядить** (라즈랴지찌)
긴장한, 긴장된, 극도로 긴장된,	**накалённый, острый** (나깔룐느이)(오쓰뜨르이)
길 닦기 로라, 도로를 다지는 롤러	**каток** (까또크)
길, 도로, 통로, 진로, 가도, 공도; 가(街);	**путь дорога** (뿌찌) (다로가)
길가, 길섶, 길옆, 노방, 노변, 도방, 도변	**обочина, полотно** (아보치나) (빨로트노)
길게 하다, 늘이다, 연장하다	**удлинить, прибавлять[ся]** (우들리니찌)(쁘리바블랴찌)(쨔)
길동무, 동행자; 동반자	**попутчик** (빠뿌뜨칰)
길든, 경험[훈련]을 쌓은 노련한, 경험이 많은	**матёрый** (마쬬르이)

길들이다, 가르치다, 교육(훈련, 양성)하다	**дрессировать** (드레씨로와찌)
길바닥의 수레바퀴에 패인 자리, 비에 씻긴	**рытвина** (릐뜨비나)
길에 난 웅덩이, 바퀴자리, 움파리	**выбоина** (븨보이나)
길을 꺾어 돌다, 돌아가다	**загибать** (자기바찌)
길을 내주다, 옆으로 비키다	**расступаться** (라쓰뚜빠쨔)
길을 잃다, 헤메다, 방황하다	**плутать заблудиться** (쁠루따찌) (자블루지쨔)
길이 나빠지는 계절(장마철)	**распутица бездорожье** (라쓰뿌찌짜) (베즈다로쥐예)
길이 막힌 것, 통행금지	**затор** (자또르)
길이 어긋나다	**расходиться** (라쓰하지쨔)
길이 없는 것, 나쁜 길	**бездорожье** (베즈다로쥐예)
길이, 연장, 거리	**длина** (들리나)
길이, 장단; 세로; 키	**долгота** (돌가따)
길잡이, 안내자	**вожак** (바좌크)
길쭉한 골짜기 소협곡; 도랑, 배수구(溝)	**балка** (발까)
길쭉한 흰빵	**батон** (바똔)
길쭉한, 갸름한	**продолговатый** (쁘라돌고와뜨이-)
김, 증기; 입김; 안개	**пар**

	(빠르)
김매기, 제초작업	**прополка** (쁘라뽈까)
김매다, 제초작업하다	**полоть** (빨로찌)
김을 내다, 찌다, 뭉근한 불로 끓이다, 스튜요리로 하다	**парить** (빠리찌)
김을 매다; 잡초를 뽑다	**пропалывать** (쁘라빨리와찌)
깃, 깃털, 깃털 장식; 모자의 앞에 꽂은 깃털, 깃펜의 깃	**перо** (뻬로)
깃, 옷깃, 옷섶	**воротник** (바라뜨니크)
깃; (항공): хвойное ~ 꼬리날개, 미익(尾翼)	**оперение** (아뻬레니예)
깃대, 깃발대	**флагшток** (플라그쉬또크)
깃들다, 내리다; 잠잠하다	**царить, спускаться** (짜리찌), (스뿌쓰까쨔)
깃발, 기치;	**знамя** (즈나먀)
깃을 세운 제복의 웃옷	**китель** (끼쩰)
깃이 나다, 깃으로 덮이다	**опериться** (아뻬리쨔)
깃털 침대[요], (침대 깔개위에 까는) 깃요, 깃이불(요)	**перина** (뻬리나)
깊게 하다, 깊이 파다	**углублять** (우글루브랴찌)
깊게, 깊이 있게, 심오하게, 심각히	**глубоко** (글루바꼬)
깊숙이 들어가다, 뾰족하게 나오다, 돌출하다	**вдаваться** (프다와쨔)

깊어지다, 깊게 되다	**углубляться** (우글루블랴짜)
깊은 곳,	**глубина** (글루비나)
깊은 구멍, 깊은 홈챙이, 홈타기, 둥근 웅덩이	**ухаб** (우합)
깊은 뜻, 심오한 사상, 심사숙고(深思熟考)	**глубокомыслие** (글루바까믜쓸리에)
깊은 산골짜기, 계곡	**падь** (빠지)
깊은 생각에 잠기다, 사색하다;	**забываться** (자븨와쨔)
깊은, 깊숙한	**глубокий** (글루보끼이)
깊이 생각하는, 심사숙고하는	**вдумчивый** (프둠치븨이)
깊이 생각하다, 생각에 잠기다	**задумываться, призадуматься** (자두믜와쨔) (쁘리자두마쨔)
깊이, 심도(深度); 깊숙이	**глубина, глубоко** (글루비나) (글루바꼬)
깊이 얼다, 속까지 얼다	**промёрзнуть** (쁘라묘르자누찌)
깊이재개, 측심기	**лот** (롣)
깊지 않은, 얕은, 옅은; ~ая тарелка 해바라진 접시	**неглубокий** (네글루보끼이)
까다로운, 교묘한	**замысловатый** (자믜쓸로와뜨이)
까다로운, 난처한, 애매한:	**скользкий** (스깔즈끼이)
까다로운, 타발(타박)이 많은, 가리는 것이 많은	**привередливый** (쁘리베레들리브이)

까다롭게 굴다, 꾸며내다,	**мудрить, привередничать** (무드리찌) (쁘리베레드니차찌)
까다롭지 못한, 단순한, 쉬운	**немудрёный** (네무드료느이)
까딱 않고, (조금도)움직이지 않고	**неподвижно** (네빠드비즈나)
까부르는 사람; 까부르는 기구, 풍구	**зерноочистительный** (제르나아치쓰찌쩰느이)
까부수는 것, 까부수고, 뜯고 여는 것	**взлом** (프즐롬)
까치, 희작(喜鵲)	**сорока** (싸로까)
까치발, 선반받이, 짜개발,	**кронштейн, вилка, скоба** (크론쉬쩨인) (뷜까) (스꼬바)
깍쟁이, 구두쇠	**скряга** (스크랴가)
깍쟁이부리다, 지나치게 아끼다	**скупиться** (스꾸삐쨔)
깎거나 갈라서 만들어진	**щепаный** (쉐빠느이)
깎다, 깎아 다듬다	**тесать** (쩨싸찌)
깎다, 다듬질하다, 맷돌로 타다(갈다), 으깨다; 깨물어 으스러뜨리다;	**обтачивать** (압따치와찌)
깎다, 면도, 면도하다	**бриться** (브리쨔)
깎다, 면도하다; (잔디 따위를) 짧게 깎다	**. выбрить(ся)** (븨브리찌)
깎다; 치다; ~ волосы 머리를 깎다	**стричь, чинить** (스뜨리치) (치니찌)
깎아주다, (머리, 손톱 등을) 깎다	**постричь** (빠스뜨리찌)
깎은 껍질, 찌끼	**очистки**

	(아치쓰뜨끼)
깐깐한, 차근차근한	**точный, педант** (또츠느이) (뻬단뜨)
깔개, (가축우리에 깔아주는) 깃	**подстилка** (빤쓰찔까)
깔개, 깔린 널판자	**настил** (나쓰찔)
깔개, 융단, 양탄자. 기다란 장식용 테이블 보	**дорожка** (다로즈까)
깔다, 펴다	**выкладывать, стлать** (븨클라듸와찌), (스뜰라찌)
깔다, 펴다, 포장하다	**настилать мостить** (나쓰찔라찌),(모쓰찌찌)
깔대기	**воронка** (바론까)
깔보는, 경멸하는, 대수롭지 않게 여기는, 실례되는.	**обидный** (압비드느이)
깔아죽이다, 눌러죽이다, 암살하다	**задавить** (자다비찌)
깜박거리다, 삼박거리다; 눈짓하다	**мигать** (미가찌)
깜짝 놀라게 하다, 자지러지게 하다	**изумить,поражать** (이주미찌) (빠라좌찌)
깜짝 놀람; 경악; 혼란, 망연자실	**изумление** (이주믈레니예)
깡충 뛰다, 뛰어오르다, 도약하다	**запрыгать** (자쁘릐가찌)
깡충 뛰어오르다; 갑자기 높아지다	**подскакивать** (빤쓰까끼와찌)
깡충깡충(껑충껑충)뛰다	**подпрыгивать** (빤쁘르기와찌)
깨끗한, 아뜰한, 정확한, 주도세밀한, 세밀한	**аккуратный** (악꾸라트느이)

깨끗이 청소하다; (방을) 치우다, 비우다	**стираться** (스찌라쨔)
깨끗이 치우다	**выяснить(ся)** (븨야쓰니찌)(쨔)
깨끗이 하다(닦다), 소제(청소)하다	**чистить, расчистить** (치쓰찌찌) (라쓰치쓰찌찌)
깨끗이	**дочиста, чисто** (도치쓰따) (치쓰따)
깨끗이(바싹) 마르다	**обсыхать** (압씌하찌)
깨끗하게 하다, 세탁하다; (신을) 닦다.	**облизать, облизнуть** (아블리자찌), (오블리즈누찌샤)
깨끗하게, 알뜰하게, 꼼꼼하게	**аккуратно** (악꾸라트나)
깨끗한, 청결한, 깨끗한, 더럼이 없는; 갓[잘] 씻은	**набело** (나베로)
깨끗한 것을 좋아하는,(몸, 옷 등) 말쑥한, 산뜻한	**чистоплотный** (치쓰또쁘로뜨느이)
깨끗한, 순결한, 고결한, 정결한	**святой, чистый, свежий** (스뱌또이) (치쓰뜨이) (스붸쥐이)
깨다, 눈뜨다	**очнуться** (아츠누쨔)
깨다, 마스다, 부수다	**побить** (빠비찌)
깨닫게 하다, 가르쳐주다, 이해시키다, 설득시키다	**вразумить** (프라주미찌)
깨닫게 하다, 잘못을 타이르다	**образумить** (아브라주미찌)
깨닫다, 인식하다, 발견하다,	**заходить, видеть** (자호지찌) (뷔졔찌)
깨닫다, 이해(해득)하다, 알아듣다	**уразуметь** (우라주몌찌)

깨닫지 못할, 이해하기 어려운(힘든)		**невразумительный** (네브라주미쩰느이)
깨뜨려 허물다		**разворотить** (라스붜라찌찌)
깨뜨리다, (휴식·일·생각 중인 사람을) 방해하다		**нарушить** (나루쉬찌)
깨뜨리다, 까부수다		**взламывать, расколачивать** (프즐라믜와찌),(라스깔라치와찌)
깨뜨리다, 꺾다		**отколоть, перебить, обломать, обломить** (아트클로찌) (뻬레비찌)(아블로마찌),(오블로미찌)
깨뜨릴 수 없는, 어지럽지(혼란스럽지) 않은		**невозмутимый** (네붜즈무찌므이)
깨물다, 비꼼, 찔린 아픔, 괴롭히다,		**язвить, съязвить** (야즈비찌) (스야즈비찌)
깨물어 먹힌 토막, 찌기, 작은 조각, 작은 부분		**огрызок** (아그르조크)
깨물어 부스러뜨리다		**раскусить** (라스꾸씨찌)
깨어나는 것; 각성(覺性), 소생(蘇生)		**пробуждение** (쁘라부즈졔니예)
깨어나다, 활기를 띠다		**проснуться** (쁘라쓰누쨔)
깨어지다, 쪼개지다, 터지다,		**лопаться, прорываться** (로빠쨔) (쁘라릐와쨔)
깨어진, 금이 간, 이가 빠진		**разбитый** (라스비띄이)
깨우다		**будить, пробудить** (부디찌) (쁘라부지찌)
깨지다, 부서지다, 꺾어지다,		**ломаться, разбиться** (라마쨔) (라스비쨔)
깨치다, 깨우치다, 습득하다		**одолевать, одолеть, осваивать** (아돌레와찌) (아돌레찌)(아쓰와이와찌)
깻묵, 기름, 짜고 난 찌꺼기 면화씨 깻묵(사료용)		**жмыхи**

	(쥐믜히)
깽알거리는, 말썽부리는	**сварливый** (스와르리브이)
꺼끌꺼끌하게 하다 날이 빠지게 하다	**щербить** (쉐르비찌)
꺼내기, 뽑아내기, 빼어내기	**извлечение** (이즈블체니예)
꺼내는 것, 파내는 것, 추출	**выемка** (븨엠까)
꺼내다, 빼내다, 뽑아내다, 집어내다	**вынимать** (븨니마찌)
꺼리다, 가리다, 싫어하다	**брезгать** (브레즈가찌)
꺼리다, 조심(경계)하다	**остерегаться** (아쓰쪠레가쨔)
꺼매지다, 거멓게 되다	**чернеть** (체르네찌)
꺼벙한, 께자자한, 범범한; 꾀죄한,	**небрежный, неопрятный** (네브레즈느이)(네아쁘랴뜨느이)
꺼져!, 거기 비켜, ~을 벗어라[없애라];	**проваливать** (쁘라왈리와찌)
꺼지다, (불 따위를) 불어끄다; ~의 송풍을 멈추다	**задувать** (자두와찌)
꺼지다, 사라지다, 축다	**угасать, угаснуть** (우가싸찌)(우가스누찌)
꺼지다, 쇠하다, 감퇴하다, 조락하다	**гаснуть** (가쓰누찌)
꺼지다, 진화되다	**погаснуть** (빠가쓰누찌)
꺼칠꺼칠하게 하다	**шершавить** (쉐르샤븨찌)
꺼칠꺼칠한 것. 들쭉날쭉한 곳; 이 빠진 자국	**щербина** (쉐르비나)

- 179 -

꺼칠꺼칠한 것. 들쭉날쭉한 곳; 이 빠진 흔적(자국)	**щербина** (쉐르비나)
꺼칠꺼칠해지다(하게 되다), 거칠게 하다	**шершаветь** (쉐르샤볘찌)
꺾는 것, 접는 것, 구부림; 꺾은(접은)자리;	**перегиб перелом** (뻬레깁)(뻬렐롬)
꺾다, 굴절시키다	**преломлять** (쁘렐롬랴찌)
꺾다, 부러뜨리다, 의지(관습)을 급변시키다,	**переломить** (뻬렐로미찌)
꺾다, 부러뜨리다, 자르다;	**сломить, разломать** (슬로미찌)(라슬로마찌)
꺾다; ~ ветку 나무까지를 꺾다	**надламывать** (나들라믜와찌)
꺾쇠, 죔쇠. 족쇄, 차꼬, 연결용 U자형 고리,	**скоба** (스꼬바)
꺾쇠뼈, 쇄골	**ключица** (클류치짜)
꺾어 접다, 구부리다, 굽히다	**перегибать** (뻬레기바찌)
꺾어 접히다, 구부러지다	**перегибаться** (뻬레기바쨔)
꺾어 젖히다,(접힌 것을) 펴다.	**отгибать** (아트기바찌)
꺾어지다. 꺾이우다	**надламываться переломиться** (나들라믜와쨔)(뻬렐로미짜)
꺾어진 곳, 굽인돌이	**перелом** (뻬렐롬)
꺾어진; 좌절된. 꺾어진	**надломленный** (나들롬렌느이)
꺾이다, 굴절되다, 휘다, 굽다, 굽어지다	**преломляться** (쁘렐롬랴쨔)
꺾인 곳	**излом**

	(이즐롬)
꺾인 자리; 좌절, 낙심	**надлом** (나들롬)
꺾인(부서진) 자리	**разлом** (라슬롬)
껍데기(껍질)의(와 같은), 껍질이 많은(처럼)	**лайковый** (라이꼬브이)
껍데기를 까고 나오다	**вылупиться** (빌루삐짜)
껍질 등을 깎다(벗기다)	**счистить, содрать** (스치쓰찌찌) (싸드라찌)
껍질 벗기기, 닦달질	**чистка** (치쓰뜨까)
껍질(과실. 야채. 수목), 외피, 껍데기, 베이컨의 껍질	**шкурка** (쉬꾸르까)
껍질, 껍데기, 딱지	**корка, скорлупа** (꼬르까)(스까르루빠)
껍질, 외피, 약협(藥莢), 탄피, 금속 외피	**оболочка** (아바로츠까)
껍질(껍데기)가 벗어지다, 벗겨지다, 외피 벗기다	**шелушить** (쉘루쉬찌)
껍질: земная ~ 지각, 지구껍데기	**кора, плёнка** (까라) (쁠론까)
껍질[가죽]을 벗기다, 피부를 까지게 하다	**обдирать** (압지라찌)
껍질벗기기 껍질을 벗기는 일, 허물 벗겨지는 것	**шелушение** (쉘루쉐니에)
껍질을 벗기는 곳	**живодёрня** (쥐붜죠르냐)
껍질을 벗기다(깎다) 껍질을 벗기다(바르다)	**очищать** (아치샤찌)
껍질을 벗기다; (~의 껍질·각지·칠)을 벗기다,	**ободрать** (아바드라찌)

껍질을 벗기다 다듬다, (물고기의) 배를 따다;	**чистить**	(치쓰찌찌)
껑충 뛰다, 뛰다, 도약하다, 뛰어오르다	**махнуть**	(마흐누찌)
껑충 뛰어 물러나다, 튀어 돌아오다	**отскакивать, отскочить**	(앗쓰까끼와찌), (앗쓰꼬치찌)
껑충껑충 뛰면서, 깡충거리면서	**вприпрыжку**	(프쁘리쁘릐쓰꾸)
껴떨기, 껴울림, 공진; 공명, 반향	**резонанс**	(레소난쓰)
껴안다, 꽉 쥐다, ~을 눌러 펴다, 프레스하다.	**жму(т)**	(쥐무)
껴안다, 꽉 쥐다. 꽉 잡다, 악수하다; 끌어안다	**прижать[ся]**	(쁘리자찌)
껴안다, 부둥켜안다, 끌어안다,	**обхватить, обхватывать**	(압화찌찌), (압화띄와찌)
꼬꼬 울다, 꽥꽥 울다; (오리 등이) 박박(꺽꺽) 울다	**крякать**	(크랴까찌)
꼬꾸라지다; (과로로) 자기 몸을 상하게 하다	**надрываться**	(나드릐와쨔)
꼬다, 말다, 비틀다	**скрутить, скручивать**	(스크루찌찌), (스크루찌와찌)
꼬다, 비비꼬다, 틀다, 엮다	**вить, свить**	(뷔찌)(스비찌)
꼬리, 꽁지	**хвост**	(흐보쓰트)
꼬리가 가는	**шилохвостый**	(쉴로흐보쓰뜨이)
꼬리가 짧은	**куцый**	(꾸쯔이)
꼬리표, 짐표	**бирка**	(비르까)
꼬마둥이, 갓난이, 애기, 어린애;	**крошка малютка**	

	(크로쉬까) (말류뜨까)
꼬불꼬불 구부러지다, 굽이치다, 굴곡하다	**свивать** (스비와찌)
꼬불꼬불하게 하다, 비틀다	**завивать** (자비와찌)
꼬아 넣다, 겯다, 엮어 넣다, 땋아 넣다	**вплести** (프쁠레쓰찌)
꼬아(엮어) 연결시키다	**сплести** (스쁠레쓰찌)
꼬였다	**заплетаться** (자쁠레따쨔)
꼬이다, 감기다, 곱실곱실해지다, 고불꼬불해지다	**виться** (뷔쨔)
꼬이다, 말리다, 비틀리다	**скручиваться** (스크루치와쨔)
꼬인 것을 풀다, 끄르다; 꼬인 것이 풀리다,	**распутывать** (라쓰뿌찌와찌)
꼬인 것을 풀다, 끄르다; 비틀린 것이 풀리다.	**раскручивать** (라쓰크루치와찌)
꼬인 것을 풀다, (엮은, 꼰 것을)풀다,~의 주름을 펴다	**расплести** (라쓰쁠레쓰찌)
꼬인, 꼰;	**кручёный** (크루쵸느이)
꼬집다 쥐어뜯다, (손끝으로); 집다, (집게발) 물다,	**щипать** (쉬빠찌)
꼬투리, 껍질, 깍지;	**стручок шелуха** (스뜨루쵸크) (쉘루하)
꼬투리가 달린;~ перец 남주 고추	**стручковый** (스뜨루츠꼬브이)
꼭 같은, 동일한, 동등한.	**тождественный** (따즈제쓰뜨벤느이)
꼭 같이, 똑 같이	**поровну** (뽀로브누)

꼭 닫다; 밀폐하다; 막다; 구멍이 막히다	**зажить** (자쥐찌)
꼭 닮음, 꼭 닮은[빼쏜]사람, 아주 비슷한 것	**вылитый** (뷜리뜨이)
꼭 덮다, 두르다;	**укрываться** (우크릐와쨔)
꼭 맞게(옷, 신발 등에 대하여)	**впору** (프뽀루)
꼭 있어야 하는, 알맞은	**нужный** (누즈느이)
꼭 잡다, 단단히 쥐다; 붙들다, 부여잡다	**зажать** (자좌찌)
꼭 죄다, 졸라매다, 팽팽하게 하다;	**подтягивать** (빧쨔기와찌)
꼭, 똑 같이, 정확히, 틀림없이	**точь-в-точь** (또치-브-또치)
꼭, 반드시, 모름지기	**обязательно** (아뱌사쩰나)
꼭, 반드시, 틀림없이, 필히, 천하(天下)없어도, 똑,	**непременно** (네쁘레몐나)
꼭같은, 바로 그런;	**же** (줴)
꼭같이, 똑같이, 골고루, 똑같게, 꼭같이, 동일하게	**одинаково** (아진나꼬붜)
꼭대기, 꼭대기, 정점(頂點), 정상(頂上), 천정	**макушка** (마꾸쉬까)
꼭대기, 맨위, 정상, 절정, 최고,	**верхушка, вершина** (볘르후쉬까) (볘르쉬나)
꼭두각시 작은 인형; 앞잡이	**марионетка** (마리노네뜨가)
꼭지를 만들기 위한	**шипорезный** (쉬뽀레즈느이)
끈(많은, 뜬)것이 풀리다	**развиваться**

	(라스비와쨔)
꼰, 땋은, 뜬 것을 풀다	**развивать** (라스비와찌)
꼰, 묶은 것이 풀리다	**раскрутиться** (라스크루찌쨔)
꼴, 마초, 말[소]먹이 зерновой фураж 곡물사료	**фураж** (푸라쥐)
꼴깍꼴깍 소리를 내다, 쫘르르 하다	**булькать** (불까찌)
꼴을 깎는 선반기계, 셰이퍼	**шепинг** (쉐삔그)
꼴호즈 등의 경영(및 주택) 중심	**усадьба** (우싸지바)
꼼꼼한, 차근차근한	**дотошный** (다또쉬느이)
꼼꼼히 보다, 살펴보다, 주시하다	**разглядеть** (라스글랴제찌)
꼼바리, 깍쟁이	**крохобор** (크로호볼)
꽁꽁 얼다, 곱다	**закоченеть, коченеть** (자까체녜찌) (까체녜찌)
꽁꽁 얼다, 추워하다	**замерзать** (자메르자찌)
꽁무니 빼다, 꼬리를 빼다, 꽁무니 빼는 사람 변절자	**шейка** (쉐이까)
꽁생원, 교제를 싫어하는 사람,	**нелюдим** (넬류짐)
꽁지가 큰	**широкозадый** (쉬로까자드이)
꽁치; 추광어, 추도어(秋刀魚)	**сайра** (싸이라)
꽂다, (바늘 등을) 찌르다, 들이꽂다, 꽂아 넣다	**втыкать** (프띄까찌)

꽂아놓다, 께다, 씌우다, 달다	**насаживать** (나싸쥐와찌)
꽂아서 붙이다, 핀으로 붙이다(달다)	**наколоть** (나꼴로찌)
꽃 파는 여자, 꽃 파는 소녀, 꽃 가꾸는 사람,	**цветочница** (쯔볘또츠니짜)
꽃, 화(花); 화초, 화훼(花卉)	**цветок, цвет** (쯔볘또크)(쯔볘트)
꽃가루, 화분(花粉), 예분(蕊粉)	**пыльца** (쀌리짜)
꽃감청색의 안료	**шмальта** (쉬말리따)
꽃다발, 꽃묶음, 방향(芳香), 향기	**букет** (부꼣)
꽃받침, 작은 컵, 잔 모양의 꽃	**чашечка** (차쉐츠까)
꽃방망이, 꽃갓, 화관, 꽃부리	**гирлянда** (기를랸다)
꽃밭, 화단	**клумба** (클룸바)
꽃병; (실과, 과자 등을 담는) 그릇 단지	**ваза** (와자)
꽃봉오리	**бутон** (부똔)
꽃불 제조술, 꽃불 올리기. 연화술, 폭죽	**пиротехника** (삐로쩨흐니까)
꽃식물, 현화식물;	**явнобрачные** (야브노브라츠느에)
꽃을 피우는 식물, 화초, 화훼(花卉)꽃밭, 호단, 꽃동산	**цветник** (쯔볘 트니크)
꽃의, 꽃 같은; 꽃무늬의~ мёд 꽃꿀; ~ горшок 화분	**цветочный** (쯔볘또츠느이)
꽃이 만발한, 개화된	**цветистый**

	(쯔볫찌쓰뜨이)
꽃이 있는; 꽃이 피는, 꽃이피어있는 개화;	**цветение** (쯔볫쩨니에)
꽃이 지다, 시들다	**отцвести, отцветать** (앗츠볫쓰찌), (알츠볫따찌)
꽃잎 꽃판, 화엽, 화판, 화순(花脣), 판(瓣), 화편	**лепесток** (레뻬쓰똑)
꽃재배, 꽃가꾸기, 화훼 원예.	**цветоводство** (쯔볫또보드쓰뜨붜)
꽃줄기	**стрела** (스뜨렐라)
꽃천, 사라사 무명(커튼·의자 커버용).	**ситец** (씨쩨쯔)
꽃피기 시작하다, 꽃이 피어나다, 개화하다	**зацвести, цвести** (자쯔베쓰찌),(쯔베쓰찌)
꽃피우다, 번영하다, 번성하게 되다;	**расцветать** (라쓰쯔베따찌)
꽈배기, 할라, 바삭기름튀김	**хворост, хала** (흐보르쓰트) (할라)
꽉 매다,(다시) 잡아당겨 매다	**перетягивать** (뻬레쨔기와찌)
꽉 메이다, 박히다;	**забиваться** (자비와쨔)
꽉 안기다, 바싹 붙다, 밀착되다	**прижиматься** (쁘리쥐마쨔)
꽉 죄다, 매다(배), 계류장,	**швартовать** (쉬와르따와찌)
꽉 쥐여지다(다물어지다);	**сжаться** (즈좌쨔)
꽉 찬, 초마원 ~ой мешок 가득찬 포대	**битком тугой** (비뜨꼼) (뚜고이)
꽉 틀어쥐다, 끼우다	**зажимать** (자쥐마찌)

꽉, 팽팽(빡빡)하게;	**туго** (뚜고)
꽉죄다, 매다(배), 계류장	**швартовать** (쉬와르따와찌)
꽤 좋다, 나쁘지 않다	**ничего** (니체보)
꽤 중요한, 중대한	**немаловажный** (네말로와쥐느이)
꽤, 어지간히, 상당히	**изрядно** (이즈랴드나)
꾀(술책)를 쓰다, 고안(발명)하다	**ухищряться** (우히쉬랴쨔)
꾀, 계교, 속임수, 꼬임수	**увёртка** (우뵤르뜨까)
꾀, 술책(術策) 교활성, 간책	**трюк, уловка, хитрость** (뜨륙) (울로브까) (히뜨로쓰찌)
꾀가 ~보다 더하다;	**перехитрить** (뻬레히트리찌)
꾀꼬리, 금의공자(金衣公子), 황리, 황작,	**иволга, соловей** (이볼가) (쌀라붸이)
꾀꼬리(방울새) 사냥꾼(애호가)	**щеглятник** (쉐글래뜨닉)
꾀꼬리(방울새) 새끼, 검은방울새	**щеглёнок** (쉐글료녹)
꾀꼬리(방울새)의 암컷	**щегловка** (쉐글롭까)
꾀꼬리의. 방울새의	**щеглячий** (쉐글래치이)
꾀다, 호리다, 유혹하다;~할 생각을 내게 하다	**соблазнить** (싸블라즈니찌)
꾀를 부리다, 교활하게하다,	**ловчить, хитрить** (라프치찌) (히뜨리찌)
꾀(잔꾀)를 쓰다, 교활하게 굴다	**лукавить хитрость**

	(루까비찌) (히드로쓰찌)
꾀를 피우다, 속임수를 쓰다, 기만행위, 기만책,	**вертеться** (베르쩨짜)
꾀병쟁이, 엄살쟁이	**симулянт** (씨무랸트)
꾀어 끌어가다, 유인하다, 호리다,	**завлекать прельстить** (자블레까찌) (쁘렐리쓰찌지)
꾀어 들이다, 유혹하다	**заманивать, сманивать** (자만이와찌) (스마니와찌)
꾀임, 유혹(誘惑)	**соблазн** (싸블라슨)
꾀있는, 교활한, 간교한	**хитрый** (히뜨르이)
꾀죄죄한 것, 꺼벙한 것	**неряшливость** (녜랴쉴리붜쓰찌)
꾀죄죄한, 불품이 없는, 보잘 것 없는	**неказистый** (녜까지쓰뜨이)
꾀하다, 마음을 내다, 기도하다, 획책하다	**замышлять** (자믜쏠랴찌)
꾸겨진,(쇠뿔 따위가) 비틀린, 주름이 잘가는	**скомканный** (스꼼깐느이)
꾸겨진, 우글쭈글한	**помятый** (빠먀띄이)
꾸기다, 구기지르다, 뭉치다, 고기작거리다	**комкать** (꼼까찌)
꾸기다, 꾸겨 뭉치다; 쭈그러뜨리다	**помять скомкать** (빠먀찌) (스꼼까찌)
꾸러미, 뭉치, 묶음; 보따리, 바리짐,	**вьюк, узел, кипа** (베유크) (우젤), (끼빠)
꾸러미, 소포, 소화물. 고리; 포장한 상품, 기계의 유닛	**пакет** (빠껫트)
꾸러미를(짐을) 풀다, 매듭을 풀다,	**распаковывать[ся]** (라쓰빠꼬븨와찌)(쨔)

꾸르륵거리다;	**бурчать** (부르차찌)
꾸리다, 조직하다;	**устраивать, укладывать** (우쓰뜨라이와찌) (우클라듸와찌)
꾸리다, 차리다;	**обставить, обставлять** (아브쓰따비찌),(옵쓰땁랴찌)
꾸며내다, 날조하다	**сочинить** (싸치니찌)
꾸며낸 말, 허튼 소리, 거짓말, 허구	**басня** (바쓰냐)
꾸며낸 이야기	**миф** (미프)
꾸며낸(거짓) 말(이야기), 허황한 말	**небылица, сказка** (네빌리짜) (스까즈까)
꾸며낸, 가짜, 거짓; ~ый смех 헛(거짓)웃음	**искусственный** (이쓰꾸쓰뜨벤느이)
꾸며낸, 상상한, 지어낸;	**надуманный;ымышленный** (나두만느이) (븨미쉴렌느이)
꾸며대다, ~ 인체하다	**инсценировать** (인쓰쩨니로와찌)
꾸물거리다, 늦장부리다	**канителиться** (깐이쩰리쨔)
꾸미개, 마구리, 테, 테두리	**кайма** (까이마)
꾸미다, 위장되다, 장식(미화)하다	**украшать маскироваться** (우크라샤찌) (마쓰끼로와쨔)
꾸미다, 장식하다	**нарядить(ся), пускать[ся]** (나랴지찌) (뿌쓰까찌)
꾸밈, 조작, 날조	**фабрикация** (파브리까찌야)
꾸밈새, 장식, 디자인, 의장(意匠), 도안; 밑그림,	**оформление** (아포르믈레니예)
꾸벅꾸벅 졸다, 졸다, 겉잠 들다	**забыться**

	(자븨쟈)
꾸벅꾸벅 조는, 졸리는, 꾸벅꾸벅 조는,	**задремать** (자드레마찌)
꾸역꾸역 모여들다, 많이 오다	**валять** (왈랴찌)
꾸준한, 부지런한, 열성적인	**усердный** (우쎄르드느이)
꾸준한, 완강한, 검질긴; ~ая борьба완강한, 투쟁(鬪爭)	**упорный** (우뽀르느이)
꾸준한, 줄기찬, 지칠줄 모르는	**неустанный неутомимый** (네우쓰딴느이), (네우또미므이)
꾸준히, 완강하게, 검질기게	**упорно** (우뽀르나)
꾸준히, 줄기차게, 굴함없이, 부단히	**неустанно, неутомимо** (네우쓰딴나) (네우또미모)
꾸짖는, 비난하는; 책망하는 뜻한	**укоризненный** (우까리즈넨느이)
꾸짖다, ~에게 잔소리하다.	**выругать, щунить** (븨루가찌) (슈니찌)
꾸짖다, 꾸중하다, 책망하다.	**бранить, ругать** (브라니찌)(루가찌)
꾸짖다, 비난하다, 훈계하다, 타이르다, 견책하다.	**журить** (쥬리찌)
꾸짖다, 잔소리하다, 책망하다,	**попрекать усовестить** (빠쁘레까찌) (우쏘붸쓰찌찌)
꿀 벌집; 벌집 모양의 물건; 와강(窩腔), 벌집위(胃)	**свищ** (스비쉬)
꿀(honey), 봉밀(蜂蜜), 청밀(淸蜜)	**мёд** (묟)
꿀꿀거리다; 투덜투덜 불평하다, 푸념하다	**крякать** (크랴까찌)
꿀벌, 벌, 참벌, 밀봉(蜜封), 황봉	**пчела** (쁘췔라)

꿀벌의, 벌의, 참벌, 밀봉의, 황봉의	**пчелиный** (쁘쳴리늬이)
꿀의; 꿀과 같은; 단 꿀이 나오는, 꿀을 먹는	**медовый** (메도브이)
꿀이 나는; (말·음악 따위가) 감미로운	**медоносный** (메다노쓰느이)
꿀주머니 돌기(突起)	**шпорец** (쉬뽀레쯔)
꿈, 공상(空想), 환상(喚想)	**грёзы** (그료즤)
꿈, 몽(夢), 몽환; ~ сбылся 꿈이 맞았다	**сон** (쏜)
꿈, 몽상, 환상.	**сновидение** (스나비졔니예)
꿈꾸는 사람, 공상가, 몽상가; 환상을 좇는 사람	**фантазёр** (판따죨)
꿈꾸다, 공상하다, 몽상하다, 염원하다	**мечтать** (메츠따찌)
꿈꾸다, 꿈에 보다, 공상하다	**грезить** (그레찌찌)
꿈꾸다, 꿈에 보이다, ~한 꿈을 꾸다	**сниться, присниться** (스니짜), (쁘리쓰니쨔)
꿈나라 같은 광경광시문(狂詩文), 광상곡, 광상극.	**феерия** (페예리야)
꿩, 야계, 산계, 산량, 화충, 원금	**фазан** (파잔)
꿰다, 꿰뚫다	**вдевать, вдеть** (프데와찌), (프데찌)
꿰다, 뚫다, 꿰뚫다, 꽂다.	**продёрнуть, пронизать** (쁘라죠르누찌)(쁘라니자찌)
꿰뚫어서, 관통하여	**насквозь** (나쓰크뷔지)
꿰뚫을 수 없는, 앞을 내다볼 수 없는,	**непроглядный**

	(네쁘라글랴드느이)
째뜨리다, 해어뜨리다	**сносить** (스나씨찌)
꿰매다, 기워 만들다, 재봉하다, 바느질하다	**шить, сшить** (쉬찌) (스쉬찌)
꿰매다, 깁다, 꿰매어 붙이다[달다], 구두창을 대다	**подшить** (빧쉬찌)
꿰매다, 바느질하다; 재봉틀로 박다	**зашивать, зашить** (자쉬와찌), (자쉬찌)
꿰매다, 대다; 박음질하다 (함께) 철하다;	**подшивать** (빧쉬와찌)
꿰매어 달다; 못박다, 못박아 붙이다	**пришивать** (쁘리쉬와찌)
꿰맨 것을 뜯다, 실을 빼어 풀다. 매듭을 풀다	**расшить** (라쓰쉬찌)
꿰맴, 봉합 그 자리	**штуковка** (쉬뚜까브까)
꿰어놓다; (일정한 량을) 꿰다,	**нанизать нанизывать** (나니 자찌), (나니켜와찌)
꿰지다	**трепаться** (뜨레빠쨔)
꿰찌르다, 꿰뚫다, 관통하다	**протыкать, впиться, пробивать** (쁘라뜨까찌)(프삐쨔) (쁘라비와찌)
꿰찌르다, 찔러 구멍을 뚫다,	**проколоть проткнуть** (쁘라꼴로찌) (쁘라뜨크누찌)
끄는 밧줄(쇠사슬), 견인삭(索), 끌바, 견인 밧줄	**буксир** (북씨르)
끄다 소화(消火)하다, 소등(消燈)하다	**гасить** (가씨찌)
끄다, 차단하다	**выключать** (븨클류차찌)
끄르다; 꼬인 것이 풀리다	**расплетать, раскрутить** (라쓰쁠레따찌) (라쓰크루찌찌)

끄집어내다, 뽑아내다, 꺼내다	**извлекать** (이즈블레까찌)
끄트러기(strip), 조각, 파편, 세편(細片),	**щипать, щипнуть** (쉬빠찌) (쉬빠누찌)
끄트머리, 끄덩이	**конец** (까녜쯔)
끈(넥타이·리본를) 매다; 매어서 몸에 달다.	**повязывать** (빠뱌즈와찌)
끈, 옷고름	**тесёмка** (쩨쑘까)
끈, 줄, 실, 노끈, 새끼, 실가는 삼노끈	**шпагат завязка** (쉬빠같) (자뱌즈까)
끈, 테이프천	**тесьма** (쩨시마)
끈. 새끼로 묶다, 매다, 잇다 묶어서 만들다;	**шнуровать** (쉬누로와찌)
끈으로(새끼로) 묶다, 매다, 잇다; 묶어서 만들다	**повязывать** (빠뱌즈와찌)
끈기 있는, 억척스러운, 꾸준한, 인내력 있는	**напористый** (나뽀리쓰뜨이)
끈끈한, 끈적끈적한	**клейкий** (클레이끼이)
끈덕짐,고집, 완고, 버팀; 집요함, 외고집; 불요불굴	**упорство** (우뽀르쓰뜨붜)
끈으로 맴, 끈으로 결어짜기 레이스로 장식하기	**шнуровка** (쉬누로브까)
끈으로 묶다	**шнуровать зашнуровать, зашнуровывать** (쉬누로와찌) (자쉬누로와찌), (자쉬누로븨와찌)
끈을 풀다(늦추다);	**расшнуровать** (라쓰쉬누로와찌)
끈이 풀리다	**расшнуроваться** (라쓰쉬누로와쨔)

끈적거리다, 끈적끈적 들어붙다, 진득거리다	**липнуть** (리쁘누찌)
끈적끈적하는; 처덕처덕 칠한, 매대기친	**клейкий** (클레이끼이)
끈적끈적한	**тягучий** (쩨구치이)
끈적이는, 끈끈한, 점질(粘質)의; 점착성의	**клейкий** (클레이끼이)
끊기; 잠간 멈추는 것, 중단; 침묵, 휴지; 음악의 쉼표	**пауза** (빠우자)
끊다, 단절하다, 절단하다	**рвать, разорвать, перервать** (르와찌) (라자르와찌) (뻬레르와찌)
끊다, 떼다, 가르다, 잡아 찢다	**обрывать, порвать** (아브릐와찌) (빠르와찌)
끊다, 통과하다	**пересекать** (뻬레쎄까찌)
끊어지다, 절단되다 ,	**перерваться, порваться** (뻬레르와짜) , (빠르와짜)
끊어지다, 떨어지다, 중지되다	**обрываться, прерваться** (아브릐와짜)(쁘레르와짜)
끊어진 것, 조각; 단편	**обрывок** (아브릐보크)
끊어진 곳, 절단된 곳; 끊어지는 것	**обрыв** (아브리프)
끊임없는, 부단한, 연속적인 쉴 새 없는	**безостановочный** (베조스따노붜치느이)
끊임없는, 변함 없는,	**бесперебойный, постоянный** (베쓰뻬레보이느이) (빠쓰또얀늬이)
끊임없는, 쉬임 없는, 연속적인	**беспрерывный, умолк** (베쓰쁘레릐브느이) (우몰크)
끊임없이 부단히, 쉴 새 없이, 연속으로, 연거푸	**непрерывно** (네쁘레릐브나)
끊임없이 소리를 내다	**трещать**

- 195 -

(뜨레샤찌)

끊임없이, 끊을 수 없는 **неразрывно, постоянно**
(네라즈 릐브나) (빠쓰또얀나)

끊임없이, 쉴 새 없이, 계속적으로, 연속적으로, **беспрерывно**
(베쓰쁘레릐브나)

끊임없이, 자꾸, 쉴새없이, 부단히 **поминутно**
(빠미누트나)

끌, 조각칼, (조각용) 정. **стамеска, долото, резец**
(스따메쓰까) (달로따). (레즈예쯔)

끌, 스탬프, 인(印), 도장, 철인(鐵印) **чекан**
(체깐)

끌고 가다(오다), 데리고 가다(오다), 접근시키다 **подводить**
(빧뷔지찌)

끌고 오다, 끌어오다 **притащить**
(쁘리따쉬찌)

끌고 지나가다, 끌어들이다; **(протаскивать протащить**
(쁘라따쓰끼와찌), (쁘라따씨찌)

끌다 잇다, 이어대다 **замыкать ,влачить**
(자믜까찌) (블라치찌)

끌다, (자동차를) 밧줄[사슬]로 끌다, 견인하다 **буксировать**
(북씨라와찌)

끌다, 끌어가다(오다, 당기다, 내리다); **тащить потащить**
(따쉬찌) (빠따쉬찌)

끌다, 당기다, 끌어당기다; **извлечь, привлечь**
(이즈블레치) (쁘리블레치)

끌어당기게 되다, **настаиваться, оголиться, оголяться**
(나쓰따이와쨔) (아갈리쨔), (오골랴쨔)

끌어 당기다, 질질 끌다; 끌고 가다 **тянуть, валять**
(쨰누찌) (왈랴찌)

끌려들다; ~에 걸려들다 **запутаться**
(자뿌따쨔)

끌려들어가다, 연루자로 되다 **впутаться**
(프뿌따쨔)

- 196 -

끌리다, 쏠리다	**тягатель тянуться** (쩨가쩰) (쩨누쨔)
끌어(매력이, 이끌려)가다	**увлекать** (우블레까찌)
끌어 모으다;	**стаскать стаскивать** (스따쓰까찌), (스따쓰끼와찌)
끌어 올리다, ~로 승진하다[시키다];	**придвинуть[ся]** (쁘리드비누찌)
끌어 올리다, 당겨 올리다, 위로 올리다	**взводить** (쓰붜디찌)
끌어 옮기다	**перетягивать** (뻬레쨔기와찌)
끌어가다, 데려다주다, 가져다 넣다	**утащить заводить** (우따쉬찌) (자붜지찌)
끌어 가다(오다) 끌어 모아놓다	**стащить подтягивать** (스따쉬찌) (빧쨔기와찌)
끌어내다, 들어내다, 뽑다	**тянуть, вытаскивать** (쩨누찌) (븨따쓰끼와찌)
끌어내다, 뽑아내다;	**вытягивать** (븨쨰기와찌)
끌어낸, 모방한, 독창적이 아닌; 유래하는,	**производный** (쁘라이즈보드늬이)
끌어넣다(들이다, 올리다), 끌고 들어가다	**втаскивать** (프따쓰끼와찌)
끌어넣다, 이끌다, 인입하다	**втягивать** (프쨔기와찌)
끌어다놓다, 질질 끌다; 끌어당기다, 끌고 가다	**подтащить** (빧따쉬찌)
끌어당기다, 끌어들이다, 유인하다	**волочить, втягивать** (발로치찌) (프쨔기와찌)
끌어들이다, 끌어넣다, 멀리 끌어가다	**затаскивать** (자따쓰끼와찌)
끌어들이다, 끌어넣다, 업어 넘기다, 업고 들다	**впутать**

	(프뿌따찌)
끌어들이다, 끌어당기다, (관심, 주의 등을) 끌다;	**привлекать** (쁘리블 레까찌)
끌어들이다, 끌어당겨오다; 빠져들다	**засасывать** (자싸씌와찌)
끌어들이다, 데려오다, 몰아넣다	**вводить, затягивать** (붜지찌) (자쨔기와찌)
끓는 물이나 더운 김에 데다,	**обваривать, обварить** (압와리와찌), (옵와리찌)
끓는 소리가 나는, 거품이이는, 비등하는	**шипучий** (쉬뿌치이)
끓다, 끓어오르다;	**кипеть** (끼뻬찌)
끓다, 부글부글 끓다, 들끓다,	**клокотать разварить** (클로까따지) (라스와리와찌)
끓다, 비등하다. 삶아지다, 쪄지다	**кипятиться, свариться** (끼빠찌쨔) (스와리쨔)
끓어 없어지다, 끓어 증발하여버리다	**выкипать, вскипать** (븨끼빠찌) (프쓰끼빠찌)
끓어오르다; 펄펄 끓다, 끓다, 비등하다.	**закипать** (자끼빠찌)
끓음, 비등;	**кипение** (끼뻬니예)
끓이는 것	**кипячение** (끼빠체니예)
끓이다, 비등시키다, 삶다	**вскипятить, кипятить сварить** (프쓰끼뻬찌찌) (끼빠찌찌) (스와리찌)
끓인 물	**кипяток** (끼빠또크)
끓임 없는, 그칠 줄 모르는, 쉴 새 없는	**непрестанный** (네쁘레쓰딴느이)
끓임 없는, 부단한, 쉴 새 없는, 연속으로,	**непрерывный** (네쁘레릐브느이)

끊임 없이 올리는, 그칠 줄 모르는	**несмолкаемый** (네쓰말까예므이)
끊임 없이, 틈 없이, 촘촘히	**сплошь** (스쁠로쉬)
끓임, 삶음; 비등(점), 끓인: ~ая вода 끓인 물	**кипячённый** (끼빠촌 느이)
끔찍하다, 무섭다, 말이 아니다, 비참하다;	**ужас** (우좌쓰)
끝(주위)을 꺾다(부스러뜨리다)	**обламывать** (아블라믜와찌)
끝(테두리)에 돌아가며 꿰매다, 휘갑을 치다(하다)	**обшивать** (압쉬와찌)
끝(테두리)에 돌아가며 꿰맨 것, 휘감기	**обшивка** (압쉬브까)
끝, 가, 변두리, 모서리, 가장자리	**край** (크라이)
끝, 결말, 종말	**финал** (피날)
끝, 마지막, 막바지	**окончание, конец** (아깐차니예) (까녜쯔)
끝, 모서리, 초리	**кончик** (꼰치크)
끝, 외곽, (도시·읍의) 변두리, 교외, 가장자리,	**окраина** (아크라이나)
끝; 경계, 한계, 국경 (지방); 변경, 변두리	**ограничить[ся]** (아그라니치찌)
끝까지 건설하다, 건설을 완공하다	**достраивать** (다쓰뜨라이와찌)
끝까지 듣다	**выслушать** (븨쓸루샤찌)
끝까지 않은, 미완성, 불완전한	**неоконченный** (네아꼰첸느이)
끝까지 피우다, 다 피워버리다	**докуривать**

	(다꾸리와찌)
끝까지(다) 보다	**досматривать** (다스마뜨리와찌)
끝까지; (다)듣다	**дослушать, дослушивать** (다쓸루샤찌), (도쓸루쉬 와찌)
끝나다, 결말이 나다, 완수하다, 완성하다	**завершаться** (자볘흐샤쨔)
끝나다, 끝마치다, 종말을 고하다.	**окончить[ся]** (아깐치찌)(쨔)
끝(끝장, 결말이)나다, 끝맺다,	**заключаться заканчиваться** (자클류차쨔) (자깐치와쨔)
끝나다, 만기가 되다, 종료[만료]되다,	**истечь, кончаться** (이쓰쪠치), (깐차쨔)
끝나지 않은, 미진된, 완성되지못한	**незаконченный** (녜자꼰쳰느이)
끝내다, 끝마치다, 마감(완료)하다	**кончать, доканчивать** (깐차찌), (다깐치와찌)
끝내다, 마치다, 완성(완료)하다	**закончить(ся) докончить** (자깐치찌) (다꼰치찌)
끝내다, 마치다	**оканчивать[ся]** (아깐치와쨔)
끝내다; 결국에는 ~이 되다	**дожидаться** (다쥐다쨔)
끝마치다, 끝까지 마감 짓다, 마감하다	**довершать** (다볘르샤찌)
끝마치다, 완수(마무리)하다, 마감짓다, 해치우다	**завершать** (자볘르샤찌)
끝머리, 테두리, 가장자리, 변두리, 모서리	**грань ребро** (그라니),(레브로)
끝없는, 가없는, 무한한, 무궁한, 무한정한	**бесконечный** (볘쓰까녜츠느이)
끝없는, 한이 없는, 쉴 새 없는	**нескончаемый** (녜쓰깐차예므이)

끝없이, 한없이, 무한히	**бесконечно** (볘쓰까녜츠나)
끝에 있는, 가장 먼데 있는, 말단	**крайний** (크라이니이)
끝에서부터 두 번째;	**предпоследний** (쁘롇뽀쓸례드느이)
끝에서부터 말아올리다, (잎이) 말려 올라가다	**свернуться** (스볘르누쨔)
끝을 매어서 쓰다, 두르다, 입다;	**повязаться** (빠뱌자쨔)
끝을 밀어[찔러] 넣다, ~을(안전한 곳에) 챙겨넣다	**подогнуть** (빠다그누찌)
끝을 잇다	**стянуть** (스쨔누찌)
끝을 자른; 자른 꼴의, 사절두의;~ конус 원뿔대;	**усечённый** (우쎼촌느이)
끝이 뾰족한, 헬멧 꼭대기가 뾰족한	**шишак** (쉬샥)
끝이 뾰족한, 날카로운	**остроконечный** (아쓰뜨로까녜츠느이)
끝장내다; 그치다, 그만두다;	**покончить** (빠꼰치찌)
끝장을 내다, 결판을 내다, 복수하다	**разделаться** (라스졜라쨔)
끝장을 내다; 죽이다	**прикончить** (쁘리꼰치찌)
끼다, 눌러놓다;	**ущемить** (우쉐미찌)
끼어들다, 가담(가입, 참가)하다	**примазаться** (쁘리마자쨔)
끼어서 붙다; навязло в зубах 싫증났다	**навязнуть** (나뱌즈누찌)
끼얹다, 뿌리다	**обрызгать, обрызгивать**

- 201 -

(아브릐즈가찌) (아브릐즈기와찌)

끼우다, 뚫고(끼워) 들어가다 **втиснуться, прищемить**
(프찌쓰누쟈) (쁘리쉐미찌)

끼움판, 라이나, 붙임판 **гильза**
(길자)

끼워 넣다, 끼우다, 삽입하다, **включить, заправить вставлять**
(프클류치찌) (자쁘라 비찌), (프쓰따블랴찌)

끼워 놓다, 삽입(挿入)하다, 꿰뚫다, 끼우다, 꿰다, 꽂다; **продеть**
(쁘라졔찌)

끼치다, 주다, 안기다; **наносить, доставлять**
(나노씨찌),(다쓰따블랴찌)

낌새가[~한 데가] 있다, ~을 생각[연상]하게 하다 **отдавать**
(아트다와찌)

ㄴ

나 자신 *см. я*	**мне** (므네)
나 자신, 자기(그들, 당신들, 그것들)자신의 *см. себя*	**собою** (싸보유)
나가게 하다, 쫓아 보내다, 쫓아내다	**выпроваживать** (븨쁘라와쥐와찌)
나가는 것, 나오는 것	**выход** (븨홋)
나가다, 외출하다, 떠나다	**выбывать** (븨븨와찌)
나감; 외출(퇴출, 퇴거, 출국)의 ~день 쉬는 날,	**выходной** (븨홋노이)
나그네; 방랑자(放浪者)	**странник** (스뜨란니크)
나누다, 분류(구분)하다; 분배하다	**делить** (젤리찌)
나누어 넣다, 포장하다	**расфасовать** (라쓰파싸와찌)
나누일 수, 피제수	**делимое** (젤리모예)
나누임, 나눔질, 분배	**делёж** (젤료즈)
나누지 않는, 전일적인, 유일적인	**безраздельный** (베즈라즈젤느이)

- 203 -

나눔, 분배; 구분, 분할	**деление** (젤레니예)
나눔수, 제수(除數)	**делитель** (젤리쩰)
나뉘다, 갈라지다, 분할(分割)되다	**разделиться** (라스젤리쨔)
나뉘어 떨어지게 하다. 나누다, 제하다	**разделить** (라스젤리찌)
나뉘지 않는. 나눌 수 없는, 불가분의	**неделимый** (녜젤리믜)
나는 것, 비행, 비상(飛翔), 날기	**полёт** (빨료트)
나는 듯 달려가다, 빨리 지나가다	**пронестись** (쁘라녜쓰찌시)
나는, 비행하는; 비행기의, 항공의	**лётный** (료뜨니이)
나돌아 다니다	**прохаживаться** (쁘라하쥐와쨔)
나라, 국가(國家)	**страна, нация** (스뜨라나) (나찌야)
나란히 (서) 있는, с кем-чем ~와 더불어 ~와 동시에	**наряду** (나랴두)
나란히 놓다, 병렬하다.	**сближать[ся] сопоставлять** (즈블리좌찌) (싸빠쓰따블랴찌)
나란히 서다, 평행하다; 모범을 따르다, 본받다	**равняться** (라브냐쨔)
나란히, 가지런히	**наравне** (나라브녜)
나록(羅祿)의, 정조(正租), 답곡(畓穀)	**злаковый**: (즐라까브이)
나룻배의 사공.	**яличник паромщик** (얄리츠니크) (빠롬쉬크)

- 204 -

나룻배, 연락선, 나루터, 도선장, 진선	**паром** (빠롬)
나르는 사람; 짐꾼, 인부; 상여꾼,	**проводник** (쁘라뷔드닉)
나르는, 운반[운송]하는 ~ые лица 해외 이주민	**перемещённый**: (뻬레메쑈늬이)
나르다, 실어가다, 운반하다, 가지고 가다	**везти завозить** (볘스찌) (자뷔지찌)
나르다, 수송하다 **провозить, перевозить разнести, развести** (쁘라뷔지찌)(뻬레뷔지찌) (라스녜쓰찌) (라스볘쓰찌)	
나른함, 노곳함	**истома** (이쓰또마)
나를, 나에게. *см. я*,	**мной, мною, меня** (므노이), (므노유), (메냐)
나리(꽃), 백합, 참나리; водяная ~ 수련	**лилия** (릴리야)
나머지, 여분, 남는; 남은	**остальной, лишний** (아쓰딸노이),(리쉬니이)
나머지, 여분, 잉여; с ~ком 충분히, 여유 있게	**избыток** (이즈븨또크)
나머지 돈, 잔돈, 거스름돈	**остаток** (아쓰따또크)
나무조각, 나무 부스러기, 톱밥 목제 잡화	**щепа** (쉐빠)
나무, 수목(樹木), 목본(木本)	**дерево** (졔례붜)
나무기둥의 일부(뿌리에서 큰 가지가 갈라지는 곳까지)	**штамб** (쉬땀브)
나무껍질(나뭇가지. 짐승가죽으)로 덮은 임시막사,	**шалаш** (샬라쉬)
나무꾼, 벌목꾼, 제재업자	**дровосек** (드라붜셰크)
나무라다, 욕지거리하다, 꾸지람하다 **выговаривать, корить**	

	(비가와리와찌) (까리찌)
나무랄대(흠잡을 수) 없는	**безупречный, неуязвимый** (볘주쁘례츠느이) (녜우야즈비므이)
나무로 만든, 목재의	**деревянный** (제레뱐느이)
나무를 찍어 통로를 내다	**прорубать** (쁘라루바찌)
나무모목, 묘목(苗木)	**саженец** (싸줴네쯔)
나무 벤 자리, 나무 베기터	**вырубка** (븨로프까)
나무심기, 식목(植木), 식수(植樹),	**древонасаждение** (드레뷔나사즈제니에)
나무심기, 나무재배; лесные ~ 조림, 인공 조성림	**насаждение** (나싸즈제니예)
나무의 줄기, 수간(樹幹)	**магистральный** (마기쓰뜨랄느이)
나무의 진(津), 타르(tar), 수지:	**смола** (스말라)
나무의 벌레 먹은, 구새 먹은 구멍; 구새통	**дупло** (두쁠로)
나무조각, 대패밥; 말라빠진, 깡마른;	**щепка** (쒭쁘까)
나무집을 짓다, 세우다	**рубить** (루비찌)
나무쪽으로 모자이크한 마루. 나무쪽 세공	**паркет** (빠르꼩)
나무초리, 채, 회초리	**прут** (쁘루트)
나무통	**бочка** (보츠까)
나무통, 통, 물통	**кадка** (까드까)

나뭇단, 섶나무, 장작단	**фашина** (파쉬나)
나뭇잎, 나무의 잎	**листва** (리쓰뜨바)
나병, 한센병, 문둥병	**проказа** (쁘라까자)
나부끼다, 펄럭이다	**реять** (레야찌)
나부랭이, 너부렁이, 너절한 것	**ничтожество** (니쉬또쮀쓰뜨붜)
나비너트, 날개나사	**барашек** (바라쉐크)
나비리본, 나비댕기	**бант** (반트)
나비호접(胡蝶), 협접(蝶), 접아(蝶兒)	**бабочка** (바보츠까)
나빠지다, 못쓰게 되다, 상하다	**портиться** (빠르찌쨔)
나쁘게 말하다, 비방하다, 더럽히다	**чернить** (체르니찌)
나쁘게,(사태, 형편이) 나쁘다, 좋지 않다(못하다)	**плохо** (쁠로호)
나쁘지 않은, 괜찮은, 웬만한	**неплохой** (네쁠로호이)
나쁜 길로 이끌다, 유혹하다; 매혹시키다,	**совращать** (쌉라샤찌)
나쁜 날씨, 사나운 날씨, 궂은 날씨	**непогода** (네빠고다)
나쁜 소문을 퍼뜨리다	**славить** (슬라비찌)
나쁜 의미로 소문난, 유명한, 이름난	**заведомый** (자붸도므이)
나쁜 짓·죄를 범(행)하다, (죄·과실을)범하다,	**совершать**

	(싸볘르샤찌)
나쁜, 너절한; 쓸모 없는, 가치 없는, 하잘것 없는	**дрянной** (드랸노이)
나쁜, 사악한, 흉악한, 서투른, 잘 하지 못하는	**дурно** (두르나)
나쁜, 악질의, 썩은, 부패한 ~ое место 황폐한 곳	**гиблый** (깁르이)
나쁜, 악한, 고약한, 미운	**дурной** (두르노이)
나쁜, 저급한, 천한;	**негодный** (녜곧느이)
나쁜, 좋지 않은	**плохой** (쁠로호이)
나사, 나사못	**винт** (뷘트)
나사돌리개, 드라이버	**отвёртка** (아트뵤르뜨까)
나사로 죄다(조절하다.고정시키다)	**закрутить, закручивать** (자크루찌찌), (자끄루치와찌)
나사로 조절하다(조이다) 나사를 틀어박다	**привинтить** (쁘리빈찌찌),
나사를 느슨하게 하여 벗기다(돌려서 빼다)	**развинчивать** (라스빈치와찌)
나사를 틀어넣다, 틀어 맞추다	**завинтить** (자빈찌찌)
나사못, 너트 나사 볼트	**. шуруп** (슈룹)
나사못을 뽑고 분해하다	**развинтить** (라스빈찌찌)
나사의, 나선형의	**суконный, винтовой** (수꼰느이), (뷘따보이)
나서다, 앞으로 나가다	**выступать, выступить** (브쓰뚜빠찌), (브쓰뚜 삐찌)

나선상으로 나가다, 감기어 붙다, 휘감기다	**обмотать** (압모따찌)
나선상으로 감기어 붙다, 굽이치다,	**обвернуть, обвёртывать** (압붸르누찌), (옵뵬뜨와찌)
나선식 강하 회전 급강하	**штопор** (쉬또뽈)
나선으로 회전급강하하다, 회전급강하다	**штопорить** (쉬또뽀리찌)
나아가게 하다, 앞으로 내보내다	**выдвинуть(ся), проводить** (븨드뷔누찌)(쁘라붜지찌)
나아가다, 진행하다, 가다	**запивать** (자삐와찌)
나아가서는, 그 다음에	**далее** (달레에)
나아지다, 완치되다, 완쾌하다	**исцелиться** (이쓰쩰리쨔)
나약한, 겁많은, 무기력한; 주눅 들린. 소심한	**малодушный** (말라두쉬느이)
나오다, 나가다, 떠나다, 외출	**выходить** (븨호디찌)
나오다, 빠져 나오다, 벗어나다	**выбираться** (븨비라쨔)
나오다, 흐르다	**идти, пойти, следовать** (잇찌)(빠이찌)(슬레도와찌)
나의 가족들 мой(домашние) 친척들, 가족들	**мой** (모이)
나의 것; моя книга 나의 책; моё зеркало 나의 거울;	**мой, моё** (모이)(마요)
나의, 자기의, 자체의, 당신(들)의, 너(희들)의. 그의,	**свой** (스보이)
나이 먹어 늙은, ~ возраст 고령	**преклонный** (쁘레클론느이)
나이 어린애 어린이, 아이	**маленький**

	(말렌끼이)
나이 어린 것, 어린 소년 젊은 소녀	**малолетний** (말랄레뜨니이)
나이 지긋한	**степенный** (스쩨뺀느이)
나이(연령), ~살, ~세	**лета** (레따)
나이순서, 연장 순서; по ~у 연장 순으로	**старшинство** (스따르쉰쓰뜨보)
나이가 더 위인; 더 오랜	**старше** (스따르쉐)
나이가 많은, 손위의; (직위, 칭호 등에서) 상급의;	**старший** (스따르쉬이)
나이가 보다 어린, 손아래	**младший** (믈랄쉬이)
나이가 지나다, 나이를 먹다	**перерастать** (뻬레라쓰따찌)
나이가 되다;	**стукнуть** (스뚜크누찌)
나이프, 찬칼; 식칼, 칼, 칼날	**ножик** (노쥐크)
나직이, 나지막하게, 낮게; 낮다	**низко** (니즈꼬)
나치즘, 독일파시즘	**нацизм** (나찌즘)
나침반, 지남침, 나침의(羅針儀), 콤파스(compass)	**компас** (꼼빠쓰)
나타나다,(물속·어둠속에서) 나오다, 출현하다	**нарождаться** (나로즈다쨔)
나타나다, 나지다, ~에 빠지다, 있게 되다,	**оказываться** (아까지와쨔)
나타(드러)나다, 발로되다, 밝혀지다	**всплывать, выявляться** (프쓰쁠릐와찌) (븨야블랴쨔)

- 210 -

나타나게 되다, 반영(표현)되다	**отражаться** (앗라좌쨔)
나타나다, 발견되다, 모습을 나타내다, (불쑥)오다	**найтись** (나이찌시)
나타나다, 눈에 뜨이다, 보게 되다, 보이게 되다	**кажется** (까줴뜨쌰)
나타내는 것, 출현, 표현, 표시	**появление** (빠야블레니예)
나타내다, 드러(밝혀.찾아)내다	**выявлять, проявить** (븨야블랴찌) (쁘라야비찌)
나태, 이완(弛緩), 무력; по ~и 습관적으로,	**инерция** (이네르찌야)
나트륨(natrium), 화학나트륨(기호Na; 번호 11).	**натрий** (나뜨리이)
나팔(喇叭), 나발, 트럼펫,	**труба** (뜨루바)
나팔수	**трубач** (뜨루바츠)
나팔을 불다	**трубить** (뜨루비찌)
나풀나풀 날아다니다	**порхать** (빠르하찌)
나프탈렌(naphthalene)	**нафталин** (나프딸린)
나훔서(Книга Пророка Наумы 3장)	**Наумы** (나움)
낙관주의, 낙천성	**оптимизм** (압찌미즘)
낙농장, 낙농실; 낙농업. 우유 판매점	**маслобойня** (마쓸라보이냐)
낙숫물, 낙수(落水)	**капель** (까뼬리)

낙심(落心), 번민(煩悶), 불쾌(不快)	**расстройство** (라쓰뜨로이쓰뜨붜)
낙심하다 침울해하다	**унывать** (우늬와찌)
낙엽성의 ~листый 활엽수 잎이 무성한,	**широколист-венный** (쉬로깔리쓰뜨붼느이)
낙원, 천국, 파라다이스(paradise), 하늘나라, 하늘,	**рай** (라이)
낙인을 찍다, ~에 소인을 찍다;	**заклеймить** (자클레이미찌)
낙지, 오징어	**кальмар** (깔마르)
낙천적인, 낙관주의적인	**оптимистический** (압찌미쓰찌체쓰끼이)
낙하, 떨어짐, 하강(下降); 추락(墜落)	**падение** (빠제니예)
낙하산; 파라슈트	**парашют** (빠라슈트)
낙하산으로 뛰어내리다.	**вскочить** (프쓰까치찌)
낙후생, 낙오자	**отстающий** (앗쓰따유쉬이)
낚다, 낚시질하다, 고기를 낚다, 고기잡이하다	**удить** (우지찌)
낚시 바늘 рыболовный ~ 낚시; ~для вязания 코바늘	**крючок** (크류촉)
낚시 줄	**леса** (레싸)
낚시대, 장대, (가늘고 긴) 막대;ловить на ~y 낚시질하다	**удочка** (우다츠까)
낚시밥, 미끼	**насадка** (나싸드까)

낚시찌, 띄움표	**поплавок** (빠쁠라보크)
난(卵), 난자(卵子), 난 세포.	**яйцеклетка** (야이쩨클레뜨까)
난(蘭), 난초(蘭草), 국향(國香).	**ятрышник** (야뜨릐쉬니크)
난간(欄干), 난함, 험함	**перила** (뻬릴라)
난간(欄干·欄杆), 발코니(balcony)	**балкон** (발꼰)
난간, 손잡이	**поручни** (쁘루츠니)
난관(卵管)	**яйцевод** (야이쩨볻)
난기생충	**яйцеед** (야이쩨에드)
난로 등을 피우는 것	**топка** (또쁘까)
난로, 아궁이; 자기가정, 자택; 발원지, 근원지,	**очаг** (아차그)
난방, 난방장치	**отопление** (아따쁠레니예)
난생(卵生)	**яйцерождение** (야이쩨로즈제니에)
난소(卵巢), 씨방, 계란장수	**яичница, яичник** (야이츠니짜)(야이츠니크)
난시(亂視)(의학), 어릿보기	**астигматизм** (아쓰직마찌즘)
난외주석(駐錫)	**сноска** (스노쓰까)
난잡, 난국, 혼란, 혼잡, 무질서	**неразбериха** (네라즈베리하)
난장이, 딸보, 땅딸보, 작다리	**пигмей**

	(삐그메이)
난쟁이 같은, 매우 작은;	**карликовый** (까를리꼬브이)
난쟁이, 꼬마둥이, 피그미	**карлик, лилипут** (까를리크)(릴리뿌트)
난처하다, 거북하다	**неловко** (녤로브꼬)
난처한 지경에 빠질 것이다,	**поздороваться** (빠즈도로비쨔)
난처한 처지, 곤경	**неудобство** (네우도브스뜨뷔)
난초(蘭草: orchid), 난(蘭); 국향(國香)	**орхидея** (아르히데야)
난태생의	**яйцеживорождение** (야이쩨쥐붜로즈제니에)
난폭하게 행동하다, 횡포를 부리다, 갈구다	**буйствовать** (부이쓰뜨 붜와찌)
난폭한, 미친듯한, 사나운, 맹렬한	**бешеный** (볘쉐느이)
낟가리, 더미, 노적가리: ~[a] рица (벼 낟가리)	**скидр** (스끼드르)
낟알(곡물, 곡류, 알곡)을 조달하다	**хлебозаготовки** (흘레보자고또브이)
낟알,(각종의) 곡물, 봄의 밀, 호밀, 소맥, 라이보리,	**жито** (쥐또)
낟알, 씨앗, 종자	**зерно** (제르노)
낟알떨기, 마당질, 탈곡	**обмолот** (압몰로트)
낟알의, 곡물, 곡류의 к жито 곡물의 라이보리의	**житный** (쥐뜨느이)
날,(안전)면도날	**лезвие** (레즈비에)

- 214 -

날, 날자; сегодня какое ~о? 오늘은 며칠입니까?	**число** (치쓸로)
날개, (비행기·풍차의) 날개; 살깃	**крыло** (크릴로)
날개·지느러미 또는 이에 상당하는 기관(器官);	**перо** (뻬로)
날개를 치다, 홰를치다 (крыльями)	**ширять** (쉬래찌)
날기, 비상(飛翔), 비행	**взлёт** (프즐료트)
날다, 날아가다(오다);	**летать, лететь** (레따찌),(레쩨찌)
날뛰다, 떠들썩하게 설치다	**беситься** (볘씨짜)
날래지 못한, 굼뜬, 느릿느릿한	**нерасторопный** (네라쓰또로쁘느이)
날랜, 날쌘, 민첩한, 기민한 약삭빠른	**прыткий, подвижный** (쁘릭뜨끼-)(빤비즈늬이)
날렵한, 활발한, 재빠른, 예민한. 빈틈이 없는.	**шустрик** (슈쓰뜨릭)
날마다, 매일, 일상적으로	**повседневно** (빠브쎄드네브나)
날면서, 날아가면서	**лёт** (료트)
날실, 사슬모양으로 뜨기	**тамбур** (땀부르)
날실에 아교풀을 바르는 작업장	**шлихтовалка** (쉴리흐또왈까)
날쌘, 잽싼, 날랜	**быстрый** (븨쓰뜨르이)
날씨(마음)이 찌무룩함, 숨이 막히는 듯한 더위	**духота** (두호따)

날씨, 일기, 천기, 기후, 기상	**погода** (빠고다)
날씨가 개다	**разгуляться** (라스굴랴쨔)
날씨가 거칠어지다	**штормить** (쉬똘미찌)
날씨가 좋은, 맑은; ~ день 좋은(맑은)날씨	**погожий** (빠고지이)
날씨가 추워진다(춥다)	**морозить** (마로지찌)
날씨가 흐려지다	**нахмуриться** (나흐무리쨔)
날씨의, 기후; ~ ая карта 기후도	**климатический** (클리마찌체쓰끼이)
날씬한, 균형이 잡힌	**строительный** (스뜨로이쩰느이)
날아(모여)들다	**слететься** (슬레쩨짜)
날아 내리다; 벗겨져 떨어지다	**слететь** (슬레쩨찌)
날아 옮아가는 것; 날아 넘는 것 (항공) 먼 거리 비행,	**перелёт** (뻬렐료트)
날아 헤쳐지다, 날아 흩어지다	**разлетаться** (라슬레따쨔)
날아가다, 날아오르다, 이륙하다	**взлетать, полететь, вылетать** (프즐레따찌), (빨레쩨찌) (빌레따찌),
날아가다, 출발하다	**отлетать, отлететь, слететь** (알틀레따찌), (오틀레쩨찌) (슬레쩨찌)
날아들다(오다),	**залетать, залететь** (잘레따찌) (자레쩨찌)
날아오다, ~까지 날아오다(가다)	**долетать** (돌레따찌)
날아오름; (항공기의) 이륙 날기, 비상(飛翔); 비행	**звено**

	(즈베노)
날아올라가는 것, 상승, 낮은 데서 위로 올라감	**взлёт** (프즐료트)
날이 망가진 것, 꺼칠꺼칠한, 위궤양, 동물의 굴	**язвина** (야즈비나)
날이 밝다, 동이 트다	**рассветать** (라쓰베따찌)
날이 어두워지다(저물다)	**темнеть** (쩸네찌)
날이 저물다, 저녁이 되다, 어슬어슬해지다	**вечереть** (붸체레찌)
날인, 압인, 각인; (눌러서 생긴) 자국, 흔적.	**оттиск** (올띠쓰크)
날인하다, ~에 도장을 찍다; ~에 —을 누르다	**выколачивать** (븨깔라치와찌)
날짜(장소)를 지정(예정, 예상)하다	**намечать** (나몌차찌)
날조, 허위	**измышление** (이즈믜쉴레니예)
날조(조작)하다, 음모를 꾸미다	**состряпать, сфабриковать** (싸쓰뜨랴빠찌), (스파브리까와찌)
날짜를 쓰다(적다), ~에 표기하다	**датировать, пометить** (다찌라와찌) (빠몌찌찌)
날카로운, 날이 있는. 통렬한, 가시돋친, 신랄한.	**режущий** (레쥬쉬이)
날카로운, 쏘아보는; 세찬;	**резкий, пронзительный** (레스끼이) (쁘라느지쩰늬이)
날카롭게 비판하다, 혹평하다	**раскритиковать** (라스크리찌꼬와찌)
날카롭게(뾰족하게) 하다, 깎다, 갈다	**вытачивать, зачинить** (븨따치와찌), (자치니찌)
날카롭게(뾰족하게) 깎다(갈다.하다)	**заточить, оттачивать** (자또치찌) (앗따치와찌)

- 217 -

날카롭지 못한, 약한	**беззубый** (베주브이)
낡다	**стареть** (스따레찌)
낡아빠진 것, 아주 낡은	**ветхость** (볠호쓰찌)
낡아빠진; 쓸모없이(못쓰게) 된	**устарелый** (우쓰따렐르이)
낡아서 떨어지다, 찢어지다	**расползаться** (라쓰빨자쨔)
낡아지다, 현대에 맞지 않게 되다	**устареть** (우쓰따레찌)
낡은 것	**старение** (스따레니예)
낡은 방식대로 по ~e 옛날식으로	**старинка** (스따린까)
낡은 풍습, 케케묵은 틀, 침체, 보수	**рутина** (루찌나)
낡은(헌)물품, 고물, 헌 옷 가지	**старьё** (스따리요)
낡은, 헌, 못쓰게 된; 묵은	**старый** (스따릐이)
남감저(南甘藷), 저우(藷芋), 단감자	**батат** (바따트)
남극(지방)	**Антарктика** (안따르크찌까)
남기다, 남겨놓다, 남겨두다; 두다	**оставить, оставлять** (아쓰따비찌), (아쓰따블 랴찌)
남김없이, 깡그리, 몽땅	**дочиста** (도치쓰따)
남다, 남아있다; 없어지지 않고 있다, 살아남다	**себе, остаться** (쎄베),(아쓰따쨔)

남몰래 던지다(놓다)	**подбрасывать** (빠브라스와찌)
남몰래, 비밀리에	**тайно** (따이나)
남새, 야채, 채소, 푸성귀	**овощи** (오뷔쉬)
남새밭, 텃밭, 채소밭	**огород** (아가로드)
남성고음, 테너(tenor), 차중음(次中音), 하고음(下高音)	**тенор** (쩨나르)
남성저음 가수	**бас** (바쓰)
남아있게 하다	**удержать** (우제르좌찌)
남아있다	**удержаться** (우제르좌짜)
남용, 악용;	**злоупотребление** (즐로우뽀뜨레블레니에)
남용하다, 악용하다	**злоупотреблять** (즐로우뽀뜨레블랴찌)
남용(오용. 악용. 학대. 혹사)하다	**злоупотребить** (즐로우뽀뜨레비찌)
남은 돈(액), 차액(借額), 잔고(殘高)	**сальдо** (쌀도)
남을 어려워 하다	**чужой** (추조이)
남을 희생시켜 이득을 보다	**поживиться** (빠쥐비짜)
남의 생각, 말 등을 이용하다, 가져다 쓰다	**подхватить** (빧흐와찌찌)
남의 재난을 기뻐하는, 고소해하는, 심술궂은	**злорадный** (즐로라드느이)
남의, 타인의	**чужой**

	(추조이)
남자 같은, 사나이 같은; 사내 같은	**мужской** (무스꼬이)
남자 측에서 청혼하다, 구혼하다	**свататься** (스와따쨔)
남자(男子), 사나이, 사내, 남아	**мужчина** (무치나)
남자에 대하여; 미혼의, 장가들지 않은	**холостой** (할로쓰또이)
남자용 목도리(neckcloth); 삼각건(巾)(붕대용)	**галстук** (갈쓰뚝)
남주석(濫株石)	**евклаз** (예브클라즈)
남편 ~и 부부	**супруг** (수쁘루그)
남편(男便), 지아비, 남정네	**муж** (무스)
남편(혹은 아내)의 형제의 아내	**ятровь** (야뜨로비)
남포등, 등잔	**светильник** (스뷔쬘니크)
납땜(질); 납땜한 곳	**спайка** (스빠이까)
납땜(질)하다, 납으로 때다	**паять** (빠야찌)
납땜, 납접; 땜(한)자리	**пайка, паяние** (빠이까) (빠야니예)
납땜질하여 붙이다	**спаять** (스빠야찌)
납부금(納付金), 납입금, 납부(納付), 납입(納入)	**взнос** (쓰노쓰)
납세자, 세금납부자	**налогоплательщик** (날로곱라쩰쉬크)

납으로 때우다; 수선하다; 납땜하다(으로 붙이다)	**запаять** (자빠야찌)
납입, 납부	**внесение** (브네쎼니에)
납작하게 된	**сплющенный** (스쁠류쉔느이)
납작한 못, 압정(양탄자 고정시키는)	**шпилька** (쉬삘까)
납치, 절도, 탈취(奪取)	**похищение** (빠히쉐니예)
낫: ~ и молот 낫과 망치	**серп** (쎼르쁘)
낫다, 아물다	**заживать** (자쥐와찌)
낭독, 낭송: ~e стихов 시낭송	**чтение, декламация** (츠쩨니에) (제클라 마찌야)
낭독자(朗讀者)	**чтец** (츠쩨쯔)
낭독하다, 낭송하다, 소리내어 읽다	**декламировать, читать** (제클라미로와찌) (치따찌)
낭떠러지, 절벽, 벼랑	**обрыв** (아브리프)
낭랑한, 울려 퍼지는; 당당한, 흥감부리는 말	**заливной** (잘리브노이)
낭만적인, 감상적인, 로맨틱한	**романтичный** (라만찌츠느이)
낭만주의, 감상주의	**романтический, романтизм** (라만찌즘) (라만찌체쓰끼이)
낭배(囊胚)의 외피(外皮), 외배엽(外胚葉)	**эпибласт** (에삐블라쓰트)
낭비(浪費), 허비	**распыление** (라쓰쁠레니예)

낭비(허비, 탕진)하다	**промотать, Разбазаривать** (쁘라마따찌) (라스바 자리와찌)
낭비, 탕진(蕩盡) 허비, 사치	**мотовство, расточительность** (마돕쓰뜨보)(라스따치쩰노쓰지)
낭비하다, 헛되게 쓰다	**растрата** (라쓰뜨라따)
낭비자(浪費者), 탕진하는 사람	**расточитель** (라쓰따치쩰)
낭비(허비, 탕진)하다, 헛되이(막써) 버리다,	**мотать, губить** (마따찌)(구비찌)
낮, 주간; 해가 떠 있는 동안, 일광	**день** (젠-)
낮아지다, 내려가다, 저하되다	**понизиться** (빠니지쨔)
낮에	**днём** (드뇸)
낮은 땅	**низменность** (니즈멘노쓰찌)
낮은 땅, 요지, 상사목	**лощина** (라쉬나)
낮은 목소리로(말소리로), 수군수군, 소곤소곤,	**вполголоса** (프빨갈로싸)
낮은 찬장,(식당 벽면의) 식기 살강[찬장]	**сервант** (쎄르완트)
낮은, 작은; 천한, 비열한	**низкий** (니즈끼이)
낮의	**дневной** (녜브노이)
낮추어 땅위를 휩쓰는 눈보라	**позёмка** (빠좀까)
낮추다, 낮게 만들다	**занижать, занизить** (자니좌찌),(자니지찌)

낮추보다, 저하시키다, 과소평가하다 ; **принижать, принизить**
(쁘리니좌찌) (쁘리니쥐찌)

낯선 길을 더듬거리며 찾아가다, 몰래가다, **пробираться**
(쁘라비라짜)

낯선사람, 초면객 **незнакомый, незнакомец**
(녜즈나꼬믜) (녜즈나꼬미쨔)

낯을 익히다, 사귀다, ~와, ~를(서로) 알게 되다, **знакомиться**
(즈나꼬미쨔)

낯이 파리해지다, 여위다 **осунуться**
(아쑤누쨔)

낱알 터는 기계, 탈곡기(脫穀機) **молотилка**
(말라찔까)

낳다, (아이를) 보다, ~을 낳다 **породить, порождать**
(빠로디찌), (빠로지 와찌)

내, 냄새, 향기, 향수; издавать ~ 냄새를 피우다 **запах**
(자빠흐)

내, 시내, 개울 **речка**
(례츠까)

내가다, 가져가다, 들어내다 **выносить**
(븨노씨찌)

내각, (대통령의) 고문단 ~ министров 내각 **кабинет**
(까비녜트)

내각, (정부의) 부(部), 성(省) **министерство**
(미니쓰쩰쓰뜨붜)

내각수상, 총리(總理); 수상(首相), 국무총리 **премьер-министр**
(쁘레프엘-미니쓰뜰)

내과(학)의 **терапевтический**
(쩨라뻬브찌체쓰끼이)

내기, 건 돈[물건]. 내기의 대상(사람·물건·시합 등) **пари**
(빠리)

내놓다, 꺼내놓다 **выкладывать**
(븨클라듸와찌)

내놓다, 서술하다, 제출하다 **преподнести, представить**

	(쁘레쁘드네쓰찌)(쁘롄쓰따비찌)
내놓지 않다	**таиться** (따이쨔)
내다, 내뿜다, 발산하다; ~ запах 냄새를 뿜다	**испускать** (이쓰뿌쓰까찌)
내다버리다, 되던지다; 반사하다	**откидывать** (아트끼지와찌)
내다보다	**выглядывать, выглянуть, высовываться** (븨글랴듸와찌), (븨그랴누찌) (븨쏘븨와쨔)
내닫다, 내달리다, 내달아 나오다 뛰어나가다(나오다)	**выбегать разлетаться** (븨베가찌) (라슬레따쨔)
내닫던 기운, 속력, 가속	**разгон** (라스곤)
내달리다, (말이) 뛰어가다, 달리다	**поскакать** (빠쓰각까찌)
내달리다, 질주하다	**летать, лететь** (레따찌), (레쩨찌)
내던지다, 내버리다, 집어던지다	**выбрасывать** (븨브라씌와찌)
내던지다, 내치다, 내뜨리다	**вышвыривать** (븨쉬븨리와찌)
내독소, 체내독	**эндотоксин** (엔다똑씬)
내뛰다, 뛰어나오다, 뛰어나가다, 뛰어내리다	**выскакивать** (븨쓰까끼와찌)
내란(內亂), 내전, 중란	**междоусобица** (메즈다우싸비짜)
내려가는, 내리받이의; 아래쪽으로의	**вниз подавленный** (브니즈), (빠다블롄늬이)
내려가다, 낮아지다; 하향(하락)하다; 줄다; 싸지다,	**понурить**: (빠누리찌)
내려 던지다, 투하하다	**сбрасывать, скидывать, скинуть** (즈브라씌와찌), (스끼듸 와찌),(스끼누찌)

내려뜨리다, 넘어뜨리다, 투하하다	**низвергать** (니즈벨가찌)
내려앉기, 침하, 침강	**оседание** (아쎄다니예)
내려앉다, 착륙하다	**садиться, сесть** (싸지짜) (쎄쓰찌)
내리기, (비행기의) 착륙, 도착	**приземление** (쁘리제믈레니예)
내리누르다, 밀다, 압박하다; 몸을 기대다.	**пожать** (빠좌찌)
내리누르다, 짓누르다	**придавить** (쁘리다비찌)
내리는 것, 내리우는 것, 내려놓는 것	**спуск** (스뿌쓰크)
내리다, 낮아지다, 낮추다, 줄다	**снижаться, сводить** (스니좌짜), (스붜지찌)
내리다, 내려가다, 하강하다,	**спускаться, сходить** (스뿌쓰까짜), (스호지찌)
내리다, 착륙하다	**снижаться** (스니좌짜)
내리다, 하차하다	**выйти** (븨이찌)
내리막(길), 구배, 방아쇠	**спуск** (스뿌쓰크)
내리우는 것, 내리는 것, 상륙, 착륙(着陸)	**высадка** (븨싸드까)
내리우다, 내려 보내다; ~ плот 때를 띄우다	**спускать** (스뿌쓰까찌)
내림표('♭'), 플랫(flat)	**бемоль** (베몰)
내막을 폭로하는 것, (특히 범죄의) 밀고자, 고발인	**шептун** (쉐쁘뚠)

내맡기는 것, 양도	**передача** (뻬레다차)
내맡기다, ~에 바치다, (전적으로) 쏟다[돌리다],	**посвятить** (빠스뱌찌찌)
내밀다, 밀어내다, 밀치다, 밀쳐서 내쫓다	**выталкивать** (븨딸끼와찌)
내밀히 관여[관지]하는	**причастный** (쁘리찻쓰뜨느이)
내발진(內發疹), 점막진(粘膜)	**энантема** (에난쩨마)
내배엽(內胚葉); 내피(內皮), 내세포층	**эндодерма**(-дэ-) (엔다델마)
내배유(內胚乳), 내유(內乳)	**эндосперм** (엔다쓰뻬름)
내뱉다, 내뱉듯이 말하다, 뱉다, 토해내다	**выплюнуть** (븨쁠류누찌)
내버려 둔, 던져둔, 방임된;	**заброшенный** (자브로쉔느이)
내버려두다, 버리다	**оставить, оставлять** (아쓰따비찌), (아쓰따블랴찌)
내변(內變)	**эндоморфизм** (엔다마르피즘)
내보내다, 나가게 하다; 놓아주다, 놓아 보내다;	**отпускать** (앗뿌쓰까찌)
내부성장의, 내생의; ~ное питание 자가영양	**эндогенный** (엔다겐느이)
내부의; 국내의 ~ая война 국내전쟁, 내란(內亂)	**междоусобный** (메즈다우싸브느이)
내분비의: ~ые железы 내분비선내분비관	**эндокринный** (엔다크린느이)
내분비학	**эндокринология** (엔다크리놀로기야)
내분비학자, 내분비전문의사	**эндокринолог**

	(엔다크리놀로그)
내비치다	**сквозить** (스크붜지찌)
내뿌리다, 쏟뜨리다	**выплёскивать** (븨쁠료쓰끼와찌)
내뿜다, 분출하다	**извергать** (이즈볘르가찌)
내생적인	**эндотрофный** (엔다뜨로프느이)
내생포자(內生胞子)	**эндоспора** (엔다쓰뽀라)
내쉬는 숨, 날숨, 숨을 내쉬는 것	**выдох** (븨도흐)
내심의, 마음속에 품은; ~ое желание 숙망	**затаённый** (자따욘느이)
내연기관선, 발동선(發動船)	**теплоход** (쩨쁠로호드)
내연기관의 점화기, 전자의 점호(點弧)	**зажигание** (자쥐가니예)
내연기관차, 디젤 기관차	**тепловоз** (쩨쁠로보즈)
내열성의(耐熱性)	**жаропрочный** (좌로빠로츠느이)
내열이(耐熱-),	**жароупорный** (좌로우뽀르느이)
내용 깊은, 내용이 풍부한	**содержательный** (싸제르좌쩰느이)
내용이 빈약한, 속이 빈약한	**малосодержательный** (말라싸제르좌쩰느이)
내용이 약한, 실속 없는, 공허한	**бессодержательный** (베쏘제르좌쩰느이)
내일, 명일(明日), (가까운) 장래(미래, 앞날), 명천	**завтра** (자브뜨라)

내장, 내부, 안의, 안쪽의, 내부의, 속의	**нутро** (누뜨로)
내장, 장기, 몸안	**внутренность** (브누뜨렌노쓰찌)
내접시키다 ~ угол (수학) 원둘레각, 원주각	**вписанный** (프삐싼느이)
내젓다	**трясти** (뜨랴쓰찌)
내종피(內種皮)	**эндотелий**(-тэ-) (엔다쩰리이)
내주는 것, 제공, 제출, (체육) 처넣기	**подача** (빠다차)
내주다, 주다, 건네주다, 내어주다, 넘겨주다,	**выдавать** (븨다와찌)
내질(內質), 내부 원형질	**эндоплазма** (엔다쁠라즈마)
내쫓다, 내몰다, 몰아내다, 추방(축출)하다	**изгонять, прогонять** (이즈가냐찌) (쁘라고냐찌)
내포(內包), 내장(內裝)	**потроха** (빠뜨로하)
내포광물	**эндоморф** (엔다모르프)
내한성이 있는(강한), 추위를 잘 이겨는	**морозостойкий** (마로조쓰또이끼이),
내화 금고	**сейф** (쎄이프)
내화, 내화성	**огнеупорный** (아그네우뽀르느이)
냄비, 쟁개비; алюминиевая ~ 알루미늄냄비	**кастрюля** (까쓰뜨류랴)
냄새 좋은	**ароматичный, ароматный** (아라마찌치느이) (아라맛트느이)
냄새(맡다)	**нюхать**

	(뉴하찌)
냄새, 썩은 냄새	**душок** (두쇼크)
냄새가 구수한	**аппетитный** (아뻬찔느이)
냄새가 빠지다, 맛이 없어지다	**выдыхаться** (븨듸하쨔)
냄새가 역한, 악취가 풍기는, 구린내가 나는	**вонючий** (반유치이)
냄새를 맡다 *см.* чуять	**почуять, обонять, понюхать** (빠추야찌) (아바냐찌) (빠뉴하찌)
냉각기, 냉각장치; вагон- ~ 냉동차	**холодильник** (할라질니크)
냉담성, 무관심성	**холодность** (홀로드노쓰찌)
냉담한, 매몰스러운, 무정한, 무관심한	**сухой, чёрствый** (수호이), (쵸르 쓰뜨브이)
냉담해지다, 엇갈리다, 흥미가 없어지다,	**охладе-вать** (아흘라제와찌)
냉동기, 냉동장치, 냉각기	**рефрижератор, холодильник** (레프리줴라또르)(할라질니크)
냉동의 냉동으로	**рефрижераторный** (레프리줴라또르느이)
냉동차, 냉동선, 냉동화차	**рефрижератор** (레프리줴라또르)
냉동한, 언; ~ая рыба 냉동물고기	**мороженый** (마로줴느이)
냉장고, 냉동고; вагон- ~ 냉동차	**ледник** (레드니크)
냉정(冷情), 냉담, 냉엄, 냉심	**бездушие** (베즈두쉬예)
냉정하게, 쌀쌀하게	**холодно** (홀로드나)

- 229 -

| 냉정한, 냉담한, 쌀쌀한 | **холодный** (할로드느이) |

| 냉정한, 무정한, 얼음처럼 차가운; 냉랭한; | **ледяной** (레쟈노이) |

| 냉혹한 냉정한 | **бездушный** (베즈두쉬느이) |

너, 자네, 그대, 당신. **ты** (띄)
тебя(생,대), тебе(여), тобой, тобою(조),тебе (전)

| 너구리, 완웅, 개곰; 너구리의 모피로 만든(옷) 목도리 | **енот** (예노트) |

| 너그러운, 관대한, 마음이 큰 | **великодушный** (벨리까두쉬느이) |

| 너그러운, 선량한, 마음이 착한 | **добродушный** (다브로두쉬느이) |

| 너덜너덜해지다, 못쓰게 되다 | **растрепаться** (라쓰뜨레빠쨔) |

| 너무 (많이 덮게) 입히다 | **кутать** (꾸따찌) |

| 너무(지나치게) 애쓰다, 공연히 노력하다 | **перестараться** (뻬레쓰따라짜) |

| 너무 뜨겁게 하다, 과열시키다(하다) | **перегреть, перегреться** (뻬레그레찌) (뻬레그레쨔) |

| 너무 많이 넣다 | **пересыпать перекладывать** (뻬레쓰빠찌),(뻬레클라듸와찌) |

| 너무 많이 먹다 과식하다; 지내먹다, 처먹다 | **объедаться** (압비다쨔) |

| 너무 많이 물다, 비싸게 물다; 돈을 허비하다 | **переплатить** (뻬레쁠라찌찌) |

| 너무 비싼 값 | **дороговизна** (다라고비즈나) |

| 너무 오래 두어(놓아)두는 것 | **передержка** (뻬레제르즈까) |

너무 오래 머무르게 하다	**передержать** (뻬레제르자찌)
너무 오래 자다.	**просыпать** (쁘라쓰샤찌)
너무 익게 되다, 무르익게 되다, 쇠퇴하게 되다	**перезревать** (뻬레즈레와찌)
너무 익다; 원숙하다, 곪다	**перезревать** (뻬레즈레와찌)
너무 조급한	**скоропалительный** (스까로빨리쩰느이)
너무 지나치게 높이다	**завышать** (자븨샤찌)
너무 차지다; 지나치게 냉각되다(식다)	**переохлаждаться** (뻬레아흘라즈다짜)
너무 켕기다, 지나치게 긴장시키다(쓰다)	**надорвать(ся)** (나돌와찌)
너무(바싹) 마르다; в горле ~ло 나는 목이 말랐다	**пересохнуть** (뻬레싸흐누찌)
너무(지나치게) 달구다; 너무 달구어 못쓰게 하다	**перекаливать** (뻬레깔리와찌)
너무(지나치게) 데워지다, 지내 덥혀지다	**перегреваться** (뻬레그레와짜)
너무(지나치게) 삶아지다	**перевариваться** (뻬레와리와짜)
너울 1) (*ткань*) 베일, 면사포, 2) 아지랑이, 안개, 이내	**вуаль** (붸알)
너울거리는 불길, 흔들거리는 빛.	**факельный** (파꼘느이)
너의 것:	**твоё** (뜨봐요)
너의 의견대로, 너 하고 싶은 대로	**по-твоему** (빠-뜨보예무)
너의, 당신의, 자네의, 그대의;	**твой**

	(뜨보이)
너저분한 것, 소홀한 것	**неряшливость** (네랴쉴리뷔쓰찌)
너절한, 고약한, 더러운, 비도덕적인	**плохой** (쁠로호이)
너절해지다, 더러워지다	**паршиветь** (빠르쉬붸찌)
너희들의 것, 당신들의 것	**ваше** (와쉐)
넋[정신]을 빼앗는, 황홀케 하는, 매혹적인,	**упоительный** (우빠이젤느이)
넌더리, 혐기, 혐오(嫌惡)	**отвращение** (아트브라쉐니예)
넌더리가 나다, 역증나다, 싫어지다	**опротиветь** (아쁘로찌붸찌)
널, 판넬, 판자,(실내의) 징두리 널, 징두리 벽판	**панель** (빠넬)
널걸음길	**мостки** (마쓰뜨끼)
널다, 물어뜯다, 갉먹다	**грызть** (그릐즈찌)
널다리; 두꺼운 판자의 통로	**мостки** (마쓰뜨끼)
널려져있다, 흩어져있다, 산재하다	**раскинуться** (라쓰끼누쨔)
널리 보급되어 있는, 보급된; 만연(蔓延)된.	**ходовой** (하도보이)
널리 펴다, 선전 [보급]하다.	**проходить** (쁘라호지찌)
널리; 광범위하게 раскрыть ~ 활짝 열다	**настежь** (나쓰쩨쥐)
널마루, 대, 무대, 단	**подмостки** (빠드못뜨끼)

널의, 판자로 만든	**дощатый** (다쌰뜨이)
널찍한, 헐렁헐렁한	**свободный** (스버보드느이)
널판(지), (널)판대기, 판(板);	**доска** (다쓰까)
넓다, 넓은 곳, 광야	**раздолье** (라스돌리예)
넓어지다, 넓게 되다 성장하다. 발달하다	**шириться** (쉬리쨔)
넓어지다, 확장(확대, 증대, 팽창)되다	**расширяться** (라쓰쉬랴쨔)
넓어지다; 넓히다, 넓게 되다.	**расширить** (라쓰쉬리찌)
넓은 가로수 길(산책 길)의 산책로의	**бульварный** (불와르느이)
넓은 공터, 넓은 곳, 광활한 공간, 넓디넓은 장소	**ширь** (쉬리)
넓은 어깨, 어깨가 넓은, 어깨가벌어진	**широкоплечий** (쉬로까쁠레치이)
넓은 틈(금, 구렬)	**расщелина** (라쓰쉘리나)
넓은, 광활한; 자유로운, 안락한	**привольный** (쁘리볼늬이)
넓은, 널찍한, 휑뎅그렁한	**просторный** (쁘라쓰또르늬이)
넓이, 넓음, 광대; 폭 넓은	**широта** (쉬로따)
넓적 눕다(엎드리다), 늘어지다;	**распластаться** (라쓰쁠라쓰따쨔)
넓적다리, 대퇴(大腿), 상퇴(上腿), 대퇴부(大腿部)	**ляжка** (랴즈까)
넓적다리, 허벅지	**бедро**

	(베드로)
넓적다리; 넓적다리의 뒤쪽, 넓적다리와 궁둥이;	**окорок** (오까로크)
넓적하게	**плашмя** (쁠라쉬먀)
넓적한 것으로 한번 침, 손바닥으로(뺨을)때림,	**шлепок** (쉴레뽁)
넓히다, 넓게 되다 넓게 하다, 벌리다;	**. ширить** (쉬리찌)
넓히다, 넓게 되다	**прибавлять[ся]** (쁘리바블랴찌)
넓히다, 확장(확대,증대, 팽창)하다	**расширять** (라쓰쉬랴찌)
넘겨 던지다; 내던지다, 팽개치다. 급히입다	**перебрасывать** (뻬레브라씌와찌)
넘겨씌우다, 들씌우다, 전가하다	**свалить** (스왈리찌)
넘겨주는 것, 전하는 것	**передача** (뻬레다차)
넘겨주다, 전하다, 양도하다	**передавать** (뻬레다와찌)
넘다 가로지르다 범하다 ~ через что-л. ~을 넘어가다,	**шагать** (샤가찌)
넘다,(~을) 건너다, (~로) 나가다, (경비가) ~을 넘다;	**перебирать** (뻬레비라찌)
넘다, 건너서다	**переступать** (뻬레쓰뚜빠찌)
넘다, 초과하다	**превысить, превышать. превзойти** (쁘레븨씨찌), (쁘레븨쌰찌)(쁘렙조이찌)
넘보다, 경시(경멸)하다	**пренебрегать** (쁘레네브레가찌)
넘보다; 손상시키다, 훼손시키다	**умалять** (우말랴찌)

넘어(건너)가는 것, 이행, 이동; 이전; 운반.	**переход** (뻬레호드)
넘어(자빠)뜨리다	**свалить** (스왈리찌)
넘어, ~이상; ~의 거리에	**за** (자)
넘어가다, ~의 관하에 들어가다	**переходить** (뻬레호드지찌)
넘어가다, 건너다	**перебираться** (뻬레비라쨔)
넘어가다, 쓰러(넘어.엎어.자빠)지다	**передаваться** (뻬레다와쨔)
넘어뜨리다, 거꾸러뜨리다, 엎지르다	**опрокидывать** (아쁘로끼드와찌)
넘어뜨리다, 쓰러뜨리다, 무너뜨리다	**валить, сбросить** (왈리찌) (즈브로씨찌)
넘어서, 건너서	**через** (체레즈)
넘어서다,(걸어서) 넘다, 넘어가다	**перешагивать** (뻬레샤기와찌)
넘어지다, 뒹굴다; 엎드리다; (타자가) 아웃되다	**попа-дать[ся]** (빠빠다찌)
넘어지다, 쓰러지다, 허물어지다	**валиться** (왈리쨔)
넘어지다, 자빠(꺼꾸러. 쓰러)지다	**падать, свалиться** (빠다찌), (스왈리쨔)
넘어지지 않도록 잡다, 버티다, 받치다	**удержать** (우제르좌찌)
넘어진 나무, 부러져 떨어진 나뭇가지.	**валежник** (왈레즈니크)
넘쳐흐르다, 범람하다. 넘치다,	**перелить[ся]** (뻬렐리쨔)
넘치다, 넘쳐흐르다, 범람하다.	**переполнять, переливать**

	(뻬레쁠냐찌) (뻬렐리와찌)
넘치다, 범람하다	**разливаться** (라슬리와짜)
넘치도록 붓다 ~에 넘치도록 채우다	**верхом**; (베르홈)
넘칠 듯한 많은 물, 바다, 호수, 강	**вода** (바다)
넘칠 정도의, 매우 많다, 아주 많다, 대단히 많다	**полно** (뽈나)
넙치, 광어(廣魚), 비목어(比目魚)	**палтус** (빨뚜쓰)
넝마, 지스러기; 걸레	**клок** (끌록)
넝마장사, 고물상(古物商)	**старьёвщик** (스따리요브쉬크)
넣는 것;	**укладка** (우클라드까)
넣다, 끼워 넣다, 끼우다, 삽입(첨가. 더)하다	**вложить** (블로쥐찌)
넣다, 놓다;	**опускать** (아뿌쓰까찌)
넣다, 집어넣다, 담다; на что 놓다, 둬두다;	**класть** (클라쓰찌)
넣다, 집어넣어 두다	**укладывать** (우클라듸와찌)
네 발로 기어서, 기듯이; 느릿느릿	**ползком** (뽈즈꼼)
네 배로, 네 곱으로, 네 겹으로	**вчетверо** (프체뜨볘라)
네 사람, 네개; нас было ~ 우리는 네 사람 이었다;	**четверо** (체트볘로)
네(번)째로	**в-четвёртых** (프-체뜨뵤르띄흐)

네거리, 교차점, 사거리, 십자로, 십자가(十字街)	**перекрёсток** (뻬레크료쓰똑)
네모칸, 격자무늬	**клетка** (클레뜨까)
네발로 기다, 포복하다, 기다, 굼실거리다	**ползать, вылезать** (뽈자찌),(빌레자찌)
네발로 기어 넘다, 포복으로 넘다	**переползать** (뻬레뽈자찌)
네발로 서다, 손과 발을 짚고 엎디다	**четвереньки** (체트베렌끼)
네온(neon: 비활성기체 원소의 하나; 기호 Ne; 번호 10)	**неон** (네온)
네이팜(napaim: 가솔린의 젤리화제(化劑))	**напалм** (나빨름)
넥타이, 타이, 스카프 모양의 넥타이	**галстук** (갈쓰뚝)
넴뷰탈(pentobarbital의 sodium salt; 상표명).	**полип** (뽈리프)
넷 한 짝(을 이루는 것), 네 개짜리; 4인조	**квартет** (크와르쩨트)
넷이서, 넷이 함께	**вчетвером** (프체뜨뵈롬)
년(年), 월(月), 일(日), 날자	**дата** (다따)
노(爐); 아궁이, 화덕	**испечь** (이쓰뻬치)
노(보트의), 오어(젓는 배)	**весло** (볘쓸로)
노[용광로]의 바닥 돌; 노변; (오븐·다리미 등의) 바닥	**под** (쁘드)
노가 6개 있는	**шестивесельный** (쉐쓰찌볘쎌리느이)
노가 여섯 개, 식스-오어	**шестёрка**

- 237 -

	(쉐쓰쫠까)
노가주나무	**можжевельник**
	(마즈줴벨니크)
노골적인, 있어야 할 것이 없는, 드러난, 노출된.	**откры-тый**
	(아트끄릐뜨이)
노끈, 끈, 새끼줄, 바, 초삭(草索)	**верёвка**
	(붸룝까)
노년, 노령;	**седина**
	(쎄지나)
노동, 노력, 에네지(energy), 일; (흔히 복수) 일, 사업	**труд**
	(뜨루드)
노동능력	**трудоспособность**
	(뜨루도쓰뽀쏘브노쓰찌)
노동능력, 생산능력, 능률, 능력, 유능,	**работос-пособность**
	(라바또쓰빠**쏘**브노쓰찌)
노동능력상실자, 불구자, 장애인, 병신	**инвалид**
	(인왈리드)
노동능력을 상실한, 노동할 수 없는,	**неработоспо-собный**
	(네라보또쓰뽀**쏘**브느이)
노동능력을 잃은, 불구가[무능력하게] 된,	**нетрудо-способный**
	(네뜨루도쓰뽀**쏩**느이)
노동복, (아래위가 맞붙은)작업복	**комбинезон**
	(깜비네존)
노동불능, 노동능력상실	**нетрудоспособность**
	(네뜨루도쓰뽀**쏩**노쓰찌)
노동알선, 일자리 알선	**трудоустройство**
	(뜨루도우쓰뜨로이쓰뜨뷔)
노동의, 근로의(농부, 소작농, 농군),	**рабоче-крестьянский**
	(라보체-끄레쓰찌얀쓰끼이)
노동의; 근로의; 노동하여 얻은	**трудовой**
	(뜨루도보이)
노동자 1인당의 전력량.	**электровооружённость**
	(엘렉뜨라보오루죤노쓰찌)

노동자(여자), 여성근로자 여자공원, 여직공	**рабочая** (라보차야)
노동자, 공원, 직공; 세공인	**работник** (라보트니크)
노동자, 일꾼, 노공(勞工), 근로자, 직공, 공원,	**Рабочий** (라보치이)
노동자의 십장(什長), 직장공장장, 갱부장(坑夫長),	**штейгер** (쉬쩨이겔)
노동자해고, 공장폐쇄	**локаут** (라까우트)
노동절, 5.1(오일)절,	**Первомай** (뻬르보마이)
노동절의, 근로자의 날, 5.1절을 앞둔	**предмайский** (쁘레드마이쓰끼)
노동조합(勞動組合), 직업연맹; (профессиональный союз)	**профсоюз** (쁘라프사유즈)
노동조합, 직업연맹 (профсоюзный комитет)	**профком** (쁘라프꼼)
노동조합의	**профсоюзный** (쁘라프사유즈느이)
노동캠프, 근로 캠프	**исправительно-трудовой**: (이쓰쁘라비쩰나-뜨루도보이)
노란색, 황색(黃色)	**желтизна** (젤찌즈나)
노란색으로 얼룩지다, 노란색 점	**желтить** (젤찌찌)
노란색을 칠하다	**желтить** (젤찌찌)
노랑 그림물감(채료), 노란 페인트	**желть** (젤찌)
노랗게(누런색으로)보이다	**желтеть** (젤르쩨찌)
노랗게 더럽히다	**желтить**

	(젤찌찌)
노랗게 되다; 노란 빛이 돌다. 노래지다,	**пожелтеть** (빠젤제찌)
노래 가락, 선율(旋律), 곡조.	**напев** (나뻬프)
노래 부르다(하다), (새가) 울다, 지저귀다	**спеть, петь, пропеть** (스뻬찌) (뻬찌) (쁘라뻬찌)
노래 소리; 우짖는 소리	**пение** (뻬니예)
노래, 가요; народная ~ 민요; колыбельная ~ 자장가	**песня** (뻬쓰냐)
노래를 따라(받아) 부르다	**подтягивать, подхватить** (빧쨔기와찌)(빧흐와찌찌)
노래를 부르다, 소리높이 유쾌히 노래하다	**распевать** (라쓰뻬와찌)
노래를 좋아하는 (잘 부르는) 사람, 노래애호가	**певун** (뻬분)
노래를 즐기는 (노래와 같이) 음률적인	**певучий** (뻬부치이)
노래를 휘파람으로 불다, 휘파람 불다	**насвистывать** (나쓰비쓰띄와찌)
노래에 맞추어 추는 군무, 원무, 윤무	**хоровод** (하라보드)
노래연습을 하다	**распевать** (라쓰뻬와찌)
노래와 같이 음률적인 것, 듣기 좋게 울리는 것	**певучесть** (뻬부체쓰찌)
노래의 한 소절, 시의 한절, 구절	**куплет** (꾸쁠레트)
노래집, 가요집, 가사집	**песенник** (뻬세닉)
노래하기, 창가; 노랫소리; 울리기; 귀울림, 이명(耳鳴)	**певчий** (쁩치이)

노래하기시작하다	**затягивать** (자쨔기와찌)
노래하는 것; (새가) 우짖는 것	**пение** (뻬니예)
노래하다 *см.* запевать	**запеть** (자뻬찌)
노려보다, 마땅치 않게 보다	**коситься** (까씨쨔)
노력(시간·말)을 들이다, 소비(消費)하다,	**доживать** (다쥐와찌)
노력, 고심; 열성(熱性), 열심; 에너지(energy)	**старание, усилие** (스따라니예)(우씰리에)
노력일	**трудодень** (뜨루도젠니)
노력하다, 애쓰다, 힘쓰다	**стремиться, трудиться** (스뜨레미쨔)(뜨루 지쨔)
노력하다;~ 하려고 애쓰다	**стараться** (스따라쨔)
노력하여 얻다, 획득하다, 쟁취하다	**одержать, одерживать** (아제르자찌), (오제르지와찌)
노력하지 않는, 애쓴 흔적이 없는, 힘들이지 않는	**лёгкие** (료그끼예)
노련가, 베테랑, 고참자	**волк** (뷀크)
노련한, 노숙한, 경험이 많은, 풍파를 다 격은	**бывалый** (븨왈르이)
노루, 장(獐), 장개미	**косуля** (까쑤랴)
노르무레하게 익다	**румяниться** (루먀니쨔)
노르무레하고 흰, 백황색	**кремовый** (크레모브이)
노를 저어가다(오다)	**подгребать**

- 241 -

	(빨그레바찌)
노를 젓다, 노질하다	**грести** (그레스찌)
노름, 내기; 내기에 건 것, 내기를 하는 사람	**пари** (빠리)
노름꾼, 도박꾼	**игрок** (이그로크)
노리다, 기회를 보다	**целить[ся]** (쩰리찌)
노발대발하다	**беситься** (베씨짜)
노병(老兵), 고참, 베테랑, 노익장(老益壯);	**ветеран** (붸쩨란)
노보카인(국부 마취약; 상표명)	**новокаин** (나붜까인)
노비(奴婢), 비복(婢僕), 하인(下人), 노복(奴僕), 아랫것,	**раб** (랍)
노새(mule: 수나귀와 암말과의 사이에서 난 변종)	**мул** (물)
노선(路線), 방침(方針)	**линия** (린이야)
노여워하기 쉬운, 모욕을 느끼기 잘하는	**обидчивый** (압비드치브이)
노여워하다, 화내다, 분노(忿怒)하다, 노(怒)하다	**обижаться** (압비좌짜)
노염, 모욕, 모욕감	**обида** (압비다)
노예 살이; 노예상태, 노예제도, 농노(노예)의 신분	**рабство** (랍쓰뜨붜)
노예소유(의), 노예의: ~строй 노예제도	**рабовладельческий** (라바블라젤체쓰끼이)
노예, 종, 노복, 노비, 비복(婢僕), 가복(家僕),	**невольник** (녜볼니닉)

노예상태, 예속; попадать в ~у 예속되다	**кабала** (까발라)
노예소유자, 노예 상인; 노예무역선	**рабовладелец** (라바블라젤레쯔)
노예의; 노예근성의, 굴욕적인, 자주성이 없는	**Раболепный** (라발례쁘느이)
노예의; 노예적인; 천한, 비열한 비굴한	**рабский** (랍쓰끼)
노예적인, 예속적인	**кабальный** (까발느이)
노예화(奴隷化), 예속화(隷屬化)	**порабощение закабаление** (빠라보쉐니예) (자까발례니예)
노예화하다, 예속시키다	**закабалить, закрепощать, поработить** (자까발리찌) (자끄례쁘쑈찌) (빠라보찌찌)
노을, 노을빛, 서광; утренняя ~ 아침노을	**заря** (자랴)
노임 일정액, 노임액	**оклад** (아클라트)
노임 지불의	**расчётный** (라쓰쵸뜨느이)
노임(заработная плата)	**зарплата** (자르쁠라따)
노작, 저서, 작품	**труд** (뜨루드)
노조단체 직업연맹단체,	**профорганизация** (쁘라포르가니자찌야)
노조반장, 직업연맹반장, 직업연맹조합	**профорг** (쁘라포르그)
노천 매대	**лоток** (라또크)
노천상인, 행상인(行商人)	**лоточник** (로따츠니크)
노천의, 집 밖의, 야외의, 옥외의; 옥외를 좋아하는	**открытый**

(아트끄릐뜨이)

노천채굴장; каменный ~ 채석장 **карьер, разрез**
(까리엘)(라즈레스)

노출계(露出計) **экспозиметр**
(엑쓰뽀지메뜰)

노출시키다 (햇볕·바람·비 따위에) 쐬다, 맞히다 **обнажать**
(압나자찌)

노출시키다, 감광시키다 **экспонировать**
(엑쓰뽀니로와찌)

노출하다, 드러내놓다, 발가벗겨 놓다 **обнажать**
(압나자찌)

노트, 공책, 필기장, 수첩, 비망록 ~ая книжка 수첩 **записной**
(자삐쓰노이)

노파, 할머니, 할미, 할멈 **старуха, старушка**
(스따루하)(스따루쉬까)

노포(弩砲), 쇠뇌; 투석기 캐터펄트, **катапульта, рогатка**
(까따뿔따)(라가뜨까)

노하게 (성나게)하다 **сердить**
(쎄르지찌)

노하게(격노케) 하다, 분격(격앙)시키다 **взорвать, бередить**
(프자르와찌)(베례디찌)

노하다, 성나다 **сердиться**
(쎄르지쨔)

노하여 펄펄 뛰는, 격노한, 격분한 맹렬한, 광폭한 **яростный**
(야라쓰뜨느이)

노획의;~ое оружие 노획 무기 **трофейный**
(뜨로페이느이)

노획품, 획득물; 전리품 **добыча, трофей**
(다븨차)(뜨로페이)

녹(綠), 철의(鐵衣); **ржавчина**
(르좌브치나)

녹나다, 부식하다 **заржаветь**
(자르좌와찌)

녹내장(綠內障)	**глаукома** (글라우꼬마)
녹는 ~ сыр 연한 치즈	**плавленый** (쁠랴블렌느이)
녹는 것	**таяние** (따야니예)
녹는, 녹기 쉬운, 용해[해결, 해석]할 수 있는	**растворимый** (라쓰뜨뷔리므이)
녹는, 녹기 시작한, 용해하는, 용융의, 융해의	**плавильный** (쁠라빌느이)
녹다, 용해되다, 융합되다(되다)	**топиться, плавиться** (따삐쨔),(쁠라뷔쨔)
녹다, 용해하다; 제련하다	**переплавлять** (뻬레쁠라블랴찌)
녹다운, 때려눕힘; 타도하는 일격; 난투; 압도적인 것,	**нокдаун** (나크다운)
녹밥, 밀을 먹인 실	**дратва** (드라뜨와)
녹색[초록]으로 되다(물들다)	**позеленеть** (빠젤레네찌)
녹색[초록]으로 하다(칠하다, 물들이다)	**зазеленеть** (자젤옐레네찌)
녹슨, 녹슬은	**ржавый** (르좌브이)
녹슬다	**ржаветь** (르좌볘찌)
녹슬지 않는; ~ая сталь 스테인리스 강	**нержавеющий** (네르좌볘유쉬이)
녹아웃의, 통렬한(펀치). 완전 넘어지다	**нокаут** (나까우트)
녹염석	**эпидот** (에삐도트)
녹옥석의 일종, 녹옥석, 에머랄드(emerald), 녹옥(綠玉)	**эвклаз**

	(에브클라즈)
녹용(鹿茸), 용(茸), 사슴뿔, 노각, 대각	**панты** (빤띄)
녹용(용, 녹각)조합제, 강장제, 보혈제	**пантокрин** (빤또크린)
녹은; ~ый снег 녹은 눈 ~ая вода 눈석이(물)	**талый** (딸르이)
녹음 담당자, 녹음전문가	**звукооператор** (즈부까아뻬라따르)
녹음(綠陰)	**грамзапись** (그람자삐씨)
녹음, 가용성, 용해성; 용해도	**растворимость** (라쓰뜨뷔리모쓰찌)
녹음, 녹음방송	**звукозапись** (즈부까자삐시)
녹음[녹화] 테이프, 음반; 녹음의 질(質), 리코딩	**запись** (자삐시)
녹음기(錄音器), 축음기(蓄音機)	**магнитофон граммофон** (마그니따폰)(그람마폰)
녹음기의 테이프 감개	**кассета** (까쎄따)
녹음의 ~аппарат 녹음기(錄音器)	**звукозаписывающий** (즈부까자삐씌 와유쉬이)
녹음하다, 취입(吹入)하다	**записывать** (자삐씌와찌)
녹이 쓸다, 산성화되다	**поржаветь** (빠르좌붸찌)
녹이 쓸어 구멍이 나다	**проржаветь** (쁘라르좌붸찌)
녹이다, 용해시키다; 분해[분리]시키다.	**растворить, развести** (라쓰뜨뷔리찌)(라스볘쓰찌)
녹이다, 용해하다	**расплавить, расплавлять** (라쓰쁠라비찌)(라쓰쁠라블랴찌)

녹이다, 용해하다, 서서히 사라지다	**плавить топить** (쁠라뷔찌) (따삐찌)
녹이다; 녹여 합금을 만들다; 융합시키다(하다)	**расплавить** (라쓰쁠라비찌)
녹임, 용해(鎔解)	**плавление** (쁠라블레니예)
녹작지근한, 초췌한, 쇠약해진;	**измождённый** (이즈모즈죤느이)
녹주석, 녹보석, 녹색보석	**изумруд** (이주므루드)
논(밭)갈이, 경작(耕作), 개간	**пахота** (빠호따)
논(밭)을 갈다, 경작(기경)하다	**пахать** (빠하찌)
논거(論據), 논쟁	**мотив** (마찌프)
논거(論據), 논증(論證) 이유(理由)	**довод, аргумент** (도붜드) (아르구몐트)
논거가 희박한, 타당성이 없는	**безоружный несостоятельный** (베조루즈느이) (네쏘쓰또야쩰느이)
논리(論理), 논리법(論理法)	**логика** (로기까)
논리(사리)에 맞지 않은, 비논리적인, 조리 없는	**нелогичный** (녤로기츠느이)
논리가 일관되지 않은 것, 불철저성	**непоследовательность** (네빠쓸례도와쪨노쓰찌)
논리상 자연스러운, 당연한, 지당한	**естественный** (예쓰쩨쓰뜨볜느이)
논리성이 없는, 조리 없는, 불철저성	**непоследовательный** (네빠쓸례도와쪨느이)
논리적인, 이치에 맞는	**логический, логичный** (라기체쓰끼이) (로기 츠느이)
논문(論文), 논설(論說)	**трактат**

	(뜨락따트)
논박(논쟁)하다, 다투다	**оспаривать**
	(아쓰빠리와찌)
논박(반박)하기 힘든, 격퇴하기 힘든;	**неотразимый**
	(네아뜨라지므이)
논병아리	**гагара**
	(가가라)
논설, 기사(記事), 논문(論文)	**статья**
	(스따찌야)
논설위원(신문, 잡지 등의) 논평위원, 평론가	**обозреватель**
	(아바즈레와쩰)
논의하다	**трактовать**
	(뜨락또와찌)
논의할[의문의] 여지가 있는; 진위가 의심스러운,	**неясный**
	(네야쓰느이)
논자, 논쟁자. 논객, 추론자	**резонёр**
	(레소뇰)
논쟁(논의)하다	**спорить**
	(스뽀리찌)
논쟁(論爭), 논쟁법, 논쟁술	**. эристика**
	(에리쓰찌까)
논쟁, 논란, 논의, 토론, 논쟁, 문제	**дискуссия, полемика**
	(지쓰꾸씨야)(빨레미까)
논쟁, 말다툼, 분쟁, 싸움	**спор**
	(스뽀르)
논쟁대상이 되는; ~ый вопрос 논쟁문제	**спорный**
	(스뽀르느이)
논쟁에서 이기다, 논쟁을 통해 납득시키다	**переспорить**
	(뻬레스뽀리찌)
논쟁의, 논쟁적인	**дискуссионный**
	(지쓰꾸씨온느이)
논쟁하다, 토론하다	**дискутировать**
	(지쓰꾸찌로와찌)

논쟁할 바 없이, 의심할 바 없이, 분명히	**бесспорно** (베쓰뽀르나)
논쟁할 여지가 없는, 명백한, 의심할 바 없는,	**бесспорный** (베쓰뽀르느이)
논제(論題); 의제; 표결	**вопрос** (바쁘로쓰)
논제, 주제; (작문 따위의) 제목	**тезис** (쩨지쓰)
논증(論證), 증명(證明), 추론	**аргументация** (아르구멘따찌야)
논증하다, 논거를 들다	**аргументировать** (아르구멘찌로와찌)
논평가 (과학, 음악, 문학작품에 대한) 비평가	**рецензент** (레쩬젠트)
논하다, 논의하다 с кем-л. 서로 비꼬아 말하다,	**пикироваться** (삐끼로와쨔)
놀고 지내다, 빈둥거리다 빈들빈들 돌아다니다	**шалопай** (샬로빠이)
놀고먹다, 허송세월을 보내다	**лодырничать** (로딀니차찌)
놀기 좋아하는, 들뜬, 발랑거리는, 장난을 즐기는	**игривый** (이그리브이)
놀기 좋아하는, 수다쟁이 소녀, 들떠서 떠들다	**шалунья** (샬룬니야)
놀다, (~의) 놀이를 하다	**сыграть** (씌그라찌)
놀다, 장난하다, 유희하다	**играть** (이그라찌)
놀다, 즐기다; 시름을 잊다	**развлекаться** (라스블레까쨔)
놀라게 되다, 두려워하게 되다, 흠칫 놀라게 되다	**оробеть** (아라베찌)
놀라게 하다, 강한인상을 주다	**поразить**

	(빠라지찌)
놀라게 하다, 경탄케 하다	**изумлять** (이주믈랴찌)
놀라게 하다, 발칵 뒤집어놓다, 소란을 일으키다	**всполошить** (프쓰빨라쉬찌)
놀라다, 겁내다, 혼나다	**пугаться** (뿌가쨔)
놀라다, 경탄하다 망연자실하다	**изумляться** (이주믈랴쨔)
놀라다, 경탄하다, 이상히 여기다	**удивляться** (우지블랴쨔)
놀라다, 당황해하다, 야단법석하다	**переполошиться** (뻬레뽈로쉬쨔)
놀라서 물러나게 하다(쫓아버리다)	**отпугивать, отпугнуть** (앗뿌기와찌), (앋뿌그누찌)
놀라서, 겁에 질려	**испуганно** (이쓰뿌간나)
놀라운 것, творить чудеса 기적을 낳다	**чудо** (추다)
놀라운 일이다, 이상하다;	**удивительно** (우지븨쩰나)
놀라운, 격동적인	**потрясающий** (빠뜨랴싸유쉬이)
놀라운, 경탄할, 아연 실색케 하는	**сногшибательный** (스나그쉬바쩰느이)
놀라운, 괴상한; 진기한	**диковинный** (지꼬빈느이)
놀라운, 이상한, 경탄할 만한;	**удивительный** (우지븨쩰느이)
놀라움, 경탄; к моему~ю 놀랍게도	**удивление, изумление** (우지블레니에), (이주믈레니예)
놀라움, 혼줄; в ~е; с ~а 혼이 나서, 겁을 먹고	**испуг** (이쓰뿌그)

놀란 듯이, 놀라서	**удивлённо** (우지블룐나)
놀랄만한, 경탄할만한, 매혹적인	**разительный** (라시쩰느이)
놀랄만한, 비상한, 특이한, 경이적인	**поразительный** (빠라지쩰느이)
놀랄만한, 찬란한;	**ослепительный** (아쓸레삐쩰느이)
놀랄만한, 훌륭한, 매혹적인	**дивный** (지브느이)
놀래다, 경탄케 하다	**удивлять** (우지블랴찌)
놀래다, 위협하다, 으르대다	**пугать** (뿌가찌)
놀래서 자리를 뜨게 하다, 놀래 달아나게 하다	**вспугивать** (프쓰뿌기와찌)
놀래어 쫓다, 을러 쫓아버리다,	**спугивать, спугнуть** (스뿌기와찌), (스뿌그누찌)
놀러(두드려)납작하게 하다	**сплющивать** (스쁠류쉬와찌)
놀려대는 것, 조롱, 희롱(戱弄)	**глумление** (글룸레니예)
놀려대다, 조롱하다, 희롱하다	**глумиться** (글루미쨔)
놀려오다, 찾아오다	**наведаться, наведываться** (나베다쨔), (나베디 쩨쨔)
놀려주는, 조롱하는, 비꼬는	**издевательский** (이즈제와쩰스끼이)
놀려주다, 조소(조롱, 희롱)하다	**издеваться, подсмеиваться** (이즈제와쨔) (빧쓰메이와쨔)
놀려주어 성나게 하다, 골려주다, 약을 올려주다	**раздразнить** (라즈드라니찌)
놀리는 땅, 휴경[휴한]지 ~ые земли 황무지	**залежный**

	(잘례쥐느이)
놀리다, 골려주다	**разыграть** (라즈그라찌)
놀리다, 우롱하다 ~ голову 속이다,	**морочить, одурачивать** (마로치찌) (아두라치와찌)
놀림, 조소, 조롱;	**издевательство** (이즈제와젤쓰뜨붜)
놀음, 놀이, 유희, 장난	**игра** (이그라)
놀음, 못된 장난, 파렴치한 것	**фарс** (파라쓰)
놀음, 장난	**затея** (자쩨야)
놀음에 몰두하다	**разыграться** (라즈그라쨔)
놀음에서 결판을 내다	**разыграть** (라즈그라찌)
놀음의 한판; 패(敗)	**партия** (빠르찌야)
놀음의 참가자; 구성원	**партнёр** (빠르뜨뇰)
놀이 친구, 여자친구, 벗; подруга 의 애칭;	**подружка** (빠루즈까)
놀이감 같은, 장난감 같은, 모형의; 소형의	**игрушечный** (이그루쉐츠느이)
놀이를 하다, 놀기 시작하다 см. играть	**заиграть** (자이그라찌)
놀치다, 큰 파도가 일다, 크게 굽이치다	**взбунтоваться** (쓰분따와쨔)
놋쇠, 황동(黃銅)	**латунь** (라뚠니)
놋트, 해리(海里)	**узел** (우젤)

농(담)으로, 장난으로	**шутить** (슈띠찌)
농가(農家), 오두막, 오막살이집	**хата** (하따)
농가, 촌집, 농호	**двор, изба** (드보르)(이즈바)
농공업의, 농공용의; 농업 관련 산업의,	**агропромышленный** (아그쁘라믜슬롄느이)
농구(籠球)	**баскетбол** (바쓰께트볼)
농구선수	**баскетболист** (바쓰께트볼리쓰트)
농구의	**баскетбольный** (바쓰께트볼리느이)
농기구의 일종(잡초를 제거), 경운기, 트랙터	**экстирпатор** (엑쓰찌르빠똘)
농노(農奴) 노예(같은 사람); 고역을 치르는 사람	**крепостной** (크레뽀쓰뜨노이)
농노의 ~ое право (역사) 농노제	**крепостной** (크레뽀쓰뜨노이)
농노의 신분으로부터 해방하다	**раскрепостить** (라쓰크레빠쓰찌찌)
농노제도	**крепостничество** (크레뽀쓰뜨니체쓰뷔)
농담, 농짓거리, 못된 장난	**шалость** (샬로쓰찌)
농담, 못된 장난	**проделка** (쁘라졜까)
농담, 익살, 장난, 소희극, 단편 소극; в ~у 농(담)으로	**шутка** (슈트까)
농담삼아 대답하다, 슬쩍 농담으로 피하다	**отшутиться** (앗쑤찌쨔)
농담으로 놀리다	**шутить**

- 253 -

	(슈띠찌)
농담으로, 농으로, 장난으로, 익살맞게, 우습게,	**шутя** (슈쨰)
농담을 하는 사람 우습게 노는(구는)사람	**паяц** (빠야츠)
농담을 하다 희롱하다, 장난치다, 시시덕거리다;	**шутить** (슈띠찌)
농담이 아닌, 신중한	**нешуточный** (네슈또츠느이)
농담하다, 우스운 말을 하다, 익살부리다	**пошутить** (빠슈찌찌)
농도(濃度), 밀도(密度);	**густота** (구쓰따따)
농민, 농사군	**крестьянин** (크레쓰찌야닌)
농민계급, 농민층	**крестьянство** (크레쓰찌얀쓰드붜)
농민의; ~двор 농가	**крестьянский** (크레쓰찌얀쓰끼이)
농번기; 바쁜 철	**страда** (스뜨라다)
농부, 농민, 농사꾼	**земледелец** (제믈레젤레쯔)
농부, 농민, 농업가(자본주의나라에서) 농장주(農場主)	**фермер** (폐르몔)
농사(農事), 농업(農業), 농사일.	**агрокультура** (아그로꿀뚜라)
농사의, 농업의;	**земледельческий** (제믈레젤체쓰끼이)
농산업(農産業), 농작물재배	**полеводство** (빨레보드쓰드붜)
농산업의:~ая бригада 농산작업반	**полеводческий** (빨레보드체쓰끼이)

농약(農藥)	**агрохимикат** (아그로히미깟)
농양(膿瘍),(의학)	**абсцесс** (압쓰쩨쓰)
농업, 농사	**земледелие** (제믈레젤리예)
농업기사, 농업 전문가	**агроном** (아그로놈)
농업기술의	**агротехнический** (아그로떼흐니체쓰끼이)
농업기술, 영농기술(營農技術)	**агротехника** (아그로떼흐니까)
농업생물학(農業生物學)	**агробиология** (아그로비올로기야)
농업용 살충제의 (парижская зелень)	**швейнфуртская зелень** (쉬볘인풀르뜨쓰까야젤렌니)
농업의, 농업으로	**агрономический** (아그로노미체쓰끼이)
농업의, 토지의	**аграрный, сельскохозяй, ственный** (아그라르느이) (쎌리쓰꼬호쟈이, 스뜨볜느이)
농업화학(農業化學)	**агрохимия** (아그로히미야)
농예학, 식물재배학	**растениеводство** (라쓰쪠니예보드쓰뜨붜)
농작물을 베어들이다, 거둬들이다,	**жнём, жнёт(e)** (쥐뇸),(쥐뇥)
농작물을 거둬들이다, 낫(칼)로 베다	**жать** (좌찌)
농장 노동자, 일꾼. 머슴, 고농(雇農), 발군(拔群).	**работник** (라보트니크)
농장, 농지, 농원, 목장, 양식(사육)장	**ферма, хозяйство** (폐르마) (하쟈이스뜨붜)
농장주(農場主)	**плантатор**

	(쁠란따똘)
농창, 심농가진	**эктима** (엑쓰찌마)
농촌(農村), 촌(부)락; 마을; 동네	**деревня** (제레브냐)
농촌 큰 마을	**село** (쎌로)
농촌 저택(주로 농촌지주의) 살림집	**усадьба** (우싸지바)
농촌소비에트(소련의 행정말단 단위)	**сельсовет** (쎌리쏘베트)
농촌의(農村), 시골의, 마을의, 촌락의	**сельский, деревенский** (쎌리쓰끼이) (제레볜쓰끼이)
농축식료품, 농후사료, 농축물[액], 농축사료	**концентрат** (깐쩬드라트)
농축하다; 응집하다	**обогащать** (아밥가샤찌)
농학(農學)	**агрономия** (아그로노미야)
농화, 농축(한 것), (액체의) 농도	**концентрация** (깐쩬드라찌야)
높다, 높다랗다, 우뚝하다	**высоко** (븨싸꼬)
높아지다, 제고되다, 올라가다	**подниматься повышаться** (빠드니마쨔) (빠븨샤쨔)
높은 곳, 둔덕이 진 곳, 언덕진 곳	**возвышение, вышина** (바즈븨쉐니에)(븨쉬나)
높은 산의, 고지, 산지, 고랭지. 고산(高山)	**высокогорный** (븨싸까골르니이)
높은 산의; 극히 높은 ~ие луга 고산초원	**альпийский** (알삐이쓰끼이)
높은 소리, 초고음	**дискант** (지쓰깐트)

높은 양반, 거물, 중요인물, (학교의)인기있는 사람	**шишка** (쉬스까)
높은 지위, 횃대	**шесток** (쉐스또크)
높은 파도	**вал** (왈)
높은, 높이가 ~인[되는]	**возвышенный** (바즈븨쉔느이)
높은, 드높은, 키 큰, 높다란	**высокий** (븨쏘끼이)
높이 날다(오르다), 하늘을 떠다니다, 비상하다	**парить** (빠리찌)
높이, 고도(高度), 높낮이	**высота, вышина** (븨싸따)(븨쉬나)
높이, 고도(高度), 크게, 고상하게	**высоко** (븨싸꼬)
높이는 것, 올리는 것	**возвышение** (바즈븨쉐니에)
높이는 것, 제고, 향상, 증가, 인상	**повышение** (빠븨쉐니에)
높이는, 늘리는;	**эскалаторный** (에쓰깔라또르 느이)
높이다, 더 높이 올리다, 승급시키다	**возвысить, поднимать** (바즈븨씨찌)(빠드니마찌)
높이다, 증가시키다; 올리다; 등용(승급)시키다;	**повышать** (빠븨샤찌)
높인, 높아진, 붕긋한. 도드라진	**рельефный** (렐리에프느이)
높지 않은, 낮은	**невысокий** (네븨쏘끼이)
놓기, 붙박아 두기, 고정시킴, 설치,	**правка, регулировка** (쁘라브까),(레굴리로브까)
놓다, 넣다;(신문 등에) 싣다, 게재하다	**поместить**

	(빠메쓰찌찌)
놓다, 놓아두다,	**пустить** (뿌쓰찌찌)
놓다, 붙이다, 얹다, 대다,	**деть(ся)** (제찌)
놓다, 두다, 안치(정치, 설치)하다; 안정시키다. 눕다	**лечь** (레치)
놓다, 배열(배치)하다, 벌리다	**уместить, расставить** (우메쓰찌찌) (라쓰따비찌)
놓다, 세우다 정치(설치)하다	**установить** (우쓰따노뷔찌)
놓아먹이기, 방목	**пастьба** (빠쓰찌바)
놓아먹이다, 방목하다	**пасти** (빠쓰찌)
놓음, 배치, 넣는 것 싣는 것	**помещение** (빠메쉐니예)
놓음, 배치; 직업 소개; 채용, 고용	**размещение** (라스메쉐니예)
놓지 않으려고 하다	**цепляться** (쩨쁠랴쨔)
놓치다, 놓아버리다; ~тить из рук 손에서 떨어뜨리다	**упускать** (우뿌쓰까찌)
놓치다, 잃다	**пропускать** (쁘라뿌쓰까찌)
뇌(腦), 뇌수, 두골; головной ~ 머리 골, 뇌수;	**мозг** (모스크)
뇌관(雷管) 기폭장치	**детонатор, капсуль** (제또나또르) (깝슐)
뇌관, (공학) 피스톤	**пистон** (삐쓰똔)
뇌까리다, 욕지거리하다	**грызть** (그릐즈찌)

뇌막염(腦膜炎), 수막염	**менингит** (메닌기트)
뇌물(賂物)	**взятка** (프쟬까)
뇌물을 받는 사람	**взяточник** (프재따츠니크)
뇌물행위	**взяточничество** (프재따니체쓰뜨붜)
뇌수(후두)의 공동(空洞), 실(室), 뇌실(腦室)	**желудочек** (쥅루도첵)
뇌연화증(腦軟化症)	**энцефаломаляция** (엔쩨팔로마랴찌야)
뇌염(腦炎)	**энцефалит** (엔쩨팔리트)
뇌척수염(腦脊髓炎)	**энцефаломиелит** (엔쩨팔로미예리트)
누가복음(루가의 복음서)(Евангелия от Луки, 24장)	**Луки** (루끼)
누관(瘻管), 누(瘻). 상한구멍, 누공	**свищ** (스비쉬)
누구, ~ там? 누구십니까? ~бы ни был 누구라도,	**кто** (크또)
누구, 어느 사람, 어떤 사람 *см*. кто	**кому** (까무)
누구, 어느 사람, 어떤 사람, 누구를[에게], *см*. кто	**кем** (꼠)
누구나, 누구든지, 누구인지	**кто-либо, кто-нибудь** (크똘-리보), (크또-니부지)
누구도, 아무도 *см*. никто	**никому** (니까무)
누구를[에게], 어떤 사람에게[을] *см*. кто	**ком** (꼼)
누구의 ~라는 것:	**чей, чья, чьё, чьи**

	(체이) (치야)(치요)(치이)
누구의 것도 아닌	**ничей, ничья, ничьё, ничьи**
	(니체이),(니치야),(니치요), (니치이)
누구의 것도 아니게	**ничейный**
	(니체이느이)
누구의, 누구의 것이든지	**чей-нибудь, чей-либо**
	(체이-니부지), (체일-리보)
누군가. 누구[아무]라도, 누구든지, 누구도,	**никого**
	(니까고)(보)
누그러뜨리다, 가라앉히다, 완화하다; 가볍게 하다,	**смягчить**
	(스먀그치찌)
누그러지게 하는, 완화[경감]하는, 진정시키는	**смягчающий**
	(스먀그차유쉬이)
누그러지게 하다, 완화[경감]하다, 진정시키다;	**смягчить**
	(스먀그치찌)
누그러지다, 유순해지다	**смягчаться**
	(스먀그차쨔)
누그러지다, 풀리다 см. таять	**оттаивать**
	(앗따이와찌)
누기(漏氣), 물기, 습기(濕氣)	**сырость**
	(씌로쓰찌)
누더기, 넝마; ходить в ~х 누더기를 입고 다니다	**лохмотья**
	(라흐모찌야)
누더기, 헌옷	**отрепья**
	(앗레삐야)
누덕누덕 기운; 주워 모은	**пятнистый**
	(뺏니쓰띄이)
누덕누덕한, 누더기 옷을 입은. 해어진(헌)옷	**оборванный**
	(아보르완느이)
누데기 옷, 헌옷	**рубище**
	(루비쉐)
누락하다, 빼놓다	**пропускать**
	(쁘라뿌쓰까찌)

누러지게 하다	**смягчать** (스먀그차이)
누런, 노란, 노랑, 황색	**жёлтый** (쫄뜨이)
누런, 노래진, 노랑, 노란, 황색의	**пожелтевший** (빠젤쪠브쉬이)
누렁 흙, 뢰스, 황토	**лесс** (료쓰)
누렁이, 황구, 누렁개	**марал** (마랄)
누르개, 건반, 건, 키	**клавиша** (클라비샤)
누르기, 압축하기; 압착물	**прессинг** (쁘렛씬그)
누르는 것, 프레스	**нажим** (나쥠)
누르다, 꽉 지다; ~нуть зубы 이를 악물다	**стискивать** (스찌쓰끼와찌)
누르다, 내리누르다	**давить, надавить, надавливать** (다뷔찌) (나다비찌),(나다브리 바찌)
누르다, 대다; 끌어안다; 박해하다	**прижимать** (쁘리쥐마찌)
누르다, 밀어붙이다.~을 눌러 펴다, 프레스하다.	**потеснить** (빠쩨쓰니찌)
누르다, 꼭(꽉)죄다(쥐다, 껴안다)	**жмём, жмёт(е), жмёшь** (쥠욤), (쥐묱), (쥐묘쉬)
누르다, 밀어붙이다. 짓눌러 찌그러뜨리다,	**нажать** (나좌찌)
누르다, 압박하다, 압착하다	**сжать** (즈좌찌)
누르다, 조이다: 마음(가슴을) 짓누르다, 아프게 하다	**сдавить** (즈다비찌)
누르다, 짓누르다	**нажимать**

	(나지마찌)
누르다, 짓밟다; 밟아 뭉개다	**подавлять** (빠다블랴찌)
누르러지다, 노랗게되다;	**желтеть** (쥌르쩨찌)
누르스름한(색깔), 엷은 청황색, 황색을 띤	**желтоватый** (쥌또와뜨이)
누벽(壘壁), 성벽; 방어물	**вал** (왈)
누비다	**стегать** (스쩨가찌)
누설하다, 밝히다; 폭로하다; 공표하다	**раскрывать** (라쓰크르와찌)
누설하다, 입 밖에 내다	**разболтать** (라스발따찌)
누에, 나방, 가잠(家蠶)	**шелкопряд** (쉘까쁘래드)
누운 측백나무, 지빵나무의 일종	**туя** (뚜야)
누워(엎드려) 숨다	**прилечь** (쁘릴래치)
누워있다; (놓여)있다	**лежать** (레좌찌)
누이, 언니, 누나, 누님, 매씨, 동생	**сестра** (쎄쓰뜨라)
누이다, 가로 눕히다	**складывать, возложить, выложить** (스클라듸와찌) (바즐라쥐찌) (븰라쥐찌)
누이다, 가로 눕히다.	**положить, подложить** (빨로지찌) (뽀들로쥐찌)
누전; 누수; 누설, 드러남; 누출물; 누출량; 누손(漏損)	**потери** (빠쩨리)
누진(증대)되다, 강화되다, 늘어가다,	**нарастать, нарасти** (나라쓰따찌)(나라쓰찌)

누진, 증대, (점차적)장성	**нарастание** (나라쓰따니에)
누차, 재삼, 여러 번, 몇 번이나, 여러차례의	**неоднократный** (네아드노크라뜨느이)
누추한 것, 비루한 것	**нечистоплотность** (네치쓰따쁘로뜨노쓰찌)
누추한 일, 더러운 사건, 스켄들, 추문	**скандал** (스깐달)
누추한, 해찰궂은, 더러운, 지저분한	**нечистоп-лотный** (네치쓰따쁘로뜨느이)
눅눅해지다, 습기차다	**отсыреть** (앗쓰레찌)
눈 녹이는 날씨, 눈석임, 해동, 눈녹음(녹은 물),	**оттепель** (옷쩨뻴)
눈 더미, 눈 무지	**заносы** (자노씌)
눈 먼사람, 소경, 장님, 맹인	**слепец** (슬레뻬쯔)
눈 모양의 것; 작은 구멍;(바늘의) 귀; 닻고리	**петля** (뻬뜰랴)
눈 무더기, 눈 더미, 눈구덩이	**сугроб** (수그로브)
눈(얼음이) 녹아 없어지다	**стаять** (스따야찌)
눈, 먼지 등 몽글몽글 올라가다, 흩날리다;	**крутиться** (크루찌쨔)
눈, 비가 내리다(오다)	**падать** (빠다찌)
눈이(비가) 내리다(오기 시작하다)	**пойти** (빠이찌)
눈, 싹, 잎눈, 봉오리; 발아(기), 무성아(無性芽)	**почка** (뽀치까)
눈(얼음)이 녹다	**растаять, таять**

	(라쓰따야찌)(따야찌)
눈, 동공, 눈동자	**глаз** (글라즈)
눈; 설(雪), 눈발	**снег** (스녜그)
눈감아주다, 모르는 체하다, 묵인하다	**потакать** (빠따까찌)
눈같이 흰, 새하얀	**белоснежный** (벨라쓰녜쥐느이)
눈길(생각)이 산만해지다, 집중되지 않다	**разбегаться** (라스베가쨔)
눈길, 시선, 눈초리	**глаз** (글라즈)
눈까풀, 눈가죽, 눈시울	**веко** (붸까)
눈꽃, 바람꽃, 갈란투스, 아네모네(anemone)	**подснежник** (빧쓰녜즈닉)
눈더미, 쌓인 눈더미	**снегозадержание** (스네가자제르자니예)
눈동자, 동공(瞳孔)	**зеница, зрачок** (제니짜) (즈라초크)
눈뜬장님	**близорукость** (블리조루까쓰지)
눈멀게 하다, ~의 눈을 가리게(눈가림을) 하다	**ослепить** (아쓸레삐찌)
눈물 어린(눈 따위); 눈물이 헤픈; 눈물을 자아내는	**слёзно** (슬료즈나)
눈물: 누액, 누수	**слеза** (슬레자)
눈물을 흘리다, 울기 시작하다, 몹시울다	**расплакаться** (라스쁠라꺄쨔)
눈물을 흘리다, 울다, 비탄[슬퍼]하다	**поплакать** (빠쁠라까찌)

눈물을 흘리다, 울다, 비탄[슬퍼]하다	**заплакать** (자쁠라까찌)
눈물의; 눈물을 흘리는; 울 것 같은	**слёзный** (슬료즈느이)
눈물짓다, 눈물을 흘리다	**прослезиться** (쁘라쓸례지쨔)
눈뭉치 눈싸움; 눈덩이	**снежок, снежки** (스녜조크) (스녜즈끼)
눈보라 취설(吹雪), 설풍, 설한풍, 눈바람	**буран, вьюга** (부란) (뷔유가)
눈보라, 취설(吹雪), 설풍, 설한풍, 눈바람	**метель, пурга** (몌뗄) (뿌르가)
눈부신, 현란한, 황홀한	**ослепительный** (아쓸례삐쩰느이)
눈부신, 휘황찬란한, 현혹적인	**ярко – белый** (야르꼬-벨릐)
눈비시게 하다, 눈을 못보게 하다, 눈을 못 뜨게 하다	**слепить** (슬례삐찌)
눈사람, 설인(雪人)	**снеговик** (스녜가비크)
눈살을 찌푸리다, 얼굴을 찡그리다, 뚱한 표정을 짓	**насупить** (나쑤삐찌)
눈송이, 설편(雪片), 설화(雪花)	**снежинка** (스녜쥔까)
눈썹, 미모(眉毛), 각월(却月), 곡미(曲眉) 아미(蛾眉)	**бровь** (브로비)
눈앞이 아물(얼른, 가물)거리다	**рябить** (럐비찌)
눈에 거슬리는 것[사람] ~ы слёзы 거짓 눈물	**крокодилов** (크로꼬지로프)
눈에 뜨이지 않게, 슬쩍슬쩍, 슬그머니, 남모르게	**незаметно** (녜자몌뜨나)
눈에 띄게, 확연히, 현저히	**заметно**

	(자몌뜨나)
눈에 띄지 않는, 잘 보이지 않는	**незаметный** (네자몌뜨느이)
눈에 보이는 볼 수 있는, 눈에 띄는	**заметный, видимый** (자몌뜨느이) (뷔지므이)
눈에 보이지 않는(뜨이지 않는)	**недвидимый, невидимый** (네드비지므이)(네비지므이)
눈에 익다, 버릇(습관)되다;	**присматриваться, пригля-дываться** (쁘리스맡리와쨔)(쁘리글랴드와쨔)
눈여겨(뚫어지게) 보다, 유심히 들여다보다	**всмат-риваться** (프쓰마뜨리와쨔)
눈여겨보다, 살피다, 주시하다, 주의깊게보다	**присматриваться** (쁘리스맡리와쨔)
눈여겨보다, 자세히 보다, 구경(관람, 참관)하다	**осмат-ривать** (아쓰마트리와쨔)
눈을 가늘게 뜨다, 실눈을 하다(뜨다)	**щурить прищуриться** (슈리찌) (쁘리슈리쨔)
눈을 깜박거리다(깜박이다), 잉크하다	**моргать** (마르가찌)
눈을 막기 위한	**снегозащитный** (스네가자쉬뜨느이)
눈을 멀게 하는 것, 눈부시게 하는 것	**ослепление** (아쓸레쁠레니예)
눈을 멀게 하다, 눈부시게 하다	**ослеплять** (아쓸레쁠랴찌)
눈을 밝혀, 경각성 있게	**зорко** (조르까)
눈을 쓰리게하다, 자극하다;	**есть** (예쓰찌)
눈을 찌그리다, 가늘게 뜨다(뜨고 보다)	**зажмурить(ся)** (자쥐무리찌)
눈을 찡그리다(가늘게 뜨다), 곁눈질로 보다,	**щурить** (슈리찌)

눈을 크게 뜨다	**глядеть** (글랴제찌)
눈을 가늘게 뜨다, 반쯤 감다, 반쯤 뜨다	**жмурить** (쥐무리찌)
눈의 광선(빛)막이 등 (난로. 기계의) 가리개. 차열판	**щит** (쉬뜨)
눈의 다래끼	**ячмень** (야츠멘니)
눈의 안과의	**глазной** (글라즈노이)
눈의 표면에 생기는 어름 층, 언 눈의 표면	**наст** (나쓰뜨)
눈의 다래끼	**ячмень** (야츠멘니)
눈의, 강설의, 적설의 ~ая вода 눈석임물	**снеговой** (스네가보이)
눈의; ~ые хлопья 함박눈; ~ая лавина(~ый обвал) 눈사태	**снежный** (스네즈느이)
눈이 덮인(쌓인)	**заснеженный** (자쓰네쥅느이)
눈이 둥그란, 눈이 큰	**глазастый** (글라자쓰뜨이)
눈이 맑은	**глазастый** (글라자쓰뜨이)
눈이 맑은, 잘 보는	**зоркий** (조르끼이)
눈이 먼 것, 앞 못 보는 것	**слепота** (슬레뽀따)
눈이 먼, 보지 못하는	**слепой** (슬레뽀이)
눈이 멀다, 소경이 되다	**слепнуть** (슬레쁘누찌)
눈이 쌓인; ~ая дорога 눈길; ~ый сугроб 눈더미;	**снежный**

	(스녜즈느이)
눈이 아름다운	**ясноокий** (야쓰노오끼이)
눈이 오는 것, 눈이 내리는 것	**снегопад** (스녜가빠드)
눈이 튀어나오다	**выпучивать, выпучить** (븨뿌치와찌),(븨수치찌)
눈짐작, 눈겨눔, 눈어림, 목측	**глазомер** (글라조몌르)
눈짓하다, 눈을 끔적이다(깜박이다)	**подмигивать, подмигнуть,** (빠드미기와찌),(빠드미기누찌)
눈치 빠른, 총기 빠른	**догадливый** (다가드리브이)
눈치 없는 것, 민감치 못한 것, 무례한 것	**бестактность** (볘쓰따크노쓰찌)
눈치 없는, 버릇없는	**бестактный** (볘쓰따끄뜨느이)
눈치(이해)가 빠르지 못한	**несообразительный** (녜쏘아브라지쩰느이)
눈치(총기) 빠른, 영리한	**сметливый** (스몌뜰리브이)
눈치가 무딘, 총기가 빠르지 못한	**недогадливый** (녜다가드리브이)
눈트는 힘, 발아력, 발아률	**всхожесть** (프쓰호줴스찌)
눋게 하다, 그슬리다	**выжечь** (븨줴치)
눋다 타 죽다; (불. 연료가) 타는 (물건이) (불)타다	**жарить** (좌리찌)
눋다, 탄내가 나다	**пригорать** (쁘리가라찌)
눋다; 타 죽다. (불·연료가) 타다; (물건이) (불)타다	**обжигать** (압쥐가찌)

눌러(두드려) 납작하게 하다	**сплюснуть** (스쁠류쓰누찌)
눌러서 깨다 (다스다)	**выдавить** (븨다뷔찌)
눌러서 뭉개다, 짓밟다, 으깨다. (액체)슬럿시되다	**перема-лывать** (뻬레말릐와찌)
눌러서 뭉개다, 짓밟다, 으깨다. 가루로 만들다	**натолочь** (나똘로찌)
눌러서 뭉개다, 으깨다. 분쇄하다;	**раздробить, дробить, смять** (라스드로비찌) (드라비찌) (스먀찌)
눌러앉다, 붙박히다	**засесть** (자쎄쓰찌)
눌려서 (비벼서) 연하게 하다, 잘크러뜨리다	**мять** (먀흐찌)
눌림, 압력(壓力)	**давление** (다블레니예)
눌어붙다	**пригорать** (쁘리가라찌)
눕다, (잠시) 자다, (개가) 엎드리다.	**прилечь** (쁘릴래치)
눕다; ~ в больницу 입원하다	**ложиться, укладываться** (라쥐쨔) (우클라듸와쨔)
눕히다; ~ спать 재우다	**укладывать** (우클라듸와찌)
뉘앙스(nuance), 미묘한 차이	**оттенок** (앗쩨노크)
뉘우치는 것, 후회, 참회	**раскаяние** (라쓰까야니예)
뉘우치다, 후회(참회.고백)하다	**каяться, раскаиваться** (까야쨔) (라쓰까이와쨔)
뉴스영화 ~ фильм 시보영화	**хроникальный** (흐라니깔느이)
느껴 알다, 지각하다. 알아채다; 깨닫다	**ощутить, ощущать**

	(아슈찌찌), (아슈샤찌)
느껴지다	**почувствоваться, пахнуть** (빠추브쓰뜨붜와짜) (빠흐누찌)
느껴지다, 감촉되다	**чувствоваться** (춥쓰뜨붜와짜)
느껴지다, 일어나다	**повеять** (빠볘야찌)
느끼다, 감각하다	**чувствовать, почувствовать** (춥쓰뜨 붜와찌) (빠추브쓰뜨붜와찌)
느끼다, 감지하다, 지각하다	**щупать, пощупать** (슈빠찌) (뽀슈빠찌)
느끼다, 감촉하다, 감각하다	**ощутить, ощущать** (아슈찌찌), (아슈샤찌)
느끼다, 맛보다, 품다	**познавать, питать** (빠즈나와찌) (삐따찌)
느낄수(감촉할 수)없는; 미세한, 극히 사소한	**неощутимый** (네아수찌므이)
느낌, 감정, (시각·청각; 촉각)의 감각, 오감의 하나	**ощущение** (아슈쉐니예)
느닷없이 집어(들어)올리다; 꽉 움켜잡다; 간파하다	**нагнать** (나그나찌)
느닷없이, 별안간, 불의에	**врасплох** (프라쓰쁠로흐)
느릅나무, 느릅나무 재목	**вяз** (뷔야스)
느리게(겨우) 걸어가다(오다)	**тащиться** (따쉬짜)
느린, 더딘; 느릿느릿한, 지연된	**замедленный** (자몌들렌느이)
느린; ~ий ход 느린 속도; ~ий час 낮잠시간	**тихий** (찌히이)
느릿느릿한 걸음으로, 천천히 걸어가다	**шажком** (샤즈꼼)

느슨한 실내복	**шлафор** (쉴라폴)
느슨해[느즈러]지다, 늦추다; 완화하다	**расшатывать** (라쓰샤띄와찌)
느슨해지다, 누그러지다, 약해지다; 관대하게 되다	**оттаять** (앗따야찌)
느슨해지다, 느즈러지다, 부드럽게 하다	**разрыхлить** (라즈르흘리찌)
느헤미야(The Book of) Nehemiah)(Книга Неемии, 13장)	**Неемии** (네에미야)
늑골, 갈빗대.	**ребро** (레브로)
늑대, 승양이, 이리, 말승냥이	**волк** (뷀크)
늑막, 육막, 흉막	**плевра** (쁠레브라)
늑막염(肋膜炎) 육막염	**плеврит** (쁠레브리트)
늘 불평하는 말; (아이의) 흐느껴 우는 소리	**нытьё** (늬찌요)
늘 쓰이는, 일상적인, 평범한	**обиходный** (압비호드느이)
늘(투덜투덜) 불평하는 사람, 불평쟁이, 신음 소리	**нытик** (늬찌크)
늘, 계속, 항상	**систематически** (씨쓰쩨마찌체쓰끼)
늘, 언제나, 항상; 전부터(항상)	**все, всё, век** (프쎄) (프쑈)(볙)
늘다, 증가(확대, 강화)되다	**размножаться увеличиваться** (라즈므노좌쨔) (우뻴리치와쨔)
늘다, 확장(확대, 증식)되다, 많아지다	**разрастаться** (라즈라쓰따쨔)
늘리다, 불리다, 증대[확대]하다.	**развить[ся]**

	(라스비찌)
늘리다, 가산하다; 증가(추가)하다, 합산(합계)하다	**надбавить** (나드바비찌)
늘리다, 증가(증대)시키다, 번식시키다	**множить, размножить** (므노쥐찌)(라스므노쥐찌)
늘리다, 길게 하다, 늘이다	**нарастить** (나라쓰찌찌)
늘어(헤뜨려)놓다, 되는대로 놓다	**раскидывать** (라쓰끼듸와찌)
늘어나다, 길어지다	**тянуться, растянуться** (쨰누쨔) (라쓰쨔누쟈)
늘어나다, 증가되다, 증대되다, 더하게 되다,	**возрастать** (바즈라쓰따찌)
늘어나다, 커지다	**вытягиваться** (븨쨰기와쨔)
늘어날 수 있는	**тягучий** (쨰구치이)
늘어져있다, 처지다	**висеть** (뷔쎄찌)
늘어지다, 뻗어가다, 퍼지다	**идти** (잇찌)
늘어지다, 처지다, 휘주근해지다	**отвисать, отвиснуть** (아트비싸찌),(아트비쓰누찌)
늘이는 것, 증가, 확대: ~증산	**увеличение** (우쀌리체니에)
늘이다, 늘어놓다	**тянуть** (쨰누찌)
늘이다, 연장(연기)하다, 오래끌다	**пролонгировать, продлевать** (쁘랄론기로와찌) (쁘라들레와찌)
늘이다, 증가하다, 확대하다, 강화하다	**увеличивать** (우쀌리치와찌)
늘이다, 펴다, 뻗다, 늘어뜨리다	**вытягивать** (븨쨰기와찌)

늙는 것, 노쇠	**старение** (스따레니예)
늙다, 나이먹다, 연로하다	**состариться** (싸쓰따리쨔)
늙다, 노쇠하다, 늙어가다	**постареть, стареть** (빠쓰따례찌) (스따례찌)
늙어빠진, 노쇠한 썩어빠진, 낡아빠진	**дряхлый** (드랴흘르이)
늙은; ~ый человек 늙은이	**старый** (스따릐이)
늙은이, 나이 먹은 사람	**дед** (제다)
늙은이, 노인네	**дедушка** (제두쉬까)
늙음, 노년(老年); на ~ идет 늘그막에 가다	**старость** (스따로쓰찌)
늠름한, 위풍 있는, 남자다운	**бравый** (브라브이)
능가(凌駕)	**перерастание** (뻬레라쓰따니예)
능가(초과)하다	**перекрывать** (뻬레크르와찌)
능가하다, ~보다 낫다, ~보다 탁월하다	**превосходить** (쁘레뷔쓰호지찌)
능가하다, 압도하다, 앞서다	**затмить** (자뜨미찌)
능가할 자 없는, 탁월한, 가장 완성된	**непревзойдённый** (네쁘레브조이죤느이)
능글맞게 쫓아다니다, 따라다니면서 알랑거리다	**увиваться** (우뷔와쨔)
능금, 사과나무	**яблоня** (야블로냐)
능금(사과)주(-酒)	**яблоновка**

(야블로노브까)

능력 있다, 재능 있다, 유능하다 ~할 수 있다.	**мочь, смочь** (모치) (스모치)
능력, 힘, 능력, 능률;	**способность, мощь** (스빠소브노쓰찌) (모쉬)
능력(자질등) 주다, 부여하다, 기증[기부]하다	**жертвовать** (줴르뜨붜 와찌)
능형, 마름모(꼴, 형)	**ромб** (롬)
늦다, 늦게 오다, 지각(지체)하다	**опоздать опаздывать** (아빠즈다찌) (아빠즈듸와찌)
늦어지다, 지체(지연)되다	**запаздывать, задерживаться** (자빠즤와찌) (자제르쥐와쨔)
늦추다, 누그러뜨리다, 덜다	**ослаблять** (아쓸라블랴찌)
늦추다, 헐거워(벗어)지다	**отстёгивать, отстегнуть, расстёгивать** (앗쓰죠기와찌), (앗쓰쩨그누찌) (라쓰죠기와찌)
늦추다, 벗기다, 풀다, 풀리다	**отвернуться, отвязать, открепить** (아트붸르누쨔)(아트뱌자찌) (아트크레삐찌)
늦추지 않고 하는, 끊임없는	**неослабный** (네아쓸라브느이)
늪, 못	**пруд** (쁘루드)
니켈(nickel: 니켈(금속 원소; 기호 Ni; 번호 28); 백통)	**никель** (니껠)
니코틴(nicotine)	**никотин** (니꼬찐)
님(호칭), 선생(님), 귀하, 각하, 나리, ~씨, ~선생 ~님, ~군, ~귀하(남자의 성·성명·직명앞에 붙이는 경칭)	**господин** (가쓰빠진)

다 끝까지 쓰다; 더 보태어 쓰다, 덧쓰다	**дописать** (다삐싸찌)
다 완전히 마르다	**досохнуть** (다쏘흐누찌)
다 걷어 넣다	**уместить** (우메쓰찌찌)
다 된, 기성의;	**готовый** (가또브이)
다 들어가다, 자리잡다	**уместиться** (우메쓰찌쨔)
다 마셔 버리다, 다 먹어 버리다, 빨아들이다	**допить** (다삐찌)
다 먹다	**доедать** (다에다찌)
다 먹지 않다, 덜 먹다	**недоедать** (네다예다찌)
다 사다(가지다);	**разбирать** (라스비라찌)
다 써 버리다, 고갈시키다, 소모하다,	**истощить(ся)** (이쓰또쉬찌)
다 써 버리다, ~에서 다 짜내버리다	**вымо-тать** (븨마따찌)
다 써 버리게 되다, 소모되다, 고갈되다,	**намаяться** (나마야쨔)

- 275 -

다 썩다, 썩어빠지다	**прогнить** (쁘라그니찌)
다 잊어버리다	**перезабыть** (뻬레자븨찌)
다 자란, 어른의, 성인(成人)의	**взрослый** (프로쓸르이)
다 짓다, 준공하다, 건설을 끝내다	**отстраивать** (앗쓰뜨라이와찌)
다 타다, 다 태워버리다; 연료를 다 써버리다	**выжечь** (븨줴치)
다 타버리다, 타 없어지다	**выгорать** (븨가라찌)
다 태워버리다; 전소하다, 불기운이 죽다	**сгорать** (즈고라찌)
다 해서, 모두 합해서, 총계, 합계(合計), 총합계,	**всего** (프쎄보)
다 해진, 입어서 낡아진	**затасканный** (자따쓰깐느이)
다(끝까지) 미처하지 않다, 완성하지 못하다	**недоделывать** (네다젤 와찌)
다(마저) 마시다	**допивать** (다삐와찌)
다(마저) 해치우다, 끝내다, 뒷설겆이 하다	**доделать** (다젤라찌)
다가오다, 닥쳐오다	**нависать, нависнуть** (나비 싸찌), (나비쓰누찌)
다각형, 여러모양의 꼴, 다변형	**многоугольник** (므나가우골니크)
다그치다, 촉진시키다	**форсировать** (파르씨로와찌)
다그치다, 촉진하다, 속력을 더 내다	**ускорять** (우쓰까랴찌)

다녀오다, 머무르다, 갔다오다,	**побывать** (빠브와찌)
다년간, 여러 해에 걸친	**многолетний** (므나가레뜨느이)
다년생 단생식물(短生植物)	**эфемероид** (에페메로이드)
다니엘서(Книга Пророка Даниила, 14장)	**Даниила** (단니일)
다다르기(도달하기) 어려운; 알기 어려운	**малодоступный** (말라다쓰뚜쁘느이)
다다르다 ~까지 걸어가다(오다)	**доходить** (다호지찌)
다단식의; 여러 단계의, 순차적인	**многоступенчатый** (므나가 쓰뚜뻰차뜨이)
다듬다, 손질하다	**пройтись, обрабатывать** (쁘라이찌시)(압라바찌와찌)
다락(방)	**антресоли** (안트레솔리)
다량, 다수	**куча** (꾸차)
다량, 풍족한 것	**изобилие** (이조빌리예)
다루기 힘드는(버거운), 비실제적인	**грузный** (그루즈느이)
다루다, 처리하다, 관계하다, (내막을) 알려주다	**посвятить** (빠쓰뱌찌찌)
다룰줄 알다, 잘 알다, 정통하다, 환히 알다	**владеть** (플라제찌)
다르게, 달리; ~ говоря 달리 말하면	**иначе** (이나체)
다르다, 차이가 있다; 식별되다	**отличаться** (알틀리차짜)
다른 것, 나머지, 기타;	**остальное**

	(아쓰딸노에)
다른 것과 교환하다, 서로 바꾸다; 주고받다.	**разменяться** (라스메냐짜)
다른 곳 손님, 다른 곳에서 온 사람	**приезжий** (쁘리에즈쥐이)
다른 곳으로 이끌다(쏠리게하다)	**отвлекать** (아트블레까찌)
다른 나라의 영토 안에 끼인 한 나라의 영토	**энклав** (엔클라프)
다른 날로 옮기다, 미루다; 연기하다	**передвигать** (뻬레드비가찌)
다른 무엇보다도 특히, 우선 첫째로.	**превыше** (쁘레븨쉐)
다른 방향으로 돌리다	**обернуть** (아베르누찌)
다른 색을 들이다; 가장하다	**перекраситься** (뻬레크라씨짜)
다른 하나의, 또 하나[한사람]의	**очередной** (아체레드노이)
다른 하나의, 또 하나[한사람]의, 다른,	**другой** (드루고이)
다른 형식으로(형태를 바꾸어)말하다; 다시 세다	**пересказать** (뻬레쓰까자찌)
다른, 상이한, 서로 다른, 그 밖에	**иной, другой** (이노이) (드루고이)
다름, 차(差), 상위, 차이[상위]점, 낙차(落差)	**перепад** (뻬레빠드)
다리, 정강이; (식용 동물의) 다리, 발	**ножка** (노스까)
다리, 교량, 가교; железнодорожный ~철(길)다리,	**мост** (모쓰트)
다리가 없는(가구의)	**безногий** (베즈노기이)

- 278 -

다리가 휘어진	**кривоногий** (크리붜노기이)
다리다, 누르다, ~을 눌러 펴다, 프레스하다.	**погладить** (빠글라지찌)
다리다, 다림질(인두질)하다	**гладить, утюжить** (글라지찌), (우쮸쥐찌)
다리를 놓다, 부설(가설)하다, 건너지르다	**наводить** (나뷔지찌)
다리의 교각(橋脚), 사이기둥	**бык** (븨크)
다림질	**утужка** (우쮸즈까)
다림질되다	**погдаживать** (빠그다지와찌)
다만, 오직, ~만, ~야, ~일뿐(따름)	**только** (똘까)
다면체(多面體), 곡면체(曲面體)	**многогранник** (므나가그란니크)
다민족(多民族), 여러민족	**многонациональный** (므나가밀리온날느이)
다발, 묶음, 타래; 한 테실(면사 840야드, 모사 560야드)	**моток** (마또크)
다방(茶房), 차집	**чайная** (차이나야)
다방면적인, 다양한;	**многогранный** (므나가그란느이)
다부지게 생긴, 옹골찬	**коренастый** (까레나쓰드이)
다산, 풍부, 풍요, 비옥; 생식[생산]력	**плодовитость** (쁠로도비또쓰찌)
다산성, 열매를 많이 맺는 것,	**плодовитость** (쁠로도비또쓰찌)

다섯, 5(오), 다섯째, 제5; (달의) 5일. 5분의 1, 5도(음정)	**пять** (뺏야찌)
다섯의, 5의, 5개	**пятеро** (뼷야쩨라)
다섯째, 제5, 다섯(번)째의, 제5의, 5분의 1의	**пятый** (뺏야띄이)
다세대주택, 공동주택	**многоква-ртирный** (므노가크와르찔느이)
다소 멀건, 물기 많은 (차가) 묽은, 희박한	**жидко-ватый** (쥐드꼬와뜨이)
다소(조금), 위험한(위태로운),	**небезопасный** (네베조빠쓰느이)
다수, 다량, 많음	**уйма, тысяча** (위마) (띄쌰차)
다수, 큰 무리	**туча** (뚜차)
다수의, 많은, 수많은	**много** (므노가)
다스리다, 지배(지휘)하다, 분부(명령)하다	**повелевать** (빠뼬레와찌)
다시(한번), 처음의, 최초의, 시작의; 초기의	**сначала** (스나찰라)
다시 가열(加熱)하다, 다시 데우다	**разогревать[ся]** (라조그레와찌)
다시 고치다; 개작하다	**перерабатывать** (뼤레라바띄와찌)
다시 깔다	**перестилать** (뼤레쓰찔라찌)
다시 나누다, 재분배하다, 재분할하다	**переделить** (뼤레젤리찌)
다시 달다(저울질하다)	**перевешивать** (뼤레붸쉬와찌)
다시 모으다, (~을) 재편성하다	**сплотить**

	(스쁠로**찌**찌)
다시 묻다, 다시 물어보다, 되짚어 묻다	**переспрашивать** (뻬레쓰쁘라쉬와찌)
다시 보다, 재검토 하다, 재심의 하다	**пересматривать** (뻬레쓰마트리와찌)
다시 삶아지다	**перевариваться** (뻬레와리와쨔)
다시 세다(계산하다)	**пересчитать** (뻬레쓰치따찌)
다시 씻다, (모조리, 많이) 씻다	**перемывать** (뻬레믜와찌)
다시 울리(게 하)다	**разноситься** (라스나씨쨔)
다시 읽다, 다시 음독[낭독]하다	**перечитать** (뻬레치따찌)
다시 짓다, 개축하다	**отстраивать** (앗쓰뜨라이와찌)
다시 파다, 파서 찾다, 죄다 파다	**пере-капывать** (뻬레까쁘와찌)
다시하다; 고쳐쓰다; 개장(改裝)하다.	**перевёрты-вать[ся]** (뻬레뵤르띄와찌)(쨔)
다시(고쳐)덮는 것(씌우는 것)	**перекрытие** (뻬레크르띠예)
다시(고쳐)덮다	**перекрывать** (뻬레크르와찌)
다시(고쳐)주조하다	**переливать** (뻬렐리와찌)
다시(달리) 나누는 것, 재분배	**перераспределение** (뻬레라쓰쁘레젤레니예)
다시(달리)나누어지다, 재분배되다	**перераспределяться** (뻬레라쓰쁘레젤 랴쨔)
다시, 또, 다시[또] 한번	**опять** (아**뺘**찌)

다시, 또다시, 재차, 새로	**снова** (스노와)
다양성(多樣性)	**разнообразие** (라스나아브라시예)
다양하게 하다	**разнообразить** (라스나아브라시찌)
다양한, 가지각색의, 여러 가지의; 다른, 딴	**разный** (라스느이)
다양한, 여러 가지, 각양한	**разнообразный** (라스나아브라스느이)
다윈의 진화론(進化論)	**дарвинизм** (다르비니즘)
다음(多音)의, 운율의 변화가 있는; 다성곡의	**полифонический** (빨리포니체쓰끼이)
다음과 같은, 다음으로	**следующий** (슬레두유쉬이)
다음날까지 있다, 밤새다, 숙박하다	**заночевать** (자노체와찌)
다음에 말하는 것, 아래에 쓴 것	**сопровождение** (싸쁘라봐쥐제니예)
다음에(는), 그래서, 이번에는, 그 후에	**затем** (자쩸)
다음의, 이번의, 그 다음의, 다음(이듬.이튿)	**другой, затем** (드루고이) (자쩸)
다의의, 다의성(多義性)	**многозначный** (므노 가즈나츠느이)
다이나마이트, 폭약(爆藥)	**динамит** (지나미트)
다자주의(多者主義)	**многосторонний** (므나가쓰또론니이)
다정스럽게, 상냥하게	**ласково** (라쓰까붜)

다정하게, 정답게, 사랑스럽게	**любовно** (류보쁘나)
다정한, 진정한, 진심의;	**задушевный** (자두쉐브느이)
다지다, 고르게 하다, 튼튼히 하다	**трамбовать** (뜨람보와찌)
다짐, 맹세, 서약, 언약; давать ~ 다짐하다	**зарок** (자로크)
다짐하다; ~을 안하겠다고 맹세하다	**зарекаться** (자례까짜)
다쳐서 상하게 하다	**отбивать** (아트비와찌)
다층 단열판	**энсонит** (엔싸니트)
다치다, 건드리다	**затрагивать** (자뜨라기와찌)
다치다, 부상당하다	**порезаться** (빠례자짜)
다치게 하다, 부상을 입히다	**поранить** (빠라니찌)
다투게(싸우게) 하다, 불화를 일으키다	**ссорить** (스쏘리찌)
다투다 (많은 사람과 또는 서로) 싸우다	**переругаться** (뻬레루가짜)
다투다, 싸우다; 관계를 끊다	**поругаться** (빠루가짜)
다툼, 싸움, 불화; быть в ~e 사이가 나쁘다	**ссора** (스쏘라)
다툼질, 말다툼, 총질, 맞불질	**перепалка** (뻬레빨까)
다할 줄 모르는, 다 써버릴 수 없는	**неистощимый** (네이쓰또쉬르이)
다항식(多項式), 여러 마디식	**многочлен**

	(브나가츠롄)
다행증(多幸症)	**эвфория** (에브파리야)
닥쳐오는 것, 도래; c ~м ночи 밤이 되자	**наступление** (나쓰뚜쁘레니예)
닥쳐오다, 가까워오다	**приблизиться** (쁘리블리지쨔)
닥쳐올 때, 앞날, 장래	**грядущее** (그랴두쉐에)
닦는 것, 쌓는 것, 부설	**закладка** (자클라드까)
닦다, 깨끗이 하다, 씻다	**вытирать, протереть** (븨띠라찌),(쁘라쩨레찌)
닦아진, 광택 있는, ~ная бумага 샌드페이퍼	**полировальный** (빨리로왈느이)
단 것, 단맛 ~и 당과류, 단음식	**сладость** (슬라드오쓰찌)
단 둘이서; 맞서서; ~ с собой 혼자서, 홀로	**наедине** (나예지네)
단 묶는 기계	**сноповязалка** (스나빠뱌잘까)
단 하나의, 단 한 개의, 단지 홀로의	**одиночный** (아진노츠느이)
단(壇), 고대(高臺), 대지(臺地); 교단, 연단	**платформа** (쁠라트포르마)
단, 계단, 층계; каменная ~ 디딤들, 디딤단	**ступенька** (스뚜뼨니까)
단, 달콤한; 기분이 좋은	**сладкий** (슬라드끼이)
단, 묶음, 묶은 것, 꾸러미	**вязанка** (뼤야잔까)
단, 층(層) 뒤로 갈수록 높아지는 관람석 각 계단	**ярус**

	(야루쓰)
단간짜리, 단간방, 원룸, 싱글룸	**однокомнатный** (아드나꼼나뜨느이)
단거리 경주, 전력 질주, 스프린트, 넣기(체육)	**бросок** (브로쏙)
단거리 선수	**спринтер** (스쁘린쩰)
단거리의 보행 мелкими ~ками 종종 걸음으로	**шажок** (샤조크)
단거리의; ~ бег 단거리달리기	**спринтерский** (스쁘린쩨르쓰끼이)
단검, 비수	**кинжал** (낀좔)
단것;(기본식사 후에 내놓는) 과일이나 당과류	**сладкое** (슬라드꼬예)
단결(團結), 결속	**сплочение** (스쁠로체니예)
단결하다, 단합하다	**сплочённость** (스쁠로촌노쓰찌)
단결, 단합	**консолидация** (깐쏠리다찌야)
단결시키다, 계속시키다	**цементировать** (쩨멘찌로와찌)
단계, 순차	**ступень** (스뚜뻰니)
단계; ~ развития 발전단계	**фаза, тур** (파자) (뚜르)
단골손님, 늘 오는 사람	**завсегдатай** (자브쎄그다따이)
단공류(單孔類)	**яйцекладущие** (야이쩨클라두쉬에)
단기, 단기간	**краткосрочный** (크라뜨까쓰로츠느이)

단념, 포기	**отречение** (앗례체니예)
단념하다, 거부(포기)하다;	**отрекаться** (앗례 까짜)
단단한, 단단히 맨, 탄탄한	**узкий** (우즈끼이)
단단해지다, 경화되다, 강해지다	**закаляться, пополнеть** (자깔랴짜), (빠뽈녜찌)
단단해진, 경화된, 강해진, 굳어진,	**матёрый** (마죠르이)
단단히 혼나다	**доставаться** (다쓰따와짜)
단독(丹毒)	**рожа** (로좌)
단독으로; 따로따로, 개별적인	**одиночный** (아진노츠느이)
단독의, 유일한, 드문, 개개의,	**единичный** (예지니츠늬이)
단독적인	**сепаратный** (쎄빠라뜨느이)
단두대, 교수대, 교대; 옥대, 의가	**эшафот** (에샤포트)
단락, 문단, 란, 항, 절(節)	**абзац рубрика** (아브자쯔) (루브리까)
단련; 연금(鍊金), 단야(鍛冶), 단철(鍛鐵)	**закалка** (자깔르까)
단련; аутогенная ~ 자기 단련	**тренировка** (뜨레니로브까)
단련되다, 튼튼하다	**закаляться** (자깔랴짜)
단련된, 강인한	**закалённый** (자깔룐느이)

단련시키다; ~ тело 몸을 단련하다	**тренировать** (뜨레니로와찌)
단면(도); 절단, 분할; 절개,(입체의) 절단면	**профиль** (쁘로필)
단면, 자른면, 절단면(切斷面)	**срез** (스레즈)
단백질(蛋白質)	**белок** (벨록)
단번에, 단숨에	**разом** (라좀)
단색(短索), 조색	**шкентель** (쉬껜쩰)
단선의, 단선인; 하나밖에 모르는	**одноколейный** (아드나깔레이느이)
단세포의, 홑세포의, 단 하나의 세포,	**одноклеточный** (아드나클레또츠느이)
단순(간단)하게 하다	**облегчить** (아블렉치찌)
단순한, 간단한	**примитивный** (쁘리미찌브느이)
단순한, 까다롭지 않은; 소박한	**незамысловатый** (네자믜쏠로와뜨이)
단순화, 간소화, 비속화 감소, 약화	**редукция, упрощение** (레둑찌야) (우쁘로쉐니에)
단시간, 단기간, 단기	**кратковременный** (크라뜨까브레멘느이)
단식요법	**голодание** (갈로다니예)
단식투쟁	**голодовка** (갈로도프까)
단어 만들기, 단어조성	**словообразование** (슬로붜오브라조바니예)
단어, 어휘, 낱말	**слово**

	(슬로붜)
단어결합(單語結合)	**словосочетание** (슬로붜쏘체따니예)
단어변화, 어휘변화	**словоизменение** (슬로붜이즈메네니예)
단어의 사용, 단어의 사용법	**словоупотребление** (슬로붜우뽀뜨레블레니에)
단어합성	**словосложение** (슬로붜쓸로줴니예)
단어형태	**словоформа** (슬로붜포르마)
단위, 구성 (각 종류의) 단위(량), 학점, 단원	**единица** (예지니짜)
단위, 구성[편성] 단위.	**секция подразделение** (쎄크찌야)(빠라즈젤레니예)
단위, 척도; 한도; 정도; 방책, 대책, 조치, 수단	**мера** (메라)
단음, 단조; 단조로움, 천편일률, 무미건조, 지루함	**проза** (쁘로자)
단일, 단독, 단 하나, 단 한 개, 단지 홀로	**единичность** (예지니츠노쓰찌)
단일성, 단순성; 편이성	**простота** (쁘라쓰또따)
단일한, 단순한	**простой** (쁘라쓰또이)
단자(가구.커튼용), 1/10 베드로의 주량	**штоф** (쉬또프)
단자(緞子), 능직(綾織), 능직천, 다마스크 강철;	**штоф** (쉬또프)
단자의, 능직의, 연분홍색의, 석죽색의	**штофный** (쉬또프느이)
단절, 결속, 통일	**спаянность** (스빠얀노쓰찌)

단정치 못한, 깨끔찮은, 꾀죄죄한	**нечистоплотный** (네치쓰따쁘로뜨느이)
단정치 못한; 꾀죄죄한, 초라한,	**неряшливый** (네랴슬리브이)
단정치 못한; 꾀죄죄한, 초라한; 데퉁바리;	**чушка** (추쉬까)
단정하게; ~ настрого 아주 엄하게	**строго** (스뜨로가)
단정하다, 차려입다	**рядиться** (래지쨔)
단정하지 못한, 난잡한(복장); 세련되지 못한,	**поношенный** (빠노쉔느이)
단정한, 산뜻한, 꼼꼼한	**опрятный** (아쁘랴트느이)
단정한	**строгий** (스뜨로기이)
단정히 (반듯이) 하다, 정돈하다	**оправлять** (아쁘라블랴찌)
단조(鍛造)하다. (쇠를) 불리다;	**сковать** (스까와찌)
단조로움, 천편일률	**однообразие** (아드나아브라지예)
단지(段地)(경사지를 계단모양으로 깎은);	**террасированный** (쩰라씨로완느이)
단지, 항아리, (도기·금속·유리의) 원통형의 그릇(통)	**банка** (반까)
단지, 항아리, 독, 중두리	**горшок** (가르속)
단체, 조직	**организация** (아르가니자치야)
단체·사회 따위의 일원(一員); 정당의 회원,	**партийный** (빨찌이느이)

단추, 맞단추, 결 단추, 커프스 버튼	**застёжка** (자쓰쬬쥐까)
단추, 커프스 버튼	**пуговица** (뿌고비짜)
단추로 꼭 채우다, 단추를 채우다, 묶다,	**застегнуть(ся)** (자쓰쩨그누찌)
단추를 벗기다; 열어 제치다.	**расстегнуть** (라쓰쩨그누찌)
단추를 안 채우고, 앞섶을 헤치고;	**нараспашку** (나라쓰빠쉬꾸)
단추를 채우다, 죄다, 잠그다, 채우다	**застёгиваться** (자쓰쬬기와짜)
단축, 축소, 삭감	**сокращение** (싸크라샤니예)
단축하다, 낮추다	**сбавлять, сбавить, сжать** (즈발야찌), (즈바비찌),(즈좌찌)
단춧구멍, 단추구멍에 꽂는 장식 꽃.	**петлица** (뻬뜰리차)
단층; ~ое здание 단층 건물	**одноэтажный** (아드나에따즈늬이)
단파(의) ~ предатчик 단파송신기	**коротко-волновый** (까로뜨꼬볼노브이)
단판(單瓣)의, 단각(單殼)의. 단 하나(한 개)의	**одност-ворчатый** (아드나쓰뜨볼차뜨이)
단편, 절단[삭제] 부분, 편집, 교정	**купюра** (꾸쀼라)
단편, 조각, 끄트러기, 쪼가리. 부분, 구획	**долька** (돌까)
단편적인, 토막으로 이루어진;	**отрывочный** (앗릐보츠노이)
단풍나무	**клён** (클론)
단항식(單項式), 일항식	**одночлен**

	(아드나흘롄)
단호한, 결연한, 절대적인;	**категорический** (까쩨고리체쓰끼이)
단호한, 과감한	**решительный** (레쉬쩰르느이)
단화(短靴), 워킹슈즈	**полуботинки** (빨루보쩐끼)
단화; 운동화; домашнии ~ 실내화	**тапочки** (따뽀츠끼)
닫다, 덮다, 막다, 폐문(폐쇄)하다	**закрывать** (자크리와찌)
닫힌, 밀폐한; 밀집[밀생]한, 폐쇄한;	**сомкнутый** (싸므크누뜨이)
달, 월(月), 한 달, 일 개월, 30일,	**месяц** (메쌰쯔)
달; полная ~ 보름달, 만월	**луна** (루나)
달걀 모양의, 알 모양의, 난생의	**яйцевидный** (야이쩨비드느이)
달걀(계란); 난세포, 알(卵), 고환(睾丸)	**яйцо** (야이초)
달걀의 노른자위, 난황(卵黃); 양모지(羊毛脂)	**желток** (줼또크)
달거리, 생리, 월경, 경도. 멘스(mens)	**менструация** (멘쓰뜨루아찌야)
달구다, 작열시키다	**накаливать** (나깔리와찌)
달구지(두 바퀴), 짐마차, 수레: 짐수레	**арба** (아르바)
달다, 무게를 재다, 저울질하다, 계량하다	**взвешивать** (쓰베쉬와찌)
달라붙다, 건드리다, 틀어쥐고 나가다	**браться** (브라짜)

달라붙다, 들러붙다, 떨어지지 않다,	**наклеить(ся)** (나끌레이찌)
달라붙어 놓지[떨어지지] 않는, 차진, 끈끈한	**клейкий** (클레이끼이)
달라지기, 이화(작용)	**диссимиляция** (지쓰씨미랴찌야)
달라지다, 변하다, 변화되다	**изменяться** (이즈메냐쨔)
달래다 진정시키다, 안심시키다	**успокаивать** (우쓰뽀까이와찌)
달래다, 무마[회유]하다.	**примирить** (쁘리미리찌)
달래다, 진정시키다, 가라앉히다; (식욕을) 채우다	**утихомирить** (우찌호미리찌)
달래다; 안절부절하고 돌아다니다	**няньчиться** (느얀치쨔)
달러(dollar), 불(弗), 미불(未弗), 미화(美貨)	**доллар** (돌라르)
달려(뛰어)가다	**убегать** (우베가찌)
달려 올라가다, 뛰어 올라가다, 치닫다	**взбегать** (브베가찌)
달려가다, 급하게 가다, 잠깐 들르다	**сбегаться** (즈베가쨔)
달려들다(덤벼들다), 돌진하다, 맥진[쇄도]하다	**бросаться** (브로싸쨔)
달려들다, 갑자기 덤벼들다	**напускаться** (나뿌쓰까쨔)
달려들다, (불행, 재난 등이)닥쳐오다	**обрушиваться** (아브루쉬와쨔)
달려들다, 갑자기 찾아오다(뛰어들다)	**обрушиться** (아브루쉬찌)

달려들다, 밀려들다, 뛰어 들어가다, 돌입하다	**врываться** (브릐와쨔)
달려들도록(쫓도록)부추기다(사축하다)	**напускать** (나뿌쓰까찌)
달려있다, 매달리다, 좌우되다	**зависеть** (자비쎄찌)
달리, 다르게, 다른 방법으로	**по-иному** (빠-이노무)
달리기 선수	**бегун** (볘군)
달리기, 경주(競走)	**забег** (자볘그)
달리기, 러닝(running)	**бег** (볘크)
달리기, 주행(走行)	**пробег** (쁘라볘크)
달리다, 달음박질하다, 뛰어가다	**бежать** (볘좌찌)
달리다, 뛰다, ~에 도착하다, ~에 도달하다,	**добегать** (다베가찌)
달리어 앞지르다; ~보다 앞서다	**обгонять** (압가냐찌)
달리지다, 변하다	**меняться** (메냐쨔)
달성, 성취, 도달; ~е цели 목적의 달성	**достижение** (다스찌줴니에)
달성하다, 이루다, 쟁취하다, 성취하다	**добиться** (다비쨔)
달성하다, 이룩하다, 거두다, 성취(쟁취)하다	**достигать** (다스찌가찌)
달성할 수 없는, 다 닫지 못할,	**недостижимый** (네다쓰찌쥐므이)
달아가다, 도망가다	**улетать**

	(울례따찌)
달아나다, 탈출[도망]하다	**брызнуть, вырваться** (브르지누찌) (븨르 와짜)
달아오르다, 붉어지다, 화끈해지다	**пылать** (쁼라찌)
달음질, 달음박질, 뜀박질, 경주(競走)	**бег** (볘크)
달의 출차(出差)	**эвен** (에볜)
달의; ~ый свет 달빛; ~ое затмение 월식	**лунный** (룬느이)
달코무레한, 달착지근한; 알랑거리는	**слащавый** (슬라샤브이)
달팽이, 산와, 와우(蝸牛), 여우(蠡牛)	**улитка** (울리뜨까)
달필가, 서예가	**переписчик** (뻬레삐쓰칙)
닭(새)의 털을 뜯다(뽑다)	**ощипать** (아쉬빠찌),
닭; 닭고기, 치킨	**курица** (꾸리짜)
닭고기	**курятина** (꾸르야찌나)
닭공장, 가금공장	**птицефабрика** (쁘찌쩨파브리까)
닭우리, 닭장	**курятник** (꾸르야뜨니크)
닭의, 닭고기의, 병아리; ~ое яйцо 달걀;	**куриный** (꾸리느이)
닭장의 홰, 횃대; садиться на ~ 홰에 오르다	**насест** (나쎼쓰트)
닮은, ~와 같은, ~와 같다, ~처럼, 마치;	**как** (까크)

- 294 -

닮음, 유사(有事), 같은 모양	**похожий, подобие** (빠호쥐이) (빠다비예)
닮지 않은, 비슷하지 않은	**непохожий** (네빠호쥐이)
닳아 해지다, 입어서 낡아지다, 헐어지다	**обноситься** (압나씨쨔)
닳아해진, 입어서 낡은, 누더기의, 해진, 헌	**поношенный** (빠노쉔느이)
닳아빠진; 야윈 ~ое бельё 속옷, 내의	**нательный** (나쩰리느이)
닳아서 꿰지다, 창이 나다	**протираться** (쁘라찌라쨔)
담그다, 우리다, 빚다; 익히다; 만들다; 담다	**настаивать** (나쓰따이와찌)
담그다, 잠그다, 적시다	**макать** (마까찌)
담그다, 적시다, 배어들게 하다; 함빡 젖게 하다	**вымочить** (븨마치찌)
담그다, 살짝 담그다.	**окунать, погрузить** (아꾸나찌)(빠그루지찌)
담낭염	**холецистит** (할레찌쓰찌트)
담당하다, 책임지다	**принимать** (쁘리니마찌)
담박한, 욕심이 없고 마음이 깨끗한	**непритязательный** (네쁘리쨔자쩰느이)
담배 안 피우는 사람; вагон для ~их 금연 차	**некурящий** (네꾸랴쉬이)
담배 한 모금	**затяжка** (자쨔즈까)
담배(를) 피우다; ~ воспрещается 금연	**курить** (꾸리찌)
담배, 상사초, 궐련, 권연, 권연초, 개꼬리	**сигареты**

- 295 -

	(씨가레뜨이)
담배, 남초(南草), 담파고(淡婆姑), 연초(煙草),	**табак** (따바까)
담배를 피우는 것, 흡연	**курение** (꾸레니예)
담배를 피우다, 담배연기를 피우다	**дымить** (듸미찌)
담배연기를 들이 삼키다, 담배 한 모금 빨다	**затягиваться** (자쨔기와쨔)
담배재배, 연초재배	**табаководство** (따바꼬볻쓰뜨붜)
담배피우는	**курящий** (꾸르야쉬이)
담뱃갑	**табакерка** (따바꼐르까)
담뱃불을 붙이다	**прикуривать** (쁘리꾸리와찌)
담보자, 보증인(保證人)	**гарант** (가란트)
담비, 산달, 누른 돈	**куница** (꾸니짜)
담석의	**желчнокаменный** (쥉츠노까멘느이)
담이나 벽 따위의 금, 갈라진 틈. 틈새, 짬, 간격	**окно** (아크노)
담즙(질)의 담즙 이상의[에 의한]	**желчный** (죨츠늬이)
담즙, 기분이 언짢음, 짜증 (동물의) 담즙, 쓸개즙	**жёлчь** (죨치)
담화(談話), 면담(面談)	**беседа** (볘쎄다)
담화(談話), 좌담회(座談會)	**собеседование**

	(싸볘쎼다와니예)
담화하다, 이야기를 나누다	**беседовать** (볘쎄다와찌)
담황갈색에 흰 반점이 있는 사슴	**лань** (란니)
답답하다 짜다, 압박하다, 괴롭히다,	**тошно** (또스나)
답답하다, 고통을 주다, (줄 따위 가) 팽팽히 켕긴	**жать** (좌찌)
답변(答辯), 대꾸, 지적의 말	**реплика** (레쁠리까)
당 및 국가, 국가와 정당	**партийно-государственный** (빨찌나-고쑤달 쓰뜨뷌느이)
당구(撞球), 당구대(撞球臺)	**бильярд** (빌리야르트)
당구봉	**кий** (끼이)
당기다, (세게) 잡아당기다	**буксировать** (북씨라와찌)
당김, 장력, 늘어나는 것	**растяжение** (라쓰쨔줴니예)
당김대, 연결대;	**тяга** (쨔가)
당나귀, 나귀; 여마(驢馬)	**ишак** (이샤크)
당뇨병, 오줌 사태병	**диабет** (지아볘트)
당돌한 행동, 무례한 짓, 샘퉁이	**дерзость** (제르조쓰찌)
당돌한, 시큰둥한, 무례한	**дерзкий** (제르즈끼이)
당면한, 긴급한	**боевой** (바예보이)

당면한, 선차적인	**очередной** (아체례드노이)
당번, 당직, 일직 당번, 숙직	**дежурны** (제주르느이)
당선, 선택, 선거	**избрание** (이즈브라니예)
당선자, 선거 받은 사람	**избранник** (이즈브란니끄)
당신 자신을[에게]. ~е сами 생각해보시오	**посудить** (빠쑤지찌)
당신(들)은[이]; 자네(들)은[이]	**вам** (밤)
당신(들)은. 너(는), 그대(는)에게, 그대를.	**тебе, тебя, тобой тобою** (쩨베),(쩨뱌)(따보이), (따보유)
당신들, 너희들, 여러분(2인칭의 높임) вы(인칭대) вас (생, 대), вам (여), вами (조), о вас (전)	**вы** (븨)
당신의 소원(의견)대로	**по-вашему** (빠-와쉐무)
당신(들)의, 너희들의, 당신네	**ваш, ваше, ваша, ваши** (와쉬) (와쉐), (와샤), (와쉬)
당연하다, 이상할 것 없다;	**немудрено** (네무드레나)
당원(黨員), 정당원(政黨員), 당인(黨人)	**партиец** (빨찌예츠)
당원이 아닌; 비당적인	**непартийный** (네빠르찌이느이)
당장(當場), 곧, 이제 곧;	**вот-вот** (붜트-붜트)
당직 근무자(勤務者)	**вахтённый** (와쫜느이)
당직(當直), 일직(日直), 주번	**вахта** (와흐따)

당직의, 일직의	**вахтённый** (와쫀느이)
당첨되다, 당첨되어 얻다, 따다	**выиграть** (븨이그라찌)
당콩, 강낭콩, 강남두, 강낭콩	**фасоль** (파쏠)
당콩의, 강낭콩의, 완두콩의	**фасолевый** (파쏠레브이)
당하게(처하게) 하다	**предать** (쁘레다찌)
당하다, 겪다, 입다; ~убытки 손상을 입다	**нести** (네쓰찌)
당하다, 경험하다, 받다	**потерпеть, подвергаться** (빠쩰뻬찌) (빤볘르가쨔)
당하다; ~ущерб 손해를 입다	**терпеть** (떼르뻬찌)
당혹한, 당황한 혼란한; 당황한. 무안해 하는	**сконфуженный** (스깐푸줸느이)
당황(唐慌), 어쩔 줄 모르는 것	**растерянность** (라쓰쩨랸노쓰지)
당황(망조, 호락)	**смятение** (스먀쩨니예)
당황망조, 혼비백산, 공포, 혼란	**паника** (빠니까)
당황망조하다, 겁을 먹다, 공포에 사로잡히다	**паниковать** (빠니까와찌)
당황케 하는, 제정신을 잃게 하는, 당황한,	**панический** (빠니체쓰끼이)
당황케 하다; 실망[낙담]시키다.	**смущать** (스무샤찌)
당황하게 하다, 어리둥절하게 하다	**эпатировать** (에빠찌로와찌)
당황하지 않다	**найтись**

	(나이찌시)
당황한; 혼란한, 헛갈리는; 지리멸렬한	**невнятный** (네브냐뜨느이)
당황해하는	**растерянный** (라쓰쩨란느이)
당황해하다, 어찌할 바를 모르다	**теряться** (쩨랴쨔)
당회의, 당(당파.정당)의 회합, 집회	**партсобрание** (빠르뜨싸브라니예)
닻, (발전기의) 회전자, (터빈의) 회전부, 회전날개	**якорь** (야꼴리)
닿다, 맞닿다, 잇닿다, 다치다	**касаться** (까싸쨔)
대(나무), 죽재(竹材)	**бамбук** (밤북)
대(隊), 반	**команда** (까만다)
대, 자루, 손잡이, 병부(柄部), 파수(把手),	**стержень** (스쩨르쩬니)
대가, 거장	**исполин** (이쓰뽈린)
대가, 희생, 노력	**цена** (쩨나)
대가리	**головка** (갈로프까)
대가리가 없는 못, 은혈 못	**штифт** (쉬찌프트)
대각선(對角線), 사선, 비스듬한 줄[길]	**диагональ** (지아고날)
대강대강, 얼핏	**бегло** (볘글라)
대건물	**гигант**

	(기간트)
대결, 대적, 반항	**противоборство** (쁘라찌붜보르쓰뜨붜)
대공의, 방공의. ~ая оборона 대공(對空)	**противовоз-душный** (쁘라찌붜보즈두쉬느이)
대공방어(對空防禦)	(противовоздушная оборона)**ПВО** (뻬붸오)
대관식(戴冠式)	**коронация** (까로나찌야)
대구경의	**крупнокалиберный** (크루쁘노까리벨느이)
대궐(大闕)	**терем** (쩨렘)
대규모	**масштабный** (마쓰쉬따브느이)
대금업자, 전당포(주인), 고리대금업자	**ростовщик** (라쓰따브쉬크)
대기(大氣), 공기(空氣)	**атмосфера** (알마쓰페라)
대기, 기회를 노리는 것, 엿보는 것	**выжидание** (븨쥐다니에)
대기권(大氣圈)	**атмосфера** (알마쓰페라)
대꾸질, 말다툼, 논쟁	**пререкание** (쁘레레까니예)
대농장; политическая ~ 경제정책	**экономия** (에까노미야)
대단한	**безумный** (볘줌느이)
대단히 귀중한, 고상한	**неоценимый** (녜아쩨니므이)
대단히, 매우, 몹시, 무척, 가장, 제일(第一);	**самый** (싸므이)

- 301 -

대단히~, 매우, 극히~, 거의	**самый** (싸므이)
대담성, 담기	**дерзость** (제르조쓰찌)
대담한, 용감한, 날샌	**удалой лихой** (우다로이) (리호이)
대답(회답, 답변)하다, 응답(호응)하다;	**отвечать** (아트볘차찌)
대답, 회답; 답변; 응답, 해답, 답(答)	**ответ** (아트볘트)
대대(大隊: 군대 편성 단위; 4개 중대로 편성됨)	**батальон** (바탈온)
대동맥(大動脈)	**аорта** (아오르따)
대들보, 도리. (갑판을 버티는) 가로 들보	**перекладина** (뻬레클라지나)
대등한, 동등한, 비등한	**квиты** (크비띄)
대략, 약(約), 쯤	**этак** (에따크)
대략적인, 근사한, 대체[대략]의	**примерный** (쁘리몔느이)
대량, 다량, 다수, 많음. 많은 것	**масса** (마싸)
대렬, 대오: стоять в ~ю 대열에 서있다	**строй** (스뜨로이)
대륙(大陸)	**континент** (깐찌넨트)
대륙, 뭍, 육지, 지상, 땅	**материк** (마쩨리크)
대륙의, 뭍의, 대지의, 땅의	**материковый** (마쩨리꼬브이)

대리를 하다, 대행하다	**заместить** (자몌쓰찌찌)
대리석(大理石), 석회암	**мрамор** (므라몰)
대리인(代理人), 에이젠트, 대변인, 직원	**агент** (아곈트)
대리자, 부책임자	**заместитель** (자몌스찌쩰)
대리점, 지점(支店), 출장소(出張所)	**агентство** (아곈쓰트붜)
대립, 대치	**противопоставление** (쁘라찌붜뽀쓰따블레니예)
대립, 충돌, 대항(對抗), 대결(對決)	**противоречие** (쁘라찌붜레치예)
대머리, 벗어진 곳, 번대진 곳	**лысина** (릐씨나)
대머리가 되다, 머리가 벗어지다	**лысеть** (릐셰찌)
대명사, 대이름씨	**местоимение** (몌쓰따이몌니에)
대문, 출입문(出入門), 문	**ворота** (바로따)
대문자, 머리글자 ~ая буква 대문자	**прописной** (쁘라삐쓰노이)
대물렌즈, 대물경(對物鏡);	**объектив** (아비예크찌프)
대변, 똥, 분변(糞便), 변(便)	**испражнения** (이쓰쁘라쥐녜니야)
대변, 배설물, 똥;· 찌끼, 침전물	**кал** (깔)
대부, 대여(貸與)(돈·물건의).	**суглинистый** (수글리니쓰뜨이)
대부, 대여, 대부금, 꾸어준 돈;	**ссуда**

	(스쑤다)
대부하다, 대여하다	**ссудить** (스쑤지찌)
대비(대조)하다	**сличать** (슬리차찌)
대비 할 수 있는	**соизмеримый** (싸이즈메리므이)
대비, 대조(對照)	**противопоставление** (쁘라찌뷔뽀쓰따블레니예)
대사(大使)	**посол** (빠쏠)
대사관 일등 서기관; (국왕·귀족의)서기	**канцлер** (깐쯜렐)
대사관(大使館)	**посольство** (빠쏠쓰뜨붜)
대사면(大赦免)	**амнистия** (암니쓰찌야)
대살로니가 전서(Первое послание к Фессалоникийцам, 5장)	**1 Фес** (1, 페에쌀로니끼이참)
대살로니가 후서(Второе послание к Фессалоникийцам, 3장)	**2 Фес** (2. 페에쌀로니끼이참)
대상(對象);	**предметный** (쁘레드몔느이)
대상[물], 목표[물]	**объект** (아비예크트)
대서양(大西洋: Atlantic)	**атлантический** (아틀란찌체스키이)
대수(代數),	**алгебра** (알곕라)
대수의	**алгебраический, логарифмический** (알곕라이체쓰끼이),(라가리프미체쓰끼이)
대수학(代數學)	**алгебра** (알곕라)

대식가, 식충이, 게걸쟁이,	**баклан обжора, Едок** (바클란),(압조라),(예독)
대신(대리)하다	**подменить** (빠드메니찌)
대신에	**вместо** (브메쓰따)
대신하다 대용하다, 바꾸다, ~을 대리케 하다	**заменить** (자메니찌)
대안렌즈, 접안렌즈	**окуляр** (아꿀랴르)
대야, 세면기, 얼굴을 씻는 그릇	**таз** (따스)
대양, 해양; Тихий ~ 태평양	**океан** (아께안)
대양의; 해양의; ~ паро ход 대양선	**океанский** (아께안쓰끼이)
대어(기대어)놓다, 기대다	**приставить** (쁘리쓰따비찌)
대역, 대역배우, 대기수	**дублёр** (두블룔)
대역을 하다; 번역녹음하다	**дублировать** (두블리로와찌)
대열, 줄, 행렬(行列), 대오(隊伍)	**фронт, ряд** (프론트)(랴드)
대외경제의;	**внешнеэкономический** (브네쉬네에꼬노미체쓰끼이)
대외무역의	**внешнеторговый** (브네쉬네또르고브이)
대외사업, 외무	**иностранный** (이노쓰뜨란느이)
대외정책의, 외교의	**внешнеполитический** (브네쉬네뽈리찌체쓰끼이)
대용물, 대용품, 대체품, 예비품	**заменитель**

	(자메니쩰)
대우, [사람을 대하는]태도;	**обхождение**
	(압호제니예)
대우, 취급	**обращение**
	(아브라쉐니예)
대원수(大元帥)	**генералиссимус**
	(게네랄리씨무쓰)
대위; ~-лейтенант 해군대위	**капитан**
	(까삐딴)
대의원(代議員), 의원(議員)	**депутат**
	(제뿌따트)
대인방어(對人防禦), 맨투맨 디펜스, 지역방어	**прессинг**
	(쁘롓씬그)
대자본가, 대실업가, 실력자, 권력자	**магнат**
	(마그나트)
대장쟁이, 단야공, 단조공	**кузнец**
	(꾸즈네쯔)
대장간, 야장간, 단야직장	**кузница**
	(꾸즈니짜)
대장염, 결장염(結腸炎)	**колит**
	(꼴리트)
대접(환대)하다, 권하다, 대우하다	**угостить**
	(우가쓰찌지)
대접(待接), 영접(迎接), 응접(應接), 연접(延接)	**угощение**
	(우가쉐니에)
대조(대비)하다, 서로 연관 시키다	**соотнести**
	(싸아뜨네쓰찌)
대조(對照). 균형의, ~ отчет 결산보고	**балансовый**
	(빨란싸브이)
대조, 대립, 정반대	**контраст**
	(깐뜨라쓰트)
대조하다, 비교하다 ~에 직면하다,	**сопоставлять**
	(싸빠쓰따블랴찌)

대주교	**архиепископ, митрополит** (아르히예삐쓰꼽), (미뜨라빨리트)
대중 예배(식), 대중 숭배	**культмассовый** (꿀뜨마쏘브이)
대중 정치의	**массов-политический** (마쏘프-빠리찌체쓰끼이)
대중, 군중, 대중적인, 군중적인	**массовый** (마쏘브이)
대중문화	**культурно-массовый** (꿀뚜르노-맛쏘브이)
대중석, (극장아래층) 일반석	**партер** (빠르쩰)
대중오락 사회자, 게임 진행자, 엠씨	**массовик** (마쏘비크)
대지, 육지(바다에 대하여), 지면(地面)	**окопать[ся]** (아까빠찌)(쌰)
대체로, 대략적으로, 예비적으로	**ориентировочно** (아리엔찌로보츠노)
대추야자; ~ая пальма 대추야자나무	**финиковый** (피니꼬브이)
대추야자나무의 열매	**финик** (피니크)
대충 읽다, 쭉 훑어 보다, 스쳐보다	**пробегать** (쁘라베가찌)
대충, 대략적으로, 초벌로	**вчерне** (프체르네)
대칭(對稱: 점·선· 면 또는 이것들로 된)	**симметричность** (씸메뜨리츠노쓰찌)
대칭(성); 균형, 균정; 조화, 균정미(美)	**симметрия** (씸메뜨리야)
대칭의	**симметричный** (씸메뜨리츠느이)

대칭적으로	**симметрично** (씸메뜨리츠나)
대통, 골통대;	**трубка** (뜨루브까)
대통[파이프·호스] 주둥이, 노즐	**сопло** (쏘쁠로)
대패 건목대패, 막대패.	**шерхебель** (쉐르헤벨리)
대패, 평삭기(平削機)	**рубанок** (루바노크)
대패질	**шевингование** (쉐븬고와니에)
대패질하다	**строгать** (스뜨로가찌)
대표, 대표자, 대표인, 대표원	**делегат, экземпляр** (젤레가트), (에크젬쁠랴르)
대표단(代表團)	**делегация** (젤레가찌야)
대피소, 방공호, 엄폐; 차폐물	**убежише** (우베쥐쉐)
대하다, 태도를 취하다, 응대하다	**реагировать** (레아기로와찌)
대하여, 향하여, 떨어져, 역(逆), 반대'의 뜻	**о, обо** (오) (오바)
대학 졸업자	**аспирант** (아스삐란트)
대학(교), 종합대학(綜合大學)	**университет** (우니뼤르씨쩨트)
대학(大學), 고등교육기관	(высшее учебное заведение) **ВУЗ** (붸우제)
대학; 연구소	**институт** (인쓰찌뚜트)
대학살의 조직자(참가자); 반동배외주의자	**погромщик**

	(빠그롬쉬크)
대학생	**студент** (스뚜젠뜨)
대학원 과정	**аспирантура** (아스삐란뚜라)
대한민국. 한국, 조선, 고려, 코리아	**Корея** (까레야)
대한민국사람(들)	**корейцы** (까레이찌)
대항하다, 맞서다, 만나다 대처(극복)하다	**освоить[ся]** (아쓰보이찌)(쨔)
대형 스크린 필름 대형 필름을 영사하는.	**широкоформатный** (쉬로까폴마뜨느이)
대형 평저선, 거룻배(자갈 운반용), 평저선	**шаланда** (샬란다)
대형의 쇠망치[해머], 쇠메(대장장이의), 모루채,	**кувалда** (꾸왈다)
대화자(對話者), 말동무	**собеседник** (싸베세드니크)
대회(大會), 모임, 회합(會合)	**съезд** (스예즈)
댐 등의 유빙 배제 설비	**шугосброс** (슈고쓰브로쓰)
댕기, 리본; 테이프, 벨트; 영화 필름	**лента** (렌따)
더(나머지를) 받다	**дополучать, дополучить** (다빨루차찌),(다빠루치찌)
더(추가) 지불하다	**приплатить** (쁘리쁠라찌찌)
더 나빠지는 것, 악화, 저하	**ухудшение** (우후드쉐니에)
더 나빠지다, 타락하다, 떨어지다, 저하하다	**ухудшаться** (우후드샤쨔)

더 낮다	**ниже** (니줴)
더 높이	**выше** (븨쉐)
더 뜨다 (끈·새끼로) 묶다, 매다, 잇다	**подвязать, подвязы-вать** (빤뱌자찌), (빤뱌즤와찌)
더 많은, 더 큰(많이), 더욱 크게	**более, больший** (볼례예) (볼쉬이)
더 많이, 더 많다, 더 크게, 크다	**больше** (볼쉐)
더 멀리; 보다 멀리	**дальше** (달쉐)
더 빨라지다	**ускоряться** (우쓰까랴쨔)
더 쓰게 하다; 몹시 기분 나쁘게 하다;	**обозлить[ся]** (아바즐리찌)
더 일찍이, 일찍부터, 일찌감치; 초기에,	**раньше** (란쉐)
더 잘 꾸리는 것,	**благоустройство** (블라가우쓰뜨로이쓰뜨뷔)
더 젊은(젊게); (молодой의 비교급)	**моложе** (말로줴)
더 조이다(돌리다);	**подвернуть** (빤볘르누찌)
더 좋다; (хороший 의 비교급)	**лучше** (루츠쉐)
더 좋아함, 좋아함, 편애(偏愛)	**предпочтение** (쁘롄뽀치쩨니예)
더 좋은, 제일 좋은 (훌륭한), 우수한	**лучший** (루츠쉬)
더 추워지다	**подмораживать** (빠드모라쥐와찌)

- 310 -

더(보다) 작게(적게.작다.어리다)	**меньше** (멘니쉐)
더, 또, 조금(더욱) 더,	**ещё** (예쇼)
더는, 다시는, 앞으로는, 그 밖에는	**больше** (볼쉐)
더뎅이, 부스럼 딱지;	**струп** (스뜨루쁘)
더듬(어 찾)다, 주무르다, 손으로 더듬다,	**ощупью** (오쓔쁴-유)
더디게[느리게] 되다, 속력을 늦추게 되다	**отстать** (앗쓰따찌)
더러운 것, 추악한, 비열성	**гадость** (가다쓰찌)
더러운 놈	**гнида** (그니다)
더러운, 나쁜, 추잡한, 불결한, 불순한	**нечистый** (네치쓰뜨이)
더러운, 불결한; (손발이) 더러워지는(일 따위)	**свинский** (스빈쓰끼이)
더러워지기 쉬운	**маркий** (마르끼이)
더러워지다, 더럽혀지다, 얼룩이 묻다	**захватить** (자흐와찌찌)
더럼, 얼룩, 오점, (액체가 흐른) 흔적	**потёк** (빠죠크)
더럽히다	**замазывать нагадить** (자마즤와찌) (나가지찌)
더럽히다, 악평(비방)하다	**очернить** (아체르니찌)
더럽혀지다; 더러워지다, 얼룩이 지다	**испачкать(ся)** (이쓰빠츠까찌)
더럽히다; 손상시키다, 못쓰게 만들다,	**выпачкать, гадить**

	(븨빠츠까찌) (가지찌)
더미, 무더기	**ворох, груда** (붜라흐), (그루다)
더불어, 같이, 한가지로, ~와, ~와 함께; ~으로,	**с(со)** (에쓰)
더욱 규칙적으로 되다	**подтягиваться** (빹쨔기와쨔)
더욱 나쁘게 하다, 악화시키다, 악화하다,	**ухудшать** (우후드샤찌).
더욱 더, 한결 더 ~чаяния 기대와 달리;	**паче** (빠체)
더욱(더) 잘(хорошо 의 비교급) 훌륭히	**лучше** (루츠쉐)
더욱, 보다, 보다 더	**более** (볼례예)
더욱더, 한층 더, 더욱	**всё** (프쑈)
더운, 뜨거운, 뜨거운 열의, (몸이) 달아오르는	**жаркий** (좌르끼이)
더워지다, 따스해지다, 가열되다	**нагреваться** (나그레와쨔)
더위, 더운 기운, 열기, 온도; 열정, 열의, 열성	**жар** (좌르)
더하기, 가하기	**сложение** (슬라줴니예)
더하기부호(+), 플러스	**плюс** (쁠류쓰)
더하다, ~ жару 더욱 열성을 내다,	**поддать** (빹다찌)
더하다, 가산하다; 증가[추가]하다, 합산[합계]하다	**подлить** (빠들리찌)
더하다, 부가하다, 첨가하다	**добавлять** (다바블랴찌)

더해지다, 추가되다, 보태다	**прогрессировать** (쁘라그레씨로와찌)
덕택, 혜택	**милость** (밀로쓰찌)
덕택에, 덕분으로; ~에 의하여, ~로 인하여	**благодаря** (블라가다랴)
덕행(德行), 선행(善行); 미덕(美德)	**добродетель** (다브로제쩰)
던져 넘기다; 걸치다; 던지다, 던져 옮기다	**перекидывать** (뻬레끼드와찌)
던져넣다, 멀리 내던지다; ~에 집어던지다	**забрасывать** (자브라쓰와찌)
던져넣어 메우다, 채워넣다, 덮치다	**заваливать** (자왈리와찌)
던지다, (그물을) 던지다, (낚싯줄을) 드리우다	**вылить(ся)** (븰리찌)
던지다, 내버리다, 팽개치다	**бросаться, метать, бросать** (브로싸짜), (메따찌)(브로샤지)
던지다, 토스를 하다	**бросаться пустить** (브로싸짜) (뿌쓰찌찌)
던짐, 던지기, 던지는 것, 발사	**бросок** (브로쏙)
던짐, 던지기	**метание** (메따니에)
덜 받다, 체 다 받지 못 할, 참을 수 없는	**недополучить** (네다빨루 치찌)
덜 익은 과일, 야채의 에틸렌에 의한 조작	**этиленизация** (에띨레니자찌야)
덜걱덜걱(덜커덕덜커덕,딸그락딸그락)하는 소리나다	**брякать** (브랴 까찌)
덜기, 감법(減法), 빼기	**вычитание** (븨치따니에)

덜덜[벌벌] 떨다, 와들와들(후들후들) 떨다	**задрожать** (자드라좌찌)
덜어지다, 줄다, 약화되다; ~ в весе 무게가 줄다	**убавить** (우바뷔찌)
덜커덩거리다	**громыхать** (그라믜하찌)
덤벙[허둥]대어; 성급히, 조급히	**наскоро** (나쓰꼬로)
덤벙덤벙, 다빡다빡, 서투르게	**опрометчиво** (아쁘로메트치붜)
덤벙이는, 서투른, 호들갑스러운	**опрометчивый** (아쁘로메트치브이)
덤벼들다, 달려들다; 습격(공격, 침공)하다	**нападать** (나빠다찌)
덤불, 수풀	**заросль** (자로쓸)
덤비는 것, 분망, 분망, 몹시 바쁨	**гонка** (곤까)
덤핑, 막팔기, 투매	**демпинг** (젬뼨그)
덥석 물다, 달려들다. 잡아채다, ~을 매점하다	**разобрать** (라조브 라찌)
덥석 쥐다(잡다)	**хвататься, хватать** (흐와따쨔), (흐와따찌)
덥혀지다, 따뜻하게 되다	**отапливаться** (아따블와쨔)
덥히다, 녹이다	**отогревать** (아따그레와찌)
덧 자라나다	**нарастать, нарасти** (나라쓰따찌) (나라쓰찌)
덧두리다, 많은 이윤을 얻다, 부자가 되다,	**наживаться** (나지와쨔)
덧머리, 가발, 가짜머리	**парик**

	(빠리크)
덧먹이; 덧거름; производить ~у 덧거름을 주다	**подкормка** (빠드꼴프까)
덧붙이기, 보탬;	**добавок** (다바뵉크)
덧붙이다, 첨가(첨부)하다	**приложить** (쁘릴로쥐찌)
덧소매, 옷소매	**нарукавник** (나루까브니크)
덧쓰기; 등록, 편입	**приписка** (쁘리삐쓰까)
덧씀, 덧쓰기, 겉에 쓰는 것	**надпись** (나드 삐시)
덧옷; рабочий ~ 작업복; санита-рный ~위생복	**халат** (할라트)
덧-짓다, 위로 증축하다(높이다)	**надстраивать, надстроить** (나드쓰뜨라이와찌), (나드쓰뜨로이찌)
덧판, 외판, 배의 밑바닥에 까는 쇠판, 판자깔기	**обшивка** (압쉬브까)
덩굴, 줄기, 포복경(匍匐莖), (식물의) 넌출(줄기)	**плеть** (쁠레찌)
덩굴; виноградная ~ 포도덩굴	**лоза** (로자)
덩어리, 퉁구리, 두루마리	**рулон, кипа** (룰론),(끼빠)
덩어리, 한 조각; 각사탕 1개. 흙덩어리	**ком** (꼼)
덫, 함정, 올가미, 간계	**ловушка** (라브우쉬까)
덮개, 뚜껑, 씌우개, 케이스	**вытяжной, покрывало** (븨쨔즈노이) (빠끄릐왈로)
덮개가 있는, 유개의, 덮인	**закрытый** (자크릐뜨이)

덮개를[스프링을] 대다. (침대에)속을 넣어 천을 씌우다	**обивать** (압비와찌)
덮다, 씌우다, 걸치다	**набросить** (나브로씨찌)
덮다, 싸다. 덮어 가리다, 감추다	**обтягивать, обтянуть** (압쨔기와찌), (옵따뉴찌)
덮다, (머리에) 쓰다	**накрывать, покрывать, крыть** (나끄릐와찌) (빠끄릐와찌) (크릐찌)
덮어 가리는 물건, 블라인드, 덧문, 커튼,	**штора** (쉬또라)
덮어 대는 것, 덮어씌우는 것(의학)	**огульный** (아굴리느이)
덮이다, 가려지다	**заволакиваться** (자볼라끼와쨔)
덮이다, 덮어 가리다, 감추다	**накрываться** (나끄릐와쨔)
덮치다, 기대여 누르다(밀다)	**наваливаться** (나왈리와쨔)
데다, 화상을 입다	**обжигаться** (압쥐가쨔)
데려가다	**отводить, свести** (아트보디찌) (스베쓰찌)
데려다주다(데려가다, 인도하다) 통지(전달)하다	**доводить** (다뷔지찌)
데리고 가다, ~을 가지고 가다	**захватывать** (자흐와띄와찌)
데리고 가다, 동반하다, 안내하다. 이끌다,	**отвести** (아트뼤쓰찌)
데리고 오다	**приводить** (쁘리뷔지찌)
데리러(가지러) 가다	**заходить** (자호지찌)

데시미터(decimeter). 1미터의 1/10(dm)	**дециметр** (제찌메트르)
데우다, 가열하다; ~ воду 물을 데우다	**нагревать, греть** (나그레와찌) (그레찌)
데우다, 졸이다	**согревать** (싸그레와찌)
데워지다, 따뜻해지다, 몸이 녹다	**согреваться** (싸그레와쨔)
데치다, 물(김으)로 데게하다. 끓는 물을 붓다	**обваривать** (압와리와찌),
도(度), 도수(度數)	**градус** (그라두쓰)
도(장음계의 제 1음), 주음조(主音調).	**до** (도)
도공(陶工), 옹기장이, 도예가, 도자기공	**гончар** (간차르)
도구, 공구, 기구, 연장, (실험용의) 기계(器械)	**инструмент** (인쓰뜨루멘트)
도금(鍍金), 도금칠	**позолота** (빠졸로따)
도금하다, 금칠하다	**золотить** (졸로찌찌)
도급제, 청부일, 삯일, 도급임금제, 도급 노동	**сдельщина** (즈젤쉬나)
도기(금속·유리) 원통형 그릇, 단지, 항아리, 독, 병	**тигель** (찌겔)
도끼, 잘메, 쉬정이	**топор** (따뽀르)
도넛(dough-nut), 가락지 모양의 둥근 빵	**баранка** (바란까)
도달하다, ~에 닿다, ~에 이르다 ~에 도착하다	**добраться** (다브라쨔)
도달할 수 있는 거리	**досягаемость**

	(다쌰가에모쓰찌)
도대체, 과연, 정말	**же** (줴)
도덕(성), 덕, 도리, 덕성, 인망	**нравственность** (느라브쓰뜨뷀노쓰찌)
도덕상의, 윤리적인; 윤리(학)의;	**нравственный** (느라브쓰뜨뷀느이)
도덕이 없는, 해갈 궂은, 수치스러운	**недостойный** (네다쓰또이느이)
도덕적인, 덕(도리, 덕성) 있는,	**нравственный** (느라브쓰뜨뷀느이)
도랑 파는 기계(사람)	**канавокопатель** (까나붜까빠뗄)
도랑, 고랑창, 배수로	**канава** (까나와)
도랑; 개천, 해자, 호(濠); 시궁창, 배수구. 하수구	**кювет** (뀨베트)
도래하다, 돌아(다가)오다, ~에 도착(도달)하다	**дойти** (다이찌)
도량형의 표준, 기준, 규격 규범, 틀	**эталон** (에딸론)
도려[베어]내기 газетная ~ 발췌문	**вырезка** (븨레즈까)
도로, 본래의 자리에; брать ~ 도로 찾다	**назад** (나자드)
도로를 포장하다	**вымостить, замостить** (븨마쓰찌찌)(자모쓰찌찌)
도로포장용 나무벽돌의 일종	**шашечка** (샤쉐츠까)
도료, 물감, 칠감, 채색감	**краска** (크라쓰까)
도롱이, 도롱농, 사의(蓑衣), 녹사의(綠蓑衣)	**саламандра** (쌀라만드라)

- 318 -

도르래, (시계) 활차(滑車),	**блок** (블록)
도르래, 활차, 바퀴 도르래 ремённый ~ 벨트	**шкив** (쉬끼프)
도를 넘다, 지나치다	**пересолить** (뻬레쌀리찌)
도리깨	**цеп** (쩹)
도리어, 오히려, 그와 반대로	**напротив** (나쁘로찌프)
도마뱀, 산룡자(山龍子), 석룡자 (石龍子) 수궁	**ящерица** (야쉐리짜)
도망(뺑소니)치다, 내빼다	**удирать** (우지라찌)
도망, 도주, 도피(逃避), 탈주	**бегство** (벡쓰트붜)
도망하다, 도주하다	**бежать** (볘좌찌)
도매(都賣), 도산매	**оптовый** (옾또브이)
도면, 도안, 도표; рабочий ~ 시공도	**чертёж** (체르죠쥐)
도미노(domino)	**домино** (도미노)
도발(挑發), 도발행위	**провокация** (쁘라붜까찌야)
도발적인	**поджигательский** (빠지쥐가쩰쓰끼이)
도발(선동)하다, 부추기다	**провоцировать, разжечь** (쁘라붜찌로와찌) (라스줴치)
도보의, 보행하는; 보행자(용)의, 워킹(walking)	**пешеходный** (뻬쎄혼느이)

- 319 -

도부장사, 행상인	**разносчик** (라스나쓰칙)
도살(屠殺), 도륙, 학살.	**убой** (우보이)
도살장(屠殺場)	**скотобойня, бойня** (스까또보이냐)(보이냐)
도서 목록의. 서지(書誌)의	**библиог-рафический** (비블리오그라피체쓰끼이)
도서관 장서 서가번호도서관 서적의 정리 번호	**шифр** (쉬플)
도서관(圖書館), 도서실(圖書室), 문고,	**библиотека** (비블리오쩨까)
도수, 빈도	**частота** (차쓰또따)
도시(都市), 도회, 시(市), 도회지	**город** (고로트)
도시의, 도회지에 있는; 도회에 사는; 도회풍의	**городской** (가라드 쓰꼬이)
도식, 도형, 도해, 진부한 틀	**стандарт** (스딴다르트)
도심지; 중심가, 상가	**город** (고로트)
도약, 비약, 뜀, 뛰어오름(leap); 점프, 반동, 튐,	**скачок** (스까초크)
도와주다, 방조(지원)하다	**помогать, пособить** (빠모가찌)(빠쏘비찌)
도요새(도욧과에 속하는 새) 휼조(鷸鳥)	**кулик, бекас** (꿀리크)(베까쓰)
도움, 방조, 원조, 응원, 조력	**помощь, подмога, подспорье** (빠모쉬)(빠드모가)(빧쓰뽀리예)
도움이 되지 않는 사람	**шавера** (샤볘라)
도입(導入), 제정, 실	**введение**

	(뷔제니에)
도입(導入), 침투(浸透)	**внедрение** (브네드레니에)
도입하다, 받아들이다, 뿌리박게 하다;	**внедрять** (브네드랴찌)
도자기, 토기	**керамика** (꼐라미까)
도장공, 페인트 공	**маляр** (말랴르)
도장을 찍다, 낙인을 찍다, 표식을 찍다	**клеймить** (클레이미찌)
도적(盜賊)(놈), 절도(竊盜); 도둑, 좀도둑	**вор** (뵤르)
도적질(소매치기)하다, 훔치다, 살짝 훔쳐가다	**воровать** (바라 와찌)
도전, 시합의 신청	**вызов** (븨조프)
도전적으로, 불손하게, 뻔뻔스럽게	**вызывающе** (븨즤와유쉐)
도전적인, 불손한, 살똥스러운	**вызывающий** (븨즤와유쉬이)
도주(逃走)하다, 회피하다	**бегать** (베가지)
도주, 궤주(潰走), 패주; 탈출. 도망	**драп** (드라쁘)
도중, 중도; на ~ 도중(중도)에서	**полпути** (빨뿌찌)
도중에 있는, 도중에 만나는	**попутный** (빠뿌뜨늬이)
도중에서 멎지 않는, 직행의 무착륙의;	**беспосадочный** (베쓰뽀사도츠느이)
도착(到着), 당도(當到), 도달(到達),	**приезд, прибытие, приход** (쁘리예즌)(쁘리브띠예)(쁘리홑)

도착; 도달, 날아오는 것; 착륙(着陸)	**прилёт** (쁘릴료트)
도착하다, 다가가다(오다), 접근하다	**подъезжать** (빧예즈좌찌)
도청, 엿듣다, 몰래듣는 것	**подслушивание** (빧쓸루쉬와니예)
도취(徒取), 황홀(恍惚), 무아경	**опьянение** (아쁘녜니예)
도취시키다, 매우 기쁘게 하다, 즐겁게 하다	**восхитить** (바쓰히찌찌)
도탄(塗炭), 곤궁(困窮), 구렁텅이	**пучина** (뿌치나)
도토리(참나뭇과의 나무열매)	**жёлудь** (죨루지)
도판, 동판화, 동판조각, 금속판전기판, 스테로판,	**эстамп** (에쓰땀쁘)
도표, 도해, 도형	**схема** (스헤마)
도하작전	**форсирование** (파르씨로와니에)
도하하다	**форсировать** (파르씨로와찌)
도해집	**атлас** (아틀라쓰)
도회지의 환락가 ~цвет 밝은색	**яркий** (야르끼이)
독(毒), 독물. 독소, 유독물질, 중독성 물질, 독액	**яд** (얃)
독, 동이, 독동이, 단지, 항아리	**кувшин** (꾸브쉰)
독, 선거(船渠), 도크(dock)(선박)	**док** (도크)

독가스 대피소, 방독실	**газоубежище** (가조우베쥐쉐)
독감방, 독방	**карцер** (까르쩰)
독기(毒氣), 악취(惡趣)	**миазмы** (미아즈므이)
독단가; 독단론가; 교의학자, 독경주의자,	**начётчик** (나쵿치크)
독립, 자주, 자주성, 자주독립	**независимость** (네자비씨모쓰찌)
독립가옥, 외딴집	**особняк** (아쏘브냐크)
독립적인, 자주적인, 독자적인	**независи-мый** (네자비씨므이)
독버섯, 독이(毒栮)	**поганка** (빠간까)
독살, 독사(毒死), 독해(毒害)	**отравление** (앗라블레니예)
독살하다, 독해하다, 독을 넣다(바르다)	**отравить[ся], травить** (앗라비쨔),뜨라비찌)
독서하다, 읽다,	**прочитать** (쁘라치따찌)
독설, 악담, 중상	**злословие, брань** (즐로쓸로비예),(브란이)
독소(毒素), 독(毒), 독극물	**токсин** (딱씬)
독수리, 수리, 독수리자리	**орёл** (아룔)
독수리의, 수리 새의, 콘도르의	**орлиный** (아르린늬이)
독신, 총각, 강가가지 않은 사람	**неженатый** (네줴나뜨이)
독신자, 무의무탁자, 홀몸	**одиночка**

	(아진노츠까)
독신자, 홀몸, 단신, 독신(獨身), 홀홀단신, 혼잣몸	**одинокий** (아진노끼)
독약, 독; ~для мышей 쥐약	**отрава** (앗라와)
독이 있는, 유독한, 독살스러운	**ядовитый ядоносный** (야도비뜨이) (야도노쓰느이)
독자(讀者)	**читатель** (치따쩰)
독자적인	**самостоятельный** (싸모쓰또야쩰느이)
독재(업무에서) 단독 책임제, 단독 관리제	**единоначалие** (예지노나찰리예)
독재, 독재(전제)정치, 독재권	**единовластие** (예지나블라쓰찌예)
독재자(獨裁者)	**диктатор** (지크따또르)
독점, 전매; 독점권, 전매권	**монополия** (마노뽈리야)
독점하다	**монополизировать** (마노뽈리지로와찌)
독창, 독창곡, 독주(곡); ~на виолончели 첼로독주	**соло** (쏠로)
독창적인, 독특한, 기이한	**оригинальный** (아리기날느이)
독특한 것, 고유한 특성(특색, 특질)	**своеобразие** (스붜예오브라지예)
독특한, 특이한, 구별이 분명한; 식별용	**отличительный** (앝틀리치쩰느이)
독한, 맵찬, 매서운, 강포한, 사독한, 악독한, 표독한	**злой** (즐로이)
독해, 중독	**отравление** (앗라블레니예)

돈 관계를 청산하다, 셈을 치르다	**считаться** (스치따쨔)
돈 많은, 부유한	**денежный** (졔네즈느이)
돈 받는 곳, 수납처; билетная ~ 매표소	**касса** (까싸)
돈, 화폐, 금전	**деньги, монета** (졘기) (마녜따)
돈으로 얻을 수 있는, 돈으로 좌우되는,	**продажный** (쁘라다즈느이)
돈을 갚다, 반제(返濟)하다. ~에게 보상하다	**окупить** (아꾸삐찌)
돈을 벌다, 돈벌이하다	**зарабатывать** (자라바띄와찌)
돈을 함부로 쓰는, 낭비벽이 있는,	**нерасчётливый** (네라쓰쵸뜰리브이)
돈을 빌려주다, 대부를 하다	**ссужать** (스쑤좌찌)
돈을[보수를] 목적으로 일하는, 돈을 위한	**торгашеский** (따르가쉐쓰끼이)
돈의, 화폐의, 금전의	**денежный** (졔녜즈느이)
돈이 드는, 값비싼; 사치스러운	**дорогостоящий** (다라고쓰또야쉬이)
돋아나다, 싹이나다;	**выступать, выступить, пробиться** (븨쓰뚜빠찌), (븨쓰뚜삐찌) (쁘라비쨔)
돋을 새김으로 한; 표면이 매끈하지 않은;	**рельефный** (렐리에프느이)
돌을 내던지다, 욕을 퍼붓다; 질주하다,	**закидать** (자끼다찌)
돌 부수는 기계, 쇄석기	**камнедробилка** (깜녜드로빌까)

돌, 돌로 만든; ~ый дом 돌집	**каменный** (까멘느이)
돌, 주년(週年), 기념일(記念日)	**годовщина** (가다브쉬나)
돌개; 회전기(回轉機), 원통	**ротор** (로똘)
돌격적인; ~ая бригада 돌격대	**ударный** (우다르느이)
돌격하다; 돌진하다	**ворваться** (바르와쨔)
돌고드름, 종유석(鐘乳石)	**сталактит** (스딸라크찌트)
돌고래	**дельфин** (델핀)
돌다, 돌아서다, 향하다	**обращаться** (아브라샤쨔)
돌다, 빙빙돌다, 돌고돌다, 회전하다, 선회하다	**вертеться** (볘르쪠쨔)
돌돌(들들) 말리다(감기다), 저하다	**свернуться** (스볘르누쨔)
돌려 빼다, 틀어 뽑다	**вывинтить** (븨빈찌찌)
돌려 줄(반제할) 수 있는; 돌려줘야 할	**возвратный** (바즈브라뜨느이)
돌려(비틀어) 빼다	**открутить, откручивать** (아트크루찌찌)(아트크루 치와찌)
돌려서 빼다	**выкрутить** (븨크루찌찌)
돌려주다, 도로주다, 반환하다, 게우다	**отдавать** (아트다와찌)
돌리다, 고려하다, 주의를 돌리다	**глядеть** (글랴졔찌)
돌리다, 빙글빙글 돌게 하다	**кружить**

	(크루쮜찌)
돌리다, 회람하다; 순환시키다	**рассылать крутить** (라쓰쎌라찌) (크루쮜찌)
돌리다, 회전시키다	**вращать развернуть** (브라샤찌), (라스볘르누찌)
돌발(突發), 발생	**вспышка** (프쓰쀡쉬까)
돌발하다; (전쟁·화재 따위가) 일어나다	**выломать** (븰라마찌)
돌변, 급변, 표변. одним ~ом 단번에;	**мах** (마흐)
돌보다, 감시하다	**поглядывать** (빠글랴듸와찌)
돌봄, 보살핌, 보호; 간호.	**попечение** (빠뻬체니예)
돌부스러기를 깔다. 자갈을 깔다	**щебенить** (쉐베니찌)
돌비늘, 운모	**слюда** (슬류다)
돌아가는 것, 귀환(歸還)	**возвращение** (바즈브라쉐니에)
돌아다니다, 여행하다, 방랑하다	**колесить** (깔레씨찌)
돌아보다, 두루 살펴보다	**озираться** (아지라쨔)
돌아오는, 되돌아가는	**обратный** (아브라트늬이)
돌아옴[감], 귀가, 귀향, 귀국	**возвращение** (바즈브라쉐니에)
돌연, 갑자기, 뜻밖에,	**щучий** (슈치이)
돌연변이, 우연변이	**мутация** (무따찌야)

돌연적인 것, 불의성, 돌발적인 것	**внезапность** (브네자쁘노쓰찌)
돌연한 변화, 갑작스러운 변화, 별안간의 변화	**скачок** (스까쵸크)
돌연한, 갑작스러운, 뜻밖의. 급하게, 갑작스레	**круто** (크루따)
돌이 많은; ~ая дорога 돌길	**каменистый** (까메니쓰뜨이)
돌이킬 수 없는, 돌려 세울 수 없는	**бесповоротный** (베쓰빠뷔로드느이)
돌진, 돌격; 쇄도. ~을 찾아서, ~을 추구하여	**бросок, гонка** (브로쏙)(곤까)
돌진하다, (세차게) 충돌하다	**натыкаться** (나띄까쨔)
돌진하다, 돌입하다	**ринуться** (리누쨔)
돌쩌귀, 경첩, 접철, 합엽, 이음쇠	**шарнир** (샤르니르)
돌출; 돌입, 돌진, 약진 찌르기	**бросок** (브로쏙)
돌파구(突破口)	**брешь** (브레쉬)
돌풍(돌개바람의 한 종류) 급풍	**смерч** (스메르츠)
돌풍, 질풍, 스콜(비나 눈을 동반) 토네이도	**шквал** (쉬크왈)
돕다, 방조(협조)하다	**способствовать** (스빠사브쓰뜨보와찌)
동(東), 동쪽	**восток** (바쓰똑)
동(動)전기의(galvanic); 전류의	**гальванический** (갈와니체쓰끼이)

동(쪽)에[으로], 동방[동부]에[으로]	**восточный** (바쓰또츠느이)
동갑, 동갑내기, 동년(배), 연갑, 갑장	**одногодки** (아드노고드끼)
동거(생활)	**сожительство** (싸쥐쩰쓰뜨붜)
동그라미, 원형(圓形), 규(規), 싸이클(circle)	**окружность** (아크루즈노쓰찌)
동그랗게 하다, 둥글게 하다	**закруглить, закруглять** (자크루그리찌) (자끄루그랴찌)
동그래지다, 똘똘뭉쳐(똘똘말려) 졸아들다	**закрутить** (자크루찌찌)
동기 부여; 하고 싶은 기분, 열의, 욕구,	**мотивировка** (마찌비로브까)
동기(원인)를 선령하다, 이유를 대다	**мотивировать** (마찌비로와찌)
동기생, 동기(同期); 동창생(同窓生)	**одноклассник** (아드나클라쓰니크)
동년배, 동갑, 동갑내기, 동년, 연갑	**сверстник** (스붸르쓰뜨니크)
동등(균등, 동일)하게 하다	**равнять** (라브냐찌)
동등하게, 동격으로, 동위로; 동률의,	**паритетный** (빠리쩰느이)
동등하게하다, 평등하게 하다, 균등하게하다	**уравнивать** (우라브니와찌)
동등한, (값, 질, 가치, 중요성이)같은	**равноценный** (라브노쩬느이)
동등한, 균등한, 동격	**паритетный** (빠리쩰느이)
동떨어진, 고립된, 외토리	**одинокий** (아진노끼)
동력 그리드, 고압 송전선망	**энергосеть**

- 329 -

	(에네르가쎼찌)
동력 발전소	**энергоблок** (에네르가블로크)
동력계(動力計), 측력계(測力計)	**динамометр** (지나모메뜨르)
동력공학자, 동력공학의 전문가동력공	**энергетик** (에네르게찌크)
동력학, 역학(力學)	**динамика** (지나미까)
동료, 동반자	**компаьон** (깜빠니온)
동료, 동지, 친구, 벗, 전우	**брат** (브랏트)
동류, 같은 종류(유형)	**однотипный** (아드나찌쁘느이)
동맥(動脈) 내막염(內膜炎)	**эндартериит** (엔다르떼리이트)
동맥(動脈)(의학)	**артерия** (아르떼리야)
동맥같은 고속도로, 하이웨이, 간선 도로	**магистраль** (마기쓰뜨랄)
동맥경화(動脈硬化), 동맥경화증	**атеросклероз** (아떼라쓰클레로스)
동맹(同盟), 연합(聯合), 결탁	**альянс** (알얀쓰)
동맹자(同盟者)	**союзник** (싸유즈니크)
동맹한, 연합한, 공모한, 연루자, 종범자	**единомышленник** (예지나믜쉴렌니크)
동명사, 동사적 중성명사	**деепричастие** (제에쁘리차쓰찌에)
동무, 동지(同志)	**товарищ** (따와리쉬)

동물 양식장의 우리를 덮는 차양	**шёд** (숃)
동물(動物)의 발정(發情)(기)	**эструс** (에쓰뜨루쓰)
동물, 생물, 생존, 생활(식용의) 가금	**живность** (쥐브노쓰찌)
동물들의 겨울잠, 동면(冬眠)	**спячка** (스빠츠까)
동물원(動物園)	**зоопарк, зверинец** (조오빠르크) (즈베리네쯔)
동물을 길들이는(훈련시키는) 사람, 조련사	**дрессировщик** (드레씨로브쉬크)
동물의 내장; ~ая колбаса 순대	**ливерный** (리베르느이)
동물의 무리, 떼; ~ овец 양떼	**стадо** (스따도)
동물의 새끼	**детёныш** (제쬰늬쉬)
동물의 어미, 암(컷·놈)의, (네발짐승의) 어미	**матка** (마뜨까)
동물의 입·코 부분, 부리, 주둥이	**жерло, морда** (줴를로) (모르다)
동물칠성장어	**минога** (미노가)
동물학	**зоология** (조올로기야)
동물학자, 수의사	**зоолог** (조올로그)
동반되다; 동시에 일어나다	**сопроваждаться** (싸쁘라와쥐다쨔)
동방의, 동양의; 동향의	**восточный** (바쓰또츠느이)

동방학(東方學)	**востоковедение** (바쓰따까볘제니에)
동방학자(東方學者)	**востоковед** (바쓰따까베드)
동봉(첨부)한; ~ое письмо 동봉한 편지	**сопроводи-тельный** (싸쁘라뷔지젤느이)
동북(東北)	**северо-восток** (쎄볘로-뷔쓰또크)
동분서주(東奔西走)	**беготня** (볘가트냐)
동사(動詞), 움직씨; непереходный ~ 자동사	**глагол** (글라골)
동사를 활용[변화]시키다; 활용[변화]하다.	**проспрягать** (쁘라 쓰쁘랴가찌)
동사의 변화(變化), 활용(活用),	**спряжение** (스쁘랴줴니예)
동산, 움직일 수 있는 재산(자산)	**движимость** (드비쥐마쓰찌)
동상(凍傷), 동렬(凍裂)	**обмораживание** (압모라지와니예)
동상을 입다, 얼어서 상하다	**обморозиться** (압모로지쨔)
동석(凍石) 동석제의 절연용 뚱딴지, 애자(碍子)	**жировик** (쥐로비크)
동시(성)의; 동시 발생[반복, 작동]하는	**одновременный** (아드노브레멘느이)
동시성(同時性) 동기성, 동조성	**синхронность, синхрония** (씬흐론노쓰찌)(씬흐로니야)
동시에 진행(집행)되다	**совмещаться** (쌉몌샤쨔)
동시에, 겸사겸사	**заодно, попутно** (자오드노)(빠뿌뜨나)
동시에, 일시에, 한꺼번에	**одновременно**

	(아드노브레멘나)
동시의, 동시에 일어나는(존재하는)	**одновременный** (아드 노브레멘느이)
동시적인, 같은 때의	**одновременный** (아드노브레멘느이)
동식물 분류에서의 문, 류(類)	**тип** (찦)
동식물 분류학의	**систематический** (씨쓰쩨마찌체쓰끼이)
동식물을 기르다, 키우다; 번식시키다	**разводить** (라스붜지찌)
동식물의 종(種), 종류(種類)	**порода** (빠로다)
동아리, 동호회 서클(circle), 무리, 패, 패거리,	**кружок** (크루족)
동아줄, 밧줄, 계삭	**канат** (까나트)
동안, 기간, 시기, 사이	**время, расстояние** (프레먀), (라쓰다야니예)
동양, 동방	**восток** (바쓰똑)
동업자(회사의) 공동경영자, 공동출자자	**компаньон** (깜빠니온)
동요; 흥분; 소동; 소요; 폭동	**фурор** (푸롤)
동요되지 않는, 움직이지 않는, 부동의	**невозмутимый** (네붜즈무찌므이)
동요성, 불안정성, 견실성	**неустойчивость** (네우쓰또이치붜쓰찌)
동요시키다, 뒤흔들어 놓다	**колебать** (깔레바찌)
동요하게 하다, 손상(파괴)하다	**расшатать** (라쓰샤따찌)

동요하는, 굳지못한	**неустойчивый** (녜우쓰또이치브이)
동요하다, 흔들리다, 뒤흔들다 진동하다	**аться шатать** (샤따찌)
동원; всеобщая ~ 총동원	**мобилизация** (마빌리자찌야)
동원된(병력)	**мобилизованный** (마빌리조완느이)
동원하다, 일떠세우다; 전시체제로 개편하다	**мобилизовать** (마빌리조와찌)
동음(unison)을 갖는, 제주(齊奏)[제창]의	**однозначный** (아드노즈나츠느이)
동의(승낙)하다	**согласиться** (싸글라씨짜)
동의, 발의(發議), 제의, 제안	**предложение** (쁘레들로제니예)
동의, 승낙, 찬동, 합의, 의견일치	**согласие** (싸글라씨예)
동의하다, 찬성하다, 승인하다, 허가하다	**соглашаться** (싸글라샤짜)
동일(同一), 동등(同等)	**тождество** (또즈제쓰뜨붜)
동일한, 똑같은, 일치하는	**идентичный** (이젠찌츠느이)
동일화하다	**отож[д]ествить** (아따제스뜨비찌)
동작(작용, 가동)하다	**работать** (라보따찌)
동작과 대상의 관계를 표시함	**над** (낟)
동적인, 활동적인	**динамический** (지나미체쓰끼이)

동정(공감)하다, 호감(애착)을 느끼다	**симпатизировать** (씸빠찌지로와찌)
동정(심)	**сострадание** (싸쓰뜨라다니예)
동정, 순결성(純潔性)	**девственность** (제브쓰뜨벤노쓰찌)
동정심(인간성이) 있는, 인정이 깊은(많은)	**отзывчивый** (아트즙치브이)
동정하다, 가엾게(불쌍히)여기다	**сочувствовать** (싸춥쓰뜨붜와찌)
동족결혼(同族結婚), 내혼제	**эндогамия** (엔다가미야)
동종, 같은 종류(성질)의, 유사한	**однородный** (아드나로드느이)
동종요법	**гомеопатия** (가메오빠찌야)
동종요법을 쓰는 의사	**гомеопат** (가메오빠트)
동지답지 못한, 우정이 없는, 비동지적인	**нетоварищеский** (네따 와리쉐쓰끼이)
동체(同體), 원형(圓形)	**барабан** (바라반)
동토(상태);	**мерзлота** (멜즈로따)
동트기(반짝거리기) 시작하다	**забрезжить** (자브레쥐찌)
동판(銅版), 구리판	**цинкография** (쩐꼬그라피야)
동판용 조각칼, 조각가(彫刻家)	**штихель** (쉬찌헬리)
동포, 동국인, 동료 겨레, 동족, 동포	**соотечественник** (싸아쩨체 쓰뜨볜니크)
동포애, 우애	**братство**

	(브라뜨쓰뜨뷔)
동하지 않는, 당황하지 않는	**отрицательный** (앗 리차쩰느이)
동합금(銅合金)	**эвердур** (에베르두르)
동행 (동반)하다	**сопутствовать** (싸뿌뜨쓰뜨보와찌)
동행, 동반, 수반; 호송, 호위, 에스코트	**сопровождение** (싸쁘라뷔쥐졔니예)
동향, 연합, 관련, 결합, 합동, 제휴	**землячество** (제믈랴체쓰뜨뷔)
동화(童話), 동요, 이야기	**сказка** (스까즈까)
동화(同化), 동화작용(同化作用)	**ассимиляция** (아씨밀랴찌야)
돛, 돛천, 배의 돛	**парус** (빠루쓰)
돛대, 마스트(mast);	**мачта** (마츠따)
돼지, 꿀꿀이, 꿀돼지, 꿀꿀돼지; 아저, 애저	**свинья** (스빈냐)
돼지, 암돼지, 돼지새끼	**свинка** (스빈까)
돼지고기, 돈육(豚肉), 제육(猪肉), 저육(猪肉)	**свинина** (스비니나)
돼지우리, 돼지집, 돈사, 돈책(豚柵), 시뢰(豕牢)	**свинарник** (스비나르니크)
돼지치기, 돼지사육	**свиноводство** (스비노보드쓰뜨뷔)
됐다, 그만두어라, 충분하다	**хватить** (흐와찌찌)
되갈다, 다시 갈다, (많은 것을) 다 갈다	**перепахать** (뻬레빠하찌)

되감다, 다시(고쳐)감다, 옮겨감다	**перемотать, перематывать** (뻬레마따찌)(뻬레마띄와찌)
되뇌다, 늘 같은 말을 하다(되풀이하다)	**твердить** (뜨베르지찌)
되는 대로 갈겨쓰다	**царапать** (짜라빠찌)
되는대로(불성실하게) 일하다	**халтурить** (할뚜리찌)
되는대로 앉다(눕다)	**развалиться** (라스왈리쨔)
되는대로 해치우다, 망치다, 그르치다	**скомкать** (스꼼까찌)
되는대로(불성실하게) 해놓은 일; 엉터리작품	**халтура** (할뚜라)
되는대로, 생각나는대로, 무턱대고	**наугад** (나우갇)
되다, ~이[으로] 되다	**делаться** (젤라쨔)
되다, 일어나다, 생기다	**статься, выходить** (스따쨔) (븨호디찌)
되던지기; 후퇴, 역전(逆轉)	**запрокидывать** (자쁘로끼듸와찌)
되돌리다, 돌려주다, 되갚음하다,	**отдавать** (아트다와찌)
되돌아 올수 없는, 회복할 수 없는	**безвозв-ратный** (베즈붜즈브라트느이)
되돌아가다, 돌아가[오]다	**возвратить, вернуться** (바즈브라찌찌)(보즈브라찌쨔)
되받아 말하다, 항변하다, 논박하다	**парировать** (빠리로와찌)
되사다, 되찾다;(저당물을) 도로 찾다	**выкупать** (븨꾸빠찌)

되살 수 없는; (국채 따위가) 상환되지 않는	**неоплатный** (네아쁠라뜨느이)
되살[전당물을 되찾을] 수 있는	**возвратный** (바즈브라뜨느이)
되살아나다, 소생하다, 회복 시키다	**оживать, воскресать** (아쥐와찌), (바쓰크레사찌)
되새기는, 반추하는; 반추류의, 반추류의, 반추	**жвачный** (쥐와츠늬이)
되어지다, (식어서)굳어지다	**застывать** (자쓰띄와찌)
되쫓아버리다, 격퇴하다; 논박하다	**оттолкнуть** (앗똘크누찌)
되풀이, 반복(反復), 복습(復習). 재설(再說), 재현	**повтор** (빠브또르)
되풀이하다, 반복하다	**вторить, повторить[ся]** (프따리찌) (빠브또리찌)(쨔)
되풀이하다(하여 말하다), 반복해서 말하다	**приговариваться** (쁘리가바 리와쨔)
될 수 있는, 있을 수 있는	**мыслимый** (믜쓸리므이)
됨됨이, 생김새, 기질(氣質)	**склад** (스클라드)
두 가지 뜻이 담긴, 두 가지 뜻이 겹친,	**двусмысленность** (드부쓰믜스렌노쓰찌)
두 가지의 이중의; 2 배의	**двойной, двоякий** (드보이노이) (드붜야끼이)
두 개 있는 것 중에 가까운 쪽을 가리킴(тот의 반대)	**этот** (에따트)
두 개씩 잇다, 연결하다; 연결기로(차량을)연결하다	**случить** (슬루치찌)
두개(頭蓋)의, ~ая коробка (해부)두개(頭蓋)	**черепной** (체레쁘노이)
두 달되는, 2개월간의	**двухмесячный**

	(드부흐메샤츠느이)
두 바퀴 마차	**двуколка** (드부꼴까)
두 방의, 두 칸자리 방	**двухкомнатный** (드부흐꼼나뜨느이)
두 배로 하다, 배로 늘리다; ~의 갑절이다	**сдваивать** (즈드와이와찌)
두 번, 2회; 2배로	**дважды** (드와즈듸)
두 번으로 진행하는	**двухразовый** (드부흐라조브이)
두 번의, 두 곱 절의, 두 배의	**двукратный** (드부끄라뜨느이)
두 살난, 두 살된	**двухгодовалый** (드부흐고도왈르이)
두 살의	**двухлетний** (드부흘롓트니이)
두 주일되는, 2(이)주일간의	**двухнедельный** (드부흐네젤느이)
두 쪽으로, 절반으로	**надвое** (나드보예)
두(2)배나, 2배로, 곱, 곱절, 배(倍), 갑절	**вдвое** (프드보에)
두(2)배로	**дважды** (드와즈듸)
두개골(頭蓋骨), 골통뼈, 머리뼈, 두골(頭骨)	**череп** (체레쁘)
두꺼비, 나흘마, 섬여; 무미류	**жаба** (좌바)
두꺼운 팬케이크 ~и 기름떡(펜에 지진 기름빵의 일종)	**оладья** (알라지야)
두꺼운; 두께가 ~인. 뚱뚱한 굵은	**жирный** (쥐르늬이)

두껍게[굵게, 진하게] 하다[되다]	**сгустить, загустеть** (즈구쓰찌찌) (자구쓰쩨찌)
두껍고 거친 외투용 모직물	**байка** (바이까)
두다, 갖추다, 가지게 되다	**заводить** (자붜지찌)
두다, 놓다	**заложить подвести** (잘로쥐찌) (빤볘쓰찌)
두더지	**крот** (크롵)
두덜거리다, 투덜거리다	**ворчать** (바르차찌)
두덜두덜하는 것, 잔소리	**ворчание** (바르차니에)
두드러지게, 명료하게	**рельефно** (렐리에프나)
두드려 떨어버리다, 쳐서 눕히다, 두드려 열다	**отколотить** (아트 클로찌찌)
두드리는 소리 ~ в дверь 노크, 손기척(소리)	**стук** (스뚜크)
두드리다; (탕, 뚝뚝) 치다(때리다)	**стукнуть** (스뚜크누찌)
두드리다; ~ в дверь 문을 두드리다	**стучать** (스뚜차찌)
두들겨 내쫓다, 때려 쓰러뜨리다	**выколачивать** (븨깔라치와찌)
두랄루민(duralumin)	**дюралюминий** (쥬랄류미니이)
두려움(접)을 모르는, 대담한	**неустрашимый** (네우쓰뜨라쉬므이)
두려움, 공포, 위구심, 근심걱정	**опасение** (아빠쎼니예)
두려워하게 하다	**отпугивать, отпугнуть**

	(앗뿌기와찌),(옽뿌그누찌)
두려워하게 하다, 흠칫 놀라게하다, 으르다	**устрашать** (우쓰뜨라샤찌)
두루미, 학, 왜가리, 두루미자리	**журавль** (주라블)
두르개, 덮개, 외피, 싸개; 어깨두르개, 목도리	**накидка** (나끼드까)
두리기둥, 원주	**колонна** (깔론나)
두목(頭目), 두령(頭領), 우두머리	**атаман** (아따만)
두색의, 이색의	**двухцветный** (드부흐쯔볘뜨느이)
두자리의 2자리의	**двузначный** (드부즈나츠느이)
두통거리, 불행을 가져오는 것[사람]	**бич** (비츠)
둑, 제방 둔덕(흙으로 쌓은), 흙벽, 토성(土城)	**вал** (왈)
둔덕진, 언덕진, 높은(지형, 지대 등이),	**возвышенный** (바즈븨쉔느이)
둔부(엉덩이).	**ягодица** (야고지짜)
둔한 젊은이	**недоросль** (네다로쓸)
둔한(맥빠진, 투미한)사람, 멍청이	**рохля, бревно** (로흘랴)(브례브노)
둘 가운데 하나를 고르는 것	**альтернатива** (알떼르나찌와)
둘 씩, 두 사람씩	**по-двое** (빤보예)
둘 중 다른 하나의, (다른) 나머지의	**тем** (쩸)

둘(2), 2(의), 2개(의), 두 사람(의)	**два** (드바)
둘의, 두 개, 2(의), 2개(의), 두 사람(의); 2의 기호	**двое** (드보예)
둘둘 말다(감다)	**свить** (스비찌)
둘러 덮다, 둘러싸다, 주위에 놓다	**обкладывать** (압클라듸와찌)
둘러가면서 갉아먹다, 쏟아서 먹다, 물어뜯다	**обглодать** (압글로다찌)
둘러막다(치다.파다)	**обводить** (압뵈지찌)
둘러(감아)매다, 둘러동이다, 처매다	**обвязать, обвязывать** (압뱌자찌),(압뱌즈와찌)
둘러싸고 있는; 포괄적인, (회)피[도피]하는;	**обтекаемый** (압쩨까예므이)
둘러싸는 것, 경계가 되는 것; (창의) 가장자리테	**обступать** (아브쓰뚜빠찌)
둘러싸다, 감싸다	**окутать, окутывать** (아꾸따찌),(오꾸띄와찌)
둘러싸다, 에워싸다, ~에 울을 하다, 가두다	**огородить** (아가로지찌)
둘러싼(포위한) 사람들(부대)	**оцепление** (아체쁠레니예)
둘러치다, 둘러막다	**огораживать** (아가라쥐와찌)
둘레, 변두리, 가, 가장자리, 변(邊)	**ободок** (아바도크)
둘레길, 에돌이길, 돌음 길; 순환로	**крюк** (크류크)
둘레둘레 (주위에) 냄새를 맡다	**обнюхать** (압뉴하찌)

둘로 나뉘다(갈라지다)	**раздваиваться** (라스드와이와쨔)
둘로 접는 돈지갑(가죽으로 만든) 작은 주머니	**бумажник** (부마지니크)
둘로, 두 개로	**вдвое** (브드보에)
둘의~ая кровать 이(2)인용침대	**двухспальный** (드부흐쓰빨느이)
둘이서, 둘이 함께	**вдвоём** (프드뵈옴)
둘째, 두 번째, 제 2;	**второй** (프따로이)
둘째로, 제2로, 다음으로	**вовторых** (바브또릐흐)
둥그렇게 빚다	**катать** (까따찌)
둥근 얼굴, 토실토실 살이 찐, 오동통한,	**круглолицый** (크루글롤리쯔이)
둥근 정, 둥근 끌; (둥근 끌로 판) 홈(구멍)	**долото** (달로따)
둥근지붕, (지붕 위의) 돔; 반구형의 덮개, 큐폴라	**купол** (꾸뽈)
둥근 천장이 있는 방(장소, 복도), 지하(저장)실,	**подвал** (빤왈)
둥근, 원형;~ год 온 일년, 사계절	**круглый** (크루글르이)
둥근기둥, 원주	**цилиндр** (찌끌린드르)
둥근판, 원판(元版)	**диск** (지쓰크)
둥글게하다 둥글리다	**округлить, округлять** (아크룩리찌)(아크룩리찌)
둥글게 하다; ~을 둥그스름하게 하다, 둘러싸다	**обогнуть**

- 343 -

	(아밥그누찌)
둥둥 울리다; (심장이) 두근거리다	**бить** (비찌)
둥지 등을 짓다, 틀다, 빚다	**лепить** (레삐찌)
둥지, 알둥지, 보금자리, 둥우리, 굴, 집	**гнездо** (그네즈도)
뒝벌(땅벌)의 일종	**шмель** (시멜)
뒝벌(꿀벌과 뒝벌속의 벌. 땅속에 집을 짓고 삶)	**шмель** (시멜)
뒤, 뒤면, 뒷부분, 배면, 배후, 최후부; 맨 뒤	**зад** (자드)
뒤[후]에, 다음에, 나중에; 늦게, 뒤처져서.	**вслед** (프쓸레드)
뒤~ вставать на ~(말 따위)뒷다리로 서다,	**дыбы** (듸븨)
뒤곁, 뒤마당	**задворки** (자드보르끼)
뒤꿈치 по ~ам 바싹 뒤 쫓아서;	**пята** (뼷따)
뒤넘다, 뒤번지다, 엎치다, 엎어지다,	**опрокидываться** (아쁘로끼드와쨔)
뒤덮다, 휩싸다	**окутать, окутывать** (아꾸따찌), (오꾸띄와찌)
뒤따라 곡조를 되풀이하는 목소리	**подголосок** (빧가로쏘크)
뒤따라 받아 부르다; 맞장구를 치다, 장단을 맞추다	**подпевать** (빠드뻬와찌)
뒤따라가는 것, 추격(追擊), 추격대, 추격하는 사람	**погоня** (빠고냐)
뒤따르다, 추적하다, 미행하다	**проследить, следить** (쁘라쓸레지찌),(슬레지찌)

뒤떨어지는 것, 낙후(落後)	**отставание** (앗쓰따와니예)
뒤떨어지다, 뒤지다, 낙후하다	**отставать** (앗쓰따와찌)
뒤떨어진, 낙후한	**отсталый, отстающий** (앗쓰딸릐이) (앗쓰따유쉬이)
뒤뚱거리다, 비틀비틀(어기적어기적) 걷다	**вразвалку** (프라스왈꾸)
뒤로 미루다, 물리다	**отдалять** (아트달랴찌)
뒤로 밀려나가다, 흘러(쏟아져)나가다;	**отхлынуть** (앗르흐누찌)
뒤로 젖히다	**запрокидывать** (자쁘로끼듸와찌)
뒤로 처지다, 뒤떨어지다,	**отстать** (앗쓰따찌)
뒤로, 뒤쪽으로, 뒷면에, 이면으로, 뒤쪽에	**взад** (프쟌)
뒤로, 등지고	**задом** (자돔)
뒤로, 반대쪽으로, 되돌아, 도로받다	**обратно** (아브라트나)
뒤로; сделать шаг ~ 한 발자국 뒤로 물러서다	**назад** (나자드)
뒤를 돌아보다(돌이켜보다);	**оглядываться** (아글랴드와쨔)
뒤를 따라가다, 좇다 가다	**следовать** (슬레도와찌)
뒤를 따르다, 쫓아가다; 수행하다,	**руководствоваться** (루까본쓰뜨붜와쨔)
뒤를 쫓다, 추격하다	**преследовать** (쁘레쓸레도와찌)

뒤말썽, 뜬소문, 중상	**сплетни** (스쁠레뜨니)
뒤면, 이면, 뒤, 배면, 배후	**оборот** (아바로트)
뒤바르다, 문대다, 매대기치다; (기름을) 바르다	**мазать** (마자찌)
뒤범벅(판), 혼잡(混雜)	**кутерьма** (꾸쩨리마)
뒤범벅, 섞음, 혼잡, 난잡, 혼란, 어수선함	**каша** (까샤)
뒤붙이, 접미사(接尾辭)	**суффикс** (숲피크쓰)
뒤섞다, 이기다, 반죽하다	**размесить** (라스메씨찌)
뒤섞다, 혼탁시키다	**смешать** (스메샤찌)
뒤섞이다, 혼합되다, 뒤범벅이되다	**перемешаться** (뻬레메샤짜)
뒤설레이는, 동요하는	**неспокойный** (네쓰빠꼬이느이)
뒤얽혀 복잡한 것, 엉클어진 사건, 우렁잇속	**лабиринт** (라비린트)
뒤얽히게 하다, 분규를 일으키게 하다, 곤란케하다	**примешать** (쁘리메샤지)
뒤엉키다, 헝클어지다; 혼돈되다	**перепутаться** (뻬레뿌따짜)
뒤엎다, 멸망시키다, 파괴하다, 타파하다	**. низвергать** (니즈벨가찌)
뒤에 익다, 후숙(後熟)익다, 원숙하다	**дозревание** (다즈레와니에)
뒤에(그다음에) 오는	**последующий** (빠쓸레두유쉬이)
뒤에(로), 후방에(으로), 뒤를 향해	**вспять**

	(프쓰빠찌)
뒤에[로]; 후방에[으로]; 뒤를 향해	**попятный, взад** (빠쁴빠뜨느이)(프잗)
뒤의, 뒤에 있는	**задний** (자드니이)
뒤적이다, 뒤지다, 넘기다, 건네주다, 옮기다	**листать** (리쓰따찌)
뒤지다, 파헤치다, 더듬적거리다	**копаться** (까빠쨔)
뒤집다, 돌리다	**перевернуть** (뻬레붸르누찌)
뒤집어(서); вывернуть ~뒤집다	**наизнанку** (나이즈난꾸)
뒤집어엎다, 엎어뜨리다, 전복하다	**ниспровергать** (니스쁘로붸ㄹ가찌)
뒤집어엎다, 옮기다, 움직이다	**ворочать перевернуть** (바로차찌)(뻬레붸르누찌)
뒤집어엎다, 전복시키다; 뒤엎어서 흘리다	**сбивать** (즈비와찌)
뒤집히다, 몸을 돌리다	**перевернуться** (뻬레붸르누쨔)
뒤쪽; 후방(後方)	**тыл** (뜔)
뒤쫓는 것, 추격(追擊); 박해(迫害)	**преследование** (쁘레쓸레도와니예)
뒤쫓다, 추적(추격)하다, 쫓아가다, 뒤따르다	**гнаться** (그나쨔)
뒤쫓아 미치다, ~을 따라잡다[붙다], 추월하다	**догнать** (다그나찌)
뒤쫓아, 뒤따라	**вдогонку** (프도곤꾸)
뒤축이 닳은 신을 신은 신다; 칠칠치 못하다	**стаптывать** (스따쁘띄와찌)

뒤통수, 뒷머리	**затылок** (자뗼로크)
뒤틀다, 비틀어서 모양을 만들다	**передёргивать** (뻬레죠르기와찌)
뒤틀리게 하다, (발목·손목 따위를) 삐다	**растягивать** (라쓰쨔기와찌)
뒤흔들다, 진동시키다	**сотрясать** (싸뜨랴싸찌)
뒤흔들리다, 진동하다	**сотрясаться** (싸뜨랴싸쨔)
뒷골목, 궁항(窮巷)	**закоулок** (자까울로크)
뒷골목, 좁은 길, 작은 길; 골목; 좁은 시골길	**переулок** (뻬레우로크)
뒷공론, 잡담, 한담; 세상 이야기; 남의 소문 이야기	**пересуды** (뻬레쑤듸)
뒷글; 맺는말	**послесловие** (빠쓸레슬로비예)
뒷머리에 땋아 붙인 쪽, 틀어올린 머리	**шиньон** (쉰니온)
뒷면의, 이면의 ~ая сторона 뒷면, 이면	**оборотный** (아바로트느이)
뒷발로 차다, 제기다	**лягать, ~ся** (랴가찌, 랴가쨔)
뒷소리 질하는, 중상하는	**кляузный** (클랴우즈느이)
뒷소리 질하다, 비방하다	**кляузничать** (클랴우즈니차찌)
뒷일을 생각하자 않고, 조금도 개의치 않고	**напропалую** (나쁘로빨루유)
뒹굴다, 뒤치락거리다	**заметаться** (자메따쨔)
드러나다, 노출되다, 나타나다. 노골화되다	**нарождаться**

	(나로즈다쨔)
드러나다, 적발(발견)되다	**обнаруживаться** (압나루쥐와쨔)
드러나다, 폭로(적발) 되다, 나타나다	**вскрываться** (프쓰크리와쨔)
드러내다 (털을) 곤두세우다	**щерить** (쒜리찌)
드러내다, 밝혀내다, 폭로하다, 실증하다	**изобличать** (이조블리차찌)
드럼(drum), 탕부르(tambour);	**барабан** (바라반)
드리우다, 축 늘어지다, 처지다	**свисать** (스비싸찌)
드리워있다, 불쑥 나오다	**нависать, нависнуть** (나비싸찌), (나비쓰누찌)
드리워지다, 매달리다; 축 늘어지다	**свеситься** (스볘씨쨔)
드릴(dill), 쇠송곳, 송곳, 천공기, 착암기	**дрель** (드렐)
드림선(수학), 수선, 드림선의 길이	**высота** (븨싸따)
드문, 희박한	**редкий** (례드끼이)
드문드문 기침하다, 가끔씩(조금씩)기침하다	**покашливать** (빠까쉴리와찌)
드문드문 있는 것, 뿔뿔이 흩어진 것, 산발적인 것	**россыпь** (로씌삐)
드문드문, 이따금, 때때로	**изредка** (이즈례드까)
드물게(적게)쓰이는 (사용되는)	**малоупотребительный** (말라우뽀뜨례 비쩰느이)
드물지 않게, 흔히, 자주, 이따금	**нередко** (녜례드까)

- 349 -

드잡이의; 백병전의; 직접 건네주는	**рукопа-шный** (루까빠쉬느이)
득점시키다 ~вать гол(мяч) (체육) 공을 차 넣다	**забивать** (자비와찌)
든든치 못한	**утолый** (우딸르이)
든든히 잡다(쥐다)	**уцепиться** (우쩨삐쨔)
듣게 되다, ~이 들리다	**послышаться** (빠쓸릐샤쨔)
듣기 좋은 음조, 듣기좋은 가락, 음운변화,	**эвфония** (에브포니야)
듣는 사람, 청취자	**слушатель** (슬루샤쩰)
듣다, (들어서) 알다, (진상·사실을) 알다,	**проведывать** (쁘라볘드와찌)
듣다, (처음부터 마지막까지) 다 듣다	**прослушать** (쁘라쓸루샤찌)
들(판), 벌판; 논, 밭, 목초지. 밭, 전야(田野);	**поле** (뽈례)
들개, 자칼, 남의 앞잡이로 일하는 사람 악인	**шакал** (샤깔)
들것, 마주잡이, 담가자, 담가	**носилки** (나씰끼)
들고(지고, 메고) 가는 짐, 하물, 등짐	**ноша** (노샤)
들꿩(들꿩과의 새), 매꿩	**рябчик** (랴브치크)
들끓는 것, 끓어 번지는 것	**кипение** (끼뼤니예)
들끓는, 끓어 번지는	**кипучий** (끼뿌치이)

들끓다, 끓어 번지다, 끓어 넘치다	**кипеть** (끼뻬찌)
들끓다, 뒤설레이다, 용솟음 치다, 부글부글 끓다	**бурлить** (부를리찌)
들놀이, 야유회(野遊會), 들놀음	**пикник** (삐크니크)
들다, 올리다, 쳐들다	**поднимать, резать, свернуть** (빠드니마찌)(레자찌)(스베르누찌)
들들 말다, 돌돌 감다; 접다	**свернуть** (스베르누찌)
들뜬, 경박한, 바람을 맞은	**ветреный** (벨레느이)
들러붙는, 부착하는	**клейкий** (클레이끼이)
들려오다, 울려오다; 풍겨오다	**доноситься** (다노씨짜)
들르다, 방문하다, 도중에, 진행하여, 떠나서	**заехать** (자에하찌)
들르다, 방문하다; 정차하다, 기항하다	**заходить** (자호지찌)
들리는 것	**слышимость** (슬릐쉬모쓰찌)
들리는. 들을 수 있다	**слышный** (슬릐쉬느이)
들리다, 올리다	**слышаться** (슬릐샤짜)
들리다	**слышно** (슬릐쉬나)
들리지 않은, 조용한	**неслышный** (네쓸릐쉬느이)
들버섯, 모균류의 버섯, 식용 버섯 일종,	**шампиньон** (샴삔온)
들새 (합법적으로 잡을 수 있는)엽조(獵鳥)	**дичь**

	(지치)
들새고기	**дичь**
	(지치)
들새고기나 돼지고기(간)등을 탕쳐서 만든 서양요리	**паштет**
	(빠쉬쩨트)
들소, 물소, 아메리카들소, 버펄로	**бизон**
	(비존)
들숨, 흡입제, 흡입, 숨, 호흡	**вдох**
	(프도흐)
들썩거리게 하다, 동요시키다, 궐기시키다,	**всколыхнуть**
	(프쓰깔릐흐누찌)
들썩하다, 떨어지다	**отставать**
	(앗쓰따와찌)
들씌우다, 걸머지다, 부담시키다	**взваливать**
	(쓰왈리와찌)
들어가는 것, 가입, 입회, 가담	**вступление**
	(프쓰뚜쁠레니에)
들어가는 것, 입장(入場)	**вход**
	(프혼)
들어가다 за кем-чем ~을 가지러오다	**заезжать**
	(자예즈좌찌)
들어가다, 기어들다	**соваться**
	(싸와쨔)
들어가다, 들어서다, 진입하다	**вступать**
	(프쓰뚜빠찌)
들어가다, 행진하다, 전진하다	**вступить, залезать**
	(프쓰뚜삐찌) (잘레자찌)
들어감; 입장, 입회, 입학, 입사; 입항	**вступительный**
	(프쓰뚜삐쩰느이)
들어다보다, 살펴보다	**рассматривать**
	(라쓰마뜨리와찌)
들어박히다, 몸을 감추다	**забиваться**
	(자비와쨔)

들어붙다, 맞붙다,	**прилипать, прилипнуть** (쁘릴리빠찌)(쁘릴리쁘누찌)
들어붙다, 착 달라붙다, 고착(밀착)하다	**льнуть, липнуть** (엘누찌)(리쁘누찌)
들어오는 것, 입수	**поступление** (빠쓰뚜쁠레니예)
들어오다, 입수하다	**поступить** (빠쓰뚜삐찌)
들어온 말, 외래어, 차용어	**заимствование** (자이므스뜨붜와니예)
들어올리는 ~ый кран 기중기; ~ая машина 승강기	**подъёмный** (빧욤늬이)
들어올리다, 올리다, 안아[치켜]올리다	**задрать** (자드라찌)
들어올리다, 올리다, 안아[치켜]올리다	**поднять[ся]** (빠드냐찌)
들어있는 것, 내용물	**содержимое** (싸제르쥐모예)
들여가다, 드려놓다, 가져다 놓다	**заносить** (자노씨찌)
들여놓다, 통행(출입)을 허가하다	**пустить** (뿌쓰찌찌)
들여다보는 구멍	**глазок** (글라족)
들여다보다, 눈여겨보다, 유심히 바라보다	**вглядеться** (프글랴뎨짜)
들여밀다, 밀어넣다, 끼워넣다, 쑤셔넣다	**засовывать** (자쏘브와찌)
들여보내는 것, 들여놓는 것, 입장	**впуск** (프뿌쓰크)
들여보내다, 들이다, 입장시키다, 통과시키다	**впускать** (프뿌쓰까찌)

들이 찌르다, 찌르다	**вонзать, вонзить** (반자찌), (뷘지찌)
들이긋다, 제도하다, 그리다; 선을 긋다	**чертить** (체르찌찌)
들이다, ~에 들이다[넣다], ~에 입회시키다	**напустить** (나쁘쓰찌찌)
들이다, ~에게 입장[입회·입학·입국]을 허가하다	**брать** (브라찌)
들이닥치다, 지르밟다, 들이닥치다, 육박하다	**наседать** (나쎄다지)
들이밀다, 들이 박다	**тыкать** (띄까찌)
들이밀다, 밀어넣다	**просовывать** (쁘라쏘븨와찌)
들이밀다, 파묻다	**уткнуться** (웃크누쨔)
들이받다; 돌파하다	**аранить** (따라니찌)
들이빨다, 빨아들이다, 흡수(흡입)하다	**всасывать** (프싸씌와찌)
들이켜다, 삼키다, 꿀꺽 삼키다, 식사를 하다	**скушать** (스꾸샤찌)
들이켜다, 젖을(액체를) 빨다, 빨아들이다	**засосать** (자쏘싸찌)
들이키다, 들이켜다, 들이마시다, 물켜다, 삼키다	**ест** (예스트)
들창, 중간틀, 민홈대, 트랜섬가로대; 가로막대	**фрамуга** (프라무가)
들키다, 폭로되다, 탄로나다, ~에 걸리다	**попасться** (빠빠쓰쨔)
들통, 버킷, 양동이, 물통	**ведро** (베드로)
듬직한, 권위 있는	**солидный**

(쌀리다느이)

등(燈), 등불; уличный ~ 가로등 **фонарь**
(파나리)

등(燈), 전등 **лампа**
(람빠)

등, 잔등; (옷을 걸쳐 입는 것의) 몸뚱이 **спинка, спина**
(스삔까) (스삐나)

등가(等價), 가격의 평형, 같은 가격·가치. 값이 같음. **паритет**
(빠리쩰)

등고선(等高線) **горизонталь**
(가리존딸)

등급(품위)이 낮은, 품질이 나쁜 **низкосортный**
(니즈꼬쏘르뜨느이)

등급, 계급, 품등, 등, 급, 수준 **класс, разряд**
(클라쓰) (라즈랴드)

등급을 정함, 격(格) [등급] 매김 **разряд**
(라즈랴드)

등기의; 등록한, 등기를 필한; 등기로 한 **заказной**
(자까즈노이)

등나무, 덩굴나무, 이계초(二季草) **глициния**
(글리찌니야)

등대, 등댓불, 등간, 횃불, 봉화; 봉화대[탑] **маяк**
(마야크)

등록(등기, 기입)되다 **регистрироваться**
(레기쓰뜨리로와짜)

등록(등기, 기입)하다 **регистрировать**
(레기쓰뜨리로와찌)

등록(登錄), 등기(登記), 기입(記入) **регистрация**
(레기쓰뜨라찌야)

등록, 등부, 등기 **прикрепление, учёт**
(쁘리끄레쁠레니예)(우쵸트)

등록부, 장부(帳簿) **реестр**
(레예쓰뜰)

등록소, 등기소, 기록소	**регистратура** (레기쓰뜨라뚜라)
등록원, 기록원, 서기	**регистратор** (레기쓰뜨라똘)
등록의, 등기의; ~ая карточка 등록카드	**учётный** (우쵸트느이)
등록하다, 기록하다, 등기하다	**записывать** (자삐씌와찌)
등받이 없는 소파	**тахта** (따흐따)
등받이가 없는 걸상	**табуретка** (따부레뜨까)
등본, 사본, 복사; ~я картины 그림의 모사	**копия** (꼬삐야)
등불 등이 가물거리다, 희미하게 비치다	**брезжить** (브례즈지찌)
등불, 램프, 남포.	**светоч** (스볘또츠)
등뼈(척추)가 없는	**беспозвоночный** (볘쓰뽀즈뷔노츠느이)
등뼈(spine)의, 척추의; 바늘의, 가시의	**спинной** (스삔노이)
등뼈, 척추, 몸통, 동체(부분)	**магистраль** (마기쓰뜨랄)
등뼈, 척추, 척추골	**позвонок** (빠즈보녹)
등뼈대, 척추(脊椎)	**позвоночник** (빠즈붜노츠니크)
등사(謄寫), 프린트	**размножение** (라스므노줴니예)
등사(프린트)되다	**размножаться** (라스므노좌짜)
등사(프린트)하다	**размножать**

	(라스프노좌찌)
등사기, 복사기(複寫機)	**стеклограф** (스쪠클로그라프)
등사판(謄寫版), 등사기	**гектограф** (곅또그라프)
등산(登山), 등산 유람	**альпинизм** (알삐니즘)
등산가, 등산유람객(登山 遊覽客)	**альпинист** (알삐니쓰트)
등색의, 오렌지색의, 등자색의	**оранжевый** (아란제브이)
등신(等身)의, 전신대(全身大)의; 장편의;	**полнометражный** (빨노몔라즈늬이)
등심(고기), 필레살, 뼈를 발라낸 물고기	**филе** (필레)
등심에서 제일 좋은 살코기	**вырезка** (븨레즈까)
등에, 비망, 목망, 망충	**овод** (오보드)
등용(승급)되다	**повышаться** (빠븨샤쨔)
등용, 승급(昇級)	**повышение** (빠븨쉐니예)
등용; 임용, 임명	**выдвижение** (븨드뷔줴니에)
등용(임용)되다	**выдвигаться** (븨드뷔가쨔)
등을 굽히다	**горбиться, сутулиться** (가르비쨔)(수뚤리쨔)
등의; ~ мозг 등골, 척수; ~ хребет 척주, 등뼈, 척추	**спинной** (스삔노이)
등이 굽다, 구부정해지다	**сгорбиться** (즈고르비쨔)

등이 굽은	**сутулый** (수뚤리이)
등이 꼬부리지다	**согнуться** (싸그누짜)
등자(鐙子); 등자 모양의 연장; 등삭(鐙索)	**стремя** (스뜨레먀)
등잔, 석유등잔, 오일 램프	**коптилка** (꼬쁘찔까)
등잔기름, 석유; ~ая лампа 석유등	**керосиновый** (께로씨노브이)
등잔의 심지, 도화선	**фитиль** (피찔)
등장인물(登場人物)	**персонаж** (뻬르싸나즈)
등치기, 갈취(한 돈), 공갈, 협박	**шантаж** (샨따즈)
등치기, 갈취(한 돈), 공갈, 협박	**шантаж** (샨따즈)
등화관제, 차등; 차광막; 정전(停電)	**затемнение** (자쩸네니예)
디도서(디도에게 보낸 편지)(Послание к Титу, 3장)	**Титу** (찌뜨)
디메드롤	**димедрол** (지메드롤)
디모데전서(Первое послание к Тимофею, 6장)	**1 Тимофей** (1 찜찌모페이)
디모데 후서(Второе послание к Тимофею, 4장)	**2 Тимофей** (2 찜찌모페이)
디밀다, ~을 잠식하다; ~을 부식하다	**впиться** (프삐짜)
디오프터(광학유리의 굴절력 측정단위)	**диоптрия** (지옵뜨리야)
디젤기관, 디젤내연기관	**дизель**

	(지젤)
디젤의, 디젤기관의	**дизельный** (지젤느이)
디프테리아(diphtheria)	**дифтерит, дифтерия** (지프쩨리트) (지프쩨리야)
딩굴다, 구르다, 뒹굴다, 딩굴딩굴(뒹굴뒹굴)하다	**поваляться** (빠왈랴쨔)
따기, 수확	**сбор** (즈보르)
따끈하게(덥게)하다	**обогревать, обогреть** (아밥그레와찌),(오보그레찌)
따다, 뜯다, 채집하다, 잡아 뽑다	**оборвать[ся]** (아바르와찌)
따다, 뜯다, 채집하다. (열매·꽃 등을) 따다	**собрать** (싸브라찌)
따다, ~을 거두어 들이다, 수확하다	**набирать** (나비라찌)
따들쭉 나무, 월귤나무(Vaccinium vitisidaea:)	**брусника** (브루쓰니까)
따따르칸의 명령서, 상사증서 지급 명령서	**ярлык** (야를리끄)
따뜻하게 하다, 녹이다	**погреть[ся], согреть** (빠그레찌)(쨔),(싸그레찌)
따뜻하게 하다; 난방장치를 하다	**утеплить** (우쩨쁠리찌)
따뜻하게, 따뜻하다; ~ одеться 옷을 따뜻하게 입다	**тепло** (쩨쁠로)
따뜻한, 따끈따끈한	**тёплый** (죠쁠르이)
따뜻해지는 것, 더워지는 것	**потепление** (빠쩨쁠레니예)
따뜻해지다	**теплеть** (쩨쁠레찌)

- 359 -

따뜻해지다, 더워지다	**потеплеть** (빠쩨쁠레찌)
따뜻해지다, 데워지다, 가열하다, 따뜻이 하다	**нагреть(ся)** (나그레찌)
따라 앞서다, 능가하다	**опередить, опережать** (아뻬레지찌), (오뻬레 자찌)
따라(쫓아)가다, 추격하다	**погнаться** (빠그나쨔)
따라가 붙잡다, 가로채다	**перехватить** (뻬레흐와찌찌)
따라서, ~을 따라, ~을 끼고	**вдоль** (프돌)
따라서, 그러므로, 그래서	**соответственно** (싸아뜨베뜨쓰뜨벤나)
따라서, 그런즉, 즉	**значит** (즈나치트)
따라서, 이로부터	**отсюда** (앗슈다)
따라잡다, 따라가다	**догонять, нагонять** (다가냐찌) (나가냐찌)
따로 떨어진, 개별적인; 분리된, 별개	**отдельный** (아트젤느이)
따로따로 거주시키는 것, 별거	**расселение** (라쓰쎌레니예)
따로따로 거주시키다, 별거시키다	**расселить** (라쓰쎌리지)
따로따로 거주하다	**расселиться** (라쓰쎌리쨔)
따로따로 앉히다	**рассадить** (라쓰싸지찌)
따로따로, 남달리, 독특하게, 유다르게	**особо** (아쏘보)
따로따로, 떨어져서, 제각기	**врозь**

	(프로지)
따로따로; 별개로; ~жить 따로따로 살다	**раздельно** (라스젤나)
따로따로; жить ~ 따로 살다	**порознь** (뽀로즈니)
따르는, 쏟는, 붓는, 흘리는 ~дождь 큰비, 소나기	**проливной** (쁘랄립노이)
따르다, 따라가다	**нагонять, последовать** (나가냐찌)(빠쓸레도와찌)
따르다, 쏟다, 붓다, 엎지르다 흘리다	**выливать, налить** (뷜리와찌), (날리찌),
따르다, 엎지르다, 흩뜨리다, (피를) 흘리다	**облить[ся]** (아블리찌)
따분한, 싫증나는, 지긋지긋	**нудный** (누드느이)
딱 붙게 하다	**пригладить** (쁘리글라지찌)
딱 소리를 내다, 쨍그렁[우지끈]소리나다	**рассыхаться** (라쓰씨하쨔)
딱(달라)붙다, 잇닿아 있다, 인접해 있다	**прилегать** (쁘릴레가찌)
딱(바로) 들어맞게, 정확한, 적중한	**меткий** (메뜨끼이)
딱거절(거부, 사절)하다; 기각하다; 마다하다	**отвергать** (아트붸르 가찌)
딱따구리(딱따구릿과에 속하는 새의 총칭) 쪼는 새	**дятел** (쟈젤)
딱딱 멎는(끊어지는)	**отрывочный** (앗릐보츠노이)
딱딱 소리를 내다; (도기에) 금이 가다;	**затрещать** (자뜨레샤찌)
딱딱 소리를 냄, 바삭바삭한 돼지고기	**шкварки** (쉬크와르끼)

- 361 -

딱딱하다	**жёстко** (죠쓰뜨까)
딱딱한 껍질을 쓴 작물. 골무꽃 속	**щитовка** (쒸또브까)
딱딱한, 빡빡한; 얄망궂은	**непокладистый** (네빠클라지쓰뜨이)
딱딱해지다, 굳어지다	**деревенеть** (제레붸네찌)
딱지, 주버기, 더뎅이	**короста** (까로쓰따)
딱총, 폭죽	**пошутить** (뽀슈띠찌)
딸, 딸아이, 딸애, 딸자식 여식, 여아, 딸내미.	**дочь** (도치)
딸꾹거리다, 딸꾹질하다	**икать, икнуть** (이까찌),(이끄누찌)
딸꾹질, 딸꾹질의 발작	**икота** (이꼬따)
딸랑딸랑(따르릉) 울리다(알리다) 딸랑딸랑(짤랑짤랑, 찌르릉) 소리나다(내다)	**задребезжать** (자드레베즈좌찌)
딸랑딸랑(짤랑짤랑, 찌르릉) 소리내다,	**зазвенеть** (자즈붸네찌)
딸랑이(장난감)	**погремушка побрякушка** (빠그레무쉬까) (빠브랴꾸쓰까)
딸애(дочь의 애칭)	**дочка** (도츠까)
땀 весь в поту 온통 땀투성이다	**пот** (뽀뜨)
땀[식은땀]을 흘리다, 땀이 배다	**коптеть** (꼬쁘쩨찌)
땀[식은땀]을 흘리다, 땀이 배다	**преть** (쁘레찌)
땀기, 땀	**испарина**

	(이쓰빠리나)
땀나게 하는, 발한을 촉진하는	**потогонный** (빠또곤느이)
땀을 배는, 발한(發汗)을 촉진하는.	**потогонный** (빠또곤느이)
땀을 흘리다, 발한(증발)하다(시키다), 분비하다	**вспотеть** (프쓰빠쩨찌)
땀이 나다, над чем 몹시 애쓰다;	**потеть** (빠쩨찌)
땀투성이의; 땀에 젖은; 땀같은. 땀이 밴	**потный** (뽀뜨느이)
땅딸기	**земляника** (제믈랴니까)
땅딸기의	**земляничный** (제믈랴니츠느이)
땅 임자, 지주(地主), 집주인	**помещик** (빠메쉬크)
땅, 물 등이 쪼개지다, 갈라지다	**расступаться** (라쓰뚜빠짜)
땅딸막한, 굵고 짧은, 단단한 낮고 폭이 넓은	**приземистый** (쁘리졔미쓰띄이)
땅딸보, 난쟁이	**коротышка** (까로띄쉬까)
땅딸보; 멍청이, 바보, 얼간이, 시골뜨기,	**ком** (꼼)
땅바닥에, 마루바닥에	**наземь** (나졔미)
땅벌, 말벌, 호봉	**оса** (아싸)
땅벌의 일종인 뒝벌의	**шмелиный** (쉬멜리느이)
땅벌의, 호봉의; ~ое гнездо 소굴	**осиный** (아씨느이)

땅속 굴, 지하실(地下室), 땅광	**подземелье** (빠드제멜리에)
땅속, 지하 매장물; в ~х души 마음속 깊이	**недра** (네드라)
땅에서 태어난; 인간으로 태어난, 인간의	**отвал** (아트왈)
땅을 갈다, 경작하다; (작물·밭을) 사이갈이하다	**разработать** (라자라보따찌)
땅을 갈다, 농사짓다; 경작하다	**обрабатывать** (압라바찌와찌)
땅의, 흙의, 토양의	**грунтовой** (그룬따보이)
땅콩, 낙화생(落花生), 남경두	**арахис** (아라히쓰)
땅호박	**кабачок** (까바초크)
땋다; ~ косу 머리채를 땋다	**заплести** (자쁠레쓰찌)
땋다[땋아 늘어뜨리다], 짜다, 엮다	**заплетаться** (자쁠레따쨔)
때 아닌 때에, 때맞지 않게; 알맞지 않게	**некстати** (네크따찌)
때, 시간	**время** (브레먀)
때, 시기, 순간; ~ отдыха 휴식시간	**час** (차쓰)
때, 시대(時代)	**времена** (프레메나)
때, 시절, 시기; ~갈 때가 왔다;	**пора** (빠라)
때가 지다; 빨래가 잘되다	**стираться** (스찌라쨔)
때까치, 박로, 백로(伯勞), 백설조, 산작(山鵲)	**сорокопут**

	(싸로까**뿌**트)
때내다, 떼다, 잡아떼다(뜯다)	**отрывать** (앗릐와찌)
때내다, 족치다	**отбивать** (아트비와찌)
때늦게, 늦은; 늦게	**поздно** (뽀즈나)
때늦은	**поздний** (뽀즈니이)
때때로 내리다, ~의 수중에 떨어지다	**перепадать** (뻬레빠다찌)
때때로 대화체의 목가, 전원시, 목가시	**эклога** (에클로가)
때때로 바라보다	**поглядывать** (빠글랴듸와찌)
때때로 생각하다, ~하려고 하다, ~할 작정이다	**подумывать** (빠두므와찌)
때때로 일어나다, 때때로 생기다	**бывать** (븨와찌)
때때로 읽다, 가끔 읽다	**почитывать** (빠치쯰와찌)
때때로, 가끔, 이따금, 간간이	**иногда, порой** (이나그다)(빠로이)
때때로, 이따금, 가끔, 시시로, 시시때때로, 종종	**подчас** (빧차쓰)
때때로, 짬짬이, 틈틈이	**урывками** (우릐브까미)
때려 몰다 재촉하다, 서두르게 하다	**подстёгивать** (빤쓰쬬기와찌)
때려 부수다, 깨뜨리다	**бить** (비찌)
때려 생긴 혹, 융기; 유종; 마디, 원형의 덩이,	**шишка** (쉬스까)

- 365 -

때려(두드려)뜯다	**расколачивать** (라쓰깔라치와찌)
때려내 쫓다, 격퇴하다	**выбивать** (븨비와찌)
때려눕히다, 쳐서 눕히다, 누이다, 가로 눕히다	**побить** (빠비찌)
때려눕히다; 굴복시키다. 때려부수다	**отопадать, отпасть** (아따빠다찌), (올빠스찌)
때려부수다, 가루로 만들다	**измельчить** (이즈멜치찌)
때려서(때어내다):	**сколоть** (스깔로찌)
때를 같이하여 일어나다(진행되다)	**совпадать** (쌉빠다찌)
때를 기다리다.	**выждать** (븨즈다찌)
때를 뭇다	**сплачивать** (스쁠라치와찌)
때리기, 매질, 구타	**потасовка** (빠따쏘프까)
때리다, 도리깨질하다; 타작[탈곡]하다, 털다	**обмолотить** (압몰라찌찌)
때리다, 때려눕히다, 채찍질하다	**отколотить, поколотить** (아트클로찌찌), (빠꼴로찌찌)
때리다, 후려치다, 구타하다, 매질하다	**драть, пороть ударить** (드라찌)(뽀로찌) (우다리찌)
때리다, 치다, 두드리다, 격파하다	**разить** (라시찌)
때리려고 둘러메다, 번쩍 들다	**замахиваться** (자마히와쨔)
때마침, 제때에 미치다, 다 닿다	**успеть** (우쓰뻬찌)
때마침, 제때에	**кстати**

	(크쓰따찌)
때맞게 가다(오다)	**поспеть** (빠쓰뻬찌)
때문에, (~)를 위하여, ~이기 때문에, ~이므로,	**из-за** (이즈-자)
때문에, ~까닭에, ~으로 인하여	**ввиду** (뷔두)
때문에, ~이므로, ~하므로, ~인 까닭에, ~인 한은	**постольку** (빠쓰똘꾸)
때문에, 탓으로, ~에 대하여	**за** (자)
때묻다, 더러워(어지러워)지다, 지저분하다	**грязниться** (그랴즈 니쨔)
땜납, 납, 백랍, 전랍	**олово** (올로붜)
땜질하다, 납땜하다; ~ кастрюлю 냄비를 때우다	**запаивать** (자빠이 와찌)
땜하여 붙이다	**припаять** (쁘리빠야찌)
떠가다, 떠오르다	**плыть** (쁠르찌)
떠나가다, 가버리다, 출발하다	**уезжать, уехать** (우에즈좌찌) (우에좌찌)
떠나가다, 이사하여가다	**съехать** (스예하찌)
떠나가다, 출발하다, ~을 뒤로하다, ~에서 출발하다	**подаваться** (빠다와쨔)
떠나게 하다, 가게 하다, 해산시키다	**отстранить** (앗쓰뜨라니찌)
떠나게(가게)하다, 출동시키다	**поднимать** (빠드니마찌)
떠나게[물러가게] 하다, 내쫓다	**прогнать** (쁘라그나찌)

떠나는 것, 출발(出發)	**выезд** (븨에즈드)
떠나다(나가다), 출발하다	**выезжать** (븨에즈좌찌)
떠나다, ~을 뒤로하다, ~에서 출발하다	**бросить** (브로씨찌)
떠나다, 나가다, (못을) 쳐서빼다	**пробивать** (쁘라비와찌)
떠나다, 떠나가다	**покинуть** (빠끼누찌)
떠나다, 뜨다, 버리고 가다	**оставить, оставлять** (아쓰따비찌),(아쓰따블랴찌)
떠나다, 움직이다; ~ в путь 길을 떠나다	**трогаться** (뜨로가쨔)
떠나다, 출발하다	**отбывать, отбыть** (아트븨와찌), (아트브찌)
떠나다, 가다; (기차가)발차하다;	**отправляться, отходить** (앗쁘라블랴쨔)(앗하디찌)
떠나다, 출항하다	**отчаливать** (앗찰리와찌)
떠나시오, 출발하시오	**езжать** (예즈좌찌)
떠돌아다니다, 방랑하다, 방랑생활하다	**бродяжничать** (브로쟈지니차찌)
떠돌아다니다, 헤매다, 배회[방황]하다	**избежать** (이즈베좌찌)
떠드는 소리, 야단법석이다, 웅성거리는 소리	**гвалт** (그왈트)
떠드는 소리, 뭇소리, 웅성대는 소리	**галдёж** (갈죠즈)
떠들다, 지껄이다, 웅성대다, 왁짝거리다	**галдеть** (갈제찌)
떠들다, 장난(농담) 하다, 장난치다	**шалить**

- 368 -

	(살리찌)
떠들며 뛰어놀기, 활발한 장난,	**шалить**
	(살리찌)
떠들썩한 술판	**оргия**
	(오르기야)
떠들썩한 잡담, 쓸데없는 말(이야기)	**трескотня**
	(뜨레쓰꼬뜨냐)
떠들썩함, 시끄러움, 활기참	**шумливость**
	(슈믈리뷔쓰찌)
떠들썩한, 시끄러운, 소란한, 떠들어대는	**шумливосый**
	(슈믈리뷔썩이)
떠듬거리며 말하다; 쓸데없는 말을 하다	**журчать**
	(주르차찌)
떠맡다, ~의 책임을 지다.	**предпринять**
	(쁘렡쁘리냐찌)
떠밀다, 밀어 넣다, 밀쳐 버리다	**сталкивать**
	(스딸르찌와찌)
떠밀다, 전가하다	**перекладывать**
	(뻬레클라듸와찌)
떠받치다; 올리다	**застрять**
	(자쓰뜨랴찌)
떠벌리던, 화제 거리로 되었던	**нашумевший**
	(나수몝쉬이)
떠오르는 것,(해, 달 등이) 뜨는 것	**восхождение**
	(바쓰호즈제니에)
떠오르다, 내리밀다, 수많이 생기다	**нахлынуть**
	(나흐릐누찌)
떠있다, 돌다, 선회하다	**витать**
	(뷔따찌)
떨기나무, 관목, 수풀, 덤불, 키 작은 나무	**куст**
	(꾸쓰트)
떨기나무숲, 떨기나무, 관목	**кустарник**
	(꾸쓰따르니크)

떨다, 몸서리치다	**вздрагивать** (쓰드라기와찌)
떨다, 와들와들 떨다, 진저리(를) 치다	**дрожать** (드라좌찌)
떨다, 전율하다, 오싹하다, 몸서리(진저리)치다	**вздрогнуть** (쓰드로그누찌)
떨다, 와들와들 떨다, 진동하다, 흔들리다	**задрожать** (자드라좌찌)
떨리는 목소리; (엔진의) 기화기, 카뷰레터	**щёлканье** (쑐까니에)
떨리다; ~ от ужаса 공포에 떨리다	**трепеть** (뜨레뻬찌)
떨림, 진동	**трепет** (뜨레뻬트)
떨림, 진저리; 몸서리	**дрожь** (드로쥐)
떨어뜨리는 사람[물건]; (안약의)점적기(點滴器)	**пипетка** (삐뻴까)
떨어뜨리다, (잎, 머리칼을) 떨구다, 잃다	**ронять** (라냐찌)
떨어뜨리다, 낙하시키다, 투하시키다, 내리다	**бросить(ся)** (브로씨찌)
떨어뜨리다, 좌절시키다, 꺾다	**надламывать** (나들라믜와찌)
떨어져 나가다, 퇴직하다	**выбывать** (븨븨와찌)
떨어져나가다, 분리되다	**выделяться** (븨젤랴쨔)
떨어져나가서 자리를 비우다, 떠나다	**убывать** (우븨와찌)
떨어져서 당기다(끌다.끌어당기다.당겨서 움직이다)	**оттащить** (앗따쉬찌)
떨어져서, 멀리, 저쪽으로[에], 딴 데로,	**не прочь, ото**

ㄷ

	(네쁘로치) (오또)
떨어져서, 옆으로[에]	**далеко** (달레꼬)
떨어지게 하다, 분리하다, 갈고리에서 벗기다	**отцепить** (앗쳬삐찌)
떨어지다; (옷의) 혹단추를 풀다	**отлетать, отлететь** (알틀레따찌),(오틀레뗴찌)
떨어지다, 갈라지다, 탈선하다	**расходиться соскакивать** (라쓰하지쨔)(싸쓰까끼와찌)
떨어지다, 고립되다	**отделяться** (아트젤랴쨔)
떨어지다, 추락(낙하)하다, 지다, 빠지다	**падать, опасть** (빠다찌)(아빠쓰찌)
떨어지다, 끝나다, 다 소비되다	**кончаться, выходить** (깐차쨔), (븨호디찌)
떨어지다, 무너지다, 뿌려지다.	**осыпаться** (아씌샤쨔)
떨어지다, 벗겨지다, 벗기어지다	**спадать, сбиться** (스빠다찌) (즈비쨔)
떨어지다, 분리되다, 헤어지다	**отходить** (앗하디찌)
떨어지다, 빠져나오다	**отбиваться, вырываться** (아트비와쨔) (븨릐와쨔)
떨어지다; 그만두다, 중단	**отрываться** (앗릐와쨔)
떨어지다; 흩어지다	**отопадать, отпасть** (아따빠다찌),(올빠스찌)
떨어지다, 뛰어 비키다	**отскакивать, отскочить** (앗쓰까끼와찌), (앗쓰꼬치찌)
떨쳐나서다	**подниматься** (빠드니마쨔)
떳떳하지 않는, ~할 가치가 없는	**недостойный** (네다쓰또이느이)

떳떳한, 어엿한, 마땅한	**достойный** (다쓰또이느이)
떼 내는 것, 벗기는 것, 내리는 것	**снятие** (스냐찌예)
떼, 무리.(분봉하는) 꿀벌의 떼, 개미 떼	**рой** (로이)
떼; 그룹, 집단(集團), 단체, 조, 팀; 작업조; 한 패	**звено** (즈베노)
떼, 무리, 서클, 동아리	**секция** (쎼크찌야)
떼게 되어있는	**отрывной** (앗릐노이)
떼놓을 수 없는, 불가분리의, 분리할 수 없는	**неотделимый** (네아뜨젤리므이)
떼다, 떨어지게 하다, 분리하다	**выделить, отрядить** (븨젤리찌) (앗랴지찌)
떼다, 뜯다	**расклеивать ,отделить[ся]** (라쓰클레이와찌) (아트젤리찌)
떼다, 분리시키다, 분열시키다, 절단하다	**разъединить** (라즈에지니찌)
떼려가는 것	**отвод** (아트보드)
떼려낼 수 없는, 불가분리의	**неотъемлемый** (네아뜨옘레므이)
떼몰이, 유벌	**сплав** (스쁠라프)
떼몰이하다, 벌목하다	**переплавить** (뻬레쁠라비찌)
떼몰이, 유벌	**лесосплав** (레싸쓰쁘라프)
떼어 막다, 횡령(약취)하다	**присвоить** (쁘리쓰보이찌)
떼어(끊어, 떨어)지다	**разъединиться**

	(라즈에지니쨔)
떼어[갈라]놓다, 별거시키다, 불화하게 하다.	**рассаживать** (라쓰싸 쥐와찌)
떼어[갈라]놓다, 잘라서 떼어놓다, 가르다	**разойтись** (라조이찌시)
떼어내다, 잡아떼다.	**оттянуть** (앗쨔누찌)
떼어내다	**сниматься** (스니마쨔)
떼어놓다; 빼내다, 뽑아내다, 꺼내다	**выдвинуть** (븨드뷔누찌)
떼어두다, 예약하다, 비축하다, 준비해 두다	**забронировать** (자브로니로와찌)
떼어지다, 떨어지다	**отваливаться, отвалиться, отбиваться** (아트왈리와쨔), (아트왈 리쨔) (아트비와쨔)
뗏목, 떼	**плот** (쁠로트)
뗏사공, 뗏목타는 사람, 떼몰이군, 유벌공	**плотогон** (쁠로또고이)
뗏장, 떼, 잔디, 풀이 덮인 땅	**дёрн** (죠른)
뗑그렁(쩽그렁) 울리다; 뗑그렁 울다	**бряцать** (브랴짜지)
또다시, 재차(再次), 새로;	**вновь** (브노비)
똑같은, 꼭같은, 동일한; 가지런한, 동등한	**одинаковый** (아진나꼬브이)
똑딱선, 발동선; торпедный ~ 어뢰정	**катер** (까쩨르)
똑똑 떨어뜨리다, 방울방울 흘리다 뿌리다	**насорить** (나싸리찌)
똑똑 떨어뜨리다. 뿔뿔이 흩어버리다, 흩뿌리다	**выронить** (븨로니찌)

똑똑 떨어지다(떨어뜨리다), 침을 질질흘리다	**капнуть** (까쁘누찌)
똑똑[둥둥] 두드리다	**выколоть** (븨깔로찌)
똑똑치 못한, 뚜렷하지 않은, 분명하지 못한	**неотчётливый** (네아뜨쵸뜰리브이)
똑똑치 않은, 아리송한, 막연한 애매한, 불명료한	**нечёткий** (네쵸뜨끼이)
똑똑하지 못한 발음으로, 불명료하게. 희미한	**невнятно** (네브냐뜨나)
똑똑하지 못한, 알아듣지 못 할(수 없는)	**невнятный** (네브냐뜨느이)
똑똑한, 뚜렷한, 선명한, 명료한	**отчётливый** (앗쵸틀리브이)
똑똑한, 알기쉬운	**разборчивый** (라스볼치븨이)
똑똑한, 잘 들리는	**внятный** (브냐뜨느이)
똑똑히, 뚜렷이	**отчётливо** (앗쵸틀리붜)
똑똑히, 분명히:	**членораздельно** (츨렌오라쓰젤나)
똑똑히, 생생하게, 생기(활기)에 차게, 활발하게	**живо** (쥐붜)
똑바로, 올바르게, 정확히; 완전하게. 좋게, 잘, 능숙하게	**путём** (뿌쫌)
똑바르게 되다, 정돈되다, 해결되다	**одёрнуть** (아죠르누찌)
똑바르게 하다, 바로잡다, 정정(첨삭.교정)하다	**выправить** (븨쁘라븨찌)
똑바르게 하다. (굽은 것을) 곧게 하다, 펴다	**разогнуть[ся]** (라조그누찌)
똑바른; 정직한; 솔직한, 숨김없는	**прямой**

	(쁘랴모이)
뚜껑, 덮개	**крышка** (크릐쉬까)
뚜껑을 덮지 않은, 뚜껑이 없는	**непокрытый** (네빠끄릐드이)
뚜껑있는 단지, 주전자, 항아리 (맥주담는) 조끼	**жбан** (쥐반)
뚜렷이 나타나다, 똑똑히 보이다	**вырисовываться** (븨리쏘븨와쨔)
뚜렷한, 현저한	**выраженный** (븨라줸느이)
뚝, 제방(堤防), 강둑(江둑)	**дамба, плотина** (담바)(쁠로찌나)
뚤어지다, 미끄러져 내려오다	**ехать** (예하찌)
뚫고(새어) 들어가다	**просочиться** (쁘라쏘치쨔)
뚫고 들어가다	**врезаться** (브레자쨔)
뚫고나가다, 돌파하다	**пробиться** (쁘라비쨔)
뚫다, 구멍내다	**проделать** (쁘라젤라찌)
뚫어서; пройти ~ лес 산림속을지나가다;	**через** (체레즈)
뚫은 구멍	**скважина** (스끄와쥐나)
뚱뚱보, 뚱뚱이, 파주미륙	**толстяк** (딸쓰쨔크)
뚱뚱보처럼 서투르게, 데퉁스레, 기름기 있게,	**жирно** (쥐르나)
뚱뚱한, 살찐, 비만한, 당당한, 풍채 좋은,	**пышный, тучный** (쁴쓰늬이)(뚜츠느이)

- 375 -

뚱뚱해지다, 부풀다	**расплыться, потолстеть** (라쓰쁠릐쨔),(빠돌쓰쩨찌)
뛰놀다, 장난하다	**резвиться, скакать** (레즈비쨔) (스까까찌)
뛰다, 달리다; 뛰기(달리기) 시작하다	**побежать** (빠베좌찌)
뛰다, 뜀뛰다	**прыгать** (쁘릐가찌)
뛰어 건너다, 뛰어 건너가다(오다),	**перебегать** (뻬레베가찌)
뛰어내리다, 뛰어들다	**бросаться, сбрасываться** (브로싸짜)(즈브라씌와짜)
뛰어 달리다, 달리다, 달음박질하다, 경주하다	**бегать** (베가지)
뛰어 돌아다니는 것, 분주히 서두르는 것	**беготня** (베가트냐)
뛰어 들어가다, 뛰어 들어오다	**вбегать** (프베가찌)
뛰어 물러나다(달아나다), 달려 물러서다	**отбегать, отбежать** (아트베가찌), (올베자찌)
뛰어가다(오다), 달려가다(오다)	**подбегать** (빧베가찌)
뛰어나가다, 뛰어내리다	**выбрасываться** (븨브라씌와쨔)
뛰어나다, 빼어나다, 특출해지다	**выделяться** (븨젤랴쨔)
뛰어나다, 특출하다, 공훈을 세우다;	**отличаться** (알틀리차쨔)
뛰어나오다, 뛰어나가다, 뛰어내리다	**выпрыгивать** (븨쁘릐기와찌)
뛰어난, 아주 훌륭한	**великолепный** (뷀리까레쁘느이)

뛰어난, 탁월한, 현저한, 눈에 띄는;	**господствующий** (가스뽀쓰드부유쉬이)
뛰어내려가다(오다)	**сбежать** (즈베좌찌)
뛰어내리다, 내리(깡충)뛰다, 점프하다	**спрыгивать, соскочить** (스쁘리기와 찌)(싸쓰꼬치찌)
뛰어넘기(오르기) 위하여 달리다; 속력을 내다	**разбегаться** (라스베가쨔)
뛰어넘다, 건너뛰다	**перепрыгивать** (뻬레쁘릐기와찌)
뛰어넘다; 빨리옮겨가다; 이동(이송,수송)되다	**перебрасы-ваться** (뻬레브라씌와쨔)
뛰어드는, 다이빙하는, 강하하는	**пики-рующий** (삐끼루쉬이)
뛰어들다, 잠수하다, 돌입하다	**окунать** (아꾸나찌)
뛰어서, 달음질쳐서, 달음박질로	**бегом** (베곰)
뛰어오다, 뛰어가다, 달려오다, 달려가다	**прибежать** (쁘리베좌찌)
뛰어오르다, (뛰어) 올라타다	**вспры-гивать** (프쓰쁘릐기와찌)
뛰어지나가다; (일정한 거리를)뛰다, 달리다;	**пробегать** (쁘라베가찌)
뜀뛰기, 도약, 뛰어오름; ~ в длину 멀리뛰기	**прыжок** (쁘리족)
뜀뛰기선수, 높이뛰기 선수	**прыгун** (쁘리군)
뜨개 것, 뜨개 옷	**вязанка** (뵈야잔까)
뜨개, 뜨개질	**трикотажный** (뜨리꼬따즈느이)
뜨개바늘; вязать на~x 뜨개질하다	**спица**

	(스삐짜)
뜨개양말바지(여자와 어린애)	**рейтузы** (레이뚜즈)
뜨개질, 묶는 것, 편물	**вязание** (삐야자니에)
뜨개천(양복의 심으로 쓰는)	**ватин** (와찐)
뜨개천, 메리야스; 뜨개옷 뜨개제품	**трикотаж** (뜨리꼬따즈)
뜨개천으로 만든 운동셔츠, 유니폼(uniform)	**футболка** (풋볼까)
뜨거운, 더운, 끓는	**горячий** (가랴치이)
뜨거운, 더운, 열렬히, 격렬하게	**жарко** (좌르까)
뜨겁게, 열망하는, 간절히 바라는	**горячо** (가랴초)
뜨내기, 부랑자	**бродяга** (브로쟈가)
뜨다, (쌓아두어) 썩다, 발효(醱酵)되다	**сгореть** (즈고레찌)
뜨다, 때내다, 분리하다	**отделять** (아트젤랴찌)
뜨다, 떠있다, 떠다니다;	**плавать** (쁠라와찌)
뜨다, 뜨개를 뜨다, 뜨개질하다;	**вязать** (삐야자찌)
뜨다, 엮다, 얽다, 얽어 짜다	**сплести** (스쁠레쓰찌)
뜬, 엮은, 땋은,	**плетёный** (쁠레죤늬이)
뜬소문; 소동: поднять ~ 소동을 일으키다	**трезвон**

	(뜨레즈본)
뜬소문을 퍼뜨리다, (이러쿵 저러쿵) 시비하다	**сплетничать** (스쁠레뜨니차찌)
뜯다, 잡아 뽑다; ~의 깃털[털]을 뜯다	**резать** (레자찌)
뜯다, (과실을) 따다	**срывать** (스릐와찌)
뜻 깊은, 의의 깊은, 의미심장한, 중요한	**знаменательный** (즈나메나쩰느이)
뜻(의미)이 같은, 동의	**многозначительно, однозначный** (므나가즈나치 쩰나) (아드노즈나츠느이)
뜻, 의미, 요령; не добиться ~y 뜻을 이해하지 못하다	**толк** (똘크)
뜻, 참뜻, 의의(意義), 중요성(重要性)	**значение** (즈나체니예)
뜻, 의미	**семантика, смысл** (쎄만찌까) (스믜쓸)
뜻깊은, 의미심장한	**многозначительный** (므나가즈나치쩰느이)
뜻밖에 오다, 들이닥치다, 별안간에 일어나다	**нагрянуть** (나그랴누찌)
뜻밖에, 불의에, 돌연히, 갑자기, 언뜻,	**неожиданно** (네아 쥐단나)
뜻밖에, 우연한; 부지중의; 본능적인	**невольный** (네볼느이)
뜻밖의 불행, 재난, 정신적 타격	**удар** (우다르)
뜻을 담고 있다, 알리다, 말하다	**гласить** (글라씨찌)
뜻의 한정, 제한	**профиль** (쁘로필)
뜻이 같은 말, 동의어, 비슷한 말(synon-ym)	**синоним, синонимия** (씬노님),(씬노니미야)

뜻이 깊은, 의미심장한, 사려 깊은,	**глубокомысленный** (글루바까끄믜쓸렌느이)
뜻풀이의, 주석; ~ словарь 주석사전	**толковый** (딸꼬브이)
뜻하다, 의도하다; 예정[계획]하다, 꾀하다	**предназначить** (쁘레드나즈나치찌)
뜻하다, 의미하다, 나타내다	**означать, обозначать** (아즈나차찌), (아바즈나차찌)
뜻하지 않게, 우연히 어떻게 돼서, 본의 아니게	**ненароком** (네나로꼼)
뜻하지 않고, 불의에. 우연히	**нечаянно, неумышленно** (네차얀나)(네우믜쉴렌나)
뜻하지 않은 선물	**сюрприз** (슈르쁘리즈)
뜻하지 않은 일을 꾸미다, 알리다	**преподнести** (쁘레뽀드네쓰찌)
뜻하지 않은, 불의의, 우연한	**нечаянный** (네차얀느이)
띄다, 달음박질하다, 질주하다	**скакать** (스까까찌)
띠, 벨트, 가죽 띠, 혁대, 가죽띠	**ремень** (레몐니)
띠, 허리띠 (어깨에서 내려 뜨리는) 현장(懸章)	**. кушак** (꾸샤크)
띠까마귀, 심산까마귀	**грач** (그라츠)
띠로 꽉죄다(묶다)	**подтягиваться** (빧쨔기와쨔)
띠로 잡아매다, 허리에 띠다 ~에 띠를 두르다	**подпоясывать** (빹뽀야쓰와찌)
띠엄띠엄, 딱딱 끊어서	**отрывисто** (앗르비쓰따)

ㄷ

ㄹ

| 라돈(radon: [86번:Rn:222]) | **радон**
(라돈) |

라돈의: ~ источник 라돈천   **радоновый**
(라도노브이)

라듐(ra-dium: 방사성 원소; 기호 Ra; 번호 88)   **радий**
(라지이)

라드 모양의; 납질(蠟質)의, 지방 모양[빛깔]의   **сальный**
(쌀리느이)

라드(돼지비계를 정제한 반고체기름)   **шпиговать нашпиговать**
돼지기름(인체에) 삽입하다   (쉬삐고와찌),(나쉬삐고와찌)

라디안(호도법(弧度法)의 각도 단위 약 57°; 기호 rad)   **рад**
호도, 부채각, 라디안(단위).   (라닷)

라디오, 무선전신, 무선전화; 라디오(수신기)   **радио**
(라지오)

라디오(TV)의 다이얼[채널]을 ~에 맞추다   **настраиваться**
(나쓰뜨라이와쨔)

라디오 방송실   **радиостудия**
(라지오쓰뚜지야)

라디오 보급, 라디오설비의 설치   **радиофикация**
(라지오피까찌야)

라디오 애호가   **радиолюбитель**
(라지올류비쩰)

라디오 존드, 무선고공기상관측기   **радиозонд**
(라지오존드)

라디오 중계 방송하는	**радиорелейный** (라지오 렐레이느이)
라디오 혼성 음향효과	**радиомонтаж** (라지오몬따즈)
라디오(무선)신호	**радиосигнал** (라지오씨그날)
라디오(수신기)	**радиоприёмник** (라지오쁘리욤닠)
라디오공학; 라디오기술	**радиотехника** (라지오쩨흐니까)
라디오기술자, 무선공학전문가	**радиотехник** (라지오쩨흐니크)
라디오망원경	**радиотелескоп** (라지오쩰레쓰꼽)
라디오방송	**радиовещание** (라지오볘샤니예)
라디오방송(방영), 라디오 방송프로.	**радиопередача** (라지오뻬레다차)
라디오방송설비를 설치하다	**радиофицировать** (라지오피찌로와찌)
라디오송수신기, (이동식) 라디오 방송국	**рация** (라찌야)
라디오송신기	**передатчик** (뻬레다뜨칙)
라디오안테나, 송수신 방송탑	**радиомачта** (라지오마츠따)
라디오청취자	**радиослушатель** (라지오쓸루샤쩰)
라마(llama), 야마, 아메리카 낙타, 야마의 털	**лама** (라마)
라마승(lama僧) 라마교의 승려. 달라이 라마	**лама** (라마)
라벨, 상표, 레테르, 딱지, 쪽지, 꼬리표, 부전	**этикетка**

라비린토스(Crete섬의 Minos)	**лабиринт** (에찌께뜨까) (라비린트)
라셀음(Rassel 音), 수포음	**хрип** (흐립)
라이브러리(library) 장서(藏書).	**библиотека** (비블리오쩨까)
라이타, 점등[점화]기, 소이탄	**зажигалка** (자쥐갈까)
라일락, 넓은 잎 정향나무	**сирень** (씨렌니)
라젠까(발효되어 굳은 우유) 신우유.	**ряженка** (랴쥄까)
라트비아(Latvia);	**Латвия** (라뜨비이야)
라트비아사람(들)	**латыши** (라띄쉬)
라트비아의	**латвийский** (라뜨비이쓰끼이)
라틴어(Latin語), 라틴계 사람; Latium 사람	**латынь** (라띈니)
라틴어의, 라틴(어)계(系)의. ~ язык 라틴어	**латинский** (라띤스끼이)
래글런(어깨와 소매가 통으로 된 외투)	**реглан** (레글란)
래드(1그램에 대해 100 에르그의 흡수 에너지를 주는 방사선량을 1래드라 함)	**рад** (라닷)
래종의 식물, 동물	**. экзот** (에크조뜨)
래커(도료의 일종), 칠(漆), 옻, 칠기(漆器), 니스,	**лак** (락)
래커, 니스, 바니시, 옻칠을 한	**лаковый** (라까브이)

- 383 -

래커칠, 니스칠(varnish), 바니시, 옻칠(—漆);	**лакировка** (라끼로브까)
래커칠(라카칠. 옻칠. 니스칠)을 하다	**лакировать** (라끼로와찌)
랜싯(lancet)으로 절개하다. (칼로) 베다	**вскрыть(ся)** (프쓰크릐찌)(쨔)
랜턴 карманный ~회중전등. 랜턴	**фонарик** (파나리크)
램프갓, 조명 기구의 갓, 등갓	**плафон** (쁠라폰)
램프의(등피)브러시, 램프를 닦는 솔 와이어 브러시 쇠긁개(녹 닦아내는 솔)	**ёрш** (요르쉬)
랩, (주로(走路)의) 한 바퀴, (경영로(競泳路)의) 한 왕복	**круг** (크루그)
러시아, 아라사(俄羅斯), 노서아(露西亞), 노국(露國)	**Россия** (라씨야)
러시아 공화국 뚤라주(州)의 마을	**Ясная Поляна** (야쓰나야 뽈랴나)
러시아 농가의 현관, 포치, 현관, 차 대는 곳, 입구	**сени** (쎄니)
러시아(사람·말)의	**российский** (라씨이쓰끼이)
러시아 Российская Советская Федеративная Социалистическая Республика, РСФСР	**Россия** (라씨야)
러시아제국, 소련. *см.* Россия	**РСССР** (레쎄쎄쎄르)
러시아사람 (여자)	**русская** (루쓰까야)
러시아사람(남자)	**русский** (루쓰끼이)
러시아사람(들)	**русские** (루쓰끼예)
러시아사람이 아닌	**нерусский**

	(네루쓰끼이)
러시아어로; 러시아식으로	**по-русски** (빠-루쓰끼)
러시아어에서 라틴, 그리스어로의 즉석번역	**экстемпорале** (엑쓰쩸뽀라레)
러시아의 엉겅퀴	**солянка** (쌀얀까)
러시아의, 아라사의, 노서아의, 노국의	**русский** (루쓰끼이)
러시아춤	**русская** (루쓰까야)
런던(영국의 수도(首都)).	**Лондон** (론던)
럼주(rum酒:사탕수수·당밀(糖蜜)로 만듦); 럼	**ром** (롬)
레닌그라드(시)	**ленинградский** (레닌그라드쓰끼이)
레닌그라드사람(들)	**ленинградцы** (레닌그라드쯔이)
레닌그라드의 역사 예술 박물관	**Эрмитаж** (에르미따쥐)
레닌의, 레닌주의자(의), 레닌적인	**ленинский** (레닌쓰끼이)
레닌주의(Lenin主義)	**ленинизм** (레닌이즘)
레몬(lemon), 구연, 영몽; чай с ~ом 레몬차	**лимон** (리몬)
레몬수	**лимонад** (리몬낟)
레몬의; ~ая кислота (화학) 레몬산	**лимонный** (리몬느이)
레미콘차	**автобетономешалка** (압따베따나메샬까)

- 385 -

레뷔; 시사 풍자의 익살극(노래·춤·시국 풍자)	**ревю** (레뷰)
레뾰쉬까(납작하고 둥근 떡, 빵, 과자),	**лепёшка** (레뾰쉬까)
레소토	**Лесото** (레쏘또)
레슬링선수	**борец** (바레쯔)
레위기 (Третья книга Моисеева. Левит 27장) ('그리고 그가 불렀다'를 뜻함)	**Левит** (레윗트)
레이더(radar), 전파탐지기	**радар** (라달)
레이버의; ~ая партия 레이버당	**лейбористкий** (레이바리쓰뜨끼이)
레이스. (구두·각반·코르셋 등의)끈, 꼰 끈	**кружева** (크루줴와)
레이스의, 레이스를 단	**кружевной** (크루줴브노이)
레이스직조공	**кружевница** (크루줴브니짜)
레이스천(lace-)	**тюль** (쭐)
레이싱, 질주경기(경주·경마·경륜(競輪)·자동차 경주).	**Гонка** (곤까)
레이저(laser)	**лазер** (라제르)
레이저의; ~ый луч 레이저광선	**лазерный** (라제르느이)
레일, 궤조(軌條), 철도, 레루, 선로	**рельс** (렐리쓰)
레일의, 궤조의, 철도의, 레루, 선로, 궤도(軌道)	**рельсы** (렐리씨)
레토르트(retort), 증류기	**реторта**

	(레또르따)
레프(불가리아의 화폐 단위; 기호 LV; =100 stotinki)	**лев** (렙)
레프팅, 뗏목 타기, 고무보트로 내려가기	**гонка** (곤까)
렌즈; вогнуто-выпуклая ~ 오목-블록 렌즈	**линза** (린자)
렌즈의 구경(口徑).	**диафрагма** (지아프라그마)
렌즈콩[숙], 편두(扁豆)	**. чечевица** (체체뷔짜)
렌치(볼트·너트 따위를 돌리는 공구) гаечный ~ 스패너	**ключ** (클류치)
로가리듬, 로그(log: 1이 아닌 양수(陽數) 대수	**логарифм** (라가리픔)
로또(도박의 일종), 복권	**лото** (로따)
로라, 소원통형의 기계부분품 (가구의 발)도르래	**ролик** (롤리크)
로마 교황; 초기교회의 주교; (가톨릭 교회·그리스 정교의) 총대주교	**патриарх** (빠뜨리알흐)
로마(문화)의	**романский** (라만쓰끼이)
로마서 (Послание к Римлянам, 16장) (로마인들에게 보낸 편지)	**Рим** (리브야)
로마신화에 나오는 의술의 신(神), 의사.	**эскулап** (에쓰꿀라쁘)
로마의; ~ие цифры 로마수자	**римский, античный** (림쓰끼이) (안찌치느이)
로맨스(romance) 로맨틱한 기분	**романс** (라만쓰)
로봇, 인조인간; 자동 장치; 기계적으로 일하는 사람	**. робот** (로봍)

로봇기술	**робототехника** (라보또쩨흐니까)
로봇화, 자동화	**роботизация** (라보찌자찌야)
로잉의, 보트의 노젓기	**гребной** (그레브노이)
로제트, 접속구	**розетка** (라제뜨까)
로케트의, 미사일의, 유도탄, 탄도병기(彈道兵器);	**ракетный** (라께뜨느이)
롤러, 녹로(轆轤), 압연기(壓延機); 밀방마이, 롤러	**каток** (까또크)
롤러, 축, 권축, 굴림대, 산륜(散輪); 땅 고르는 기계	**прокатчик** (쁘라깥칙)
롤러로 굳히는 도로용의 쇄석, 밤자갈 머캐덤	**шоссейный** (샤쎄이느이)
롤러의, (지도의) 축의, 권축의(卷軸); 굴림대의,	**роликовый** (롤리꼬브이)
롤러자전거	**самокат** (싸모까뜨)
롯(Abraham의 조카, 창세기 XIII: 1-12, X I X: 1-26)	**Лот** (롵)
뢴트겐 광선, 엑스광선	**рентген** (롄젠)
뢴트겐 의사(전문가)	**рентгенолог** (롄젠놀로그)
뢴트겐 촬영, 엑스선 촬영	**рентгенография** (롄젠노그라피야)
뢴트겐(뢴트겐선을 발견한 독일의 물리학자(1845-1923).	**рентген** (롄젠)
뢴트겐[감마선] 사진, 방사선 사진	**рентген** (롄젠)
뢴트겐검사(Röntgen 檢査), X선 형광	**флюорография**

	(플류오록라피야)
뢴트겐료법, 엑스선의(뢴트겐선의) 치료,	**рентгенотерапия** (렌겐노쩨라삐야)
뢴트겐의, 엑스선의 ~кабинет 뢴트겐 실	**рентгеновский** (렌겐옵쓰끼이)
루미놀(luminol)	**люминал** (류미날)
루베로이드(방습, 내화건재의 일종)	**рубероид** (루베로이드)
루블(rouble, 러 rubl'; 1루블은 100코페이카)	**рубль** (루블)
루비 빛깔, 진홍색	**рубин** (루빈)
루비(빛)의, 진홍색의	**рубиновый** (루비노브이)
루비(ruby), 홍보석, 홍옥(紅玉); 사파이어	**яхонт** (야혼트)
룻기(Ruth記:) (Книга Руфь 5장)	**Руфь** (루피)
류(類); 형, 종류, 이종(異種); 변종	**род** (롣)
류마치스성 심장염	**ревмокардит** (레브모깔지트)
류빙(유빙(流氷))	**тюбинг** (쮸빈그)
리놀리움	**линолеум** (리놀레움)
리라(lira; 이탈리아의 화폐 단위)	**лира** (리라)
리라(lyra), 칠현금(七絃琴)	**лира** (리라)
리미트(limit), 한계, 한도, 범위, 극한, 제한	**лимит** (리미뜨)

리벳(rivet), 대갈못, 못치기, 병접	**клёпка** (클룐까)
리벳, 맞머리 못(리벳 rivet)	**заклёпка** (자클료쁘까)
리벳을[대갈못을] 박다 *см.* клепать	**заклепать** (자클레빠찌)
리본, 띠, 벨트, 가죽 띠, 혁대, 띠형	**ленточный** (렌또츠느이)
리볼브, (구식연발) 권총,	**револьвер** (레발리벨)
리셉션(reception);	**аттракцион** (아뜨락찌온)
리터(1,000 cc; 略: l., lit.). (용액의 양 단위)	**литр** (리뜨르)
리트머스(자줏빛 색소)의	**лакмусовый** (라끄무쏘브이)
리트머스(litmus) 리트머스 시험지	**лакмус** (라끄무쓰)
린덴(참피나무속(屬)의 식물; 참피나무·보리수 따위).	**липа** (리빠)
린트 천(붕대용의 부드러운 베의 일종); 실보무라지;	**лён** (룐)
릴, 얼레, 보빈, 물레, 자새, 실패	**катушка** (까뚜쉬까)
릴레이 경주, 계주	**эстафета** (에쓰페따)
림프(액)의; 림프를 통[분비]하는	**лимфатический** (림파찌체쓰끼이)
림프샘; 림프관(管). 임파(淋巴), 임파액(淋巴液)	**лимфа** (림파)
링, 조환(弔環) 고리 모양의 물건. 고리	**кольцо** (깔쪼)

마가목, 석남등(石南藤); 마가목열매	**рябина** (리비나)
마가복음(Mark) (Евангелия от Марка, 16장)	**Марка** (마르까)
마개(뚜껑)을 열다(뽑다, 빼다)	**раскупоривать** (라쓰꾸뽀리와찌)
마개, 뚜껑; 덮개	**затычка** (자뜨츠까)
마개; 틀어막는 것	**пробка** (쁘롭까)
마구제조업(馬具製造業)	**шорничество** (쇼르니체쓰뜨붸)
마구(간)	**конюшня** (깐뉴쉰야)
마구(馬具)를 풀다, 마구를 끄르다;	**выпрячь** (븨쁘랴치)
마구(馬具), 마차의 용구	**упряжь** (우쁘랴쥐)
마구간에 짚을 깔다, 깔짚[깃]을 깔아주다	**засорить(ся)** (자쏘리찌)
마구를 벗기다, 수레에서(말, 소를)풀어놓다	**распрягать** (라쓰쁘랴가찌)
마구를 제조하다, 마구장 일을 하다	**шорничать** (쇼르니차찌)

마구잡이, 일을 되는대로 해치우는 것	**головотяпство** (갈로뷔**쨥**쓰뜨뷔)
마구잡이, 일을 되는대로 해치우는 사람	**головотяп** (갈로뷔**쨥**)
마귀할멈, 마녀, 악마 같은 년	**ведьма** (붸지마)
마그네사이트(magnesite)	**магнезит** (마그네지트)
마그네슘(magnesium: 기호 Mg; 번호12)	**магний** (마그니이)
마그네시아(magnesia) 산화마그네슘	**магнезия** (마그네지야)
마그네트론(magnetron); 자석발전기	**магнето** (마그네따)
마네킹, 인체모형	**манекен** (마네껜)
마노(瑪瑙: agate), 단석. 문석	**.агат** (아갓트)
마늘, 대산(大蒜), 호산(葫蒜)	**чеснок** (체쓰노크)
마당, 뜰, 정원	**двор** (드보르)
마당발, 평발	**плоскостопие** (쁠로쓰꼿또치예)
마당질하다, 낱알 털기하다	**молотить** (말라찌찌)
마대, 천	**мешковина** (메스꼬비나)
마디, 결절; 혹, (가지·잎의) 마디, 붙은 곳	**коленоузел** (깔렌나) (우젤)
마디가 많은, 혹이 많은, 마디 있는	**шишковатый** (쉬스까와뜨이)
마땅히, 떳떳하게, 어엿하게	**достойно**

	(다쓰또이나)
마라톤	**марафон** (마라폰)
마련되어있다, 지정되다	**предназначаться** (쁘레드나즈나차찌)
마련하다, 준비하다, 갖추다	**приготовить** (쁘리고또비찌)
마련해놓다, 지정하다	**предназначать** (쁘레드나즈나차찌)
마루 널, 대청마루	**половица** (빨로비차)
마루, 대청(大廳), 청(廳), 방바닥, 마루방; 지면	**пол** (뽈)
마가린, 인조버터	**маргарин** (마르가린)
마르게 하다, (초목 따위를) 이울게 하다	**разрушать** (라즈루샤찌)
마르다, 건조되다, 물이마르다	**высыхать** (븨씌하찌)
마르다, 말라들다(죽다), 시들다, 굳어지다, 생기없다.	**засыхать** (자씌하찌)
마르다, 재단하다	**кроить** (크로이찌)
마르크(화폐단위)	**марка** (마르까)
마르크스-레닌주의(Maxism-Leninism)	**марксизм-ленинизм** (마르크씨즘-레닌이즘)
마르크스주의(Marx主義)	**марксизм** (마르크씨즘)
마른 풀[곡식]더미; (광 안의) 건초[곡식] 두는 곳	**сеновал** (쎄노왈)
마른, 건조한, 물기가 없는	**досуха** (도쑤하)

- 393 -

마른, 건조한	**сухой** (수호이)
마름질, 재단	**кройка** (크로이까)
마마(종두) 자국이 있는, 천연두자국이 있는,	**щедривый** (쉐드리브이)
마맛자국, 두흔(痘痕).	**щербина** (쉐르비나)
마무리; (직물의) 끝손질하는 풀	**равнение** (라브네니예)
마부, (마)차부	**кучер** (꾸첼)
마비(痲痹), 중풍, 중풍병(증)	**паралич** (빠랄리즈)
마비되다, 얼다, (충격으로) 장승처럼 굳다	**остолбенеть** (아쓰딸베네찌)
마비된; 못쓰게 된	**парализованный** (빠랄리조완느이)
마비시키다, 무력하게 하다	**парализовать** (빠랄리조와찌)
마사지[안마]하다, 문지르다, 비비다; 마찰하다	**массировать** (마씨라와찌)
마수걸이, 첫시작	**почин** (빠친)
마술(魔術), 요술(妖術)	**колдовство** (깔돕쓰뜨보)
마술에 걸리게하다, 마취시키다	**околдовать** (아깔도와찌)
마술쟁이, 요술쟁이	**волшебник** (발쉐브니크)
마스크, 탈; 복면, 가면, 변장, 가장;	**личина** (리치나)
마시는 것; 음료(飮料)	**питьё**

	(삐찌요)
마시다, 빨아들이다, 흡수하다	**выпивать** (븨삐와찌)
마시다, ~에 물을 공급하다; 물을 먹이다	**напоить, выпить** (나뽀이찌) (븨삐찌)
마시다, 한 잔 마시다	**попить** (빠삐찌)
마실 수 있는, 식수(食水);	**питьевой** (삐찌에보이)
마약 등으로 멍해지다; 이상해지다	**разряжать** (라즈랴좌찌)
마요네즈(mayonnaise)	**майонез** (마이오네즈)
마을, 촌, 천락, 동네	**селение** (쎌레니에)
마음 놓을 수 없는 попасть ~ 거북해지다	**впросак** (프쁘싸크)
마음 아픔, 분함을 나타냄	**э-хе-хе** (에-헤-헤)
마음(기분)을 상하게 하다, 괴롭히다	**расстроить** (라쓰뜨로이찌)
마음, 느낌, 점정	**чувство** (츕쓰뜨붜)
마음, 정신(精神)	**душа** (두샤)
마음가짐. 기분, (세상 일반의) 분위기,	**настрой** (나쓰뜨로이)
마음껏 기뻐하다(즐기다);	**нарадоваться** (나라도와쨔)
마음껏 이야기하다	**наговориться** (나가붜리쨔)
마음껏 즐겨보다, 실컷 감상(구경)하다	**налюбоваться** (날류보와쨔)

마음껏, 실컷	**вволю, вдоволь** (뷀류) (프도볼)
마음속에 품다, 감추어두다	**затаить** (자따이찌)
마음속으로부터 존경하는, 경모하는,	**многоува-жаемый** (므나가우바좌예므이)
마음속을 털어놓다	**изливаться** (이즐리와쨔)
마음씨, 성질, 얼; 아량; 심장	**душа** (두샤)
마음씨가 고운, 친절한, 상냥한	**добросердечный** (다브로세르제츠 느이)
마음에 드는	**приятный** (쁘리야뜨느이)
마음에 들게 하다, 좋은 인상을 주다	**импонировать** (임뽀니로와찌)
마음에 들다, 마땅하다, 좋아하다	**нравиться** (느라비쨔)
마음에 들다, 사랑받다	**полюбиться** (빨류비쨔)
마음에 들어 하는; быть ~ным 동감하다	**неравнодушный** (네라브노두쉬느이)
마음에 들지 않는, 싫은, 꺼림칙한	**неприятный** (네쁘리야느이)
마음에 불어 넣다, 고취하다	**вливать** (블리와찌)
마음에 새겨지다, 명심되다 ~에 스며들다	**впасть** (프빠쓰찌)
마음에 심다, 불어넣다, 주입(注入)시키다	**внедрить(ся)** (브네드리찌)(쨔)
마음으로부터의, 진심에서의; 정성어린	**душевный** (두쉐브느이)

마음을 가다듬다, 집중(집결되다)	**сосредоточиваться** (싸쓰레다또치와쨔)
마음을 끌다, 마음이 쏠리다	**влечь** (블레치)
마음을 끌다; 꾀어들이다; 끌어들이다	**вовлечь** (바블레치)
마음을 밝게 하는 마음가짐, 즐거운 마음가짐,	**мажор** (마죨)
마음을 빼앗기다, 열중하다, 여념 없다	**окунуть, окунуться** (아꾸누찌)(오꾸누쨔)
마음을 사로잡다(끌다), 끌어당기다	**язычок** (야즤초크)
마음을 상하게 하다(찌르다); 모욕하다	**уязвить** (우야즈븨찌)
마음을 쓰다, 괴로워하다	**беспокоиться** (베쓰뽀꼬이짜)
마음을 쏠리게(돌리게) 하다, 호의를 가지게 하다	**расположить** (라스빨로줴찌)
마음을 잡다, 분별 있게 되다, 깨닫다	**образумиться** (아브라주미쨔)
마음의 병, 정신의 병	**невменяемость** (네브멘야예모쓰찌)
마음의, 정신의 심적인, 영혼의, 심령(현상)의	**душевный** (두쉐브느이)
마음이 내키지 않는다, 마지못해 하다	**неохота** (네아호따)
마음이 너그러워지다	**размякнуть** (라스먀크누찌)
마음이 선듯하다, 아연해지다	**обомлеть** (아바믈레찌)
마음이 울적하다, 기운이 없어지다,	**закисать, закиснуть** (자끼싸찌, 자끼쓰누찌)
마음이 우울하다	**захандрить**

	(자한드리찌)
마음이 차지 않은, 시들한, 불만족한	**неудовлетворённый** (네우다블레뜨보론느이)
마이너스(minus), 덜기; 부수; знак ~a 덜기표	**минус** (미누쓰)
마이크, 송화기(送話機)	**микрофон** (미크로폰)
마이크로미터(micrometer), 측미계(測微計)	**микрометр** (미크로메뜰)
마일(mile: 약 1.609 km)); морская ~ 해리(1852 미터)	**миля** (밀랴)
마주 던지다, ~에 던지다	**бросаться** (브로싸짜)
마주, 마주 향하여	**навстречу** (나브쓰뜨레추)
마주치다, 물리치다, 격퇴하다, 반격하다	**парировать** (빠리로와찌)
마주치다, 부딪치다	**набежать, повидаться** (나베좌찌) (빠뷔다쨔)
마중, 환영(회), 모임, 회견, 영접	**встреча** (프쓰뜨레차)
마중하다, 맞이하다	**встречать** (프쓰뜨레차찌)
마지막으로, 끝으로; ~-то! 됐다! 끝내!	**наконец** (나꼬네쯔)
마지막의, 최종의, 최후의	**выпускной** (븨뿌쓰크노이)
마지못해, 싫어하면서	**неохотно, нехотя** (네아호뜨나) (네하쨔)
마차(자동차)를 몰다, 운전(조종, 드라이브)하다	**ездить** (예즈지찌)
마차용 마구(馬具); 갑옷	**сбруя** (즈브루야)

마차의 승객	**седок** (쎄도크)
마찰로 생기는, 마찰음의 틈. 금이있는	**щелевой** (쉘레보이)
마천루, 고층건물	**небоскрёб** (네보쓰크룝)
마초 징발대원	**фуражир** (푸라쥐르)
마취(麻醉), 마비, 진통(陣痛)	**обезболивание** (아베스볼리와니예)
마취, 마비, местный(общий) ~ 국부(전신)마취	**наркоз** (나르꼬즈)
마취시키다, 어지럽게(의식을 흐리게) 하다	**дурманить** (두르마 니찌)
마취제(痲醉劑), 마취약	**наркоз, наркотик** (나르꼬즈) (나르꼬찌끄)
마취제, 마취약, 마약; 최면약, 진정제;	**дурман** (두르만)
마치 ~듯이(처럼, 같이):	**точно** (또츠노)
마치 ~와같이, 생각건대, 추측컨대, 아마도	**якобы частица** (야까브 차쓰찌자)
마치 ~와 같은(처럼), ~와 마찬가지로	**ровно, словно** (로브나)(슬로브나)
마치다, 끝내다, 완성하다, 완료하다	**кончить(ся)** (꼰치찌)
마침내, 드디어, 끝끝내	**наконец** (나꼬녜쯔)
마카로니(macaroni)	**макароны** (마까로느이)
마크, 휘장; университетский ~ 종합대학휘장	**значок** (즈나초크)

| 마태복음(Matt-福音)(Евангелия от Матвея, 28장) | **Матвея, Матфей** (마테야)(마페이) |

마포, 아마포 **холст** (홀쓰트)

마포걸레, 자지루걸레, (갑판 닦는) 자루걸레 **швабра** (쉬와브라)

마호메트 (이슬람교(敎)의 개조(570-632) **магометанство** (마고메딴쓰뜨붜)

마호메트교(Mahomet), 이슬람교, 무슬만 **магометанин** (마고메따닌)

막 내던지다, 내버려두다 **побросать** (빠브로싸찌)

막 노동자 **кули** (꿀리)

막 밀려(달려)들다, 쓸어 들어오다 **вваливаться** (프왈리와짜)

막 밀어(쑤셔)넣다 **пихать, пихнуть** (삐하찌),(삐흐누찌)

막 쏟아지다, 용솟음쳐 나옴, 내뿜음, 분출; **хлынуть** (흘릐누찌)

막(幕)(연극의) **акт** (악트)

막, 장막, 휘장 **занавес, завеса** (자나붸쓰)(자뷔싸)

막기위한, 차단하는, 저지하는, 견제하는 **заградительный** (자그라지쩰느이)

막내인, 제일 아래인; ~ая дочь 막내딸; **меньший** (멘니쉬이)

막노동자, 잡부(雜夫), 막벌이꾼, **чернорабочий** (체르노라보치이)

막다, 가리다; ~штору 커텐을 치다 **задвигать, заставлять** (자드비가찌) (자쓰따블랴찌)

막다, 둘러막다, 울타리를 세우다, 담을 두르다 **отгораживать**

	(아트가라쥐와찌)
막다, 메우다, ~에[으로] 마개를 하다, 채우다	**заткнуть** (자뜨크누찌)
막다, 방해하다, 막아서 ~못 하게 하다. 섞다,	**мешать** (메샤찌)
막다, 저지(沮止)하다	**задержать(ся), взять(ся)** (자제르좌찌)(쨔) (프재찌)(쨔)
막다, 지키다, 방어(방위.변호.용호)하다	**отстоять** (앗쓰또야찌)
막다른 골목(길);	**тупик** (뚜삐크)
막대균, 간상균(桿狀菌)	**бацилла** (바찔라)
막대기, 깃발, 장대, 기둥, 지주, 긴 막대, 삿대	**шест** (쉐쓰트)
막대기, 깃대; 천막의 버팀목; 전주	**жердь, полюс** (줴르지) (뽈류쓰)
막대한 돈 (금액); в ~у раз 훨씬	**тысяча** (띄쌰차)
막된 사람, 까막눈이; 교양 없는	**невежа** (네볘좌)
막망	**пузырь** (뿌즤리)
막아서 ~못 하게 하다. 방해하다, 헤살을 넣다	**препятствовать** (쁘레뺘트쓰트붜와찌)
막연히, 분명치 않게, 애매하게	**неопределённо** (네아쁘레젤론나)
막을 수 없는, 그칠 줄 모르는,	**безудержный** (볘주데르지느이)
막장 노동자, 채굴공	**забойщик** (자보이쉬크)
막히다, 메다; 들러붙다, 방해(차단)하다	**засоряться** (자쏘랴쨔)

- 401 -

막힘, 멈춤, 정지, 휴지.	**замереть** (자메레찌)
만(灣), 내포, 후미, 갑(岬), 관(串), 곶	**бухта** (부흐따)
만(滿), 하구(河口) 후미(後尾)	**губа, залив** (구바)(잘리프)
만[감은] 것을 풀다, 펴다, 펼치다	**развёртывать** (라스볼뜨와찌)
만가, 비가, 엘레지(elegie), 애가 애시(哀詩), 애조곡	**элегия** (엘레기야)
만나는 것, 대면, 상봉	**встреча** (프쓰뜨레차)
만나는, 마주오는, 마주치는	**встречный** (프쓰뜨레츠느이)
만나다, 마주치다~와 얼굴을 대하다	**видеть, сталкиваться** (뷔제찌)(스딸끼와쨔)
만나보다, ~와 얼굴을 대하다	**увидеться, застать** (우뷔제쨔)(자쓰따찌)
만년필	**авторучка** (압따루츠까)
만들다, 제작(제조)하다, 건설(조립)하다	**производить, делать** (쁘라이즈뷔지찌)(젤라찌)
만들어지다, 제작되다, 제조되다	**делаться** (젤라쨔)
만류하다	**отговаривать** (아트가와리와찌)
만문한, 연한, 부드러운	**мягкий** (매흐끼이)
만병통치약, 만능 약	**панацея** (빠나체야)
만성의, 고질의; ~ое заболевание 만성질환	**хронический** (흐라니체쓰끼이)

- 402 -

만세(외침소리), 만세!, 후레이!	**ура** (우라)
만약 ~이면[하면]; (만일) ~라고 하면; ~하면	**ли, ежели** (리) (예쥉리)
만원(滿員), 대성황(大盛況)	**аншлаг** (안실라크)
만일(만약) ~라면, 만일(만약) ~라고 한다면	**если** (예쓸리)
만장(전원)일치로, 일치하여	**еединодушно** (예지나두스노)
만져서 알 수 있는; 눈에 뜨이는, 실체적인	**ощутимый** (아쓔찌믜)
만족(시킴), 희열, 욕구 충족, 흡족;	**удовлетворение** (우다블레뜨뷔레니에)
만족스럽게, 흐뭇이	**удовлетворённо** (우다블레뜨뷔룐나)
만족시키다,~의 부탁(요청)다;~을 들어주다	**удовлетворить** (우다블레뜨뷔리찌)
만족시키다, 충족시키다	**развести** (라스베쓰찌)
만족하다; чем ~하는데 국한되다,	**ограничиваться** (아그라니치와쨔)
만족한, 흐뭇한, 흡족한	**довольный** (다볼느이)
만족할만하게, 기본요구에 맞게	**удовлетворительно** (우다블레뜨뷔리쩰나)
만족할만한, 충분한	**удовлетворительный** (우다블레뜨뷔리쩰느이)
만족해하다, ~에 만족(흡족)하다	**довольствоваться** (다볼쓰뜨뷔와쨔)
만지다, 만져보다; 손대(어 보)다	**пощупать** (빠슈빠찌)
만지다, 느끼다, 느껴 알다, 지각하다, 알아채다;	**чуять**

- 403 -

	(추야찌)
만지다, 손대(어 보)다; 더듬다	**ощутить, ощущать** (아쓔찌찌),(아쓔샤찌)
만질 수 없는, 만져서 알 수 없는,	**нематериальный** (네마쩨리알느이)
만찬(회)	**ужин** (우쥔)
만화 같은, 희극적인, 우스운	**карикатурный** (까리까뚜르느이)
만화가, 풍자화가	**карикатурист** (까리까뚜리쓰트)
만화경, 주마등	**калейдоскоп** (깔레이도쓰꼬쁘)
만화식으로 그리다, 풍자적으로 그리다,	**карикатурист** (까리까뚜리쓰트)
많다, 숱하다, 충분하다	**много** (므노가)
많아지다, 번식되다	**развестись** (라스베쓰띠시)
많은 것(많은 사람을) 보다 (많은 것을) 겪다,	**переви-дать** (뻬레비다찌)
많은 것을 보다(겪다), 체험하다, 만나다, 대면하다	**повидать** (빠뷔다찌)
많은 것이 연속 몰려오다, 떼(를)짓다;	**роиться** (로이쨔)
많은 고통을 겪는, 천신만고의 괴로움	**многострадальный** (므나가쓰뜨라달느이)
많은 고통을 겪다	**намучиться** (나무치쨔)
많은 돈 (금액)	**куш** (꾸쉬)
많은 양이 날아들다, 날아오다	**налетать** (날레따찌)

많은 일을 벌려놓다, 많은 일에 손을 대다	**разбрасываться** (라스브라씌와쨔)
많은, 다수, 여러; 많은(여러) 사람들	**многие** (므노기에)
많이 (마음껏)듣다	**наслушаться** (나쓸루샤쨔)
많이 가져오다; 휩쓸어오다; 밀어가져 오다	**наносить** (나노씨찌)
많이 겪다(당하다). 고통을 많이 하다,	**натерпеться** (나쩨르뻬쨔)
많이 깨지다, 부셔지다, 쪼개지다	**перебиться** (뻬레비쨔)
많이 놓다(놓아두다, 세워놓다);	**наставить** (나쓰따비찌)
많이 던져놓다, 던져서 채우다	**набросать** (나브로싸찌)
많이 만들다	**наделать** (나젤라찌)
많이 먹는, 게걸스러운	**прожорливый** (쁘라죠르리브이)
많이 먹다, 많이 쌓다	**нагородить** (나가로지찌)
많이 모여들다	**набираться, наезжать** (나비라쨔)(나예즈좌찌)
많이 삼키다(들이켜다);	**наглотаться** (나글라따쨔)
많이 읽다, 실컷 읽다, 독서하다	**начитаться** (나치따찌야)
많이 있다, 풍부하게 있다;	**изобиловать** (이조빌로와찌)
많이 잡아(쥐다), 움켜잡다; 잡아채다; 붙잡다	**нахватать** (나흐바따찌)

많이 집결하다, 모이다	**стягиваться** (스쨔기와쨔)
많이 훔쳐 모으다	**награбить** (나가라비찌)
많이(실컷) 걸어다니다; 걸어서 지치다	**находиться** (나호지쨔)
많이(힘껏)일하다, 일을 해서 지치하다	**наработаться** (나라보따쨔)
많이 기어들다	**налезать** (날레자찌)
많이 들어가게 하다, 들여보내다, (많이)넣다	**напускать** (나뿌쓰까찌)
많이 모여들다	**находить** (나호지찌)
많이, 대량적으로	**помногу** (빰노구)
많이, 많게, 다량으로	**много** (므노가)
많지 않다, 드물다	**наперечёт** (나뻬레춀)
많지 않은 것, 소수의 것	**немногое** (네므노고예)
말 기르기, 양마업	**коневодство** (까네보드쓰뜨붜)
말 타는 사람, 기수 ~ая лошадь 승마;	**верховой** (볘르호보이)
말 탈줄 아는 사람, 자전거 타는 사람	**ездок** (예즈독)
말 할 수 없이, 비상히	**несказанно** (네쓰까잔나)
말 할래야 말할 수 없는, 형언할 수 없는	**неописуемый** (네아삐쑤에므이)
말로 표현(형용) 할 수 없는	**неописуемый**

	(네아삐쑤예드브이)
말(나귀)의 새끼.	**жеребиться** (줴레비찌짜)
말(당나귀. 노새 따위의) 새끼	**жеребёнок** (줴레뵤노크)
말(馬), 군마(軍馬); боевой ~ь 군마	**конь** (꼰니)
말(말수)이 적은, 입이 무거운	**неразговорчивый** (네라즈고볼치브이)
말(발음, 발언)하다; (한동안) 말(이야기)하다	**проговорить** (쁘라고붜리찌)
말, 국어, 어학; 언어, русский ~ 러시아어	**язык** (야즥크)
말, 글의 숨은 뜻, (뜻의) 내포, 함축, 암시	**подтекст** (빧쩩쓰트)
말, 언어 устная ~ 입말, 구어; письменная ~ 문어	**речь** (레치)
말, 언어, 낱말	**слово** (슬로붜)
말, 마필(馬匹), 곤마(袞馬); садиться на ~ 말을 타다	**лошадь** (로솨찌)
말(낙타)털로 짠 모직 천, 마미단(馬尾緞)	**машинка** (마쉰까)
말(자전거)에서 내리다; 말에서 떨어뜨리다	**слезать** (슬레자찌)
말고기, 말의 고기. 마육(馬肉)	**конина** (까니나)
말기다, 양도하다, 건네주다, 임무·명령 등을 인계하다	**отдавать** (아트다와찌)
말기다, 위탁하다, 위임하다	**доверять** (다볘랴찌)
말끔하지 않은, 단정치 못한, 게으른; 흐트러진	**неряшливый** (네랴슬리브이)

말끔히 씻다(가시다)	**отмывать, отмыть** (아트므와찌), (앝믜찌)
말다, 감다	**скатать** (스까따찌)
말다툼, 싸움; семейная ~a 가정싸움;	**сцена** (스쩨나)
말다툼(치렛말·주먹질)을 서로 주고받다	**склонять** (스클로냐찌)
말다툼하다, 토론하다	**спорить, браниться** (스쁘리찌) (브라니짜)
말대답하다, 엇서다, 반박하다	**прекословить** (쁘레꼬쓸로비찌)
말더듬이, 지장, 언어장애; 틀림	**заминка, зайка** (자민까) (자이까)
말뚝, 막대기, 긴 말뚝, 울대	**свая, кол** (스와야) (꼴)
말라 굳어진, 딴딴한	**чёрствый** (쵸르쓰뜨브이)
말라기서(Malachi書) (Книга Пророка Мала-хии, 4장)	**Мал** (말라-히)
말라리아, 학질	**малярия** (말랴리야)
말라서 줄다, 오그라들다	**ссыхаться** (스쉴하짜)
말라서 터지다(금이 가다), 쪼개지다	**рассохнуться** (라쓰쏘흐누쨔)
말랑말랑한, 연한, 부드러운;	**нежный** (네즈느이)
말려 올라가다. 빙빙돌며 올라가다, 솟구치다	**взвиваться** (쓰븨와짜)
말로 표현 할 수 없는, 표현하기 어려운,	**невыразимый** (네브라지므이)

말리다, 건조시키다	**сушить** (수쉬찌)
말리다, 건조시키다; 닦아내다	**насушить, засушивать** (나쑤쉬찌) (자쑤쉬와찌)
말리다. 말라붙다	**пересыхать, досыхать** (뻬레쓰하찌)(다씌하찌)
말린 과일, 건과일	**сухофрукты** (수호프룩띄)
말린 풀, 마른풀, 건초(乾草)	**сено** (쎄나)
말림, 건조, 물빼기, 탈수(脫水)	**обезвоживание** (아베스보쥐와니예)
말미, 말단 말기(末期)	**шпор** (쉬뽈)
말벌류; 끊임없이 맹공격해 오는 적, 성가신 사람	**шершень** (쉐르쉔니)
말소리가 (문득)그치다, 끊다, 잠잠해지다	**замолкать** (자말까찌)
말소리, 이야기소리	**говор** (고붜르)
말소리가 들려오다	**сыпаться** (씌빠쨔)
말수가 많은 것, 수다스러운 것	**многословие** (므나가쓸로비에)
말썽꾼, 말썽쟁이, 싸움꾼	**склочник** (스클로츠니크)
말씨, 표현법, 말투, 표현; 구(句). 성구(成句), 관용구	**оборот** (아바로트)
말없는, 묵묵한, 잠잠한, 정적이 깃든	**безмолвный** (베즈몰브느이)
말없이 있다, 대답하지 않다,(한동안) 침묵하다	**промолчать** (쁘라몰차찌)
말에 끌린, 말이 끄는	**конный**

	(꼰느이)
말에서 내리다	**спешиться** (스뻬쉬쨔)
말을 내다, 말하다	**изрекать** (이즈레까찌)
말을 더듬거리다;	**заикаться** (자이까쨔)
말을 듣다, 복종(순종)하다	**слушать, слушаться** (슬루샤찌)(슬루샤쨔)
말을 마차에 메우다	**впрягать, впрячь** (프쁘랴가찌)(프쁘랴치)
말을 안 하다, 대답을 하지 않다, 침묵하다	**смолчать** (스말차찌)
말을 잘 듣는, 온순한	**послушный** (빠쓸루쉬느이)
말을 좋아하는, 수다스러운	**разговорчивый** (라스고볼치브이)
말을 주고받다, 상담(협의)하다, 간단히 말하다	**переговорить** (뻬레가 붜리찌)
말을 타고 빨리 가버리다, 껑충껑충 뛰어가다	**ускакать** (우쓰깍까찌)
말을(잘)듣지 않는, 순종치 않는; 다루기 힘든	**непослушный** (네빠 쓸루느이)
말의 가슴걸이, 개를 끄는 넓은 줄(목줄대신)	**шлейка** (쉴레이까)
말의 곁눈가리개 마구(수륜이 없는);	**шоры** (쇼릐)
말의 뿌리, 어근(語根)	**корень** (꼬렌니)
말의 억양, 말투(외국어를 말할 때)	**акцент** (악쩬트)
말의 털빛에 관하여 흰반점이 있는, 암회색의	**шпаковый** (쉬빠꼬붜이)

말이 많은 것, 수다스러운 것, 입이 가벼운 것	**болтливость** (발뜰리뷔쓰찌)
말이 암내를 내다, 발정하다	**яриться** (야리쨔)
말이 울다	**ржать** (르좌찌)
말이 작은, 몇 마디의, 수다스럽지 않은	**немногословный** (네므노고쓸로브이)
말이 잘 통하는, 고집을 쓰지 않는	**сговорчивый** (즈고보리치브이)
말이 적은, 묵중한, 과묵한	**молчаливый** (말찰리브이)
말장난, 농담(弄談)	**каламбур** (깔람부르)
말젖 술, 말젖 발효주	**кумыс** (꾸믜쓰)
말참견하다; 간섭[방해]하다	**возникнуть** (바즈니크누찌)
말초(성)의 그다지 중요하지 않은, 말초적인	**периферический** (뻬리페리체쓰끼이)
말투, 말씨, 사투리	**говор** (고붜르)
말하기 시작하다, 입을 열다, 말이 나다	**заговорить** (자고붜리찌)
말하다, 발언(發言)하다, 말로 표현하다,	**высказывать** (븨쓰까즤와찌)
말하다, 이야기하다, 담화하다	**говорить, сказать** (가바리찌)(스까자찌)
맑게 하다, 깨끗이 하다	**выяснить(ся), расчищать** (븨야쓰니찌)(라쓰치샤찌)
맑은 정신	**трезвость** (뜨레즈보쓰찌)

- 411 -

맑은, 투명한	**прозрачный, чистый, светлый** (쁘라즈라츠느이) (치쓰뜨이) (스뼤뜰리이)
맛, 입맛, 미각, 맛대가리	**вкус** (프꾸쓰)
맛보는 사람, 맛[술맛]을 감정하는 사람	**дегустатор** (제구쓰따똘)
맛보다, 시미(시식.시음)하다, 지미(知味)하다	**пробовать** (쁘로보와찌)
맛없는, 싫은	**несъедобный** (네쓰에도브느이)
맛없는, 입맛을 돋우지 못 한	**неаппетитный** (네압뻬찌뜨느이)
맛없는; 취미 없는, 멋없는; 품위 없는,	**невкусный** (네브꾸쓰느이)
맛이 쓰다	**горько** (고리까)
맛이 자극적인, 매운, 찌르는	**пикантный** (삐깐뜨느이)
맛있게 먹다(마시다)	**смаковать** (스마꼬와찌)
맛있는 것을 흠씬 먹이다, (가축을) 살찌우다	**подкормить** (빠드꼴미찌)
맛있는 음식	**лакомство** (라깜쓰뜨붜)
맛있는, 맛좋은, 맛나는, 입에 맞은, 맞갖은	**лакомый** (라까므이)
맛있는, 맛좋은	**вкусный** (프꾸스느이)
망, 실망, 헤어날 수 없는 궁지	**кожа** (꼬좌)
망각(忘却), 잊혀짐, 잊기 쉬움, 건망(健忘)	**абвение** (자브볘니예)
망각할 수 없는, 잊지 못할	**незабвенный**

- 412 -

	(제자브벤늬이)
망간(Mangan)	**марганец** (마르간에쯔)
망나니의, 난폭한; ~ поступок 망나니짓,	**хулиганский** (홀리간쓰끼이)
망나니, 불량자, 무뢰한, 깡패, 불량 소년	**хулиган** (홀리간)
망나니짓하다, 난폭하게 행동하다	**хулиганить** (홀리간니찌)
망라(인입)하다, 포함시키다, 폭발하다	**охватить, охватывать** (아흐와찌찌),(아흐와띄와찌)
망령, 미치광이 것	**сумасбродство** (수마쓰브로드스뜨뷔)
망루; пожарная ~ 소방대망루	**каланча** (깔란차)
망명, 본국퇴거, 국적(이탈)박탈, 국외추방	**экспатриация** (엑쓰빠드리아찌야)
망상, 망념, 몽상, 낭지(浪志), 공상	**бред** (브레드)
망설이다, 주저하다, 마음이 흔들리다	**поражать[ся]** (빠라좌찌)
망신시키다, 수치를 당하다, 누명을 씌우다	**бесчестить** (베쓰체쓰찌찌)
망신하다, 수치(창피)를 당하다	**посрамиться, срамиться** (빠쓰라미쨔)(스라미쨔)
망아지, 애송이, 미숙한자	**жеребчик** (줴레브치크)
망아지의 모피	**жеребок** (줴레보크)
망원렌즈	**телеобъектив** (쩰레오브엑찌프)
망종(亡終), 몹쓸 놈	**негодяй** (네가쟈이)

망쳐놓다, 못쓰게 만들다, 손상하다, 해치다	**перебить** (뻬레비찌)
망쳐놓다, 절딴내다, 찌그러뜨리다	**изломать, срывать** (이즐로마찌) (스릐와찌)
망쳐지다	**развалиться** (라스왈리쨔)
망치, 마치, 해머(hammer), 장도리	**молот** (몰로트)
망치다, 못쓰게 하다(만들다), 손상하다	**коверкать** (까베르까찌)
망치다, 타락(파손.파탄)시키다	**калечить, развалить** (깔레치찌) (라스왈리찌)
망치다; (많은, 모든 것을) 못쓰게 만들다	**перепортить** (뻬레뽈찌찌)
망치로 치다, 탕탕 두들기다, 쳐서 박다	**вбить, выковать** (브비찌) (븨까와찌),
망하다, 죽다, 시들다	**пропасть** (쁘로빠쓰찌)
맞다, 만나다; 접견(영접)하다	**принимать** (쁘리니마찌)
맞다, 맞히다, 적중하다, 명중하다	**попасть** (빠빠쓰찌)
맞다, 적합(합치.일치.조화)하다; 꼭맞다	**обтягивать обтянуть** (압쨔기와찌)(옵따뉴찌)
맞다,(몸에 맞는지 옷·모자·신발)를 입어보다	**примерить** (쁘리메리찌)
맞다들다, 갑자기 만나다	**настигать** (나쓰찌가찌)
맞단추, 똑딱단추	**кнопка** (크높까)
맞머리 못을 박다, 리벳(rivet)를 박다, 병접하다	**клепать** (클레빠찌)

맞붙게 하다, 경쟁[대항]시키다	**равняться** (라브냐쨔)
맞소리를 지르다(내다), 응답하다, 호응하다	**откликаться** (아트클리까쨔)
맞쏘아 대다, 맞총질하다	**отстреливаться** (앗쓰뜨레리와쨔)
맞은편, 건너편	**противоположный** (쁘라찌붜뽈로즈늬이)
맞은편에, 반대편에	**против** (쁘로찌프)
맞은편의, 건너편의	**противный** (쁘라찝늬이)
맞장구치다	**вторить** (프따리찌)
맞지 않게, 적절치 않게	**неуместно, невпопад** (네우메스뜨나)(네브뽀빠드)
맞추다, (들어)맞게 하다	**пригонять, подгонять** (쁘리가냐찌)(빨고냐찌)
맞추다, 상응시키다, 맞게 하다	**приноравливать** (쁘리노라블리와찌)
맞추어 보다, ~을 진실임을 증명(입증.실증.확증)하다	**сверять** (스볘르야찌)
맞추어보다, 대조하다	**сопоставлять, сверить** (싸빠쓰따블랴찌)(스볘르리찌)
맞춤 양복점, 재봉 공장	**швальня** (쉬왈리내)
맞춤, 감합, (꼭)맞는, 알맞음, 적당한, 어울리는	**посадка** (빠싸드까)
맞춤법(철자법)	**орфография** (알파그라피야)
맞춤법, 표기법(表記法)	**правописание** (쁘라보삐싸니예)
맡기다, 기탁[위탁]하다, 위임하다	**возложить**

	(바즐라쥐찌)
맡기다, 기탁, 위탁, 위임	**вручную, поверять** (프루츠누유) (빠볘랴찌)
맡다, 맡아하다, 담당하다	**брать** (브라찌)
맡아 다루다, 맡아보다	**обслуживать, браться** (아브쓸루지와찌), (브라짜)
매, 참매, 송골매, 각응, 해동청(海東靑), 신우(迅羽)	**сокол** (쏘꼴)
매개, 각개, 제각기; ~ день 매일	**каждый** (까쥐드이)
매끄(반드)럽게 하기, 매끈해(반드러워)지다	**сглаживать** (즈글라쥐와찌)
매끄러운, 보들보들한, 촉감이 좋은	**мягкий** (매흐끼이)
매끈하게, 반드럽게, 평평하게, 반반하게; 고르게,	**ровно** (로브나)
매끈하다(반반하게) 깎아 다듬다	**обтесать, обтёсывать** (압쩨싸찌), (압죠쓰와찌)
매년, 해마다, 1년 에 한 번, 연 1회	**ежегодно** (예줴고드나)
매다, ~에 매듭을 짓다; 결합하다.	**завязать(ся)** (자뱌자찌)
매다, 묶다, 싸매다; 결박하다	**скрутить, скручивать, завязывать** (스크루찌찌)(스크루쮜와찌)(자뱌즤와찌)
매달다, 걸다, 늘어뜨리다, 내리다	**повесить, подвесить** (빠볘씨찌)(빧볘씨찌)
매달다, 걸다, 늘어뜨리다, 내리다, 드리우다	**вешать, навесить** (볘샤찌)(나볘씨찌)
매대	**секция** (쎄크찌야)
매독(梅毒), 당창(唐瘡), 양매창, 창병, 창질, 창(瘡)	**сифилис** (씨피리쓰)

- 416 -

매듭, 난점, 난문제	**загвоздка** (자그보즈드까)
매듭, 매잡이, 맺음, 결(結); 끝장, 결말, 단락	**сочленение** (싸츨레녜니예)
매력 없는, 곱치 않은, 멋 적은	**непривлекательный** (네쁘리블례까 쩰느이)
매력 있는, 매혹적인, 귀여운 마음을 끄는	**обаятельный** (아바야쩰느이)
매력, 매혹, 아름다운 점 예교, 현혹, 미혹	**обаяние, шарм** (아바야니예) (샤르므)
매를 맞아 생긴 멍	**фонарь** (파나리)
매매, 상업, 장사, 거래, 무역, 교역; 영업, 업(業)	**промысел** (쁘로믜쎌)
매머드(홍적세의 거상(巨象)) 털코끼리, 맘모스	**мамонт** (마몬트)
매미, 선(蟬), 검은참매미	**цикада** (찌까다)
매복, 복병; устраивать ~y 매복하다;	**засада** (자싸다)
매분마다, 계속적으로, 잇따라, 끊임없이,	**ежеминутно** (예줴미누뜨나)
매분의, 1분마다의, 부단한, 연속적인,	**ежеминутный** (예줴미누뜨늬이)
매사람, 각자, 개개인	**каждый** (까쥐드이)
매수, 뇌물	**подкуп** (뽀드꿉)
매수되기 쉬운 것	**продажность** (쁘라다즈노쓰찌)
매수되다, 넘어가다	**продаваться** (쁘라다와쨔)
매수되지 않는, 청렴한' 청백한	**неподкупный**

	(네빠드꾸쁘느이)
매수하다, 뇌물로 꾀다; ~에게 뇌물을 쓰다.	**подкупить подмазать**
	(빠드꾸삐찌) (빠드마자찌)
매시간마다, 빈번히, 끊임없이	**ежечасно**
	(예줴차쓰나)
매어주다, 띠다; 둘러싸다	**опоясать**
	(아빠야싸찌)
매어지다, 맺히다	**завязываться**
	(자뱌즤와쨔)
매우급한(식사 따위); 재촉받은; 허둥대는, 소홀한	**наскоро**
	(나쓰꼬로)
매우 긴급한	**свеохсрочный**
	(스베오흐쓰로츠느이)
매우 꾸짖다[꾸중듣다]	**отругать**
	(앗루가찌)
매우 넓은, 광대한	**широченный**
	(쉬로첸느이)
매우 높이 평가하다, 지나치게 찬양하다	**превознести**
	(쁘레뷔즈네쓰찌)
매우 비싼, 극히 귀중한, 고귀한	**бесценный**
	(베쓰쩬느이)
매우 엄격하게, ~ запретить 엄금하다	**настрого**
	(나쓰뜨로고)
매우 정확한, 깐깐한	**пунктуальный**
	(뿐크뚜알늬이)
매우 짧은 시간으로	**секундный**
	(쎄꾼드느이)
매우 흥미있는, 마음을 끄는	**увлекательный**
	(우블레까쩰느이)
매우, 참, 썩, 대단히, 몹시	**очень**
	(오첸)
매운 고기국(물고기국)	**солянка**
	(쌀얀까)

- 418 -

매운 짠, 얼얼한	**острый** (오쓰뜨르이)
매월의, 매달의, 월 1회의, 월정의	**ежемесячный** (예줴메샤츠늬이)
매음(賣淫), 매춘(賣春)	**проституция** (쁘라쓰찌뚜찌야)
매음부, 갈보, 매춘부(賣春婦)	**проститутка** (쁘라쓰찌뚜찌까)
매인 줄[사슬]을 풀어 놓아 주다	**отвязать[ся]** (아트뱌자찌)
매일, 날마다	**ежедневно, ежесуточно** (예줴드네브나) (예줴쑤또츠나)
매일의, 매일(날마다)있는 하루살이의	**каждодневный** (까쥐도드녭느이)
매장자	**могильщик** (마길쉬크)
매장하다, 묻어버리다, 장례를 치르다,	**хоронить** (하로니찌)
매점하다, 죄다 사들이다, 많이 사들이다(사다)	**скупать** (스꾸빠찌)
매정하게 다루다, 혹사하다; 들볶다, 못살게 굴다	**гоняться** (간야쨔)
매주,1주 1회, 매주 한 번씩	**еженедельно** (예줴네젤나)
매지 않은, 풀린, 흐트러진, 벗어진, 느슨한	**расхлябанный** (라쓰흘랴반느이)
매질, 채찍질	**розги, среда** (로즈기)(스레다)
매초의, 매우빈번한, 부단한, 끊임없는	**ежесекундный** (예줴쎼꾼드느이)
매치광이; 미친 사람, 광인, 광자, 열광자, 미친놈	**маньяк** (만냐크)

- 419 -

매트, 멍석, 돗자리, 거저자리	**мат** (마트)
매혹(魅惑), 매력(魅力); 마력(魔力), 매혹(魅惑)	**очарование** (아차로와니예)
매혹되다, 황홀해지다	**плениться** (쁠레니쨔)
매혹시키다, 마법을 걸다, 호리다, 황홀케하다	**чаровать** (차로와찌)
매혹적인, 마음을 틀어잡는	**чарующий** (차루유쉬이)
매혹적인, 매력적인, 탐스러운, 아릿다운	**очаровательный** (아차로 와쩰느이)
맥, 맥박	**пульс** (뿔쓰)
맥동하다, 맥박치다, 고동치다	**пульсировать** (뿔씨로와찌)
맥박치다(심장 등이) 고동치다, 뛰다	**биться** (비쨔)
맥아즙(麥芽汁), 엿기름	**сусло** (수쓸로)
맥이 빠지게 하다, 피로케 하다, 몹시 괴롭히다	**изнурить** (이즈누리찌)
맥주 집, 비어홀	**пивная** (삐브나야)
맥주, 비어(beer)	**пиво** (삐붜)
맨 나중에, 끝으로, 마지막으로	**напоследок** (나뽀스레도크)
맨 빵으로(국이나 차 없이)	**всухомятку** (프쑤호먀뜨꾸)
맨 앞의, 맨 먼저의, 선두의, 최초의,	**передовой** (뻬레다보이)
맨 위까지, 꼭대기까지, 한가득	**доверху**

	(도뼤르후)
맨발로	**босиком** (보시꼼)
맨발의, 발 벗은	**босой, босоногий** (바쏘이)(보쏘노기이)
맨발의[로], (말이) 편자를 박지 않은, (신발을) 벗은	**разутый** (라주뜨이)
맨주먹으로, 총칼을 맞대고; 접전으로	**врукопашную** (프루까빠쉬누유)
맵시내다, 꾸미다, 모양을 내다, 멋을 부리다,	**упаковать** (우빠꼬와찌)
맵시를 내며 걷다, 종종걸음 치다	**семенить** (쎄메니찌)
맷돌, 분쇄기, 연자매	**жёрнов** (죠르노프)
맷돌(제분기)로 가루로 만들다, 맷돌로 타다	**размотать[ся]** (라스마따찌)
맷돌로 갈다, 빻다, 가루로 만들다. 분쇄하다	**перемалывать** (뻬레말릐와찌)
맷돌로 타다, 갈다; 가루로 만들다, 으깨다;	**заскрежетать** (자쓰크레줴따찌)
맷돌을 가는 사람,(칼을) 가는 사람(갈다)	**шлифовать** (쉴리포와찌)
맹렬한 사격, 탄막, 일제 엄호사격	**шквальный** (쉬크왈리느이)
맹렬한	**свирепый** (스비레쁘이)
맹렬히, 필사적으로	**отчаянно** (앗차얀나)
맹목적으로	**слепо** (슬레빠)
맹목적으로, 되는대로	**вслепую** (프쓸레뿌유)

맹목적인, 분별없는	**слепой** (슬례뽀이)
맹세, 선서(宣誓)	**клятва** (클랴뜨와)
맹세하다, 서약하다, 선서하다	**поклясться клясться** (빠클랴쨔) (클랴쓰쨔)
맹수, 맹금	**хищник** (히쉬니크)
맹장염, 충양돌기염, 충수염	**аппендицит** (아뼨디찔)
맺어주다, 결합시키다; 화해시키다	**сближать[ся]** (즈블리좌찌)
맺어지다, 일어나다, 시작되다	**завязываться** (자뱌즤와쨔)
머루르다, 살다, 체재[기류]하다	**проживать** (쁘라줘와찌)
머리 깎기 머리 깎는식	**стрижка** (스뜨리즈까)
머리 빗, 빗질하는 기구; 소면기(梳綿機);	**расчёска** (라쓰쵸쓰까)
머리, 골(骨), 두부, 대가리, 두상	**голова** (갈로와)
머리가 둔한, 암둔한, 우둔한	**безголовый** (볘즈글로브이)
머리가 둔해 지는 것, 멍청한 것	**отупение** (앗뚜뼤니예)
머리가 벗겨지다.	**облысеть** (아블르쎄찌)
머리가 벗어진 곳, 대머리, 민머리, 민대가리	**плешь** (쁠례쉬)
머리가 세다, 백발이 되다	**седеть, поседеть** (쎄졔찌) (빠쎄졔찌)

머리가 없는 기억력이 나쁜	**безголовый** (베즈글로브이)
머리가 잘 도는 것, 이해력이 빠른 것, 촉기가 빠른 것	**смекалка** (스메깔까)
머리가 헝클어진; ~ая голова 쑥대머리	**лохматый** (라흐마뜨이)
머리꼭대기, 정수리	**темя, макушка** (쩨먀) (마꾸쉬까)
머리를 깎다, 이발하다	**постричься, стричься** (빠스뜨리치쌰)(스뜨리치쌰)
머리를 끄덕이다; ~ головой 고개를 끄덕이다	**кивать** (끼와찌)
머리를 동이는 리본, 자루 모양의 헤어네트,	**серёжка** (쎄료즈까)
머리를 땋다(땋아 늘어뜨리다) 끈 끈으로 꾸미다	**переплестись** (뻬레쁠레쓰찌)
머리를 베다, 목을 잘라죽이다	**обезглавить, обезг-лавливать** (아베스글라뷔찌)(아베스그랍리와찌)
머리를 빗어 넘기다, 빗어 올리다	**зачёсывать** (자쵸씌와찌)
머리를 숙이다, 절(인사)하다	**поклониться** (빠클로니쨔)
머리(허리)를 굽히다, 기울이다, 경사지게 하다	**склонить** (스클로니찌)
머리를 쓰지 않는	**бездумный** (베즈둠느이)
머리를 지지는 것, 파마를 하는 것	**завивка** (자비브까)
머리를 짧게 깎은	**стриженый** (스뜨리줴느이)
머리말(글), 서언(문), 프롤로그(prologue)	**пролог** (쁘랄로그)
머리말, 서론, 개론	**введение, предисловие, вступление**

	(베제니에) (쁘레지쓸로비예) (프쓰뚜쁠례니에)
머리맡, 베개머리; сидеть у ~я 머리맡에 앉다	**изголовье** (이즈골로 비예)
머리에 떠오르다	**проходить** (쁘라호지찌)
머리의 꾸밈새	**причёска** (쁘리쵸쓰까)
머리의 선두의; 주도적	**головной** (갈로프노이)
머리카락이 검은	**черноволосый** (쵸르노볼로쒸이)
머리카락이 흐트러지다, 곤두서다	**ерошиться** (예로쉬쨔)
머리칼, 머리, 머리 털(毛)	**волос** (볼로쓰)
머리칼·깃털·실 따위의 술, 타래, 덤불, 수풀	**клок** (끌록)
머리칼이 검은사람	**брюнет** (브류녯)
머리칼이 많은	**волосатый** (발라싸뜨이)
머리칼(털)이 빠지다	**лезть, вылезать** (레즈찌) (빌례자찌)
머리털을 헝클다, 헝클어(흐트러)뜨리다	**ерошить** (예로쉬찌)
머리피부	**скальп** (스깔리쁘)
머리핀, 부인용 모자를 고정하는 긴 핀, 나무못	**шпилька** (쉬뻴까)
머무르다, 들어묵다, 유숙하다	**сидеть останавливаться** (씨제찌) (아쓰따나블리와쨔)
머무름 시간(기간)	**; простой** (쁘라쓰또이)

- 424 -

머물러 사는: ~ое население 원주민	**оседлый** (아쎄들릐이)
머물러있다, 체류하다	**находиться** (나호지쨔)
머뭇(머무적.뭉그적)거리다, 뭉그대다	**буксовать** (북쏘와찌)
머뭇하다, 우물쭈물 말하다	**мямлить** (매흐믈리찌)
머슴, 종, 하인, 하녀. 부하, 노복, 종복; 봉사자,	**прислужник** (쁘리쓸루지늭)
머슴살이를 하다	**батрачить** (바트라치찌)
머저리, 미옥쟁이, 멍청이, 키다리	**дубина** (두비나)
머저리, 얼뜨기, 천치, 백치, 바보	**балда, глупец** (발다), (글루뻬쯔)
먹, 묵(墨), 먹물, 먹즙	**тушь** (뚜쉬)
먹고노는, 무위도식하는	**праздный** (쁘라즈드늬이)
먹다 남은 찌꺼기, 쓰레기	**объедки** (압비드끼)
먹다,(수프 따위를) 마시다	**ел, едим** (엘) (예짐)
먹다, 자시다, 식사하다	**кушать** (꾸샤찌)
먹어 없애다, 한 입에 덥석먹다	**съедать, поедать** (스에다찌)(빠예다찌)
먹어 치우다, (써)없애다, 다 써버리다	**съесть** (스예쓰찌)
먹어서 기운을 내는 것	**подкрепление** (빠드크레쁠레니예)
먹여 살리다, 부양하다	**содержать**

- 425 -

		(싸제르좌찌)
먹을 것, 음식, 음식물, 먹는 것, 먹어 치우는 것		**жратва** (쥐라뜨와)
먹을 것을 주다,(음식을) 먹이다; 젖을 먹이다		**заправить** (자쁘라비찌)
먹을 수 없는, 식용으로 되지 않는 못한		**несъедобный** (네쓰에도 브느이)
먹을 수 있는, 식용에 적합한, 식용의		**съестной** (스예쓰뜨노이)
먹음직함, 식욕을 돋구는, 입이 단		**аппетитный** (아뻬찔느이)
먹이, 모이, 사료		**корм** (꼬름)
먹이다, 먹여 기르다		**питать** (삐따찌)
먹이다, 먹이를 주다		**кормить** (까르미찌)
먹칠하다, 시꺼멓게 만들다		**затушевать** (자뚜쉐와찌)
먼 곳, 먼 거리, 원경(遠境)		**даль** (달)
먼 곳으로, 먼데로		**вдаль** (프달)
먼, 멀리 떨어져있는		**дальний** (달니이)
먼동이 트다, 날이 밝다		**светать** (스볘따찌)
먼저, 미리		**вперёд** (프뼤료드)
먼저, 우선(于先), (우선) 첫째로, 최초로		**раньше** (란쉐)
먼저가다, 시계가 빨리가다		**вперёд** (프뼤료드)

- 426 -

먼지 낀, 먼지투성이	**пыльный** (쁠리늬이)
먼지, 쓰레기	**сор** (쏘르)
먼지, 티, 티끌, 미진, 설진(屑塵)	**пыль** (쁠리)
먼지가 끼다	**запылиться** (자쁠리쨔)
먼지가 일다, 먼지가 자욱하다	**напылить** (나쁠리찌)
멀다	**далеко** (달레꼬)
멀리 달아나다(가버리다)	**забегать** (자베가찌)
멀리 떨어져서 먼, (~을) 멀리 떨어져서	**далеко** (달레꼬)
멀리(떨어지게)하다, 떼여놓다	**отдалять** (아트달랴찌)
멀리(에), 아득히, 먼 곳으로, 이슥토록	**далеко** (달레꼬)
멀리에서, 먼 곳에서	**издалека, издали** (이즈달례까, 이즈달리)
멀리(이간.소외)하다, 따돌리다	**разобщить, отдалиться** (라조브쉬찌) (아트달리쨔)
멀어지는 것, 먼 곳, 원거리, 먼 데	**отдаление** (아트달레니예)
멀어지다, 떨어지다	**удалиться** (우다리쨔)
멀어지지 않고 따라가다, 따라잡다	**угнаться** (우그나쨔)
멀지 않는 곳에, 근처에, 부근에	**невдалеке** (네브달레께)

- 427 -

멀지 않은 곳에, 가까이에	**недалеко** (네달레꼬)
멀지 않은 곳에, 근처에	**неподалёку** (네빠달료꾸)
멀지 않은, 가까운	**недалёкий, скорый** (네달료끼이) (스꼬릐이)
멈추기, 구속, 억제, 제어, 정지	**. приостановление** (쁘리오쓰따노브까)
멈추는 것, 정지, 중지	**остановка** (아쓰따노브까)
멈추다, 그치게 하다, 그만두게 하다;	**останавливать** (아쓰따나블리와찌)
멈추다, 중지(정지, 지체)시키다	**приостанавливать** (쁘리옷따나블리와찌)
멈추어 세우다, 중지(정지)시키다; 멈칫하다	**останавливать** (아쓰따나블리와찌)
멈출 줄 모르는, 분주스러운, 피로를 모르는	**неугомонный** (네우고 몬느이)
멈춰서다, 걸음을 멈추다, 멈칫서다	**останавливаться** (아쓰따나블리와짜)
멋내다, 맵시 있는 복장. 산뜻한 복장을 하다,	**шикарить** (쉬까리찌)
멋대로 구는 짓; 엉뚱한 짓	**проделка** (쁘라젤까)
멋부림, 치레, 멋	**щеголеватость** (쉐골레와또쓰찌)
멋을 부르다 환심을 사려고 꾸미다	**модничать** (모드니차찌)
멋을 피우다, 태를 부리다	**рисоваться** (리쏘와짜)
멋쟁이 여인, 세련된 몸치장을 한 여자,	**щеголиха** (쉐갈리하)
멋진 나무모양 리본.	**шу**

	(슈)
멋진, 빛나는, 훌륭한, 장한. 화려한	**шикарно** (쉬까르나)
멍; 멍든 곳, 피멍, 타박상, 어혈, 적혈, 축혈	**подтёк** (빧쬭)
멍덕딸기, 산딸기, 멍덕딸기나무	**малина** (말리나)
멍에, 질곡(桎梏) 짐, 부담, 책임,	**путы, хомут** (뿌띄)(하무트)
멍청이, 얼뜨기, 빙충맞이, 멍텅구리,	**ротозей, ворона** (라따제이)(바로나)
멍청이, 먹통, 멀건이, 얼떨떨한 사람	**разиня** (라시냐)
멍청해 있다, 멍하니 바라보다	**зазеваться** (자즈예와쨔)
멍텅구리, 머저리, 바보, 고집쟁이	**осёл** (아쏠)
멎다, 덜해지다	**униматься** (우니마쨔)
멎다, 멈추다, 서다, 정지하다 멈칫하다	**застопориться** (자쓰또뽀리쨔)
멎다, 줄어들다, 점차 없어지다	**затухать** (자뚜하찌)
멎어있다, 일하지 않다 정박(정류)하고있다	**стоять** (스따야찌)
메가와트, 백만와트(기호 Mw)	**мегаватт** (메가왓트)
메가폰, 확성기(擴聲器)	**мегафон** (메가폰)
메가헤르츠, 백만 헤르츠(기호 MHz)	**мегагерц** (메가게르쯔)
메기, 언어(鰻魚), 점어(鮎魚)	**сом** (쏨)

메뉴, 요리차림표	**меню** (메뉴)
메달(medal), 패(牌)	**медаль** (메달)
메달을 받은 최우등생	**медалист** (메달리스트)
메닭, 멧닭의 수컷	**тетерев** (쩨쩨레프)
메뚜기, 누리, 비황, 황충, 황충이	**саранча** (싸란차)
메뚜기떼, 황충떼, 황충이떼	**саранча** (싸란차)
메론, 듸냐, 참외, 멜론의 일종	**дыня** (듸냐)
메리노양(羊), 스페인종 면양	**шпанка** (쉬빤까)
메마른, 비옥하지 않은	**неплодородный** (네쁠로도로드느이)
메밀, 목맥, 교맥(蕎麥), 메밀(의씨), 메밀가루	**гречиха** (그레치하)
메밀가루, 백면(白麵), 목말(木末)	**шелковка** (쉘꼬브까)
메스꺼움, 구역질, 욕지거리	**тошнота** (또스노따)
메아리, 되튀기; 반향; 반사.	**отклик, резонанс** (오트클리크)(레소난쓰)
메아리, 반향; 산울림; 맞은소리	**эхо, отголосок, отзвук** (에호)(아트갈로쏘크)(아트즈북)
메우고(때우는데) 쓰는 접착성 물질, 본드, 접착제	**замазка** (자마즈까)
메우다, 가득 넣다(놓다),채워놓다; 막다	**закладывать** (자클라듸와찌)

- 430 -

메추라기, 메추리(암컷)	**перепёлка, перепел** (뻬레뿔까)(뻬레뻴)
메카리터, 10리터	**декалитр** (데깔리뜰)
메탄가스, 메탄, 소기(沼氣)(무미·무취·무색의 기체).	**метан** (메딴)
메틸(methyl), 메틸기	**метил** (메찔)
메틸의, 메틸을 함유한. ~ спирт 메틸알코올	**метиловый** (메찔라브이)
멘톨(menthol), 박화뇌	**ментол** (멘똘)
멜리사, 서양 박하.	**бальзам** (발잠)
멜빵, 걸빵, 질빵, 박다위	**подтяжки, лямка** (빧쨔쥐끼)(럄까)
멧돼지(수퇘지)	**кабан** (까반)
멧새류(類), 멧새의 일종	**овсянка** (압샌까)
며느리, 새아기, 새애기, 며늘아기, 자부(子婦),	**сноха** (스나하)
며느리; 의붓딸	**невестка** (네베쓰뜨까)
면(綿) 플란넬	**бумазея** (부마제야)
면(面); лицевая ~а 앞면; оборотная~а 뒷면	**сторона, грань** (스따로나)(그란이)
면담하다, 회담하다	**беседовать** (베쎄다와찌)
면도칼(날)	**бритва** (브리뜨와)
면도(질)하다, 수염깎다, 세이빙	**побрить, брить, сбривать**

- 431 -

	(빠브리찌) (브리찌)(즈브리와찌)
면밀한, 꼼꼼한, 차근차근한	**тщательный, кропотливый** (트샤쩰느이)(크로뽀뜰리브이)
면밀하게(히), 꼼꼼히, 차근차근	**тщательно** (트샤쩰나)
면상(面像), 얼굴의 위. 또는 얼굴	**маска** (마쓰까)
면세(免稅), 관세 없는, 무관세	**беспошлинный** (볘쓰뽀실리느이)
면역, 면역성, 저항력	**иммунитет** (이무니쩨트)
면적, 넓이, 크기; 광장(廣場);	**площадь** (쁠로샤지)
면제(免除), 해제(解除), 면책(免責)	**освобождение** (아쓰붜보즈제니예)
면제하다, 제외하다, 벗어나게 하다	**освобождать** (아쓰붜보즈다찌)
면죄(免罪), 대사, 용서	**помилование** (빠미로와니예)
면직, 제명; 퇴학, 면직, 해고;	**отчисление** (앗치쓸례니예)
면직시키다, 제명하다; 퇴각하다	**отчислить, отчислять** (앗치쓸리찌) (앝치쓸랴찌)
면하게 하다, 구원(구출)하다, 해방시키다	**избавлять** (이즈바블랴찌)
면허[허가]장; 증명서, 수권서(授權書), 허가서	**. разрешение** (라즈례쉐니예)
면허장, 특허(特許)	**лицензия** (리쩬지야)
면회, 상봉, 상면	**свидание** (스비다니예)
면회하다, 상견하다, 상봉하다	**повидаться** (빠뷔다쨔)

멸균(滅菌) 멸균법(滅菌法)	**стерилизация** (스쩨릴리자찌야)
멸균(살균, 소독)하다	**стерилизовать** (스쩨릴리조와찌)
멸균기, 소독기(消毒器)	**стерилизатор** (스쩨릴리자따르)
멸망(滅亡), 사멸(死滅), 파멸(破滅), 죽음	**гибель** (기벨)
멸시(무시, 경멸)하는	**пренебрежительный** (쁘레네브레지쩰느이)
멸시, 경멸, 경시, 무시	**презрение** (쁘레즈레니예)
멸시하다, 업신여기다, 넘보다, 깔보다	**презирать** (쁘레지라찌)
멸치, 안초비(멸치류)	**анчоус** (안초우쓰)
명기[명문화]하다; (조항을) 규정하다,	**обусловить** (아부슬로비찌)
명단, 명부, 목록; ~ки избирателей 선거자 명단	**список** (스삐쏘크)
명단에 올리다, 기입하다	**записывать** (자삐씌와찌)
명랑한, 즐거운, 유쾌한: 명철한, 통찰력이 센	**светлый** (스베뜰리이)
명령(분부, 지시)하다	**приказать** (쁘리까자찌)
명령, 지휘; 훈령; (법원의) 지시; 명령서	**наряд** (나랴드)
명령(법률)을 내다, 발하다, 발포하다	**выдать** (븨다찌)
명령서, 지령서, 영장	**ордер** (오르젤)

ㅁ

명령하다, 지시하다	**велеть** (삘레찌)
명료성, 분명한	**чистота** (치쓰또따)
명료하게, 직관적으로, 뚜렷하게	**наглядно** (나글랴드나)
명료한, 인상 깊은	**рельефный** (렐리에프느이)
명명하다, ~라고 이름짓다, ~라고 부르다	**звать** (즈와찌)
명백하다, 완연하다, 명확하다, 명료하다	**очевидно** (아체비드나)
명백한, 이해가 되는, 이해할만한	**понятный** (빠냐뜨늬이)
명백한; 솔직한, 분명한, 노골적인	**сущий, видимый** (수쉬이) (뷔지므이)
명백해지다, 판명되다	**оказываться** (아까지와짜)
명백히 알다, 이해하다	**уяснить** (우야쓰니찌)
명백히, (삽입어로) 물론, 틀림없이	**понятно** (빠냐뜨나)
명사(noun: 名詞), 이름씨	**существительное** (수쉐쓰뜨비쩰노예)
명상, 생각(사색)에잠기는 것	**размышление** (라스므쉴레니예)
명상에 잠기다, 관찰하다	**созерцать** (싸제르짜찌)
명석한 이해력 (판단력)	**сообразительность** (싸아브라지쩰노쓰찌)
명성(名聲), 유명인, 명사(名士)	**звезда** (즈베즈다)
명성, 신망, 호평	**зарекомендовать**

	(자레꼬멘도와찌)
명성을 떨치게하다, 이름나게 하다, 찬미하다	**восславить** (바쓰쓸라 븨찌)
명세서(明細書), 목록, 차례, 목차	**опись** (오삐시)
명승지(名勝地), 명승고적	**достопримечательность** (다쓰따브리메차쩰 노쓰찌)
명암법(明暗法), 선염(渲染)	**шатировка** (샤찌로브까)
명예(名譽), 존경(尊敬), 존중(尊重)	**почёт** (빠쵸트)
명예를 더럽히다(손상하다 훼손시키다)	**обесчестить, порочить** (아베쓰체쓰찌찌)(빠로치찌)
명예심	**амбиция** (암비찌야)
명예회복 권리회복(복권)	**реабилитация** (레아빌리따지야)
명왕성(冥王星), 풀루토	**Плутон** (쁠루똔)
명의상, 명목상	**номинальный** (나미날리느이)
명절, 기념일; 쉬는 날, 휴일	**праздник** (쁘라즈드닉)
명절놀이, 명절잔치	**праздник** (쁘라즈드닉)
명제, 제목(題目), 글제(-題): 논리(論理)	**тезис** (쩨지쓰)
명주 견사. 나사(螺絲)	**шелковинка, шелковина** (쉘까뷘까) (쉘까뷔나)
명주(비단) 제조하다, 견사를 짜다	**шёлкоткацкий** (숄까꽅까쯔끼이)
명찰, 표찰; 열쇠 구멍의 뚜껑; 순판(楯板)	**личина** (리치나)

명철한, 예민한	**зоркий** (조르끼이)
명칭, 호칭, 이름, 성명, 명의(名義); 명명.	**наименование** (나이메노와니예)
명함 ~ая карточка 명함	**визитный** (뷔짙느이)
몇 가지의, 몇몇, 약간, 어떤	**кое-какой** (꼬에-깍꼬이)
몇 걸음 걷다, 거닐다, 산보하다	**пройтись** (쁘라이찌시)
몇 군데로, 어데론가, 어떤 곳으로	**кое-куда** (꼬에-꾸다)
몇 백, 수백의; 다수. 다량, 100(백)개,	**сотня** (쏘뜨냐)
몇개 국어 사용	**-язычие** (-야즤치에)
몇몇 사람, 어떤 사람	**кое-что** (꼬에-쉬또)
모, 모종; рисовая ~a 모, 벼모	**рассада** (라쓰싸다)
모과, 모과나무; 명자, 명사, 목과, 명차	**айва** (아이와)
모기, 문예, 문성(蚊城), 문진(蚊陣)	**комар** (까마르)
모기·벼룩 등이 쏘다, 물다; (게가) 물다	**искусать** (이쓰꾸싸찌)
모난 괄호([ ], 〔 〕, 드물게 ( ),< >, [ ])	**скоба** (스꼬바)
모눈종이, 방안지(方眼紙)	**миллиметровка** (밀리메뜨롭까)
모닥불, 우등불, 화롯불	**костёр** (까쓰쬬르)

모델(model), 본보기, 견본	**модель** (마뎰)
모독(冒瀆), 모욕(侮辱)	**поругание** (빠루가니예)
모독(모욕)당한	**поруганный** (빠루간느이)
모두 다, 모두들	**весь** (볘시)
모두, 모조리, 전반적으로 남김없이	**поголовно, повально** (빠골롭나) (빠왈리나)
모든 것, 무엇이나 다, 만사	**все, всё, весь** (프쎼) (프쑈) (볘시)
모든 사람, 누구나, 모두	**все, всё, весь** (프쎼) (프쑈) (볘시)
모든, 갖가지, 각종	**всяческий** (프쎄체쓰끼이)
모든, 온전히, 전부의, 전체의, 온, 전(全).	**все, всё, весь** (프쎼) (프쑈) (볘시)
모래 땅을 다지기 위해;	**шелюговать** (쉘류고와찌)
모래 채취장; 모래밭(모래터), 모래놀이통	**песочница** (뻬쏘츠니짜)
모래 펌프, 침전물 펌프	**желонка** (쥴론까)
모래, 모새, 세사(細沙), 경미토, 샌드(sand);	**песок** (뻬쏘크)
모래가 있는, 모래가 많은, 모래의; 모래땅의;	**песчаный** (뻬쓰차늬이)
모래(땅. 판. 밭. 펄. 톱), 사막	**песок** (뻬쏘크)
모래무치, 구굴무치, 모샘치	**пескарь** (뻬쓰까리)
모래바위, 사암(砂巖)	**песчаник**

	(뻬쓰차닉)
모래밭, 광석밭	**россыпь** (로씌삐)
모래빛	**песочный** (뻬쏘츠느이)
모래언덕	**барханы** (바르하느)
모래주머니, (배, 기구 등의) 자갈주머니	**балласт** (발라쓰트)
모래진흙	**суглинок** (수글리노크)
모래톱이 있는 강변(해변)	**пляж** (쁠랴즈)
모래펌프, 흙물펌프	**землесос** (제믈레쏘쓰)
모레, 재명일, 명후일, 익익일(翌翌日)	**послезавтра** (빠쓸레잡뜨라)
모루, 철침	**наковальня** (나꼬왈냐)
모르는 것, 무식; находиться в ~и 모르다	**неведение** (네베제니예)
모르는 사이에 빠지다 ~에 빠져 들어가다	**впасть** (프빠쓰찌)
모르는[낯선] 사람, 외래자; 국외(자)의	**посторонний** (빠쓰또론느이)
모르스; азбука ~ 모르스 전신부호;	**Морзе**: (모르제)
모르타르, 회반죽, 반죽. 혼합물(混合物)	**раствор** (라쓰뜨볼)
모르핀(morphine)	**морфий** (모르피이)
모름지기, 미상불(과연), 아닌게 아니라	**несомненно** (네쏨녠나)

- 438 -

모면하다, 빠져나오다, 벗어나다	**выкрутиться** (븨크루찌쨔)
모멸, 자존심을 상하게 함 짤까닥(째각)소리나다	**щелчок** (쉘촉)
모반(母斑), 사마귀, 점, 모반(母斑). (타고난) 기미	**родинка** (로진까)
모반하다, 배반하다; 반항하다	**взбунтоваться** (쓰분따와쨔)
모방, 모조, 흉내	**имитация** (이미따찌야)
모방하다, 모조하다, 흉내내다	**имитировать, копировать** (이미찌로와찌) (꼬삐로와찌)
모방하다, 따르다, 본받다	**перенять, подделаться** (뻬레냐찌)(빤젤라쨔)
모방할 수 없게, 으뜸가게; 훌륭하게	**неподражаемо** (네빠드라좌예모)
모범(模範), 구감	**образец** (아브라제쯔)
모범을(뒤를) 따르다	**подражать** (빠드라좌찌)
모범일군, 모범 노동자	**отличник** (알틀리츠니크)
모범적인, 시범적인, 본보기(모범)로 될만한	**образцовый** (아브라즈쪼브이)
모범적인; 칭찬할 만한, 훌륭한; 본보기의	**примерный** (쁘리몌르느이)
모성; чувство ~а 어머니의 심정(마음)	**материнство** (마쩨린쓰뜨붜)
모세관, 모세혈관	**капилляр** (까삘랴르)
모순, 상반, 모순당착, 자기모순, 자가당착	**противоречие** (쁘라찌붜레치예)

- 439 -

모순되는, 모순이 있는	**противоречивый** (쁘라찌뷔레치브이)
모순되다, ~와 어긋나다	**противоречить** (쁘라찌뷔레치찌)
모스크바(Moscow: 러시아 연방의 수도),	**Москва** (모쓰크와)
모습, 윤곽, 외형	**рисунок** (리쑤노크)
모아두다, 축적하다, 쌓아두다	**копить** (꼬삐찌)
모양 짓다, 모양을(모습을형태를)취하다	**фасонировать** (파쏘니로와찌)
모양(그림)으로 표시한, 도식된	**фигурный** (피구르느이)
모양, 도형, 꼴; ~ иероглифа 획, 도식	**начертание** (나체르따니예)
모양, 형상, 외형, 윤곽	**вид** (뷔트)
모양을[모습을, 형태를] 취하다, 모양이 되다	**сформировать** (스포르미로와찌)
모양이 달라지게 하다, 변형하다	**деформировать** (제포르미로와찌)
모여오다, 모여들다 몰리다 집결되다	**стекаться, скопиться** (스쩨까짜)(스까삐쨔)
모욕(모독)하다, 굴욕하다; 악설하다	**оскорблять** (아쓰까르블랴찌)
모욕, 무례, 모욕 행위, 무례한 짓, 모독; 악설	**оскорбление** (아쓰까르 블레니예)
모욕당한, 멸시받는, 업신여기는	**униженный** (우니줸느이)
모욕을 느끼다, 몹시 노여워하다	**оскорбляться** (아쓰까르블랴쨔)
모욕적으로, 무례하게, 공세로.	**обидно**

	(압비드나)
모욕적인, 굴욕적인, 모독하는	**оскорбительный** (아쓰까르비쩰느이)
모욕하다, ~에게 무례한 짓을 하다; 해치다	**оскорбить[ся]** (아쓰까르비찌)
모유로 기르다, 젖을 주다	**накормить** (나꼬르미찌)
모으기, 수집, 채집, 채취, 채포	**сбор** (즈보르)
모으다, 수집하다; 조립하다	**собирать** (싸비라찌)
모음(의); 모음 글자, ~(звук) 모음(母音)	**гласный** (글라쓰느이)
모음조화(母音調和), 홀소리 고름(어울림)	**сингармонизм** (씬가르모니즘)
모이다, 집결(집합) 시키다	**стянуть** (스쨔누찌)
모이다, 축적되다	**скопиться** (스까삐쨔)
모임, 집회(集會)	**сборище** (즈보리쉐)
모임, 회합, 집회, 집합	**сбор** (즈보르)
모임을 가지다; 군중집회에 참가하다	**митинговать** (미찐가와찌)
모자 제조인	**шляпник** (쉴래쁘닉)
모자 제조인, 모자 상인	**шапочник** (샤뽀츠닉)
모자 커버	**японка** (야뽄까)
모자(머리수건)를 쓰지 않은	**непокрытый** (네빠끄릐뜨이)

- 441 -

모자(투구)의 백로 깃털 장식	**эгрет** (에그레트)
모자라게 달다, 눈금을 속이다	**недовесить, недовешивать** (녜다볘씨찌),(녜다볘씨와찌)
모자라다, 부족하다, 초름하다	**недоставать, недосчитаться** (녜다쓰따와찌), (녜다 쓰치따쨔)
모자를 내려쓰다, 눌러쓰다	**нахлобучивать, нахлобучить** (나흐로부치와찌),(나흐로부치찌)
모자의 모자용의	**шляпный** (쉴래쁘느이)
모자의 채양	**козырёк** (까즤료크)
모전, 양탄자, 주단(紬緞)	**ковёр** (까뵤르)
모젤(권총)	**маузер** (마우젤)
모조리 가져(끌어)가다	**растащить** (라쓰따쉬찌)
모조리 베어버리다, 찍어내다, 채벌하다	**вырубать** (븨루바찌)
모조리 파견하다	**разослать** (라자쓸라찌)
모조리 훔쳐가다	**растащить** (라쓰따쉬찌)
모조리, 낱낱이	**наперечёт** (나뻬레횥)
모조리, 다, 깨끗이, 남김없이	**подчистую** (빧치쓰뚜유)
모조물, 위조물, 모방물, 가짜품	**подражание** (빧라좌니예)
모조의, 가짜의, 허위의	**бутафория** (부따파리야)
모종삽; 뜰삽, 꼬마삽, 꽃삽	**совок**

	(싸보크)
모주망태, 음주, 방탕하는 사람	**кутила** (꾸찔라)
모지가게 물다, 다물지 않다	**недоплатить, недоплачивать** (네다쁠라찌찌),(네다쁠라치와찌)
모직물 같은 면직물 모직각반	**шерстянка** (쉐르쓰쩬까)
모직물 제조, 털실을 짜는	**шерстоткачество** (쉐르쓰또뜨까체쓰드붜)
모진, 살을 에는(듯한).	**горький** (고리끼이)
모집(募集), 채용(採用)	**вербовка** (붸르봅까)
모집, 징집,	**набор** (나볼)
모집하다, 징집하다	**набирать** (나비라찌)
모처럼, 별러서, 오랜만에	**нарочно** (나로츠노)
모충(毛蟲), 풀쐐기(나비·나방의 유충), 청벌레	**гусеница** (구쎄니짜)
모터사이클, 모터바이시클, 오토바이	**мотогон-ки** (마또곤끼)
모터의, 발동기, 내연기관; 전동기, 엔진의	**моторный** (마또르느이)
모터카, 철길차, 핸드카, 수동차(手動車)	**дрезина** (드레지나)
모판, 양묘장	**питомник** (삐똠니크)
모판, 온상	**рассадник** (라쓰싸드닉)
모피 외투. 겨울 외투,	**шуба** (슈바)

- 443 -

모피(종)동물 사육농장	**зверосовхоз** (즈베로쏩호즈)
모피(종)동물 사육	**звероводство** (즈베로보드쓰뜨붜)
모피; 모피제품, 털가죽	**мех** (메흐)
모피제품 반코트, 짧은 부인용 모피 속외투	**шубейка** (슈베이까)
모피조각으로 만든 아교	**шубный** (슈브느이)
모험(冒險)	**авантюра** (아완쮸라)
모험주의	**авантюризм** (아완쮸리즘)
모험가(冒險家)	**авантюрист** (아완쮸리쓰트)
모형(模型), 모델(model)	**макет** (마께트)
모형, 모형도	**модель** (마델)
모형도, 초벌그림	**эскиз** (에쓰끼즈)
모형비행기	**авиамодель** (아뷔아마델)
모호하지 않은, 명료한, 솔직한	**однозначный** (아드노즈나츠느이)
목 쉰소리; 숨을 헐떡이는 소리	**хрип** (흐립)
목쉰소리를 내다, 쉰 목소리를 내다.	**хрипеть** (흐리뻬찌)
목(구멍), 인후(咽喉); 숨통, 기관(windpipe)	**горло** (고를로)

목, 목구멍, 인후(咽喉)	**глотка** (글로뜨까)
목, 옷깃, 목덜미 살; 음표의 꼬리	**шея** (쉐야)
목걸이, 경식, 네크리스(necklace); 펜던트	**медальон, ожерелье** (메달온)(아줴렐예)
목격자, 입회자	**очевидец** (아체비제쯔)
목공(木工), 목수(木手)	**столяр** (스딸랴르)
목내이(木乃伊), 미라(mirra), 미이라, 머미(mummy)	**мумия** (무미야)
목도리, 머플러(muffler), 목수건	**кашне, шеегрейка** (까쉬네)(쉐예그레이까)
목동, 방목공, 양치기, 카우보이	**пастух** (빠쓰뚜흐)
목련화(꽃), 목란, 영춘화(迎春花), 두란(杜蘭)	**магнолия** (마그노리야)
목록, 도서카트, 서목, 색인	**каталог, реестр** (까딸로그),(레예쓰뜰)
목록, 표, 일람표, 명세서, 리스트	**лист, ведомость** (리쓰트) (붸다마쓰찌)
목마름, 갈증, 열망, 갈망, 욕심	**жажда** (좌즈다)
목말라하다, 갈망(열망)하다, 간절히 원하다	**жаждать** (좌즈다찌)
목사(牧師), 신부(神父)	**пастор** (빠쓰또르)
목사, 성직자들(목사.신부.·승려.랍비)	**духовенство** (두호붼쓰뜨붜)
목서초(木犀草), 회록색(灰綠色)	**резеда** (레졔다)
목소리, 말 등이 느릿느릿한, 서두르지 않는	**тягучий**

- 445 -

	(쩨구치이)
목소리, 소리, 음성(音聲)	**голос** (골로쓰)
목소리가 떨(리)다. 흔들리다; 너울[가물]거리다	**дрогнуть** (드로그누찌)
목소리로 내다, 말로 나타내다[표현하다]	**выразить(ся)** (브라지찌)(브라지쨔)
목수(木手), 목공(木工)	**плотник** (쁠로뜨닉)
목쉰 것, 목쉰 것, 목 쉰소리. 목소리가 쉬어 있음	**хрипота** (흐리뽀따)
목쉰; 쉰 목소리의; 허스키한, 귀에 거슬리는	**сиплый** (씨쁘르이)
목요일(木曜日), 목(木)	**четверг** (체트뻬르그)
목욕(沐浴), 해수욕(海水浴)	**купание** (꾸빠니예)
목욕시키다; (목욕물에) 잠그다(담그다) 씻다	**покупать** (빠꾸빠찌)
목욕용 해면, 모욕용 스펀지	**мочалка** (마찰까)
목욕탕, 욕실(浴室)	**ванная, баня** (완나야)(바냐)
목을 눌러서 죽이다, 교살하다	**задушить, душить** (자두쉬찌)(두쉬찌)
목을 졸라죽이다, 압박하여 혈행(血行)을 멈추게 하다	**удавить** (우다비찌)
목이 긴 덧신	**ботики** (보찌끼)
목이 메다, 목에 걸리다	**подавиться, давиться** (빠다비쨔)(다비쨔)
목이 쉬다, 목소리가 쉬다	**охрипнуть** (아흐립누찌)

목이 쉰, 목이 갈린, 쉰 목소리의, 귀에 거슬리는	**хриплый** (흐리쁠르이)
목이 짧은 양말	**носки** (나쓰끼)
목장(牧場), 방목지, 풀판	**пастбище, выгон** (빠쓰뜨비쉐) (븨곤)
목장(牧杖), 주교장(主敎杖), 장대,(가늘고 긴) 막대	**жезл** (줴즐)
목재, 재목, 재재목	**лесоматериалы, пиломатериалы** (레싸마쩨리알릐) (삘로마쩨리알릐)
목적 없는, 쓸데없는	**бесцельный** (베쓰쩰ㄹ느이)
목적 지향성, 목적이 있는	**целеустремлённость** (쩰레우쓰뜨레모욘노쓰찌)
목적(지), 행선지; 도착지[항], 의도	**назначение** (나즈나체니에)
목적으로 삼다 ~целью 목적을 추구하다	**задаваться** (자다와짜)
목적이 없는, 내용이 없는	**беспредметный** (볘쓰쁘레드몌뜨느이)
목제의 마름모 격자, 격자 울타리, 격자구조물	**шпалера** (쉬빨레라)
목초지의, 초지의, 초원의	**травопольный** (뜨라뵈뽈ㄹ느이)
목축(업)의, 축산의	**животноводческий** (쥐뵤뜨노볻체스끼이)
목축[축산]업자, 축산가(전문가), 목축업일꾼	**животновод** (쥐뵤뜨노볻)
목판화(木版畵), 낙화술(烙畵術), 인두그림	**пирогравюра** (삐로그라뷰라)
목판 얇은 널조각; (접골 치료용) 부목(副木)	**лубок** (루복)

- 447 -

목표(방향)를 바꾸다(고쳐 취하다),	**переориентиро-ваться** (뻬레아리엔찌로와쨔)
목표, 과녁, 표적, 타깃, 조준판	**цель** (쩰)
목화(면으)로 만든 담요	**байковый** (바이까브이)
목화(木花). 면화(棉花)	**хлопок** (흘로뽀크)
목화재배(업)	**хлопководство** (흘로쁘까바드쓰뜨붜)
몫, 할당(액), 분담액	**лимит** (리미뜨)
몫, 부분(部分), 배당(配當)	**доля** (돌랴)
몫으로 되다, 부담으로 지워지다	**падать** (빠다찌)
몰다,(근심을) 몰아내다. 쫓다	**сгонять** (즈고냐찌)
몰다, 쫓다; (짐승을) 몰아내다; 몰아치다	**изгнать, Вбить** (이즈그나찌) (프비찌)
몰두하다, 붙박히다	**окунаться** (아꾸나쨔)
몰라보게, 남모르게	**неузнаваемо** (네우즈나바예마)
몰라서 병벙해하는, 당황케 하는, 영문 모를	**недоумённый** (네다우 묜느이)
몰라서 어리벙벙 하는 것, 당황해 하는 것	**недоумение** (네다우메니예)
몰락, 붕괴, 와해, 쇠퇴, 쇠약, 퇴보, 타락	**упадок** (우빠도크)
몰레, 비밀리에, 숨어서	**скрытно** (스크릐뜨나)
몰래 가져가다, 빼앗아가다	**уносить**

	(우노씨찌)
몰래 꾸미다	**подстроить** (빳쓰뜨로이찌)
몰래(가만히) 넣다(놓다)	**подсунуть** (빳수누찌)
몰래 놓다	**подкладывать** (빠드클라드와찌)
몰래 다가가다(오다), 기어들다	**подбираться** (빳비라쨔)
몰래 다가가다, 도루하다, 몰래움직이다(나르다)	**подкрасться** (빠드크라쨔)
몰래 듣다, 엿듣다, 도청하다	**подслушивать** (빳쓸루쉬와찌)
몰래 따라다니다, 미행하다	**выследить** (븨쓸레디찌)
몰래 보내다, 은밀히 파견하다	**подослать** (빠다쓸라찌)
몰래(슬그머니) 들어가다(오다)	**пробраться** (쁘라브라쨔)
몰래, 가만히, 비밀리에; 극비	**секретно** (쎄크레뜨나)
몰래~가다(오다), 가만히 ~가다(오다),	**прокрадываться** (쁘라크라드와쨔)
몰래 움직이다(들어가다.나오다), 잠입하다	**прокрадываться** (쁘라크라드와쨔)
몰려들다, 군집하다	**набежать** (나베좌찌)
몰수, 압수 징발, 제거, 제외	**изъятие** (이지야찌예)
몰수하다, 압수하다	**конфисковать** (깐피스까와찌)
몰수하다, 징발하다, 멀게 하다, 소원케 하다	**отчуждать** (앗추즈다찌)

몰아 옮기는 것	**перегонка** (뻬레곤까)
몰아[밀어]넣다; 처서박다; 차를 몰고 들어가다	**вкрутить** (프크루찌찌)
몰아가다, 몰아치다	**нести** (네쓰찌)
몰아넣다; (바람이 눈 따위를) 불어 쌓이게 하다	**заехать** (자에하찌)
몰아들이다, 몰아붙이다, (한곳에) 많이 모이다	**нагонять** (나가냐찌)
몰아오다(가다)	**пригонять** (쁘리가냐찌)
몰이, 몰이사냥; 몰이꾼, 몰아서 한데 모은 가축	**облава** (아블라와)
몰이해, 이해하지 못하는 것	**непонимание** (네빠니마니예)
몰인정, 무자비, 냉혹, 잔인함, 무자비함	**жестокосердие** (줴쓰또까세르지예)
몰취미, 저속한 취미	**безвкусица** (볘즈브꾸씨짜)
몸, 몸뚱이, 신체, 육체; голое ~ 나체	**тело** (쩰로)
몸가짐, 자세, 포즈, 꾸민 태도, 겉치레	**поза, выправка** (뽀자) (븨쁘라브까)
몸가짐, 품행, 행동, 행실	**поведение** (빠볘졔니예)
몸값, 신가(身價), 화대(花代), 해웃값	**выкуп** (븨꾸쁘)
몸값[배상금]을 치르고 되찾다(석방하다)	**выкупать** (븨꾸빠찌)
몸값을 내고 해방하다; (신학) 속죄하다 (예수께서 십자가에 못박혀 죽음으로써 구원하다)	**выкупать** (븨꾸빠찌)

몸단장하다, 치우다, 정돈하다, 말끔하게 치우다	**прибирать** (쁘리비라찌)
몸뚱이, 몸통	**корпус** (꼬르뿌쓰)
몸맵시, 자태(姿態)	**осанка** (아싼까)
몸무게를 재다	**взвешиваться** (쓰볘쉬와짜)
몸부림치다, 꿈틀거리다(나아가다)	**извернуться** (이즈볘르누짜)
몸생김, 체격(體格)	**сложение** (슬라줴니예)
몸서리; приводить в ~ 몸서리치게 하다	**содрогание** (싸드로가니예)
몸서리치다	**содрогаться** (싸드로가짜)
몸소, 손수, 친히, 스스로 직접(直接)	**лично** (리츠나)
몸에 맞는지 옷을 입어보다	**измерить** (이즈메리찌)
몸에 문질러 바르다, 비벼서[문질러](~로) 하다	**натираться** (나찌 라짜)
몸을 감싸다, 몸에 두르다, 많이 입다	**кутаться** (꾸따짜)
몸을 굽히다; (~를) 숙이다(기울이다.구부리다)	**склонять** (스클로냐찌)
몸을 꼬다(뒤틀다)	**корчиться** (까르치짜)
몸을 꾸부리다[굽히다], 웅크리다	**горбиться, нагнуть** (가르비짜)(나그누찌)
몸을 녹이다	**обогреваться, обогреться** (아밥그레와짜)(아바그레짜)
몸을 닦다(훔치다)	**обтираться**

	(압찌라짜)
몸을 돌리다, (재빠르게) 빠져나가다	**изворачиваться** (이즈보라치와짜)
몸을 뒤로 젖히다	**откинуться** (아트끼누짜)
몸을 숨기다, 숨어들어가다	**затаиться** (자따이짜)
몸을 씻다, 목욕하다	**мыться** (믜짜)
몸을 움직이다; 조금 움직이다	**зашевелиться** (자쉐벨리짜)
몸을 웅그리다	**съёжиться** (스요쥐짜)
몸을 쭉 펴다, 차렷하다	**вытягиваться** (븨쪠기와짜)
몸이 재빠른, 경쾌한, 날랜, 재빠른, 민첩한, 날쌘	**ловкий** (로브끼이)
몸집, 체격(體格)	**телосложение** (쩰로쏠로줴니예)
몸집이 큰, 뚱뚱한	**дородный** (다로드늬이)
몸짓, 손짓, 얼굴의 표정, 동작, 제스처	**жест** (줴쓰트)
몸짓극, 무언극(無言劇), 팬터마임	**пантомима** (빤또미마)
몸통, 동체(同體)	**туловище** (뚤로비쉐)
몸통, 몸집, 체구: тонкий ~ 호리호리한 몸집	**стан** (스딴)
몹시 겁내다, 질겁하다	**перетрусить** (뻬레뜨루씨찌)
몹시 격분하다, 노발대발하다	**взрываться** (즈릐와짜)

몹시 기분나쁘게 하다, 더 쓰게 하다	**ожесточиться** (아줴쓰또치짜)
몹시 놀라게 하다, 아연실색케 하다	**сразить** (스라지찌)
몹시 놀라다, 겁나게 하다, 놀래다	**ужаснуть** (우좌쓰누찌)
몹시 놀라다, 공황을 일으키다	**перепугаться** (뻬레뿌가짜)
몹시(깜짝)놀란, 질겁한, 겁이 난; 무서워하는	**перепуганный** (뻬레뿌간느이)
몹시 더러워지다, 더럽혀지다, 얼룩이 묻다	**перепачкаться** (뻬레빠츠까짜)
몹시 더러워지다	**перемазаться** (뻬레마자짜)
몹시 더럽히다, ~에 얼룩을 묻히다	**перепачкать** (뻬레빠츠까찌)
몹시 더운, 찌는 듯한;	**палящий** (빨랴쉬이)
몹시 두렵게 하는 것 (까닭없는) 걱정거리	**жупел** (주뻴)
몹시 딱딱하게 되다, 결벽하다, 신경질적이다	**побрезговать** (빠브레즈가와찌)
몹시 때리다(패다)	**лупить** (루삐찌)
몹시 미워하다, 증오에 불타다	**возненавидеть** (바즈네나비제찌)
몹시 변해지다, 달라지다	**перевернуться** (뻬레볘르누짜)
몹시 불안케 하다, 흥분시키다	**переволновать** (뻬레볼노와찌)
몹시 불안하게 하다	**растревожить** (라쓰뜨레보쥐찌)

몹시 불안해하다(걱정하다)	**растревожиться** (라쓰뜨레보쥐짜)
몹시 비난하다; 매도(罵倒)하다	**взорвать** (프자르와찌)
몹시 빠른, 몹시 빠르게, 맹렬한, 맹렬하게	**щёлканье** (쑐까니에)
몹시 사랑하다(좋아하다)	**обожать** (아바좌찌)
몹시 살찌다(뚱뚱해지다, 몸이 나다)	**растолстеть** (라쓰똘쓰쩨찌)
몹시 서두른, 조잡한, 엉성한. ~ый взгляд 대충보기	**беглый** (볘글르이)
몹시 서둘러, 황급히, 덤비면서	**впопыхах** (프빠쁴하흐)
몹시 성나게 하다, 격분하게하다	**бесить** (볘씨찌)
몹시 성난, 격노한	**свирепый** (스비례쁘이)
몹시 성내게 하다, 노발대발케 하다	**разгневать** (라스그녜와찌)
몹시 소리가 큰, 우뢰와 같은	**громовой** (그라마보이)
몹시 쇠약케 하다, 약하게 하다	**расслаблять** (라쓸라블랴찌)
몹시 술을 마시다, 주정을 부리다, 술타령하다	**пьянствовать** (삐얀쓰뜨 붜와찌)
몹시 슬퍼하다	**убиваться** (우비와짜)
몹시 시달리다, 신음하다, 몹시 괴로워하다	**изнывать** (이즈늬와찌)
몹시 싸우다	**разодраться** (라조드라짜)
몹시 아프다	**резать**

	(례자찌)
몹시 약한, 허약한	**хрупкий** (흐루쁘끼이)
몹시 얼다, 오한이 나다	**продрогнуть** (쁘라드록누찌)
몹시 열중하는, 격정적인	**азартный** (아잘트느이)
몹시 작은, 아주 자그마한	**малюсенький** (말류쎈끼이)
몹시 존경하다, 몹시 숭배하다	**чтить** (츠찌찌)
몹시 좋아하는, 탐내는	**падкий** (빧끼이)
몹시 지치게 하다, 몹시 괴롭히다;	**уморить** (우마리찌)
몹시 피곤케 하다	**переутомить** (뻬레우또미찌)
몹시 피곤해지다, 기진맥진해지다	**надрываться** (나드릐와쨔)
몹시 해롭게, 파멸적으로	**пагубно** (빠굽나)
몹시 흥분(근심)하다, 몹시 불안해하다	**переволноваться** (뻬레볠노와쨔)
몹시 흥분시키다, 몹시 초조하게 하다	**перегреться** (뻬레그레쨔)
몹시 흥분하다, 불안해하다, 설레다	**разволноваться** (라스발노와쨔)
몹시, 굉장히, 기분 나쁘게	**жутко** (주뜨까)
몹시, 극도로; ~ жарко 몹시덥다	**ужасно** (우좌쓰나)
몹시, 대단히; перепугаться ~ 간이 콩알만 해지다	**насмерть** (나쓰메르찌)

몹시, 상당히; 썩, 잘	**изрядно** (이즈랴드나)
몹시, 심하게, 지나치게	**жёстко** (죠쓰뜨까)
몹시, 아주, 대단히	**сильно** (씰나)
몹시, 추운, 추위가 심한	**морозный** (마로즈느이)
몹시강하게, 큰소리로 빨리	**железка** (쉘레지까)
못 들어오게 하다, 배척하다, 제외[배제]하다	**исключить** (이쓰클류치찌)
못 따위를 쳐서 빼다, (때려) 뚫다, 치다	**пробить** (쁘라비찌)
못 머리가 큰	**широкошляпный** (쉬로까쉬래쁘느이)
못, 물집; 티눈; 군살	**мозоль** (마졸)
못, 핀, 고정 못	**палец** (빨레쯔)
못, 호수, 호(湖), 호해(湖海)	**озеро** (오제로)
못[징]을 박다, 못[핀]으로 고정하다	**заколачивать** (자깔라치와찌)
못[징]을 박다, 못[핀]으로 고정하다	**заколотить** (자깔로찌찌)
못다, 조직(편성)하다	**сколачивать** (스꼴라치와찌)
못다, 형성하다, 편성하다,	**формировать** (파르미로와찌)
못된 짓, 사기(詐欺), 속임	**шельмовство** (쉘마브쓰드뷔)
못미더운, 믿음성 없는	**ненадёжный**

	(네나죠느느이)
못박아 붙이다	**приколачивать** (쁘리꼴라치와찌)
못보고 빠뜨리다(놓치다), 간파하다	**просмотреть** (쁘라쓰모뜨레찌)
못뽑이, 방울집게	**клещи** (클레쉬)
못살게 굴다, 몹시 괴롭히다, 뒤볶다	**изводить** (이즈보지찌)
못살게 굴다, 자기 마음대로 막 다루다, 학대하다	**помыкать** (빠므까찌)
못쓰게 되다	**разрушаться** (라즈루샤짜)
못쓰게 되다, 고장나다	**повредиться** (빠브레지짜)
못쓰게 되다, 꿰지다, 끊어지다	**рваться** (르와짜)
못쓰게 되다, 헐다, 망그러지다	**разбиться** (라스비짜)
못쓰게 된, 파손된	**испорченный** (이쓰뽈첸느이)
못쓰게 된, 파손된	**разбитый** (라스비띄이)
못쓰게 만들다, 망치다 못쓰게 하다	**исковеркать, напортить** (이쓰까베르까찌) (나뽀르찌찌)
못쓰게 하다(만들다), 해치다, 망치다, 그르치다	**портить** (빠르찌찌)
못쓰게 하다, 망그뜨리다	**пакостить, трепать** (빠까쓰찌찌) (뜨레빠찌)
못에 관하여 머리가 큰	**широкошляпный** (쉬로까쉬래쁘느이)
못하게 하다	**удержать** (우제르좌찌)

몽골사람(들)	**монголы** (망골릐)
몽땅 도적질해가다, 훔치다	**разворовать** (라스뷔와찌)
몽롱한; 흐리멍텅한, 아득한, 몽몽(夢夢)한	**мутный** (무뜨늬이)
몽매주의(蒙昧主義)	**мракобесие** (므라까베씨에)
몽매한, 무식한	**неразвитой** (네라즈비또이)
몽매한, 우매한, в чём ~를 모르는	**невежественный** (네볘줴쓰뜨볜늬이)
몽환극	**феерия** (폐예리야)
묘(墓), 능묘(陵墓)	**мавзолей** (마브잘례이)
묘간 닻장, 키의 굴대 다이스를 무는 스패너	**шток** (쉬똑)
묘비의 비문, 묘비명, 고대 그리스의 묘비명	**эпиграф** (에삐그라프)
묘비문체의 작품	**эпитафия** (에삐따피야)
묘사(서술, 진술)하다	**описывать** (아삐씌와찌)
묘사, 그림, (문학) 형상	**изображение** (이조브라줴니예)
묘사, 기술, 서술, 표현, 진술서	**описание** (아삐싸니예)
묘사하다, 그리다, 형상하다, 나타내다,	**изображать** (이조브라좌찌)
묘사하다, 마음에 그리다, 상상하다.	**представлять** (쁘롇쓰땁랴찌)
묘사하다, 서술하다; 형상하다	**обрисовать обрисовывать**

	(аабрисса와찌)(아브리싸븨와찌)
묘사하다, 기술하다, 말하다, 말로 설명하다,	**описать** (아삐싸찌)
묘사하다, 제시하다, 보여주다	**представить** (쁘롄쓰따비찌)
묘사하다, 표현하다	**запечатлеть** (자뻬차뜰레찌)
묘석의, 비석의 ~ая надпись 비문, 묘문	**надгробный** (나드그롭느이)
묘지(墓地)	**кладбище** (클라드비쉐)
무가치, 무의미 идти ~ 수포로 돌아가다	**насмарку** (나쓰마르꾸)
무가치, 아무 것[아무 일]도 ~아님[하지 않음];	**ничего** (니체보)
무감동, 냉정, 평정	**невозмутимость** (네붜즈무찌모쓰찌)
무거운 것을 끌다, 당기다, 끌다; 끌어당기다,	**повлечь** (빠블레치)
무거운 짐, 짐	**бремя, тяжесть** (브례먀) (쩨줴쓰찌)
무거운, 경쾌하지 못한, (천이) 탁탁한	**тяжёлый** (쩨죨이)
무거운, 중량이 있는, 비중이 큰	**грузный** (그루즈느이)
무거운짐 등을 벗어던지다	**свалить** (스왈리찌)
무겁다, 힘들다, 어렵다, 무겁디무겁다;	**тяжело** (쩨쥀로)
무게, 무거운, 물건(物件)	**груз** (그루즈)
무게, 중량, сида ~и 인력, 중력	**тяжесть** (쩨줴쓰찌)

무게, 중량, 체중 웨이트(선수체중에 의한 등급)	**штанга** (쉬딴가)
무게, 중량, 체중	**гиря, вес** (기랴) (붸쓰)
무게가 균등하게 되다	**уравновешиваться** (우라브노붸쉬와짜)
무게가 나가는, 무게 있는	**веский** (붸쓰끼이)
무게가 나가다, 중량이 나가다, 비중이 높다	**весить** (붸씨찌)
무게가 나가다	**тянуть** (쨰누찌)
무게가 더 나가다	**перевешивать** (뻬레붸쉬와찌)
무게가 없는, 극히 가벼운. 아주 가벼운	**невесомый** (네베쏘므이)
무게를 균등하게하다	**уравновешивать** (우라브노붸쉬와찌)
무게를 달다, 달아서 나누다	**повесить, свешать[ся]** (빠붸씨찌) (스붸샤 찌(짜))
무게를 속여 팔다	**обвесить** (압붸씨찌)
무게를 재다, ~의 무게를 달다.	**завесить, вывесить** (자붸씨찌) (븨붸씨찌)
무게의, 중량의,	**весовой** (붸싸보이)
무게의 증가량	**привес** (쁘리베쓰)
무계획적 사업, 주먹구구식사업; 무규율적인 행동	**партизанщина** (빨띠잔쉬나)
무계획적인, 계획이 없는, 충동적인	**беспланoвый** (베쓰쁠라노브이)
무고 하다, 중상하다, 참소하다, 비밀	**ябедничать**

	(야베드니차찌)
무관(武官)	**атташе** (아따쉐)
무관심(無關心), 냉정(冷情), 냉담	**безразличие** (볘즈라즐리치예)
무관심성, 냉정(冷情), 냉담(冷淡)	**равнодушие** (라브노두씨예)
무관심하게 대하다	**отмахиваться, Отмахнуться** (앝마히와짜), (앝마히누쨔)
무관심하게, 냉담하게	**безразлично** (볘즈라즐리츠나)
무관심한, 냉담한, 차가운	**индифферентный** (인지폐롄뜨이)
무관심한, 냉정한, 냉담한	**равнодушный** (라브노두쓰느이)
무관심한, 냉정한, 둔한, 관심없는	**безразличный** (볘즈라즐리츠느이)
무관심한, 무표정한, 냉담한	**отсутствующий** (앗쑤뜨쓰뜨부유쉬이)
무관심한	**глухой** (글루호이)
무관에 대하여 문관. 일반관리	**штатский** (쉬따뜨쓰끼이)
무구(無垢), 청정, 순결. 결벽, 무죄, 순진,	**невинно** (네빈나)
무궁무진한, 한없는, 무진장한	**необъятный** (네아비야뜨느이)
무권리, 인권유린(人權蹂躪)	**бесправие** (볘쓰쁘라뷔예)
무권리한, 국민의 권리가 없는	**бесправный** (볘쓰쁘라브느이)
무궤도 전차(戰車)	**троллейбус** (뜨롤레이부쓰)

무근거하지 않게, 연고가	**недаром** (네다롬)
무근거한, 근거가 없는(적은); 부당한	**неосновательный** (네아쓰노와쩰느이)
무기 없는, 무장하지 않은, 적수공권의	**безоружный** (베조루즈느이)
무기(질); ~ое удобрение 무기질 비료	**неорганический** (네아르가니체쓰끼이)
무기(武器), 병기, 흉기;	**оружие, ядерный** (아루쥐예)(야제르느이)
무기고(武器庫), 병기고	**арсенал** (아르쎄날)
무기류; 무기 제조, 군비 개발; 조병학(造兵學)	**оружие** (아루쥐예)
무기를 들다; 무장궐기하다; 개전(開戰)하다	**ополчиться** (아빨치쨔)
무기를 빼앗다, 무장해제하다	**обезоруживать** (아베조루쥐와찌)
무기명편지, 익명의 편지	**анонимка** (아나님까)
무기의 탄창	**магазин** (마가진)
무기의, 병기의	**оружейный** (아루쥐에이느이)
무기한, 무기(한)의	**бессрочный** (베쓰로츠느이)
무너뜨리다, 허물다	**рушить** (루쉬찌)
무너져 내려앉다, 꺼지다, 뚫어지다	**проломиться** (쁘랄로미쨔)
무너지다, 허물어지다, 파괴(붕괴)되다	**обваливаться** (압왈리와짜),
무너지다, 붕괴하다, 내려앉다	**обрушиваться обвалиться**

	(아브루쉬와짜) (옵와리쨔)
무너지다, 풍선(타이어)가 찌부러지다, 터지다	**провалиться** (쁘라왈리쨔)
무너지다, 터지다	**прорваться** (쁘라르와쨔)
무너지다, 허물어지다; 실패하다	**провалиться** (쁘라왈리쨔)
무너지다; 꺾이다; 물러나다; 비탄에 젖다	**подкашиваться** (빠드까쉬와쨔)
무는 것, 묾. 한번 깨묾, 한 입	**укус** (우꾸쓰)
무능(력), 무력(無力)	**неспособность** (네쓰빠쏩노쓰찌)
무능(력)한무능[무력]한, 쓸모없는.	**неспособный** (네쓰빠쏩느이)
무능; 둔재(鈍才), 무능한 사람	**бездарность** (볘즈다르노쓰지)
무능력, 심신 상실; 책임능력 없는	**невменяемость** (네브몐야예모쓰찌)
무능력의, 무자격의; 권한(권능)없는	**неправомочный** (네쁘라붜모츠느이)
무능력한 못하게 하는, 부적당한	**нетрудоспособный** (네뜨루도쓰 뽀쏩느이)
무능력한, 행동력이 없는	**недееспособный** (네제예쓰뽀쏘브느이)
무늬있는, 줄무늬 있는. 정맥이 드러나 보이는	**узорчатый** (우조르차뜨이)
무늬, 문양(紋樣), 장식(裝飾)	**орнамент** (아르나몐트)
무늬, 문체, 디자인, 트레이서리	**узор, рисунок** (우조르) (리쑤노크)
무단정치 ~ оружием 무력으로 위협하다,	**бря-цать** (브랴짜지)

- 463 -

무단결근(결석)	**прогул** (쁘라굴)
무단결근(결석)자	**прогульщик** (쁘라굴쉬크)
무단으로. ~ая квартира 음모의 집	**явочный** (야보츠느이)
무당벌레 божья ~ 무당벌레	**коровка** (까롭까)
무대 뒤 분장실에서; 무대의 뒤쪽으로	**закулисный** (자꿀리쓰느이)
무대 앞, 무대 전면	**авансцена** (아완쓰쩬나)
무대(舞臺), 활동무대.	**арена** (아레나)
무대, 단, 스테이지(stage);	**сцена** (스쩨나)
무대(영화)의 연출가, 감독(監督)	**режиссёр** (레쥐쑈르)
무대도구, 소도구	**реквизит** (레끄비지트)
무대미술가	**декоратор** (제까라똘)
무대의, 단(壇); ~ое искусство 무대예술	**сценический** (스쩨니체쓰끼이)
무대장치, 무대미술(세팅)	**куча** (꾸차)
무더운 훈기에 의한, 탄불에 의한	**жаровой** (좌로보이)
무더운, 숨쉬기 답답한	**душный** (두쉬느이)
무더위, 더위, 폭염, 폭서, 혹서	**пекло** (뻬끌로)
무덤, 뫼, 묘(墓); 묘표(墓標), 묘비	**гробница**

	(그로브니짜)
무덤, 묘(墓), 뫼, 산소, 묘지; братская ~a 공동묘지	**могила** (마기라)
무덤, 분묘, 고분, 뫼, 봉분	**курган** (꾸르간)
무덤의, 묘의, 산소의, 묘지로	**могильный** (마길느이)
무덥다, 후덥지근하다	**душно** (두쉬나)
무도(舞蹈)병, 중풍(中風)	**хорея** (하례야)
무도회(舞蹈會)	**бал** (발)
무두질하다. ~ кожу 가죽을 다루다	**дубить** (두비찌)
무두질한 가죽, 곰보가죽, 제본용 모조가죽	**. шагрень** (샤그렌니)
무두질한, 정제한 모피	**шубнина** (슈브니나)
무디게 하다	**затупить** (자뚜삐찌)
무디다; 둔해지다	**притупить[ся]** (쁘리뚜삐찌)
무디어지다, 무디다	**затупиться** (자뚜삐쨔)
무딘 것 둔한 것	**тупость** (뚜뽀쓰찌)
무딘, 뭉툭한; ~ой нож 무딘 칼	**тупой** (뚜뽀이)
무뚝뚝한 말하다, 퉁명스럽게 말하다	**отпечатать** (앗뻬차따찌)
무뚝뚝한, 데면스러운, 버릇없는	**нетактичный** (네따끄찌츠느이)

무럭무럭, 뭉실뭉실	**клубами** (클루바미)
무력의 штык ~ удар 무력으로 밀어내다	**штыковой** (쉬띄까보이)
무력하게 하다, 힘이 빠지게 하다	**обессиливать** (아베쓰씰리와찌)
무력하게 하다	**обескровить** (아베쓰크로뷔찌)
무력한, 능력없는, 속수무책한	**беспомощный** (베쓰뽀모시느이)
무력해지다, 연약해지다, 박약해지다	**ослабнуть** (아쓸라브누찌)
무례하게 굴다, 추태를 부리다	**безобразничать** (베조브라즈니차찌)
무례하게, 예절 없이	**невежливо** (네베즈리붜)
무례한 (불손한) 말을 하다, 샘통(심술)을 부리다	**дерзить** (제르지찌)
무례한 말, 상스러운 말	**грубость** (그루보쓰찌)
무례한 짓, 버릇없는 행동	**грубость** (그루보쓰찌)
무례한 짓을 하다, 난폭한 행동을 하다	**бесчинствовать** (베쓰친쓰트붜와찌)
무례한, 건방진	**нескромный** (네쓰크롬느이)
무례함, 화가 나게함; 모욕적임	**обидно** (압비드나)
무례한, 화가 나는; 모욕적인	**обидный** (압비드느이)
무료로, 무상으로, 거저, 공짜	**бесплатно** (베쓰쁠라뜨나)
무료의, 공짜의, 무상의	**даровой, бесплатный**

	(다로보이) (베쓰쁠라 뜨느이)
무르게, 연하게, 부드럽게, 상냥하게, 사분사분하게	**мягко** (먀흐까)
무르익다, 여물다; ~ кровью 핏발이 서다	**наливаться** (날리와쨔)
무르익다, 흠뻑 익다, 성숙하다	**дозревать** (다즈레와찌)
무릎, 무릎관절; вставать на ~и 무릎을 꿇다	**колено** (깔렌나)
무릎을 굽히고 앉다	**присесть** (쁘리쎄쓰찌)
무릎을 굽히는 것	**приседание** (쁘리쎄다니예)
무릎을 굽히다(굽혔다 폈다하다)	**приседать** (쁘리쎄다찌)
무릎의, 무릎관절 ~ сустав 무릎마디(관절)	**коленный** (깔렌느이)
무리, 떼, 패거리, 도당	**ватага стая** (와따가) (스따야)
무리가 아니다, 당연한일이다	**немудрёный** (네무드료느이)
무리한, 벅찬; ~ая борьба 벅찬 투쟁	**напряжённый** (나쁘랴죤느이)
무리한, 사리에 맞지 않는, 황당한, 엉뚱한	**несообразный** (네쏘아브라즈느이)
무명의, 면포의, 면직의(綿織)	**бумажный** (부마지느이)
무모한 것, 무분별, 경솔성, 무모한 행동(짓)	**безрассудство** (베즈라쑤드쓰뜨붜)
무모한, 분별없는, 무분별한, 경솔한	**безрассудный** (베즈라쑤드느이)
무미건조한	**серый** (쎄릐이)

무미한 것, 내용이 빈약한 것	**серость** (쎄로쓰찌)
무법천지(無法天地), 불법행위(不法行爲)	**беззаконие** (볘자꼬니예)
무보수, 무상급료 무급, 무상, 무댓가,	**недаром** (녜다롬)
무분별한, 분별없는, 무모한, 머리없는	**неблагоразумный** (네브라고라줌느이)
무사(武事), 편안(便安), 안녕	**благополучие** (블라가뽈루치예)
무사고의, 사고가 없는, 안전하게	**безаварийный** (볘즈아와리이느이)
무사마귀	**бородавка** (바라다브까)
무사분주한 것	**суета** (수예따)
무사상성(無思想性)	**безыдейность** (볘즈제이노쓰찌)
무사상적인; 관념이 없는 것	**безыдейный** (볘즤제이느이)
무사태평, 근심하지 않는 것	**беззаботность** (볘즈자보뜨노쓰찌)
무사태평한, 시름없는 안일한	**беззаботный** (볘즈자보뜨느이)
무사한, 편안한, 순조로운	**благополучный** (블라가볼루치느이)
무사히 남다, 온전히 남다, 살아나다	**уцелеть** (우쩰레지)
무사히, 안녕히 편안히	**благополучно, счастливо** (블라가뽈루치나) (스차쓰쁠리붜)
무산계급(無産階級), 계급 없는	**бесклассовый** (볘쓰클라싸브이)
무상(無常), 무료, 공짜, 거저	**безвозмездный**

	(볘즈뷔즈몌즈드느이)
무상으로, 무료로	**безвозмездно** (볘즈뷔즈몌즈드나)
무색해지다, 창백해지다	**бледнеть** (블례드녜찌)
무생물이 원래대로 남다(존속하다)	**дожить** (다쥐찌)
무서운	**ужасный** (우좌쓰느이)
무서운, 가공할, 소름끼치는, 무시무시해 기분 나쁜	**жуткий** (주뜨끼이)
무서운, 굉장한	**жутко** (주뜨까)
무서운, 무시무시한	**страшный, ужасающий** (스뜨라쓰느이) (우좌싸유쉬이)
무서운, 어마어마한	**чудовищный** (추도뷔쉬느이)
무서움등으로 숨을 죽이다, 멈추다, 아찔해하다	**замирать** (자미라찌)
무서움, 공포	**ужас** (우좌쓰)
무서움, 공포심, 두려움, 근심 걱정	**боязнь** (보야진)
무서움을 모르는 것, 대담성, 겁이 없는	**бесстрашие** (볘쓰뜨라쉬예)
무서움을 모르는, 두려움이 없는, 대담무쌍한	**бесстрашный** (볘쓰뜨라시느이)
무서워하게 하다, 겁나게 하다	**страшить** (스뜨라쉬찌)
무서워(두려워)하다, 겁나하다 겁내다	**струсить, трусить** (스뜨루씨찌) (뜨루씨찌)
무서워하다, 두려워하다, 저어하다	**бояться** (바야짜)

무선 검파기(檢波器)	**детектор** (데쩨크또르)
무선 수신기, 수상기, 수화기	**приёмник** (쁘리욤닉)
무선(전파) 항법(항행)	**радионавигация** (라지오나비가찌야)
무선(전파) 항법(항행)의	**радионавигационный** (라지오나비 가찌온느이)
무선등대(봉화대)	**радиомаяк** (라지오마야크)
무선송신기(無線送信機)	**радиопередатчик** (라지오뻬레다트칙)
무선의, 무선 전신[전화]의	**беспроволочный** (베쓰쁘로발라치느이)
무선전보; 라디오(를 통한) 전달	**радиограмма** (라지오그람마)
무선전신국; 무선 라디오 방송국	**радиостанция** (라지오쓰딴찌야)
무선통신; 무선연락	**радиосвязь** (라지오쓰뱨지)
무섭게, 무섭다	**страшно** (스뜨라쉬나)
무섭다; это ~! 끔찍하다!, 참 무서운 일이다!	**ужасно** (우좌쓰나)
무성[다옥]하게 나다, без ~ов 털어놓고	**обиняк** (압비냐크)
무성하다	**разрастаться** (라즈라쓰따쨔)
무성한, 빽빽한	**густой** (구쓰또이)
무성해지다, 빽빽해지다	**густеть** (구쓰쩨찌)
무성해지다, 우거져 무성하다	**зарастать**

	(자라쓰**따찌**)
무쇠; ~ горшок 무쇠단지	**чугунный** (추군느이)
무수(無水)의(화학·광물)	**безводный** (베즈보드느이)
무수물(無水物)(화학)	**ангидрид** (안기드리트)
무수한, 헤아릴 수 없는, 한량없는	**несчётный** (네쓰쵸뜨느이)
무수히많은, 헤아릴 수 없이 많은, 무진장한	**несметный** (네쓰메뜨느이)
무수히 많다	**пропасть** (쁘로빠쓰찌)
무승부(無勝負), 비김, 동점(同點), 타이스코어	**ничья** (니치야)
무승부의, 비긴, 승부 없는	**ничейный** (니체이느이)
무승부, 승부의 비김 сыграть ~ 비기다	**вничью** (브니치유)
무시, 등한; 경시, 등한시, 간과, 무관심, 방치	**забвение** (자브베니예)
무시무시한 느낌, 공포감, 기분 나쁨	**жуть** (주찌)
무시하다, 문제시하지 않다; 경시하다	**пройти,проходить** (쁘라이찌)(쁘라호지찌)
무시(홀시. 도외시)하다, 얕잡아보다	**игнорировать** (이그노리로와찌)
무시해도 좋은, 하찮은, 무가치한, 사소한	**невесомый** (네베쏘므이)
무식, 몽매, 맹목;	**невежество** (네베제쓰뜨뷔)
무식, 무지, 무지몽매	**темнота** (쩸나따)

무식쟁이 미련퉁이, 멍텅구리	**болван, неуч** (발완) (네우치)
무식쟁이, 무식꾼 в чём ~를 모르는 사람	**невежда** (네베즈다)
무식한, 몽매한; ~ые люди 몽매한 사람들	**тёмный** (똠느이)
무신론(無神論)	**атеизм** (아떼이즘)
무신론자, 신앙이 없는 사람, 불신앙자; 이교도	**атеист** (아떼이스트)
무신론자, 불신자, 종교를 믿지 않은 사람	**неверующий** (네베루야쉬이)
무신론자, 신을 믿지 않는 사람	**безбожник** (베즈보쥐닉)
무심결의, 무의식적인, 모르는 사이의, 본의 아닌	**невольный** (네볼느이)
무심하지 않은, 등한하지 않은	**неравнодушный** (네라브노두쉬느이)
무안(난처)해 하는 것	**смущение** (스무쉐니예)
무안(난처)해 하는. 어찌 할 바를 모르는	**смущённый** (스무숀느이)
무안(난처, 당황)해하다, 어찌 할 바를 모르다	**смутиться** (스무찌쨔)
무안하게 하다, 난처하게 하다	**смутить** (스무찌찌)
무언가, 아무 것도, 어떤 것도, 무엇이든[나],	**ни о чём** (니 오 춈)
무언가, 어떤 것(일)	**что-либо** (쉬또-리보)
무엇 때문에, ~로 인하여, ~한[의] 이유로, ~때문에	**из** (이즈)
무엇 중에서 하나, ~가운데	**из**

	(이즈)
무엇, 어떤 것[일]; 무슨(일), 얼마, 얼마나[쯤],	**каков** (까꼽)
무엇; ~ это? 이것이 무엇인가?	**что** (쉬또)
무엇로(으로)만든(구성된); из железа 철로 만든	**из** (이즈)
무엇에 걸어 부수다, 세분하다	**шредеровать** (쉬레데로와찌)
무엇에 구멍을[배출구를] 내다	**срывать** (스릐와찌)
무엇에 대[관]하여, ~경(에), ~(때)쯤. ~에 대하여(대한)	**про** (쁘로)
무엇에 대하여, ~에 대한	**к** (까)
무엇에 대한; победа ~ врагом 적에 대한 승리	**над** (낟)
무엇에 부딪히다; 우연히 ~이 발견되다	**ткнуть** (뜨크누찌)
무엇을 가득 걸다(달다)	**увешать, ~ивать** (우붸샤찌)
무엇을 가장하다, ~을 가장하다, (짐짓) ~체하다	**симулировать** (씨무리로와찌)
무엇을 가지러 (사람을) 보내다	**вызвать(ся)** (븨즈와찌) (븨즈뵈쨔)
무엇을 국외로 추하다 타국으로 이주하다	**экспатриировать** (엑쓰빠뜨리이로와찌)
무엇을 만드는 직공	**шаблонщик** (샤블론쉬크)
무엇을 면하다[벗어나다]; ~을 제거하다	**выжить** (븨쥐찌)
무엇을 어떤 위치에 놓다(두다), 안치(설치)하다	**расселять** (라쓰쎌랴찌)

- 473 -

무엇을 요구하다	**стоить** (스또이찌)
무엇을 위해[위한]; ~(에)게는	**про** (쁘로)
무엇을 위해, ~(에)게는, ~을 향하여, (열차가) ~행)의	**для, к** (들랴)(까)
무엇을 주장하다	**выступать, выступить** (븨쓰뚜빠찌), (븨쓰뚜삐찌)
무엇을 찾으려고 뛰어 돌아다니다, 헤매다,	**рыскать** (릐쓰까찌)
무엇을 통하여 밖으로; ~으로부터, ~에서	**изо** (이조)
무엇을 파헤치다, (샅샅이)뒤지다, 뒤져내다	**рыться** (릐쨔)
무엇을 하기 위하여, ~하도록, ~하게끔	**чтобы** (쉬또븨)
무엇을 하다 ~ из себя ~한 체하다	**корчить** (까르치찌)
무엇을 할만하다; ~т посмотреть 볼만하다	**стоить** (스또이찌)
무엇을하는 사람	**щелкунчик** (쉘꾼칙)
무엇의 시험을 보다, 시험을 치르다	**экзаменовать**, (에크자메노와찌)
무엇의 이면적[참] 이유를 조사하다	**заходить** (자호지찌)
무엇이 ~에 닿다, 접촉하다	**наощупь** (나오수삐)
무엇이 ~에 닿다, 접촉하다 ~을 만지다	**коснуться** (까쓰누쨔)
무엇이 ~에 닿다, 접촉하다	**прикоснуться** (쁘리꼬쓰누쨔)
무엇이 좋아지다, ~을 따르다, ~에 적응하다	**отнести[сь]**

	(아트녜쓰찌)
무엇이나 먹는, 잡식성의, 무차별의	**всеядный** (프쎄야드느이)
무엇이나, 무엇이든지, 아무것이나	**что-нибудь** (쉬또-니부지)
무엇이라고? 뭘? 그래? 정말?	**что** (쉬또)
무엇이라기 보다는	**шабаш, пошабашить** (샤바스)(뽀샤바시찌)
무엇인가, 그 무엇, 무엇인지	**что-то** (쉬또-따)
무엇인가에 대해서많은 말을 한다	**шуметь** (슈메찌)
무엇하여야 한다, ~하지 않으면 안된다	**должен** (돌젠)
무엇한 듯이 느껴지다	**чудиться** (추지짜)
무역대표, 무역대표부, 수석대표	**торгпред** (따르그쁘레드)
무역대표부 (торговое представительство)	**торгпредство** (따르그쁘레드쓰뜨보)
무역풍(貿易風)	**пассат** (빠쌋트)
무연탄(無煙炭)	**антрацит** (안트라찔)
무연한 공간; 자유(自由), 자유로움	**простор** (쁘라쓰똘)
무연한, 망망한; ~ океан 망망한 대양	**необозримый** (네아바즈리 므이)
무용물·유해물 등을 치우다, 제거하다	**продёргивать** (쁘라졸기와찌)
무용연출가, 안무가; 무용가(교사)	**хореограф** (하레오그라프)

무용의 이름 (폭스 트롯을 닮은)	**шимми** (쉼미)
무용의; (무용·발레의) 안무(법)의	**хореографи-ческий** (하레오그라피체쓰끼이)
무용술; 무용연출, 안무기술법	**хорео-графия** (하레오그라피야)
무위도식(無爲徒食)	**безделье** (베즈젤예)
무위도식하다, 놀고먹다, 빈둥거리다	**бездельничать** (베즈젤니차찌)
무의미한 것, 엉터리, 시시한 것	**ерунда, бессмыслица** (예룬다) (베스믜쓸리짜)
무의미한, 부조리한; 엉터리없는, 시시한	**ерундовский** (예룬도브쓰끼이)
무의미한, 엉터리없는, 어리석은	**бессмысленный** (베쓰믜쓸렌느이)
무의미한, 조리(터무니)가 없는	**несуразный** (네쑤라즈느이)
무의미한	**тупой** (뚜뽀이)
무의식, 자각성이 부족한 것	**несознательность** (네쏘즈나젤노쓰찌)
무의식적으로, 뜻하지 않게	**непроизвольно** (네쁘라이즈볼나)
무의식적으로, 본의 아니게, 부지중	**невольно** (네볼나)
무의식적인, 본의 아닌, 의식을 잃은	**бессознательный** (베쏘즈나젤느이)
무의식적인, 본의 아닌	**непроизвольный безотчетный** (네쁘라이즈볼느이) (베조뜨쵸뜨느이)
무의식적인, 자각성이 없는(부족한)	**несознательный** (네쏘즈나젤느이)

- 476 -

무의식적인, 잠재적(潛在的), 잠재의식적	**машинальный** (마쉬날느이)
무이자의, 이자 없는	**беспроцентный** (베쓰쁘라쩬뜨느이)
무익한, 실없는	**праздный** (쁘라즈드느이)
무인칭의(언어)	**безличный** (베즐리치느이)
무임승객, 표가 없는 승객(乘客)	**безбилетник** (베즈빌례트닉)
무자맥질, 자맥질, 잠수, 잠영	**ныряние** (늬랴니예)
무자맥질하다, 물속에(뛰어) 들어가다	**нырнуть, нырять** (늬르누찌)(늬르랴찌)
무자비하게, 무참하게, 사정없이	**безжалостно** (베즈좔로쓰트나)
무자비한, 가혹한, 사정없는, 용서없는	**беспощадный** (베쓰뽀샤드느이)
무자비한, 무참한, 사정없는	**безжалостный** (베즈좔로쓰트느이)
무장, 군비, 무기, 장비, 병기, 군장	**вооружение** (바아루줴니에)
무장경비대, 호위병, 초병(哨兵)	**стража** (스뜨라좌)
무장되다, 무장을 갖추다, 장치하다	**вооружаться** (바아루좌쨔)
무장시키는 것, 무장하는 것	**вооружение** (바아루줴니에)
무장시키다, 장비하다	**вооружать** (바아루좌찌)
무장을 해제하다; 군비를 축소[철폐]하다	**разоружить[ся]** (라자루쥐찌)
무장의, 무력의, 무장한, 장비된	**вооружённый**

	(바아루존느이)
무장하여 전쟁에 일떠서다	**ополчаться** (아빨차쨔)
무장하지 않은, 무기를 가지지 않은	**невооружённый** (네바아루 존느이)
무적의, 비길 데 없는. 유례없는	**непревзойдённый** (네쁘레브조이존느이)
무정(無情), 비정(非情), 박정, 야박	**бездушие** (베즈두쉬예)
무정부주의자	**анархист** (아나르히쓰트)
무정한, 무심한, 인정이 없는 냉혹한	**каменный, бездушный** (까멘느이) (베즈두쉬느이)
무정형	**аморфный** (아모르프느이)
무조건 하고, 무조건적으로, 꼭, 물론,	**безусловно** (베주쓸로브나)
무조건적으로, 무조건하고, 절대적	**безоговорочно** (베조가보로치나)
무조건적인, 절대적인,	**безусловный** (베주쓸로브느이)
무족도마뱀	**желтопузик** (젤또뿌지크)
무죄로 인정(선고)하다	**оправдывать** (아쁘라브드와찌)
무죄로 인증하는, 진실을 증명하는	**оправдательный** (아쁘라브다쩰느이)
무죄판결	**оправдание** (아쁘라브다니예)
무중력, 중력이 없음	**невесомость** (네베쏘모쓰찌)
무지, 무식; по ~ю *чего* ~를 몰라서	**незнание** (네즈나니예)

무지개(rainbow), 천궁(天弓), 홍예(虹霓),	**радуга** (라두가)
무지개문, 홍예문, 공문, 녹문	**арка** (아르까)
무지개의, 무지개 빛깔의, 7색의; 가지각색의	**радужный** (라두즈늬이)
무지막지한 폭군, 전횡자, 독재자	**самодур** (싸모두르)
무지막지한 폭군행세, 전횡, 방종	**самодурство** (싸모두르쓰뜨붜)
무지한, 무학의, 무식한 в чём ~을 잘 모르는	**несведущий** (네쓰붸두쉬이)
무지한, 문맹의; (언어·문학 등의) 교양이 없는	**неграмотный** (네그라모뜨느이)
무진장한, 무궁무진한, 다함없는	**неиссякаемый** (네이쓸싸까예므이)
무진장한, 무궁무진한, 다함없는	**неисчерпаемый** (네이쓰체르빠예므이)
무질서, 질서문란, 난잡	**непорядок** (네빠랴도크)
무질서, 혼란, 뒤범벅, 난잡	**беспорядок неурядица** (베쓰뽀랴독) (네우랴지짜)
무질서하게, 너저분하게, 질서 없이	**беспорядочно** (베쓰뽀랴도츠나)
무질서한, 난잡한; 난폭한, 무법의	**недисциплинированный** (네지쓰찌블리니로완느이)
무질서한, 혼란된, 질서가없음	**беспорядочный** (베쓰뽀랴도츠느이)
무책임성, 책임 없는	**безответственность** (베조뜨붸쓰트붼느이)
무책임한, 책임을 지지 않은	**безответственный** (베조 뜨붸쓰트붼느이)
무척, 대단히	**безумно**

	(볘줌나)
무턱대고, 함부로, 무모하게, 되는 대로	**тяп-ляп**: (쨔쁠-랴쁘)
무통성(無痛性)의, 진통의	**болеутоляющий** (볼례우똘랴유쉬이)
무표정, 무감각	**тупость** (뚜뽀쓰찌)
무표정한	**тупой** (뚜뽀이)
무풍대의	**штилевой** (쉬찔레보이)
무한궤도(차), 캐터 필러	**гусеница** (구쎄니짜)
무한한, 끝이 없는, 망망한	**безграничный** (베즈그라니치느이)
무한한, 무기한한, 무제한한	**неограниченный** (네아그라니첸느이)
무한한, 한없는, 끝없는	**беспредельный** (볘쓰쁘레델리느이)
무한히, 한량없이, 그지없이	**безмерно** (볘즈메르나)
무해하게 하다, 해롭지않게 하다	**обезвредить,обезвреживать** (아베스브레지찌),(아베스브레지와찌)
무해한, 독 없는. 화나게 할 의도가 없는	**невинный** (네빈느이)
무해한, 무체한	**неопасный** (네아빠쓰느이)
무화과, 무화과나무	**инжир** (인쥐르)
묵고, 묵상, 묵사(默思), 묵념(默念);	**задумчиво** (자두므치붜)
묵과(방임, 융화)하다	**попустительствовать** (빠뿌쓰띠쩰스뜨보와찌)

묵과, 방임, 융화	**попустительство** (빠뿌쓰띠젤스뜨붜)
묵과, 지나친 관대	**поблажка** (빠블라즈까)
묵다, 숙박하다	**ночевать** (나체와찌)
묵살하다	**замалчивать** (자말치와찌)
묵상에 잠긴 생각에 잠긴	**задумчивый** (자두므치브이)
묵이는 밭, 휴경지, 윤작(휴전)농법	**пар** (빠르)
묵직하다, 목직하다; 묵지룩하다,	**тяжеловатый** (쨔첼로와뜨이)
묵직한 촛대	**шандал** (샨달)
묶다, 동이다, 붙들어 매다	**застёгивать** (자쓰쬬기와찌)
묶다, 동이다, 붙들어 매다, 잇다	**привязывать** (쁘리뱌즤와찌)
묶다, 붙이다, 달다; 바르다	**прикрепляться, скрепить** (쁘리끄레쁠랴쨔) (스크레삐찌)
묶다, 포박하다, 한데 동여매다, 묶다, 맺게하다	**связывать** (스뱌즈와찌)
묶다, 매다, 결박하다	**обязать, вязать** (아뱌자찌) (뵈야자찌)
묶음, (한)봉지, 뭉치 단, 아름,	**пачка пук** (빠츠까) (뿌크)
묶음, 다발; 단, 사리, 꾸러미, 속(束)	**пучок, связка** (뿌초크)(스뱌즈까)
묶음, 한 묶음, 한 다발,	**пакет** (빠껫트)
묶음줄; 밧줄, 끈, 쇔, 잠금	**крепление**

	(크례쁠례니예)
묶음경기, 다종경기	**многоборье** (므나가보리에)
묶음표(—標) (){} 〔〕 []. 괄호	**скобка** (스꼬브까)
문 등이 활짝 열리다, 개방되다	**раствориться** (라쓰뜨뵈리쨔)
문(방문, 문짝)의; (출)입구의, 문간의, 현관의	**дверной** (드볘르노이)
문; (출)입구, 문간, 현관	**дверь** (드볘리)
문건(文件), 서류(書類)	**дело** (젤로)
문건, 문서, 문헌, 서류, 서면(書面)	**документ, бумага** (다꾸몐트) (부마가)
문건, 서류뭉치, 문서들	**документация** (도꾸몐따찌야)
문건의 서문	**преамбула** (쁘례암부라)
문관의, (군에) 민간의, 일반인, 민간인	**штатский** (쉬따뜨쓰끼이)
문답(問答), 대화(對話)	**диалог** (지아로그)
문답놀이, 퀴즈게임	**викторина** (븩따리나)
문둥병, 나병, 레프라(lepra), 한센병(Hansen病)	**проказа** (쁘라까자)
문둥이의, 나병의, 나병에 걸린	**прокажённый** (쁘라까죤느이)
문득 떠오르다(생각, 감정 따위가)	**блеснуть** (블례쓰누찌)
문뜩 생각나다; вовремя ~ 제때에 생각나다	**спохватиться** (스빠흐와찌쨔)

문맥(文脈)	**контекст** (깐쩩쓰트)
문맹, 무지, 무식; ликвидация ~и 무맹퇴치	**неграмотность** (네그라모뜨노쓰찌)
문맹, 무지한	**неграмотный** (네그라모뜨느이)
문맹의, 무식한, 교육을 받지 못한	**безграмотный** (베즈그라모트느이)
문맹자(文盲者), 무식쟁이	**безграмотный** (베즈그라모트느이)
문맹자의, 무식자의	**неграмотный** (네그라모뜨느이)
문명(文明), 문화, 물질	**цивилизация** (찌빌리자찌야)
문명의, 문화의, 물질의	**цивилизованный** (찌빌리조완느이)
문법(文法), 문법론(책),	**грамматика** (그람마찌까)
문법에 맞지 않는, 비문법적인	**неграмотный** (네그라모뜨느이)
문법적인, 문법의	**грамматический** (그람마찌체쓰끼이)
문서 자료의 분류 정리, 문서화	**документация** (도꾸멘따찌야)
문서 작성, 편찬	**составление** (싸쓰따블레니예)
문서(전보·소포(小包)) 등의 배달인	**гонец** (곤녜쯔)
문서, 서류, 기록, 증거자료, 조서	**грамота** (그라마따)
문서배달원; 급사	**курьер** (꾸리옐)
문서의 소각; 화장	**кремация**

	(크레마찌야)
문설주, 설주, 선단	**петля** (뻬뜰랴)
문설주; 버팀기둥, (대문·현관따위의) 옆기둥	**косяк** (까쌰크)
문신, 먹침(-針); делать ~y 문신을 넣다	**татуировка** (따뚜이로브까)
문어, 꼴뚜기	**осьминог** (아시미녹)
문어, 대팔초어(大八梢魚), 팔초어(八梢魚),	**спрут** (스쁘루트)
문예작품집(文藝作品-)	**альманах** (알마나흐)
문예학	**литературоведение** (리쩨라뚜로베제니에)
문예학자, 문학연구자	**литературовед** (리쩨라뚜로베드)
문외한, 아마추어, 무식한(무지한) 사람,	**профан** (쁘라판)
문외한에게 개방적인, 공개적인 통속적인	**экзо-терический** (에크조쩨리체쓰끼이)
문을 두드리다	**стучаться** (스뚜차짜)
문을 탕[탁] 닫다.	**захлопывать(ся)** (자흘로쁴와찌)(쌰)
문의 걸쇠, 빗장	**щеколда** (쒝꼴다)
문의, 조회, 질문, 요구, 요망, 의뢰	**запрос** (자쁘로쓰)
문의; обращаться за ~ой 알아보다	**справка** (스쁘라브까)
문의의, 조회의, 질문의	**справочный** (스쁘라붜츠느이)

- 484 -

문자 그대로	**дословно** (다쏠로브나)
문자 그대로, 말 그대로의	**буквально** (부크왈나)
문자 그대로의	**буквальный** (부크왈느이)
문자(文字), 글자, 자체, 서체 문헌	**письмо, письмена** (삐시모) (삐시메나)
문자, 자(字); ~и препинания (언어) 구두점	**знак** (즈나크)
문자그대로의, 아주 정확한	**дословный** (다쏠로브느이)
문자로 쓴[된], 필기의. 글로, 서면으로, 필기로	**письменно** (삐시멘나)
문자의, 자모(子母)의	**буквенный** (부크붼느이)
문장(文章), 문(文), 글발, 월, 글월, 문채	**предложение** (쁘레들로제니예)
문장론	**синтаксис** (씬따크씨쓰)
문장론적인	**синтаксический** (씬따크씨체쓰끼이)
문장성분, (언어); ~ предложения 문장성분	**член** (츨렌)
문제, 의문; 의심, 연습 문제	**вопрос, проблема, задача** (바쁘로쓰)(쁘라블레마)(자다차)
문제집, 자습서	**задачник** (자다츠니크)
문지기의 швейцар의 여성형.	**швейцариха** (쉬붸이짜리하)
문지르는[긁는, 깎는] 도구	**шабров-щик** (샤브롭쉬크)

문지르다, 비비다, 닦다, 마찰하다	**втереть, растереть** (프쩨레찌)(라쓰쩨례찌)
문지르다, 비벼서 따뜻하게 하다	**натереть(ся)** (나쩨레찌)
문지르다; 닳(아빠지)게[모지라지게] 하다	**истрепать** (이쓰뜨레빠찌)
문질러(깎아서,닦아서) 반반하게 하다	**обдирать соскоблить** (압지라찌)(싸쓰꼬블리찌)
문질러 더럽히다, 흐리게 하다, 더럽히다	**измазать** (이즈마자찌)
문질러 스며들게 하다, 비벼 넣다, 문지르다	**втирать** (프찌라찌)
문질러 지우다, 비벼떼다, 스쳐 벗기다	**обтереть оттереть** (압쩨레찌)(앗쩨레찌)
문짝(두 쪽으로 된 문의 한쪽)	**створка** (스뜨보르까)
문체(文體), 글체	**стиль** (스찔)
문체, 글이 과장한, 분칠한	**напыщенный** (나쁴쉔느이)
문체가 세련되지 못한, 이해하기 어려운	**тяжеловесный** (째헬로볘쓰 느이)
문체나 말 등에서 지나치게 분식된	**цветистый** (쯔뷔찌쓰뜨이)
문체론(文體論)	**стилистика** (스찔리쓰찌까)
문체론적	**стилистический** (스찔리쓰찌체쓰끼이)
문턱, 문지방, 문간, 입구	**порог** (빠록)
문학작품에 있어 인종지학적인 요소(묘사)	**этнографизм** (에뜨노그라피즘)
문학(예술) 전형	**тип**

(짚)

문학(예술)의 대가, 거장	**корифей** (까리페이)
문학, 학예, 문예, 예술문학, 사예(詞藝)	**литера-тура** (리쩨라뚜라)
문학. 예술의 자연주의	**натурализм** (나뚜랄리즘)
문학기, 문필가, 문장가	**литератор** (리쩨라까르)
문학예술작품의 구성	**композиция** (깜뽀지찌야)
문학의 대구(법)	**параллелизм** (빠랄렐리즘)
문학의 운율; (음악) 박자	**размер** (라스몔르)
문헌학(文獻學), 참고서 목록	**библиография** (비블리오그라피야)
문헌학자(文獻學者)	**библиограф** (비블리오그라프)
문화, 구전 (서사) 문학	**словествовать** (슬로볘쓰뜨뷔와찌)
문화, 문명;	**культура** (꿀뚜라)
문화용품	**культтовары** (꿀뜨따와릐)
문화의	**культурно-бытовой** (꿀뚜르노-븨또보이)
문화의, 교양의 ~ая революция 문화혁명	**культурный** (꿀뚜르느이)
문화적으로 꾸리다	**благоустраивать** (블라가우쓰뜨라이와찌)
묻다, 메우다	**засыпать** (자씌샤찌)

- 487 -

묻다, 문의하다	**дознаться** (다즈나쨔)
묻다, 구하다, (신)청하다	**запросить** (자쁘로씨찌)
묻다, 물어보다; ~냐고 묻다	**спросить** (스쁘씨찌)
묻다, 질문(문의)하다, 추궁하다	**спрашивать справиться** (스쁘라 쉬와찌) (스쁘라비쨔)
묻다; (흙으로) 덮다, 파묻다	**зарывать зарыть(ся)** (자릐와찌) (자릐찌)
묻다,~을 철저하게 조사하다	**закопать** (자까빠찌)
묻다; 씌우다, 싸다. 덮다	**заснуть** (자쓰누찌)
묻다 하다; ~ в книгу 책읽기에 몰두하다	**уткнуться** (웃크누쨔)
묻어지다	**мазаться** (마자쨔)
묻혀있다, 안치되어있다	**покоиться** (빠꼬이쨔)
물 끓이는 큰 가마	**титан** (찌딴)
물 등에 잠겨있다	**мокнуть** (모크누찌)
물이 흘러나오다(흐르다), (흐르는 물에) 헹구다	**намыть** (나믜찌)
물 따위로 음식을 넘기다	**запивать** (자삐와찌)
물 빼기, 배수, 구수	**осушение** (아쑤쉐니예)
물 없는, 물기 없는	**безводный** (베즈보드느이)

- 488 -

물 운반하는 사람	**водовоз** (붜도보즈)
물 위로 떠오르다	**всплывать** (프쓰쁠리와찌)
물 치료법(治療法)	**водолечение** (바달레체니에)
물(물량, 수량)이 적은	**маловодный** (말라볻느이)
물(액체)로 온통 잠기게 하다, 침수하다;	**подкачать** (빠드까차찌)
물, 공기, 가스의 흐름; ~ воды 물줄기	**струя** (스뜨루야)
물, 미네랄워터	**вода** (바다)
물(바람으)로 떠내려 보내다, 날려 보내다	**уносить** (우노씨찌)
물(바람)이 휩쓸어 가다	**снести** (스네쓰찌)
물(시간)이 흘러가버리다, 지나가다	**утечь** (우쩨치)
물(흙탕)을 튀기다(철벅거리다.엎지르다)	**расплёскивать** (라쓰쁠료쓰끼와찌)
물가, 강변, (강, 바다의) 기슭	**берег** (볘례그)
물가에, 강기슭에, 강가에 바닷가에, 해안에	**береговой** (볘례가보이)
물가폭등, 인상, 폭등, 등귀	**вздорожание** (쓰다라좌니에)
물감, 칠감, 안료	**краситель** (크라씨쩰)
물감을 칠하다, 착색[채색]하다, 물들이다	**окрашивать** (아크라쉬와찌)
물개, 바닷개, 물개털가죽	**котик**

- 489 -

	(꼬찍)
물건 사이에 끼워서 압박하다, 아프게 하다	**щемить** (쒜미찌)
물건, 물품(物品), 사물(事物)	**вещь** (볘쉬)
물건을 너무 아끼는, 인색한, 부족한	**жадный** (좌드느이)
물결 모양으로 하다; ~에 웨이브를 하다	**завить(ся)** (자비찌)(쨔)
물결, 파도, 놀, 너울, 해도(海濤), 파랑(波浪)	**волна** (발나)
물결마루	**гребень** (그례볜니)
물결모양, 파도 같은	**волнистый** (발니쓰뜨이)
물결이 덮치다, 덮어씌우다	**захлестнуть** (자흘례쓰뜨누찌)
물결이 떠내려 보내다, 씻어 내리다, 휩쓸어가다	**смывать** (스믜와찌)
물결이 이는 것, 파동(波動)	**волнение** (발녜니에)
물결이 씻다, 씻어 무너뜨리다	**размывать** (라스므와찌)
물결표(~)	**тильда** (찔다)
물고기 떼, (물고기가) 강을 거슬러 오르는 것, 소하(溯河);	**косяк** (까쌰크)
물고기 золотая ~ 금붕어	**рыбка** (릐브까)
물고기, 수사화(水梭花), 고기; морская ~ 바다물고기	**рыба** (릐바)
물고기가 그물코에 걸리다	**ячеиться** (야체이쨔)

물고기가 잔뼈가 많은	**костлявый** (까쓰뜨랴브이)
물고기가공공장	**рыбокомбинат** (릐바꼼비나트)
물고기로 만든	**рыбный** (릐브느이)
물고기알; метать ~y 알을 쏠다(낳다)	**икра** (이끄라)
물고기에 관하여 그물코에 걸리다	**ячеиться** (야체이쨔)
물고기의 내장을 꺼내는 사람	**шкерщик** (쉬께르쉭)
물고기의 내장을 꺼내다	**шкерить** (쉬께리찌)
물고기의 통로	**рыбоход** (릐바호드)
물고기의, 어류의(에 관한)	**рыбий, рыбный** (릐비이) (릐브느이)
물고기의; 어부[어업]의; 어업에 종사하는	**рыбачий** (릐바치이)
물고기통조림	**рыбоконсервный** (릐바꼰쎄르브느이)
물기(습기)가 있다, 축축하다	**сыро** (씌라)
물기 없게 닦다, 씻다	**подтереть, подтирать** (빤쩨레찌), (빤찌라찌)
물기 있는, 습기 있는, 습기 찬, 축축한	**влажный** (블라즈느이)
물기(습기) 있는, 축축한	**сырой** (씌로이)
물기가 많은, 수분이 많은, 묽은	**водянистый** (뷔쟈니쓰뜨이)
물놀이 잔물결	**зыбь**

- 491 -

	(겨비)
물다, 깨물다, 쏘다	**кусать** (꾸싸찌)
물다, 무는 버릇이 있다	**кусаться** (꾸싸쨔)
물다, 물어뜯다	**закусывать, закусить, искусать** (자꾸쓰와찌), (자꾸씨찌),(이쓰꾸싸찌)
물어끓다	**щипать, щипнуть** (쒸빠찌) (쒸빠누찌)
물다, 물어뜯다, 잘라먹다	**отломать отломить** (알틀로마찌),(알틀로미찌)
물다, 쏘다, 찌르다	**есть** (예쓰찌)
물다, 지불(납부)하다	**уплатить, уплачивать** (우쁠라찌지) (우쁠라치와찌)
물다, 지불하다; *чем за что* 갚다, 앙갚음하다; 보답하다	**платить** (쁠라찌찌)
물다, 찌르다	**укусить** (우꾸씨찌)
물동이, 수반; 대야; 세면기[대]	**ванна** (완나)
물들이기, 염색, 색칠하기	**окраска** (아크라쓰까)
물들이는 집, 염색소, 염색직장	**красильня** (크라씰냐)
물들이다; 염색(착색)하다	**фабрить, выкрасить** (파브리찌) (븨크라시찌)
물들인, 색칠한, 착색한	**крашеный** (크라쉐늬이)
물들인, 염색하는, 색염하는, 채색된	**окрашенный** (아크라쉔늬이)
물래 훔쳐가다	**утащить** (우따쉬찌)

- 492 -

물러가!(명령형)	**проваливать** (쁘라왈리와찌)
물러서는 것, 양보하다	**отход** (앗호드)
물러서다, 물러가다, 갈라지다	**отходить, пасовать** (앗하디찌) (빠싸와찌)
물러서다, 물러나다, 퇴각(후퇴)하다	**отступать, отступить** (앗쓰뚜빠찌), (앗쓰뚜삐찌)
물레나물(물레나물과의 여러해살이풀)	**зверобой** (즈베로보이)
물레의 가락, 방추굴대, (기계의) 주축, 축(築)	**шпиндель** (쉬삔젤)
물렛가락, 방추(紡錘), 북(spindle)	**веретено** (붸레쪠나)
물려들다, 달려 모이다	**сбежаться** (즈베좌쨔)
물로 목이 막히다, 사례가 들다;	**захлебнуться, захлё-бываться** (자흘레브누쨔), (자흐료븨바쨔)
물론(이다), 틀림없이, 두말할 것도 없다	**конечно** (까녜츠나)
물론이다, 명백하다, 의심 할 바 없다	**бесспорно** (베쓰뽀르나)
물리게 하다, 물리게[넌덜 나게] 하다	**насыщаться** (나씌솨쨔)
물리요법의사, 물리치료사	**физиотерапевт** (피지오쩨라뻬프트)
물리의; ~ая химия 물리화학	**физический** (피지체쓰끼이)
물리쳐서 이김, 이기다	**бить** (비찌)
물리치다, 거절하다, 자기 죄과를 부인하다	**отпираться** (앗삐라쨔)

물리치다, 격퇴(방위하다) 맞받아치다	**отбивать(ся) отражать** (아트비와찌)(쨔) (앗라좌찌)
물리치다, 이기다; 이겨내다, 억제(극복)하다	**перебороть** (뻬레보로찌)
물리치다, 제치다; 멀리하다	**отстранять** (앗쓰라냐찌)
물리치료, 물리요법	**физиотерепия** (피지오쩨레삐야)
물리학; 물리적 현상(과정, 특성)	**физика** (피지까)
물리학자; 유물론자	**физик** (피지크)
물린(찔린) 자리	**укус** (우꾸쓰)
물림, 포만, 포식, 만끽, 많음, 과다	**отвал** (아트왈)
물막이의, 방수의, 방수용	**водонепроницаемый** (바다녜쁘로니짜에므이)
물막이천, 방수포(防水布)	**брезент** (브레젠트)
물미(마구리)를 달다(붙이다), ~에 구두를 신기다	**обувать** (압부와찌)
물방울 같은 것을 떨어뜨리다	**капать** (까빠찌)
물방울 무늬(의 직물)	**горошек** (가로쉐크)
물방울,(튀어오르는 물방울) 비말(飛沫)	**брызги** (브릐지기)
물범, 바다호랑이, 수표(水豹), 해표(海豹)	**тюлень** (쭐롄)
물보라치다, 물[흙탕]을 튀기다	**брызгать** (브르지가찌)
물부리	**мундштук**

	(문드쉬뚜크)
물빼기, 배수(draining), 배수 방법; 배수로; 하수로	**дренаж** (드레나즈)
물뿌리개, 물조리개	**лейка** (레이까)
물살이 빠른 강(시내, 개울)	**поток** (빠똑)
물새, 수금(水禽), 수조(水鳥)	**водоплавающий** (바다쁠라와유쉬이)
물샐틈없는, 주의 깊은, 경각성 있는	**неусыпный** (네우씌쁘느이)
물소, 들소, 버펄로	**буйвол** (부이볼)
물속에 잠그다 [가라앉히다]; 물에 담그다	**затопить** (자또삐찌)
물약, 석음 물약	**микстура** (미크쓰뚜라)
물어 뜯다; 물어 끓다	**кусаться** (꾸싸쨔)
물어뜯다(끓다), 잘라먹다	**откусить откусывать** (알꾸씨찌), (아트꾸 씌와찌)
물어뜯다; 물어 끓다, 물다	**клюнуть** (클류누찌)
물어보다, 알아보다	**осведомляться** (아쓰볘다믈랴쨔)
물어보아서 알다	**узнавать, узнать** (우즈나와찌) (우즈나찌)
물어죽이다	**загрызть** (자그릐즈찌)
물에 담근, 침을 담근	**мочёный** (마쵸느이)
물에 떠있는	**плавучий** (쁠라부치이)

- 495 -

물에 빠져 죽다, 투신자살하다	**топиться** (따삐쨔)
물에 빠지다, 가라앉다, 침몰하다; ~속에 파묻히다	**тонуть** (따누찌)
물에 일어(서)엋다	**намывать** (나믜와찌)
물에 잠기게 하다, 침식시키다	**затапливать** (자따쁠리와찌)
물에 젖다, 잠기다; 흠뻑 젖다 담그다	**вымачивать** (븨마치와찌)
물에 적시다, 배어들게 하다, 함빡 젖게 하다	**размачивать** (라스마치와지)
물에서 잠겼다 나오다, 잠깐 잠기다	**окунаться** (아꾸나쨔)
물웅덩이, 물탕	**лужа** (루좌)
물위에 헤어(물속에서 불쑥) 나오다(떠오르다)	**вынырнуть** (븨닐누찌)
물을 끼얹다(뿌리다.적시다.주다)	**обводнить обводнять** (압붜드니찌)(옵붜내찌)
물을 끼얹어(대강) 씻다, 물로 가시다	**ополаскивать** (아빨라쓰끼와찌)
물을 대는 것, 관개, 관수, 관주	**обводнение** (압붜네니예)
물을 대다(공급하다.급수하다)관개하다	**обводнить,обводнять** (압붜드니찌)(옵붜내찌)
물을 대다, 적시다, 관수하다	**поливать** (빨리와찌)
물을 대다; 관개(급수.공급)하다	**оросить орошать** (아라씨찌), (오로샤찌)
물을 댐, 관개(灌漑), 관수(灌水)	**орошение** (아라쉐니예)

물을 들이다, 염색하다	**подкрасить** (빠드크라씨찌)
물을 뜨다, 긷다, 길어내다	**зачерпнуть, зачёрпывать** (자체르쁘누찌),(자쵸르쁴바찌)
물을 막다, 둑을 쌓다	**запрудить** (자쁘루지찌)
물을 먹이다, 먹여주다	**поить** (빠이찌)
물을 뿌리다, 치다, 끼얹다; 흩(뿌리)다, 뿜다	**опрыскивать** (아쁘릐쓰끼와찌)
물을 없애다(말리다), 탈수하다	**обезвоживать** (아베스보쥐와찌)
물을 이용하여 물리 치료하는 병원(냉수마찰)	**водолечебница** (바달레체브니짜)
물을 타다, 묽게(희박하게.엷게) 하다	**развести** (라스베쓰찌)
물을 펌프로 푸다	**подкачивать** (빠드까치와찌)
물을 흐리다 (~을) 어둑하게 하다, 흐리게 하다	**мутить** (무찌찌)
물의, 수상의(水上)	**водный** (붜드느이)
물이 ~에 넘치게(잠기게) 하다 범람시키다	**заливной** (잘리브노이)
물이 ~에 넘치게 하다, ~에 침수하다	**затопить** (자또삐찌)
물이 가득 찬, 물이 많은	**полноводный** (빨노볻늬이)
물이 스며들 수 있는; 물이 배이는	**водопроницаемый** (바다쁘로니짜에므이)
물이 얕은, 수위가 낮은	**мелковидный** (멜꼬비드느이)
물이 허물어뜨리다	**прорвать**

	(쁘라르와찌)
물장구치다, (바람에) 흔들리다, 휘날리다	**полоскаться** (빨로쓰까짜)
물질 기술적인	**материально-технический** (마쩨리알리노-쩨흐니체쓰끼이)
물질(物質), 물체(物體)	**вещество** (붸쉐쓰드붜)
물질(物質), (원료 되는) 혼합물	**масса, субстанция** (마싸) (숩스딴찌야)
물질, 물체. 실체(實體), 본질(本質), 본체(本體)	**материя** (마쩨리야)
물질적 생활(物質的 生活), 제조건	**бытие** (븨찌예)
물질적으로	**материально** (마쩨리알리나)
물질적인, 물질의	**материальный** (마쩨리알리느이)
물집, 수포, 불에 데어 부푼 것	**пузырь** (뿌즤리)
물집(못)이 많은 잡힌	**мозолистый** (마졸리쓰뜨이)
물집, 수포(水疱)	**волдырь** (볼듸리)
물체: твёрдое(жидкое, газообразное) ~ 고체(액체, 기체)	**тело** (쩰로)
물터(짐승들의), 물 먹이는 곳	**водопо** (바다뽀이)
물통, 두레박	**бадья** (바지야)
물푸레나무, 목서(木犀), 수청목, 심목, 청피목	**ясень** (야쎈니)
물풀, 수초(水草)	**водоросль** (붜도로쓸)

물품(物品), 넝색, 배낭, 바랑	**вещевой** (붸쉐보이)
물품목록, 회계목록	**номенклатура** (나멘클라뚜라)
묽게 하다, 연하게 하다, 타다, 섞다	**разбавить** (라스바비찌)
묶음곡, 조곡(弔哭)	**сюита** (슈이따)
뭉게뭉게 피어오르다, 감돌아 오르다	**клубиться** (클루비쨔)
뭉근한 불로 끓이다, 스튜요리로 하다	**потушить, томить** (빠뚜쉬찌) (따미찌)
뭉근한 불로 끓인; 스튜로 한, 찐, 데친	**пареный** (빠레느이)
뭉뚱그려진 것, 일괄(거래), 꾸러미, 패키지	**комплекс** (꼼쁘렉쓰)
뭉쳐지다, 좁혀지다	**сомкнуться** (싸므크누찌쨔)
뭉치, 실꾸리	**клубок** (클루보크)
뭉치다, 단결(합심)하다, 결속되다	**сплачиваться** (스쁠라치와쨔)
뭍, 땅, 지상, 대륙, 육지	**берег** (볘례그)
뭐, 어, 그렇지(의문·놀람 등을 나타내거나, 동의를 구하는 소리)	**да** (다)
뭐무엇 할 수 있다; ~해도 좋다(되다)	**можно** (모쥐나)
뭔가 생각이 떠올랐을 때의 환성	**эврика** (에브리까)
미가서(Mi-cah)(Книга Пророка Михея, 7장)	**Михея** (미헤야)
미각(味覺); 취미, 기호(liking); 심미[감식]안.	**нёбо**

	(뉴보)
미감(美感)	**эстетизм** (에쓰떼찌즘)
미개척분야	**дебри** (졔브리)
미개한, 야만의	**дремучий** (드레무치이)
미국, 미합중국	**Соединённые Штаты Америки(США)** (싸예지뇬느 이예 쉬따띄 아몌리끼) (에스쉬아)
미궁(迷宮); 미로	**лабиринт** (라비린트)
미기호, 미세기호	**микроклимат** (미크로클리마트)
미끄러운, 미끈미끈한	**скользкий** (스깔즈끼이)
미끄러져 내려가다(떨어지다)	**соскальзывать** (싸쓰깔즤와찌)
미끄러져 내려앉다, 옆으로 움직이다	**съехать** (스예하찌)
미끄러져 들어가게 하다	**всунуть** (프쑤누찌)
미끄러져 떨어지다(빠져나가다)	**выскальзывать** (븨쓰깔릐즤와찌)
미끄러져 움직이다, 미끄러지다, 활주하다	**соскользнуть** (싸쓰꼴즈누찌)
미끄러져[몰래] 들어가다[나오다]	**выпасть** (븨빠쓰찌)
미끄러지는; 이동하는, 변화하는, 불확실한	**скользящий** (스깔쟈쉬이)
미끄러져 넘어지다, 발을 헛디디다, 곱드러지다	**набрасывать** (나브라씌와찌)
미끄러짐, 활주; 슬라이딩, 미끄럼지치기	**скольжение** (스깔줴니예)

미끄럼변, 셔트	**задвижка** (자드비즈까)
미끼, 낚시 밥, 고기밥	**приманка, наживка** (쁘리만까) (나지브까)
미남자 풍채 좋은, (얼굴이) 잘 생긴,	**красавец** (크라싸베쯔)
미납, 체납, 납부(지불)하지 않는 것	**неуплата** (네우쁠라따)
미납세, 미납금, 체납세	**недоимка** (네다임까)
미늘창, (17세기까지 쓰던) 창. 창끝	**пика** (삐까)
미달, 부족, 미만; ~ плана 계획미달	**невыполнение** (네븨뽈녜니예)
미달, 체 끝나지 못하는 것	**недовыполнение** (네다븨뽈녜니예)
미란(糜爛), 진무름, 부식, 침식	**эрозия** (에로지야)
미란성가스, 이프리트	**иприт** (이쁘리트)
미래, 앞날의(일)	**будущность** (부두쉬노쓰즈)
미래, 장래, 장차 미래에, 금후(는)	**вперёд** (프뻬료드)
미래에 있다, 예견되다	**предстоять** (쁘롇쓰또야찌)
미래파(未來派), 미래주의자	**футурист, футуризм** (풋우리스트) (풋우리즘)
미량(微量), 적은 분량	**микродоза** (미크로도자)
미량원소(微量元素)	**микроэлементы** (미크로에레몐뜨이)
미련퉁이, 머저리, 어리보기	**балбес**

- 501 -

	(발베스)
미련한, 어리석은	**ерундовский** (예룬도브쓰끼이)
미루는 것, 연기	**перенос** (뻬레노쓰)
미루다, 물리다, 연기하다. 지연하다[시키다]	**отлагательство** (알틀라가쩰쓰뜨붜)
미룰 수 없는, 불가분의 분리할 수 없는	**неотложный** (네아뜰로즈느이)
미리 결정하다, 미리해결하다	**предрешать** (쁘롄레샤찌)
미리 알아보다, 탐지하다, 타진하다	**зондировать** (존지로와찌)
미리 약속하다(정하다), 조건을 붙여두다	**оговаривать** (아가와리와찌)
미리 일러두는 조건, 보류조건	**оговорка** (아가보르까)
미리준비된, 예비적인, 사전의	**заблаговременный** (자블라가브레멘느이)
미리 확보하다, 얻어가지다	**заруча-ться** (자루차짜)
미리 확보하다, 예약하다	**бронировать** (브로니로와찌)
미리, 사전에	**предварительно, заранее, авансом** (쁘레드와리쩰나)(자라네예)(아완쌈)
미리, 앞당겨, 사전에, 전부터	**заблаговременно** (자블라가브레멘나)
미리, 앞서, 미리미리, 먼저, 앞당겨서	**заведомо** (자붸도마)
미리부터 느끼다, 예감하다	**предвкушать** (쁘레드브꾸샤찌)
미리하다, 먼저하다, 앞지르다	**предупредить** (쁘레두쁘레지찌)

미묘, 세부(細部), 섬세(纖細)	**тонкость** (딴꼬쓰찌)
미묘한, 포착하기 힘든, 난해한	**тонкий** (똔끼이)
미분(微分)	**дифферен-циал** (지프페렌찌알)
미분하다	**дифференцировать** (지프페렌찌로와찌)
미분학(微分學)	**дифференциал** (지프페렌찌알)
미불입, 채 물지 않은 것(미불금); 지불잔액	**недоплата** (네다쁠라따)
미사여구, 공담	**фраза** (프라자)
미사여구체, 화려하게 꾸민 문체, (말의)과식체	**эвфуизм** (에브푸이즘)
미생물(微生物), 세균(細菌)	**микроорганизм** (미크로오르가니즘)
미생물(微生物), 잔살이	**микроб** (미크로프)
미생물학(微生物學)	**микробиология** (미크로비오로기야)
미성년자	**несовершеннолетний** (네쏘뼬쉔노레뜨느이)
미세스, ~부인(夫人), 님, ~씨, ~여사	**госпожа** (가쓰빠좌)
미세한 짬(틈)	**пора** (빠라)
미세한, 보잘것없는, 껄렁한	**ничтожный** (니쉬또즈느이)
미세한, 아주 작은	**мельчайший** (멜차이쉬이)

미소, 단소(短小); 빈약; 협량(狹量)	**ничтожество** (니쉬또줴쓰뜨붜)
미숙한, 서투른, 어줍은 솜씨의; 아마추어의	**неграмотный** (네그라모뜨느이)
미술·문학·음악의 주제, 작의(作意);	**мотив** (마찌프)
미술전람회관	**салон** (쌀론)
미신(迷信), 속신	**поверье, суеверие** (빠뻬리예)(수예베리예)
미신에게 기적	**чудо** (추다)
미신의, 미신적인	**суеверный** (수예벨느이)
미안술, 화장법	**косметика** (까쓰몌찌까)
미안합니다, 실례 합니다	**простить** (쁘라쓰찌찌)
미역을 감기다, 목욕시키다	**купать** (꾸빠찌)
미열(微熱)	**жарок** (좌로크)
미완성, 다 되지 않은 것, 남기다,	**неделать** (네다젤라찌)
미완성부분, 다 해내지 못한 것, 불완전(성)	**недоделки** (네다젤르끼)
미움; впасть в ~ к кому ~의 미움을 받다	**немилость** (네밀로쓰찌)
미워하다, 싫증나다, 역해지다	**опостылеть** (아뽀쓰뗄레찌)
미인, 미녀, 미희, 아름다운여자	**красавица** (크라싸비짜)
미장공, 미장이. 석고 기술자	**. штукатур**

- 504 -

	(쉬뚜까뚤)
미저골, 미골(尾骨), 꽁무니뼈	**копчик** (꼬쁘치크)
미적요법(美的療法)	**эстетикотерапия** (에쓰뼤찌꼬쩨라삐야)
미적의, 미적 감각에 의한	**эстетический** (에쓰뼤체쓰끼이)
미조사(美爪師)	**маникюрша** (마니뀨르샤)
미조술(美爪術), 매니큐어(manicure)	**маникюр** (마니뀨르)
미지수, 엑스, 가위표	**икс** (이끄쓰)
미진된, 미완성, 완수되지 못한	**незавершённый** (네자뼬숀느이)
미처 말하지 못 한 것	**недоговорённость** (네다고보론노쓰찌)
미쳐 날뛰는 것, 광란, 광포	**неистовство** (네이쓰똡쓰드붜)
미쳐 날뛰다, 광란을 부리다, 광포하게 굴다.	**неистовствовать** (네이쓰똡쓰드붜와찌)
미쳐 날뛰다, 발광(발악)하다	**свирепствовать** (스비레쁘쓰뜨붜와찌)
미쳐 날뛰다, 지랄 치다	**бесноваться** (볘쓰나와짜)
미치광이, 광인(狂人)	**сумасброд** (수마쓰브로드)
미치광이, 미친, 발광, 광기, 광란	**маньяк** (만냐크)
미치광이, 정신 나간 사람	**безумец** (베주몌쯔)
미치광이의, 실성한, 광기어린, 열광적인	**шальной** (샬리노이)

- 505 -

미치다(닿다), ~까지 닿다, ~에 도착(도달)하다	**доставать** (다쓰따와찌)
미치다, 얼빠지다, 정신을 잃다	**обезуметь** (아베주메찌)
미친 듯, 날뛰는, 광란적인, 광포한	**неистовый** (네이쓰또브이)
미친 듯이, 광포하게, 맹렬히, 열광적으로	**бешено** (볘쉐나)
미친 사람	**умалишённый** (우말리숀느이)
미친 짓, 미치광이 같은 행위	**безумство** (볘줌쓰뜨붜)
미친, 광견병에 걸린	**бешеный, безумный** (볘쉐느이) (볘줌느이)
미친, 발광한, 광기의, 정신병자	**душевнобольной** (두쉐브노볼노이)
미친, 실성한, 광기 있는, 미치광이의, 얼빠진 짓의	**шалый** (샬릐이)
미친, 미치광이, 머리가 이상한	**сумасшедший** (수마쓰쉐드쉬이)
미칠듯한 지경, 광란;	**исступление** (이쓸뚜쁠레니예)
미크론(micron: 미터의 100만분의 1)	**микрон** (미크론)
미터(법)의; 미터법을 실시하고 있는	**метрический** (메뜨리체쓰끼이)
미터, квадратный ~ 평방미터; кубический ~입방미터	**метр** (메뜨르)
미터로 표시하는 길이	**метраж** (메뜨라즈)
미터자; складной 합척	**метр** (메뜨르)

미학(美學);	**эстеттика** (에쓰뗴찌까)
미학의, 미학적인	**эстетический** (에쓰뗴체쓰끼이)
미학자(美學者)	**эстетик** (에쓰뗴찌크)
미혼, 장가(결혼)하지 않은	**неженатый** (네줴나뜨이)
미혼의, 독신의, 시집가지 않는 여자, 처녀	**незамужняя** (네자무즈냐야)
미화(美化), 이상화(理想化)	**эстетизация** (에쓰뗴찌자찌야)
민간의, 시민의	**гражданский** (그라즈단쓰끼이)
민감, 직감, 육감	**нюх** (뉴흐)
민감한, 눈치[약삭]빠른, 머리가 잘 도는,	**находчивый** (나홀치브이)
민감한, 예민한 깨지기 쉬운	**деликатный** (젤리까뜨느이)
민들레, 금잠초(金簪草), 지정(地丁)	**одуванчик** (아두완치크)
민사의 고소, 항고, 소송, подавать ~у 고소하다	**жалоба** (좔로바)
민소(民訴), 민사소송	**тяжба** (쨔즈바)
민속, 민속학; ~музей 민속박물관	**этнографический** (에뜨노그라피체 쓰끼이)
민수기(Четвертая книга Моисея. Числа 36장)	**Числа** (치쓸라)
민요서사시, 영웅담(英雄譚)	**былина** (빌리나)
민족, 국민, 인민; 동족, 동포; малая ~ 약소민족	**нация**

- 507 -

	(나쨔야)
민족, 인종의 기원, 인종발생	**этногенез** (에뜨노게네즈)
민족; 국민, 종족	**народ** (나로드)
민족의, 민족적인, 국민의, 온 국민의	**национальный** (나쬐오날리느이)
민족주의(民族主義), 민족지상주의	**национализм** (나쬐오날리즘)
민족주의(적인);	**националистический** (나쬐오날리쓰찌체쓰끼이)
민족주의자(民族主義者)	**националист** (나쬐오날리쓰트)
민족해방	**национально-освободительный** (나쬐오날리노-오스뷔보지쩰느이)
민주주의(民主主義), 민주(民主)	**демократия** (제마크라찌야)
민주주의; 민주정체의, 민주적인,	**народно-демократи-ческий** (나로드나-데모크라쩨체쓰끼이)
민주주의자(民主主義者)	**демократ** (제마크라트)
민주주의화(民主主義化), 민주화	**демократизация** (제마크라찌자찌야)
믿게 하다, 확언하다	**заверять** (자뷔르야찌)
믿기 쉬운 마음, (남을) 쉽게 믿는 것	**доверчивость** (다볘르치붜쓰찌)
믿기 어려운, 이루 헤아릴 수 없는, 비상한	**неимоверный** (네이모볘르느이)
믿기 어려운	**невероятный** (네베로야뜨느이)
믿기 어려울 정도로, 엄청나게	**невероятно**

	(네베로야뜨나)
믿기 어렵다, 아주 비상하다	**невероятно** (네베로야뜨나)
믿기 잘하는, (남을) 쉽게 믿는; 순진한	**доверчивый** (다베르치브이)
믿다, 신임, 신뢰, 신용	**верить** (볘리찌)
믿다, 신임하다, 신뢰하다	**доверять** (다볘랴찌)
믿어지다, 신심이 생기다	**вериться** (볘리짜)
믿을 만한, 신용[신뢰]할 수 있는, 확실한.	**жизненный** (쥐즈넨늬이)
믿을 만한, 정확한	**авторитетный** (압따리쩰느이)
믿을만한 것이 못되는, 의심스러운	**недостоверный** (네다쓰또볠느이)
믿을만한, 정확한	**достоверный** (다쓰따볠느이)
믿음(신심, 확신)을 잃다, 믿지 않게 되다	**разувериться** (라주볘리짜)
믿음, 신뢰, 신용	**вера** (볘라)
믿음성 없는, 믿을 수 없는 불온한	**неблагонадёжный** (네브라고나죠즈느이)
믿음성, 확실성, 정확성	**достоверность** (다쓰따볠노쓰찌)
믿음직한, 미더운, 믿을만한, 확실하다	**надёжный** (나죠즈느이)
믿지 못할, 불충실한, 배식적인	**неверный** (네볘르느이)
밀 모양의 것; 봉랍(封蠟)	**восковой** (바쓰까보이)

- 509 -

밀(치)다, 떠밀다, 밀고 나아가다, 냅다 밀다,	**втолкнуть** (프딸크누찌)
밀, 귀리, 광맥, 연맥, 이맥, 작맥	**овёс** (아뵤쓰)
밀가루 풀, 녹말 풀	**клейстер** (클레이쓰쩰)
밀고(密告), 고발(告發)	**донос** (도노쓰)
밀국수, 마른국수, 칼제비	**лапша** (라쁘쇠)
밀국수, 밀가루로 만든 국수, 칼국수, 손국수	**вермишель** (붸르미쉘)
밀다, (떠)밀고 나아가다, 밀고 가다	**надвинуть** (나드비누찌)
밀다, 밀치다, 밀어 움직이다. 떠밀다,	**толкнуть** (딸크누찌)
밀다, (손·막대기 따위의 끝으로) 찌르다, 콕콕 찌르다	**сунуть** (수누찌)
밀다; 밀어내다, ~!(구령)그만! 다시!	**отставить** (앗쓰따비찌)
밀다; 밀어내다, 밀어넣다	**вдуть** (프두찌)
밀도, 농도	**плотность** (쁠롣노쓰찌)
밀도를 높이다	**уплотнить** (우쁠로뜨니찌)
밀랍, 납밀; 밀	**воск** (붜쓰크)
밀려나오다	**вываливаться** (븨왈리와쨔)
밀려들다, 쏟아지다	**повалить** (빠왈리찌)
밀려들다, 쓸어들다, 치밀다	**нахлынуть**

	(나흐릐누찌)
밀려와 덧놓이다	**налезать** (날레자찌)
밀렵(密獵), 불법적인 사냥(물고기 잡이)	**браконьерство** (브라깐니예르쓰드붜)
밀렵자(密獵者), 허가 없이 사냥꾼	**браконьер** (브라깐니예르)
밀리그램(1그램의 1/1000; 기호 mg).	**миллиграмм** (밀리그람므)
밀리미터(1미터의 1/1000; 기호 mm).	**миллиметр** (밀리몌뜨르)
밀림(密林), 원시림(原始林)	**тайга** (따이가)
밀림속 통행이 곤란한곳	**трущоба** (뜨루쇼바)
밀물, 만조	**прилив** (쁘릴리프)
밀범벅(음식의 한 가지)	**болтушка** (발뚜쉬까)
밀봉하다, 밀폐하다, 틈새를 막다	**запломбировать** (자쁠롬비로와찌)
밀사, 특사, 사자, 간첩(間諜)	**эмиссар** (에미싸르)
밀사의 임무(任務)	**эмиссарство** (에미쌀쓰드붜)
밀수, 밀수업	**контрабанда** (깐뜨라반다)
밀수업자	**контрабандист** (깐뜨라반지쓰트)
밀수품	**контрабанда** (깐뜨라반다)
밀어 깎다, 긁어내다	**скоблить** (스까블리찌)

- 511 -

밀어넣다, 밀어넣어 뜨리다, 쑤셔넣다	**запихать затолкнуть** (자삐하찌) (자똘르크누찌)
밀어 부딪치게 하다, 맞닥뜨리게 하다	**натолкнуть** (나똘크누찌)
밀어 올리는 기계, 쟈끼, 잭, 미는(찌르는)사람	**домкрат** (돔크랏트)
밀어 올리다, 추상하다	**выжимать** (븨쥐마찌)
밀어 제치며 나아가다, 밀어 헤치며 나가다	**протолкнуть** (쁘라똘그누찌)
밀어 헤치며 지나가다	**проталкиваться** (쁘라딸끼와쨔)
밀어내는, 내밀다, 불쑥나온, 비어져 나오는	**выдающийся** (븨다유 쉬이쌰)
밀어내다, 밀어 던지다, 내쫓다	**выпихивать** (븨삐히와찌)
밀어넣다, 마구 밀쳐넣다, 들이밀다	**впихивать** (프삐히와찌)
밀어넣다, 밀어맞추다, 꽂아넣다	**вдвигать, вдвинуть** (브드뷔가찌),(브드뷔누찌)
밀어놓다, 들어 밀다	**затыкать** (자뜨까찌)
밀어젖히고 나아가다, 헤치고 들어가다	**напрашиваться** (나쁘라쉬와쨔)
밀어제치다; 계속해 밀다. 떠밀어 내보내다	**столкнуть** (스똘르크누찌)
밀정(密偵), 도발자	**провокатор** (쁘라붜까똘)
밀주 담는 것	**самогоноварение** (싸모고노와레니예)
밀주 담는 사람, 밀주장사	**самогонщик** (싸모곤쉬크)

밀지짐(쨈, 우유를 넣은 작은)	**блинчики** (블린치끼)
밀집[밀생]한;	**дремучий** (드레무치이)
밀차, 작은 짐수레 딸따리	**тачка** (따츠까)
밀치다, 밀어서 떨어뜨리다(내려뜨리다)	**спихивать, спихнуть** (스삐히와찌),(스삐히누찌)
밀폐의, 기밀의	**герметический** (게르메찌체쓰끼이)
및, 그리고, 또; ~과(와), я и вы 나와 당신	**и** (이)
밑 부분, 아래쪽, 아랫부분, 하부	**подножие** (빠드노쥐예)
밑(아래)을 파는 것	**подкоп** (빠드꼽)
밑, 바닥; 밑바닥, 밑창, 강[바다] 바닥;	**дно** (노)
밑, 아래, 하부(下俯)	**низ** (니즈)
밑바닥 없는, 밑 빠진	**бездонный** (베즈돈느이)
밑바닥,(광산)의 맨 밑바닥 층	**под** (뽀드)
밑뿌리, 뿌리, 그루터기	**корень** (꼬렌니)
밑에 놓다(받치다)	**подкладывать** (빠드클라드와찌)
밑에놓다(받치다); 가까이 옮겨놓다, 내놓다	**подставить** (빧쓰따비찌)
밑에 놓다, 설치하다	**подводить** (빧붜지찌)
밑에 놓다[깔다], 아래로 누이다, 가로 눕히다	**подостлать**

	(빠다쓰뜰라찌)
밑에 달아(잡아)매다, 싸(동여)매다, 단단히 묶다,	**подбивать** (빧비와찌)
밑에 써넣다, 기입하다	**подписать** (빠다삐싸찌)
밑에 펴놓다(깔다)	**подстилать** (빧쓰찌라찌)
밑에 넣다, 밀어 넣다	**подсунуть** (빧수누찌)
밑으로 기어들어가다	**подлезать, подлезть** (빠들레자찌)(빧들렛찌)
밑으로 쓸어 넣다	**подмести** (빠드메쓰찌)
밑으로 자맥질하여 들어가다	**поднырнуть** (빠드늬르누찌)
밑으로, 낮게, пять градусов ~ нуля 영하 59도	**ниже** (니줴)
밑으로부터 뜯어(찢어)내다	**подорвать** (빠도르와찌)
밑으로부터, 밑에서	**из-под** (이즈-뽀드)
밑을 자르다(찍다); (찍어, 잘라) 짧게 하다	**подрубать** (빧루와찌)
밑을 파다,~의 밑에 갱도를 파다	**подкопать, расшатывать** (빠드꼬빠찌)(라쓰샤띄와찌)
밑이(밑으로부터) 타지다, 타다; 눋다, 탄내가 나다	**подгорать** (빧고라찌)
밑줄을 긋다; 강조하다, 힘주어 말하다	**подчеркнуть** (빧첼크누찌)
밑천 돈, 자금, 자본금, 본전; 밑천	**средство** (스레드쓰뜨붜)

바음자리표(낮은음자리표) 바음(고정 도창법의 '파'), 바조(調)	**фа** (파)
바곳, 바곳속(屬)의 식물. 바꽃, 원앙국, 쌍란국	**борец** (바레쯔)
바깥, 아웃(체육)	**аут** (아울)
바깥에, 밖의, на ~е былотемно 바깥은 어두웠다	**улица** (울리짜)
바깥테두리, 외형(外形), 윤곽	**габарит** (가바리트)
바깥현관	**крыльцо** (크릴쪼)
바꾸는 것, 교체	**смена** (스몐나)
바꾸다(성질·기능·구조 등), 변화(변형)하다	**превращать[ся]** (쁘레브라샤찌)
바꾸다, 갈아대다	**переменить, променять** (뻬레메니찌) (쁘라메냐찌)
바꾸다, 변경하다, 고치다, 갈다	**изменить(ся), преображать** (이즈메니찌)(쨔)(쁘레옵라자찌)
바꾸어서 얻다, 교환하여 얻다	**выменивать** (븨메니와찌)
바꿀 수 없는, 대치할 수 없는, 없어서는 안 될	**незаменимый** (네자메니므이)

바꿀 수 있는, 개조[전용(轉用)]할 수 있는	**обратимый** (아브라찌믜이)
바꿈, 교체	**чередование** (체레도와니에)
바꿔 ~으로 하다	**переобуть[ся]** (뻬레아부찌)(쨔)
바뀌는, 갈아대는; 교대의	**сменный** (스몐느이)
바뀌어 지다, 엇바뀌다	**смениться** (스메니쨔)
바나나, 바나나 나무	**банан** (바난)
바느질(시침질)을 하다, ~에 가봉(假縫)하다	**наметать** (나몌따찌)
바느질하는 여자, 침모	**рукодельница** (루까젤니짜)
바느질하여 줄이다, 좁히다	**ушивать, ушить** (우쉬와찌) (우쉬찌)
바늘 등의 귀	**глазок** (글라족)
바늘 따위로 찌르다, 쑤시다, (바늘 등을) 꽂다	**уколоть** (우꼴로찌)
바늘, 바느질 바늘, 뜨개바늘.	**иголка** (이골까)
바늘, 지침;~а часов 시계바늘; ~а компаса 지남침	**стрелка** (스뜨롈까)
바늘, 가시 가시비늘	**шип** (쉽)
바늘을 재봉틀에 실을 꿰다	**штопать, заштопать** (쉬또빠찌), (자쉬또빠찌)
바늘(뜨개)질(기술·작품); 손일(바느질, 뜨개질), 자수	**рукоделие** (루까젤리예)

바늘·재봉틀 따위에 실을 꿰다	**продеть** (쁘라졔찌)
바늘잎 나무숲, 침엽수림	**бор** (보르)
바다, 대양, 대해, ~해(海);	**море** (모례)
바다, 막힌 호수	**лиман** (리만)
바다가, 연안, 해안, 연해지역	**побережье** (빠베레지에)
바다가재, 대하, 왕새우, 해하, 홍하(紅蝦), 큰 새우	**омар** (아마르)
바다사람, 선원(船員); 해병(海兵), 뱃꾼, 뱃사람	**моряк** (마르야크)
바다표범, 물개, 넝에	**тюлень** (쮤렌)
바닥청소부, 마루 소제부	**полотёр** (빨로쬴)
바닷가에 부딪치는 파도	**прибой** (쁘리보이)
바닷가에서 부는 미풍, 산들바람, 갯바람	**бриз** (브리즈)
바둑 두기, 바둑기사	**шашист** (샤쒸쓰트)
바라는 바이다 좋겠다	**желательно** (젤라쩰리나)
바라다, 기대하다, 타산하다	**рассчитывать** (라쓰치찌와찌)
바라다; ~하고 싶다, ~하고 싶다	**захотеть(ся)** (자호쩨찌)
바라보다, 내려다보다	**недоглядеть** (녜다그랴졔찌)
바라보다, 돌아보다	**обозревать**

	(아바즈레와찌)
바람, 폭동이 갑자기 불어오다(나타나다)	**налетать** (날레따찌)
바람, 풍(風)	**ветер** (뷔쩰르)
바람구멍, 환기구멍, 통기구멍	**отдушина** (아트두쉬나)
바람에 날려[밀려] 쌓이다, (눈. 모래 등으로) 덮다	**заметать** (자메따찌)
바람이 부는	**ветреный** (뷀레느이)
바람이 불다, ~을 불다, 불어대다, 불어 보내다.	**задуть** (자두찌)
바람이 자서 앞으로 나가지 못하게 되다	**штилевать** (쉬쩰레와찌)
바람이나 흐름으로 밀려가다, 몰아가다	**относить** (아트노씨찌)
바래다, 바래주다, 전송하다; 보내다; 안내하다	**провожать** (쁘라뷔좌찌)
바로 어디에, 어디서(로), 어디에,	**где** (그제)
바로, 꼭, 아주, 옳은, 올바른	**самый** (싸므이)
바로잡는 사람, 교정(矯正)자; 감사관,	**регулятор** (레굴랴똘)
바로잡다, 정돈하다, 수습하다	**поправить, оправить** (빠쁘라비찌) (아쁘라비찌)
바로 잡다, 교정하다, 검사하다	**выверять** (븨볘랴찌)
바로잡을 수 없는, 타락한	**пропащий** (쁘라빠쉬이)
바로잡히다, 고르게 되다	**разглаживаться** (라스글라지와짜)

바륨(금속원소; 기호 Ba; 번호 56)	**барий** (바리이)
바르(기압, 지진 등을 측정하는 단위)	**балл** (발)
바르는 물약; 세제; 화장수, 로션	**обтирание** (압찌라니예)
바르다, 덮다, 칠하다	**размазываться, смазывать** (라스마즈와찌) (스마즉와찌)
바리새인(人); 형식주의자; 위선자, 이중인격자	**Фаринсей** (파린쎄이)
바리케트	**баррикада** (바리까다)
바리톤(bariton: tenor 와 bass의 중간음) 남성중음, 차저음	**баритон** (바리톤)
바보, 머저리, 백치, 멍텅구리 얼간이	**дура, дубина, бревно** (두라), (두비나), (브레브노)
바보같은 어리석은 사람, 어릿광대, 익살꾼,	**шут, идиот** (슈트) (이지오뜨)
바보같은, 우스운, 하찮은	**ерундовский** (예룬도브쓰끼이)
바쁘게 하다(일시키다). 분주(奔走)하다, 틈이 없다	**заняться** (자냐짜)
바쁜, 분주한, 다망한	**занятой, занятый** (자냐또이), (자냐뜨이)
바삐 서두르다, 서두르다	**торопиться** (따로삐짜)
바삐 성급하게, 조급하게	**торопливо** (따로쁠리붜)
바삐 행동하다, 서두르다	**поспешить** (빠쓰뻬씨찌)
바삐(빨리) 달려오다	**примчаться** (쁘리므차짜)

바삐, 급히, 서둘러	**поспешно, лёт** (빠쓰뻬쓰나), (룥)
바삭바삭(와삭와삭 바스락바스락) 나는 소리	**шуршание** (슐샤니에)
바셀린	**вазелин** (와젤린)
바싹 뒤따라서	**следом** (슬레돔)
바싹 마르게(깨끗이), 물기가 전혀 없게	**насухо** (나쑤하)
바싹 마른, 마른, 건조한, 건성[건식]의	**пересохший** (뻬레쏘흐쉬이)
바싹 말리다, 건조시키다	**высушивать, высушить** (븨쑤쉬와찌) (븨수 쉬찌)
바얀(러시아 손풍금의 일종)	**баян** (바얀)
바위(돌), 광물(鑛物)	**порода** (빠로다)
바위, 암석; 벼랑, 낭떠러지	**скала** (스깔라)
바위(콘크리트)용 착공추	**шлямбур** (쉴램불)
바위꽃	**активия** (악찌븨야)
바이러스(virus), 여과성(濾過性) 병원체	**вирус** (뷔루쓰)
바이블(Bible), 신구약 성경	**библия** (비블리야)
바이올린, 제금(提琴), 비올롱(violon)	**скрипка** (스크리쁘까)
바작바작(바삭바삭) 소리를 내다	**хрустеть хрустнуть** (흐루쓰쩨찌), (흐루쓰쩨누찌)
바조(調) F 바음(고정 도 창법의 '파')	**фа**

(파)

바치다	**отдавать** (아트다와찌)
바퀴 달린 기구(기계)	**маховой** (마호보이)
바퀴, 차바퀴	**колесо** (깔례쏘)
바퀴가 구르다, 굴러가다, 회전(回轉)하다	**откатить[ся]** (아트까띠쩨)
바퀴가 헛돌다, 공회전하다	**буксовать** (북쏘와찌)
바퀴둘레	**обод** (아보드)
바퀴벌레, 검은 투구벌레(류), 검은 딱정벌레.	**таракан** (따라깐)
바퀴에 미끄럼막이를 하다, 활재위에 놓(고 끌)다	**буксовать** (북쏘와찌)
바퀴의 테, 겉바퀴	**бандаж** (반다지)
바퀴자리, 바퀴 자국, 지나간 자국, 흔적, 홈	**колея** (깔례야)
바탕천; 기본, 바탕	**канва** (깐와)
바탕칠하다	**грунтовать** (그룬따와찌)
박과작물(수박, 참외 등) ~ые культуры 원두막	**бахчевой** (바흐체보이)
박다, 몰아(밀어)넣다; 쳐서 박다, 망치로 치다	**забивать** (자비와찌)
박다, 박아 넣다, 찌르다, 때려 박다	**заколачивать** (자깔라치와찌)
박람회	**Expo, экспо.** (엑스포)(엑쓰뽀)

- 521 -

박력 있는, 활동적인, 진취적인	**толкание** (딸까 니예)
박멸(전멸)하다, 근절하다, 소탕하다	**истреблять** (이쓰뜨 레블랴찌)
박멸, 전멸, 근절	**истребление** (이쓰뜨레블레니예)
박물관(博物館), 기념관	**музей** (무제이)
박물학; 자연과학	**естествознание** (예쓰쩨쓰뜨붜볫자니예)
박물학자, 자연과학자, 과학교사, 과학도	**естественник** (예쓰쩨쓰뜨뼨니크)
박물학자. 자연과학자, 문학의 자연주의자	**натуралист** (나뚜랄리쓰트)
박사 지원자 ~ наук 준박사	**кандидат** (깐지다트)
박사(博士); 의사,	**доктор** (독또르)
박사의	**докторский** (독또르쓰끼이)
박수(拍手), 손뼉	**аплодисменты** (아프로디쓰멘띄)
박수갈채; бурная ~ 우레와 같은 박수갈채	**овация** (아와찌야)
박스 카프(제화(製靴)용의 무두질한 송아지 가죽)	**бокс** (복스)
박식한 사람, 박학다식한 사람	**энциклопедист** (엔찌클로뻬지쓰트)
박아 넣는 볼트, 마개, 곡정(曲釘)	**шпилька** (쉬삘까)
박아 넣다, 박다, 들이박다	**вбивать** (프비와찌)

박애, 인자(仁慈), 자선, 인자한 것	**человеколюбие** (첼로볘꼴류비에)
박애가(주의자), 자선가(慈善家)	**филантроп** (필란트로쁘)
박약한, 쓸모 없는, 근거[설득력] 없는,	**нетрудоспособный** (네뜨루도쓰뽀쑵느이)
박음질	**строчка** (스뜨로츠까)
박음질하다, 재봉침으로 박다	**строчить** (스뜨로치찌)
박음질하여 ~에 꿰매어달다(대다, 붙이다),	**нашивать** (나쉬와찌)
박자(拍子), 소절(小節)	**такт** (따크트)
박제술(剝製術)	**чучельник** (추첼니크)
박차(拍車), 며느리 발톱 (등산용의) 아이젠	**шпора** (쉬뽀라)
박탈, 상실	**лишение** (리쉐니에)
박테리아(bacteria)	**бактерия** (박테리야)
박편(薄片)의; 조각조각의; 벗겨지기 쉬운	**слоистый** (슬로이쓰뜨이)
박피, 벗김(너트·볼트 등의 나사산(螺絲山)이) 손상된	**обнажённый** (압나죠느이)
박하(薄荷); 박하 향미료(香味料)	**мята** (매흐따)
박학다식, 지식이 광범위한, 만물박사	**энциклопедизм** (엔찌클로뻬지즘)
박해, 압박, 억압, 압제, 탄압	**гонение, притеснение, тиски** (가녜니예)(쁘리쪠쓰녜니예)(찌쓰끼)
박해(迫害), 인신공격	**травля**

	(뜨라블라)
박해(압박.억압.중상)하다	**притеснять, затравить преследовать** (쁘리쩨쓰냐찌) (자뜨라비찌) (쁘레쓸레도와찌)
박히다, 찔리다	**врезаться** (프레자짜)
밖에, 밖에서, 바깥에, 외에, 바깥쪽, 외면	**вне** (브네)
밖에[으로], 외부에[로], 밖에 나가[나와], 밖에서	**вон** (붠)
밖으로, 겉으로, 외면으로	**наружу** (나루주)
밖으로부터, 외부로부터	**снаружи** (스나루쥐)
반(反)(반대의 뜻)	**анти...** (안찌...)
반(半), 절반(折半); 1/2, 한 짝, 한 쪽	**половина** (빨로비나)
반감(反感), 악감, 반발심, 악감정	**неприязнь антипатия** (네쁘리야즌니) (안찌빠찌야)
반감을 품은, 반목하는	**неприязненный** (네쁘리야즈넨느이)
반값; 절반 값; за ~ 헐(절반)값으로	**полцены:** (빨체느이)
반격, 배격, 배척	**отпор, контратака** (앗뽀) (꼰뜨라따까)
반공격, 역습 반공격전	**контрнаступление** (꼰뜨르나쓰뚜쁠레니예)
반공의	**антикоммунистический** (안찌까무니쓰찌체쓰키이)
반구(半球), 반상	**полушарие** (빨루샤리예)
반국민적인	**антинародный** (안찌나로드느이)

반년(半年), 여섯 달, 6개월, 반년동안	**полгода, полугодие** (빨고다) (빨루고지예)
반년간의, 6개월 동안의, 여섯 달 동안	**полугодичный** (빨루고지츠느이)
반대(반박, 항의)하다	**противоречить** (쁘라찌붸레치찌)
반대, 반박, 말대꾸, 항의(抗議)	**возражение, оппозиция** (바즈라줴니에) (압빠지치야)
반대다, 반대한다	**против** (쁘로찌프)
반대되는, 대립되는, 상반되는	**противоположный** (쁘라찌붜뽈로즈느이)
반대로, 어긋나게; ~에 거슬려(지역하다)	**наперекор** (나뻬레꼴)
반대말, 반의어(反意語)	**антоним** (안또님)
반대의	**антиракетный** (안찌라께트느이)
반대의, ~에 반(反)하는, 반대 방향의	**вразрез** (프라스레즈)
반대쪽으로의 이동, 방향 전환, 전향, 변절	**оборот** (아바로트)
반대토론자, 반론자, 반대자	**оппонент** (압빠넨트)
반대 투표하다, 낙선시키다	**забаллотировать** (자발로찌로와찌)
반대파, 야당(파)	**оппозиция** (압빠지치야)
반대하게 하다, 적대시하게 하다	**восстанавливать** (바쓰따나블리와찌)
반대하는, 반대파의	**оппозиционный** (압빠지치온느이)

반대(반박. 말대꾸. 항의)하다, 되받다	**возражать** (바즈라좌찌)
반도(半島)	**полуостров** (빨루오쓰뜨로프)
반도체(半導體), 트랜지스터	**полупроводник** (빨루쁘로붸드니크)
반동(파)	**реакция** (레악찌야)
반동이 없는(최소한의), 무반동의	**безоткатный** (볘조뜨까즈느이)
반듯이 누워, 병으로 누워, 어찌할 수 없어	**навзничь** (나브즈니치)
반란(反亂), 폭동(暴動), 봉기(蜂起)	**бунт** (분트)
반란을 일으키다, 반항하다, 배반하다	**взбунтоваться** (쓰분따와짜)
반란자, 폭동자, 폭도(暴徒)	**бунтовщик** (분따브쉭크)
반목, 불화(不和), 적의	**рознь** (로즈니)
반바지, 체육(수영)팬티	**трусы** (뜨루씌)
반박하다, 논박하다	**опровергать, опровергнуть** (아쁘로붸르가찌)(아쁘로붸르그누찌)
반박(논박)할 수 없는	**неопровержимый** (네아쁘로붸르쥐므이)
반박, 논박, 논란, 반론, 논책	**опровержение** (아쁘로붸르제니예)
반박문, 반론문	**опровержение** (아쁘로붸르제니예)
반발(反撥), 반항(反抗)	**демонстрация** (제만쓰뜨라찌야)
반발적인	**демонстративный**

	(제만쓰뜨라찌브느이)
반복, 재현, 재생(再生)	**рецидив** (레찌지프)
반복하여 익히다, 습득하다; ~ стихи 시를 외우다	**учить** (우치찌)
반사, 반사작용(反射作用)	**рефлекс** (레플래끄쓰)
반사; 반사열[광(光), 색], 반향음, 그림자	**отражение** (앗라줴니예)
반사광, 반사그림자	**отблеск** (오트블레쓰크)
반사기, 반사경; 반사망원경	**рефлектор** (레플렉또르)
반사체, 반사기, 반사경	**отражатель** (앗라좌쪨)
반사하다, (거울에) 비치다. 묘사하다,	**отобразить[ся]** (아따브라지쨔)
반사하다, 되튀기다; (거울에) 비치다	**отражать** (앗라좌찌)
반사회적인	**антиобщественный** (안찌압쉐쓰트볜느이)
반성, 숙고, 심사, 회상, 반성	**мысль** (믜쓸리)
반수를 먹이다, 풀(아교)을 바르다	**шлихтовать** (쉴리흐또와찌)
반숙 яйцо ~ 반숙한 달걀, 계란반숙	**всмятку** (프쓰먀뜨꾸)
반숙하다, 살짝 데치다	**недоваривать недоварить** (네다바리와찌), (네다와리찌)
반시간(半時間), 30분	**полчаса** (뽈차싸)
반신반의, 회의심, 회의감	**недоверчивость** (네다볘르치뷔쓰찌)

반신반의하게, 의심스럽게	**недоверчиво** (네다볘르치붜)
반신반의하는, 회의감을 품은	**недоверчивый** (네다볘르치브이)
반신상(半身像)	**бюст** (뷰쓰트)
반어의, 비꼬는, 풍자적인.	**парадоксальный** (빠라독살느이)
반역자, 배반자, 변절자	**изменник** (이즈몐니크)
반영(체현, 구현)되다, 나타나다	**отображаться** (아따브라좌짜)
반영(체현, 묘사)하다	**отображать** (아따브라좌찌)
반영, 체현, 묘사	**отображение** (아따브라줴니예)
반올림하다, 정수로 계산(표시)하다	**округлить округлять** (아크룩리찌) (아크룩리찌)
반원(半園), 반원형(半圓形)	**полукруг** (빨루끄룩)
반월, 보름간, 보름동안, 반삭(半朔)	**полу-месяц** (빨루메쌰츠)
반응(반작용)하다	**реагировать** (레아기로와찌)
반응, 반작용	**реакция** (레아끄지야)
반응, 반향	**отзвук** (아트즈북)
반입(搬入), 수입(輸入)	**привоз** (쁘리보즈)
반입품(搬入品), 수입품(輸入品)	**привоз** (쁘리보즈)

반입한, 수입한	**привозной** (쁘리붜즈노이)
반자동화, 반자동식의(기계총);자동장전식의	**полуавтомати-ческий** (빨루압또마찌체스끼)
반작거리다, 가물거리다	**мигать** (미가찌)
반작용, 역반응(逆反應), 저항, 대립	**противодействие** (쁘라찌 뷔제이스뜨비예)
반작용하다, 방해(저항, 대립)하다, 맞서다	**противодействовать** (쁘라찌 뷔제이스뜨뷔와찌)
반점(피부의), 기미, 간증, 간반(肝斑)	**веснушки** (붸쓰누쉬끼)
반점(표식)으로 얼룩지게 하다	**испещ-рить** (이쓰뻬쉬리찌)
반점; 난점	**запятая** (자뺘따야)
반제품, 중간제품	**полуфабрикат** (빨루파브리깥)
반주자	**аккомпаниатор** (아크깜빠니아따르)
반주하다	**аккомпанировать** (아크깜빠니로와찌)
반죽; месить ~ 반죽하다	**тесто** (쩨쓰따)
반죽을 미는 밀대	**скалка** (스깔까)
반죽하다; 개다; 주무르다, 이기다	**месить** (메씨찌)
반짝거리는, 불꽃이 튀는, 거품이 이는	**искристый** (이쓰크리쓰뜨이)
반짝반짝 빛나는, 광채나는; 화창한; 맑은	**светлый** (스붸뜰리이)
반짝이다, 빛나다	**светиться**

- 529 -

	(스뻬찌짜)
반쪽지식밖에 없는 사람, 학식이 깊지 못한 사람	**недоучка** (네다우츠까)
반찬, 찬, (술) 안주	**закуска** (자꾸스까)
반첩보기관, 반간첩기관	**контрразведка** (꼰뜨르라즈베드까)
반추동물(소)의 위(胃), 배, 위(胃); 혹위(rumen)	**рубец** (루베쯔)
반추 동물, 새김질 짐승, 되새김질 동물	**жвачные** (쥐와츠느예)
반품하다; 환불하다, (아무)에게 배상하다	**возвратить(ся)** (바즈브라 찌찌)(쨔)
반하는 것, 사랑	**увлечение** (우블레체니에)
반하다, 사랑에 빠지다, 열중하다	**влюбляться** (블류브랴쨔)
반한, 사랑에 빠진, 열중하는	**влюблённый** (블류브룐느이)
반항(反抗), 항의(抗議), 반대	**протест** (쁘라쩨쓰트)
반항(대항.반대)하다, 항의하기 시작하다	**воспротивиться** (바쓰쁘로찌비쨔)
반혁명(反革命)	**контрреволюция** (꼰뜨르레뷰류찌야)
반혁명분자	**контрреволюционер** (꼰뜨르레뷰류찌넬)
반환, 되돌림, 상환 변상	**возврат** (바즈브라트)
반환하다, 돌려주다, 도로 가져오다	**вернуть** (붸르누찌)
받게(당하게) 하다, 입히다	**подвергать** (빧붸르가찌)

받는 사람	**адресат** (아드례싸트)
받다, ~을 공급[지급, 배급, 배달, 조달]받다	**снабжаться** (스나브좌쨔)
받다, 수여 받다; ~ награды 상(표창)을 받다	**удостоиться** (우다쓰또이쨔)
받다, 접수하다, 인수하다	**получать принимать** (빨루차찌)(쁘리니마찌)
받아내는 것, 징수(徵收)	**взимание** (프지마니에)
받아내다, 징수하다	**взыскать взыскивать** (즤스까찌), (브즤스끼바찌),
받아들이다, 도입하다, 보급하다	**насаждать** (나싸즈다찌)
받아들이다, 해득하다, 납득하다, 깨우치다	**воспринимать** (바쓰쁘리니마찌)
받아들이다, 수락하다. 들이다	**принять[ся]** (쁘리냐찌)
받아들이다, 수용하다, (~속에) 넣다, 걸어 넣다	**вмещать** (브몌샤찌)
받아들일 수 없는, 접수 될 수 없는	**неприемлемый** (녜쁘리예믈례므이)
받아들임, 수취, 수령; 수리(受理); 수용	**приём** (쁘리욤)
받아라; на возьми! 자, 가져라	**на** (나)
받아쓰기	**диктант, диктовка** (지크딴트)(지크또브까)
받아쓰도록 불러주는 것(부르는 것)	**диктовка** (지크또브까)
받침대, 기둥, 지주(支柱);	**стан, постамент** (스딴)(빠쓰따몐드)

- 531 -

받침판(공학), 지지대	**башмак** (바쉬막)
발(복사뼈에서 밑부분을 말함)	**фут** (푸트)
발(足), 다리; (가구, 기계)의 다리;	**нога** (나가)
발, 다리, 족(足), (책상, 기구 등의)다리	**ножка** (노스까)
발, 수족, 손발, 사지의 하나, 팔, 다리; (새의) 날개	**лапа** (라빠)
발, 족(足); 발바닥	**ступня** (스뚜쁘냐)
발가숭이, 아무것도 씌우지 않은, 빈	**голый** (골르이)
발각(적발, 폭로)되다	**раскрыться** (라쓰크르쨔)
발각, 드러남, 폭로; 드러난 일	**разглашение** (라스글라쉐니예)
발간되다, 출판되다	**выходить** (븨호디찌)
발걸음 소리, 발굽소리	**топот** (따뽀트)
발걸음 하다, 발을 디디다;	**шагнуть** (샤그누찌)
발견, 발명, 발각	**открытие** (아트끄릐찌예)
발견하다, (~하고 있는 것을) 보다	**обнаружить(ся)** (압나루쥐찌)
발견하다, 찾아내다	**обнаруживать** (압나루쥐와찌예)
발광(發狂), 광포(狂暴), 발악(發惡)	**бешенство** (볘쉔쓰뜨붜)
발광시키다; 성나게 하다. 몹시 화내다	**взбеситься**

	(프베씨짜)
발광적인, 미친 듯한, 조급한	**лихорадочный** (리호라도츠느이)
발광체 주위 생기는 원광, 광휘(光輝)	**ореол** (아레올)
발광하다, 발악하다	**бесноваться** (베쓰나와짜)
발굴하다, 파내다, (터널 따위를) 파서 만들다	**выкопать** (븨까빠찌)
발굽, 말발굽	**копыто** (까쁴따)
발급하다, 교부하다, 수여하다	**выдавать** (븨다와찌)
발기자, 제창자, 창시자, 주동자, 선구자	**инициатор** (이니찌아따르)
발기하다 종창하다(부어오르다)	**эрегировать** (에레기로와지)
발끈 성내다, 노발대발하다, 씨근거리다	**кипятиться** (끼뺘찌짜)
발끈거리는, 성급한	**запальчивый** (자빨리치브이)
발끈거리다, 흥분하다, 격하다	**горячиться** (가랴치짜)
발끝 на ~ах 발끝으로;	**цыпочки** (쯰뽀츠끼)
발단, 단서, 시초	**завязка** (자뱌즈까)
발달(발전)되지 않은, 발육이 불완전한	**неразвитой** (네라즈비또이)
발달하지 못한, 미발달의; 미개발의	**неосвоенный** (네아쓰보옌느이)
발동(충격) 작용하는: ~ уголь 약숯,	**активированный** (악찌 븨지로완느이)

ㅂ

발동기, 원동기, 전동기, 모터, 엔진	**двигатель, мотор** (드비가쩰) (마또르)
발동기가 멎다	**глохнуть** (글로흐누찌)
발동기용 연료(燃料: fuel), 연유(練油), 신탄, 장작	**горючее** (가류체에)
발동기제작공업	**моторостроение** (마또로스뜨로에니에)
발동되다	**активизироваться** (악찌뷔지로와짜)
발동시키다	**активизировать** (악찌뷔지로와찌)
발뒤축; 뒤축	**пятка** (삐얏트까)
발등, 신등	**подъём** (빧윰)
발라막다(붙이다), 바르다	**залепить, оклеивать, оклеить** (잘레삐찌)(아끌레이와찌), (오끄레이찌)
발라 붙이다, 사방 바르다(칠하다)	**обмазать, обмазывать** (아브마자찌), (옵마즈와찌)
발레(ballet), 무용극(舞踊劇)	**балет** (발레트)
발레, 영화의 연출대본	**либретто** (리브렡따)
발레리나(ballerina)	**балерина** (발레리나)
발로 차는 것, 차다, 걸어차다	**пинок** (삐녹)
발로 차다	**пинать** (삐나찌)
발루운(balloon), 기구	**аэростат** (아에로쓰땉)

발명, 고안, 발명가의 활동	**изобретательство** (이조브레따쩰쓰뜨뷔)
발명, 안출, 고안; (예술적)창작, 창조	**изобретение** (이조브레쩨니예)
발명가, 고안자	**изобретатель** (이조브레따쩰)
발명의 재능이 있는; 창작의 재능이 있는,	**изобрести** (이조브레쓰찌)
발명품, 발명한 물품	**изобретение** (이조브레쩨니예)
발명하다, 고안(창안)하다, 생각해내다	**изобретать** (이조브레따찌)
발바닥; 신바닥, 신창; 밑바닥, 바닥	**подошва** (빠다스와)
발버둥질하다, 몸부림치다	**барахтаться** (바라흐다짜)
발병에서 종결까지의 증상	**эпикриз** (에삐끄리즈)
발사(發射), (새 배의) 진수(식); (로켓트의) 발진	**запуск** (자뿌쓰크)
발사(發射), 잦은(일제)사격	**пальба** (빨바)
발삼(balsam), 방향성수지, 발삼을 분비하는 나무	**бальзам** (발잠)
발생하다, 출현(외현)하다	**нарождаться** (나로즈다쨔)
발생, 산생(産生)	**рождение** (라줴니예)
발생, 유래(由來), 기원(起源)	**происхождение** (쁘라이쓰호즈제니예)
발생지, 발원지	**рассадник** (라쓰싸드닉)
발성화하다, 유성(음)화하다	**озвучивать**

- 535 -

	(아즈부치와찌)
발송(發送), 파송(派送)	**высылка** (븨쓸까)
발송, 배달, 파견	**рассылка** (라쓰쎌까)
발송자[원], 급파하는 사람	**диспетчерский** (지쓰뻬드체르스끼이)
발싸개, 각반; 가죽 각반	**портянка** (빠르땬까)
발악하다, 잔인 포악한, 흉악한 행동을 하다	**злобствовать** (즐로브쓰드붜와찌)
발언(發言), 말함, 진술(陳述)	**высказывание** (븨쓰까즤와니에)
발언하다, 말하다, 말로 나타내다, 털어놓다.	**изречь** (이즈레치)
발열의, 발열성의; ~ие реакции 발열반응	**экзотермический** (에크조쩰미체쓰끼이)
발유창(發乳瘡), 유종(乳腫), 젖앓이, 젖멍울	**грудница** (그루진짜)
발을 질질 끌다, 지척거리다	**шарканье** (샤르까니에)
발음(發音), 발성, 소리내기; 발음법	**произношение** (쁘라이즈노쉐니예)
발음(發音), 발음법(發音法)	**дикция** (지크찌야)
발음하다, 말하다	**выговаривать, произнести** (븨가와리와찌)(쁘라이즈 네스찌)
발이 걸려 넘어질 뻔하다, 걸려 비틀거리다	**запинаться** (자삐나쨔)
발이 달린 유리술잔	**рюмка, рюмочка** (륨까),(류모츠까)
발이 미끄러지다	**поскользнуться** (빠쓰꼴리즈누쨔)

발자국	**след** (슬레드)
발작, 소발작(小發作), 발광(發狂), 경련	**припадок** (쁘리빠독)
발전 설비	**энергоустановка** (에네르가우쓰따노브까)
발전(완성)시키다	**растить** (라쓰찌찌)
발전, 발달, 전진, 성숙	**развитие** (라스비찌예)
발전[진전]하다, 발달[발육]하다	**разработать** (라자라보따찌)
발전기(發電機), 발생기	**генератор, электрогенератор** (게네라또르) (엘렉뜨라게네라또르)
발전기(전동기)의 전기 기계	**электромашина** (엘렉뜨라마쉬나)
발전되다; 발달하다, 성숙되다	**развиваться** (라스비와쨔)
발전된, 발달한; 발전된, 성숙한, 유식한	**развитой** (라스비또이)
발전소; атомная ~ 원자력발전소	**электростанция** (엘렉뜨라쓰딴찌야)
발전시키다; 발달(성숙)시키다, 키우다, 기르다	**развивать** (라스비와찌)
발전하다; 완성되어가다	**расти** (라쓰찌)
발진(發疹), 종기(腫氣), 열꽃	**экзантема, сыпь** (에크잔쩨마) (씌삐)
발진시키다 쏘다, 발사하다 내(쏘)다, 향하다	**выпустить** (븨뿌쓰찌찌)
발진(진수)시키다, 날리다, 발사하다	**запускать, переходить** (자뿌쓰까찌)(뻬레호드지찌)

발췌한 것, 발췌문, 인용문(引用文)	**выписка** (븨삐쓰까)
발코니, 베란다, (교회·홀의 벽면에서 쑥 내민) 계량	**колоннада** (깔론나다)
발톱, 발굽. 발톱 모양의 꽃받침	**коготь ноготь** (꼬보찌) (노고찌)
발파공(發破工)	**взрывник** (즈릐붸니크)
발판, 디디개, 발걸이, 페달	**педаль** (뻬달)
발판; 도약대	**трамплин** (뜨람쁠린)
발포(공포.공시)하다, 싣다	**опубликовать, опубликовывать** (아뿌블리까와찌), (오뿝리꼬븨와찌)
발표, 공고, 공표, 공시	**публикация, опубликование** (뿌블리까찌야) (아뿌블리까와니예)
발표[공표]하다	**издать** (이즈다찌)
발행(발간)하다	**выпускать** (븨뿌쓰까찌)
발행(發行), 발간	**выпуск, выход** (븨뿌쓰크) (븨홋)
발행, 발간, 발포, 공포	**издание** (이즈다니예)
발행하다, 발포하다	**эмиссион-ный** (에미씨온느이)
발현, 표현, 표시, 발휘	**проявление** (쁘라야블레니예)
발효, 누룩, 효소, 효모(酵母); 발효소	**закваска** (자끄와쓰까)
발효시키다, 부풀리다; 영향[잠재력]를 미치다	**заквасить** (자끄와씨찌)
발효시키다, 시게하다	**квасить**

	(크와씨찌)
발효하다, 뜨다, 익다	**бродить** (브로디찌)
밝게, 환하게, 휜하다	**светло** (스볘뜰로)
밝게[환하게]하다, 빛내다	**растапливать** (라쓰따쁠리와찌)
밝기, 투명, 방해물이 없음, 맑음, 청명, 명료,	**ясность** (야쓰노쓰찌)
밝다, 환하다	**светло** (스볘뜰로)
밝아지다, 개이다, 휜해지다	**светлеть, посветлеть** (스볘뜰레찌) (빠쓰볘뜰 레찌)
밝은 녹색, 초록색, 청록색	**ярко – зелёный** (야르꼬-젤료느이)
밝은, 확실한, 분명한, 명백한, 청명한,	**ясный** (야쓰느이)
밝음, 광명, 광휘, 빛남	**свет** (스볘트)
밝혀내다, 폭로(적발, 노출)하다	**раскрыть,выкопать** (라쓰크르찌) (븨까빠찌)
밝혀주다, 해명하다	**освещать** (아쓰볘샤찌)
밝혀지지 못한, 해명되지 못한,	**невыясненный** (녜븨 야쓰녠느이)
밝히다, 발견하다	**открывать** (아트크리와찌)
밟다, 걷다, 가다, 지나다 짓밟다, 밟아으깨다	**наступать** (나쓰뚜빠찌)
밟다, 짓밟다, 밟아서 더럽히다	**топтать** (따쁘따찌)
밟아넣다, 다지다	**втаптывать** (프따쁘띄와찌)

밟아 다져진 ~ая дорога 밟아다져진 길	**проторённый** (쁘라또론늬이)
밟아 뭉개다, 밟다, (잘못해서) 짓밟다	**наступить** (나쓰뚜삐찌)
밟아서 없애버리다, 짓밟다, 유린하다	**вытаптывать** (븨따쁘띄와찌)
밤, 율자, 밤나무, 율목, жареные ~ы 군밤	**каштан** (까쉬딴)
밤, 밤사이, 밤동안, 밤새, 밤중	**ночь** (노치)
밤나무의, 밤의, 율자의, 율목의	**каштановый** (까쉬따노브이)
밤에, 야간에, 밤사이, 밤새, 밤중	**ночной** (나츠노이)
밤을 보내다(새우다), 숙박하다	**переночевать** (뻬레노체와찌)
밤을 지새우다, 날밤을 새우다, 자지 않다	**бодрствовать** (보드로쓰뜨 붜와찌)
밟아 뭉개다, 짓밟다	**топтаться** (따쁘따쨔)
밧줄(설비)	**снасть** (스나쓰찌)
밧줄로(배, 자동차 등을) 끌다	**буксировать** (북씨라와찌)
밧줄설비, 삭구(索具)	**такелаж** (따껠라즈)
밧줄을 끌기[에 끌려가기], 견인, 예항(曳航)	**буксир** (북씨르)
방, 간(칸), 호실; жилая ~ 살림방	**комната** (꼼나따)
방공호(防空壕), 대피호(待避壕)	**бомбоубежище** (봄보우베지쉐)

방광염(膀胱炎), 방광 카타르(膀胱 katarrh)	**цистит** (찌스찌트)
방구석, (방·상자 따위의) 구석, 귀퉁이, 모퉁이;	**закуток** (자꾸또크)
방귀	**газы** (가직)
방금, 바로 이제	**сейчас** (쎄이차쓰)
방랑(放浪), 유랑(流浪)	**скитание** (스끼따니예)
방랑객, 유랑자	**бродяга скиталец** (브로쟈가) (스끼딸례쯔)
방랑하다, 유랑하다, 떠돌아다니다	**скитаться** (스끼따쨔)
방면; 지구, 지역, 지방, 지대, 지방(地方)	**квартал** (크와르딸)
방목지의 목초	**подножный** (빠드노즈느이)
방문, 내방, 들름	**визит** (뷔질)
방문, 출석, 관람, 참관	**посещение** (빠쎼쉐니예)
방문객이 많이 들어오는 것, 인산인해	**наплыв** (나쁠릐프)
방문을 받다, 응접하다	**встретить(ся)** (프쓰뜨레찌찌)
방문하는, 방문의, 문병하는; 순회의, 순시하는	**визитный** (뷔질느이)
방문하다; (~의) 집에 머물다.	**посещать навестить** (빠쎼샤찌) (나볘쓰찌찌)
방방곡곡에서, 도처(到處)에서, 각지(各地) 에서	**повсюду** (빠브슈두)
방범대원, 규찰대원	**дружинник**

	(드루진니크)
방법(론), 방식, 수단, 조치	**способ** (스뽀싸브)
방안, 노우하우(know-how); 방도	**метод, методика** (메또드), (메또지까)
방법론(方法論)	**методология** (메따도로기야)
방법론적인	**методологический** (메따도로기체쓰끼이)
방벽의, 울타리의, 담으로	**штакетный** (쉬따께트느이)
방부제(防腐劑), 지부제(止腐劑)	**антисептический** (안찌쎕찌체쓰키이)
방사(放射), 복사; 방사선, 방사열	**радиация, лучистый** (라지아찌야)(루치쓰뜨이)
방사, 방출, 발산	**излучение** (이즐루체니예)
방사능(放射能), 방사성(放射性)	**радиоактивность** (라지오아크찝노쓰찌)
방사선 투시(법), 뢴트겐 진찰(검사)	**рентгеноскопия** (렌겐노스꼬삐야)
방사성 원소의 붕괴	**распадение** (라쓰빠제니예)
방사요법	**радиотерапия** (라지오쩨라삐야)
방선균의 하나, 스트렙토마이신(streptomycin)	**стрептоцид** (스뜨레쁘따 찌드)
방송(방영)하다	**вещаться, передавать** (붸샤짜) (뻬레다와찌)
방송, 방영	**широковещание** (쉬로까붸샤니에)
방송; 송신 телевизибнное ~ TV방송	**вещание, передача** (붸샤니에) (뻬레다차)

방송순서; 상연순서; (공학) 프로그램	**программа** (쁘라그람마)
방수, 물기가 스며들지 않는	**непромокаемый** (네쁘라마까예므이)
방식, ~풍; на другой ~ 다른 방식으로	**лад** (라드)
방심 않는, 정신을 바짝 차린, 빈틈없는	**настораживать** (나쓰따라쥐와찌)
방심(傍心), 안일성(安逸性), 어진마음	**благодушие** (블라가두쉬예)
방안, 실내	**комнатный** (꼼나뜨이)
방앗간, 정미소	**крупорушка** (크루뽀루쉬까)
방앗간, 제분소	**мельница** (멜짜)
방어, 방위, 보위, 수비, 수세	**оборона защита** (아바르로나)(자쉬따)
방어(방위.변호.옹호.답변)하다	**защититься, защищаться** (자쉬찌짜) (자쉬샤짜)
방어용의 수단, 무기	**оружие** (아루쥐예)
방어자, 옹호자, 보위자, 보호자, 고취자	**защитник** (자쉬뜨니크)
방언(方言), 사투리	**диалект** (지아렉트)
방열기, 난방장치	**батарея** (바떼레야)
방울, 작은 종	**колокольчик** (깔로꼴치크)
방울; ~и дождя 빗방울; ~и пота 구슬땀	**капля** (까쁠랴)

방울(꽃), 초롱꽃	**колокольчик, ландыш, бубенчик** (깔로꼴치크)(란듸쉬)(부벤칙)
방울나무, 플라타너스, 버짐나무	**платан** (쁠라딴)
방울방울 흘러(스며)나오다, 새다	**сочиться** (싸치쨔)
방울방울(뚝뚝) 떨어지다	**капать** (까빠찌)
방울약; глазные ~и 눈약, 안약	**капля** (까쁠랴)
방위각(方位角)	**азимут** (아지뭇트)
방위를 측정하다	**пеленговать** (뻴렌고와찌)
방위의, 방어의, 방비용의, 수세(수비측)의	**оборонительный** (아바르니쩰느이)
방위측정기, 전파방향탐지기	**пеленгатор** (뻴렌가또르)
방위판정	**ориентация** (아리엔따치야)
방음(防音)	**звукоизоляция** (즈부까이조랴찌야)
방임, 황폐한 것	**запущенность** (자뿌쉔노쓰찌)
방임상태, 방임	**самотёк** (싸모쬬크)
방적(紡績), 실낳이, 길쌈, 방적업	**прядение** (쁘랴제니예)
방적사, (자은) 실, 피륙 짜는 실	**пряжа** (쁘랴자)
방전(妨電)	**разрядка** (라즈랴드까)
방전자(放電子), 방전 장치, 방전차(叉)	**разрядник**

	(라즈랴드닉)
방전하다	**разряжать** (라즈랴좌찌)
방정맞은, 경박한, 경솔한	**легкомысленный** (렉꼬믜쓸렌느이)
방정식	**уравнение** (우라브녜니에)
방조; оказать ~y 방조하다	**услуга** (우쓸루가)
방조범(幇助犯), 공범(共犯), 공모(共謀)	**пособничество** (빠쏩니체쓰뜨붜)
방지(防止), 예방(豫防)	**предотвращение** (쁘레도뜨브라쉐니예)
방지하다, 예방하다, 미리막다, 피하다	**предотвратить** (쁘레도뜨브라찌찌)
방직공(紡織工)	**текстильщик** (쩩쓰찔쉬크)
방직기, (직조기의) 북 보빈(bobbin) 케이스	**челнок** (첼노크)
방출구, 통풍구(通風口)	**отдушина** (아트두쉬나)
방탄 방패(휴대용), 짧은 망토, 케이프	**накидка** (나끼드까)
방탕, 음탕	**распущенность** (라쓰뿌쉔노쓰찌)
방탕아(放蕩兒), 타락분자	**развратник** (라스브라트닉)
방탕한 생활양식; 음탕한 짓	**распутство** (라쓰뿟쓰뜨붜)
방탕한, 부화한, 음탕한	**развращённый беспутный** (라스브숀느이) (베쓰뿌뜨느이)
방탕한, 음탕한	**распутный, распущенный** (라쓰뿌뜨느이), (라쓰뿌쉔느이)

방파제(防波堤), 방조제(防潮堤)	**волнорез** (발노레즈)
방패(方牌), 방어물	**экран** (에끄란)
방패, 후원자, 보호[옹호]자, 바람막이	**щит** (쒸뜨)
방패를 든 병사	**щитоносец** (쒸따노쎄쯔)
방패를 지닌	**щитоносный** (쒸따노쓰느이)
방학, 휴가; летние ~여름방학	**каникулы** (깐이꿀릐)
방한용의; 따뜻한, 친절한; ~ый приём 친절한 환대	**тёплый** (죠쁠르이)
방해없는, 지장없는, 거침없는, 순조로운	**беспрепятствен-ный** (볘쓰쁘례빠드쓰뜨볜느이)
방해(妨害), 방해물	**барьер** (바리예르)
방해(저지)하다, 저지하다, 방해가 되다	**нарушать, мешать** (나루샤찌) (메샤찌)
방향(방위)을 잃게 하다	**дезориентировать** (제자리옌찌로와찌)
방향, 방위	**реакция** (레아끄지야)
방향, 방면, 방침 노선	**русло, направление** (루쓸로) (나쁘라블례니예)
방향을 돌리다	**сворачивать** (스보라치와찌)
방향을 잡고 가다	**придерживаться** (쁘리제르지와쨔)
방향을 정하다, 방위를 판정하게 하여주다	**ориентировать** (아리옌찌로와찌)

방향을 표시: ~로, ~에	**в(во)** (웨)
방향전환, 목표(방향)를 바꾸는 것	**переориентация** (뻬레아리엔따치야)
방향탐지기(方向探知機)	**радиопеленгатор** (라지오뻴렌가따르)
방향표적물, 방위목표물	**ориентир** (아리엔찔)
방호물의, (자동차의) 바퀴 덮개, 흙받기의	**отбойный** (아트보이느이)
방화(放火), 종화(縱火)	**поджог** (빠드족)
밭(田), 전(田), 전야, 들(판), 벌판; 논, 밭, 목초지	**нива** (니바)
밭갈이하는 사람, 농군, 농부	**пахарь** (빠하리)
밭고랑, 이랑	**борозда** (보로즈다)
밭두렁 길, 논두렁 길; 분계(선), 경계(선)	**межа** (몌좌)
밭이랑, 묘상(苗床), 모판	**грядка** (그랴드까)
배(뱃)머리 (비행기의) 앞부분	**носовой** (나쏘보이)
배 후미의 밧줄 사다리	**штуртрап** (쉬뚤뜨랍)
배(차. 말을) 타다, (마차. 자동차를) 몰다	**езда** (예즈다)
배, 선박; военный ~ 군함, 함선	**корабль** (까라블)
배, 위, 복부, (우스개)올챙이배	**животик** (쥐뷔찌크)
배, 쪽배, 단정(端艇), 보트	**лодка**

	(로드까)
배·비행선 등을 잡아매다, 시키다, 정박하다	**швартовать** (쉬와르따와찌)
배가 기울다, (배를) 기울이다	**накренить(ся)** (나끄라레니찌)
배가 항해하여가다	**заплывать, заплыть** (자쁠르와찌), (자쁠리찌)
배가[배증]하다; 다기관으로 집배(集配)하다	**размножить** (라스므노쥐찌)
배경, 후경, 원경(遠景)	**декорация, поле, фон** (제까라찌야) (뽈레) (폰)
배고파하다, 허기지다	**проголодаться** (쁘라골로다쨔)
배고픈, 주린. 굶주린, 배를 곯은, 허기진	**голодный** (갈로드느이)
배구(排球)	**волейбол** (발레이볼)
배급물자, 공급물자	**паёк** (빠요크)
배급소, 분배소	**распределитель** (라스쁘레젤리쩰)
배급식량	**паёк** (빠요크)
배기(排氣), 배출(排出) 배기장치	**выхлоп** (븨흘로쁘)
배꼽, 어복(於腹)	**пупок** (뿌뽁)
배나무, 배	**груша** (그루샤)
배낭, 바랑, 배랑, 룩색, 룩작(Ruck sack)	**рюкзак** (류끄자크)
배다른, 이복(異腹), 엄미가 다른	**свободный** (스붜보드느이)

배달원, 통신원	**разносчик** (라스나쓰칙)
배달하다, 배포하다	**доставлять** (다쓰따블랴찌)
배당, 배분, 분배 (노력의) 배치	**развёрстка** (라스뵬쓰뜨가)
배당액, 배당수, 할당량	**квота** (크뷔따)
배드민턴(badminton)	**бадминтон** (바드민톤)
배려, 보살핌	**забота** (자보따)
배려, 염려, 보살핌	**заботливость** (자보뜰리보쓰찌)
배려하다, 걱정(수고)하다	**озаботиться** (아자보찌쨔)
배를 곯다, 절반 굶어살다	**недоедать** (네다예다찌)
배를 끌다, 예인선으로 끌다	**буксировать** (북씨라와찌)
배를 좌현(左舷)으로; (기수를 향하여) 좌측	**левый** (레브이)
배를 타고 가다, 항해하다	**плыть** (쁠르찌)
배반자, 변절자, 반역자	**предатель** (쁘레다쪨)
배반하다, 변절하다	**предать, продавать** (쁘레다찌) (쁘라다와찌)
배반하다, 일러바치다, 드러내놓다, 폭로하다	**выдавать** (븨다와찌)
배부르게 (잔뜩)먹다, 게걸을 떼다	**насытиться** (나씌찌쨔)
배부르게 먹는 것; 물림, 포만, 포식, 만끽,	**насыщение**

	(나쓰쉐니예)
배부르게 먹이다; 충족시키다; 가득차게 만들다	**насытить** (나쓰찌찌)
배부르게 하는, 영양분이 많게	**сытный** (쓰뜨느이)
배부르게, 배불리; 실컷	**досыта** (도쓰따)
배부르게, 푼푼하게	**сытно** (쓰뜨나)
배부른, 살진, 먹을 것이 많은, 풍부한	**сытый** (쓰띄이)
배상(금), 변상(辨償)	**репарация** (레빠라짜야)
배서, 환어음(은행 채권자에 대한 환치청산 요청서)	**жироприказ** (쥐로쁘리까즈)
배선, 배전선, 배선공사, 전기를 끄는 것	**электропроводка** (엘렉뜨라쁘로보드까)
배설물, (땀.대변.소변)의 분비물, 노폐물배설	**экскреты** (엑쓰크레띄)
배수 시키다, 방출하다, 유출하다, (공기를) 빼다,	**спускать** (스뿌쓰까찌)
배수, 곱절수; общее ~ 공배수	**кратное** (크라뜨노예)
배수량(排水量);	**водоизмещение** (바다이즈메쉐니에)
배수로(排水路), 물받이, 물도랑	**водосток** (붜다쓰똑)
배수송, 운송	**фрахт** (프라하트)
배수의, 방수의; ~ая труба 낙수관	**водосточный** (붜다쓰또츠느이)
배수탑, 급수탑	**водоразборный** (바다라스보르느이)

- 550 -

배신, 반역, 배반, 변절	**измена** (이즈메나)
배신행위, 간교한, 회활, 교활한	**вероломство** (붸로롬쓰뜨뷔)
배신적인, 반역적인	**предательский** (쁘레다쪨쓰끼이)
배신행위, 변절, 배반	**предательство** (쁘레다쪨쓰또뷔)
배양[양식(養殖)]된, 경작된	**культурный** (꿀뚜르느이)
배에 밧줄설비, 삭구	**оснастка** (아쓰나쓰뜨까)
배에 밧줄설비를 갖추다	**оснащать** (아쓰나샤찌)
배에서 삭구(索具)를 떼어내다	**разоружить[ся]** (라자루쥐찌)(쨔)
배에서 요리사	**кок** (꼭크)
배역(配役)(배우의)	**амплуа** (암플루아)
배열순서, 배치순서	**расстановка** (라쓰따노브까)
배열하다, 정리하다, (머리를) 매만지다	**наладить(ся)** (날라지찌)
배우(配偶)	**актер** (악쪼르)
배우, 연기인, 연기자	**артист** (아르찌쓰트)
배우다, 공부하다	**учиться, проходить** (우치쨔) (쁘라호지찌)
배우다, 연구하다, 학습하다	**изучать** (이주차찌)

배우다, 연습되다	**обучаться** (아부차쨔)
배우다의 첫 합성어 (합성어의 첫 부분으로서) 당	**парт~** (빠르트~)
배우지 못한, 무학의, 문맹의	**неграмотный** (네그라모뜨느이)
배워 알다,~할 줄 알게 되다, 습득하다	**научиться** (나우치쨔)
배워주다(가르다); ~ читать 읽기를 배워주다	**научить** (나우치찌)
배워주다, 가르치다; 교수하다	**учить, обучать** (우치찌) (아부차찌)
배의 승무원	**команда** (까만다)
배의 운임	**фрахт** (프라하트)
배의 이물에 있는 닻, 예비용 큰 닻	**шварт** (쉬와르트)
배의, 복부의	**брюшной** (브류쉬노이)
배(뱃)전, 적재함의 벽	**борт** (보르트)
배전기,(전기.가스.증기의)분배기, 분포기	**распределитель** (라쓰쁘레젤리쩰)
배전반의 플러그 꽂이, 투관(套管)	**втулка** (프뚤르까)
배(의)짐, 수화물	**фрахт** (프라하트)
배척, 배제, 보이코트(boycott)	**бойкот** (바이꽃트)
배척하다	**бойкотировать** (보이까찌로와찌)
배출(방사)기, 배출펌프, (管)장치, 인젝터	**эжектор**

	(에꼑따르)
배출, 배기 ~ой клапан 배기밸브, 배기판(瓣)	**выпускной** (븨뿌쓰크노이)
배치(配置), 배열(配列), 정열	**расстановка** (라쓰따노브까)
배치, 배열; 배립(排立), 정렬(整列)	**расположение** (라쓰빨로줴니예)
배치되다, 자리 잡다, 자리를 차지하다	**разместиться** (라스메쓰찌쨔)
배치순서	**расположение** (라쓰빨로줴니예)
배치(배열)하다	**расквартировать** (라쓰크와르찌로와찌)
배치(정리)하다. 나란히 세우다	**располагать, разместить** (라스뽈라가찌),(라스메쓰찌찌)
배타적인 도당, 파벌, 도배, 동인(同人).	**клика, шарашкин** (클리까) (샤라쉬끼이)
배합(연합)하다, 결합하다	**комбинировать** (깜비니로와찌)
배합, 연합, 결합; 술책, 계책;	**комбинация** (깜비나찌야)
배합먹이, 배합사료 (комбинированный корм)	**комбикорм** (깜비꼴므)
배후에서 지휘[조종]하다	**вдохновить** (프다흐노뷔찌)
백 번째, 100번째(의); 100분의 1(의).	**сотый** (쏘뜨이)
백(佰), 100, 100개; 100명; 100살	**сто** (스또)
백과전서(사전) 편집자	**энциклопедист** (엔찌클로뻬지쓰트)
백과전서, 백과사전; ходячая ~ 백과사전	**энциклопедия** (엔찌클로뻬지야)

- 553 -

백금(白金: [78번:Pt: 195.09])	**платина** (쁠라찌나)
백내장(白內障)	**бельмо катаракта** (벨모)(까따라크따)
백년, 100년, 1세기: двадцатое ~ 20세기	**столетие** (스딸레찌예)
백단향(白檀香)	**сандалии** (싸달리이)
백만. 100만, 다수, 무수	**миллион** (밀리온)
백만장자(百萬長者)	**миллионер** (밀리오녤)
백반, 명반석	**квасцы** (크와쓰쯰)
백발백중으로, 적중하게, 딱(바로) 들어맞게	**метко** (메뜨꼬)
백발이 성성한, 희끗희끗한,	**проседь** (쁘로쎄지)
백방, 전면적인, 만반의	**всесторонний** (프쎄쓰또론느이)
백방으로, 전력을 다하여, 온갖수단을 다하여	**всемерно** (프쎄메르나)
백병전(논쟁, 소동 등) 한창 벌어지는 곳	**пекло** (뻬끌로)
백화(白樺), 백분(白粉), 흰 도료, 회반	**белила** (벨릴라)
백살의, 백세의, 100(백)년의	**столетний** (스똘레뜨니이)
백색도료, 흰 페인트	**белила** (벨릴라)
백설공주,(옛말에 나오는) 눈(송이)처녀	**снегурочка** (스네구라츠까)
백성(百姓), 국민(國民), 인민(人民), 민중(民衆)	**народный**

	(나로드느이)
백양나무; пира-мидальный ~ 포프라 나무	**тополь** (따뽈)
백열 раскалённый ~ 백연된, 새하얗게 탄	**добела** (다벨라)
백열(광), 작열, 가열; лампочка ~я 백열전등	**накаливание** (나깔리와니예)
백열(白熱), 적열(赤熱); 백열광, 빛	**накал** (나깔)
백오십(150)	**полтораста** (빨따라쓰따)
백일몽, 공상, 한가한 구경꾼	**ротозей** (라따제이)
백일해(百日咳)	**коклюш** (꼭끄류쉬)
백일홍, 백일초(百日草), 백일화	**циння** (쩐니야)
백전백승의, 승리적인	**победоносный** (빠베다노쓰느이)
백조, 고니, 천아, 황곡, 천아조, 백로(白鷺)	**лебедь** (레베지)
백주년, 일백돌, 100(백)돌	**столетие** (스딸레찌예)
백치, 천치, 어리석은 것	**идиотизм** (이지찌즘)
백혈병(白血病)	**белокровие** (벨라크로뷔예)
백화점(百貨店)	(универсальный магазин)**универмаг** (우니붸르마그)
뱉다, 뱉아내다, 토해내다	**сплюнуть** (스쁠류누찌)
밸런스를 맞추다, 균형을 맞추다	**балансировать** (발란씨로와찌)

뱀, 독사(毒蛇), 살무사; ядовитая ~ 독사(毒蛇)	**змея** (즈메야)
뱀, 율모기, 독 없는 뱀의 일종	**уж** (우쥐)
뱀이 물다	**ужалить** (우좔리찌)
뱀장어, 장어, 만리어, 백선(白鱓)	**угорь** (우가리)
뱃길 표, 뱃길의 부표(浮漂)	**бакен** (바껜)
뱃널 틈을 뱃밥으로 메우다	**шпаклёвка** (쉬빠끌료브까)
뱃사공, 뱃군	**лодочник** (로도츠니크)
뱉다, 내뱉다, 뱉아 버리다	**выплёвывать** (븨쁠료븨와찌)
뱉어내다; 가래를(침을) 뱉다. 기침을 하여 뱉다	**плюнуть** (쁠류누찌)
버금음, 2도 음정, 둘째 음; 알토	**секунда** (쎄꾼다)
버너(burner), 연소장치	**горелка** (가렐까)
버둥(허우적)거리다	**биться** (비짜)
버드나무, 버들; плакучая ~ 수양버들	**ива** (이와)
버드나무숲	**ивняк** (이브냐크)
버드나무 종류의 하나(바이올렛;제비꽃속(屬)의 식물)	**шелюг** (쉘류가)
버력-산, 쓰레기 더미	**террикон** (쩰리꼰)

버릇(습관)이 되다, 익숙해지다	**втягиваться** (프쨔기와쨔)
버릇(습관)되다	**приучаться, привыкать, привыкнуть** (쁘리우차쨔)(쁘리븨까찌), (쁘리븨끄누찌찌)
버릇, 인, 습성, 상습, 습벽	**манера** (마네라)
버릇되지 못한, 습관(익숙)되지 못한	**непривычный** (네쁘리븨츠느이)
버릇없는 것, 추태	**безобразие** (베조브라지예)
버릇없는, 무례한, 실례의	**свинский** (스빈쓰끼이)
버릇없는, 우락부락한, 난폭한; 무뚝뚝한,	**грубый** (그루븨이)
버릇없이, 예절 없이, 건방지게	**бесцеремонно** (베쓰쩨레몬나)
버릇을 고치다. 쓰지 않게(사용하지 않게) 되다	**отучить[ся]** (앗뚜치쨔)
버릇을 굳히다, 풀어놓다	**распустить** (라쓰뿌쓰찌찌)
버릇을 그만두다(버리다)	**отучаться** (앗뚜차쨔)
버릇이 된, 상습적인, 만성적인	**отъявленный матёрый** (앗찌야블렌느이) (마쬬르이)
버릇이 없어지다(떨어지다)	**отвыкать, отвыкнуть** (아트브까찌)(올븍 누찌)
버리게 하다, 단념시키다	**отучать** (앗뚜차찌)
버리다, 버려두다; 버리고 떠나다	**бросить, распрощаться** (브로씨찌)(라쓰쁘로샤쨔)
버리다, 위반하다, 포기(취소)하다	**отступать, отступить** (앗쓰뚜빠찌), (앗쓰뚜삐찌)
버리다, 팽개치다. (내)던지다	**выкидывать**

	(브끼듸와찌)
버림받은 옷, 헌(낡은)옷, 해진(낡은) 신발	**обноски** (압노쓰끼)
버림받은, 배척당한; 외로운	**отверженный** (아트뷔르젠느이)
버무리다; (잘) 이기다; 혼합하다, 섞다, 믹스되다	**перемешивать** (뼤레몌쉬와찌)
버섯, 균류(菌類)	**гриб** (그립)
버스, 승합 자동차; (버스형의) 대형 자동차	**автобус** (압또부쓰)
버스, 전차 등의 객석	**салон** (쌀론)
버찌, 체리, 벚; 흑앵(黑櫻), 앵실(櫻實)	**вишня** (뷔스냐)
버터(기름)제조	**маслоделие** (마쓸라젤리에)
버터(치즈)제조소의, 낙농장, 우유제품 판매점	**маслобойный** (마쓸라보이느이)
버터·치즈 제조소; 낙농장, 우유 저장실	**маслозавод** (마쓸라자봇)
버터접시	**маслёнка** (마쓸룐까)
버터플라이(butterfly)	**бабочка** (바보츠까)
버티다, 붙들다	**держать** (제르좌찌)
버티다, 지탱하다	**устоять** (우쓰또야찌)
버팀, 지지, 유지 기둥, 지주, 의존, 기둥	**опора** (아뽀라)
버팀대, 가름대, 조임대	**распорка** (라쓰뽀르까)

번갈아 일어나다(나타나다), 엇갈리다 엇바뀌다	**перемежаться** (뻬레메좌짜)
번갈아, 서로서로 교대하여	**попеременно** (빠뻬레몐나)
번개, 뇌화, 전광, 벼락, 낙뢰	**молния** (몰니야)
번개같이 빠른; ~ая война 전격전	**молниеносный** (말니에노쓰늬이)
번데기, 번데; 귀용, 회용	**куколка** (꾸깔르까)
번들번들하게 갈다, 연마하다	**отшлифовать** (앗쉴리파와찌)
번뜩이다, 번쩍이다, 빛나다	**блеснуть** (블레쓰누찌)
번식, 생식	**размножение** (라스므노줴니예)
번식, 양식, 재배(栽培)	**разведение** (라스붸제니예)
번식되다, 새끼치다	**размножаться** (라스므노좌짜)
번식시키다, 늘[불]리다. (많이) 나타나다,	**плодиться** (쁠로지짜)
번역, 통역(通譯); 번역문	**перевод** (뻬레보드)
번역; 번역문[서]; (소설의) 각색, 번안(飜案)	**редакция** (레닥찌야)
번역(각색)되다	**переводиться** (뻬레붜지짜)
번역하다; 바꾸어 말하다	**оборот** (아바로트)
번역할 수 없는, 번역하기 어려운	**непереводимый** (네뻬레붜지므이)
번영(융성, 개화)하다	**процветать**

	(쁘라쁘베따찌)
번영, 번창, 융성	**расцвет** (라쓰쯔베트)
번영(번성.융성.개화)하다	**расцвести** (라쓰쯔베쓰찌)
번쩍 쳐들다, 힘껏 휘두르다	**размахиваться** (라스마히와짜)
번쩍(반짝)이다, 번뜩거리다, 빛나다	**сверкать** (스뷔르까찌)
번쩍번쩍하는 금속조각; 번쩍번쩍하는 것	**дождик** (도즈지크)
번호 (10)열, 제10번, "№ 10	**десятка** (제쌰뜨까)
번호 "8"№ 8	**восьмёрка** (바시묘르까)
번호 2 "№ 2	**двойка** (드보이까)
번호 7, 7번 "№ 7	**семёрка** (쎼묘르까)
번호, 번; ~ дома 주택번호	**номер** (노메르)
번호를 매기는 것, 번호달기; 번호	**нумерация** (누메라찌야)
번호를 부르다(군사)	**рассчитаться** (라쓰치따짜)
번호표, 번호를 적은 표시	**номерок** (나메로크)
번화가;~ на улице 거리가 번화하다	**оживление** (아쥐블레니예)
번화해지다, 번성하고 화려하다	**оживать** (아쥐와찌)
벌 따위가 떼를 짓다, 떼를 지어 날다	**роиться** (로이쨔)

벌(기계)이 윙윙거리다; 청승맞은 소리로 말하다	**загудеть** (자구졔찌)
벌(팽이.선풍기.기계)윙윙거리다(와글거리다)	**жужжание** (주즈좌니예)
벌, 체벌, 처벌, 제재; телесное ~e 채벌, 체형	**наказание** (나까자니에)
벌거벗기다. ~에게 옷을 벗도록 하다	**разоружить[ся]** (라자루쥐찌)
벌거벗은, 앙상한, 맨몸, 신지 않은	**голый** (골르이)
벌거벗기다; ~의 옷을 벗기다. 드러내다	**обнажать** (압나자찌)
벌거벗은, 나체의 ~ое тело 맨몸	**обнажённый** (압나죠늬)
벌거벗은, 민둥민둥한	**лысый** (릐싀이)
벌금, 과료(科料), 위약금	**санкция** (싼크찌야)
벌금을 부과하다, 과태료에 처하다	**штрафовать**, (쉬뜨라포와찌)
벌다, 건지다	**выручать** (븨루차찌)
벌다, 벌어들이다; 벌이하다, 돈벌이하다	**добывать** (다븨와찌)
벌떡 일어나다(일어서다)	**вскакивать** (프쓰까끼와찌)
벌레(지렁이·털벌레·땅벌레·구더기·거머리·회충류(類))	**червяк** (체르뱌크)
벌레, 회충(蛔蟲), 기생충(寄生蟲)	**глист** (글리쓰트)
벌레가 쏘다,(식물의 가시 등) 콕콕찌르다	**жалить** (좔리찌)

벌레먹다, 부식(파괴.침식)하다	**едите** (예지쩨)
벌레먹다, 부식[침식]하다; 좀먹다; 마음에 파고들다	**едят** (예쟈트)
벌목공(伐木工)	**лесозаготовитель, лесоруб** (레싸자가따비쩰) (레싸룹)
벌목장(伐木場)	**лесоразработки** (레싸라쓰라보뜨끼)
벌써, 이미	**уже** (우줴)
벌어지다, 벌어져 틈이 생기다	**отъезжать, отъехать** (앗찌에예좌치), (오찌에하찌)
벌을 받다, 갚음을 당하다	**поплатиться** (빠쁠라찌짜)
벌을 받다, 처벌하다, 징벌하다	**караться** (까라짜)
벌집, 벌통	**улей** (울레이)
벌컥 화를 내다. 격노하다;	**озвереть рассвирепеть** (아즈붸레찌)(라쓰비레뻬찌)
범 새끼	**тигрёнок** (찌그료노크)
범(암컷) 암범, 잔인한 여자	**тигрица** (찌그리짜)
범, 호랑이, 대충(大蟲), 산군(山君), 병표(炳彪); 어흥이	**тигр** (찌그르)
범람, 큰물(홍수)	**разлив** (라슬리프)
범람하게 하다, 넘치게 하다	**наводнить наводнять** (나붜니찌), (나붜니야찌)
범선(帆船), 세일링 보우트(sailing boat)	**парусник** (빠루쓰니크)
범선의 일종(돛대가 하나임) 마스트 1개의 범선	**шлюп**

	(쉴류쁘)
범선이 항해 중에 기울기 쉬운	**матка** (마뜨까)
범위(範圍), 한계; 시계(視界), 크기; 시야	**диапазон** (지아빠존)
범위, (지력·연구·활동의) 영역, 미치는(유효)범위	**круг** (크루그)
범인(犯人), 죄인(罪人), 범죄자	**преступник** (쁘레쓰뚜쁘니크)
범죄자; 피의자	**виновник** (뷔노브니크)
범주, 카테고리; 종류, 부류, 부문	**разряд** (라즈랴드)
범주하다; 항해하다; 출범하다, (새·비행기) 날다	**доплывать** (다쁠릐와찌)
범포(帆布), 즈크; 질긴 삼베의 일종	**парусина** (빠루씨나)
범포(帆布)의, 즈크의; 질긴 삼베의 일종으로	**парусиновый** (빠루 씨노브이)
범하다, (법률·맹세·약속·양심) 어기다. (한계를) 넘다	**нарушать** (나루샤찌)
법, 법칙, 법률, 법규, 법령, 규율	**право** (쁘라보)
법규(法規)	**установление** (우쓰따노블레니에)
법규위반, (약속·법률·도덕) 어김, 위반, 위배	**нарушение** (나루쉐니에)
법령 등을 발포하다, 공포하다	**издавать** (이즈다와찌)
법령, 포고, 명령, 교령, 천명	**декрет** (제크레트)
법령[법제]화하다; (법령으로) 규정하다(제정하다)	**постановлять** (빠쓰따놉랴찌)

법률(상)의, 법률에 관한. ~ые нормы 법규범	**правовой** (쁘라붸보이)
법률상 정당하다고 인정(공인)하다, 합법화하다	**узаконить** (우자꼬니찌)
법률상, 법적으로	**де-юре** (제-유레)
법률상의 책임을 질 수 있는 능력(형법상)	**вменяемость** (브메냐모쓰찌)
법률위반, 위법(違法)	**правонарушение** (쁘라보나루쉐니예)
법률위반자, 범죄자(犯罪者)	**правонарушитель** (쁘라보나루쉬쩰)
법률의 상소; подавать ~ю 상소하다	**кассация** (까싸찌야)
법안, 법률안	**законопроект** (자깐노쁘로예꼐트)
법왕; ~ римский 로마법왕	**папа** (빠-빠)
법의 효력을 가지다	**действовать** (제이쓰뜨뷔와찌)
법인, 협회, 사단 법인	**корпорация** (까르뽀라찌야)
법적, 법적인, 합법적인, 법에 맞는	**законный** (자꼰느이)
법전, 법서; гражданский ~ 민법	**кодекс** (꼬덱쓰)
법전, 법제; уголовное ~ 형법	**законодательство** (자깐노다쩰쓰뜨뷔)
법칙; 법, 법령, 법률	**закон** (자꼰)
벗(기)다. 치우다; 벗다,~을 제거하다	**сняться** (스냐짜)

벗, 친구, 친우(親友)	**приятель** (쁘리야쩰)
벗, 친구, 친우(親友); 동무; 애인	**друг** (드룩)
벗겨지다, (나무껍질·암석의 표피·피부 등이) 벗어지다	**лупиться** (루삐쨔)
벗겨지다, 벗겨져 떨어지다, 박리(剝離)하다	**расслоиться** (라쓸로이쨔)
벗기다, 까다; 떼어내다, 발기다	**обдирать, соскоблить** (압지라찌)(싸쓰꼬블리찌)
벗기다, 제거하다	**свести, драть** (스베쓰찌)(드라찌)
벗다, (과일 등의) 껍질을 벗기다, 벗겨내다	**обдирать** (압지라찌)
벗다, 벗어던지다	**скидывать, скинуть** (스끼듸와찌), (스끼누찌)
벗다, 탈의하다	**снимать** (스니마찌)
벗어나다, 이탈하다, 다르다	**разъезжаться, свернуть** (라즈에즈좌쨔)(스붸르누찌)
벗어남, 탈선, 일탈, 정도[상궤]를 벗어남	**отклонение** (아트클로네니예)
벗어져 내리다, 미끄러져 내리다, 빠지다	**соскользнуть** (싸쓰꼴즈누찌)
벗어지다, 놓여나다	**сорваться** (싸르와쨔)
벙벙해서, 당황해서; 멍청하니	**растерянно** (라쓰쩨랸나)
벙어리가 되다, 말 못하게 되다; 저리다, 마비되다	**неметь** (네몌찌)
벙어리가 되다, 말을 못하게 되다	**онеметь** (아네몌찌)
벙어리의, 말을 못하는. 아자(啞子·啞者);	**немой**

	(네모이)
벙어리장갑	**рукавица** (루까비짜)
벙어리장갑, 통장갑	**варежки** (와레즈끼)
벗나무, 양벚의, 버찌의	**вишнёвый** (뷔스뇨브이)
벗나무, 화목(樺木), 산앵(山櫻), 양벚나무	**вишня** (뷔스냐)
베개; 베개가 되는 물건, 침목, 덧베개; 덧대는 것	**подушка** (빠두스까)
베껴 그리다, 복사하다, 모사하다	**срисовать** (스리쏘와찌)
베껴쓰다, 베끼다, 복사하다; 모사하다; 표절하다	**списать** (스삐싸찌)
베끼다, 모방하다; 다른 글자로 옮겨 쓰다,	**переписывать** (뻬레삐씌와찌)
베끼다, 도용하다, 표절하다, (답을) 커닝하다	**сдирать** (즈지라찌)
베내다, 잘라내다; 채벌하다; 까내다	**срубать** (스루바찌)
베는 것, 찍는 것, 패는 것	**рубка** (루브까)
베다, 새기다, 파다, ~에 조각하다	**резать** (레자찌)
베다, 자르다, 썰다	**порезать разрезать, сечь** (빠레자찌) (라즈레자찌) (쎼치)
베다, 찍다, 패다	**рубить** (루비찌)
베드로전서(Первое послание Петра, 5장)	**1 Петра** (뻬뜨라 1)
베드로후서(Второе послание Петра, 3장)	**2 Петра** (뻬뜨라 2)

- 566 -

베레모, 둥근 모자	**берет** (베레트)
베어 상처를 내다	**порезать** (빠레자찌)
베어 상하다(상처를 입다), 베다	**обрезаться** (아브레자쨔)
베어[거둬]들이는 사람, 곡물수확기	**жница жнейка** (쥐니짜) (쥐네이까)
베어들이는 사람; 수확기(機), 벌채 기계	**лобогрейка** (로보그레이까)
베어[잘라]내다	**отколоть, вырезать** (아트클로찌) (븨레자찌)
베어들이다, 거둬들이다. 작물을 수확하다	**жну(т) нажать** (쥐누) (나좌찌)
베어링(bearing), 축 받치개, 축(軸)받이	**подшипник** (빨쉬츠닉)
베어서 구멍을 내다, 도려내다	**прорезать** (쁘라레자찌)
베어진 자리, 상처(傷處)	**порез** (빠레즈)
베이다, (날이) 들다. 베어내다, 제거[제외]하다	**скроить** (스크로이찌)
베이스(base, 남성의 최저 음역), 낮은 음	**бас** (바쓰)
베이컨(bacon)	**бекон** (베꼰)
베일, 면사포	**вуаль** (붸알)
베천, 평직천	**полотно** (빨로트노)
베타 ~лучи(물리)베타선(beta 線)	**бета** (베따)

베터리, 전지	**аккумулятор** (악꾸물랴또르)
베테치아풍(風)의 블라인드, 감아올리는 발(자일)	**жалюзи** (좔류지)
벡터, 방향량(方向量)	**вектор** (쀅따르)
벤자리; (V자 모양의) 새김눈. 오늬, (활)고자	**надрез** (나드레즈)
벨, 종소리 ~ звон 종소리	**колокольный** (깔로꼴느이)
벨벳(velvet) 비로도	**бархат** (바르핫트)
벼재배, 벼농사	**рисоводство** (리쏘볻쓰뜨붜)
벼, 나록, 답곡	**рис** (리쓰)
벼; 입쌀; ~ ое поле 논	**рисовый** (리쏘브이)
벼랑, 가파른 곳, 낭떠러지	**крутизна** (크루찌즈나)
벼룩(flea)	**блоха** (블로하)
벼리는 것, 단조(鍛造)	**ковка** (까브까)
벼리다, 단조(단련. 창조)하다; 편자를 신기다	**ковать** (까와찌)
벼 재배자, 벼농사 전문가, 벼농사꾼	**рисовод** (리쏘볻)
벽, 바람벽, 담장, 성벽	**стена** (스쩬나)
벽난로, 스토브, 페치카(pechka), 슈미네(cheminee)	**печка** (뻬체까)
벽난로, 난로, 벽로; электрический ~ 전기난로	**камин**

	(까민)
벽난로의 뚜껑, 아궁뚜껑, 마개	**заслонка** (자쓸론까)
벽돌 속에 밀폐하다, 묻어두다	**замуровать** (자무로와찌)
벽돌, 벽와(甓瓦), 연와(煉瓦)	**кирпич** (끼르삐츠)
벽돌공, 석축공	**каменщик** (까멘쉬크)
벽면의 콘센트	**шпалера** (쉬빨레라)
벽보(壁報), 벽서(壁書)	**стенгазета** (스쩬가제따)
벽옥(碧玉) 푸른빛의 고운 옥. 재스퍼, 석영	**яшма** (야쉬마)
벽옥처럼	**яшмовый** (야쉬모브이)
벽을 세우다, 쌓아 올리다	**класть** (클라쓰찌)
벽이 없는 마루방	**терраса** (떼라싸)
벽장(壁欌) 학갑	**стенка** (스쩬까)
벽지(僻地), 벽촌(僻村), 쓸쓸한 곳, 후미진 곳, 산골	**глушь** (글루쉬)
벽지, 도배종이(도배지), 벽종이	**обои** (아보이)
벽지를 바르다, (족자 따위로) ~을 꾸미다	**обвесить** (압볘씨찌)
벽지에서 살다	**кулички** (꿀리츠끼)
벽화(壁畵), 프레스코화; 프레스코 화법	**фреска** (프레쓰까)

변, 면, 직각변, (삼각형의) 변(밑변 제외)	**катет** (까쩨트)
변경, 변방, 변강소재지	**край** (크라이)
변경되다, 갈리다, 고쳐지다, 변하다, 바뀌다	**размениваться** (라스메니와쨔)
변경시키다, 근본적으로 개조하다(뜯어고치다)	**перекраивать** (뻬레크라이와찌)
변경하다, 고치다, 다르게 만들다	**переиначивать** (뻬레이나치와찌)
변덕(變德), 괴벽(怪癖)	**причуда прихоть** (쁘리추다) (쁘리호찌)
변덕(스러운 행위) 변칙, 이례, 이상;	**непостоянство** (네빠쓰또얀쓰뜨뷔)
변덕부리다, 도섭(을)부리다(피우다)	**капризничать** (까쁘리즈니차찌)
변덕스러운, 변덕이 많은	**капризный, неровный** (까쁘리즈느이) (네로 브느이)
변동, 변혁	**сдвиг** (즈드비그)
변명(증명)하다	**оправдываться** (아쁘라브드와쨔)
변명, 구실	**извинение** (이즈비녜니예)
변명, 정당화; находить ~ 병명을 하다	**оправдание** (아쁘라브다니예)
변명, 해명; 사과	**отговорка** (아트가볼까)
변명[해명]하다, 옹호[변호]하다	**извиниться** (이즈비니쨔)
변명하여(구실을 붙여서)거절하다	**отговариваться** (아트가와리와쨔)

변발(辮髮); 여자의 긴 머리털 한 다발, 많은 머리	**коса** (까싸)
변방(邊防), 지방(地方)	**краевой** (크라예보이)
변변치못한, 박한	**скромный** (스크로므느이)
변비, 변폐(便閉), 비결(秘結), 변비증(便秘症)	**запор** (자뽀르)
변압기(變壓器)	**трансформатор** (뜨란쓰포르마또르)
변압소, 변전소(變電所)	**электроподстанция** (엘렉뜨라뽀드쓰딴찌야)
변을 보다	**испражняться** (이쓰쁘라즈냐쨔)
변장, 가장, 위장; 분장; 가장복	**личина** (리치나)
변장(가장.위장.미채)하다, 카무플라주, 속이다	**замаскировать** (자마쓰끼로와찌)
변장시키다, 가장하다	**наряжать, наряжаться, рядиться** (나랴좌찌)(나랴좌쨔) (랴지쨔)
변장한, 위장한	**переодетый** (뻬레아졔뜨이)
변전소(變電所); 중계전화교환소	**подстанция** (빧쓰딴치야)
변절(배반, 배신)하다	**изменять** (이즈메냐찌)
변절자, 반역자, 배신자	**дегенерат ренегат** (졔게네라트) (레네같)
변종, 변형(變形), 변체	**вариант** (와리안트)
변증법(辨證法), 논증학; 논리학	**диалектика** (지아렉찌까)
변증법적(발전) 과정	**диалектика**

	(지아렉찌까)
변증법적(으로), 디알렉틱적(dialectic)	**диалектический** (지아렉찌체쓰끼이)
변질하다, 퇴화하다, 나쁘게 되다	**выродиться** (븨로디쨔)
변천, 추이; 변화, 변동;(장면·태도·견해의) 변경, 전환	**сдвиг** (즈드비그)
변하기 쉬운 것, 가변성, 변덕, 변이성	**изменчивость** (이즈멘치붜쓰찌)
변하기 쉬운, 변덕스러운	**изменчивый переменчивый** (이즈멘치브이)(뻬레멘치브이)
변하기 쉬운, 유동성의	**беглый, неустойчивый** (볘글르이)(네우쓰또이치브이)
변하는 시기의, 과도적인 통로;~люк 통로문	**переходный** (뻬레호드느이)
변하다, 달라지다, 전변되다	**обращаться, перемениться** (아브라샤쨔)(뻬레메니짜)
변하지 않는, 불변한, 굳어진	**неизмен-ный** (네이즈멘느이)
변함없이, 여전하게, 확고부동하게	**неизменно** (네이즈멘나)
변형(變形), 변화(變化)	**трансформация** (뜨란쓰포르마찌야)
변형, 변종(變種), 형태의 변화	**видоизменение** (뷔도이즈메녜니에)
변형되다	**трансформироваться** (뜨란쓰포르미로와쨔)
변형시키다	**трансформировать** (뜨란쓰포르미로와찌)
변형(변화.전환)시키다, ~으로 만들다	**превратить** (쁘레브라찌찌)
변호사, 변호인	**адвокат** (아드붜깟트)

변호의뢰인, 변호를 받는 사람	**подзащитная** (빠드자쉬트나야)
변호인, 비호자, 대변자(代辯者)	**апологет** (아뽈로곋)
변호측, 변론측, 옹호측	**защита** (자쉬따)
변호(변론)하다. 변명하다	**сослаться, отговориться** (싸쓸라짜) (아트가보리짜)
변화, 변경, 변동	**изменение, перемена** (이즈메네니예) (뻬레메나)
변화, 전환; ~я идей 사상의 변화	**эволюция, превращение** (에발류찌야) (쁘레브라쉐니예)
변화되다, 활용되다	**спрягаться** (스쁘랴가짜)
변화시키는 것의 변압기의, 트랜스의	**трансформаторный** (뜨란쓰포르마똘느이)
변화시키다, 변경하다, 다르게 하다	**изменять** (이즈메냐찌)
변화(변형)하다, 면모가 개조되다	**преобразиться, преобразить** (쁘레옵라지짜)(쁘레옵라지찌)
변환, 전환, 전화, 변화, 전환, 변이, 변천, 추이	**переход** (뻬레호드)
변환기, 변류기	**конвертор** (깐베르또르)
별, 항성, 성좌, 천체; Полярная ~북극성	**звезда** (즈베즈다)
별개, 갈라진	**раздельный** (라스젤느이)
별다른, 색다른, 유난스러운	**особенный** (아쏘뻰느이)
별명, 별칭, 작호, 작명, 이명, 패호, 별호	**прозвище** (쁘로즈비쉐)

별의; ~ая ночь 별이 총총한 밤	**звёздный** (즈뵤드느이)
별장 거주자	**дачник** (다츠니크)
별장(別莊), 산장. 시골 집, 작은 집, 아담한 집	**дача** (다차)
별찌, 유성, 별똥별, 유화, 운성(隕星), 분성(奔星)	**метеор** (메쩨오르)
별행(別行)	**абзац** (아브자쯔)
볏; 도가머리, 관모(冠毛).	**гребень** (그레벤니)
볏; 새의 도가머리, 관모(冠毛), 술, 타래	**хохол хохолок** (하홀),(하홀로크)
볏밥, 버럭더미, (석탄·쓰레기의) 더미; 쓰레기 버리는 곳	**отвал** (아트왈)
병에서 회복하다	**проходить** (쁘라호지찌)
병(病), 불쾌; 발병. 병나기, 발병; 질병	**заболевание** (자볼레와니예)
병(瓶), 유리병(琉璃瓶)	**бутылка** (부뗄까)
병(불행)을 얻다, 가져오다, 걸리다	**пробка** (쁘롭까)
병균 전파자, 보균자[물], (유전자의) 보유자	**переносчик** (뻬레노쓰칙)
병든, 앓는, 아픈	**больной** (발노이)
병들다, 병에 걸리다, 병약하다, 건전치 못하다	**захворать** (자흐붜라찌)
병들어 약한, 쇠약한, 잘 앓는	**болезненный** (볼례즈네느이)
병리학; 병리; 병상(病狀). 병적성격, 기형성	**патология**

	(빠딸로기야)
병리학의, 병리상의; 병적인	**патологический** (빠딸로기체쓰끼이)
병리해부학자	**патологоанатом** (빠딸로고아나똠)
병마개를 뽑다(열다)	**откупоривать, откупорить** (알꾸뽀리와찌), (아트꾸뽀리찌)
병사, 전사, 군사, 병졸, 군병	**солдат, боец** (쌀르다트) (보예쯔)
병세, 경과, 염증	**процесс** (쁘라쩻쓰)
병신, 불구자	**урод** (우로드)
병신으로 만들다	**уродовать** (오루도와찌)
병실, 병소(病所), 병사(病舍), 환자실(患者室)	**палата** (빨라따)
병아리(새끼가) 까나오다	**выводиться** (븨뷔지쨔)
병아리, 어린 닭	**цыплёнок** (쯔쁠료노크)
병약한, 허약한, 골골하는 시들시들한, 발육이 나쁜	**хилый** (힐릐이)
병에 걸려 눕다	**свалиться** (스왈리쨔)
병에 걸릴 확률	**заболеваемость** (자볼레와예모쓰찌)
병역의무자(兵役義務者)	**военно-обязанный** (바옌나-오뱌잔느이)
병영(兵營), 병사(兵士)	**казарма** (까자르마)
병원(病院)	**больница** (발니짜)

병원에서 격리실, (학교·공장의) 진료소, 양호실	**изолятор** (이졸랴또르)
병원학, 원인론(原因論)	**этиология** (에띠올로기야)
병으로 인한 열, 체열, 발열, 신열	**жар** (좌르)
병을 고치는; (육체·정신의) 건강에 좋은	**оздоровительный** (아즈도로 비쩰느이)
병을 앓다, 겪다, 병치레하다	**переболеть** (뻬레발레찌)
병을 완치하다	**исцелить** (이쓰쩰리찌)
병을 일으키는, 병을 낳는	**болезнетворный** (볼레즈네뜨보르느이)
병이 나다, 병에 걸리다, 탈이 나다	**заболеть** (자볼레찌)
병이 침범하다	**поразить** (빠라지찌)
병참(兵站)장교, 보급장교(略:Q.M.);	**интендант** (인쩬단트)
병참부, 식량 경리부; 식량 보급	**комис-сариат** (까미싸리아트)
볕에 말린	**вяленый** (볘얄네느이)
보(洑), (운하의) 수문, 갑문	**шлюз** (쉴류즈)
보(洑), 봇물, 댐(dam), 물동, 방죽,	**запруда** (자쁘루다)
보, 휘장, 씌우개, 막, 장막	**пелена** (뻴레나)
보강(補強), 강화(強化) 보완	**подкрепление** (빠드크레쁠레니예)

보건시설(위생물화)의 개선	**оздоровление** (아즈도로블레니예)
보고 알다, 식별하다	**опознавать** (아빠즈나와찌)
보고(報告), 보고서	**доклад** (다클라드)
보고, 보고서(報告書), 통지(通知)	**рапорт** (라빠르트)
보고자, 말[이야기]하는 사람; 강연자, 연설자	**докладчик** (다클라드치크)
보고하다	**рапортовать** (라빠르트와찌)
보고하다, 알리다, (들은 것을) 전하다, 말하다	**докладывать** (다클라듸와찌)
보관되어있다; 간직(보호)되다, 저축(저장)하다	**храниться** (흐라니쨔)
보균자(保菌者), 균을 가진 사람	**бациллоноситель** (바찔로노씨쩰)
보급(普及), 전파(傳播), 유포(流布)	**распространение** (라쓰쁘로쓰뜨라네니예)
보급(전파, 유포)하다	**распространять** (라쓰쁘라쓰드라냐찌)
보급, 대중화, 군중화, 통속화	**популяризация** (빠뿔랴리자찌야)
보급시키다, 장려하다	**культивировать** (꿀찌비로와찌)
보급자(補給者), 선전자	**проповедник** (쁘라뽀볘드닉)
보급자(補給者), 전파자	**распространитель** (라쓰쁘로쓰뜨라니쩰)
보기 드문, 여간이 아닌, 비상한, 뛰어난	**необыкновенный** (네아븨크노볜느이)
보기싫게(밉게) 만들다, 불구로 만들다	**обезображивать**

	(아베조브라지와찌)
보기 싫은, 뇌꼴스러운, 볼품이 없는,	**неприглядный** (네쁘리글랴드느이)
보기 원하는; 감시용의, 관찰용의	**смотровой** (스마뜨로보이)
보기흉한(외모), 몰골 사나운, 추한	**уродство безобразный** (우로드쓰뜨뷔) (베조브라즈느이)
보기흉한, 볼품없는, 모양새 없는	**нескладный, уродливый** (네쓰클라드느이) (우로들리브이)
보기 좋은, 허울좋은, 풍채 좋은	**благовидный** (블라가뷔드느이)
보내는 것, 부치는 것, 발송; 배달, 송금, 송달	**пересылка** (뻬레쓸까)
보내는 것, 발송, 파견, 출발, 급파, 특파, 급송	**отправка** (앗쁘랍까)
보내는 사람, 발신자, 발송인	**отправитель** (앗쁘라비쩰)
보내다, 부치다, 발송(송신.송전.배달)하다	**пересылать, послать** (뻬레쓸라찌) (빠쓸라찌)
보내다, 들여다 보내다, 잠입시키다	**засылать** (자쓸라찌)
보내다, 파견(파송)하다	**высылать, слать, адресовать** (븨쓸라찌) (슬라쓰찌) (아드레쏘와찌)
보내다; 발송(송신.송전)하다	**возвратить, вернуть(ся)** (바즈브라찌찌) (보즈브라찌쨔)
보내오다	**прислать** (쁘리쓸라찌)
보닛, 엔진 덮개	**шляпа** (쉴래빠)
보다 가까이(접근하여.인접하여)	**поближе** (빠블리제)
보다 높이, ~의 위(쪽)에, ~(의)위에[의],	**вне** (브네)

- 578 -

보다 더 높이 솟아오르다, 제압하다	**доминировать** (도미니로와찌)
보다 더 빠른, (보다)더 빨리	**скорее, скорей** (스까례예), (스꼬례이)
보다 만나다	**увидеть** (우뷔제찌)
보다 빨라지는 것	**ускорение** (우쓰꼬례니에)
보다 오랜 시대의 유물로서 남아있는	**реликтовый** (렐리끄또브이)
보다 자주 일어나는, 빠른, 민첩한 사람(것)	**чаще** (차쉐)
보다 정확(명확)하게 되다	**уточнять, уточняться** (우따츠냐찌) (우따츠냐쨔)
보다 좋은 것, 가장 좋은 것	**лучший** (루츠쉬)
보다(가장) 작은(약한, 어린)	**меньший** (멘니쉬이)
보다, ~이 보이다	**видимый** (뷔지므이)
보다, 바라보다, 주시하다, 눈을 돌리다	**взирать** (프지라찌)
보다, 바라(주시)하다, 눈을 돌리다	**поглядеть, посмотреться** (빠글랴제찌)(빠쓰몰레쨔)
보다; 쳐다보다	**смотреть** (스마뜨레찌)
보답이 없는; 보수를 받지 않는	**неразделённый** (네라즈젤룐느이)
보답하다, 보상하다, 갚아지다	**оправдывать, окупаться** (아쁘라브드와찌) (아꾸빠쨔)
보도, 정보, 통지, 소식	**сведение** (스뷔제니예)

보도기자	**репортёр** (레빠르쬴)
보도(통보.통지)하다	**информировать, сообщить** (인포르미로와찌) (싸아브쉬찌)
보드카 와 맥주의 혼합주	**ёрш** (요르쉬)
보드카, 술	**водка** (붜드까)
보람(효과) 있게	**плодотворно** (쁠로다뜨보르나)
보람있는, 효과적인, 성과가 많은	**плодотворный** (쁠로다뜨보르늬이)
보람찬, 활기띤	**полнокровный** (빨노끄롭늬이)
보랏빛(violet), 연자색	**лиловый** (릴로브이)
보루(堡壘)	**бастион** (바쓰티온)
보류하다; 그대로 두다, 계속(유지)하다	**задержать(ся)** (자제르좌찌)
보름달, 둥근달, 만월(滿月), 백옥반(白玉盤)	**полнолуние** (빨놀루니예)
보리 등의 이삭, (옥수수의) 열매	**колос** (꼴로쓰)
보리. 대맥(大麥), 숙맥(宿麥)	**ячмень** (야츠몐니)
보리가루로 만든 작은 빵	**ячневик** (야츠네빅)
보리수나무, 볼레나무, 달피나무	**липа** (리빠)
보리쌀, 대맥(大麥), 숙맥(宿麥)	**перловка** (뻬를롭까)
보물, 보배, 귀중품(貴重品)	**сокровище**

	(싸크라비쉐)
보물고(寶物庫), 보물(귀중품)창고	**сокровищница** (싸크라비쉬니짜)
보배, 보물(寶物)	**клад** (클라드)
보배, 재보, 금은, 보물, 귀중품	**драгоценность** (드라가쩬노쓰찌)
보병(步兵), 보병대, 보군(步軍), 보졸(步卒)	**пехота** (뻬호따)
보병(포병. 공병)의 2등 대위;	**штабс – капитан** (쉬땁쓰-까삐딴)
보병총(步兵銃), 엠원(M1), 엠십육(M16)	**винтовка** (뷘또브까)
보복, 징벌, 형벌, 처벌(處罰)	**возмездие** (바즈몌즈지에)
보살피다, 돌보다	**уберечь, смотреть** (우베레치)(스마뜨레찌)
보상(배상)하다, 갚아주다, 벌충하다	**компенсировать** (깜뻰씨로와찌)
보상, 배상	**компенсация** (깜뻰싸찌야)
보상금, 수당금, 상금(償金)	**вознаграждение** (바즈나그라즈졔니에)
보석반지	**перстень** (뼤르쓰쩬)
보수, 보답; 앙갚음, 보복. 갚음, 반제; 보은	**отплата** (앗쁠라따)
보수, 사례, 봉급; 요금, 수수료, 수고 값	**гонорар** (가나라르)
보수계, 만보계, 패시미터(passi- meter)	**, шагомер** (샤고몔)
보수를[상을] 주다, ~에게 보답하다	**наградить, награждать** (나그라지찌),(나그라지다찌)

- 581 -

보수성, 완고성	**косность** (까쓰노쓰찌)
보수적인, 보수적	**консервативный** (깐세르와찌브느이)
보수주의(保守主義)	**консерватизм** (깐세르와찌즘)
보수주의자 보수파, 보수당원	**консерватор** (깐세르와따르)
보습 날,(보습 앞에 단) 풀 베는 날	**лемех** (레메흐)
보습; (불도저의) 흙밀이 판, (제설차의) 제설판	**отвал** (아트왈)
보시(布施); 시주; 자선(행위). 자애, 자비, 박애(심),	**подаяние** (빠다야니예)
보시(布施)하다 자선(행위)하다. 섬기다	**подавать** (빠다와찌)
보약(補藥)	**бальзам** (발잠)
보어(補語), 기움말, 보족어(補足語),	**дополнение** (다빨녜니에)
보여 주거나 헛된 기대를 갖게 하여 괴롭히다	**томить** (따미찌)
보였다 사라졌다가, 얼른거리다, 사물거리다	**мелькать** (멜까찌)
보온기(保溫器), 발열기	**грелка** (그렐까)
보온병(保溫瓶)	**термос** (떼르모쓰)
보유, 점유, 소유(권); 토지보유(조건)	**проведение** (쁘라붸제니예)
보유하다	**сохранить** (싸흐라니찌)

보이게 되다, 눈에 뜨이다, 나타나다	**обозначить** (아바즈나치찌)
보이기[과시하기] 위해, 자랑으로	**напоказ** (나뽀까즈)
보이는 것	**показ** (빠까즈)
보이는 것, 시야	**видимость** (뷔지마쓰찌)
보이다, 나타내다; 밝히다. 전시[진열]하다	**обна-ружить(ся)** (압나루쥐찌)
보이다, 눈에 띄다	**виднеться** (뷔드네짜)
보이다, 발표하다, 노출하다	**экспозе[-зэ]** (엑쓰뽀제)
보이지 않게 되다, 사라지다	**затеряться** (자쩨랴짜)
보일러(boiler), 증기가마	**котёл** (까쫄)
보일러강(鋼)판(압연 강판)	**стереотип** (스쩨레오찌쁘)
보일러실	**котельная** (까쩰나야)
보일유(boil油), 건성유	**олифа** (알리파)
보잘 것 없는 것	**боб** (보브)
보잘 것 없는 사람, 하찮은(이름없는) 사람	**ничтожество** (니쉬또줴쓰뜨붜)
보잘것없는 것, 빈약(貧弱)	**убожество** (우보줴쓰뜨붜)
보장(제공)된	**обеспеченный** (아베쓰뻬체느이)

보장(제공, 공급)하다	**обеспечивать** (아베쓰뼤치와찌)
보장, 보증, 바라지, 공급	**обеспечение** (아베쓰뼤체니예)
보전(유지.보존.저장)하다	**сберегать, сохранить** (즈베레가찌)(싸흐라니찌)
보조, 보조적인, 부차적인	**вспомогательный** (프쓰빠마가쩰느이)
보조개, 옴폭 들어간 곳, 작은 구멍(구덩이)	**ямочка** (야모츠까)
보조금(補助金)	**субсидия** (숩시지야)
보조금을 주다	**субсидировать** (숩시지로와찌)
보조의; 부차적인; 종속적인, 보충적인	**разменный** (라스메느이)
보존식품, 설탕조림, 잼(jam), 통(병)조림의 과일	**варенье** (와레니에)
보존(간직, 보관)하다	**сохранить** (싸흐라니찌)
보존(보관, 유지)되다	**сохраниться** (싸흐라니쨔)
보존, 보관, 보호; в ~и 무사히	**сохранность** (싸흐라노쓰찌)
보존, 저장; 보호, 보관	**сбережение** (즈베레줴니예)
보좌관(輔佐官); 부책임자	**помощник** (빠모쉬니크)
보충하다, 메우다	**наверстать, навёрстывать** (나붸르쓰따찌), (나뵤르쓰띄와찌)
보증(담보)이 없는, 무보증의	**необеспеченный** (네아베쓰뼤첸느이)
보증(保證), 담보(擔保)	**ручательство**

	(루차쩰쓰뜨뷔)
보증, 보(保), 보장, 현보(顯保)	**поручительство, порука** (빠루치쩰쓰뜨뷔) (빠루까)
보증(확인)하다;~ подпись 인증하다	**удостоверить** (우다쓰또볘리찌)
보증, 보장, 담보(擔保)	**гарантия** (가란찌야)
보증; 보증금; 담보(물); 보증인; 차용증	**залог** (잘로그)
보증서다	**поручиться** (빠루치쨔)
보증인(保證人)	**поручитель** (빠루치쩰)
보증하다, 담보하다, 책임지다	**ручаться** (루차쨔)
보증(보장.보정.정당화)하다	**окупить гарантировать** (아꾸삐찌) (가란찌로와찌)
보채다, 성가시게 굴다, 들볶다; 분하게 하다	**досаждать** (다싸즈다찌)
보초, 보초, 초병, 파수꾼; 위병; 호위병	**караул** (까라울)
보초장	**разводящий** (라스뷔쟈쉬이)
보충(補充), 보강(補强)	**пополнение** (빠뽈녜니예)
보충(추가) 하다, 첨가하다, 보태다	**дополнить, дополнять** (다뽈니찌), (다빠르냐찌)
보충되다, 보태어지다	**пополниться** (빠뽈니쨔)
보충보고, 추가보고	**содоклад** (싸다클라드)
보충의, 보유의, 추가의, 부록의, 증보의;	**придаточный** (쁘리다또치느이)

보충인원, 보충부대, 증원대	**пополнение** (빠쁠녜니예)
보충적으로, 추가하여	**дополнительно** (다빨니쩰나)
보충적인, 보조적인	**добавочный** (다바뷔츠느이)
보충하다, ~에게 보상하다, ~에게 변상하다	**искупать** (이쓰꾸빠찌)
보충하다, (대신)채우다	**комплектовать, восполнить** (깜쁘렉또와찌) (바쓰뽈니찌)
보태는 것, 덧붙이	**примесь** (쁘리몌시)
보태어 말하다, 더 쓰다	**прибавить** (쁘리바비찌)
보태어(더) 물다	**доплатить, доплачивать** (다쁠라찌찌완), (다쁘라치와찌)
보탬, 덧붙어(기); ~ к сказанному부언	**добавление** (다바블례니에)
보통 차양이 없는 부드러운 모자	**шапчонка** (샤쁘촌까)
보통, 잘 알려진	**привычный** (쁘리브치느이)
보통, 평범한	**простой** (쁘라쓰또이)
보통과 다른, 정상이 아닌; 변칙의	**ненормальный** (네노르말느이)
보통교육, 일반교육	**общеобразовательный** (압쉐오브라조와쩰느이)
보통교육부문의 교원, 강사	**учитель** (우치쩰)
보통교육부문의 여교원, 여선생	**учительница** (우치쩰니짜)

보통날, 평상시(명절날을 제외한)	**будни** (부드니)
보통보다도 이랑을 넓게 하는, 넓은 밭이랑의	**широкорядный** (쉬로까래드느이)
보통서류 좌상단에 찍는 공적인 도장, 직인	**штамп** (쉬땀쁘)
보통의, 통상의, 일상의, 평소의, 평범한,	**обыкновенный** (아븨크나볜느이)
보통이 아닌, 예외, 별쭝맞은, 유난히	**необычный** (네아븨츠느이)
보트(노)를 젓다, 노젓기, 로잉(shell에 의한 보트레이스).	**гребля** (그레블랴)
보트(boat), 단정(短艇) 작은배	**бот, боты** (보트)(보띄)
보트, 어선, 범선, 모터보트, 선박, 기선	**шлюпка** (쉴류쁘까)
보트의 널빤지	**банка** (반까)
보편적인, 한껏 뻗친(펼친)	**распространённый** (라쓰쁘로쓰뜨라뇬느이)
보풀 같은, 솜털 모양의; 보풀이 인	**пушистый** (뿌쉬쓰띄이)
보풀 같이 되다, 솜털 모양으로 되다;	**расплываться** (라쓰쁠르와짜)
보풀, 보푸라기, 부푸라기	**ворс** (뷔르쓰)
보풀로 덮인, 솜털이 난, 곱슬곱슬한.	**пушистый** (뿌쉬쓰띄이)
보풀이 있는, 보풀보풀한	**ворсистый** (바르씨쓰뜨이)
보행자	**ходок** (하도크)
보험; ~ жизни 생명보험	**страхование**

	(стпрахованиие)
보험금; 보험료	**страховка** (스뜨라호브까)
보험에 가입하다, ~에 보험을 들다	**застраховать(ся)** (자쓰뜨호와찌)
보험을 체결하다	**страховать** (스뜨라호와찌)
보험이 들지 않은	**незастрахованный** (네자쓰뜨라호완느이)
보호 없는, 무방비한, 의지할 곳 없는	**беззащитный** (베자쉬드느이)
보호, 옹호, 변호, 변론	**защита** (자쉬따)
보호, 후원, 찬조, 장려	**шефство** (쉐프쓰뜨붜)
보호(수호.비호)하다, 막다, 지키다	**сберегать охранить** (즈베레가찌) (아흐라니찌)
보호구역, 보호구, 금렵구; лесной ~ 보호림	**заповедник** (자뽀베드니크)
보호받지 못한, 무방비한, 보호시설이 없는	**незащищённый** (네자쉬숀느이)
보호색의, 보위색의	**защитный** (자쉬뜨느이)
보호자(保護者), 비호자	**покровитель, патрон** (빠끄로비쩰)(빠뜨론)
보호하다, ~에 지붕을 달다; (지붕을) 이다	**завершить(ся)** (자붸르쉬찌)(쨔)
보호(후원)하다	**шефствовать** (쉐프쓰뜨붜와찌)
복관, 중앙(中央), 중간(中間):	**середина** (쎄레지나)
복구의, 부흥의, 회복의	**восстановительный** (바쓰따나 뷔쩰느이)

- 588 -

복구, 부흥(復興), 회복(回復)	**восстановление** (바쓰따나블레니에)
복구(회복)하다, 부흥시키다	**восстанавливать** (바쓰따나블리와찌)
복권 뽑기; 추첨; 운, 재수. ~билет 추첨표	**лотерейный** (라떼레이느이)
복도	**коридор** (까리돌)
복돋우다, 일으키다	**возбудить** (바즈부디찌)
복리(福利), 행복(幸福), 이익, 편안	**благо, благосостояние** (블라고) (블라가쏘쓰또야니예)
복막(腹膜), 배막	**брюшина** (브류쉬나)
복막염(腹膜炎)	**перитонит** (뻬리또닡)
복무(服務), 봉사(奉事)	**служение** (슬루줴니예)
복무하다, 이바지하다, 봉사하다	**служить** (슬루쥐찌)
복사, 등사, 베껴(고쳐) 쓰기, 타이프로 침	**переписка** (뻬레삐쓰까)
복사기의 일종	**шапирограф** (샤삐로그라프)
복사물, 복세물, 모사물	**репродукция** (레쁘로둑찌야)
복사뼈 마디, 닭의 무릎, (네발짐승 뒷다리의) 무릎	**окорок** (오까로크)
복사뼈, 발목, 돼지 족	**щиколка, щиколотка** (쒸꼴까) (쒸꼴로트까)
복사원, 등사원	**копировщик** (꼬삐로브쉬크)

복사지, 등사지	**копирка** (꼬삐르까)
복사하다, 등사하다, 모사하다	**копировать** (꼬삐로와찌)
복서, 권투 선수	**бокс** (복스)
복선의; ~путь (철도) 복선궤도	**двухколейный** (드부흐깔레이느이)
복속(복종.배속)되다 ~에 복종하다, ~에 따르다	**подчиниться** (빤치니쨔)
복수(보복)하다, 결판을 짓다	**расквитаться** (라쓰크비따쨔)
복수, 원수 갚기, 보복, 앙갚음, 분풀이	**мщение** (므쉐니에)
복수심이 강한, 앙갚음하는	**мстительный** (므스찌쩰느이)
복수의; 두 개 이상의, 복수의	**множественный** (므노줴쓰뜨벤느이)
복수자, 보복자	**мститель** (므스찌쩰)
복수(보복)하다, 앙갚음하다	**мстить, расплатиться** (므스찌찌) (라쓰쁠라찌쨔)
복숭아나무; 복숭아, 복사, 복숭; 도실(桃實)	**персик** (뻬르씨크)
복숭아빛, 노란빛이 도는 핑크색	**персик** (뻬르씨크)
복습, 연습, 개정, 교정(校訂), 교열, 수정	**повторение** (빠브또레니에)
복습하다, 온습(溫習)하다	**повторять** (빠브또르야찌)
복음(福音: 기쁜소식, 가스펠; 그리스도의 가르침)	**евангелие** (예완겔리예)
복음서(福音書: 신약성서의 마태(마가.누가.요한)복음)	**евангелие**

	(예완곌리예)
복음전도자, 복음사가, 신약 복음서의 기록자	**евангелист** (예완곌리쓰트)
복잡(착잡) 해지다	**усложняться** (우쓸로쥐냐쨔)
복잡(착잡)하게 하다	**усложнять** (우쓸로쥐냐찌)
복잡성(複雜性)	**сложность** (슬로즈노쓰찌)
복잡하게 되다, 까다롭게 되다, 번거롭게 되다	**осложнить** (아쓸로즈니찌)
복잡(무질서)하게 하다(만들다); 혼란 시키다	**осложнять** (아쓸로즈냐찌)
복잡하게	**сложно** (슬로즈나)
복잡하다, 착잡하다	**сложно** (슬로즈나)
복잡하지 않은, 간단한, 단수한	**несложный** (네쓸로즈느이)
복잡한, 까다로운	**мудрёный** (무드료느이)
복잡해지다, 착잡해지다	**осложняться** (아쓸로즈냐쨔)
복장, 옷차림; головной ~ 모자	**убор** (우보르)
복종(僕從), 순종(純宗); 순복	**повиновение** (빠뷔노붸니예)
복종(순종)하지 않는 것, 불복	**неподчинение** (네빠드치네니예)
복종(순종, 순복)하다	**повиноваться** (빠뷔나와쨔)
복종(정복, 순종)하지 않는, 굴복시킬 수 없는	**непокорный** (네빠꼬르느이)

복종시키다, 따르게 하다	**вынести подчинить[ся]** (브네쓰찌) (빧치니찌)(쨔)
복종하다, 굴복하다	**покориться** (빠꼬리쨔)
복종하지 않은 것, 불복, 반항	**неповиновение** (네빠비노뷔니예)
복직 ~в должности 복직	**восстановление** (바쓰따나블레니에)
복직하다 ~в должности 복직시키다	**восстанавливать** (바쓰따나 블리와찌)
복판에, 한가운데, 중간에, 한가운데	**посередине** (빠쎄레지네)
복합[연합]체, 합성물	**комплекс** (꼼쁘렉쓰)
볶다, 지지다, 굽다	**поджаривать** (빧자리와찌)
볶아지다, 구워지다	**поджариться** (빧좌리와쨔)
볶은 음식	**поджарка** (빧좌르까)
본 따는 것; 모방, 모조; 가짜	**подражание** (빧라좌니예)
본, 본보기	**выкройка** (븨크로이까)
본거지(本據地), 거점(據點)	**база** (바자)
본관(本管), (철도, 전기 등의) 간선, 본선	**магистраль** (마기쓰뜨랄)
본능(本能), 본성(本性)	**инстинкт** (인쓰찐크트)
본능적인	**инстинктивный** (인쓰찐끄찝느이)
본따다, 흉내내다; 모방하다	**подражать**

	(빨라좌찌)
본때를 보이다	**показать** (빠까자찌)
본래; ~ый цвет 본색, 본래의 빛 갈	**натуральный** (나뚜랄리느이)
본래대로 하다; ~의 건강을 회복시키다	**восстановить** (바쓰따나뷔찌)
본문, 원문; ~ телеграммы 전보문	**текст** (쪡스트)
본받기 쉬운	**заразительный** (자라지쩰느이)
본받다, 닮다	**заражаться** (자라좌쨔)
본보기로 되는, 견본(見本)	**показной** (빠까즈노이)
본부, 사령부, 본사, 본국, 본서, 본영	**штаб-квартира** (쉬땁-크왈찌라)
본성, 본질, 속성, (대)자연, 천지만물,	**естество** (예쓰쩨쓰뜨보)
본성에 맞지 않는, 어울리지 않는	**несвойственный** (네쓰보이쓰뜨벤느이)
본업 외에 부업을 가진 사람	**шабашник** (샤바스니크)
본원, 기본	**первооснова** (뻬르붜오쓰노와)
본원, 발원, 출처, 원천	**источник** (이쓰또츠니크)
본의 아니게 해를 끼치다, 손해를 주다	**удружить** (우드루쥐찌)
본질(本質), 본바탕, 근본, 본성	**существо, сущность корень** (수쉐쓰뜨보) (수쉬노쓰찌) (꼬렌니)
본질, 본성(本性), 천성(天性)	**природа** (쁘리로다)

본질적인, 진수가 되는	**существенный** (수쒜쓰뜨벤느이)
볼 베어링 구축수.	**шарикоподшипник** (샤리꼬뽀드쉬쁘니ㄲ)
볼 뺨 측면, 옆쪽 못뽑이. 집게의 물건을 집는 부분	**щека** (쒜까)
볼 수 있다, 알 수 있다	**заметно** (자몌뜨나)
볼록한, 불룩나온	**выпуклый** (븨뿌끌릐이)
볼링의 표적[표주], 핀. 크라켓 게임의 핀	**поп** (뽑)
볼트 와셔, 똬리쇠, 자릿쇠,너트의 좌금	**шайба** (샤이바)
볼트(bolt), 수나사	**болт** (볼트)
볼트(volt)(전기)	**вольт** (뽈트)
볼품없는, 보잘것없는, 아름답지 못 한	**невзрачный** (녜브즈라츠느이)
봄(봄철, 춘계(春季). 잔풀나기	**, весна** (볘쓰나)
봄갈이 작물, 봄보리, 춘파(春播), 춘묘.	**ярица** (야리짜)
봄날처럼	**по-весеннему** (빠볘쎈네무)
봄에, 봄철에, 청춘기	**весной** (볘쓰노이)
봄의 농작물들	**яровой** (야라보이)
봉건제도, 봉건주의	**феодализм** (페오달리즘)

봉급(俸給), 급료(給料)	**жалованье** (좔로완니에)
봉랍(封蠟)	**сургуч** (수르구츠)
봉사(뒤시중)하다; 접대하다	**обслуживать** (아브쓸루지와찌)
봉사, 뒷시중; 접대	**обслуживание** (아브쓸루지와니예)
봉쇄(封鎖), 폐쇄(閉鎖)	**блокада** (블로까다)
봉쇄하다, 막다	**блокировать** (블로끼로와지)
봉인, 증인(證印), 스탬프, 인(印), 도장	**печать** (뻬차찌)
봉인하다, 봉하다, 밀봉하다	**запечатывать** (자뻬차띄와찌)
봉지, 꾸러미; 보집, 몽치	**свёрток** (스뵤르또크)
봉지, 봉투, 자루, 부대; 한 자루분(량), 지대 봉다리	**пакет** (빠껫트)
봉투(封套), 겉봉, 봉지, 서통, 봉통, 외봉, 피봉	**конверт** (깐베르트)
부(剖), 국(局)	**сектор** (쎄크또르)
부(部), 부서(部署), 국(局)	**отдел** (아트젤)
부~(합성어의 첫부분)	**вице-** (뷔쩨)
부가(부여, 첨가, 첨부)하다	**привнести, привносить** (쁘리브네쓰찌), (쁘리브노씨찌)
부가, 추가, 첨가	**добавление** (다바블레니에)
부가(추가.첨부.동봉)하다, 부록으로 넣다	**присое-динить[ся]**

- 595 -

(쁘리싸예지니찌)(짜)

부가물, 부속물(附屬物); (의학) 부속기관, 하수체	**придаток** (쁘리다똑)
부각(장식), 돋을 새김	**барельеф** (바렐예프)
부각, 윤곽(outline), 소묘(素描)	**рельеф** (렐리에프)
부각된, 두드러진	**рельефный** (렐리에프느이)
부결, 거절; 거부; 사퇴	**отклонение** (아트클로녜니예)
부과(賦課), 징수(徵收)	**взыскание** (즈스까니에)
부관	**адъютант** (아듸유딴트)
부교수(副敎授), 준교수	**доцент** (다쩬트)
부근, 주변, 근처	**окрестность** (아크레쓰뜨노쓰찌)
부근에, 곁에, 가까이, 접근하여, 인접하여,	**при** (쁘리)
부기(簿記), 회계(會計)	**счетоводство** (스체또볻쓰드쁠)
부기원, 회계원(會計員)	**счетовод** (스체또보드)
부기의 결산, 결산문건, 부기의	**счётный** (스쵸뜨느이)
부기학(簿記學) 경리부(經理部)	**бухгалтерия** (부갈쩨리야)
부끄러운 줄 모르는, 철면피한, 뻔뻔스러운	**бесстыдный** (베쓰뜨드느이)
부끄러움, 수줍음	**стыдливость** (스띄드리붜쓰찌)

ㅂ

부끄러움; без ~я 허물없이	**стеснение** (스쩨쓰네니예)
부끄러움을 모르게, 파렴치하게	**зазрение** (자즈레니예)
부끄러워서, 당혹하여. 무안해서	**сконфуженно** (스깐푸쩬나)
부끄러워하다	**конфузиться, устыдиться** (깐푸지짜) (우쓰띄지짜)
부끄러워하다, 창피해 하다	**стыдиться** (스띄드지짜)
부나비, 하루살이, 밤나비	**мотылёк** (마띌료크)
부농(富農), 상농(上農)	**кулак** (꿀라크)
부단한, 그칠 줄 모르는, 계속적으로	**бесконечный** (볘쓰까녜츠느이)
부단한, 끊임없는	**вечный** (볘츠느이)
부단한, 영구적인, 항구적인	**перманентный** (뻬르마녠뜨느이)
부담 되는, 힘든	**обременительный** (아브레메니쩰느이)
부담, 담당, 책임, 임무, 사업량, 작업량, 분공	**нагрузка** (나그루즈까)
부담, 중하; 걱정거리	**обуза, ноша** (아부자) (노샤)
부담을 주다, 부담시키다	**обременить, обременять** (아브레메니찌) (옵레메냐찌)
부당한 균등화, 평균주의, 평균	**уравниловка** (우라브닐로브까)
부대; ◇ ~и речи (언어) 품사(品詞), 씨	**часть** (차쓰찌)

- 597 -

부대밭, 소해(掃海). (산림을 벌채해 만든) 개간지, 개척지	**подсека** (빤쎄까)
부더러운; 아주 부더럽다	**бархатистый** (바르하지쓰트이)
부도덕, 도덕이 없는, 패덕, 방탕	**безнравственность** (베즈느라브스트붸노쓰찌)
부도체, 절연체, 불량도체	**непроводник** (네쁘라보드니크)
부동(不動), 불변(不變), 정지	**статика** (스따찌까)
부두 노동자, 독 작업원. 도크 근로자	**докер** (도껠)
부두, 선창, 정박장	**пристань, причал, верфь** (쁘리쓰따니)(쁘리찰)(붸르피)
부두, 잔교. 방파제, 교각, 교대수중의 잔교, 목책	**эстакада** (에쓰따 까다)
부두다리; 발판, 사다리	**сходни** (스호드니)
부드러운(따뜻한) 마음씨	**теплота** (쩨쁠로따)
부드러운 털의; 북슬털 같은; 솜털로 뒤덮인	**пушистый** (뿌쉬쓰띄이)
부드러운, 보들보들한, 푸실푸실한	**рыхлый** (릐흘르이)
부드러운, 유연한, 폭신한, 푹신푹신한, 나스르르한	**мягкий** (먀흐끼이)
부드러워지다, 연하여지다	**смягчаться** (스먀그차쨔)
부드럽게 (연하게) 만들다	**смягчать** (스먀그차이)
부드럽게[연하게] 하는(힘이 있는)	**смягчающий** (스먀그차유쉬이)
부드럽게 하다, 연하게 하다	**смягчаться, смягчить**

	(스먀그차짜) (스먀그치찌)
부득이한 사정으로, 어쩔 수 없는 사정으로	**независящий** (네자비쌰쉬이)
부득이한, ~ свидетель 우연한 목격자	**невольный** (네볼느이)
부득이한, 마지못해, 할 수 없이,	**вынужденный** (븨누즈젠느이)
부등식; знак ~а 부등호	**неравенство** (네라뼨쓰뜨붜)
부등켜안다, 껴안다, 포옹하다	**обнимать** (압니마찌)
부딪다, 충돌하다; 좌초하다	**колотиться, удариться** (깔로찌짜)(우다리짜)
부딪치다, 마주치다	**стукнуться, упираться, биться** (스뚜크누짜)(우삐라짜)(비짜)
부락, 마을, 촌락, 동네	**посёлок, местечко** (빠쑐로크) (메쓰쩨츠까)
부랑자, 룸펜; 게으름뱅이, 발록구니	**бич** (비츠)
부러뜨리다, 마스다, 깨뜨리다, 허물어뜨리다	**ломать** (라마찌)
부러움, 선망, 시샘, 질투감	**зависть** (자비쓰찌)
부러워하는, 시샘하는, 게염스러운	**завистливый** (자비쓰뜰리브이)
부러워하다, 시샘한다, 게염을 피우다	**завидовать** (자비도와찌)
부러워할만한, 부러울만큼 훌륭한, 아주 좋은	**завидный** (자비드느이)
부러진 부스러기, 쓰레기, 폐물, 지저깨비	**дрянь** (드랸니)
부럽다, 탐나다, 욕심(慾心)나다	**завидно** (자비드나)

부럽지 않은, 보잘 것 없는, 좋지 못한	**незавидный** (네자빈느이)
부루퉁해지다, 새무룩해지다, 부풀다	**надуваться** (나두와쨔)
부류, (공통 성질의) 종류	**класс** (클라쓰)
부르는(불러 세우는) 소리	**оклик** (오클리크)
부르다, 소리내어 부르다, 불러일으키다	**звать, отзывать** (즈와찌)(아트즤와찌)
부르다, (아무)에게 전화를 걸다, 불러내다.	**вызвать(ся) обзывать** (븨즈와찌)(쨔),(압즥와찌)
부르다, 호소하다	**призывать** (쁘리즈와찌)
부르주아적(bourgeois 的)	**буржуазный** (부르주아즈느이)
부르주아지, 자본가계급, 유산계급	**буржуазия** (부르주아지야)
부르짖다, 절규하다, (감탄하여, 흥분하여)외치다	**восклицать** (바쓰클리짜찌)
부르짖음, 외침, 감탄, 함성, 비명	**восклицание** (바쓰클리짜니에)
부르트다, 뾰르퉁하다	**дуться** (두쨔)
부름, 호소, кликнуть ~호소하다	**клич** (클리츠)
부름, 호소	**зов** (조프)
부리나케, 다급하게	**опрометью** (아쁘로메트치유)
부리나케, 아주 급하게	**стремглав** (스뜨레므글라프)

부리로 쪼다, 쪼아먹다, 주워먹다	**клюнуть** (클류누찌)
부리망, (개 아가리에 씌우는) 아가리씌우개	**намордник** (나모르드니크)
부메랑(boomerang; 던진 사람에게 되돌아오는 투척무기)	**бумеранг** (부메란그)
부모(父母)	**родители** (라지쩰리)
부문(部門), 분야(分野);	**область** (오블라쓰찌)
부문, 부분, 분야, 분과	**отрасль** (오트라쓸)
부문이 많은, 다각적인	**многоотраслевой** (므나가오뜨라쓸레보이)
부본, 사본(寫本); 등본	**дубликат** (두블리까트)
부부생활, 결혼생활, 부부관계	**супружество** (수쁘루줴스뜨붜)
부분, 부문	**сектор секция** (쎄크또르) (쎄크찌야)
부분, 일부, 몫: 부분[품],부속품	**часть** (차쓰찌)
부분·요소를 모으다, 구성하다; 조립하다.	**составить** (싸쓰따비찌)
부분으로 쪼개다, 나누다	**разбить** (라스비찌)
부분조립품	**узел** (우젤)
부분품, 부속품, 요소	**деталь** (제딸)
부사(副詞), 어찌씨, 억씨	**наречие** (나레치에)
부산을 떨다, 부산을 피우다, 떠들며 돌아다니다	**возиться**

- 601 -

	(바즈이쨔)
부산하게, 분주히	**суетливо** (수예뜰리붜)
부산한, 부산하게 돌아치는	**суетливый** (수예뜰리브이)
부상, 상처	**уязвление** (우야즈블레니에)
부상당하다, 다치다	**обрезать** (아브레자찌)
부상자, 부상병	**раненый** (라녜느이)
부서, 국(局), 당국(當局), 관리국(管理局)	**ведомство** (붸돔쓰뜨붜)
부서지기(꺾어지기) 쉬운	**ломкий** (롬끼이)
부서지다, 잘 부스러지다	**крошиться** (크로쉬쨔)
부서지다; 세분되다	**дробиться** (드라비쨔)
부서진, 망그러진, 깨어진, 꺾인, 끊긴 중단하는	**прерывистый** (쁘레릐비쓰뜨이)
부서진[쪼개진] 조각; 지저깨비, 가시	**заноза** (자노자)
부선(艀船), 화물선(貨物船)	**баржа** (바르자)
부설(가설)하다, 세우다, 건축(건조, 건설)하다	**проводить** (쁘라붜지찌)
부설, 쌓기; 놓기; 설치, 가설	**проведение** (쁘라붸졔니예)
부설하다;(줄, 전기줄 등을) 늘이다, 가설하다	**протянуть** (쁘라따누찌)
부속(소속, 참가)시키다, 증가(가산.추가합산)하다	**придать** (쁘리다찌)

부속물(附屬物), 부속품, 용구	**принадлежность** (쁘리나들례즈노쓰찌)
부속물, 부가물; 보충, 추가, 보유, 부록, 부가	**приложение** (쁘릴로제니예)
부속품(附屬品)(공학)	**арматура** (아르마뚜라)
부수가 많은	**многотиражный** (므나가찌라즈느이)
부수고 열다, 강제로 열다	**взломать** (프즐로마찌)
부수다, 폭파(분쇄)하다, 뒤엎다. 부러뜨리다	**сломать, ломать** (슬로마찌)(라마찌)
부수입(副收入)	**приработок, халтура** (쁘리라보똑)(할뚜라)
부수적인, 참고적인	**попутный** (빠뿌뜨늬이)
부숴버리다; 부서(부러)지다, 금가다	**разламывать[ся]** (라슬라믜와찌)(쨔)
부스러기, 조각조각	**крошка** (크로쉬까)
부스러뜨리다	**раскрошить, распылить** (라쓰크로쉬찌), (라쓰쁠리찌)
부스럼, 종기, 헌데	**чирей нагноение** (치례이)(나그노예니에)
부스럼, 종창, 종처, 부럼	**нарыв, болячка** (나릐프)(발랴츠까)
부스럼; (피부의) 검버섯; (잉크따위의) 얼룩, 반점	**пятнистый** (뼷니쓰띄이)
부스지다, 깨지다	**биться** (비짜)
부식, 부식작용	**коррозия** (까르로지야)

부식[침식]하다; 좀먹다; 마음에 파고들다	**проедать переесть** (쁘라예다찌) (뻬레예쓰찌)
부식하다; (성격을) 약화시키다. 좀먹다, 침식하다	**. разъесть** (라즈에스찌)
부식성, 신랄함, 가성도; 부식제	**язвительность** (야즈비쩰노쓰찌)
부식성의, 침식성의 미란성의	**эрозийный, эрозионный** (에로지이느이), (에로지온느이)
부싯돌, 라이타돌	**кремень** (크레멘니)
부양(비)	**содержание** (싸제르좌니예)
부양; быть на чьём ~и ~의 부양을 받다	**иждивение** (이즈지베니예)
부양가족, 식구	**иждивенец** (이즈지베네쯔)
부양비(扶養費)	**алименты** (알리멘띄)
부양자, 먹여 살리는 자	**кормилец** (까르미레즈)
부양하다, 먹여 살리다	**кормить** (까르미찌)
부어넣다, 부어뜨리다, 쏟아붓다	**наливать** (날리와찌)
부어넣다, 부어서 채우다	**заливать залить** (잘리와찌), (자리찌)
부어오른, 불룩한	**раздутый** (라스두뜨이)
부언[부기]하다, 덧붙여 말하다, 늘이다, 불리다	**надбавлять** (나드바블랴찌)
부엉부엉 울다, 기러기가 울다,	**загудеть** (자구졔찌)
부엉이, 부엉새, 목토(木兎), 치효(鴟鵂), 휴류(鵂鶹)	**сова**

	(싸와)
부엌(간), 주방, 취사실	**кухня** (꾸흐냐)
부엌용 잡화가게	**щепенник** (쉐뻰닉)
부엌의 수채, 물 버리는 곳; 하수구, 시궁창,	**мойка** (모이까)
부엌의, 주방의, 취사; ~ый нож 식칼, 찬칼	**кухонный** (꾸혼느이)
부여하다, 가지게 하다	**наделить наделять** (나젤리찌), (나젤랴찌)
부여하다, 주다	**облекать** (아블레까찌)
부외[국외]자, 한 패가 아닌 자	**посторонний** (빠쓰또론느이)
부원(富源), 자원(資源)	**богатство** (바가뜨쓰뜨붜)
부유, 유족; 풍족; 만족, 충족	**довольство** (다볼쓰뜨붜)
부유; 풍부; 비옥; 귀중, 훌륭함; 농후	**насыщенность** (나쓰쉔노쓰찌)
부유하게 만들다, 유복하게 하다.	**обогатить(ся)** (아밥가띠찌)(쨔)
부유하지 않은, 풍부하지 못한	**небогатый** (네보가뜨이)
부유한, 유족한	**зажиточный** (자쥐또츠느이)
부유한, 재산이 있는, 돈이 많은	**состоятельный** (싸쓰따야쩰느이)
부유해지다, 부자가 되다	**богатеть** (바가쩨찌)
부유해지다, 부자가(풍부하게.넉넉하게) 되다	**обогащаться** (아밥가샤쨔)

부은, 부석부석한, 좀 부은	**одутловатый** (아두뜰로와뜨이)
부이, 부표 설치(표지)	**бакенщик** (바껜쉭)
부인, 부정(否定), 불인정(不認定)	**запирательство** (자삐라쩰쓰뜨붜)
부인(婦人), 처(妻)	**супруга** (수쁘루가)
부인(부정)하다, 거부하다	**отрицать** (앗리차찌)
부인, 부정, 거절, 취소, 거부	**отрицание** (앗리차니에)
부인, 포기	**отказ** (아트까즈)
부인용 재킷의 일종. 늙은여자용;	**шугай** (슈가이)
부인용의 짧고 가벼운 모피외투	**шубка шуба** (슈브까슈바)
부인을 살해하는 자, 아내 살해(범인)	**женоубийца** (줴노우비이차)
부자(富者)	**богатый** (바가뜨이)
부자, 장자	**богач** (바가츠)
부자가 되다	**разбогатеть** (라스보가쩨찌)
부자관계, 아버지와 아들관계	**отцовство** (앗초브쓰뜨붜)
부자연스러운, 꾸며낸, 지어낸	**неестественный** (네예쓰쩨쓰뜨볜느이)
부자연스러운, 위선적인	**натянутый** (나쨔누뜨이)
부자연스러운, 자연스럽지 못한, 어색한	**противодестественный**

	(쁘라찌 뷔제쓰뜨삔느이)
부자연스러운, 틀린	**фальшивый** (팔쉬브느이)
부자연스럽게 굴다	**кривляться** (크리블랴쨔)
부재, 결근, 결석(缺席), 불참(不參), 결과	**невыход** (네븨홀)
부재, 결석, 결근	**неимение** (네이메니예)
부적, 호신부, 주법(呪法), 액막이	**талисман** (딸리쓰만)
부적당, 불상용	**несоответствие** (네쏘아뜨볠스뜨비예)
부적당한, 적임(適任)이 아닌, 어울리지 않는	**неспособный** (네쓰빠쏩느이)
부전, 상표를 붙이는 것 부전, 상표,	**этикетаж** (에찌께따즈)
부전부전한, 끈끈한	**настырный** (나쓰뜰느이)
부전부전한, 초근초근한	**навязчивый** (나뱌즈치브이)
부정맥(不整脈) (의학)	**аритмия** (아리트미야)
부정사(不定詞)	**отрицание** (앗리차니에)
부정의, 부인[취소]의. 부정적인,	**отрицательный** (앗리차쩰느이)
부정의, 불공평, 부당성	**несправедливость** (네쓰쁘라볠리뷔쓰찌)
부정의, 불공평한, 불공정한, 부당한	**несправедливый** (네쓰쁘라벨리브이)
부정적인 것, 비정상적인 것	**уродство** (우로드쓰뜨붜)

- 607 -

부정적인, 부정한; ~ая позиция 부정적 입장	**негативный** (네가찌브느이)
부정직한; 불성실한	**нечистый** (네치쓰뜨이)
부정하다; 취소하다; 부인하다, 믿지 않다	**запираться** (자삐라쨔)
부정한 재판, 불공평한 재판	**щемякин** (쉐매긴)
부정한, 뇌물이 통하는; 타락한	**продажный, разрушенный** (쁘라다즈느이)(라즈루쉔느이)
부정한, 부당한, 사실과 맞지 않는	**неправильный** (네쁘라빌느이)
부정한, 불의[불법]의, 부조리한; 불공평한,	**неправый** (네쁘라브이)
부정확, 잘못, 틀림, 부정확성, 불확실성,	**неточность** (네또치노쓰찌)
부정확한, 부주의하는	**неаккуратный** (네악꾸라뜨느이)
부정확한, 정밀하지 못한; 확실치 못한	**неточный** (네또치느이)
부제(건설)	**деталь** (제딸)
부족(不足), 결핍(缺乏), 미비	**голод, дефицит** (골로드) (제피찌트)
부족(액), 결손, 적자, 결여, 결핍	**недостаток, недостача** (네다쓰따또크) (네다쓰따차)
부족, 결핍, 미족, 불충분	**неимение, недостача, нехватка** (네이메니예) (네다쓰따 차) (네하와뜨까)
부족(部族), 종족, ~족, 종축(種畜)	**племя** (쁠레먀)
부족의 우두머리, 종족의 추장, 족장 지배자	**вождь** (붜즈디)
부족의, 종족의	**племенной, родовой**

	(쁠레멘노이) (라도보이)
부족한, 모자라는	**дефицитный** (제피찌뜨느이)
부족한, 불충분한, 모자라는, 불완전한	**недостаточный** (네다쓰따또 츠느이)
부종, 수종, 부증(浮症); ~ лёгких 폐수종	**отёк** (아쬬크)
부주의, 방심, 태만; 부주의한, 태만한	**невнимание** (네브니마니예)
부주의, 부정확한 것	**неаккуратность** (네악꾸라뜨노쓰찌)
부주의, 산만성, 멍청한 것	**рассеянность** (라쓰쎼얀노쓰찌)
부주의한, 경솔한, 생각이 없는, 분별 없는.	**невнимательный** (네브니마 쩰느이)
부지런한, 꾸준한, 근면한	**прилежный,старательный** (쁘릴레즈느이) (스따라쩰느이)
부지런히 일하다, 노동하다; 애쓰다, 노력하다	**родить** (라지찌)
부진상태	**затишье** (자찌쉬예)
부질이 없는, 엉터리없는, 허황한	**нелепый** (넬레쁘이)
부쩨르브로드(버터, 치즈, 꼴바사 등을 놓은 빵)	**бутерброд** (부데르브로드)
부차적으로, 부수적으로, 부차적인; 부수적인	**побочный** (빠보츠늬이)
부차적인, 2 차적인, 다음가는	**второй** (프따로이)
부차적인, 다음[버금]의, 부(副)의	**второстепенный** (프따로쓰쩨뺀느이)
부차적인	**подсобный,посторонний** (빤쏩느이), (빠쓰또론느이)

- 609 -

부착, 접착, 흡착, 붙임, 붙이는 기구;	**прило-жение** (쁘릴로제니예)
부착물; 퇴적물, 침전물; 매장물, 광상(鑛床)	**залежь** (잘레쥐)
부채, 빚, 공채, 차관, 채무(債務),	**пассив, пассивный, заём** (빠씨프) (빠씨브느이) (자음)
부채(꼴), 선자(扇子), 양선(凉扇), 반원(형)	**веер** (볘예르)
부채로 부치다, ~에 조용히[살살] 불어주다	**раздувать** (라스두와찌)
부채로 부치다, (부채 같은 것으로)부치다, 쏠다	**обмахивать** (아브마히와찌)
부채질하게 되다	**обмахнуть(ся)** (아브마흐누와찌)(쨔)
부채질하는 사람; 선풍[통풍, 송풍]기; 풍구	**веялка** (볘얄까)
부채질하다	**обмахиваться** (아브마히와쨔)
부총장(副總長), 부학장(副學長)	**проректор** (쁘라렉또르)
부추기다, 꼬드기다, 선동(도발.사촉)하다	**подстрекать** (빧쓰뜨레까찌)
부추기다, 꾀다, 유혹하다, ~의 마음을 끌다	**соблазнять** (싸블라즈냐찌)
부추기다, 부추기어 ~(선동)하게하다	**подбивать, подговаривать** (빧비와찌) (빧가와리와찌)
부추김; 선동, 교사	**наущение** (나우쉐니예)
부축하는 것, 받치는 것	**поддержка** (빧젤즈까)
부츠, 겨울용 펠트 장화	**валенки** (왈렌끼)
부침땅, 갈이땅	**пахота**

	(빠호따)
부케, 꽃다발, 꽃묶음	**букет** (부껫)
부탁(付託), 당부(當付)	**поручение** (빠루체니예)
부탁[위임] 사항	**комиссионный** (까미씨온느이)
부탁하다, 청하다; 초청(초대)하다	**просить, поручить** (쁘라씨찌) (빠루치찌)
부패(작용), 부패물. 부패균	**гнилост-ный**; (그닐로쓰뜨느이)
부패[타락]하기 쉬운; 뇌물이 통하는	**продажный** (쁘라다즈느이)
부패하여 못쓰게 되다, 상하다, 붕괴되다	**загнить** (자그니찌)
부패한, 타락한, 썩은, 와해된	**разложивший, испор-ченный** (라슬로줘브쉬이) (이쓰뽈첸느이)
부패한; 악취가 나는; 더러운; 타락한	**гнилостный**; (그닐로쓰뜨느이)
부표(浮漂), 띄움표	**буй** (부이)
부푼 것, 부풂, 부풀어 오름, 팽창하게	**навыкат(е)** (나브까트)
부푼 것, 부풂; (물통 따위의) 중배	**горб** (고르프)
부풀, 보풀, 보푸라기, 부푸라기	**пушок** (뿌쇼크)
부풀게 하다,~을 불다, 불어대다, 불어 보내다	**надуть** (나두찌)
부풀다, 부풀어 오르다	**набухать, набух-нуть** (나부하찌), (나부하누찌)
부르트다, 붓다	**вздувать,ся разносить** (쓰두와짜)(라스나씨찌)

부풀다, 불룩해지다	**выпучивать, выпучить** (븨수치찌) (븨뿌치와찌)
부풀다, 팽창되다, (비상히) 늘어나다, 커지다	**разбухать** (라스부하찌)
부풀다, 팽창하다; 부어오르다	**надуться, отечь** (나두쨔) (아쩨치)
부풀다, 팽팽해지다	**надувать надуваться, раздуваться** (나두와찌)(나두와쨔)(라스두와쨔)
부풀릴 수 있는, (공기) 팽창식의	**надувной** (나두브노이)
부풀어 오르게 하다	**раздувать** (라스두와찌)
부풀어 오르다, 붓다	**напухать, напухнуть** (나뿌하찌), (나뿌흐누찌)
부풀음, 부푸는 것, 부풀어 오르는 것	**набухание** (나부하니에)
부피가 큰, 육중한, 둔중한	**громоздкий** (그라모즈드끼이)
부피가 큰, 큰; 육중한	**грузный** (그루즈느이)
부하, 휘하, 예하, 예속	**подчинённый** (빧친뇬느이)
부합되지 않는 것, 불일치	**несовпадение** (네쏘브빠제니예)
부호(符號), 암호(暗號)	**код** (꼳)
부화의; 잠복의, 잠복기의	**инкубационный** (인꾸바찌온느이)
부활시키다, 원기(활기)를 띠게 하다	**оживлять** (아쥐블랴찌)
부활제(復活祭)	**пасха** (빠쓰하)
부활하다, ~에 응하여 일어서다, ~에 오르다	**воскреснуть**

- 612 -

	(바쓰크레쓰누찌)
부활하다, 되살아나다, 재유행하다	**оживать** (아쥐와찌)
부흥(부활.복구.복원.수선.재건.수복)하다	**восстановить** (바쓰따나뷔찌)
북(北), 북쪽, 북방, 북부 북극; 북부지방	**север** (쎼볘르)
북, 태고(太鼓), 고(鼓), 드럼	**барабан** (바라반)
북극여우	**песец** (뻬쎼츠)
북극지방	**Арктика** (알크찌까)
북극지방의, 북극의	**арктический** (알크찌체쓰키이)
북극탐사대원	**полярник** (빨랴르니크)
북새통, 대혼잡, 난장판	**давка** (다브까)
북새통, 소동(騷動)	**суматоха** (수마또하)
북아프리카의 소금이 많은 호수	**шотты** (숕띄)
북알타이에 사는 터키족(кузнецкий татар)	**шорец** (쇼레쯔)
북으로, 북방으로, 북쪽에, 북으로(부터)	**северный** (쎼볘르느이)
북을 주다(돋우다)	**окучивать, окучить** (아꾸치와찌)(아꾸치찌)
북을 치다, 짓두드리다	**барабанить** (바라바니찌)
북의, 드럼의	**барабанный** (바라바느이)

북의, 북쪽의, 북풍의, 북방에 있는; 북향의	**северный** (쎄볘르느이)
북잡이, 북치는 사람, 고수(鼓手)	**барабанщик** (바라반쉬크)
북주기(돋다)	**окучивание** (아꾸치빠니예)
북쪽 땅에 있어서 해협(海峽)	**шар** (샤르)
북쪽에 있는(사는), 북으로부터 오는(부는)	**северный** (쎄볘르느이)
북쪽의; 북쪽에서 오는	**северный** (쎄볘르느이)
북해도	**Хоккайдо** (혹까이도)
분(粉), 분가루, 가루, 분말, 파우더	**пудра** (뿌드라)
분(分); без двадцати ~пять (이십)분전 5(다섯)시	**минута** (미누따)
분(奔)하게 하다, 격분시키다	**раздосадовать** (라스도싸도와찌)
분간하기(알아보기) 어려운	**неразборчивый** (네라즈볼치브이)
분간하다, 인식(식별)하다	**распознавать** (라쓰뽀즈나와찌)
분갑(粉匣), 분곽, 파우더 케이스	**пудреница** (뿌드레니짜)
분개, 분노(憤怒), 격분(激憤)	**возмущение** (바즈무쉐니에)
분개시키다, 중상(모욕)하다	**шокировать** (샤끼로와찌)
분개하는, 격분에 넘친	**негодующий** (네가두유쉬이)
분개할, 격분할	**возмутительный**

	(바즈무찌쩰느이)
분격하다, 격하다	**погорячиться** (빠고랴치쨔)
분견대, 지대(支隊) 대(隊), 단(團); 부대	**партия** (빨찌야)
분계선(分界線) ~ая линия 경계선	**демаркационный** (제마르까찌온느이)
분계선을 긋다, 범위를 정하다	**размежевать** (라스몌줴와찌)
분공(분담)하다	**распределить** (라쓰쁘레젤리찌)
분공, 할당, 할당된 몫	**поручение** (빠루체니예)
분공되다, 분담되다, 나눠맡다	**распределиться** (라쓰쁘레젤리쨔)
분공장(分工場)	**мастерская** (마쓰쩨르쓰까야)
분과, 부; 분과회의	**секция** (쎄크찌야)
분과위원회	**подкомиссия** (빠드꼬미씨야)
분광기(分光器)	**спектроскоп** (스뻬크뜨로쓰꼬쁘)
분광법, 분광학	**спектроскопия** (스뻬크뜨로쓰꼬삐야)
분광사진, 스펙트르사진,	**спектрограмма** (스뻬크뜨로그람마)
분광사진기	**спектрограф** (스뻬크뜨로그라프)
분괴압연기, 블류밍	**блюминг** (블류민그)
분구, 지역, 소구획, 작은 지면소지구	**участок** (우차쓰또크)

- 615 -

분기(점), 갈래, 갈림길. на ~е дорог 갈림길에서	**развилка** (라스빌까)
분기(점), 갈림목	**разветвление** (라스볘트블례니예)
분기, 4분의 1, 4분기(의 지급), 쿼터	**квартал** (크와르딸)
분기, 돌기	**отросток** (앗로쓰또크)
분기점; 교차점, 중심점	**узел** (우젤)
분노(憤怒), 분개, 격분(激憤), 격노	**гнев** (그녜프)
분노를(흥분을)진정시키다(달래다.가라앉히다)	**угомонить** (우가모니찌)
분노, 격노(激怒), 분; 성, 화	**ярь** (야리)
분노케(격분케)하다	**разъярить** (라즈애리찌)
분노한, 격분한, 분노에 찬, 성난	**гневный, разъярённый** (그녜브느이) (라즈애룐느이)
분대, 반(班); 소집단, 한 조(組), 팀	**дружина, отделение** (드루지나) (아트젤레니예)
분대; 팀, 전투기의 소편대(2-3기(機)).	**подразделение** (빠드라즈젤레니예)
분도기(分度器), 측각기(測角器), 각도자	**транспортир** (뜨란쓰뽀르찔)
분량, 배합률	**дозировка** (다지로브까)
분량제정, 분량을 나누는 것	**дозировка** (다지로브까)
분로, 분류기	**шунт** (슌뜨)
분류(分類), 계통적 배열	**систематизация**

- 616 -

	(씨쓰쩨마찌자찌야)
분류(분별)하다, 구분하다	**классифицировать** (클라씨피찌로와찌)
분류(선별)하다, 종류별로 가르다	**рассортировать сортировать** (라쓰쏘르찌로와찌) (싸르찌라와찌)
분류, 분류법	**классификация** (클라씨피까찌야)
분류, 선별, 고르기	**сортировка, разборка** (싸르찌로브까) (라스볼까)
분류(선별)되다, 고르다, 등급으로 나누다	**группироваться** (그룹삐로와쨔)
분류하는, 선별하는, 구분하는,	**сортировочный** (싸르찌로붜치느이)
분류(배열)하다	**систематизировать шунтировать** (씨쓰쩨마찌지로와찌) (슌찌로와찌)
분류하다, 조를 나누다	**группировать** (그룹삐로와찌)
분리(分利), 분열	**разъединение** (라즈에지네니예)
분리(분립)주의자	**сепаратист** (쎄빠라찌쓰뜨)
분리(해체, 분해)하다	**расчленить** (라쓰츨레니찌)
분리, 구분	**отделение** (아트젤레니예)
분리, 선출, 선발	**выделение** (븨젤레니에)
분리[분열]시키다[하다]; 불화하게 하다[되다]	**разобщить** (라조브쉬찌)
분리[절연]하다	**разводиться** (라스붜지쨔)
분리기, 선별기	**сепаратор** (쎄빠라또르)

분리되다, 분리(이탈.독립)하다, 교제를 끊다	**отделяться** (아트젤랴쨔)
분리부호(기호)(예: съезд, въехать 등); (옛정자법의)경음부호	**ъ** (뜨뵤르이즈나)
분리주의, 분립주의	**сепаратизм** (쎄빠라찌즘)
분리하다, 떼어놓다, 이간시키다	**разобщить разобщать** (라조브쉬찌) (라조브샤찌)
분마고; (화장, 요리 등에서 쓰는) 연제, 연고	**паста** (빠스따)
분망, 몹시 바쁨, 동분서주(東奔西走)	**горячка** (가랴츠까)
분명(명백)하게 하다, 알기쉽게(해석)하다	**объяснить[ся]** (아비야쓰니쨔)
분명하게[히], 의심 없이; 보기에는, 아마도	**видно** (뷔드나)
분명한, 명백한, 선명한, 뚜렷한	**явный, явственный** (야브느이)(얍쓰뜨벤느이)
분명해지다, 명료해지다, 확실해지다	**яснеть** (야쓰네찌)
분명히 발음된, 발음이 분명한	**членораздельный** (츨렌오라쓰젤느이)
분명히, 명백히, 두드러지게, 눈에 띄게	**явно** (야브나)
분명히[똑똑히] 말할 수 있는. 조리 있게	**связно** (스뱌즈나)
분모(分母); приводить к общему ~ю 통분하다	**знаменатель** (즈나메나쩰)
분무기(噴霧器), 뿜이개; 살포기 안개뿜이	**опрыскиватель** (아쁘릭쓰끼와쩰)
분무기,스프링클러(sprinkler) 스프레이어(sprayer)	**пульверизатор** (뿔리붸리자똘)
분무기, 분무장치	**распылитель**

- 618 -

	(라쓰뻴리젤)
분발시키다, 각성시키다	**возмутить(ся)** (바즈무찌찌)(쨔)
분배(배당)되다, 나뉘어지다	**распределиться** (라쓰쁘레젤리쨔)
분배(배당)하다	**распределить** (라쓰쁘레젤리찌)
분배, 배급, 배정, 배치, 배분, 배포, 배당	**размещение** (라스메쉐니예)
배급물 분포(구역), (도수)분포, 살포	**распределение** (라쓰쁘레젤레니예)
분배, 배달, 인도, 교부; 출하, 납품; (재산의) 명도	**отпуск** (옽뿌쓰크)
분배, 부여, 배급	**раздача** (라스다차)
분배, 할당; 배당, 몫.	**отвод** (아트보드)
분배(할당)하다, 배포(배급)하다	**выдать, раздать** (븨다찌)(라스다찌)
분배(배달.인도.교부)하다	**распределять разместить** (라쓰쁘레젤랴찌) (라스메쓰찌찌)
분별 없는, 무모한, 어리석음, 우둔	**безумство** (베줌쓰뜨붜)
분별없게 화내다, 무모[경솔]하게(도)	**сгоряча** (즈고랴차)
분별없게, 무모[경솔]하게(도)	**необдуманно** (네아브두만나)
분별없는, 경솔한; 성급한. 조급한	**скороспелый** (스까로쓰뻴릐이)
분별없는, 무모한, 불합리한	**неразумный** (네라줌느이)
분별없는, 허무한	**бессмысленный** (베쓰믜쓸렌느이)

분별없이 날뛰는, 미쳐 날뛰는, 포악한	**оголтелый** (아갈쩰늬이)
분별하다, 식별하다, 인식하다	**рассмотреть** (라쓰모뜨레찌)
분부(명령)하다, 지시(훈령)하다	**повелеть** (빠벨레찌)
분부(分付), 명령(命令), 지시, 훈령	**повеление** (빠벨레니예)
분부, 당부, 훈수	**наказ** (나까즈)
분비(물), 배설물, 배출	**выделение** (븨젤레니에)
분비(배설)하다	**выделять** (븨젤랴찌)
분비(배설, 배출)되다	**выделяться** (븨젤랴쨔)
분비(작용); 분비물, 분비액. внутненняя ~ 내분비	**секреция** (쎄크레찌야)
분비물, 눈물, 땀, 오줌, 침	**слезиться** (슬레지쨔)
분사(略: p., part.). 형동사	**причастие** (쁘리차쓰찌예)
분사식(噴射式)	**реактивный** (레아끄찌브늬이)
분사의, 분사적인. 형동사; ~ оборот 분사구	**причастный** (쁘리 챳쓰뜨늬이)
분사혼합, 인공적, 수압회복	**эжекция** (에쩩끄찌야)
분산(배치)하다, 산개(분산)시키다	**рассредотачивать** (라쓰 레도따치와찌)
분산(산개)되다	**распыляться рассыпаться** (라쓰쁠랴쨔) (라쓰씨빠쨔)
분산(해체, 파괴)되다	**распасться**

	(라쓰빠쓰짜)
분산, 분산배치, 산개(散開)	**рассредоточение** (라쓰레도또체니예)
분산된; 흩어진, 사방에 널려있는; 산만한	**разбро-санный** (라스브로싼늬이)
분산(해산.산개)시키다	**рассеивать, распылить** (라쎄이와찌) (라쓰삘리찌)
분석(발췌)하다, 추출한, 엑스트랙트의	**экстрактивный** (엑쓰뜨락찌브늬이)
분석, 분해	**анализ** (아날리즈)
분석의, 분석적인	**аналитический** (아날리찌체쓰키이)
분석자료, 시료	**проба** (쁘로바)
분석하다, 검사하다	**анализировать** (아날리지로와찌)
분쇄기; 연삭기; 숫돌의. ~ камень 숫돌	**точильный** (또칠리느이)
분쇄된, 부스러진	**раздробленный** (라스드로블렌느이)
분쇄하다, 바수다, 파쇄하다, 부스러뜨리다	**дробить** (드라비찌)
분쇄하다; 해체하다; 해산하다	**разойтись** (라조이찌시)
분수 등이 솟아오르다	**бить** (비찌)
분수(噴水) 우물	**артезианский** (이르쩨지안쓰키이)
분수, 소수	**дробь** (드로비)
분수; бить ~ом 용솟음치다, 팔팔 흐르다	**фонтан** (판딴)

- 621 -

분수계(分水界)	**водораздел** (바다라스젤)
분수의, 강우의	**дождевальный** (다즈제왈느이)
분수의; 끝수의, 우수리의; ~ое число 분수	**дробный** (드로브느이)
분식(分蝕) 부분식(部分蝕)	**деление** (젤레니예)
분식(粉飾)하다, (이야기 따위를)윤색하다,	**приукрасить** (쁘리우크라씨찌)
분식하다, 허식하다, 겉발림하다	**лакировать** (라끼로와찌)
분실물(紛失物)	**потеря** (빠쩨랴)
분야, 범위, (활동) 영역, (세력) 범위	**поле** (뽈레)
분야, 부문: ~ работы 사업 분야	**участок** (우차쓰또크)
분여, 분배, 할당	**выделение** (븨젤레니에)
분여하다, 할당하다, 지출하다	**выделять** (븨젤랴찌)
분열(이간)시키다	**раздирать** (라스지라찌)
분열, 분할, 불화, 해체, 쪼개(지)기,찢기	**шпагат,распадение** (쉬빠같) (라쓰빠졔니예)
분열, 사산분리(四散分離), 사분오열, 피션(fission)	**раскол** (라쓰꼴)
분열; ~ атомного ядра 원자핵분열	**расщепление, расчленение** (라쓰쉐쁠레니예) (라쓰츨레녜니예)
분열; 갈라진 틈, 이음촉, 조인트	**отдельность** (아트젤노쓰찌)
분열되다, 찢어지다, 갈라지다	**расколоться**

	(라쓰깔로쨔)
분열생식(分裂生殖)	**шизогония** (쉬조고니야)
분열시키다, 붕괴시키다; 분쇄하다. 분할하다	**расколоть** (라쓰깔로찌)
분열을 일으키는, 분열적인	**раскольнический** (라쓰꼴르니체쓰끼이)
분열주의자	**раскольник** (라쓰꼴르닉)
분열행진	**церемониал** (쩨레모니알)
분위기(雰圍氣), 환경(環境)	**атмосфера** (앝마쓰페라)
분의, ~ая стрелка (시계의) 분침; 일순간	**минутный** (미누뜨느이)
분자(分子)	**числитель** (치쓸리쩰)
분자(分子), 입자	**молекула** (말레꿀라)
분자(원자)를 분열시키다, (화합물을) 분해하다	**расщеплять** (라쓰쉐쁠랴찌)
분자의; 분자로 된 ~ый вес 분자량	**молекулярный** (말레꿀랴르느이)
분장(扮裝), 분장용 화장품	**грим** (그림)
분장사(扮裝師), 메이크업아티스트	**гримёр** (그리묘르)
분장시키다	**гримировать** (그리미라와찌)
분장하다, 몸단장, 몸치장 하다	**гримироваться** (그리미라와쨔)
분쟁(分爭), 불화(不和), 알력(軋轢)	**распря** (라쓰쁘랴)

분쟁(紛爭), 알력	**смута** (스무따)
분절음, 유절 발음, (개개의) 조음	**артикуляция** (이르찌꿀랴찌야)
분주스러운, 거들기 좋아하는	**хлопотливый** (흘로빠틀리브이)
분주히 돌아가다, 부주해하다	**хлопотать** (흘로뽀따찌)
분주히 왔다갔다하다	**сновать** (스나와찌)
분지(盆地) 골짜기	**котловина, ложбина** (까뜰로비나) (라즈비나)
분출(噴出), 분화(噴火)	**извержение** (이즈볘르줴니예)
분출, 뿜어나옴; (감정 등의) 격발	**рывок, бросок** (릐보크) (브로쏙)
분출관; 접촉관, 접합관, 연결관	**патрубок** (빠드루보크)
분출구, 분사기(噴射機)	**форсунка** (포르순까)
분칠하다, 가루[분말]로 하다, 제분하다	**пудрить** (뿌드리찌)
분필, 백묵, 토필, 초크(chalk)	**мел** (몔)
분하다, 애석하다, 유감천만이다[가엾기 그지없다]	**. обидно** (압비드나)
분하다, 유감스럽다	**больно** (볼나)
분할 지불, 할부(割賦), 월부	**рассрочка** (라쓰로츠까)
분할, 분리; в ~е от чего ~과 동떨어져서	**отрыв** (앗릐프)
분할; 분배; 구획, 배당; 분열	**разделение, секция, раздел**

(라스젤레니예)(쎄크찌야)(라스젤)

분할(분배.분열.구분.칸막이)하다	**разгораживать** (라스고라쥐와찌)
분할상의, 구분을 나타내는; 부분적인, 지역의	**участковый** (우차쓰뜨꼬 브이)
분할할 수 없는, 불가분의, 완제되지 않은	**неделимый** (네젤리믜)
분함대	**эскадра, бригада** (에쓰까드라) (브리가다)
분해(분리, 붕괴)되다	**распасться** (라쓰빠쓰쨔)
분해(분할.분열)되다	**разложиться, разложить расщепиться** (라슬로쥐쨔)(라슬로쥐 찌) (라쓰쉐뻬쨔)
분해(해체)하다, 분리시키다	**разнимать** (라스니마찌)
분해(화학)	**анализ** (아날리즈)
분해, 분석	**разбор** (라스볼)
분해, 분할	**разложение** (라슬로줴니예)
분해, 해체	**разборка** (라스볼까)
분해시키다, 허물다; 붕괴시키다.	**распадаться** (라쓰빠다쨔)
분해증류(分解蒸溜)	**крекинг** (크레낀그)
분해하다, 분열시키다	**расщепить, разбирать** (라쓰쉐삐찌) (라스비라찌)
분해(해체.붕괴)하다, 허물어지다	**демонтировать, измельчить** (제만찌로와찌)(이즈멜치찌)
분해하다. 분석하다	**разлагать[ся]** (라슬라가찌)

- 625 -

분화(分化), 분별(分別), 차별	**дифференциация** (지프페렌찌아찌야)
분화, 분출, 분산	**эффузия** (에푸지야)
분화구, (달 표면의)크레이터 운석공(隕石孔)	**жерло** (줴를로)
분화구, 화구, 화산구	**кратер** (크라쩰)
분화의, 분출의, 유출의, 화산의	**эффу-зивный** (에푸지브느이)
불 때는 사람, 화부(火夫)	**истопник** (이쓰또쁘니크)
불 아궁이, 화구(火口)	**амбразура** (암브라주라)
불, 불길	**огонь** (아곤-)
불가능성, 실현 될 수 없는 것	**невозможность** (네뷔즈모즈노쓰찌)
불가능하다, ~할 수 없다	**нельзя, невозможно** (넬쟈) (네뷔즈모즈나)
불가능한; ~ое дело, 실현불가능한 일	**невозможный** (네뷔즈모쥐느이)
불가담(不加擔)	**неприсоединение** (네쁘리쏘예지네니예)
불가림, 등화관제(燈火管制)	**светомаскировка** (스볘따마쓰끼로브까)
불가분리의, 끊을 수 없는, 깨뜨릴 수 없는	**неразрывный** (네라즈릐브느이)
불가인식성	**непознаваемость** (네빠즈나와예모쓰찌)
불가지론(不可知論)(철학)	**агносцитизм** (아그노쓰찌즘)
불가침; ~ личности 인권 불가침	**неприкосновенность**

- 626 -

	(네쁘리까쓰노볘노쓰찌)
불가침의, 건드릴 수 없는	**неприкосновенный** (네쁘리까쓰노볜느이)
불가피성, 피할 수 없는 것	**неотвратимость** (네아뜨브라찌모쓰찌)
불가피성, 필연성	**неизбежность** (네이즈볘즈노쓰찌)
불가피하게	**неизбежно** (네이즈볘즈나)
불가피하여, 피할 수 없는	**неминуемо** (네미누예모)
불가피한, 면치 못한, 필연적인	**неизбежный** (네이즈볘즈느이)
불가피한; 숙명적인	**фатальный** (파쩰느이)
불갈고리, 불갈고랑이(꼬챙이)	**кочерга** (까체르가)
불개입, 방임, (외교·내정상의) 불간섭	**невмешательство** (네브메솨쩰쓰뜨붜)
불거진, 두두룩한 볼록 올라온	**горбатый, выпуклый** (가르바뜨이) (븨뿌끌릐이)
불건전한, 좋지 못한	**нездоровый** (네즈도로브이)
불결, 불순, 비위생적	**нечистоплотность** (네치쓰따쁠로뜨노쓰찌)
불경기, 침체	**депрессия** (제쁘렛씨야)
불경스러운, 불손한, 얄망스러운	**непочтительный** (네빠츠찌쩰느이)
불고기, 불고기용의(로스트) 고기(쇠고기)	**Жареное** (좌레노예)
불공 대천의 원수, 절대 용서 못할 적	**заклятый** (자클랴뜨이)

불교(佛敎), 불도(佛道) 불법(佛法),	**буддизм** (부디즘)
불교신도(佛敎信徒)	**буддист** (부디쓰트)
불구(不具), 기형(奇形)	**порок** (빠로크)
불구, 노동능력상실	**инвалидность** (인왈리드노스찌)
불구, 절단, 중상(中傷)	**увечье** (우볘치에)
불구다, 증가시키다	**умножить** (움노쥐찌)
불구로 만들다, 병신이 되게 하다	**увечить** (우볘치찌)
불구자, 병신, 장애자	**калека, убогий** (깔레까) (우보기이)
불구자로 만들다	**калечить** (깔레치찌)
불굴의, 불요불굴의, 굳센	**непреклонный** (네쁘레클론느이)
불규칙적인, 비정상적인, 정상이 아닌	**ненормальный** (네노르말느이)
불규칙적인, 미친	**несистематический, нерегулярный** (네씨쓰쩨마찌체쓰끼이) (네레굴랴르느이)
불규칙한, 변칙의; 비정상의, 이례의	**бракованный** (브라꼬바느이)
불균형(不均衡), 불균등	**диспропорция** (지쓰쁘로뽀르찌야)
불균형, 불균형적인, 균등하지 못한	**непропорциональный** (네쁘라 빠르찌오날느이)
불균형성, 불균등성, 파동성	**неравномерность** (네라브노메르노쓰찌)
불균형적인, 균형이 맞지 않는,	**несоразмерный**

	(네쏘 라스멜느이)
불그레한, 혈색이 좋은, 화려한, 찬란한,	**курчавый** (꾸르차브이)
불길, 화염	**пламя** (쁠라먀)
불길한, 나, 흉한; ~ый час 불길한 시간(때)	**недобрый** (네도브르이)
불길한, 험상궂은	**зловещий** (즐로볘쉬이)
불꽃, 꽃불, 불빛, 스파크(spark)	**искра** (이쓰크라)
불꽃, 꽃불; 불꽃놀이, 봉화	**фейерверк** (페이예르웨르크)
불꽃, 점화물, 불쏘시개; (담배의) 불, 점화	**свет** (스베트)
불끈 성을 내다, 짜증을 내다, 벌컥 화를 내다	**вспылить** (프쓰뻴 리찌)
불나게 하는, 방화의, 화재가 나서,	**зажигательный** (자쥐가쩰느이)
불다, 바람이 불다	**дунуть** (두누찌)
불다, 불기 시작하다	**повеять** (빠볘야찌)
불다, 불어오다; 숨을 내쉬다	**дуть** (두찌)
불도저 운전수	**бульдозерист** (불도제리스트)
불도저	**бульдозер** (불도제르)
불똥, 초농	**нагар** (나갈)
불량품을 내는 자	**бракодел** (브라까젤)

불러 모으다, 초대하다	**созвать** (싸즈와찌)
불러 세우다, 큰 소리로 부르다	**окрикнуть** (아크리크누찌)
불러내는 것, 호출, 소환	**вызов** (븨조프)
불러내다, 부르다, 호출하다	**вызывать, требовать** (븨즤와찌) (뜨레보 와찌)
불러내다; 유혹하다, 유인해[꾀어]내다,	**поманить** (빠마니찌)
불러들이다; 초청하다, 초대하다.	**зазвать** (자즈와찌)
불러오다,(손짓으로) 부르다	**подзывать** (빠드즤와찌)
불러오다, ~을 오라고 하다, 초대(재청)하다	**назвать(ся)** (나즈와찌)(쨔)
불러일으키다	**пробудить** (쁘라부지찌)
불려오다, 청빙하다	**пригласить** (쁘리글라씨찌)
불룩 나오는 것, 불거진 것, 돌출부	**выпуклость** (븨뿌클라쓰찌)
불룩(불쑥) 나오다(나다),(혹이) 부어오르다	**вскакивать** (프쓰까끼와찌)
불룩한 혹, 등허리 군살, 둥근언덕	**горб** (고르프)
불리다, 버리다,(칼 따위를) 담금질하다	**закалять** (자깔랴찌)
불리한, 부정적인, 좋지 않은	**неблагоприятный** (네브라고쁘리야뜨느이)
불림(공학), 달굼질, 굳히기	**закалка** (자깔르까)
불만, 불평; 울분	**недовольство**

	(네도볼스뜨붜)
불만족한 것, 불만	**неудовлетворённость** (네우다블레뜨보른노쓰찌)
불만족한, 서운케 하는; 시들한, 시무룩한	**недовольный** (네도볼느이)
불면증(不眠症)	**бессоница** (베쏘니짜)
불멸의, 불후의, 영생불멸의	**бессмертный** (베쓰메르뜨느이)
불명, 부정, 무소식	**неизвестность** (네이즈베쓰뜨노쓰찌)
불명료한, 몽롱한; ~ взгляд 몽롱한 눈길	**туманный** (뚜만느이)
불명예, 명예훼손(名譽毀損)	**бесчестье** (베쓰체쓰찌예)
불명예스러운, 수치스러운	**бесславный** (베쓸라브느이)
불명예스러운, 정직하지 못한, 불성실한	**бесчестный** (베쓰체쓰뜨느이)
불명예스러운. 해찰궂은, 야비한	**непорядочный** (네빠랴도츠느이)
불명을 말하면서 투덜거리다, 성나다, 코방귀를 뀌다	**фыркать**, (프르까찌)
불명확성, 애매한 것, 애매모호한 것	**неясность** (네야쓰노쓰찌)
불명확한, 똑똑치 못한, 불분명한, 희미한	**неясный** (네야쓰느이)
불바르, 넓은 가로수 길(산책 길), 산책로, 유보도	**бульвар** (불와르)
불발(탄)	**осечка** (아쎼츠까)
불발이 되고 말다	**осечка** (아쎼츠까)

불법, 비합법, 위법; 불법 행위, 부정행위	**незаконность** (네자꼰노쓰찌)
불법[위법]의, 비합법적인, 법에 어긋나는	**незаконный** (네자꼰느이)
불법[위법]으로, 비합법적으로	**незаконно** (네자꼰나)
불법의, 위법의; 부정한; 불의의	**незаконный, левый** (네자꼰느이) (레브이)
불변성, 항구성(恒久性)	**постоянство** (빠쓰또얀쓰뜨붜)
불변의, 확고부동한	**непреложный** (네쁘렐로쥐느이)
불변의: ~ое существительное (언어) 불변명사	**несклоняемый** (네쓰 클로냐예므이)
불변한, 견지하는, 시종일관된, 견실한	**выдержанный** (븨졔르좐느이)
불변화, 변화없이, ~ глагол 인칭 불변화 동사	**неспрягаемый** (네쓰 쁘랴가예므이)
불복종, 순종하지 않는 것, 불순종	**непокорность** (네빠꼬르노쓰찌)
불붙기 쉬운, 인화성	**огнеопасный** (아그녜오빠쓰늬이)
불붙는 것, 섬광	**вспышка** (프쓰쁵쉬까)
불붙다, 불타기 시작하다	**зажигаться** (자쥐가짜)
불붙이다, 불 지르다,~에 불을 붙이다[지르다]	**зажигать** (자쥐가찌)
불비, 고장, 탈, 사고 장애	**неполадки** (네빨라드끼)
불빛, 등불	**огонь** (아곤-)
불사, 불멸, 영생(永生), 영원한 삶	**бессмертие**

	(베쓰메르찌예)
불살라버리다, 태우다	**сжечь, сжигать** (즈쮀치), (스쥐가찌)
불살모사, 독사(毒蛇)	**гадюка** (가쥬까)
불새, 불사조(不死鳥), 불사의 상징	**феникс** (페니크쓰)
불성실성; 무성의; 위선	**неискренность** (네이쓰크렌노쓰찌)
불성실한, 게으른	**нерадивый** (네라지브이)
불성실한, 성의가 없는, 언행 불일치의, 위선적인	**фальшиво** (팔쉬붜)
불성실한, 진실하지 못한	**неискренний** (네이쓰크렌니이)
불새, 화식조(火食鳥)	**жар-птица** (좌르-쁘찌짜)
불손해지다, 뻔뻔스럽게(제멋대로) 굴다	**распоясаться** (라쓰빠야사쨔)
불손한 행동, 무례한 행동, 비행	**выходка** (븨혼까)
불손한, 겸손치 못한	**нескромный** (네스크롬느이)
불손한, 점잖지 않은, 야비한	**неделикатный** (네젤리까뜨느이)
불손한태도, 겸손치 못한 것	**нескромность** (네쓰크롬노쓰찌)
불순종, 불복종	**непослушание** (네빠쓸루샤니예)
불신, 불신념, 신심이 없는 것, 의혹	**неверие** (네베리예)
불신; 의혹, 사추(邪推), 불신임, 혐의, 의심적음	**недоверие** (네다볘리예)

불쌍하게, 유감스럽다, 가엾게, 처량하게	**жалко** (좔까)
불쌍한, 가엾은, 불행한, 비참한	**жалкий** (좔르끼이)
불쌍한	**бедный** (볘드느이)
불쌍히 여기다, (깊은) 동정(심을)가지다	**сжалиться** (즈좔리쨔)
불쌍히 여기다, 애석하게 여기다, 동정을 느끼다	**пожалеть** (빠좔례찌)
불쌍히 여기다, 애석하게 여기다	**жаль** (좔)
불쌍히 여김, (깊은) 동정(심)	**жалость** (좔로쓰찌)
불쑥말하다, 무심결에 입밖에 내다, 누설하다	**проболтаться** (쁘라볼따쨔)
불안(걱정, 초조)하게 하다, 폐를 끼치다,	**обеспокоить** (아볘쓰빠까이찌)
불안(不安)	**беспокойство** (볘쓰빠꼬이스뜨붜)
불안(조마조마) 하게	**тревожно** (뜨례붜즈노)
불안; 소동, 야단법석	**тревога** (뜨례붜가)
불안을 느끼다, 근심하다, 속태우다	**тревожиться** (뜨례붜쥐쨔)
불안정 건들거림, 견고하지 않음, 흔들림	**шаткий** (샤뜨끼이)
불안정[불안전]한, 위험에 처한; 무너질 듯한	**небезопасный** (녜볘조빠쓰느이)
불안정성, 동요성	**непрочность** (녜쁘로츠노쓰찌)
불안정한, 건들거리는, 흔들리는, 믿을수 없는	**шаткий**

	(샤뜨끼이)
불안정한, 동요 없는, 믿음성이 없는	**непрочный** (네쁘로즈느이)
불안정한, 튼튼치 못한	**зыбкий** (즥브끼이)
불안케(걱정하게) 하다, 흥분(격동)시키다	**волновать** (발노와찌)
불안케 하다, 들뜨게 하다	**будоражить, тревожить** (부도라쥐찌) (뜨레 뷔쥐찌)
불안한, 불안정한, 뒤숭숭한	**тревожный** (뜨레보즈느이)
불안스러운, 조마조마한	**неспокойный, беспокойный** (네쓰빠꼬이느이)(베쓰뽀꼬이느이)
불어 날리다, 휘날리다	**раздувать** (라스두와찌)
불어나다, 증가되다, 증대되다	**умножиться** (움노쥐쨔)
불어넣다(생기·생명·영혼 따위를)	**вдохнуть, вдувать** (프다흐누찌) (프두와찌)
불어서 끄다; ~свечу 초불을 끄다	**задувать** (자두와찌)
불어서 날리다, 날려버리다	**сдувать, сдуть** (즈두와찌), (즈두찌)
불어있다	**сидеть** (씨제찌)
불에 타다, 그슬리다	**обгоряать** (압가랴찌)
불에 탄, 구워낸, 구운, 탄	**жженый** (쥐줴느이)
불완전[불충분]한, 부족한; 부적당한	**неполный** (네뽈르느이)
불완전하게 발음하다 (z를 [өδ]로 발음 c, з를 s,ш, ж처럼 발음하다)	**шепелявить** (쉐뻴래뷔찌)

불운한, 신수가(운이) 나쁜, 재수가 없는	**злополучный,** (즐로뽀루츠느이)
불운한, 불행한, 비참한	**бедственный, незадачливый** (볘드쓰트볜느이) (녜자다츠리브이)
불유쾌감, 불평	**неудовольствие** (녜우다볼쓰뜨비에)
불을 끄기 위한	**противопожарный** (쁘라찌붜뽀잘늬이)
불을 끄다: ~ свет(лампу) 등불을 끄다	**тушить** (뚜쉬찌)
불을 때는 칸, 화실(火室)	**топка** (따쁘까)
불을 때서 덥히다	**топить** (따삐찌)
불을 붙이다, 불을 놓다, 방화하다	**поджечь** (빧줴치)
불을 붙이다; ~에 불을 켜다[밝히다],	**затопить** (자또삐찌)
불을 붙이다; 작열케 하다; 흥분시키다	**воспламениться** (바쓰쁠라 메니쨔)
불을 지르다.	**поджигать** (빧쥐가찌)
불을 지피다(피우다, 때다)	**растопить** (라쓰따삐찌)
불을 지피다, 불때다	**затапливать** (자따쁠리와찌)
불을 켜는 사람, 전기 담당자(electrician),	**осветитель** (아쓰볘찌젤)
불을 피우는 것, 때는 것	**разведение** (라스볘졔니에)
불을 피우다, 때다	**разводить** (라스붜지찌)
불의에 닥쳐오다	**свалиться**

	(스왈리쨔)
불의의 사변, 의외의 사건, 별일;	**неожиданность** (네아쥐단노쓰찌)
불의의, 뜻밖의, 돌발적인, 돌연적인	**внезапный** (브네자쁘느이)
불의의사건, 뜻밖의 일	**сюрприз** (슈르쁘리즈)
불이 꺼지는 것	**затухание** (자뚜하니예)
불이 꺼지다; 느즈러지다; 활발치 않게 되다	**напиваться** (나삐와쨔)
불이 꺼지다; 소등되다	**заглохнуть** (자글로흐누찌)
불이 꺼진, (화산 따위가) 활동을 그친, 사멸한	**потухший** (빠뚜흐쉬이)
불이 나서 (집을) 잃다	**спечься** (스뻬치싸)
불이 붙는, 불탈성의, 가연성의, 가연질	**горючий** (가류치이)
불이 붙다, 불이 켜지다(밝히다), ~에 점화하다	**зажигать** (자쥐가찌)
불이 붙다, 불이 켜지다, 밝아지다, 빛나다	**засветиться** (자쓰베찌쨔)
불이 지펴지다(피워지다)	**растопиться** (라쓰따삐쨔)
불이 포동포동한	**щекастый** (쒜까쓰뜨이)
불이 피다; печь топится 난로에 불이 피고 있다	**топиться** (따삐쨔)
불이 확 타오르는 것	**вспышка** (프쓰쁵쉬까)
불이나다, 불붙다, 불타오르다, 불타기 시작하다	**загораться** (자고 라쨔)

불이나다, 불타다, 발화하다	**воспламеняться** (바스쁠라메냐짜)
불일치,(의견 등의) 상이, 모순	**расхождение** (라쓰호즈제니예)
불일치, 무질서, 불화, 반목, 알력	**разлад** (라슬라드)
불일치, 의견의 상위	**разноголосица** (라스노골로씨짜)
불일치, 조화(합의)되지 않는 것	**несогласованность** (네쏘 글라쏘완노찌)
불일치, 의견이 맞지 않는 것	**диссонанс** (지쓰싸난쓰)
불일치한, 조화(합의)되지 않는	**несогласованный** (네쏘글라쏘완느이)
불임법, 피임법	**стерилизация** (스쩨릴리자찌야)
불임의, 임신능력이 없는	**бесплодный** (베쓰쁠로드느이)
불잡아두다, 가두어두다	**держать** (제르좌찌)
불찬성, 거절, 반대, 비난	**несогласие, неодобрение** (네쏘글라씨예) (네아도브레니예)
불찰, 부주의; по ~у 불찰로 해서	**недосмотр** (네다쓰모뜨르)
불철저한 대책, 일시적인 모면책	**полумера** (빨루메라)
불철저한, 애매한	**половинчатый** (빨로빈차띄이)
불청객; 무료 입장객. 밀항자; 은신처	**заяц** (자야쯔)
불충분, 부족, 궁핍, 불충실;	**недостаточность** (네다쓰따또츠노쓰찌)
불충분하게 읽고 쓰는, 자식이 부족한	**малограмотный**

	(말라그라모 뜨느이)
불충분하게, 모자라게, 미달되게	**недостаточно** (네다쓰따또츠나)
불충실하다, 충성하지, 못 하다	**нелояльность** (넬로얄노쓰찌)
불친절, 불손, 불공불손, 오만, 교만(驕慢)	**невнимание** (네브니마니예)
불친절한, 몰인정한,, 매정한,	**нетоварищеский, недобрый** (네따와리쉐쓰끼이) (네도브르이)
불친절한, 불손한, 헤아림[생각]이 없는	**невнимательный** (네브니마쩰느이)
불친절한, 상냥하지 못한	**нелюбезный** (넬류베즈느이)
불침략 договор о ~и 불가침조약	**ненападение** (네나빠제니예)
불침투성의, 불투과성 있는	**непрони-цаемый** (네쁘라니쯔아예므이)
불쾌[불안]하게 하다, 괴롭히다	**смущать** (스무샤찌)
불쾌감(不快感)	**антипатия** (안찌빠찌야)
불쾌감을 갖게 하다, 불쾌하게 하다	**возмущённый** (바즈무쉰느이)
불쾌하게 하다, 해를 끼치다	**насолить** (나쌀리찌)
불쾌한 느낌, 기분이 좋지 않은	**нездоровиться** (네즈도로비쨔)
불쾌한, 명랑하지 못 한, 쓸쓸한	**невесёлый** (네베쇼르이)
불타기, 연소	**сгорание** (즈고라니예)
불타는(듯한), 열렬한 뜨거운 빈틈없는,	**жгучий** (쥐굿치이)

불타는(듯한), 강렬한, 뜨거운	**жжение** (쥐줴니예)
불타는, 불 같은	**огневой** (아그네보이)
불타는, 타오르는 듯한, 맹렬한, 격렬한	**ярый** (야릐이)
불타다, 끓다	**гореть** (가례찌)
불타서 번지다, 확확 타오르다	**разгораться** (라스고라쨔)
불타오르다, 불이 붙다, 타오르다	**зажигаться** (자쥐가쨔)
불타의; 불교(도)의, 불교의	**буддийский** (부디이쓰끼이)
불태우는 것, 소각, 화장(火葬)	**сожжение** (싸즈줴니예)
불태우다, 때다, 가스(초)에 점화하다(불을켜다)	**обжечь(ся)** (압제치샤)
불태우다. 지피다, ~에 불을 붙이다(지르다)	**зажечь(ся)** (자줴치)
불판	**решётка** (레쑈뜨까)
불패성	**непобедимость** (네빠베지모쓰찌)
불패의, 깨뜨릴 수 없는, 확고한, 공고한	**несокрушимый** (네소 크루쉬므이)
불패의, 필수불패의, 백전백승의	**непобедимый** (네빠베지므이)
불편(거북)하다	**неудобно** (네우도브나)
불편(곤란, 거북)해하다, 꺼리다, 망설이다	**стесняться** (스쩨쓰냐쨔)
불편(한 것), 불쾌, 불안, 부자유	**неудобно**

	(네우도브나)
불편하다(편치 않다), 거북하다	**неловко, недомогание** (넬로브꼬) (네다마가니에)
불편한 것, 몸의 탈,(앓을 징조의) 으스스한 느낌	**неловкий** (넬로브끼이)
불편한, 나쁜	**невыгодный** (네븨곧느이)
불편한, 편찮은; 울가망한	**неудобный** (네우도브느이)
불편해 하는, 편하지 않는, 난처해하는	**стеснительный** (스쩨쓰니쩰느이)
불평없는, 말썽없는, 고분고분한, 순종하는	**безропотный** (베즈로 뽀뜨느이)
불평(고통,푸념)을 말하다	**жаловаться пожаловаться** (좔로와쨔)(뽀좔로와쨔)
불평, 불만 투덜거림	**ропот, претензия** (로뽀트) (쁘레쩬지야)
불평(불만)을 부리는 사람	**недовольный** (네도볼느이)
불평, 찡찡거림, 우는소리, 푸념, 하소연	**жалоба** (좔로바)
불평등(권)	**неравноправие** (네라브노쁘라비예)
불평등, 불공평, 불균등	**неравенство** (네라뷀쓰뜨뷔)
불평을 말하다, 투덜거리다	**роптать** (라쁘따찌)
불평을 품다, 반감을 가지다, 싫어하다, 불만이다	**возразить** (바즈라 지지)
불평(푸념)하다, 툴툴(투덜)대다, 중얼거리다	**заворчать** (자뷜르차찌)
불필요한 것이 많이 늘다, 퍼지다	**расплодиться** (라쓰쁠로지쨔)

불합격품으로 판정하다	**браковать** (브라꼬와지)
불합리, 어리석음, 바보스러움. 어리석은 언행	**дикость** (지까쓰찌)
불합리, 잠꼬대 같은소리, 허튼소리	**дичь** (지치)
불합리한, 목적에 어긋나는, 적절치 않는	**нецелесообразный** (네쩰 레싸옵라즈느이)
불합리한, 부조리의, 터무니없는; 부당한	**недобросо-вестный** (네다브로쏘베쓰뜨느이)
불합리한, 이성[분별]이 없는	**нерациональный** (네라삐오날느이)
불행(不幸), 불상사(不祥事)	**несчастье** (네쓰차쓰찌에)
불행(不幸), 불상사; 재액(災厄)	**беда, горе** (베다) (고레)
불행, 불운, 재난	**напасть** (나빠쓰찌)
불행한, 가련한 불쌍한	**несчастливый** (네스차쓰뜰리 브이)
불운한, 불우한	**плачевный несчастный** (쁠라체브늬이) (네쓰차쓰뜨느이)
불허, 금지, 금제, 제한, 저지	**недопущение** (네다뿌쉐니예)
불협화음(不協和音)	**диссонанс** (지쓰싸난쓰)
불화, 불일치(不一致); 반목, 알력	**раздор, неурядица** (라스돌) (네우랴지짜)
불화, 옥신각신	**нелады, разброд, несогласие** (넬라듸) (라스브론) (네쏘글라씨예)
불화의, 불일치로, 의견의 상위로, 불신임	**разнобой** (라스노보이)
불확고성, 불견고성, 튼튼(든든)하지 않은 것	**непрочность**

	(네쁘로 츠노쓰찌)
불확실, 믿을 수 없음, 불안정 위험, 불안	**шаткий** (샤뜨끼이)
불확실한, 믿을 수 없는, 불안정한, 흔들리다	**шаткий** (샤뜨끼이)
붉게 раскалённый ~ 시뻘겋게 달군	**докрасна** (독라쓰나)
붉어지다, 장미색을 띠다	**порозоветь, алеть краснеть** (빠로조볘찌)(알례찌),(크라쓰녜찌)
붉은 것, 붉은색, 붉은반점, 붉어진 것	**краснота покраснеть** (크라쓰노따)(빠끄라 쓰녜찌)
붉은 군대의 병사	**красноармеец** (크라쓰노알몌예쯔)
붉은 군대의	**красноармейский** (크라쓰노알몌이쓰끼이)
붉은 파리버섯	**мухомор** (무호몰)
붉은, 붉은색, 적색	**красный** (크라쓰느이)
붉은기 훈장을 수여받은, 붉은기의	**краснознамённый** (크라쓰노즈나묜느이)
붓, 화필, 솔	**кисточка** (끼쓰또츠까)
붓기, 부종(浮腫), 종양(腫瘍)	**опухоль** (오뿌홀리)
붓꽃속(屬)의 식물, 아이리스(자주색) 황창포	**ирис** (이리쓰)
붓다, 부풀다, 부어오르다	**затекать, опухать,опухнуть** (자쩨까찌)(아뿌하찌),(오뿌흐누찌)
붓다, 부풀어오르다, 팽창하다	**распухать, пухнуть раздуваться** (라쓰뿌하찌)(뿌흐누찌)(라스두와쨔)
붓다, 쏟다, 따르다, 쏟뜨리다	**плескать, лить** (쁠례쓰까찌)(리찌)

- 643 -

붓다, 쏟아 붓다, 넣다, 흘리다, 채우다	**насыпать, пролить** (나씌샤찌) (쁘랄리찌)
붕괴(崩壞), 와해, 혼란(混亂)	**развал** (라스왈)
붕괴(파탄, 와해)되다	**рухнуть** (루흐누찌)
붕괴, 멸망, 몰락	**падение** (빠제니예)
붕괴, 파탄, 몰락; 분열, 해체	**распад** (라쓰빤)
붕대(繃帶)	**бинт** (빈트)
붕대(繃帶)를 감다	**забинтовать** (자빈따와찌)
붕대를 (다시)감다	**перебинтовать** (뻬레빈또와찌)
붕대를 감는 것	**перевязка** (뻬레뱌즈까)
붕대를 감는, 드레싱, 붕대 감는 법	**перевязочный** (뻬레뱌조즈느이)
붕대를 감다	**бинтовать** (빈따와지)
붕대를 감아주다; 얽어매다, 묶다	**перевязывать** (뻬레뱌즈와찌)
붕대를 풀다	**разбинтовать** (라스빈따와찌)
붕사(硼沙. 硼砂: borax)	**бура** (부라)
붕산의	**борный** (보르느이)
붕소(硼素)(비금속 원소; 기호 B; 번호 5)	**бор** (보르)
붕어, 부어(駙魚), 즉어(鯽魚)	**карась**

(까라시)

붕퇴, 붕궤, 붕이, 토붕, 토붕와해(土崩瓦解) **падение**
(빠제니예)

붙다, ~에 달라붙다; ~에 집착하다 **прилепиться**
(쁘릴레삐쨔)

붙다, 고정되다; 등록되다 **прикрепиться**
(쁘리끄레삐쨔)

붙다, 끼이다, 합체(함께)되다, 합동(동맹)하다 **пристроиться**
(쁘리쓰뜨로이쨔)

붙다, 달라붙다, 밀착하다; 아교[접착제]로 붙다 **приклеиваться**
(쁘리끌레이와쨔)

붙다, 들어붙다, 덧붙다 **склеиваться, налеиваться**
(스클레이와쨔) (나끌 레이와쨔)

붙들고 있다; ~를 붙잡고 있다, 매달려 있다 **держаться**
(제르좌쨔)

붙들고[쥐고] 있다, 고정[고착]시키다, 붙박다 **сковать**
(스까와찌)

붙들다, 찾아내다, 발견하다 **застигать, застигнуть**
(자쓰찌가찌) (자쓰찌그누찌)

붙들다, (붙)잡다, 쥐다. **выловить наловить настичь**
(쀨라뷔찌) (날로비찌) (나쓰찌치)

붙들다, 부축하다 **поддержать поддерживать**
(빧젤좌찌), (빧젤쥐와찌)

붙들다; 기다리게 하다 **взять(ся)**
(프재찌)

붙어있는 것을 잡아떼다 **отклеить[ся] расклеить[ся]**
(아트클레이찌) (라쓰클레이찌)

붙어놓다, 소속(배속)시키다 **прикрепить**
(쁘리끄레삐찌)

붙여넣다, 안에 넣어붙이다 **вклеивать вклеить**
(프클레이와찌), (브끄 레이찌)

붙여놓다, 가까이 놓다, (움직여) 접근시키다 **сдвинуть**
(즈드비누찌)

붙이는 것, 고정시키는 것	**прикрепление** (쁘리끄레쁘레니예)
붙이는 것, 까는것; 포장	**укладка** (우클라드까)
붙이는 것; 딱지, 상표(商標)	**наклейка** (나끌레이까)
붙이다, 달다, 고정시키다	**прикрепить привязывать[ся]** (쁘리끄레삐찌) (쁘리뱌즤와찌)
붙이다, 덧붙이다, 덧대다	**приделать** (쁘리젤라찌)
붙이다, 붙여서 봉하다	**заклеивать** (자클레이와찌)
붙이다, 죄어 매다	**скреплять** (스크레쁠랴찌)
붙이다; 달다, 매달다, 고정하다, 들러붙게 하다	**прилепить** (쁘릴레삐찌)
붙이다; 덧붙이다, 첨부(추가.부가.동봉)하다	**добавить** (다바비찌)
붙인 것을 떼다, 때내다	**отклеивать** (아트클레이와찌)
붙인 것을 떼다; (맨 것을) 풀다	**откреплять** (아트크레쁠랴찌)
붙인것이 떨어지다, (맨것이)풀어지다	**открепляться отлипать** (아트크레쁠랴쨔) (알틀리빠찌)
붙인것이 떨어지다	**отлипнуть, отклеиваться, расклеиваться** (오틀리쁘누찌) (아트클레이와쨔) (라스클레이와쨔)
붙잡는 것, 체포, 집착, 수포	**поимка** (빠임까)
붙잡다, 붙들다	**ухватиться, поймать** (우흐와찌쨔) (빠이마찌)
붙잡다, 생포(점령.공략.획득)하다, 손에 넣다	**завладевать** (자블라제와찌)
붙잡다, 손에 넣다. 점유하다	**брать**

	(브라찌)
붙잡다, 움켜쥐다; 거머잡다	**схватывать, вцепиться ухватить**
	(스흐와띄 와찌)(프쩨삐쨔) (우흐와찌찌)
붙잡다, 체포하다	**хватать**
	(흐와따찌)
붙잡을 수(만날 수) 없는	**неуловимый**
	(네울로비므이)
브라운관	**электронно-лучевой**
	(엘렉뜨론노-루체보이)
브래지어(brassiere), 젖 가슴띠	**бюстгальтер**
	(뷰쓰뜨갈쩨르)
브러시(방전)	**метёлка щётка**
	(메쬴까) (쑈뜨까)
브러시 홀더, 솔 손잡이	**щеткодержатель**
	(쒜드까젤좌찌)
브레비어 활자(8포인트). (8포인트의) 작은 활자	**петит**
	(뻬찓)
브레스트 스트로크(breast stroke), 개구리 헤엄	**брасс**
	(브라쓰)
브레이크(brake), 제동의; ~ой кран 유압밸브	**тормозной**
	(따르모즈노이)
브레이크를 걸다, (말·차를) 멈추다	**затормозить**
	(자또르마지찌)
브레이크의 접촉부, 바퀴멈추개, 철도 바퀴쐐기	**башмак**
	(바쉬막)
브로치, 꽃 핀침, 장식용 핀 침	**брошка, брошь**
	(브로쉬까)(브로쉬)
브롬, 취소(臭素)(비금속 원소; 기호 Br; 번호 35)	**.бром**
	(브롬)
브롬의, 브롬을 함유한	**бромистый**
	(브로미쓰뜨이)
블라우스(blouse), 작업복 상의	**блуза, ~ка**

	(블루자) (블루즈까)
블로킹(blocking), 막기	**블록** (블록)
비 마르크주의적인	**немарксистский** (네마르크씨쓰뜨쓰끼이)
비, 눈 등이 오다, 내리다	**идти** (잇찌)
비, 데크브러시(자루와 털이 긴) 마당비	**метёлка** (메쫄까)
비, 방비, 빗자루	**веник** (붸니크)
비; 강우; 우천; 빗물	**дождь** (도스지)
비가 많이(자주) 오는	**дождливый** (다즈들리브이)
비가(눈이) 내리다, 오다	**выпадать** (븨빠다찌)
비건축용도의 ~лес 비건축용재	**нестроевой** (네쓰뜨로예보이)
비겁(소심) 하게	**трусливо** (뜨루쓸리붜)
비게 되다, 공허하게 되다	**опустеть** (아뿌쓰쩨찌)
비게 되다, 비어지다, 인적이 끊어지다	**пустеть** (뿌쓰쩨찌)
비결단성, 주저; быть в ~и 주저하다	**нерешительность** (네레쉬쩰노쓰찌)
비경제적인 것, 경영을 할 줄 모르는 것,	**бесхозяйственность** (베쓰하쟈이쓰뜨붼노쓰찌)
비경제적인, 주인의식이 없는	**бесхозяйс-твенный** (베쓰하쟈이쓰뜨붼느이)
비계기름, 지방; 굳기름, 기름, 지유, 지방유	**сало** (쌀라)

비공개, 비공개적인	**закрытый** (자크릐뜨이)
비공식적으로, 비공식적인; 공인되지 않은	**неофициально** (네아피 찌알나)
비공식적인; 비공개적인 공인되지 않은	**неофициальный** (네아피찌알느이)
비과학적인	**ненаучный** (네나우ㅊ느이)
비관(염세)주의적인; 우울한	**пессимистический** (뻬스씨미쓰찌체스끼이)
비관론자, 비관주의, 염세주의자	**пессимист** (뻬스씨미쓰트)
비관적으로, 비관적인, 염세적인; 염세론의	**пессимистически** (뻬스씨 미쓰찌체스끼)
비관주의, 비관론; 비관, 염세	**пессимизм** (뻬스씨미즘)
비교(대비) 할 수 있는	**сопоставимый** (싸빠쓰따비믜)
비교(대조.대비)하다, 견주다	**сравнивать, сопоставить** (스라브니와찌) (싸빠쓰따비찌)
비교, 대비; 대조, 비유	**параллель, сравнение, сопоставление** (빠랄렐)(스라브네니예) (싸빠쓰따비블레니예)
비교를 나타냄 ~보다; ~면 할수록	**чем** (쳄)
비교의; ~ая степень 비교급, 최상급	**сравнительный** (스라브니쩰느이)
비교적(으로), 상대적으로	**относительно сравнительно** (아트노씨쩰나) (스라브니쩰나)
비교표(比較表), 도표(圖表)	**диаграмма** (지아그람마)
비교(대조. 비)하다, 견주다, 대어보다, 대보다	**сравнить** (스라브니찌)
비교할 수 없는, 공통성이 없는	**несоизмеримый**

	(네쏘이즈메리므이)
비교할 수 없을 만큼 다른	**несравнимый** (네쓰라브니므이)
비군사[비무장]화의	**демилитаризованный** (제밀리따리조완느이)
비군사업무 장교(군종);	**штабной** (쉬따브노이)
비군사화, 비무장화(非武裝化)	**демилитаризация** (제밀리따리자찌야)
비굴(비열, 너절)하게	**подло** (뽀들라)
비굴한, 아부하는, 아첨하는, 맹종맹동하는	**подобострастный** (빠다보쓰뜨 라쓰뜨느이)
비굴해지다, 자기를 낮추다	**унижаться** (우니좌쨔)
비극; 비참한 일, 극적사건	**трагедия, драма** (뜨라게지야) (드라마)
비극배우(悲劇俳優)	**трагик** (뜨라기크)
비극성; 비참한 것, 궁지(窮地)	**трагизм** (뜨라기즘)
비극적인(悲劇的); 비참한	**трагический** (뜨라기체쓰끼이)
비금속(非金屬)	**неметалл** (네메딸)
비꼬는 말, 독살스럽게 말하다	**язвить, съязвить** (야즈비찌)
비꼬다, 비틀다	**крутить** (크루찌찌)
비꼬아 말하다, 독설을 퍼붓다, 약을 올리다	**ехидничать**, (예히드니차찌)
비낌, 기울어짐; 편향도(度), 기울어지는 것	**отклонение** (아트클로네니예)

비나 진눈가비가 온 뒤의 진창, 진땅	**слякоть** (슬랴까찌)
비난(책망)하다	**укорять** (우까랴찌)
비난(꾸지람)을 받아야 할, 좋지 못한	**неблаговидный** (네브라고빋느이)
비난(非難), 책망(責望), 치욕	**укоризна** (우까리즈나)
비난(책망)하여	**укоризненно** (우까리즈녠나)
비난(책망·욕질·학대·혹사·욕)하다	**разносить хулить** (라스나씨찌)(훌리찌)
비난, 공격; подвергаться ~ам 비난을 당하다	**нападки** (나빠드끼)
비난, 질책; 욕설(辱說) 책망, 꾸지람	**укор, упрёк порицание** (우꼬르)(우쁘료크)(빠리차니예)
비난어린, (말·태도 등) 고발적[힐문적]인	**обвинительный** (압븨니쩰느이)
비난(꾸지람·책망)하다, 꾸짖다	**упрекать, упрекнуть обвинять** (우쁘레까찌)(우쁘레끄누찌)(압븨냐찌)
비난하다, 힐난하다, 나무라다	**обличить** (아블리치찌)
비난해(반대해) 나서다, 덤벼들다	**ополчаться** (아빨차쨔)
비너스, 미(美)의 여신, 베누스(Venus),	**Венера** (붸녜라)
비뇨, 배뇨, 오줌내기, 이뇨	**мочеиспускание** (마체이쓰뿌쓰까니에)
비뇨기과의사(泌尿器科醫師)	**уролог** (우롤로그)
비뇨기학(泌尿器學)	**урология** (우롤로기야)
비뇨기학의	**урологический**

- 651 -

	(우롤로기체쓰끼이)
비뇨생식기	**мочеполовой** (마체뽀로보이)
비누 같은 [질(質)의]; 비누투성이의	**мыльный** (믤리느이)
비누; туалетное ~ 세수비누	**мыло** (믤로)
비누갑, 비누통	**мыльница** (믤리니짜)
비누로 씻다. (~에) 비누질을 하다	**намыливать** (나믜리와찌)
비누의 ~ завод 비누공장	**мыловаренный** (믤로와렌느이)
비누칠하다; ~ руки 손에 비누칠하다	**мылить** (믤리찌)
비늘 모양의, 비늘[딱지]로 덮인	**прокажённый** (쁘라까죤느이)
비늘, 각린(角鱗); 가치의 기준, 평가의 기준,	**чешуя** (체슈야)
비단, 실크, 비단옷, 견직, 견직물 비단실 명주실	**шёлк** (숄크)
비단같은, 고운. 보드라운	**шелковистый, шелковидный** (쉘까븨쓰뜨이) (쉘까븨드느이)
비단뱀; 이무기. 왕 구렁이	**питон** (삐톤)
비단벌레((緋緞—:)	**жужелица** (주쥌리짜)
비당원의, 무소속의	**беспартийный** (베쓰빠르띠이느이)
비대, 살찌는 것	**ожирение** (아쥐레니예)
비도덕적, 패덕적인, 방탕한	**безнравственный** (베즈느라부쓰트볘느이)

비도덕적인, 도덕이 없는	**аморальный** (아모랄느이)
비도덕적인; 그릇된	**порочный** (빠로츠느이)
비둘기, 숫비둘기	**голубь** (골루비)
비둘기; 집비둘기, 암피둘기	**голубка** (갈루브까)
비둘기장	**голубятня** (갈루뱌뜨냐)
비듬, 두구(頭垢), 두설(頭屑), 풍설(風屑), 운지(雲脂)	**перхоть** (뻬르호찌)
비등점 측정기(測定器)	**эбулиометрия** (에부리오메뜨리야)
비뚤비뚤, 비뚜로	**вкривь** (프크리비)
비뚤어지게 하다, 구부리다, 찌그러지게 하다	**кривить** (크리비찌)
비뚤어지다, 자리(위치)가 바꾸어지다	**сместиться** (스메쓰찌쨔)
비뚤어지다, 쥐가 나다, 경련이 일어나다	**свести** (스베쓰찌)
비뚤어진, 구부러진, 구붓구붓	**кривой** (크리보이)
비례, 비률; 비례식; арифметическая ~ 산수비례	**пропорция** (쁘라뽈찌야)
비례하는	**пропор-циональный** (쁘라뽀르찌오날느이)
비로드(veludo), 벨벳(velvet), 우단, 천아융	**вельвет** (뷀붸트)
비록 ~(한다. 하더라도)할지라도. 비록 ~라(고)하더라도 ~비록 ~할지라도, ~이긴 하지만,~이지만, ~이나	**пусть** (뿌쓰찌)
비록 ~일지라도,~이긴 하지만,~이라 하더라도	**хотя**

	(하쨔)
비록 ~지만	**хоть**
	(호찌)
비롯(시작)하다, 일어나다, 생기다,	**восходить, взойти**
	(바쓰호지찌) (프자이찌)
비름(색비름 등의) 종류	**щирица**
	(쒸리짜)
비만; 뚱뚱한 사람	**жирно**
	(쥐르나)
비망록, 메모 각서	**докладной, меморандум**
	(다클라드노이) (메모란둠)
비명, 묘비명, 비문	**эпитафия**
	(에삐따피야)
비명학(碑銘學), 제명학	**эпиграфика**
	(에삐그라피까)
비명학자(碑銘學者)	**эпиграфист**
	(에삐그라피쓰트)
비문화성	**серость**
	(쎄로쓰찌)
비문화성, 교양이 없는 것	**некультурность**
	(네꿀뚜르노스찌)
비밀(秘密), 숨은	**потайной**
	(빠따이노이)
비밀, 기밀; хранить ~у 비밀을 지키다	**тайна**
	(따이나)
비밀, 비결	**секрет**
	(쎄크레트)
비밀[기밀]의; 극비의; 남에게 숨긴, 은밀한	**скрытый**
	(스크릐뜨이)
비밀결사, 정치적 지하단체	**этерия**
	(에떼리야)
비밀공작원, 비밀을 지키는 사람	**конспиратор**
	(깐쓰삐라따르)

비밀리, 비합법, 지하; ~ая квартира 아지토	**конспиративный** (깐쓰삐라찝느이)
비밀리에 진행하는, 비공개	**негласный** (네글라쓰느이)
비밀리에, 남몰래, 남모르게, 감쪽같은 가만히	**втайне, тайком** (프따이네)(따이꼼)
비밀보장, 비밀 준수, 비밀공작	**конспирация** (깐쓰삐라찌야)
비밀소집회	**массовка** (마쏘프까)
비밀에 붙이다, 기밀에 붙이다	**засекретить** (자쎄크레찌찌)
비밀을 누설하다, 폭로[적발]하다; 입밖에 내다	**разгласить** (라스글라씨찌)
비밀을 입 밖에 내다, 누설하다	**выбалтывать** (븨발띄와찌)
비밀의 조직, 은밀한 조직, 지하 조직의,	**подпол** (뽀뽈)
비밀의, 기밀의, 극비의; 은밀한	**тайный, секретный** (따이느이) (쎄크레뜨느이)
비밀의, 은밀한, 남모르게 하는	**подпольный, доверительный** (빳뽈리느이)(다붸리쩰느이)
비밀일 있는 듯한	**таинственный** (따이쓰뜨벤느이)
비밀장치	**секрет** (쎄크레트)
비밀주소, 안전가옥, 음모의 밀회(장소); 암호	**явка** (야브까)
비방(誹謗), 욕설(辱說), 비난, 중상	**поношение** (빠노쉐니예)
비방적인, 중상적인	**скандальный, клеветнический** (스깐달리느이) (클레 붸뜨니체쓰끼이)
비방하는 글, 중상하는 글(작품), 훼방문, 악풀	**пасквиль**

	(빠쓰크빌)
비방하다, 욕설하다, 욕설을 퍼붓다	**поносить** (빠노씨찌)
비방하다, 중상하다	**опозорить, клеветать оклеветать** (아빠조리찌) (클레볘따찌), (아끌레볘따찌)
비방하다, 훼방하다	**порочить опорочить** (빠로치찌) (아빠로치찌)
비범한, 결출한, 특출한	**незаурядный** (네자우랴드느이)
비범한, 비상한, 경이적인	**феноменальный, недюжинный** (폐노메날느이),(네 쥬쥔느이)
비법적인(非法的)	**противозаконный** (쁘라찌붜자꼰느이)
비벼(문질러) 스며들게 하는 것	**втирание** (프찌라니에)
비벼서(문질러) 닦다	**скрести** (스크레쓰찌)
비벼서 가루가 되다	**растираться** (라쓰찌라짜)
비벼서 감각을 회복시키다	**оттирать** (앗찌라찌)
비벼서 꿰뜨리다(창을 내다)	**протереть** (쁘라쩨레찌)
비벼서 끊다; (모조리, 다) 닦다	**перетереть** (뻬레쩨레찌)
비벼서 없애다, 닦아내다, 곱게 닦다	**оттирать** (앗찌라찌)
비비다, 문지르다, 마찰하다	**растирать тереть** (라쓰찌라찌) (쩨레찌)
비비다, 비벼서 소리를 내다,	**шаркать, шаркнуть** (샤르까찌, 샤르끄누찌)
비빔밥, 볶음밥, 필래프, 육반(肉飯	**плов**

	(쁠로프)
비상소집, 비상동원(非常動員)	**аврал**
	(아브랄)
비상한, 놀랄만큼, 엉뚱한	**экстренный, необычайный**
	(엑쓰뜨렌느이) (네아븨차이느이)
비상한, 상상을 초월하는, 신비로운	**фантастический**
	(판따쓰찌체쓰끼이)
비상한, 예외적인	**чрезвычайный**
	(츠레븨차이느이)
비생산의, 비생산적인; 산출물이 없는,	**непроизводительный**
	(네쁘라 이즈보지쩰느이)
비생산적인, 효과가 적은	**непродуктивный**
	(네쁘라두끄찌브느이)
비서(祕書)	**секретарь**
	(쎄크레따리)
비소(砒素)	**мышьяк**
	(믜쉬약크)
비속성, 통속적인, 속물근성, 비속한 말	**пошлость, бульварный**
	(뽀쉴로쓰찌) (불와르느이)
비속화(저속화) 시키다, 저열하게 하다	**опошлить опошлять**
	(아빠쉴리찌), (아빠쉴랴찌)
비숙련공, 숙련되지 못한, 무자격	**неквалифицированный**
	(네끄왈리피찌로완느이)
비스듬하게, 기울어져, 앞으로, 비스듬히	**искоса**
	(이쓰꼬싸)
비스듬한[히]; 엇갈리게 사선(斜線), 엇갈림,	**наклонно**
	(나끌론노)
비스듬히 닫다	**прикрывать**
	(쁘리끄릐와찌)
비스듬히 하다; 기울이다; 기대게 하다	**косить**
	(까씨찌)
비스듬히, 경사지게, 삐뚜름히	**косо**
	(꼬싸)

비스듬히, 기웃이	**наискосок наискось** (나이쓰꼬속), (나이쓰꼬시)
비스듬히, 비뚜로, 엇비슷이	**вкось** (프꼬시)
비스케트 과자	**бисквит** (비쓰끄뷔트)
비스코스(viscose; 인조견사, 셀로판의 원료)	**вискоза** (뷔쓰꼬자)
비슷하게 되다, 유사하게 되다, 닮다	**уподобляться** (우빠도블랴쨔)
비슷하게 보이다, 방불케 하다	**напоминать напомнить** (나뽀미나찌), (나뽐니찌)
비슷하다, ~와 닮다, ~와 공통점이 있다	**походить** (빠호지찌)
비슷하다, 같아; сойдёт! 좋아! 됐다!	**сойти** (싸이찌)
비슷한, ~와 같은 그러한, 이런	**подобный какой-то** (빠도브느이) (까꼬이-따)
비슷한, 유사한, 흡사한, 같은	**аналогичный, близкий** (아날로기츠느이) (블리즈끼이)
비싸게 비싸다	**дорого** (도로가)
비싸게 하다, 값을 올리다	**удорожать** (우다로좌찌)
비싸지 않은, 헐하는, 값싼, 눅은	**недорогой** (네다라고이)
비싸지는 것, 값이 오르는 것, 인상	**удорожание** (우다로좌니에)
비싸지다, 값이 오르다	**подоражать удорожаться** (빠다라자찌) (우다로좌쨔)
비싼, 값비싼, 값이 비싼, 비용이 많이 드는,	**дорогой** (다라고이)
비아트론(스키타면서 총을 쏘는 경기)	**биатлон**

	(비아뜰론)
비아트론선수	**биатлонист** (비아뜰로니쓰뜨)
비애, 한탄, 유감의 뜻으로 슬프다, 유감스럽다	**увы** (우븨)
비약, 급변	**скачок** (스까초크)
비약적인, 급격한	**скачкообразный** (스까츠꼬오브라쓰느이)
비양(肥壤), 아이러니, 풍자	**ирония** (이로니야)
비양심적인 것, 불성실성	**недобросовестность** (네다브로쏘베쓰뜨노쓰찌)
비양심적인, 부정직한, 불성실한,	**недобросовестный** (네다브로쏘베쓰뜨느이)
비어있다	**пустовать** (뿌쓰따와찌)
비어져 나오다, 튀어나와 있다, 곤추서다	**вдуть** (프두찌)
비언, 비어(鄙語), 구리지언(丘里之言)	**ругательство** (루가젤쓰뜨붜)
비얼음, 살얼음(판)	**гололедица** (갈롤레지짜)
비열(저열, 야비)한 것	**низость** (니조쓰찌)
비열성, 야비성, 졸렬성, 비겁성	**подлость** (뽀들로쓰찌)
비열한 놈, 더러운 놈	**подлец** (빠들레츠)
비열한 짓, 야비한 행동	**свинство** (스빈쓰뜨붜)
비열한 행동, 너절한 행동	**подлость** (뽀들로쓰찌)

비열한, 너절한, 추악한 더러운	**подлый скотский** (뽀들르이) (스꼬뜨쓰 끼이)
비옥도, (땅이) 걸고 기름진 것	**плодородие** (쁠로다로디예)
비옥한, 기름진	**плодородный тучный** (쁠로다 론늬이) (뚜츠느이)
비옥한, 살진, 기름진	**жирный** (쥐르늬이)
비옷, 우의, 우비, 우장(雨裝), 레인코트(rain-coat)	**плащ** (쁠라쉬)
비옷모자, 고깔모자	**капюшон** (까뷰숀)
비용, 경비, 지출; ~ производства 생산비	**издержки** (이즈제르쥐끼)
비용을 절감하다.	**экономить, сэкономить** (에까노미찌)
비우다, 내다	**вылить(ся)** (븰리찌)
비우다, 비워주다	**освобождать** (아쓰붜보즈다찌)
비우호적인, 우정이 없는	**недружественный** (네드루줴쓰뜨벤늬이)
비운, 재수 없는 것	**невезение** (네베제니예)
비웃기 좋아하는 사람, 조롱하는 사람	**насмешник** (나쓰메쉬니크)
비웃다, 조롱(조소)하다, 놀려주다	**подшутить, осмеивать** (빧슈찌찌) (아쓰메이와찌)
비웃다, 조롱하다, 조소하다	**высмеивать, высмеять** (븨쓰메이와찌), (븨쓰메야찌)
비웃음, 조소(嘲笑), 조롱(嘲弄), 놀림	**осмеяние** (아쓰메야니예)
비위를 맞추다	**прислуживать льстить**

	(쁘리쓸루지와찌) (엘쓰찌찌)
비위를 맞추어주다, 마음에 들게하다	**угождать ублажать** (우가쥐다 찌), (우블라좌찌)
비위생적인	**антисанитарный, негигиеничный** (안찌싸니따르느이)(네기기예니츠느이)
비유(比喩)	**аллегория** (알레고리야)
비유적(상징적)으로, 은유적으로	**фигурально** (피구랄나)
비유적인, 비유(比喩)	**аллегорический** (알레고리체쓰끼이)
비유적인, 숨은(다른) 뜻을 담고있는	**иносказательный** (이노쓰까자쩰느이)
비유하다	**сравнивать** (스라브니와찌)
비율, 비, 비례	**отношение** (아트노쉐니예)
비의, 비가 많은, 다우의, 강우의, 우천의,	**дождевой** (다즈제보이)
비인간성, 잔인성, 몰인정	**бесчеловечность** (베쓰첼로볘츠노쓰찌)
비인간적인, 잔인한, 악독한, 몰인정한	**бесчеловечный** (베쓰첼로볘 츠느이)
비인간적인, 참혹한	**нечеловеческий** (네첼로볘체쓰끼이)
비자본주의[자본가]의	**нека-питалистический** (네까삐따리쓰찌체쓰끼이)
비장(脾臟), 지라. (물고기 수컷의) 이리, 어백(魚白)	**селезёнка** (쎌레죤까)
비저병(鼻疽病) (말의 전염병). 비염(鼻炎), 비카타르	**сап** (싸쁘)
비전문가, 비전문학자(非專門學者)	**дилетант** (질레딴트)

비전문가, 아마추어	**любитель** (류비쩰)
비전투의, 직접 권투에 참가하지 않는	**нестроевой** (네쓰뜨로예보이)
비정상적인, 변태적인, 괴상한	**уродливый** (우로들리브이)
비정성적인, 퇴화한	**извращённый** (이즈브라숀느이)
비조직성, 무규율성	**неорганизованность** (네아르가니조완노쓰찌)
비조직적인, 조직에 망라되지 않은	**неорганизованный** (네아르가니 조완느이)
비좁게 서다(자리잡다)	**тесниться** (쩨쓰니쨔)
비좁게, 빼곡하게, 틈이 없이	**вплотную** (프쁠로뜨누유)
비준(比準)	**ратификация** (라찌피까찌야)
비준(批准)의, 시인하는, 재가하는	**ратификационный** (라찌피까찌온느이)
비준(승인.찬성)하다	**санкционировать ратифицировать** (싼끼찌온니로와찌)(라찌삐찌로와찌)
비중계(比重計)	**ареометр** (아레오메뜨르)
비집고 나아가다[들어가다, 나오다], 파산[폐업]시키다	**жать** (좌찌)
비참하게	**трагически** (뜨라기체쓰끼)
비참한, 파국적인	**катастрофический** (까따쓰뜨로피체쓰끼이)
비쳐주다	**светить** (스볘찌찌)
비쳐지다, 조명되다	**освещаться**

	(아쓰볘샤쨔)
비추다, 조명하다	**освещать** (아쓰볘샤찌)
비추다, 빛나게(조명.밝게)하다	**облучить** (아블루치찌)
비추어 밝히다, 밝혀주다, 비추다	**озарять** (아잘랴찌)
비추어보다, 투시하다	**просветить** (쁘라스볘찌찌)
비추이다, 환해지다	**озаряться** (아잘랴쨔)
비죽 나오다, 불룩해지다	**оттопыриваться** (앗따쁘리와쨔)
비축, 예비; 예비[보존]품	**запас** (자빠쓰)
비축, 예비; 예비력, 예비[보존]품	**резерв** (레제엘프)
비치기, 조명, 빛, 조명장치, 채광(採光); 조명법,	**осве-щение** (아쓰볘쎼니예)
비치다, 반사광을 내다	**отсвечивать** (앗쓰볘치와찌)
비치다, 반사되다	**отражаться** (앗라좌쨔)
비치다, 비쳐주다	**посветить** (빠쓰볘찌찌)
비치다, 빛나다, 반짝이다	**сиять** (씨야찌)
비침 종이(투사지), 사도지	**калька** (깔까)
비침투성, 불투과성	**непромокаемость** (네쁘라마까예모쓰찌)
비켜라, 물러가라	**прочь** (쁘로치)

- 663 -

비키다, 물러서다	**сторониться** (스따로니쨔)
비키다, 비켜서다, 자빠지다	**отстраняться** (앗쓰라냐쨔)
비타민 결핍증(의학)	**авитаминоз** (아뷔따미노스)
비타민(vitamin)	**витамин** (뷔따민)
비탈, 경사(면)	**покатость** (빠까또찌)
비탈, 경사(면); 경사지	**откос** (아트까쓰)
비탈, 경사면, 내리받이	**скат** (스까트)
비탈진 곳, 낭떠러지	**отвес** (아트볘쓰)
비탈진, 경사진	**покатый** (빠까띄이)
비트적거리다, 비틀[비슬]거리다	**зашататься** (자샤따쨔)
비틀거리다 휘청거리다	**заплетаться, качаться** (자쁠례따쨔) (까차쨔)
비틀거리다, 뒤뚱(기우뚱)거리다	**вихлять переваливаться** (뷔흘랴찌)(뻬례왈리와쨔)
비틀거리며 가다	**колесить** (깔례씨찌)
비틀기 꼬집기, 홱 잡아당기기(마음의) 동요	**щипок** (쒸뽀ㄲ)
비틀다, 꼬집(어 잡아 당기)다	**ущипнуть вывернуть** (우쉬쁘누찌) (븨볘르누찌)
비틀다, 뒤틀다, 비틀(어돌리)다	**выворачивать вырвать** (븨붜라치와찌)(븨르와찌)
비틀어 넣다, 돌려 넣다, 꼬아 넣다	**вкручивать**

(프크루치와찌)

비틀어서 모양을 만들다; 비틀어서(~) 모양으로 하다	**косить** (까씨찌)
비판, 비평, 평론	**критика** (크리찌까)
비판의, 비판적인, 비평의, 평론의	**критический** (크리찌체쓰끼이)
비판적으로, 평론하는	**критически** (크리찌체쓰끼)
비판하다, 비평하다, 평론하다	**критиковать** (크리찌까와찌)
비평, 논평; 평론 잡지. 논평, 평언(評言),	**отзыв** (아트즈프)
비평가, 비판가, 평론가	**критик** (크리찌크)
비평하다, 논평(평론)하다	**рецензировать** (레쩬지로와찌)
비품, 도구, 재산	**инвентарь** (인쀈따리)
비프스테이크(요리)	**бифштекс** (비프쉬떽쓰)
비할 데 없는, 유례가 없는	**бесподобный** (볘쓰뽀도브느이)
비할 바 없이 훌륭한(아름다운)	**несравненный горазро** (녜쓰라브녠느이)(가라즈다)
비할데가 없는, 무비의 무쌍한, 미증유의	**беспримерный** (볘쓰쁘리-몌르느이)
비합법적으로, 비밀리에	**нелегально** (녤레갈나)
비합법적인, 비밀; 지하	**нелегальный** (녤레갈느이)
비핵의, 핵무기가 없는	**безатомный** (볘즈아똠느이)

비핵의	**безъядерный** (볘즈야데르느이)
비행기 안내원, 승무원, 스튜어디스	**стюардесса** (스뮤아르젯싸)
비행기 조립대	**стапель** (스따뻴)
비행기(배)의 승강대, 사다리	**трап** (뜨라쁘)
비행기, 날틀, 에어플레인(airplane)	**самолёт, аэроплан** (싸몰료트, 사말룥)(아에로쁠란)
비행기를 몰다, 조종하다	**пилотировать** (삘로찌로와찌)
비행기를 타고 떠나가다	**улетать** (울례따찌)
비행기의 기수, 이물, 돛의 상단	**нос** (노쓰)
비행기의 동체. 기체	**фюзеляж** (푸젤랴쥐)
비행기의 수직안정판	**киль** (낄)
비행기의 착륙, 도착, 타는 것	**посадочный** (빠싸도츠느이)
비행기의; ~аппарат 항공기	**летательный**: (레따쩰느이)
비행대(飛行隊), 항공부대	**авиачасть** (아뷔아차쓰찌)
비행모, 군모, 전투모, 보병의 작업모	**пилотка** (삘로트까)
비행사, 조종사. 항공사 파일롵(pilot)	**пилот, лётчик, авиатор** (삘롵)(료뜨치크)(아뷔아따르)
비행선(飛行船)	**дирижабль** (지리좌블)
비행술(飛行術), 조종술, 항공술	**пилотаж**

- 666 -

	(뻴로따즈)
비행장(飛行場), 공항(空港)	**аэродром** (아에론롬)
비행조종, 항공기 조종(술)	**пилотирование** (삘로찌로와니예)
비행하는, 나부끼는, 휘날리는, 펄럭이는	**летучий** (레뚜치이)
비현실적인, 실현될 수 없는; 공상적인	**нереальный** (네레알리느이)
비현실적인; 공상적인; ~дом 빈 집;	**нежилой** (네쥘로이)
비호(庇護), 보호(保護), 후원(後援)	**покровительство** (빠끄로비쩰쓰뜨뷔)
비활성의, 비활성[불선광성(不旋光性)]	**инертный** (이네르뜨느이)
빈 것 빈곳, 공허; 진공	**пустота** (뿌쓰또따)
빈 곳을 채우다, 메우다; 보충하다	**закидать закидывать** (자끼다찌), (자끼듸와찌)
빈 곳을 채우다, 써 넣다	**зарыгать** (자릐가찌)
빈 장소, 공간, 여지(餘地)	**место** (메쓰따)
빈 차, 무료 입장자[승객]; 빈 항공기; 무용지물	**порожняк** (빠로즈냐크)
빈, 쓰지 않는	**свободный** (스붜보드느이)
빈, 허공, 무인지경	**пустой** (뿌쓰또이)
빈곤해지다, ~이 없어지다	**беднеть** (볘드녜찌)
빈궁, 가난, 빈곤, 군색, 빈소	**нищета, бедность** (니쉐따), (볘드노쓰지)

빈궁해지다, 가난해지다	**нищать** (니샤찌)
빈궁화, 빈곤화	**обнищание** (압니샤니예)
빈대, 상슬(床蝨), 노비, 취슬(臭蝨), 취충(臭蟲)	**клоп** (클로쁘)
빈둥거리다, (일없이) 거닐다	**слоняться** (슬로냐짜)
빈둥거리다, 건달부리다, 게으름을 피우다	**баклуши** (바클루쉬)
빈둥거리다, 건들건들 거닐다, 시간을 허비하다	**шатание** (샤따니에)
빈들빈들 돌아다니다	**шалберничать** (샬베르니차찌)
빈둥거리다, 지체하다, 늑장부리다	**повозиться** (빠뷔지짜)
빈둥대다	**шалыганить замешкаться** (샬릐간니찌) (자몌쉬까짜)
빈둥빈둥 돌아다니다, 건들거리다	**болтаться** (발따짜)
빈들거리다, 건달부리며 돌아다니다	**околачиваться** (아깔라치와짜)
빈민굴	**трущоба** (뜨루쇼바)
빈번한, 잦은	**частый** (차쓰뜨이)
빈번해지다, 자주 일어나다	**учащаться** (우차샤짜)
빈번히, 자주 일어남, 빈도(수)~ словарь 빈도사전	**частотный** (차쓰또뜨느이)
빈속에, 맨입으로, 식전에	**натощак** (나또샤크)
빈약성, 부족, 불충분한 것	**бедность**

- 668 -

	(볘드노쓰지)
빈약한, 보잘것없는	**убогий** (우보기이)
빈약한, 부족한	**скудный** (스꾸드느이)
빈약한, 옹색한, 허술한, 허루한	**бедный** (볘드느이)
빈약해지다, 쇠퇴하다	**оскудевать оскудеть** (아쓰꾸데와찌), (옷꾸뎨찌)
빈자리, 여백, 공백, (글줄사이의) 간격	**пробел** (쁘라볠)
빈차로, 아무것도 싣지 않고	**порожняком** (빠로즈냐꼼)
빈창자염, 공장염	**еюнит** (예유니트)
빈창자절개술, 공장절개술	**еюнотомия** (예유나따미야)
빈터, 공지, 황야, 메마른 땅, 불모지	**пустырь** (뿌쓰찔)
빈틈없는, 헤성헤성한; ~ая ткань 설핀 천	**неплотный** (녜쁠로뜨느이)
빈틈없이, 짬이 없다. 꽉	**наглухо** (나글루호)
빈혈의, 핏기 없는	**бескровный** (볘쓰크로브느이)
빈혈증(貧血症)	**анемия** (아녜미야)
빈혈증, 생기[활력]의 결핍	**. малокровие** (말라크로비에)
빈혈증에 걸린, 빈혈(증)의; 활기없는	**малокровный** (말라크로브느이)
빌(리)다, 돌리다, 빌려쓰다, 차용하다	**взаймы** (프자이믜)

빌레몬서(Послание к Филимону, 3장)	**Филимону** (필리모누)
빌려 쓴 사람, 차용자	**одалживать** (아달쥐와찌)
빌려준 값, 임차료(賃借料), 소작료	**аренда** (아렌다)
빌리다, 꾸다; ~ деньги 돈을 꾸다	**занимать** (자니마찌)
빌리다, 빌려주다. 대부[대출]하다; 임대하다	**одолжить** (아돌지찌)
빌리다, 차용(借用)하다; 돈을 꾸다	**занять** (자냐찌)
빌립보서(Послание к Филип- пийцам, 4장)	**Филип- пийцам** (필립-삐이짬)
빌붙다, 아부하다, 알랑거리다	**заискивать** (자이쓰끼와찌)
빌어먹다, 걸식하다	**попрошайничать** (빠쁘로샤이니차찌)
빌어먹다, 동냥하다	**побираться** (빠비라짜)
빌어(얻어)먹다, 거지질하다	**нищенствовать** (니쉔쓰뜨붜와찌)
빗(질하)다, 가리다; ~의 보풀을 일으키다	**расчёсывать** (라쓰쵸쓰와찌)
빗, 빗질하는 기구	**гребёнка** (그레뵨까)
빗가게 하다, 흩뜨리다, (딴데로) 돌리다	**отвлечь[ся]** (아트블레치)
빗나가다, 빗가다, 빗나다; 엇가다, 엇나가다	**отклоняться** (아트클로냐짜)
빗다; ~ волосы 머리를 빗다	**чесать** (체싸찌)
빗다; 빗겨주다	**причесать**

	(쁘리체싸찌)
빗발처럼 퍼붓다, 뿌리다, ~에 내던지다	**забросить** (자브로씨찌)
빗방울에	**накрапывать** (나끄라쁴와찌)
빗변, 현(弦); 사변(斜邊)	**гипотенуза** (기뽀쩨누자)
빗으로 빗다	**расчесать** (라쓰체싸찌)
빗장 задвигать ~ 빗장을 지르다	**задвижка засов** (자드비즈까) (자쏘프)
빗장, 문빗장, 경관(扃關), 자물쇠, 쇠; 쇄금(鎖金),	**запор** (자뽀르)
빗질하다, 빗다 ~ лён 아마를 빗질하다	**чесать, зачесать** (체싸찌) (자체싸찌)
빙 돌아, 둥글게, 원으로	**кругом** (크루곰)
빙글빙글 돌아가다, 공중제비(곡예)하다	**петлять** (뻬뜰랴찌)
빙빙돌다, 회전하다; 선회하다,	**закружиться** (자크루쥐찌샤)
빙산(氷山), 얼음산 아이스 버그(ice berg)	**торос айсберг** (따로쓰) (아이쓰베르그)
빙상 결정(結晶)의	**ледяной** (레쟈노이)
빙자(핑개)하다, 말막음하다	**отговариваться** (아트가와리와짜)
빙하(氷河), 만년설, 만년빙(萬年氷) 얼음 벌	**ледник** (레드니크)
빙하로 덮인, 빙하가 있는. ~ период 빙하기	**ледниковый** (레드니꼬브이)
빙하처럼 느린, 지지부진한	**ледяной** (레쟈노이)

빚, 부채; 채무, (부채상환 충당되는) 유산	**задолженность** (자돌줸노쓰찌)
빚, 부채, 1) 의리, 은혜; 2) 의무, 본분	**долг** (돌그)
빚은 조각, 소조	**лепка** (레쁘까)
빚을 전부 갚다, 모두 갚다	**погашать** (빠가샤찌)
빚을 지다, 돈을 꾸다	**задолжать** (자돌좌찌)
빚지다; 부채가 있는, 빚이 있는	**должен** (돌줸)
빛 가리개, 여광기, 색가리개	**светофильтр** (스뻬따필뜨르)
빛(불)을 끄다; (화재를) 소화시키다, 진화하다	**погасить** (빠가씨찌)
빛(색)이 선명한, 밝은, 강렬한	**живописный** (쥐붜삐쓰느이)
빛, 광선; 전깃불, 등불	**свет** (스베트)
빛, 광선; 햇빛; 광명, 광휘, 빛남	**огонёк, освещение, луч** (아가뇨크)(아쓰붸쎼니예)(루츠)
빛깔, 색깔; 색채, 채색, 설색	**окраска** (아크라쓰까)
빛깔이 날다, 시들다	**жухнуть** (주흐누찌)
빛깔이 날은, 시들은, 색이바랜	**жухлый** (주흘르이)
빛깔이 없는, 무색의	**бесцветный** (베쓰쯔붸뜨느이)
빛깔이 연한(맑은), 산뜻한	**светлый** (스뻬뜰리이)
빛나고 있는, 빛나는, 선명한 활활 타오르는,	**блистательный**

	(블리쓰따젤르느이)
빛나는, 반짝거리는, 빛을 뿌리는	**лучезарный, блестящий** (루체자르느이)(블레쓰쨔쉬이)
빛나다, 반짝거리다, 광채나다	**блистать, блестеть** (블리쓰따찌)(블레쓰쩨찌)
빛나다, 번쩍번쩍하다	**заблестеть, засиять, светить** (자블레쓰쩨찌)(자씨야찌)(스볘찌찌)
빛나다; 번쩍이다, 미광을 발하다;	**замелькать** (자멜리까찌)
빛남, 밝음, 광명, 선명함, 광휘, 힘찬, 휘도	**яркость** (야르꼬쓰찌)
빛에 민감한(예민한), 빛을 잘 느끼는	**светочувствительный** (스볘따축 쓰뜨비쩰느이)
빛을 내는, 발광의	**светящийся** (스볘뜨야쉬이쌰)
빛을 뿌리는, 번쩍이는	**лучистый** (루치쓰뜨이)
빛(불)을 끄다; (화재를) 소화시키다, 진화하다	**затушить** (자뚜쉬찌)
빛의, 광선의: ~ой луч 광선	**световой** (스베따보이)
빛이 낡은, 시들은, 어렴풋한	**блёклый** (블료크르이)
빛이 낡은, 퇴색하다, 어렴풋 해지다	**блёкнуть** (블례크누찌)
빛이 어슴푸레해지다, 희미해지다	**поблёкнуть** (빠블료크누찌)
빛이 날다, 퇴색하다, 색이 바래다	**выцвести** (븨쯔볘쓰찌)
빛이[윤기가] 없는, 열기가 없는, 거슴츠레한	**потухший** (빠뚜흐쉬이)
빠드득 소리, 새된 소리	**скрежет** (스크레줴트)

빠드득 소리를 내다	**скрежетать** (스크레줴따찌)
빠뜨리고 보다, 다 보지 못하다	**недосмотреть** (네다쓰모뜨레찌)
빠르게, 급히 곧, 신속히, 재빠르게, 즉석에서	**живо** (쥐붜)
빠르게, 신속하게, 급하게, 곧 몹시 꾀바르게	**шибко** (쉽꼬)
빠른, 급한; ~ый пульс 빠른 맥박	**частый** (차쓰뜨이)
빠른, 속력이 빠른	**скорый** (스꼬리이)
빠른, 재빠른, 급속한, 신속한	**быстрый** (븨쓰뜨르이)
빠른, 잽싼, 민첩한	**скорее скорей** (스까레예), (스꼬레이)
빠른, 주력이 강한	**резвый** (레즈븨이)
빠져나가다, 배슥배슥하다	**отвиливать отвильнуть** (아트빌리와찌), (아트빌리누찌)
빠져나가다	**ускользать,~нуть** (우쓰꼴자찌), (우쓰꼴누찌)
빠져나오다, 벗어나다	**отвязываться, выпутаться** (아트뱌즈와짜) (븨뿌따쨔)
빠지게 하다, 끌어넣다, 몰아넣다	**ввергать, ввергнуть** (붸르가찌), (붸르그누찌)
빠지기 쉬운; ~ое место 수렁진 곳, 진창	**топкий** (따쁘끼이)
빠지다, 끼이다,	**вываливаться, выскакивать, впадать** (븨왈리와쨔) (븨쓰까끼와찌) (프빠다찌)
빠지다, 떨어지다	**застревать, выпадать, вязнуть** (자쓰뜨레와찌) (븨빠다찌) (붸야누찌)
빠지다. (꽂았던, 찔렀던 것이) 뽑아지다	**откалываться**

	(아트깔와쟈)
빠진 이로 이 사이가 벌어진	**щербатый** (쉐르바뜨이)
빨갛게 보이다	**алеть** (알례찌)
빨개지다, 화끈달다; щёки ~елись 뺨이 빨개졌다	**разгораться** (라스고 라쨔)
빨기, 씻기, 세탁	**мойка** (모이까)
빨다, 빨래하다, 씻다: ~ бельё 내의를 빨다	**стирать** (스찌라찌)
빨다, 빨아들이다, 핥다, 빨아 먹다	**всосать** (프쏘싸찌)
빨다, 허파까지 들이마시다	**вобрать** (바브라찌)
빨라지다,(속도가) 빠르다, 신속하다	**учащаться** (우차샤쨔)
빨래, 세탁, 세답, 한탁	**стирка** (스찌르까)
빨래널	**мостки** (마쓰뜨끼)
빨래에 풀을 먹이다	**крахмалить** (크라흐마리찌)
빨래집, 세탁소	**прачечная** (쁘라체츠나야)
빨래하다, 씻다	**постирать** (빠쓰찌라찌)
빨리 가버리다, 멀어지다	**унестись** (우녜쓰찌시)
빨리(갑자기)가버리다, 사라지다	**ускользать,~нуть** (우쓰꼴자찌) (우쓰꼴누찌)
빨리 나는, 빨리 지나가는	**быстрокрылый** (브쓰뜨라끄를르이)

빨리 날아 올라가다, 높이 날아오르다,	**взмывать** (쓰믜와찌)
빨리 내달리다, 내뛰다, 질주하다	**умчаться, помчаться** (움차쨔) (빠므차쨔)
빨리 뛰어 다가가다. 빨리 뛰어오다	**подскакивать** (빤쓰까끼와찌)
빨리 뛰어가다; 빨리 지나가다	**полететь** (빨레쩨찌)
빨리 멀어지다(이동하다)	**убегать** (우볘가찌)
빨리 자라는, 싱싱한, 더부룩한	**буйный** (부이느이)
빨리 퍼지다	**пронестись** (쁘라녜쓰찌시)
빨리(뛰어)지나가다; (뚫고) 들어가다	**проскочить** (쁘라쓰꼬치찌)
빨리, 급히, 바삐, 속히, 급속히, 서둘러	**спешно быстро** (스뼤스나), (븨쓰뜨라)
빨아들다, 스며들다, 잦아들다	**впитываться** (프삐띄와쨔)
빨아들다, 흡입되다, 흡수되다	**всасываться** (프싸씌와쨔)
빨아들이는 ~ая бумага 압지(押紙)	**промокательный** (쁘라마까쩰늬이)
빨아들이다, 흡수하다	**втягивать, вобрать, впитывать, вбирать** (프쨔기와찌)(바브라찌), (프삐띄와찌), (프비라찌)
빨아들이다, 흡입하다	**вдохнуть, затягивать, засасывать** (프다흐누찌)(자쨔기와찌) (자싸씌와찌)
빨아먹다, 빨아내다	**высасывать** (븨싸씌와찌)
빵 한 덩어리, ~(хлеба) 빵덩어리	**буханка** (부한까)
빵 한 조각 ~ (хлеба) 빵조각	**горбушка**

	(가르부쉬까)
빵(굽는)집, 빵공장	**пекарня** (뻬까르냐)
빵, 흘레브	**хлеб** (흘렙)
빵공장, 빵굽는 공장	**хлебозавод** (흘레보자볻)
빵굽는 사람, 빵류 제조 판매업자	**пекарь** (뻬까리)
빵집, 베이커리(bakery)	**булочная** (불라치나야)
빵집; 제빵소 ~ые изделия 빵제품	**булочный** (불라츠느이)
빻다, 부수다, 가루로 만들다	**выкрасить, рушить** (븨크라시찌)(루쉬찌),
빻음질을 하다, 맷돌질을 하다.	**растереть** (라쓰쩨레찌)
빼곡히 들어서다, 많이 모여들다	**набиваться** (나비와쨔)
빼내다, 뽑다	**высвободить** (븨쓰붜바디찌)
빼어내다, 뽑아내다	**высвобождать, выставлять** (븨쓰붜보즈다찌), (븟따블랴찌)
빼놓다, 줄이다, 생략하다	**опускать** (아뿌쓰까찌)
빼놓은(빠진) 말, 채하지 않은 말	**недомолвка** (네다모르브까)
빼다, 감하다; 공제하다	**отнять[ся]** (아트냐쨔)
빼버리다, 제명하다, 삭제하다	**выключать** (븨클류차찌)
빼앗다, 약탈하다, 강탈하다	**отнимать узурпировать** (아트니마찌) (우주르삐로와찌)

- 677 -

빼앗다. ~을 빼앗기다; ~을 안 가지다	**отнять[ся]** (아트냐쨔)
빼앗아 가다	**урвать** (우르와찌)
빼앗아 내다, 탈환하다	**отбивать** (아트비와찌)
삑삑거리는 소리	**писк** (삐쓰크)
삑삑거리는, 새되고 날카로운	**пискливый** (삐쓰클리브이)
삑삑소리를 내다, 찍찍[끽끽] 울다; (어린애가) 앙앙 울다;	**пищать** (삐샤찌)
빽빽이, 꽉, 딱붙게, 밀접히	**плотно** (쁠롯노)
빽빽이; 두껍게, 깊게; 빽빽하게, 짙게	**часто** (차쓰또)
빽빽하게 찬, 밀집한, 빽빽한, 조밀한, 촘촘한;	**плотный** (쁠로뜨늬이)
빽빽하게[짙게. 굵게, 진하게] 하다[되다]	**сгущать** (즈구샤찌)
빽빽하다, 좁히다; ~ряды 대열을 좁히다	**сомкнуть** (싸므크누찌)
빽빽한, 촘촘한, 밀집한, 조밀한,	**убористый тесный частый** (우보리쓰뜨이) (쪠쓰느이), (차쓰뜨이)
뺄 물길, 배수로, 수채물구멍; 낙수받이	**сток** (스또크)
뺌, 공제; 차감액, 공제액; 추론; 연역	**отчисление дедукция** (앗치쓸레니예) (제둑찌야)
뺨(불)이 빨간, 흥조를 띤	**краснощёкий** (크라쓰노숀끼이)
뺨, 볼, 양볼	**щёчный** (쑈츠느이)

| 뻐꾸기, 뻐꾹새 | **кукушка** (꾸꾸쉬까) |

뻐꾹뻐꾹 울다 **ковать** (꾸까와찌)

뻔뻔스러운, 부끄러운 줄 모르는, 파렴치한, **наглый** (나글르이)

뻔뻔스러운, 철면피한 **беззастенчивый** (베자스쩬치브이)

뻔뻔(파렴치)해지다, 넉살 스러워지다 **наглеть** (나글레찌)

뻔뻔스럽게, 억지로; **шарап** (샤라쁘)

뻔뻔스럽게, 파렴치하게, 넉살스럽게, **нагло** (나글로)

뻗기, 질펀함; 확장; 신축성 **натяжка** (나쨔즈까)

뻗다; 손을 내밀다 **протянуться** (쁘라땨누쨔)

뻗치다, 늘이다, 펴다, 잡아당기다, 끌다, **натянуть** (나쨔누찌),

뻗치다, 향하다 **простираться, напрячь протягивать** (쁘라쓰찌라쨔) (나쁘랴치), (쁘라쨔기와찌)

뻣뻣한 털 촉모(觸毛); 자모(刺毛) **щетинка** (쒜쬔까)

뻰찌, 못뽑이, 족집게 **губа** (구바)

뼈가(관절이) 쑤시는 것 **ломота** (라마따)

뼈, 뼈다귀, 뼈대, 골(骨); слоновая ~ь 아이보리(ivory) **кость** (꼬쓰찌)

뼈, 뼈로 만든; ~ой клей 갖풀, 아교풀 **костяной** (까쓰쨔노이)

뼈, 유골(遺骨), 유해, 시체 **остатки**

	(아쓰딸끼)
뼈가 앙상한, 앙상궂은	**костлявый** (까쓰뜨랴브이)
뼈대, 골격(骨格), 골조	**скелет** (스껠레트)
뼈대가 굵은, 뼈가넓은, 커다란 뼈,	**ширококостный** (쉬로까꼬쓸느이)
뼈마디, 관절(關節), 매듭; воспаление ~ов 관절염	**сустав** (수쓰땁)
뼈막(-膜), 골막(骨膜)	**надкостница** (나드꼬쓰뜨니짜)
뼈죽 나오다, 돌출하다	**выдаваться** (븨다와짜)
뽐내는, 우쭐대는, 교만한	**кичливый** (끼츨리브이)
뽐내다, 우쭐대다, 자만하다	**кичиться, гордиться** (끼치쨔) (가르지쨔)
뽐내다, 제자랑하다, 젠(잘난) 체하다	**козырять хвастаться** (까즤랴찌)(흐와쓰따쨔)
뽑는 것, 추출물, 없애는 것, 제거	**удаление экстрагирование** (우다레니에)(엑쓰뜨라기로와니에)
뽑다, 빼다, 끄집어내다, 꺼내다; 뽑아내다	**удалить, тащить** (우다리찌)(따쒸찌)
뽑다; (꽂았던, 찔렀던 것을) 빼내다	**откалывать вытаскивать** (아트깔와찌) (븨따쓰끼와찌)
뽑아내는 것, 빨아내기	**вытяжка** (븨쨔즈까)
뽑아내다, 빼어내다, 캐내다, 잘라내다	**вынуть сняться** (븨누찌) (스냐 쨔)
뽑아내다, 선발[발탁]하다	**выделить(ся) добыть** (븨젤리찌) (다븨 찌)
뽕나무, 오디나무, 상목	**шелковица** (쉘까븨짜)

뾰두라지, 뾰루지, 절종, 부스럼. 종기, 절양	**фурункул** (푸룬꿀)
뾰족징, (편자·구두의) 바닥징, 긴못, 스파이크못	**шип** (쉽)
뾰족한 끝, (무기·도구의) 끝; 바늘, 펜촉(nib), 촉	**остриё** (아쓰뜨리요)
뿌려 던지다, 끼얹다	**забрызгать, забрызгивать** (자브릐즈가찌), (자브릐즈기바찌)
뿌려 던지다	**раскидывать** (라쓰끼듸와찌)
뿌려지다, 뿜어 나오다	**брызгать** (브르즈가찌)
뿌리뽑다; ~ пни 그루터기를 파내다	**корчевать** (까르체 와찌)
뿌리, 근(根)	**корень** (꼬렌니)
뿌리깊이 박힌, 고질이된, 완고한	**закоренелый** (자까레넬르이)
뿌리는 것, 분무, 분사	**опрыскивание** (아쁘릐쓰끼와니예)
뿌리다, 끼얹다 ~을 튀기다	**усыпать, усыпать брызгать** (우씌샤찌) (브르즈가찌)
뿌리다, 살포하다, ~에 뿌리다(흩뿌리다)	**осыпать прыскать** (아씌샤찌) (쁘릐쓰까찌)
뿌리다, 뿌려덮다	**засыпать вспрыскивать** (자씌샤찌) (프쓰쁘릐 스끼와찌)
뿌리다; 끼얹다, 흙(뿌리)다, (사이에) 뿌리다	**насыпать** (나씌샤찌)
뿌리를 박다, 확립되다	**укорениться, ~яться** (우까레니쨔)
뿌리박다, 싹트다	**приниматься** (쁘리니마쨔)

뿌리째 뽑다	**разодрать, выкорчевать** (라조드라찌) (븨까르체와찌)
뿔, 뿔피리	**рог** (로그)
뿔뿔이 흩어(쫓아)버리다, 흩뿌리다	**брыз-нуть раскидать** (브르즈누찌) (라쓰끼다찌)
뿔뿔이 흩어지다(해산하다) (산산이) 흩어져가다	**разбредаться** (라스브라다쨔)
뿜다, 뿌리다	**распылить** (라쓰쁼리찌)
뿜어 나오다, 분출(噴出)하다	**брызнуть** (브르지누찌)
삐걱거리는 소리	**скрип** (스크리쁘)
삐걱거리다	**скрипеть** (스크리뻬찌)
삐걱삐걱하(게 하)다;. 찍찍[끽끽]울다; 앙앙 울다	**скрипнуть** (스크리쁘누찌)
삐걱삐걱 소리내다; 삐걱거리다	**заскрипеть** (자쓰크리뻬찌)
삐걱삐걱 소리를 내며 움직이다	**запищать** (자삐샤찌)
삐다, 접질리다, 탈구(脫臼)되다, 가무치다	**вывихнуть** (븨뷔흐누찌)
삐로그(만두의 한 가지), 파이. 크림샌드위치; 잼 샌드위치	**пирог** (삐록)
삐죽 나오다, 돌출하다	**выдвигаться** (븨드뷔가쨔)
삐죽히 내민곳, 삐죽히 내민부분	**мыс** (믜쓰)
삔을 꽂다, 이어대다	**закалывать** (자깔릐와찌)

사(4)중주곡, 4 중주(단), 4중창(곡), 4중창단	**квартет** (크와르쩨트)
사(4)행시	**четверостишие** (체트베로쓰찌쉬에)
사, 넷, 4(사)	**четыре** (체띄레)
사가지고 가는(음식물)	**вынос** (븨노쓰)
사각사각 소리. 솔솔나는 소리	**шорканье** (쇼르까니에)
사각사각소리를 내다	**шоркать** (쇼르까찌)
사각형, 4변형, 정사각형; 사각의 것	**четырёхугольник** (체띄료후골니크)
사건(事件), 충돌사건, 일	**приключение дейст-вие Инцидент** (쁘리끌류체니예) (제이쓰뜨비에),(인찌젠트)
사건이 일어나다, 생기다	**перепадать** (뻬레빠다찌)
사격(射擊), 발사(發射)	**выстрел стрельба** (븨쓰뜨렐) (스뜨렐리바)
사격소리, 총소리	**стрельба** (스뜨렐리바)
사격수, 사수(射手)	**стрелок** (스뜨렐로크)

사격장(射擊場), 사격연습장	**стрельбище, тир** (스뜨렐리비쉐) (찌르)
사격하다, 쏘다	**шарахать** (샤라하찌)
사고(돌발) 재난; 재해, 상해	**авария** (아와리야)
사고력이 있는, 사려 깊은	**мыслящий** (믜쓸랴쉬이)
사고하다, 사유하다, 사색(생각)하다; 상상하다	**мыслить** (믜쓸리찌)
사과, 빈과, 능금	**яблоко** (야블로까)
사과의, 능금의 사과나무의	**яблоневый, яблочный** (야블로네브이) (야블로츠느이)
사교를 잘하는(즐기는), 붙임성이 좋은,	**общительный** (압쉬쩰느이)
사교성이 없는, 교제를 좋아하지 않는	**необ-щительный** (네아브쉬쩰느이)
사교성이 없는, 낯설어하는	**дикий** (지끼이)
사교적임, 사교를 좋아하는 것, 사귀기 쉬움,	**дикость** (지까쓰찌)
사귀다, 교제(관계)하다	**связаться водиться** (스뱌자짜) (바디짜)
사귀다, 친밀(친)해지다, 친구가 되다	**повестись сойтись** (빠볘쓰찌시) (싸이찌시)
사기, 협잡, 속임수	**жульничество, мошенничество** (줄리니체스뜨붜)(마쉔니체쓰 뜨붜)
사기꾼, 협잡 카드놀이	**шаромыжничество, очковтирательство** (샤로믜즈니체쓰찌) (아츠까브찌라쩰쓰뜨붜)
사기꾼 같은, 사기적인, 부정한	**жуликоватый** (줄리코와뜨늬이)

- 684 -

사기꾼 쇠귀나물속	**шильник** (쉴리닉)
사기꾼, 협잡꾼 좀도둑, 거짓말쟁이, 기만자	**обманщик, жульё** (아브만쉬크) (줄리요)
사기꾼, 타짜꾼, 직업적인 도박꾼	**шулер мошенник** (슐레르) (마쉔니크)
사기를(야바위)치다, 기만하다, 속이다	**жульничать жулить** (줄니차찌), (줄리찌)
사취하다, 속이다, 속여 빼앗다	**сжульничать сжулить** (쓰줄니차찌) (쓰주리찌)
사기치다	**шильничать шаромыжничать** (쉴리니차찌) (샤로믜즈니차찌)
사나와지다, 기승을 부리다	**разбушеваться** (라스부쉐와쨔)
사나운 마음, 냉혹, 몰인정함, 무자비함	**ожесточение** (아쥐쓰또체니예)
사나운, 격렬한, 설레는	**бурный** (부르느이)
사나워지게(무정해지게.냉혹해지게) 하다	**ожесточать** (아쥐쓰또차찌)
사나워지다, 냉혹해지다, 무정하게 되다	**ожесточаться** (아쥐쓰또차쨔)
사나워지다, 세차지다	**разыграться** (라즈그라쨔)
사나이, 남정(男丁), 젊은 남자	**мужик** (무쥐크)
사납게, 표독스럽게, 횡포하게	**свирепо** (스비레뽀)
사냥, 수렵(燧獵), 전렵	**охота** (아호따)
사냥감 주머니, 새 사냥 주머니	**ягдташ** (야그따쉬)

사냥개, 수색견	**ищейка** (이쉐이까)
사냥개의 콧등 박공 박공지붕, (자 모양)의 용마루	**щипец** (쒸뻬쯔)
사냥꾼, 엽사(獵師); 포수(砲手), 수렵가, 엽병	**егерь, охотник** (예곌)(아호트니크)
사냥하다,~ 잡이를 하다	**охотиться** (아호찌쨔)
사는 것, 사들이기, 구입	**купля** (꾸쁠랴)
사다, 사들이다, 구입하다	**покупать, купить** (꾸삐찌) (빠꾸삐찌)
사닥다리 모양의, 계단의, (난간을 포함한) 계단	**лестничный** (레쓰뜨니츠느이)
사닥다리, 줄사닥다리	**стремянка** (스뜨레먄까)
사도행전(Деяние святых Апостолов, 28장)	**Деяние Апостолов** (데얀, 아뽀쓰똘로프)
사들이다, 수매하다, 대량으로 구입하다	**закупать** (자꾸빠찌)
사뜬, 가운데가 있는	**штопаный, штопать, заштопать** (쉬또빤느이) (쉬또빠찌) (자쉬또빠찌)
사라지는 것, 없어지는 것 소실, 분실	**изчезновение** (이쓰체즈노볘니예)
사라지다, 떨어지다 사그라지다	**кануть меркнуть** (까누찌) (메르크누찌)
사라(없어)지다, 가버리다 소멸하다	**умирать испариться** (우미라찌) (이쓰빠리쨔)
사라(없어)지다, 소실(소멸)되다	**деваться деть(ся) провалиться** (제와쨔), (제찌), (쁘라왈리쨔)
실종하다 자태를 감추다	**исчезнуть отмереть, пропадать** (이쓰체즈누찌)(앝몌레찌),(쁘라빠다찌)

사락사락(사각사각)소리나다, 살랑(바스락)소리	**шелестеть** (쉘레쓰쩨찌)
사람(물건)이 내는 기운, 숭고한 분위기, 매력	**ореол** (아레올)
사람(기계 등)의 작업 부하, 가동, 표준 노동량	**загрузка** (자그루즈까)
사람, 인물(人物), 인간	**особа** (아쏘바)
사람을(진지를) 습격(강습)하다 돌격하다	**штурмовать** (쉬뚤마와찌)
사람의 몸무게를 재다	**взвешивать** (쓰볘쉬와찌)
사람의 상판, 낯바닥, 오만상; 인상서(人相書)	**рыло** (릴라)
사람의 애꾸눈의, 외눈의	**кривой** (크리보이)
사람의 피부, (동물의) 가죽, 피혁, 생피(生皮);	**шкура** (쉬꾸라)
사람이 만든, 인공으로	**рукотворный** (루까뜨보르느이)
사람이 적게 사는, 인적이 드문	**малолюдный** (말랄류드느이)
사람이 정력적인, 원기 왕성한 좋은 품질의 사과	**ядрёный** (야드료느이)
사람이 헤엄쳐(멀리) 들어가다	**заплывать заплыть** (자쁠르와찌), (자쁠리찌)
사랑(아가페)	**Эрос, Эрот** (에로쓰, 에로트)
사랑, 애정, 연애, 러브	**любовь** (류보피)
사랑관계, 로맨스(romance), 연가(戀歌)	**роман** (라만)

사랑하는, 귀여운, 가장 소중한	**желанный** (쥉란느이)
사랑하는, 그리운, 마음에 드는	**любимый** (류비므이)
사랑하다, ~을 사랑하(고 있)다, ~에게 반하다	**влюбиться** (블류비짜)
사랑하다, 애호하다, 좋아하다	**полюбить, любить** (빨류비찌)(류비찌)
사랑하지 않게 되다, 싫어지다	**разлюбить** (라슬류비찌)
사려 깊게, 성실하게	**трезво** (뜨레즈보)
사려 분별이 있는, 현명한; 판단이 적절한,	**разумный** (라줌 느이)
사려가 깊은 것	**трезвость** (뜨레즈보쓰찌)
사려가 깊은, 신중한	**трезвый** (뜨레즈브이)
사령관, 지휘부	**комендант, военачальник, командование** (까멘단트) (바에나찰니크), (까만도와니예)
사로잡다, 생포하다, 붙잡다, 붙들다	**захватывать** (자흐와띄와찌)
사로잡다	**одолевать одолеть** (아돌레와찌)(아돌레찌)
사료(使料), 문헌(文獻)	**источник** (이쓰또츠니크)
사리, 소용돌이, 물굽이, 와류(渦流), 맴돌이	**бухта** (부흐따)
사리사욕, 탐욕, 욕심, 이기심	**своекорыстие корыстолюбие** (스붜예꼬르쓰찌예) (까르쓰또류비예)
사리에 맞는, 논리 정연한	**последовательный резонный** (빠쓸레도와쪨느이) (레存느이)

사막, 황무지, 황야, 미개지	**пустыня** (뿌쓰뜨냐)
사망률(死亡率)	**смертность** (스메르뜨노쓰찌)
사망의. 죽음의; 임종의. ~ая казень 사형	**смертный** (스메르뜨느이)
사면체	**четырёхгранник** (체띄료흐그란니크)
사멸(死滅), 죽어 없어지는 것, 몰사(沒死)	**вымирание** (븨미라니에)
사멸하다, 몰사하다, (불이) 꺼진다	**вывестись** (븨볘쓰찌씨),
사명, 천직, 임무, 소명	**призвание,предназначение** (쁘리즈와니에) (쁘레드나즈나체니예)
사모하다, 연모하다	**вздыхать** (쓰듸하찌)
사무(事務), 업무(業務)	**делопроизводство** (젤로쁘로이즈보드쓰뜨붜)
사무국, 국(局), 위원회	**бюро** (뷰로)
사무소, 사무실	**контора, кан-целярия** (깐또라) (깐쩰랴리야)
사무엘 상 (Первая книга Ца-рств, 31장)	**Царь 1** (짜르쓰뜨프 1)
사무엘 하 (Вторая книга Ца-рств, 24장)	**Царь 2** (짜르쓰뜨프 2)
사무원, 사무(문서) 취급자	**делопроизводитель** (젤로쁘로이즈붜드지젤)
사무장(事務長)	**секретарь** (쎄크레따리)
사물(事物), 물체	**предметный** (쁘레드몔느이)
사발 통문식 청원서(탄원서) 원탁회의	**карусельный**

- 689 -

	(까루셸느이)
사발, 공기, 보시기, 접시 바리, 밥통, 대접	**чашка миска** (차쉬까) (미쓰까)
사방에 벌려놓다	**раскидывать** (라쓰끼듸와찌)
사방에 분산되다. 분산되다	**рассеиваться** (라쓰쎼이와쨔)
사방에 붙이다	**расклеивать** (라쓰클레이와찌)
사방에 뿌리다, 헤쳐(널어)놓다	**разбрасывать** (라스브라씌와찌)
사방에 튀다, 쏟아지다	**расплескаться** (라쓰쁠레쓰까쨔)
사방으로 기어가다, (기어서) 흩어지다	**расползаться** (라쓰빨자쨔)
사방으로 뒤지다(찾아보다)	**обшаривать обшарить** (압샤리와찌), (압샤 리찌)
사방으로, 산산이 흩어져서	**врассыпную** (프라씌쉬누유)
사백, 400(사백)	**четыреста** (체뜨레쓰따)
사범대학(師範大學), 사대(師大)	**пединститут** (뻬드인쓰찌뚜트)
사범전문학교	**педучилище** (뻬두칠리쉐)
사법기관	**правосудие** (쁘라보쑤지예)
사분거리다, 약(을) 올리다	**дразниться** (드라즈니쨔)
사분의 일1/4,	**четверть** (체트뻬르찌)
사사기(士師記) (Книга Судей Израли-евых 21장)	**Судей**

(수드)

사상(감정)을 일어나게(느끼게) 하다	**вдохнуть внушить** (프다흐누찌) (브누쉬찌)
사상(철학)을 불어넣다, 불러일으키다, 깨우쳐주다	**внушать** (브누샤찌)
사상, 이념, 생각, 관념, 심상(心像), 개념	**идея** (이제야)
사상(지식)를 가르치다(깨우치다), 설득하다	**привить[ся]** (쁘리비찌)
사상가, (어떤 사상의) 대변자	**идеолог** (이제올로그)
사상을 스며들게 하다, 주입시키다(가르치다)	**внушить** (브누쉬찌)
사상적인, 관념학의; 이데올로기의	**идеологи-ческий** (이제올로기체쓰끼이)
사상적인, 사상의, 이념으로	**идейный** (이제이느이)
사서(私書), 도서관원(圖書館員), 서적직분	**библиоте-карь** (비블리오쩨까리)
사설, 머리글, 서문, 프롤로그(prologue)	**передовая** (뻬레다와야)
사소한, 시들한, 껄렁한	**несерьёзный** (네쎄리요즈느이)
사수, 사격수(射擊手)	**наводчик** (나보드치크)
사슬로 매다, 속박[구속]하다, 감금하다	**сковать** (스까와찌)
사슬릭 집, 꼬치구이의 집	**шашлычная** (샤슬릐츠나야)
사슬의 고리, 고리	**серёжка** (쎄료즈까)
사슴 기르기, 사슴 사육	**оленеводство**

- 691 -

	(알레네보드쓰뜨뷔)
사슴(사슴과의 짐승) 녹(鹿), 순록(馴鹿) 고라니, 엘크	**олень** (알레니)
사시(斜視)의, 사팔눈의; 곁눈질하는 ~ глаз 사팔눈	**косой** (까쏘이)
사시나무, 백양(白楊), 백양나무, 파드득 나무	**осина** (아씨나)
사시나무(포플러)의 버섯, 돌버섯, 차가버섯	**подосиновик** (빠다씨노빜)
사실상, 실지로	**де-факто** (제팤따)
사실을 곱새기다, 왜곡하다	**коверкать** (까베르까찌)
사실이 아님을 밝히다, 변호(옹호)하다, 지키다	**отмываться** (아트므와짜)
사실의 정당함(진실임)을 입증하다,~의혐의를 풀다	**отмыться** (알믜짜)
사실주의적인	**реалистический** (레알리쓰찌체쓰끼이)
사심 없는, 사욕이 없는, 청렴한	**бескорыстный** (베쓰까릐쓰뜨느이)
사십(四十), 40(사십), 사십 세(歲); 마흔, 마흔살	**сорок** (쏘록)
사업(활동) 방향	**ориентация** (아리엔따치야)
사업, 영업, 직업	**дело** (젤로)
사업보고(총화, 총결), 보고	**отчёт** (앗쵸트)
사열의, 열병의	**смотровой** (스마뜨로보이)
사욕이 없는 것, 사심이 없는 것	**бескорыстие**

	(볘쓰까릐쓰찌예)
사용(균등)하게(어울리게) 하다; 조화시키다	**соразмерять** (싸라쓰몌랴찌)
사용(이용)되다	**применяться** (쁘리몌냐쨔)
사용, 이용, 활용, 용법	**употребление** (우빠뜨레블례니예)
사용권(使用權), 사용증명서	**броня** (브로냐)
사용되다, 쓰이다, (내처) 복무(근무)하다	**прослужить** (쁘라쓸루쥐찌)
사용인, 고용인, 하녀, 하인, 가정부; 시녀, 여급	**прислуга** (쁘리쓸루가)
사용자, 소비자(消費者), 수요자	**клиент** (클리옌트)
사용하다, ~하다, извлечь изпод ~a 써먹다,	**спуд** (스뿌드)
사우나하다, (증기목욕탕에서) 땀내다, 한증하다	**парить** (빠리찌)
사월(四月) 4월	**апрель** (아쁘렐)
사위; 매부; 시누이 남편, 의형(제); 처남, 매부,	**зять** (쟈찌)
사유, 사고, 사색; 생각하는 것. 상념	**мысль, мышление** (믜쓸리) (믜쉴레니에)
사육, 먹이를 주는 것	**кормление** (까르므레니예)
사육되어 길든, 가축	**животина** (쥐뷔찌나)
사의, 감사	**признательность** (쁘리즈나쩰노쓰지)
사이, 간격, 중간, 차이, 격차	**просвет интервал, промежуток**

- 693 -

	(쁘라쓰벨)(인쩨르왈) (쁘라메주똑)
사이가 떠지다(멀어지다), 엇갈리다	**отдаляться** (올아트달랴쨔)
사이가 뜬 것, 냉담한 것, 간격	**отчуждение** (앗추즈제니예)
사이가 좋아지다	**поладить** (빨라지찌)
사이드카(오토바이의), 오트바이	**коляска** (깔랴쓰까)
사이비(합성어의 첫부분으로서 거짓,허위,가짜의 뜻을 가짐)	**лже...** (레줴...)
사이에, ~의 사이에[의, 를, 에서], ~의 중간인	**меж,между** (메즈)(메즈두)
사이좋게, 단단하게, 화목하게; 손 맞추어	**дружный** (드루즈느이)
사이좋은, 친한; 화목한	**дружный** (드루즈느이)
사인[서명]하다, 기명 날인하다.	**подписывать[ся]** (빠다삐쓰와찌)
사자(獅子), 라이온, 수왕	**лев** (렙)
사자새끼, 새끼사자	**львёнок** (리뵤노크)
사전(편집)의, 사전적인; 어휘의,	**словарный лексический** (슬로와르느이), (렉씨체쓰끼이)
사절, 대사	**миссионер** (미씨오녤)
사절단(使節團)	**миссия** (미씨야)
사정(射精), 파정(破精) 평가	**аттестация эякуляция** (아떼쓰따찌야) (에야꿀랴찌야)
사정거리(射程距離)	**досягаемость**

	(다쌰가에모쓰찌)
사정없는, 인정 없는, 냉정한	**бесчувственный** (볘쓰츄브쓰뜨볜느이)
사정하다, 의무(세금.벌)를 지우다(부과하다)	**обложить** (아블로지찌)
사조(絲條); 실을 뽑음(고치에서 생사를 뽑는 것)	**шёлкомотание** (숄까마 따니에)
사조공, 생사공	**шёлкомотальщик** (숄까마딸리쉬크)
사조공장, 실공장	**шёлкомотальня** (숄까마딸리내)
사죄하다, 사과하다.	**извиниться** (이즈비니쨔)
사주, 모래톱, 얕은 여울 암초	**шельф** (쉘프)
사주(매수)하다, 교사(敎唆)하다, 거짓 맹세시키다	**подкупить** (빠드꾸삐찌)
사증(査證), 비자	**виза** (뷔자)
사진 찍기, 촬영(撮影)	**фотосъёмка** (파토시욤까)
사진(寫眞) 필름	**фотография, фотоснимок, фотоплёнка** (포토그라피야) (파토쓰니모크) (포토쁠룐까)
사진관, 사장(寫場)	**фотоателье, фотография** (포토아뗄에) (포토그라피야)
사진기, 사진기계, 카메라(camera)	**фотоаппарат** (포토압빠라트)
사진기의 카세트, 필름 케이스	**кассета** (까쎄따)
사진기자	**фотокорреспондент** (포토꼴레쓰뽄젠트)
사진몽타즈, 사진신문	**фотомонтаж**

	(포토몬따즈)
사진보도	**фоторепортаж** (파토레뽈따즈)
사진사(寫眞師), 카메라맨	**фотограф** (파토그라프)
사진술(寫眞術)	**фотография** (포토그라피야)
사진을 찍다, 촬영하다	**фотографировать, сфотографировать** (포토그라피로와찌), (스포또그라피로와찌)
사진종이, 인화지	**фотобумага** (포토부마가)
사진첩(寫眞帖), 앨범	**фотоальбом альбом** (포토알범) (알봄)
사진촬영실(寫眞撮影室)	**ателье** (아뗄이예)
사체실(死體室), 시체실	**морг** (모르그)
사출기(射出機)	**катапульта** (까따뿔따)
사취; 사기, 협잡; 가짜, 겉보기와 다른 사람[것]	**панама** (빠나마)
사치품(奢侈品)	**роскошь** (로쓰꼬쉬)
사카린(saccharine), 감정(甘精)	**сахарин** (싸하린)
사커, 축구(蹴球), 풋볼	**футбол** (풋볼)
사탕, 설탕	**сахар** (싸하르)
사탕석고, 눈꽃석고	**алебастр** (알레와쓰트르)
사탕에 담근 파일(껍질), 사탕절임파일	**цукат**

	(쭈까트)
사투리, 방언(放言), 시골말	**наречие** (나레치에)
사파이어, 청옥(靑玉)	**сапфир** (싸쁘피르)
사팔눈, 사시; 곁눈질, 사시안	**косоглазие** (까싸글라지예)
사포, 연마지, 빼빠, 샌드페이퍼	**шкурка** (쉬꾸르까)
사포로 갈다, 문지르다	**шкурить** (쉬꾸리찌)
사형 집행, 처형	**казнь** (까즈니)
사형(死刑)	**самосуд** (싸모쑤드)
사형에 처하다, 린치에 처하다	**линчевать** (린체와찌)
사회 보험의 보험료; 세금, 조세; 분담금	**отчисление** (앗치쓸레니예)
사회 활동가	**общественник** (압쉐쓰뜨뷀니크)
사회, (사회) 집단; 세상	**общество** (옵쉐쓰뜨붜)
사회, 의장, 사회자, 회장, 위원장	**председательствующий** (쁘롄세다쩰 쓰뜨부유쉬이)
사회; ~ое страхование 사회보험	**социальный** (싸쯔날느이)
사회[도리]에 맞는, 온당한. 합리적인	**рациональный** (라찌온날리느이)
사회경제[적인]	**общественно-экономический** (압쉐쓰뜨붼나-코노미체쓰끼)
사회계, 사회여론; научная ~과학계	**общественность**

	(압쉐쓰뜨벤노쓰찌)
사회계층	**прослойка** (쁘라쏠로이까)
사회보장자, 연금보장자	**пенсионер** (뻰씨오넬)
사회보험(社會保險)	**соцстрах** (쏘쯔쓰뜨라흐)
사회의 불명예, 공공의 불명예, 명예 훼손	**шельмование** (쉘마와니에)
사회의, 사회적인	**общественный** (압쉐쓰뜨벤느이)
사회적 지위[신분], 높은 지위[신분].	**сословие** (싸쏠로비예)
사회적[사교적]으로 하다, 사회화하다;	**обобществить** (아밥쉐쓰뜨비찌)
사회적으로 쓸모있는(유익한)	**общественно-полезный** (압쉐쓰뜨벤나-뽈레즈느이)
사회주의(社會主義)	**социализм** (싸쯔날리즘)
사회학	**социология** (싸쯔날로기야)
사회학자(社會學者)	**социалог** (싸쯔날로그)
사회화, 집단화	**обобществление** (아밥쉐쓰뜨브레니예)
사회화하다, 집단화하다	**обобществлять** (아밥쉐쓰뜨블랴찌)
삭이다 소화되다	**перевариться** (뻬레와리짜)
삭제하다. (선을 그어) 지우다, 그어버리다	**перечёркивать** (뻬레쵸르끼와찌)
산(山); 산악, 산맥, 연산(連山)	**гора**

- 698 -

(가라)

산(성)의, 신맛의	**кислота** (끼쓸로따)
산, 살아 있는, 생명있는	**живой** (쥐보이)
산갈가마귀, 산아(産鴉), 동고비(동고빗과의 작은 새)	**поползень** (빠뽈젠)
산골사람, 산악지대 주민	**горец** (고레쯔)
산기슭, 숲 속에 있는 풀밭, 저산지대	**предгорье лужайка** (쁘롇고리예) (루좌이까)
산꼭대기 정상이 뾰족한 언덕 뾰족한 언덕꼭대기	**шихан** (쉬한)
산도, 산, 신맛; серная ~ 유산; лимонная ~ 레몬산	**кислота** (끼쓸로따)
산들바람, 미풍; 연풍(軟風)	**бриз** (브리즈)
산딸기의; 멍덕딸기의, 멍덕딸기나무	**малиновый** (말리노브이)
산뜻하지 않은, 깨끗하지 않은, 깔끔하지 못한	**неопрятный** (네아쁘랴뜨느이)
산란(産卵), 알낳이, 난기(卵期), 번식기	**нерест икрометание** (네레스트)(이끄로메따니예)
산란기(産殖期), 산식기, (물고기의) 알쓸이	**яйцекладка** (야이쩨클라드까)
산림(山林), 수풀	**лесной** (레쓰노이)
산림보호; ~ая полоса 방풍림	**лесозащитный** (레싸자쉬뜨느이)
산림지기, 산림보호원	**лесник** (레쓰니크)
산림채벌	**лесозаготовки**

(레싸자가또브끼)

산마루, 산등성이, 능선, 분수선. 산줄기, 산맥	**гряда, гребень** (그랴다) (그레벤니)
산만한 것, 멍청한 것	**ротозейство** (라또제이쓰뜨붜)
산맥(山脈), 산줄기	**кряж** (크랴쥐)
산모(産母), 산부, 아이어미	**роженица** (라줴니짜)
산문(散文), 단조로운 이야기[문장]	**проза** (쁘로자)
산물(産物), 생산품, 제품; ~ы (복수) 식료품	**продукт** (쁘라둑트)
산보(散步), 산책(散策), 걷기; 야외 운동, 소풍	**прогулка** (쁘라굴르까)
산보하다, 걷다; 걸어가다	**шагом, погулять, прогулять** (샤곰) (빠굴랴찌) (쁘라굴야찌)
산봉우리, 산마루	**пик** (삑)
산모, 임산부	**родильница** (라질니짜)
산부인과 의사, 부인과의사, 여성과의사	**акушер** (아꾸쉐르)
산부인과학, 부인과, 여성과	**акушерство** (아꾸쉐르쓰트붜)
산사태. 사태(沙汰), 산붕(山崩), 산붕괴	**оползень** (오뽈제니)
산산이 부수다, 박살내다 분쇄하다	**сокрушать** (싸크루샤찌)
산산이(조각조각.산산조각) 부서지다	**вдребезги разлетаться** (프드레 베즈기)(라슬레따쨔)
산성, 산도; повышенная кислотность 위산과다증	**кислотность**

- 700 -

	(끼쓸로뜨노쓰찌)
산소(酸素: 8번:O:16)	**кислород**
	(끼쓸로론)
산수(算數) 산술, 계산, 셈	**арифметика**
	(아리프메찌까)
산스크리트, 범어(梵語)(略: Skr., Skrt., Skt.)	**санскрипт**
	(싼쓰크립트)
산아(産兒), 소산물(所産物)	**детище**
	(제찌쉐)
산업화, 공업화	**индустриализация**
	(인두쓰뜨리알리자찌야)
산이 많은, 산지(山地)의	**гористый**
	(고리쓰뜨이)
산이 많은, 산지의 산더미 같은, 거대한	**горный**
	(고르느이)
산줄기(산맥), 산계(山系), 멧발, 낙맥(落脈)	**хребет**
	(흐레베트)
산지, 매장지; ~ золота 금산지, 금광	**месторождение**
	(메쓰따라즈제니에)
산채로, 살아있게 взять кого-л ~ 생포하다	**живьём**
	(쥐브욤)
산채로, 살아있는 것	**заживо**
	(자쥐붜)
산처럼(겹쳐)쌓다, 축적하다, 쌓아올리다	**нагромоздить**
	(나그로모즈지찌)
산출(생산.제작)하다, 낳다,맺다	**нажать, выдать, производить**
	(나좌찌) (븨다찌) (쁘라이즈붜지찌)
산탄; 작은 총알	**картечь**
	(까르쩨치)
산토끼, 야토, 토끼	**заяц**
	(자야쯔)
산호섬(珊瑚-)	**атолл**

- 701 -

	(알똘)
산호충; 산호(장식물)	**коралл** (까랄르)
산화(酸化)	**окисление** (아끼쓸레니예)
산화동에서 채취한 녹색 안료	**ярь, ярь-медянка** (야리)
산화물(酸化物)	**окись** (오끼시)
살, 세, ~년	**год** (곧)
살갗, 살가죽, 피부, 진피(眞皮), 표피(表皮)	**кожа** (꼬좌)
살갗, 피부; ~ые болезни 피부병	**кожный** (꼬즈느이)
살고 있다	**водиться** (바디쨔)
살구나무, 살구	**абрикос** (아브리꼬쓰)
살균법(殺菌法), 멸균법(滅菌法)	**пастеризация** (빠쓰쩨리자찌야)
살균의	**бактерицидный** (밬테리찌드느이)
살균하다, 균을 죽이다, 살균법을 쓰다	**патеризовать** (빠쓰쩨리조와찌)
살금살금 다가들다, 살살가다, 가만히 지나가다	**красться** (크라쓰쨔)
살기가 많은; 살진, 뚱뚱한	**мясистый** (매흐씨쓰뜨이)
살기 시작하다, 생활하기 시작하다	**зажить** (자쥐찌)
살다, 거주하다 ~에 살다, ~의 주민이다	**населить обитать**

	(나쎌리찌) (압비따찌)
살다, 살아있다, 생존하다	**живать Доживать проживать** (쥐와찌)(다쥐와찌) (쁘라쥐와찌)
살뜰하게	**заботливо** (자보뜰리붜)
살랑(와삭.바스락)거리는 소리, 나뭇잎의 살랑거림 바스락 바스락소리내다, 사락사락 소리내다	**шуршать** (슈르샤찌)
살랑(와삭.바스락)거리는 소리, 옷 스치는 소리	**шорох** (쇼르흐)
살려주다, 구원하다, 구출하다	**спасать** (스빠싸찌)
살리다, 생명을 불어넣다, 소생시키다	**оживлять оживить[ся]** (아쥐블랴찌) (아쥐비찌)(쨔)
살림꾼, 가정을 가진 사람, 가정적인 남자	**семьянин** (쎼미야닌)
살림꾼; домашняя ~ 가정부인	**хозяйка хозяин** (하쟈이까) (하즈야인)
살모사(殺母蛇), 독사(毒蛇), 방울뱀	**ехидна** (예히드나)
살아 있는 것 같은, 실물과 똑같은, 생생한	**жизненный** (쥐즈녠늬이)
살아있는, 생명 있는, 생존해 있는	**живущий.живо** (쥐부쉬이) (쥐붜)
살아가다 지내다 생활하다	**существовать, поживать** (수쉐쓰뜨붜와찌), (빠쥐와찌)
살아나다, 살아남다	**выживать сохраниться** (븨쥐와찌) (싸흐라니쨔)
살아있지 못하게 만들다, ~를 퇴거시키다	**выживать** (븨쥐와찌)
살육(殺戮), 학살(虐殺)	**бойня, резня** (보이냐) (레스냐)
살이 빠지다, 여위다, 야위다, 수척해지다	**исхудать**

	(이쓰후다찌)
살이찌다, 몸이나다, 뚱뚱해지다	**толстеть полнеть** (딸쓰쩨찌) (빨녜찌)
살인, 살해, 학살(중) cвершить ~살인하다	**убийство** (우비이쓰뜨붜)
살인귀(殺人鬼), 인간백정	**душегуб** (두쉐구프)
살인죄(殺人罪)	**убийство** (우비이쓰뜨붜)
살찐, 뚱뚱한	**толстый** (똘쓰뜨이)
살짝갈다, 약간 갈다	**поточить** (빠또치찌)
살짝만지다, (무엇이) ~에 닿다, 접촉하다	**притрагиваться** (쁘리뜨라기와쨔)
살짝 움직이다, 가볍게 흔들다	**шевелить, шевельнуть** (쉐벨리찌) (쉐벨리누찌)
살짝, 약간, 지나가는 김에	**вскользь** (프쓰꼴리즈)
살쪄 늘어진, 피부가 처진	**обрюзглый** (아브류즈글르이)
살찌(우)다, 지방이 많아지다	**жиреть разжиреть ожиреть** (쥐레찌) (라쥐레찌) (아쥐레찌)
살찌우기, 비육, 비육 가축 사육	**откорм** (아트꼬름)
살찌우다, 비육시키다; 사육하다	**откарм-ливать жировать** (아트까르믈리와찌) (쥐로와찌)
살찐, 뚱뚱한, 비대한 지방이 많은, 기름이 오른	**жирно** (쥐르나)
살초제(殺草劑), 제초제	**гербициды** (게르비찌드)
살촉(낚시의) 미늘; (철조망 따위의) 가시; 깃가지	**нагрудник**

- 704 -

	(나그루드니크)
살충제, 구충제, 살충약, 제충약, 제충제	**пестицид** (뻬쓰찌치드)
살펴보는 것, 검열, 검사, 감상	**просмотр** (쁘라쓰모뜨)
살펴보다, 검열하다, 검사하다; 감상하다	**просмотреть** (쁘라쓰모뜨레찌)
살피다, 감시하다, 주시하다	**последить** (빠쓸레지찌)
살피다, 바라보다, 주시하다; ~를 감시(감독)하다	**наблюдать** (나블류다찌)
삶, 생활, 살림, 안락한 생활, 거주; 현존, 생존	**житьё бытие** (쥐찌요) (븨찌예)
삶다, 끓이다, 달이다; 찌다, 요리하다	**варить наварить** (와리찌) (나왈리찌)
삶다, 백숙하다	**отваривать отварить** (아트와리와찌), (아트와리찌)
삶다, 데치다	**вскипятить** (프쓰끼뺴찌찌)
삶아내다, 삶아서 얻어내다	**вываривать** (븨와리와찌)
삶은, 끓인; ~ое мясо 삶은 고기	**отварной, варёный** (아트와르노이) (와료느이)
삼 년간의, 3년간 계속하는; 3년마다의	**трёхлетний** (뜨료흘레뜨느이)
삼(3)부작	**трилогия** (뜨릴로기야)
삼(3)월에	**мартовский** (마르또브쓰끼이)
삼(森), 대마(大麻) 마(麻), 화마(火麻)	**пенька конопля** (뻰니까) (까노쁠랴)
삼(杉)나무의 일종, 쿠프레스	**кипарис**

- 705 -

	(끼빠리쓰)
삼, 3, 3개, 3인. 셋 ~ суток 3(삼)주야	**три** (뜨리)
삼, 셋; 3, 3개, 3인. (숫자) 3~ братьев 삼형제	**трое** (뜨로예)
삼가다, 절제하다, 자제하다, 억제하다	**воздержаться** (바즈제르좌쨔)
삼각대, 삼발이, 세 다리 걸상[탁자],	**треножник тренога** (뜨레노즈니크) (뜨레노가)
정규직원, 정원안에 포함된, 정원에 관한 규정에	**штатный** (쉬따뜨느이)
삼각주(三角洲), 델타	**дельта** (델따)
삼각형, 세모(꼴), 삼변형, 트라이앵글(triangle)	**треугольник** (뜨레우골니크)
삼 개월간의	**трёхмесячный** (뜨료흐메쌰츠느이)
삼겹의, 3겹의	**тройной** (뜨로이노이)
삼림(지대)의 부지, 수풀의 한 구획의 토지	**дача** (다차)
삼백, 300(삼백)	**триста** (뜨리쓰따)
삼백번째의, 300 번째의	**трёхсотый** (뜨료흐쏘띄이)
삼베, 돛천	**парусина** (빠루씨나)
삼월 3월 в ~e 3(삼)월에	**март** (마르트)
삼의, 대마의 ~oe масло 삼의 기름	**конопляный** (깐노쁠랴느이)
삼인조, 3개[인]의 한조. 3시; 3세; 3달러, 3(삼)점	**тройка**

	(뜨로이까)
삼일간의, 3일간의	**трёхдневный** (뜨료흐녜브느이)
삼중주, 삼중창; инструменталь ное ~ 기악삼중주	**трио** (뜨리오)
삼촌, 외삼촌, 큰아버지, 작은 아버지, 아저씨	**дядя** (쟈쟈)
삼층의, 3층의	**трёхэтажный** (뜨료헤따즈느이)
삼켜버리다, 마구 삼키다	**заглатывать** (자글라뜨와찌)
삼키다, 들이키다, 들이마시다	**глотать** (글로따찌)
삼키다; 꾹 참다, 누르다; 빨리 읽다	**проглатывать** (쁘라글라찌와찌)
삽 깊이로 흙을 파다	**штыковать** (쉬띄까와찌)
삽 삭가래 가래, 넉가래	**заступ, лопата** (자쓰뚜쁘)(라빠따)
삽날,(칼붙이의) 날, 도신(刀身)	**лопасть** (로빠쓰찌)
삽살개, 삽사리	**болонка пудель** (발론까)(뿌뎰리)
삽입(도입)하다, 끼우다, 넣다	**впрыскивать, впрыснуть** (프쁘릭쓰끼와찌)(프쁘릭쓰누찌)
삽입문자, 삽입음(音); 어중음 첨가	**эпентеза(-тэ-)** (에뻰뗴자)
삽입어(과거에 여러 번 반복된 동작을 나타냄)	**бывало** (븨왈로)
삽입한 글, 삽입(挿入)	**вставка** (프쓰따프까)
삽화; как на ~e 그림같이 아름답다	**картинка**

	(까르쩐까)
상(床), 책상, 밥상; справочный ~ 안내소	**стол** (스폴)
상(像), 초상, (성인의) 성화상, 성상(聖像)	**икона, фаза** (이꼬나)(파자)
상(賞), 표창, 상금, 상품,	**награда, премия, приз** (나그라다)(쁘레미야)(쁘리쓰)
상(相), 부장(副將), 장관(長官)	**министр** (미니쓰뜨르)
상, 양태; действитель-ный ~ 능동태	**залог** (잘로그)
상(음식)을 차리다	**сервировать** (쎄르비로와찌)
상관(上官), 윗사람, 상사, 상급자	**сверху, патрон** (스베르후)(빠뜨론)
상관, 상호연관; ~сил 역량관계	**соотношение** (싸아뜨노쉐니예)
상관다운, 위엄한	**начальственный** (나찰쓰뜨벤느이)
상관되다, 서로(상호)연관되다	**соотноситься** (싸아뜨노씨짜)
상관없는 것, 관계없는 것	**непричастность** (네쁘리차스뜨노쓰찌)
상관의 권력(권한)	**начальство** (나찰쓰뜨붜)
상급(上級)	**вышестоящий** (븨쉐쓰또야쉬이)
상급재판, 상급법원; высшая ~ 대법원	**инстанция** (인쓰딴찌야)
상긋이, 상냥스레, 빙그레	**мило** (밀로)
상기(회상)시키다; 예고하다	**напоминать напомнить**

	(나쁘미나찌), (나쁨니찌)
상냥한 것, 정중한 것, 친절성	**деликатность** (젤리까뜨노쓰찌)
상냥한, 너무 친절한, (사람을) 살살 녹이는	**елейный** (엘레이늬이)
상냥한, 동정심 많은, 인정이 있는	**деликатный** (젤리까뜨늬이)
상담소, 협의장소; женская ~ 여성보건상담소	**консультация** (꼰쑬딴찌야)
상당한, 꽤 많은, 꽤 좋은, 퍽이나	**приличный, изрядный** (쁘릴리치느이) (이즈랴드느이)
상당히, 자못. 훨씬	**довольно** (다볼나)
상대가 되다, 적수가 되다	**соперничать** (싸뻬르니차지)
상대가 되지 않는, 짝이 기우는(돌리는)	**неравный** (네라브느이)
상대성 теория ~и (물리) 상대성원리	**относительность** (아트노씨쩰노쓰찌)
상대적인, 상관적인	**относительный** (아트노씨쩰느이)
상등병, 상병(上兵)	**ефрейтор** (예프레이또르)
상례, 상습(常習), 풍습(風習)	**обыкновение** (아븨크나볜니예)
상류, 상류지방	**верховье** (붸르호뷔에)
상륙, 착륙	**десант** (제싼트)
상말, 상소리, 쌍소리, 쌍말, 속어	**ругательство** (루가쩰쓰뜨뷔)
상보; ~ю дорога 어서 가십시오, 말리지 않을터니	**скатерть**

- 709 -

	(스까쩨르찌)
상복, 상장	**траур** (뜨라우르)
상복부의	**эпигастрий** (에삐가쓰뜨리이)
상부구조; базис и ~ 도태와 상부구조	**надстройка** (나드쓰뜨로이까)
상부에 알리는 보고, 보도, 보고, 신고	**донесение** (다네쎼니에)
상비군, 예비군	**задира** (자지라)
상상(想像), 공상(空想), 상상력	**воображение** (바아브라줴니에)
상상외의, 믿기 어려운	**баснословный** (바쓰나슬로브느이)
상상하다, ~라는 것을 이해하다(믿다.생각하다)	**возомнить** (바조므니찌)
상상(가상.공상)하다	**мнить, воображать, представляться** (므니찌) (바아브라좌찌)(쁘렌쓰땁랴짜)
상상할 수도 없는, 생각초자 할 수 없는	**немыслимый** (네믜쓸리브이)
상설기관(常設機關)	**стационар** (스따찌오나르)
상세히 설명(해석, 해명, 변명)하다	**растолковать** (라쓰똘까와찌)
상소(上訴), 배소, 공소	**обжалование апелляция** (압좔로와나예) (아뻴랴찌야)
상소하다, 공소(호소)하다	**апеллировать обжаловать** (아뻴리라와찌) (압좔로와찌)
상속, 계승. 상속 재산, 유산물; 계승물	**наследственность** (나쓸레드 쓰뜨볜노쓰찌)
상속자, 후계자, 계승자	**наследник**

	(나쓸레드 니크)
상속하다, 계승하다, 물려받다	**нас-ледовать** (나쓸레도와찌)
상수도의, 급수의	**водопроводный** (바다쁘로보드느이)
상스러운 말을 하다	**сквернословить** (스크붸르노쓸로비찌)
상스러운, 잡상스러운	**нецензурный** (녜젠줄느이)
상스럽게 욕설하다, 욕지거리하다	**обругать** (아브루가찌)
상실, 분실, 손실	**потеря** (빠쩨랴)
상심케 하다, 낙심시키다	**удручать** (우드루차찌)
상심한, 낙심한, 기가 죽은	**удручённый** (우드루촌느이)
상어, 교어(鮫魚), 사어(沙魚)	**акула** (아꿀라)
상업, 장사, 무역; частная ~ 개인상업	**торговля** (따르고브랴)
상업, 통상; ~ое соглашение 통상협정	**коммерческий** (깜메르체쓰끼이)
상여금, 보너스; 특별 수당; 장려금;	**премиальный** (쁘레미알느이)
상연(연주) 목록	**репертуар** (레뻬르뚜알)
상연, 연극, 연기; 흥행	**представление** (쁘롄쓰땁레니예)
상연되다, 공연되다	**идти** (잇찌)
상영, 보이기, 나타내기, 표시, 전시, 진열,	**сеанс**

	(쎄안쓰)
상영, 전람(展覽); 보이기	**демонстрация** (제만쓰뜨라찌야)
상을 찡그리다 смотреть ~ 눈을 치뜨고 보다	**исподлобья** (이쓰뽀들로비야)
상의, (남자용의) 조끼; в ~ку 아무 어깨에 기대어 울다	**жилет** (쥘레트)
상인(商人), 장사꾼	**торговец** (따르고베쯔)
상인, 상업가, 무역(도매. 소매)상인	**коммерсант** (깜메르산트)
상자 만드는 직공	**ящичник** (야쉬츠닉)
상자, 궤, 함, 통, 책상 서랍 번호로 불려지는 사무실	**ящик** (야쉬크)
상점 진열장의 모조품	**бутафория** (부따파리야)
상점의; 가계의 점포(店鋪)의	**магазинный** (마가진느이)
상징, 기호, 부호	**символ** (씸보르)
상징주의(象徵主義), 심볼리즘(symbolism)	**символизм** (씸볼리즘)
상징주의자	**символист** (씸볼리쓰트)
상징하다, 상징으로 되다	**символизировать** (씸볼리지로와찌)
상처, 부상, 경한, 가벼운, 경상	**лёгкий, ранение** (료그끼이) (라네니예)
상처; 손상, 기능장애(機能障礙)	**поражение** (빠라제니예)
상처가 곪다; 곪게 하다; 뜨끔뜨끔 쑤시(게하)다	**загноиться**

- 712 -

	(자그노이쨔)
상처가 낫다(아물다) 가죽으로 덮이다	**зажить подсохнуть** (자쥐찌) (빳쏘흐누찌)
상처가 아물다, 껍질로 덮이다	**затягиваться, зарастать** (자쨔기와쨔) (자라쓰따찌)
상처가 허물을 남기면서 아물다	**зарубцеваться** (자루브쩨와쨔)
상처가 좀 낫다, 아물다	**затягивать** (자쨔기와찌)
상처가 덧나다, 도지다	**открываться** (아트끄리와쨔)
상처를 입히다; (침·가시로) 쏘다, 찌르다	**уязвлять** (우야즈블랴찌)
상처를 자극하여 아프게(도지게) 하다	**растревожить** (라쓰뜨레보쥐찌)
상처입은 사람, 희생(자)의, 피해자의, 조난자의	**потерпевший** (빠쩰뻬쉬이)
상처자리, 허물, 흠집, 상처 자국, 흉터.	**рубец** (루베쯔)
상추, 양상추	**салат** (쌀라트)
상층부, 수뇌부(首腦部), 우두머리	**верхушка** (베르후쉬까)
상쾌(쾌활.유망)하게 하다, 원기 있게 하다	**оживить[ся]** (아쥐비찌)(쨔)
상쾌하게 하다, 기운나게 하다, 쉬게하다	**освежиться обновить** (아쓰붸쥐쨔)(압나비찌)
상쾌한, 후련한, 냉각(하는)	**прохладительный** (쁘라흘라지쩰느이)
상태(정규대)로 하다, 정상화하다	**отрегулировать** (앗레굴리로와찌)
상태, 정세, 형편, 주위의 상황, 형세, 사정	**состояние, вид**

	(싸쓰따야니예) (뷔트)
상편생장(上偏生長)	**эпинастия** (에삐나쓰찌야)
상표(商標), 마크(mark), 꼬리표, 레테르	**ярлык, марка** (야를릐끄) (마르까)
상표를 붙이다	**этикетировать** (에찌께띠로와찌)
상품(上品), 물품(物品)	**товар** (따와르)
상품교환	**товарообмен** (따와로옵멘)
상품에 표를 붙이는 것	**маркировка** (마르끼로브까)
상품유통(商品流通)	**товарооборот** (따와로오보로트)
상품의 원가(판매가격 등의) 계산	**калькуляция** (깔꿀리랴찌야)
상품취급자	**товаровед** (따와로베드)
상품학(商品學)	**товароведение** (따와로베제니예)
상하 양원제의, 이원제의	**двухпалатный** (드부흐빨라뜨느이)
상하게 하다, 해치다. 상처 내다	**расшибать** (라쓰쉬바찌)
상하다, 썩다, 썩어서 냄새나다	**тухнуть** (뚜흐누찌)
상한, 썩은 냄새나는	**тухлый** (뚜흘르이)
상한각, 방위(方位)(각); (상대적인) 위치	**румб** (룸브)
상형 문자, 그림문자 китайский ~ 한자	**иероглиф**

	(이에로글리프)
상호관계(相互關係)	**взаимоотношение** (프자이마아뜨노쉐니에)
상호교류(相互交流)	**взаимообмен** (프자이마아브몐)
상호연관, 교제, 상호의존	**взаимосвязь** (프자이마쓰뼤야지)
상호원조, 상호방조	**взаимопомощь** (프자이마뽀모쉬)
상호이해, 서로 이해	**взаимопонимание** (프자이마빠니마니에)
상환(償還); ~ займа 부채의 상환	**погашение** (빠가쉐니예)
상환능력	**кредитоспособность** (크레지따쓰뽀쑵노쓰찌)
상환하다, 청산하다, 갚다, 변제하다	**заплатить погасить** (자쁠라찌찌) (빠가씨찌)
샅, 고간(股間), 서혜(鼠蹊), 사타구니, 서혜부, 두다리 사이	**пах** (빠흐)
새 건물, 새 건축, 새 건설장; 새 건물	**новостройка** (나붜쓰뜨로이까)
새 이름, 개칭(改稱), 개명(改名)	**переименование** (뻬레이메노와니예)
새 자격의 부여, 새 기능의 부여	**переквалификация** (뻬레크왈리까찌야)
새, 새로운; 근대, 근세; 신형; Новый год 새해,	**новый** (노브이)
새, 엽조(獵鳥), 닭, 가금; домашняя ~ 가금(嘉禽)	**птица** (쁘찌짜)
새. 짐승을 찾아!(개에게 하는 명령)	**шерш** (쉐르시)
새가 날아가다, 훌쩍 날다, 훨훨 날다	**упорхнуть**

	(우빠르흐누찌)
새가 지저귀다, 찍찍[쩍쩍]울다 재재거리는 소리	**щебет** (쒜볟)
새가 횃대에 앉다; 자리를 차지하다	**забрать(ся)** (자브라찌)
새가둥지를 틀다, 둥지를 틀고 살다, 깃들다	**гнездиться** (그네즈지짜)
새것, 새로 도입된 것, 혁신(안)	**новшество** (노브쒜쓰뜨붜)
새그린 가죽, 우툴두툴한 가죽, 껄끄러운 가죽	**шагреневый** (샤그레네브이)
새기다, 돌을 깎아 조각(판각)하다	**гравировать, высекать** (그라비로와찌) (븨쎄까찌)
새긴 자리, 눈; ~ на напильнике 줄칼 눈	**насечка** (나쎄치까)
새김, 조각(彫刻); 조각물	**резьба** (레시바)
새김질, 반추, 다시 씹는 음식	**жвачка** (쥐와츠까)
새끼고기, (막부화된) 치어(稚魚), 작은 물고기 떼	**малёк** (말료크)
새끼 양. кроткий как ~ 말 잘 듣는	**ягнёнок ярыш** (야그뇨노크) (야릐쉬)
새끼 치다, 번식(증식)시키다	**размножать** (라스므노좌찌)
새끼(짚.가죽 등의 꼬은. 엮은. 짠)물건, (천의) 주름 변발	**жгут** (쥐굿트)
새끼, 끈, 목매는(밧)줄, 가는 줄(목공용)먹줄	**шнур** (쉬눌)
새끼를 못 낳음	**яловость** (얄로붜쓰찌)
새끼벌레 (유충), 번데기	**личинка**

- 716 -

	(리친까)
새끼손가락, 새끼발가락	**мизинец** (미지네쯔)
새끼치다, (증식)하다	**расплодиться** (라쓰쁠로지짜)
새내기, 신출내기	**мальчишка** (말치스까)
새는 것, 도중손실	**утечка течь** (우쩨츠까) (쩨치)
새는 구멍: заделать ~ 새는 구멍을 막다	**течь** (쩨치)
새다, 흘러나오다, 새어 나오다	**пропускать, натекать** (쁘라뿌쓰까찌)(나쩨까찌)
새된 소리를 내다, 소리치다	**скулить** (스꿀리찌)
새떼, (작은새·양 따위의) 무리, 떼	**косяк** (까샤크)
새로 만든 배를 진수시키다. 발진시키다	**спускать** (스뿌쓰까찌)
새로, 다시, 처음부터, 새롭게, 새로이, 처음	**заново** (자노붜)
새로운 맛(것) 색다른 일, 참신성	**новизна** (나비즈나)
새로운 구성(조직.구조.형성물.구성물)	**новообразование** (나붜옵라조와니에)
새로운 발명(발견), 생생한 것, 새로 산 것	**новость, свежий** (노보쓰찌)(스웨쥐이)
새로운 식으로, 새롭게	**по-новому** (빠-노보무)
새로운; 새로 나타난[만들어진], 신(新)발견의	**последний** (빠쓸레드니)
새로워지는 것, 갱신, 일신, 재생	**обновление**

- 717 -

	(압나블레니예)
새로워지다, 갱신(일신)되다	**освежаться, обновляться**
	(아쓰볘좌쨔) (압나블랴쨔)
새롭게 시키다, 갱생[신생]시키다, 부활하다	**возобновить(ся)**
	(바조브노븨찌)(쨔)
새롭게(혁신.쇄신. 경신)하다; 고쳐 만들다	**обновить(ся)**
	(압나비찌)(쨔)
새말, 신어(新語), 신조어(新造語)	**неологизм**
	(네알로기즘)
새벽, 동틀 무렵	**рассвет**
	(라쓰볘트)
새빨간, 선홍색, 짙은 붉은색	**алый**
	(알르이)
새빨개지다, 붉어지다, 홍조를 띠다	**раскраснеться**
	(라쓰크라쓰녜쨔)
새서방, 신랑	**молодожён**
	(말로도죤)
새싹, 곁순, (작은) 곁가지	**отросток**
	(앗로쓰또크)
새어 들어가다, 침투하다, 스며들다	**проникнуть**
	(쁘라니크누찌)
새의 지저귐, 노래하듯 지저귀다,	**щёлкать, щёлкнуть**
	(쑐까찌) (쑐까누찌)
새의 횃대, 막대, 장대	**жёрдочка**
	(죠르도츠까)
새의 지저귐, 기화기(氣化器), 카뷰레터	**щёлкать, щёлкнуть**
	(쑐까찌), (쑐까누찌)
새장, 조롱, 쇠그물 우리	**клетка**
	(클례뜨까)
새해, 신년, 설맞이	**новогодний**
	(나붜곤니이)
색(色), 색의 배합	**расцветка**

	(라쓰쯔베드가)
색, 빛깔, 색채, 채색, 색조, красный цвет 붉은색	**цвет** (쯔베트)
색그림법, 채색법	**палитра** (빨리뜨라)
색깔, 색채, 색조(色租)	**тональность, колорит** (따날노쓰찌) (깔로리트)
색깔이 선명한, 색이 조화된	**колоритный** (깔로리드이)
색소폰(saxophone)	**саксофон** (싹싸폰)
색을 칠하여 없애다, 지우다	**закрашивать** (자크라쉬와찌)
색의; 색채를 생기게 하는 ~ее вещество 칠감	**красящий** (크라샤쉬이)
색이 날다, 퇴색하다	**линять** (린야찌)
색이 바래다, (해볕에) 색이 날다, 퇴색하다	**выгорать** (븨가라찌)
색정광; 성욕이상	**эротоман** (에로또만)
색조(色租), 칼라, 톤 светлые ~а 밝은 색조	**тон** (똔)
색줄, 테	**кант** (깐트)
색채, 색깔, 빛, 색조	**оттенок** (앗쪠노크)
색채가 선명한의 뜻, 생생(선명.발랄.현저)하게	**ярко** (야르까)
색칠 때문에 없어지다, 지워지다	**закрашиваться** (자크라쉬와짜)
색칠하다, 물들이다	**закрашивать**

- 719 -

	(자크라쉬와찌)
색칠한, 그림으로 장식한	**расписной** (라쓰삐쓰노이)
샌님, 온순한 사람, 얌전이, 골샌님, 딸각발이	**тихоня** (찌호냐)
샐러드(요리), 생채	**салат** (쌀라트)
샘, 샘물, 생수(生水), 천수(泉水) 광천(鑛泉), 수원	**ключ** (클류치)
샘하여, 게염스럽게, 질투하여	**ревниво** (레브니붜)
생각 밖의, 예상외의, 예견치 않던	**непредвиденный** (네쁘레드비젠느이)
생각 없이, 어림잡아, 대충	**наобум** (나오붐)
생각(간주)하다, 숙고하다, 두루 생각하다	**считать полагать** (스치따찌)(빨라가찌)
생각(상상)되다, ~인 것 같다	**представиться, казаться** (쁘렏쓰따비쨔)(까자쨔)
생각(염려.이해)하다, 염두에 두다	**подразумевать, помышлять** (빨라주메와찌)(빠므쉴랴찌)
생각, 관념, 심상, 개념. 사색, 사고	**дума, представление** (두마),(쁘렏쓰땁레니예)
생각에 잠기는	**вдумчиво** (프둠치붜)
생각에 잠긴(시름에 잠긴 듯한) 걸음으로 가다	**брести** (브례쓰찌)
생각에 잠김, 묵상(默想)	**жевание** (줴와니에)
생각을 바꾸다, 그만두다, 단념하다	**раздумать** (라스두마찌)
생각을 버리다	**отбрасывать отбросить**

(아트브라쓰와찌), (아트브로씨찌)

생각이 깊은, 신중한	**вдумчиво** (프둠치붜)
생각이 없는, 경솔한	**бездумный** (볘즈둠느이)
생각이 없는, 분별없는, 조급한, 소락소락한	**необдуманный** (네아브두만느이)
생각 없는, 부주의 한, 지각 없는	**еосмотрительный** (네아쓰모뜨리쩰느이)
생각하는, 사고하는; 생각할 힘이 있는,	**трезвомыслящий** (뜨레즈보믜슬랴쉬이)
생각하다, 인정하다 ~라고 여기다	**думать, подумать, находить** (두마찌) (빠두마찌), (나호지찌)
생각해 내다,	**придумать, задумывать, восстановить** (쁘리두마찌) (자두믜와찌) (바쓰따나뷔찌)
생각해낸 것, 짜낸 것, 발명, 꾸며내는 것	**выдумать** (븨두마찌)
생고무의, 탄성고무의; ~ое дерево 고무나무	**каучуковый** (까우추꼬브이)
생글거리는	**лукавый** (루까브이)
생기없는, 활기없는, 활기를 잃은	**мёртвый, безжизненный** (묠뜨브이) (볘즈쥐즈녜느이)
생기(활기)에 넘친 사람	**живчик** (쥐브치크)
생기(활기)에 넘친, 활기(띠움), 활발한	**оживлённый, оживление** (아쥐블룐느이) (아쥐블례니예)
생기[활기]에 넘친, 기운찬, 팔팔한	**жизнедеятельный** (쥐즈녜제야쩰늬이)
생기에 넘친, 팔팔한, 활발한	**живой** (쥐보이)
생기게 하다, 산출(産出)하다, (이익을) 가져오다	**принести**

	(쁘리녜쓰찌)
생기다, 닥치다, (~의 신상에) 일어나다	**обрушиться** (아브루쉬쨔)
생기다, 발생하다, 일어나다, 나타나다	**возникать, появи-ться** (바즈니까지) (빠야비쨔)
생기다, 있다	**выдаваться, представиться** (븨다와쨔)(쁘렏쓰따비쨔)
생기다의 뜻을 나타냄	**быть** (븨찌)
생기를 잃다	**блёкнуть** (블례크누찌)
생기를 주는 것, 고무자; 활력소[제]	**массовик** (마쏘비크)
생기를 주다, 활기를 띠게 하다, 기운을 돋우다	**живить** (쥐비찌)
생기를[생명을] 주다 생동[싱싱]하게 하다	**животворный** (쥐붜뜨볼느이)
생동한, 뚜렷한, 선명한	**живой** (쥐보이)
생략 추리법, 생략 삼단론법	**энтимема** (엔찌메마)
생략(어), 짧게 함, 단축. 쇼트닝	**сдоба** (즈다바)
생략표기	**сокращение** (싸크라샤니예)
생리학(상)의, 생리적인	**физиологический** (피지올로기체쓰끼이)
생리학, 생리 기능[현상]	**Физиология** (피지올로기야)
생리학자	**физиолог** (피지올로그)
생명 없는, 무생물의; 죽은. 활기[생기]없는	**неодушевлённый**

	(네아두쉐브론느이)
생명 유지를 위한; 생명을 유지하는	**жизнеобеспечение** (쥐즈네오베 쓰뻬체니예)
생명, 생존, 삶, 생(生)	**жизнь, живот** (쥐즈니) (쥐보트)
생명[활력]을 주는, 활기를[기운을] 북돋우는	**живительный** (쥐비쩰느이)
생명력 있는; 생육할 수 있는. 생활력 있는	**жизнеспособный** (쥐즈네쓰뽀쏘브느이)
생명력, 활력, 체력, 생활력, 발아력	**живучесть жизненность** (쥐부체쓰찌) (쥐즈넨노쓰찌)
생명을 겨우 유지하다	**скрипеть** (스크리뻬찌)
생명의, 생활의, 생명 유지에 필요한,	**жизненный** (쥐즈넨늬이)
생명적 활동	**жизнедеятельность** (쥐즈네제야젤노쓰찌)
생명체, 인간, 동물: живый ~а 생명체	**существо** (수쉐쓰뜨보)
생물권(生物圈)	**биосфера** (비오쓰페라)
생물물리학(生物物理學)	**биофизика** (비오피지까)
생물학(生物學)	**биология** (비올로기야)
생물화학, 생화학	**биохимия, биолог** (비오히미야) (비올로그)
생사공장(生絲工場)	**шелковарня** (쉘까와르냐)
생사를 뽑아내는 것	**шёлкокручение** (숄까끄루체니에)
생산고, 생산량, 산량(産量)	**выпуск, продукция, выработка**

- 723 -

	(븨뿌스크) (쁘라둑찌야) (브라볼까)
생산, 제작, 제조	**выработка, изготовление** (븨라볼까)(이즈가또블레니예)
생산(고), 산출, 생산량	**производство предъявление** (쁘라이즈보드스뜨붜)(쁘롄야블레니예)
생산능률, 생산성, 생산력	**производительность** (쁘라이즈뷔지쩰노쓰찌)
생산력이 적은, 생산성이 낮은	**малопроизводительный** (말라쁘로이 즈뷔지쩰느이)
생산성이 높은, 고성능, 성능 높은	**высокопроизводительный** (븨싸 까쁘로이즈뷔디쩰느이)
생산자, 제조자 직공, 공원	**производственник производитель** (쁘라이즈보드스뜨볜니크)(쁘라이즈뷔지쩰)
생산적인, 능률적인, 효과적인, 유효한	**производительный** (쁘라이즈뷔지쩰느이)
생산품, 생산된 물품. 생산물	**выработка** (븨라볼까)
생산하다, 만들어내다	**выпускать, произвести, вырабатывать** (븨뿌스까찌), (쁘라이즈붸쓰찌)(븨라바띄 와찌)
생산해내다, 짜내다, 만들어내다, 만들어 내놓다	**выдавать** (븨다와찌)
생생하게 묘사하다, 말로 설명하다	**живописать** (쥐붜삐싸찌)
생생한, 박력 있는, 선명한, 밝은	**живой** (쥐보이)
생생한, 생기(활기.활력)에찬, 활발한, 발랄한	**живописный** (쥐붜삐쓰노쓰늬이)
생생한, 생기가 넘치는, 낙천(관)적인	**жизнеутверждающий** (쥐즈네우뜨벨쥐다유쉬이)
생생한, 생기가 넘치는. 중대한, 긴요한	**жизненный** (쥐즈녠늬이)
생생한, 팔팔뛰는, 불타는(듯한),	**животрепещущий**

	(쥐붜뜨레뻬수쉬이)
생석회, 석회(石灰)	**извёстка** (이즈**브**쓰뜨까)
생선(고기); 물고기요리	**рыба** (릐바)
생선국, 생선수프, 생선 고깃국(물)	**уха** (우하)
생식능력이 없는	**стерильный** (스쩨릴느이)
생식력이 없는, 불임의; 수정하지 않은	**бесплодно** (볘쓰쁠로드나)
새로운 맛(것) 색다른 일, 참신성	**новизна** (나비즈나)
생장, 발육 ~период 성장기, 영양 성장기	**вегетационный** (볘게 따찌온느이)
생장[영양]기능에 관한	**вегетативный** (볘게따찌브느이)
생장하는, 생장력이 있는.	**растительный вегетативный** (라쓰찌쩰느이)(볘게따찌브느이)
생존하다[살아남다]	**выжить** (븨쥐찌)
생태학	**экология** (에깔로기야)
생태학의	**экологический** (에깔로기체쓰끼이)
생태형(生態型)	**экотип** (에까찌쁘)
생활 기능, 생명의	**жизнедеятель-ность** (쥐즈네졔야쩰노쓰찌)
생활 조직을 형성하는; 성형적인; 성형의	**пластический** (쁠라쓰찌체쓰끼)
생활, 살림, 생존, 실존	**житьё-бытьё, жизнь**

	(쥐찌요-븨찌요) (쥐즈니)
생활관습, 세태풍속(世態風俗)	**быт** (븨트)
생활력 있는, 활동적인, 생활기능이 있는	**жизнедеятельный** (쥐즈네졔야쩰늬이)
생활력, 생존능력	**жизнеспособ-ность** (쥐즈네쓰뽀쏘브노쓰찌)
생활력이 강한, 불멸(사)의, 좀처럼 죽지 않는	**живучий** (쥐부치이)
생활보장(수단)	**обеспечение** (아베쓰뻬체니예)
생활이 보장되지 않은, 구차한	**необеспеченный** (네아베쓰뻬첸느이)
생활이 어렵다, 처지가 곤란하다	**туго** (뚜고)
생활하다, 살다, 살아있다, 생명이 있다	**прожить жить** (쁘라쥐찌) (쥐찌)
생후 6주, 태어난지 6주된	**шестинедельный** (쉐쓰찌니졜리느이)
샤머니즘의 의식, 샤머니즘의 예배식	**шаманский** (샤만니스끼)
샤먼 방술사, 마(주)술사, 무당	**шаман** (샤만)
샤먼교(나만교)의 승려(僧侶) 라마교의 신파	**шаман** (샤만)
샤먼교(나만교)의 승려(僧侶)	**шаманить** (샤만니찌)
샤시(자동차. 마차) 차대, 포좌, (비행기 착륙장치의) 각부	**шасси** (샤씨)
샤워, 물맞기, 관수욕(灌水浴)	**душ** (두쉬)
샤워실, 목욕실, 물맞이 칸	**душевая** (두쉐와야)

- 726 -

샬럿(찐 과일 등을 빵·케이크로 싼 푸딩) 파의 일종	**шарлотка** (샬롵까)
샬레(스위스의 양치기들 오두막집); 스위스풍의 농가; 산장	**шале** (샬레)
샴페인 주조	**шампанизация** (샴빠니자찌야)
샴페인(champagne), 거품이 이는 음료	**шампанея шампанское** (샴빠네야)(샴빤쓰꼬에)
샴페인을 주조하다	**шампанизировать** (빠니지로와찌)
샹들리에(chandelier)	**люстра** (류쓰뜨라)
서거하다, 사망하다, 돌아가시다	**скончаться** (스깐차쨔)
서고(書庫), 문고(文庫), 도서 보관소	**книгохранилище** (크니가흐라니리쉐)
서곡, 서악(序樂), 전주곡	**уветюра, вступление** (프쓰뚜쁠레니에)(우뻬쮸라)
서광,(공중에 비친) 불빛, 섬광, 맹아 노을빛	**искра, зарево** (이쓰크라)(자레붜)
서구라파	**западноевропейский** (자빠드노예브로뻬이쓰끼이)
서구화(西歐化), 유럽화(-化)	**европеизация** (예브로뻬이자찌야)
서기, 행정관(원)	**секретарь** (쎄크레따리)
서까래. 서; 연목(椽木), 옥연(屋椽)	**плотогон стропило** (쁠로또고이)(스뜨로삘로)
서늘한 공기	**свежесть** (스볘줴쓰찌)
서늘한 기운, 선선한 기운	**прохлада** (쁘라흘라다)

서늘한, 선선한, 시원한	**прохладный** (쁘라흘라드느이)
서다, 세우다, 서게 하다, 세워놓다	**становиться** (스딴오비짜)
서다; 멎다; часы стали 시계가 멎었다	**стать** (스따찌)
서두르게 하다, 재촉하다,	**поторопиться, поторапливать** (빠또로삐짜) (빠또라쁠리와찌)
서두르는 것, 빨리 하는 것; в ~е 몹시 서둘러서	**спешка** (스뻬스까)
서두르다, 급히가다, 재촉(서두르게)하다	**поджимать, спешить** (빠드쥐마찌)스뻬쉬찌)
서둘러[힘차게] ~을 시작하다, ~에 착수하다	**насесть** (나쎼쓰찌)
서랍, 장롱; ◊ откладывать в долгий ~ (вн.) 보류하다	**ящик** (야쉬크)
서랍당, 장롱,(서랍이 달린) 농, 반닫이	**комод** (까모드)
서러운, 애처로운	**плачевный** (쁠라체브느이)
서러워하다, 그리워하다, 사랑하다	**вздыхать** (쓰듸하찌)
서로 같은, 마찬가지의. 한가지로. ~와 마찬가지로	**равно** (라브나)
서로 껴안다, 부둥켜안다, 포옹하다	**обниматься** (압니마짜)
서로 나누다, 같이 하다	**делиться** (젤리짜)
서로 눈짓하다, 사로 마주보다	**переглядываться перемигиваться** (뻬레글랴드와짜) (뻬레미기와짜)
서로 다른, 같지 않은	**различный** (라슬리츠느이)

서로 던지다, 주고받다	**перебрасываться** (뻬레브라씌와쨔)
서로 마주 뿌리다	**брызгаться** (브리지가쨔)
서로 만나다, 상봉하다, 맞대면하다	**встречаться видеться** (프쓰뜨레차쨔) (뷔제쨔)
서로 맞붙다: 점착(부착.유착.밀착)하다	**слипаться** (슬리빠쨔)
서로 모순되는, 반대되는	**разноречивый** (라스나레치브이)
서로 물을 끼얹다, 물장난하다	**плескаться, грызться** (쁠레쓰까쨔) (그릐즈쨔)
서로 밀치다, 떼밀다	**толкаться** (딸까쨔)
서로 바꾸다, 주고받다. 교환(교역.변경)하다	**разменивать** (라스메니와찌)
서로 부르며 대답하는 것(소리)	**перекличка** (뻬레클리츠까)
서로 부르며 호응하다; 서로 비슷한 점이 있다	**перекликаться** (뻬레클리까쨔)
서로 사귀다, 친해지다, 친교를 맺다	**дружить** (드루지찌)
서로 상호, 호상, 피차	**взаимно** (프자임나)
서로 스쳐 지나가다, (길을) 어기다, 어긋나다	**разъехаться** (라즈에하쨔)
서로 싸우는; 적대하는; 양립하지 않는(의견·신조)	**воюющий** (바유유 쉬이)
서로 욕질하다	**ругаться** (루가쨔)
서로 이익이 있는	**взаимовыгодный** (프자이마븨가드느이)

서로 입 맞추다, 키스하다	**целоваться** (쩰로와쨔)
서로 통하다, 연결되어있다	**сообщаться** (싸아브샤쨔)
서로의, 상호간의	**обоюдный, взаимный** (아바유드느이) (프자임느이)
서류 등을 사진으로 복사하다. 제록스 하다,	**размножить[ся]** (라스므노쥐찌)
서류철(書類綴), 파일(file)	**скоросшиватель** (스까로쓰쉬바쩰)
서른, 30 (삼십)	**тридцать** (뜨릳짜찌)
서른째의, 제 30(삼십)의	**тридцатый** (뜨릳짜뜨이)
서리가 앉다, 성에가 끼다, 유빙이 끼이다	**заиндеветь** (자인졔볘찌)
서명 날인한 증서, 권리증	**грамота** (그라마따)
서명(날인)하다, 서명하여 승인(계약)하다	**расписываться** (라쓰삐씌와쨔)
서명, 사인(sign), 서기, 기명, 조인	**подписание** (빠드삐싸니예)
서명하여 확증(인증)하다	**скреплять подписать** (스크레쁠랴찌) (빠드삐싸찌)
서민의, 민중의, 민속의, 민간(전승)의; 민속음악의	**народный** (나로드느이)
서법, (언어)법(法) повелительное ~ 명령법	**наклонение** (나끌로녜니예)
서법, 글씨쓰기를 배워 익히는 것, 습자(習字)	**чистописание** (치쓰또삐싸니에)
서부, 서방, 서쪽	**запад** (자빠드)

서북(西北)	**северо-запад** (쎄볘로-자빠드)
서브유닛(생체입자[고분자]를 성립시키는 기본단위)	**подразделение** (빨라즈젤레니예)
서비스, 봉사; 봉사기관	**сервис** (쎄르비쓰)
서사시, 사시(史詩) 산문문학. 서사시인	**эпос, эпик эпика** (에뽀쓰)(에삐크)(에삐까)
서산낙일, 말기	**закат** (자까트)
서서히 마르다, 조금 마르다	**подсохнуть** (빤쏘흐누찌)
서서히 파고듦. тихой ~ой 은밀하게, 몰래, 가만히	**сапа** (싸빠)
서서히, 조금씩, 점차적으로	**исподволь** (이쓰뽀드볼)
서술(敍述), 기술, 기록, 묘사	**повествование** (빠볘쓰뜨붜와니예)
서술하다; 말하다, 이야기하다	**рассказывать** (라쓰까즈와찌)
서슴없이, 결정적으로, 단호히	**решительно** (례쉬쩰나)
서식(견본); (기입) 용지(用紙), 모형	**бланк** (블란크)
서신(書信), 편지(便紙),	**корреспонденция** (까르례쓰뽄젠찌야)
서양 바둑의 바둑 두기, 바둑기사	**шашист** (샤쉬쓰트)
서양 산사나무, 산사자. 아가위(나무), 당구자	**шишковник** (쉬스꼬브닉)
서양 자두; 말린 자두	**чернослив** (체르노쓸리프)

서양고추냉이	**хрен** (흐롄)
서양순대, 꼴바싸; варёная ~ 삶은 꼴바싸;	**колбаса** (꼴바싸)
서양장기의 일종 체스, 서양장기	**шашка** (샤스까)
서예의; 달필의 ~ почерк 곱게쓰는 글씨	**каллиграфи-ческий** (깔리그라피체쓰끼이)
서우(犀牛), 코뿔소	**носорог** (나쏘로그)
서있는, 곧추세워진	**стоячий** (스따야치니)
서있다; 있다, 위치하다	**стоять** (스따야찌)
서적, 잡지 등의 차례, 목차	**содержание** (싸제르좌니예)
서적인쇄, 도서출판	**книгопечатание** (크니가뻬차따니예)
서정시, 서정시체(體)[조, 풍]	**лирика** (릴리까)
서출의, 불법으로	**незаконорожденный** (네자꼰노로즈젠느이)
서캐, 이의 알	**гнида** (그니다)
서커스 움막의 이동식 큰 텐트	**шапито** (샤삐또)
서투르게 한(만든) ~ текст 서투른 글	**малограмотный** (말라그 라모뜨느이)
서투른, 재치없는, (사람·동작 등이) 섣부른, 어줍은	**неловкий** (넬로브끼이)
서툴게(되는대로) 그린 그림(칠한 것)	**мазня** (마즈냐)
서툴러서 떠듬거리는 말, 재잘댐 졸졸흐르는 소리	**журча-ние**

	(주르차니예)
서한(書翰), 통신(문), 서신, 전보	**послание** (빠쓸라니예)
서한집, 편지집	**переписка** (뻬레삐쓰까)
석고(石膏); 석고붕대, 깁스(Gips)	**гипс** (깁쓰)
석공(石工)이 쓰는 굽은 자루의 드릴	**бурав** (부라프)
석공, 석수, 돌장이	**каменотёс** (까메노쬬쓰)
석류나무; 석류(의 열매·나무); 암갈색	**гранат** (그라나트)
석면(石綿)(광물), 돌솜, 석융	**асбест** (아스베쓰트)
석방하다, 무죄로 하다	**оправдать[ся]** (아쁘라브다쨔)
석순(石筍: 돌순)	**сталагмит** (스딸라그미트)
석영(石英) 석류(石瘤), 석저(石疽), 석(石)흑, 연수정	**кварц** (크와르쯔)
석영의, 연수정(煙水晶) ~ая лампа 석영등	**кварцевый** (크와르쩨브이)
석유(石油); 원유(原油)	**нефть, нефтяной** (네프찌)(네프쨔노이)
석유(가스,광물)의 전기 탐사법	**электроразведка** (엘렉뜨라라스베드까)
석유, 등잔기름	**керосин** (께로씬)
석유곤로	**керосинка** (께로씬까)
석유저장고, 원유저장고	**нефтехранилище**

(네프쩨흐라닐리쉐)	
석탄(의), 매탄, 콜(coal), 흑다이아	**уголь каменноугольный** (우갈)(까멘노우골느이)
석탄산, 페놀 *см.* карболовая (кислота)	**карболка** (까르볼까)
석탄산의, 페놀의 ~ая кислота 석탄산	**карболовый, угольный** (까르볼로브이) (우갈느이)
석판인쇄(술), 석판술 리소그래피	**литография** (리또그라피야)
석판 인쇄, 석판화. 석판인쇄소	**литография** (리또그라피야)
석필(石筆)	**грифель** (그리펠)
석화되다, 화석으로 되다, 땅땅해지다, 굳어지다	**окаменеть** (아까메네찌)
석회 ~ая известь 소석회	**известь, гашённый** (이즈볘쓰찌) (가숀느이)
석회석, 석회암	**известняк, туф** (이즈볘쓰뜨냐크) (뚜프)
석회의, 석회질; ~ый раствор 석회용액	**известковый** (이즈볘쓰뜨 꼬브이)
섞느라고 젓다, 뒤섞다, 저어 녹이다	**размешать** (라스메샤찌)
섞다, 혼합(혼화)하다, (뒤)섞이다	**мешать, смешать, перемешать** (메샤찌), (스메샤찌), (뻬레메샤찌)
섞어 짜(이)다, 짜넣다; 뒤섞(이)다	**переплестись** (뻬레쁠레쓰찌)
섞이다, 혼합되다	**смешаться** (스메샤쨔)
섞인 것, 혼합물	**примесь** (쁘리메시)
섞임 물질, 혼합물(混合物)	**смесь**

	(스메시)
선 채로 그 자리에서 꼼짝 못하게 하다	**пронзать** (쁘라느자찌)
선(腺); провести ~y 선을 긋다	**черта, железа, чёрточка** (체르따)(쩰레자) (쵸르또츠까)
선의, 줄모양, 선모양	**линейный** (리네이느이)
선[샘]의, 샘에서의, 분비물에 의한,	**железистый** (쩰레지쓰뜨이)
선갈퀴(꼭두서니과의 하나)	**ясменник** (야쓰멘니크)
선거(인)의, 선거권이 있는	**выборный** (븨바르느이)
선거(인)의, 선거권이 있는, 선거후(侯)의.	**перевыборный** (뻬레븨보르 느이)
선거, 투표, 선정; 선임.	**избирательный, выборы** (이즈비라쩰느이) (븨바릐)
선거(임명)후보자로서 지명하다; 지명추천하다	**назначить** (나즈나치찌)
선거인, 선택자, 옛 독일의 선거제	**электор** (엘렉또르)
선거자, 유권자	**избиратель** (이즈비라쩰)
선거제(選擧制), 투표제(投票制)	**выборность** (븨바르노쓰찌)
선거하는; 선거에 의한, 선임의; 선거권이 있는	**выборный** (븨바르느이)
선거하다, 뽑다, 선임하다, 선출하다	**выбрать(ся) выбирать** (븨브라찌) (븨비라찌)
선견, 예지, 예측. 선견지명	**мушка** (무스까)
선견지명(先見之明)	**дальновидность**

- 735 -

	(달나비드노쓰찌)
선견지명이 없는, 앞일을 생각하지 않는;	**нерасчётливый** (네라쓰쵸뜰리브이)
선고(공시)하다, 알리다, 발표하다	**оглашать** (아글라샤찌)
선고(판결, 언도)하다	**приговорить** (쁘리가붜리찌)
선고, 공개(公開), 발표(發表)	**оглашение** (아글라쉐니예)
선광(選鑛)	**концентрация** (깐쩬뜨라찌야)
선광(選鑛)되다	**обогащаться обогащать** (아밥가샤쨔). (아밥가샤찌)
선교사, 전도사	**миссионер** (미씨오넬)
선구자, 개척자, 솔선자; 피오니르	**пионер** (삐오녜르)
선금, 예약금, 선불	**задаток** (자다또크)
선녀(仙女), 요정(妖精)	**фея** (폐야)
선단(船團), 선대(船隊) рыболовецкая ~ 어선단	**флотилия флот** (플로찌리야) (플로트)
선도하다, 지도(지휘.감화.인솔)하다, 리드하다	**довести** (다볘쓰찌)
선도자, 지도자, 리더, (정당) 당수; 주장	**предводитель,вождь** (쁘레드붜지쩰)(붜즈디)
선동(합성어의 첫 부분으로서《선동》), 선전의 뜻	**агит...** (아기트)
선동(煽動), 사촉(唆囑), 부추김	**подстрекательство агитация** (빤쓰뜨레까쩰스뜨붜) (아기따찌야)
선동대, 예술선전대	**агитбригада**

	(아깃브리가다)
선동원, 선동자	**агитатор**
	(아기따또르)
선동적(煽動的)	**агитационный**
	(아기따찌온느이)
선동(키질)하다, 부추기다, 허풍치다	**раздувать взбудоражить**
	(라스두와찌)(쓰부다라줘찌)
선두, 수위, 수석, 상위, 상석; 수좌(首座), 상좌	**головка**
	(갈로프까)
선량하지 못한, 적의(악의)를 품은, 좋지 못한	**недобрый**
	(네도브르이)
선로 부설공, 보선원, 무한 궤도차. 선로 부설차	**путеукладчик**
	(뿌쩨우클랕칰)
선로, 궤도; широкая(узкая) ~я 넓은(좁은)철길	**линия, колея**
	(린이야) (깔례야)
선명하다, 나타나다, 명백하다	**явствовать**
	(얍쓰뜨보와찌)
선명하지 못한, 어슴푸레한	**тусклый**
	(뚜쓰클르이)
선물, 선사품, 기증품, 기념품	**дар, подарок**
	(다르)(빠다롴)
선물하다, 선사하다, 증정하다, 바치다	**поднести, дарить**
	(빠드녜쓰찌) (다리찌)
선박 화물칸 문, 뱃짐칸 입구, 선창구, 승강구	**люк**
	(륰)
선박, 배, 선척; пассажирское ~ 여객선	**судно**
	(수드나)
선박건조, 조선(造船); 조선학(술.업)	**судостроение**
	(수다쓰뜨로예니예)
선박의 승무원실, 선원실	**кубрик**
	(꾸브리크)
선박의 흘수(吃水)	**осадка**

	(아싸드까)
선반(그물·막대·못으로 만든); 그물 선반, 격자선반	**рейка** (레이까)
선반공(旋盤工)	**токарь** (또깔리)
선반으로 깎다(다듬다)	**точить** (또치찌)
선발, 선정, 선출, 선택, 정선	**отбор, селекция, подбор** (아트보르)(쎌레크찌야)(빧볼)
선발(분견.선임.선정.지명.임명)하다	**отрядить** (앗랴지찌)
선발되어 구성(형성)되다	**подбираться** (빧비라쨔)
선별공, 분류원	**сортировщик** (싸르찌로브쉬크)
선봉(先鋒), 선봉대, 전위대, 선발대(先發隊)	**авангард** (아완가르트)
선불(금), 선금; 선대(금); 선도품(先渡品)	**аванс** (아완(방)쓰)
선불하다, 전불하다	**авансировать** (아완씨라와찌)
선사하다, 선물을 드리다	**одаривать одарить** (아다리와찌), (오다리찌)
선삭, 다듬질, 선반[녹로] 세공	**обточка** (압또치까)
선생(님), 귀하, 각하, 나리, (호칭)님	**есть** (예쓰찌)
선서(선약)하다	**присягать, присяга** (쁘리쌰가찌)(쁘리쌰가)
선선한, 서늘한	**свежий** (스볘쥐이)
선소리, 선창(先唱)	**запев**

	(자쁘프)
선수(船首), 이물, 선수재, 건수재, 선미재	**штевень** (쉬쩨웬니)
선수, 체육인 запасной ~ 후보 선수	**спортсмен, игрок** (스빠르뜨쓰멘)(이그로크)
선수권(쟁탈시합)	**первенство** (뻬르웬쓰뜨붜)
선수권대회; ~ по футболу 축구선수권대회	**чемпионат** (쳄삐오나트)
선수권보유자; ~ мира 세계선수권보유자	**чемпион** (쳄삐온)
선술집 주인, 여인숙의 주인	**шинкарь, шинкарка** (쉰깔리)(쉰깔까)
선술집, 대폿집, 목로주점	**шинок** (쉬녹)
선실(船室)	**каюта** (까유따)
선심, 선량; 인정미	**доброта** (다브로따)
선언(서), 포고(문); 공표, 발표; (사랑의)고백	**заявление** (자야블레니예)
선언, 선언서(宣言書); 포고문	**декларация** (제클라라찌야)
선언(언명)하다, 발표(포고·단언·성명·공언)하다	**заявить** (자야비찌)
선원(船員), (배·열차·비행기의) 탑승원, 승무원	**прислуга** (쁘리쓸루가)
선을 두르다, 줄을 치다, 동그라미를 그리다	**обводить** (압붜지찌)
선인장, 백년초, 패왕수(覇王樹), 사보텐(sapoten)	**кактус** (까끄뚜쓰)
선인장류	**эхинокактус** (에히노까크뚜쓰)

선잠[낮잠]을 자다. (한잠) 자다	**поспать** (빠쓰빠찌)
선장, 함장, 정장(艇長), (민간 항공기의) 기장(機長)	**вождь** (뵈즈디)
선전(보급)하다	**проповедовать** (쁘라뽀베도와찌)
선전(선동)삐라, 격문	**прокламация** (쁘라끌라마찌야)
선전(宣傳), 광고(廣告) 보급(補給)	**пропаганда проповедь** (쁘라빠간다) (쁘로뽀베지)
선전[공표, 광고]하다	**раскрутиться, пропагандировать** (라쓰크루찌짜) (쁘라빠간지로와찌)
선전실, 방송실(放送室)	**агитпункт** (아깃뿐크트)
선전원, 광고부원	**пропагандист** (쁘라빠간지쓰트)
선조(旋條), 섬조(纖條); (동식물이 만드는) 실, 섬유	**нарезка** (나레즈까)
선조, 조부모, 조상	**деды, родоначальник** (제듸) (라도나찰니크)
선종양, 선병(腺病)	**золотуха** (졸로뚜하)
선종학자, 종축개량 전문가	**селекционер** (쎌레크찌오네르)
선집(選集); ~ статей 논문집; ~ стихов 시집	**сборник** (즈보르니크)
선창, 창(艙); 선착장(船着場), 부두(埠頭)	**иллюминатор** (일류미나똘)
선창자, 발기자(發起者)	**запевала** (자뻬왈라)
선창하다, 선창을 긋다	**запевать** (자뻬와찌)

선철(銑鐵), 주철(鑄鐵), 무쇠	**чугун** (추군)
선출된, 선정된, 골라낸	**избранный** (이즈브란느이)
선택(성)의, 선택력 있는	**селекционный** (쎌레크찌온느이)
선택, 분류, 선정, 골라내는 것	**выбор, разбор** (븨바르) (라스볼)
선택기, 설별기	**селектор** (쎌레크또르)
선택(선발.발췌)하다, 고르다, 뽑다	**отобрать, отбирать** (아따브라찌), (아트비라찌)
선택함에 있어서 몹시 까다로운, 요구성이 강한	**разборчивый** (라스볼 치븨이)
선포(선언)하다; 고창하다, 부르다	**провозгласить** (쁘라보즈글라씨찌)
선포(宣布), 선언(宣言); 고창	**провозглашение** (쁘라보즈글라쉐니예)
선포자, 공포자	**глашатай** (글라샤따이)
선풍기(바람개비)의 날개, (풍차·추진기·터빈의) 날개	**лопасть** (로빠쓰찌)
선행(先行), 은혜(恩惠), 혜택(惠澤), 은덕	**благодеяние** (블라가 제야니예)
선행자, 선배, 윗사람, 선진, 선학	**предшественник** (쁘렏쉐쓰뜨벤니크)
선행하다, 앞서다	**предшествовать** (쁘렏쉐쓰뜨뷔와찌)
설부르게, 서투르게, 어색하게, 거북하게	**неумело** (네우멜로)
설(說), 각색, 번안(飜案), 다른 해석(설명)	**версия** (붸르씨야)

설계(계획)하다	**проектировать** (쁘라예크찌로와찌)
설계, 구상(構想), 디자인(design)	**проектный** (쁘라예크느이)
설계가, 설계자	**конструктор** (깐쓰뜨룩따르)
설계도, 평면도, 도안; 계획, 구상, 초안	**проект, план** (쁘라예크트) (쁠란)
설계상, 구조상	**конструктивный** (깐쓰뜨룩찌브느이)
설계자, 입안자 ~ое бюро 설계부	**конструкторский** (깐쓰뜨룩또르 쓰끼이)
설교; 훈계	**проповедь** (쁘로뽀베지)
설교가, 장황하게 훈시하기를 즐기는 사람	**резонёр** (레소뇰)
설득력이 없는, 설복시킬 수 없는	**неубеди-тельный** (네우베지쩰느이)
설득하다, 권유(재촉.독촉)하여 ~시키다	**склонять** (스클로냐찌)
설립하다; 쌓아올리다; 발전시키다, 개량하다.	**построить[ся]** (빠쓰뜨로이찌)
설마 그렇기야 하랴, 설마 ~것 거의 ~아니다	**вряд ли** (프랴들리)
설명(說明), 해석(解釋), 주석(註釋)	**пояснение** (빠야쓰녜니예)
설명(해석, 이해)할 수 없는	**необъяснимый** (네아비야쓰니므이)
설명(해설, 천명)하다	**разъяснить** (라즈애쓰니찌)
설명, 해명, 해설.(기호류의) 설명서	**экспликация, уяснение** (엑쓰쁠리까찌야) (우야쓰녜니에)

설명의, 설명을 위한, 설명적인; 해석의	**объяснительный**: (아비야쓰니쩰느이)
설명(해명.해석)하다, 알게 하다	**эксплицировать толковать** (엑쓰쁠리찌로와찌) (딸까와찌)
설명(해설)하다, 주석을 달다,	**объяснять,пояснить** (아비야쓰냐찌)(빠야쓰니찌)
설복, 설득	**убеждение** (우베쥐제니에)
설복력; 설득력; 확신성; 믿음성	**убедитнльность** (우베지쩰노쓰찌)
설복하기 어려운, 빠득빠득한, 완고한	**несговорчивый** (네쓰고 볼치브이)
설복하다, 찬성하게하다, 승낙하게 하다	**убеждать** (우베쥐다찌)
설비(設備), 장치(裝置)	**приспособление** (쁘리쓰뽀싸블레니예)
설비, 시설품, 장치[물], 비품	**оборудование** (아바루도와니예)
설비를 갖추다, 장비하다, 설치하다, 꾸리다	**оборудовать** (아바루도 와찌)
설비를 갖춘	**оборудованный** (아바루도완늬)
설사, 사리(瀉痢), 비설, 설리, 설증, 액변(液便), 물찌똥	**понос** (빠노쓰)
설사를 멎게 하다	**закреплять** (자크레쁠랴찌)
설사약: 지사제, 설사제, 사약, 사재(瀉材)	**слабительное** (슬라비쩰노예)
설삶다, 설끓이다	**недоваривать недоварить** (네다바리와찌), (네다와리찌)
설익다, 데익다, 채 익지 않다	**недозревать недозреть** (네다즈레와찌), (네다즈레찌)

설익은, 끓이지 않은, 익지 않은; ~ое яйцо 날계란	**сырой** (쓰로이)
설정, 제기(提起)	**постановка** (빠쓰따높까)
설치, 가설; ~ телефона 전화가설	**установка** (우쓰따노브까)
설치류(齧齒類), 쥐류, 쥐목	**грызун, евражка** (그릐준) (예브라즈까)
설화; 소설, 이야기(문학)	**повествование** (빠볘쓰뜨뵈와니예)
설화의, 신화의, 신화적인	**мифический** (미피체쓰끼이)
섬, 도서(島嶼), 도지(島地), 주도(洲島), 열도	**остров** (오쓰뜨로프)
섬게(성게)(극피동물의 하나)	**эхинит** (에히니트)
섬광, 먼 번개 불, 불빛	**зарница** (자르니짜)
섬기다, ~에 봉사하다; ~을 위해 진력하다	**послужить** (빠쓸루지찌)
섬멸적인, 파멸적인	**сокрушительный** (싸크루쉬쩰느이)
섬세한, 민감한, 예민한 자상한	**щепетильность тонкий** (쉐뻬찔리노쓰찌) (똔끼이)
섬유제품의 재료, 스테이플. 파이버천	**штат** (쉬따트)
섬유(纖維), 가는 실, 홑 섬유(방직섬유)	**волокно** (발라크노)
섬유소, 올실소, 세포막질, 셀룰로스	**целлюлоза, клетчатка** (쩰률로자)(클레뜨차뜨까)
섭씨의, 섭씨(온도계)	**цельсий** (쩰시이)
섭취(습득, 파악)하다: 배우다, 본을 따다	**усваивать**

	(우쓰와이와찌)
섭취, 복용; (약의) 1 회분, (1회의) 복용량, 한 첩	**приём** (쁘리욤)
섭취, 습득, 파악	**усвоение** (우쓰보에니에)
섭취하다, 받아들이다	**вбирать** (프비라찌)
성(性), 성칭(性稱); 성, 성칭(性稱 성별(sex)	**род, пол** (롣) (뽈)
성(性)의, 성칭의(性稱)	**родовой** (라도보이)
성(姓); имя и ~ 성명	**Фамилия** (파밀리야)
성가, 찬송가; 축가, 송가(頌歌)	**гимн** (김느)
성가시게(귀찮게.못살게) 굴다	**донимать лезть** (다니마찌) (레즈찌)
성가시게 조르다, 괴롭히다 치근거리다	**дёргать замучить** (죠르가찌)(자무치찌)
성가시게 하다, ~을 괴롭히다, ~을 귀찮게 하다	**мешать** (메샤찌)
성가신, 귀찮은; 부담이 되는; 장애[방해]가 되는	**грузный** (그루즈느이)
성격, 냄새가 불쾌한	**тяжёлый** (쩨쭐이)
성격, 성질; 본성, 특성, 기질, 천성	**характер** (하라크쩰)
성격이 무른, 나약한	**слабохарактерный** (슬라보하라크쩰느이)
성격이 우울한 사람	**меланхолик** (멜란호리크)
성경 주석자	**экзегет** (에크제게트)

- 745 -

성경(聖經), 성서(聖書), 성전(聖典),	**библия** (비블리야)
성경주석	**экзегетика** (에크제게찌까)
성공, 행운; желаю ~и 성공을 바랍니다	**удача** (우다차)
성공·힘 등의 정점, 절정; 전성기, 두정(頭頂)	**зенит** (제니트)
성공으로 이끌다, ~하고자 노력하다,	**задаться** (자다쨔)
성공적으로 끝나다: ~ победой 승리로 끝나다	**увенчаться** (우벤차쨔)
성공적인, 훌륭한	**счастливый** (스차쓰쁠리브이)
성공하지 못한, 잘 되지 않은	**безуспешный** (베주쓰뼤시느이)
성과(성공.효과.결과)없는, 헛된, 공연한	**безрезультатный** (베즈레줄따뜨느이)
성과 없이, 헛되게, 공연히, 잘못	**неудачно, безуспешно** (네우다츠나)(베주쓰뼤시나)
성과(成果), 실적, 결과, 공적	**победа** (빠베다)
성과, 성공; добиться ~а 성공을 거두다	**успех актив** (우쓰뻬흐) (악찌프)
성과, 성적, 업적	**достижение результат** (다쓰찌줴니에) (레줄따트)
성과적으로 끝나다, 성공하다	**удаваться** (우다와쨔)
성과적으로, 성공적으로; 훌륭하게	**успешно** (우쓰뻬쉬나)
성과적인, 성공한, 좋은 결과의	**успешный** (우쓰뻬쉬느이)

성구, 성구론	**фразеология** (프라제오로기야)
성구사전, 성구의, 성구론적인	**фразеологический** (프라제오로기체쓰끼이)
성급한 성질, 화증, 벌떡증	**вспыльчивость** (프스삘치뷔쓰찌)
성급한, 함부로 하는, 무모한, 소홀한	**тяп-ляп**: (쨰쁠-랴쁘)
성급한, 함부로 하는, 무모한, 소홀한(careless)	**наскоро** (나쓰꼬로)
성나게 하다; 기분을 상하게 하다	**обидеть[ся]** (압비제찌(쨔)
성나다, 노하다, 화내다	**рассердиться** (라쓰쎼르지쨔)
성난, 격분한, 분노한, 화난 골난	**злейший, рассерженный** (즐레이쉬이) (라쓰쎼르줸느이)
성냥; ~ая коробка 성냥갑	**спичечный** (스삐체츠느이)
성냥개비, 성냥	**спичка** (스삐츠까)
성년; 어른, 성인, 성년자	**совершеннолетие** (싸볘르쉔놀레찌예)
성량이 큰, 낭랑한	**голосистый** (갈로시쓰뜨이)
성마른, 성미가 급한, 화 잘내는	**обидчивый жёлчность** (압비드치브이) (죨츠노쓰찌)
성명, 성명서, 언명	**заявление** (자야블레니예)
성명하다, 언명하다, 선언하다, 표명하다	**заявлять** (자야블랴찌)
성물, 성지	**святыня** (스뱌뜨냐)

성미가 곧은, 똑바른; 정직한; 고지식한	**прямолинейный** (쁘랴 몰리네이느이)
성미가 급한, 짜증(화)을 잘 내는, 격하기 쉬운	**вспыльчивый** (프쓰 삘치브이)
성벽(性癖), 성질, 기질; 경향; 의향	**расположение** (라쓰빨로줴니예)
성병에 걸린; 성병 치료의. 성병의	**венерический** (붸네리체쓰끼이)
성병전문의사	**венеролог** (붸네롤로그)
성분, 구성 요소[부분], 부품	**слагаемое** (슬라가예모예)
성새, 궁궐; средневековый ~ 중세기의 성(城)	**замок** (자모크)
성새, 요새(지), 요충(要衝), 요충지	**оплот** (아쁠로트)
성성이(猩猩—), 오랑우탄(orang-utan)	**орангутан орангутанг** (아란구딴), (아란구딴그)
성숙(정도), 성장	**спелость зрелость** (스뻴로쓰찌)(즈렐로쓰찌)
성숙되다, 자리가 잡히다	**сложиться** (슬라쥐쨔)
성숙해지다, 자립적인 사람이 되다	**опериться** (아뻬리쨔)
성실한, 정직한	**добросовестный** (다브로쏘붸스뜨느이)
성실한, 진실한; 충심으로의; 성심 성의	**душевный** (두쉐브느이)
성악가(聲樂家)	**вокалист** (바깔리쓰트)
성악의	**вокальный** (바깔리느이)

성애, 성적욕구열망갈망	**эрос, эрот** (에로쓰, 에로트)
성애적 경향, 호색, 에로티시즘, 성적 흥분[충동]	**эротизм** (에로찌즘)
성에, 무빙(霧氷); 서리, 흰 서리, 강상(降霜)	**изморозь** (이즈모로지)
성유(교회의 근행용 올리브유), 향유, 방향, 바르는 기름	**елей** (옐레이)
성의 있게, 주의 깊게, 세심히	**заботливо** (자보뜰리붜)
성이 같은 사람, 동성(同姓)	**однофамилец** (아드나파미레쯔)
성이 나서, 화가 나서, 표독스럽게	**сердито** (쎄르지또)
성인(어른.장골)이 되다, 다 성장하다	**подрасти возмужать** (빠드라쓰찌), (바즈무좌찌)
성인전(聖人傳)의, 성인 언행록의	**житийный** (쥐찌이늬이)
성자 같은, 경건한, 덕이 높은; 성스러운	**великий** (뻴리끼이)
성장(발육)을 방해당한; 지지러진	**чахлый** (차흘르이)
성장(분장.몸치장) 하다(시키다)	**разряжать[ся] нарядить(ся)** (라즈랴좌찌)(쨔) (나랴지찌) (쨔)
성장; 발육	**рост** (로쓰트)
성장하다, 자라다, ~까지 자라나다(커지다)	**дорастать, дорасти** (다라쓰따찌), (도라쓰찌)
성장한, 성숙한; 어른다운; 어른을 위한,	**большой, зрелый** (발쇼이) (즈렐르이)
성적 쾌락의; 정욕[색정]의; 성욕을 자극하는	**венери-ческий** (붸네리체쓰끼이)

성적인, 색정적인	**сексуальный** (쎄크쑤알ㄴ이)
성좌(星座), 별자리	**созвездие** (싸즈베즈지예)
성직자, (교회의) 목사, 사제; 승려	**священник, жрец, поп** (스뱌쉔니이크) (쥐레쯔)(뽑)
성직자의 성직자다운	**жреческий** (쥐레체스끼이)
성질(性質); 기질, 체질	**темперамент порядок** (쩸뻬라멘트) (뽀랴독)
성질, 품성; в ~е кого ~로서	**качество** (까체스뜨붜)
성질을 나타내는 형용사(형용어구) 별명, 통칭	**эпитет** (에삐쩨트)
성질이 성급한 것, 혈기(血氣), 결기	**горячность** (가랴츠노쓰찌)
성찬(聖餐)	**евхаристия** (예브하리 쓰찌야)
성찬식,(성체의) 봉헌, 봉납; 봉납물,	**евхаристия** (예브하리쓰찌야)
성(城), 성새, 보루 요새지, 주둔지	**Форт,крепость** (포르트) (크레뽀쓰찌)
성체(聖體), 성체용(성찬용)의 빵과 포도주	**евхаристия** (예브하리쓰찌야)
성취, 달성, 완성, 거행, 수행, 실행, 이행,	**свершение** (스볘쉐니예)
성취, 완성, 완결; (목적의) 달성	**довершение** (다볘르쉐니에)
성취되다, 실현되다	**воплощать** (바쁠로샤찌)
성취하다, 실행하다, (의무 따위를) 다하다	**проводить** (쁘라붜지찌)

성층권(成層圈)	**стратосфера** (스뜨라또쓰페라)
성형, 주형, 형 만들기	**формовка** (파르모브까)
성홍열(猩紅熱)	**скарлатина** (스까르라찌나)
세 곱으로 (삼배로) 늘이다	**утроить** (웃트로이찌)
세 번, 3(삼) 회, 3(삼) 중	**трижды** (뜨리즈듸)
세 번째의, 셋째의, 제 3의	**третий** (뜨레찌이)
세 칸짜리의	**трёхкомнатный** (뜨료흐꼼나띄이)
세(世) геологическая ~ 지질연대	**эпоха** (에뽀하)
세(歲), 임대, 임차(賃借), 소작(小作)	**аренда** (아렌다)
세(稅)의, 세금, 조세. 인두세, 과세,	**налоговый, подать** (날로가브이) (빠다찌)
세의, 세낸것의, 임대료; ~ый дом 셋집	**наёмный** (나욤느이)
세게, 힘있게, 힘차게	**сильно** (씰나)
세게 끌기, 견인; 운반, 수송	**лов** (로프)
세게 두드리다, 연타하다, 마구 치다	**бить** (비찌)
세게 때리다[치다], 강타하다; 처부수다;	**сражать хватить** (스라좌찌)(흐와찌찌)
세게(주먹으로)치다, 강타(타격)하다	**шарахнуть** (샤라하누찌)

세계 일주의 ~ое путешествие 세계일주여행	**кругосветный** (크루고쓰베뜨느이)
세계(世界), 세상(世上)	**свет** (스베트)
세계, 세계적인	**мировой** (미로보이)
세계관(世界觀), 인생관	**мировоззрение** (미로붜즈레니에)
세계관, 현실에 대한 이해	**миропонимание** (미로뽀니마니에)
세공한, 연마한	**гранёный** (그라뇨느이)
세관(稅官), 관세; 통관 절차	**таможня** (따모즈냐)
세관에서 검사(검열)하다	**досматривать** (다쓰마뜨리와찌)
세관원(稅關員), 세관리(稅官吏)	**таможенник** (따모줸니크)
세균(細菌), 균(菌); 미균(微菌)	**бактерия** (박테리야)
세균학(細菌學)	**бактериология** (박테리올로기야)
세금, 세, 조세; 수수료;	**налог, пошлина** (날로그)(뽀쉴리나)
세금·기부금을 부과하다; 할당하다	**облагать** (아블라가찌)
세기(世紀), 백 년	**век** (뼄)
세기, 강도(强度), 집약성	**интенсивность** (인쩬씨브노쓰찌)
세기적(인) 오래 묵은	**вековой** (볘까붜이)

세내다, 임차하다	**арендовать** (아렌도와찌)
세내어, брать ~ 세를 내다, 빌려 쓰다;	**напрокат** (나쁘로까트)
세다, 계산(산정.추계.지불.청산)하다	**зачесть, сосчитать** (자체쓰찌) (싸쓰치따찌)
세다, 헤아리다, 계산하다	**насчитать, насчитывать** (나쓰치따찌), (나쓰치띄와찌)
세대, 대(代)	**поколение, род** (빠꼴레니예) (롣)
세력, 권세, 힘, 권력 위신, 위엄(威嚴)	**влияние** (블리야니에)
세련된, 고상한, 청아한. 섬세한	**утончённый, изысканный** (우똔촌느이) (이즥쓰깐느이)
세련된, 시련을 겪은; 경험이 많은, 믿음직한	**испытанный** (이쓰쁴딴느이)
세련된. 사치스런 복장을 한 남자, 멋쟁이 남성.	**щёголь** (쑈골)
세례, 세례식, 물세례, 성세, 영세	**крестины** (크레쓰찌늬)
세례를 받다	**креститься** (크레쓰찌쨔)
세례를 베풀다	**перекреститься** (뻬레크레쓰찌쨔)
세로, 세로로[의]; 긴, 길게	**вдоль** (프돌)
세로로[의]; 긴, 길게.	**Продольный** (쁘라돌느이)
세로 자리표, 종 좌표	**ордината** (아르지나따)
세를 내고 빌려오다, 세내다.	**нанять(ся)** (나냐찌)

- 753 -

세면기, 세면대(洗面臺)	**рукомойник умывальник** (루까모이니크)(우믜왈니크)
세모용의	**шерстомоечный** (쉐르쓰또모에츠느이)
세밀성; 세부, 사소한 것	**подробность** (빠로브노쓰찌)
세밀(상세.치밀.자세)하게, 철저히	**досконально, детально** (다쓰까날나) (제딸나)
세밀한, 상세한, 치밀한	**детальный** (제딸느이)
세밀히 검토(조사.심의.검사.감사)하다	**проверять, прорабатывать** (쁘라붸랴찌) (쁘라라바띄와찌)
세발, 삼발이, 세발쌍둥이	**треножник** (뜨레노즈니크)
세배나 (아주) 비싸게	**втридорога** (프뜨리도로가)
세배로, 세배 더, 세 겹으로	**втрое** (프뜨로에)
세배의; 3(삼)배의	**тройной** (뜨로이노이)
세분(구분)되다, (다시, 작게) 나누어지다	**подразделяться** (빠드라스젤랴쨔)
세분(細分), 세세한(소소한) 점	**деталь** (제딸)
세분하다, 작게 나누다	**подразделять, дробить, разукрупнить** (빠드라스젤랴찌) (드라비찌), (라주크루쁘니찌)
세분화(細分化)	**разукрупнение** (라주크루쁘네니에)
세살난; ~ ребёнок 세살난 아이	**трёхлетний** (뜨료흘레뜨느이)
세수, 빨기, 씻기, 세탁, 세정	**умывание** (우믜와니에)

세수시키다, 씻어주다 ~의 얼굴(손.발)을 씻다	**умывать** (우믜와찌)
세수하다, 얼굴(과 손)을 씻다; 목욕하다, 씻다	**умываться** (우믜와쨔)
세습적인, 대대로 내려오는, 대대로 물려받은	**потомственный** (빠똠쓰뜨웬느이)
세심, 정밀한, 꼼꼼한, 빈틈없는, 면밀한	**внимательно** (브니마쩰나)
세심하지 못한, 서려 깊지 못한, 무분별한	**нерассудительный** (네라쑤지쩰느이)
세심한, 정밀한, 빈틈없는, 면밀한	**щепетильность** (쒜뻬찔리노쓰찌)
세쌍둥이, 삼태자, 세 개 한벌[조](가 되는 것)	**тройня** (뜨로이냐)
세어(계산하여 떼어)내다, 계산하다	**отсчитать отсчитывать** (앗쓰치따찌), (앗쓰치와찌)
세오돌라이트, 경위의(經緯儀)	**теодолит** (쩨오돌리트)
세우다, 건축(건조.건설.부설)하다	**отстроить, застроить** (앗쓰뜨로이찌) (자쓰뜨로이찌)
세우다, 구축(건립.축성)하다	**воздвигать, возвести, поставить** (바즈드뷔찌) (바즈붸쓰찌) (빠쓰따비찌)
세우다, 서게 하다, 세워놓다; 얹다, 두다	**постоять водружать** (빠쓰또야찌) (붜드루좌찌)
세우다, 창립(창건.수립)하다	**основывать, водворить, водворять** (아스노븨와찌) (바드붜리찌), (붜드붜랴찌)
세율, 요금(율)	**тариф** (따리프)
세이쉘(인도양 서부의 92개 섬으로 된 공화국)	**Сейшельские острова** (쎄이쉘쓰끼이) (오쓰뜨로와)
세이지(샐비어의 일종); 사루비아, 쑥의 일종	**шалфей** (샬페이)

세제곱미터, 입방미터(㎥)	**кубометр** (꾸보메드르)
세주기, 임대; 세내기, 임차	**прокат** (쁘라까트)
세주다, 빌려주다	**сдать** (즈다찌)
세차게 흘러나오다, 분출하다	**вырваться** (븨르와짜)
세찬, 강한	**крепкий** (크레쁘끼이)
세찬, 흐름, 분류, 사태	**лавина** (라비나)
세탁공, 삯 빨래하는 여자	**прачка** (쁘라치까)
세탁기; 세척기; 세광기, 씻는[빨래하는] 사람	**мойка** (모이까)
세탁용 대야, 빨래통, 목욕통	**шайка** (샤이까)
세탁용의, 빨래의; ~ая машина 세탁기,	**стиральный** (스찌랄느이)
세탁중에 있다	**стираться** (스찌라쨔)
세평, 평판(評判), 명성(名聲), 명예, 성망	**репутация** (레뿌따찌야)
세포(細胞), 낭(囊), 강(腔), 와(窩)	**клетка** (클레뜨까)
세포조직, 구조, 시스템; мышечная ~ 근육조직	**ткань** (뜨까니)
센세이션, 물의, 평판(이 대단한 것), 대사건	**сенсация** (쎈싸찌야)
센터(center), 핵심, 중추	**центр** (쩬뜨르)

센티미터(略: cm; 1미터의 100분의 1)	**сантиметр** (싼찌메뜨르)
셀로판(cello), 셀로판지	**целлофан** (쩰로판)
셀룰로이드, 셀룰로스(cellulose) 세포막질, 섬유소	**целлулоид** (쩰룰로이드)
셸파족(네팔. 히말라야 지방의 민족)	**шерп** (쉐르쁘)
셈, 계산, 집계; 개표	**счёт** (스쵸트)
셈에 넣다, 셈치다, 치부하다	**зачитывать** (자치띄와찌)
셈에 넣다, 세다, 계산하다	**перечесть считать** (뻬레체쓰찌) (스치따찌)
셈을 속이다, 잘못 세여 적게 주다	**обсчитать обсчитывать** (아브쓰치따찌), (아브쓰치띄와찌)
셈을 치르다, 청산하다	**рассчитаться** (라쓰치따쨔)
셋 이상의 사이에(서), ~에 둘러[에워]싸여	**средь** (스레지)
셋방, 방, 침실, 전세 아파트	**палата** (빨라따)
셋방살이하는 사람, 주택사용자	**квартирант** (크와르찌란트)
셋이서, 셋이 함께	**втроём** (프뜨로욤)
셋째로, 세 번째로	**в-третьих** (프-뜨레찌이흐)
셔츠, 와이셔츠, 칼라 및 커프스가 달린 블라우스	**сорочка** (싸로츠까)
셰익스피어 학문(연구)	**шекспироведение** (쉑스삐로붸제니에)

소(분과)위원회	**подкомитет** (빠드꼬미쩰)
소(所), 서(署), 국(局), 부(部)	**место** (메쓰따)
소(小)칼로리, 그램 칼로리	**малокалиберный** (말라까리벨느이)
소, 축우, 가축, 네 발가진 집짐승	**скот** (스꼬트)
소가 음매하고 울다, 영각하다	**мычать** (믜차찌)
소개, 피로; 배알, 알현, 추천	**представление рекомендация** (쁘렏쓰땁레니예) (레까멘다찌야)
소개하다, 추천하다	**представить, рекомендовать** (쁘렏쓰따비찌) (레꼬멘 도와찌)
소견, 의견, 견해, 인상, 생각	**замечание, высказывание** (자메차니예) (븨쓰까즤와니에)
소결[소고(燒固)]하다[시키다]	**спекаться, спечься** (스뻬까쨔) (스뻬치쌰)
소고기, 쇠고기; 우육, 황육, 찬육(饌肉), 호박	**говядина** (가뱌지나)
소곤거리다, 귀속 말로 말하다	**прошептать** (쁘라쉐쁘따찌)
소구경의, 22구경의(총)	**малокалиберный** (말라까리벨느이)
소굴(巢窟)	**притон** (쁘리똔)
소규모의 ~ое производство 소상품생산	**мелкотоварный** (멜꼬또와르느이)
소규모적인, 분산적인	**раздробленный** (라스드블렌느이)
소극(笑劇), 어릿광대극, 익살극 익살스러움	**шутка, фарс** (슈트까), (파라쓰)

소극, 희극, 코미디, 촌극, 토막극	**водевиль** (바데빌)
소극성, 소극적인 태도	**пассивность** (빠씨브노쓰찌)
소극적인(消極的)	**безынициативный** (베즈니찌아찌브느이)
소근소근 알려주다(이야기하다)	**нашептать** (나쉐쁘따찌)
소곤거리다; 꽂아 넣다	**нашёптывать** (나쇼쁘띄와찌)
소금, 식염; (화학) 염(鹽)	**соль** (쏠)
소금물, 염류의 용액	**рассол** (라쓰쏠)
소금물에 담그다	**замариновать, засолить** (자마리노와찌)(자쏠리찌)
소금에 절이다	**посолить** (빠쏠리찌)
소금에 절인, 염장한; ~ые огурцы 오이절임,	**солённый** (쌀룐느이)
소금을 넣다(치다)	**насолить** (나쏠리찌)
소금을 뿌리다[에 절이다]	**засолить** (자쏠리찌)
소금을 치다(뿌리다), 소금으로 처리하다	**засолить, посолить** (자쏠리찌)(빠쏠리찌)
소금을 쳐서 간을 맞추다; 절이다	**солить** (쌀리찌)
소금을[소금기를] 함유한; 소금에 절인	**соляной** (쌀얀노이)
소금절인 고기(주로 소고기)	**солонина** (쌀라니나)

소나기, 폭우(暴雨)	**ливень** (리베니)
소나무 구과(毬果), 솔방울열매	**шишка** (쉬스까)
소나무, 솔, 솔나무, 육송, 적송	**сосна** (싸쓰나)
소나타, 주명곡	**соната** (싸나따)
소녀(小女), 처녀애, 아가씨	**девочка** (제뷔츠까)
소년(少年), 사내아이	**мальчик** (말치크)
소년시절	**отрочество** (앗로체스뜨붜)
소뇌(小腦), 작은골	**мозжечок** (마즈줴초크)
소다; каустическая 가성소다	**сода** (쏘다)
소도시(小都市), 읍내, 거리(距離), 부락	**городок** (가라독)
소독, 멸균, 살균(殺菌)	**обеззараживание** (아베스자라줘와니예)
소독살균	**дезинфекция** (제진펙찌야)
소독하다, 살균하다	**обеззараживать обеззаразить** (아베즈자라줘와찌), (오베즈자라지찌)
소독한, 살균한	**стерильный** (스쩨릴느이)
소동(격동. 동요)하다	**взболтать** (쓰발따찌)
소동, 소요, 동요, 흥분. 들끓는	**закваска волнение** (자끄와쓰까) (발네니에)
소동을 일으키다	**переполошить, шуметь**

	(뻬레뿔로쉬찌) (슈메찌)
소란, 흥분 북새통, 야단 법석	**возня** (바즈냐)
소란스러운, 시끄러운, 센세이션을 일으키는	**шумный** (슈므느이)
소련, 소비에트사회주의공화국 연방, 소련방, 소비에트 연방,	**совет** (싸볘트)
소련에서 구두의 치수의 단위(2/3 센티미터)	**штих** (쉬찌흐)
소를 넣다 ~에 채우다(채워 넣다)	**фаршировать** (파르쉬로와찌)
소를 박다(넣다); 채우다,~에 채워넣다	**начинить начинять** (나치니찌), (나치냐찌)
소름, 소름 돋은 피부	**мурашки** (무라스끼이)
소름이 끼치다	**холодеть** (할라졔찌)
소리 같은 말, 동음이의어(同音異議語), 동음어	**омоним** (아모님)
소리 나다, 울리다, 들리다	**звучать** (즈부차찌)
소리 내어 울다, 울부짖다, 악쓰다,	**завывать** (자븨와찌)
소리 높은, 크게 울리는	**громкий** (그롬끼이)
소리없는, 소리를 내지않는, 고요한, 조용한	**бесшумный** (베쓰슘느이)
소리가 나지 않는, 아주 고요한	**беззвучный** (볘즈부치느이)
소리없게, 조용하게, 들리지 않게	**неслышно, бесшумно** (녜쓸릐쉬나) (베쓰슘나)
소리 지르다, 목청껏 소리치다	**горланить**

	(가를라니찌)
소리, 노래, 등이 들려오다	**нестись** (녜쓰찌시)
소리, 음성, 음(音), 음향; (음악) 성부, 성음	**звук** (즈부크)
소리(목소리)가 시끄러운(큰)	**широковещание** (쉬로까볘샤니에)
소란스러운	**кричащий** (크리차쉬이)
소리가 꺼져[사라져] 가다; (빛이) 흐려졌다,	**завянуть** (자뱌누찌)
소리가 나다, 울리다, 소리를 내다	**зазвучать** (자즈부차찌)
소리가 들려오다	**долетать** (돌레따찌)
소리가 들리지 않게 되다, 소리가 멎다	**заглохнуть** (자글로흐누찌)
소리가 멎다(그치다), 잠잠해지다	**глохнуть, отзвучать** (글로흐누찌) (아트즈부차찌)
소리가 새된, 날카로운, 째는듯한	**крикливый** (크리클리브이)
소리가 시끄러운, 목소리가 큰(높은)	**зычный** (즤츠느이)
소리가 울리다(나다), 울다, 소리를 내다	**раздаваться, катиться** (라스다와짜), (까찌짜)
소리가 들려오다	**доходить** (다호지찌)
소리가 들리지 않게 하다	**заглушать** (자글루샤찌)
소리를 내어, 들리게	**вслух** (프쓸루흐)
소리마디, 음절(音節), 낱내, 실러블(syllable)	**слог**

	(슬로그)
소리 담당자, 극장(라디오)의 음향 담당자	**шумовик** (슈모빅)
소리의, 음(파)의; 음속의 ~ое кино, ~ой фильм 토키	**звуковой** (즈부까보이)
소리치다, 날카로운 비명을 지르다, 울부짖다	**завопить** (자뷔삐찌)
소리치다, 소리높이 항의(요구)하다	**закричать вскрикивать** (자크리차찌) (프쓰크리끼와찌)
소매 달린 짧은 웃옷, 재킷 모닝코트	**жакет** (좌꼐트)
소매 없는 저고리, 민소매 저고리	**безрукавка** (베즈루까브까)
소매(小賣), 산매(散賣), 소매상품	**розница, розничный** (로즈니짜) (로즈니츠느이)
소매, 소매부리, 소매동 소맷자락	**обшлаг, манжета, рукав** (압쉴락) (마느줴따) (루까프)
소매하다, 소매되다, 소매(小賣)(의)	**врозницу** (프로즈니쭈)
소면; ~ая машина (방직)빗질기게, 소면기(梳綿機)	**чесальный** (체쌀느이)
소멸(박멸)하다, 죽이다, 죽여 버리다	**морить, покончить** (마리찌), (빠꼰치찌)
소모, 탕진, 고갈	**истощение** (이쓰또쉐니예)
소모(고갈.소진.탕진)되다, 다떨어지다	**иссякать, истощаться** (이쌰까찌) (이쓰또샤짜)
소모하다, 탕진하다, 소진하다, 써버리다	**истощать** (이쓰또샤찌)
소문, 풍문(風聞); 풍설(風說)	**толки, слух** (똘끼) (슬루흐)
소문(풍문)으로, 얻어들어서, 들은풍월로	**понаслышке**

	(빠나쓸릐쉬께)
소문을 놓다, 논의하다	**поговаривать** (빠가와리와찌)
소문이 쫙(널리) 퍼지다	**облетать** (아블레따찌)
소문이 퍼지다	**проходить** (쁘라호지찌)
소박성, 천진난만한 것	**простота, наивность** (쁘라쓰 또따)(나이브노스찌)
소박한, 수수한, 간소한 순진한, 순박한	**неприхотливый** (네쁘리호뜰리브이)
소방대원, 소방관	**пожарник** (빠좌르닉)
소변보다; 오줌누다. 배뇨(방뇨.소피)하다	**написать описать** (나삐싸찌) (아삐싸찌)
소복한 곳을 파서 반반하게 하다	**срыть** (스릐찌)
소비되다, 소모되다	**потребляться** (빠뜨레블랴쨔)
소비, 소모, 수용, 비소, 소각	**потребление, затрата, трата** (빠뜨레블레니예) (자뜨라따)(뜨라따)
소비량, 소모량, 사용량	**расход** (라쓰홋)
소비자, 수요자	**заказчик потребитель** (자까즈치크) (빠뜨레비쩰)
소비(소모)하다; 다 써버리다	**расходовать затратить, девать** (라쓰호도와찌) (자뜨라찌찌) (제와찌)
소생(蘇生), 재생, 부활, 회복, 회생	**реанимация, оживление** (레알리마찌야) (아쥐블레니예)
소생하게 하다, (의식을) 회복시키다	**животворить** (쥐보뜨뷔리찌)
소설, 산문학(散文學), 소설문학	**беллетристика**

	(벨레뜨리쓰찌까)
소설. 극의 삽화, 단편적 사건	**эпизод** (에삐조드)
소설가, 산문작가(散文作家)	**беллетрист** (벨레뜨리쓰트)
소성(燒成)하다. (도자기를) 구워 만들다, 굽다	**обжигать** (압쥐가찌)
소속(포함) 시키다, 간주하다	**относить** (아트노씨찌)
소속, 부속, 주재 속성, 특질	**при, принадлежность** (쁘리)(쁘리나들레즈노쓰찌)
소속시키는 것 배속시키는 것	**прикрепление** (쁘리끄레쁘레니예)
소송(訴訟), 송사(訟事)	**процесс** (쁘라쩻쓰)
소송[변호] 의뢰인	**клиент** (클리엔트)
소송사건(訴訟事件), 주장, 소명(疎明)	**дело** (젤로)
소수, 소수파	**меньшинство** (멘니쉰쓰뜨보)
소수의 사람들, 일부 사람들	**немногие** (네므노기예)
소수파, 소수자의 무리, 소수당; 소수 민족	**нацменьшинство** (나쯔메니쉰쓰뜨붜)
소스(sauce), 조미료; мясо с ~ой 소스를 친 고기	**соус, подливка** (쏘우쓰) (빠들리브까)
소시민	**мещанин** (메샤닌)
소시민적인; 속물적인	**мещанский** (메샨쓰끼이)
소시민층	**мещанство**

- 765 -

	(메샨쓰뜨뷔)
소시지(sausage), 양(洋)순대	**сосиска** (싸씨쓰까)
소식, 소문이 빨리 퍼지다	**разлетаться** (라슬레따쨔)
소식, 통지, 기별, 뉴스(new)	**весть** (붸쓰찌)
소식자, 탐침, 탐사침, 수동전공	**щуп** (쓔쁘)
소심성, 겁	**робость** (로보쓰찌)
소심하게, 겁나 하면서	**робко** (로브꼬)
소심한, 겁먹은, 두려워하는, 겁내는	**застенчивый, пугливый** (자쓰쩬치브이) (뿌글리브이)
소아과(학)	**педиатрия** (뻬지아트리야)
소아과의사, 소아과전문의	**педиатр** (뻬지아트르)
소열편(小裂片), 마늘, (백합 뿌리 등의) 소인경, 소구근	**долька** (돌까)
소엽(小葉); 귓불	**долька** (돌까)
소용돌이, 도는 물; 맴돌이	**вихрь, водоворот, омут** (뷔흐리)(바다바로트)(오무트)
소원, 멀어짐, 소외, 멀리함; 소격(疏隔)	**отдаление** (아트달레니예)
소원, 소망, 바람. 희망, 축원	**пожелание** (빠쥀라니예)
소유, 보유, 소지, 점유	**обладание, владение** (아블라다니예) (플라졔니에)
소(보)유자, 소(점)유자, 소지자	**носитель владелец, кавалер**

	(나씨젤) (플라젤레쯔) (까왈레르)
소유(권)자, 임자, 소유(권)	**собственник, обладатель** (쏘브쓰뜨볜 니크) (아블라다젤)
소유자의, 소유자적근성의	**собственнический** (쏘브쓰뜨볜니체쓰끼이)
소유(점유)하다, (~을) 가지고 있다, ~이 있다	**владеть, едим** (플라제찌)(예짐)
소음(騷音)	**шумоглушение** (슈모글루쉐니에)
소음방지기, 소음기	**шумозаглушитель** (슈모글루쉘리)
소음장치, 소음기(消音器)	**глушитель** (글루쉘)
소인을 찍다, 스템프를 찍다	**заштемпелевать** (자쉬쩸뻴레와찌)
소작(燒灼)하다; 뜸을 뜨다	**выжечь прижечь** (븨췌치) (쁘리쳬치)
소작인(小作人), 세를 내는 사람	**арендатор** (아렌다따르)
소재지, 소재, 거소, 처소	**местонахождение** (메쓰따나호즈제니에)
소제(掃除), 청소, 제거	**расчистка** (라쓰치쓰뜨까)
소제목, 보충제목	**подзаголовок** (빠드자고로볼)
소조(小組), 조(組), 소그룹	**подгруппа, минор** (빧그룹빠) (미놀)
소중히 지키다, 보호하다	**беречь** (볘례치)
소지품, 부속물 의류, 신변물	**шмотки** (쉬모뜨끼)
소질(素質), 경향(傾向), 취미	**предрасположение** (쁘롄라쓰뽈로제니예)

소집, 검열, 점호; 집합; 집합 인원; 점호 명부	**сбор** (즈보르)
소집되다, 열리다	**собираться** (싸비라쨔)
소집하다; 모으다, 불러 모으다	**созвать** (싸즈와찌)
소책자, 팸플릿	**брошюра** (브로슈라)
소추자, 기소자, 고발자; 검찰관	**обвинитель** (압뷔니찔)
소출이 없는, 수확이 나쁜 ~ год 흉년	**неурожайный** (네우로좌이느이)
소출이 적은, 생산성이 낮은	**малопродуктивный** (말라쁘로두크찌브느이)
소파, 긴의자, 낮고 긴 의자의 일종	**диван** (지완)
소포, 보내온 물건	**посылка** (빠씰르까)
소풍, 유람, (짧은) 여행, 출장 여행, (짧은) 배편 여행	**дорога** (다로가)
소프라노(soprano), 여성고음; 여성고음가수	**сопрано** (싸쁘라나)
소형 옵셋 인쇄기	**ротапринт** (라따쁘린트)
소형 자동차; 장난감의 미니카	**микролит-ражный** (미크롤리뜨라즈느이)
소형 전기 트럭	**электромотриса** (엘렉뜨라모뜨리싸)
소형 전동기, 소형 전기 모터	**электродвижок** (엘렉뜨라드비조크)
소형 화물자동차(여객화물겸용), 웨곤, 픽업	**пикап** (삐깝)

소홀, 등한, 만홀, 홀저	**недобросовестность** (네다브로쏘베쓰뜨노쓰찌)
소홀한, 부주의한, 무관심한, 건성건성한	**недобросовестный** (네다브로쏘베쓰뜨느이)
소화작용, 소화기능, 소화력. 소화. 흡수	**пищеварение усвоение** (삐쉐와레니예) (우쓰보에니에)
소화가 되다	**перевариваться** (뻬레와리와쨔)
소화가 안됨, 소화 불량	**несварение**: (네쓰와레니예)
소화기, 불끄는 기구	**огнетушитель** (아그네뚜쉬쩰)
소화하다	**перерабатывать, переваривать, усваивать** (뻬레라바띄와찌), (뻬레와리와찌) (우쓰와이와찌)
소환; ~ посла 대사의 소환	**отозвание** (아따즈와니예)
소환(호출)하다, 불러오다	**призвать, отзывать, созывать** (쁘리즈와찌)(아트즤와찌)(싸즤와찌)
소희극(소가극)의 스타, 인기배우	**этуаль** (에뜨우알)
속(贖)하다, 속죄[보상]하다	**искупить** (이쓰꾸삐찌)
속, 내(內), 내의	**бельё** (벨요)
속기(술), 속기법	**стенография** (스쩨노그라피야)
속기하다	**стенографировать** (스쩨노그라피로와찌)
속눈썹, 안 아미(곡미, 각월)	**ресница** (레쓰니짜)
속다, 속아 넘어가다, 기만 당하다	**обманываться** (아브마늬와쨔)

속담, 격언, 속언(俗諺)	**пословица** (빠쓸로비차)
속더껑이, 속더께, 물 때	**накипь** (나끼삐)
속도, 속력, 빠르기, 움직임, 약동	**темп, быстрота** (뗌쁘)(븨쓰뜨라따)
속도; (동작·사건 추이의) 빠르기	**скорость, пульс** (스까로쓰찌)(뿔쓰)
속도계(速度計)	**спидометр** (스삐도메뜨르)
속력을 내는 것, 달리던 기운	**разбег** (라스베크)
속력을 늦추다, 감속(늦어지게) 하다	**замедлить(ся)** (자메들리찌)(쨔)
속력을 늦춤, 감속 (고속도로의) 감속 차선	**замедление** (자메들레니예)
속물(俗物)	**обыватель, мещанин** (아븨바쩰)(메샤닌)
속바지(남자용)	**кальсоны** (깔소늬)
속보(速步), 구보(驅步)	**рысь** (릐시)
속보로, 구보로; 빨리, 줄달음쳐서	**рысью** (릐시유)
속사정을 터놓을 수 있는, 친한	**доверить** (다볘리찌)
속삭이다, 소곤소곤 이야기하다	**шептать шепнуть** (쉐쁘따찌)(쉐쁘누찌)
속삭이는 소리로 주문을 걸다	**прошептать перешёптываться** (쁘로쉐쁘따찌),(뻬레쇼쁘띄와쨔)
속삭임, 소문, 와삭와삭하는 소리	**шушуканье** (슈슈까니에)

속성(續成)(논리. 철학)	**атрибут** (알리봇트)
속심, 안쪽, 내면, 내부, 안	**нутро** (누뜨로)
속어, 통용어, 전문어, 술어. 은어	**жаргонизм** (좌르곤니즘)
속에 담고 있다, 내포하다, 포함하다	**вместить(ся)** (브메쓰찌찌)
속여 넘김, 눈속임, 야바위	**розыгрыш** (로즈그릐쉬)
속여먹다, 야바위를 치다; ~ губы 부루퉁하다	**надувать** (나두와찌)
속여서 숨기다	**эскамотировать** (에쓰까모찌로와찌)
속요, 속가, 속악, 속창, 이가, 이요, 잡가	**частушка** (차쓰뚜쉬까)
속으로, 마음으로, 상상하여	**мысленно** (믜쓸렌나)
속을 내주지 않는 것, 털어놓지 않는 것	**скрытность** (스크릐뜨노쓰찌)
속이 들여다보이게 쩍 벌려져 있다, 열려져 있다	**зиять** (지야찌)
속이 비게 하다; 도려내다, 에다	**выдолбить, вымыть(ся)** (븨돌비찌) (븨믜찌) (븨믜쨔)
속이 빈 남자	**шаркун** (샤르꾼)
속이 빈, 공동(空洞)의, 속이 궁근	**пустотелый, полый** (뿌쓰또쩰늬이) (뽈르이)
속이 있는; ~ее бельё 속옷, 내의	**нижний** (니쥐니이)
속이는, 교활한, 방심할 수 없는	**скользко** (스꼴즈까)
속이다, 기만하다, (~을) 사취하다	**обмануть[ся] передёрнуть[ся]**

	(아브마누찌)(뻬레죠르누쨔)
속이다, 속여 넘기다, 속여먹다, 기만하다	**обманывать** (아브마늬와찌)
속이다, 속여 빼앗다, 속여서	**дурачить, проводить** (두라치찌) (쁘라뷔지찌)
속임, 기만, 협잡, 기망, 사기	**обман** (아브만)
속죄하다, 속(贖)바치다, 보상하다	**искупать** (이쓰꾸빠찌)
속치마, 여성의 속옷의 일종, 슈미즈, 시프트 드레스	**сорочка** (싸로츠까)
속타게 하다, 마음 졸이게 하다	**потушить** (빠뚜쉬찌)
속하다, 속해있다, 소속되다, 성원으로되다	**принадлежать** (쁘리낟제좌찌)
손(노동)으로	**вручную** (프루츠누유)
손(님), 객, 내빈(來賓.內賓), 빈객(賓客)	**гостевой** (가쓰쩨보이)
손(발)가락; большой ~ руки 엄지 손가락	**палец** (빨레쯔)
손(손목부터 손가락 끝까지의 부분) 팔	**кисть** (끼쓰찌)
손, 손가락이 불퉁불퉁한, 울퉁불퉁한	**корявый** (까랴브이)
손, 팔, 수(手), 손모가지	**рука** (루까)
손[발]톱. (사람의) 손톱, 발톱; (새·짐승의) 발톱	**ноготь** (노고찌)
손·발을 끊어 병신을 만들다, 상처내다	**изувечить** (이주베치찌)
손가락 밑 부분의 손가락 관절(마디)	**ножовка**

	(나조브까)
손가락, 발가락, 작은 손(발)가락	**пальчик** (빨칙)
손가락을 대다, 만지다, (차례로) 다치다	**перебирать** (뻬레비라찌)
손가방, 책가방, (주로 가죽으로 만든) 서류 가방	**портфель** (빠르뜨펠)
손금 보듯이. 전혀, 전적으로	**начисто** (나치쓰또)
손끝으로 튕기다, 튕기는듯한 소리를 내다	**щелкануть** (쉘까누찌)
손끝으로 튕김	**швычок** (쉬븨초끄)
손녀, 외손녀, 손자딸	**внучка** (브누츠까)
손님, 관람자, 방문객(訪問客)	**посетитель** (빠쎄찌쩰)
손님, 방문객(訪問客), 내빈(內賓)	**гость** (고쓰찌)
손님들, 고객, 단골손님	**клиентура** (클리엔뚜라)
손님으로 묶다	**гостить** (가쓰찌찌)
손님을 반기는 손님, 손님을 환대(후대)하는	**гостеп-риимный** (가쓰쩹리임느이)
손님을 좋아하지 않는, 냉대하는	**негостеприимный** (네가쓰쩨쁘리임느이)
손님후대, 손님환대	**гостепреимство** (가쓰쩹리임쓰뜨붜)
손대는 것; 접촉(接觸)	**прикосновение** (쁘리꼬쓰노베니예)
손목, 팔목	**запястье**

- 773 -

(자빠쓰찌예)

손바닥(슬리퍼)로 찰싹 때리다	**шлёпнуться шлёпнуть** (쉴료빠찌짜) (쉴료빠찌)
손바닥	**ладонь** (라도니)
손발, 수족, 사지	**конечности** (까네츠노쓰찌)
손발이 맞는, 행동일치가 보장된, 통일된	**слаженный** (슬라췐느이)
손발이 안 맞는	**недружный** (네드루즈느이)
손발이 곱아 들다; ноги мёрзнут 발이 곱아든다	**мёрзнуть** (몰즈누찌)
손상(損傷), 훼손, 가치(가격)저하	**умаление** (우말레니에)
손상(해)을 입지 않은, 상하지 않은	**невредимый** (네브레지므이)
손상, 변질(變質), 부패(腐敗)	**порча** (뽈차)
손상시키다, 못쓰게 만들다, 타락시키다	**испортить(ся)** (이쓰뽀르찌찌)
손상(훼손)하다, 얼룩을 묻히다	**завезти, вывезти** (자볘즈찌) (븨볘즈찌)
손색이 없는, 완전한	**безукоризненный** (볘주까리즈녜느이)
손수레, 밀차, 구루마	**тележка** (쩰레즈까)
손쉽게(단순화.단일화)하다; 간단[평이]하게 하다	**облегчать** (아블레그차찌)
손실(피해)을 입다(당하다)	**страдать** (스쁘라다찌)
손실, 손해, 결손; 손실물[액, 량]	**убыток,ущерб,потери**

- 774 -

	(우븨또크) (우쉘브) (빠쩨리)
손아래의, 연소한, 젊은 쪽의, 미성년의	**несовершеннолетний** (네쏘뻴쉔노레뜨느이)
손에 넣다, 획득(습득)하다	**обзавестись, загореть(ся)** (압자볘쓰찌시) (자고레찌)
손에 의한 조각(법), 손놀림	**манипуляция** (마니뿌랴찌야)
손에 익다, 익숙해지다	**сжиться** (즈쥐쨔)
손에 잡다, 쥐다	**брать** (브라찌)
손으로 다루다, 움직이다, (탈 것을) 조종[운전]하다	**осилить** (아씰리찌)
손으로 더듬어 찾다, 여기저기 찾다	**шарить, пошарить** (샤리찌, 뽀샤리찌)
손으로 만든(지은), 수공; 휴대용	**ручной** (루츠노이)
손으로 쓴, 베낀	**рукописный** (루까삐쓰느이)
손으로 조작하다, 손놀림 하다	**манипулировать** (마니뿌리로와찌)
손으로 하는(움직이는), 수동	**ручной** (루츠노이)
손으로 핸들을 돌려 타는 풍금, 배럴 오르간	**шарманка** (샤르만까)
손을 대다, 닿다, 만지다, 접촉하다	**затронуть** (자뜨로누찌)
손을[기 따위를] 흔들어 신호[인사]하다	**замахать** (자마하찌)
손의, 팔의, 수(手)	**ручной** (루츠노이)
손이 많이 드는, 분주한	**хлопотливый, хлопотный**

	(홀로빠틀리브이),(홀로빠트느이)
손자, 가손, 영손, 영포, 현포, 손지	**внук** (브누크)
손자들, 손녀들, 외손녀들, 외손자들	**внучата** (브누차따)
손잡이, 자루; ~ косы 낫자루	**черенок, рукоятка, ручка** (체레노크) (루까야뜨까) (루츠까)
손잡이가 달린 큰 잔, 큰 컵, 조끼	**кружка** (크루즈까)
손재주로 만들다	**мастерить** (마쓰쩨리찌)
손저울	**безмен** (베즈몐)
손질, 정리	**обработка** (아브라보트까)
손짓(눈짓)으로 부르다	**манить** (마니찌)
손짓(고갯짓,몸짓)으로 부르다	**поманить подозвать** (빠마니찌) (빠다즈와찌)
손짓(몸짓)으로 이야기(표시)하다	**жестикули-ровать** (줴쓰찌꿀리로와지)
손톱,(작은) 쇠톱	**ножовка** (나조브까)
손톱의, 손톱으로 팅기는	**шипковый** (쒸쁘꼬브이)
손풍금, 아코디언, 핸드 오르간	**гармоника, аккордеон** (가르모니까) (아크까르제온)
손해, 손실, 결손; наносить ~ 손해를 끼치다	**урон, трата** (우론) (뜨라따)
손(해)를 끼치다 장난치다, 암해하다	**вредить шкодить** (브레지찌) (쉬꼬디찌)
손해를 주다	**убыточный**

	(우븨또츠늬이)
손해를[손상을] 입다	**испортить(ся) повреждать[ся]** (이쓰뽀르찌찌), (빠브레즈다찌)
손상하다, 결딴내다, 못쓰게 만들다	**срывать** (스릐와찌)
손해보다, 잃다	**проиграть проигрывать** (쁘라이그라찌), (쁘라이그릐와찌)
솔, 귀얄 *см.* кисточка; малярная ~ 미장솔	**кисть** (끼쓰찌)
솔, 브러시, 수세미, (말의)거모 결정광 브러시	**щётка** (쑈뜨까)
솔밭, 솔숲, 송림	**сосняк** (싸쓰냐크)
솔직성, 노골적인 것, 사실적인 것	**откровенность** (아트크로뷀노쓰찌)
솔직한, 쬐가 없는, 소박한	**невинный, бесхит-ростный** (네빈늬이) (베쓰히뜨로쓰뜨늬이)
솔직한, 정직한, 노골적인, 꾸밈없는	**открытый, откровенный** (아트끄릐뜨이), (아트크로뷁늬이)
솔직히 숨김없는. 명백한, 공공연한.	**чистосердечный, прямой** (치쓰또셸졔츠늬이) (쁘랴모이)
솔직히 털어놓고, 공공연히, 드러내놓고	**прямо, напрямик** (쁘랴마) (나쁘랴미크)
솜(털) 부스러기	**хлопья** (흘로삐야)
솜(털)같은, 부풀부풀한; 보드라운; 무명 같은	**пушистый** (뿌쉬쓰띄이)
솜, 목화(木花), 면화(棉花), 면(棉)	**вата** (와따)
솜씨 없는, 서투른. 졸렬한	**неумелый, топорный** (네우몔르이) (따뽀르늬이)
솜씨(재치)있게, 능숙(능란.착실)하게	**мастерски, искусно**

- 777 -

	(마쓰쩨르쓰끼)(이쓰꾸쓰나)
솜씨(능률적으)로; 유효하게. 능률적인, 효과적인	**деловито** (젤로비따)
솜씨 있는, 능숙한, 재치 있는	**искусный, мастерской** (이쓰꾸쓰느이) (마쓰쩨르쓰꼬이)
솜씨가 능한, 잘 둘러맞추는, 교묘한	**изворотливый** (이즈보로 뜰리브이)
솜씨 좋음; 기민함, 빈틈없음	**ловкость** (로브꼬쓰찌)
솜씨(재치)없는, 서투른, 능숙하지 못한	**неискусный** (네이쓰꾸쓰느이)
솜씨(재치)있게, 재빠르게, 교묘하게	**ловко** (로브꼬)
솜씨, 수완, 능력, 재능, 기량,	**искусство, сноровка, умение** (이스꾸쓰뜨붜) (스나로브까) (우메니에)
솜씨있는 사람, 기능자	**умелец** (우멜레쯔)
솜옷	**телогрейка** (젤로그레이까)
솜을 넣은, 솜으로 만든, 솜의	**ватный** (와트느이)
솜을 두고 누빈; ~ое одеяло 누비이불	**стёганный** (스쬬간느이)
솜털, 보푸라기; 용모, 면모(綿毛)	**пух** (뿌흐)
솜털로 덮인	**пушистый** (뿌쉬쓰띄이)
솜털의, 배내털의; 솜털 같은, 폭신폭신한,	**пушистый, пуховой** (뿌쉬쓰띄이) (뿌호보이)
솟구쳐 오름; 고조(高潮); 급증, 앙양	**взлёт** (브즐료트)
솟아[날아] 오름	**парение**

	(빠레니예)
솟아나다, 불뚝하다, 쑥 내밀다	**выступать, выступить** (브쓰뚜빠찌), (브쓰뚜삐찌)
솟아있다, 우뚝(높이) 솟아있다, 치솟다, 오르다	**выситься** (브씨쨔)
송가(頌歌), 송시(頌詩), 찬가, 오드, 부(賦)	**ода, дифирамб** (오다) (지피람브)
송곳, 착암기, 드릴(기계 전체), 천공기(穿孔機)	**бур** (부르)
송곳. (구둣방의) 큰 바늘집	**шильница** (쉴리니짜)
송곳니, 송곳이, 견치(犬齒)	**клык** (클릐크)
송구(送球), 핸드볼(handball)	**гандбол** (간드볼)
송달, 배달, 배포	**доставка** (다쓰따브까)
송아지 고기(식용), 황소새끼	**телёнок, телятина** (쪨료노크) (쪨랴찌나)
송아지 외양간	**телятник** (쪨랴뜨니크)
송아지의: ~ восторг (야유) 지나친(무근거한) 희희	**телячий** (쪨랴치이)
송어(松魚)	**горбуша** (가르부샤)
송이 꽃	**соцветие** (싸쯔베찌예)
송이, 송아리, 숭어리, 덩이, 덩어리	**гроздь** (그로지)
송이; ~ винограда 포도송이	**кисть хлопья** (끼쓰찌) (흘로삐야)
송장(送狀), (송장에 적힌) 화물; 명세기입 청구서	**счёт**

	(스쵸트)
송전, 송전설비; линия ~и 송전선	**электропередача** (엘렉뜨라뻬레다차)
송진(松津), 수지(樹脂)	**вар** (와르)
송풍기, 통풍기, 환풍기	**вентилятор** (벤찔랴또르)
송화관, 전성관, 고깔나팔관	**рупор** (루뽀르)
솥, 가마, 화덕, 오븐, 스토브, 렌지	**печь напечь, духовка** (뻬치) (나뻬치) (두호브까)
쇄광, 쇄탄, 부석, 침적물	**шлам** (쉴람)
쇄빙선(碎氷船), 얼음깨기 배	**ледокол** (레다꼴)
쇄석(碎石), 길에 까는 자갈, 자갈 등을 깔다	**шоссировать** (샤쎄이로와찌)
쇄석. 돌부스러기를 함유한	**щебнистый** (쉐브니스뜨이)
쇄신; 재생	**регенерация** (레게네라찌야)
쇠(철)의, 쇠를(철분을) 함유하는	**железный** (쩰레즈느이)
쇠, 철(금속 원소 기호 Fe; 번호 26), 아이론	**железо** (쩰레자)
쇠꼬챙이(고기를 꿰어 굽는)	**вертел** (베르쩰)
쇠덩어리, 강피, 잉곳, (금속의) 주괴(鑄塊); 금은괴	**слиток** (슬리따크)
쇠돈, 주화	**монета** (마네따)
쇠돌, 광석(鑛石); железная ~ 철광석(鐵鑛石)	**руда**

	(루다)
쇠를 불리다; 단조(鍛造)하다	**выковать** (븨까와찌)
쇠못, 나무못, 구두못, 대갈못	**гвоздь** (그뵈스지)
쇠몽치, 철추	**молот** (몰로트)
쇠밧줄	**трос** (뜨로쓰)
쇠부스러기, 인조석재(건축재료)	**шлакоблок** (쉴라꼬블록)
쇠붙이의, 금속의, 금속제의	**металлический** (메딸리체쓰끼이)
쇠사슬, 철쇄, 수갑; 쇠고랑, 고랑	**оковы цепь** (아꼬븨) (쩨삐)
쇠사슬로 매다, 묶다, 수갑을 채우다	**заковать** (자까와찌)
쇠약(수척)해지다	**истощаться** (이쓰또샤쨔)
쇠약, 허약	**истощение** (이쓰또쉐니예)
쇠약케 하다, 피폐케 하다	**истощать** (이쓰또샤찌)
쇠약(노약.노쇠.쇠태)해지다	**измотать(ся), сдать, высыхать** (이즈모따찌), (즈다찌), (븨씌하찌)
쇠의 녹 지방을 뽑고 남은 찌꺼기	**шквара, налёт** (쉬크와라), (날료트)
쇠줄, 철사, 와이어로프	**проволока** (쁘로볼로까)
쇠퇴, 저락, 감퇴, 쇠잔, 쇠멸(衰滅), 쇠망(衰亡)	**падение** (빠제니예)
쇠퇴, 쇠진, 피폐, 퇴폐, 퇴보, 타락, 쇠폐	**деградация** (제그라다찌야)

쇠퇴하다, 쇠약해지다, 희박해지다	**поблёкнуть** (빠블료크누찌)
쇼(show), 흥행(興行)	**шоу** (쇼우)
쇼비니즘, 맹목적, 호전적, 애국주의	**шовинизм** (쇼뷔니즘)
쇼크(shock), 진탕증, 정신적 타격, 충동, 허탈	**шок** (쇽)
쇼핑, 물건사기, 장보기,	**покупательский, закупочный** (빠꾸빠쩰쓰끼이).(자꾸뽀츠느이)
숄(shawl), 어깨걸이. 스카프. 목도리	**платок шалый** (쁠라똑) (샬릐이)
수 많은, 숱한	**большой** (발쇼이)
수(數), 숫자, 수량: целое ~о 정수; дробное ~о 분수	**число** (치쓸로)
수(數), 인구수, 수량; ~ населения 인원수	**численность** (치쓸렌노쓰찌)
수(량.금액)의 점증, (규모.범위.강도) 단계적 확대	**эскалация** (에쓰깔라찌야)
수감자(收監者)	**арестант** (아레쓰딴트)
수갑(手匣), 쇠고랑, 족쇄;	**наручники, кандалы** (나루츠니끼) (깐다릐)
수개건물 중의 집채,	**корпус** (꼬르뿌쓰)
수갱; 환기구멍, 바람구멍, 엘리베이터의 통로	**шахта** (샤흐따)
수건(手巾), 타월(towel), (여성의) 머릿수건; 손수건	**платок** (쁠라똑)
수건, 세수수건; посудное ~ 행주	**полотенце** (빨로쩬체)

수경법, 물가꿈법	**гидропоника** (기드로뽀니까)
수고, 폐(弊)	**нагрузка** (나그루즈까)
수고를 끼치다, 걱정시키다	**озаботить** (아자보찌찌)
수공업(手工業), 업(業)	**мастерство** (마쓰쩨르쓰뜨붜)
수공업의, 수공업적인, 손으로 만드는	**кустарный** (꾸쓰따르느이)
수세공의, 수공예의, 손일로, 수공업의	**ремесленный** (레메쓸렌느이)
수공업자(手工業者)	**кустарь, ремесленник** (꾸쓰딸) (레메쓸렌니크)
수공예를 하다, 수작업을 하다	**рукодельничать** (루까젤니차찌)
수구(水球), 워터폴로(water polo)	**ватерполо** (와뗄뽈로)
수국(水菊), 분단화, 수구화, 자양화, 팔선화	**гортензия** (가르쩬지야)
수국화(水菊花)	**василёк** (와씰료크)
수그러지다, 숙어지다. 숙이다, 굽어들다	**поникнуть** (빠니크누찌)
수그린, 납작 엎드린; 납작해진	**ничком** (니쉬꼼)
수금(水禽), 수조(水鳥) 수조류, 물새종류	**водоплавающий** (바다쁠라와유쉬이)
수기, 기록; (강연의) 초고, 문안	**заметка** (자메뜨까)
수기, 일기, 회상록; учёные ~и 학보	**записка** (자삐쓰까)

수꽃술, 수술	**тычинка** (띄친까)
수녀, 여승, 비구니	**монахиня** (마나히냐)
수놓다, 자수하다	**вышивать, расшить** (븨쉬와찌)(라쓰쉬찌)
수놓은 무늬, 수(繡), 자수(刺繡)	**вышивка** (븨쉬브까)
수놓이, 자수(刺繡), 수를 놓음	**вышивание** (븨쉬와니에)
수뇌자(首腦者), 수반(首班)	**глава** (글라와)
수다를 떨다, 수군수군하다, 험담 하다	**болтать** (발따찌)
수다스러운, 말수가 많은, 말 많은	**многословный** (므나가쓸롭느이)
수다스러운, 입이 가벼운, 지껄이기 좋아하는	**болтливый** (발뜰리브이)
수다크(농어과의 한 가지)	**судак** (수다크)
수단, 방법, 방책,~에 의하여	**посредством,орудие,средство** (빠쓰롄쓰뜨봄)(아루지예)(스레드쓰뜨붜)
수달, 수달피, 수달의 가죽	**выдра** (븨드라)
수당을 지급하다,~에게 수단[용돈]을 지급하다	**дача** (다차)
수도, 서울, 수부, 주도, 도성	**столица** (스똘리짜)
수도(水道), 수도관(水道管)	**водопровод** (바다쁘로보드)
수도공, 수도 관리공	**водопроводчик** (바다쁘로보드치크)

수동적인(受動的)	**безынициативный** (베즈니찌아찌브느이)
수두(水痘), 풍진(風疹), 수포창, 작은 마마	**ветрянка** (쀁랸까)
수량(물)이 많은. 물이 넉넉한	**многоводный** (므나가볻느이)
수량(정도·한도를) 넘다, 초과하다	**перекрыть** (뻬레크릐찌)
수량의, 양적으로	**количественный** (깔리체쓰뜨벤느이)
수레, 마차, 짐달구지, 짐마차, 소(말)달구지	**подвода телега** (빤보다) (쩰레가)
수레바퀴의 살, 스포크	**спица** (스삐짜)
수력전기 발전소, 수력전기	**гидростанция** (기드롯딴찌야)
수력(水力), 수력전기	**гидроэнергия** (기드로에네르기야)
수력공학	**гидротехника** (기드로쩨흐니까)
수력공학, 물 에너지의	**гидроэнергетический** (기드로에네르게찌체 쓰끼이)
수력발전소	(**гидроэлектрическая станция**) **ГЭС** (기드로에렉뜨리체스까야 스딴찌야) (게에에스)
수력발전소건설	**гидростроительство** (기드로쓰뜨로이쩰쓰뜨뷔)
수력발전학	**гидроэнергетика** (기드로에네르게찌까)
수력으로 움직이는	**водяной** (바쟈노이)
수력이용시설의 총체, 수력절점, 종합수력발전시설	**гидроузел** (기드로우젤)

수력자원	**гидроресурсы** (기드로레쑤르씌)
수력터빈	**гидротурбина** (기드로뚤비나)
수력학, 수리학(水理學)	**гидравлика** (기드라블리까)
수력학의, 수리학의	**гидравлический** (기드라블리체스끼이)
수련(睡蓮)	**кувшинка** (꾸브쉰까)
수렵(狩獵), 사냥, ~잡이, рыбная ~ (물)고기잡이	**ловля** (로브랴)
수로; 항로; 운하	**вода** (바다)
수로교(水路橋)	**акведук** (아크웨둑)
수로안내자	**лоцман** (로쯔만)
수리(선)공	**ремонтник** (레몬뜨닉)
수리(修理), 수선, 보수	**ремонт** (레몬트)
수리(수선, 보수)하다	**ремонтировать** (레몬찌로와찌)
수리, 수선(修繕), 수장(修粧), 수개	**исправление** (이쓰쁘라블레니예)
수리[수선, 수복]하다, 고치다	**починять, очинить** (빠치냐찌) (아치니찌)
수선(새롭게.혁신쇄신)하다	**обновить(ся) отремонтировать** (압나비찌) (앗레몬띠로와찌)
수리부엉이, 수알치새	**филин** (필린)
수리하는	**ремонтный**

	(레몬뜨느이)
수많은, 허다한, 무수한	**многочисленный** (므나가치쓸렌느이)
수(숫)말, 종마, 씨앗말	**жеребец** (줴레베츠)
수매시키다	**сдать** (즈다찌)
수매의; 구매의, 획득의, 조달의	**заготовительный** (자고또비쩰느이)
수매하다, 사다, 구입하다	**заготавливать** (자고따블리와찌)
수면용의, 자고(잠자코.쉬고) 있는	**спальный** (스빨느이)
수명증(羞明症), 눈부심증	**светобоязнь** (스볘또보야즈니)
수목(곡식 알맹이 등)이 마른, 비실비실한	**щуплый** (쓔쁠르이)
수목원(樹木園), 식수(물)원	**дендрарий** (젠드라리이)
수목의, 나무 모양의, 나무의	**древесный** (드레볘쓰느이)
수문 등을 닫는 갑판	**шандор** (샨돌)
수문,(수문의) 수위 조절 장치	**щит** (쒸뜨)
수문을 설치하다, 수문으로 통과시키다	**шлюзование** (쉴류조와니에)
수문을 통과하여 운반[운송]하다	**шлюзовать** (쉴류조와찌)
수박 겉핥기식으로, 바삐, 바쁘게, 속히, 급하게	**наспех** (나쓰뼤흐)
수박	**арбуз**

- 787 -

	(아르부스)	
수반(동반)하다, 같이 따라가다; 호송하다	**сопроводить** (싸쁘라붜지찌)	
수백만, 수 천수 백만	**многомиллионный** (므나가밀리온느이)	
수벌, 벌의 수컷. 웅봉(雄蜂)	**трутень** (뜨루쩬니)	
수복(수리)하다	**репставрировать** (레쓰따브리로와찌)	
수복, 수리	**реставрация** (레쓰따브라찌야)	
수분 제거	**эксикация** (엑씨까찌야)	
수분, 습기 제거장치	**эксикатор** (엑씨까따르)	
수분시키다; 벌레약을 뿌리다	**опылить опылять** (아쁠리찌), (오쁠랴찌)	
수비대, 경비대, 주둔군	**гарнизон** (가르니죤)	
수사(搜査), 심문(審問)	**дознание** (다즈나니에)	
수사(搜査), 탐색, 수색(搜索)	**розыск** (로즤쓰크)	
수사(數詞), 수대명사, 수명사, 셈씨, 셈이름씨	**числительное** (치쓸리쩰노에)	
수산, 어업, 낚시질	**рыбопромышленый** (릐바쁘로믜쉴렌느이)	
수산물, 물고기 제품, 식료품	**рыбопродукты** (릐바쁘로두크띄)	
수산사업소	**рыбопромхоз** (릐바쁘롬호즈)	
수산의, 어업의	**рыбопромысловый**	

	(리바쁘로믜쓸로브이)
수상비행기. 수상활주정; 수중익선	**гидроплан, гидросамолёт** (기드로쁠란), (기드로싸말료트)
수상술, 손금보기, 손금쟁이	**хиромант** (히로만트)
수상자, 상을 탄 사람; 수상작품	**призёр** (쁘리죨)
수색, 조사, 검색, 탐색	**обыск** (오븨쓰크)
수색하다, 수사하다, 들추다	**обыскать обыскивать** (아븨쓰까지), (오븨쓰끼와찌)
수선하다, 고치다, 개선하다	**поправлять[ся]** (빠쁘랍랴찌)
수선(결합.접합.합)하다, 하나로 묶다	**спаивать** (스빠이와찌)
수선할 것, 파손품; 수선 부분	**поправка** (빠쁘랍까)
수성(水星), 진성, 머큐리	**Меркурий** (메르꾸리이)
수세공(手細工), 수공예, 손일, 수공업	**ремесло** (레몌쓸로)
수세공품; 수공예품	**ремесло** (레몌쓸로)
수세미, 짚수세미	**мочалка** (마찰까)
수소(水素(기호 H; 번호 1)	**водород** (바다롣)
수(숫)소, 소 황소(거세한)	**бизон, вол** (비존) (뵐)
수속(手續), 절차(節次), 격식의 부여	**оформление, процедура** (아포르믈례니예) (쁘라쩨두라)
수속하다(받다), 격식대로 작성하다	**оформлять**

- 789 -

	(아포르플랴찌)
수송(운반) 하다	**транспортировать** (뜨란쓰쁘르찌로와찌)
수송, 운송수단, 수송차	**транспорт** (뜨란쓰뽀르트)
수송, 운수, 운송, 우송, 항송	**провоз, транспортировка** (쁘라보즈) (뜨란쓰뽀르찌로브까)
수송에 기동력이 있는	**разъезд** (라즈예즈드)
수송의, 운송의, 운수의, 우송의, 나르는	**транспортный** (뜨란쓰뽀르뜨느이)
수송하다, 운반하다, 나르다, 운송하다	**провезти** (쁘라붸즈찌)
수수께끼 같은, 미궁으로	**энигматический, загадочный** (에니그마찌체쓰끼이) (자가도츠느이)
수수께끼 그림. 글자풀이, 그림 맞추기, 퍼줄 맞추기	**ребус** (레부쓰)
수수께끼, 미어(謎語), 미궁(迷宮), 미로	**загадка, энигма** (자가드까) (에니그마)
수수께끼를 푸는 실마리, (십자말풀이의) 열쇠,	**ключ** (클류치)
수술 후에, 수술한 다음의	**послеоперационный** (빠쓸레오라치온느이)
수술(手術)	**операция** (아뻬라찌야)
수술[자방]이 없는 꽃, 헛꽃, 수꽃	**пустоцвет** (뿌쓰또쯔볱)
수술실(手術室), 수술장소	**операционная** (아뻬라찌온나야)
수술칼, 둥근칼	**скальпель** (스깔리뻬리)
수술하다	**резать, оперировать**

	(레자찌) (아뻬리로와찌)
수신인(受信人)	**адресат** (아드레싸트)
수심을 띠다, 우울해지다	**хмуриться** (흐무리쨔)
수심이 깊은, 물깊은, 원양의	**глубинный, глубоководный** (글루빈느이) (글루 바까보드느이)
수(숫)양, 양(羊)	**баран** (바란)
수업(교수)시간; ~ математики 수학시간	**урок, час** (우로크) (차쓰)
수여(受與), 위임, 전달	**вручение** (프루체니에)
수여(위임.전달.부여.교부)하다, 주다, 드리다	**дать** (다찌)
수여(증여)하다	**единовременный, вручать, присвоить** (예지나브레멘느이) (프루차찌) (쁘리쓰보이찌)
수역(水域), 물 구역	**акватория** (아크와또리야)
수열, 급수; арифметическая ~ 산수(같은차)급수	**прогрессия** (쁘라그레씨야)
수염(머리칼, 털)이 덥수룩하게나다(덮이다)	**обрастать** (아브라쓰따찌)
수영경기	**заплыв** (자쁠르프)
수영복, 수영펜티; (체육 펜티속에 입는) 내의, 속옷	**плавки** (쁠랴브끼)
수영장(水泳場), 해수욕장	**купальня** (꾸빨냐)
수예가, 수공예, 수공예의 명수	**рукодельница** (루까젤니짜)
수예품, 수공품, 편물, 자수	**рукоделие**

	(루까젤리예)
수요(需要), 요구(要求)	**потребность** (빠뜨례브노쓰찌)
수요, 요구; ~ и предложение 수요와 공급	**спрос** (스쁘로쓰)
수요가 많은 물품, 필수품. 소비재; 대중 소비품	**ширпотреб** (쉬르뽀렙)
수요일(水曜日), 수(水)	**среда** (스례다)
수용소 ~ (для)военнопленный 포로수용소	**лагерь** (라곌리)
수원(水源), 수근(水根), 원류(源流)	**исток** (이쓰또크)
수월하다	**легко** (렉꼬)
수위, 경비, 감시원(監視員)	**сторож** (스또로즈)
수위실(*комната*)	**швейцарская** (쉬뻬이짤쓰까야)
수은(水銀: quicksilver)(기호 Hg; 번호80)	**ртуть** (르뚜찌)
수의계약을 맺다	**шабашчать** (샤바스차찌)
수의사, 수의(獸醫), 동물의사	**ветеринар** (볘쩨리날)
수의학(獸醫學: (veterinary science/medicine)	**ветеринария** (볘쩨리날리야)
수익금(收益金), 돈, 매상고	**выручка** (븨루츠까)
수익성(收益性)	**рентабельность, прибыльность** (롄따볠노쓰찌) (쁘리빌리노쓰찌)
수익성(이익)이 없는, 수지가 맞지 않는	**нерентабельный**

	(네렌따 벨느이)
수익성이 없는 것, 수지가 맞지 않는 것	**нерентабельность** (네렌따벨노쓰찌)
수익성이 있는, 이익이 나는; 채산이 맞는	**рентабельный** (렌따벨 느이)
수입, 입금, 소득	**доход, ввоз, импорт, приход, поступление** (다호드)(봐쓰)(임뽀르트)(쁘리홋)(빠스뚜쁠레니예)
수입의, 소득의 ~налог 소득세	**подоходный** (빠다혼느이)
수입이 있는(많은); 수익성이 높은	**доходный** (다호드느이)
수입(반입)하다, 가져오다 끌어(실어)들이다	**ввозить** (붜지찌)
수입허가증, 수출허가증	**лицензия** (리쩬지야)
수장(袖章), (옷을 깁는) 헝겊조각, 깁는 헝겊; 천 조각	**мушка** (무스까)
수장(袖章), 계급, (군사) 완장, 금장	**нашивка** (나쉬브까)
수적으로 적은, 소수의	**малочисленный** (말라치쓰롄느이)
수전노. 스크루지	**жадюга** (좌쥬가)
수정(개정)하다	**пересматривать** (뻬레쓰마트리와찌)
수정(수태) 시키다	**оплодотворить, оплодотворять** (아쁠로다뜨뷔리찌), (오쁠로도뜨뷔랴찌)
수정, 개정, 교정, 고침, 정정, 교정	**изменение исправление** (이즈메녜니예)(이쓰쁘라블레니예)
수정, 교정, 조절; 조정	**пересмотр, уточнение, корректирование** (뻬레쓰모뜰) (우따츠녜니에)(까르렉찌로와니예)
수정, 크리스탈	**хрусталь**

	(흐루쓰딸)
수정같이 맑은(투명한), 수정 같은	**кристальный** (크리스딸느이)
수정되다	**уточняться** (우따츠냐쨔)
수정하다, 완성하다	**ретушировать уточнять** (레뚜쉬로와찌) (우따츠냐찌)
수족관(水族館)	**аквариум** (아크와리움)
수족을 뻗치다; 뻗치다, 늘이다, 펴다, 내밀다,	**растягивать** (라쓰쨔기와찌)
수종(水腫), 물종기, 수증(水症), 수포증	**водянка** (바쟌까)
수준, 수위, 수평	**уровень** (우로뷀)
수준기, 수평기 다림판	**нивелир уровень** (니뷀리르)(우로뷀)
수준측량, 고저측량	**нивелирование, нивелировка** (니뷀리로와니예), (니뷀리로브까)
수줍어하다, 꺼리다	**дичиться** (지치쨔)
수줍음, 부끄러움	**застенчивость** (자쓰쩬치붜스찌)
수중 청음기, 누수 검사기, 음향탐지기	**шумопеленгатор** (슈모뻴롄가똘)
수중 탐사 작업(침몰선 인양등)	**эпрон** (에쁘론)
수증기, 김, 증발물(기체)	**испарение** (이쓰빠레니예)
수지(樹脂), 송진, 콜로포니움, 로진	**канифоль** (까니폴)
수직, 가파른	**отвесный**

	(아트뼤쓰느이)
수직선, 연직선, 수선(垂線)	**вертикаль перпендикуляр** (베르찌꺌) (뼤르젠지꿀랴르)
수직으로, 연직으로	**вертикально, перпендикулярный** (베르찌꺌나) (뼤르젠지꿀랴르느이)
수집, 채집, 수집[채집]물 수집품, 표본	**коллекция, забор** (깔레크찌야) (자보르)
수집자, 채집자, 징수자, 모으는사람	**сборщик, коллекционер** (즈보르쉬이크) (깔레크찌오녤)
수집하다, 채집하다	**коллекционировать** (깔레크찌오니로와찌)
수집한 것, 수집첩, 표본집	**собрание** (싸브라니예)
수채화, 제도용지, 와트먼-지(whatman-紙)	**ватман, акварель** (와트만) (아크와렐)
수척, 쇠약	**маразм** (마라즘)
수척한, 극도로 쇠약한, 피폐한, 척박한	**истощённый** (이쓰또숀느이)
수천 년간	**тысячилетие** (띄쌰칠레찌에)
수첩(受牒), 필기장(筆記帳)	**блокнот** (블로크노트)
수축되다	**сокращаться** (싸크라샤쨔)
수출, 수송, 수출액	**экспортирование вывоз, экспорт** (엑쓰뽀르찌로와니예) (븨붜스) (엑쓰뽀르트)
수출업자, (*страна*) 수출국	**экспортёр** (엑쓰뽈죠르)
수출품	**экспорт** (엑쓰뽀르트)
수출하다, 수송하다	**вывозить**

- 795 -

	(브븨지찌)
수치(창피)를 당하다, 웃음거리가 되다	**позориться** (빠조리쨔)
수치, 부끄러움, 창피; 불명예	**срам, позор** (스람)(빠졸)
수치다, 망신이다, 부끄러움이다	**срам** (스람)
수치를(부그러움을) 느끼게하다, 창피를 주다	**стыдить** (스띄드지찌)
수치스러운, 망신스러운, 부끄러운	**постыдный** (빠쓰띄드느이)
불명예(창피.수치)스러운, 면목없는 치욕의, 창피한	**позорный** (빠졸늬이)
수(숫)캐, 개의 수컷	**кобель** (꼬벨)
수컷, 수놈, 웅성(雄性), 남성(男性)	**самец** (싸메쯔)
수탈,(토지의) 수용, 몰수, 징발	**экспроприация** (엑쓰쁘롭리아찌야)
수탈자, 몰수자	**экспроприатор** (엑쓰쁘롭리아똘)
수(숫)탉, 웅계(雄鷄), 장닭	**петух** (뻬뚜흐)
수탉의 꼬끼오(꼬끼오)	**кукареку** (꾸까레꾸)
수퇘지	**хряк** (흐럐크)
수판, 주산, 셈; считать на ~ах 수판(주산)을 놓다	**счёты** (스쵸뜨이)
수평, 수준; 수평선[면], 평면	**нивелир** (니벨리르)
수평기(水平器), 수준기(水準器)	**ватерпас**

ㅅ

	(와뗄빠쓰)
수평선(水平線)	**горизонталь** (가리존딸)
수평의, 평평한, 가로의	**горизонтальный** (가리존딸느이)
수표(서명)하다	**расписаться** (라쓰삐싸쨔)
수표(手標), 서명(書名)	**подпись** (뽇삐시)
수표를 하다, 서명하다	**подписаться** (빠드삐쌰쨔)
수표의 ~ая книжка 수표책	**чековый** (체꼬브이)
수풀, 산림, 수림, 덤불, 총림, 잡목 숲	**поросль, дебри, лес** (뽀로쓸) (제브리) (레쓰)
수풀언저리, 산림가	**опушка** (아뿌쉬까)
수피(獸皮), 모피, (사람)피부모발	**шкурка** (쉬꾸르까)
수학; высшая (прикладная) ~ 고등(응용)수학	**математика** (마쩨마찌까)
수학의 나누는(자르는.교차하는), 시컨트(secant)	**секанс** (쎄깐쓰)
수학의 변과 각이 서로 같은	**правильный** (쁘라빌리느이)
수학의 부채꼴(형)	**сектор** (쎄크또르)
수학의 셈법, 산법(算法)	**действие** (제이쓰뜨비에)
수학의 식(式)	**выражение** (브라줴니에)
수학의 약분(約分); 맞줄임, 통약(通約)	**сокращение**

- 797 -

	(싸크라샤니예)
수학의 절단선	**разрез** (라즈레스)
수학의 정수(定數), 양(陽)의, 플러스의	**положительный** (빨로지쩰느이)
수학의 한자리의 숫자	**разряд** (라즈랴드)
수학의	**уборочный** (우보로츠느이)
수학자, 수학교원	**математик** (마쩨마찌크)
수행(修行), 완수(完遂), 실행, 이행	**выполнение** (븨빨녜니에)
수행(修行), 집행(執行), 실현	**совершение** (싸뷔르쉐니예)
수행(실현, 완수)하다	**совершить** (싸뷔르쉬찌)
수행(완수)하다	**проделать** (쁘라젤라찌)
수행원(隨行員)	**свита** (스비따)
수행하다, 완수하다, 해내다, 실시하다	**выполнить** (븨빨니찌)
수험생, 피조사자, 수험자,	**экзаменую-щийся** (에크자메누유쉬이샤)
수혈하다, 피를 주다	**переливать** (뻬렐리와찌)
수화물 짐, 여행용 휴대품	**багаж** (바가즈)
수화물(手貨物)	**гидрат** (기드라트)
수화물의, 짐의	**багажный**

- 798 -

	(바가즈느이)
수확(소출)이 적은	**малоурожайный** (말라우로좌이느이)
수확(추수)기구, 수확기계	**жатка** (좌뜨까)
수확, 베어들임 수확하는 때	**жнивьё** (쥐니비요)
수확, 수확고, 수확능력; хороший ~ 풍작	**урожай урожайность** (우라좌이) (우라좌이노쓰찌)
수확을 끝낸 봄갈이 밭	**яровище** (야로비쉐)
수확이 많이 나는; ~ый год 풍년	**урожайный** (우라좌이느이)
수확하다, 거두어 들이다	**убирать** (우비라찌)
수훈, 훈장을 받은(가지고 있는)	**орденоносный** (아르제나노쓰느이)
수훈자, 수상자, 우승자, 입상자	**награждённый, орденоносец** (나그라즈죤느이), (아르제나노쎼츠)
숙고(깊이생각.두루생각.반성)하다 신중하다	**думать, вдуматься** (두마찌) (브두마쨔)
숙고(고찰.검토)하다	**почитать соображать вынашивать** (빠치따찌) (싸아브라좌찌) (븨나쉬와찌)
숙녀들의 부츠, 반부츠 작은 (부드러운) 장화	**сапожки** (싸뽀쉬끼)
숙련, 기능, 노련, 교묘, 능숙함, 솜씨	**квалификация** (크왈리피까찌야)
숙련된 여성 기능공, 솜씨 있는 여자기능공	**мастерица** (마쓰쩨리짜)
숙련된, 능숙한, 자질(기능)이 높은	**квалифицированный** (크왈리피찌로완느이)
숙망, 염원, 바람, 희원, 희망, 소망, 꿈	**мечта**

	(메즈따)
숙박(宿泊), 머물다	**ночёвка** (나쵸브까)
숙박(투숙.하숙)시키다, 묵게하다	**помещать** (빠메샤찌)
숙박인, 하숙인, 동거인, 월세 들어있는 사람	**жилица** (쥘리짜)
숙사를 할당하다, 숙박시키다, 숙박(숙영)하다	**размещать[ся]** (라스메샤찌)
숙어 ходячая ~ 관용구, 숙어,	**фраза** (프라자)
숙이다, 기울이다. 굽히다, 구부리다	**наклонять** (나끌론야찌)
숙제; делать(учить) ~и 숙제를 하다	**урок** (우로크)
숙지(정통)시키다, 친하게 하다; 익숙케 하다	**ознакомить[ся]** (아즈나꼬미)(쨔)
숙직하다, 당직하다, 일직하다	**дежурить** (제주리찌)
숙청(淑廳)	**чистка** (치쓰뜨까)
숙취(宿醉), 숙정(宿醒), 숙주(宿酒), 대취(大醉)	**похмелье** (빠흐멜리예)
순(旬), 순간(瞬間), 찰나;	**декада, миг** (데까다), (믹)
순간에, 순식간에, 눈깜박 할 사이에, 단번에	**вмиг** (브미그)
순간의, 찰나의; 덧없는 잠깐 동안,	**минутный** (미누뜨느이)
순간적으로, 삽시간에, 인차. 즉시로	**молниеносно** (말니에노쓰나)
순간적인, 순식간의,	**моментальный мгновенный**

	(마몐딸느이) (므그노벤느이)
순간적인, 일순간, 꿈결같은, 덧없는	**мимолётный** (미모료뜨느이)
순검, 포졸; 주정뱅이, 건달(乾達),	**. ярыга** (야릐가)
순결한, 깨끗한,	**честный невинный** (체쓰뜨느이) (네빈느이)
순례(巡禮), 인생행로, 긴여행	**паломничество** (빨롬니체쓰또뷔)
순례자(巡禮者)	**паломник** (빨롬니크)
순무(의 뿌리)	**репа** (레빠)
순무, 황색의 큰 순무의 일종	**брюква** (브류크와)
순서 밖의, 차례를 따르지 않는, 비상의	**внеочередной** (브네오체레드노이)
순서, 차례, 열, 줄, 행렬(차례를 기다리는 사람·차의)	**очередь** (오체레지)
순서를 나타내는, 서수의. ~ый номер 순번	**порядковый** (뽀랴드꼬브이)
순수이론적인	**академический** (아까제미체쓰끼이)
순수한, 깨끗한	**чистый** (치쓰뜨이)
순수혈통, 우량종	**породистый** (빠로지쓰뜨이)
순순히, 온순하게	**послушно** (빠쓸루쉬나)
순시[순회]하다; 일정한 코스를 돌다;	**обойти[сь]** (아바이찌)
순식간에, 일순간에	**мгновенно**

	(므그노벤나)
순전히, 완전히	**чисто** (치쓰따)
순조롭게, 진짜그대로, 꼭닮게, 꼭 닮은,	**естественно** (예쓰쩨쓰뜨벤나)
순조롭지 못하게, 좋지않게, 불쾌하게	**неблагополучно** (네브라고뽀루츠나)
순조롭지 못한, 무사하지 않은, 불행한	**неблагополучный** (네브라고뽀루츠느이)
순조롭지 않다, 좋지않다	**неладно** (넬라드나)
순종(順從), 복종(服從)	**послушание** (빠쓸루싸니예)
순종(복종.타협)하다, 따르다	**покориться смириться** (빠꼬리쨔) (스미리쨔)
순진하지 않은, 굴러먹은	**матёрый** (마쬬르이)
순차성; 연속, 연쇄, 계속	**последовательность** (빠슬레도와쩰노쓰찌)
순찰, 순시, 척후	**патрулирование патрульный** (빠뜨룰리로와니예) (빠뜨룰리느이)
순찰대(巡察隊); 순찰선; 순찰병	**патруль** (빠뜨룰리)
순찰하다; 회진하다; (여러 곳을) 돌아다니다	**обходить** (압호지찌)
순한; ~ой ночи 안녕히 주무십시오	**спокойный** (스빠꼬이느이)
순항, 떠돌아다님; 만유, 선박여행, 원정	**поход** (빠호드)
순화(純化)하다, 정제[정련]하다, 벌하다;	**оштра-фовать** (아쉬트라포와찌)
순환(循環), 윤환(輪環), 회전	**циркул-яция круговорот**

	(찌르꿀랴찌야)(크루고뷔로트)
순환(주)기, 주기	**цикл** (찌끌)
순환도로의, 외곽도로의 ~ путь 돌음 길, 에돌이길	**кружной** (크루즈 노이)
순환적인 것, 순환성	**цикличность** (찌끌리츠노쓰찌)
순환하는(수학), 되풀이하여 발생하는	**возвратный** (바즈브라뜨느이)
순환하다; (소문 등이) 돌다	**циркулировать** (찌르꿀리로와찌)
순회. 순시, 순찰	**объезд обход** (압비즈드) (압호드)
순회하는, 순력하는, 이리저리 이동하는	**передвижной** (뻬레드비즈노이)
숟가락	**ложка** (로즈까)
술 놀이하다, 음주방탕하다	**кутить** (꾸찌찌)
술(담배 등을) 오래 묶여두다	**выдерживать** (븨젤쥐와찌)
술, 장식용 술; пояс с кистями 술이 달린 띠	**кисть** (끼쓰찌)
술독에 빠지다	**запить** (자삐찌)
술부, 술어, 빈사(賓辭)	**предикат** (쁘레지까트)
술술말하다, 수다떨다, 소란 피우다, 불평하다	**шебаршить** (쉐발쉬찌)
술어(術語), 학술용어, 풀이말, 서술어, 설명어	**сказуемое** (스까주예모예)
술어, 용어, 전문어	**термин**

	(뗴르민)
술어(누구의~ 누구의 것)부문을 연결 시킴 주어에 지시어 тот가 대응됨	**чей чья чьё чьи** (체이),(체야), (체요),(체이)
술어적, 풀이말로, 서술어적	**предикативный** (쁘레지까땝느이)
술에 취하다 도취하다, 취하다	**охмелеть** (아흐멜례찌)
술에 취하게 하다; 도취시키다, 황홀케 만들다	**опьянить** (아뺘니찌)
술에서 깨우다, 제정신이 들게하다	**отрезвлять** (앗레즈블랴찌)
술을 마시다, 수분[기체, 빛, 열 등]을 흡수하다	**впитаться** (프삐따쨔)
술을 마시지 않는 것, 금주; общество ~и 금주협회	**трезвость** (뜨레즈보쓰찌)
술을 마시지 않은, 금주하는	**трезвый** (뜨레즈브이)
술이 깨다,~의 술이 깨게 하다	**отрезвить** (앗레즈비찌)
술이 빨리 취하는; 도취시키는, 들뜨게 하는	**пряный** (쁘랴늬이)
술잔	**чарка** (차르까)
술잔치, 주연(酒筵)	**пир** (삐르)
술중독, 갈주증(渴酒症), 음주광(狂), 알코올 중독	**запой** (자뽀이)
술집, 바, 서양식술집, 작은 음식점	**бар** (바르)
술집을 경영하는 일, 주류 밀매	**шинкарство** (쉰깔쓰뜨붜)
술집을 경영하다, 술을 밀매하다	**шинкарить**

	(쉰까리찌)
술책(음모)을 꾸미다	**плести** (쁠레쓰찌)
술책, 술계, 간계, 책동, 책략, 책모, 술수, 계략	**манипул-яция** (마니뿌랴찌야)
술책. 고안(考案), 교묘한 솜씨 간계, 음모	**махинация, манёвр** (마히나찌야) (마뇨브르)
술책을 쓰다, 꾀를 부리다, 내 돌리다	**манипулировать** (마니뿌리로 와찌)
술책을 쓰다, 수시로 변경하다	**маневрировать лавировать** (마넵리라와찌) (라비로와찌)
술취한, 만취한; 술취한 사람,	**пьяный** (삐얀늬이)
숨 쉬다, 호흡하다	**дышать** (듸샤찌)
숨, 숨쉬기, 호흡	**дыхание, вздох, дух** (듸하니에)(쓰도흐)(두흐)
숨겨(감추어) 두는 곳, 비밀창고, 비밀장소	**тайник** (따이니크)
숨기다, 감추다; 비호(보호)하다	**укрывать, скрывать, скрыть** (우크릐와찌)(스크릐와찌) (스크릐찌)
숨기다, 비밀로 하다 덮어 가리다	**забиться** (자비쨔)
숨김, 은폐; 숨음, 잠복; 숨는 장소. 감추는 것	**утайка** (우따이까)
숨김없이, 거리낌 없이, 털어놓고	**открыто** (아트끄릐또)
숨다, 감추다, 숨기다, 잠적(잠종비적)하다	**спрятаться** (스쁘랴따쨔)
숨다, 대피(잠복)하다, 숨어 기다리다	**укрываться, притаиться** (우크릐와쨔)(쁘리따이쨔)
숨다, 자취를 감추다, 사라지다	**скрываться прятаться**

	(스크릐**와쨔**) (쁘랴**따쨔**)
숨막히는, 질식시키는, 숨막힐 듯한, 답답(갑갑)한	**удушливый** (우두쉴리브이)
숨막 힐듯한 냄새, (코를 찌르는) 내내연기	**чад** (차드)
숨바꼭질놀이, 술래잡기, 까막잡기 음밀히	**жмурки прятки** (쥐무르끼), (쁘랴뜨끼)
숨쉬기의; 호흡의	**дыхательный** (듸하쩰느이)
숨쉬다, 호흡하다	**подышать** (빠듸샤찌)
숨쉬지 못하게 하다, 질식시키다	**душить** (두쉬찌)
숨어있는, 보이지 않는; 잠재적인	**скрытый** (스크릐뜨이)
숨어들다, 기어들다, 기어들어가다	**затесаться, забираться** (자쩨사쨔), (자비라쨔)
숨어있다	**таиться** (따이쨔)
숨은 진실, 엄폐된 진상	**подноготная** (빠드나고트나야)
숨은, 나타내지 않은	**глухой** (글루호이)
숨은, 숨겨진, 숨긴, 비밀의,은폐한	**скрытый** (스크릐뜨이)
신비한, 불가사의한, 불가해한	**заветный, таинственный** (자볘뜨느이) (따이쓰뜨볜느이)
숨은; (위협·눈짓 등) 암암리의, 은밀한, 베일에 싸인	**тайный** (따이느이)
숨을 거둘 때에, 임종할 때에	**издыхание** (이즈듸하니예)
숨을 내쉬는, 호기의	**экспираторный**

	(엑쓰뻬라또르느이)
숨을 내쉬다	**выдыхать** (븨듸하찌)
숨을 돌리다, 돌리다, 잠깐쉬다	**передохнуть отдышаться** (뻬레다흐누찌) (아트드샤짜)
숨을 들이쉬다	**вдохнуть вдыхать** (프다흐누찌) (프듸하찌)
숨이 막히다, 숨차하다, 헐떡거리다, 질식하다	**задыхаться** (자듸하짜)
숨이 막히다, 목메다; 막히다	**захлебнуться, захлёбываться** (자흘레브누짜), (자흐료븨바짜)
숨이 차는 것(차하는 것), 숨 가쁨	**одышка** (아듸쉬까)
숫돌, 기름숫돌, 연마기, 갈이반	**брусок, точило** (브루쏙), (또칠로)
숫염소, 수산양	**козёл** (까죨)
숫오리, 오리 수컷	**селезень** (쎌레젠니)
숫자 10(열)	**десятка** (제쌰뜨까)
숫자 4(사)	**четвёрка** (체트뵤르까)
숫자 8(여덟)	**восьмёрка** (바시묘르까)
숫자 2(둘)	**двойка** (드보이까)
숫자; арабские(римские) ~ы 아라비아(로마) 숫자,	**цифра** (찌프라)
숫자의 6; 모두 6의 번호가 있는 것, 카드의 6점표	**шестёрка** (쉐쓰쫠까)
숭고(거룩)하게, 신성하게	**свято**

	(스뱌따)
숭고한, 감정에 충만된, 영감을 받은	**одухотворённый** (아두호트뷔론 느이)
숭배, 숭상, 존경, 공경(恭敬), 예찬	**поклонение, преклонение** (빠클로네니예) (쁘레클로네니예)
숭배(숭상)하다	**молиться** (말리짜)
숭배자, 찬미자, 팬; 구애자, 애인	**поклонник почита-тель** (빠클론닉) (빠치따쩰)
숭배(예찬)하다, 신격화하다	**боготворить, преклоняться** (바가뜨뷔리찌)(쁘레클로냐짜)
숭어, 수어, 치어	**кефаль** (꼐팔)
숯구이	**выжигание** (븨쥐가니에)
숯내, 탄내, 탄산가스 중독	**угар** (우가르)
숱이 많은 머리털	**шевелюра** (쉐뷀류라)
숲, 수림(樹林)	**роща** (로샤)
숲속 길(나무를 찍어낸)	**просека** (쁘로쎄까)
숲속의 작은 초원(공지), 숲 사이의 빈터[오솔길]	**поляна** (빨랴나)
숲이 많은 (우거진)	**лесистый** (레씨쓰뜨이)
쉬다, 놀다	**гулять** (굴랴찌)
쉬다, 휴식하다	**отдохнуть отдыхать** (아트도흐누찌) (아트드하찌)
쉬쉬 말하다, 소곤소곤 이야기나누다	**шушукать**

살랑살랑 울리다	(슈슈까찌)
쉬쉬 소리를 내다, 투덜투덜대다	**шипеть, прошипеть** (쉬뻬찌)
쉬엇!(구령)	**вольно!** (볼나)
쉬운, 손쉬운, 헐한, 용이한, 힘들지 않는	**лёгкий лёгкие** (료그끼이), (료그끼예)
쉬칼릭(보드카, 와인의 단위: 0.06 *litres*); 그 분량의 잔	**шкалик** (쉬깔릭)
쉬하다, 오줌누다. 딸랑딸랑[따르릉] 울리다,	**пописать** (빠삐싸찌)
쉰번째, 50번째의; 50분의 1의	**пятидесятый** (뼷찌제쌰띄이)
쉰돌의, 쉰살된. 50년간	**пятидесятилетний** (뼷찌제쌰찔레트늬이)
쉰(엉긴)우유, 요플레, 요구르트	**простокваша** (쁘라쓰또크와샤)
쉰, 50(오십), 50; 50개[사람, 세].	**пятьдесят** (삐짓쌰트)
쉰살, 오십세, 나이 50세의	**полтинник** (빨찐니크)
쉰의, 50의; 50개[사람]의, 50세의. 오십(五十, 50)	**полсотни** (빨소뜨니)
쉼, 휴식, 은신처. 외진 곳, 벽지; 피난처, 숨는 곳	**закуток** (자꾸또크)
쉽게 믿는, 속기 쉬운	**дегковерный** (렉꼬베르느이)
쉽게 얻을 수 있는 일	**наживной** (나지브노이)
쉽게, 가뜬하게, 홀가분하게, 경쾌하게	**легко** (렉꼬)
쉽게, 빨리	**лёт**

(롵)

쉽지 않은, 어려운, 힘든	**нелёгкий** (넬료그끼이)
쉿! (조용히 하라는 신호)	**– ш–ш шикать** (쉬-쉬), (쉬까찌)
쉿하는 소리(음성)	**шикнуть, шипящий** (쉬끄누 찌) (쉬빼쉬이)
슈퍼마켓 등의 계산(대)	**касса** (까싸)
스가랴(zechariah 書)(Книга Пророка Захарии, 14장)	**Захарии** (자하리이)
스라소니, 만연(獌狿), 추만(貙獌), 토표(土豹)	**рысь** (릐시)
스며나옴, 삼출작용, 배출(倍出)	**эксудат** (엑쓰우다트)
스며든, 흠뻑 젖은	**насыщенный** (나쒸쒠느이)
스며들게 하다[들다], 침투[침윤]시키다[하다]	**просачиваться** (쁘라싸치와쨔)
스며들다, 새다, 새어들다	**протекать** (쁘라쩨까찌)
스며들어가다	**пронизать** (쁘라니자찌)
스무번째 기념일, 제 20주년제, 제 20주기	**двадцатилетие** (드와드짜찔레찌예)
스물, 20; 20개[사람]; 20개 한 벌의 것, 이십	**двадцать** (드와드짜찌)
스미다, 스며 나오다, 새다	**просочиться** (쁘라쏘치쨔)
스미즈, 부인용 가슴받이 옷	**шемизетка** (쉐미제뜨까)
스바냐서(Книга Пророка Софонии, 3장)	**Софонии**

	(싸포니이)
스스로 어떻게도 할 수없는, 무력한 사람	**шляпа** (쉴래빠)
스스로, 자발적으로, 자진하여, 자원하여	**добровольно** (다브로볼나)
스승, 선생(先生),	**учитель** (우치쩰)
스웨터. 세타	**свитер** (스비쩨르)
스위치, 단추	**кнопка** (크높까)
스위치, 개폐기, 여닫게	**выключатель** (븨클류차쩰리)
스위치를 돌림, 흐름을 바꿈	**переключение переключать** (뻬레클류체니예) (뻬레클류차찌)
스위치를 돌리다(켜다, 끄다) ~에 불을 켜다	**переключиться** (뻬레클류치짜)
(점화·전등·가전 제품 등의) 스위치를 켬	**зажечь(ся)** (자줴치)
스쳐 지나가다, 기어(숨어)들다	**проскальзывать** (쁘라쓰깔르즤와찌)
스카프, 목도리, 숄 (흑. 황. 은 3색의) 견장(장교의)	**шарф** (샤르프)
스칼라(실수(實數)로 표시할 수 있는 수량)	**вектор** (붹따르)
스커트, 치마; (일반적으로 옷의) 자락, (스커트의) 무릎부분	**пола** (빨라)
스컬(한 사람이 양 손에 한 자루씩 가지고 젓는 노)	**весло** (볘쓸로)
스케이트; кататься на ~ах 스케이트를 타다	**коньки** (깐니끼)
스케치, 데생	**штриховой**

ㅅ

	(쉬뜨리호보이)
스케치, 겨냥도, 밑그림, 약도, 소묘, 묘사	**эскиз, набросок** (에쓰끼즈) (나브로쏘크)
스케치[사생]하다; 약도를 그리다	**набрасывать зарисовать** (나브라쓰와찌) (자리싸와찌)
스케트이장, 얼음판, 빙상경기장, 롤러스케이트장	**каток** (까또크)
스크린, 차광판, 차열판, 차단벽(판)	**экран, ширма** (에끄란)(쉬르마)
스키, 스키선수	**лыжи, лыжник** (릐쥐)(릐쥐니크)
스키의 길, 스키자국	**лыжня** (릐쥐냐)
스키의 바인딩, 죄는 기구(조이개)	**крепление** (크레쁠레니예)
스타, 인기 배우, 인기인	**звезда** (즈베즈다)
스타일, 모양, 방법, 방식,	**жанр** (좐느르)
스타킹 제조자	**чулочник** (출로츠니크)
스타킹, 긴 양말; ажурные чулки 스타킹,	**чулок** (출록)
스탬프(패드), 인주, 인(印), 도장(고무),	**тиснение, штемпельный** (찌쓰네니예)(이쉬쩸뻴느)
스테이지, 무대, 연단, 마루, 대(臺), (홀 등의) 상단(강단)	**помост** (빠모쓰트)
스템프, 인(印), 도장, 각인인판, 소인(消印)	**штемпель** (쉬쩸뻴)
스템프를 찍기 위한	**штемпелевальный** (쉬쩸뻴레왈느이)
스템프를 찍다. 소인을 찍다	**штемпелевать,**

	(쉬쩸뻴레와찌)
스텝, 일보, 한 걸음 보행; 큰 걸음으로 걷다	**шаг** (샤그)
스토브, 난로, 솥, 가마, 화덕, 오븐	**испечь** (이쓰뻬치)
스트레스(stress), 긴장(緊張)	**стресс** (스뜨렛쓰)
스파이 행위를 하다, 정찰하다	**шпионить** (쉬삐오니찌)
스파이, 간첩(間諜), 밀정(密偵)	**шпион** (쉬삐온)
스파이크 한 컬레(바닥에 미끄럼 방지돌기가 있는 운동화).	**шиповки** (쉬뽀브끼)
스파이크, 힐(여자구두의 높은뒷굽)	**шпилька** (쉬삘까)
스패너(wrench)(너트를 죄는 공구). ~ ключ 드라이버	**гаечный** (가에츠느이)
스페이스, 분공목(分空目); 행간	**шпация** (쉬빠찌야)
스펙트럼(spectrum) 분광; 눈의 잔상(殘像)	**спектральный** (스뻬크뜨랄느이)
스펙트르, 분광(分光)	**спектр** (스뻬크뜨르)
스포츠 게임(sports game)	**атлетика** (아틀레찌까)
슬그머니 나가버리다, 살짝 빠져나가다	**выскаль-зывать** (븨쓰깔리즤와찌)
슬그머니숨다, 잠복하다; 살금살금 하다	**пробираться** (쁘라비라짜)
슬그머니 없어지다(가버리다)	**улетучиваться** (울레뚜찌와짜)
슬그머니, 슬며시, 몰래	**исподтишка тихонько**

	(이쓰뽀드찌쉬까) (찌호니꼬)
슬러시, 진창눈 진창(길), 진흙탕	**жижа** (쥐좌)
슬레이트, 점판암, 석판	**шифер** (쉬펠)
슬며시(갑자기)사라지다, 없어지다	**смыться** (스믜쨔)
슬슬 거닐다, 산책하다, 어슬렁어슬렁 거닐다	**прогуляться** (쁘라굴야쨔)
슬슬돌아(떠돌아)다니다, 헤매다, 방황하다	**бродить** (브로디찌)
슬쩍 바꾸다(갈아놓다)	**подменить, подмена** (빠드메니찌)(빠드메나)
슬퍼하는, 애도의	**скорбный** (스꼬르브느이)
슬퍼(비탄.애도.애석해)하다, 비애에 잠기다	**посетовать** (빠쎄또와찌)
슬퍼하다, 상심하다, 속을 태우다, 서글퍼하다	**поплакать** (빠쁠라까찌)
슬픈 마음이 되다(여기다)	**скорбеть, грустить, сокрушиться** (스까르베찌) (그루쓰찌찌)(싸크루쉬쨔)
쓸쓸해(서러워.탄식설워)하다	**тужить, горевать, печалиться** (뚜쥐찌) (가레와찌)(뻬찰리쨔)
슬프게 울다, 흐느껴 울다	**ячать** (야차찌)
슬프게(서럽게) 되다, 슬퍼하다, 서러워하다	**опечалиться** (아뻬차리쨔)
슬프게(서럽게.애타게.상심)하다	**опечалить, огорчать** (아뻬차리찌) (아가르차찌)
슬프게(유감스럽게.가련하게.가엾게.불쌍히)여기다	**жалеть** (좔레찌)
슬프게, 구슬프게, 서글프게	**печально, горько** (뻬찰리나)(고리까)

슬프게, 쓸쓸하게, 애수에 잠겨	**грустно** (그루쓰뜨나)
슬픈, 비탄(슬픔)에 잠긴, 애처로운	**жалобный, огорчённый** (촬로브느이)(아가르쵼느이)
슬픈, 쓰라린, 애절한 우울한	**грустный, горестный** (그루쓰뜨느이)(고레쓰뜨느이)
슬픔, 애수(哀愁), 애상(哀想)	**грусть** (그루쓰찌)
슬픈마음, 우울한	**тоскливый** (따쓰클리브이)
슬픔(깊은), 비탄, 비통, 상심; 분함,	**огорчение** (아가르체니예)
슬픔, 비애(悲哀), 애도	**прискорбие, скорбь, печаль, горе** (쁘리쓰꼴비예)(스꼬르비)(뻬찰리)(고레)
슬픔에 잠김, 슬픈듯함, 애처로운	**тосковать жалобный** (따쓰꼬와찌)(촬로브느이)
슬픔의 씨앗, 비탄의 원인, 통탄지사	**огорчение** (아가르체니예)
습격(강습.공격)하다 돌격하다	**штурмовать, лиударит** (쉬뚤마와찌)(우다리찌)
습격(襲擊), 기습, 공격, 침공; 급습, 엄습	**налёт рейд набег** (날료트)(레인)(나베트)
강습, 습격; 맹렬한 비난, 공격	**нападение** (나빠제니예)
습격[강습]하다, ~에 성급하게 달라붙다	**наброситься** (나브로씨쨔)
습관되다, ~하는 버릇이 붙다	**прививаться повестись повадиться** (쁘리비와쨔)(빠볘쓰찌시)(빠와지쨔)
습관, 버릇, 습성	**повадка** (빠와드까)
습관을 길러주다, 버릇을 붙어주다	**приучать** (쁘리우차찌)

습기 차서 부풀다, 눅눅해지다	**размокать** (라스마까지)
습기차다, 누기가 있다, 습도(물기)가 있다	**влажность** (플라즈노쓰찌)
습기, 누기(漏氣), 수분(水粉), 물기	**влага** (플라가)
습기를 막음, 누기막이의, 방습의	**влагонепроницаемый** (플라고네 쁘로니짜에므이)
습기를 흡수하는	**гигроскопический** (기그로스까삐체쓰끼이)
습도계(濕度計)	**гигрометр** (기그로메뜨르)
습득(소유)하다	**овладевать овладеть** (아블라제와찌), (오블라제찌)
습득, 체득, 소유	**освоение** (아쓰뷔예니예)
습작용지, 에츄드판	**этюдник** (에쮸드니크)
습진(濕疹), 수포진(水疱疹). ~тозный [-зэ-] 습진	**экзема** (에크제마)
승강기 안내원	**лифтёр** (리프죠르)
승강기(昇降機)	**лифт** (리프트)
승강기, 엘리베이터(elevator), 리프트(lift);	**подъёмник** (쁘욤니크)
승객 명부; 화물 송장[상환증](略: W.B., W/B); 운행증	**путёвка** (뿌쬽까)
승객 제외한(배, 비행기)기차의 승무원 전원,	**экипаж** (에끼빠즈)
승급시키다	**продвигать** (쁘라드비가찌)

- 816 -

승급하다	**продвигаться** (쁘라드비가짜)
승려, 스님, 중, 사승(師僧)	**священнослужитель** (스뱌쉔노쓸루쥐쩰)
승려가 입는 가사, 법의; 해탈당상(解脫幢相)	**ряса** (랴싸)
승리(勝利), 승전, 개선, 개전	**победа** (빠베다)
승리, 개선; (승리의) 기쁨, 환희	**торжество** (따르줴쓰뜨붜)
승리를 거두다, 이기다, 이겨내다	**восторжествовать** (바쓰또르줴쓰뜨 붜와찌)
승리를 과신하다	**шапкозакидательный** (샤쁘꼬자끼다쩰리느이)
승리의 과신	**шапкозакидательство** (샤쁘꼬자끼다쩰쓰뜨붜)
승리자 (체육) 우승자, 당선자	**победитель** (빠베지쩰)
승리하다; 이기다, 기뻐하다	**победить, торжествовать** (빠베지찌)(따르줴쓰뜨붜와찌)
승마, 승차	**езда** (예즈다)
승마자, 말 사육사, 말 타고 가는 사람	**ездок** (예즈독)
승무원 등의 상고머리	**ёжик** (요쥐크)
승무원 비행기안내원	**бортпроводница** (보르뜨쁘로붜드니짜)
승선[차], 탑승. (기차, 배, 비행기 등을) 타는 것	**посадка** (빠싸드까)
승수(乘數); 곱함수 곱하는 수, 곱수	**множитель** (므노쥐쩰)

승용마차, 4인승 대형, 쌍두 4륜(포장)마차	**коляска** (깔랴쓰까)
승인(긍정.시인.비준)하다	**одобрить, одобрять, утвердить** (아다브리찌)(아돕랴찌)(우뜨뼬지찌)
승인, 긍정, 시인, 인정, 승낙, 비준; 수락	**принятие, одобрение** (쁘리냐찌예)(아다브레니예)
승인, 인가, 재가, 허가, 면허	**утверждение, аттестация** (우뜨뻴드췌니에)(아떼쓰따찌야)
시(詩), 시행, 시구 시문학	**стихотворение, поэзия, стих** (스찌호뜨붜레니예)(빠에지야)(스찌흐)
시(時): 9 ~ов 아침(오전) 9시	**час** (차쓰)
시(市)의, 도시의, 자치 도시의, 시정(市政)	**городской** (가라드쓰꼬이)
시(글)을 만들다, 작문하다; 작곡하다, 창작하다	**сочинить** (싸치니찌)
시가(詩歌), 서정시	**лира** (리라)
시간 надо ждать два ~ 두 시간 [동안] 기다려야 된다	**час** (차쓰)
시간(기한) 등을 오래 늘이다, 늦잡다,	**затягивать** (자쨔기와찌)
시간(노력)을 요구하다	**поглотить** (빠글로찌찌)
시간(사건 등) 지나가다, 사라지다	**уплывать** (우쁠릐와찌)
시간, 기일을 앞당기다	**придвигать** (쁘리드비가찌)
시간, 기한이 끝나다, 차다, 만료되다	**истекать** (이쓰쩨까찌)
시간. 세월을 보내다, 지내다, ~을 경험하다	**коротать** (까로따찌)

시간(돈)을 낭비하다, 헛되이 쓰다	**растрачиваться** (라쓰뜨라치와쨔)
시간에 대하여 ~에, ~까지, ~쯤, ~녘에, ~무렵에	**к** (까)
시간외 노동을 하다	**перерабатывать** (뻬레라바띄와찌)
시간외에, 과외의	**сверхурочно сверхурочный** (스베르후로츠나) (스베르 후로츠느이)
시간을 보내는 것, 소일거리	**времяпрепровождение** (프레먀쁘레쁘로 뷔즈제니에)
시간을 보내다, 경과하다, 끝나다, 급히 지나가다	**проводить** (쁘라붜지찌)
시간을 요구하다, 소비하다, 소모케 하다	**отнимать** (아트니마찌)
시간을 표시 ~에, ~내에서	**в(во)** (웨)
시간이 빨리 지나가다	**летать лететь** (레따찌), (레쩨찌)
시간이 없다, ~할 틈(짬시간)이 없다	**недосуг, некогда** (네다쑤그)(네까그다)
시간이 오랜, 오래 된	**далёкий** (달료끼이)
시간이 지나가다, (사건, 상태가) 경과하다	**протекать** (쁘라쩨까찌)
시간제로, 시급으로, 한 시간에 얼마로(고용·지불)	**почасовой** (빠차싸보이)
시계, 시야, 시력, 지평선, 수평선	**глаз, кругозор** (글라즈)(크루고졸)
시계, 시표, 워치(watch); ручные ~ 손목시계	**часы** (차씌)
시계가 가다	**идти** (잇찌)

시계가 늦다, 뜨다	**отставать** (앗쓰따와찌)
시계탑(時計塔)	**куранты** (꾸란띄)
시골 사람들	**жительница** (쥐젤니차)
시골, 지방, 지방민	**край, природа** (크라이)(쁘리로다)
시골길의, 비포장도로의	**просёлочный** (쁘라쑐로스늬이)
시공(施工)하다; (미술품을) 완성하다, 제작하다	**оформить** (아포르미찌)
시굴공, 송곳 따위로 뚫은 구멍	**бур** (부르)
시금치, 마아초, 파릉채, 적근채	**шпинат** (쉬삐낱)
시기, 기간(期間), 시대(時代)	**период** (뻬리옫)
시기를 놓친, 시기가(형편이) 나쁜, 부적당한	**неурочный** (네우로츠늬이)
시기상조; 때 이른	**преждевременный** (쁘레즈제브레멘늬이)
시기에 맞추다. ~의 시기를 정하다	**приурочивать** (쁘리우로치와지)
시끄러운 소리를 내다; (큰 소리로) 수다떨다	**зашуметь** (자수메찌)
시끄러운(불쾌한)일; 좋지 않은 일	**неприятность** (네쁘리야뜨노쓰찌)
시끄러운, 깐작깐작한, 귀찮다, 성가시다	**надоедливый** (나도예들리브이)
시끄럽게 굴다, 귀찮게 조르다	**осаждать теребить** (아싸즈다찌) (쩨레 비찌)

시끄럽게 붙어(따라) 다니다	**тереться** (쩨레짜)
시끄럽게 졸라대다, 비럭질하다	**клянчить, надоедать** (클랸치찌)(나도예다찌)
시내의 지구; (특히) 상가; 지방의 중심지	**город** (고로트)
시내의, 도시의, 도회지(都會地)	**городской** (가라드쓰꼬이)
시냇물의 졸졸 흐르는 소리	**лясы** (랴쓰이)
시누이, 시뉘, 시누; 소고(小姑), 숙매(叔妹)	**золовка** (졸롭까)
시달리게 하다	**изводить** (이즈보지찌)
시달린, 피로한, 기진맥진한, 괴로운	**измученный** (이즈무첸느이)
시대(시기)구분	**периодизация** (뻬리오지자치야)
시대, 시기, 세대	**век** (뼉)
시대가 같은, 동시대에	**современный** (쌉레멘느이)
시대에 뒤진 것(현재와 맞지 않는 것)	**анахронизм** (아나흐로니즘)
시대에 뒤진사람, 완고한 사람; 시대[유행]에 뒤진	**хрен** (흐렌)
시대착오	**анахронизм** (아나흐로니즘)
시도하다, 꾀하다	**покушаться попробовать** (빠꾸샤짜)(빠쁘로보와찌)
시동기, 시동전동기	**стартёр** (스따르죠르)

- 821 -

시동되다, 움직이기 시작하다	**заводиться** (자뷔지짜)
시동생, 시형, 시(媤)아주비; 시아자비	**деверь** (제뷀리)
시든, 시들시들한	**вялый** (뷔얄르이)
시들게(이울게.쇠퇴)하다, 쇠약(희박)해지다	**поникнуть, завянуть** (빠니크누찌) (자뱌누찌)
시들다, 마르다; 쇠퇴하다	**увядать блёкнуть** (우뱌다찌) (블례크누찌)
시들다, 말라죽다, 이울다	**высыхать, чахнуть, вянуть** (븨씌하찌)(차흐누찌)(뷔야누찌)
시들부들한, 물렁물렁한, 무기력한	**рыхлый** (릐흘르이)
시들어버리다	**посохнуть** (빠싸흐누찌)
시렁; (열차안의) 침대(寢臺)	**полка** (뽈까)
시력(視力), 시각(視覺)	**глаз, зрение** (글라즈) (즈레니예)
시력이 약한, 근시가 심한	**подслеповатый** (빧쓸레뽀와띄이)
시련; подвергаться ~ям 시련을 겪다	**испытание** (이쓰쁴따니예)
시련을 겪은(이겨낸)	**искушённый** (이쓰꾸숀느이)
시론, 소논문, 논설, 에세이의 필자	**эссеист** (에쎼이쓰트)
시리즈, 총서, 연속 출판물, 제 ~집	**семейство** (쎄메이쓰뜨붜)
시멘트, 돌개루, 인조석분, 양회(洋灰)	**цемент** (제멘트)

시멘트로 접합하다; ~에 시멘트를 바르다; 결합하다	**томить** (따미찌)
시멘트를 바르다, 시멘트 땜질하다	**цементировать** (쩨멘찌로와찌)
시멘트의, 양회의, 돌개루의	**цементный** (쩨멘트느이)
시민(市民), 도시사람, 도시주민	**горожанин** (가라좌닌)
시민의 신분[자격]; 시민[공민]권; 국적	**гражданство** (그라즈단쓰트붜)
시범(示範), 모범을 보임	**пробный** (쁘로브느이)
시베리아	**Сибирь** (씨빌리)
시베리아의	**сибирский** (씨비리쓰끼이)
시비꾼, 싸움꾼, 싸움을 잘하는 사람	**сплетник, забияка** (스쁠례뜨니크) (자비야까)
시비를 가리다, 판결하다, 결론짓다	**рассудить** (라쓰쑤지찌)
시뻘겋게 달구다, 작열시키다	**раскалить** (라쓰깔리찌)
시뻘겋게 달다, 작열되다	**раскалиться** (라쓰깔리쨔)
시샘바리, 질투쟁이	**завистник** (자비쓰뜨니크)
시선을 돌리다, 집중하다	**устремлять** (우쓰뜨레믈랴찌)
시선, 눈초리, 눈길, 눈짓	**взгляд** (쯔글럇)
시선을 던지다 ~ взглядом 훑어보다	**окидывать окинуть** (아끼드와찌), (오끼누찌)

시선집	**антология** (안딸로기야)
시설, 설치(설비)하는 것	**оборудование золотник** (아바루도와니예)(졸로뜨니크)
시세, 경기; благоприятная ~ 호경기	**конъюктура** (깐육뚜라)
시시한 것, 보잘것없는 것, 사소한 것	**чепуха мелочь** (체뿌하)(멜로치)
시시한 말(행동)을 하다, 시시한 소리	**ерундить** (예룬지찌)
시시한 사람, 졸자, 무용지물	**пешка** (뻬쓰까)
시시한 언쟁, 말다툼, 사소한 언쟁, 옥신각신	**дрязги** (드랴즈기)
시시한 일로 논쟁(쟁론)하다	**препираться** (쁘레삐랴쨔)
시시한, 경박한, 진실[진지]하지 못한	**шуточный** (슈또츠느이)
시시한, 경박한, 진실[진지]하지 못한	**шуточный** (슈또츠느이)
시아버지, 시부(媤父), 존구(尊舅), 시아버님, 시아비	**свёкор** (스뵤꼬르)
시야(視野), 시계	**горизонт** (가리존트)
시야가 좁은, 편협한, 옹색한	**ограниченный недалёкий** (아그라니첸느이)(네달료끼이)
시약(試藥)	**реактив** (레아끄찌프)
시어머니, 시모(媤母), 자고(慈姑); 황고(皇姑), 시어미	**свекровь** (스베크로비)
시어져 상하다, 쉬다	**прокисать, прокиснуть** (쁘라끼싸찌)(쁘라끼쓰누찌)

시어지다, 삭다, 발효되다	**киснуть** (끼쓰누찌)
시어지다, 시게하다	**прокисать, прокиснуть** (쁘라끼싸찌), (쁘라끼쓰누찌)
시어진 ~ая капуста 시게 된 양배추	**кислый, квашенный** (끼쓸르이), (크와쉔느이)
시연(試演), 연습, 리허설	**репетиция** (레뻬찌찌야)
시연(연습)하다	**репетировать** (레뻬찌로와찌)
시운전(試運轉)	**обкатка** (압깥까)
시원(상쾌)하게 하다, 신선하게 하다	**освежать** (아쓰볘좌찌)
시원한, 상쾌한	**свежий** (스볘쥐이)
시월(10)월, в ~е 10월에	**октябрь** (악짜브리)
시월에, 10월의	**октябрьский** (악쨔브리쓰끼이)
시위(운동), 시위행진	**демонстрация** (제만쓰뜨라찌야)
시위(파시) 하다	**демонстрировать** (제만쓰뜨리로와찌)
시위, 물이 붇는 것, 큰물	**паводок** (빠보도크)
시위운동을 하다, 시위(행진)에 참가하다	**демонстрировать** (제만쓰뜨리로와찌)
시위원회(市委員會)(городской комитет)	**горком** (가르꼼)
시위자, 운동권자, 시위참가자	**демонстрант** (제만쓰뜨란트)

시위행진, 가두시위	**манифестация** (마니페쓰따찌야)
시의 절(節)	**строфа** (스뜨로파)
시인(詩人), 시가, 시객	**поэт** (빠에트)
시인(허용)할만 한, 타당한, 접수될 수 있는	**приемлемый** (쁘리옘레믜이)
시인하다, 인정하다	**апробировать** (압쁘라비로와찌)
시일, 기일	**срок** (스로크)
시작(착수)하다, 달라붙다	**приступать** (쁘리쓰뚜빠찌)
시작, 발단(發端)	**пролог** (쁘랄로그)
시작되다, 시작(착수)하다 다시놀다	**переиграть наставать** (뻬레이그라찌)(나쓰따와찌)
시작하는, 갓 착수한(들어선)	**начинающий** (나치나유쉬이)
시작(개시.기산.시초.개시)하다	**начинать, начать, восходить** (나치나찌) (나차찌) (바쓰호지찌)
시장 바닥의 천막, 천막을 친 노점	**ятка** (야뜨까)
시장의 장마당	**рынок** (릐노크)
시장(市場), 저자, 저자거리, 장(場), 마켓(market),	**базар** (바자르)
시장성이 높은; 시장의, 장날의	**рыночный** (릐노츠늬이)
시장에서 거래하다, 장보다, 매매하다	**сбывать** (즈브와찌)

시절, 계절, 철	**время** (브레먀)
시정, 수정, 교열, 식자, (인쇄) 교정, 돌려꽂기	**правка** (쁘라브까)
시종일관한, 철저한	**принципиальный** (쁘리찌삐알느이)
시중드는 사람, 간호사; 수행원, 종자(從者)	**служитель** (슬루쥐쩰)
시중들다, 돌보다, 손질하다	**ухаживать** (우하쥐와찌)
시중을 들다, 심부름하다, 봉사하다	**прислуживать** (쁘리쓸루지와찌)
시집살이, 결혼생활	**замужество** (자무줴쓰뜨붜)
시집행위원회, 시위원회 (городской исполнительный комитет)	**горисполком** (가리쓰뽈꼼)
시찰(조사)하다, 답사하다	**осматривать** (아쓰마트리와찌)
시찰, 검사, 조사; 검열, 감독	**инспектирование, осмотр** (인쓰뻬크찌로와니예) (아쓰모뜨르)
시찰하다, 검사하다, 감독하다	**инспектировать** (인쓰뻬크찌로와찌)
시체가 굳어지다	**коченеть** (까체녜찌)
시체발굴	**эксгумация** (엑쓰구마찌야)
시추기로 탐사하다	**зондировать** (존지로와찌)
시치(양배추 수프); 캐비지 수프; 써커르터 수프	**щи** (쒸)
시치다, ~을 시침질하다	**метать** (메따찌)

시침(바느)질, 가봉	**примерка** (쁘리몔까)
시침질[가봉(假縫)]하다	**наметать** (나메따찌)
시침질, 바늘로 시치는 짓	**намётка** (나묘뜨까)
시침질하다	**обметать обмётывать** (압메따찌), (옵묘뜨와찌)
시침질하다, 시치다; ~ рукав 소매를 시침질하다	**намётывать** (나묘뜨와찌)
시칭, 동시(언어)	**время** (프레먀)
시키다,(동사 1, 3인칭 단수, 복수와 함께) ~하게 하다	**пусть** (뿌쓰찌)
~을 허락하다 ~하게 하라(해두라), ~해도 좋다	**известить** (이즈볘쓰찌찌)
시키다, ~합시다, ~을 허락하다~하자	**отпустить давать** (앗뿌쓰띠찌) (다와찌)
시키다, 강압적으로 ~하게 하다	**вынудить** (븨누디찌)
시편(詩篇:the Book of Psalms)(Псалтирь,151편)	**Псалтирь** (쁴쌀찌리)
시합(試合), 경기(競起), 게임	**матч** (맡치)
시합, 경기, 경쟁; шахматный ~ 장기경기(시합)	**турнир** (뚜르니르)
시험(실험)구독료(독자확장을 위한 할인대금)	**вступительный** (프쓰뚜삐젤 느이)
시험(실험)하다; ~ самолёт 비행기를 시험하다	**испытать** (이쓰쁴따찌)
시험, 고사, 시험문제; 검사, 고사, 조사	**экзамен** (에크자멘)

시험, 시운전(試運轉)	**опробование** (아쁘로보와니예)
시험, 실험, 검사	**испытание, проба** (이쓰삐따니예) (쁘로바)
시험적인, 실험적인	**опытный** (오쁫트느이)
시험검사, 지능검사, 검정; проводить ~ 시험하다	**тест** (떼쓰트)
시험관(試驗管), 테스트 유리관, 유리병, 물약병	**пробирка** (쁘라빌까)
시험관, 실험자	**испытатель** (이쓰삐따쩰)
시험대, 조립대	**стенд** (스쪤드)
시험에 통과하다, 시험에 합격하다	**сдать** (즈다찌)
시험용, 실험용, 테스트용	**пробный** (쁘로브느이)
시험의 экзамен ~ая сессия 시험기간	**экзаменационный** (에크자몐짜온느이)
시험(검사.좀검조사.심사.검토)하다	**осмотреть[ся] допросить** (아쓰마뜨례찌) (다쁘로씨찌)
식(蝕)(해·달의) лунное ~ 월식; солнечное ~ 일식	**затмение** (자뜨몌니예)
식(式), 의식, 예식	**обряд,церемония** (아브랴드) (쩨례모니야)
식각법, 부식 동판술, 에칭(판)화; 스케치화; 인상기	**гравюра** (그라뷰라)
식견, 견문	**кругозор** (크루고졸)
식다, 차가워(냉정해.썰렁해)지다; 열이식다	**остывать** (아쓰띄와찌)

식다. 냉각(冷却)되다, 싸늘해지다	**остыть стынуть. стыть** (아쓰띄찌)(스띄누찌)(스띄찌)
식당(食堂), 음식점, 밥집, 반점(飯店), 레스토랑	**ресторан** (레쓰또란)
식당, 부엌, 주방(廚房), 다이닝 룸(dining room)	**столовая** (스똘로와야)
식도(食道), 밥줄, 밥길, 식관(食管)	**пищевод** (삐쉐봇)
식량(食量), 군량(軍糧)	**провиант** (쁘라비안뜨)
식량(食糧), 식료품(食料品)	**продовольствие** (쁘라도볼쓰뜨비예)
식료품, 식량, 식료	**провизия, бакалея, гастрономия** (쁘라비지야)(바깔레야)(가쓰뜨노미야)
식료품류의, 잡화류의 ~магазин 식료품 상점	**продуктовый** (쁘라둑 또븨이)
식료품상점	**гастроном** (가쓰뜨로놈)
식모, 파출부, 부엌데기	**кухарка** (꾸하르까)
식물 표본집(植物 標本輯)	**гербарий** (게르바리이)
식물 휘발성 기름, 정유함유 식물	**эфиронос** (에피로노쓰)
식물(植物), 초목(草木); 식물계	**раститель-ность** (라쓰찌쩰노쓰찌)
식물(植物), 초목, 풀, 뭍살이	**растение** (라쓰쩨니예)
식물의 싹, 눈	**глазок** (글라족)
식물계, 식물사회학:(한지방의) 식물, 식물구계; 식물지	**флора** (플로라)
식물성, 식물질	**растительный, растительность**

- 830 -

	(라쓰찌쩰느이)(라쓰찌쩰노쓰찌)
식물을 더(보태어) 심다	**подсадить подсаживать** (빧싸지찌) (빧싸지와찌)
식물을 물에 담가서 부드럽게 하다, 붇게하다	**размачивать** (라스마치와찌)
식물을 생장시키는 힘이 있는	**вегетативный** (붸게따찌브느이)
식물을 춘화(春化)처리자,	**яровизатор** (야라비자또르)
식물을 풍토에 맞게 순화(순응)시키다	**прививать** (쁘리비와찌)
식물을 황화시키다, 색을 바래게 하다 잎이 노랗게되다	**этиолировать** (에찌올리로와찌)
식물의 3년생	**трёхлетний** (뜨료흘레뜨느이)
식물의 부들(향포)털	**волосок** (발라쏙)
식물이 마르다, 죽다, (꽃·잎이) 지다	**подыхать** (빠드하찌)
식물이 열매를 맺지 못하는	**бесплодный** (볘쓰쁠로드느이)
식물이 뻗다, 덩굴이 뻗어 올라가다	**ползти** (빨즈찌)
식물재배(업)	**растениеводство** (라쓰쩨니예보드쓰뜨붜)
식물처럼 생장[증식]하다; 무성하게 나다	**коптеть** (꼬쁘쩨찌)
식물학(植物學)	**ботаника** (보따닉)
식물학적(植物學的), 식물학의	**ботанический** (보따니체스끼이)

식민주의	**колониализм** (깔로니알리즘)
식민주의의, 식민주의적인	**колониальный** (깔로니알리느이)
식민주의자	**колонизатор** (깔로니자또르)
식민지	**колония** (깔로니야)
식민지화, 식민(植民)	**колонизация** (깔로니자찌야)
식사, 식사시간, 한 끼(분) 음식물, 먹는 것	**еда** (예다)
식사, 요리, 음식	**стол** (스똘)
식사도구	**сервировка** (쎄르비로브까)
식사를 하다(끝내다), 먹다, 마시다	**доесть, едят** (다에쓰찌) (예쟈트)
식사를 하다, 요기하다, (좀.모조리.죄다) 먹다	**поесть едите** (빠예쓰찌) (예지쩨)
식사요법, 규정식사, 의료식사	**диета** (지예따)
식사요법의	**диетический** (지예찌체쓰끼이)
식사의, 식탁용의. ~ая ложка 숟가락	**столовый** (스똘로브이)
식사하다, (좀) 먹다, 맛보다	**покушать** (빠꾸샤찌)
식솔, 1인 (가족 중) 한 식구	**едок** (예독)
식솔이 많은, 가족이 많은	**многосемейный** (므나가세메이느이)
식식거리다, 코를 골다	**сопеть**

- 832 -

	(싸뻬찌)
식욕(食慾), 밥맛, 입맛	**аппетит** (아뻬찓)
식욕, 먹고 싶은 마음	**едун** (예둔)
식용물, 식용품, 식량품, 식품	**бакалея** (바깔레야)
식이 요법. (식사·운동 등의 규제에 의한) 섭생, 양생법	**режим** (레짐)
식인종, 야만	**людоед** (류다옏)
식자(識者), 유식쟁이	**грамотей** (그라마쩨이)
식자(의) ~ая касса 활자함; ~ая машина 인쇄식자기	**наборный** (나볼느이)
식자(인쇄), 조판, 활자 주식기(鑄植機), 문선	**набор** (나볼)
식자공; 문선공(文選工), 채자공(採字工)	**наборщик** (나볼쉬크)
식자하다; ~ номер телефона 전화번호판을 돌리다	**набирать** (나비라찌)
식초; 아세트산 약제(묵은 아세트산으로 녹힌 약액)	**уксус** (옥쑤쓰)
식충이, 밥벌레	**нахлебник** (나흐레브니크)
식탁용 식기류 ~ый шкаф 찬장, ~ое полотенце 행주	**посудный** (빠쑤드느이)
식탁용 접시받침(일인분의 식기 밑에 깖)	**салфетка** (쌀페뜨까)
식탁용 포도주병(손잡이와 귀뚜껑이 있음), (성찬용의) 큰 병	**ендова** (옌도와)
식탁을 준비하다; (음식을) 내놓다(차려내다)	**подавать** (빠다와찌)

- 833 -

식품 등의 배급(량), 할당(량)	**паёк** (빠요크)
식품, 식량, 식사(시간), 한 끼(분) 보육, 양육	**питание, еда** (삐따니예) (예다)
식혀서 묵처럼 엉기게 만들 곰(보쌈, 족편과 비슷함)	**студень** (스뚜젠니)
식후다과(식후에 내놓은 실과, 과자등)	**десерт** (제쎼르트)
식힘, 냉각, 냉담, 간격	**охлаждение** (아흘라줘제니예)
식히다, 차게 하다	**студить** (스뚜지찌)
신(神), 하나님, 하느님, 천부, 주(主), 주님; 천주, 상주	**бог** (보흐)
신(神)에게 기원(기도.간구.간원.탄원)하다	**вымолить** (븨말리찌)
신에게 기원(기도)하다;(사람에게) 간원(탄원)하다	**помолиться** (빠모리쨔)
신, 시금시금한, 시큼한	**кислый** (끼쓸르이)
신, 신발, 구두, 구두 같은[모양의] 것 구두,	**обувной обувь** (압부노이) (오부비)
신경(병)학	**неврология** (네브롤로기야)
신경(쇠약) 환자	**неврастеник** (네브라쓰쩨니크)
신경(쇠약)증	**неврастения** (네브라쓰쩨니야)
신경, 감각, 느낌, 감촉; зрительный ~ 시신경:	**нерв** (네르프)
신경과민, 신경이상; 소심, 공포(심); 아픈[과민한] 곳	**нерв** (네르프)

신경병의사, 신경병리학자	**невропатолог** (네브로빠똘로그)
신경성, 신경질, 간벽, 성질, 성깔	**нервный** (네르브느이)
신경쇠약, 정신소모	**энервация** (에네르와찌야)
신경안정제, 정신 안정약	**транквилизатор** (뜨란끄빌리자또르)
신경외과학	**нейрохирургия** (네이로히룰기야)
신경을 거슬리게 하다, 짜증나게 하다,	**нервировать** (네르비로와찌)
신경을 죽이다	**умертвить** (우메르뜨븨찌)
신경의, 감각적, 느낌으로	**нервный** (네르브느이)
신경이 날카로운, 신경을 날카롭게 만드는	**нервозный** (네르보즈느이)
신경증, 노이로제; ~ сердца 심장신경증	**невроз** (네브로즈)
신경질, 신경과민	**нервозность, раздражительность** (네르보즈노쓰찌)(라스드라쥐쩰노쓰찌)
신경질을 부리다, 신경을 쓰다	**нервничать** (네르브니차찌)
신경통(神經痛)	**невралгия** (네브라기야)
신경통의; ~ие боли 신경통으로	**невралгический** (네브랄기체쓰끼이)
신고, (세관·세무서에의) 신고(서)	**заявление явка** (자야블레니예)(야브까)
신고문건	**декларация** (제클라라찌야)
신고하다, 통지 (보고) 하다	**доносить**

	(다노씨찌)
신교(의 교리); 신교도, 신교 교회	**протестантизм** (쁘라쩨쓰딴찌즘)
신교도, 신교(新教)	**протестант** (쁘라쩨쓰딴트)
신근(伸筋)	**экстензор** (엑쓰쩬조르)
신기루, 건달바성(乾達婆城), 공중누각	**марево мираж** (마레붜)(미라즈)
신기한, 매혹적인, 유혹적인	**волшебный** (발쉐브느이)
신깔개, 신깔창	**стелька** (스쪨까)
신념(의도)을 바꾸게 하다, 마음을 돌려세우다	**разубедить** (라주베지찌)
신념(의도)을 바꾸다, 마음을 다시 먹다,	**разубедиться** (라주베지쨔)
신디케이트	**синдикат** (씬디까트)
신랄하게, 날카롭게	**резко** (레스꼬)
신랄한 것, 톡 쏘는 말	**колкость** (꼴꼬쓰찌)
신랄한, 맵짠, 날카로운, 난폭한	**резкий** (레스끼이)
신랄한, 빈정거리는, 매운, 얼얼한, 쓴,	**едкий** (예드끼이)
신랄한, 쏘아붙이는	**колкий** (꼴르끼이)
신뢰(기대·희망)를 저버리다, 어기다	**изменить(ся)** (이즈메니찌)(쨔)
신뢰, 신용, 신임	**доверенный** (다베렌느이)

신뢰하다, 신용[신임]하다	**верить** (볘리찌)

신명기(34장) (Пятая книга Моисея. Второзаконие) **Второзаконие** (프따로자꼬니에)

신문, 회보, 정기 간행물 **газета, ведомость** (가제따)(볘다마쓰찌)

신문(訊問), 심문, 심리, 공판; 청문회 **слушание** (슬루샤니예)

신문(주간지), 일지, 잡지, классный ~ 학급 일지 **журнал** (주르날)

신문(잡지 등)의 소식란, 통보란 **хроника** (흐로니까)

신문(잡지 등)의 헤드라인, 전단(으로 짠 큰) 표제 **шапка** (샤쁘까)

신문(잡지 등)에 정상적으로 기고하다 **сотрудничать** (싸뜨루드니차찌)

신문(잡지 등)에서의 표제, 제목 **рубрика** (루브리까)

신문(책)의 단(란); (водоразборная) ~ 급수탑 **колонка** (깔론까)

신문(잡지)의 톱기사(사설, 논설), 논증), 논평 **передовица** (뻬레다비짜)

신문의 사설, 논설 **передо** (뻬레다)

신문의 아랫단 기사, 스페셜 아티클 **подвал** (빤왈)

신문 아랫단기사의, 아티클의 **подвальный** (빤와ㄹ느이)

신문의 **газетный** (가제뜨느이)

신문일군 **газетчик** (가제뜨치크)

신문잡지(업)의, 신문잡지 기자의	**журналистский** (주르날리쓰트스끼이)
신문판매원	**газетчик** (가제뜨치크)
신바닥, 구두바닥	**след** (슬레드)
신발, 구두, 단화(短靴), 장화, 부츠	**башмак** (바쉬막)
신발, 옷 등을 해어뜨리다, 처뜨리다	**изнашивать** (이즈나쉬와찌)
신발, 옷이 최신형모델(견본)에 맞은	**модельный** (마델느이)
신발을 닳게(비뚤어지게) 하다	**стоптать** (스따쁘따찌)
신발을 벗기다	**разувать** (라주와찌)
신발을 벗다	**разуваться** (라주와쨔)
신발의 뒤꿈치	**задник** (자드니크)
신발이(닳아서) 비뚤어진	**стоптанный** (스또쁘딴느이)
신발이나 옷이 맞다, 들어가다	**налезать** (날레자찌)
신발창, 구두창	**подмётка** (빠드뫁까)
신병(새 회원)을 들이다(모집하다)	**завербовать** (자볘르보와찌)
신봉(信奉); 애착(愛着)	**приверженность** (쁘리볘르젠노쓰찌)
신봉자, 지지자	**приверженец** (쁘리볘르줴녜츠)
신부(계급), (정치·사회상의) 계급, 사제의 계급	**сословие**

	(싸쓸로비예)
신부, 새색시, 색시, 색시감	**невеста** (녜베쓰따)
신부의 지참품(持參品)	**приданое** (쁘리다노예)
신분등록과, 주민등록과, 혼인신고과 (отдел записи актов гражданского состояния).	**загс** (작스)
신분이 불명한, 알아내지 못한	**неопознанный** (녜아뽀즈난느이)
신분증(身分證), 신분증명서; 여권	**паспорт** (빠쓰뽀르트)
신분증의, 신분증명서의	**паспортный** (빠쓰뽀르뜨느이)
신비로운, 기이한	**чудесный** (추제쓰느이)
신비적인, 신비주의(神秘主義)	**мистический** (미쓰찌체쓰끼이)
신비주의(神秘主義), 신비론	**мистицизм** (미쓰찌찌즘)
신비주의, 신비로운 것	**мистика** (미쓰찌까)
신비한, 이상한; 정체모를	**таинственный** (따이쓰뜨벤느이)
신사, 군자, (호칭) 님, 선생(님), 귀하	**пан, господин** (빤)(가쓰빠진)
신사(紳士)	**джентельмен** (젠쩰멘)
신사(腎砂), 요사(尿砂), 결사(結砂), 결석	**песок** (뻬쏘크)
신사, 양반, 귀족(貴族)	**господин** (가쓰빠진)
신사계급(상류사회, 명문의 사람)들의 아내. 딸	**шляхтянка** (쉴랴흐쨘까)

- 839 -

신사계급(상류사회, 명문의 사람)들의 일원	**шляхтич** (쉴랴흐찌츠)
신사계급(상류사회, 명문의 사람)들의 지위. 신분	**шляхетство** (쉴래헬쓰 뜨붜)
신사계급의, 상류사회의, 명문의 사람들	**шляхетский** (쉴래헤드쓰 끼이)
신사적인, 점잖은, 예의바른	**джентельмен-ский** (젠쩰멘쓰끼이)
신생물(新生物), 종양, 종창, 종기	**новообразование** (나붜옵라조와니에)
신선(선선)해지다, 맑아지다	**освежаться** (아쓰붸좌쨔)
신선하고 따뜻한, (우유, 고기 등에 대하여) 신선한	**парной** (빠르노이)
신선한 것	**свежесть** (스뷔줴쓰찌)
신선한, 생생한, 방금 만든	**свежий** (스붸쥐이)
신성(생생)하지 못한	**несвежий** (네쓰붸쥐이)
신성한, 거룩한, 성스러운: 숭고한 정결한	**великий святой** (붸리끼이) (스뱌또이)
신성한, 신에게 바쳐진, 신을 모신	**заветный, священный** (자붸뜨느이) (스뱌쉔느이)
신세를 진, 은혜를 입은	**обязанный** (아뱌잔느이)
신속성, 기동성(機動性), 생동성	**быстрота** (븨쓰뜨라따)
신속한, 빠른, 잽싼, 민첩한, 고속의	**шибкий** (쉽끼이)
신식민주의	**неоколониализм** (네아꼴로니알리즘)

신심(확신)을 버리게 하다, 믿지 않게 하다	**разуверить** (라주붸리찌)
신심(확신)이 없는 것, 동요성	**неуверенность** (네우붸렌노쓰찌)
신심에 찬, 진지한, 다정한	**проникновенный** (쁘라니크나볜늬이)
신앙, 미신, 종교	**вероисповедание, верование, вера** (볘라이쓰뽀볘다니에) (볘라와니에) (볘라)
신앙(심), 믿음, 참된 신앙, 기독교(의 신앙)	**религия** (렐리기야)
신앙의, 신앙심이 깊은, 신앙이 좋은, 경건한	**религиозный** (렐리기오즈느이)
신어 창조자, 창설자, 조어자	**языкотворец** (야즥까뜨보레쯔)
신에게 드리는 공물, 제물, 봉납(물) 헌금	**жертвоп-риношение** (쉐르뜨붜쁘리노쉐니에)
신용(대부), 차관	**кредит** (크레지트)
신용, 신용대부	**кредитный** (크레지뜨느이)
신용[신뢰]할 수 있는, 확실한, 믿을 수 있는	**благонадёжный** (블라가 나죠지느이)
신용대부하다, 융자하다, 자금을 지출하다	**кредитовать** (크레지따와지)
신용장, 신용지불위탁서	**аккредетив** (악크레제찌프)
신원[정체]의 확인[인정]; 동일하다는 증명(확인)	**определение** (아쁘레젤레니에)
신으로 모시다, 숭배하다, 우상화 하다	**обожествлять** (아바제쓰뜨블 랴찌)
신으로 숭배(존경.예배)하다, 찬미하다	**поклоняться** (빠클로냐짜)

신을 믿는자, 신자(信者)	**верующий** (붸루유쉬이)
신을 믿다	**веровать** (붸라와찌)
신을 신다, 구두(부츠)를 신다	**обуваться** (압부와쨔)
신을 찬미하다, 찬송하다	**славословить** (슬라바쓸로비찌)
신을 헌신적으로 바치다. ~에 전심하다	**отдаваться** (아트다와쨔)
신음(소리)	**стон** (스똔)
신음하다, 끙끙대다. 불평을 하다	**застонать** (자쓰또나찌)
신음소리를 내다	**заохать** (자오하찌)
신의, 하나님의	**божий** (보쥐이)
신이 나게, 대담하게, 날쌔게	**лихо** (리하)
신이 나다, 격하다, 확끈 달아오르다, 생기를 띠다	**воспрянуть** (바쓰쁘랴누찌)
신이 묵시하다, 계시하다	**обнажать** (압나자찌)
신인, 초보, 초학자	**начинающий** (나치나유쉬이)
신임이 두터운, 심복의, 신뢰할 수 있는	**доверить** (다붸리찌)
신임장, 허가증	**патент** (빠쩬트)
신임장을 받은(외교관이)	**аккредитованный** (악크레지또완느이)
신임하는, 신뢰하는	**верительный**

- 842 -

	(붸리쩰느이)
신입대원, 신입병사, 신병	**новобранец** (나붜브라네쯔)
신자, 독신자; (이상·주의 등의) 열성적인 지지자,	**служитель** (슬루쥐쩰)
신장 자치구, 티베트(Tibet: 수도는 라사(Lhasa))	**Тибет** (찌베트)
신장(腎臟), (양·소 따위의) 콩팥, 동물의 아체(芽體)	**почка** (뽀치까)
신장, 연장, 늘임; 연기; 확대, 확장, 넓힘, 진전	**оказание** (아까자니예)
신장염(腎臟炎), 콩팥염	**нефрит** (네프리트)
신적인, 신성한	**священный** (스뱌쉔느이)
신전, 성당; 절, 사원, 성전, 교회	**храм** (흐람)
신조(信條), 좌우명, 구호, 표어	**девиз** (제비즈)
신중, 세심, 사려, 분별, 빈틈없음,	**предусмот-рительность** (쁘레두쓰모뜨리쩰노쓰찌)
신중을 요하는, 민감한, 미묘한	**щекотный** (쉐꼬뜨느이)
신중한, 세심한, 타산적인	**расчётливый** (라쓰쵸뜰리브이)
신중한, 진지한	**серьёзный** (쎄료즈느이)
신청, 지원(서), 출원(出願); 원서, 신청서.	**заявление** (자야블레니예)
신청자(申請者), 청원자	**проситель** (쁘라씨쩰)
신청하다; 제안하다, 제의하다	**предложить** (쁘레들로지찌)

신체검사	**медосмотр** (메다쓰모뜰)
신축성 있는, 융통성 있는, 유약한	**гибкий** (깁끼이)
신축성(융통성)이 없는; ~ум 신축성이 없는 지혜	**негибкий** (네기브 끼이)
신축성(융통성)이 있는, 안정되지 않은,	**эластичность** (엘라쓰찌츠노쓰찌)
신축성, 융통성, 적응력	**гибкость** (깁까쓰찌)
신축력, 탄력, 신축성 유연성; 융통	**эластичность** (엘라쓰찌츠노쓰찌)
신토미쯴	**синтомицин** (씬또미쯴)
신품, 새것; 새로 산 것	**новинка** (나빈까)
신학(神學), (4년간의) 신학과정; 종교 심리학	**теология** (쪠올로기야)
신학교(神學校)	**семинария** (쎄미날리야)
신호(信號), 경보(警報) 부호	**знак, сигнал** (즈나크), (씨그날)
신호법; 신호표, 알람	**сигнализация** (씨그날리자찌야)
신호기(信號機), 신호장치, 신호기등	**семафор** (쎄마포르)
신호를 주다, 경고하다	**сигнализировать** (씨그날리지로와찌)
신호의, 암호의; 신호용의	**сигнальный** (씨그날리느이)
신호장치, 신호기	**сигнализация** (씨그날리자찌야)

신호종소리	**гонг** (곤그)
신호체계, 신호망	**сигнализация** (씨그날리자찌야)
신호탄, 예광탄(曳光彈)	**ракета, гранатомёт** (라꼐따) (그라나따묘트)
신호하다	**посигналить, сигнализировать** (빠씨그나리찌), (씨그날리지로와찌)
신혼부부, 갓 결혼한 사람	**новобрачные, молодожён** (나뷔브라츠느이) (말로도죤)
신화(神話), 설화(說話), 옛날 이야기	**миф** (미프)
신화의, 신화학의 신화적인	**мифологический** (미포로기체쓰끼이)
신화학, 신화, 설화; греческая ~ 희랍신화	**мифология** (미팔로기야)
싣는 것, 적재, 적재량	**загрузка** (자그루즈까)
싣다, 짐을 싣다, 적재하다, 손님을 태우다.	**загружать** (자그루좌찌)
짐을 싣다,~에게(짊어)지우다	**нагружать, нагрузить, грузить** (나그루좌찌) (나그루좌지찌) (그루지찌)
실 잣는 사람, 방적공; 방적기	**прядильщик** (쁘랴질리쉬크)
실, 바느질 실, 끈실; 무명실; 삼실	**нитка пряжа** (니뜨까) (쁘랴자)
실; 가는 실, 홑섬유(방직섬유); 꽃실,(수술의) 화사(花絲)	**нить** (니찌)
실(피륙)이 풀리다, 풀리게 하다	**расплестись** (라쓰쁠레쓰찌시)
실감있게, 의미심장하게	**выразительно** (브라지쩰나)

실내의, ~ая музыка 실내악, 실내음악	**камерный** (까멜느이)
실드공법에 있어서 세그먼트 조립기,	**эректор** (에레크뜨로)
실로, 사실, 과연, 그야말로; 참말로, 그야말로	**поистине** (빠이쓰찌네)
실은, 실제로, 참으로, 정말(이지), 확실히	**действительно** (제이쓰뜨비쩰나)
실루엣으로 그리다, 그림자를 비추다	**порисоваться нарисовать** (빠리싸와짜) (나리소와찌)
실리카, 무수규산, 규토, 이산화규소, 규사	**кремнезём кварц** (크렘네좀) 크와르쯔)
실린더의 배출구, (무엇을 끼우는) 홈, 가늘고 긴 구멍	**окно** (아크노)
실링(shilling: 영국의 화폐 단위 1/20 pound =12 pence상당 略: s.; 1971년 2월 15일 폐지됨); 1실링의 백동전	**шиллинг** (쉴링)
실마리, 줄거리	**нить** (니찌)
실마리의 ~ой вопрос 관건적인 문제	**ключевой** (클류체보이)
실망(失望), 낙심, 환멸	**разочарование** (라자차로와니예)
실망(낙심)케 하다, ~에 환멸을 느끼게 하다	**разочаровать** (라자차로와찌)
실망하다, 환멸을 느끼다	**разочароваться** (라자차로와쨔)
실망한, 낙심한, 환멸을 느끼는	**разочарованный** (라자차로완느이)
실무(적인)	**деловой** (젤로보이)
실무성 효율, 능률 유능, 유효성	**оперативность** (아뻬라찌브노쓰찌)
실무성(實務性), 솜씨, 정력적인 것	**деловитость**

	(젤로비따쓰찌)
실무에 밝은, 이해타산에 밝은 편리한	**практичный**
	(쁘락찌치느이)
실무주의, 실용주의(實用主義)	**делячество**
	(젤랴체쓰뜨붜)
실무주의자	**материалист**
	(마쩨리알리쓰트)
실물선전. ~зал 상영실; 표본실	**демонстрационный**
	(제만쓰뜨라찌 온느이)
실물 환등기, 실사경	**эпидиаскоп**
	(에삐지아쓰꼬쁘)
실속 있는, 기초가 든든한	**солидный**
	(쌀리다느이)
실속(내용)없는 것	**пустота**
	(뿌쓰또따)
실수 없이; действовать ~ 실수없이 행동하다	**наверняка**
	(나베르냐까)
실수(失手), 중단, 잘못, 실책, 과실	**недочёт сбой**
	(네다쵸트) (즈보이)
실습, 연습, 경험,(연습에서 익힌) 기량. 숙련, 훈련	**сбор практика**
	(즈보르) (쁘라끄찌까)
실습생, 견습생, 견습공(見習工)	**практикант**
	(쁘락찌깐트)
실습(연습.경험)하다, 생산실습을 하다	**стажироваться**
	(스따쥐로와쨔)
실제로 연습하다	**попрактиковаться**
	(빠쁘라크찌꼬와쨔)
실시(도입, 설정, 개시)하다	**вводить**
	(붜지찌)
실시(實施), 수행	**производство**
	(쁘라이즈보드쓰뜨붜)
실신(혼수) 상태	**транс**
	(뜨란쓰)

실신, 기절, 졸도, 혼절, 실혼	**обморок** (옵모로크)
실어 나르다, 태우고 다니다, 운반하다, 수송하다	**возить** (바즈지찌)
실어 모으다	**свезти** (스볘즈찌)
실어보내다, 출하하다	**отгружать отгрузить** (아트그루자찌), (아트그루지찌)
실어(데려)가다	**свезти** (스볘즈찌)
실어가다, 매리고가다, 가지고가다	**увозить** (우바지찌)
실어내가다, 운반해가다	**свезти** (스볘즈찌)
실어내는 것, 반출(搬出)	**вывоз** (븨뵈스)
실어내다, 반출하다, 실어가다	**вывозить** (븨뵈지찌)
실어내리다	**свезти** (스볘즈찌)
실어다주다, 가져다주다	**завозить** (자뵈지찌)
실어오다(가다), 제공하다, 가져(데려)다주다	**доставлять** (다쓰따블랴찌)
실언, 말실수, 실어, 실담, 구과, 일구, 실구	**оговорка** (아가보르까)
실업(失業), 실직(失職)	**безработица** (베즈라보띠짜)
실업가(實業家), 기업가(企業家)	**предприниматель** (쁘롄쁘리니마쩰)
실업가, 업자; 실무에 밝은 수단꾼	**делец** (졜례쯔)

실업자(失業者)	**безработный** (베즈라보뜨느이)
실없이 크게 웃다, 갑작스런 너털웃음	**захохотать** (자호호따찌)
실에 꿴 구슬, 구슬 꾸러미, 구슬 목걸이	**бусы** (부쓰이)
실용성이 없는	**непрактичный** (네쁘라크찌츠느이)
실용적이 못된, 실무가 없는(밝지못한)	**непрактичный** (네쁘라크찌츠느이)
실을 뽑다(잣다), 방적하다, 실(모양으)로 만들다	**прясть** (쁘랴쓰찌)
실이 드러나 보이는, 입어서 떨어진, 오래입은	**поношенный** (빠노쉔느이)
실재(實在), 존재, 생활(生活)	**бытие** (븨찌예)
실제(로)는, 사실은, 실제(의 일), 진실, 진상(眞相)	**собственно** (쏘브쓰뜨벤나)
실제상, 현실적으로; как ~ 생시처럼	**наяву** (나야부)
실제상의, 실질적인, 사실(상)의, 사실에 입각한	**фактический** (곽찌체쓰끼이)
실제(실용)적으로, 사실상(은), 실제상, 실제로는	**фактически** (곽찌체쓰끼)
실제적인, 현실적인, 확실한	**действительный** (제이쓰뜨비젤느이)
실존주의(실존 철학에 기초를 두는 사상상의 입장)	**экзистенциализм** (에크지쓰쩬찌알리즘)
실존주의의	**экзистенциальный** (에크지쓰쩬찌알리느이)
실존주의자	**экзистенциалист** (에크지쓰쩬찌알리쓰트)

실증 못하는	**немотивирован-ный** (네마찌비로완느이)
실지(實智)의, 현실적인	**реальный** (레알리느이)
실질, 내용	**содержание** (싸제르좌니예)
실쭉한, 뚱한, 골난, 부루퉁한, 새무룩한	**надутый** (나두뜨이)
실천; 실지, 현실; на ~е 실제로	**практика** (쁘라끄찌까)
실천하는, 실무의; 응용(應用)	**практический** (쁘락찌체쓰끼이)
실천하다, 실천에 적용하다	**практиковать** (쁘락찌까와찌)
실체 없는, 비물질적인; 영적인	**нематериальный** (네마쩨리알느이)
실컷 뛰어다니다, 너무 뛰어다녀 피곤하다	**набегаться** (나베가쨔)
실컷 마시다 (물로 음식을) 넘기다, 취하도록 마시다	**упиваться** (우삐와쨔)
실컷 마시다 씻어 내리다	**вздрогнуть** (쓰드로그누찌)
실컷 자다, 충분히 자다	**высыпаться** (븨씌빠쨔)
실컷(많아) 보다(구경하다)	**насмотреться** (나쓰모뜨레쨔)
실태, 실체, 본질, 본체	**субстанция** (숩스딴찌야)
실톱, 줄톱	**лобзик** (로브직)
실패(파탄)되다, 잡치다, 실패(낙제)하다	**обанкротиться** (아반크 로찌쨔)

실패, 실꾸릿대, (테이프·필름의) 릴, (실의) 감은것	**катушка** (까뚜쉬까)
실패(失敗), 실수, 불운	**неудача** (네우다차)
실패, 참패 패망; потерпеть ~ 실패하다	**фиаско крах** (피아쓰꼬) (크라흐)
실패; 손실, 손해	**проигрыш** (쁘로이그르쉬)
실패로 끝난, 성공하지 못한, 순조롭지 못한	**неудачный** (네우 다츠늬이)
실패자, 불운한 사람	**неудачник** (네우다츠니크)
실패하다, 실수하다, (말에서) 털썩 떨어지다	**спечься** (스뻬치쌰)
실패하다, 낙제점을 매기다, 단념하다, 그만두다	**проваливать** (쁘라왈리와찌)
실행(수행)하다	**предпринимать** (쁘렏쁘리니마찌)
실행(수행.이행.완수)할 수 없는	**невыполнимый** (네븨뽈니므이)
실행(실현.이행)할 수 있는	**осуществимый** (아쑤쉐뜨비믜이)
실행(집행)할 수 없는, 실현될 수 없는	**неисполнимый** (네이쓰뽈니므이)
실행(수행.집행)의, 실행상의, 실행 가능한	**исполком** (이쓰뽈꼼)
실행되다, 수행되다, 취해지다	**предприниматься** (쁘렏쁘리니마쨔)
실행(실시)하다, (목적·직무를) 수행(달성.완수)하다	**свершать** (스볘르샤찌)

실행(성취.달성)하다 **исполнить, переигрывать, проделывать**
(이쓰뿔니찌), (뻬레이그리와찌) (쁘라젤리와찌)
실행하다, 일을(임무를) 해 내다. **сделать, производить, совершать**

(즈젤라찌) (쁘라이즈붜지찌) (싸뻬르샤찌)

실행(실시.이행)하여야 된다	**надлежать** (나들레좌찌)
실험, 시험	**опыт** (오쁴트)
실험실(實驗室)	**лаборатория** (라바라또리야)
실험실조수, 부사수	**лаборант** (라바란트)
실험용	**подопытный** (빠다쁼늬이)
실험을 좋아하는 것	**экспериментаторство** (엑쓰뻬리멘따똘쓰뜨붜)
실험을 행하는 것	**экспериментирование** (엑쓰뻬리멘찌로와니에)
실현(실행.실시.현실화.수행.성취)되다	**сбыться, осуществляться** (즈브짜) (아쑤쉐 쓰뜨블랴쨔)
실현(현실화.구체화.유형화)하다	**воплощаться** (바쁠로샤쨔)
실현(실행.실시.성취)하다	**претворить осуществлять** (쁘레뜨 붜리찌) (아쑤쉐쓰뜨블랴찌)
실현(실행.실시.성취)하다	**реализовать** (레알리조와찌)
실현, 실행, 수행, 성취, 현실화	**реализация, осуществление** (레알리자찌야) (아쑤쉐쓰뜨블레니예)
실현될 수 없는, 불가능한	**несбыточный** (네쓰븨또츠늬이)
실현할 수 없는, 수행할 수 없는	**неосуществимый** (네아쑤쉐쓰뜨 비므이)
실화, 실록, 사실담, 실설(實說)	**быль** (븰)
실황방송, 중계방송	**репортаж**

실효성 있는, 유효성 있는, 효과적인	(레빠르따즈) **действенный** (제이쓰뜨벤느이)
실효성, 유효성, 효력(效力)	**действенность** (제이쓰뜨벤노쓰찌)
싫다, 밉다, 언짢다, 불쾌(못마땅.읍읍)하다	**неприятно, тошно** (네쁘리야뜨나) (또스나)
싫어지게 하다; 싫증하다	**наскучить** (나쓰꾸치찌)
싫어지다, 싫증내다	**расхотеться, претить** (라쓰호쩨짜) (쁘레찌찌)
싫어하게 되다, 원망하게 되다	**невзлюбить** (네브즈류비찌)
싫어하는. 조심성 많은, 조심하여 ~하지 않는	**пугливый** (뿌글리브이)
싫어(기피)하다, 싫증나다 꺼리다	**гнушаться приедаться** (그누샤쨔), (쁘리다쨔)
그만두다, (~하는 것을) 멈추다, 중지하다	**расхотеть, надоедать** (라쓰하쩨찌), (나도예다찌)
싫은, 미운, 추한, 역한	**противный** (쁘라찝늬이)
싫은, 좋아하지 않은, 미워하는	**нелюбимый** (넬류비브이)
싫증(진저리)나게 하다; 지루하게(물리게) 하다	**томить** (따미찌)
싫증난, 미워진, 지루한	**постылый** (빠쓰띨느이)
싫증을 느끼다	**разлюбить** (라슬류비찌)
싫증이 나다	**приесться** (쁘리요쓰쨔)
심각한 충격, 격동, 심오한	**потрясение, глубокий** (빠뜨랴셰니예), (글루보끼이)

심각하게 이해(감지)할 수 있는	**чувствительный** (춥쓰뜨뷔젤느이)
심근(心筋); инфаркт ~a 심근경색	**миокард** (미오까르드)
심기, 재배; (식수) 조림; 씨뿌리기	**посадка** (빠싸드까)
심낭내장엽(心囊內藏葉)	**эпикард** (에삐까르드)
심낭내장엽염	**эпикардит** (에삐까르지트)
심내막(心內膜)	**эндокард** (엔다까르드)
심내막염(心內膜炎)	**эндокардит** (엔다까르지트)
심는 것, 식수; 심은 식물, 재배식물	**посадочный** (빠싸도츠느이)
심다, (씨를) 뿌리다; (식물을) 이식하다	**вкопанный, сажать** (프꼬빤느이) (싸좌찌)
심다, 뿌리다, 재배(배양)하다	**садить, культивировать** (싸지찌) (꿀찌비로와찌)
심리(心理), 정신(精神)	**психический, психика** (쁘씨히체쓰끼이) (쁘씨히까)
심리의; 심리학적인	**психологический** (쁘씨홀로기체쓰끼)
심리적으로 건전한, 정상적인	**нормальный** (나르말느이)
심리학, 심리(心理), 심리상태(心理狀態)	**психология** (쁘씨홀로기야)
	심리학자, 심리사 **психолог** (쁘씨홀록)
심문, 취조, 문초, 심신, 평문	**опрос допрос** (아쁘로쓰) (다쁘로쓰)

심문하다, 취조(取調)하다	**допрашивать, опрашивать** (다쁘라쉬와찌)(아쁘라쉬와찌)
심방, 염통방, 심이(心耳); 고실(鼓室)(귀의)	**предсердие** (쁘롄쎼르지예)
심벌즈(타악기)	**тарелка** (따롈까)
심부름 быть на ~ах 잔심부름을 하다	**побегушки** (빠베구쉬끼)
심부름꾼, 하인, (문서·전보·소포의) 배달인	**рассыльный, слуга** (라쓰씰 느이)(슬루가)
심부름을 시키다, 심부름을 보내다	**гонять** (간야찌)
심사, 검정, 검사, 심의	**освидетельствование, разбор** (아쓰비제쩰쓰트붜와니예)(라스볼)
심사관, 심사위원; 전문가,	**иза эксперт** (엑쓰뻬르트)
심사숙고(深思熟考)	**забытьё** (자븨찌요)
심사숙고(하는 것)	**раздумье** (라스두미예)
심사위원(단), 심판원, 재판관, 심판관	**жюри** (쥬리)
심술궂은, 짓궂은, 교활한, 약아빠진,	**ехидный** (예히드느이)
심신의 고통, 괴로움, 고민, 번민	**наболевший** (나볼레브쉬이)
심심풀이, 오락, 놀이, 장난	**потеха** (빠쩨하)
심심하다, 갑갑하다, 적적하다	**скучно** (스꾸쓰나)
심어놓은 나무, 가로수	**древонасаждениея** (드레붜나싸즈제니야)

- 855 -

심연(深淵), 심해(深海)	**пропасть, бездна** (쁘로빠쓰찌)(베즈드나)
심오성	**глубина** (글루비나)
심오한, 심각한 그윽한, 깊숙한	**монументальный, углубленный** (만누멘딸리느이), (우글루브렌느이)
심의(연구.고찰.검토)하다	**рассматривать, обсуждаться** (라쓰마뜨리와찌) (아브쑤즈다쨔)
심의(토의.토론.논의.의논)되다	**разбирать слушать** (라스비라찌) (슬루샤찌)
심의, 연구, 고찰, 검토, 주시	**рассмотрение** (라쓰마뜨레니예)
심장: 마음, 가슴, 흉부: 심장부, 중심지	**сердце** (쎼르드쩨)
심장의 고동, 심계항진	**сердцебиение** (쎼르드쩨비예니예)
심장의	**сердечный** (쎼르제츠느이)
심장판막, 피부의 조직판(瓣)	**клапан** (클라빤)
심장혈관의	**сердечно-сосудистый** (쎼르제츠나-싸쑤지쓰뜨이)
심전도기록장치, 심전계	**электрокардиограф** (엘렉뜨라까르지오그라프)
심전도(心電圖), 심동곡선, 심동도	**кардиограмма** (까르지오그람마)
심전도, 심장전기기록도	**электрокардиограмма** (엘렉뜨라까르지오그람마)
심지감(옷을 지을 때 드는 안감, 단추 등); 트리밍,	**приклад** (쁘리끌라드)
심지나쁜(속 검은) 사람, 간악한 사람	**ехидна** (예히드나)
심판(審判)(체육)	**арбитр, судейство**

	(아르비트르), (수제이쓰뜨뷔)
심판의; ~ая коллегия 심판위원회	**судейский** (수제이쓰끼이)
심하게 앓다, 몸의 한부분이 아프다, 아파하다	**разболеться** (라스발레쨔)
심하게 움직이다, 흔들어대다	**перемешивать[ся]** (뻬레몌쉬와쨔)
심하게, 강열 (격렬)하게	**усиленно** (우씰렌나)
심한 불안	**треволнение** (뜨레볼녜니예)
심한 상처를 입히다	**рассечь** (라쓰쎄치)
심한 장난꾸러기	**сорванец** (싸르와녜쯔)
심한, 비상한; 지독한, 사나운	**зверский, ужасный** (즈볘르쓰끼이)(우좌쓰느이)
심화(강화) 되다, 악화되다	**усугубляться** (우쑤구블랴쨔)
심화(강화) 하다, 악화시키다, 심하게 하다	**усугублять** (우쑤구블랴찌)
심화되다, 심각해지다	**углубляться** (우글루블랴쨔)
심화시키다, 넓히다	**углублять** (우글루브랴찌)
심히 놀라다, 경탄하다	**поразиться** (빠라지쨔)
심히 현저히	**резко** (레스꼬)
십(10) 루불지폐	**десятка** (제쌰뜨까)
십(10)년간, 10(십)년	**десятилетие**

	(제싸찔레찌에)
십(10)년간의	**десятилетний** (제싸찔레드니이)
십(10)년제 중학교	**десятилетка** (제싸찔레뜨까)
십꼬뻬이까자리 은화(동전, 경화)	**гривенник** (그리웬니크)
십년생, 10년생	**десятиклассник** (제싸찌클랏쓰니크)
십배, 10 (십) 배의, 10 (십)회의	**десятикратный** (제싸찌클라뜨느이)
십억, 10억	**миллиард** (밀리알드)
십오분, часа 15분; ~ пятого 4시 15분	**четверть** (체트웨르찌)
십육 16; ~ раз 열여섯번째	**шестнадцать** (쉐쓷낫짜찌)
십육세, 16살 ~ мальчик 16세 소년,	**шестнадца-тилетний** (쉐쓷낫짜찌레뜨니이)
십이월, 12월, 섣달	**декабрь** (데까브리)
십이월의, 12월의, 섣달의	**декабрьский** (데까브리쓰끼이)
십인 10 인, 10 개, 열 개	**десяток** (제싸따크)
십일월 11월, 동짓달; седьмое ~я 11월 7일	**ноябрь** (나야브리)
십일월의, 11월의, 십일월(동짓달)에	**ноябрьский** (나야브리쓰끼이)
십자 준척, 직각기, 고도측정기	**эккер** (엑께르)
십자가(十字架), (†, ‡) 성가(聖架)	**крест** (크레쓰트)

십자과(평지과)의 식물(植物)	**ярутка** (야루뜨까)
십자로, 네거리, 갈림길; 기로,	**распутье** (라쓰뿌쩨)
십자로, 건너길, 교차(점), 건널목, 십자로; 횡단점(보도)	**переезд** (뻬레예즈드)
십자를 긋다	**креститься** (크레쓰찌쨔)
십자모양으로, 교차되게	**крест-накрест** (크레쓰뜨-나끄레쓰트)
십장(什長)(건설장의) 팀장	**десятник** (제쌰뜨니크)
십전의, 10전의, 10(십)분의	**десятичный** (제쌰찌츠느이)
싱거운, 담박한, 맛없는	**безвкусный** (베즈브꾸쓰느이)
싸개; 덮개, 가리개; 덮개; 뚜껑; 책의 표지	**конверт** (깐베르트)
싸게 팔아 치우다, 떨이로 팔다. 매각하다	**распродавать** (라쓰쁘로다와찌)
싸다, 감싸다, 치(휘)감다, 포장하다	**обвернуть обвёртывать** (압베르누찌), (옵볼뜨와찌)
싸다, 꾸리다, 묶다, 포장하다, ~에[을] 채우다, 넣다	**набить(ся)** (나비찌)
싸다, 둘러싸다, 감싸다, 포장하다	**завернуть** (자볘르누찌)
싸다니다, 갈팡질팡하다	**метаться** (메따쨔)
싸대다, 바삐 돌아가다(갔다왔다하다)	**мотаться** (마따쨔)
싸우게 되다, (서로) 다투게 되다	**перессориться** (뻬레쏘리쨔)

- 859 -

싸우게(다투게)되다, 말다툼(언쟁)하다	**повздорить** (빠브즈도리찌)
싸우는 사람, 투사; 전투원, 무인(武人)	**истребитель борец** (이쓰뜨레비쩰) (바레쯔)
싸우다, 다투다, 불화하게 되다	**воюющий, ссориться** (바유유쉬이), (스쏘리쨔)
싸우다, 전투하다, 서로 치고 받다, 다투다, 겨루다	**воевать** (바에와지)
싸우다, 싸움질하다, 서로 때리다	**драться, подраться** (드라쨔) (빧라쨔)
결투(투쟁.고투.분투)하다, 서로치고 받다	**сразиться, сражаться** (스라지쨔) (스라좌쨔)
싸우다, (논쟁·소송로) 다투다, 쌈하다	**передраться, воюющий** (뻬레드라쨔) (바유유쉬이)
싸우다, (우열을)겨루다	**биться, бороться** (비쨔) (바로쨔)
싸움 좋아하는 사람 팔팔한 사람 건방진 작은사내	**вояка** (바야까)
싸움, 격투, 결투, 투쟁	**схватка, драка, сражение** (스흐와뜨까)(드라까) (스라쒜니예)
싸움, 말다툼, 욕지거리	**грызия** (그릐지야)
싸움, 전투, 접전; 결투, 격투, 1대 1의 싸움,	**потасовка** (빠따쏘프까)
싸움꾼, 싸움하기 좋아하는 사람	**драчун** (드라춘)
싸움꾼, 추태를 부리는 사람	**скандалист** (스깐달리쓰뜨)
싸움붙이다, (많은 사람을) 서로 다투게 하다	**перессорить** (뻬레쏘리찌)
싸움질, 드잡이, 격투, 난투, 말다툼	**потасовка свалка дебо** (빠따쏘프까) (스왈까) (제바)
싸움질하다, 주정을 부리다, 추태를 부리다	**дебоширить**

	(제바쉬리찌)
싸지다, 눅어지다, 값이 내리다	**подешеветь дешеветь** (빠제쉐볘찌), (제쉐 볘찌)
싹(움, 눈) 트다	**распуститься** (라쓰뿌쓰찌쟈)
싹(눈.움.봉오리가)이 벌어짐, 종자의 발아	**поросль** (뽀로쓸)
싹, 싹눈, 눈, 새싹, 움, 순(筍), 새순,	**побег росток** (빠볙) (로쓰또크)
싹트기, 움(트다)나다, 뚫고 돋아나오다	**прорастать прорастание** (쁘라라쓰따찌) (쁘라라쓰따니예)
싹틈, 조짐, 맹아, 발단, 시작,(발전의) 기초(토대)	**зародыш** (자로듸쉬)
쌀, 쌀알, 곡식; гречневая ~ 메밀쌀	**крупа** (크루빠)
쌀새우	**креветка** (크레볘뜨까)
쌍, 한 쌍; не ~ *кому-чему* 어림도 없다, 비교도 안된다	**чета** (체따)
쌍곡선(雙曲線)	**гипербола** (기뻬르볼라)
쌍둥이	**близнецы двойня** (블리즈니쯰) (드보이냐)
쌍발비행기, 쌍발기	**биплан** (비쁠란)
쌍발사냥총, 쌍알배기	**двустволка** (드부쓰뜨볼까)
쌍발식의; (쌍안경) 통(筒)이 두 개인	**двуствольный** (드부쓰뜨볼느이)
쌍발의(비행기가) ~самолёт 쌍발비행기	**двухмоторный** (드부흐마 또르느이)
쌍안경(雙眼鏡), 양안경(兩眼鏡), 망원경	**бинокль** (비노클)

- 861 -

쌍점(雙點), 두 점	**двоеточие** (드보예또치에)
쌍지팡이	**костыль** (까스뗄)
쌓기; 놓기; 설치; (가스를) 끌어들임, 부설	**прокладка** (쁘라끌라드까)
쌓기; 놓기; 설치, 건설, 건조, 건축, 구성	**возложение** (바즐라줴니에)
쌓다, 모아놓다, 한데 넣다	**сложить** (슬라쥐찌)
쌓다, 쌓아 우뚝하게 만들다	**насыпать вести** (나씌샤찌), (볘쓰찌)
쌓아올리다 세우다, 건축(건조, 건설) 하다	**громоздить** (그라마즈지찌)
쌓아넣는 장소 적하물, 수용 능력	**штивать** (쉬찌와찌)
쌓아놓다, 가득 들여놓다, 꽉 들어차게 하다	**заставлять** (자쓰따블 랴찌)
쌓아서 만들다	**сложить** (슬라쥐찌)
쌓아올린 것, 더미, 무더기, 퇴적, 산더미, 덩어리	**залежь** (잘례쥐)
흙더미, 가산(假山)	**кладка, гора** (클라드까) (가라)
쌓여 산더미가 되다, (산더미처럼) 쌓이다	**завалить(ся)** (자왈리찌)
쌓이다, 솟아있다, 중첩되다	**громоздиться** (그라마즈지쨔)
쌓이다, 축적되다, 모이다	**накапливаться** (나까쁠리와쨔)
쌓이다; (돈 등이) 모이다, 붇다	**осесть** (아쎄쓰찌)

써 넣다, 적어넣다	**заносить** (자노씨찌)
써 두다; 기록하다	**записать(ся)** (자삐싸찌)(쨔)
써 없애다	**прожить** (쁘라쥐찌)
써넣다, 적어넣다, 필기하다	**записывать** (자삐씌와찌)
써놓은 것을 지우다	**черкать** (체르까찌)
쓰는 것	**рубка** (루브까)
써레, 초파(秒耙), 살 나레	**борона** (바라나)
써레질하다, 번지질하다	**боронить бороновать** (바라니찌) (보로노와찌)
써먹다, 이용하다	**оперировать** (아뻬리로와찌)
써버리다, 소비하다, 지출하다 잡아먹다	**издержать** (이즈제르좌찌)
(다)써 버리다, 쓰다, 지치게 하다	**изводить, потратить** (이즈보지찌) (빠뜨라찌찌)
써서 낡은, 중고의; 다 쓴 ~ое масло 폐유	**отработанный** (앗라보딴느이)
썩는 것, 부패(腐敗), 부패작용	**гниение тление** (그니에니예) (뜰레니예)
썩는, 부패화	**загнивание** (자그니와니예)
썩다, 썩어 없어지다, 상하다, 부패하다	**загнить, гнить** (자그니찌) (그니찌)
썩다, 부패하다, 분해하다	**разложитьсясгнить** (라슬로쥐쨔) (즈그니찌)
썩어가다, 썩기(부패하기) 시작하다	**загнивать**

	(자그니와찌)
썩어 문드러진	**трухлявый** (뜨루홀랴브이)
썩어버리다, 삭아버리다, 사그라지다	**истлевать** (이쓰뜰레와찌)
썩어빠진, 부패한, 타락한	**растленный** (라쓰뜰렌느이)
썩은, 썩어빠진, 상한; 뜬, 곰팡핀, 곰팡내 나는	**прелый** (쁘렐르이)
썩은, 부패한, 케케묵은, 곰팡내 나는	**гнилой, разложивший** (그니로이) (라슬로쥐브쉬이)
썩은, 못쓰게 된	**порченый** (뽀르체느이)
썩은 냄새를 풍기다	**протухнуть** (쁘라뚜흐누찌)
썩음, 약하게 타다	**тлеть** (뜰레찌)
썩음, 부패, 부식; 부패물. 썩다, 뜨다	**преть** (쁘레찌)
썩이다, 부패시키다	**гноить сгноить** (그나이찌), (즈그노이찌)
썩정이, 썩은것, 부패물(腐敗物)	**гниль** (그닐)
썩지 않은; 고장이 없는, 성한	**неиспорченный** (네이쓰뽀르첸느이)
썰다, 부스러뜨리다, 잘게 만들다, 이기다, 잘게베다	**рубить** (루비찌)
다지다, 잘게 썰다; 저미다	**крошить мельчить** (크로쉬찌) (멜치찌)
썰매(말·개·순록에게 끌게 하는 사람·짐 운반용), 발구	**сани** (싼)
썰매(발구)의 채, 발; 미끄럼대	**полоз салазки** (뽈로즈) (쌀라즈끼)

- 864 -

썰매; (놀이용) 소형 썰매. кататься на ~ах 썰매를 타다	**санки** (싼끼)
썰매의, 미끄러운 부분 ~путь 썰매길	**санный** (싼느이)
썰물, 간조, 날물, 낙조,	**отлив** (앝를리프)
쎈인트 러시아	**Сент-Люссия** (쎈뜨-류씨이야)
쏘는 것, 타는 듯한 아픔,	**жжение** (쥐쳬니예)
쏘다, 사격하다	**стрелять бить** (스뜨렐랴찌)(비찌)
쏘아 갈기다(지르다), 사격(포격)을 가하다	**обстреливать** (아브쓰뜨렐리와찌)
발포하다, 사격하다, 포화를 퍼붙다	**обстрелять** (아브쓰뜨렐랴찌)
쏘아[두들겨] 떨어뜨리다; (시세 따위를) 떨어뜨리다	**сносить** (스나씨찌)
쏘아붙이는, 꼬집는, 신랄한	**колючий** (깔류치이)
쏘아서 뚫다	**прострелить** (쁘라쓰뜨렐리찌)
쏘아죽이다	**стрелять** (스뜨렐랴찌)
쏟다, 쏟아넣다, 쏟아담다, 털어내다	**высыпать всыпать** (븨씨빠찌)(프씨빠찌)
쏟뜨려 더럽히다	**обливать** (아블리와찌)
쏟아 덜다, 따르다, 쏟다, 붓다, 흘리다	**отливать** (앝리와찌)
쏟아(뿌려)넣다	**ссыпать** (스쉴샤찌)

쏟아지다, 헤뜨려지다, 흐르다, 흘러 떨어지다	**высыпаться** (븨씨빠쨔)
쏟아지다, 흘러나오다, 새어나오다, 흘러넘치다	**разливаться** (라슬리 와쨔)
쏟아진다, 떨어지다	**валить** (왈리찌)
쏠다, (쏠아서) 못쓰게 하다	**поесть** (빠예쓰찌)
쏠리다, 지향하다: 집중되다	**устремляться** (우쓰뜨레믈랴쨔)
쏠림, 마찰	**трение** (뜨레니예)
쏠아(과먹어)구멍을 내다	**проесть** (쁘라예쓰찌)
쏴죽이다, 사살하다	**застрелить пристрелить** (자쓰뜨렐리찌), (쁘리쓰뜨 렐리찌)
쐐기; вбивать ~ 쐐기를 치다(박다)	**клин** (클린)
쐐기처럼 박다, 끼우다, 밀어 넣다	**вклиниваться** (프클리니와쨔)
쐐기풀, 가시가 많은 풀	**крапива** (크라삐와)
쑤석거리게(흥분하게.동요하게) 되다	**заволноваться** (자볼노와쨔)
쑤석거리다, 동요시키다; (물결·액체를) 휘젓다	**перемесить** (뻬레몌씨찌)
쑤석거린; 흥분한; 동요한	**взволнованный** (쓰발노완느이)
쑤셔넣다, (꽉) 채워 넣다, 눌러 으깨다	**вдуть смять** (프두찌) (스먀찌)
쑤시는 것, 아픔	**нытьё** (늬찌요)
쑤시다, 시근거리다, 쏘다; 자리자리하다, 시근거리다	**ломить**

	(라미 찌)
쑤시다, 후비다, 우비어(호비어, 쑤서)넓히다	**расковырять** (라쓰까브 랴찌)
쑥 끼우다(입다, 신다), 쑥 벗기다, 살짝 넣다	**всунуть** (프쑤누찌)
쑥 내민 곳, 돌출부	**выступ** (븨쓰뚜쁘)
쑥 들어가다, 꺼지다, 오므라들다	**вваливаться** (프왈리와짜)
쑥(국화과의 여러해살이풀), 다북쑥, 애초	**полынь** (빨릔니)
쑥의 일종, 사철쑥류(의 잎) 초제(醋製)	**эстрагон** (에쓰뜨라곤)
쑬쑬하다, 보통이다	**так-сяк** (따크-쌰크)
쓸쓸한, 궁벽한, 한적한; 외로운, 고독한	**укромный** (우크롬느이)
고독한, 쓸쓸한, 사는 사람이 없는	**уединёный сиротливый** (우에지뇨느이) (씨로뜰리브이)
쓰게, 몹시, 통렬히, 가차없이, 씁쓸히	**горько** (고리까)
쓰기, 씀, 집필, 필체, 서적저술	**запись** (자삐시)
쓴 것, 저작, 저술, 문서, 서류	**литература письмо** (리쩨라뚜라) (삐시모)
쓰기(맞춤법), 철자법, 한글맞춤법	**написание** (나삐**싸**니예)
쓰다, 들이다, 소비하다; 다 써 버리다	**истратить** (이쓰뜨**라**찌찌)
쓰다, 사용(이용.소모.적용)하다	**пользоваться привлекать** (뽈조와쨔) (쁘리블레까찌)
활용하다, 소용되게하다	**использовать затратить**

	(이스뽈조 와찌) (자뜨라찌찌)
쓰다, 소비(지출)하다; ~деньги 돈을 쓰다	**тратить** (뜨라찌찌)
쓰다, 소비(지출.사용)하다	**израсходовать** (이즈라쓰호도와찌)
쓰다, 쓰는 일을 하다, 저술하다. 집필하다	**писать, пописать** (삐싸찌)(빠삐싸찌)
쓰다듬다, 어루만지다; 주름을 펴다	**выгладить погла-дить** (븨글라지찌)(빠글라지찌)
쓰라리라, 괴롭다	**горько** (고리까)
쓰라린, 견디기 어려운, 괴로운, 쓰디쓴 슬픈	**горький** (고리끼이)
쓰라림, 비애悲哀), 애상(哀傷)	**горечь** (고례치)
쓰러지다, 뻗다. (동물이) 죽다, (식물이) 말라 죽다	**подохнуть** (빠다흐누찌)
쓰레기(모래) 등으로 어지럽히다, 더럽히다	**засорять** (자쏘랴찌)
쓰레기, 먼지; 불결물, 오물	**грязь** (그랴지)
쓰레기, 음식 찌꺼기, 잔반(殘飯); 폐기물,	**мусор** (무쏘르)
쓰레기, 잡동사니, 폐물(廢物); 고철. 지저깨비,	**отстой** (앗쓰또이)
쓰레기, 폐물; 잡동사니	**дрянь отбросы** (드랸니)(아트브로씌)
쓰레기를 버리는 구멍	**мусоропровод** (무쏘로쁘로볼)
쓰레기의, 잔반(殘飯)의; 폐기물의	**мусорный** (무쏘르느이)
쓰이다, 사용되다	**употребляться** (우빠뜨레블랴쨔)

- 868 -

이용되다, 필요하다	**идти писаться** (잇찌), (삐싸짜)
쓰이지 않게 되다, 버려지다	**вывестись** (븨볘쓰찌씨)
쓰이지 않는, 사용(통용)되지 않는	**неупотребительный** (녜우쁘뜨레 비쩰느이)
쓰임, 이용, 사용, 용도	**использование** (이쓰뽈리조와니예)
쓰지 않은 것, 사용(이용)하지 않은 것	**неприменение** (녜쁘리몌녜 니예)
쓰지않은, 사용하지 않은, 공뜬	**неиспользо-ванный** (녜이쓰뽈조완느이)
쓴 것; 문서, 서류; 문장	**писчий** (삐쓰치이)
쓴(매운) 맛이 나다	**горчить** (가르치찌)
쓴, 매운, 아린	**горький** (고리끼이)
쓴맛, 매운맛	**горечь** (고례치)
쓴맛, 씀; 신랄함, 빈정댐; 슬픔, 괴로움	**ожесточение** (아줴쓰또체니예)
쓴맛이 도는, 아린	**прогорклый** (쁘라골끌느이)
쓸다, 비질하다, 소제하다, 깨끗이 하다	**обмести** (압몌쓰찌)
쓸어없애다, 청소하다	**обметать подмести мести** (오몌따찌)(빠드몌쓰찌) (몌쓰찌)
쓸데 없이 해보다; 느릿느릿 일하다	**повозиться** (빠뵈지짜)
쓸데(쓸모), 소용없는, 불필요한	**ненужный** (녜누즈느이)

쓸데(쓸모, 소용)없는, 알맞지 않는	**непригодный** (네쁘리고드느이)
쓸데없는 것, 하찮은 것 하찮은 녀석,	**шалтай-болтай** (샬따이-볼따이)
쓸데없는 논쟁, 지루한 논쟁	**препирательство** (쁘레삐라쩰쓰뜨붜)
쓸데없는, 쓸모없는, 무익한; 헛된, 필요없는	**излишний** (이즐리쉬 니이)
쓸데없이, 공연히, 헛되이; 부질없이	**попусту даром** (뽀뿌쓰뚜)(다롬)
쓸모없이, 무익하게	**впустую, бесполезно** (프뿌쓰뚜유), (볘쓰빨레 즈나)
쓸리다, 닳다	**стереться** (스쩨레짜)
쓸리어 끊어지다	**перетереться** (뻬레쩨레짜)
쓸모 있는 것, 유용성	**пригодность** (쁘리고드노쓰찌)
쓸모있는, 사용할 수 있는, 사용 가능한	**пригодный, полезный** (쁘리고드늬이) (빨례즈느이),
쓸모있다, 적당하다, 맞다	**годиться** (가지쨔)
쓸만하다, 필요(유용)하다	**пригодиться** (쁘리가지쨔)
쓸모(소용) 없는 것, 무용지물	**негодность** (녜곧노쓰찌)
쓸모, 이익; без ~у 공연히, 쓸데없이	**толк** (똘크)
쓸모[소용]없는, 무익한, 아무 짝에도 쓸데없는	**ненадобность** (녜나도브노쓰찌)
쓸모없게 되다, 시대에 뒤지게 되다	**отжить** (아트쥐찌)
쓸모없게 만들다, 시대에 뒤지게 하다	**устаревать**

	(우쓰따레와찌)
쓸모없이 빈들거리는 사람	**развалина** (라스왈리나)
쓸모없는(사람), 변변치못한(인간);	**шалопай** (샬로빠이)
놀고 지내다, 빈둥(빈들빈들)거리다	**шалопайничать** (샬로빠이니차찌)
쓸모없는, 못쓸, 적합지 않은	**негодный** (네곤느이)
쓸어넣다, 처넣다, 쫓아 보내다	**упрятать** (우쁘랴따찌)
쓸어 모으다, 휘몰아오다	**намести смести** (나몌스찌) (스몌스찌)
쓸어가다, 씻어 내려가다. 휘몰아치다	**мести** (몌스찌)
쓸어내다, 쓸어버리다, 소제하다	**вымести смыть** (븨몌스찌) (스믜찌)
쓸어버리다, 소탕하다	**смести** (스몌스찌)
쓸어서 구멍을 내다	**прогрызать** (쁘라그릐자찌)
씌어 있지 않은, 기록해두지 않은; 구두[구전]의,	**неписаный** (네삐싸느이)
씌우개; 덮개, 뚜껑	**наконечник, колпак, покрышка** (나꼬녜츠니크) (깔르빠크) (빠끄릐쉬까)
씨(앗), 종자(種子), 열매	**семя, семена, семечко** (쎄먀) (쎄메나) (쎄메츠꼬)
씨(앗)발육업, 종자개량사업, 열매	**семеноводство** (쎄메노보드쓰뜨붜)
씨눈, 배, 배아, 태아	**зародыш** (자로듸쉬)
씨눈이 나다, 태어나다; 발생하다, 생기다	**зарождаться**

- 871 -

	(자로즈다쨔)
씨를 뿌리다, 파종하다, 흩뿌리다	**засевать, рассеивать, засеять** (자쎄 와찌)(라쓰쎼이와찌)(자쎄야찌)
씨름 선수, 격투하는 사람	**борец** (바레쯔)
씨름을 하다	**бороться** (바로짜)
씨방, 식물 씨앗집, 자방, 결실	**завязь** (자뱌지)
씨뿌리기(철), 파종시기	**посевная** (빠쎄브나야)
씨뿌리기, 파종(播種); 씨 뿌린 밭; 뿌린 씨	**посев сев** (빠쎄프) (쎄브)
씨앗을 뿌리다, 흩뿌리다, 파종하다	**сеять** (쎄야찌)
씨족(氏族), 일문(一門), 벌족(閥族), 친족, 친척, 일가	**род** (롣)
씩[싱긋] 웃음 ~ зубы 이빨을 드러내다(웃다)	**скалить** (스깔리찌)
씩[싱긋] 웃음	**оскалить[ся]** (아쓰깔리찌)
씩씩한, 원기있는	**ретивый** (레찌브이)
씩씩해지다, 생기발랄해지다	**бодриться** (바드리짜)
씹는 사람[것]; 분쇄기, 고기 다지는 기계	**жевание** (줴와니에)
씹다 깨물어 바수다 (음식물을) 씹다, 분쇄하다	**жевать** (줴와찌)
씹다, 깨물다	**разжевать** (라스줴와찌)
씻가시다, 헹구다, 가시다, 물로 씻어내다	**ополоснуть**

	(아빨로쓰누찌)
씻개, 씻는 기계 세면대	**мойка** (모이까)
씻기, 세척	**промывание** (쁘로므와니예)
씻다, (머리를)감다, 샴푸하다	**шампунь** (샴뿐니)
씻다,(몸의 아랫도리를) 씻어주다	**подмывать** (빠드믜와찌)
씻다, 세척하다, 빨다	**мыть** (믜찌)
씻다, 훔치다, 닦다, 청소(.세척.깨끗이)하다	**стереть обтирать** (스쩨레찌), (압찌라지)
씻다; ~의 얼굴[손, 발]을 씻다	**омыть обмывать** (아믜찌) (압믜와찌)
~을 끼얹어 씻다, 빨다, 세탁하다	**промыть, обмыть** (쁘로므찌) (옵므찌)
씻어 내리다, (파도 따위가) 쓸어가버리다	**вздрогнуть** (쓰드로그누찌)
씻어없어지다, 씻어서 깨끗해지다	**отмываться отмыться** (아트므와쨔), (앝믜쨔)
씻어내다, 떠내려 보내다	**вымыть(ся)** (븨믜찌) (븨믜쨔)
씻어 내리다, 휩쓸어가다	**прополоскать** (쁘라뽈까쓰까찌)
씻어지다, 씻어 없어지다	**смыться** (스믜쨔)

ㅇ

아!, 아야, 아이쿠, 아이구!, 어이!(놀라움.고통.기쁨.유감을 표시)	**ой** (오이)
아!, 아차! 악! 하고 소리치다	**ахать, ахнуть** (아하찌), (아흐누찌)
아가리, 주둥이, 입구, 모가지, (병.그릇.항아리의) 목	**горлышко** (고를릐쉬꼬)
아가미, (게의) 자부럼, (물고기의) 아가미	**жабры** (좌브릐)
아가서(雅歌書)(Книга Песни Песней Соломона, 8장)	**Песн** (뻬슨)
아가씨, 아씨, 처녀(處女)	**барышня** (바르쉬냐)
아교; 끈적끈적한 물건; 접착제, 풀	**клеевой** (클레예보이)
아교(접착제)로 붙이다	**обклеивать, обклеить** (압클레이와찌), (옵클레이찌)
아귀, 아가리, 주둥아리, 조동아리, 조동이,	**рот** (로트)
아기에게 기저귀를 채우다. 포대기로 폭 싸다	**пеленать** (뻴레나찌)
아까워하지 않다	**щедриться** (쉐드리쨔)
아껴 쓰다, 소중히 다루다, 절약하다	**беречь** (베레치)

- 875 -

아끼다, 빼앗지 않다, 인정(자비를)베풀다	**щадить, пощадить** (쌰지찌) (뽀쌰지찌)
아끼지 않은, 절약하지 않은, 헙헙한	**небережливый** (네베레즈리브이)
아낙네, 부녀자(婦女子)	**баба** (바바)
아내, 부인, 처, 마누라 *уменьшит. от* жена	**жёнушка жена** (죠누쉬까) (줴나)
아늑(아담)하지 않은, 쓸쓸한, 스산한	**неуютный** (네우유뜨느이)
아늑, 포근, 아담, 안락; 기분좋음	**уютность** (우유트노쓰찌)
아는 것, 지식, 학식	**знание** (즈나니예)
아는 사람, 낯이 익은 사람	**знакомый** (즈나꼬므이)
아는 사이, 교제, 아는 사람들	**знакомство** (즈나꼼쓰뜨붜)
아니 그래요? 정말인가?	**неужели** (네우줼리)
아니(뜻밖의 발견인식을 나타내어) 저런.어머. 그야.물론(이지)	**э** (에)
아니(뒤에 오는 단어의 뜻을 부정함) ~않다,~아니다	**не** (네)
아니다(부정의 뜻); ~не пойду 아니오, 안가겠소	**нет** (넷트)
아담하게, 아늑하게	**уютно** (우유트나)
아담한, 아늑한, 알뜰한, 아담스럽다	**уютный** (우유트느이)
아동, 어린이, 소년, 소녀	**малолетний** (말랄레뜨니이)

아둔패기, 바보, 고집쟁이, 고집통이	**мул** (물)
아득히 보이다, 멀리서 아물거리다, 얼씬거리다	**маячить** (마야치찌)
아들, 자식(子息)	**сын** (씐)
아래(쪽으)로; (밑으로) 내려	**внизу, вниз, книзу, ниже** (브니주)(브니즈)(크니주)(니줴)
아래로부터, 밑으로부터	**снизу** (스니주)
아래에 서술된	**нижеизложенный** (니줴이즐로줸느이)
아래에 있는, 아래; ~ий этаж 아래층, 하층, 밑층	**нижний** (니취니이)
아래에(밑에) 서명한	**нижеподписавшийся** (니줴뽀드삐싸브쉬이쌰)
아래에, 밑에; 땅에 가깝게	**понизу внизу** (뽀니주)(브니주)
아래턱, 아래쪽의 턱. 하악(下顎)	**подбородок** (빧보로독)
아량 있는, 도량이 큰	**великодушный** (벨리까두쉬느이)
아로마 향기(香氣), 향미(香味)	**аромат** (아라마트)
아름, 둘레의 길이	**обхват** (압흐와트)
아름다운, 고운, 어여쁜, 훌륭한	**красивый, прелестный** (크라씨브이)(쁘렐레쓰뜨느이)
아름다운, 훌륭한, 매우 좋은, 아주예쁜	**прекрасный** (쁘레크라쓰느이)
아름다움, 미(美), 맵시	**краса, красота** (크라싸), (크라싸따)
아름다움; 매력(魅力); ~и 좋은점, 우수점	**прелесть**

(쁘렐레쓰찌)

아름답게 보이다, 자기의 미를 나타내다	**красоваться** (크라싸와짜)
아름답게하다, 미화하다(부정적인 것이 눈에 뜨이지 않게 하다)	**скрасить** (스크라씨찌)
아름답게, 곱게, 곱다랗게, 예쁘장하게, 예쁘게	**красиво** (크라씨붜)
아리송한, 흐린, 흐리터분한, 어렴풋한, 애매한	**неясный** (네야쓰느이)
아리송(혼몽,어슴푸레.아리아리)해지다	**затуманиться** (자뚜마니쨔)
아마 ~지도 모른다, ~것 같다 어쩌면, 아마	**возможно** (바즈모즈나)
아마 ~할(될) 것이다	**должен** (돌줸)
아마 빛, 연한 갈색, 누르스름한	**русый** (루쓰이)
아마(도), 분명하게[히], 의심없이, 보기에는	**по-видимому** (빠-비지모무)
아마(도), ~것 같다, 보건대	**казаться** (까자짜)
아마(亞麻); 아마섬유; 아마 천, 리넨(linen); 담황갈색	**лён** (룐)
아마 기억하건대	**помнится** (뽐니쨔)
아마, 보건대, 짐작컨대; ~인 것 같다	**наверное** (나볘르노에)
아마, 필시, 대개는, 보건대; 틀림없이	**очевидно вероятно** (아체비드나)(붸라야뜨나)
아마, 아마도, 행여나, 설마, 혹, 혹시	**авось, возможно, разве** (아붜시)(바즈모즈나)(라스붸)
아마 미팅하는 것이(만남에 대해) 어떻습니까	**можетбыть** (마줴트븨찌)

- 878 -

아마도, ~지도 모른다, ~일 수도 있다	**пожалуй** (빠좔루이)
아마섬유(亞麻纖維)	**льноволокно** (엘나발라크노)
아메바(amoeba)	**амеба** (아묘바)
아모스 (Книга Пророка Амоса, 9장) (끄니가 쁘로로까 아모사)	**Амоса** (아모사)
아무도~않다	**некого, ничья, никем, ни о ком** (네카고(보)) (니치야) (니쩸) (니 오 꼼)
아무도~않다. 누구도	**никто, никого, никому, никем** (니끄또),(니까보), (니까무), (니쩸)
아무 것[아무 일]도 ~아님[하지 않음]; 전혀 ~않음	**ни о чём** (니 오 촘)
아무 것(아무 일)도 ~아님(하지 않음)	**нечего нечем нечему** (네체보) (네쳄) (네체무)
아무 것도, 어떤 것도, 무엇이든[나], 어느[어떤] 것이든	**ничему** (니체무)
아무 데도 ~없다 ~할 곳이 없다	**негде, неоткуда, некуда** (네그제)(네아뜨꾸다) (네꾸다)
아무가 없는 곳에서,~이 없을 경우에	**заочный** (자오츠느이)
아무개, 그 어떤, 모(某)	**такой-то** (따꼬이-따)
아무것도, 어느 것도	**ничто, ничего, ничему, ничем ни о чём** (니쉬또) (니체보) (니체무), (니쩸), (니 오 촘)
아무데도, 아무데나, 어느 곳에도, 어디서도	**нигде никуда** (니그제) (니꾸다)
아무데로부터, 어디서부터, 어디서나	**ниоткуда** (니오뜨꾸다)
아무런, 여하한, 하등의	**никакой** (니깍꼬이)

한국어	러시아어
아무리 ~할지라도[해도], 아무리 ~라도[하더라도]	**как** (까크)
아무리 해도 어떤식[방법]으로든 어떻게든	**шаляй-валяй** (샬래이-왈래이)
아물(가물)거리는 것	**рябь** (랴비)
아버지(부친), 어버이 아버님, 부친	**отец, папаша** (아쩨츠)(빠빠샤)
아버지의, 어버이의, 어버이다운	**отцовский** (앗촙쓰끼이)
아버지[조상]의 이름을 딴, 부칭(父稱), 성, 성씨	**отчество** (올체쓰뜨뵈)
아부, 아첨, 맹종; 사대주의	**низкопоклонство** (니즈꼬뽀끌론쓰뜨뵈)
아부(굴종.추종)하다, 비굴하게 굴다	**раболепствовать** (라발례쁘쓰 뜨붜와찌)
아빠, 아버지, 빠빠	**папа папка** (빠빠) (빠쁘까)
아성(牙城), 성새(城塞)	**цитадель** (찌따젤)
아세톤(acetone)	**ацетон.** (아쩨똔)
아세틸렌(acetylene)	**ацетилен** (아쩨찔렌)
아스선, 접지선	**заземление** (자젬레니예)
아스콘, 아스팔트(asphalt), 지역청, 토역청(土瀝靑)	**битум** (비뚬)
아스팔트(asphalt) 지역청	**асфальт** (아쓰팔트)
아스팔트로 포장하다	**асфальтировать** (아쓰팔찌로와찌)
아스피린(aspirin: 해열진통제)	**аспирин**

	(아스삐린)
아시아(亞細亞)	**Азия**
	(아지야)
아씨 마담, 부인, 귀부인	**дама**
	(다마)
아양, 교태, 애교, 교기(驕氣), 자미(姿媚)	**кокетство**
	(꼭꼐 뜨스뜨뷔)
아양부리기; 아양, 교태; 요염함	**кокетство**
	(꼭꼐뜨스뜨뷔)
아양부리다, 아첨하다	**лебезить егозить**
	(레베지찌) (예고지찌)
아연(亞鉛: 기호 Zn; 번호 30)	**цинк**
	(찐크)
아연을 칠하다, 아연도금을 하다	**оцинковать**
	(아친꼬와찌)
아연케 하다, 휘두르다, 얼떨떨하게 만들다	**ошеломить**
	(아쉘로미찌)
아찔하게 하다 마취(기절)시키다; 정신을 잃게 하다	**ошеломлять**
	(아쉘로믈랴찌)
아옹다옹하다, 서로 다투다	**грызться**
	(그릐즈짜)
아이!, 어이!, 에이쿠(나)	**ай!**
	(아이!)
아이, 사내(남자)아이(17,18세까지); 젊은이, 청년	**мальчишка**
	(말치스까)
아이, 어린이	**ребёнок, дитя**
	(레뵤노크) (지쨔)
아이가 많은, 자식이 많은	**многодетный**
	(므나가졔뜨늬이)
아이다운, 소년다운	**мальчишеский**
	(말치쉐쓰끼이)
아이들, 어린이들, 아동	**детвора, ребята, дети**

한국어	러시아어
	(제드뷔라) (레뱌따) (제찌)
아이디(ID; 개인식별기호)	**Гайти** (가이찌)
아이론, 다리미, 인두; гладить ~ом 다리미로 다리다	**утюг** (우쮸그)
아이를 낳는, 출산하는; 달이 찬, 만삭의	**родовой** (라도보이)
아이를 낳다. 출산하다, (열매)맺다; (꽃)피다	**уродить родить** (우라지찌) (라지찌)
아이를 잠재우다	**качать** (까차찌)
아이를 지우다	**аборт** (아보르트)
아이스크림(ice-cream) 얼음과자,	**мороженое, пломбир** (마로줴노에) (쁠롬빌)
아이스하키; ~ на траве 필드하키	**хоккей** (학께이)
아이에게 세례를 주다, 유아 세례	**крестить** (크레쓰찌찌)
아이올로스(바람의 신)	**Эол** (에올)
아주 같은[한가지인], 아무래도[어느 쪽이든] 상관 없는	**всё** (프쑈)
아주 고된, 고달픈, 기진맥진케 하는	**изнурительный** (이즈누리쩰느이)
아주 눅은 값, 싼값	**дешевизна** (제쉐비즈나)
아주 드묾; 진기, 희박; 진품. (보기) 드문 현상	**редкость** (레드꼬쓰찌)
아주 불쾌한	**явный** (야브느이)
아주세밀하게	**скрупулёзно** (스크루뿔료즈나)

아주세밀한, 정밀한	**скрупулёзный** (스크루뿔료즈느이)
아주 싸게, 헐값으로, 굉장히 싼, 무가치 한	**нипочём** (니뽀촘)
아주 오랜; 나이 많은	**древний** (드레니이)
아주 작은(적은)	**крохотный, крошечный, маломальский** (크로호뜨느이), (끄로쉐츠느이)(말라말쓰끼이)
아주 조금, 겨우겨우, 간신히, 가까스로, 겨우	**едва** (예드와)
아주 큰, 대(大)	**великий** (벨리끼이)
아주 훌륭하게	**роскошно** (라쓰꼬쉬나)
아주 훌륭한, 굉장한	**роскошный** (라쓰꼬쉬느이)
아주, 자못, 매우 대단히	**весьма** (볘시마)
아주, 전적으로, 완전히; 전혀	**дотла, совершенно, вконец** (다뜰라) (싸볘르쉔나) (프까녜쯔)
아주까리기름, 피마자유 (касторовое масло)	**касторка** (까쓰또르까)
아주 많다, 엄청나게 많다	**бездна** (볘즈드나)
아지랑이, 실안개 안개, 이내; 농무	**мгла, дымка, вуаль** (므글라) (딈까) (붸알)
아직 경작되지 않은, 미개간의.	**некультурный** (네꿀뚜르느이)
아직(도), 상금, 여전히	**все, всё** (프쎼) (프쑈)
아직, 한 번 더, 더욱; 아직도, 아직껏; 아직까지는	**ещё** (예쇼)

아차!, 아이고!	**ax!** (아흐)
아첨(阿諂), 아부, 발라맞춤, 알랑거림	**подхалимаж, лесть** (빤하리마즈) (레쓰찌)
아첨쟁(장)이, 아첨(부)꾼, 따리꾼	**подлиза подхалим, льстец** (빠들리자) (빤하림) (엘쓰쩨쯔)
아첨하는, 발라맞추는	**лестный** (레쓰뜨느이)
아첨하다, 굴복하다, 굽실거리다	**польстить пресмыкаться** (빨쓰띠찌) (쁘레쓰믜까쨔)
아첨하여 신망을 얻다	**выслуживаться** (븨쓸루쥐와쨔)
아치(arch), 아치문(arch 門)	**арка** (아르까)
아치, 홍예; 아치 길; 아치 문. 둥근천장, 궁륭(穹窿)	**свод** (스보드)
아치이맛돌(건축의), 종석(宗石); 열쇠, 열쇠 모양의 물건	**ключ** (클류치)
아치형으로, 궁형으로, 활 모양의 둥근	**дугообразный** (두가브라즈느이)
아치의, 홍예가 있는, 궁형의	**сводчатый** (스뷔드차뜨이)
아침, 오전; с самого ~а 이른 아침부터	**утро** (웃트러)
아침밥, 아침식사, 조찬회; лёгкий ~ 간단한 아침식사	**завтрак** (자브뜨라크)
아침에, 조기에, 아침때에	**утром** (웃트람)
아침식사를 하다	**завтракать** (자브뜨라까찌)
아침의 냉기, (봄, 가을의) 아침의 찬 기운	**заморозки** (자모로즈끼)
아침의; ~яя заря 아침노을; ~яя зарядка 아침체조	**утренний**

- 884 -

	(웃트렌니이)
아침이면, 다음날 아침에	**наутро** (나우뜨로)
아카데미	**академик академия** (아까제미크) (아까제미야)
아카시아	**акация** (아까찌야)
아코디언(accordion), 손풍금	**гармонь** (가르모니)
아코르데옹 핸드오르간(hand organ)	**гармошка** (가르모쉬까)
아크, 전호(電弧), 전기불길	**дуга** (두가)
아트로핀(atropine: 벨라도나에서 채취하는 유독 식물 염기)	**атропин** (알로삔)
아파트, 주택, 사택	**квартира** (크와르찌라)
아파하는, 상처입은; 마음 아픈; 감정이 상한	**огорчённый** (아가르쵼느이)
아편중독, 아편과 같은 것	**опиум** (오삐움)
아편, 검은약, 애편, 약담배 모르핀(morphine)	**опий** (오삐이)
아프게 하다, 괴롭히다; ~душу 마음을 괴롭히다	**раздирать** (라스지라찌)
아프게, 고통스럽게	**больно** (볼나)
아프기 시작하다	**заболеть** (자볼레찌)
아프다, 고통스럽다	**больно** (볼나)
아프지 않은, 진통이 없는	**безболезненный** (베즈볼레즈네느이)

- 885 -

아픈, 괴로운 ~ые ощущения 아픈 느낌, 통감	**болевой** (발례보이)
아픈 곳을 찌르다	**растравить** (라쓰뜨라비찌)
아픔, 고통(苦痛); 통증(동통), 산통	**боль, колики** (볼)(꼴리끼)
아픔을 느끼다, 아프다	**болеть** (발례찌)
아픔을 주는(자극)	**болевой** (발례보이)
아픔이 쑤시는 것 같은, 쿡쿡 쑤시는	**режущий** (레쥬쉬이)
아홉 번째, 제9(구), 9의, 9명(개)의	**девятый** (제배뜨이)
아홉(9), 9의 숫자,(기호: 9, ix, IX)	**девять** (제배찌)
아황산염(亞黃酸鹽)	**сульфит** (술피트)
아흔 번째, 제90	**девяностый** (제배노쓰뜨이)
아흔, 90(구십)	**девяносто** (제배노쓰다)
악, 죄악, 해독, 폐단	**зло** (즐로)
악극의 시도(示導) 동기; 주악상	**лейтмотив** (레이뜨모찌프)
악기(樂器) музыкальные ~ы 악기	**инструмент** (인쓰뜨루멘트)
악기를 조율하다 조음하다	**настраиваться** (나쓰뜨라이와쨔)
악기의 음을 맞추는 것, 조율	**настройка** (나쓰뜨로이까)

악기의 줄, 끈, 실	**струна** (스뜨루나)
악담 하는자, 고자질하는 사람, 밀고자	**ябедничать** (야베드니차찌)
악담, 뒷소리, 비방, 중상, 무고, 참소	**кляуза, брань** (클랴우자)(브란니)
악담을 퍼붓다, 욕설을 하다, 헐뜯다	**злословить** (즐로쓸로비찌)
악당(惡黨), 강도단, 도둑	**банда** (반다)
악당, 악인, 악한 깡패, 불한당	**орда, свора, шельма** (아르다)(스보라)(쉘마)
악마, 악귀, 귀신, 마귀	**бес, шайтан, дьявол, демон** (볘쓰)(샤이딴)(디야볼)(제몬)
악명 높은, 악랄한	**пресловутый** (쁘레쓸로부뜨이)
악몽(惡夢), 나쁜 꿈	**кошмар** (까쉬말)
악보대, 보면대	**пюпитр** (쀼삐뜰)
악센트, 역점(力點)	**акцент** (악쩬트)
악수(握手); ~ руки 악수	**пожатие, рукопожатие** (빠좌띠예) (루까쁘좌찌예)
악어(鰐魚)	**крокодил** (크로꼬질)
악에 받치게 하다, 악하게 하다, 사나워지게 하다	**озлоблять** (아즐로블랴찌)
악에 받친, 악의를 품은, 극악한	**озлобленый** (아즐로블레느이)
악운, 나쁜 운수	**незадача** (네자다차)
악의 없는, 착한, 선량한, 순진한	**безобидный беззлобный**

	(베조비드느이) (베즐로브느이)
악의 있는 말을 하다, 심술궂은 말하다	**ехидствовать** (예히드쓰뜨붜 와찌)
악의 있는, 심술궂은(사람·행위)	**вредно** (프레드나)
악의(악감)를 품은, 악의있는, 심술궂은	**недоброжелательный** (네다 브로줼라쩰느이)
악의(惡意), 적의(敵意), 악감, 사악	**недоброжелательность** (네다브로줼라쩰노쓰찌)
악의, 심술; 원한, 앙심	**назло, злость, зло** (나즈로) (즐로) (즐로쓰찌)
악의, 악심, 악감, 격분(激忿) 원한, 독살	**злоба, озлобление** (즐로바) (아즐로블레니예)
악의를 품고, 독살스럽게, 악에 받쳐	**зло** (즐로)
악천후 기상	**нелётный** (넬료뜨느이)
악취, 고약한 냄새	**смрад** (스므라드)
악취가 풍기는, 나쁜 냄새가 나는	**зловонный** (즐로본느이)
악평; 중상; 험구; 비방	**сплетня** (스쁠레쨔)
악한, 불량배, 깡패 악독한 놈	**злодей, жук** (즐로제이) (주크)
악한의 일당, 악당, 도둑의 무리	**шайка** (샤이까)
악행(惡行), 나쁜 짓, 악업, 악행위	**злодейство, злодеяние** (즐로제이쓰뜨붜, 즈로제야니예)
악화되다, 나빠지다	**покачнуться** (빠까츠누쨔)
악화시키다, 심하게(성나게) 하다, 괴롭히다	**прогрессировать** (쁘라그레씨로와찌)

안, 내부(內部), 내면, 속	**внутренность** (브누뜨렌노쓰찌)
안개 끼다, 안개에 덮이다, (눈이) 흐려지다	**затуманиться** (자뚜마니쨔)
안개(김.연무)로 덮이다, 김으로 뿌예 지다	**вспотеть** (프쓰빠쩨찌)
안개; 농무(濃霧)의 기간; 연무(煙霧) 아지랑이, 이내	**туман** (뚜만)
안개가 내린다, 이슬이 내리다	**падать** (빠다찌)
엔트로피(entropy)	**энтропия** (엔뜨로삐야)
안경(眼鏡); 애체; 개화경(開化鏡)	**очки** (아치끼)
안경집	**очечник** (아체츠닉)
안과의사(眼科醫師)	**глазник окулист** (글라즈니크) (아꿀리쓰트)
안구; 원형으로 된, 공, 이과(梨果), 금속구(金屬球)	**яблоко** (야블로까)
안내(인솔)하다, 이끌다, 인도하다, 데리고 가다	**проводить** (쁘라붜지찌)
안내서(案內書)	**проспект путеводитель** (쁘라쓰뻭트) (뿌쩨붜지쩰)
안내자, 가이드, 지도자, 길잡이	**кондуктор, проводник, гид** (깐두크따르)(쁘라붜드닠)(기드)
안내인, 접수원, 문지기, 수위	**билетёр** (빌롓죠르)
안내하다, 인도하다~를 인도하다, 지도하다, 이끌다	**вести** (붸쓰찌)
안녕! ~й! 안녕히; ~йте! 안녕히 계십시오(가십시오)	**прощать** (쁘라샤찌)

- 889 -

안녕!, 헤어짐, 이별; 사별, 고별	**напутственный** (나뿌뜨쓰뜨벤느이)
안녕을 말하다, ~에게 작별을 고하다	**распроститься** (라쓰쁘로쓰찌쨔)
안녕히; ну, ~ 그럼, 안녕히, 그럼 또 보세!	**пока** (빠까)
안락, 자유, 편리	**комфорт, раздолье, уют** (깜포르트) (라스돌리예)(우유트)
안락의자, 팔걸이의자	**кресло** (크레쓸로)
안락한, 아담한, 매우 편리하게 꾸린	**комфортабельный** (깜포르따벨느이)
안마, 문지르기, 마사지(massage), 두드리기	**массаж** (마쌰즈)
안마전문가	**массажист** (마쌰쥐쓰뜨)
안무(안마 비슷한) 뜀틀(체조 경기용), 목마	**конь** (꼰니)
안면, 어깨 등의 경련	**тик** (찌크)
안부(인사)를 보내다(전하다)	**кланяться** (클라냐쨔)
안사돈, 사돈댁	**сватья** (스와찌야)
안식일 ~ ведьм (연 1회 야밤중에 열린다는) 악마의 연회	**шабаш** (샤바스)
안심, 안녕, 침착, 고요한 마음	**спокойствие** (스빠꼬이쓰뜨비예)
안에, 속에, 내부에	**внутри** (브누뜨리)
안에서, 내부로부터; запирать ~ 안으로 잠그다	**изнутри** (이즈누뜨리)
안온한, 나약한, 연약한	**изнеженный**

	(이즈네쳰느이)
안온한, 풍파가 없는, 평온한, 고요한	**безмятежный** (베즈먀쩨즈느이)
안와(眼窩) (orbit), 눈구멍	**орбита** (아르비따)
안으로 들어가다, 기어들어가다	**лезть** (레즈찌)
안으로(이끌어) 들이다 삽입하다, 끼워넣다	**отрекомендоваться** (앗레까몐다와쨔)
안으로, 속으로, 내부로	**внутрь** (브누뜨리)
안일(安逸), 허송세월(虛送歲月)	**безделье** (베즈젤예)
안일성, 무사태평(無事泰平)	**беспечность** (볘쓰뼤치노쓰찌)
안장; (자전거의) 안장, 안장같은 것	**оседлать** (아쎄들라찌)
안전 장치, 안전판 ~шнур 완연도화선	**бикфордов:** (빅포르다프)
안전(安全), 무사(無事), 무고, 무탈	**безопасность** (베조빠쓰노스티)
안전기, 안전장치, 보호장치	**стабилизатор, предохранитель** (스따빌리자따르) (쁘레도흐라니쩰)
안전보장(安全保障)	**страховка** (스뜨라호브까)
안전하게 하다, 위험(성)을 제거하다	**обезопасить** (아베조빠씨찌)
안전하지 않은, 불안한, 위험한; 믿을 수 없는	**небезопасный** (네베조빠쓰느이)
안전하지 못한(어느 정도로)	**опасный, опасно** (아빠쓰느이) (아빠쓰나)
안전한, 위험하지 않는	**безопасный** (베조빠쓰느이)

- 891 -

안절부절 못하는, 침착성을 잃은, 안달하는	**егозливый** (예고즐리브이)
안절부절 못하다, 불안해[싱숭생숭해] 하다	**елозить** (엘로지찌)
안정(安定) 안락; 안심, 평안	**покой** (빠꼬이)
안정(고정, 고착) 되다	**стабилизироваться** (스따빌리지로와쨔)
안정(고정, 고착) 시키다	**стабилизировать** (스따빌리지로와찌)
안정, 안정화, 고정, 고착(固着)	**стабилизация** (스따빌리자찌야)
안정된, 고착된; ~ учебник 국가지정교과서	**стабильный** (스따빌느이)
안정성, 안정도	**стабильность** (스따빌노쓰찌)
안정하다; 마음을 붙이다(~한 상태에) 빠지다	**расположиться** (라쓰빨로쥐쨔)
안치(정치, 설치)하다; 안정시키다	**насесть поселять[ся]** (나쎄쓰찌) (빠셀랴찌)
안타까운; 초조한, 뒤숭숭한	**беспокойный** (베쓰뽀꼬이느이)
안테나	**антенна** (안떼나)
안티몬(Antimon: [51번: Sb: 121.75])	**сурьма** (수리마)
안할 말을 하다, 누설(漏泄)하다	**проговориться** (쁘라고붜리쨔)
앉는, 앉기 위한	**сидячий** (씨쟈치이)
앉다(걸터), 착석하다;	**сидеться,сесть,садиться,усаживаться** (씨졔쨔) (쎄쓰찌)(싸지쨔)(우싸쥐와쨔)
앉아있다 за чем (앉아서)~을 하고 있다	**сидеть**

	(씨졔찌)
앉은, 앉아있는	**сидячий** (씨쟈치이)
앉히다, 착석시키다	**вместить(ся) рассаживать** (브메쓰찌찌)(쨔) (라쓰싸쥐와찌)
앉히다. 앉게하다,	**сажать посадить,подсадить,подсаживать** (싸좌찌) (빠싸지찌)(빤싸지찌) (빤싸지와찌)
알갱이로 이루어진; 과립상의	**гранулированный** (그라눌리라완느이)
알게 되다, 판명되다	**познаваться** (빠즈나와쨔)
알게(조언.충고.소개)하다, 낯을 익히다	**надоумить** (나도우미찌)
알고 있다, 알다; ~을 이해하다[하고 있다]	**ведать** (볘다찌)
알곡 건조실(건조기)	**зерносушилка** (제르노쑤쉴까)
알곡, 곡식, 곡물; сеять ~ 곡식을 심다	**хлеб, зерно** (흘렙) (제르노)
알곡수확용의; ~ комбайн 알곡 수확기	**зерноуборочный** (제르노우보 로즈느이)
알기 쉬운, 이해하기 쉬운, 똑똑한, 평이한	**доступный** (다쓰뚜쁘 느이)
알기 쉬운	**доходчивый, вразумительный, толковый** (다호드치브이) (프라주 미쩰느이)(딸꼬브이)
알기 쉽게, 명료하게	**толком** (똘꼼)
알다, 이해하다; не ~ 모르다;	**знать, понимать,признавать** (즈나찌) (빠니마찌) (쁘리즈나와찌)
알아보다, 보고 곧 알다, 알아(생각해) 알다	**узнавать, узнать** (우즈나와찌) (우즈나찌)
알뜰한, 살뜰한, 알뜰살뜰한, 소중한	**бережный заботливый** (볘례즈느이)(자보뜰리브이)

- 893 -

알락달락하게 보이다	**пестреть** (뻬쓰뜨례찌)
알락달락한, 무늬난, 잡색의, 여러가지 각양각색	**пёстрый** (뾰쓰뜨릐이)
알락달락 잡색의, 얼룩덜룩한	**разноцветный, цветистый** (라스나쯔베뜨느이) (쯔붸찌쓰뜨이)
알락달락해지다, 여러가지 색깔을 띠다	**пестреть** (뻬쓰뜨례찌)
알람, 경종(警鐘), 경령(警鈴), 비상벨. 경종소리	**набат** (나바트)
알랑거리는 것, 아첨, 추종(追從), 노예근성, 비굴	**угодничество** (우가니체쓰뜨붜)
알랑거리는, 빌붙는, 간교한, 간사한	**льстивый** (엘쓰찌브이)
알랑거리는, 애교(매력)있는, 아첨(아부)하는	**вкрадчивый** (프크라드치브이)
알랑거리다, 아첨(아부)하다, 애교부리다	**заигрывать льстить** (자이그릐와찌)(엘쓰찌찌)
알레르기(의학)	**аллергия** (알레르기야)
알려져 있다; как ~ 물론 아는바와 같이	**известно считаться** (이즈볘쓰뜨나) (스치따짜)
알려주다, 공시(통지.통보)하다	**указы-вать извещать поведать** (우까즤와찌) (이즈볘샤찌) (빠볘다찌)
알려지다, 이름나다	**прослыть** (쁘라쓸릐찌)
알려지지 않은, 불명한, 남모르는	**неизвестный** (네이즈볘쓰뜨느이)
알려진, 이미 알고 있는. без ~알리지 않고,	**ведома** (볘다마)
알력, 충돌, 불화(不和)	**трение** (뜨례니예)

알로에(식물)	**алоэ** (알로에)
알루미늄(aluminum 알루미늄: 금속원소기호Al; 번호13)	**алюминий** (알류미니이)
알리다, ~에게 고(告)하다, ~에게 보고[통지]하다	**осведомить[ся]** (아쓰볘다미찌)
알리다, 고지(발표)하다	**доложить, заявить** (달라쥐찌)(자야비찌)
공고(공표.예고)하다, 전하다	**объявить огласить** (아비야비찌) (아글라씨찌)
알리다, 누설하다 폭로하다, 들추어내다	**вскрываться** (프스크릐와짜)
알리다, 알려주다, 통지(통보)하다	**осведомлять, передавать** (아쓰볘다믈랴찌) (뻬레다와찌)
전달하다, 전하다, 일러주다(바치다)	**оповестить оповещать** (아빠베쓰찌찌), (아빠볘샤찌)
알림, 통고, 통보, 통지서	**извещение** (이즈볘쉐니예)
알맞게, ~에 알맞게(사용하게)	**соразмерно** (싸라쓰몌르나)
알맞다, 적합하다 ~에부합되다	**овлетворение, подходить** (우다블례뜨붜례니에)(빧호지찌)
알맞도록 하다(온건하게.완화.경감.조절)하다	**смягчить** (스먀그치찌)
알맞은, 마땅한, 어울리는,	**доступный, приличный, подходящий** (다쓰뚜쁘느이)(쁘릴리치느이)(빧호쟈쉬이)
알몸, 벌거숭이, 나체	**нагота** (나가따)
알뿌리, 인경, 구경	**луковица** (루까비짜)
알사탕	**конфета** (깐폐따)
알선(斡旋), 주선	**хлопоты ходатайство**

- 895 -

	(흘로쁘띄) (하다따이쓰뜨붜)
알선(주선)하다	**ходатайствовать**
	(하다따이쓰뜨붜와찌)
알아(찾아)내다, 발견(밝혀)하다,	**разглядеть подметить**
	(라스글랴졔찌) (빠드몌찌지)
(소문을 듣고) 알다 뒤져내다	**проведать докопаться**
	(쁘라볘다찌) (다까빠쨔)
알아내게(실토하게) 하다, 밝혀내다	**выпытать, выпытывать**
	(븨쁴따찌) (븨쁴띄봐찌)
알아내다, 속뽑이하다, 탐지해내다	**выведать**
	(븨볘다찌)
알아보다, 보고 곧 알다, 알아내다	**распознавать**
	(라쓰뽀즈나와찌)
알아내다, 탐색(탐지)하다, 탐사(시굴)하다, 정찰하다	**разведать**
	(라스볘다찌)
탐지해(맡아)내다, 악취를 풍기다	**пронюхать**
	(쁘라뉴하찌)
알아내다, 포착(파악)하다, 닥쳐오다	**постигать постигнуть**
	(빠쓰찌가찌), (빠쓰찌기누찌)
알아듣다, 분간하여 듣다	**расслышать**
	(라쓸릐샤찌)
알아맞히기, 알아차리기	**разгадка, угадывать, угадать**
	(라스가드까) (우가듸와찌), (우가다찌)
알아보기 어려운, 몰라보게 변한	**неузнаваемый**
	(네우즈나바예므이)
알아보다, 보고 곧 알다, 알아[생각해]내다	**узнать, признать[ся]**
	(우즈나찌) (쁘리즈나찌)
알아(생각해)내다	**узнавать, поинтересоваться, справляться**
	(우즈나와찌), (빠인쩨례싸와쨔) (스쁘라블랴쨔)
알아차리다, 알아맞히다	**догадываться, сообразить**
	(다가듸와쨔),(싸아브라지찌)
알아(눈치)채다, ~을 인지하다; ~에 주의하다	**подмечать, смекать**
	(빠드몌차찌)(스몌까찌)

| 알알한, 역한, 너무 단 | **приторный** (쁘리똘늬이) |

알았어, 좋아, 이제 됐어, 예예, 알았습니다, 옛 **есть** (예쓰찌)

알약 **таблетка** (따블레뜨까)

알을 낳다(쓸다) **откладывать, снестись, нестись, нести** (아트클라드와찌) (스네쓰찌시) (네쓰찌시) (네쓰찌)

알을 많이 낳는 **яйценоский** (야이쩨노쓰끼이)

알을 품어서 까다 **высидеть, высиживать** (븨씨데찌), (븨시쥐와찌)

알을(병아리를) 까다, 부화하다 **вывестись** (븨붸쓰찌씨)

알의 조달 **яйцезаготовка** (야이쩨자고또브까)

알의, 계란의; ~желток 노른자위;~белок 흰자위 **яичный** (야이츠늬이)

알이 많이 진, 알이 굵은, 알 모양, 입상 **зернистый** (제르니쓰뜨이)

알지 못 하는, 미지의, 모르는 **незнакомый** (네즈나꼬믜)

알지 못하게, 불명하게 **неизвестно** (네이즈볘쓰뜨나)

알지 못하다, 모르다 **неизвестно** (네이즈볘쓰뜨나)

알지 못한, 알려지지 않은 **неведомый** (네볘도믜이)

알칼리 토금속 **щёлочноземельный** (쑬로츠노제몔르느이)

알칼리성 **щёлочность** (쑬로츠노쓰찌)

- 897 -

| 알칼리속의 알칼리(성)의 ~раствор 알칼리의 용해 | щелочной (쉘로츠 노이) |

알코올 등잔, 알코올램프 — **спиртовка** (스삐르또브까)

알코올 중독 — **алкоголизм** (알까골리즘)

알코올 중독자, 술꾼 — **алкоголик** (알까골리크)

알코올, 주정 — **алкоголь спирт** (알까골) (스삐르트)

알콜이 없는 ~напиток 무알코올 음료 — **безалкогольный** (베즈알까골느이)

알토(alto), 중고음(中高音)(남성 최고음(부), 여성 저음(부)) — **альт** (알트)

알파(alpha; 그리스 알파벳의 첫 글자(A, α; 로마자의 a에 해당)); — **альфа** (알파)

알파벳, 자모 — **алфавит** (알파뷔트)

앓는 소리를 하다, 앓음 소리를 치다, 울부짖다 — **стонать** (스또나찌)

앓다 가슴아파하다 — **страдать** (스뜨라다찌)

앓다, 병들다, 병든; 건강치 못하다, 병이 나다 — **болеть, хворать** (발례찌) (흐붜라찌)

앓아 눕다 — **слечь** (슬레치)

암 등이 ~을 좀먹다, 부식하다 침식하다 — **эродировать** (에로지로와찌)

암(癌), 악성종양(腫瘍), 옹(癰); 구강궤양[암] — **рак** (락)

암고양이, 고양이 — **кошка** (꼬쉬까)

암곰; Большая Медведица (천문) 큰곰자리; — **медведица**

- 898 -

	(메드베지짜)
암기하다, 기계적으로(암기하여)	**наизусть** (나이주쓰찌)
암나사, 너트(nut);	**гайка** (가이까)
암담한, 희망 없는, 절망적인	**беспросветный** (베쓰쁘라쓰베뜨느이)
암말	**кобыла** (까빌라)
암모늄 이온	**аммоний** (암모니이)
암모니아(ammonia; 기호 NH3)	**аммиак** (아미아크)
암모니아수(ammonia水: 《소다 공업·의료용》)	**нашатырь** (나샤띄리)
암사자	**львица** (리비짜)
암살을 기도하다; 살해하려하다, 살인을 기도하다	**покушаться** (빠꾸샤짜)
암석의 풍화(작용)	**распадение** (라쓰빠졔니예)
암소(물고기)가 새끼를 못낳는, 열매를 맺지 못하는	**яловый** (얄로브이)
암소, 젖소	**корова** (까로와)
암소가 새끼를 못 낳게 되다	**яловеть, ояловеть** (얄로볘찌) (오얄로볘찌)
암소가 새끼를 못 낳음	**яловость** (얄로붜쓰찌)
암승냥이, 암이리, 암늑대	**волчица** (발치짜)
암시, 시사, 귀띔;	**намёк** (나묘크)

- 899 -

암시(시사)하다, 넌지시 말하다, 귀뜸을 해주다	**натолкнуть** (나똘크누찌)
암시하다, 넌지시 말하다	**намекать, внушить** (나몌까찌) (브누쉬찌)
암양(-羊), 면양	**овца** (압짜)
암염소, 암산양	**коза** (꼬자)
암초, 사주(砂洲), 모래톱; коралловые ~ы 산호초	**риф** (리프)
암캐	**сука** (수까)
암컷, 암놈	**самка** (쌈까)
암탉이 꼬꼬댁 거리다	**кудахтать** (꾸다흐따찌)
암페어(ampere)	**ампер** (암뻬르)
암호 전신과	**шифрчасть** (쉬프르차쓰찌)
암호, 부호 암호표, 암호기호; ~ом 암호로(쓴)	**шифр** (쉬플)
암호로(쓴), 암호로 하다, 암호화하다	**шифрованный** (쉬프라완느이)
암호로(암호화) 하다(쓰다)	**зашифровать, зашифровывать** (자쉬프로와찌) (자쉬프로븨 와찌)
암호를 풀다, 해독(해명)하다; 알아맞히다	**рас-шифровать** (라쓰쉬프로와찌)
암호의 키워드(열쇠), 열쇠 없이 암호를 읽는 사람	**шифрант** (쉬프란뜨)
암호전보	**шифрограмма** (쉬프라그람마)
암흑계(이승과 저승 사이의)	**Эреб**

	(에레프)
암흑으로 덮다, 침울하게(우울하게) 하다	**омрачать** (아모라차찌)
압도적인	**подавляющий** (빠다블랴유쉬이)
압력(壓力), 강박;	**давление** (다블레니예)
압력, 강박, 압축, 압착. 압박, 강제(력), 강요	**прессинг, нажим** (쁘렛씬그) (나짐)
압력계, 기압계, 고압계	**манометр** (마노메뜨르)
압력을 가하다, 강제(착취.강요.압박)하다	**поджимать** (빠드쥐마찌)
억누르다; ~에게 영향을 주다, 작용하다	**давить нажимать** (다뷔찌) (나지마찌)
압록강(鴨綠江), 마자수(馬訾水), 얄루 강(Yalu 江)	**Ялуцзян** (얄루쯔쟌)
압류(押留), 차압(差押)	**арест** (아레쓰트)
압류하다, 차압하다	**описывать** (아삐씌와찌)
압박(壓迫), 억압(抑壓)	**гнёт** (그뇨트)
압박(억압)하다	**угнетать** (우그네따지)
압박자, 억압자(抑壓者)	**угнетатель** (우그네따쩰)
압설자(壓舌子), 설압자(舌壓子) (고약따위를 펴는) 주걱	**шпатель** (쉬빠쩰)
압연(壓延) 압연품	**прокат** (쁘라까트)
압연공(壓延工) 압연기(壓延機)	**прокатчик** (쁘라깥칙)

압연하다	**прокатывать катать** (쁘라까뜨와찌) (까따찌)
압정, 압침	**кнопка** (크높까)
압착롤러, 맹글	**каток** (까또크)
압착(압축)하다	**прессовать** (쁘렛쏘와찌)
압착기, 바이스	**тиски** (찌쓰끼)
압축, 압착, 굳히는 것, 다지는 것	**уплотнение, сжатие** (우쁠로뜨네니에) (즈좌띠예)
압축되다	**сжаться** (즈좌쨔)
압축된, 압착공기에 의한, 공기의; 기체의;	**пневматический** (쁘네브마찌체쓰끼이)
압축(압착.단축.축소.요약)하다	**сжиматься** (즈쥐마쨔)
앙감질; 토끼뜀; 도보(跳步) 댄스; (북잉글랜드) 잿날	**скачок** (스까초크)
앙갚음, 복수, 보복	**отмщение** (아트므쉐니예)
앙금 침전물; 퇴적물	**отстой** (앗쓰또이)
앙금층, 침전층	**плывун** (쁠르분)
앙상블(ensemble)	**ансамбль** (안쌈블)
앙심을 품은 사람	**злопыхатель** (즐로쁴하쩰)
앙증한; ~ая девушка 아릿다운 처녀	**миниатюрный** (미니아쮸르느이)

앞(쪽)의, 앞부분의, 전면으로; 선두의	**передний** (뻬레드느이)
앞, 정면, 앞면; 표면	**фас перёд** (파쓰)(뻬료드)
앞갑판(배의)	**бак** (바크)
앞날, 장래(將來), 미래(未來)	**будущее** (부두쉐예)
앞날에, 장래에	**впереди** (프뻬레지)
앞니, 문치(門齒), 전치(前齒), 판치(板齒)	**резец** (레즈예쯔)
앞뒤가 맞지 않는	**сбивчивый** (즈비브치브이)
앞면, 정면, 전면	**фронт** (프론트)
앞서(미리) 말하다	**предпослать** (쁘렏뽀쓸라찌)
앞서다, 능가하다	**перегонять** (뻬레가냐찌)
앞선, 앞의, 지난	**предыдущий** (쁘레듸두쉬이)
앞에 나타나다, 나서다	**предстать** (쁘렏쓰따찌)
앞에(앞으로) 내놓다(내밀다)	**выставлять** (븻따블랴찌)
앞에, 앞에서 앞으로부터	**впереди, спереди** (프뻬레지) (스뻬레지)
앞에, 전방에; 앞(장)서, (장소, 공간 표시) ~앞에	**перед** (뻬레드)
앞으로(밖으로) 나오다, 불쑥거리다, 돌출하다	**выпирать** (븨삐라찌)
앞으로 나서다(나가다), 진출하다	**выдвигаться**

	(브드븨가쨔)
앞으로, 전방(전면)에, 전방(전면)으로	**передовой, вперёд** (뻬레다보이) (프뻬료드)
앞으로, 전진한; 전의; 미리미리의	**поступательный** (빠쓰뚜빠쩰느이)
앞으로는, 이다음에는, 이제부터	**впредь** (프쁘레지)
앞을 내다 보지 못하는, 예측 불가한	**непредусморительный** (네쁘레두쓰모리쩰느이)
앞을 다투어, 서로 앞서려고	**наперегонки, наперебой** (나뻬레곤끼) (나뻬레보이)
앞의 бегать ~ 앞을 다투며 달리다(달음박질하다)	**вперегонки** (프뻬레곤끼)
앞잡이, 간첩, 밀정, 스파이, 괴뢰, 졸개	**ставленник агент** (스따브렌니크) (아겐트)
아첨꾼 추종자, 머슴, 하인, 하녀	**прислужник, сателлит** (쁘리쓸루지닉) (싸쩰리트)
앞장서다, 선두에 서다, 앞서다, 지도하다	**возглавить** (붜즈글라비)
앞지르다; 벗어나다, ~을 따라잡다[붙다]; 추월하다	**обогнать** (아밥그나찌)
앞지르다, ~보다 낫다, 능가[초월]하다	**обгонять перерастать** (압가냐찌) (뻬레라쓰따찌)
앞치마, 행주치마	**передник** (뻬레드닉)
애개(개); ~ты уже закончил! 애개개	**эге** (에게)
애교를(교태 아양을) 부리는 여자, 애교쟁이	**кокетка** (꼭께뜨까)
애교(교태)를 부리는, 아양을 떠는	**кокетливый** (꼭께뜨리브이)
애교(교태)를 부리다, 아양을 떨다	**кокетничать, флиртовать** (꼭께뜨니차찌) (플릴또와찌)

애교(愛嬌), 교태(嬌態), 아양	**флирт** (플릴트)
애국자(愛國者), 애국주의자	**патриот** (빠뜨리오트)
애꾸눈, 외눈	**кривой** (크리보이)
애니메이션, 만화영화촬영, 만화영화	**мультипликация** (물찝리까찌야)
애도, 동정	**соболезнование** (싸볼레즈나와니예)
애도의 뜻을 표하다, 동정하다	**соболезновать** (싸볼레즈나와찌)
애로(난관)에 부닥치다, 걸리다 실수하다	**споткнуться** (스빠뜨크누쨔)
애로, 장애, 난관	**трудность затор** (뜨루드노쓰찌) (자또르)
애매[모호]한, 분명치 않은, 불명료한	**двузначный, неясный** (드부즈나츠느이), (네야쓰느이)
애매하지 않은, 명료한, 명확한	**недвусмысленный** (네드부쓰믜쓸렌느이)
애매한 말(투), 모호한 말, 발; без ~ов 명확하게	**эквивоки** (에끼보끼)
애매한 말을 쓰는 것 그 때문에 생긴 오해	**эквивокация** (에크비붜까찌야)
애매한, 똑똑치 않은	**расплывчатый двусмысленный** (라쓰쁠릐브차뜨이) (드부쓰믜쓸렌느이)
애수, 우울; 그리는 마음, 동경, 그리움	**тоска** (따쓰까)
애쓰다, 노력하다, 애씨 ~하려하다	**силиться, постараться** (씰리쨔) (빠쓰 따라쨔)
애쓰며 가다(나아가다), 모진 애를 쓰다	**выбиться, биться** (븨비쨔) (비쨔)
애원(哀願), 애걸(哀乞); 간청(懇請)	**мольба**

	(말바)
애원[탄원]하다	**вымолить** (븨말리찌)
애인(愛人), 사랑하는 사람, 연인	**кавалер возлюбленный** (까왈레르) (바즐류브렌느이)
애정에 넘친, 정다운, 흔흔한	**нежный** (네즈느이)
애정에 불타는	**страстный** (스뜨라쓰뜨느이)
애착, 애착심, 애착의 대상, 취미	**любовь привязанность** (류보피) (쁘리뱌잔노쓰찌)
애착, 지향, 의향	**тяготение** (쨰가쩨니에)
애착심을 갖게 하다, 사모하게 하다	**пристроить** (쁘리쓰뜨로이찌)
애착을 느끼게 하다	**привязать** (쁘리뱌자찌)
애착을 느끼다	**привязаться** (쁘리뱌자쨔)
애처로운 소리로 말하다, 투덜거리다	**ныть** (늬찌)
애처로운, 슬픈 듯한, 애조를 띤; 호소하는 듯한	**жалобный** (좔로브늬이)
애호, 기호, 취미, 좋아함, 의향, 기분	**расположение** (라쓰빨로줴니예)
애호가, 좋아하는 자	**любитель** (류비쩰)
액기스, 우린물, 침출액; ~ чая 찻물	**настой** (나쓰또이)
액면, 표면	**номинальный** (나미날리느이)
액면가격, 액면가, 액면	**номинал** (나미날)

액체, 유동체, 유동하는	**жижица** (쥐쥐짜)
액체가 흘러들다, 새어들다	**наливаться** (날리와짜)
액체를 뿌리다, 분무하다	**разбрызгивать** (라스브리즈기와찌)
액체를 사방에 튀게 하다, 엎지르다, 쏟뜨리다	**расплескать** (라쓰쁠 레쓰까찌)
액체를 통하는 도관(기둥. 문지방)홈형	**швеллер** (쉬뷀레르)
액체에 담그어 부풀게(무르게)하다	**размочить** (라스마치찌)
액체의, 유동하는 유동적인, 유동체[성]의,	**жидкий** (쥐드끼이)
액체저장, 수송용의 탱크, 물자동차, 유조차, 탱크로리	**цистерна** (찌스쩰나)
액화(液化), 액체화(液體化)	**сжижение** (즈쥐쮀니예)
앵무새, 앵무, 앵가, 팔가, 팔팔아, 농객, 농금, 혜조	**попугай** (빠뿌가이)
야! 아이구!	**ого** (오고)
야! 어이! 여보!, 이봐; 어이구; 여보세요.	**салют** (쌀류트)
야고보서, 야고보의 편지(послание Якова, 5장)	**Иаков Яков** (이야꼬바)(야까브)
야구(野球)	**бейсбол** (베이쓰볼)
야금, 야금공업, 야금학	**металлургия** (메딸룰기야)
야기하다, 생기게 하다; 나타나게 하다	**вызываться** (븨즥와짜)

| 야누스, 양면신(머리 앞뒤에 얼굴이 있는. 문, 입구의 수호신) | **Янус** (야누쓰) |

| 야단, 소동(騷動), 소란, 난동 | **переполох** (뻬레뽈로흐) |

| 야드(영국 척도의 명칭),(=0.914미터); 영국의 면적단위(=1.2에이커) | **ярд** (야르트) |

| 야만(성), 미개한 것 | **дикость** (지까쓰찌) |

| 야만인, 미개한 사람 | **варвар дикарь** (와르와르) (지까리) |

| 야망(野望), 야심(野心), 야욕(野慾) | **притязание** (쁘리땨제니예) |

| 야바위, 사기; 기만(欺瞞), 협잡 | **надувательство** (나두와쩰쓰뜨붜) |

| 야밤이 지나서, 한밤중에, 삼경이 지나서 | **заполночь** (자뽈노치) |

| 야비한 놈; 시골뜨기, 촌놈; | **хам** (함) |

| 야비한, 더러운, 인색한. 비열한 | **шелуховый** (쉘루호브이) |

| 야비한, 속된, 상스러운, 비속한 | **вульгарный** (불갈르느이) |

| 야산(野山), 언덕, 작은 산, 구릉, 둥그런 야산 | **холм** (홀름) |

| 야산, 작은 산; (원동의) 소화산 | **сопка** (쏩까) |

| 야생; 황폐; 난폭, 무모, 방탕; 황야, 야만, 미개(상태) | **дикость** (지까쓰찌) |

| 야생의, 산(山), 들 | **дикий, дикорастущий** (지끼이)(지까라쓰뚜쉬이) |

| 야생조, 들새, 엽조(獵鳥) | **дичь** (지치) |

| 야생화 되다, 야만적으로 되다; 거칠어지다 | **одичать** |

	(아지차찌)
야수같이 사나운, 미쳐서 날뛰는; 야만적인	**озверелый** (아즈볘레이)
야수적 행위, 비인간성행위, 만행	**зверство** (즈볘르쓰뜨붜)
야수적인, 혹독한	**звериный** (즈베리느이)
야심, 공명심, 교만(驕慢), 탐심	**претензия амбиция** (쁘레쩬지야) (암비찌야)
야영, 야영지, 숙영	**лагерь** (라곌리)
야영의, 숙영의, 수용소	**лагерный** (라게르느이)
야옹(고양이의 울음소리); 갈매기 울음소리	**мяуканье** (매흐우까니에)
야옹야옹 울다, 야옹하고 울다	**мяукать** (매흐우까찌)
야유적인, 풍자적인; ~тон 비양조	**иронический** (이로니체쓰끼이)
야유하다, 비꼬아 말하다, 풍자하다	**иронизировать** (이로니지로와찌)
야유회(野遊會), 들놀이	**гулянье, массовка** (굴랸니에)(마쏘프까)
야전(野戰), 싸움터, 전지(戰地), 싸움, 전투지	**полевой** (빨레보이)
야채(野菜), 푸성귀, 남새	**вегетарианский** (붸게따리안쓰끼)
야채(채소, 푸성귀) 저장고	**овощехранилище** (아붜쉐흐라닐리쉐)
야채국, 야채스프, 남새국	**борщ** (보리쉬)
야채의, 남새의, 푸성귀의	**овощной, растительный** (아붜쉬노이)(라쓰찌쩰느이)

야채재배, 남새재배, 채소재배	**огородничество** (아가로드니체쓰뜨붜)
야크(중앙아시아 티벳산의 들소)	**як** (야끄)
야토병(野兎病). 메토끼병	**туляремия** (뚤랴레미야)
야회, 밤의 모임, 이브닝 파티	**вечер** (붸체르)
약~ (수량, 시간 등을 표시)	**без** (볘즈)
약(約), 대략(大略)	**около** (오깔로)
약(藥), 약품, 약제; готовые ~a 판매약품	**средство лекарство** (스레드쓰뜨붜) (레깔쓰뜨붜)
약(약초)를 우려내다. 우러나다	**заваривать** (자와리와찌)
약(을) 올리다, 건드리다	**дразнить** (드라즈니찌)
약; ~쯤	**какой-либо какой-нибудь** (까꼬일-리보), (까꼬이-니부지)
약; лет ~ десять тому назат 약 십년 전에	**так** (딱)
약간 경사진, 비탈진	**отлогий** (알뜰로기이)
약간 고치다, 좀 보수(수리)하다	**подправить** (빳쁘라비찌)
약간밀다, 살짝밀다[당기다], 가만히 찌르다	**подталкивать** (빧딸끼와찌)
약간 밀어내놓다, 물리다	**отодвигать** (아따드비가찌)
약간 베어놓다	**надрезать надрезывать** (나드레자찌), (나드레지와찌)
약간 일어나다, 몸을 약간 일으키다	**приподниматься**

	(쁘리뽇니마찌샤)
약간절인, 얼간한	**малосольный** (말라쏠느이)
약간찢다, 약간뜯다	**надры-вать** (나드리와찌)
약간 쳐들다; 약간 일으키다	**приподнимать** (쁘리쁟니마찌)
약간 취하여	**навеселе** (나볘셸레)
약간 태우다, 그슬다	**опаливать опалить** (아빨리와찌), (아빠리찌)
약국(藥局), 약방(藥房)	**аптека** (앞쩨까)
약대, 낙타	**верблюд** (볘르블류트)
약도, 그림; ~ с натуры 사생화본 모양그림	**зарисовка** (자리쏘브까)
약도, 요약; 해설도, 설계도	**схема** (스헤마)
약리학(藥理學), 약물학	**фармакология** (파르마꼴로기야)
약분 할 수 있는	**соизмеримый** (싸이즈몌리므이)
약분하다, 맞줄임하다	**сократить** (싸크라찌찌)
약삭빠른, 교묘한, 솜씨 좋은, 기민한, 능란한, 능숙한	**ловкий** (로브끼이)
약속(약정)하다	**уговариваться** (우가와리와쨔)
약속, 다짐, 맹세; 계약; 예약, 면회의 약속	**подписка обещание** (빠드삐쓰까) (아볘샤니예)
약속: ~а (복수) 가사(家事)	**слово** (슬로붜)

- 911 -

약속·법규 따위를 어기다, 범(위반)하다	**нарушать** (나루샤찌)
약속하다, 다짐하다	**обещать, сулить, посулить, пообещать** (아베샤찌) (술리찌) (빠쑬 리찌) (빠오베샤찌)
약속(약정)하다, 준다는 약속을 하다	**условиться наобещать** (우쓸로뷔짜) (나오베샤찌)
약을 더 쓰게 하다; 몹시 기분 나쁘게 하다	**озлобить[ся]** (아즐로비찌)
약을 방울방울 떨구다(떨어드리다. 채우다)	**накапать** (나까빠찌)
약을 처방하다, 처방전을 주다	**назначать** (나즈나차찌)
약의 1 회분, 약의 1회분 복용[투약]량, 한 첩, 분량	**доза** (도자)
약이 오르게 하다	**растравить** (라쓰뜨라비찌)
약이올라 고집부리다, (열이나서) 반대하다(날뛰다)	**ерепениться** (예레뻬니짜)
약점, 버리기 힘든 버릇 습관, 경향	**слабость** (슬라보쓰찌)
약점의, 급소(急所). ~ая вена *анат. мед.* 경정맥	**яремный** (야레므느이)
약정하다, 서로 약속하다, 합의를 보다	**договариваться** (다고바리와짜)
약제(藥劑), 약품	**препарат** (쁘레빠라트)
약제사, 조제자, 약사	**фармацевт аптекарь** (파르마쩨브트) (앞쩨까리)
약처방, 처방전	**рецепт** (레쩨쁘)
약천, 가제, 붕대	**марля** (말랴)

약탈(강탈)하다	**разграбить** (라스그라비찌)
약탈, 탈취, 수탈, 약취, 노략, 겁략	**ограбление хищничество** (아그라블레니예) (히쉬니체쓰뜨붜)
약탈[파괴]하다; 황폐하게 하다	**разорять[ся]** (라자랴찌)
약탈자(掠奪者), 강탈자, 강도 불한당, 강도배	**грабитель** (그라비쩰)
약탈자, 약탈병	**мародёр** (마로죨)
약탈(강도질.강탈.탈취)하다, 빼앗다	**обкрадывать грабить** (압크라듸와찌) (그라비찌)
약탈(노략질)하다, (강도가) 금품을 빼앗다	**ограбить шарпать** (아그라비찌) (샤르빠찌)
약탈행위	**мародёрство** (마로죨쓰뜨붜)
약하게 하다, 약화시키다	**ослабевать расслабить** (아쓸라베와찌) (라쓸라비찌)
약하게, 미약하게	**слабо** (슬라바)
약한, 무력한, 연약한, 약한, 힘없는, 박약한	**слабосильный** (슬라바실리느이)
연약한, 약한, 힘없는	**малосильный** (말라씰느이)
약해지다, 기운을[용기를] 잃다	**дурно** (두르나)
약(잠잠)해지다, 사라지다	**гаснуть, слабеть, ослабеть** (가쓰누찌)(슬라베찌) (아쓸베찌)
약혼, 혼약, 혼인약속, 결혼약속, 혼인예약, 가약	**помолвка** (빠몰브까)
약혼자, 신랑감	**жених** (쉐니흐)
약혼한 처녀, 약혼녀	**невеста**

	(네베쓰따)
약화, 쇠약, 완화; 경감; 느슨하다	**ослабление** (아쓸라블레니에)
약화시키다, 무디게 하다; 완화시키다	**ослаблять, усыпить** (아쓸라블랴찌) (우씌삐찌)
얇게 깎은; 잘게 썬 ~удар (체육) 깎아치기	**резаный** (레잔느이)
얇은 널조각; (접골 치료용) 부목(副木)	**лубок** (루복)
얇은 막(膜), 막피(膜皮), 양피지, 막(膜); 고막, 복막	**перепонка** (뻬레뽄까)
얇은 판자를 깔다	**шалевать** (샬레와찌)
얇은, 두껍지 않은, 얕은, 약한, 연약한	**жидкий** (쥐드끼이)
양(量), 분량, 수량, 액,	**количество, величина** (깔리체쓰뜨붜) (뷀리치나)
양(돼지)의 족(足), (요리한) 닭(칠면조.오리)의 다리	**ножовка** (나조브까)
양가죽 외투	**кожух** (꼬주흐)
양계가, 가금(家禽) 사육가; 새고기 장수	**птичник** (쁘찌츠닉)
양고기	**баранина** (바라니나)
양곡창고 저장고	**зернохранилище** (제르노흐라닐리쉐)
양극(兩極)을 가짐; 자성(磁性) 인력	**полярность** (빨랴르노쓰찌)
양극(陽極)(電氣의)	**анод** (아노트)
양날의 대검, 한쪽만 날이 있는 검	**эспадон** (에쓰빠돈)

- 914 -

양념, 조미료, 고명, 양념류	**специи, приправа, пряность** (스뻬찌이) (쁘리쁘라와)(쁘랴노쓰찌)
양념을 치다, ~에 맛을 내다, 간을 맞추다	**приправить, заправлять** (쁘리쁘라비찌)(자쁘라블랴찌)
양단론법, 지렌마	**дилемма** (질렘마)
양도받은, 양여하는, 권리 부여하는, 하사 받은	**жалованный** (좔로완느이)
양도하다, 양보하다	**поступиться** (빠쓰뚜삐쨔)
양돈 사육자 돼지사육자(여자)	**свинарка** (스비나르까)
양돈장, 돼지목장	**свиноферма** (스비노페르마)
양립(대적)하다, 대립(적대)되다	**противостоять** (쁘라찌붜쓰또야찌)
양립(병립) 될 수 없는	**несовместимый** (네쏘브메쓰찌므이)
양립(병존)할 수 있는	**совместимый** (쌉메쓰찌므이)
양립(兩立), 대립(對立)	**противостояние** (쁘라찌붜쓰또야니예)
양립할 수 없는 것, 상극(相剋)	**несовместимость** (네쏘브메쓰찌모쓰찌)
양면의, 양쪽의; 쌍의, 쌍방의, 쌍무의	**двухсторонний** (드부흐쓰또론느이)
양면이 옴폭한, 양요(兩凹)의	**двояковогнутый** (드붜야까보그누뜨이)
양모 조달	**шерстезаготовка** (쉐르쓰쩨자고또브까)
양모를 씻는	**шерстомойный** (쉐르쓰또모이느이)

- 915 -

양몰이꾼, 목동, 양치기	**чабан** (차반)
양묘장, 종묘장, 수목(식물)원	**лесопитомник** (레싸삐똠니크)
양배추 통, 양배추 밑동	**кочан, кочерыжка** (까찬)(까체르즈까)
양배추를 쪄서 고기(물고기, 버섯) 국 살얀까	**солянка** (쌀얀까)
양벗, 단벗	**черешня** (체레쉬냐)
양보(양도)하다;	**уступать поддаться** (우쓰뚜빠찌) (빧다쨔)
양보; идти на ~и 양보하다	**уступка** (우쓰뚜쁘까)
양보심이 많은, 유순한, 온순한; 고분고분한	**устыдить** (우쓰띄지찌)
양보하지 않는, 꼬장꼬장한	**неуступчивый** (네우쓰뚜쁘치브이)
양복바지	**брюки** (브류끼)
양복장(폭이 좁고 높은, 거울이 달린); 부인용 속옷장	**шифоньерка** (쉬폰니엘까)
양복저고리, 상의	**пиджак** (삐드좌크)
양복점(집), 테일러(tailor)	**ателье** (아뗄이예)
양봉, 양봉장주인,	**пчеловодство, пчеловод пасечник** (쁘첼로봇쓰뜨붜) (쁘첼로봇)(빠쎼츠니크)
양봉장, 꿀벌치기 터	**пасека** (빠쎼까)
양분하는 것, (수학) (선분·각 등의) 2등분선	**биссектриса** (빗쎄끄뜨리싸)
양서류(兩棲類; 개구리·도룡뇽)	**земноводные**

- 916 -

	(제프노보드느예)
양성(兩性)의, 자웅동체(雌雄同體)	**двуполый** (드부뽀르이)
양성하다, 키워내다, 가르치다	**готовить, подготовить** (가또비찌)(빧고또비찌)
양식, 형식, 격식, 요식, ~하는 (방)식	**стиль, приём, образ** (스찔), (쁘리욤) (오브라즈)
양식장, 사육장, 농장, 농지, 농원	**завод** (자볻)
양심없는, 뻔뻔스러운, 낯 가죽이 두꺼운	**бессовестный** (베쏘붸쓰뜨느이)
양심, 도의심, 도덕관념	**совесть** (쏘붸쓰찌)
양심에 부끄럽다, 수치스럽다	**совестно** (쏘붸쓰뜨나)
양심적인, 양심 있는	**совестливый** (쏘붸쓰뜨리브이)
양아들, 양딸	**приёмыш** (쁘리요므쉬)
양어(養魚), 양어(법), 물고기 양식, 수산양식	**рыбоводство** (릐바볻쓰뜨봐)
양어장, 물고기의 부화장	**рыбопитомник** (릐바삐똠니크)
양어전문가, 양어사(가), 물고기 양육[사육]자	**рыбовод** (릐바볻)
양육(생육.국육)하다, 자래우다, 기르다	**отрастить отращивать** (앗라쓰찌찌), (앗라쉬와찌)
양육비(養育費)	**алименты** (알리멘띄)
양육(교육)하다; ~에게 영양물을 주다	**вынашивать** (븨나쉬와찌)
양은(동과 니켈의 합금)	**мельхиор** (멜히올)

양이 새끼를 낳는 것	**ягнение** (야겐니에)
양자(양녀)로 삼다	**удочерить, ~ять** (우다체리찌) (우다체랴찌)
양잠업(養蠶業), 잠업	**овцеводство** (압쩨보드쓰뜨붜)
양잠업자, 누에 양육자, 누에 사육	**шелковод** (쉘까볻)
양잠의: ~ червь 누에; ~ кокон 누에고치	**шелковичный** (쉘까뷔츠느이)
양젖치즈	**брынза** (브른자)
양조의, 증류할 수 있는.	**винокуренный, пивоваренный** (뷔노꾸렌느이) (삐붜와렌늬이)
양조하다; 차를 끓이다,~를 끓는 물에넣다(우리다)	**заваривать** (자와리와찌)
양지(쪽), 태양의 열	**солнцепёк** (쏜른쩨뾰크)
양지바른, 밝게 비치는, 햇볕이 잘 드는	**солнечный** (쌀르네츠느이)
양쪽의, 쌍방[양방]의, 둘 다의. 두쌍의, 양쪽	**оба, обе** (오바) (오베)
양쪽이 볼록한; ~ая линза 양면 볼록렌즈	**двояковыпуклый** (드뷔야 까븨뿌클르이)
양치질하다, 입가심하다; 이 닦다	**прополаскивать** (쁘라뽈라쓰끼와찌)
양털 모자공 축융공(縮絨工)	**шаповал** (샤빠왈)
양털, 양모피(羊毛皮)	**цигейка** (찌게이까)
양털, 양의 털. 양모. 울(wool).	**руно** (루나)

양털가죽, 양모피, 양피	**овчина** (압치나)
양털소면, 털소모(면화. 양털을 잣기 전의 공정)	**шерсточесальный** (쉐르쓰또체쌀리느이)
양털의, 모직물의, 모직의, 방모사의, 양모의	**шерстяной** (쉐르쓰째노이)
양판(兩瓣)[쌍각]의 ~ая дверь 두 짝문	**двустворчатый** (드부쓰뜨보르차뜨이)
얕다, 옅다; 야트막하다, 여트막하다; 야틈하다, 여틈하다	**мелко** (멜까)
얕아지는 것	**обмеление** (압멜레니예)
얕아지다; река ~ет 강물이 얕아진다	**мелеть** (멜레찌)
얕은 곳, 여울목; 모래톱	**отмель** (오트멜)
얕은, 해바라진	**мелкий** (멜끼이)
어간(語幹), 스템(stem), 줄기	**основа** (아쓰노와)
어귀, 출구(出口)	**выезд** (븨에즈드)
어긋나는 것, 불일치	**неувязка** (네우뱌즈까)
어기다, 위반하다	**переступать** (뻬레쓰뚜빠찌)
어김없는(없이), 이악한, 부단한(하게)	**неуклонный, неуклонно** (네우끌론느이) (네우끌론나)
어깨, 견부(肩部), 견두(肩頭); ~ом к ~у 어깨동무하고	**плечо** (쁠레초)
어깨뼈, 견갑골(肩胛骨)	**лопатка** (라빠뜨까)
어느 때나(한때), 언제인가	**когда-либо когда-нибудь**

	(까그달-리바), (까그다-니부지)
어느 사람, 어떤 사람, 누구, *см.* что	**кого** (까보)
어느 정도	**сколько-нибудь** (스꼴까-니부디)
어느 정도, 얼마쯤, 부분적으로	**отчасти** (앗차쓰찌)
어느정도의, 다소의, 어떤, 무언가의, 누군가의, 어딘가의	**некий** (네끼이)
어느 지점에 닿다, 도달하다, ~에 닿다, 접촉하다	**достать(ся)** (다쓰따찌)(쨔)
어느 쪽도 ~아니다(않다),(둘 중에서) ~도 -도 아니다[않다]	**ни** (니)
어두운, 어두컴컴한, 거무스름한, 몽롱한	**затемнение** (자쪰녜니예)
어두운, 캄캄한, 칠흑같은, 검은	**беспросветный, тёмный** (베쓰쁘라쓰베뜨느이), (쫌느이)
어두워지다, 어둡게하다	**потемнеть, стемнеть мрачнеть** (빠쪰녜찌) (스쪰녜찌)(므라츠녜찌)
어두워지다; (색갈이) 거매지다	**темнеть** (쪰녜찌)
어둑하게 하다, 흐리게 하다, 안개로 덮다	**замутить** (자무찌찌)
어둠 속에, 캄캄한 속에, 암흑속에	**впотьмах** (프빠찌마흐)
어둠, 어두움, 암흑, 회명	**темнота, мрак, мгла, тьма потёмки** (쪰나따) (므락)(므글라) (찌마)(빠쫌끼)
어둡게 하다, 빛을 가리다	**затемнить** (자쩨므니찌)
어둡게 하다; 어두워지다 그늘지게 하다, 가리다	**затмевать** (자뜨몌와찌)
어둡게, 검게, 어렴풋이 어둡다; было ~ 어두웠다	**темно** (쪰노)

- 920 -

어디(~)까지, ~에 이르기까지 *см.* к	**ко** (꼬)
어디(로)든지, 어디론가	**куда-либо куда-нибудь** (꾸달-리보), (꾸다-니부지)
어디, 어떤 곳; 어떤 점	**где** (그제)
어디. 무슨 출신, 어디로부터, ~에서	**из** (이즈)
어디에, 어디서(로)	**куда** (꾸다)
어디로부터, 어디서, 누구한테서	**откуда** (앝꾸다)
어디론가, 알지 못할데로	**куда-то** (꾸다-따)
어디서나, 가는 곳마다, 도처에서	**всюду** (프슈두)
어디서든지, 어디선가	**откуда-либо откуданибудь** (앝꾸달-리바), (앗꾸 다니부지)
어디서인지	**откуда-то** (앝꾸다-따)
어디에(서.로), 어떤 점에서; 어떤 입장[사태]에(서)[로].	**где** (그제)
어디에나(선가), 어떤곳에서나, 아무데나	**где-либо, где-нибудь** (그젤-리바, 그제-니부지)
어디엔가, 어디선가, 그 어떤곳에 ~ здесь 어디엔가	**где-то** (그제-따)
어떠한 상태(처지)에 빠지게(들어가게,처하게) 하다	**вводить** (붸지찌)
어떠한, 어느, 무슨	**какой** (까꼬이)
어떤 감정, 기분 등을 자아내다, 일으키다	**нагонять** (나가냐찌)

어떤 것을 알게 하다, 지식을 가지게 하다	**знакомить** (즈나꼬미찌)
어떤 것을 쫓으려고 흔들다(손을젓다), ~에 닿다	**деть(ся)** (제찌)
어떤 사람, 그 누가	**некто** (네크또)
어떤 사람, 누구인가, 누구인지	**кто-то** (크또-따)
어떤 상태(처지에서) 벗어나게 하다	**выводить** (븨붜지찌)
어떤 상태에 있게 하다, 유지하다	**содержать** (싸제르좌찌)
어떤 상태에서 벗어나다, 헤어나다	**выходить** (븨호지찌)
어떤 일에 매달리다, 주무르다	**возиться** (바즈이쨔)
어떤 장소·방향으로 가다, 나아가다, 향하다, 떠나다	**идти** (잇찌)
어떤 장소까지, ~에 관하여 (말하면) ~하는한	**приводить** (쁘리붜지찌)
어떤 행동의 출발점, 지점	**трамплин** (뜨람쁠린)
어떤(상태, 처지에) 있게 하다, ~(하여)두다	**держать** (제르좌찌)
어떤(알지 못할)	**какой-то** (까꼬이-따)
어떻게 하여(되어), 이럭저럭, 어떤 방법으로	**как-то** (깍-따)
어떻게, 어찌, 어떤 방법[식]으로 ~ быть ? 어떻게 할까?	**как** (까크)
어떻게든지 하여, 여하튼, 어쨌든	**как-либо** (까클-리바)
어떻게든지, 어떻게 해서라도, 아무렇게든,	**как-нибудь**

- 922 -

어려움(고비.곤란.격정.유혹.버릇)을 극복하다	(까크-니부지) **штурмовать** (쉬뚤마와찌)
어려운, 힘든, 곤란한; ~ая работа 힘든 일	**трудный** (뜨루드느이)
어려운, 힘든, 품이 많이 드는	**тяжёлый** (쨰쭐이)
어려움 극복하다, 이겨내다, 정복(공략)하다	**штурмовать** (쉬뚤마와찌)
어려워하다, 곤란해지다	**затрудняться** (자뜨루드냐짜)
어렴풋이(위험·음모)느끼다(알아채다)	**догадаться** (다가다쨔)
어렵게, 느리고 힘들게	**туго** (뚜고)
어렵다, 힘들다, 곤란하다	**трудно** (뜨루드노)
어로(漁撈), 고기잡이군	**рыбацкий** (릐바쯔끼이)
어뢰(魚雷) 어형수뢰(魚形水雷)), 수뢰; 기뢰, 공중어뢰, 공뢰	**торпеда** (따르뻬다)
어루만지다, 만져보다, 더듬다	**ощупать, ощупывать, гладить** (아쓔빠찌), (아쓔쁴와찌)(글라지찌)
어류보호(魚類保護)	**рыбоохрана** (릐바오흐라나)
어류학(魚類學)	**ихтиология** (이흐찌올로기야)
어른(성인)이 되다, 다 자라다	**вырастать мужать** (븨라쓰따찌)(무좌찌)
어른, 성인(成人)	**взрослый, старший** (프로쓸이)(스따르쉬이)
어른이 되다, 나이가 들다, 다 자라다	**взрослеть повзрослеть** (프자쓸레찌)(빠브즈로쓸레찌)

- 923 -

어리광부리는, 버릇이 궂은	**избалованный** (이즈발로완느이)
어리둥절하게[당황하게] 하다	**дурманить смущать** (두르마니찌) (스무샤찌)
어리둥절(당황)해지다, 당혹해 하다	**опешить оторопеть** (아뻬쉬찌) (아따로뻬찌)
어리무던한, 안온한, 어진	**благодушный** (블라가두쉬느이)
어리석게, 둔하게, 머저리	**глупо** (글루뽀)
어리석은 짓을 하다, 못된 장난을 하다	**дурить** (두리찌)
어리석은, 어수룩한, 멍청한	**неразумный ерундовый** (네라줌느이) (예룬도브이)
어리석음, 둔하다, 무분별; воротник ~ю 소백의 칼라 숄	**шаль** (샬리)
어린 나무숲, 어린가지, 새싹	**молодняк, поросль** (말로드냐크) (뽀로쓸)
어린싹, 어린가지, (접목의)접수(接穗); 삽수(挿穗)	**отпрыск** (앗쁘리쓰크)
어린 학생 같은 행동을 하다	**школьничать** (쉬꼴리니차찌)
어린시절, 소년기, 유년	**малолетство** (말랄례뜨쓰뜨뷔)
어린애 같은[다운]; 귀여운	**жеребячий** (쥐레뱌치이)
어린애(동물)에게 먹을 것을 주다, 먹이다,	**накормить** (나꼬르미찌)
어린애를 돌보다	**няньчить** (느얀치찌)
어린이 같은, 아이다운	**детский** (제뜨쓰끼이)
어린이, 아기, 꼬마둥이	**малыш**

		(말릐쉬)
어린이, 어린애, 소년(少年), 아동(兒童)		**малолеток** (말랄레또따크)
어린이들의 신년파티; 욜까놀이		**ёлка** (욜까)
어린이용 흔들침대, (소아과) 병원의 침대		**койка** (꼬이까)
어림잡다, 견적하다, 산정하다; 판단[추단]하다		**прикидывать** (쁘리끼듸와찌)
어릿광대, 코메디안(comedian) 개그맨		**балагур, паяц** (발라구르)(빠야츠)
어머니(로서)의; 어머니같은		**маменькин** (마멘낀)
어머니, 모성(母性), 안부모, 모친(母親), 모(母), 어머님		**мать** (마찌)
어머니, 어머니다운, 모성		**материнский** (마쩨린쓰끼이)
어문학(語文學), 문헌학		**филология** (필롤로기야)
어미(語尾), 씨끝; падежное ~ 격어미		**окончание** (아깐차니예)
어미닭, 알을 안는 닭		**наседка** (나쎼드까)
어미돼지		**свиноматка** (스비노마뜨까)
어부(漁夫), 고기잡이		**рыбак** (릐바크)
어서, 하여라; (권유, 부추김을 표현하다) 자, ну и ну! 이런! 뭐뭐		**ну** (누)
어서어서; ~, вставай! 어서어서 일어나라!;		**ну-ну** (누-누)
어수선하게 흩어진 물건, 잡동사니; 찌꺼기, 쓰레기		**грязь** (그랴지)

어수선함, 북새통	**сумбур** (숨부르)
어스[접지]시키다	**заземлить** (자졤리찌)
어스레한, 어둑어둑한	**полутёмный, сумрачный** (빨루쫌늬이) (숨라치느이)
어스름, 어두컴컴한(어스레한) 어둠	**сумрак, полумрак** (숨라크) (빨루므락)
어슬렁거리다, 돌아다니다, 빈둥거리다	**шляться** (쉴래쨔)
어슬렁어슬렁 거닐기, 산책	**коляска** (깔랴쓰까)
어슬렁어슬렁 걷다, 빈둥거리다	**прогуляться, шлёндать** (쁘라굴야쨔)(쉴룐다찌)
어슬어스해지다, 날이 저물다, 땅거미지다	**смеркаться** (스메르까쨔)
어슴프레한 빛	**просвет** (쁘라쓰벨)
어여쁜, 깊이 사랑하는, 볼수록 귀여운	**ненаглядный** (네나그랴드느이)
어울리는, 적당한, 충분한; 능력이 있는	**достой-ный** (다쓰또이느이)
어울리지 않는, 볼품없는	**несуразный** (네쑤라즈느이)
어원, 어원학, 어원론, 어원설,	**этимология** (에띠몰로기야)
어원론적, 어원론; ~ словарь 어원사전	**этимологический** (에띠몰로 기체쓰끼이)
어원을 조사하다(연구하다.정의하다)	**этимоло-гизировать** (에띠몰로기지로와찌)
어음, 권계(券契); 증권, 증서	**вексель** (찍쎌)

어음의 이서(裏書), 배서(어음·수표 뒷보증.)	**жиро** (쥐로)
어음의 할인	**эсконт** (에쓰꼰트)
어의(語義)에 관한, 의미론(상)의	**однозначный** (아드노즈나츠느이)
어제, 어저께	**вчера** (프체라)
어조, 억양(抑揚)	**интонация** (인또나찌야)
어조: шутливый ~ 농담조; осуждающий ~ 비난조	**тон** (똔)
어지러운, 난잡한, 얼기설기한	**беспорядочный** (볘쓰뽀랴도츠느이)
어지러운, 너더분한, 어수선한	**несвежий** (녜쓰볘쥐)
어지러운, 현기증이 날만한, 놀랄만한	**головокружительный** (갈로붜크루쥐쩰느이)
어지럼, 현훈증, 어질병, 현기증	**головокружение** (갈로붜크루쮀니예)
어지럽히다, 더럽히다, 혼란시키다	**расстраивать, замусолить** (라쓰뜨라이와찌) (자무쏘리 찌)
~의 마음을 어지럽게 하다; 불안하게 하다	**пакостить, сорить** (빠까쓰찌찌) (싸리찌)
어쨌든, 결국	**как-никак** (까크-니까크)
어쩐지, 웬일인지, 아무래도	**что-то, как-либо** (쉬또-따) (까크-리바)
어쩔수 없는, 절망적인, 그칠줄 모르는	**безысходный** (볘즈이쓰 호드느이)
어쩔 줄 모르는, 어리둥절한; 난처해하는	**озадаченный** (아자다쳰느이)
어치, (어류) 나와가, 언치. 언치새	**сойка, навага**

- 927 -

	(쏘이까) (나와가)
어학자, 언어학자, 외국어에 능통한 사람	**языковед** (야즤까뻬트)
어항	**аквариум** (아크와리움)
어형론, 형태론	**формообразование** (파르모옵라조와니에)
어휘, 낱말, 단어; 보캐뷸러리(vocabulary),	**словарь** (슬로와리)
어휘론(語彙論)	**лексикология** (렉씨까로기야)
어휘집, 소사전(小辭典)	**словарик** (슬로와리크)
억누르다, 억제하다, 말리다	**заглушать зажать, зажимать** (자글루샤찌) (자좌찌) (자쥐마찌)
억누르다, 진압하다	**душить, задушить, отжимать** (두쉬찌) (자두쉬찌) (아트쥐마찌)
억눌리고 시달린, 억눌리운	**забитый** (자비뜨이)
억류[유치, 구류]하다	**взять(ся)** (프재찌)
억만장자(億萬長者)	**миллиардер** (밀리찌아르젤)
억병으로 취하게 하다, 도취[흥분]시키다	**дурманить** (두르마니찌)
억압, 억제	**зажим** (자쥐므)
억압자, 말살하는 자	**глушитель** (글루쉬쩰)
억압하다; (반란을) 가라앉히다, 진압하다.	**потушить замолчать** (빠뚜쉬찌) (자말차찌)
억제(제지)하다; 진정시키다	**останавливать** (아쓰따나블리와찌)

억제(진정)할 수 없는, 막을 수 없는	**неукротимый** (네우끄로찌므이)
억제하다, 억누르다	**гасить, давить** (가씨찌) (다븨찌)
억지로 ~시키다, ~에게 강제하다, 우격으로 ~시키다,	**взломать** (프즐로마찌)
억지로 시키다, 강요하다	**неволить** (네볼리찌)
억지로 채워 넣다, 밀어넣다 다져넣다,	**заставить** (자쓰따비찌)
억측(臆測), 짐작(斟酌)	**домысел** (도믜쎌)
언, 곱은, 얼은, 얼음으로 덮힌	**ледяной** (레쟈노이)
언급(논급)하다	**касаться** (까싸짜)
언급(지적)하다, 가리키다,	**отмечать, упоминать, затрагивать** (아트메차찌) (우쁠미 나찌), (자뜨라기와찌)
언급하다. (넌지시) 비추다, 암시하다	**сослаться** (싸쓸라짜)
언덕, 둔덕	**пригорок, бугор гора** (쁘리고록) (부고르)(가라)
언덕의 비탈, 자드락	**косогор** (까싸고르)
언론, 발언권	**слово** (슬로붜)
언몸을 녹이다, 자기 몸을 녹이다	**отогреваться, отог-реться** (아따그레와쨔), (아따뜩례쨔)
언어, 말, 국어, 어학; русский ~ 러시아어	**язык** (야즥크)
언어, 혀(입안의), 혓고기 обложенный ~ 설태가 낀 혀	**язык** (야즥크)

- 929 -

언어의 이동, 전치(轉置) 전자법	**транслитерация** (뜨란쓸리쩨라찌야)
언어의 인칭; ~ое местоимение 인칭대명사	**личный** (리츠느이)
언어학(言語學)	**лингвистика** (린비쓰찌까)
언어학, 어학, 과학용어	**языкознание** (야즥까즈나니에)
언어학[문헌학]의; ~ факультет 어문학부	**филологический** (필롤로기체쓰끼이)
언어학자	**лингвист** (린빗트)
언저리, 가장자리, 모서리	**кромка** (크롬까)
언제, 언제인가, 어느 때에; 때로는 ~ 때로는	**когда** (까그다)
언제나, 늘, 항상, 언제라도, 언제건. 언제든지	**всегда** (프쎄그다)
언젠가, 한번은; ~ раз 언젠가 한번	**как-то** (깍-따)
언젠가; 언젠가 후일, 근근, 후에	**как-нибудь** (까크-니부지)
얻다, 생산하다, 제조하다	**получать** (빨루차찌)
얻다, 구하다, 받다, 획득(쟁취.습득)하다	**нажить добывать** (나지찌) (다븨와찌)
얻어내다, 손에넣다	**заслужить, встречать, снискать** (자쓸루쥐찌) (프쓰뜨레차찌) (스니쓰까찌)
얻어 가지다, 구하다, 꺼내다, 집어내다	**доставать** (다쓰따와찌)
얻어내다, 섭취하다 가지게 되다, 찾아내다	**обрести обретать** (아브레쓰찌), (옵레따찌)
얻어오다, 얻어가지다, 받아들이다	**заимствовать**

(자이므스뜨뷔와찌)

얻으려고[찾으려고] 애쓰다, 희구하다, 요구하다 **гнаться**
(그나쨔)

얼게하다, 빙결(동결)시키다; 얼어붙게 하다 **замора-живать**
(자마라쥐와찌)

얼구다, 냉동시키다 **сковывать, заморозить**
(스꼬븨와찌) (자모로지찌)

얼구다, 냉동하다 **морозить**
(마로지찌)

얼굴(낯,고개)을 돌리다, 외면하다; 등지다 **отворачиваться**
(아트뷔라치와쨔)

얼굴, 낯, 안면 **лицо**
(리쪼)

얼굴모습(표정); скорчить ~ю 얼굴을 찌푸리다 **физиономия**
(피지오노미야)

얼굴을 돌리다, 외면하다, 돌아치다, 등지다 **отвёртываться**
(아트뵤르 띠와쨔)

얼굴을 찡그러뜨리다, 어그러지게 하다 **искажать**
(이쓰까좌찌)

얼굴을 찡그리다 **передёр-гивать, гримасничать**
(뻬레죠르기와찌) (그리마쓰니차찌)

얼굴을 찡그림, 찡그린 얼굴, 짐짓 꾸민표정 **ужимки, гримаса**
(우쥐므끼) (그리마싸)

얼굴이 달아오르다, 새빨개지다 **вспыхивать**
(프쓰쁵히와찌)

얼굴이 찡그리다, 어그러지다 **искажаться, искривля-ться**
(이쓰까좌쨔) (이쓰크리블랴쨔)

얼굴이 큰, 큰 얼굴 **широколицый**
(쉬로깔리찍이)

얼다, (무서움 등으로) 굳어지다, 멍해지다 **леденеть**
(레제레찌)

얼다 얼게하다, 냉동하다 **зафиксировать, мёрзнуть, замерзать**
(자피크씨로와찌), (묠즈누찌) (자메르자찌)

얼레에 감다; 감다, 돌리다	**мотать** (마따찌)
얼룩, 작은 반점	**крапинка** (크라삔까)
얼룩투성이의, 반점투성이의; 발진(發疹)이 있는	**пятнистый** (뼷니쓰띄이)
얼룩말(아프리카 야생말)	**зебра** (제브라)
얼룩이 사라지다, (가죽 등이) 벗어지다	**сходить** (스호지찌)
얼룩진, 얼룩덜룩한	**пятнистый, рябой** (뼷니쓰띄이) (랴보이)
얼마 멀지 않다, 가깝다	**недалеко** (네달레꼬)
얼마 안 되는, 많지 않은, 적은	**незначительный** (네즈나치쩰느이)
얼마 전에, 요즈음, 최근에	**недавно** (네다브나)
얼마, 얼마나[쯤]	**как** (까크)
얼마간 떨어져서 멀리 저쪽에, 멀리	**вдали** (브달리)
얼마나; 얼마쯤, 어떠한가	**какой, сколько-нибудь** (까꼬이) (스꼴까-니부디)
얼마만큼(많이) 사다, 사들이다	**накупать, накупить** (나꾸빠찌), (나꾸삐찌)
얼마만큼, 얼마쯤, 어느 정도까지	**насколько** (나스꼴리꼬)
얼마인가? 값이 얼마?, 얼마입니까?	**почём** (빠춈)
얼빠진 소리, 부질없는 소리, 무의미한 것, 황당한 것	**вздор** (쓰도르)
얼빠진, 무모한; 부질없는, 허황한	**вздорный безумный**

	(쓰도르느이) (볘줌느이)
얼싸안다, 껴안다, 포옹하다	**обнять(ся)** (압냐찌)(쨔)
얼어죽다, 얼어버리다, 얼어서 상하다, 얼다	**помёрзнуть** (빠묠즈누찌)
얼다, 동결(빙결)하다	**вымерзать, замерзать** (븨메르자찌), (자메르자찌)
얼어붙는 것	**ледостав** (레다쓰따프)
얼어붙음, 결빙, 동결; точка ~я 빙점	**замерзание** (자메르자니예)
얼어서 약간 못쓰게 되다	**подмерзать подмёрзнуть** (빠드메르자찌), (빠드묘르자누찌)
얼음 풀리기, 해빙	**вскрытие** (프쓰크릐찌에)
얼음으로 덮인, 얼음이 언	**ледяной** (레쟈노이)
얼음; 능시(凌澌), 빙(氷), 아이스(ice); 너테	**лёд** (료드)
얼음덩이, 얼음장	**льдина** (엘지나)
얼음사탕, 빙사탕, 아이스바	**леденец** (레제례쯔)
얼음으로 덮이는 것, 어느 것, 동결(凍結)	**оледенение** (알레제네니예)
얼음으로 덮이다	**обледенеть** (아블레제네찌)
얼음으로 덮인, 얼음이 얼어붙은	**обледенелый** (아블레제네르이)
얼음의, 얼음 같은; 얼음이 많은, 얼음이 덮인	**ледяной** (레쟈노이)
얼음지치기, 스케이트	**конькобежный** (깐까볘즈느이)

얼음처럼 찬, 얼음처럼 찬 것	**ледяной** (레쟈노이)
얼음흐름, 유빙(遊氷), 빙하(氷河), 빙하기	**ледоход** (레다홑)
얼지 않는, 부동(不凍)의 ~ий порт 부동항	**незамерзающий** (네자메르자유쉬이)
얼추 그리다, 얼른 쓰다;	**набросать** (나브로싸찌)
얼핏 엿보이다	**проскальзывать** (쁘라쓰깔르즤와찌)
얽매이지 않는, 편견 없는	**развязный** (라스뱌즈느이)
얽매인, 종속적인, 예속적인	**подчинённый** (빧친논느이)
얽어매다, 둘러 감다, 둘러매다	**опутать** (아뿌따찌)
얽은 자국이 있는, 마맛자국의[이 있는]. 얽은	**рябой** (래보이)
얽은새, 줄거리, 슈제트	**сюжет** (슈쮀트)
얽힌, 얼기설기한, 복잡한	**запутанный** (자뿌딴느이)
엄격하게, 엄하게; ~ говорит 엄한 투로 말한다	**строго** (스뜨로가)
엄격한, 요구성이 강한, 엄하다, 무섭다	**взыскательный** (즤스까 쩰리느이)
엄격한, 준엄한; ~ий выговор 엄중경고	**строгий, крутой** (스뜨로기이) (크루또이)
엄밀하게, 정밀히	**строго** (스뜨로가)
엄숙성, 성대한 것	**торжественность** (따르줴쓰뜨붼노쓰찌)

엄숙히 놓다, 삼가놓다	**возлагать** (바즐라가찌)
엄숙히, 성대히, 장엄하게	**торжественно** (따르줴쓰뜨벤나)
엄중한, 가혹한. 엄(嚴)한	**драконовский, тяжёлый** (드라꼬 노브스끼이), (쩨죨이)
엄지손톱; (손톱같이) 작은 것	**ноготь** (노고찌)
엄폐호(掩蔽壕), 엄호(掩壕)	**блиндаж** (블린다쥐)
엄하게, 엄격하게, 엄숙하게, 단호하게	**круто** (크루따)
엄하지 않은, 수월한, 편한, 강요적이 아닌	**невзыскательный** (네브긔쓰까쩰느이)
업신여기는 것, 천대, 모욕; терпеть ~я 모욕을 당하다	**унижение** (우니줴니에)
업신여기다, 모욕하다, 자존심을 꺾다, 천대하다	**унижать** (우니좌찌)
업적, 성과	**завоевание** (자붜예와니예)
없는것, 결여, 부족, 결핍; 결석, 궐석, 흠석	**отсутствие** (앗쑤뜨쓰비예)
없다, 존재하지 않는다	**нет, отсутствовать, против** (녯트) (앗쑤뜨쓰뜨보와찌)(쁘로찌프)
없애다, 없이하다, 치우다	**упразднить, убивать** (우쁘라즈드니찌) (우비와찌)
제거(제.소거.소모.소진.말소)하다, 지우다	**сбить отбивать** (즈비찌) (아트비와찌)
없애버리다, 제거하다, 근절하다	**изживать** (이즈쥐와찌)
없어(사라)지다, 박멸(상실)되다	**теряться, потеряться, пропасть** (쩨랴짜) (빠쩨랴짜) (쁘로빠쓰찌)

없이, ~없이, ~이 없는, ~을 갖지 않고; ~이 없어도	**без** (볘즈)
엇걸다, 교차시키다, 십자형으로 놓다	**скрестить** (스크레쓰찌찌)
엇바꾸다, 교체하다	**перемежать** (뻬레메좌찌)
엇서다, 버티다, 저항(반항,반대)하다	**противиться, перечить** (쁘라찌비쨔)(뻬레치찌)
엉겨굳다, 뒤지다, 질어지다	**густеть** (구쓰쪠찌)
엉기(게 하)다, 응결(응고)시키다, 응결하다	**свернуться** (스볘르누쨔)
엉기다, 응결하다, 맺히다; 뭉치다, 굳다	**спечься** (스뼤치쌰)
엉덩이, 둔부(臀部); 궁둥이; 엉덩이살, 여자의 성기	**сдоба, зад** (즈다바) (자드)
엉엉[느껴]울다, 울어서 붓게 하다	**зарыдать реветь** (자릐다찌).(레볘찌)
엉클다, 뒤얽히게 하다; 끌어넣다	**запутать** (자뿌따찌)
엉클어진	**запутанный** (자뿌딴느이)
엉키게(얽히게.혼동.헛갈리게) 하다, 잘못 알다	**напутать** (나뿌따찌)
엉키다, 걸리다, 얽히게 하다, 헝클다	**перепутать, прицеплять[ся]** (뻬레뿌따찌)(쁘리쩨쁠랴찌)(쨔)
엉키다, 얽히다, 헝클리다	**запутаться, переплетаться** (자뿌따쨔) (뻬레쁠레따쨔)
엉터리, 허황한 것	**нелепость** (넬레뽀스찌)
엎드려 숨다; ~ в засаду 매복하다	**залечь** (잘레치)
엎지르다, 흩뜨리다, (피를) 흘리다	**проливать[ся]**

- 936 -

	(쁘랄리와찌)
엎지르다, 흩뜨리다, 따르다, 쏟다, 붓다, 흘리다	**разлить[ся]** (라슬리찌)
에그프라이, 계란부침, 오믈렛	**яичница** (야이츠니짜)
에너지 소비(energy 消費)	**энерготрата** (에네르가뜨라따)
에너지 장치도(energy 裝置圖)	**энерговооружён-ность** (에네르가보오루존노쓰찌)
에너지(energy), 에네르기, 힘	**энергия** (에네르기야)
에덴동산, 낙원, 낙토, 극락; 도원향 유토피아	**Едем эдем[эдэм]** (예젬) (에뎀)
에델바이스(Edelweiss) 스위스의 국화	**эдельвейс** (에델리베이쓰)
에로스(Eros); 에로스(Aphrodite)	**Эрос, Эрот** (에로쓰, 에로트)
에베소서(-書) (Послание к Ефесянам, 6장)	**Ефесянам** (에폐쌰남)
에세이, 수필, (문예상의) 소론시론, 평론, 소논문	**эссе(сэ)** (에쎄)
에센스, 정(情), 엑스트랙트, 본질, 정수, 에키스	**эссенция** (에쎈찌야)
에스겔 (Книга Пророка Иезекииля, 48장)	**Иезекииля** (이에즈끼일랴)
에스컬레이터, 자동(自動) 계단	**эскалатор** (에쓰깔라또르)
에스키모	**эскимос** (에쓰끼모쓰)
에어포트(airport)	**аэропорт** (아에로뽀르트)
에어플레인(airplane), 은익(銀翼)	**аэроплан** (아에로쁠란)

- 937 -

에워싸다, 둘러서다, 에우다; 둘러싸다	**обступать, омыть** (아브쓰뚜빠찌) (아믜찌)
에우다, 포위(환위.환요.합위.중위)하다	**обнести, окружать, обвести** (압네쓰찌) (아크루좌찌) (압붸씨찌)
에워싸다, 포위하다; 에두르다,	**оцепить** (아체삐찌)
에이프런, 앞치마, 행주치마; 무릎덮개 천	**перрон, фартук** (뻬르론) (파르뚜크)
에크!, 아이구!	**ух** (우흐)
에탄올, 에틸알콜	**этанол** (에따놀)
에티켓, 예절, 예법, 예의범절	**этикет** (에찌께트)
에틸렌	**этилен** (에띨렌)
에틸벤젠	**этилбензол** (에띨벤졸)
에피소드적인, 삽화로 이루어진,	**эпизодический** (에삐조드이체스끼이)
에필로그, 결어 끝말, 종국, 후주	**эпилог** (에삘로그)
에헴하다, 헛기침하다; 말을 머뭇거리다	**крякать** (크랴까찌)
엑기스, 추출물	**вытяжка** (븨쨔즈까)
엑기스제, 우림약, 농축액; ~йода 옥도정기	**настойка** (나쓰또이까)
엑스(X) 광선사진술; 엑스 광선 사진 촬영	**рентген** (렌겐)
엑스까와도르, 굴착기, 굴토기	**экскаватор** (엑쓰까와따르)

- 938 -

엑스선 사진, 뢴트겐(감마선.방사선)사진	**рентгенограмма** (롄겐노그람마)
엑스트라, 임시, 여분, 추가의 것	**экстра** (엑쓰뜨라)
엔([円])(일본 화폐단위; en ￥)	**иена** (이에나)
엔진, 발동기, 기관, 기구	**машина** (마쉬나)
엔진을 멎게 하다, 오도가도 못 하게 하다	**буксовать** (북쏘와찌)
엔트로피(entropy:)	**энтропия** (엔뜨로삐야)
엘레지 형식의, 슬픈가락의 만가, 애가형식의	**элегический** (엘레기체쓰끼이)
엘리베이트, 승강기	**элеватор** (엘레바또르)
여가, 겨를, 틈; 휴가, 휴식기간, 짬	**досуг** (도쑤그)
여객선(旅客船), 객선의	**пароходный** (빠로홀느이)
여격(명사.대명사가 간접 목적어가 될 때의 격)	**дательный** (다쩰느이)
여과되다; 스며나오다, 침투하다	**фильтроваться** (필트로와짜)
여관(旅館), 여인숙, 호텔	**гостиница** (가쓰찌니짜)
여기(에서), 이곳에서	**здесь** (즈제시)
여기다, (말·이야기 등을) 신용하다, ~의 말을 믿다	**верить** (볘리찌)
여기로, 이리로	**сюда** (슈다)
여기에 있는, 이곳의	**здешний**

	(즈제쉬니이)
여기에, 여기서	**тут** (뚜트)
여기저기 뒤지다, 찾아헤매다, 여기저기로 뛰다	**шнырять** (쉬늬래찌)
여기저기, 이곳저곳에서, 곳에 따라	**кое-где** (꼬에-그제)
여념이 없는; ~ огонь 집중사격	**состедоточенный** (싸쓰레다또첸느이)
여는 것, 펴는 것	**раскрытие** (라쓰크르찌예)
여단(旅團),(군사) (군대식 편성의) 대(隊), 조(組).	**бригада** (브리가다)
여닫게, 개폐기, 스위치	**переключатель** (뻬레클류차쩰)
여덟(8)개 한 벌의 것; 에이트(보트의 크루 따위).	**октава** (악따와)
여덟, 8(팔)	**восемь** (뷔쎔)
여덟살, 8(팔) 년, 8(팔) 년간	**восьмилетний** (바시밀레뜨니이)
여덟시, 8(팔)시간, 8시간동안의	**восьми-часовой** (바시미차쏘보이)
여덟째, 여덟 번째, 제 8(팔)	**восьмой** (바시모이)
여드름, 좌창(痤瘡), 이드름, 흑두창	**угорь** (우가리)
여든살나는, 80(팔십)세, 80년, 팔십년,	**восьмидеся-тилетний** (바시미제쌰찌레뜨니이)
여든째, 여든 번째, 제 80(팔십)	**восьмидесятый** (바시미제쌰뜨이)
여러가지, 다양한, 다종다양한, 각양각색	**многообразный** (므나가오브라쓰느이)

여러가지로, 각이하게, 구별되게	**различно** (라슬리츠나)
여러 곳에 기입하다	**разносить** (라스나씨찌)
여러 곳에 이주(거주)시키다, 자리 잡게하다	**расселить** (라쓰쎌리지)
여러 곳에(각기 제자리에) 수송(운반, 배달)하다	**развозить** (라스뷔지찌)
여러 곳에 이주하다, 거주하다, 자리잡고 살다	**расселиться** (라쓰쎌리쨔)
여러 곳으로 터지다(금이 가다, 트다)	**растрескаться** (라쓰뜨레쓰까쨔)
여러 곳으로부터, 방방곡곡에서, 사방에서	**отовсюду** (아따브슈두)
여러기대공, 다기대공(多機臺工)	**многостаночник** (므나가쓰따노츠니크)
여러단을 걸치는, 다단식(多段式)	**многостепенный** (므나가쓰쩨뻰느이)
여러 번(여러 차례)에 걸친, 수차	**многократный** (므나가크라뜨느이)
여러 종류의 계량기 눈금, 저울눈 척도; 도표	**шкала** (쉬깔라)
여러종류의 계량기 눈금, 저울눈 척도; 도표	**шкала** (쉬깔라)
여러 층, 다층(多層), 고층(高層)	**многоэтажный** (므나가에따즈느이)
여러가지색, 형형색색	**пестрота** (뻬쓰뜨로따)
여러분! 제군; 근계(謹啓) 신사숙녀 여러분	**господа** (가쓰빠다)
여러분!	**граждане!** (그라즈다네)
여러해살이; 다년생(多年生);	**многолетний**

(므나가레뜨느이)

여름, 여름철, 여름동안	**лето** (레따)
여름에, 여름철에, 여름동안; ~ этого года 올해 여름에	**летом** (레똠)
여물통, 구유, 물통, 나무 그릇	**ясли** (야쓰리)
여배우(女俳優), 여우(女優)	**артистка актриса** (아르찌쓰트까) (악뜨리싸)
여보! (기쁨, 놀람, 물음의 소리) 어이! 아이고! 이런! 저런! 어머나!야! (주의를 끌 때의 소리); 어어이! 이봐(부를 때).	**эй** (에이)
여보세요(전화에서)!	**алло!** (알로)
여분, 과잉, 잉여, 나머지; с излишком 남음이 있다	**излишек** (이즐리쉐크)
여비로 쓰다	**проездить** (쁘라예즈지찌)
여사(女史), ~씨(미혼, 기혼의 구별이 없는 여성의 존칭)	**госпожа** (가쓰빠좌)
여생을 지내다, 낡아지다	**отживать** (아트지와찌)
여섯 6. 육(六), 여섯	**шесть** (쉐쓰찌)
여섯 손가락의	**шестипалый** (쉐쓰찌빨르이)
여섯(6)개가 1뽄드인 초, 모두 6개로 된 것	**шестерик** (쉐쓰쩨릭)
여섯(6)개로 된	**шестериковый** (쉐쓰쩨리꼬브이)
여섯(6)개의 꼭대기가 있는	**шестиглавый** (쉐쓰찌글라브이)
여섯(6)배로 ~ шесть 6의 6배는(6x6=) 36	**шестью** (쉐쓰찌유)

여섯(6)배의 в ~ом размере 여섯배의,	**шестикратный** (쉐쓰찌끄라뜨느이)
여섯(6)배의	**шестеричный** (쉐쓰쩨리츠느이)
여섯(6)배의[로], 여섯 겹, 여섯(6)겹으로	**шестерной** (쉐쓰쩰노이)
여섯(6)배하여	**шестерицею** (쉐쓰쩨리쩨유)
여섯(6)장의 날개가 있는	**шестикрылый** (쉐쓰찌끄릴르이)
여섯(6)조각의 천으로 지은 스커트	**шестиклинка** (쉐쓰찌끌린까)
여섯6 시간의, 6시의	**шестичасовой** (쉐쓰찌차쏘브이)
여섯대의 항공기가 비행	**шестёрка** (쉐쓰쬴까)
여섯살, 6주년제, 6주기	**шестилетие** (쉐쓰찔레찌에)
여섯시 6시	**шестичасовой** (쉐쓰찌차쏘보이)
여섯의, 6의, 여섯 개의, 6명의; 6일, 6의 자리	**шести** (쉐쓰찌)
여성(의 권리확장)에 적개심을 가지는 사람	**женоненавистник** (줴노네나비쓰뜨니크)
여성·소아용 팬티; 드로어즈(drawers).	**трусики** (뜨루씨끼)
여성과 의사, 산부인과 의사(産婦人科 醫師)	**гинеколог** (기네꼴록)
여성과, 부인과학, 부인과 의학	**гинекология** (기네깔로기야)
여왕, 왕비, 왕후	**королева, царица** (까롤레와) (짜리짜)
여우, 숫여우, 야호(野弧)	**лиса лисица**

	(리싸) (리씨짜)
여울, 여울살, 천탄(淺灘)	**брод, мель** (브로드) (멜)
여울로, 얕은 곳으로 여울목; 얕은 곳	**вброд банка** (프브롣) (반까)
여윈 수척한	**сухощавый** (수호샤브이)
여위게 하다	**сушить** (수쉬찌)
여위다, 마르다, 파리해지다	**сохнуть, похудеть, худеть** (싸흐누찌) (빠후제찌)(후제찌)
여윈, 초체한	**худощавый, тощий** (후도샤브이) (또쉬이)
여윈, 살빠진 빼빼마른 파리한	**сухой, худой** (수호이) (후도이)
여자같은, 여성적인, 사내답지 못한	**женоподобный** (췌노쁘도브느이)
연약한, 상냥한 기력이 없는, 나약한, 유약한	**женственный** (쥇쓰 뜨붼늬이)
여자 어릿광대 농담을 하는 여자	**пошутить** (뽀슈띠찌)
여자 점쟁이	**гадалка** (가달까)
여자같은, 여성(부인, 계집)같은, 여자다운	**женский** (쥇쓰끼이)
여자들, 여성들, 부인들, 여성, 여자,	**женщина** (쥇쉬나)
여자를 싫어하는 사람, 여성 차별주의자	**женоненавистник** (쥇노네 나비쓰뜨니크)
여자를 좋아하는, 호색가	**женолюб** (쥇노류브)
여자용 메리야스, 아래내의	**трико** (뜨리꼬)

여자용 삼각형 머리수건, 목수건	**косынка** (까쎤까)
여자용 쎈들(sandal)	**босоножки** (보쏘노지끼)
여자용 짧은 웃저고리, 쟈케트, 브라우스	**кофта, кофточка** (꼬프따), (꼬프또츠까)
여자의 가슴, 가슴통, 가슴패기	**бюст** (뷰쓰트)
여자의 긴치마자락	**шлейф** (쉴레이프)
여자의, 부인용, 여자용; ~ое платье 부인 옷	**дамский** (담쓰끼이)
여자친구(동무), 벗, 놀이 친구	**подруга** (빨루가)
여재봉사	**портниха** (빠르뜨니하)
여전히, 이전과 같이	**по-прежнему** (빠-쁘레즈무네무)
여주인	**хозяйка** (하쟈이까)
여주인공	**героиня** (게로이냐)
여지 것, 그간 줄곧, 여전히	**всё** (프쑈)
여치·귀뚜라미가 찌르르찌르르[귀뚤귀뚤] 울다	**трещать** (뜨레샤찌)
여학생(초등학교·중학교의). 여자친구	**подруга** (빠드루가)
여행(旅行), 유람(遊覽), 견학(見學);	**поездка, путешествие вояж** (빠예즈드까) (뿌쩨쉐쓰뜨비예) (바야즈)
여행담, 여행기	**разъезд** (라즈에즈드)

- 945 -

여행용 배낭, (개나리)봇짐	**котомка** (까똠까)
여행자들, 단체관광 견학단	**экскурсия** (엑쓰꾸르씨야)
여호수아서(Josh-書) (Книга Иисуса Навина 24장)	**Иисус Навин** (이-수스 나빈)
여호와(Jehovah: 야훼 Yahweh: 이스라엘 민족의 유일신 히브리어 자음(YHWH)으로 계시 되었다	**Егова** (예고와)
역, 역참, 여인숙(여객이 말을 바꾸는)	**ям** (얌)
역(驛), 정거장; 정류장; конечная ~ 종착역	**станция** (스딴찌야)
역(逆)하게, 거북하다, 메슥메슥하다	**дурно** (두르나)
역경; 불행, 불운. 불행한 일, 재난	**невзгода** (네베즈고다)
역과 역간의 구간	**перегон** (뻬레곤)
역기, 바벨	**жим** (쥠)
역기선수, 역도선수	**тяжелоатлет** (쨰욀로아뜰레트)
역대 왕조(王祖), 명가(名家), 명문	**династия** (지나스찌야)
역대기상(歷代記上)(Первая книга Паралипоменон, 29장, 428)	**Пар 1** (빠르 1)
역대기하(歷代記下)(Вторая книга Паралипоменон, 36장)	**Пар 2** (빠르 2)
역법(曆法), 년대 계산법	**времяисчисление** (프레먀이쓰치쓸레니에)
역법, 기원; европейское ~ 서기	**летосчисление** (레따쓰치쓸레니에)
역사 이전의, 선사시대의	**доисторический**

	(다이쓰또리체쓰끼이)
역사, 역사학, 사학, 연혁, 경력, новая ~ 근대사	**история** (이쓰또리야)
역사가(歷史家), 역사학자	**историк** (이쓰또리크)
역서, 일력; ~ год 역년; ~ план 일정표, 진도표	**календарный** (깔렌다르느이)
역설적인, 모순된, 불합리한,	**парадок-сальный** (빠라독살느이)
역성을 들다, 비호하다, ~의 편을 들다	**заступаться** (자쓰뚜빠짜)
역시, ~도; 또한; 동시에; 그밖에	**тоже, также** (또줴) (따크줴)
역앞의, 역전의 ~ая площадь 역전광장	**привокзальный** (쁘리붜그잘느이)
역의 개찰구, (정거장의) 플랫폼	**перрон** (뻬르론)
역점, 악센트, 강세, 강음, 양음	**ударение** (우다레니에)
역점없는 e를 я로 발음하다(러시아 방언의 한 특징)	**якать** (야까찌)
역학; теоретическая ~ 이론역학	**механика** (메하니까)
역할; 역, 배역; (한 등장인물이 맡은) 대사	**роль амплуа** (롤리) (암플루아)
역행하다, 퇴보[악화]하다	**попятиться** (빠뺘찌짜)
엮다, 땋다, 다시짜다(엮다), 뜨다	**плести переплетать** (쁠레쓰찌) (뻬레 쁠레따찌)
연(年), 해(1월 1일에 시작하여 12월 31일에 끝남). *см.* год;	**лета** (레따)
연(鉛): 땜납, 납	**свинец** (스비녜쯔)

- 947 -

연결(連結), 결합(結合) 결련, 연계,	**сцепка, сцепление** (스쩨쁘까) (스쩨쁠레니예)
연락, 연합, 접속; автоматическая ~ 자동연결	**присоединение** (쁘리싸예지녜니예)
연결(점), 이음(목)	**соединение** (싸예지녜니예)
연결[연락]하는. ~ee звено 연결하는 고리	**связующий** (스뱌주유쉬이)
연결(결합, 접합)하다	**соединять** (싸예지냐찌)
연결기, 연결장치	**сцепление** (스쩨쁠레니예)
연결되다 협력하다	**сцепиться** (스쩨삐쨔)
연결되다, (톱니바퀴가) 맞물리다, (기계가) 걸리다	**зацепить(ся)** (자쩨삐찌)(쨔)
연결된 것을 때어(풀어, 벗겨) 놓다, 분리시키다	**расцепить** (라스쩨삐찌)
연결된 것을 떼어내다; ~ ряды (군사) 산개시키다	**разомкнуть** (라잠끄 누찌)
연결된 것이 떼어지다	**разомкнуться** (라잠끄누쨔)
연결하는 관, 연락하는 관, 연결관, 유니온 파이프	**штуцер** (쉬뚜쩰)
연결하다, 사슬같이 잇다, 연결시키다. 두 개씩 잇다	**сцепить** (스쩨삐찌)
연계(連繫)	**спайка** (스빠이까)
연계가 없는, 조리없는, 토막으로 이루어진	**несвязный** (네쓰뱌즈 느이)
연고, 고약(膏藥);	**мазь** (마시)

연고제. 외용약(外用藥)	**наружное** (나루즈노에)
연골, 물렁뼈, 무른뼈; 어린뼈, 여린뼈; 오드득 뼈	**хрящ** (흐래쉬)
연구(고찰, 조사)하다	**проследить** (쁘라쓸레지찌)
연구의, 탐구의, 답사(탐사)의	**исследовательский** (이쓸레도와쩰쓰끼이)
(학술) 연구, 조사, 탐구, 탐색	**исследование** (이쓸레도와니예)
연구, 학습	**изучение** (이주체니예)
연구·조사 등을 보고하다; (들은 것을) 전하다	**донести** (다네쓰찌)
연구생(研究生), 대학원 학생	**аспирант** (아스삐란트)
연구실(대학교수의); 서재, 진료실, (개업의사의) 의원	**кабинет** (까비네트)
연구자, 탐구자, 학자	**исследователь** (이쓸레도와쩰)
연구(고찰)하다; (지도 등을) 조사(숙독)하다	**штудировать** (쉬뚜지로와찌)
공부하다, 학습하다, 연구하다	**проштудировать** (쁘로쉬뚜지로와찌)
연구(탐구.조사)하다 ~ больного 환자를 진찰하다	**исследовать** (이쓸레도와찌)
연구하지 않은	**неизученный** (네이주첸느이)
연극(演劇), 연극단	**театр** (쩨아뜨르)
연극, 공연; дневной ~ 낮 공연	**спектакль** (스뻬크따클)
연극작품, 드라마, 극작품	**драма**

	(드라마)
연극의 장(章); 장면, 광경, 씬(scene)	**сцена** (스쩨나)
연금(年金), 사회보장금(社會保障金), 보조금(補助金)	**пенсия** (뻰씨야)
연기(를) 내다(피우다), 연기나다	**дымить** (듸미찌)
연기(매연. 증기, 연무; 자극성의 발연)으로 가득하다	**накурить** (나꾸리찌)
연기(演技), 연주	**исполнение** (이쓰뽈네니예)
연기(延期), 유예; 기한연장	**отсрочка** (앗쓰로츠까)
연기되다, 유예되다	**отодвигаться** (아따드비가쨔)
연기하다, 미루다	**отодвинуться отодвигать** (아따드비누쨔) (아따드비가찌)
연꽃; белый ~ 백련	**лотос** (로따쓰)
연단	**трибуна** (뜨리부나)
연대(年代), 연대학; 연대기	**хронология** (흐라놀로기야)
연대기(표), (역사적인) 기록, 실록	**анналы, летопись хроника** (안날릐) (레또삐시), (흐로니까)
연동기, 연동 운반기	**шнек** (쉬넥)
연락(교섭)하다, 연계를 가지다	**снестись** (스네쓰찌시)
연락, 교통(交通)	**коммуникация** (꼼무니까찌야)
연락, 연결, 결합: 관계, 연계: 친교; 애정관계	**связь** (스뱌지)

연락(연고, 관계)있는, 이어진, 통일성 있는,	**связный** (스뱌즈느이)
연락병(聯絡兵), 전언병	**связной** (스뱌즈노이)
연락을 끊다; 떨어지다, 물러나다	**отключать** (아트클류차찌)
연락하다, 연계를 가지다, 결합되다	**связаться** (스뱌자쨔)
연로한, 노쇠한	**ветхий** (볱히이)
연료를 불태우다, 때다, 점화하다, 불을 켜다	**жечь, сжечь** (줴치), (스줴치)
연료(전력·재료)를 공급하다, 급수하다, 기름을 넣다	**загружать** (자그루좌찌)
연료공급소, 급유탑, 주유소	**бензоколонка** (벤조깔론까)
연료차(燃料車)	**тендр** (뗀드르)
연료창고(燃料倉庫), 연료저장고	**бензохранилище** (벤조흐라닐리쉐)
연립, 연합체, 동맹(同盟)	**коалиция** (까알리찌야)
연마(鍊磨), 연단(鍊鍛), 연련(研鍊)	**закалка** (자깔르까)
연마, 탁마, 제분, 연삭, 분쇄, 광택,	**шлифовка, полировка** (쉴리포브까) (빨리로브까)
연마하다	**разрабатывать** (라자라바띄와찌)
연맹; Лига Наций 국제연맹	**лига** (리가)
연모[갈망]하다	**вздохнуть** (쓰도흐누찌)

연민, 동정. 비애, 아쉬움, 유감	**жалость** (좔로쓰찌)
연방, 연방제, 연맹;~ труда 노동평의회	**конфедерация** (깐폐제라찌야)
연보, 연감, 1년에 1회의 정기간행	**ежегодник** (예줴고드니크)
연봉, 납, 연(금속 원소; 기호 Pb; 번호 82);	**пломба** (쁠롬바)
연분홍색의. 장밋빛의; 불그레한, 홍안의	**розовый** (로조브이)
연상(聯想)(심리)	**ассоциация** (아싸씨아찌야)
연설, 변론, 강연, 웅변	**слово** (슬로붜)
연소(燃燒), 불타오르는 것	**горение** (가례니예)
연속 보내다, 연속으로 말하다	**сыпать** (씌빠찌)
연속, 연쇄	**цепь** (쩨삐)
연속[계속]적인, 끊이지 않는, 부단한,	**сплошной, поточный** (스쁠로쓰노이) (빠또츠느이)
연습, 교련, 훈련	**экцерциция, тренировка, упражнение** (에크쩨르찌찌야) (뜨레니로브까) (우쁘라줴네니에)
연습, (그림. 조각의) 습작; 소곡, 연습곡, 에츄드 시론,	**этюдник** (에쮸드니크)
연습문제, 과제	**упражнение, этюд** (우쁘라줴네니에) (에쮸드)
연습의; ~ зал 연습실	**учебный репетиционный** (우체브느이) (레뻬띠찌온느이)
연습하다, 실습하다, 훈련하다	**упражняться тренироваться** (우쁘라줴냐쨔) (뜨레니로와쨔)
연습시키다, 훈련시키다	**обучать**

- 952 -

	(아부차찌)
연습하여 점차 외우다, 암기하다	**разучивать** (라주치와찌)
연안(沿岸), 연해지역, 해안; 연해(沿海)	**прибрежны** (쁘리브레즈느이)
연약한, 약한, 연한 깨지기 쉬운	**нежный, деликатный** (네즈느이)(젤리까뜨느이)
연어(鰱魚) 연어고기	**лосось, кета, сёгма, лососина** (라쏘씨)(께따)(쑈그마)(라쏘씨나)
연역, 연역법(演繹法)	**дедукция** (제둑찌야)
연옥(軟玉), 비취, 옥(玉)	**нефрит** (네프리트)
연음부호, 연음기호(늘임표)	**ь** (므야끼이 즈낙)
연인, 남자 친구, (여성의) 애인, 보이프렌드	**друг** (드룩)
연장자(年長者); 추장(酋長)	**старейшина** (스따레이쉬나)
연장시키다, 지연시키다	**продлить** (쁘라들리찌)
연장(연기.지연)하다, 미루다	**отсрочивать отсрочить** (앗쓰로치와찌), (앗쓰로치찌)
연좌[연루, 관련]시키다, 말려들게(휩쓸리게) 하다	**вовлечь** (바블레치)
연주, 연기	**игра** (이그라)
연주하다, 연기하다; ~ на рояле 피아노를 치다	**играть** (이그라찌)
연줄, 배경	**связь** (스뱌지)
연지(臙脂)	**румяна** (루먀나)

연지를 찍다	**румяниться** (루먀니쨔)
연체벌금(罰金), 속전(贖錢), 속금(贖金), 속죄금, 벌전(罰錢)	**пеня** (뻬냐)
연체동물, 조개, 문어	**моллюск** (말류쓰크)
연추(鉛錘), 추; 측추, 측연, 수직, 연직	**лот, отвес** (롵) (아트볘쓰)
연출, 상연	**постановка режессура** (빠쓰따놉까) (레줴쓰쑤라)
연출가(演出家), 연출자	**постановщик** (빠쓰따놉쉬크)
연출대본(演出臺本)	**сценарий** (스쩨날리이)
연타하다, 연속하여 치다	**закидать, закидывать, бросаться** (자끼다찌), (자끼듸와찌) (브로싸짜)
연탄(煉炭), 빚은 덩어리, 브리켓(briquet)	**брикет** (브리꼐트)
연판(鉛版), 스테로판	**стереотип** (스쩨레오찌쁘)
연평균의, 일년마다의 평균	**среднегодовой** (스레드네고도보이)
연필(펜.크레용.목탄)로 그린 그림, 스케치, 데생	**штриховой** (쉬뜨리호보이)
연필; цветной ~ 색연필; простой ~ (보통)연필	**карандаш** (까란다쉬)
연필심, 연필속, 연필알	**графит** (그라피트)
연하게(무르게)하다	**размягчать** (라스먀그차찌)
연한 황색, 미색, 베지색	**палевый** (빨레브이)

연합, 관련, 결합, 합동	**ассоциация** (아싸찌아찌야)
연합부대	**соединение формирование** (싸예지녜니예) (파르미로와니에)
연합의, 연합한, 합동의, 연립의	**коали-ционный соединённый** (까알리찌온느이) (싸예지논느이)
연합체, 통합체, 동맹	**объединение** (압비제니예)
연합하다, 합체하다, 합병하다, 협력하다	**слить** (슬리찌)
연해(부드러워, 물렁해)지다	**размякнуть** (라스먀크누찌)
연해, 해변, 해안, 연안 바닷가, 연해변	**взморье приморский** (프모리에) (쁘리몰쓰끼이)
연해주(지역이름)	**Приморье** (쁘리모레)
연화(軟化); 연수법(軟水法)	**смягчение** (스먀그체니예)
연회(宴會), 축하연(祝賀宴), 초대연	**банкет** (반껫트)
열 번째, 제 10(십)	**десятый** (제쌰뜨이)
열 살난	**десятилетний** (제쌰찔레뜨니이)
열 입곱의, 17의, 열일곱 개[사람]의; 열일곱살	**семнадцать** (쎔낫짜찌)
열(성)을 식히다, 냉정해지게하다, 실망케하다	**расхолаживать** (라쓰홀라 쥐와찌)
열(熱), 열기(熱氣), 발열(發熱)	**тепло** (쪠쁠로)
열, 빛 등을 방사하다; ~ свет 빛을 내다	**излучать** (이즐루차찌)
열, 줄, 종대행진; ~ой 줄(열)을 지어, 한 줄로	**цепочка**

	(제뽀츠까)
열; (수의) 10; 10의 기호(x, X).	**десять** (제쌰찌)
열거, 나열, 진열, 배열	**перечисление** (뻬레치쓸레니예)
열거할 때, 등등. (и так далее ~의 간략형)	**и т. д.** (이 떼 데)
열고 닫음의 ~ мост 여닫음(개폐)식다리	**разводной** (라스붜드노이)
열공급소, 중앙난방	**теплоцентраль** (쩨쁠로쩬뜨랄리)
열공학	**теплотехника** (쩨쁠로쩨흐니까)
열광, 열성, 열의, 열중	**энтузиазм экстаз** (엔뚜지아즘)(엑쓰따즈)
열광[격앙]시키는, 흥분하여, 열중하여	**зажигательный** (자쥐가쩰느이)
열기(熱氣), 고열(高熱)	**пыл** (쁠)
열넷, 14(십사*)	**четырнадцать** (체띄르낫짜찌)
열넷째의, 제 14의	**четырнадцатый** (체띄르낫짜뜨이)
열다, 열어젖히다; (보자기를) 풀다	**разевать раск-рывать** (라스제와찌)(라쓰크르와찌)
뜯다; (책·신문를) 펴다, (병의) 마개를 따다[열다]	**растворять, открыть** (라쓰뜨뷔랴찌)(아트끄릐찌)
열다, 펴다, 펼치다; 풀어헤치다	**раскрыть открывать** (라쓰크르찌)(아트크리와찌)
열다섯, 15 제15; 15분의 1; (달의) 15일; 15도(음정)	**пятнадцать** (뼷낫짜찌)
열다섯 번째의, 제 15의, 15번째의; 15분의 1의	**пятнадцатый** (뼷낫짜 띠이)

열돌(10 주년)	**десятилетие** (제쌰찔레찌에)
열두 번째, 제12	**двенадцатый** (드붸낫짜뜨이)
열둘, 십이(12)	**двенадцать** (드붸낫짜찌)
열등하게 하다, (가치를) 저하시키다	**ухудшить[ся]** (우후드쉬찌)
열람실	**читальня** (치딸냐)
열량의 ~ое молоко 데운 우유	**топлённый** (따쁠론느이)
열렬한, 열광적인, 정열적인, 불타는	**пламенный горячий** (쁠라멘느이), (가랴치이)
열렬히, 열정적으로	**горячо** (가랴초)
열리다, 드러나다, 펼쳐지다	**раскрыться разжаться** (라쓰크르짜) (라스좌짜)
열리다, 펼쳐지다; 퍼지다, 보이다	**открываться** (아트끄리와짜)
열린, 열려 있는, 열어 놓은, 펼쳐진; 드러난,	**открытый** (아트끄릐뜨이)
열망, 의욕(意慾), 포부, 큰뜻	**зуд, устремление** (주드) (우쓰뜨레믈레니에)
열망하는, 간절히 바라는 몹시 좋아하는	**лакомый** (라까므이)
열매, 과일, 실과	**плод** (쁠로드)
열매가 맺다, 열리기 시작하다	**плодовитость, завязываться** (쁠로도비또쓰찌)(자뱌즤와짜)
열매를 많이 맺는, 번식력이 강한	**плодовитый** (쁠로도비띄이)
열매의 씨	**косточка**

	(꼬쓰또츠까)
열병(熱病), (병으로 인한) 열, 발열	**горячка** (가랴츠까)
열병, 오한; болотная ~ 학질, 말라리아	**лихорадка** (리호라드까)
열성, 열의, 열정, 정열, 혈기; 적극성, 활동성	**усердие огонь пыл** (우쎼르지에) (아곤) (쁠)
열심, 열중, 열광, 의욕, с ~м 열심히	**воодушевление, активность** (바아두쉐브레니에) (악찌프노쓰찌)
열성을 내게 하다, 기세를 올리다	**воодушевлять** (바아두쉐브랴찌)
열성자(들), 열심인자들	**актив** (악찌프)
열성적으로, 적극적으로, 힘 있게	**активно** (악찌프나)
열성적인, 적극적인, 활동적인	**активный** (악찌프느이)
열셋째의, 제 13 (십삼)의	**тринадцатый** (뜨리낫짜뜨이)
열셋, 13(십삼)	**тринадцать** (뜨리낫짜찌)
열쇠, 키(key), 쐐기못, 열쇠 모양의 물건	**ключ** (클류치)
열심, 노력, 근면, 열중, 열성	**ревность, рвение, прилежание** (레브노쓰찌) (르볘니예) (쁘릴레자니예)
열심히하다, 힘을 다하다	**усердствовать** (우쎼를쓰뜨붜와찌)
열심히, 꾸준히	**усердно** (우쎼르드나)
열심히, 열중하여, 맹렬히	**рьяно, ревностно** (리야나) (레브노쓰뜨나)
열십자로 된(그은.지운), 교차된; 횡선을 그은	**перекрёстный** (뻬레크료쓰뜨느이)

열십자로, 교차하여, 엇갈리게, 열십자의(로)	**крест-накрест** (크례쓰뜨-나끄레쓰트)
열아홉 번째, 제 19의	**девятнадцатый** (제뱌뜨낫짜뜨이)
열아홉, 19(십구)	**девятнадцать** (제뱌뜨낫짜찌)
열어젖히다; (문·창을) 열다, 풀다, (봉투를) 뜯다, 펴다	**отворить** (아트뷔리찌)
열여덟, 18(십팔)	**восемнадцать** (바쎔낫짜찌)
열여덟째의, 열여덟번째의, 제18의	**восемнадцатый** (바쎔낫짜드이)
열여섯 해, 십육년	**шестнадцатилетний** (쉐쓷낫짜찌레뜨니이)
열여섯, 16의, 열여섯 개, 16명의; 열여섯날,16일의 16번좌석, 열섯번째자리, 서열 16번, 16인승	**шестнадцати** (쉐쓷낫짜찌)
열여섯 16; ~ раз 열여섯번째	**шестнадцать** (쉐쓷낫짜찌)
열여섯해, 16년, 십육년	**шестнадцатилетний** (쉐쓷낫짜찌레뜨니이)
열왕기상 (Третья книга ца- рств, 23장)	**Царь 3** (짜르쓰뜨프 3)
열왕기하 (Четвертая книга царств, 26장)	**Царь 4** (짜르쓰뜨프 4)
열용량; удельная ~ 비열	**теплоёмкость** (쩨쁠로욤꼬쓰찌)
열을 올리고 있는.~하고 싶어 못 견디다	**бредить** (브례디찌)
열의, 열심; 열성; 열정, 열중	**горячность** (가랴츠노쓰찌)
열이나다, 달다	**гореть** (가례찌)
열정, 열망, 열의	**страсть огонёк,задор, яро**

- 959 -

(스뜨라쓰찌) (아가뇨크) (자도르) (야라)	
열정적인, 열렬한, 격하기 쉬운	**страстный, пылкий** (스뜨라쓰뜨느이) (쁠끼이)
열중(몰두)하게 하다	**увлекать** (우블레까찌)
열중(몰두)하다; 빠지다	**увлекаться ударитьcя** (우블레 까짜) (우다리쨔)
열중(熱中) 열광, 열중, 흥분	**азарт, горячка, пристрастие** (아자르트) (가랴츠까) (쁘리쓰뜨라쓰띠예)
열중, 몰두; 열광; с ~м 열중하여, 열심히	**угар, увлечение** (우가르) (우블레체니에)
열중하는, 매우 열성적인, 열렬한	**рьяный** (릐야느이)
열중하다, 몰두하다, ~이 좋아지다, ~을 따르다	**углубляться** (우글루블랴짜)
~에 순응[적응]하다; ~의 습관이 붙다; ~에 몰두하다	**пристраститься** (쁘리쓰라쓰찌쨔)
열차, 기차; товарный ~ 화물열차	**состав** (싸쓰따프)
열하나, 11(십일),	**одиннадцать** (아진낫짜찌)
열한번째, 11(십일)번째, 제11(십일)의	**одиннадцатый** (아진낫짜드이)
열흘간의, 10(십)일간의	**десятидневный** (제쌰찌드네브느이)
엷은 껍질, 엷은 피부	**кожица** (꼬쥐짜)
엷은 널빤지	**тёс** (쬬쓰)
엷은 막, 박막	**плёнка** (쁠룐까)
엷은 층; ~пыли 먼지가 앉은 층	**налёт** (날료트)

염분이 있는; ~oe озеро 짠물호수, 함수호	**солённый** (쏠료느이)
염색체(染色體)	**хромосома** (흐라마쏘마)
염색한, 물들인. 채색한; 페인트칠한;	**окрашенный** (아크라쉔느이)
염소(鹽素)클로르(비금속 원소; 기호 Cl; 번호 17).	**Хлор** (흘로르)
염소새끼, 산양새끼	**козлёнок** (까즈료노크)
염원, 희망, 예상, 예기; 기대, 대망	**чаяние** (차야니에)
염증(炎症), 염(炎)	**воспаление** (바쓰빨레니에)
염증이 생기다	**воспалиться** (바쓰빨리쨔)
염치가 없는, 몰염치한, 철면피한	**бесстыжий** (베쓰뜨쥐이)
염치없는, 뻔뻔스러운	**нахальный** (나할느이)
엽조(獵鳥), 새들, 날짐승, 조류	**пернатые** (뻬르나뜨예)
엿, 엿가락, 엿가래	**тянучка** (쨰누츠까)
엿보다, 몰래 들여다보다, 몰래보다, 들어다보다	**засматривать(ся)** (자쓰마뜨리와찌)
응시함으로써(쏘아봄으로써) ~하게 하다	**заглянуть подсматривать** (자글랴누찌) (빧쓰마뜨리와찌)
슬쩍 (피뜩,얼핏)들여다보다, 갸웃이 내다보다	**подглядеть** (빧그랴졔찌)
영(0), 무(無); ~ целых, две десятых 영점이(0,2)	**нуль** (눌)
영감, 감동, 감흥 영상, 아이디어(idea)	**вдохновение**

	(프다흐노볘니에)
영감에 충만되어, 깊은 감흥을 가지고	**вдохновенно** (프다흐노볜나)
영감에 충만된, 감동적인	**вдохновенный** (프다흐노볜느이)
영감을 받다, 영감에 의하다	**вдохновить** (프다흐노뷔찌)
영관 참모장교	**штаб-офицер** (쉬따브-오피쩰)
영광, 명예, 명성, 영예	**слава ореол** (슬라바) (아레올)
영광스러운, 영예로운	**славный** (슬라브느이)
영구한, 불후의, 끝없는, 끊임없는	**неувядаемый** (네우뱌다에므이)
영구화	**увековечение** (우볘꼬볘체니에)
영구화 하다	**увековечивать** (우볘꼬볘치와찌)
영대(領帶)(성사를 줄때 목에 걸어 길게 늘어뜨리는 헝겊)	**эпитрахиль** (에삐뜨라힐)
영리한, 똑똑한, 재기 넘치는; (~에서) 유능한, 지혜있는	**умный** (움느이)
지성을 갖춘, 지적인, 지능이 있는, 이해력이 뛰어난	**разумный** (라줌느이)
영리해지다	**умнеть** (움네찌)
영마루, 절정, 최고봉	**вершина** (볘르쉬나)
영사; генеральный ~ 총영사	**консул** (꼰쑬)
영사관; генеральное ~ 총영사관	**консульство** (꼰쑬쓰뜨뷔)

영사기, 영화촬영기	**кинокамера** (끼노까메라)
영사막	**киноэкран** (끼노에크란)
영상, 형상	**образ отражение** (오브라즈) (앗라줴니예)
영수증, 인수증, багажная ~ 화물영수증	**квитанция, расписка** (크비딴찌야) (라쓰삐쓰까)
영양; 영양 공급[섭취]. 급양	**питание** (삐따니예)
영양가치, 영양소	**питательность** (삐따쩰노쓰찌)
영양장애, 영양실조	**дистрофия** (지쓰뜨로피야)
영역, 범위; ~ деятельности 활동범위, 활동무대	**сфера** (스폐라)
영웅(英雄), 용사(勇士)	**герой** (게로이)
영웅적으로, 영용하게	**геройски, героически** (게로이쓰끼) (게로이체쓰끼)
영웅적인, 영용한, 장렬한	**героический** (게로이체쓰끼이)
영웅적정신, 영웅성(英雄性), 용감성(勇敢性)	**геройство** (게로이쓰뜨붜)
영원한, 영구한, 항구적인	**вечный** (볘츠느이)
영원히 빛을 뿌리는; 영생불멸의, 불멸의	**немеркнущий** (네메르크누쉬이)
영원히, 영구히, 천추에 두고	**навсегда, навечно, навеки** (나브쎄그다) (나볘 츠나) (나볘끼)
영원히, 항상, 늘	**вечно** (볘츠나)
영토, 국토, 지역; ~ завода 공장구역	**территория**

	(쩰리또리야)
영토(무역, 상업)확대(팽창)주의(정책), 팽창론	**экспансионизм** (엑쓰빤씨오니즘)
영토, 영지, 땅, 부동산	**земля, владение** (제믈랴) (플라졔니에)
영하; сегодня ~ десять 영하 10도(십도)이다	**минус** (미누쓰)
영향(력), 작용; 감화(력)	**влияние** (블리야니에)
영향, 작용 여파(餘波), 파문	**воздействие, действие** (바즈졔이쓰뜨뷔에)(졔이쓰뜨비에)
영향을 받다, 굴하다; (어떠한상태, 처지에) 빠지다	**поддаться** (빧다쨔)
영향을 주다, 영향이 미치다	**влиять повлиять** (블리야찌) (빠블리야찌)
영혼의, 넋의; 정신으로, 마음의, 정신의, 마음	**душевный** (두쉐브느이)
영화 필름	**киноплёнка** (끼노쁠룐까)
영화(映畵)	**кинокартина, кино** (끼노까르찌나) (끼노)
영화, 무비(movie), 시네마(cinema)	**кинофильм, фильм** (끼노필림) (필림)
영화(사진)의 촬영자, 촬영실(撮影室)	**павильон** (빠빌온)
영화관	**кинотеатр** (끼노쩨아뜨르)
영화대본, 영화문학	**киносценарий** (끼노쓰쩨나리이)
영화문학(映畵文學)	**сценарий** (스쩨날리이)
영화배우	**киноартист, киноактёр** (끼노아르찌쓰트) (끼노악쬬르)

영화보급	**кинопрокат** (끼노쁘로까트)
영화상영, 상영시간	**киносеанс** (끼노쎄안쓰)
영화연출가	**кинорежиссёр** (끼노레쥐쏘르)
영화예술, 영화제작	**кинематография, киноиску-сство** (끼네마또그라피야) (끼노이쓰꾸쓰뜨뷔)
영화의 촬영기사	**оператор** (아뻬라따르)
영화촬영	**киносъёмка** (끼노씨욤까)
영화촬영소	**киностудия** (끼노쓰뚜지야)
옆(쪽)으로, 한쪽으로; 비뚜로, 비딱하게	**набок** (나보크)
옆구리(flank)	**бок** (보크)
옆모습; 측면(윤곽), 반면상	**профиль** (쁘로필)
옆에(서), 곁에(서)	**сбоку** (즈보꾸)
옆에 놓다, 따로 놓다	**откладывать** (아트클라드와찌)
옆에 옮겨놓다, 밀어내놓다	**отставлять** (앗쓰따블랴찌)
옆에 있는, 이웃의; 인접한; ~яя комната 옆방	**соседний** (싸쎄드느이)
옆으로 기울이다	**отклонять** (아트클로냐찌)
옆으로 끌어내다, 끌어가다	**оттаскивать** (앗따쓰끼와찌)
옆으로 돌리다	**отвёртывать**

	(아트**브**르띠와찌)
옆으로 불러 가다, 되부르다, 소환하다	**отозвать[ся]**
	(아따즈와쨔)
옆으로 쓸어버리다, 쓸어내다	**отмести, отметать**
	(앝메쓰찌), (앝메따지)
옆으로 향한, 비스듬한; 회피적인	**набок**
	(나보크)
옆으로	**вбок**
	(프보크)
옆으로 어깨를 돌려	**боком**
	(보꼼)
옆으로[에] 끌다, 옆으로[에] 질질 끌다	**оттащить**
	(앗따쉬찌)
옆을 지나가다, 지나쳐가다, 통과하여 지나가다	**миновать**
	(미나와찌)
옆의, 측면(側面)의, 곁의	**боковой**
	(바꼬보이)
예, 그렇습니다, 오냐, 응	**да**
	(다)
예, 실례(實例); (수학에서) 실례(實例) 모범, 본보기	**пример**
	(쁘리몔)
예감하다, 미리 느끼다	**предчувствовать**
	(쁘렏**츕**쓰뜨붜와찌)
예감, 예견, 선견;	**предвестник, предчувствие**
	(쁘레드볘쓰니크)(쁘렏**츕**쓰뜨비예)
예견(예상)하지 못한	**непредусмотренный**
	(네쁘레두쓰모뜨롄느이)
예견, 선견, 예감, 예측, 예상, 선견지명	**предусмотрительность**
	(쁘레두쓰모뜨리쩰노쓰찌)
예견성, 예견; в ~и чего ~을 예견하고	**предвидение**
	(쁘레드뷔졔니예)
예견하는, 예감하는, 예측하는	**предусмотрительно**
	(쁘레두쓰모뜨리쩰나)

예견하다, 미리 타산하다	**предвидеть** (쁘레드븨제찌)
예측(예상)하다	**предусматривать** (쁘레두스마뜨리와찌)
예고, 경고, 미리 알림; 예보, 예계	**напоминание** (나뽀미나니예)
예언, 주의, 계고, 경계, 조심	**предупреждение** (쁘레두쁘레즈제니예)
예고(통고.경고.통지)하다, ~에게 미리 알리다	**известность** (이즈볘쓰뜨노쓰찌)
예고(경고)하여 피하게(조심하게) 하다	**предупредить** (쁘레두쁘레지찌)
예기되는, 가망 있는, 유망한, 믿음직한; 장래의	**перспективный** (뻬르쓰뻭띱느이)
예기치 않은 것, 의외, 뜻밖, 돌연, 돌연한 것	**неожиданность** (네아쥐단노쓰찌)
예기치 않은, 의외의, 뜻밖의, 돌연한, 뜻밖에	**нежданно** (네즈단나)
불의에, 우연히, 난데없는, 갑작스러운,	**невзначай, неожиданный** (네브즈나치이) (네아쥐단느이)
예기(예상.예감)하다, 내다보다;	**предупредить** (쁘레두쁘레지찌)
예레미야 애가(哀歌) (Книга Плач Иеремии, 5장)	**Плач** (쁘라치)
예레미야(Книга Пророка Иеремии, 52장)	**Иер** (이에레미이)
예로부터 내려오는, 고유한; ~ый житель 본토배기	**исконный** (이쓰꼰느이)
예를 들면, 예컨대, 예를 들면	**например** (나쁘리몔)
예리한, 날카로운, 뾰족한	**острый** (오쓰뜨르이)

예민하게	**чутко** (추트꼬)
예민한, 정밀한, 감수성이 빠른, 민감한	**изощрённый** (이조쉬론느이)
예방(법), 방비, 예방조처	**профилактика, превентивный** (쁘라필라크찌까)(쁘레벤찝느이)
예방, 방지, 미리막기,	**предохранение, предупреждение** (쁘레도흐라네니예)(쁘레두쁘레즈제니예)
예방주사, 백신주사	**вакцинация** (와꼬찌나찌야)
예방책(豫防策), 방비책	**предосторожность** (쁘레도쓰또로즈노쓰찌)
예방치료 (사업), 체력검정	**диспансеризация** (지쓰빤쎄리자찌야)
예방하다, 미리막다, 피하다	**страховать, предупредить** (스뜨라호와찌)(쁘레두쁘레지찌)
예방하다, 방지하다, 미리보호하다	**предохранить** (쁘레도흐라니찌)
예배; 숭배, 우상화	**культ** (꿀트)
예배당, 교회당(敎會堂)	**церковь** (쩨르꼬븨)
예비 점검; 정찰대, 예비탐사	**рекогносцировка** (레꼬그노쓰삐롭까)
예비군사, 예비역, 예비대, 예비군, 예비부대	**запас, резерв** (자빠쓰) (레제옐프)
예비로, 여유로, 저장용으로, 준비의	**впрок, резервный** (프쁘로크)(레제옐브이)
예비의, 비상용, 후비의	**запасной, запасный** (자빠쓰노이), (자빠쓰느이)
예비물자	**припасы** (쁘리빠씌)

예비품, 재고품; про ~ 예비로	**запас** (자빠쓰)
예쁘게 되다, 장식하게 되다.	**похорошеть** (빠호로쉐찌)
예쁜 작은 모자	**шапонька** (샤뽄니까)
예산(豫算), 채산(採算)	**смета, бюджет** (스메따) (뷰드제따)
예상, 추측, 짐작; 구상, 입안	**предположение, ожидание** (쁘롄뽈로제니예) (아쥐다니예)
예상되는, 추측되는, 짐잡되는	**предположительный** (쁘롄뽈로지쩰느이)
예상되다, 추측되다, 예기되다	**предполагаться** (쁘롄뽈라가쨔)
예상(예기.추측.예정.예감)하다, 내다보다	**предполагать ожидать** (쁘롄뽈라가찌) (아쥐다찌)
예속, 종속, 예종, 종속관계; 노예화	**зависимость** (자비씨모쓰찌)
예속(종속.예종)되다; 딸리다, 매이다	**зависеть** (자비쎄찌)
예속된, 부속된, 관하, 종속된	**подневольный подвластный** (빠드네볼느이) (빤블라스뜨늬이)
예속시킴; 종속시키기; 경시; 하위; 종속(관계)	**подчинение** (빤치네니예)
예수공현(公顯) 출현, 현현(顯現), 세례,	**крещение** (크레쉐니예)
예수 출생, 예수 탄생	**рождество** (라줴쓰뜨붜)
예수가 가르친 복음, 예수 및 사도들의 가르침	**евангелие** (예완겔리예)
예순[60]의, 예순명[개]의; 60날의, 예순날의	**шестидесяти-** (쉐쓰찌제싸띠)
예술, 문학의 편성, 조직, 형성	**монтаж**

	(만따즈)
예술, 미술,화보, 그림같음, 아름다움	**живописность** (쥐뷔삐쓰노쓰찌)
예술, 예능, 아트(art); изобразительное ~o 조형예술	**искусство** (이스꾸쓰드붜)
예술과학의 이론, 학리(學理), 원리	**теория** (쩨오리야)
예술가의 표현수법	**палитра** (빨리뜨라)
예술학, 예술론	**искусствоведение** (이쓰꾸스트붜베제니예)
예술학교(미술,무용,음악)	**студия** (스뚜지야)
예술학자, 예술이론가	**искусствовед** (이쓰꾸쓰드붜베드)
예식(禮式), 식전(式典)	**ритуал** (리뚜알)
예약(신문, 잡지, 좌석의)	**абонемент** (아바네멘트)
예약(신청, 주문)하다	**подписаться** (빠드삐샤쨔)
예약(豫約)하는, 약속하는	**подписной** (빠다삐쓰노이)
예약; 예약석[실], 지정석, (어떤 물건의) 확보(確保)	**броня** (브로냐)
예약된 좌석, 좌석권, 침대권	**плацкарта** (쁠라쯔까르따)
예약수매	**контрактация** (깐뜨락따찌야)
예약자(豫約者)	**абонент** (아바넨트)
예언(예고)하다, 예감을 주다, 징조로 되다	**предвещать** (쁘레드베샤찌)

- 970 -

예언(豫言), 예고(豫告), 참언	**предсказание** (쁘롄쓰까자니예)
예언(참언)하다, 예고하다	**предсказать предсказывать** (쁘롄쓰까자찌),(쁘롄쓰까즤와찌)
예언자(豫言者)	**пророк** (쁘라록)
예외; в виде ~я 예외로서	**исключение** (이쓰클류체니예)
예외적인, 독특한, 출중한	**исключительный** (이쓰클류치쩰느이)
예의, 예절, 예법, 예(禮), 예도, 예의범절	**приличие** (쁘릴리치예)
예의를(격식을) 차리다, 예절을지키다	**церемониться** (쩨레모니쨔)
예의범절을 중시하다, 예의범절에 구애받다	**этикетничать** (에찌께뜨니차찌)
예인선, 터그보트, 끄는 배, 끌배	**буксир** (북씨르)
예절 밝은, 정중한	**обходительный** (압호지쩰느)
예절 없는 것, 버릇없는 것(짓)	**невежливость** (네베즈리보쓰찌)
예절 없는, 버릇없는, 무례한	**невежливый некорректный** (네베즈리브이)(네까렉뜨느이)
예절, 도의도덕, 윤리(관); 윤리성	**этика** (에찌까)
예절바른, 단정한	**благовидный, приличный, корректный** (블라가븨드느이)(쁘릴리치느이)(까르렉뜨느이)
예절을 모르는, 난폭한, 건방진, 버릇없는	**бесцеремонный** (베쓰쩨레몬느이)
예정(예견)되다 약간(보일락 말락) 나타나다,	**намечаться** (나몌차쨔)

- 971 -

예정(예상)되는	**предполагаемый** (쁘렏뽈라가에믜이)
예정(豫定), 예상(豫想), 예견(豫見)	**вид** (뷔트)
예정되어 있다, ~하기로 되어 있다	**ожидать** (아쥐다찌)
예정된, 지정된; ~ срок 예정된 기한	**намеченный** (나몌첸느이)
예측(豫測), 예언(豫言), 예지	**прогноз** (쁘라그노즈)
예측(예견.예지)하다	**предугадать, прогнозировать, гадать** (쁘레두가다찌)(쁘라그나지로와찌)(가다찌)
예포, 축포; (군사) 경례(예포, 축포, 기발게양 등으로 표시하는)	**салют** (쌀류트)
예포를 쏘다, 축포를 쏘다; 경례하다	**салютовать** (쌀류또와찌)
옛 문헌, 고서적, 옛 작품	**памятник** (빠맡니크)
옛 문헌자료, 사료; сдавать в ~ 폐물로 간주하다	**архив** (아르히프)
옛날 농민의 느슨하고 긴 외투	**шушпан** (슈시빤)
옛날, 고대, 옛시대	**древность** (드례브노쓰찌)
옛날의, 과거에 있은	**старый, старинный** (스따릐이)(스따린느이)
옛날풍습, 고물, 골동품, 묵정이	**старина** (스따리나)
옛말, 옛날이야기	**сказка** (스까즈까)
옛말의 마귀할멈	**яга** (야가)
옛말의, 옛말 같은	**сказочный**

	(스까조츠느이)
옛이야기, 전설(傳說)	**сказание** (스까자니예)
옛적, 옛날, 고대: в ~y 옛적에	**старина** (스따리나)
오!, 아!, 아이고!; 오오, 아, 어허, 앗, 아아, 여봐(놀람·공포·찬탄 · 비탄·고통·간망(懇望)·부를 때 따위의 감정을 나타냄).	**о, эх, ох** (오)(에흐)(오흐)
오!, 아차! э, да это кошка 오, 그래, 고양이구나	**э** (에)
오(5) 개년계획	**пятилетка** (뱃찔렛까)
오(5)단계 체점법에서 3(삼)점(미(美))	**удовлетворительно** (우다블레드붜리쩰나)
오(5)월; Первое мая 5.1(오일)절; в конце мая 5 월말에	**май** (마이)
오(5)종 경기 선수	**пятиборец** (뱃찌보레쯔)
오(5)종 경기	**пятиборе** (뱃찌보레)
오각형- ~ая звезда 오각성, 펜타콘	**пятиконечный** (뱃찟까네츠늬이)
오각형(五角形), 모가 다섯인 도형. 5각형; 5변형	**пятиугольник** (뱃찌우골니크)
오그라든, 곱슬머리의; 소용돌이 모양의 꼬불꼬불한; (잎이) 말린; (뿔 따위) 꼬부라진	**курчавый** (꾸르차브이)
오그라뜨리다, 수축(축소)시키다	**сжиматься, сократить** (즈쥐마쨔)(싸크라찌지)
오그라지다, 옹그라지다	**свернуться** (스베르누쨔)
오글거리다, 옥실거리다, 꾀다	**кишеть** (끼쉐찌)
오금을 못추다	**подкоситься** (빠드꼬씨쨔)

오년의, 오년간, 오세의, 다섯 돌(살)의	**пятилетний** (뺏찔렛트느이)
오늘, 금일	**сегодня** (쎄보드냐)
오늘에, 금일로, 이날에	**нынче** (늬네체)
오다, 도착하다	**приходить** (쁘리호지찌)
오락(娛樂), 유흥(遊興)	**веселье** (붸쎌리에)
오락, 유회, 심심풀이	**развлечение** (라스블레체니에)
오락시설, 유희시설	**аттракцион** (아뜨락찌온)
오래가지(오래쓰지) 못하는; 수명이 짧은	**недолговечный** (네달가볘츠느이)
오래 걸리다(계속되다)	**протянуться** (쁘라땨누짜)
오래 견디는, 튼튼한	**долговечный** (돌가볘츠느이)
오래 계속되지 않은	**непродолжительный** (네쁘라달쥐쩰느이)
오래 끄는, 장기적인, 오랜 기간에 걸치는	**затяжной** (자쨔즈노이)
오래끌다, 지연시키다	**размазы-вать[ся]** (라스마즈와찌)
장황하게 하다; 꾸물꾸물 지내다	**мариновать тянуться** (마리노와찌) (쩨누짜)
오래동안, 오래	**долго** (돌가)
오래 묵다, 쓰지 않고 그대로 나아있다	**заваляться** (자왈랴짜)
오래 앉아있다 (앉아서 기다리다)	**высидеть, высиживать**

	(븨씨데찌), (비시쥐와찌)
오래(동안), 장기간, 길게	**надолго** (나돌가)
오래있다, 머물다, 지체되다	**застревать** (자쓰뜨레와찌)
오래전부터, 옛적부터	**издавна** (이즈다브나)
오래전에, 미리미리, 오래전부터, 오래 동안	**давно задолго** (다브노) (자돌가)
오래지 않다	**близко** (블리즈까)
오랜, 오랜전(前)에; 장기간의, 긴; 장시간의	**длинный** (들린느이)
오래계속되는, 옛날의, 고대의	**давний, долгий** (다브니이) (돌기이)
오랜; ~ый друг 오랜(옛) 친구	**старый** (스따릐이)
오랫동안 계속되는	**щелкотня** (쉘꼬뜨냐)
오랫동안	**подолгу век** (빠돌구) (쩩)
오류가 없는, 착오가 없는, 올바른;	**непогрешимый** (네빠그레쉬므이)
오르다(값); (수[가치]가) 늘다, (값이) 오르다	**вздорожать** (쓰다라좌찌)
오르다, 올라가다(오다), 기어오르다 등반하다	**взойти** (프자이찌)
(손발을 써서) 기어오르다, 기어 내려오다	**лазать, подниматься** (라자찌) (빠드니마쨔)
(연기가) 오르다; (해.달이) 떠오르다; (막이) 오르다	**всходить** (프쓰호지찌)
오른, 오른쪽, 우측	**правый** (쁘라브이)

| 오른쪽에; 오른쪽으로부터 | **справа**
 (스쁘라와) |

| 오른쪽으로, 오른편에, 바른쪽에, 우측에 | **направо вправо**
 (나쁘라보) (프쁘라붜) |

| 오름, 상승 почтить ~м 일어서서 경의를 표시하다 | **вставание**
 (프쓰따와니에) |

| 오리나무, 유리목(楡理木), 적양(赤楊); 오리봉나무 | **ольха**
 (알하) |

| 오막살이(집), 판자집 | **лачуга конура**
 (라추가) (까누라) |

| 오만한, 거만한, 건방진, 도도한 | **чванливый**
 (츠완리브이) |

| 오명, 누명, 오점, 불명예; 결점, 흠 | **пятно клеймо**
 (삣노) (클레이마) |

| 오물, 오수, 오예지물, 배설물 | **нечистоты**
 (네치쓰따띄) |

| 오물렛(omelet) | **омлет**
 (아믈렛트) |

| 오물장, 쓰레기장 | **свалка**
 (스왈까) |

| 오므라뜨리다, 눌러서 박아 넣다 | **вдавить**
 (프다뷔찌) |

| 오미자(나무) | **лимонник**
 (리몬니크) |

| 오바댜서(obadiah書) (Книга Пророка Авдия) | **Авд**
 (그니가 쁘라롭까 압-제야) (아뷔데) |

| 오백, 500; 500개[사람]; 500돌(세); | **пятьсот**
 (뻣쏘트) |

| 오백번째의, 500번째(의); 500분의 1(의). 제500 | **пятисотый**
 (뻣솔띄이) |

| 오버(코트), 외투 ~ое пальто 가벼운외투 | **демисезонный**
 (제미세존느이) |

오솔길, 길(통로), 샛길, 산책길, 작은 길, 소로, 좁은 길	**тропа** (뜨로빠)
길, 작은 길, 보도(步道) 샛길, 산책길	**дорожка тропинка** (다로즈까) (뜨로찐까)
오십(50) 코펙(코펙: 러시아의 동화, 1/100루블(ruble))	**полтинник** (빨찐니크)
오십주년, 50년, 쉰돌, 오십돌(주년)	**пятидесятилетие** (뼛찌제쌰찔례찌예)
오아시스(oasis: 사막 가운데의 녹지), 휴식처	**оазис** (오아지쓰)
오염; 더러움, 오탁, 독가스에 의한 오염;	**заражение** (자라줴니예)
오월제(祭)(5월 1일); 노동절, 메이데이	**майский** (마이쓰끼이)
오이, 외; 물외, 노각(老-), 호과(胡瓜), 황과(黃瓜)	**огурец** (아구례쯔)
오일 산출[생산]하는	**нефтедобыва-ющий** (네프쩨도븨와유쉬이)
오작품, 불합격품, 흠, 흠집	**брак** (브락)
오작품으로 골라내다	**браковать** (브라꼬와지)
오점이 없는, 깨끗한, 더럽히지 않은	**незапятнанный** (네자뺘뜨난느이)
오줌, 소변(小便), 소수	**моча** (마차)
오줌길, 요도(尿道)	**уретра** (우레뜨라)
오직 하나(혼자)의, 유일한, ~만(뿐) 의, 단 하나의	**единственно** (예진쓰뜨벤나)
오직하나의, 오직혼자의, 단하나의, 유일한	**одиночный** (아진노츠느이)

오직 하나, 하나, (홀수의) 1, , 한 사람, 한개	**один, одна, одно, одни** (아진), (아드나), (아드노), (아드니)
오직, 겨우, 단지; ~만[뿐];	**все, всё** (프쎼) (프쑈)
오직, 겨우, 단지~만(뿐), 유일하게, 다만 오로지	**единственно** (예진쓰뜨벤나)
오징어, 오적어(烏賊魚), 남어(纜魚), 묵어(墨魚)	**каракатица** (까라까찌짜)
오차; 오류, 하자, 오심	**отклонение** (아트클로네니예)
오크(떡갈나무·참나무·가시나무 무리)	**дуб** (둡)
오토바이, 모터서클	**мотоцикл мотоциклет** (마또찌끌), (모또찌클렡)
오트밀; 곱게 탄[빻은] 귀리; 오트밀 죽	**овсянка** (압섄까)
오프셋(offset), 오프셋 인쇄	**офсет** (오프쎄트)
오한, 냉기, 한기. 으스스함	**озноб** (아즈높)
오한이 나는, 열병을 앓는	**лихорадочный** (리호라도츠느이)
오한이 나다, 열이 나다, 오슬오슬하다	**лихорадить, знобить** (리호라지찌)(즈노비찌)
오해, 옥생각, 곡해; рассеять ~е 오해를 풀다	**недоразумение** (네다라주메니예)
오해하다, 잘못 생각하다, 오발하다	**ошибаться ошибиться** (아쉬바쨔), (아쉬비쨔)
오히려, 어느쪽인가 하면;더욱 ~, 한층 더 ~	**скорее скорей** (스까레예), (스꼬레이)
옥수수, 곡물 *см.* кукуруза	**маис** (마이쓰)
옥수수밭; 밀밭	**нива**

		(니바)
옥타브(octave; 기호: Oc), (*бас*) 낮은 바스; 8도 음정		**октава** (악따와)
옥타브의 8개의 음; 제 8음; 옥타브 화음		**октава** (악따와)
온갖 고난(만난)을 무릅쓰고,		**напролом** (나쁘로롬)
온갖, 갖가지, 여러 가지, 잡다한		**всякий** (프쌔끼이)
온갖, 임의의, 매개의 어떤, ~든지; 임의의		**любой** (류보이)
온기, 따뜻한 날씨; на улице ~ 밖은 따뜻하다		**теплынь** (쩨쁠릐니)
온기, 영도이상의 온도; 따뜻한 날씨		**тепло** (쩨쁠로)
온당치 못한, 어울리지 않는, 당치 않는		**неподобающий** (네빠도바유쉬이)
온도, 기온		**температура** (쪰뻬라뚜라)
온도계(溫度計), 한난계		**термометр** (쪠르모메뜨르)
온도계, 한란계, 체온계, 한서침		**градусник** (그라두쓰니크)
온상(溫床), 온실, 그린하우스		**парник** (빠르니크)
온순(공손) 하게, 얌전 하게		**тихо, смирно** (찌하) (스미르나)
온순한, 공손한, 얌전한		**покладистый смирный** (빠클라지쓰띄이) (스미르느이)
양순한, 유순한; 순진한, 착한		**тихий, кроткий** (찌히이) (크로뜨끼이)
온실(溫室), 그린하우스		**оранжерея теплица** (아란제레야) (쪠쁠리짜)

온전한, 성한, 무사한; ~ый час 완전한 시간	**целый** (쩰르이)
온종일(의), 하루 걸리는; 하룻동안	**однод-невный** (아드노네브느이)
온천 온정, 열천, 탕천, 탕정, 영천; 온천장	**компресс** (깜쁘레쓰)
온통 구멍을 내다	**изрешетить** (이즈레쉐찌찌)
온화한, 점잖은, 상냥한, 친절한	**мягкий** (매흐끼이)
올, 일찍 익는	**ранний** (란니이)
올가미, 구속; 덫, 올무, 계략, 함정	**силок паутина** (씰로크), (빠우찌나)
올되는, 조숙하는: 조숙한, 일된, 어른다운	**скороспелый** (스까로쓰 뼬르이)
올라가는 것, 올리는 것, 높이는 것	**восхождение подъём** (바쓰호즈제니에) (뺟음)
올라가다, 오르다, 등반하다	**забираться** (자비라쨔)
올리다, (~를) 쏴 올리다; (~를) 내걸다	**вывесить** (븨베씨찌)
올리다, 끌어 올리다	**взвиваться, подъехать, повысить[ся]** (쓰뷔와짜) (빧예하찌)(빠브씨찌)
올리브(나무), 감람나무, 아열포	**олива олива-ка** (알리프와), (알리브와까)
올리브(열매)	**маслина маслина** (마쓸리나) (마쓸리나)
올림말구성, 올림말표, 표제어, 어휘	**словник** (슬로브니크)
올림픽(경기)대회, 올림픽 경기	**олимпиада** (알림삐아다)

옮겨 걸다	**перевешивать** (뻬레볘쉬와찌)
옮겨 붓는 것	**переливание** (뻬렐리와니예)
옮겨붓다(넣다), 따르다, 쏟다, 붓다	**переливать** (뻬렐리와찌)
옮겨 붙이다; 고쳐(다시)붙이다	**переклеивать** (뻬레클레이와찌)
옮겨 싣는 것	**перегрузка** (뻬레그루즈까)
옮겨 싣는, 싣기 위한	**перевалочный** (뻬레왈로츠느이)
옮겨싣다	**перегружать** (뻬레그루좌찌)
옮겨 싣다, 넘기다; 옮기다, 떠 옮기다, 이식하다	**пересадить** (뻬레싸지찌)
옮겨 심다, 모를 내다, 이식하다	**рассадить переваливать** (라쓰싸지찌) (뻬레왈리와찌)
옮겨 앉다, 갈아타다	**пересесть** (뻬레쎼쓰찌)
옮겨 앉히다, 옮겨놓다; 갈아 태우다	**пересадить** (뻬레싸지찌)
옮겨가다, 바꾸다, 이동(천동.천이.전지.추이)하다	**передвигаться** (뻬레드비가쨔)
운반(이동.이사)하다	**переводиться переезжать переселиться** (뻬레붜지쨔) (뻬레예좌찌) (뻬레쎌리쨔)
옮겨놓다, 대어놓다; ~로 가져가다, 날라다 주다	**относить** (아트노씨찌)
옮겨놓다, 밀어 움직이다: 운반하여 옮기다	**переносить сдвинуть** (뻬레노쓰찌) (즈드비누찌)
옮겨놓다; 바꾸어놓다	**переставить перекладывать** (뻬레쓰따비찌) (뻬레 클라듸와찌)
옮겨심다, 떠옮기다, 심어가꾸다	**высаживать**

	(븨싸쥐와찌)
옮기는 것, 이동, 왕래	**передвижение передвижка** (뻬레드비제니예) (뻬레드비즈까)
옮기다, 비키다; 내외(內外)하다	**гнушаться** (그누샤쨔)
옮기다, 움직이다, 이전[이동]시키다.	**переводить отбить[ся]** (뻬레붜지찌) (아트비찌)
옮기다, 이동[운반]하다; 전임[전속, 전학]시키다	**переместить[ся]** (뻬레메쓰찌쨔)
옮김표; 인용구(문), 따옴표, 인용부	**кавычки** (까븨츠끼)
옳게, 바르게, 정확히, 충실히	**верно** (붸르나)
옳게, 정확히, 옳다, 그렇다	**правильно** (쁘라빌리나)
옳다, 그렇다, 사실이다, 틀림없다, 정확하다	**верно факт** (붸르나) (팍트)
옳은	**правый,правильный,верный** (쁘라브이)(쁘라빌리느이)(붸르느이)
옳지 못하게, 들리게, 그릇되게	**неправильно** (네쁘라빌나)
옳지 못한, 틀린, 그릇된	**неправильный** (네쁘라빌느이)
옴(ohm; 기호 Ω; 기호:W; 전기저항의 단위)	**ом** (옴)
옴, 개선, 개창, 충개(蟲疥)	**чесотка** (체쏘트까)
옴에 걸린, 개선, 개창(疥瘡), 충개에 걸린	**шелудивый** (쉘루디브이)
옴츠러지다	**сжаться** (즈좌쨔)
옷 깃, 동정	**ворот** (붜롵)

옷(나뭇잎 따위)가 스치는 소리; 솨솨(졸졸) 소리 **урчать** (주르차찌)

옷(모자)에 꽂아놓다, 붙이다, 달다 **нацепить нацеплять** (나쩨삐찌), (나쩨쁘랴찌)

옷, 의복, 양복, 복장; выходной ~ 외출복 **костюм** (까쓰쯈)

옷걸이, 의가(衣架) **плечики** (쁠레치끼)

옷보관실, 옷 맡기는 곳, 탈의실 **гардероб, раздевалка** (가르제로프)(라스제왈까)

옷에 붙이는 삼각천 **клин** (클린)

옷에 풀을 먹이다 **накрахмалить** (나끄라흐말리찌)

옷을 만들어 주다. **одеть[ся]** (아제찌)

옷(겉껍질)을 벗기다, 까다; 떼어내다, 발기다; **сдирать** (즈지라찌)

옷[제복]을 벗기다[벗다];제거하다, **раздеть[ся] раздеваться** (라스제찌) (라스제와짜)

옷을 벗다, 알몸이 되다, 가리지 않다. 벌거벗기다 **оголить[ся]** (아갈리찌)

~의 옷을 벗기다, ~의 머릿가죽을 벗기다 **оголять[ся] обнажаться** (오골랴찌) (압나자짜)

옷을 빼앗다, 옷을 벗기다; 발가벗기다 **разоблачить** (라조블라치찌)

옷을 입다, 옷차림하다 **одеваться** (아제와짜)

옷을 입히다, 정장시키다~ ~을 입다(쓰다, 신다) **одевать** (아제와찌)

옷이 착 붙다, 꽉 들어앉다 **облегать** (아블레가찌)

옷이 해지다, 닳다, 낡다, 마모되다 **обтираться**

	(압찌라짜)
옷자락, 옷지랂; ~ юбки 치맛자락	**подол** (빠돌)
옷자락을 걷어(치켜.호아.접어)올리다	**заправить** (자쁘라비찌)
옷자락을 열어젖히다	**распахнуться** (라쓰빠흐누쨔)
옷장, 양복장(洋服欌)	**шифоньер, гардероб** (쉬폰니엘) (가르제로프)
옷차림, 복장, 몸차림	**наряд** (나럇드)
옷차림새; 복장, 의복, 복식, 의상, 몸차림	**Туалетный, наряд** (뚜알레드느이)(나럇드)
옹이; доска без сучьев 옹이가 없는 널판자	**сук сучок** (수크) (수쵸크)
옹이가 (많이)있는	**сучковатый** (수츠꼬와뜨이)
옹호, 비호, 변호	**заступничество** (자쓰뚜쁘니체쓰드붜)
옹호자, 비호자, 지지자, 찬성자	**сторонник, заступник** (스따론니크) (자쓰뚜쁘니크)
옹호하다, 수호하다, 보호하다, 변론하다	**защищать** (자쉬샤찌)
옻칠한; ~ая шкатулка 칠함	**лакированный** (라끼로완느이)
와글거리다, 소란떨다, 왁자지껄 소문내다.	**загудеть** (자구제찌)
와르르 소리내며 무너지다(망가지다.깨지다.부서지다)	**загрохотать** (자그로호따찌)
와우관(蝸牛管) 달팽이관, 미로(迷路); 내이(內耳).	**лабиринт** (라비린트)
와이드 스크린의, 폭 넓은 역사막.	**широкоэкранный** (쉬로까엑란느이)

와트(전력[일률]의 단위; 略: W, w)	**ватт** (와트)
와플(waffle: 밀가루·달걀·우유를 섞어 말랑하게 구운 케이크),	**вфля** (와플랴)
와해(붕괴)시키다, 타락(부패)시키다	**разложить** (라슬로쥐찌)
와해(타락)하다	**разложиться** (라슬로쥐쨔)
와해, 부패, 타락	**разложение** (라슬로줴니예)
왁 밀려들다, 덤벼들다	**ломиться** (라미쨔)
왁 쓸어오다, 왁 밀려오다, 왁 나오다	**валить** (왈리찌)
왁자지껄 떠드는 소리, 뭇소리, 웅성대는 소리	**гам** (감)
왁찐, 백신(vaccine)	**вакцина** (와크찌나)
완강(강인) 하게	**стойко** (스또이까)
완강하게, 이악하게, 집요하게, 꾸준히	**настойчиво** (나쓰또이치붜)
완강한, 이악한, 끈기 있는, 꾸준한	**настойчивый** (나쓰또이치브이)
완결성, 완전성, 완성, 완벽	**законченность** (자꼰첸노쓰찌)
완고하게 하다; 무감각하게 하다	**ожесточить[ся]** (아줴쓰또치쨔)
완고(강퍅.고집.주장.집착)하다, 억지세다,	**заупрямиться** (자우쁘랴미쨔)
완고한, 무자비한, 사정없는	**неумолимый** (네우말리므이)

완고한, 억지 센, 강퍅한, 완강한	**настоятельный ершистый** (나쓰또야 쩰느이) (예르쉬쓰뜨이)
완고히, 완강하게, 굳세게	**настоятельно** (나쓰또야쩰나)
완곡어법의, 완곡한	**эвфемизм** (에브페미즘)
완두(豌豆), 완두콩, 완두 비슷한 콩과 식물,	**горошек, горох** (가로쉑) (가로흐)
완만한, 느린, 천천한	**медленный** (메드롄느이)
완벽한, 완전무결한, 원숙한, 완전한	**законченный** (자꼰첸느이)
완벽한; 흠잡을 데 없는, 완비된	**безупречный совершенный** (볘주쁘례츠느이) (싸볘르쉔느이)
완성(개량, 새선)되지 않은	**неусовершенствованный** (네우쏘볘르쉔쓰뜨 뵈완느이)
완성(개선)되다, 더욱 완전하게 되다	**совершенствоваться** (싸볘르쉔 쓰뜨뵈와쨔)
완성, 개선, 끝손질, 겉칠~ые работы 완성작업	**отделка** (아트젤까)
완성, 마무름; 성숙	**совершенствование, отделочный** (싸볘르쉔쓰뜨뵈와니예) (아트젤로쓰늬이)
완성된, 완결된, 완전한	**законченный** (자꼰첸느이)
완성하다, 겉칠하다	**отделывать** (아트젤리와찌)
완성하다, 더욱 완전하게하다	**совершенствовать** (싸볘르쉔쓰뜨뵈와찌)
완성하다, 마무르다 만들다, 짓다	**закруглить** (자크루그리찌),
제작[제조]하다	**закруглять** (자끄루그랴찌)
완성하다, 마무르다, (작품을) 다 쓰다 완결하다	**завершить(ся)**

	(자베르쉬찌)
(목적을) 달성하다 보태고 만들다	**закончить(ся) дорабатывать**
	(자깐치찌) (다라바뜨와찌)
완수, 종결, 결속, 마무리	**завершение**
	(자베르쉐니예)
완수하려고 애쓰다, 해결[극복]하려고 고심하다	**сцепиться**
	(스쩨삐쨔)
완숙, 푹익은 яйцо~ 완숙, 푹 삶은 달걀	**вкрутую**
	(프크루뚜유)
완전(完全), 완전성, 완비(完備)	**полнота**
	(빨노따)
완전, 저, 온; ~ый день 온종일	**целый**
	(쩰르이)
완전무결, 완벽	**совершенство**
	(싸베르쉔쓰뜨붜)
완전무결, 완전무흠;	**целость**
	(쩰로쓰찌)
완전성, 전체, 총체, 모두; 흠없음	**цельность**
	(쩰노쓰찌)
완전하게 되다, 충분하게 되다, 깃털이 다 나다	**оперяться**
	(아뻬랴쨔)
완전하게 보지못한 것, 합의가 없는 것	**недоговорённость**
	(네다고보론노쓰찌)
완전하지 못한 것. 미완성	**несовершенство**
	(네쏘볘르쉔쓰뜨붜)
완전하지 못한, 완성하지 못한	**несовершенный**
	(네쏘볘르쉔느이)
완전한 권리를 가진, 완전한 자격을 가진	**полноправный**
	(빨노쁘랍늬이)
완전한 권리를 못 가진	**неполноправный**
	(네빨노쁘라브느이)
완전한 타입, 더할 나위 없는 형,	**идеал**
	(이제알)

완전한, 무결한, 완벽한	**непроходимый** (네쁘라호지므이)
완벽한; 흠잡을 데 없는, 완비된. 절대의; 완전무결한.	**положительный** (빨로지쩰느이)
완전한, 완전무결한, 남김없는	**исчерпывающий** (이쓰체르쁴바유쉬이)
완전한, 절대적인, 알짜로; ~ вид (언어) 완료태	**совершенный** (싸볘르쉔느이)
완전히 ~까지도; ~ 이르기까지	**вплоть** (프쁠로찌)
완전히 달라지다, 변모되다, 근본적으로 변화되다	**переродиться** (뻬레로 지짜)
완전히 썩다	**перегнивать** (뻬레그니와찌)
완전히 하다; 개선[개량]하다. 숙달시키다	**оттачивать** (앗따치와찌)
완전히, 확실히, 단연; 단호히, 철저히, 완벽하게,	**начисто** (나치쓰또)
완충(緩衝), 완충작용(緩衝作用)	**амортизация** (아마르찌자찌야)
완충기(緩衝期),	**амортизатор, буфер** (아마르찌자또르) (부폐르)
완충장치	**амортизатор** (아마르찌자또르)
완치(完治), 완쾌(完快), 회복(回復)	**выздоровление** (븨즈다라블레니예)
완치, 완쾌, 회복	**излечение, исцеление** (이즐레체니예)(이쓰쩰레니예)
완치되다, 다 낫다, 완쾌되다, 아물다	**вылечиться** (븰레치쨔)
완치하다, 병을 고치다	**вылечить** (븰레치찌)
완치할 수 있는, 고칠 수 있는, 치료할 수 있는	**излечимый**

	(이즐레프이)
완쾌되다, 병이낫다, 완치되다	**выздоравливать** (브즈다라블리와찌)
완화(경감) 되다, 덜해지다	**смягчаться** (스먀그차짜)
완화(緩和), 경감(輕減), 완화(물)	**смягчение** (스먀그체니예)
완화, 완충(緩衝);	**разрядка** (라즈랴드까)
완화되다, 없어지다	**сгладиться** (즈글라지짜)
완화시키다, 경감하다	**смягчать** (스먀그차이)
완화하다, 없애다	**сгладить** (즈글라지찌)
완화휘석(頑火輝石), 마그네슘 규산염(MgSiO3)	**энстатит** (엔스따찌트)
왈츠(waltz), 원무(圓舞), 왈츠곡, 원무곡(圓舞曲)	**вальс** (왈쓰)
왔다갔다하기 시작하다	**расходиться** (라쓰하지쨔)
왕(王), 국왕, 임금, 군주, 군왕, 왕관	**корона** (까로나)
왕국, 왕토, 왕령(王領), 영역, ~계	**царство королевство** (짜르쓰트뷔) (까롤렙쓰뜨뷔)
왕비, 왕후	**царица** (짜리짜)
왕사, (열대지방의) 왕구렁이	**удав** (우다프)
왕성한 창작력,(상상력이) 풍부함	**плодовитость** (쁠로도비또쓰찌)
왕실 귀족의 말을 관리하던 관리, 시종무관	**шталмейстер** (쉬딸메이스쩰)

- 989 -

왕자, 왕태자, 동궁, 황태자, 왕세자(제정 러시아의)	**царевич** (짜레뷔치)
왕좌(王座), 왕위(王位)	**трон, престол** (뜨론) (쁘레쓰똘)
왜, 어째서, 무엇 때문에, 무슨 목적으로	**отчего зачем** (앗체보) (자쳄)
왜, 무슨 까닭에, 어째서, 어찌하여서	**почему причём** (빠체무) (쁘리쵬)
왜곡(歪曲), 뒤틂, 뒤틀림, 일그러짐; 찡그림	**искривление** (이쓰크리블레니예)
왜곡하다, 손상시키다	**уродовать** (오루도와)
왜곡 되다, 곡해되다	**искажаться** (이쓰까좌쨔)
왜곡(하는 것), 곡해, 위조	**извращение** (이즈브라쉐니예)
왜곡; (트럼프 등에서) 속임수	**передержка** (뻬레제르즈까)
왜곡된 모방	**пародия** (빠로지야)
왜곡된, 곡해된, 틀린 **искажение искажённый извращённый** (이쓰까줴니예) (이쓰까죤느이) (이즈브라숀느이)	
왜곡(곡해.위조)하다 **извратить, извращать, исковеркать** (이즈브라찌찌), (이즈브라샤찌) (이쓰까볘르까찌)	
잘못 전하다; 거짓 설명을 하다; 허위로 대표하다	**искажать** (이쓰까좌찌)
왜관, 겉보기, 양상, 체면, 생김새, 풍채(風采)	**оболочка** (아바로츠까)
왜관, 외향, 겉모양, 외견, 겉보기	**вид** (뷔트)
왜관상으로는, 언뜻 보기에(보기에는), 외관상	**. по-видимому** (빠-비지모무)
왜관을 손상하다; 흉하게 하다	**коверкать**

	(까베르까찌)
왜냐하면 ~이[하, 으]니까	**для** (들랴)
왜냐하면, ~ 때문에	**ибо** (이보)
외견상, 외관상, 허울 좋은	**видимый** (뷔지므이)
외골종(外骨腫)	**экзостоз** (에크조쓰또즈)
외과(술)의; 외과적인; 외과 의사의	**хирургический** (히루르기체쓰끼이)
외과술, 외과학	**хирургия** (히루르기야)
외과의사, 군의관; 선의(船醫)	**.хирург** (히루르그)
외과피(外果皮)	**экзокарп** (에크조까르쁘)
외교 각서; ~ протеста 항의문; 항의각서	**нота** (노따)
외교 수완이 있는, 외교의, 외교 관계의	**дипкурьер** (지쁘꿀리예르)
외교(外交), 외교활동, 외교술[수완]; 권모술수	**дипломатия** (지쁠로 마찌야)
외교(적)	**дипломатический** (지쁠로마찌체쓰끼이)
외교관(外交官)	**дипломат** (지쁠로마트)
외교관의 신임장	**аккредетив** (악크레제찌프)
외교문서에 가조인.~에 머리글자로 서명	**парафирование** (빠라피라 와니예)
외교문서에 가조인하다, 머리글자로 서명하다 외교문서에 가조인되다, 머리글자로 서명되다	**пара-фировать** (빠라피라와찌)

- 991 -

외교술, 외교적수완(外交的手腕)	**дипломатия** (지쁠로마찌야)
외교의, 외교관계의, 외교단 (диплома-тический корпус)	**дипкорпус** (지쁘꼬르뿌쓰)
외국, 국외	**заграница** (자그라니짜)
외국; ~ый язык 외국어	**иностранный** (이노쓰뜨란느이)
외국에 있어서의, 재외의, 외국과의; 대외적	**иноземный** (이노제므느이)
외국의, 국외의; 대외적인	**внешний, заграничный** (브네쉬느이) (자그 라니츠느이)
외국의, 외국산의; 외국풍[외래]의	**зарубежный, иноземный** (자루베즈느이) (이노제므느이)
외국인 범인을 본국정부에 인도함, 범인송환	**экстрадиция** (엑쓰뜨 라지찌야)
외국인, 외국사람	**иноземец, иностранец** (이노제메쯔) (이노쓰뜨라네쯔)
외국인의 이주, 이거(移居); 이민(移民)	**иммиграция** (이미그라찌야)
외다, 외우다, 암기(암송.기억)하다	**выдолбить вызубрить** (븨돌비찌) (븨주브리찌)
외따로, 동떨어져서, 홀로	**особняком** (아쏘브냐꼼)
외래. 외국산. 이국적인. 이국풍의.이국취미[정서]	**. экзотика** (에크조찌까)
외래환자(병원의):~больной 외래환자	**амбулаторный** (암불라또르느이)
외로운, 고독한, 외딴, 동떨어진, 호젓한	**уединёный одинокий** (우에지뇨느이) (아진노끼)
외마디 (문체·표현가) 간결한, 생동감있는	**односложный** (아드나쓸로즈느이)
외면(상)의; 표면의, 거죽만의, 겉치레의 밖의,	**наружный**

	(나루즈느이)
외배엽(外胚葉)	**эктодерма** (엑또델마)
외부, 외모(外貌), 겉모양, 겉차림	**внешность** (브녜쉬노쓰찌)
외부로부터의, 밖의; 무관계한, 연고 없는	**периферический** (뻬리페리 체쓰끼이)
바깥쪽, 외면; 외부, 외계, 밖.	**посторонний** (빠쓰또론느이)
외부의, 겉의, 외적인; 밖의; 밖을 향한, 외부로의	**наружный** (나루즈느이)
밖으로 가는, 바깥쪽의; 외계의. 표면의, **внешний, экстерьер** [-тэ-] (브녜쉬니이) . (엑쓰쩨리엘)	
외분비의.	**экзокринный** (에크조끄린느이)
외상(성)의	**травматический** (뜨라브마찌체쓰끼이)
외상, 손상; психическая ~ 정신외상	**травма** (뜨라브마)
외상; производственный ~ 산업외상, 생산성 외상;	**травматизм** (뜨라브마찌즘)
외상용 약초, 민간약으로서의 쥐오줌풀	**валерьяна** (왈레리야나)
외상을 입히다	**травмировать** (뜨라브미로와찌)
외상전문외과의사	**травматолог** (뜨라브마똘로그)
외상학	**травматология** (뜨라브마똘로기야)
외상학의 ~пункт 외상 구급소, 응급실	**травматологический** (뜨라브마똘로기체쓰끼이)
외생의, 외생적인 외인성의 외래의 외장경식물의	**экзогенный** (에크 조겐느이)

외설한, 음란한; 추잡한. 음탕한, 역겨운, 지긋지긋한	**сальный** (쌀리느이)
외양간, 쇠마구간, 곡뢰(梏牢)	**коровник** (까롭니크)
외용, 외용제, 신체외부; ~ое лекарство 연고제	**наружный** (나루즈느이)
외우다, 암기(암송)하다; 잘 기억해두다;	**затвердить заучивать** (자뜨베르지찌) (자우치와찌),
외운, 암기한, 틀에박힌, 상습적인	**заученный** (자우첸느이)
외이(外耳), 귓바퀴; (심장의) 심이(心耳);	**предсердие** (쁘롇쎼르지예)
외적 자극의 수용 외수용	**экстероцепция** (엑쓰쩨로쩹쁘찌야)
외접시키다, 도형을 그리다	**описывать** (아삐씌와찌)
외줄 변압기(變壓器)	**автотрансформатор** (압따뜨란쓰포르마또르)
외지치(꽃), 물망초(勿忘草)	**незабудка** (네자부드까)
외짝이 된, 쌍이 아닌; ~ая обувь 짝신	**непарный** (네빠르느이)
외출용(外出用);	**выездной** (븨에즈드노이)
외출하다, 자리를 떠나다	**отлучаться** (앝루차쨔)
외출하지 않고, 떠나지 않고, 그냥 그 자리에서	**безотлучно** (볘조뜰 루치나)
외출하지 않고, 한곳에 머물러	**безвыездно** (볘즈브예즈드나)
외출허가를 받다	**отпрашиваться, отпроситься** (앝쁘라씌와쨔), (앝쁘라씨쨔)

외치다, 고함을 지르다, 부르짖다	**вопить кричать** (바삐찌) (크리차찌)
외침(고함)소리, 부르짖음	**крик** (크리크)
외침, 외침소리, 함성, 고함, 고함소리	**возглас** (뷔즈글라쓰)
외톨이, 고독한 사람	**бобыль** (바블)
외투(外套), 겉옷, 덧옷; 오버코트(over coat), 오우버	**пальто** (빨또)
외투천(두텁고 탁탁한 모직천의 하나)	**драп** (드라쁘)
외포(外包), 피포(被包), 피복(被覆)	**эпиболия** (에삐볼리야)
외피(外皮), 겉껍질	.**экзодерма** (에크조델마)
외피를 벗기는	**шелушильный** (쉘루쉴느이)
왼손 ((десница의 반대)).	**шуйца** (슈이짜)
왼손잡이, 레프트 펀치, 좌완 투수	**левша** (레프샤)
왼쪽에; 왼쪽에서부터, 왼쪽으로, 왼편에, 좌측으로	**слева** (슬레와)
왼쪽으로, 왼편으로, 왼쪽에	**влево** (블레붜)
왼쪽의, 왼편의, 좌측의	**левый** (레브이)
윗가지; 윗가지로 엮은 울타리[벽, 지붕]; (벽의) 외(椳)	**серёжка** (쎼료즈까)
요구(要求), 제의, 바라는 것, 원하는 것	**пожелание** (빠젤라니예)
요구(要求), 주장(主張)	**притязание**

	(쁘리먀제니예)
요구(희망)를 충족(만족)시키다	**удовлетворить** (우다블레뜨뷔리찌)
요구, 유혹 등을 이겨내다	**устоять** (우쓰또야찌)
요구, 청구, 지급요구(청구), 클레임	**востребование, претензия** (바쓰뜨레붜와니에), (쁘레쩬지야)
요구; по ~ю 요구에 따라	**требование** (뜨레보와니예)
요구되다, 필요하다	**требоваться, понадобиться** (뜨레보와짜) (빠나도비짜)
요구르트, 발효우유	**кефир** (께피르)
요구성, 엄격성	**требовательность** (뜨레보와쩰노쓰찌)
요구성이 강하지 않는, 관대한	**нетребовательный** (네뜨레보와쩰느이)
까다롭지않은 엄하지 않은, 수월한, 편한	**невзыскательный** (네브즉스까쩰느이)
요구성이 강한, 엄격한	**требовательный** (뜨레보와쩰느이)
요구하다, ~을 필요로 하다, ~이 필요하다	**любить** (류비찌)
요구하다, 청구하다	**будто** (부드따)
요구(청구)하다, 탐내다 ~에게 바라다	**попросить, претендовать** (빠쁘로씨찌), (쁘레쩬도와찌)
~에게 부탁[요청]하다	**призывать требовать** (쁘리즈와찌) (뜨레보와찌)
요금, 수수료, 수고값; 입회금, 입장료	**оплата сбор** (아쁠라따) (즈보르)
요기하다, 간단히 먹다, 시장기를 끄다	**перекусить перехватить** (뻬레꾸씨찌) (뻬레흐와찌찌)

요나서(jonah書)(Книга Пророка Ионы, 4장)	**Иона** (이오나)
요동채, 큰 채	**грохот** (그로홑)
요동하다, 진동하다	**заколебаться** (자깔례와짜)
요드(Jod), 옥도정기(沃度丁幾)	**йод** (요오드)
요란하게 웃다, 껄껄웃다	**хохотать** (하하따찌)
요란하게 울리다	**грянуть** (그랴누찌)
요란하지 않은, 소리가 낮은	**негромкий** (네그롬끼이)
요란한 사람, 불평가	**шебарша** (쉐바르샤)
요란한 소리, 시끄러운	**гром** (그롬)
요란한 소리가 들려오다	**докатиться** (다까찌쨔)
요란한 언사, 소동	**треск** (뜨레쓰크)
요란한 웃음, 폭소	**хохот** (하호트)
요람 자장가 ~ая песня 자장가	**колыбельный** (꼴릐벨느이)
요람(搖籃), 채롱	**люлька** (률까)
요람, 처음, 시초(始初), 요람지, 발원지	**колыбель** (꼴릐벨)
요령있는	**деловой** (젤로보이)

요리, 미효, 음식, 조리, 쿠킹	**кухня, блюдо** (꾸흐냐) (블유다)
요리(조리)하다, 음식을 만들다	**настряпать** (나쓰뜨랴빠찌)
요리법; 요리업; 조리법, 비법, 비결	**кулинария формула** (꿀리나리야) (포르물라)
요리법의; 미식법[식도락]의	**гастрономический** (가쓰뜨노미체쓰끼이)
요리사, 요리 전문가, 취사원	**повар** (뽀와르)
조리사(調理士), 숙수(熟手), 포재(庖宰)	**кулинар повариха** (꿀리날) (빠와리하)
요리에서 곁부침, 덧부침, 반찬	**гарнир** (가르니르)
요리조리 피해가다	**лавировать** (라비로와찌)
요새, 성새, 방어시설, 요새지(要塞地), 방새(防塞), 사색	**крепость** (크레뽀쓰찌)
요충, 요충지 사색지지(四塞之地);	**фортификация, твердыня** (파르찌피까찌야) (뜨붸르지냐)
요소, 제재(題材), 자료(data)	**материал** (마쩨리알)
요술(妖術), 묘한 제주, 속임수, 눈가림, 손재간	**магия, фокус** (마기야) (포꾸쓰)
요술사, 요술쟁이, 요술객, 요술자, 마술사, 마법사	**фокусник** (포꾸쓰닉)
마법사, 마술사, 요술쟁이	**колдун, жонглёр** (깔둔) (존글룔)
요약하다, 요지를 말하다; 결론을 짓다	**резюмировать** (레쥬미로와찌)
요약하여 말하다, 요약하다, 개괄하다	**обобщить** (아밥쉬찌)
요양원(療養院), 요양소, 정양원 путёвка в ~요양원	**санаторий**

	(싸나또리이)
요업의; 요업제품(의)	**гочарный** (간차르느이)
요엘서(Книга Пророка Иоиля, 3장)	**Иоиль** (이오일)
요인, 요소 인자(因子), 인수, 약수.	**фактор, витамин** (팍또르) (뷔따민)
요점을 따다, 요약하다	**конспектировать** (깐쓰뻭찌로와찌)
요지, 요약; 결론	**резюме, план** (레쥬메) (쁠란)
요트(yacht: 뱃놀이·경주 등에 쓰는, 속도가 빠른 서양식의 작은 범선)	**яхта** (야흐따)
요한계시록 (Откровение Иоанна Богослова, 22장) (Johannes啓示錄)요한 묵시록. 계시록	**Откровение** (오트크로베니에)
요한복음(Евангелия от Иоанна, 21장)	**Иоанна** (이오안나)
요한삼서(Третье послание Иоанна, 1장)	**3 Иоанна** (3.이오안나)
요한이서(Второе послание Иоанна, 1장)	**2 Иоанна** (2.이오안나)
요한일서 (Первое послание Иоанна, 5장)	**1 Иоанна** (1.이오안나)
요행, 행운, 기복; 요행수, 사행, 성공; к ~ю (삽입어) 다행히	**счастье** (스차쓰찌예)
요행을 바라고, 운명에 맡기여, 되는대로	**наудачу** (나우다추)
욕. 욕설, 꾸중, 폭언을 내뱉다	**шипеть прошипеть** (쉬뻬찌), (쁘로쉬뻬찌),
욕망, 마음; 충동(衝動)	**настроение позыв** (나쓰뜨로예니에) (빠즤프)
욕망을 품게하다, 기분을 가지게하다	**предрасполагать** (쁘렌라쓰뽈라가찌)

욕설(욕지거리)하다, 욕설을 퍼붓다	**ругаться браниться** (루가쨔) (브라니쨔)
욕심많은; 호색(好色)한. ~ поступок 추잡한 행동	**свинский** (스빈쓰끼이)
욕심부리다	**(скупиться) жаться** (좌쨔)
욕심이 적은, 덥절덥절한, 까다롭지 않은	**непритязательный** (네쁘리쨔자쩰느이)
욕심쟁이, 탐욕주의자	**рвач** (르와치)
욕조, 목욕탕, 목욕통	**ванна** (완나)
욕지거리, 말다툼, 말싸움, 아귀다툼, 욕설	**перебранка брань** (뻬레브란까) (브라니)
욕하다, 욕설하다, 몹시 공격[비난]하다	**изругать** (이즈루가찌)
욥기(— 記, Book of Job) (Книга Иова, 42장)	**Иова** (이오바)
용(龍) 드래곤, 큰 뱀	**дракон** (드라꼰)
용감(성), 영웅성; 헌신성, 대담성, 용기(勇氣)	**храбрость** (흐라브로쓰찌)
용감, 담력, 대담, 배짱, 무모; 철면피;	**смелость доблесть** (스멜로쓰찌) (도블레쓰찌)
용감하게, 과감하게, 대담하게	**смело, храбро** (스멜로) (흐라브로)
용감한, 강의한, 과감한, 대담한	**боевой смелый** (바예보이) (스멜르이)
담이 큰, 활발한	**мужественный, храбрый** (무줴쓰뜨벤느이) (흐라브르이)
용광로, (풀무. 풍금 따위의)노(爐); 아궁이, 화덕	**домна** (돔나)

용광로의 풍구(風口). 분출구, 내뿜는 구멍	**фурма** (푸르마)
용기(用器), 그릇	**вместилище** (브메쓰찌리쉐)
용기를 내다, 결심하다	**расхрабриться, храбриться** (라스흐랍리쨔) (흐라 브리쨔)
용기를 돋우다, 격려하다, 고무하다	**подбодрить ободриться** (빧보드리찌) (아바드리쨔)
용량이 큰, 수용능력이 많은	**вместительный** (브메쓰찌쩰느이)
용모, 모습, 본새, 모양새; 풍모, 품성	**облик** (오블리크)
용사(勇士), 용병(勇兵)	**храбрец** (흐라브레쯔)
용서 못할, 용서할 수 없는	**непростительный** (네쁘라쓰찌쩰느이)
용서, 관대, 사면, 용납(容納);	**извинение, прощение, пощада** (이즈비녜니예) (쁘라쉐니예) (빠샤다)
용서를 빌다, 사과하다	**извиняться** (이즈비냐쨔)
용서하다, 관대하다	**извинять, щадить, пощадить, простить** (이즈비냐찌) (쌰지찌) (빠샤지찌) (쁘라쓰찌찌)
용솟음쳐 나옴, 내뿜음, 분출; 분출한 액체	**забить** (자비찌)
용수철, 태엽, 스프링	**пружина рессора** (쁘루쥐나) (레쓰쏘라)
용암, 화산암; 용암층	**лава** (라와)
용액, 용제(溶劑); 액제(液劑), 물약	**раствор** (라쓰뜨볼)
용이하게, 쉽사리, 안락하게, 편하게, 한가롭게	**шутя** (슈쨰)
용적, 용량, 수용능력 입방적	**кубатура вместимость**

	(꾸바뚜라) (브메쓰찌모쓰찌)
용적, 용량, 포용력, 수용력, 전기용량, 입체 용량	**ёмкость** (욤꼬스찌)
용접(납땜 등으로) 연결되다, 붙다	**сращиваться** (스라쉬와짜)
용접(鎔接), 땜, 땜질	**сварка** (스와르까)
용접공, 땜질 공; 땜-쟁이	**сварщик** (스와르쉬이크)
용접되다 때워지다	**свариться** (스와리짜)
용접하다, 때우다, 땜질하다	**спаивать свaривать приваривать** (스빠이와찌)(스와리와찌)(쁘리와리와찌)
용해, 용해물. 용해하여 뽑아내는 것	**плавка, выплавка** (쁠랴브까)(븨쁠라브까)
용해공, 제강공	**сталевар доменщик** (스딸레와르)(도멘쉬크)
용해하다, 녹이다. 분해하다	**рассосаться, разлагать[ся]** (라쓰쏘싸짜)(라슬라가찌)
우거진 것, 울창한 것	**густота** (구쓰따따)
우그러지다, 휘어들다, 구부러지다, 비뚤어지다	**перекоситься** (뻬레까씨짜)
우그러진 것, 찌그러진 것	**перекос** (뻬레꼬쓰)
우글거리다, 곰지락거리다, 꾸물거리다	**копошиться** (꼬뽀쉬짜)
우단(羽緞), 벨벳, 천아융(天鵝絨),	**бархат** (바르핫트)
우두둑 까다;~을 금가게 하다 부수다, 깨뜨리다	**взломать** (프즐로 마찌)
우두머리, 두목, 주모자, ~장, 장관, 회장, 사장	**головка главарь** (갈로프까)(글라와리)

지배자, 지휘자; (일가(一家)의) 장	**вожак заправила** (바좌크) (자쁘라빌라)
우두머리를 없애치우다	**обезглавить обезглавливать** (아베스글라뷔찌) (아베스그랍리와찌)
우둔한, 어리석은 아둔한	**глупый, твердолобый** (글루쁘이) (뜨볘르돌로브이)
우둔, 어리석음, 미련한, 어리석은	**глупость** (글루뽀쓰찌)
우뚝 솟다, 솟아있다	**возвыситься** (바즈븨씨쨔)
우라늄(uranium): 라듐의 모체. 우란. [92번: U:238.029]	**уран** (우란)
우량계(雨量計), 측우기(測雨器)	**дождемер** (다즈제멜)
우레(又賴)(소리), 천둥, 뇌성	**гром** (그롬)
우레(천둥. 벼락) 치시 시작하다	**загреметь** (자그레메찌)
우려지다, 침출되다	**настояться** (나쓰또야쨔)
우려하다, 불안을 느끼다	**опасаться** (아빠싸쨔)
우롱, 비웃음, 냉소, 놀림, 모멸	**скука** (스꾸까)
우뢰(又賴), 천둥, 뇌성(雷聲)	**громовой** (그라마보이)
우르렁거리는 소리, 멀리서 울려오는 둔중한 소리, 소음	**гул** (굴)
우르르울리다, 덜커덕덜커덕 소리가나다	**загрохотать** (자그로호따찌)
우르릉거리는 소리, 폭음(爆音)	**грохот** (그로홑)

우르릉거리다, 덜커덩거리다, 드르렁거리다	**греметь** (그레몌찌)
과르릉거리다 요란하게 울리다	**грохотать** (그라하따찌)
우리 편, 우리 사람(동지, 찬척, 동포)들	**наши** (나쉬)
우리(축사)저장실, 농장 은못, 장부촉	**шип** (쉽)
우리, 축사, 집짐승우리, 외양간	**загон** (자곤)
우리가[는], 우리들을[에게]	**мы нас нами нам** (믜)(나쓰)(나미) (남)
우리가[는].(нас, нам, нами, о нас)우리	**мы** (믜)
우리들을[에게].	**нами** (나미)
우리의 것, 우리의, 우리들의	**наше** (나쉐)
우리의, 우리들의, 우리의 것,	**наш, наша, наше, наши** (나쉬), (나솨), (나쉐), (나시)
우묵한, 움푹 들어간, 꺼진	**впалый** (프빠르이)
우물(수맥까지 파내려간 우물)	**артезианский** (이르쩨지안쓰키이)
우물; (광산) 수직갱도	**колодец** (깔로제쯔)
우물쭈물 거리다, 늦장부리다, 움질거리다	**мешкать** (메스까찌)
우물쭈물하다, 머뭇거리다	**медлить помяться** (메드리찌) (빠먀쨔)
우박(雨雹), 누리, 백우, 모레	**град** (그라드)
우비(雨備), 비옷	**дождевик**

	(다즈제비크)
우산, 양산	**зонтик** (존찌크)
우상(偶像), 물신(物神), 신상, 형상,	**идол, истукан, фетиш** (이지올) (이쓰뚜깐)(페찌쉬)
우상숭배, 주물숭배; 배물교	**фетишизм божество божий** (페찌쉬즘) (보제쓰뜨보) (보쥐이)
우생학(優生學)	**евгеника** (예브게니까)
우세(권), 우위. 보다 중요함, (시간·순서가) 앞[먼저]임	**приоритет** (쁘리오리쪨)
우세, 압도(壓度), 우월	**преобладание, перевес** (쁘레오블라다니예)(뻬레볘쓰)
우세(극복.압도)하다, 하다, 이기다,	**превалировать преобладать** (쁘레왈리로와찌) (쁘레오블라다찌)
지배적인, 통치하는	**преобладающий** (쁘레오블라다유쉬이)
우수한, 아주 좋은; 우량한	**избранный, замечательный** (이즈브란느이) (자메차쩰느이)
빼어난. 특기할만한	**сильный, отборный исключи-тельный** (씰느이) (아트보르느이)(이쓰클류치쩰느이)
우스운(재미나는)일, 우스광 스러운	**потеха курьёз, потешный** (빠쩨하), (꾸리요즈) (빠쩨쉬느이)
우스운, 가소로운, 진기한	**смешной курьёзный, смехотворный** (스메쉬노이) (꾸리요즈 느이)(스메호뜨보르느이)
우습게 놀다, 어릿광대 노릇하다	**паясничать** (빠야쓰니차찌)
우습게, 재미나게, 웃음 나게 우스워 견딜 수 없게	**смешно** (스메쉬노)
우습기 짝이 없는, 우스광 스러운, 포복 절도할	**уморительный** (우마리쩰느이)
우습다, 웃음이 난다 재미있다	**смешно потеха** (스메쉬노) (빠쩨하)

우승컵, 우승배(優勝盃)	**кубок** (꾸보크)
우아하지 않은, 멋없는, 무무한, 세련되지 않은,	**нескладный** (네쓰클라드느이)
우아한 것, 아리따움	**изящество** (이쟈쉐쓰뜨붜)
우아한, 아리따운, 우미한, 맵시있는	**изящный, грациозный** (이쟈쉬느이)(그라찌오즈느이)
우엉, 우방, 가시 털, 우엉잎사귀	**репейник, лопух** (레뻬이니크)(라뿌흐)
우역(牛疫) 역병(疫病), 가축의 전염병(특히 소의).	**падёж** (빠죠즈)
우연성, 우연한 일	**случайность** (슬루차이노쓰찌)
우연의, 우연적인;	**придаточный, случайный** (쁘리다또치느이)(슬루차이느이)
우연히 만나다, 눈에 띄다; 마주치다	**повстречать** (빠브쓰뜨레차찌)
우연히 얻어내다(찾아내다)	**натолкнуться** (나똘크누짜)
우연히 조우하다; ~와 마주치다	**нарываться** (나릐와쨔)
우연히; не ~ 우연한 일이 아니다, 우연하지 않다	**случайно** (슬루차이나)
우울, 울적함; 우울증, 울화, 기분이 언짢음	**загрустить хандра** (자그루쓰찌찌)(한드라)
우울하다, 생각에 잠기다, 지루하다, 싫증나다	**затоско-вать** (자또쓰까와찌)
우울한 것, 울적한 것, 우울증	**меланхолия** (멜란호리야)
우울한; 음침한	**меланхолический, угнетённы сумрачный** (멜란호리체쓰끼이)(우그네쫀느이)(숨라치느이)
우울한, 풀이 죽은, 슬픈	**подавленный понурый**

	(빠다블렌늬이) (빠누르이)
우월성, 우수; 우선권, 특권 우위, 우세;	**превосходство** (쁘레뷔쓰홀쓰뜨붜)
우유 넣는 그릇, 밀크 통	**молочник** (말로츠니크)
우유 상품의	**молочно-товарный** (말로츠나-또와르느이)
우유비지, 뜨보로그; соевй ~ 두부	**творог** (뜨붜로그)
우유상점, 밀크가계	**молочная** (말로츠나야)
우유크림, 요플레	**сметана** (스메따나)
우유판매원, 우유 배달원	**молочница** (말로츠니짜)
우익, 우파, 보수파, 우경 ~ые (복수) 우익분자들	**правый** (쁘라브이)
우점(優點), 장점(長點); 체모	**плюс** (쁠류쓰)
우세(優勢), 우월(優越), 긍정점	**достоинство** (다쓰또인쓰뜨붜)
우정 있는. 친절한, 호의적인	**дружелюбный** (드루젤류브느이)
우정, 우의, 친절, 호의, 친밀, 우호, 화친, 친선	**дружелю-бие** (드루젤류비에)
우주, 누리, 세상, 만천하, 대지, 세계; 계, 지구,	**мир, вселенная** (미르) (프쎌렌나야)
우주, 우주계	**космос** (꼬쓰모쓰)
우주비행사(가)	**астронавт, космонавт** (아쓰트로나프트) (까쓰마나프트)
우지끈 뚝딱하는 소리	**треск** (뜨레쓰크)

우쭐거리다, 거드름을 피우다, 뽐내다	**важничать** (와즈니차찌)
우쭐거리면서, 점잖게, 위엄있게	**важно** (와즈나)
우쭐대다, 뽐내다, 뽐내며 걷다, 으스대다, 뻐기다	**чваниться** (츠와니짜)
우편(郵便); 우편국, 우체국	**почта** (빠치따)
우편물	**корреспонденция** (까르레쓰뽄젠찌야)
우편물, (비행기의) 정기 기항지 중요한 준비단계	**ям** (얌)
우편엽서, 그림엽서, 사진엽서	**открытка** (아트끄릐트까)
우표(郵票); 수입인지(收入印紙)	**марка** (마르까)
우현(右舷)	**штирборт** (쉬찔볼트)
우호, 화친, 친선, 부접(附接)	**дружелюбие** (드루젤류비에)
우호적 관계, 친근미, 친근성, 친밀감, 친밀성	**товарищество** (따와리쉐쓰뜨붜)
우화(偶話), 우언(寓言)	**басня** (바쓰냐)
우회로, 보조 도로; 보조수로(水路)	**обходной обходный** (압호드노이), (아브호드늬이)
우회하는 ~(에) 돌아가는	**окольный** (아꼴느이)
운(運), 운자, 운, 압운(押韻), 각운(脚韻).	**рифма** (리프마)
운동(運動), 움직임	**движение** (드비줴니예)
운동, 체육; заниматься ~ой(체육) 운동을 하다	**физкультура**

(피쓰꿀뚜라)

운동장, 그라운드(ground), 스타디움(stadium)	**поле, спортплощадка** (뽈레) (스쁘르뜨쁠라샤드까)
운명, 숙명; 제비뽑기, 추첨	**участь, удел, судьба рок доля** (우차쓰찌) (우젤) (수지바) (로크) (돌랴)
운명을 결정하는	**роковой** (라까보이)
운명의, 운이 다한, 불운의.	**обреченный** (아브레첸느이)
불운한, 불행한, 궁한, 부족한	**обездоленный** (아베스돌렌느이)
운반(수송)되다	**перевозиться** (뻬레붜지쨔)
운반, 수송, 도하, 운송, 반운, 통운	**перевозка** (뻬레붜즈까)
운반차, 탈것, 승용마차	**экипаж** (에끼빠즈)
운반하다,	**перенести[сь] внести, донести понести[сь] нести** (뻬레네쓰찌)(브네쓰찌), (다네쓰찌)(빠네쓰찌), (네쓰찌)
나르다 (이고.메고.지고)가다,	**отвозить осуществить[ся] вынести** (아트붜지찌) (아쑤쉐쓰뜨비챠), (븨네쓰찌)
운반할 수 있는	**транспортабельный** (뜨란쓰뽀르따벨느이)
운송, 수송; 페리, 교통[수송]기관	**перевоз** (뻬레보즈)
운송(업), 운수, 회송, 발송, 급송	**экспедиционный** (엑쓰뻬지찌온느이)
수송, 운송	**транспорт** (뜨란쓰뽀르트)
운영(運營), 진행(進行)	**ведение** (붸제니에)
운영[경영]하다, 관리하다	**вести** (붸쓰찌)

운이트다, 운수가 좋다	**повезти** (빠볘즈찌)
운이(재수가) 좋은	**счастливый** (스차쓰쁠리브이)
운전(조종)하다	**управлять** (우쁘라블랴찌)
운전, 조종; 조종장치	**управление** (우쁘라블레니에)
운전대, 운전실, 운전칸	**кабина** (까비나)
운전사 к шофёр ~ское свиде-тельство 운전면허증	**шофёр** (샤표르)
운전사, 운전하는 사람, 모는 사람	**водитель** (바디쩰)
운좋은, 행운 ему ~ёт(не~ёт) 그는 운수가 좋다(나쁘다)	**везти** (볘스찌)
운하, 물길, 수로; оросительный ~ 관개수로	**канал** (까날)
운항, 항해; 항법(航法), 항해기	**навигация** (나비가찌야)
운행, 전진	**передвижение** (뻬레드비제니예)
운행하다	**передвигаться** (뻬레드비가쨔)
운형(雲形)자. 구름자	**лекало** (레깔라)
울, 울짱, 울타리, 우리, 담장	**решётка** (레쇼뜨까)
울다, 눈물을 흘리다	**навзрыд, плакать** (나브즈른) (쁠라까찌)
울대, 후두(後頭), 발성기관	**гортань** (가르딴니)
울려 퍼지다	**прозvenеть**

	(쁘라즈베네찌)
울리다, 들리다	**прозвучать** (쁘라즈부차찌)
울리다, 딸랑거리다 울려 퍼지다 윙윙거리다	**раздаться** (라스다쨔)
종을 치다 쩽그렁(뗑그렁)울리다; 뗑그렁 울다	**звонить, звенеть** (즈본이찌) (즈보네찌)
윙윙거리다; 청승맞은 소리로 말하다	**прокатиться гудеть** (쁘라까찌쨔) (구제찌)
울림, 음향, 소리 나는 것	**звучание** (즈부차니예)
울보, 우지, 눈물단지	**плакса** (블라크싸)
울부짖기 시작하다, 악쓰다, 조소하다.	**завыть** (자븨찌)
울음을 터뜨리다, 목놓아 울다	**разрыдаться** (라즈르다쨔)
울적해하다, 침울해지다;	**закисать, закиснуть** (자끼싸찌, 자끼쓰누찌)
울타리 문, 바자 문, 쪽대문	**калитка**(깔리뜨까)
울타리(담)로 막히다, 둘러막히다, 격리되다	**отгородиться** (아트가로지쨔)
울타리, 담, 나무 울타리, (널)담장; 울, 바자,	**изгородь штакетник** (이즈가로지) (쉬따꼐뜨닉)
울툭불툭한, 우굴쭈굴한	**корявый** (까랴브이)
움, 눈, 맹아, 싹	**всходы** (프쓰호듸)
움, 움집, 움막, 궁교(穹窖), 교창(窖倉) 지하실	**подпол, погреб** (뽇뽈) (뽀그레프)
움막집, 움집, 움막 땅굴 집, 토굴집, 토막집	**землянка** (제믈랴느까)

움직여(밀어) 접근시키다, 옮기다	**пододвигать** (빠다드비가찌)
움직이게 하다, 시동시키다, 발동시키다	**пустить, пошевелить** (뿌쓰찌찌), (빠셰뻴리찌)
움직이기 시작하다, 출발하다	**изложить** (이즐로쥐찌)
움직이는, 활동하는, 작업의	**эксплуата-ционник** (엑쓰쁠루아따찌온니크)
움직이다	**помешать, сняться, подвинуть, работать** (빠메샤찌)(스냐짜)(빤비누찌)(라보따찌)
움직이다, 밀고나가다,	**двигаться, подаваться, двигать** (드비가쨔)(빠다와쨔)(드비가찌)
움직이다, 이동시키다	**движущий, передвинуть[ся]** (드비주쉬이)(뻬레드비누쨔)
옮기다, (~을) 이동시키다 전위하다	**перемещать, вести, сдвигать** (뻬레메샤찌)(붸쓰찌)(즈드비가찌)
움직이지마; 가만있어; 잠깐 기다려	**ща** (쌰)
움직이지 않게 되다, 마비되다, 무감각하게 되다,	**отупеть** (앗뚜뼤찌)
움직이지 않는, 부동, (시선, 표정의) 까딱하지 않는 ; 움직이기를 싫어하는, 굼뜬	**неподвижный** (네빠드비즈느이)
움직이지 않는, 정지(靜止)된. 변화하지 않는	**стационарный** (스따찌오나르느이)
움직임, 걸음; 운행, 속도	**ход** (홀)
움직임, 변화과정; развитая ~ 발전과정	**динамика** (지나미까)
움칠하다, 씰룩거리다, 들썩이다	**дёргаться** (죠르가쨔)
움켜잡다; 잡아채다; 붙잡다놓치지 않고 잡다	**нахвататься** (나흐바따쨔)
움트다, 싹이 트다	**всходить**

	(프쓰호지찌)
움푹 들어가다, 꺼지다	**впадать**
	(프빠다찌)
웃기시작하다, 웃음을 터뜨리다	**рассмеяться**
	(라쓰메야쨔)
웃기다, 심심하지 않게 하다	**рассмешить, смешить**
	(라쓰메쉬찌) (스메쉬찌)
웃게 하다, 웃음을 자아내다	**насмешить потешать**
	(나쓰메쉬찌) (빠쩨샤찌)
웃다, 미소하다, 생글거리다	**смеяться улыбаться**
	(스메야쨔) (울릐바쨔)
웃음(소리), 미소	**смех улыбка**
	(스메흐)(울릐브까)
웃음거리	**посмешище, смех**
	(빠쓰메쉬쉐) (스메흐)
웃음보를 터뜨리다, 폭소하다	**прыснуть расхохотаться**
	(쁘릐쓰누찌) (라쓰호호따쨔)
웃음이 떠돌다, 히죽해지다	**расплыться, закатываться**
	(라쓰쁠릐쨔)(자까띄와쨔)
웅대한, 굉장한, 거대한, 장엄한	**грандиозный**
	(그란지오즈느이)
웅덩이, 우목한곳	**углубление**
	(우글루브레니에)
웅변(술), 말재주	**красноречие**
	(크라쓰노레치예)
웅변가, 연설자(演說者), 토론자	**оратор трибун**
	(아라또르) (뜨리분)
웅성거리다, 떠들썩거리다, 소음잡음을 내다	**шуметь, бурлить**
	(슈메찌)(부를리찌)
웅얼거리는 소리, 웅얼대는 말	**лепет**
	(레뻬트)
웅장하고 화려한 것	**парадность**
	(빠라드노쓰찌)

웅장한, 웅대한, 으리으리한	**величественный** (벨리체쓰뜨벤느이)
웅크리고 털(가시 등)을 곧추 세우다	**топорщиться** (따뽀르쉬쨔)
웅크린, 쭈그린, 작은, 낮은	**приземистый** (쁘리제미쓰띄이)
워크샵, 학과토론, 세미나,연수회, 공동 연구회, 강습(회)	**семинар** (쎄미나르)
원(圓), 원둘레, 원주(기호 π);	**окружность** (아크루즈노쓰찌)
원(구)의 반지름, 반지름내의 범위. 반경(半徑)	**радиус** (라지우쓰)
원가 계산(회계), 독립체산제	**хозрасчёт** (호즈라쓰쵸트)
원가(原價), 본전(本錢)	**себестоимомть** (쎄베쓰또이모므찌)
원고(原告), 고소인. 불평하는 사람	**жалобщик** (좔로브쉭)
원고(原告), 초고	**рукопись** (루까삐시)
원궤도. 궤도 세력권	**орбита** (아르비따)
원기 왕성한, 씩씩한, 생기발랄한, 기운찬	**бодрый** (보드르이)
원기(元氣), 의기 활기, 생기, 용기	**бодрость, дух** (보드로쓰지) (두흐)
원기[용기]를 북돋우다, 격려하다, 고무하다	**приободрять[ся]** (쁘리오볻랴찌)
원기를 돋아 주는, 기운을 돌아주는,	**бодрящий** (바드랴쉬이)
원기왕성한것, 정력적인	**энергетичность** (에네르게찌츠노쓰찌)

원두밭	**бахча** (바흐차)
원로, 웃어른, 장로, 노장	**патриарх** (빠뜨리알흐)
원로원 의원; 상원의원; (대학의) 평의원, 이사	**сенатор** (쎄나또르)
원료(原料), 원재료 (섬유 제품의) 재료, 스테이플	**штапель, сырьё** (쉬따뻴) (씌리요)
원만히 수습하다; (사태·불화을) 가라앉히다	**сглаживать[ся]** (즈글라쥐와찌)
원망(불평,한탄) 하다	**сетовать** (쎄또와찌)
원망, 불평, 한탄	**сетование** (쎄또와니예)
원문, 원본, 원고; 원작품	**оригинал** (아리기날)
원반, 원반던지기	**диск** (지쓰크)
원본(原本), 수사본, 수고	**рукопись** (루까삐시)
원본, 원문, 원작,	**подлинник** (뽀들린니크)
원뿔꼴, 원추형: ~ое сечение 원추곡선	**конический** (까니체쓰끼이)
원뿔체, 원뿔꼴; 원뿔	**рожок** (라조크)
원상복구	**реконструкция** (레꼰쓰뜨루끄찌야)
원상으로 회복(복구)하다	**реконструировать** (레꼰쓰뜨루이로와찌)
원상태로 되돌리다, 복원하다	**восстановить** (바쓰따나뷔찌)
원수, 적	**враг**

(프라그)

원수를 갚다, 복수(앙갚음.보복.분풀이)하다	**отомстить** (아땀쓰띠찌)
원시석기시대, 원시석기	**эолит** (에올리트)
원심분리기, 스피너, 실 잣는 사람, 방적공; 방적기	**центрифуга** (쩬뜨랄리푸가)
원예(園藝); 원예학(園藝學).	**садоводство** (싸도볻쓰뜨붜)
원예가, 원예학자	**садовод** (싸도볻)
원유(原油)	**сырец** (씌레쯔)
원유가공, 제유(製油)	**нефтеперерабатывающий** (네프쩨뻬레라바띄와유쉬이)
원을 그리는 것	**кружок** (크루족)
원인. 이유. 동기, 까닭의 뜻으로 ~니까, ~니깐	**ведь причина** (볘지) (쁘리치나)
원인론의, 병인학(病因學).	**этиологический** (에띠올로기체쓰끼이)
원인으로 되다, 의존하다, 야기되다	**обусловливать** (아부슬로브리와찌)
원자(原子) 미분자, 아톰(atom)	**атом** (아탐)
원자가(原子價), 원잣값	**валентность** (왈렌드노쓰찌)
원자핵 물리학자	**ядерник** (야제르니크)
원장소에 되돌리다; 반환[반송]하다	**возвратить, вернуться** (바즈브라찌찌) (보즈브라쨔)
원정, 탐험, научная ~ 연구조사 탐험대	**экспедиция** (엑쓰뻬지찌야)

원조, 후원, 고무, 옹호; 찬성. 도움, 구조; 조력, 거듦	**опора** (아뽀라)
원조(조력)하다, 돕다, 거들다, ~의 조수 노릇을 하다	**помогать** (빠모가찌)
원주민, 토착민; 토인; 원산종(種) 본토배기	**туземец** (뚜제메쯔)
원지점(遠地點)(천문)	**апогей** (아파게이)
원추 꽃차례, 고깔 꽃차례, 원추화서	**метёлка** (메쬴까)
원추(형), 추면	**конус** (꼰누쓰)
원칙(原則), 원리(原理), 기본명제, (물리·자연의) 법칙	**принцип** (쁘리찦)
원칙이 없는, 무원칙한, 주관이 없는	**беспринципный** (볘쓰쁘린찌쁘느이)
원판(사진), 종판, 음화	**негатив** (녜가찌프)
원피스; (여자들의) 상하가 달린 옷, 옷, 의복, 복장	**платье** (쁠라찌예)
원하다, 간청[부탁]하다, ~에게 탄원하다	**молить, желать, хотеть** (말리찌)(쩰라찌)(하쩨찌)
원하지 않는 것, 딱해하는 기색	**нежелание** (녜쩰라니예)
원한을 잊지 않는, 앙심을 품은	**злопамятный** (즐로빠먀드느이)
원한을 품은; 악의가 있는, 짓궂은	**злобно** (즐로브나)
원형(圓形)	**прототип прообраз** (쁘라또찌쁘)(쁘라옵라즈)
원형극장(圓形劇場), 반원형관람석	**амфитеатр** (암피쩨아뜨르)

- 1017 -

원형무대, 둥근무대	**арена** (아레나)
월간(月刊), (한)달 동안, 월(月)동안	**месячник** (몌샤츠니크)
월간간행물, 월간출판물, 월간잡지, 월보	**ежемесячник** (예줴몌샤츠니크)
월귤나무	**брусника** (브루쓰니까)
월동장소	**зимовье** (지모비예)
월등한, 아주 좋은, 매우 훌륭한	**бесподобный** (볘쓰뽀도브느이)
월요일, 월요(月曜)	**понедельник** (빠녜젤리니크)
월평균의	**среднемесячный** (스레드녜몌샤츠느이)
웜(공학)	**червяк** (체르뱌크)
웬일인지, 무슨 까닭인지	**почему-то** (빠체무-또)
위(胃). 복부, 배, 위부(胃部)	**желудок, живот** (쥘루독) (쥐보트)
위(胃)의, 건위의, 식욕을 증진하는;	**желудочный** (쥘루도츠느이)
위(쪽)에, 바로 위에; 높은 곳에, 높이. ~(의)위에(의)	**свыше** (스븨쉐)
위궤양, 아픈, 쓰린, 비통한, 나쁜 상처	**язва** (야즈와)
위궤양, 궤양상태. 위궤양환자	**язвенница, язваица язвенник** (야즈와니이짜) (야즈와이짜) (야즈뼨니크)
위급한	**бедственный** (볘드쓰트뼨느이)

위기, 급변; 공황	**кризис, перелом** (크리지쓰) (뻬렐롬)
위대한, 탁월한; (사상등이) 심오한, 고귀한	**великий** (뷀리끼이)
위도, 위선, 씨줄	**широта** (쉬로따)
위도의, 위도 방향의.	**широтный** (쉬로뜨느이)
위력, 강력, 강대	**могущество мощь** (마구쉐쓰뜨붜) (모쉬)
위력있는, 강대한, 강유력한	**могущественный** (마구쉐쓰뜨뷀느이)
위로(밑으로) 던지다	**подбрасывать** (빳브라스와찌)
위로, 높은 곳으로, 하늘로	**ввысь** (븨시)
위로, 올려, 치키다, 추키다;	**кверху, вверх** (크베르후) (붸르흐)
위로, 위층으로, 상층으로	**наверх** (나붸르흐)
위로하다, 마음을 따뜻이 하여주다	**согревать** (싸그레와찌)
위로할 수 없는, 위안할 수 없는	**неутешный** (네우쩨쉬느이)
위반, 위배, 파격, 탈선, 이탈, 일탈	**отступление** (앗쓰뚜쁠레니예)
위반자, 침범자, 교란자; ~ порядка 질서교란자	**нарушитель** (나루쉬쩰)
위법(違法), 비법(非法)	**беззаконие** (볘자꼬니예)
위병대; почётный ~ 명예 위병대; 위병근무	**караул** (까라울)
위생 방역소	**санпропускник санэпидемстанция**

(싼쁘로뿌쓰끄니크) (싼에삐졤쓰딴찌야)

| 위생, 위생법, 위생학(衛生學) | **гигиена** (기기에나) |

위생소, 진료소 **медпункт** (메드뿐크트)

위생실, 화장실, 변소 **туалет** (뚜알레트)

위생의, 보건상의, 위생용 **гигиенический, санитар-ный** (기게니체쓰끼이) (싼이따르느이)

위선, 표리부동, 가장 **лицемерие** (리쩨메리에)

위선을 부리다, 야살을 떨다(부리다) **лицемерить** (리쩨메리찌)

위선자, 안팎이 다른 사람, 야살군 **лицемер, ханжа** (리쩨메르) (한좌)

위선적으로 행동하다 **фальшивить** (팔쉬뷔찌)

위선적인, 야살궂은, 표리부동한 **лицемерный, фальшивый** (리쩨멜느이)(팔쉬브느이)

위성(衛星), 달별, 배성(陪星), 첨성(添星) **спутник** (스뿌뜨니크)

위신, 권위, 위세, 위엄 **вес, авторитет, престиж** (웨쓰) (압따리쩨트)(쁘렛쓰띠즈)

위신을 떨어뜨리다(하락시키다), 신용을 잃게 하다 **развенчать** (라스벤차찌)

위신이 있는, 권위 있는 **авторитетный** (압따리쩯느이)

위안(慰安), 위로(慰勞) **утешение** (우쩨쉐니에)

위안을 얻다, 기쁨을 얻다 **утешаться** (우쩨샤짜)

위압적인, 명령적인 **властный** (플라쓰뜨느이)

위약금(違約金)	**неустойка** (네우쓰또이까)
위에 놓다, 겹쳐 놓다, 덧붙이다, 첨가하다	**наложить** (날로쥐찌)
위에, 높은데서, 위에서	**над, поверху, вверху** (낟) (빠볘르후) (볘르후)
위에서 말한(이야기한), 상술한	**вышесказанный** (븨쉐쓰까잔느이)
위에서 아래로 ~보다 많은,~이상으로(의),	**свыше** (스븨쉐)
위염(胃炎), 위장염(胃腸病). 위카타르	**гастрит** (가쓰뜨리트)
위원장, 의장(議長); 회장	**председатель** (쁘렏쎄다쩰)
위원회, 협의회; избирательная ~ 선거위원회	**комиссия** (까미씨야)
위원회 исполнительный ~ 집행위원회	**комитет** (까미쩨트)
위위(웅웅)거리는 소리, 단조로운소리, 와글거리다	**жужжать** (주즈좌찌)
위임, 위탁 ~ магазин 위탁판매점	**комиссионный** (까미씨온느이)
위임장(委任狀), 대리권 신임장, 대표증	**доверенность мандат** (다베렌노쓰찌) (만다트)
위임하다(재정에서)	**аккредитовать** (악크레디따와찌)
위장(僞裝), 위장용, 의장(擬裝), 미채(迷彩)	**камуфляж** (카무플랴즈)
위장하다, 변장하다	**маскировать** (마쓰끼로와찌)
위조(변조.왜곡)하다,	**подделать подделывать фальсифицировать** (빧젤라찌)(빧젤리와찌)(팔씨피찌로와찌)

위조, 날조, 변조, 왜곡	**подделка, подлог фальсификация** (빧젤까) (빠들록)(팔씨피까쩨야)
위조문건; 위조품 위조물, 모조물	**имитация, фальшивка** (이미따찌야) (팔쉬브까)
위조자, 날조자, 거짓말쟁이	**фальсификатор** (팔씨피까또르)
위쪽에[으로]펼치다, 위에[로] 펴다, ~의 위에 걸치다	**осенить** (아쎄니찌)
위쪽에[으로부터]; 위에[로 부터]; 머리 위에[로 부터];	**свыше** (스븨쉐)
위쪽의, (둘 중) 위편의	**верховой** (붸르호보이)
위축되다	**атрофироваться** (일로피로와짜)
위치, 곳, 지점, 장소, 처소, 소재지;	**положение** (빨로제니예)
위치, 지위, 포지션; 소재지	**местоположение** (메쓰따빠로줴니에)
위치하고 있는, ~에 있는, 부지가 ~한	**расположенный** (라쓰빨로줸느이)
위치하고 있다, 부지가 ~한(환경·입장·조건에) 놓여 있다	**найтись** (나이찌시)
위탁(委託), (임무·직권의) 위임	**поручение** (빠루체니예)
위탁하다, 위임하다, 맡기다	**вверять** (붸랴찌)
위험, 재난, 위험(상태), 위난, 위태로움	**опасность** (아빠쓰-노쓰찌)
위험하다, 위태롭다	**опасно** (아빠쓰나)
위험하지 않은, 안전한	**неопасный** (네아빠쓰느이)
위험한, 위태로운, 위독한, 위험이 많은, 모험적인	**опасный**

	(아빠쓰느이)
위협적인, 험악한, 무서운	**грозный** (그로즈느이)
위협하다, 놀라게[겁나게]하다.	**испугать(ся)** (이쓰뿌가찌)
위협하다, 으르다, 울러메다	**грозить** (그로지찌)
윗덮개, 덮개; 뚜껑, 바깥쪽, 외면	**верх** (붸르흐)
윙윙거리다. ~ [все] уши 듣기 시끄럽게 굴다	**прожужжать** (쁘라주즈좌찌)
윙크[눈짓]하다, 눈을 깜박이다, 눈으로 신호하다	**заморгать** (자모르가찌)
유가증권, 수표, 지폐등의 발행	**эмиссия** (에미씨야)
유가증권, 은행권, 지폐 등을 발행하다	**эмитировать** (에미찌로와찌)
유가증권의 발행소, 은행권의 발행소	**эмитент** (에미쩬트)
유감, 애석함; с ~ем 유감하게도	**сожаление** (싸좔레니예)
유감스러운, 안타까운, 민망한; 애달픈	**досадный** (다싸드느이)
유감스러워하다, 민망해하다, 고까이 여기다	**досадовать** (다싸다와찌)
유기적, 조직적, 계통적	**животный** (쥐보뜨늬이)
유기체, 생물의 이름	**организм** (아르가니즘)
유기체, 유기물(有機物)	**органический** (아르가니체쓰끼-)
유년기(幼年期)	**младенчество** (믈라젠체쓰뜨붜)

- 1023 -

유년시절(幼年時節), 어린 시절	**детство** (제뜨쓰뜨뷔)
유능한, 영리한	**дельный** (젤리느이)
유다서, 유다의 편지(Послане Иуды, 1장)	**Иуды** (이우듸)
유도, 유전, 감응(기): ~ ток 감응전류	**индукционный** (인두끄찌온느이)
유도질, 감응 물질	**индуктор** (인두끄또르)
유도탄, 미사일(missile), 로켓트	**ракета** (라께따)
유독성, 독살스러움, 악의(惡意)	**ядовитость** (야도비또쓰찌)
유동(流動), 유동성(流動性)	**текучесть** (쩨꾸체쓰찌)
유동체, 유체, 액체, 유동성 유창함	**жидкость** (쥐드꼬쓰찌)
유랑이, 유목민(遊牧民)	**кочевник** (까체브니크)
유랑하는; 유목하는, 유목민의	**кочевой** (까체보이)
유랑하다, (재산 따위를) 낭비하다, 다 써 버리다	**спускать** (스뿌쓰까찌)
유래하다, ~에서 생기다 ~로부터 출발하다	**исходить** (이쓰하지찌)
유러퓸(희토류 원소 기호 Eu; 번호 63)	**европей** (예브로뻬이)
유럽, 유럽제국, 서구(西區)	**европа** (예브로빠)
유럽의, 유럽 사람의, 서구풍의, 서구적인	**европейский** (예브로뻬이쓰끼이)

유럽통화협정(EU通貨協定) (Европейское валютное соглашение)	**ЕВС**(*евээс*) (예붸에쓰)
유력한, 영향력 있는, 권위 있는	**влиятельный** (블리야쩰ㄴ이)
유리 물병.(식탁·침실·연단(演壇)-용)	**графин** (그라퓐)
유리, 글라스(glass); оконное ~ 창문유리	**стекло** (스쩨클로)
유리를 넣다, 유리를 끼우다	**застеклить** (자쓰쩨클리찌)
유리제의; 유리를 끼운, 유리로 덮은	**стекольный** (스쩨깔ㄴ이)
유리칼	**алмаз** (알마스)
유리하게, 이익이 나게	**выгодно** (븨가드나)
유리한, 순조로운, 좋은, 적합한 이로운	**благоприятный** (블라가쁘리야뜨ㄴ이)
유리한, 형편이 좋은, 우세한	**выигрышный** (븨이그릐쉬ㄴ이)
유명한, 이름을 떨친	**знаменитый** (즈나메니뜨이)
유모(乳母)	**кормилица** (까르밀리짜)
유모, 보모, 젖어머니	**нянька** (ㄴ얀니까)
유모, 보모; (탁아소에서) 보육원; (병원에서) 간병원	**няня** (냐냐)
유모차(乳母車), 동차(童車), 요거(搖車)	**коляска** (깔랴쓰까)
유목하다	**кочевать** (까체와찌)
유물론, 유물주의, 물질주의, 마테리알리즘	**материализм**

	(마쩨리알리즘)
유물론의, 유물론적인, 물질주의적	**материалистический** (마쩨리알리쓰찌체쓰끼이)
유물론자	**материалист** (마쩨리알리쓰트)
유물품, 유산물, 물려받는 재산	**наследство** (나쓸레드쓰뜨붜)
유복한, 유산자; власть ~ие 집권자들	**имущий** (이무쉬이)
유부남, 세대주(世帶主)	**женатик** (쥐나찌크)
유사성, 비슷한 것, 일치(一致)	**сходство** (스호드쓰뜨붜)
유사한, 비슷한	**сходный** (스호드느이)
유산, 낙태(落胎), 반산(半産)	**аборт** (아보르트)
유산, 유물, 상속재산, 잔재	**наследие** (나쓸레지예)
유산염, 황산염	**сульфат** (술파트)
유산자, 부르주아(bourgeois), 프롤레타리아(prolétariat)	**буржуа** (부르주아)
유산탄, 유탄	**граната** (그라나따)
유선형(능률적.현대풍)으로 하다	**отрегулировать** (앗레굴리로와찌)
유선형으로 하다,합리화[간소 화]하다	**организовать[ся]** (아르가니조와찌)
유성(流星), 별똥별, 운석, 별똥, 천운석, 성석	**метеорит** (메쩨오리트)
유순[순결, 순진]한 사람; 귀여운 사람	**голубка** (갈루브까)

유아(幼芽), 배종(胚種); 생식 세포	**семя** (쎄먀)
유언, 유서, 재산상속 유언장	**завещаниеб завет** (자볘샤니예) (자볘트)
유언비어, 소문을 퍼뜨리다, 전파시키다	**распустить** (라쓰뿌쓰찌찌)
유언하다; 유산을 물려주다	**завещать** (자볘샤찌)
유용한, 쓸만한, 알맞은, 적당한	**годный** (곧느이)
유월, 6월; в ~e 6월에; 29-я 6월29일	**июнь** (이윤니)
유월의, 6월에	**июньский** (이윤스끼이)
유유히 떠돌다(날다)	**реять** (레야찌)
유의하다, 주의를 주다	**замечать** (자메차찌)
유익하다, 쓸모있다 ~ службу 봉사하다	**сослужить** (싸쓸루쥐찌)
유익한, 이로운, 좋은, 효과를 내는	**благотворный** (블라가뜨보르느이)
유인하다, 꾀어내다, 마음을 끌다, 호리다	**манитьб тянуть** (마니찌),(쨰누찌)
유일한, ~만[뿐]의.	**лишь** (리쉬)
유적의, 유물의; (풍속·신앙의) 잔재의, 유풍(遺風)의	**реликтовый** (렐리 끄또브이)
유전, 내림, 내리기, 부주; 혈통, 내력	**наследование** (나쓸 레도와니예)
유전성, 유전; 형질 세습; 전통	**наследственность** (나쓸레드쓰뜨볜 노쓰찌)
유전학(遺傳學)	**генетика**

유제, 꽃차례[화서(花序)], (버드나무·밤나무 등의) 꽃차례	серёжка (쎼료즈까)
유제, 유상액; 감광유제	эмульсия (에물씨야)
유조선의, 탱커의	нефтеналивной (네프쩨날립노이)
유조차(油槽車) 탱크 로리(lorry)	автоцистерна (압따찌쓰쩨르나)
유족(有足), 풍족(豊足)	достаток (다쓰따똑)
유죄(有罪), 범죄(犯罪)	виновность (뷔노브노쓰찌)
유죄선고(판결)	осуждениеб обвинение (아쑤즈제니예) (압븨네니예)
유죄선고(판결)를 받은 사람	осуждённый (아쑤죤느이)
유죄판결을 내리다, 유죄로 선고(비난)하다	осудить осуждать (아쑤지찌), (아쑤즈다찌)
유지(有志), 보존(保存)	поддержка (빧젤즈까)
유지(乳脂), 유피(乳皮) 크림	сливки (슬리브끼)
유지하다	поддержатьподдерживать (빧젤좌찌), (빧젤쥐와찌)
유창하게, 거침없이	бегло (볘글라)
유창한, 순조로운, 순탄한	плавный (쁠랴브느이)
유추(類推), 유사(類似)	аналогия (아날로기야)
유출; 유출물, 유출량	истечение (이쓰쩨체니예)

유치원(幼稚園)(детский сад)	**детсад** (제뜨싸드)
유치원교사, 유치원, 보육원(保育院)	**воспитатель** (바쓰삐따젤)
유쾌한, 화려한, 현란한; 눈에 반짝 띄는(striking);	**парадный** (빠라드느이)
유쾌해지다	**развеселиться** (라스베쎌리짜)
유통, 순환, 회전; денежное ~ 화폐순환	**обращение** (아브라쉐니예)
유포(油布), 방수포(防水布), 방수복, 오일클로스	**клеёнка** (클레욘까)
유프라테스강(-江:. 서아시아 최대의 강)	**Евфрат** (예브프라트)
유해한, 부패 타락시키는	**тлетворный** (뜰레뜨볼느이)
유해한, 손해되는	**вредный** (브레드느이)
유행	**мода** (모다)
유행병, 널리 퍼진 전염병	**эпидемия** (에삐제미야)
유행병학의, 전염병학의	**эпидемиологический** (에삐제미올로기체쓰끼이)
역학(疫學), 의생태학, 유행(전염)병학	**эпидемиология** (에삐제미올로기야)
유행성 감기의	**гриппозный** (그립뽀즈느이)
유혈, 살육	**кровопролитие** (크로붜쁘로리찌예)
유혈적인, 피비린 내나는	**кровавый, кровопролитный** (크로와브이) (크로붜쁘로리뜨느이)
유형(類型), 양식, 장르, 유파, 체(體), ~류(流)	**жанр, род**

	(쟌느르) (론)
유형, 정배, 추방(追放)	**ссылка** (스쉴까)
유형지, 유배지: жить в ~e 유배(정배) 살이하다	**ссылка** (스쉴까)
유혹, 꾀임, 욕망; поддаваться ~ю 유혹을 받다	**искушение** (이쓰꾸쉐니예)
유혹당하다, 홀리다, 유혹하게 되다; 매혹시키다,	**оболь-щаться** (아발샤쨔)
유혹에 빠지다, 유혹되다, 홀리다	**соблазниться** (싸블라즈니쨔)
유혹적인, 매혹적인	**заманчивый, соблазнительный** (자만치브이) (싸블라즈니쩰느이)
유혹하다, 타락시키다	**искушать совратить обольстить** (이쓰꾸샤찌) (쌉라찌찌) (아발쓰찌찌)
유화, 유탁화, 유제도포(乳劑塗布)	**эмульгирование** (에물기라와니예)
유화기, 유화제(乳化劑)	**эмульсификатор** (에물씨피까또르)
유화제, 유상액, 유제	**эмульгатор** (에물가따르)
유황(硫黃: [16번: S:32.064])	**сера** (쎄라)
유효한, 효력있는	**действительный, эффективный, годный** (제이쓰뜨비쩰느이) (에펙찌브노느이) (곧느이)
육(6)각의, 6운각, 6시각; ~ямб 약강 격의 육보격	**шестистопный** (쉐쓰찌쓰또쁘느이)
육(6)각형, 육모꼴, 육변형	**шестиугольник** (쉐쓰찌우골리닉)
육(6)개월간의, 생후 6개월의	**шестимесячный** (쉐쓰찌메샤츠느이)
육(6)개월된; ~ ребёнок 생후6개월된	**шестимесячный** (쉐쓰찌메샤츠느이)

육(6)기통의 엔진	**шестёрка** (쉐쓰쬴까).
육(6)년간 6년제, 6년째의 기념	**шестилетие** (쉐쓰찔레찌에)
육(6)년간 6년제, 6년째의 기념	**шестилетие** (쉐쓰찔레찌에)
육(6)년의, 6년간	**шестилетие** (쉐쓰찔레찌에)
육(6)단의, 6층의	**шестиярусный** (쉐쓰찌야루쓰느이)
육(6)면이 있는	**шестисторонний** (쉐쓰찌쓰또론느이)
육(6)면체, 6면체	**шестигранник** (쉐쓰찌그란닉)
육(6)면체의, 6면이 있는,	**шестисторонний** (쉐쓰찌쓰또론니이)
육(6)보격(步格)	**экзаметр** (에크자메뜨르)
육(6)부 합창의, 6인으로 구성된	**шестигласный** (쉐쓰찌글라쓰느이)
육(6)시간의, 6시의	**шестичасовой** (쉐쓰찌차쏘브이)
육6배(곱)의, 6부분으로 된, 6겹의, 육연발의	**шестиствольный** (쉐쓰찌쓰뜨뵐리느이)
육(6)음절의	**шестисложный** (쉐쓰찌쓸로즈느이)
육(6)일(간)의, 6일간에 걸친	**шестидневный** (쉐쓰찌드네브느이)
육(6)일, 1주째	**шестидюймовка** (쉐쓰찌쥬이모브까)
육(6)일간의, 6일에 걸친	**шестидюймовый** (쉐쓰찌쥬이모브이)

육(6)주일, 육주 일의	**шестинедельный** (쉐쓰찌니젤리느이)
육(6)층의.	**шестиэтажный** (쉐쓰찌에따즈느이)
육(6)학년학생	**шестиклассник** (쉐쓰찌끌라쓰닉)
육(六), 6. 여섯	**шесть** (쉐쓰찌)
육(6)개월된; ~ребёнок 생후 육개월된	**шестимесячный** (쉐쓰찌메샤츠느이)
육군, 군대(軍隊)	**войско** (보이쓰까)
육박전(肉薄戰), 싸움질	**рукопашная** (루까빠쉬나야)
육백(600)년, 6세기	**шестисотлетие** (쉐쓰찌쏘틀렛찌에)
육백(600)년간, 육백년제기념일, 600(주)년의	**шестисотлетие** (쉐쓰찌쏘틀렛찌에)
육백(600)번째의; страница ~ая 600페이지	**шестисотый** (쉐쓰찌쏟뜨이)
육백(六百) 600,	**шестьсот** (쉐쓰찌쏟)(쉐쏟)
육상(경기)	**ходьба** (하듸바)
육상경기	**легкоатлетика** (렉까아뜨레찌까)
육상경기선수	**легкоатлет** (렉까아뜨레트)
육식동물, 식육(食肉)	**хищные** (히쉬느에)
육십(60)년간의 60세의 60년째의, 60년제의	**шестидесятилетний** (쉐쓰찌제쌰찔렛쓰트니이)
육십(60)년대의 사람	**шестидесятник**

- 1032 -

	(쉐쓰찌제**쌰**뜨닉)
육십(60)세의	**шестидесятилетие** (쉐쓰찌제쌰젤**롓**찌에)
육십(60)의, 60살의	**шести-десятилетний** (쉐쓰찌제쌰젤**롓**쓰트니이)
육십(60)주년, 60주년제, 60번째의 생일, 환갑;	**шестидесятилетие** (쉐쓰찌제쌰젤**롓**찌에)
육십(六十), 60, 예순	**шестьдесят** (쉐쓰찌제**쌰**트)
육욕, 색욕, 관능적인 욕구, 음욕	**желание** (쥍라니예)
육(6)인, 6필 6쌍; их ~ 그들은 6인이다	**шестеро** (쉐쓰쩨로)
육종(肉腫). 종양(腫瘍), 육종중(症)	**саркома** (싸르꼬마)
육중한, 거창한, 중량이 무거운	**массивный** (마씨프느이)
육지, 대륙, 들; 뭍	**суша, земля** (수샤) (제믈랴)
육지의, 땅, 뭍; ~ые войска 육군	**сухопутный** (수호뿌뜨느이)
육천(6000)번째의, 6000으로 된	**шеститысячный** (쉐쓰찌띄샤츠느이)
육체(肉體), 살, 살집	**плоть** (쁠로찌)
육체의; ~ий труд 육체노동	**физический** (피지체쓰끼이)
육체적 고통을 주다	**беспокоить** (베쓰뽀꼬이찌)
육탄돌격, 동체육박; идти на ~ 육박전으로 하다	**таран** (따란)
윤곽(輪廓), 외형(外形); 언저리	**очертания** (아체르따니야)

- 1033 -

윤곽, 겉모습, 음영, 외형, 언저리	**контур силуэт** (꼰뚜르) (씰루에트)
윤곽을[등고를] 나타내는 ~ая карта 백지도	**контурный** (꼰뚜르느이)
윤기, 광택(光澤)	**глянец** (글랴네쯔)
윤년 ~ год 윤년(閏年)	**високосный** (븨싸꼬쓰느이)
윤리의, 윤리학의, 도덕상의, 윤리적인	**этический, этичный** (에띠체쓰끼이)
윤리학, 도덕론	**этика** (에찌까)
윤이 나다, 기름기(윤기)가 돌다, 번질(반들)거리다	**лосниться** (라쓰니쨔)
윤활유, 윤활제	**смазка** (스마스까)
윤활제로서 소용되다. ~에 기름을 바르다, 기름을 치다	**смазать** (스마자찌)
율동(律動), 리듬(rhythm)	**такт** (따크트)
율동(律動), 율동적인	**ритмический** (리뜨미체쓰끼이)
율동성(가무음악의)	**эвримия** (에브리미야)
율동성(律動性)	**ритмичность** (리뜨미츠노쓰찌)
율동적으로	**ритмично** (리뜨미츠나)
율동적인	**ритмичный** (리뜨미츠느이)
융(絨), 모(毛) 두꺼운 면(綿) 플란넬	**байка** (바이까)
융모(絨毛) 같은; 융모[긴 연모(軟毛)]가 있는	**пушистый**

	(뿌쉬쓰띄이)
융성(기), 번영(기), 개화(기)	**расцвет** (라쓰쯔베트)
융합(유착) 되다, 합쳐지다	**срастаться** (스라따쨔)
융합(融合), 유착, 접합	**сращение** (스라쉐니예)
융화(묵과.추동)하다, 눈감아주다	**потворствовать** (빠뜨볼쓰뜨뷔와찌)
융화(融和), 묵과, 묵인, 추동	**потворство послабление** (빠뜨볼쓰뷔) (빠쓸랍레니예)
융화되지 않은 것, 비타협, 상극	**непримиримость** (네쁘리미리모쓰찌)
으르렁거리다, 으드등거리다, 두덜거리다	**рычать** (릐차찌)
으르다, 위협(협박)하다. 을러서 ~하게 하다	**запугать** (자뿌가찌)
으르렁거리는 것(짐승의)	**ворчание** (바르차니에)
으르렁거리는 소리, 울부짖음	**рычание рычать** (릐차니예) (릐차찌)
으르렁거리다, 포효하다, 고함치다	**загреметь зареветь** (자그레메찌) (자레붸찌)
은(금속 원소; 기호 Ag; 번호 47)	**. серебро** (쎄레브로)
은그릇, 은식기, 은제품; 은세공(품); 은박(箔),은실.	**серебро** (쎄레브로)
은둔자, 은거자	**отшельник** (앗쉘니크)
은못, 회전축, 심봉, 깔쭉깔쭉함이 있는 못 열장	**штырь** (쉬띄리)
은밀한, 내밀한, 기밀의	**доверить** (다붸리찌)

은백, 은빛, 은의 광택	**серебро** (쎄레브로)
은신처, 피난처	**берлога** (볘를로가)
은유, 은유법, 암유(暗喩)	**метафора** (메따포라)
은유적인, 비유적인	**фигуральный** (피구랄느이)
은의, 은제의, 은으로 만든	**серебряный** (쎄레브랸느이)
은인(隱人), 은공자	**благодетель** (블라가제쩰)
은하(의), 은하수(銀河水), 은하계(의)	**Галактика, млечный** (갈락찌까)(믈례츠느이)
은행(銀行), 뱅크(bank)	**банк** (반크)
은행가(銀行家), 은행경영자	**банкир** (반끼르)
은행권(銀行券), 은행지폐	**банкнот** (반크노트)
은혜, 선심, 자비심; оказать ~ь 선심을 베풀다	**милость** (밀로쓰찌)
은혜, 친절; [с]делать ~ 은혜를 베풀어주다	**одолжение** (아돌제니예)
은혜를 모르는, 배은망덕한	**неблаго-дарный** (네브라고달느이)
을러대어 쫓아버리다, 겁주어 내쫓다	**шугать шугнуть** (슈가 찌), (슈그누찌)
을러서 내쫓다 두려워하게 하다,	**напугать(ся)** (나뿌가찌)
음(音), 음향	**тон** (똔)
음감(音感), 음색	**слух**

	(슬루흐)
음계(音階) 전음계; 장음계; (목소리·악기의) 전음역	**гамма** (감마)
음극[양극]을 가지는; 자극의; 자기가 있는; 극성의	**полярный** (빨랴르느이)
음독자살하다, 독약을 마시다	**отравляться** (앗라블랴쨔)
음란한 여자 행실이 나쁜 여자	**шлюха** (쉴류하)
음료; прохладительный ~ок 청량음료	**напиток** (나삐또크)
음료에 관하여 거품이 이는	**ядрёный** (야드료느이)
음모, 간책, 암 책동, 흉모; 해, 정사, 공모, 밀약	**шашни, подкоп** (샤쉬니) (빠드꼽)
암계, 암모, 꿍꿍이 농담, 못된 장난	**заговор козни** (자고붜르) (꼬즈니)
음모자, 공모자	**заговорщик** (자고보르쉬크)
음산한(궂은) 날씨, 을씨년스럽다, 으스스하다,	**ненастье** (네나쓰찌예)
음색(音色), 음질(音質)	**тембр** (뗌브르)
음식(약 등을) 먹은 다음에 ~을 마시다	**запить** (자삐찌)
음식, 먹거리, 먹을것, 음식물, 식량, 양식	**шамовка** (샤옵까)
음식, 먹을 것; 양식, 자료, 식료품(食料品)	**пищевой, пища** (삐쉐보이)(삐샤)
음식, 요리, 미효 요리	**стряпня кушанье** (스뜨랴쁘냐). (꾸샤니예)
음식을 만들다(차리다), 요리하다	**стряпать готовить** (스뜨랴빠찌)(가또비찌)

음식점	**кулинария** (꿀리나리야)
음악, 무용의 연습(演習).	**экзерсис** (에크제르씨쓰)
음악가, 악사(樂師), 악공, 연주자	**музыкант** (무즤깐트)
음악대학	**консерватория** (깐세르와또리야)
음악의 4분 음표	**четверть** (체트베르찌)
음악의 박자; 속도	**счёт** (스쵸트)
음악의 반주, 반주부	**сопровождение** (싸쁘라뷔쥐제니예)
음악의 으뜸음, 바탕음	**лейтмотив** (레이뜨모찌프)
음악의; ~ый инструмен 악기	**музыкальный** (무즤깔느이)
음악적인, 노래적인	**музыкальный** (무즤깔느이)
음악회, 연주회, 예술 공연	**концерт** (깐쩨르트)
음악회의 곡목 종목	**номер** (노메르)
음악회의, 연주회의; ~ зал 음악당	**концертный** (깐쩨르뜨느이)
음영(흑백)을 뚜렷하게 하다	**оттенять** (앗쩨냐찌)
음운(音韻), 어운, 성운	**фонема** (파네마)
음운론(音韻論)	**фонология** (파날로기야)

음자리표, 음부기호, (목소리의) 음조; (장단의) 조(調)	**ключ** (클류치)
음자리표의	**ключевой** (클류체보이)
음정(音程)	**интервал** (인쩨르왈)
음조, 음률	**тональность** (따날노쓰찌)
음조가 좋은, 음운 변화상의	**эвфонический** (에브포니체쓰끼이)
음질, 음색, 음조, 울림 가락, 음률의 높이, 고저	**нота** (노따)
음침해지다, 스산해지다, 쓸쓸해지다	**мрачнеть** (므라츠네찌)
음표; 악보[악곡]집; 악보. (피아노 따위의) 건, 키; 음색.	**нота** (노따)
음표의, 기호법의, 표시법의. 기보법(記譜法)의	**нотный** (노뜨느이)
음향 담당자(音響 擔當者)	**шумёр** (슈묘르)
음향(音響), 음향효과	**акустика** (아꾸스찌까)
음향계(音響計).	**шумомер** (슈모몔)
음향성, 울리는 성질	**звучность** (즈부츠노쓰찌)
음향심도측정	**эхолокация** (에홀라까찌야)
음향증폭기	**звукоусилитель** (즈부까우씰리쩰)
음향학(音響學)	**акустика** (아꾸스찌까)
응 뭐라고(놀람, 의심)?; 음!(결의를 나타냄);	**э**

	(에)
응결, 엉기는 것, 응고, 응축	**свёртывание** (스뵤르뜨이와니예)
응결기, 응축기	**конденсатор** (깐젠사또르)
응고시키다, 굳히다; ~의 온 면에 점점이 붙이다	**сгущать** (즈구샤찌)
응고시키다, 응고하다, 굳어지다, 엉기(게 하)다,	**спекаться** (스뻬까쨔)
응고시키다[하다], 굳어지다	**сгустить** (즈구쓰찌찌)
응당한, ~만한, 마땅한, 적절한	**должный** (돌즈느이)
응당한, 당연한; ~ое влияние 당연한 일,	**закономерный** (자깐노몌르느이)
응당한, 마땅한	**заслуженный** (자쓸루줸느이)
응석둥이 장난꾸러기	**баловень** (발로웬)
응석부리다, 장난질하다	**баловать** (발로바찌)
응시, 주시, 눈여겨 봄, 봄, 얼핏 봄	**взор** (프조르)
응시하다, 빤히 보다, ~을 지그시 보다	**заглядеться** (자글랴제쨔)
응원자, (영화·스포츠·특정 취미의) 팬, 열렬한 애호가,	**болельщик** (발롈쉬크)
응원하다	**болеть** (발례찌)
응접실(應接室), 객실(客室)	**гостиная** (가쓰찌나야)
응축하다, 압축하다, 축합(縮合)하다	**сгустить** (즈구쓰찌찌)

- 1040 -

농축하다	**сгущать** (즈구샤찌)
의거하다, 매달리다	**прибегнуть** (쁘리베그누찌)
의견, 견해, 소견, 생각; 궁리	**соображение, мнение** (싸아브라줴니예) (므네니에)
의견교환; 대화(對話), 담화(談話);	**переговоры** (뻬레가보릐)
의견을 같이하는 사람, 동지; 공모자,	**единомышленник** (예지나믜쉴렌니크)
의견을 같이하는, 견해가 일치하는	**согласный** (싸글라쓰느이)
의견을 달리하는, 이의를 말하는, 반대하는	**несогласный** (네쏘글라쓰느이)
의견이 다르다(맞지 않다),	**отличиться** (앝틀리치짜)
의견충돌, 의견불일치	**несогласие** (네쏘글라씨예)
의기소침해지다, 침울해있다	**киснуть** (끼쓰누찌)
의논(상담, 담화)하다, (잠시) 이야기하다	**поговорить** (빠가붜리찌)
의논(협의)하다	**советоваться** (싸볘따와짜)
의논, 토론(討論)	**рассуждение** (라쓰쑤즈제니예)
의논하다, 협의하다, 상담하다	**консультироваться** (꼰쑬찌라와짜)
의도, 생각, 관념, 심상(心像), 개념. 사상	**мысль** (믜쓸리)
의도, 충동, 동기, 자극	**побуждение замысел** (빠부즈제니예) (자믜쎌)

의료(醫療), 치료(治療)	**врачебный** (프라체브느이)
의무, 임무; 본분, 직무, 직책, 군무	**долг, повинность** (돌그) (빠빈노쓰찌)
의무를 부과하다(지우다).	**обязывать** (아뱌지와찌)
의무를 지다, 결의를 다지다, 서약하다	**обязываться** (아뱌즤와쨔)
의무실, 군의대, 위생대(санитарная часть)	**санчасть** (싼차쓰찌)
의무적이 아닌, 필수적이 아닌, 선택의	**необязательный** (네아뱌 자쩰느이)
의무적인, 필수적인; 꼭 필요한 것; 필연적인	**обязательный** (아뱌 사쩰느이)
(의문사의 뜻으로 쓰이며) 무엇, 어떤 것(일) 무슨(일)	**что** (쉬또)
(의문사로서의 장소) 어디에, 어디서(로)	**где** (그제)
의문사의 앞에 두어 놀람, 비꼼, 조소, 불만을 강하게 한다.	**эк** (엑)
의문의, 물음의	**вопросительный** (바쁘라씨쩰느이)
의미(뜻, 내용)를 깨닫다, 파악(이해.납득)하다	**осмысливать** (아쓰믜쓸리와찌)
의미, 중요성, 참뜻, 의의(意義)	**значимость** (즈나치모쓰찌)
의미론	**семантика** (쎼만찌까)
의미심장한, 의미 있는 듯한	**значительный** (즈나치쩰느이)
의미하다, 의미를 가지다	**значить** (즈나치찌)
의복 같은 것의 호수, 문수	**номер**

	(노메르)
의복 등의 솔기, 매듭, 맞붙여 재봉질 된 곳 이음매,	**шов** (숍)
의복, 신발 등이 좁은, 빽빽한	**тесный** (쩨쓰느이)
의복의 가봉을 하는 사람; 장신구[여행용품] 장수	**сборщик** (즈보르쉬이크)
의복의 흉부, 품, 넓이	**пазуха** (빠주하)
의복의, 복장의: ~ бал 가장무도회	**костюмированный** (까쓰쮸미로완 느이)
의붓아들[자식]. 다시얻은 남편의 아들,	**пасынок** (빠쓰노크)
의붓어머니, 후모, 서모, 아모, 훗에미	**мачеха** (마체하)
의사, 의원, 의백, 닥터(doctor)	**врач** (프라치)
의사, 의학자, 의대학생	**медик** (메지크)
의사표시, 욕구; 원망(願望), 욕망바라는 것.	**волеизъявление** (발레이지야브레니에)
의성(擬聲); 의성어(멍멍, 뻐꾹뻐꾹);	**звукоподражание** (즈부까빠드라좌니예)
의식(자각)적으로	**сознательно** (싸즈나쩰나)
의식(자각)적인; 각성된	**сознательный** (싸즈나쩰느이)
의식, 자각; 알아채고 있음, 앎; 주의, 경계	**ощущение** (아쓔쉐니예)
의식, 자각; 알고 있음, 알아챔	**сознание** (싸즈나니예)
의식을 높이다, 제정신이 들다	**одуматься** (아두마짜)

- 1043 -

의식을 잃다, 혼수상태에 빠지다	**забываться** (자븨와쨔)
의식하다, 깨닫고 알게 되다, (오관으로) 지각(知覺)하다,	**ощутить** (아쓔찌찌)
의심(疑心), 의혹(疑惑); 혐의	**подозрение** (빠다즈레니예)
의심(증)이 많은	**мнительный** (므니쩰느이)
의심, 의혹; 위구; рассеять все ~я 모든 의심을 풀다	**сомнение** (싸므네니예)
의심받는 사람, 혐의대상	**подозреваемый** (빠다즈레와예믜이)
의심스러운, 믿을 수 없는	**скользкий скептический** (스깔즈끼이) (스께쁘찌체쓰끼이)
의심스러운, 수상한, 애매한	**подозрительный, сомнительный** (빠다즈리쩰늬이)(싸므니쩰느이)
의심을 품다, 혐의를 두다; 느끼다.	**заподозрить** (자뽀도즈리찌)
의심증(疑心症), 의혹심	**мнительность** (므니쩰노쓰찌)
의심하다, 의혹을 품다	**сомневаться, подозревать, усомниться** (싸므네와쨔)(빠다즈레와찌)(우쏨니쨔)
의심할 바(나위, 여지)없는, 여부가 없는	**несомненный** (네쏨녠느이)
의약(醫藥); ~ые травы 약초	**лекарственный** (레깔쓰뜨벤느이)
의약, 약품, 약제	**медикаменты** (메지까멘뜨이)
의욕(소원, 의분)이 없어지다, 사라지다	**отопадать отпасть** (아따빠다찌), (올빠스찌)
의욕, 욕망; 취미	**охота** (아호따)

- 1044 -

의용군(義勇軍), 의용대	**ополчение** (아빨체니예)
의원(議院)(상하 양원 중 한 쪽).	**палата** (빨라따)
의의, 가치, 값, 값어치, 금새, 가격(價格)	**значение** (즈나체니예)
의인화(擬人化), 인격화(人格化)	**олицетворение** (알리쩨뜨뵈레니예)
의자, 걸상	**стул** (스뚤)
의자가 달린 학생책상	**парта** (빠르따)
의자의 등받이 (칼 따위의) 등; (손의) 등; (책의) 등	**спинка** (스삔까)
의장, 사회자, 회장, 위원장	**председательство** (쁘롄세다쩰쓰뜨뵈)
의젓한, 믿을만한, 위엄 있는	**веский** (볘쓰끼이)
의존심(依存心); 의존하려는 마음	**зависимость** (자비씨모쓰찌)
의좋게 지내다, 화목하게 살다	**ладить** (라지찌)
의지(意志), 의사(意思), 의욕(意慾), 요구(要求), 소원, 소망,	**воля** (뷜랴)
의지가 강한, 의지적인(意志的)	**волевой** (발례보이)
의지가 약한, 결단성 없는, 우유부단한	**безвольный** (볘즈볼느이)
의지가 약한, 성격이 연약한	**мягкотелый** (먀흐꼬쩰르이)
의지하다, 기대다	**опереться,приставлять,прибегать,полагаться** (아뻬레쨔)(쁘리스따블랴찌)(쁘리볘게찌)(빨라가쨔)
의지할 곳 없는	**бездомный**

(베즈돔느이)

의지함, 의존(종속)(관계상태); 의지하는 것[사람].	**обусловленность** (아부슬로브렌노쓰찌)
의탁하다, 믿다	**надеяться** (나제야쨔)
의학(醫學), 의료의	**медицинский** (메지찐쓰끼이)
의학; клиническая ~ 임상의학; судебная ~ 법의학	**медицина** (메지찌나)
의회(정치)의, 의회파의	**парламентарий** (빨라멘따리이)
의회법 학자; 의회 법규에 정통한 사람	**парламентарий** (빨라멘 따리이)
의회의, 의회제, 의회(제도)를 가지는, 의회제의.	**парламентарный** (빨라멘따르느이)
이 일, 저 일에 덤벙덤벙 손대다(달라붙다)	**хвататься** (흐와따쨔)
이 지방의 것이 아닌; 타지방	**нездешний** (네즈제쉬니이)
이(2) 일간의	**двухдневный** (드부흐드네브느이)
이(2)년간, 이(2)개년의	**двухгодичный** (드부호고지츠느이)
이(2)년간의, 2개년의	**двухлетний** (드부흘렛트니이)
이(2)년생의 식물	**двухлетний** (드부흘렛트니이)
이(2)등변의 ~ треугольник 이등변삼각형	**равнобедренный** (라브 노볟렌느이)
이(2)배나, 2배로	**вдвойне** (브드뷔이네)
이(2)백년, 2(이)백주년	**двухсотлетие** (드부흐쏘뜰레찌에)

이(2)차적인	**вторичный** (프따리츠느이)
이(2)층 (독립가옥의)	**бельэтаж** (벨예따즈)
이(2)항식(恒式)	**двучлен** (드부츨렌)
이(기생충); платяная 몸의 이, головная ~ 머리의 이	**вошь** (붜시)
이, 그; в ~м году 금년에, 올해에	**эта, это эти, этот** (에따트)
이, 이것, 이 물건[사람, 일]: на ~ раз 이번에는	**сей** (쎄이)
이, 이빨, 치아; передние ~ы 앞니	**зуб** (주브)
이[그] 점까지는; 지금[그 때]까지(로)는	**поскольку** (빠쓰꼴꾸)
이가 나오다	**резаться** (레자쨔)
이가 돋아나다	**прорезаться** (쁘라레자쨔)
이가 빠진, 무딘	**беззубый** (볘주브이)
이가 큰, 이가 날카로운	**зубастый** (주바쓰뜨이)
이간하다, 불화케하다, 소외하다, 따돌리다	**отдалить[ся]** (아트달리쨔)
이것, 그것	**оно** (아노)
이것, 그것, 이(그) 사람, 그(이)분);	**эта , это , эти этот** (에따)(에또)(에찌)(에따트)
이것, 그것, 이(그)사람 여기, 이곳, 이것들(의)	**этот** (에따트)

이것, 저것, 여기에, 저기에	**вот** (뵈트)
이것은 언어도단이다	**возмутительно** (바즈무찌쩰나)
이것저것, 약간의 것, 무엇인가, 어떤 것	**кое-что** (꼬에-쉬또)
이겨내다 над~를 승리하다	**восторжествовать, преодолевать** (바쓰또르줴쓰뜨뷔와찌) (쁘레오도레와찌)
이겨내다, 견디어내다	**выстоять, превозмогать, преодолеть** (븨쓰따야찌) (쁘레뷔즈모가찌)(쁘레오도레찌)
이겨내다, 타승하다	**перела-мываться, одолевать, одолеть** (뻬렐라믜와쨔) (아돌레와찌), (아돌레찌)
~을 물리쳐 이겨내다	**пересиливать, победить, справляться** (뻬레씰리와찌) (빠베지찌) (스쁘라블랴쨔)
이곳으로부터, 여기로부터	**отсюда** (앗쓔다)
이곳저곳을 기다, 네발로 기다, 포복하다	**елозить** (옐로지찌)
이관(耳管), 유스타키오관(管)	**свищ** (스비쉬)
이교, 사교(우상숭배의)	**язычество** (야즤체쓰뜨뷔)
이교, 이단, 이론, 사설, 이설, 비정통파설	**ересь** (예레시)
이교도; 독설가, 수다장이	**язычник, еретик** (야즤츠니크) (예레찌크)
이국땅, 타향, 타곳, 타고장	**чужбина** (추즈비나)
이국정취 이국정조	**экзотичность** (에크조찌츠노쓰찌)
이국풍, 이국정취가 있는	**экзоти-ческий ~ный** (에크조찌체쓰끼이)
이권소유자	**концессионер**

	(간쩨씨아넬)
이극관, 이극(二極)(진공)관; 다이오드	**диод** (지오드)
이기다, 따다	**обыграть обыгрывать** (아브그라찌), (오븨그리바찌)
이기다, 승리하다, 좌절시키다, 타승하다	**одолевать одо-леть** (아돌레와찌), (아돌레찌)
눌러서 뭉개다. 짓밟다	**сломить, побороть, выиграть, побить** (슬로미찌) (빠바로찌) (븨이그라찌) (빠비찌)
이기적인, 이기심, 자기본위의 이기주의의	**эгоистический, эгоизм** (에가이쓰찌체쓰끼이) . (에가이즘)
이기(자기.자애.개인)주의, 자기본위,	**себялюбие** (쎄발류비에)
이기주의자, 자만가. 자기본위의 사람	**шкурник, янька, эгоист** (쉬꾸르닉), (야니까) (에가이쓰트)
이끄는, 선도하는, 지도[지휘]하는, 지도적인.	**передовой, ведущий** (뻬레다보이) (붸두쉬이)
이끌다, 인도(길잡이.안내)하다	**завлекать, вести, приводить** (자블레까찌) (붸쓰찌) (쁘리붜지찌)
이끌다, 인도[안내]하다, 데리고 가다	**довести, завести(сь)** (다붸쓰찌)(자붸쓰찌)
이끼, 녹태(綠苔), 선태(蘚苔), 태선	**мох** (모흐)
이뇨제: 배뇨제	**мочегонный** (마체곤느이)
이데올로기, 관념 형태	**идеология** (이제올로기야)
이동(移動), 이주(移住), 이송, 수송, 조동	**перевод переброска** (뻬레보드) (뻬레브로쓰까)
이동, 옮겨가기, 이주, 이전	**миграция** (미그라찌야)
이동시키다, 옮기다, 전위(轉位)하다.	**задвинуть** (자드비누찌)

이동하는, 이전하는, 운반하는	**переводной** (뻬레보드노이)
이동하다, 나아가다; 걷다, 달리다	**объездить** (압비예즈지찌)
이동하다, 배치를 변경하다, 재배치되다	**переноситься перекинуть** (뻬레노씨쨔) (뻬레끼누찌)
자리를 옮기다. 바꾸어 놓다, 옮기다	**перебазироваться смещать** (뻬레바지로와쨔) (스메샤찌)
이득, 이익	**расчёт выигрыш** (라쓰쵸트) (븨이그릐쉬)
이득을 보다, 벌다, 절약하다	**выгадать выгадывать** (븨가다찌), (븨가 듸바찌)
이득이 없는, 무익한, 이롭지 못한; 불리한	**невыгодный** (네븨곧느이)
이따금씩의, 때때로의. бывать ~ 잠시 들리다	**наездом** (나예즈돔)
이때, 그때 이런 경우에; и всё ~ 그뿐이다	**тут** (뚜트)
이랑을 짓다, 고랑을 파다, 골을 타다	**бороздить** (보로즈디찌)
이럭저럭, 되는대로	**как-нибудь** (까크-니부지)
이런, 저런 무엇, 무슨 일, 어떤 것	**экий** (에끼이)
이렇게, 이처럼, 이런 식으로	**этак** (에따크)
이론, 학설	**построение** (빠쓰뜨로예니예)
이론적으로	**теоретически** (쩨오례찌체쓰끼)
이론적인, 이론상의	**теоретический** (쩨오례찌체쓰끼이)
이롭게 하다, 협조하다, 도움을주다	**благоприятствовать**

	(블라가쁘리야뜨스뜨뷔와지)
이루다, 성취하다, 완성하다; (목적을) 달성하다	**совершать** (싸뷔르샤찌)
이루다, 형성(조성)하다	**образовывать** (아브라조븨와찌)
이루어지다, 창조(창작.창설.조성.형성)되다	**создаваться** (싸즈다와쨔)
발생하다, 생기다	**образовываться сло-житься** (아브라조븨와쨔) (슬라쥐쨔)
이루어지지 않는, 짝사랑의	**неразделённый** (네라즈젤룐느이)
이루지 못한, 실패한	**неудавшийся** (네우답쉬이쌰)
이룩되다, 실현되다	**свершиться** (스볘쉬쨔)
이륙(이수)(지점), 진수(식); 진수대; 발진, 발사	**взлёт** (프즐료트)
이륙, 비행기의 출발	**вылет** (븰레트)
이륙지점, 출발(점), 발진(기지)	**взлётный** (프즐료뜨느이)
이륙하다, 출발하다	**вылетать** (븰레따찌)
이르다, 다다르다, 도달하다, 가닿다	**приходить забираться** (쁘리호지찌) (자비라쨔)
이르다. 달하다	**доходить достигать** (다호지찌) (다쓰찌가찌)
이른, 초기(初期), 조기(早期)	**ранний** (란니이)
이를 때우다, 봉인하다, 땜질, 땜	**пломбировать** (쁠롬비로와찌)
이를테면 ~같은, ~와 같이[처럼], ~와 마찬가지로	**вроде** (프로제)

이름 없는, 무명의	**безымянный, неизвестный, анонимный** (볘즈먀느이)(녜이즈볘쓰뜨느이)(아노님느이)
이름 있는, 뛰어난, 유명한; 훌륭한	**знатный** (즈나뜨느이)
이름, 명칭, 칭호; ~е улицы 거리의 이름	**название** (나즈와니에)
이름, 성명, (물건의) 명칭	**имя** (이먀)
이름과 부칭의 첫 자	**инициалы** (이니찌아릐)
이름난, 명성이 높은; 저명한, 뛰어난, 유명한	**видный** (뷔드느이)
뛰어난, 이름난, 저명한	**прославленный, известный** (쁘라쓸랍렌늬이)(이즈볘쓰뜨느이)
이름별로, 명부에 따라	**поимённо** (빠이묜나)
이름을 들다, 열거하다	**упоминать, ~януть** (우뽈미나찌)
이름을 떨치다(날리다), 유명해지다	**прославиться** (쁘라쓸라비짜)
이름을 주다(들다), (~하고)부르다, 명명하다	**называть** (나즤바찌)
이름의, 명의상의, 공칭의	**нарицательный** (나리빠쩰느이)
이름이 같은 사람	**тёзка** (쬬즈까)
이름이 같은, 동명의	**одноимённый** (아드노이묜느이)
이름이 적혀있는; ~ список 명단 명부(名簿)	**именной** (이몐노이)
이리저리 돌아눕다, 돌다	**ворочаться** (바라차짜)
이리저리 몸을 뒤치다, 몸부림(을)치다, 허둥거리다	**метаться**

- 1052 -

	(메따짜)
이리저리, 여러 방향으로 떠돌다, 싸다니다,	**носиться** (나씨짜)
이마 в ~ 정면으로	**лоб** (로프)
이면~ событий 사건의 이면	**изнанка** (이즈난까)
이명동음(C#D♭와 같은) 4분의	**энгармонический** (엔가르모니체쓰끼이)
이명식(二名式)의	**бином** (비놈)
이모; 고모, 아주머니	**тётя** (쬬짜)
이발사, 이용사, 미발사	**парикмахер** (빠리크마헬)
이발소, 이발관, 이발실, 이용실	**парикмахерская салон** (빠리크마헬쓰까야) (쌀론)
이백(200) 번째, 제 200	**двухсотый** (드부흐쏘뜨이)
이백(二百), 200	**двести** (드볘쓰찌)
이별(생활);	**разлука** (라슬루까)
이별시키다, 갈라지게 하다	**разлучать** (라슬루차찌)
이별하다, 헤어지다	**разлучаться** (라슬루차쨔)
이부제의 ~ое обучение 2부제 교육	**двухсменный** (드부흐쓰몐느이)
이불, 야금(夜衾), 포단(蒲團); 계수, 담요, 모포	**одеяло** (아졔얄로)
이붓딸, 의녀(義女), 가봉녀(加捧女)	**падчерица** (빧체리차)

이붓아버지, 계부, 의부, 아부(亞父), 의붓아비	**отчим** (앗침)
이빨, 날; ~ец пилы 톱날; ~цы башни 성가퀴, 성첩	**зубец** (주볘쯔)
이빨을 드러냄	**оскалить[ся]** (아쓰깔리찌)
이빨치료, 치과진료; ~ кабинет 치과(齒科)	**зубоврачебный** (주보브라체브느이)
이사시키다, 안착시키다	**водворить водворять** (바드붜리찌), (붜드붜랴찌)
이사야(Книга Пророка Исайи, 66장)	**Исайи** (이사이)
이사하여 같이 살게 되다	**съехаться** (스예하짜)
이삭이 나다(피다)	**колоситься** (깔로씨짜)
이상, 극치; 전형, 규범, 관념; 고매한 목적, 이념,	**идеал** (이제알)
이상, 더많이	**больше выше** (볼쉐) (븨쉐)
이상[불가사의]하지 않다, 놀랄만하지 않다	**неудивительно** (네우지비쩰나)
이상적으로, 완벽하게, 훌륭히	**идеально** (이제알리나)
이상적인, 완벽한, 나무랄대 없는	**идеальный** (이제알리느이)
이상하다	**странно** (스뜨란나)
이상한, 괴상한, 비상한, 희유의, 특별한.	**экстраординарный** (엑쓰뜨라오르지날느이)
이상한, 괴이한 기묘한	**непонятный, странный** (네빠냐뜨느이) (스뜨란느이)

이상한, 기묘한; 야릇한, 색다른, 괴상한	**мудрёный, чудной** (무드료느이) (추드노이)
이상흥분, 과민증(過敏症)	**эретизм** (에레찌즘)
이성(분별)없는 행동, 맹목적인것	**ослепление** (아쓸례쁠레니예)
이성(理性), 분별(分別)	**рассудок** (라쓰쑤독)
이성(理性), 신중성, 세심성	**благоразумие** (블라가라주미예)
이성(理性); 이지(理智), 지혜(智慧)	**разум** (라줌)
이성을 잃게 하다	**ослеплять** (아쓸례쁠랴찌)
이성적인, 사려 깊은, 세심한	**благоразумный** (블라가라줌느이)
이성적인, 지적인; ~ая работа 지적사업	**интеллектуальный** (인쩰렉뚜 알느이)
이솝(Aesop), 우화작가	**эзоп** (에조쁘)
이스라엘 백성. 헤브라이 사람	**еврей** (예브레이)
이스라엘(Jacob의 별명; 창세기 ⅩⅩⅩⅡ:28). 이스라엘의 자손(사람), 유대인(Jew); 신의 선민	**Израиль** (이즈라일)
이슬, 이슬방울, 노주, 노옥, 감로	**роса** (라싸)
이슬람(마호메트)교도, 회교도 이슬람의 종교	**мусульманство** (무쑬만쓰뜨붜)
이슬람교(Islam敎), 회교(回敎), 회회교(回回敎), 마호메트교	**ислам** (이쓸람)
이슬방울, 노주, 노옥, 감로, 영액	**росинка** (라씬까)
이슬비, 안개비, 보슬비, 가랑비	**изморось моросить**

	(이즈모로시)(마로씨찌)
이슬비의; 이슬비 오는; 보슬비가 올 것 같은	**моросящий** (마로쌰쉬이)
이슬진, 이슬 맞은; 이슬이 많이 내리는	**росистый** (라씨쓰뜨이)
이식, 이식술(移植術)	**трансплантация** (뜨란쓰쁠란따찌야)
이식하다, 이식편(移植片), 이식(移植)조직	**пересаживать** (뻬레싸쥐와찌)
이십 주기, 이십년간; 20돌, 20(이십)주년	**двадцатилетие** (드와드짜찔레찌예)
이십세, 20년(간)의; 20년마다의, 20년에 한 번의 20년간의, 스무살; 20돌의	**двадцатилетний** (드와드짜찔레뜨니이)
이쑤시개	**зубочистка** (주보치쓰뜨까)
이야기 시, 담시, 발라드(ballade)	**баллада** (발라다)
이야기, 단편소설(短篇小說)	**рассказ** (라쓰까스)
이야기, 대화, 말	**речь, слово, разговор, байка** (레치)(슬로붜)(라스고볼)(바이까)
이야기를 꺼내다, 말을 꺼내다	**заговорить** (자고붜리찌)
이야기를 시작하다	**разговориться** (라즈고붜리짜)
이야기에 열중하다, 신이 나서 이야기하다	**разговориться** (라즈고붜리짜)
이야기의 중단; 한숨 돌림	**заминка** (자민까)
이야기하다, ~을 말하다(많이하다)	**наговаривать, наговорить** (나가와리와찌), (나고붜리찌)
이어놓다, 연결하다	**подключить** (빠드클류치찌)

이어링, 귀고리, 귀걸이	**серёжка** (쎄료즈까)
이어지다, 연결(결합,단결)되다	**соединяться подключиться** (싸예지냐쨔)(빠드클류치쨔)
이어지다, 연합[동맹, 제휴]하다	**стыковаться, смыкать** (스띄꼬와쨔)(스믜까찌)
이온(ion 양(陽) 또는 음(陰)의 전기를 갖는 원자 또는 원자단)	**ион** (이온)
이온화(ion 化), 전기해리	**ионизация** (이온이자찌야)
이왕이면, 차라리	**скорее скорей** (스까레예), (스꼬레이)
이용, 활용, 사용	**пользование, утилизация** (뽈조와니예)(우찔리자찌야)
이용권	**абонемент** (아바네멘트)
이웃 동료(同僚), 짝	**шабёр** (샤뵬)
이웃사람 같은[다운]; 우호적인, 친절한	**добрососедский** (다브로싸세드쓰끼이)
이웃 여인, 곁사람	**соседка** (싸쎄드까)
이웃, 인접; жить по ~у 이웃에 살다	**соседство** (싸쎄드쓰뜨붜)
이웃; 이웃집, 옆집, 앞뒷집, 인가(隣家), 근린(近隣),	**сосед** (싸쎄드)
이웃의, 이웃사람의	**соседский** (싸쎄드쓰끼이)
이(2)월, 이월(二月)	**февраль** (폐브랄)
이유 없는, 근거 없는, 까닭이 없는	**беспричинный** (볘쓰쁘리친느이)
이유(cause), 까닭, 변명, 동기	**мотив**

	(마쩌프)
이윤(利潤), 소득(所得), 이익, 이득	**барыш, прибыль** (바르쉬)(쁘리빌리)
이음, 결합, 연합	**соединение** (싸예지네니예)
이음매, 접합 부분(점, 선, 면) 접합(법); (전선의) 접속, 연합	**шов** (숍)
이음볼트, (경첩. 키의) 축(軸); (포를 끌기위한) 견인고리	**шкворень** (쉬끄보렌이)
이음표, 연결부	**дефис, чёрточка** (제피스) (쵸르또츠까)
이의, 치아의; ~ая боль 이앓이; ~ой врач 치과의사	**зубной** (주브노이)
이익(利益), 이득(利得); 유익	**прок выгода** (쁘로크) (븨가다)
이익, 수익, 이익금, 수익금	**корысть** (꼬릐쓰찌)
이익, 이해관계	**интерес** (인쩨레쓰)
이익배당금(利益配當金)	**дивидент** (지비젠트)
이익을 보다, (~에 의해, ~에서) 덕을 입다	**воспользоваться** (바쓰뽈리조와쨔)
이익이 되는, 유익한, 이로운, 유리한	**выгодный** (븨가드늬이)
이익이 되다	**впрок** (프쁘로크)
이자(利子)	**рост** (로쓰트)
이전(以前), 종전(從前);	**прежний** (쁘레즈늬이)
이전에, 그전에; 전에(는), 본래는	**раньше, назад** (란쉐)(나자드)

이전에는, 원래는, 옛날에는	**прежде** (쁘레즈제)
이전의(以前), 종전의	**бывший** (븹쉬이)
이정표, 길잡이 표 감시인, 도로표시	**веха, бакенщик** (뼤하) (바껜쉭)
이제[지금]까지; 언젠가(전에)	**все, всё** (프쎄) (프쑈)
이제껏 없었던, 일찍이 있어보지 못 한, 희한한	**невиданный** (네비단느이)
이주(이민, 출국)관리	**эмиграционация** (에미그라찌온아찌야)
이주(이사)시키다	**поселить переселить** (빠쎌리찌) (뻬레쎌리찌)
이주, 이민, 이사 이동, 이전,	**переезд переселение** (뻬레예즈드)(뻬레쎌레니예)
이주민, 이주해온 외국인	**иммигрант** (이미그란트)
이주시키는 것	**выселение** (븨쎌레니에)
이주시키다, 추방하다	**выселить, выселять** (븨쎌리찌), (븨셀래찌)
이주하는, 이주자, 망명자	**эмиграционация** (에미그라찌온아찌야)
이주하다, 옮겨살이, 이거; 이민	**иммигрировать** (이미그리로와찌)
이중, 반복	**параллелизм** (빠랄렐리즘)
이중으로 하다, 배가하다; 되풀이하다	**сдваивать** (즈드와이와찌)
이중주, 이중창; 이중주곡	**дуэт** (두에트)
이층의, 2층의;	**двухэтажный**

	(드부헤따즈느이)
이타주의(利他主義), 애타주의	**альтруизм** (알트루이즘)
이탄(泥炭), 토탄	**торф** (또르프)
이탄지(泥炭地)	**торфяник** (따르퍄니크)
이탄채굴장	**торфоразработки** (따르포라쓰라보뜨끼)
이탈, 일탈, 탈선, 벗어남, 탈리(脫離)	**разъезд отход** (라즈에즈드)(앗호드)
이탤릭체의, 비낌체	**курсив** (꾸르씨프)
이튿날로, 다음날에, 내일(익일)로	**назавтра** (나자브뜨라)
이표, 절취표	**купон** (꾸뽄)
이하, 아래에(низко 의 비교급)	**бином** (비놈)
이해(납득,파악)할 수 없는, 이해하기 어려운	**непостижимый** (네빠쓰찌쥐므이)
이해, 이해력, 견해	**понимание, соображение, понятие** (빠니마니예)(싸아브라줴니예)(빠냐찌예)
이해(해명, 요해)하다, 분석하다, 음미하다	**разбираться** (라스비라쨔)
이해가 빠른, 똑똑한, 영리한, 총명한	**проницательный** (쁘라니짜쩰느이)
사리에 밝은 통찰력[선견지명]이 있는	**понятливый, смышлёный** (빠냐틀리브이)(스믜쉴룐느이)
이해관계 없는, 관심없는, 냉담한	**незаинтересованный** (네자인쩨레쏘반느이)
이해력이 빠른, 영민한	**сообразительный толковый** (싸아브라지쩰느이)(딸꼬브이)

이해력이 약한, 우둔한, 눈치가 없는	**непонятливый** (네빠냐뜰리브이)
이해하기 어려운, 난해한, 뜻[영문]을 알 수 없는	**невнятный** (네브냐뜨느이)
이해하다, 알아듣다	**разуметься, понять, постичь** (라주몌쨔)(빠냐찌)(빠쓰찌치)
이해할 수 없게, 불명하게	**непонятно** (네빠야뜨나)
이해할 수(알 수) 없다, 이상하다	**непонятно** (네빠야뜨나)
이해할 수(알 수)없는	**непонятный** (네빠냐뜨느이)
이행, 수행; 완성, 성취. 관철, 실현,	**претворение проведение** (쁘레드붜레니예)(쁘라붸제니예)
이행(수행)하다, 다하다, 완수하다	**исполняющий переходить** (이쓰뽈냐유쉬이)(뻬레호드지찌)
이혼(이별)하다	**расходиться развестись** (라쓰하지쨔)(라스베쓰띠시)
이혼(離婚), 파경(破鏡)	**развод** (라스볻)
이혼시키다, 헤어지게하다	**разводить** (라스붜지찌)
이혼하다[시키다]; 이연하다[시키다].	**разводиться** (라스붜지쨔)
이후, 이래, 앞으로의	**дальнейший** (달녜이쉬이)
익는 것, 성숙	**созревание** (싸즈레와니예)
익다, 성숙하다	**созревать, спеть, зреть** (싸즈레와찌) (스뻬시) (즈레찌)
익살꾼; 야살꾼, 얄개자, 유머(humour), 위트(wit)	**затейник** (자쩨이니크)
익살맞은, 우스꽝스러운(언행), 웃김, 익살,	**шутовство**

	(슈똡쓰뜨붜)
익살스러운, 재미있는	**забавный** (자바브느이)
익살스런, 익살맞은, 우스운, 우스강 스러운,	**комичный** (까미츠느이)
익살을 부리다	**сострить** (싸쓰뜨리찌)
익살의, 해학의 шут ~ колпак 어릿광대 모자;	**шутовской** (슈똡쓰꼬이)
익수류(翼手類). 박쥐목	**рукокрылые** (루까끄릴리예)
익숙[정통]케 함, 일반[통속]화	**ознакомление** (아즈나까믈레니예)
익숙케 하다, 습관이 들게 하다, 가깝게 되다	**приобщить[ся]** (쁘리옵쉬찌)(쨔)
친하게하다, 친해지다	**приобщать спаивать** (쁘리옵샤찌) (스빠이와찌)
익숙하다, 정통하다	**познакомить[ся]** (빠즈나꼬미찌)
익숙한(환경), 낯익은	**привычный стихия** (쁘리브치느이) (스찌히야)
익숙해지다, ~하는 솜씨(재치)를 보이다,	**наловчиться** (날로브치쨔)
익숙해지다, 버릇(습관)되다	**свыкнуться осваиваться** (스븨크누쨔), (아쓰 와이와쨔)
익은, 여문, 성숙한	**спелый зрелый** (스뼬리이) (즈렐르이)
익지(여물지)않은, 미숙한	**неспелый зелёный** (녜쓰뼤르이) (젤룐느이)
익히다,~을 배우다, 가르침을 받다; 공부(연습)하다	**изучить** (이주치찌)
인(燐)의, 인을 함유한	**фосфорный** (포쓰포르느이)

인(燐: 비금속 원소; 기호 P; 번호 15).	**фосфор** (포쓰파르)
인간. 동물의 체격, 골격간격	**шпация** (쉬빠찌야)
인간공학(人間工學)	**эргономика** (에르고노미까)
인간성, 인도주의	**гуманизм гуманность** (구마니즘) (구만노쓰찌)
인간성, 인정	**человечность** (첼로붸츠노쓰찌)
인간의, 사람의, 인적, 인성의	**людской** (류드쓰꼬이)
인격, 인물, 개성; важная ~ь 주요 인물	**личность** (리츠노쓰찌)
인공강우	**дождевание** (다즈제와니에)
인공부화기, 알 깨우는 기구(실), 세균배양이	**инкубатор** (인꾸바또르)
인공으로 설치한 물고기의 통로	**рыбоподъёмник** (릐바뽀드욤니크)
인공적인, 인조; ~ое дыхание 인공호흡	**искусственный** (이쓰꾸쓰뜨붼느이)
인구수, 주민수. 사람수	**народонаселение, поголовье** (나로도나쎌례니에) (빠골로비예)
인구; 거주민; городское ~е 시민	**население** (나쎄레니에)
인구가 조밀한	**густонаселённый** (구쓰따나쎌룐느이)
인구밀도가 낮은, 주민이 적은	**малонаселённый** (말라나쎌룐느이)
인기 있는, 유명한	**популярный** (빠뿔랴르늬이)

인기, 평판, 호평, 선호도	**популярность признание** (빠뿔럍노쓰지) (쁘리즈나니예)
인대, 접합줄, 연줄, 기반(羈絆) 이음줄	**связка** (스뱌즈까)
인도, 넘기는 것; 납부, 납입	**сдача** (즈다차)
인도적인, 인간성 있는	**гуманный** (구만느이)
인도주의자, 박애가, 인간성 연구학자	**гуманист** (구마니쓰트)
인도하다, 교부하다	**отдавать** (아트다와찌)
인도하다, 교부하다, 배달[송달]하다	**доставить, выдать** (다쓰따비찌) (븨다찌)
인동덩굴 비슷한 식물, 인동덩굴(忍冬-겨우살이덩굴).	**жимолость** (쥐모로쓰찌)
인두(咽頭: 식도와 후두에 붙어 있는 깔때기 모양의 근육성 기관)	**зев** (제브)
식도(食道), 목구멍	**глотка** (글로뜨까)
인두염	**фарингит** (파린기트)
인디안 사람(들)	**индейцы** (인제이쯰이)
인디언의	**индейский** (인제이쓰끼이)
인력(人力), (사람을) 끄는 힘, 매력, 유혹	**притяжение** (쁘리따줴니예)
인력(작용), 중력; 침강, 하강; 경향,	**гравитация** (그라비따찌야)
인력, 중력, 당기는 힘	**тяготение** (쩨가쪠니에)
인력거(人力車), 인력거군	**рикша**

	(리크샤)
인류(人類), 인간, 사람	**человечество** (첼로볘체쓰뜨뷔)
인문[인본]주의	**гуманизм** (구마니즘)
인문학의, 인문과학의(人文科學)	**гуманитарный** (구마니딸느이)
인물, 사람; (언어) 인칭	**лицо** (리쪼)
인물, 인사; 사람, 손님	**персона фигура** (뻬르쏘나) (피구라)
인민(국민) 투표, 일반투표	**референдум** (레페렌둠)
인민, 국민, 민중	**народ** (나로드)
인민대중, 일반 국민, 사람들, 군중	**народ** (나로드)
인민재판소	(народный суд) **нарсуд** (나르쑤드)
인사(환영)하다; 환영(찬동)하다	**приветствовать** (쁘리볘쓰뜨붜와찌)
인사, 경례(총·칼·포(砲)·기(旗) 따위를 사용한), ~! 받들어 총!	**салют** (쌀류트)
인사, 인사의 말; 환영사	**приветствие** (쁘리볘쓰뜨비예)
인사; 축하(祝賀); 환영(歡迎); ~! 안녕!	**привет** (쁘리볘)
인사를 하다, (많은 사람과 서로서로) 사귀다	**перезнакомиться** (뻬레즈나꼬미짜)
인사불성(人事不省), 실신상태, 의식이 없음	**беспамятство** (베쓰빠먀 뜨쓰뜨뷔)
인사성이 없는, 예절이 없는, 불친절한,	**неприветливый** (네쁘리볘뜰리브이)

- 1065 -

인사시키다, (많은 사람을) 소개하다	**перезнакомить** (뻬레즈나꼬미찌)
인사하다	**поздороваться** (빠즈도로와짜)
인사하다, 인사를 나누다	**здороваться** (즈다로와짜)
인사하다, 절하다	**раскланиваться,** (라쓰클라니와짜)
인산불성, 혼수상태	**забытьё** (자븨찌요)
인산염(燐酸鹽)	**фосфат** (포쓰파트)
인삼; ~ая водка 삼로주, 인삼주	**женьшень** (줸쉐니)
인상 등이 새겨지다, 박히다	**западать** (자빠다찌)
인상, 감명; 감상, 영향, 효과, 느낌, 마음, 생각	**впечатление** (프뻬차뜰레니에)
인상, 감명, 감상, (막연한) 느낌, 기분, 생각	**оттиск** (올띠쓰크)
인상, 추가; ~ цены 물가인상	**набавка** (나바브까)
인상을 받다, 기억에 남다, 기억에 새겨지다	**запечатлеться** (자뻬 차뜰레짜)
인상을 주는, 감동을 주는, 효과를 거둔, 화려한	**эффектный** (에펙 뜨느이)
인상주의(印象主義)	**импрессионизм** (임쁘렛씨오니즘)
인색한 것, 깍쟁이근성	**скупость** (스꾸뽀쓰찌)
인색한 것, 이기심; ~ к деньгам 금전욕	**жадность** (좌드노쓰찌)
인색한, 깍쟁이부리는, 빈약한	**скупой**

- 1066 -

	(스꾸뾰이)
인색한[다라운] 사람, 탐욕스런 사람, 구두쇠	**жмот жадюга** (쥐모트) (좌쥬가)
인색한 기질, 욕심이많은 성질(특질)	**жила** (쥘라)
인생, 생애, 일생	**жизнь** (쥐즈니)
인생관, 사회관, 가치관, 세계관	**миросозерцание** (미로쏘젤짜니에)
세계관(world view), 인생관, 사회관	**жизнепонимание** (쥐즈네뽀니마니예)
인성학, 품성론, 생태학	**этология** (에따로기야)
인쇄(印刷), 프린트	**печатание** (뻬차따니예)
인쇄(출판)되다, (출판물에) 실리다	**печататься** (뻬차따쨔)
인쇄(출판)하다, (출판물에) 싣다, (타자기로) 찍다	**печатать** (뻬차따찌)
인쇄(프린트)하다, 타자하다, 인화하다	**отпечатывать** (앗뻬차띠와찌)
인쇄기((영국) machine); 인쇄술[소]; 발행소, 출판부	**печать** (뻬차찌)
인쇄소, 인쇄공장	**типография** (찌빠그라피야)
인쇄하다; 출판[간행]하다. 타이프라이터로 치다	**напечатать** (나뻬차따찌)
인수분해하다.	**разлагать[ся]** (라슬라가찌)(쨔)
인수자(引受者)	**получатель** (빨루차쩰)
인수증, 영수증	**счёт** (스쵸트)

- 1067 -

인슐린(insulin)	инсулин (인쑤린)
인스피레이션, 영감(靈感); 직관(력); 직관적 통찰	наитие (나이찌예)
인식(의식, 감지)하다	познавать (빠즈나와찌)
인식, 인지, 의식, 감지, 지각; 분별, 판단, 판별	познание (빠즈나니예)
인식론(認識論)	гносеология (그나쎄올로기야)
인식의, 인지의, 의식의, 감지의	познавательный (빠즈나와쩰느이)
인어(人魚)	русалка (루쌀르까)
인연(관계)없는, (사건·문제 따위와) 관계 없는;	посторонний (빠쓰또론느이)
인연을 끊다, 분리되다, 배척하다	отмежеваться (앝몌제와쨔)
~와의 관계를 끊다(부인하다)	отмежёвываться (앝몌죠브와쨔)
인연이 먼, 어렴풋한, 먼 친척의	отдалённый (아트달론느이)
인연이 없는, 관계가 먼; ~ элесмент 이색분자	чуждый (추쥐드이)
인연이 없는	чужой (추조이)
인용(인증)하다	приводить (쁘리뷔지찌)
인용, 발췌	извлечение (이즈블체니예)
인용, 인증; 인용문(引用文)	выдержка ссылка (븨졜즈까) (스쉴까)
인용문(引用文), 발췌문(拔萃文), 인용구(引用句);	цитата

	(찌따따)
인용하다, 따다 쓰다	**цитировать** (찌띠로와찌)
인용(인증.예증.열거)하다 구실로 삼다	**сослаться, ссылаться** (싸쓸라쨔) (스쉴라쨔)
인원점검, 점호, 인원 검사; вечерняя ~ 저녁점검	**поверка** (빠볘르까)
인원, 직원(職員)	**персонал** (뻬르싸날)
인입(引入), 끌어들임	**вовлечение** (바블레체니에)
인입, 끌어들이는 것	**привлечение** (쁘리블레체니예)
인입하다, 끌어넣다	**замешать** (자메샤찌)
인입하다, 끌어넣다, 끌어들이다	**вовлекать** (바블레까찌)
인자(因子), 인수, 약수	**множитель** (므노쥐쩰)
인적(사람, 주민)이 없어지다, 무인지경이 되다	**обезлюдеть** (아베슬류제찌)
인적 없는, 사람이 살지 않는; 무인의	**необитаемый** (네아비따예므이)
인적기 없는, 빈, 공허한, 비어 있는	**пустынный** (뿌쓰뜬늬이)
인적이 없는, 사람이 없는, 인기척이 없는	**безлюдный** (볘즐류드느이)
인접; 접합(점) 아치대, 홍예 받침대; 교대(橋臺)	**пята** (뼛따)
인접의; ~ые страны 인접국가들	**сопредельный** (싸쁘레젤느이)
인접점, 분기점, 접합점(接合點), 이음줄	**стык** (스띄크)

- 1069 -

인접하다; ~와 접경하다, ~와 경계를 두고	**граничить** (그라니치찌)
인접한, 근접한; ~ые углы (수학)접각	**смежный** (스메즈느이)
인접해 있다, 잇닿아 있다	**примыкать** (쁘리므까찌)
인정 많은, 동정적인. 가엾은, 처량한, 불쌍한	**жалко** (좔까)
인정, 승인, 공인	**признание** (쁘리즈나니예)
인정된(사람·학교가) 공인된	**аккредитованный** (악크레지또완느이)
인정이 깊은 것	**чуткость** (추트꼬쓰찌)
인정있게	**чутко** (추트꼬)
인정하다, 승인하다 ~에게 허락하다, ~에게 허가하다	**давать** (다와찌)
인정(승인·용인·자인·고백)하다	**признать[ся]** (쁘리즈나찌)(쨔)
인정하지 않다, 부정하다, 불인정하다	**запираться** (자삐라쨔)
인조(직물) 천 편물	**штат** (쉬따트)
인조가죽, 레자	**дерматин** (제르마찐)
인조가죽의, 레자의	**дерматиновый** (제르마찌노브이)
인조견사, 레이온, 인견사	**вискоза** (뷔쓰꼬자)
인조피혁(кирза로 수지 가공한) 의피, 의혁(擬革)	**шарголин** (샤르골린)
인조피혁: 의피, 의혁(擬革).	**шарголин**

	(샤르골린)
인종(人種); ~ая дискриминация 인종차별	**расовый** (라쏘븨이)
인종, 민족의 뜻	**этно-** (에뜨나)
인종, 종족; 인류, 민족, 국민	**раса** (라싸)
인종격리제도	**апартейд** (아빠르떼이트)
인종의, 민족의, 민족 특유의	**этиический** (에뜨이체쓰끼이)
인종의, 민족의; 민족 특유의	**национальный** (나찌오날리느이)
인종주의, 민족성; 인종적 편견, 인종차별	**расизм** (라씨즘)
인종주의자, 민족주의자	**расист** (라씨쓰트)
인종주의적인, 인종(상)의, 종족의, 민족(간)의	**расистский** (라씨쓰뜨 쓰끼)
인종지학, 민속학, 그연구의 대상	**этнография** (에뜨노그라피야)
인종지학자, 민족지학, 기술적, 인종학. 민속학자	**этнограф** (에뜨노그라프)
인종학자(人種學者)	**этнолог** (에뜨놀로그)
인지[인식]하다.	**познать** (빠즈나찌)
인지[지각]할 수 있는. 눈에 띄는, 현저한, 대단한	**ощутимый** (아슈찌믜)
인지(지각)할 수 있는	**ощутительный** (아슈찌쩰느이)
인질(人質)	**заложник** (잘로쥐니크)

인치(1피트의 12분의 1. 약 2.54cm)	**дюйм** (쥬임)
인터내셔널, 국제(공산)당 국제(상)의, 국제적인	**интернационал** (인쩨르나찌오날)
인터뷰, 회견, 면담	**интервью** (인쩨르브이유)
인테르(활자의 행간에 삽입하는 물건)엷은 판자	**шпон** (쉬뽄)
인테리, 지식인, 예의바른, 교양이 높은	**интеллигентный** (인쩰리 겐뜨느이)
인테리적인, 교양있는, 세련된, 품위(가) 있는	**интеллигентный** (인쩰리겐뜨느이)
인플루엔자, 유행성감기, 독감, 돌림감기	**грипп** (그립쁘)
인하하다, 낮추다	**, понизить** (빠니지찌)
인형(人形), 인형 같은; ~ театр 인형극장	**кукольный** (꾸깔느이)
인형(人形); 각시, 우인(偶人); 괴뢰(傀儡)	**марионетка** (마리노네뜨가)
인형꼭두각시	**кукла** (꾸클라)
인회석(燐灰石)(광석)	**апатит** (아파찌트)
인회토(燐灰土), 인광(燐鑛),	**фосфорит** (파쓰파리트)
일년생 단생식물(습한계절에 발아하여 결실까지를 마침)	**эфемер** (에페멜)
일(1)년의, 1개년의, 년간	**годовой** (가다보이)
일(1)월, 정월; в ~е этого года 1월에 в ~е прошлого года 지난 1월; в ~е будущего года 내년 1월.	**январь** (얀와리)
일(1)월의; ~ день 일월의 하루	**январский**

	(얀와르쓰끼이)
일(業), 사업, 작업, 노동, 활동; **~ы** 공사(工事), 작업	**работа** (라보따)
일(회의)등으로 지연되다, 지체되다, 늦추어지다;	**затягиваться** (자쨔기와쨔)
일, 사건(事件), 사고	**происшествие событие случай** (쁘라이쓰쉐쓰뜨비예)(싸븨찌예)(슬루차이)
일, 사업; род ~й 직종, 직업의 종류	**занятие** (자냐찌예)
일, 영문, 경우	**обстоятельство** (아브쓰따야쩰쓰뜨붜)
일, 용건; 일손, (일상의) 업무, 용무	**предприятие** (쁘롄쁘리야찌예)
일터, 직무, 사무	**дело служба** (젤로)(슬루쥐바)
일·목적을 이루다, 달성[성취]하다, ~을 완수하다.	**достичь** (다쓰찌치)
일각과의 고래	**единорог** (예지나로그)
일각수, 유니콘, 외뿔소자리, 일각수좌(-座)	**единорог** (예지나로그)
일감, 일거리	**работа** (라보따)
일격을 가하다, 세게 치다 힘껏 때리다	**жахнуть** (좌흐누찌)
일곱 살의 아이, 7세 어린이	**семилетка** (쎄밀례뜨까)
일곱, 7, 기호의 7; (카드의) 7	**семёрка** (쎄묘르까)
일곱, 7, 일곱 개(사람), 일곱 살, 일곱 시	**семь** (쎔)
일곱, 7, 7개(사람) 7살(세), 7시 7명	**семеро** (쎄메로)

일곱살의, 칠세의, 일곱 개(사람)의; 일곱 살인	**семилетний** (쎼밀레 뜨니이)
일곱연맹(동맹)의, 칠연맹의, 일곱 경기리그의	**семимильный** (쎼미밀리느이)
제7, 일곱 번째, (달의) 7일. 7분의 1. 일곱째의, 제 7의	**седьмой** (쎄드모이)
일관(충만)되다	**проникнуться** (쁘라니크누쨔)
일관성, 언행일치; 모순이 없음	**последовательность** (빠슬레도와쩰노 쓰찌)
일광욕실	**солярий** (쌀야리이)
일군의, 경작한, 경작하는	**паханый** (빠하느이)
일급의, 일류의, 첫째가는	**перворазрядный** (뻬르붜라즈랴드느이)
일기(기후, 기상, 날씨)를 말함	**примета** (쁘리메따)
일기(日記), 일지(日誌)	**дневник** (네브니크)
일기의, 날씨의; ~ые условия 일기조건	**погодный** (빠곤늬이)
일기의, 전기(傳記), 일대기, ~전	**житие** (쥐찌에)
일깨워주는 것, 납득, 훈계 교훈	**внушение** (브누쉐니에)
일깨워주다, 납득시키다, 역설하다	**втолковать** (프딸까와찌)
일년간의, 일개년간	**годичный** (가지츠느이)
일년마다의, 예년의; 1년 1회의	**однолетний** (아드놀례트느이)
일년의 결산회의	**отчётно-выборный**

	(앗훌나-븨보르느이)
일년의, 일년에 걸친	**однолетний** (아드놀레트느이)
일단 ~한 이상; (= если) ~면,	**раз** (라스)
일대 일의 싸움, 일대 일의 결투(격투)	**единобор-ство** (예지나볼쓰뜨붜)
일대사건, 큰 파문을 일으키는 사건	**сенсация** (쎈싸찌야)
일등(급), 최우량종; 우수한, 일류의	**первосортный** (뻬르붜쏘르뜨느이)
일등급, 일류(一流)	**первоклассный** (뻬르붜클라쓰느이)
일람표, 통지서	**ведомость** (붸다마쓰찌)
일러바치다; 고자질하다, 밀고하다	**доносить** (다노씨찌)
일련, 한 계열, 연속, 시리즈, 일련의, 연속된	**галерея** (갈레레야)
일련번호를 고쳐 매기다	**перенумеровать** (뻬레누메로와찌)
일련의 삽화적인 사건으로	**эпизодический** (에삐조드이체스끼이)
일렬 정렬, 배열; 정돈선; 조절, 정합; 조준	**равнение** (라브네니예)
일로 갖다; 숙련하다, 즙(汁)하다, 익숙하다	**отработать** (앗라보따찌)
일류선수, 1(일)급 선수	**перворазрядник** (뻬르붜라즈랴드니크)
일며 서다, 궐기하다	**вставать** (프쓰따와찌)
일면적인, 편파적인	**однобокий, односторонний** (아드노보끼) (아드나쓰 또론니이)

일반[적인]; ~ee языкознание 일반 언어학	**общий** (옵쉬이)
일반관리 평복으로 군속, 문관	**штатский** (쉬따쯔끼이)
일반사면(一般赦免)	**амнистия** (암니쓰찌야)
일반석의 관객, 맨 위층 관람석(극장의 가장 싼 자리)	**галёрка** (갈룔까)
일반에 통용(인정)되는	**общепринятый** (옵쉐쁘리냐뜨이)
일반의, 보통의, 특수하지 않은, 전문이 아닌	**бщеобразовательный** (압쉐옵라조와젤느이)
일반이 다 아는, 널리 알려져서, 소문난	**общеизвестный** (옵쉐이즈볘스뜨느이)
일반적으로 널리(흔히 쓰이는), 보통의,	**употреби-тельный** (우빠뜨레비젤느이)
일반적으로 널리, 보통적으로, 통례적으로	**обычно** (아븨츠나)
일반적인, 총체적인, 총적(蔥笛)	**генеральный** (게네랄느이)
일반통용	**общеупотребительный** (옵쉐우뽀뜨레비젤느이)
일반투표, 국민투표	**плебисцит** (쁠레비쓰치트)
일반화[보편화]하다; (일반에게) 보급시키다	**обобщить** (아밥쉬찌)
일보, 주보, 월보, 연보	**бюллетень** (불례젠)
일본(日本).	**Япония** (야뽀니야)
일본놈	**япошка** (야뽀쉬까)
일본의 일본인의 ~ язык 일본어, 일본 말	**японский**

	(야쁜쓰끼이)
일본인(日本人)	**японка**
	(야쁜까)
일본인; 일본의, 일본 사람	**японец**
	(야쁜녜쯔)
일부다처제(一夫多妻)	**многожёнство**
	(므나가죤스뜨뷔)
일부러한, 고의적인	**нарочитый**
	(나로치뜨이)
일부러, 고의로, 짐짓	**нарочно**
	(나로츠노)
일부러, 고의적으로	**сознательно**
	(싸즈나쩰나)
일부분을 덜다, 떠내다, 부어내다, 감하다	**отбавить отбавлять**
	(아트바비찌), (올바블랴찌)
일부분을 쏟다, 일부를 쏟아내다	**отсыпать**
	(앗쓰빠찌)
일부사람들, 소수의 사람들	**немногий**
	(네므노기이)
일부의, 부분적인, 일부분의, 국부적인	**частичный**
	(차쓰찌츠느이)
일부일처의, 단혼의	**единобрачный**
	(예지나브라츠늬이)
일부일처제, 일부일처주의, 단혼(單婚)	**единобрачие**
	(예지나브라치예)
일산화탄소(угарный газ)	**угарный**
	(우가르느이)
일상생활(日常生活), 실생활	**быт**
	(븨트)
일상생활을 그린, 풍속도의, 풍속화의, 세속도의.	**жанровый**
	(좐로븨이)
일상의, 습관적인, 예사로운, 평범한	**ежедневный**
	(예줴드녜브늬이)

일상적인, 보통날, 보통	**обыденный** (아븨젠느이)
일상적인, 사소한 일	**текучка** (쩨꾸츠까)
일생, 생애, 필생, 평생	**век** (벡)
일생[평생]의, 생애의. 종신의; 한평생의	**пожизненный** (빠쥐즈볜느이)
일소하다, 쫓아버리다; (근심 등을) 없애다, 털어[떨어]내다	**сметать** (스메따찌)
뿔뿔이 흩어버리다 흩어지다, 헤어지다, 해산하다	**рассеять** (라쓰쎄야찌)
일솜씨, 손질, 손보기	**работа** (라보따)
일순간에, 순식간에, 곧, 찰나(刹那), 순간에	**моментально** (마멘딸리나)
일시적으로, 임시로	**временно** (브레멘나)
일시적인, 순간적인; 변하기 쉬운, 덧없는, 무상한.	**переходный** (뻬레호드느이)
일시적인, 한때, 한 동안	**преходящий** (쁘레호쟈쉬이)
일식, 한조, 한 벌; ~ инструментов 공구 항조	**набор** (나볼)
일식의, 횡도; наклон ~ ики 일식의 사각	**эклиптика** (에클리쁘찌까)
일신론, 일신교(一神敎)	**единобожие** (예지나보줴예)
일어나는것, 기상하는 것	**подъём** (빧욤)
일어나다, 기상하다, (병후에) 자리에서 일어나다	**встать** (프쓰따찌)
일어나다, 나타나다; (문제·사건·곤란·기회) 발생하다	**возникнуть**

	(바즈니크누찌)
일이 생기다(일어나다)	**настать, нарождаться, народиться** (나쓰따찌) (나로즈다쨔) (나로지쨔)
(사건이)일어나다(생기다)	**представляться, твориться, случиться** (쁘롄쓰땁랴쨔) (뜨뷔리쨔) (슬루치쨔)
일어나다	**случиться, происходить, приключаться, произойти** (슬루치쨔) (쁘라이쓰호지찌) (쁘리끌류차쨔)(쁘라이조이찌)
일어나다, ~의 필요가 없다; ~의 근거가 없다.	**доводиться** (다뷔지쨔)
일어나다, 수행되다, 실현되다, 완수되다	**совершиться** (싸붸르쉬쨔)
일어나다, 일어서다	**подниматься вставать** (빠드니마쨔) (프쓰따와찌)
일어나다, 터지다	**вспыхивать** (프쓰쁵히와찌)
일어서다[나다]; 오래가다, 지속하다, 유효하다	**отстоять** (앗쓰또야찌)
일없이 돌아다니다, 빈둥거리다	**толкаться** (딸까쨔)
일에 붙다, 착수하다	**стать** (스따찌)
일에서 보조가 맞다, 손이 맞다	**сработаться** (스라보따쨔)
일역, 역서; лунный ~ 음력	**календарь** (깔렌다리)
일요노동, 휴일근로	**воскресник** (바쓰크레쓰니크)
일요일(日曜日), 주일(主日)	**воскресенье** (바쓰크레쎼니에)
일원화, 통일, 단일화; 통합. 하나 됨	**унификация** (우니피까찌야)
일원화하다	**унифицировать** (우니피찌로와찌)

일으켜 세우다	**поднимать** (빠드니마찌)
일으키다, 깨우다; (정신적으로) 눈뜨게 하다,	**пробуждать** (쁘라부즈다찌)
각성시키다, 고무하다 애기(야기) 시키다	**причинить производить** (쁘리치니찌) (쁘라이즈붜지찌)
일으키다, 야기하다, 생기게 하다, (결과로서) 초래하다	**разбудить** (라스부지찌)
깨우다, 자각시키다, 일깨우다	**породить, порождать, поднимать** (빠로디찌), (빠로지 와찌) (빠드니마찌)
일으키다, 일구다, 야기시키다, 자아내다	**смущать** (스무샤찌)
환기하다, 분발케 하다, 선동하다	**вызывать** (븨즤와찌)
일으키다; 해내다, 남기다, 수반하다	**устраивать** (우쓰뜨라이와찌)
후과를 가져오다, 결과를 빚어내다 ~ скандал 말썽을 일으키다	**повлечь** (빠블레치)
일을 같이 하는 사람, 짝패의 한 사람	**напарник** (나빠르니크)
일을 끝내다, ~까지 일하다	**дорабатывать** (다라바띄와찌)
일을 끝마치다 (일정한 시간) 일하다	**отработать** (앗라보따찌)
일을 되는대로(불성실하게)하는 사람	**халтурщик, ~ца** (할뚜르쉭크), (할뚜르쉭짜)
일을 질질끄는 것, 앉아서 뭉개는것, 머무적거리다	**волокита** (발로끼따)
일을 하다; ~하다	**делать** (젤라찌)
일을[공부를] 하는 사람	**работник** (라보트니크)
일이 끝난 후에	**постфактум**

	(빠쓰뜨팍뚬)
일이 없는, 한가한, 빈, ~ый дом 빈 집	**незанятый** (네자냐뜨이)
일이 점점 분명해지다, (생각이) 떠오르다	**осенить** (아쎄니찌)
일이 파탄되다, 틀어지다	**лопаться** (로빠쨔)
일일이 들다[세다], 열거[매거]하다, 세다, 열거하다	**перечислить** (뻬레치쓸리찌)
일일이 이름을 들어 말하다; 조건으로서 지정하다.	**оговорь[ся]** (아가뷔리)(쨔)
일자리 없는, 실업을 당한	**безработный** (베즈라보뜨느이)
일자리, 작위, 지위; 신분; 높은 지위; 관직, 공직; 직(職),	**место** (메쓰따)
일자리를 구해주다 ~ на работу 취직시키다	**устраивать** (우쓰뜨라이와찌)
일정(日政)	**программа** (쁘라그람마)
일정(장소, 상태)에 있다	**находиться** (나호지쨔)
일정지역 농장에 있어서 짐승병발생	**энзоотия** (엔조오찌야)
일정한 간격[거리, 시간]을 두다	**разряжать** (라즈랴좌찌)
일정한 기간내에 끝내다;(일정한범위를) 차지하다	**укладываться** (우클라듸와쨔)
일정한 기간의 식량, 먹임량;(말.소의) 하루 분 먹이정량	**рацион** (라찌온)
일정한 너비의 직물, 천, 헝겊, 직물, 양복감; 나사.	**полотнище** (빨로트니쉐)
일정한 량을 붓다, 찧다, 갈다	**намолоть** (나몰로찌)

일정한 량을 쪼개다	**наколоть** (나꼴로찌)
일정한 량을(많이) 가져오다, 끌어오다	**натащить** (나따쉬찌)
일정한 속도의 걸음걸이로 가다, 행진하다 넘다	**шагать** (샤가찌)
일정한 수량을 포함하다, 있다, 가지다	**насчитать** (나쓰치따찌)
셈에 넣다, 포함시키다	**насчитывать** (나쓰치띄와찌)
일정한 수역에 있는 함대(艦隊);	**флотилия** (플로찌리야)
일정한 시간 (내내) 서있다, 멎어있다	**простоять** (쁘라쓰또야찌)
일정한 시간 앉아있다	**отсидеть просидеть** (앗씨졔찌) (쁘라씨졔찌)
일정한 연고(까닭)가 있어서;	**неспроста** (녜쓰쁘로쓰따)
일정한 형태가 없는, 윤곽이 뚜렷하지 않은	**бесформенный** (베쓰포르몐늬이)
일정한, 어느 정도의	**известный** (이즈볘쓰뜨늬이)
일정한, 확정한; 명확한	**определённый** (아쁘레졜룐늬이)
일제사격; давать ~ 일제사격하다; 예포, 축포	**залп** (잘쁘)
일제사격하다	**палить** (빨리찌)
일제히, 다같이, 한번에 пить ~ 단숨에 마시다	**залпом дружно** (잘쁨) (드루즈나)
일종의 하천용 평저선	**шаланда** (샬란다)
일직(당직) 책임자(責任者), 경비 책임자, 일직사령	**вахтёр**

	(와죠르)
일직, 당번, 당직	**дежурство** (제주르쓰뜨붜)
일직병(日直兵), 당번(當番)	**дневальный** (네왈느이)
일찍 일어나는 사람	**жаворонок** (좌붜로노크)
일찍이 ~(한 적이) 없다, 언제나(한번도)~(한 적이) 없다	**нипочём** (니뽀촘)
일찍이, 이르게, 이르다	**рано** (라나)
일찍이, 일찍부터, 일찌감치; 초기에,	**заблаговременный** (자블라가브레멘느이)
일찍이; 이제(지금)까지, 언젠가(전에); 도대체	**как-нибудь** (까크-니부지)
일차성, 선차성	**первичность** (뻬르비츠노쓰찌)
일차적인, 선차적인, 긴급한	**первоочередной** (뻬르붜오레드노이)
일체를 포함한, 경상의; 모든 비용을 포함한, 총~,	**накладной** (나끌라드노이)
일출, 해돋이, 해 뜨는 것	**восход** (바쓰호드)
일층 ~этаж 아래층	**цокольный** (쪼꼴느이)
일치(부합) 되다, (성.수.격 등이) 일치하다	**согласоваться** (싸글라쏘와쨔)
일치(부합)하다, 맞다, 알맞다	**соответствовать** (싸아뜨베뜨쓰뜨붜찌)
일치, 적응, 상응	**соответствие** (싸아뜨베뜨쓰뜨비예)
일치, 합치, 공통성	**совпадение** (쌉빠제니예)

일치시키다, 조절(조정)하다	**координировать** (까오르지니로와찌)
일치하다, 합치되다	**совпадать сойтись** (쌉빠다찌) (싸이찌시)
일치하지 않는, 조화되지 않는, 상반하는,	**нескладный** (네스클라드느이)
일치한, 동등한, 상응한	**адекватный** (아데크왓트느이)
일치한, 조화된, ~에 따라, ~와 일치하여	**согласно** (싸글라쓰나)
일치한, 화합한, 한결 같은	**единодушный, дружный** (예지나두스늬이) (드루즈느이)
일터, 일자리	**работа** (라보따)
일하다 как ~ят дела? 일이 어떠합니까?	**обстоять** (아브쓰따야찌)
일하다, 근무하다 *чем* ~의 역할을 하다, ~로 되다	**служить** (슬루쥐찌)
일하다, 노동(근무)하다, 노력[공부]하다	**подвизаться** (빤비자쨔)
(일정한 부문에서) 종사(활약,활동)하다	**трудиться потрудиться** (뜨루지쨔) (빠뜨루 지쨔)
일하다, 노동(근무)하다	**работать** (라보따찌)
일한 분량대로 지급 받는 일, 청부일, 삯일	**сдельный** (즈젤느이)
일할 수 있는, 노동능력이 있는, 숙련된,	**работоспо-собный** (라보또쓰뽀쏘브느이)
일할 수 있는. 노동능력 있는	**трудоспособный** (뜨루도쓰뽀쏘브느이)
일혈(溢血), 뇌일혈	**экстравазация** (엑쓰뜨라와자찌야)
일화(逸話)	**анекдот**

- 1084 -

	(아넥돗트)
일화적, 우스운	**анекдотический** (아넥다찌체쓰키이)
일흔; 칠십, 70, 일흔 살	**семьдесят** (쎔제샤트)
읽고 쓰는 능력, (받은)교육, 교양, 읽고 쓰기,	**грамота** (그라마따)
읽고 쓸 줄 아는, 학식 있는	**грамотный** (그라마뜨느이)
읽기, 독보, 낭독; ~ газет 신문독보	**читка** (치트까)
읽다,~까지 읽다, (끝까지) 읽다	**дочитать, дочитывать** (다치따찌), (도치뜨와찌)
읽다: ~ про себя(вслух) 속으로(소리 내어)읽다;	**читать** (치따찌)
읽다; 이해하고 읽다	**прочесть** (쁘라체쓰찌)
읽어주다, 낭독하다, 낭송하다, 독송하다	**зачитывать** (자치띄와찌)
잃다, (사람 모습을) 놓쳐버리다, 두고 잊어버리다	**затерять** (자쩨랴찌)
잃다, 놓쳐버리다, 두고 잊어버리다	**потерять** (빠쩨랴찌)
잃다, 상실하다, 빼앗기다; 몰수되다	**лишиться** (리쉬짜)
(사람 모습을) 놓쳐버리다, 두고 잊어 버리다	**лишаться, утратить** (리샤쨔), (우트라찌찌)
잃다, (사람 모습을) 놓쳐버리다, 두고 잊어버리다	**терять** (쩨랴찌)
잃어지다, 없어지다	**затеряться** (자쩨랴쨔)
잃음, 분실, 상실, 손해, 손실; 사별	**утеря, утрата** (우쩰야) (우트라따)

잃음, 분실, 상실, 손해, 손실	**пропажа** (쁘라빠좌)
임금(육체)노동자 계급(에 어울리는) 일하는	**рабочий** (라보치이)
임금, 급료 ~ая плата 노임	**заработный** (자라보뜨느이)
임대(용)의; 품팔이[삯일]의, 임시고용의	**сдельный** (즈젤느이)
임대[임차]의; 지대[집세]의	**прокатный** (쁘라깥느이)
임대[임차]할 수 있는	**арендный** (아렌트느이)
임명(任命), 지명, 임용;	**назначение** (나즈나체니에)
임명[지명]된 사람; 지위, 관직	**приём** (쁘리욤)
임명하다 (선거·임명의 후보자로서) 지명하다;	**назначать** (나즈나차찌)
임무, 사명, 의무, 책임, 책무	**обязанность** (아뱌잔노쓰찌)
임무; служебные ~и 직무상임무; воинская ~ь 병역의무	**миссия** (미씨야)
임무를 잘 집행(수행)하지 않는	**неисполнительный** (네이쓰뽈니쩰느이)
임박하다, 가까워지다, 닥쳐오다, 다가오다	**близиться** (블리지짜)
임시(臨時), 일시적인, 잠정적(인);	**временный** (프레멘느이)
임시거처: полевой ~ (농사철의) 야외숙영지	**стан** (스딴)
임시건물(臨時建物), 가건물	**барак** (바락)
임시로 파견하다, 임시로 배치하다,	**прикоманди-ровать**

	(쁘리꼬만지로와찌)
임신 못하게 하다	**стерилизовать** (스쩨릴리조와찌)
임신(姙娠), 잉태(孕胎)	**беременность** (볘례멘노쓰찌)
임신부, 임산부, 임부, 태모, 산모(産母)	**беременная** (볘례몌나야)
임신하다, 아이를 배다, 아이를 가지다	**забеременеть** (자볘례몌녜찌)
임업 사업소	**леспромхоз** (레스쁘롬호즈)
임업(林業), 재목(목재)산업(공업)	**лесопромышленность** (레싸쁘로믜 쉬렌노쓰찌)
임의의, 멋대로의; 방자한. 불법[위법]의,	**самочинный** (싸모친느이)
임의의, 멋대로의; 방자한	**произвольный** (쁘라이즈볼느이-)
임의의; 선택의	**факультативный** (파꿀따찌브느이)
임종(臨終)	**агония** (아곤니야)
임질(淋疾)	**гонорея** (가나례야)
임차(대)하다, 빌리다	**внаём, внаймы** (브나욤), (브나이믜)
입 밖에 내다,~을 말로 나타내다	**озвучивать** (아즈부치와찌)
입 밖에 내다, 소문을 퍼뜨리다	**раззвонить** (라스붜니찌)
입, 구강; 입언저리, 입술	**уста рот** (우쓰따) (로트)
입, 아가리	**зев** (제브)

입을, 아가리를 쩍 벌리다, 열다	**разинуть** (라시누찌)
입고 다니다, 쓰고 있다	**носиться** (나씨쨔)
입고(쓰고, 신고) 다니다	**ходить** (하지찌)
입고(신고.쓰고)있다, 닳게(써서 낡게)하다	**изно́сить** (이즈노씨찌)
입고[신고, 쓰고] 있다, 몸에 지니고 있다,	**протирать** (쁘라찌라찌)
입구, 문, 어귀	**въезд, вход, въездной** (프에즈드) (프홀) (프에즈드노이)
입다, 신다, 쓰다; ~ перчатки 장갑을 끼다	**надевать** (나제와찌)
입다, 입고 다니다; 신다, 신고 다니다; 쓰다	**носить** (나씨찌)
입문(入門)	**азы** (아즤)
입발굽 병, 구제역(口蹄疫)(전염병).	**ящур** (야슈르)
입방, 삼승; 체적, 부피; ~ метр 입방(미터)	**кубический** (꾸비체쓰끼이)
입방체; (수학) 3승, 세제곱, 입방(立方), 입방미터	**куб** (꿉)
입법, 법률의 제정	**законодательство** (자깐노다쩰쓰뜨붜)
입법의; ~ый орган 입법기관	**законодательный** (자깐노다쩰느이)
입술(볼)에 약간 칠하다(바르다)	**подкраситься** (빠드크라씨쨔)
입술, 음순(陰脣), 구문(口吻), 구순(口脣)	**губа** (구바)
입술의	**губной**

- 1088 -

입시수용소, 맡아보는 곳	(구브노이) **приёмник** (쁘리욤닉)
입쌀, 백미; 흰쌀, очищенный ~ 흰쌀, 백미	**рис** (리쓰)
입아귀, 구각(口角), 구문(口吻); 구순(口脣)	**рот** (로트)
입안염, 구내염	**стоматит** (스따마찌트)
입어(신어)보는 것	**примерка** (쁘리몔까)
입어(신어)보다	**примерять** (쁘리메랴찌)
입어보다, 신어보다	**мерить** (메리찌)
입에 맞지 않는, 맛없는; 불쾌한, 싫은	**невкусный** (네브꾸쓰느이)
입원(入院) 입원가료, 입원 기간	**госпитализация** (가쓰삐딸리자찌야)
입원(入院)시키다, 병원 치료를 하다	**госпитализировать** (가쓰삐딸리지로와찌)
입의 아픔 набить ~у 입안이 뗩다(떫어지다)	**оскомина** (아쓰까미나)
입이 건, 입심이 센	**зубастый** (주바쓰뜨이)
입장의(入場), 입구의, 출구의	**входной** (프하드노이)
입장허가, 직업허가	**допуск** (도뿌쓰크)
입증하다, 근거(논거)를 대다, 증거로 삼다	**обосновывать** (아바쓰노븨와찌)
입청장, 구개, 구두개; твёрдое(мягкое) ~ 경(연)구개	**нёбо** (뇨보)

입체 기하학(幾何學)	**стереометрия** (스쩨레오몌뜨리야)
입체발성의	**стереофонический** (스쩨레오포니체쓰끼이)
입체음향(立體音響)	**стереозвук** (스쩨레오즈부크)
입체의	**стереоскопический** (스쩨레오쓰까삐체쓰끼이)
입학, 취직, 들어가는 것	**поступление** (빠쓰뚜쁠례니에)
입학하다, 들어가다, 취직하다	**поступить** (빠쓰뚜삐찌)
입회(입학, 입대)하다; 등록하다, 참가하다, 한패가 되다	**подаваться** (빠다와쨔)
입히다, 신기다, 씌우다	**надевать** (나제와찌)
잇다, 연결[접속]하다	**подключать[ся] присоединить** (빠드클류차찌) (쁘리싸예지니찌)
잇닿다, 잡히다	**соприкасаться** (싸쁘리까싸쨔)
잇대다, 이어서 길게 하다, 덧대다, 덧놓다	**надставить** (나드쓰따비찌)
길어지다, 늘어나다. 퍼지다, 넓어지다	**надставлять** (나드쓰따비야찌)
잇대어 길게 하다, 덧대다	**наращивать** (나라쉬와찌)
잇따른, 연면한, 계속되는, 연속하는; 상속의	**преемственный** (쁘례옘쓰뜨벤느이)
잇몸 곪기, 치조농양(齒槽膿瘍)	**флюс** (플류쓰)
잇몸, 치은(齒齦).	**десна** (제쓰나)
있게 되다; 자기의 천분·적성을 깨닫다, ~에 빠지다,	**: очутиться**

	(아추찌짜)
있는 힘을 다 모으다	**напрягаться** (나쁘랴가짜)
있는 힘을 다하여, 힘껏, 전력을 다하여,	**вовсю** (바브슈)
있는, 기존, 현존	**имеющийся** (이메유쉬이쌰)
있는, 출석하고 있는, 현재의, 지금의	**настоящий** (나쓰또야쉬이)
있는, 현존하는, 실재; ~ые деньги 현금, 맞돈;	**наличный** (날리츠느이)
있다 ~이다; (~을) 가지고 있다, 소유하다	**иметься** (이메짜)
~이 있다, 지배하다, 존재(실재.현존)하다	**есть, быть** (예쓰찌) (븨찌)
있다, ~에 달하다	**насчитываться** (나쓰치띄와짜)
있다, ~할 시간이 있다	**успеть** (우쓰뻬찌)
있다, 자리 잡고 있다	**располагаться** (라쓰뽈라가짜)
있다, 잠자다, 잠자고 있다; укладывать ~ 잠재우다	**спать** (스빠찌)
있다, 존재하다, 현존하다	**существовать оказы-ваться** (수쉐쓰뜨뷔와찌) (아까지와짜)
있다. я ~л там 나는 그 곳에 가본 적 있다	**бывать** (븨와찌)
있다; ~의 기초를 두다[세우다]; ~의 근거를 두다	**найтись** (나이찌시)
있어야 한다, 필요하다; *кому-чему* ~하여야 한다	**нужно** (누즈나)
있을 상 싶지 않은(될 수도 없는)것을 꾸며내다	**фантази-ровать** (판따지로와찌)

- 1091 -

있을 수 있는 위험, 위험성; ~ войны 전쟁의 위험	**угроза** (우그로자)
있을 수 있는, 있을 상 싶은, 가능한, 있음직한	**вероятный** (볘랴 야뜨느이)
가지가지의, 여러 가지의, 가지각색의	**всевозможный** (프쎄붜즈모즈느이)
있지 않은, 한 재료로 만든, 한물건으로 만든	**цельный** (쩰느이)
잉어(-魚: carp), 이어(鯉魚)	**сазан** (싸잔)
잉크(필기용·인쇄용의), 먹, 먹물	**чернила** (체르닐라)
잉크가 피다(번지다, 배다), 더러워지다;	**расплыться, растечься** (라쓰쁠릐짜)(라쓰쩨치쌰)
잉크병	**чяернильница** (챠에르닐니짜)
잉크얼룩	**клякса** (클랴크싸)
잉태(孕胎)하다, 수태(회태.회임.포태.회잉)하다	**забеременеть** (자베레메네찌)
잊다, 망각하다, 생각이 안 나다	**забыть, забывать** (자븨찌)(자븨와찌)
잊어버리고 남겨두다, 가져가지 않다	**забывать** (자븨와찌)
잊을 수 없는, 잊지 못할	**неза-бываемый** (네자븨와에므이)
잊지 못할, 잊을 수 없는,	**памятный** (빠먈느이)
잊지 않기 위한, 기억하기 위한	**памятный** (빠먈느이)
잎 지기, 낙엽, 잎 지는 시절(때)	**листопад** (리쓰또빠드)
잎이 지다, 꽃잎이 떨어지다	**облетать**

	(아블레따찌)
잎, 나뭇잎, 풀잎; 군엽(群葉)	**перо** (뼤로)
잎갈나무, 적목(赤木), 낙엽송(落葉松)	**лиственница** (리쓰뜨벤니짜)
잎과 줄기(뿌리긴 채소류)	**ботва** (바뜨와)
잎맥, 엽맥 주엽맥, 시맥, (돌. 목재의) 줄무늬, 결	**жилка** (쥘까)
잎벌레, 투구벌레(류), 딱정벌레	**щитоноска** (쒸따노쓰까)
자 이것[옜다](상대방에게 무엇을 건네어 줄 때) *см.* на	**нате** (나쩨)

ㅇ

ㅈ

자, 어서, 해보게;	**ну-ка** (누-까)
자가제의, 집에서[손으로] 만든	**домашний** (다마쉬니이)
자가제의, 집에서[손으로] 만든, 가제의; 자기 집[그 지방, 국내]에서 산출된[되는];	**свой** (스보이)
자각, 각성(覺醒), 자의식(自意識)	**самосознание** (싸모쏘즈나니예)
자갈, 돌, 잔돌, 돌멩이, 자갈돌, 세석, 역암(礫巖), 사력(沙礫), 사리(砂利),	**гравий** (그라비이)
자개, 금조개, 나전, 합각, (조개의) 진주층(層), 진주모(母), 자개.	**перламутр** (뻬를라무뜰)
자격 증명서, 면허장	**квалификация** (크왈리피까찌야)
자격(급수)사정;	**квалификация** (크왈리피까찌야)
자격, 권한, 법정자격; (통계) 조사 избирательный ~ 선거자격	**ценз** (젠즈)
자격, 권한; 자격 부여	**квалификация** (크왈리피까찌야)
자격, 기능 등을 사정(평정)하다	**квалифицировать** (크왈리피찌로와찌)
자격검정시험자, 졸업검정시험자	**экстерн**

	(엑쓰쩨른)
자격박탈, 권한박탈	**дисквалификация** (지쓰크왈리피까찌야)
자격심사(資格審査), 감정서	**аттестация** (아떼쓰따찌야)
자격을 심사하다, 평가하다,	**аттестовать** (아떼쓰또와찌)
자격의, 권한의	**квалификационный** (크왈리피까찌온느이)
자격이 없는, ~할 힘이 없는, ~을 할 수 없는 ~될 수 없는.	**неспособный** (네쓰빠쏘브느이)
자결(自決); 결정, 해결.	**самоопределение** (싸모오쁘레젤레니예)
자고새 (새의 한 가지)	**куропатка** (꾸로빠뜨까)
자고자대, 자만, 자부심, 자기중심주의, 자부심이 강한, 고집이 센, 완고한	**самомнение** (싸모므네니예)
자국, 자취(自取), 흔적;	**отпечаток** (앗뻬차똑)
자궁 내막염	**эндометрит** (엔다메뜨리트)
자궁, 아기집, 자호(子壺), 포궁(胞宮), (아이 배는 곳으로서의) 배,	**матка** (마뜨까)
자극(고무)하다, 충격을 주다, 활기를 띠게 하다	**стимулировать** (스찌무리로와찌)
자극, 동기, 충동, 충동력	**стимул** (스찌무르)
자극, 충동	**толчок** (딸초크)
자극성(刺戟性), 흥분성	**возбудимость** (바즈부지모쓰찌)
자극소, 자극제, 매개물	**возбудитель**

	(바즈부지쩰)
자극적인, 격려적인	**побудительный** (빠부지쩰늬이)
자극하는, 흥분시키는	**эксцитативный** (엑쓰찌따찌브늬이)
자극하다, 격려[고무]하다	**подсказать** (빧쓰까자찌)
자극하여 활동하게 만들다	**расшевелить** (라쓰쉐벨리찌)
자극한, 야기시키는, 각성하는	**возбуждённый** (바즈부즈죤늬이)
자근거리다	**зудеть** (주제찌)
자금(資金) 돈, 금전, 통화, 화폐; 계산 화폐	**деньги** (젠기)
자금: ~ые средства 유동자금; ~ капитал 유동자본	**оборотный** (아바로트늬이)
자금을 공급하다, 융통(융자)하다	**финансировать** (피난씨로와찌)
자급, 자급자족; 자기 신뢰, 자립, 자발[자급]	**самообеспечение** (싸모오베스뼤첸니예)
자기 눈으로, 직접, 바로, 직통으로	**воочию** (바아치유)
자기 멋(마음)대로 자기로서는 자기 딴에는	**по-своему** (빠-쓰보예무)
자기 몸에 비누칠을 하다	**мылиться** (믤리쨔)
자기 몸에 퍼붓다(끼얹다);	**обливаться** (아블리와쨔)
자기 몸에 ~를 쓰다, ~로 덮다	**накрываться** (나끄릐와쨔)
자기 몸에서 먼지, 눈 등을 털다	**отряхиваться** (앗랴히와쨔)

자기 몸을 감싸다, 자기 몸에 두르다	**завернуться** (자볘르누쨔)
자기 몸을 다치다, 상하다	**разбиться** (라스비쨔)
자기 몸을 마찰하다;	**растираться** (라쓰찌라쨔)
자기 몸을 비비다; ~에 대고 비벼대다;	**тереться** (쩨레쨔)
자기 몸을 조심하다, ~지 않도록 조심하다;	**уберечься** (우베레치쌰)
자기 몸을 지키다, 자신을 옹호(보호.변호)하다,	**защищаться** (자쉬샤쨔)
자기 물건을 정리하다	**разбираться** (라스비라쨔)
자기 비판적으로	**самокритично** (싸모끄리찌츠나)
자기 손으로 만든;	**собственный** (쏘브쓰뜨볜느이)
자기 수염을 수염깎게 되다, 면도되다,	**побриться** (빠브리쨔)
자기 옷의 단추를 벗기다; 열어 제치다;	**расстегнуться** (라쓰쩨그누쨔)
자기 이익만을 꾀하다	**шкурничать** (쉬꾸르니차찌)
자기자신에게 고유한, 독창적인, 특유한, 독특한.	**свой** (스보이)
자기 자신으로, 자기 자신을[에게], 자체(自體)	**себя** (쎼뱌)
자기 자신을[에게]. 자기자신, 스스로 자인하다,	**себе** (쎼베)
자기 자신을[에게]. 자신이, 스스로.	**собой** (싸보이)
자기 자신의, 친~, 육친의;	**родной**

	(라드노이)
자기 주위를 돌아보다(살펴보다), 둘러보다	**оглядываться** (아글랴드와쨔)
자기 집에서 만든	**самодельный** (싸모젤느이)
자기 처지, 의사를 설명(변명)하다,	**объясняться** (아비야쓰냐쨔
자기 편차(偏差), 편의(偏倚)	**склонение** (스클로네니예)
자기(磁氣); 자기성(磁氣性); 자력; 자기학(磁氣學)	**магнетизм** (마그네찌즘)
자기(瓷器·磁器), 자기그릇; 자기제품	**фарфор** (파르포르)
자기 희생성, 자기희생(自己犧牲)	**самопожертвование** (싸모뽀줴르뜨뷔완니예)
자기, 자성, 자력을 띤	**магнитный** (마그니뜨느이)
자기, 자신, 자체, 친히;	**сам** (쌈)
자신(自信); 자신 과잉, 자기 과신.	**самоуверенность** (싸모우베렌노쓰찌)
자기과신; 자부심, 자만, 자만심, 오만, 거만	**самонадеянность** (싸모나제얀노쓰찌)
자기긍정	**самоутверждение** (싸모우뜨베르줴니예)
자기기만	**самообман** (싸모오브만)
자기로 만든, 깨지기 쉬운; ~ый завод 도자기공장;	**фарфоровый** (파르포로브이)
자기를 건드릴 수 없게 하는 사람, 신경질적인	**недотрога** (네다뜨로가)
자기를 과신하는	**самоуверенный**

	(싸모우베렌느이)
자기를 보다;	**смотреться** (스마뜨레쨔)
자기를 보호하다	**страховаться** (스뜨라호와쨔)
자기를 입후보자로 내세우다	**баллотироваться** (발로지로와쨔)
자기를 피신하여	**самоуверенно** (싸모우베렌나)
자기마음대로;	**усмотрение** (우쓰모뜨레니에)
자기만족(自己滿足), 자만심(自慢心)	**самодовольство** (싸모도볼리쓰뜨붜)
자기말로 옮겨 쓰기; 번역 개작, (음악) 변조, 이조	**переложение** (뻬렐로줴니에)
자기망상, 환상, 과대망상(誇大妄想);	**самообольщение** (싸모오볼리쉐니에)
자기모습을 보다;	**поглядеться** (빠글랴제쨔)
자기방위, 자위(自衛)	**самозащита** (싸모자쉬따)
자기방위, 자위(自爲)	**самооборона** (싸모오보로나)
자기보존(自己保存);	**самосохранение** (싸모쏘흐라녜니에)
자기비판	**самокритика** (싸모끄리찌까)
자기비판적인	**самокритичный** (싸모끄리찌츠느이)
자기소개를 하다;	**представиться** (쁘렌쓰따비쨔)
자기소유의;	**собственный** (쏘브쓰뜨볜느이)

자기시중, 자기 일을 자기가 하는 것	**самообслуживание** (싸모오브슬루쥐와니예)
자기얼굴에 분을 바르다	**пудриться** (뿌드리쨔)
자기위안	**самоутешение** (싸모우쩨쉐니예)
자기의 것	**своё** (스뷔요)
자기의 구두 등을 끈으로 매다	**шнуровать** (쉬누로와찌)
자기의 엉덩이, 살 등을 씻다	**подмываться** (빠드믜와쨔)
자기의 위치(방위)를 판정(규정)하다	**определяться** (아쁘레젤랴쨔)
자기의 짐을 풀다;	**распаковаться** (라쓰빠까와쨔)
자기의, 자신의, 자기에게 고유한;	**собственный** (쏘브쓰뜨붼느이)
자기자신이, 저절로, 스스로, 자기혼자;	**сам** (쌈)
자기주위를 살펴보다, 사방을 바라보다;	**осматриваться** (아쓰마트리와쨔)
자기편에 끌어넣다(낚아가다)	**переманивать** (뻬레마니와찌)
자꾸 되풀이하다.	**затвердить** (자뜨베르지찌)
자꾸 자리를 옮기다	**странствовать** (스뜨란쓰뜨뷔와찌)
자동 연결기(철도)	**автосцепка** (압따쓰쩹까)
자동(사)의 ~ глагол (언어) 자동사	**непереходный** (네뻬레호드느이)

자동(식),자동적인,오토메이션	**автоматический** (압따마찌체쓰끼이)
자동기계, 오토메이션;	**автомат** (압따맛트)
자동기록기압계	**барограф** (바로그라프)
자동물급수기(가축용), 자동급수기	**автопоилка** (압따빠일까)
자동소총; (телефон) ~ 자동전화, 전자식전화	**автомат** (압따맛트)
자동소총수	**автоматчик** (압따맛치크)
자동식자 주조기, 자동식자기, 리노찌프	**линотип** (리노찌쁘)
자동의, 자동 추진의; 자주식(自走式)의	**самодвижущийся** (싸모드비주쉬이쌰)
자동장치, 자동기계	**автоматика** (압따마찌까)
자동전화국(*автоматическая телефонная станция*)	**АТС** (아떼에쓰)
자동차 공장	**автозавод** (압따자보트)
자동차 관리국.	**автоинспекция** (압따인쓰뻭찌야)
자동차 기중기	**автокран** (압따크란)
자동차 도로, 고속 도로	**автомагистраль** (압따마기쓰트랄)
자동차 등 부품의 조립	**механосборочный** (메하나쓰보로츠느이)
자동차 등의 전조등, 헤드라이트	**фара** (파라)

자동차 사업소, 자동차 정비소, 카센터, 자동차고.	**автобаза** (압따바자)
자동차 운전	**автодело** (압따젤라)
자동차 운전대, 운전대 손잡이;	**баранка** (바란까)
자동차 운전사들	**шоферня** (샤펠내)
자동차 운전수	**автотранспорт** (압따뜨란쓰빠르트)
자동차 운전자, 운전공, 모터공	**моторист** (마또리쓰트)
자동차 조립의,	**автосборочный** (압따쓰보라츠느이)
자동차 차고, 자동차정비소	**гараж** (가라즈)
자동차(自動車), 차(車)	**автомобиль** (압따모빌)
자동차(전차, 객차 등) 발디딤대, 발판	**подножка** (빠드노즈까)
자동차, <루노호드>	**луноход** (루노호드)
자동차, 비행기 등을 납치하다, 훔쳐가다	**угнать** (우그나찌)
자동차, 오토모빌	**автомашина** (압따마쉬나)
자동차, 기계, 기계장치; 재봉틀, 트럭, 화물 자동차	**машина** (마쉬나)
자동차의 ~ автомобиль 승용차	**легковой** (렉까보이)
자동차의 뜻(합성어의 첫 부분)	**авто** (압-따)

자동차의 바퀴 덮개, 흙받기, 완충판[장치]	**крыло** (크릴로)
자동차의, 기계(장치)의	**автомобильный** (압따마빌느이)
자동총으로 점발사격하다	**строчить** (스뜨로치찌)
자동화(自動化)	**автоматизация** (압따마찌자찌야)
자두, 자도, 자리(紫李), 가경자, 오얏;	**слива** (슬리와)
자두나무, 오얏나무	**слива** (슬리와)
자라나다, 성장하다, 자라다, 크다	**подрастать** (빨라쓰따찌)
자라나다, 자라다, 성장하다	**вырастать** (븨라쓰따찌)
자라다	**вытягиваться** (븨쨰기와쨔)
자라다, 자라나다; борода отрасла 턱수염이 자랐다	**отрастать** (앗라쓰따찌)
자라다, 크다, 성장하다	**расти** (라쓰찌)
자라면서 들어가다, 뿌리를 박다	**врастать, врасти** (프라쓰따찌),(브라쓰찌)
자락이 긴 털외투	**тулуп** (뚤루쁘)
자랑, 긍지;	**гордость** (고르도쓰찌)
자랑삼아 자기를 드러내 보이다, 모양을 부리다	**красоваться** (크라싸와쨔)
자랑스러운, 긍지를 가지는, 자부심을 가지는;	**гордый** (고르드이)
자랑하는, 허풍 떠는, 자화자찬의, 자랑삼아, 뽐내어,	**хвастливо** (흐와쓰뜰리붜)

자랑하다, 자랑을 떨치다, 긍지를 가지다	**гордиться** (가르지쨔)
자랑하다, 자만하다, 허풍떨다	**похвастать[ся]** (빠흐와쓰따찌)
자랑하다, 자부하다, 자만하다, 뽐내다	**хвалиться** (흐왈리쨔)
자랑해 보이다, 과시하다, 드러내다, 돋보이게 하다.	**шиковать** (쉬꼬와찌)
자래우다, 키워내다, 길러내다, 배양하다	**выводить** (븨붜지찌)
자력(성)이 없어지다	**размагнититься** (라스마그니찌쨔)
자력의 단위	**эрстед** (에르스쩨드)
자료(資料), 재료(材料);	**данные** (단늬예)
자루, 부대; 한 자루분(량)	**навалом** (나왈롬)
자루, 포대, 주머니, 섬;	**мешок** (메쑈크)
자루가 긴 낫, 큰 낫	**коса** (까싸)
자루가 긴 비, 마당비	**метла** (메뜨라)
자르다	**ампутировать** (암뿌찌로와찌)
자르다, 무지르다, 동치다	**обрезать** (아브레자찌)
자르다, 베다, 가위질하다, (양·말의 털을) 깎다	**обстригать[ся]** (아브쓰뜨리가찌)(쨔)
자르다, 잘라내다, 절단하다, 베다	**срезать** (스레자찌)
자르다, 잘라서 짧게하다; 짧게베다(깎다);	**подрезать подрезать**

- 1105 -

	(빠드레자찌) (빨라자찌),
자르다, 절단하다;(길을) 막다, 차단하다;	**перерезать** (뻬레레자찌)
자르다, 쪼개다	**перерубать** (뻬레루바찌)
자르다; 베내다, 베다; 잘라내다, 절단하다	**отрезать** (앗레자찌)
자를 속이다, 모자라게 속여 팔다	**обмеривать** (압메리와찌)
자리 잡다, 붙박이다, 머물러 살다, 안접하다	**обосновываться** (아바쓰노븨와쨔)
자리 잡다, 앉다, 들어가다;	**поместиться** (빠메쓰찌쨔)
자리 잡다, 한 곳에 정주하다;	**пристроиться** (쁘리쓰뜨로이쨔)
자리, 좌석; 걸상(의자·벤치); (의자의) 앉는 부분(자리).	**сиденье** (씨졔니예)
자리; 곳, 터, 장소, 지점; 현장, 위치, 부지	**место** (몌쓰따)
자리가 많은, 좌석이 많은	**многоместный** (므나가몌쓰뜨느이)
자리가 좁은, 비좁은, 협소한;	**тесный** (쪠쓰느이)
자리를 예약하다	**абонировать** (아바니로와찌)
자리를 옮기는 것, 이동(移動), 옮김, 이주, 움직임	**перемещение** (뻬레몌쉐니예)
자리를 옮기다[바꾸다, 뜨다]. 이동하다,	**переложить** (뻬렐로쥐찌)
자리를 잡다, 취직하다	**устраиваться** (우쓰뜨라이와쨔)
자리를 차지하다, 배치되다	**располагаться**

	(라쓰뽈라가짜)
자리에 앉다, 착석하다.	**подсаживаться**
	(빧싸지와짜)
자리에 앉히다;	**рассадить**
	(라쓰싸지찌)
자리에서 움직이다, 옮겨가다;	**сдвинуться**
	(즈드비누짜)
자리잡다, 이주하다, 이사하다	**поселиться**
	(빠셀리짜)
자리잡다, 있다; ~에 붙다,	**держаться**
	(제르좌짜)
자리찾기 ~ое число (수학) 미지수	**искомый**
	(이쓰꼬믜이)
자리표 (좌표)	**координата**
	(까오르지나따)
자립(독립, 자주)적인;	**самостоятельный**
	(싸모쓰또야쩰늬이)
자립(성), 독립, 자주(성)	**самостоятельность**
	(싸모쓰또야쩰노쓰찌)
자립성이(자주성이.독자성이) 없는	**несамостоятельный**
	(네싸마쓰또야쩰늬이)
자립적으로, 독립적으로, 자주적으로	**самостоятельно**
	(싸모쓰또야쩰나)
자막(字幕)	**субтитр, титр**
	(숩찌뜨르), (찌뜰)
자만, 오만, 자부심, 자기 과대평가	**чванство**
	(츠완쓰뜨붜)
자만, 자존, 자고자대	**зазнайство**
	(자즈나이쓰뜨붜)
자만, 장담, 큰소리, 자랑, 허영, 허세; 허식	**хвастовство**
	(흐와쓰또브쓰뜨воо)
자만심이 강한, 젠체하는, 우쭐한. 우쭐대는.	**амовлюблённый**
	(싸모블류블론느이)

- 1107 -

자만자족하는, 자기만족하는	**самодовольный** (싸모도볼리느이)
자만자족하여, 자만하여, 스스로 만족하여	**самодовольно** (싸모도볼리나)
자만하는 사람, 대포쟁이, 허풍선이, 자랑꾼.	**хвастун** (흐와쓰뚠)
자만하는, 자부심[허영심]이 강한	**хвастливый** (흐와쓰뜰리브이)
자만하다, 자고자대하다, 뻐기다, 거드름 피우다	**зазнаваться** (자즈나와쨔)
자매 도시.	**побратим** (빠브라찜)
자메이카(서인도 제도)	**ямайский** (야마이쓰끼이)
자명성, 자명한 것	**очевидность** (아체비드노쓰찌)
자명한 이치, 뻔(명명백백)한 일	**азбучный** (아즈부치느이)
자명한 진리, 진리(眞理)	**аксиома** (악씨오마)
자명한, 반박할 수 없는	**непреложный** (네쁘렐로쥐느이)
자명한; 완연한, 극히 명백한, 두 말할 것도 없는	**очевидный** (아체뷔드느이)
자모(字母), 자모표(字母表); ◇ ~ Морзе 모르스 부호	**азбука** (아즈부까)
자물쇠, 열쇠;	**замок** (자모크)
자물쇠로 잠그다, 닫아걸다;	**замыкать** (자믜까찌)
자물쇠를 열다(열리다)	**отпираться** (앗삐라쨔)
자물쇠를 열다. (꼭 닫힌 것을) 열다	**отпереть[ся]**

	(앗뻬레쨔)
자물쇠를 잠그다, 문단속하다; 폐쇄하다	**запереть(ся)** (자뻬레찌)
자물쇠를 채우다, 잠그다, 닫다 닫히다	**шлюзовать** (쉴류조와찌)
자물쇠를 채우다, 잠그다;	**сковать** (스까와찌)
자물쇠를 채우다, 잠그다; 닫다	**запереть** (자뻬레찌)
자물쇠를 채우지 않은, 자물쇠를 걸지 않은	**незапертый** (네자뻬르뜨이)
자물쇠를 풀다, (문·창을) 열다, 열어젖히다	**отпирать** (앗뻬라찌)
자바(Java: 인도네시아의 섬).	**ява** (야와)
자바라, 팀파니, 케틀드럼	**литавры** (리따브리)
자바인(Java人).자바사람	**яванец** (야와네쯔)
자발적인, 스스로 발견하게 하는	**эвристический** (에브리쓰찌체쓰끼이)
자발적인, 자원적인;	**добровольный** (다브로볼느이)
자발적인, 지원의, 임의의	**рекомендательный** (레꼬멘다쩰느이)
자본(금), 원금, 밑천, 자재	**капитал** (까삐딸)
자본가, 전주; 자본주의자.	**капиталист** (까삐딸리쓰뜨)
자본주의 이전의	**докапиталистический** (다까삐딸쓰찌체쓰끼이)
자본주의, 자본주의제도	**капитализм** (까삐딸리즘)

자본주의[자본가]의, 자본주의적인;	**капиталистический** (까삐딸리쓰찌체스끼이)
자부심(自負心), 자존심(自尊心)	**самолюбие** (싸몰류비예)
자부심이 강한, 자존심이센	**самолюбивый** (싸몰류비브이)
자비로운, 동정심이 있는; 온정적인	**жалостливый** (쫠로쓰뜰리브이)
자비심 없는, 삭막한, 혹독한	**немилосердный** (네밀로쎌드느이)
자비심, 연민	**милосердие** (밀로쎄르지에)
자비심이 깊은, 연민의 정이 깊은;	**жалостливый** (쫠로쓰뜰리브이)
자비심이 있는, 인자한;	**милосердный** (밀로쎄르드느이)
자산, 밑천, 많은 돈	**капитал** (까삐딸)
자살, 자결. 자처. 자해. 자진. 자재. 자폐(自斃)	**самоубийство** (싸모우비이쓰뜨붜)
자살자	**самоубийца** (싸모우비이짜)
자서전(自敍傳), 이력서(履歷書).	**автобиография** (압따비아그라피야)
자석, 자철, 자성체	**магнит** (마그니트)
자선(사업), 박애, 인자(仁慈).	**филантропия** (필란트로삐야)
자선, 은혜, 박애(博愛), 선행	**добро** (다브로)
자성(력)을 없애다	**размагнитить** (라스마그니찌찌)

자성을 없애다; (자기테이프의) 녹음을 지우다. **размагничивать**

	(라스마그니치와찌)
자세: ~ (смирно) 차렷자세	**стойка** (스또이까)
자세를 취하다	**позировать** (빠지로와찌)
자세한, 세밀한	**обстоятельный** (아브쓰따야쩰느이)
자세히 알아내다, 탐지하다	**разузнавать** (라주즈나와찌)
자세히 조사(음미.숙고)하다; 유심히 바라보다	**рассмотреть** (라쓰모뜨레찌)
자세히, 상세하게, 세밀하게.	**подробно** (빨로브나)
자세히, 정밀히	**обстоятельно** (아브쓰따야쩰나)
자손(子孫), 후손(後孫) 후사.	**потомок** (빠또모크)
자손, 후예 손자, 손녀	**внук** (브누크)
자손들, 자식들, 후손들, 후대들	**потомство** (빠똠쓰뜨붜)
자수, 수(놓기); 자수품	**шитьё** (쉬찌요)
자수법, 뜨개질법, 바느질; 자수[뜨개질] 장식품.	**рукоделие** (루까젤리예)
자수품, 수놓은 것	**вышивание** (븨쉬와니에)
자수하다, 수를 놓다 자수무늬 있는 꿰매서 입은	**шитый** (쉬뜨이)
자수하다, 수를 놓다	**вышить** (븨쉬찌)
자수하다, 수를 놓다; ~ шёлком 자수무늬를 놓다;	**шить, сшить**

	(쉬찌)(스쉬찌)
재봉; 재봉업, 바느질, 봉제, 깁는 일, 기운 것	**шитьё** (쉬찌요)
자습(自習), 독학(獨學)	**самообразование самообучение** (싸모오브라조완니예) (싸모오부첸니예)
자습서(自習書), 자습지도서	**самоучитель** (싸모우치쪨)
자식, 자녀; 자손, 후예. (씨족의) 분파,	**отпрыск, семя** (앗쁘리쓰크)(쎄먀)
자식들, 자녀	**дети** (제찌)
자식을 보다, 자손을 낳다, 번식시키다, (열매를) 맺다	**плодить** (쁠로지찌)
자식이 부족한 사람	**малограмотный** (말라그라모뜨느이)
자신 없는, 사양하는, 수줍은, 머뭇거리는,	**застенчивый** (자쓰쪤치브이)
자신(확신성)있게말하다	**убежденно** (우베쥐젠나)
자신, 개인, 일신상;	**личный** (리츠느이)
자신감(自信感), 자존심(自尊心)	**апломб** (아쁠롬프)
자신감, 자신만만한 것;	**самоуверенность** (싸모우베렌노쓰찌)
자신감, 확신(성); ~ в себе 자신; с ~ю 자신있게	**уверенность** (우베렌노쓰찌)
자신만만한, 확신성 있는;	**победоносный** (빠베다노쓰늬이)
자신감(확신성)없는	**неуверенный** (네우베렌느이)
자신감(확신성)이 없이, 확고하지 못하게	**неуверенно** (네우베렌나)

자신감을 잃게 하다, 어리버리하다	**обескураживать** (아베쓰꾸라줘와찌)
자신에 대한 입후보추천의 사퇴	**самоотвод** (싸모오뜨봇)
자신을 지나치게 믿는 자기를 과신하는,	**самонадеянный** (싸모나제얀느이)
자신의 눈을 찌그리다(가늘게 뜨다)	**прищуривать** (쁘리슈리와찌)
자신의 띠를 풀다	**распоясаться** (라쓰빠야사쨔)
자신의 친족[혈연]관계, 자신의 연고, 집안의, 친척들의	**свой** (스보이)
자신의 무장을 해제하다, 군비를 축소(철폐)하다;	**разоружиться** (라자루쥐쨔)
자신있게, 확신성있게	**уверено** (우붸레나)
자신있게;	**уверенный** (우붸렌느이)
자신있는, 자신만만한	**самоуверенный** (싸모우붸렌느이)
자아, 미래주의;	**эгофутуризм** (에가푸뚜리즘)
자아내다, 불러일으키다;	**будить** (부디찌)
자아내다, 야기하다, 초래하다;	**навлекать** (나블레까찌)
자아주의자, 제멋대로 하는 사람, 자부심이 강한 사람.	**готизм** (에가찌즘)
자아중심주의, 자기 중심성	**эгоцентризм** (에가젠뜨리즘)
자양물; 음식물; 양육; 영양 상태, 식사,	**питание** (삐따니예)
자연 연구가, 자연과학자	**естествоиспытатель**

	(예쓰쩨쓰뜨뷔이쓰쁴**따젤**리)
자연(自然), 자연계(自然界), (대)자연, 천지만물,	**природа** (쁘리로다)
자연; (미술) 실물, 실경;	**натура** (나뚜라)
자연과학자, 과학연구자, 박물학자, 자연주의자;	**естествовед** (예쓰쩨쓰뜨뷔벳트)
자연발생적으로, 저절로, 무계획적으로	**самотёком** (싸모죠꼼)
자연발생적인, 맹목적인	**стихийный** (스찌히이느이)
자연발생적인, 저절로 일어나는	**самопроизвольный** (싸모쁘로이즈볼느이)
자연발화, 자연연소(自然燃燒)	**самовоспламенение** (싸모뷔쓰쁘라메네니에)
자연성, 천진스러운 것,	**непосредственность** (네빠쓰레드쓰뜨뷀노쓰찌)
자연스러운 것, 구속받지 않는 것	**непринуждённость** (네쁘리누쥐죤노쓰찌)
자연스러운, 거짓(가장) 없는, 진심으로	**непритворный** (네쁘리뜨보르느이)
자연스러운, 구속 받지 않는	**непринуждённый** (네쁘리누쥐죤느이)
자연스러운, 자연의, 무의식적인,	**непосредственный** (네빠쓰레드쓰뜨뷀느이)
자연스럽지 않은, 부자연스러운, 인공적인	**деланный** (젤란느이)
자연의, 자연계의, 자연계에 관한, 자연스러운 것.	**естественно** (예쓰쩨쓰뜨뷀나)
자연의, 자연계의, 자연적인, 자연스러운;	**атуральный** (나뚜랄리느이)
자연의, 자연계의, 가공 하지 않은, 천연의,	**естественный** (예쓰쩨쓰뜨뷀느이)

자연의, 자연계의, 자연계에 관한.	**природный** (쁘리롣늬이)
자연의; ~ое бедствие 자연재해	**стихийный** (스찌히이느이)
자연주의적인, 자연의; 자연주의의;	**натуралистический** (나뚜랄리쓰찌체쓰끼이)
자연현상, 자연력: борьба со ~ей 자연력과의 투쟁;	**стихия** (스찌히야)
자연현상이 사납게 굴다, 날치다:	**свирепствовать** (스비례쁘쓰뜨붜와찌)
자연히, 자연의 힘으로, 인력을 빌리지 않고	**естественно** (예쓰쩨쓰뜨볜나)
자오선, 경선	**меридиан** (메리지안)
자외(선)의;	**ультрафиолетовый** (울리뜨라피올례또브이)
자웅착생, 자웅합체	**женомужие** (췌노무쥐예)
자원(資源); 부원(富源);	**ресурсы** (레쑤르시)
자원성, 자발성(自發性);	**добровольность** (다브로볼노쓰찌)
자유(自由), 해방, 리버어티(liberty)	**свобода** (스붜보다)
자유(自由);	**воля** (뷜랴)
자유로운 구속(제한)되지 않는	**свободный** (스붜보드느이)
자유로운, 마음대로 할 수 있는	**вольный** (뷜느이)
자유로운; 속박 없는. 자의적인;	**произвольный** (쁘라이즈볼느이-)

자유로이, 제멋대로, 마음대로, 자의적으로	**произвольно** (쁘라이즈볼나)
자유롭게 유창하게	**свободно** (스뷔보드나)
자유롭지 못한 것, 속박; 감금	**неволя** (녜볼야)
자유를 사랑하는, 자유애호적인	**свободолюбивый** (스뷔보돌류비브이)
자유주의(自由主義)	**либерализм** (리베랄리즘)
자유주의, 자유주의적인; 자유를 존중하는	**либеральный** (리베랄느이)
자유주의를 존중하다	**либеральничать** (리베랄니차찌)
자유주의자, 자유 당원	**либерал** (리베랄)
자유형, 크롤(crawl), 크롤 스트로크(crawl stroke)	**кроль** (크롤)
자율(自律), 자제(自制)	**самодисциплина** (싸모지쓰찌쁠리나)
자음의, 닿소리, 부음(父音); ~звук 자음	**согласный** (싸글라쓰느이)
자의적인, 승낙이 없이 하는	**самовольный** (싸모볼느이)
자의적인, 자발적	**самопроизвольный** (싸모쁘로이즈볼느이)
자이로스코프, 회전의, 회전 운동을 하는 물체	**жироскоп** (쥐로쓰꼽)
자인(인정)하다;	**расписаться** (라쓰삐싸쨔)
자작나무 껍질	**берёста** (볘료쓰따)
자작나무, 백단(白檀), 백화(白樺)	**берёза**

	(베료자)
자작나무의, 자작나무로 만든	**берёзовый** (베료조브이)
자장 자장하다, 자장가를 불러재우다, 잠재우다	**баюкать** (바유까지)
자장가를 부르면서 (잠)재우다	**убаюкать** (우바유까지)
자전거 경기	**велогонка** (벨로곤까)
자전거 선수	**велосипедист** (벨라씨뻬지쓰트)
자전거(自轉車), 자전차(自行車), 은륜(銀輪);	**велосипед** (벨라씨뼫)
자전거의 경주로	**трек** (뜨레크)
자전거의 튜브, 타이어. 축구공 등 속고무(내피);	**камера** (까메라)
자제력 있는, 인내성 있는, 침착한, 냉정한	**выдержанный** (븨제르좐느이)
자제력, 인내성, 견딜성, 뒷심	**выдержка** (븨젤즈까)
자제력, 침착성, 냉담성	**самообладание** (싸모오블라단니예)
자제력을 잃다, 혼란되다	**развинтиться** (라스빈찌쨔)
자제력이 없는, 참착하지 못한, 성급한	**несдержанный** (네쓰젤좐느이)
자제력이 없는. 성미가 급한, 침착하지 못한	**невыдержанный** (네븨제르좐느이)
자제하다, 자기를 억제(제지)하다	**сдержаться** (즈제르좌쨔)
자존심	**самоуважение** (싸모우바줴니예)

- 1117 -

자주 가다, 때때로 가다(드나들다, 방문하다);	**бывать** (븨와찌)
자주 다니기 시작하다	**зачастить** (자차쓰찌찌)
자주 이사하다	**кочевать** (까체와찌)
자주 일어남, 빈번, (맥박의) 횟수, 도수, 빈도(수)	**вероятность** (붸라야뜨노쓰찌)
자주 침(가래)을 뱉다, 사방(망탕) 침(가래)을 뱉다	**плеваться** (쁠레와쨔)
자주, 빈번히, 종종; 때때로,	**часто** (차쓰또)
자주, 종종, 흔히	**зачастую** (자차쓰뚜유)
자주개자리, 개자리, 앨펄퍼(alfalfa)	**люцерна** (류쩨르나)
자주권(自主權); национальный~ 민족적자주권	**суверенитет** (수베레니쩨트)
자주빛, 자색	**фиолетовый** (피올레또브이)
자루 걸레, 자루걸레 비슷한 물건	**мочалка** (마촬까)
자진하여 하다, 지원하다.	**вызываться** (븨즤와쨔)
자질구레한 물건	**мелочь** (멜로치)
자찬	**самовосхваление** (싸모붜쓰왈레니예)
자청하다, 자진해 나서다, 스스로 하다;	**вызываться** (븨즤와쨔)
자체 수양	**самовоспитание** (싸모붜쓰삐따니예)
자체; 바로, 똑바로, 올바르게, 정확히; 완전하게	**собственно**

	(쏘브쓰뜨볜나)
자체의; имя ~ oe (언어) 고유명사; 홀이름씨,	**собственный** (쏘브쓰뜨볜느이)
자체학습, 자체훈련	**самоподготовка** (싸모빠드가또프까)
자취, 혼적:	**след** (슬레드)
자취를 찾아내다, 종적을 찾다;	**выследить** (븨쓸레디찌)
자치, 따이멘(연어과의 종류)	**таймень** (따이메니)
자치의(自治)	**автономный** (압따놈느이)
자치제	**автономия** (압따노미야)
자치제(自治制), 자치권(自治權)	**самоуправление** (싸모우쁘라블레니예)
자침자	**самозванец** (싸모즈바네쯔)
자코뱅 당원; 과격한 혁명가.	**якобинец** (야까비네쯔)
자코뱅당주의.	**якобинец** (야까비네쯔)
자코뱅주의 급진민주주의.	**якобинство** (야까빈쓰뜨붜)
자필(自筆), 친필, 육필, 자서	**автограф** (압또그라프)
자행의	**самоходный** (싸모호드느이)
자화상(自畵像),	**автопортрет** (압따빠르뜨렛트)
자활(자급)하다, ~을 갖추다; ~을 가지고 가다	**запасаться** (자빠싸쨔)

작가(作家), 글쓴이, 집필자, 저자, 필자. 문필가	**писатель** (삐싸쩰)
작게, 잘게;	**мелко** (멜까)
작게[적게] 하다, 줄이다, 감하다, 줄(어 들)다	**свернуться** (스볘르누짜)
작고 똑똑지 않은 말, 중얼거림.	**шамкать** (샴까찌)
작곡, 작곡법	**композиция** (깜뽀지찌야)
작곡가(作曲家)	**композитор** (깜뽀지따르)
작동체(作動體)	**эффектор** (에펙또르)
작동하다, 움직이다, 일하다	**резать** (레자찌)
작문하다, 작곡하다; (그림을) 구도하다	**составить** (싸쓰따비찌)
작별(作別), 고별(告別), 이별(離別);	**прощальный** (쁘라샬느이)
작별(作別), 이별(離別); 작별인사;	**прощание** (쁘라샤니예)
작별인사, 환송사, 떠나보내면서 하는 당부(조언)	**напутствие** (나뿌뜨쓰뜨비에)
작별인사를 나누다, 작별하다	**попрощаться** (빠쁘로샤짜)
작별하다, 헤어지다, 이별하다	**распрощаться** (라쓰쁘로샤짜)
작사자, 작곡가(作曲家)	**песеник** (뻬쎄닉)
작살, 고래작살	**гарпун** (가르뿐)

작성(편찬, 저작) 하다; ~ словарь 사전을 편찬하다	**составлять** (싸쓰따블랴찌)
작성, 서류·원고·계획 따위를 만듦	**разработка** (라자라볼까)
작성되다	**разрабатываться** (라자라바띄와쨔)
작성자	**автор** (압따르)
작성하다;	**вырабатывать** (븨라바띄와찌)
작시(법), 시짓기, 시작; (산문 작품의) 운문화	**стихосложение** (스찌호쓸로줴니예)
작시법(作詩法)	**поэтика** (빠예찌까)
작업 장치, 행정부, 바퀴;	**ход** (혼)
작업대(作業臺)	**верстак** (붸르쓰따크)
작업량, 피로, 기록계	**эргограф** (에르고그라프)
작업반(作業班);	**бригада** (브리가다)
작업반장(作業班張)	**бригадир** (브리가디르)
작업복(作業服)	**спецовка, спецодежда** (스뻬쪼브까),(스뻬쪼졔즈다)
작업지시, 임무(任務), 직무, 직책; 군무	**наряд** (나랴드)
작업지시를 주는 사람, 십장	**нарядчик** (나랴드치크)
작열한, 시뻘겋게 단	**раскалённый** (라쓰깔룐느이)

작용, 직무, 임무; 직능; 역할.	**деятельность** (제애쩰노쓰찌)
작용하다, 구실을 하다; 역할[직분]을 다하다.	**функционировать** (푼끄찌아니로와찌)
작용하다, 영향을 주다	**подействовать** (빠제이쓰뜨붜와찌)
작위, 칭호;	**титул** (찌뚤)
작은(얇은)조각, 조각, 단편, 작은 부분	**ломтик** (롬찌크)
작은 가락지 빵(건빵의 한 가지)	**сушка** (수스까)
작은 가마(솥), 쟁개비	**котелок** (까쩨록)
작은 거품, 기포	**пузырёк** (뿌즈료크)
작은 관목 숲, 잡목 숲	**поросль** (뽀로쓸)
작은 광주리 (바구니)	**корзинка** (까르진까)
작은 구멍, 구덩이 하등동물의 감각기관 보조개.	**ямка** (얌까)
작은 구멍이 많은, 그물코의 뜻.	**яеистый** (야에이쓰뜨이)
작은 길, (정원, 공원의) 소로 길,	**аллея** (알레야)
작은 깃털; 유아(幼芽), 새싹.	**пёрышко** (뾰리쉬까)
작은 나뭇가지	**сучок** (수초크)
작은 농어류의 민물고기, 쏘가리	**ёрш** (요르쉬)
작은 담보(물), 적은저당물	**малокалиберный**

- 1122 -

	(말라까리벨느이)
작은 돛단배의 하나, 센터보드, 자재 용골(自在龍骨)	**швертбот** (쉬벨드볼)
작은 둔덕	**кочка** (꼬츠까)
작은 마디; 작은 혹, 뿌리혹	**желвак** (젤르와크)
작은 마을, 자그마한 농촌부락	**деревушка** (제레부쉬까)
작은 막대기;	**палочка** (빨로츠까)
작은 말뚝	**колышек** (꼴릐쉐크)
작은 망원경, 쌍안경의 ~ая труба 망원경	**подзорный** (빠드졸느이)
작은 매;	**ястребок** (야쓰뜨레복)
작은 모자;	**шапочка** (샤뽀츠까)
작은 무더기 (더미) (사람들의) 무리	**кучка** (꾸츠까)
작은 문; 문, 방문, 문짝.	**дверца** (드볘르)
작은 반점이[오목한 데가] 있는	**пятнистый** (뺏니쓰띄이)
작은 방, 벌집의 작은 구멍, 꽃가루주머니;	**ячея** (야체야)
작은 방, 사실(私室); 서재	**каморка** (까모르까)
작은 방울; ни ~и 조금도	**капелька** (까뻴까)
작은 벌레, 곤충, 벌레	**букашка**

	(부까쉬까)
작은 별, 아기별; 별표	**звёздочка** (즈뵤즈도츠까)
작은 보트, 나룻배(흔히 도하용의) 1~2 쌍의 노가 딸린 보트.	**ялик** (얄리크)
작은 뼈	**косточка** (꼬쓰또츠까)
작은 뿔, (소·양·코뿔소 등의) 뿔, (사슴의) 가지진 뿔	**рожок** (라조크)
작은 삽, 꽃삽;	**лопатка** (라빠뜨까)
작은 상선(어선)의 선장, (운동 팀의) 주장, 기장	**шкипер** (쉬끼뻴)
작은 쇠조각, 쇠붙이,	**железка** (쥀레지까)
작은 술잔	**стопка** (스또쁘까)
작은 알, 계란; 고환(睾丸).	**яичко** (야이츠까)
작은 유리병, 약병	**склянка** (스클르얀까)
작은 유리병, 장식병;	**пузырёк** (뿌즈료크)
작은 절구	**ступка** (스뚜쁘까)
작은 접시	**блюдце** (블류드쩨)
작은 정거장	**полустанок** (빨루쓰따녹)
작은 조각; 토막, 지저깨비; 파편 ~ земли 땅뙈기	**клочок, лом** (클로초크),(롬)
작은 조각상	**статуэтка**

- 1124 -

	(스따뚜에뜨까)
작은 창; (제단 남쪽의) 작은 벽장.	**окошечко** (오까쉐츠꼬)
작은 철갑상어	**стерлядь** (스쩨르랴지)
작은 청어, 멸치	**килька** (낄까)
작은 톱니.	**шестерёнка** (쉐쓰쩨론까)
작은 틀, 작은 태두리	**рамка** (람까)
작은 틈. 작은 금, 균열;	**щёлка** (쑐까)
작은, 자그마한; 적은;	**маленький** (말렌끼이)
작은, 잔, 자잘한	**мелкий** (멜끼이)
작은 구슬, 염주알, 로사리오, 묵주, 혈구(血溝),	**шарик** (샤리크)
작은기, 손기(발), 수기; сигнальный ~ 신호기	**флажок** (플라죠크)
작은새·양 따위의 무리, 떼	**клок** (끌록)
작전;	**операция** (아뻬라찌야)
작전근거지, 교두보, 거점	**плацдарм** (쁠라쁘다르므)
작전의; ~ый план 작전계획	**оперативный** (아뻬라찌브느이)
작품(作品), 창작물, 제작물, 소작	**произведение** (쁘라이즈베제니예)
작품, 논문 등 내용의 개괄적 서술(보고)	**реферат** (레페라트)

작품, 제작품, 제작물, 창작물(품), 창조물	**работа творение** (라보따) (뜨붜레니에)
작풍, 방식; ~ в работе 사업작풍;	**стиль** (스찔)
잔가지, 가는 가지	**ветка** (뷀까)
잔교, 계선장, (돌출부) 부두	**пирс** (삘쓰)
잔구멍이 많은, 숭숭한	**пористый** (뽀리쓰띄이)
잔돈, 작은 돈, 푼돈, 잔전, 소액화폐	**мелочь** (멜로치)
잔돈으로 바꾸는 것; 교환;	**размен** (라스멘)
잔돈으로 바꾸다(교환하다), 환전하다, 교체[교대]하다;	**разменять** (라스메냐찌)
잔디, 잔디밭	**газон** (가존)
잔뜩 쌓아놓다, 가득 채우다, 쌓다	**загромождать** (자그로모즈다찌)
잔물결, 세파, 윤의	**рябь** (랴비)
잔물결[파문]이 일다	**взволновать(ся)** (쓰발노와찌)(쌰)
잔물고기, 고기새끼	**рыбёшка** (릐뵤쉬까)
잔소리, 꾸짖음	**попрёк** (빠쁘룍)
잔소리, 질책 получить ~у 질책을 받다	**нахлобучка** (나흐로부츠까)
잔소리가 많은, 독설의, 말이 신랄한,	**языкастый** (야즤까쓰뜨이)

잔소리가 많은[으드등거리는] 여자,	**фурия** (푸리야)
잔소리꾼, 불평꾼, 말썽꾼	**ворчун** (바르춘)
잔소리로 못살게 굴다	**пилить** (삘리찌)
잔소리하다, 바가지 긁다	**щучить, жучить** (쓔치나), (주치찌)
잔소리하여 괴롭히다, 성가시게 잔소리하다,	**шпынять** (쉬쁴냬찌)
잔소리하다, 바가지 긁다, 괴롭히다, 트집 잡다	**прицепиться** (쁘리쩨삐쨔)
잔인무도하게 행동하다, 야만적으로 행동하다	**зверствовать** (즈베르쓰뜨뷔와찌)
잔인무모한 짓을 즐기는 사람	**садист** (싸지쓰트)
잔인한 짓을 즐기는 것	**садизм** (싸지즘)
잔인한, 야수적인, 잔혹한	**изуверский** (이주베르쓰끼)
잔인함, 잔학함, 무자비함; 끔찍함; 잔인한 행위	**жестокосердие** (줴쓰또까세르지예)
잔잔(고요, 조용)해지다;	**стихнуть** (스찌흐누찌)
잔재; 유습, 옛(날) 풍습	**пережиток** (뻬레쥐또크)
잔존 생물, 잔존 광물	**реликт** (렐리끄트)
잔존물, (고대의 유물로서 남아있는) 유기체	**реликт** (렐리끄트
잔치, 향연(饗宴);	**банкет** (반껫트)
잔학[잔인]함, 무자비함, 끔찍함, 잔인한 행위,	**жестокость**

	(줴쓰또까쓰찌)
잔혹[잔인]한 무자비한, 잔인한,	**жестокий** (줴쓰또끼이)
잔혹[잔인]한; 무자비한, 참혹한, 비참한	**жестокосердный** (줴쓰또까세르지늬이)
잘 거두어두다, 보관하다, 보존 하다, 건사하다	**хранить** (흐라니찌)
잘 꾸리다, 정비(정돈)하다,	**благоустраивать** (블라가우쓰뜨라이와찌)
잘 녹는, 잘 용해되는, 이융성	**легкоплавкий** (렉꼬쁠랍끼이)
잘 달리는 말, 준마(駿馬)	**рысак** (릐싸크)
잘 돌봐 주는, 자상하게 하는, 친절한,	**предупредительный** (쁘레두쁘레지쩰느이)
잘 돌봐 주는, 친절한, 사근사근한, 고분고분한.	**услужливый** (우쓸루쥘리브이)
잘 되다,~하는데 성공하다,~할 기회가 생기다;	**удаваться** (우다와쨔)
잘 되어 가다, 순조로이 이루어지다	**ладиться** (라지쨔)
잘 먹이다, 영양가(영양) 있는 음식을 더 먹이다.	**подкармливать** (빠드깔믈리와찌)
잘 모르는, 조예가 없는(깊지 못한)	**непосвящённый** (네빠쓰뱌숀느이)
잘 벼려지는, 벼릴 수 있는	**ковкий** (꼬브끼이)
잘 변하는 마음, 일시적인 생각, 변덕	**фокус** (포꾸쓰)
잘 보살피는, 잘 돌봐주는	**заботливый** (자보뜰리브이)
잘 볶아진, 잘 구워진	**поджаристый**

	(빤좌리쓰띄이)
잘 살피지(감시하지) 않다, 간과하다;	**недосмотреть** (네다쓰모뜨레찌)
잘 생긴, 균형이 잡힌	**складный** (스클라드느이)
잘 아려지지 않는, 사소한	**незаметный** (네자몌뜨느이)
잘 알다, 이해하다	**познавать** (빠즈나와찌)
잘 알려져 있는; 악명 높은	**небезызвестный** (녜베즤즈볘쓰뜨느이)
잘 알아내다, 요해하다	**раскусить** (라쓰꾸씨찌)
잘 연구(탐구) 되지 못 한, 불충분하게 연구된	**алоизученный** (말라이주첸느이)
잘 울리는, 낭랑한, 청청한	**звучный** (즈부츠느이)
잘 울리는, 쟁쟁한; ~ие согласные (언어) 유성자음	**звонкий** (즈본끼이)
잘 움직이는 생활양식	**малоподвижный** (말라뽀드비즈느이)
잘 일깨워주다, 알기 쉽게 하다	**растолковать** (라쓰똘까와찌)
잘 있소!, 안녕하시오	**здорово** (즈다로붜)
잘 잊어버리는, 기억력이 나쁜	**забывчивый** (자븨브치브이)
잘 젓다, 흔들다. 일으키다, 환기하다, 분발케 하다	**замутить** (자무찌찌)
잘 정비되어 가다, 잘 꾸려지다	**благоустраиваться** (블라가우쓰뜨라이와짜)
잘 지껄여대다; 지절거려 누설하다	**брякать,выболтать** (브랴까찌),(븨볼따찌)

(지절거려) 비밀을 누설하다, 누설하다, 입밖으로 내다	**проболтаться** (쁘라볼따쨔)
잘 지껄이다, 재잘(종알)거리다	**тараторить** (따라또리찌)
잘 팔리는 상품	**ходкий** (호드끼이)
잘 훈련된	**натренированый** (나뜨레니로와느이)
잘!, 잘해!, 멋있다! 참 좋다!	**здорово** (즈다로붜)
잘(많이, 실컷)먹다;	**наедаться** (나예다쨔)
잘(문화적으로) 꾸려져 있지 않은	**неблагоустроенный** (네브라고우쓰뜨로옌느이)
잘(자주) 우는; 울먹울먹한, 울음 섞인.	**плаксивый** (쁠라크씨브이)
잘(충분히) 끓이다	**прокипятить** (쁘라끼빠찌찌)
잘(충분히) 씹다	**прожевать** (쁘라제와찌)
잘(충분히, 바싹) 말리다	**просушивать** (쁘라쑤쉬와찌),
잘, 좋게, 훌륭하게, 멋지게;	**хорошо** (하로쇼)
잘, 충분히, 아주, 전적으로, 참으로.	**хорошенько** (하로쉔까)
잘게 다진(썬);	**рубленый** (루블레느이)
잘게 바스러(부스러)뜨리다	**размельчать** (라스멜차찌)
잘게 새기는 것;	**насечка** (나쎼치까)
잘게 써는 것(도구)	**шинковка**

	(쉰꼬브까)
잘게 썰기 위한	**шинковальный** (쉰꼬왈느이)
잘게 썰다(자르다.뻐개다), 팍팍찍다, 짧게 자르다	**шинковать** (쉰꼬와찌)
잘게 씹은, 씹어서 부숴진, 씹혀진,	**жёваный** (죠와느이)
잘게 조각(토막)을 내다	**расщепить** (라쓰쉐삐찌)
잘게 조각(토막)이 나다	**расщепиться** (라쓰쉐삐쨔)
잘게 팍팍 찍다(자르다, 뻐개다), 저미다, 썰다	**искрошить** (이쓰크로쉬찌)
잘게[짧게] 자르다, 부서지다, 가루가 되다	**измельчить** (이즈멜치찌)
잘 꾸려진, 갖추어진, 잘 정비된	**благоустроенный** (블라가우쓰뜨로예느이)
잘도 재잘대는 잘도 수다 떠는, 실없는 소리하는	**щебетливый** (쉐베뜰리브이)
잘되어가다, 진척되다	**спориться** (스뽀리쨔)
잘된, 성공적인; 알맞은	**удачный** (우다츠느이)
잘라 낸 전나무 (가문비)가지(분지).	**ельник** (옐니크)
잘라 떼 내다, 잘라내다; 절단하다	**отсекать, отсечь** (앗쎄까찌), (앗쎄치)
잘라 말하다	**отрубать** (앗루바찌)
잘라내다(없애다),~을 정돈하다, 손질하다	**обшить** (압쉬찌)
잘라내다, 베다, 치다; 깎다; 낫으로 베어내다	**состригать**

	(싸쓰뜨리가찌)
잘라내다, 베어내다, ~의 털을 깎다.	**остричь[ся]** (아쓰뜨리치)
잘라내다;	**отрубать** (앗루바찌)
잘라낸(베어낸) 토막(자리);	**обрубок** (아브루보크)
잘라버리다, 자르다, 잘라내다;	**обрубать, обрубить** (아브루바찌),(옵루비찌)
잘라버린 부스러기, 조각, 찌꺼기;	**обрезки** (아브레스키)
잘라서 다듬다, 손질하다; 깎아 다듬다	**отделать[ся]** (아트젤라찌)
잘라서 떼다, (톱으로) 켜버리다, 자르다	**отпиливать, отпилить** (앗빌리와찌), (아트삐리찌)
잘라서 떼어 놓다, 분리하다, 가르다	**развести, разнять** (라스베쓰찌),(라스냐찌)
잘라서 떼어놓다,~의 마음을 두 갈래지게 하다;	**разделять[ся]** (라스젤랴찌)
잘라죽이다, 베어죽이다, (짐승을) 잡다, 도살하다	**зарезать** (자레자찌)
잘라지다, 끊어지다;	**перерезаться** (뻬레레자짜)
잘못 (틀리게) 말하다	**обмолвиться** (압몰뷔쨔)
잘못 두다[놓다]; 두고 잊다; 잃다, (시야에서) 놓치다.	**затерять** (자쩨랴찌)
잘못 듣다, 헛듣다	**ослышаться** (아쓸리샤쨔)
잘못 말하다, 실언하다	**сболтнуть** (즈볼뜨누찌)
잘못 말하다, 실언(실어실담)하다, 말 실수하다	**оговариваться** (아가와리와쨔)

잘못 쓴 것, 오기	**описка** (아삐쓰까)
잘못 전하다, 왜곡하다	**переврать** (뻬레브라찌)
잘못 전하다; 거짓 설명을 하다;	**передёргивать** (뻬레죠르기와찌)
잘못 타산해서 불리하게 되다; 오산하다; 손해보다	**прогадать** (쁘라가다지)
잘못(실수)하다, 헛(빗)맞히다	**промахиваться** (쁘라마히와쨔)
잘못, 결함	**прореха** (쁘라례하)
잘못, 과실, 실책, 오류, 과오 불찰	**погрешность оплошность** (빠그례쉬노쓰찌) (아쁠로노쓰찌)
잘못, 실수, 실책, 과실. 위반행위	**упущение, проступок** (우뿌쉐니에) (쁘라쓰뚜뽁)
잘못, 죄(罪). 허물, 과오	**провинность** (쁘라빈노쓰찌)
잘못, 틀림, 오류, 실수, 과오	**ошибка** (아쉽까)
잘못되다, 파탄되다	**расклеиваться** (라쓰클레이와쨔)
잘못된(그릇된)생각, 착각, 오해	**заблуждение** (자블루즈졔니예)
잘못된, 틀린. я был ~ 나는 틀렸다(옳지 않았다)	**неправый** (녜쁘라브이)
잘못보다, 헛보다; 속다	**обознаться** (아바즈나쨔)
잘못 생각(판단)하다, 착각하다,	**заблуждаться** (자블루즈자쨔)
잘못을 고치다	**поправить** (빠쁘라비찌)
잘못하다, 과오를 범하다	**оступаться оступиться**

	(아쓰뚜빠짜), (아쓰뚜삐짜)
잘못하다, 실수하다, 죄를 짓다	**провиниться** (쁘라비니쨔)
잘하는, ~에서 유능한, 익숙한, 잘하는, 재간 있는	**горазд** (가라즈드)
잠 못 이루는, 잠을 자지 않는, 불면증의	**бессонный** (베쏜느이)
잠, 수면, 안면, 꿈나라, 침수; крепкий ~ 깊은 잠	**сон** (쏜)
잠간 들리다 (머무르다)	**побыть** (빠븨찌)
잠간 앉아있다	**посидеть** (빠씨제찌)
잠간 잠그다(적시다)	**обмакивать обмакнуть** (아브마끼와찌), (옵막누찌)
잠간 휴식하면서 담배를 피우다	**перекурить** (뻬레꾸리찌)
잠간(잠시)돌리다, 뛰어 들어가다	**забегать** (자베가찌)
잠간만! подожди(те)!	**подождать** (빠다즈다찌)
잠겨있다; ~ в зелени 녹음속에 잠겨있다	**утопать** (우따빠찌)
잠그기	**шлюзование** (쉴류조와니에)
잠그다(빠뜨리다, 묻다);	**погружать** (빠그루좌찌)
잠그다, 끄다 (스위치·고동·마개를) 틀다(돌리다)	**вытачивать** (븨따치와찌)
잠그다, 잠가두다, 채우다	**запирать** (자삐라찌)
잠기다(빠지다, 묻히다);	**погружаться** (빠그루좌쨔)

잠기다, 몰두하다	**предаться** (쁘레다쨔)
잠깐 들르다, 방문하다, 불시에 방문하다	**зайти** (자이찌)
잠깐 들르다(방문하다); 데려오다 가져오다,	**занести** (자네쓰찌)
잠깐 들리다, 찾아오다	**заглядывать** (자글랴즤와찌)
잠깨다, 일어나다, (잠에서) 깨우다, 눈뜨게 하다	**пробуждать** (쁘라부즈다찌)
잠꼬대, 헛소리	**бред** (브레드)
잠꼬대하다, 헛소리하다	**бредить** (브레디찌)
잠꾸러기, 잠보	**соня** (쏜냐)
잠들다	**засыпать** (자씌샤찌)
잠들다	**уснуть** (우쓰누찌)
잠망경, 정찰경	**перископ** (뻬리쓰꼬쁘)
잠복하여 기다리다, 숨어서 살피다	**подстерегать** (빹쓰쩨레가찌)
잠수복; 우주(비행사)복	**скафандр** (스까판드르)
잠수부(潛水夫)	**водолаз** (바달라즈)
잠수함승무원, 잠수부, 잠수원	**подводник** (빹보드닠)
잠시 기다리다, 좀 대기하다	**подождать** (빠다즈다찌)

잠시 꾸다(빌리다)	**перехватить** (뻬레흐와찌찌)
잠시 동안 졸다, 눈을 붙이다	**подремать** (빠드레마찌)
잠시 머무르는 것(체류)	**остановка** (아쓰따노브까)
잠시 앉다, 자리에 앉다, 착석하다. 자리를 잡다	**присаживаться** (쁘리싸지와쨔)
잠시 읽다, 조금 이해하고 읽다.	**почитать** (빠치따찌)
잠시(동안); 오래지 않아;	**ненадолго** (네나돌가)
잠시, 단기간에, 순식간에, 잠깐	**недолго** (네돌가)
잠시, 잠깐, 조금 전에	**незадолго** (네자돌가)
잠시의 휴식(시간).	**окно** (아크노)
잠시의 휴식, (담배한대 피우기 위한) 휴식(休息)	**перекур** (뻬레꾸르)
잠약, 수면제(睡眠劑)	**снотворное** (스나뜨보르노예)
잠에 취한;~вид 자고난 얼굴	**заспанный** (자쓰빤느이)
잠옷, 자리옷, 파자마, 환자복	**пижама** (삐좌마)
잠을 깨다, 눈을 뜨다	**проснуться** (쁘라쓰누쨔)
잠을 깨다	**пробудиться** (쁘라부지쨔)
잠을 재우다, 잠이 오게 하다; 마취시키다	**усыпить** (우씌쉬찌)

잠이 오다; мне не спиться 나는 잠이 오지 않는다	**спаться** (스빠쨔)
잠이 채 깨지 않아서, 잠결에	**спросонок** (스쁘로쏘노크)
잠자고 있는; 잠에 취한; ~ая артерия (해부) 경동맥	**сонный** (싼느이)
잠자리	**стрекоза** (스뜨레까자)
잠자리, 숙박소, 숙박	**ночлег** (나츠렉)
잠자리, 하루살이.	**эфемерида** (에페메리다)
잠자코 있다, ~의 입막음을 하다;	**замолчать** (자말차찌)
잠자코 있지 않는, 침묵할 줄	**безумолчный** (베주몰츠느이)
잠자코(묵묵히) 잇다, 침묵하다; 말 말어!	**молчать** (말차찌)
잠자코, 묵묵히;	**молча, молчаливо** (몰차), (몰차리붜)
잠잠해지다 잠자코 있다	**замирать** (자미라찌)
잠잠한 것, 정적, 고요, 평온	**затишье** (자찌쉬예)
잠잠해지다 침묵하다. 가라앉다,	**смолкать смолкнуть** (스말까찌), (스몰끄누찌)
잠잠해지다, (비바람·소동·격정) 진정되다, 그치다	**схлынуть** (스흐리누찌)
잠잠해지다, 조용해지다 침강(沈降)하다 침전하다	**притихнуть** (쁘리찌흐누찌)
잠잠해지다, 조용해지다, 멎다	**затихать умолкать умолкнуть** (자찌하찌)(우말까찌) (우말까누찌)
잠재능력, 잠재력	**потенция** (빠쩬찌야)

잠재력, 숨은 힘, 잠세(潛勢), 잠재력; 가능성.	**потенциал** (빠쩬치알)
잠재적인; 잠세(潛勢)의, 가능한; 가능성이 있는	**потенциальный** (빠쩬치알느이)
잡다, 그러쥐다, 가지다, 빼앗다	**забирать** (자비라찌)
잡다, 기대다; (좀, 약간) 쥐다	**придерживаться** (쁘리제르지와짜)
잡다, 받다, 붙들다, 들다; (병에) 걸리다;	**подхватить** (빤흐와찌찌)
잡다, 붙잡다, 덥석 쥐다	**схватить** (스흐와찌찌)
잡다, 붙잡다, 붙잡다, 움켜쥐다, 쥐다, 파지하다	**ловить** (로비찌)
잡다, 쥐다, 손을 대다	**браться** (브라짜)
잡다, 혼합, 잡동사니; (한 권에 수록된) 문집, 잡록	**разное** (라스노예)
잡다한 일에서 벗어나다	**разгружаться** (라스그루좌짜)
잡다, 간파하다, ~임을 알아내다, 탐지(감지)하다	**уловить** (울로븨찌)
잡담(chatter), 한담, 남의 소문 이야기, 험담, 뒷공론	**сплетня** (스쁠레쨔)
잡범(雜犯), 형사범, 범인, 범죄자	**уголовник** (우갈로브니크)
잡스러운, 상스러운, 추접지근한	**непристойный** (네쁘리쓰또이느이)
잡아 끌다; 끌어당기다.	**потянуть[ся]** (빠따누짜)
잡아 내리다, 낮게하다; (착륙하려고) 고도를 낮추다	**спускать** (스뿌쓰까찌)
잡아 늘이는 것(옷단을 고쳐 꿰매어) 길이를 늘리다	**растяжение**

잡아 뜯다, 잡아떼다, 뜯어내다; 떼집다	**отдирать** (아트지라찌)
잡아 뜯다,	**трепать** (뜨레빠찌)
잡아 벗기다	**стащить** (스따쉬찌)
잡아 뽑다, 빼다; 뜯다	**дёргать** (죠르가찌)
잡아 찢다, 째다, 뜯다	**раздирать** (라스지라찌)
잡아끌다, 잡아당기다	**теребить** (쩨레비찌)
잡아내다, 건지다	**вылавливать** (빌라블리와찌)
잡아당겨 입다(쓰다, 신다)	**натягивать** (나쨔기와찌)
잡아당겨 벗기다, 벗겨버리다, 집어치우다	**сдёрнуть** (즈죠르누찌)
잡아당기다, 긴장하다.	**напрячь(ся)** (나쁘랴치)
잡아당기다, 꽉 죄다, 긴장 시키다,(귀를) 쫑그리다.	**жилиться** (쥘리쨔)
잡아당기다, 끌어내다	**оттягивать** (앗쨔기와찌)
잡아당기다, 잡아 펴다	**растянуть** (라쓰쨔누찌)
잡아당기다, 죄다;~ верёвку 밧줄을 팽팽하게 당기다;	**натягивать** (나쨔기와찌)
잡아당기다, 툭툭 채다	**дёргать** (죠르가찌)
잡아떼다, 잡아채다, 뿌리치다	**отдёргивать** (아트쬴기와찌)

잡아떼다; (위장 등을) 벗기다; (옷을) 급히 벗다	**оборвать[ся]** (아바르와찌)
잡아떼다; (즐거움·책·친구로부터) 억지로 떼어놓다	**срывать** (스리와찌)
잡아떼어 벗기다, (가면·베일을) 벗기다; 억지로 떼어놓다.	**сорвать** (싸르와찌)
잡아빼다, 빼내다, 뽑아내다, 뜯어내다	**вырывать** (븨릐와찌)
잡아뽑다, 잡아채다, 당겨빼다	**выдёргивать** (븨죠르기와찌)
잡아뽑다; 근절하다.	**подтянуть[ся]** (빤쨔누찌)(쨔)
잡아채다, 가로채다, 빼앗다	**рвать выхватить** (르와찌)(븨흐와찌찌)
잡아채다, 잡아뜯다, 벗기다, 까다; 떼어내다,	**надрать** (나드라찌)
잡은 물고기를 넘겨받는	**рыбоприёмный** (릐바쁘리욤느이)
잡일, 가지가지 잡다한 것, 이종(異種), 혼합, 잡동사니,	**разное** (라스노예)
잡종(雜種) 혼합(물), 믹스	**помесь** (뽀메시)
잡종(雜種), 혼종(昏鐘), 교잡종(交雜種)	**гибрид** (깁리드)
잡종, 혼혈	**нечистокровный** (네치쓰따끄롭느이)
잡종, 혼혈아	**метис** (메찌쓰)
잡종개	**дворняга, дворняжка** (드붜르냐가), (드보르냐즈까)
잡종화(雜種化), 이종교배, 교잡번식	**гибридизация** (깁리지자찌야)
잡지 등의 호수, 호	**номер**

	(노메르)
잡지 인쇄소, 간행물 출판부	**журналистика** (주르날리쓰찌까)
잡지, 정기 간행물; ежемесячный~ 월간지	**журнал** (주르날)
잡지의 정기 간행물의	**журнальный** (주르날느이)
잡채(雜菜), 냉채(冷菜)	**винегрет** (뷔네그렡)
잡초(雜草)	**бурьян** (부리얀)
잡초가 다른 식물을 못 자라게 하다;	**заглушать** (자글루샤찌)
잡초를 뽑다, 제초하다	**выполоть** (븨뽈로찌)
잡초의; 해초의 ~ая трава 잡풀	**сорный** (쏘르느이)
잡풀, 잡초, 해초	**сорняк** (싸르냐크)
잡화(雜貨)	**галантерея** (갈란쩰레야)
잡화의, 잡화품	**мелочной** (멜로츠노이)
잡화의	**галантерейный** (갈란쩰레이느이)
장, 역(域), 계(界)(힘의 작용이 미치는 범위); 시야,	**поле** (뽈레)
장(腸), 창자; 내장; 결장(結腸). 배알,	**кишечник** (끼쉐츠니크)
장(長), 우두머리 주방장 장관, 책임자	**начальник шефповар** (나찰니크) (쉐페-뽀와르)
장(長), 우두머리, 지배자. 정상, 상부,	**голова** (갈로와)

장(長), 회장, 총재; 의장; 사장; 학장	**председательствующий** (쁘렏셰다쩰쓰뜨부유쉬이)
장(長), 두령, 주임, 보스(boss)	**вождь** (붜즈디)
장(長)의, 우두머리의, 지배자 최고의, 우두머리의	**ведущий** (볘두쉬이)
장가보내다; 결혼하다, 결혼 시키다	**женить** (줴니찌)
장각양각규, 노기스. 아들자, 측경기	**штангенциркуль** (쉬딴겐찌르꿀)
장갑(裝甲), 철갑(鐵甲)	**броня** (브로냐)
장갑, 글러브, 벙어리장갑	**перчатка** (뻬르차트까)
장갑선, 철갑함	**броненосец** (브로녜노쎄쯔)
장갑수송차	**бронетранспортёр** (브로녜뜨란쓰뽀르죠르)
장갑열차	**бронепоезд** (브로녜뽀예지드)
장갑의, 철갑을 씌운	**бронированный** (브로니로완느이)
장갑자동차	**транспортёр** (뜨란쓰뽀르쬴)
장갑차(裝甲車)	**броневик** (브로녜뷕크)
장갑하다, 철갑을 씌우다	**бронировать** (브로니로와찌)
장거리 선수, 먼거리 선수(달리기)	**стайер** (스따이예르)
장거리의, 먼거리의; ~ бегер 장(먼)거리 달리기	**стайерский** (스따이예르쓰끼이)

장검, 칼, 사벨, 가볍고 가느다란 칼의 일종	**шпага** (쉬빠가)
장과(裝果: 포도·토마토·바나나 등), 과실의 한 가지	**ягода** (야고다)
장과(ягода)모양의	**ягодообразный** (야고도오브라즈느이)
장과가 자라는 밭, 장과 농장; 장과의 덤불	**ягодник** (야고드니크)
장과로 만든 술, 요리, 잼; 장과를 좋아하는 사람	**ягодник** (야고드니크)
장과의 ~ сок 과일쥬스	**ягодный** (야고드느이)
장관의 지위[직]. 상(대신)의 직위;	**портфель** (빠르뜨펠)
장군!(공격) ~ королю 장군을 부르다	**шах** (샤흐)
장군(將軍), 장관(將官), 장성, 장관[장성]급의 장교	**генерал** (게네랄)
장군을 부르다, 장군(공격)	**шаховать** (샤호와찌)
장군풀	**ревень** (레벤)
장기 선수(善手)	**дебют** (제뷰트)
장기간의, 장기의	**долгосрочный** (돌가쓰로츠느이)
장기 말의 한 조 играть в ~ 체스를 하다	**шахматы** (샤흐마띄)
장기명수, 장기선수의 최고 칭호	**гроссмейстер** (그라스메이쓰쩰)
장기성, 지속; (시간의) 길이	**длительность** (들리쩰노쓰찌)

장기(체스)에서 장군!	**мат** (마트)
장기의 졸, 졸병(卒兵)	**пешка** (뻬쓰까)
장기의 차(車)	**ладья** (라지야)
장기적; 오래 계속 되는 것	**долговечность** (돌가베츠노쓰찌)
장기쪽	**фигура** (피구라)
장난, 농담 허풍, 사기	**штукарство** (쉬뚜깔쓰뜨붜)
장난감 새총, 고무줄 새총	**рогатка** (라가뜨까)
장난감, 완구, 노리개, 놀이감, 완구; 농락물	**игрушка** (이그루쉬까)
장난감의 굴렁쇠, 테	**кольцо** (깔쪼)
장난감의[같은]; 모형의; 소형의, 놀이감	**игрушечный** (이그루쉐츠느이)
장난꾸러기	**разбойник** (라스보이니크)
장난꾸러기, 개구쟁이, 일반적인 아이, 소년	**шпингалет** (쉬삔갈렡)
장난꾸러기, 장난꾼, 악동	**озорик** (아조리크)
장난꾸러기, 장난꾼, 악동(惡童)	**проказник** (쁘라까즈닉)
장난을 꾀하다,~에게 못된 장난을 하다	**напроказить** (나쁘로까지찌)
장난을 좋아함, 장난치는 것. 장난을 좋아하는	**шаловливость** (샬로블리뷔쓰찌)

장난이 심한, 장난치는	**озорной** (아자르노이)
장난질	**проказы** (쁘라까즤)
장난질, 응석받이	**баловство** (발로브쓰트보)
장난질, 장난, 짓궂음, 장난꾸러기, 말을 듣지 않음	**озорство** (아조르쓰뜨뷔)
장난질하다, 까불다	**озорничать проказничать баловаться** (아조르니차찌) (쁘라까즈니차찌) (발로와짜)
장난치다; (~을) 가지고 놀다	**сыграть** (씌그라찌)
장난하다. 농담을 하다, 허풍떨다	**штукарить** (쉬뚜까리찌)
장님이 되다	**ослепнуть** (아쓸레쁘누찌)
장대높이뛰기 선수	**шестовик** (쉐쓰또빅)
장대한, 웅대한, 장엄한; 숭고한	**возвышенный** (바즈븨쉔느이)
장대한, 장엄한, 장려한. 화려한	**пышный** (쁴쓰늬이)
장딴지, 종아리	**икра** (이끄라)
장래가 유망하다	**многообещающий** (므나가오베솨유쉬이)
장래의, 미래의, 앞날의, 다음의	**будущий** (부두쉬이)
장려(격려)하다 표창하다	**поощрить** (빠오쉬리찌)
장려, 격려; 표창	**поощрение** (빠오쉬레니예)
장려하는; 표창하는	**поощрительный**

- 1145 -

	(빠오쉬쩰느이)
장려(보호.수호.비호.후원)하다, 막다	**покровительствовать** (빠끄로비쩰스뜨붜와찌)
장력, 생활정력(기백)	**тонус** (똔우쓰)
장력, 서로 당기는 힘	**натяжение** (나쨔줴니예)
장례(葬禮), 장의(葬儀); ~ая 사망통지	**похоронный** (빠호론느이)
장례식(葬禮式), 장식(葬式), 영결식(永訣式)	**похороны** (빠호로느이)
장만(저축, 준비)해두다	**припасать** (쁘리빠싸찌)
장만하는 것, 갖추어놓는 것, 수매	**заготовка** (자고또브까)
장만하다, (재산·권리를) 취득(준비.대비)하다	**обзавестись** (압자붸쓰찌시)
장만하다, 갖추어놓다, 예비로 두다	**заготавливать** (자고따블리와찌)
장만하다, 만들다	**приготовить** (쁘리고또비찌)
장모, 빙모, 악모. 가시어머니	**тёща** (죠샤)
장미(꽃)	**роза** (로자)
장미(꽃)의, 장미꽃 무늬의, 발그레한 얼굴 빛의	**розовый** (로조브이)
장미꽃밭	**розарий** (라자리이)
장범간(張帆竿)	**шпринтов** (쉬쁘린똡)
장벽(障壁), 장애물(障碍物)	**барьер стена**

	(바리예르)(스쩰나)
장벽막장	**лава**
	(라와)
장부. 은촉을 만드는 것	**шпунтовка**
	(쉬뿐또브까)
장부와 장부 구멍을 만들기 위한	**шпунтовальный**
	(쉬뿐또왈리느이)
장부의, 장부가 있는, 장부로 접합된	**шпунтовой**
	(쉬뿐또붜이)
장비 설비, (기술기자재를)갖추는 것	**оснащение**
	(아쓰나쉐니예)
장비품, 장구, 도구	**снаряжение**
	(스나랴쮀니예)
장사치, 장사꾼, 상인(商人)	**купец торгаш**
	(꾸뻬쯔)(따르가스)
장사하다, 매매하다, 판매하다	**торговать**
	(따르고와찌)
장서표(藏書票), 표찰, 간판	**экслибрис**
	(엑쓸리브리쓰)
장성, 발전; 증가, 증대	**рост**
	(로쓰트)
장성발전하다; 능가하다, 발전시키다, 발달시키다	**перерастать**
	(뻬레라쓰따찌)
장소 ~있는 곳을 표시	**в(во)**
	(웨)
장소(위치) 등에 이르다, ~에 도착(도달)하다	**достичь**
	(다쓰찌치)
(빈) 장소, 서재, 연구실; (개인의) 사무실	**кабинет**
	(까비네트)
장소, 위치, 부지, 소재, 입지, 소재지; 적소	**позиция**
	(빠지찌야)
장소, 위치, 부지, 소재,	**расположение**

- 1147 -

	(라쓰빨로줴니예)
장소(일자리)를 옮기다, 이동하다, 옮겨가다(오다)	**переходить** (뻬레호드지찌)
장소, 지역, 고장, 지방; в нашей ~и 우리 고장에	**местность** (메스뜨노쓰찌)
장소. ~의속에(의),~속(안)에서,~에 있어서,~에(서).~속으로	**в(во)** (웨)
장수(長壽), 긴 수명, 수(壽), 수명장수, 수령(壽齡),	**долголетие** (돌갈레찌에)
장수, 힘장사	**богатырь** (바가뜨리)
장수의, 건장한	**богатырский** (바가뜨르스끼이)
장수자, 장수의 사람, 오래 사는 사람	**долгожитель** (돌가쥐쩰)
장식(미화)되다	**украшаться** (우크라샤쨔)
장식(용), 관상용	**декоративный** (제까라찌브느이)
장식(용)의, 장식적인	**наборный** (나볼느이)
장식, 미화	**украшение** (우크라쉐니에)
장식;(옷, 모자등에 붙은) 장식품	**отделка** (아트졜까)
장식; 옷차림, 단장	**убранство** (우브란스뜨붜)
장식되지 않은, 허식이 없는, 적나라한	**неприкрашенный** (녜쁘리끄쉔느이)
장식용 화분, 화분대, 꽃을 꽂는그릇, 꽃바구니	**жардиньерка** (좌르진예르까)
장식전문가, 인테리어	**декоратор** (제까라똘)

장식품	**украшение** (우크라쉐니에)
장식하는 사람, 무대장치가	**оформитель** (아포르미젤)
장식하다, 꾸미다 모양내다	**разукрасить, отделывать, убирать** (라주크라씨찌)(아트젤리와찌)(우비라찌)
장식하다, 모양내다,	**шалить** (샬리찌)
장식한 천장; 천장 그림[조각].	**плафон** (쁠라폰)
장애(물), 난관	**преграда** (쁘레그라다)
장애(물), 방해(물)	**рогатка** (라가뜨까)
장애(물), 방해(물); 장애물, 장애가 되는 물건	**препятствие** (쁘레뺘트쓰트비예)
장애물 스키선수	**слаломист** (슬랄로미쓰트)
장애물(障碍物)	**завал** (바왈)
장애물, 차단물, 방해물, 방벽	**заграждение** (자그라즈제니예)
장애물스키(타기)	**слалом** (슬랄롬)
장약, 탄약, 총알	**заряд** (자랴드)
장엄한, 굉장한	**величественный** (벨리체쓰뜨볜느이)
장염(腸炎)	**энтерит**(-тэ-) (엔쩨리트)
장음계로 된 곡조, 장조, 대조(식)	**мажор** (마졸)
장의 배알의, 내부의; 국내의	**кишечный**

	(끼쉐츠느이)
장자상속	**единонаследие** (예지노나쎄지예)
장작, (땔) 나무, 화목	**дрова** (드라와)
장작, 땔나무 ~ой склад 장작창고	**дровяной** (드라뱨노이)
장작개비, 장작, 통나무, 땔나무	**полено** (빨례나)
장작을 켤 때 쓰는 받침대	**козлы** (까즈릐)
장작의, 통나무의 ~ые дрова, 장작을 패다 통나무(땔나무)를 10 - 12인치로 쪼개다	**швырковый** (쉬빌꼬브이)
장절개술	**энтеротомия** (엔쩨로또미야)
장점, 우월한 점	**козырь** (꼬즤리)
장족의 발전, 발달, 발전; 발육, 성장	**перерастание** (뻬레라쓰따니예)
장탄(장약.충전)하다, (총 등을) 채우다,	**заряжать** (자랴자찌)
장탄하다. ~에 총알을 재다	**отливать** (알틀리와찌)
장편 서사시	**поэма** (빠에마)
장편소설	**роман** (라만)
장편소설가	**романист** (라만니쓰트)
장하수증	**энтероптоз** (엔쩨로쁘또즈)
장학금	**стипендия** (스찌뻰지야)

장학생, 급비생, 장학금을 받는 학생	**стипендиат** (스찌뻰지아트)
장화(부츠)의 목	**голенище** (갈레니쉐)
장화, 부츠, 목이 긴 구두, (기병.나치군인이 신던) 긴 장화.	**сапог** (싸뽀그)
장황한, 상세한, 긴-	**пространный** (쁘라쓰뜨란늬이)
장황한, 지나치게 늘어진, 연장된	**растянутый** (라쓰쨔누뜨이)
재, 화산재; древесная ~ 나무 재	**зола** (졸라)
재, 회	**пепел** (뻬뻴)
재가, 인가; 시인, 찬성, 권한 부여, 위임;공인, 관허	**санкция** (싼크찌야)
재간 없는 무능한, 졸렬한, 서투른	**бездарный** (베즈다르느이)
재간동이	**умница** (움니짜)
재갈, 고삐; 구속, 속박, 제어;держать в ~е кого 구속하다	**узда** (우즈다)
재개, 갱신, 재생, 소생	**возобновление** (바조브노브레니에)
재개(재생.거듭)되다, 다시 시작(회복)하다	**возобновляться** (바조브노브랴짜)
재개하다, 다시(시작)하다	**возобновить(ся)** (바조브노븨찌)(쨔)
재개하다; 반복하다, 되풀이하다	**. восстановить** (바쓰따나븨찌)
재건(개축.개조)하다, 다시 짓다,	**перестроить[ся]** (뻬레쓰뜨로이찌)

- 1151 -

재검사, 재진찰	**переосвидетельствование** (뻬레아쓰비졔쩰쓰뜨봐니예)
재검사(재진찰)하다	**переосвидетельствовать** (뻬레아쓰비졔쩰쓰뜨봐니찌)
재검토(수정)하다	**ревизовать** (레비조와찌)
재검토, 수정	**ревизия** (레비지야)
재검토, 재평가, 재사정	**переоценка** (뻬레아쳰까)
재게 재잘거림; 쓸데없는 이야기	**скороговорка** (스까로고보르까)
재계산, 재회계	**перерасчёт** (뻬레라쓰쵸트)
재고 조사; 실적 평가, 현상 파악. 실사	**переучёт** (뻬레우쵸트)
재교양 받다, 사상이 개조되다	**перевоспитаться** (뻬레뷔쓰삐따짜)
재교양, 재교육; 사상을 개조하는 것	**перевоспитание** (뻬레뷔쓰삐따니예)
재교양하다, 재교육하다, 사상을 개조하다	**перевоспитать** (뻬레뷔쓰삐따찌)
재교육, 재양성, 재훈련, 재연습, 재실습	**переподготовка** (뻬레쁠고또브까)
재교육[재훈련]하다[받다].	**переучить[ся]** (뻬레우치찌)
재교육하다, 다시(달리) 가르치다	**переучивать** (뻬레우치와찌)
재교육하다, 세뇌하다	**перевоспитывать[ся]** (뻬레뷔쓰삐띄와쨔)
재귀의(문법), 반사성의; 역행성의;	**возвратный** (바즈브라뜨느이)
재기, 재현, 재발; 반복; 순환	**возвращение**

	(바즈브라쉐니에)
재기, 측정, 측량	**измерение** (이즈메례니예)
재난, 재해, 불행, 참화	**бедствие, бич** (볘드쓰트비예) (비츠)
재능(재간.재주)있는	**способный, одарённый, талантливый** (스빠소브느이) (아다룐느이) (딸란뜰리브이)
재능, 재간, 능력, 달란트	**дарование, дар, талант** (다로와니예) (다르) (딸란트)
재능, 재간, 수완;	**способность** (스빠소브노쓰찌)
재능을 닦다, 탁마하다	**отшлифовать** (앗쉴리파와찌)
재능이 부족한	**слабый** (슬라브이)
재능이 있는	**даровитый** (다로비뜨이)
재다, 계량[측정, 측량]하다, 치수를 재다	**замерить замерять** (자메리찌), (자메랴찌)
재다, 입어 보다(써 보다, 신어 보다)	**смерить** (스메리찌)
재다, ~의 치수를 재다 계량하다	**измерить измерять** (이즈메리찌), (이즈메랴찌)
재다, 측정(측량.계량)하다	**обмеривать обмерить обмерять** (압메리와찌) (옵메리찌), (옵메랴찌)
재다, 측정하다, 측량하다, 측지하다	**мерить померить** (메리찌) (빠메리찌)
재다, 측정하다; 평가[판단]하다, 표준 치수에 맞추다	**смерить** (스메리찌)
재단하다, 재어끊다(끊어내다)	**отмеривать** (앝메리와찌)
재단, 도려[베어]내기	**нарезка** (나례즈까)

재단기	**шарошка** (샤로쉬까)
재단사, 재봉사	**закройщик** (자크로이쉬크)
재등록, 재기록	**перерегистрация** (뻬레레기쓰뜨라치야)
재등록하다, 재기록 하다	**перерегистрировать** (뻬레레기쓰뜨리붜와찌)
재떨이	**пепельница** (뻬뻴니짜)
재료, 원료, 자재, 제재	**материал** (마쩨리알)
재료로[제품으로]) 만들다	**загримировать(ся)** (자그리미로와찌)
재류, 외인	**резидент** (레지젠트)
재목, 목재, 용재, 큰 각재; 판재	**лес древесина** (레쓰)(드레붸씨나)
재목의 등널, 평판, (고기·빵·과자의) 납작한 조각.	**горбыль** (가르블)
재목의, 목재의, 용재의,~ лес 건축용 목재	**строевой** (스뜨로예보이)
재무장, 재군비. 재장비,	**ремилитаризация, перевооружение** (레밀리따리자찌야) (뻬레붜아루제니예)
재무장되다, 무장을 갱신하다; 재장비되다	**перевооружаться** (뻬레붜아루좌짜)
재무장하다, 신형 무기를 갖게 하다	**перевооружить[ся]** (뻬레붜아루쥐짜)
재무장시키다; 신형 무기를 갖게 하다[갖추다]	**перевооружать** (뻬레붜아루자찌)
재무장하다, 무장을 갱신하다; 재장비하다	**перевооружать** (뻬레붜아루자찌)
재물을 탐내는 것, 축재자의 탐욕	**накопительство**

	(나꼬삐쪨쓰뜨븨)
재미(흥미)없게, 시시한, 흥미[재미]가 없는,	**неинтересно** (네인쩨레쓰나)
재미(흥미)없는, 맛(멋)적은	**неинтересный** (네인쩨레쓰느이)
재미(흥미)없다, ~에 흥미를 일으키게 못하다	**неинтересно** (네인쩨레쓰나)
재미(흥미)있는	**интересный** (인쩨레쓰느이)
재미, 흥미, 관심; c ~ом 흥미를 가지다	**интерес** (인쩨레쓰)
재미나게 하다, 웃기다, 놀음; 재롱받이	**забава** (자바와)
재미나게 하다, 웃기다, 즐겁게 하다	**забавлять** (자바블랴찌)
재미없는, 따분한	**скучный** (스꾸쓰느이)
재미있는, 흥미 있는	**любопытный** (류보쁴뜨느이)
재발; 다시 발생	**рецидив** (레찌지프)
재발[재현]하는; 정기적으로 되풀이되는, 순환하는	**Разовый** (라조브이)
재발하는, 덧나다, 반복 하는	**возвратный** (바즈브라뜨느이)
재발행하다, ~에게 재발행[재지급]하다	**переиздать** (뻬레이즈다찌)
재배(栽培), 배양(培養), 식재(植栽), 사육	**возделывание** (바즈젤와니에)
재배열(재편성)되다	**перегруппироваться** (뻬레그룹삐로와쨔)
재배열, 재편성, 재분류	**перегруппировка** (뻬레그룹삐로브까)

- 1155 -

재배지, 농원, 농장, 식림지, 조림지, 인공림.	**посадка** (빠싸드까)
재배하다, 키우다, 성장시키다; 돋아나게 하다	**возделать** (바즈곌라찌)
재벌(금권)정치	**плутократия** (쁠로또크라찌야)
재봉(裁縫), (옷)짓는 것	**пошивка** (빠씨브까)
재봉; 재봉업, 바느질, 봉제,깁는 일, 기운 것	**шитьё** (쉬찌요)
재봉공, 산업봉제공 ~ая машина 재봉틀	**швейник** (쉬붸이닉)
재봉사(裁縫師), 양복사	**портной** (빠르뜨노이)
재봉사; (남성복의) 재단사(우크라이나에서) 구두공	**швец** (쉬붸쯔)
재봉사; 재봉용구의 한 가지	**швейка** (쉬붸이까)
재봉선을 뜯다	**пороть** (뽀로찌)
재부, 재물, 재산, 풍부한 것	**богатство** (바가뜨쓰뜨붜)
재부, 재산; 소유, 소유물	**достояние** (다쓰따야니에)
재분(再分), 잘게 나눔, 세분; (토지의) 분필(分筆),	**подразделение** (빧라즈곌레니예)
재분배, 재구분, 재분할. 재처리, 재용해	**передел** (뻬레곌)
재빠른, 날랜, 민첩한, 민활한	**расторопный, проворный** (라쓰따로쁘느이) (쁘라보르느이)
재빠른, 민첩한, 예민한, 교활한	**шустрый, поворотливый** (슈쓰뜨르이) (빠붜롤리브이)

재빨리 붙잡다, 몽땅 쥐다(가지다, 사다)	**расхватать** (라쓰흐와따찌)
재산 평가인, 과세 평가인, 사정관; 배석 판사	**заседатель** (자쎄다쩰)
재산(財産), 부(富); 큰 재산	**состояние** (싸쓰따야니예)
재산을(가사를) 맡아보는 집사, 재산 관리인	**экономка** (에까놈까)
재산, 자산, 재물, 소유물	**добро, имущество** (다브로) (이무쉐스뜨붜)
재산목록, 비품대장; составить ~ 목록을 작성하다	**инвентарь** (인붼따리)
재산목록작성, 비품목록작성	**инвентаризация** (인붼따리자찌야)
재산이 없는, 무산; ~ класс 무산계급	**неимущий** (네이무쉬이)
재산이 있는 ~ ие классы 유산계급(층)	**богатый имущий** (바가뜨이) (이무쉬이)
재산이 적은, 가난한, 빈곤, 결핍	**малоимущий** (말라이무쉬이)
재상영, 재방송(프로). 컴퓨터의 재실행	**перебежка** (뻬레베즈까)
재생(再生), 부흥(復興)	**возрождение** (바즈라즈제니에)
재생(재현,반복)하다; 복제(복사)하다	**воспроизвести** (바쓰쁘로이즈붸쓰찌)
재생되다, 부흥하다, 복구하다	**возродиться** (바즈라지쨔)
재생산(再生産);	**воспроизводство** (바쓰쁘로이즈붜드쓰뜨붜)
재생(부흥.소생.복구)시키다	**возрождать** (바즈라즈다찌)
재생(재개.갱신.회복)하다	**возобновлять**

	(바조브노브랴찌)
재생(재현.재연)하다(되다), 반사하다, 되튀기다	**отразить[ся]** (앗라지찌)(쨔)
재선(再選), 재선거	**переизбрание, перевыборы** (뻬레이즈브라니예) (뻬레븨보리)
재선되다	**переизбираться** (뻬레이즈비랴짜)
재수, 행운, 운수	**везение** (볘제니에)
재스민(jasmine) (향수, 색).	**ясмин** (야쓰민)
재스민속의 식물; 재스민 색(밝은 노랑), 자스민	**жасмин** (좌쓰민)
재시험, 되풀이하는 시험	**пересдача, переэкзаменовка** (뻬레쓰다차) (뻬레에그자메노프까)
재심, 재평정, 재증명, 재증거, 재증언	**переаттестация** (뻬레앝쩨쓰따치야)
재앙, 불행;	**зло** (즐로)
재외 대리점	**экспозитура** (엑쓰뽀지뚜라)
재의; 재투성이의; 재와 같은; 잿빛의, 재색의, 회색의	**пепельный** (뼤뻴느이)
재인쇄하다, 재판하다, 전재하다	**перепечатать** (뻬레뻬차따찌)
재인식(재평가)하다, 다른 의의를 부여하다	**переосмысливать** (뻬레아쓰믜쓸리와찌)
재잘대는, 수다스런 여자, 잘 지절대는 사람	**щебетунья** (쉐베뚜니야)
재잘대며 지껄이다, 혀짤배기 소리	**щебетать** (쉐베따찌)
재잘재잘 지껄이다, (쓸데없는 말을) 지껄이다	**трещать болтать** (뜨레샤찌) (발따찌)

재장비, 설비갱신	**переоборудование** (뻬레아보루다와니예)
재장비하다, 설비를 갱신하다	**переоборудовать** (뻬레아보루다와찌)
재재거리다, 지저귀다	**чирикать** (치리까찌)
재정, 금융; министр ~ов 재정상, 제정부장	**финансы** (피난쓰)
재정, 재무, 재원, 자금공급, 융자	**финансирование** (피난씨로와니에)
재정[결정]하다, 규정하다, 정하다	**разграфить** (라스그라피찌)
재정의, 금융의; ~ая политика 재정정책	**финансовый** (피난쏘브이)
재정전문가	**финансист** (피난씨쓰트)
재정취급자, 금고책임자, 출납원	**казначей** (까즈나체이)
재조사, 재검토, 재음미 재고(再考)	**пересмотр аттестация** (뻬레쓰모뜰) (아떼쓰따찌야)
재조직하다,(부대를) 재편성하다.	**перегруппировывать[ся]** (뻬레그룹삐로브와짜)
재종(학), 종축개량 (학)	**селекция** (쎌레크찌야)
재즈(jazz), 재즈 음악(댄스)	**джаз** (자스)
재차, 다시 한번 더, 반복하여, 두 번째	**вторичный, повторно** (프따리츠느이) (빠브또르나)
재채기 하다	**чихать, ~нуть** (치하찌) (치하누찌)
재촉(독촉)하다	**погонять** (빠고냐찌)

재촉(추동)하다, 서두르게 하다, 내몰다	**подгонять подтолкнуть** (빠고냐찌) (빤똘크누찌)
재촉하다, 서둘게 하다	**гнать торопить** (그나찌) (따로삐찌)
재촉하다, 쫓기다, 몰아대다, 강제(하여 ~하게) 하다	**побуждать** (빠부즈자찌)
재치 없이, 서투르게	**неловко** (넬로브꼬)
재치 있는 표현(말마디), 말재간, 날카로운 말	**острота** (아쓰뜨로따)
재치[기지] 있는 재담을 잘하는 유머러스한	**шутливый** (슈뜰리브이)
재통합, 재통일, 재결합(再結合)	**воссоединение** (바쓰쏘에지네니에)
재판(再版)하다; 번각하다; 재발포하다, 재발행하다	**переиздать** (뻬레이즈다찌)
재판, 개정판(을 내는 것)	**переиздание** (뻬레이즈다니예)
재판; 재판소, 법정: Верховный ~ 최고재판소	**суд** (숟)
재판관할	**подсудный** (빧쑤드느이)
재판기관; военный ~ 군사재판소	**трибунал** (뜨리부날)
재판받다, ~와 재판하다	**судиться** (수지짜)
재판소송	**судопроизводство** (수도쁘로이즈보드쓰뜨붜)
재판의 관할에 속하지 않는	**неподсудный** (네빠드쑤드느이)
재판의; ~ процесс 재판소송	**судебный** (수제브느이)

- 1160 -

재판제도, 재판소구성법	**судоустройство** (수다우쓰뜨로이쓰뜨뵈)
재판하다, 개정판을 내다	**переиздавать** (뻬레이즈다와찌)
재판하다, 판결하다	**судить** (수지찌)
재평가(재사정) 하다	**переоценивать** (뻬레아체니와찌)
재학습하다, 재교육[재훈련]하다[받다].	**переучиваться** (뻬레우치와쨔)
재현(再現), 재생(再生)	**воспроизведение** (바쓰쁘로이즈붸제니에)
잼(jam) 쨈	**варенье, джем** (와레니에) (쩸)
잿더미, 불탄 곳	**пепелище** (뻬뻬리쉐)
잿물 바르기; 잿물 씌운 표면	**обжиг** (압직)
윤내기, 윤내는 재료	**обжигание** (압지가니예)
잿물 알칼리성 포화액	**щёлок** (쑐록)
잿물에 담그다, 잿물빨래를 하다	**щелочить** (쉘로치찌)
쟁강거리다, 쟁그랑거리다	**дребезжать** (드레베즈좌찌)
쟁기(괭이)로 갈다, ~에 두둑을 만들다	**вспахать** (프쓰빠하찌)
갈아 일구다, 쟁기로 갈아 젖히다	**вспахивать** (브쓰빠히와찌)
쟁반, 예반예반(-盤)	**поднос** (빠드놋쓰)

쟁의의, 충돌, 대립, 불일치	**конфликтный** (깐프리크뜨느이)
쟈벨액(Javel額: 표백(表白). 살균용	**жавель** (좌벨)
저것, 그것, 저[그] 사람, 그, 저 쪽의, 저, 이것, 이 물건	**это** (에따)
저격수(狙擊手)	**снайпер** (스나이뻬르)
저공비행공습; 저공에서 하는 대지습격작전	**штурмовка** (쉬뚤모브까)
저공비행의 공격, 저공 항공기, 지상 공격기	**штурмовик** (쉬뚤마뷔크)
저공의;~ полёт (항공) 저공비행	**бреющий** (브례유쉬이)
저금(貯金), 예금(預金)	**вклад** (프클랄)
저금, 저축(액). 저축금	**сбережение** (즈베레줴니예)
저금취급소	**сберкасса** (즈베르까싸)
저금통, 돈 상자	**кубышка копилка** (꾸븨쉬까) (꼬삘르까)
저금통장	**сберкнижка** (즈베르크니즈까)
저널리스트, 신문(잡지) 기자, 신문(잡지)기고가	**журналист** (주르날리쓰트)
저널리즘, 신문 잡지업	**журналистика** (주르날리쓰찌까)
저녁 무렵, 일몰(해질)무렵	**закат** (자까트)
저녁(식사)	**ужин** (우쥔)

저녁, 해질녘, 일석(日夕), 일몰, 만양(晚陽), 황혼,	**вечер** (붸체르)
저녁놀이, 소야회(小夜會)	**вечеринка** (붸체린까)
저녁에 밤에	**вечером** (붸체롬)
저녁을 먹다, 저녁식사를 하다	**ужинать, поужинать** (우쥐나찌) (빠우지나찌)
저녁의; 밤에 일어나는, 밤에 볼 수 있는	**вечерний** (붸체르니이)
저능한, 우둔한, 천치의, 머리가 나쁜	**слабоумный** (슬라보움느이)
저당, 담보, 전당; 저당[담보]물.	**заклад залог** (자클라드) (잘로그)
저당물을 되찾다(찾아내다, 찾아오다)	**выкупать** (븨꾸빠찌)
저당물을 찾아내는 돈	**выкуп** (븨꾸쁘)
저당(담보)하다	**закладывать** (자클라듸와찌)
저명한 활동가, 대가	**столп** (스딸르쁘)
저명한, 고위	**крупный** (크루쁘느이)
저물기 전에, 해질녘, 황혼, 땅거미 전에	**засветло** (자쓰베뜰로)
저서, 작품; собрание ~й 전집, 작품집	**сочинение** (싸치네니예)
저속한, 비속한, 야비한, 상스러운	**пошлый** (뽀쉴르이)
저수지, 수원지, 물탱크	**бассейн, водоём, водохранилище** (바쎄이느) (바다욤) (붜다흐라니리쉐)

저승, 내세; 공상의 세계. ~мир 저승, 구천, 황천	**потусторонний** (빠뚜쓰또론느이)
저열한, 심술궂은, 비열한.	**низкопробный** (니즈꼬쁘로브느이)
저열한, 지더린, 품위 없는, 치사한; 인색한	**низменный** (니즈멘느이)
저온 건류, 반성 코크스화	**швелевание** (쉬벨레와니에)
저울, 계량기	**весы** (볘씌)
저울눈을 속이다, 중량(무게)을 속이다	**обвешивать** (압볘쉬와찌)
저울대, 흔들대	**коромысло** (까로믜쓸라)
저울에 달다, 저울질 하다; ~의 무게를 달다	**вешать** (볘샤찌)
저울에 달아서 파는	**развесной** (라스볘쓰노이)
저울에 달아서 포장하다, 정량 포장작업을 하다	**Фасовать** (퐈싸와찌)
저울추;주, 추, 칭추(秤錘), 분동(分銅)	**гиря** (기랴)
저음으로; 낮은 소리로 낮게	**низко** (니즈꼬)
저인망 어선, 트롤선(船), 싹쓸이 어선	**сейнер** (쎼이녜르)
저자, 편찬자, 필자, 저작자	**составитель,автор** (싸쓰따비쩰) (압따르)
저자의 필자의	**авторемонтный, авторский** (압따르쓰끼이) (압따레몬트느이)
저작, 저술	**составление** (싸쓰따블레니예)
저작의, 씹는, 씹기에 알맞은, 씹는(데 적합한)	**жевательный**

	(졔와쩰느이)
저장 상자, 궤 (곡식넣는) 상자, 반죽통	**закром, закрома** (자크롬) (자끄로마)
저장(貯藏), 한곳에 많이 쌓아둔 물건	**склад** (스클라드)
저장(준비.저축)하다,보류하다	**наготовить откладывать** (나가또비찌) (아트클라드와찌)
저장, 보관; сдать на ~e 보관시키다; плата за ~e 보관료	**хранение** (흐라녜니에)
저장고, 탱크, 큰통 저장기	**резервуар вместилище** (레졔르부알) (브몌쓰찌리쉐)
저장실, 광, 고방(庫房), 헛간	**чулан** (출란)
저장하다; 납부하다	**ссыпать** (스쉴샤찌)
저절로 생기는, 자연발생적인	**спонтанный** (스쁜딴느이)
저절로, 자연발생적으로	**стихийно** (스찌히이나)
저주; 욕설(辱說)	**брань проклятие** (브란니) (쁘라끌랴찌예)
저주(가증)스러운, 그 망할놈의	**проклятый** (쁘라끌랴띄)
저주하다, 악담[모독]하다, 욕설을 퍼붓다	**клясть,проклинать** (클랴쓰찌) (쁘라끌리나찌)
저지(억제, 정지)하다	**сдерживать** (즈졔르쥐와찌)
저지, 중지, 차단	**пресечение** (쁘레쎄체니예)
저지[억제]되지 않은; 검사받지 않은,	**недисциплинированный** (네지쓰찌블리니로완느이)
저지[억제]되지 않은; 맞추어 보지 않은	**непроверенный**

- 1165 -

	(네쁘라베렌느이)
저지르다; что ты наделал! 너 무슨 일을 저질렀느냐!	**наделать** (나젤라찌)
저지(중지.중단)시키다, 가로막다, 차단하다	**пресечь** (쁘레쎼치)
저축, 저장, 비축. (지식 등의) 축적; 온축; 많음.	**заготовлять** (자고또블랴찌)
저축(저금)하다, 모아서 저장하다	**заготовить сберечь** (자고또비찌) (즈베레치)
저축(저장.비축)하다, 갖추다 마련하다	**запасти(сь) запасать** (자빠쓰찌(시) (자빠싸찌)
저택(邸宅), 별장(別莊), (교외·해안의) 별저(別邸)	**вилла** (빌라)
저편[쪽]의;~너머[건너편]의, 반대의,	**тем** (쩸)
저하, 감소, 감량, 감쇄(減殺), 감손(減損)	**падение** (빠제니예)
저하하는, 쇠미의;(시세가) 하락하는, 내림세의	**подавленный** (빠다블렌늬이)
저항, 반항, 대항, 반대; 저항력	**сопротивление, трение** (싸쁘라찌블레니예) (뜨레니예)
저항[저지, 반격]하다	**отогнуть** (아따그누찌)
저항력, 내구력, 견고성	**сопротивление** (싸쁘라찌블레니예)
저항력, 저항성; 저항[반항]할 수 있음	**сопротивляемость** (싸쁘라찌블랴예모쓰찌)
저항하지 않다, 잡히다;(어떠한 작용에) 변하다,	**поддаться** (빧다쨔)
저혈압(低血壓); 저혈압증(低血壓症)	**гипотония** (기뽀또니야)
저혈압환자(低血壓患者)	**гипотоник**

	(기쁘또니크)
적의(으로), 원수의	**вражеский** (브라제쓰끼이)
적(敵), 원수, 적군, 적수	**противник недруг неприятель** (쁘라찝닠) (네드룩) (네쁘리야쩰)
적, 곱, 곱절	**произведение** (쁘라이즈베졔니예)
적갈색의; ~ая лошадь 털빛이 누런 말, 구렁말, 황부루	**гнедой** (그녜도이)
적게 알려진, 잘 알려지지 않은	**малоизвестный** (말라이즈볘쓰뜨느이)
적게, 조금, 약간, 다소, 조끔	**немного** (녜므노가)
적군, 적병(敵兵)	**враг** (브라그)
적극화(積極化)	**активизация** (악찌뷔자찌야)
적극화되다	**активизироваться** (악찌뷔지로와짜)
적극화하다	**активизировать** (악찌뷔지로와찌)
적나라한, 허식이 없는	**неприкрытый** (녜쁘리끄릐뜨이)
적다, 부족하다, 모자라다	**мало** (말라)
적다, 적어(써)넣다, 기입(기재.기록)하다	**проставить вписать** (쁘라쓰따비찌) (프삐싸찌)
적당(타당)하지 않는, 당찮은, 마땅찮은	**неподходящий** (녜빠드호쟈쉬이)
적당한 것을 찾다, 구하다, 탐구하다	**подыскать подыскивать** (빠듸쓰까찌), (빠듸쓰끼와찌)
적당한 때가 아닌, 때 아닌, 적절치 못한	**несвоевременный** (녜쓰뷔예브레멘느이)

적당한, 타당한, 지당한, 상응하는	**должен, удобный, уместный** (돌쥔) (우다브느이) (우몌스뜨느이)
적당한, 적합한, 알맞은, 꼭맞은, 딱맞은	**подобающий** (빠다바유쉬이)
적대, 적대적, 적의를 품은	**враждебный** (브라즈졔브느이)
적대성(敵對性), 적대관계, 대립	**антогонизм** (안따가니즘)
적대시하다, 반목하다, 다투다	**враждовать** (브라즈도와찌)
적대의, 반대하는; 상반[모순, 대립]되는	**неантагонистический** (네안따고니쓰쩨체쓰끼이)
적대자(敵對者), 반대자(反對者)	**враг** (브라그)
적대적인	**антогонистический** (안따가니쓰쩨체쓰키이)
적대행동, 공격, 비난, 독설(毒舌)	**выпад** (븨빠드)
적도 부근의 무풍대	**штилевой** (쉬찔례보이)
적도(赤道), 최대의 위선, 균분원	**экватор** (에크와또르)
적도의, 매우 무더운	**экваториальный** (에크와또리알느이)
적도의, 적도 부근의, 적도의식의, 적도 결합의	**экваториал** (에크와또리알)
적리(赤痢), 이질(痢疾)	**дизентерия** (지젠쪠리야)
적발(폭로)하다, 공박하다, 치다	**обличать** (아블리차찌)
적발(폭로, 공박)하는	**обличительный** (아블리치쪨늬이)
적발, 폭로	**обличение**

	(아블리체니예)
적발, 폭로, 밝혀내는 것	**вскрытие** (프쓰크릐찌에)
적발자, 폭로자	**обличитель** (아블리치쩰)
적분, 적분학(함수를 미분의 역함수로 고치는 연산법)	**интеграл** (인쩨그랄)
적분(積分), 적분법(積分法)	**интеграция** (인쩨그라찌야)
적분하다, 합계[평균치]를 나타내다	**интегрировать** (인쩨그리로와찌)
적삼, 셔츠, 루바슈까	**рубаха рубашка** (루바하), (루바쉬까)
적수, 경쟁자, 맞수, 적수; 호적수, 연적, 라이벌	**соперник** (싸뻬르니크)
적시다, 추기다; ~ бельё 빨래를 물에 담그다	**намочить** (나마치찌)
적시다, 축이다 담그다, 불구다, 우리다	**мочить замочить** (마치찌) (자모치찌)
적시는, 축이는. 눅눅한	**подмоченный** (빠드모첸느이)
적아세포	**эритробласт** (에리뜨로브라쓰트)
적어 넣다, 기입하다	**включать** (프클류차찌)
적어놓다; (예약·신청자로서) ~의 이름을 기입하다	**записать(ся)** (자삐싸찌)
적어도, 최소한(最小限)	**минимум** (미니뭄)
적어두다, 기록하다, 등기[등록]하다.	**отметить[ся]** (앝몌찌찌)
적외선 ~ые лучи (물리) 적외선	**инфрокрасный** (인프로크라쓰느이)

적용(순응)하다, 버릇(습관)되다	**приноравливаться** (쁘리노라블리와짜)
적용(응용)하다	**приложить** (쁘릴로쥐찌)
적용, 응용(應用), 사용(使用)	**применение** (쁘리메네니예)
적용, 응용; 응용법; 응용성, 실용성	**приложение** (쁘릴로제니예)
적용될 줄 모르는, 적응될 줄 모르는	**неприспособленный** (네쁘리쓰뽀쏘블렌느이)
적용(응용.이용)하다	**применить, прилагать прикладывать[ся]** (쁘리메니찌) (쁘릴라가찌) (쁘리끌라듸와찌)(쨔)
적은 것, 사소한 것	**малое** (말라에
적은 량, 소량(小量)	**малость** (말라쓰찌)
적응(適應), 순응(順應)	**адаптация, приспособление** (아다쁘따찌야) (쁘리쓰뽀싸블레니예)
적응(적합, 조절)의 능력, 적응력	**приспособляемость** (쁘리쓰뽀싸블랴예모쓰찌)
적응성(適應性), 순응성	**приспособленность** (쁘리쓰뽀싸블렌노스찌)
적응시키다, 적용(이용)할 수 있게 하다	**приспосабливать** (쁘리쓰뽀싸블리와찌)
적응하는	**созвучный** (싸즈부츠느이)
적응하다, 버릇(습관)되다, 익숙해지다	**приспосабливаться** (쁘리쓰뽀싸블리와짜)
적의 편에 넘어가다, 도망하다, 도주하다	**перебегать** (뻬레베가찌)
적의 편에 넘어간 자, 월경자, 투항자, 월북자	**перебежчик** (뻬레베즈치크)

적의, 불친절	**недружелюбие** (네드루줴류비예)
적의, 원수의, 적군의	**неприятельский** (네쁘리야쪨쓰끼이)
적의, 적대, 반목, 앙심(怏心)	**вражда** (브라즈다)
적의, 적대시하는 것, 반감	**враждебность** (브라즈졔브노쓰찌)
적의를 품은, 불친절한, 친절하지 못한	**недружелюбный** (네드루줴류브느이)
적자(赤字), 결손(缺損)	**дефицит** (졔피찌트)
적자나는, 결손을 가져오는	**дефицитный** (졔피찌뜨느이)
적재, 싣기, 싣는 것, 탑재, 쌓아올린 것,	**штабель, нагрузка** (쉬따벨) (나그루즈까)
적재량, 싣는량	**грузоподъёмность** (그루조뽀지욤노쓰찌)
적재부족, 적재부족량	**недогрузка** (네다그루즈까)
적재톤수	**тоннаж** (딴나즈)
적재(쌓아저장)하다 치쌓다, 쌓아올리다	**штабелировать** (쉬따벨리로와찌)
적재함, 짐함, 차체	**кузов** (꾸조프)
적절(온당)치 못한, 엉뚱한	**неуместный** (네우몌쓰뜨느이)
적절한, 알맞은	**свой** (스보이)
적중, 명중, 명중탄	**попадание** (빠빠다니예)
적지 않게, 많이, 매우, 상당히, 꽤	**немало, гораздо**

	(네마라) (가라즈다)
적지 않다	**немало** (네마라)
적지 않은, 상당한	**немалый** (네말르이)
적진 돌파(작전), 돌파구	**рывок** (릐보크)
적출(摘出), 절제(切除)	**экстирпация** (엑쓰찌르빠찌야)
적하한 그대로, (포장하지 않고) 풀린 채로	**навалом** (나왈롬)
적합[적응] 시키다	**подладиться подстраиваться** (빠드라지짜) (빤쓰뜨라이와짜)
적합하다, ~에 걸맞다; ~에 어울리다.	**подобать[ся]** (빠다바찌)(짜)
적합한, 일치된, 조화된, ~에 순응[추종]하여	**сообразно** (싸아브라즈나)
적혈구, 붉은피톨	**эритроциты** (에리뜨로찌띄)
적혈병(赤血病)	**эритремия** (에리뜨레미야)
전 국민적인	**общенародный** (압쉐나로드느이)
전 러시아(Russia: 아라사(俄羅斯)	**всероссийский** (프쎄라씨이쓰끼이)
전갈(傳喝), 채미충(蠆尾蟲), 채충(蠆蟲), 스콜피온	**скорпион** (스까르삐온)
전개(발휘)하다, 발전시키다	**развернуть** (라스뻬르누찌)
전개(발휘, 발전)되다	**развернуться** (라스뻬르누짜)
전개(展開), 발휘(發揮); 설치	**развёртывание**

	(라스볼뜨와니예)
전개(확대, 심화)하다	**развивать**
	(라스비와띠)
전개, 진화, 소용돌이의, 나사모양의, 인벌류트	**эвольвента**
	(에발벤따)
전개된, 상세한	**развёрнутый**
	(라스볼누뜨이)
전개력	**размах**
	(라스마흐)
전공, 전문; 본업, 본직업	**монтёр специальность**
	(만쪠르) (스뻬찌알리노쓰찌)
전공논문	**монография**
	(마노그라피야)
전공의, 전공과목의	**электропневматический, профилирующий**
	(엘렉뜨라쁘네브마찌체쓰끼이) (쁘라필리루유쉬이)
전공학과; 전공과목	**специализация**
	(스뻬찌알리자찌야)
전공화국[적인], 공화국 전반의	**общереспубликанский**
	(옵쉐레스뿌브리깐쓰끼이)
전과, 유죄의 판결[선고].	**судимость**
	(수지모쓰찌)
전과자(前科者), 재범자(再犯者)	**рецидивист**
	(레찌지비쓰트)
전광장식	**иллюминация**
	(일류미나찌야)
전광판	**электротабло**
	(엘렉뜨라따브로)
전구 ~завод 전구공장	**электроламповый**
	(엘렉뜨롤람쁘브이)
전구, 선구자, 선인, 선조;(스키 경기의) 전주자	**предвестник**
	(쁘레드베쓰뜨니크)
전구를 끼우는 소켓의, 플러그의	**штепсельный**

	(쉬뗴쁘쎌느이)
전구안의 가열선, 필라멘트	**волосок** (발라쏙)
전국연합직업동맹 중앙소비에트(Всесоюзный Цен-тральный Совет Професси-ональных Союзов)	**ВЦСПС** (붸쩨에쓰뻬에쓰)
전국적인	**общегосударственный** (압쉐가쑤다르쓰뜨볜느이)
전군. (육·해·공의) 군, 군대; пионерская ~ 삐오네르단	**дружина** (드루지나)
전권, 권한; 대표권	**полномочие** (빨노모치예)
전권위원, 전권대표	**уполномоченный** (우뽈노모첸느이)
전권을 가진, 완전한 권력을 가진	**полновластный** (빨나브라쓰뜨이)
전권을 가진; 전권대사의; 전권을 부여하는	**полномочный** (빨노모츠느이)
전권을 맡기다(위임하다); ~에게 권한을 주다	**уполномочивать** (우뽈노모치와찌)
전권을 위임하다	**передоверить** (뻬레다붸리찌)
전권을 위임되다	**передоверяться** (뻬레다붸르야짜)
전극(電極), 전극봉	**электрод** (엘렉뜨라드)
전극; 자극; (전지 따위의) 극판, 극선	**полюс** (뽈류쓰)
전기 가열	**электронагрев** (엘렉뜨라나그레프)
전기 가열기	**кипятильник** (끼빠찔니크)
전기 가열의	**электронагревательный** (엘렉뜨라나그레와쩰느이)

전기 경운	**электропахота** (엘렉뜨라빠호따)
전기 곤로	**электроплитка** (엘렉뜨라쁠리뜨까)
전기 공학자, 전기공학	**электромеханик** (엘렉뜨라메하니크)
전기 굴착기	**электросверло** (엘렉뜨라쓰벨로)
전기 기계 제조	**электромашиностроение** (엘렉뜨라마쉬노쓰뜨로예니에)
전기 기계 제조용 재료	**электроматериал** (엘렉뜨라마쩨리알)
전기 기관차 제조	**элекровозостроение** (엘렉뜨라보조쓰뜨로예니에)
전기 단자, 끝머리	**клёмма** (클룜마)
전기 드릴	**электродрель** (엘렉뜨라드렐리)
전기 마사지, 안마	**электромассаж** (엘렉뜨라맛싸쥐)
전기 보습, 전기 제설기, 쟁기	**электроплуг** (엘렉뜨라쁠룩)
전기 부표	**электробуй** (엘렉뜨로부이)
전기 분해의 전기분해에 의해 얻어진	**электролитический** (엘렉뜨롤리찌체쓰끼이)
전기 분해하다	**электролизовать** (엘렉뜨롤리조와찌)
전기 생리학	**электрофизиология** (엘렉뜨라피지오로기야)
전기 설비, 전기시설	**электрооборудование** (엘렉뜨라오보루도와니에)

전기 안전기	**электропредохранитель** (엘렉뜨라쁘레도흐라니쩰)
전기 야금(학, 공업)	**электрометаллургия** (엘렉뜨라메딸루르기야)
전기 연결, 투입, 이음	**включение** (프클류체니에)
전기 열량계(熱量計)	**электрокалориметр** (엘렉뜨라깔로리메뜨르)
전기 용량(用量)	**электроёмкость** (엘렉뜨로욤꼬쓰찌)
전기 용해	**электроплавка** (엘렉뜨라쁠라브까)
전기 용해의	**электроплавильный** (에렉뜨라쁠라빌느이)
전기 음향학	**электроакустика** (엘렉뜨로아꾸쓰찌까)
전기 입력, 동력투입; низкие ~ 낮은 전기 입력	**энергозатраты** (에네르가자뜨라띄)
전기 적분기(積分器)	**электроинтегратор** (엘렉뜨라인쩨그라또르)
전기 절연용 두꺼운 종이	**электрокартон** (엘렉뜨라까르똔)
전기 절연용의	**электроизоляционный** (엘렉뜨라이졸랴찌온느이)
전기 절연의	**электроизолирующий** (엘렉뜨라이졸리루유쉬이)
전기 진단학	**электродиагностика** (엘렉뜨라지아그노쓰찌)
전기 착유기	**электродоилка** (엘렉뜨라도일까)
전기 착유기의	**электродоильный** (엘렉뜨라도일느이)

전기(진공)청소기	**электрополотёр, электропылесос** (엘렉뜨라뽈로쭐)(엘렉뜨라뻴레쏘쓰)
전기 촉진법	**электрокультура** (엘렉뜨라꿀뚜라)
전기 최면요법	**электросон** (엘렉뜨라쏜)
전기 축음기	**электропроигрыватель** (엘렉뜨라쁘로이그릐와쩰)
전기 충전, 전하	**заряд** (자랴드)
전기 측정술, 전위 측정	**электрометрия** (엘렉뜨라메뜨리야)
전기 코일(coil), 권선, 선류, 회선, 감는 법	**обмотка** (압모트까)
전기 탈곡기	**электромолотилка** (엘렉뜨라몰로찔까)
전기 탈곡기, 정미소	**электромолотьба** (엘렉뜨라몰로찌바)
전기 트랙터	**электротрактор** (엘렉뜨라뜨락또르)
전기 표백(漂白)	**электроотбелка** (엘레끄뜨라오뜨벨까)
전기 휴즈(의 일종)	**пробка** (쁘롭까)
전기 휴즈, 뇌관, 도화선	**электрозапал** (엘렉뜨라자빨)
전기 히이터(電氣heater)	**электрокамин** (엘렉뜨라까민)
전기(가스, 물 등을) 끄다, 막다	**закрывать** (자크릐와찌)
전기(자)기타	**электрогитара** (엘렉뜨라기따라)

전기(傳記), 생애(生涯), 일생(一生), 경력	**биография** (비아그라피야)
전기(轉記)하다, 분개(分介)하다	**вывесить** (븨볘씨찌)
전기, 일대기(一代記)	**жизнеописание** (쥐즈녜오삐싸니예)
전기, 일대기, 언행록, 존재, 실재, 현존	**житие** (쥐찌에)
전기, 전력, 전동	**электро** (엘렉뜨로)
전기, 전력, 전류; 전기불	**электричество** (엘렉뜨리체쓰뜨붜)
전기간선	**электромагистраль** (엘렉뜨라마기쓰뜨랄)
전기강, 특수한 전기로에서 만든 강철(鋼鐵).	**электросталь** (엘렉뜨라쓰딸)
전기견인	**электротяга** (엘렉뜨라쨔가)
전기공급의 네트워크, 회로망	**электросеть** (엘렉뜨라쎄찌)
전기공업	**электропромышленность** (엘렉뜨라쁘로믜쉴렌노쓰찌)
전기기계조립 전기를 끌어넣는 것	**электромонтаж** (엘렉뜨라몬따쥐)
전기기사, 전공, 전기담당	**ээлектромонтёр** (엘렉뜨라몬죠르)
전기기사, 전기공학(도), 전기공예학	**электротехник** (엘렉뜨라쪠흐니크)
전기단련	**электрозакалка** (엘렉뜨라자깔까)
전기도금(電氣鍍金)	**электро** (엘렉뜨로)

전기도금학	**гальванотехника** (갈와노쩨흐니까)
전기로 치료하다	**электризовать** (엘롁뜨리조와찌)
전기로(電氣爐), 전기가마	**электропечь** (엘롁뜨라뻬치)
전기를 방전시키다	**разрядить** (라즈랴지찌)
전기를 연결시키다, 스위치를 넣다	**включать** (프클류차찌)
전기를 흐르게 하는 것, 전기 치료법, 전기도금	**гальванизация** (갈와니자찌야)
전기면도기	**электробритва** (엘롁뜨로브리뜨와)
전기모터, 전동기	**электромотор** (엘롁뜨라모또르)
전기문학의	**житийный** (쥐찌이늬이)
전기미터기, 전산 전력계	**электросчётчик** (엘롁뜨라쓰쵸뜨치크)
전기발광, 전기불	**электролюминесценция** (엘롁뜨롤류미네쓰쩬찌야)
전기버스	**электробус** (엘롁뜨로부쓰)
전기보트, 전기 모터선	**электроход** (엘롁뜨라호드)
전기분해(요법)	**электролит** (엘롁뜨롤리트)
전기분해요법	**элекролизация** (엘롁뜨롤리자찌야)
전기설비(기구)	**электроаппаратура** (엘롁뜨로압빠라뚜라)

전기시계	**электрочасы** (엘렉뜨라차쓰)
전기에 의한 고기잡이	**электролов** (엘렉뜨롤롭)
전기역학	**электродинамика** (엘렉뜨라지나미까)
전기영동(電氣泳動)	**электрофорез** (엘렉뜨라포레즈)
전기요법(電氣療法)	**электротерапия** (엘렉뜨라쩨라삐야)
전기용접(기술)	**электросварка** (엘렉뜨라쓰와르까)
전기용접의	**электросварочный** (엘렉뜨라쓰와로츠느이)
전기의 3상(相)의	**трёхфазный** (뜨료흐파즈느이)
전기의 가요선, 코드	**шнур** (쉬눌)
전기의 광전지, 광전판(光電板)	**фотоэлемент** (파토엘레멘트)
전기의 방전	**разряд** (라즈랴드)
전기의 애자, 똥딴지. 애관(碍管)	**ролик** (롤리크)
전기의 음극(陰極)	**катод** (까또드)
전기의 음전기, 음극의; (수학) 마이너스의;	**отрицательный** (앗리차쩰느이)
전기의 전하, 부하, 하중	**нагрузка** (나그루즈까)
전기의 전환기, 변류기	**преобразователь** (쁘레옵라조와쩰)

전기의 가요선, 코드	**шнур** (쉬눌)
전기의, 전력에 의한, 전기 사용의	**электрический** (엘렉뜨리체쓰끼이)
전기종, 전기벨, 전령	**электрозвонок** (엘렉뜨라즈보노크)
전기착유기	**электродойка** (엘렉뜨라도이까)
전기착유기에 의한 착유(搾乳)	**электродоение** (엘렉뜨라도예니에)
전기채굴, 전기착암기, 전기시추기	**электробур** (엘렉뜨라부르)
전기철도, 전기기차(電氣汽車)	**электричка** (엘렉뜨리츠까)
전기치료 병원	**электролечебница** (엘렉뜨롤레체브니짜)
전기치료, 전기요법	**электризация, электролечение** (엘렉뜨리자찌야) (엘렉뜨롤레체니에)
전기침전기	**электрофильтр** (엘렉뜨라필뜨르)
전기톱	**электропила** (엘렉뜨라삘라)
전기트럭, 전기모터를 단 운반차	**электрокар** (엘렉뜨라깔르)
전기판, 전기제판	**электротипия** (엘렉뜨라찌삐야)
전기펌프, 전동펌프	**электронасос** (엘렉뜨라나쏘쓰)
전기학자, 전기기술자; 전공	**электрик** (엘렉뜨리크)
전기화, 전력보급, 전화 전력, 전등	**электрификация** (엘렉뜨리피까찌야)

전기화학	**электрохимия** (엘렉뜨라히미야)
전기화학의	**электрохимический** (엘렉뜨라히미체쓰끼이)
전나무(작은) 숲, 가문비(종비나무)숲	**ельник** (옐니크)
전나무, 가문비(종비나무) 가문비나무속(屬)의 식물	**ёловый** (욜로브이)
전나무, 가문비나무, 가문비나무숲의 제재목(木)	**Ель** (옐)
전나무, 분비나무, 종목(樅木)	**пихта** (삐흐따)
전나무가지의 모양	**ёлочка** (욜로츠까)
전나무의, 가문비나무속의 식물(갯솔. 전나무 등)	**елевый** (옐레브이)
전능, 만능, 무한한 권력	**всемогущество** (프쎄마구쉐쓰뜨붜)
전능한, 무한한, 권력을 가진, 강력한	**всесильный** (프쎄씰느이)
전단(剪斷), 전단 응력(應力); 변형	**сдвиг** (즈드비그)
전단지, 간단한 인쇄물, 리플릿	**брошюра** (브로슈라)
전달하다, 가지고 들어가다	**вносить** (브노씨찌)
전달(통보)하다; (전갈·지식 등을) 전하다	**сообщать, переправить** (싸아브샤찌)(뻬레쁘라비찌)
전달하다; (전갈.지식.의미.사상.감정) 전하다	**выразить(ся)** (븨라지찌)(븨라지쨔)
전당, 사당, 묘(廟)	**храм** (흐람)
전당; 전당물, 저당물; 볼모, 인질	**колоннада**

- 1182 -

	(깔론나다)
전당포(典當鋪), 편의금고	**ломбард** (람바르드)
전당표, 저당증서	**закладная** (자클라드나야)
전도(가불)하는; 계약금으로, 외상으로; 할부로.	**подотчётный** (빠돝촡느이)
전도(설교)하다	**проповедовать** (쁘라뽀베도와찌)
전도(前途), 앞길	**будущность** (부두쉬노쓰즈)
전도금	**аванс** (아완쓰)
전도금으로, 선불금으로	**авансом** (아완쌈)
전도사(傳道師), 선교사(宣敎師);	**проповедник** (쁘라뽀베드닉)
전도성(傳導性)	**проводимость** (쁘라뷔지모스찌)
전도체; 도체, 도선(導線)	**проводник** (쁘라뷔드닉)
전동 공구(工具)	**электроинструмент** (엘렉드라인쓰뜨루멘트)
전동 장치; 기어, 톱니바퀴 장치 활차;	**шестерня** (쉐쓰쩨르내)
전동(연동)장치, 동력장치	**привод, передача** (쁘리볻) (뻬레다차)
전동(장치)의, 자동차의 변속기[장치], 트랜스미션	**передаточный** (뻬레다또츠느이)
전동기, 전기 모터; 전동의, 기전의	**электродвигатель** (엘렉뜨라드비가쩰)
전동장치, 전동축(傳動軸)	**трансмиссия**

- 1183 -

	(뜨란쓰밋씨야)
전동차(電動車)	**электромобиль** (엘렉뜨라모빌)
전동학, 전기 운동학	**электрокинетика** (엘렉뜨라끼네찌까)
전등(電燈), 전구(電球)	**электролампа** (엘레크뜨롤람빠)
전등갓, 등갓	**абажур** (아바주르)
전등알, 전구;	**лампочка** (람뽀츠까)
전등의 소켓	**патрон** (빠뜨론)
전락되다, ~에 빠지다	**докатиться** (다까찌짜)
전락시키다, 떨구다	**ниспровергать** (니스쁘로붸가찌)
전람, 전시, 진열; 공개	**предъявление** (쁘롄야블례니예)
전람관, 진열관	**павильон** (빠빌온)
전람의, 나열의	**выставочный** (븨쓰따붜츠느이)
전람하다, 실물로 보여주다(설명하다)	**демонстрировать** (제만쓰뜨리로와찌)
전람하다, 출품하다, 전시하다	**экспонат** (엑쓰뽀나트)
전람회(展覽會), 전시회, 전람관	**выставка** (븨쓰따프까)
전략(戰略)	**стратегия** (스뜨라쩨기야)
전략가(戰略家)	**стратег** (스뜨라쩨그)

전략적인	**стратегический** (스뜨라쩨기체쓰끼이)
전력 공급	**электропитание** (엘렉뜨라삐따니예)
전력 구동. 전도 장치	**электропривод** (엘렉뜨라쁘리볻)
전력; ~ая станция 전기발전소	**электросиловой** (엘렉뜨라씰로보이)
전력계(電力計)	**ваттметр** (와트메뜨르)
전력계통	**электросистема** (엘렉뜨라씨쓰쩨마)
전력공급(電力供給)	**энергоснабжение** (에네르가쓰나브줴니에)
전력수입	**электроимпорт** (엘렉뜨라이므뽀르트)
전력에 의한 금속 절단	**электрорезка** (엘렉뜨라레쓰까)
전력을 공급하다; ~에 전기를 통하다	**наэлектризовать** (나에렉뜨리조와찌)
전력을 다하다, 열심히 하다, 전력으로 달라붙다	**налегать** (날례가찌)
전례 없는, 미증유의	**беспрецедентный** (베쓰쁘레쩨덴뜨느이)
전례(前例)	**прецедент** (쁘레쩨젠트)
전로(轉爐), (연료의) 전환기; 전환로	**конвертор** (깐베르또르)
전류(전압.전력.저항)의 전기계측기	**электроизмерительный** (엘렉뜨라이즈메리쩰느이)
전류 측정하기 위한 전기력계, 동력 전류계.	**электродинамометр** (엘렉뜨라지나모메뜨르)

전류: ~ высокого напряжения 고압 전류	**ток** (똑)
전류계(電流計)	**амперметр** (암뻬르메트르)
전류고르개, 정류기	**коммутатор** (꼼무따또르)
전류를 끊다, 절연시키다	**разомкнуть** (라잠끄누찌)
전류를 발생 시키는, 전동, 기전의	**электродвижущий** (엘렉뜨라드비주쉬이)
전류를 통한 가열	**электропрогрев** (엘렉뜨라쁘로그레프)
전류에 의한 금속의 부식방지(도금 등)	**электрозащита** (엘렉뜨라자쉬따)
전망(前望); 원경(遠景); 원근화법, 투시화	**перспектива** (뻬르쓰뻭띠와)
전망[조건]	**обозрение** (아바즈레니예)
전망성 없는, 전도가 암담한	**бесперспективный** (베쓰뻬르쓰뻭크띠브느이)
전면 경사, 엇비스듬이	**наперевес** (나뻬레베쓰)
전면(사방)에 뿌리다, 가득 뿌려서 덮다	**усеять** (우쎄야찌)
전면을 덮는 것, 피복(被覆). 침대의 겉덮개,	**одеяло** (아제얄로)
전면적으로 조사하다, 탐색하다	**расследовать** (라쓸레도와찌)
전면적으로, 완전히	**сплошь** (스쁠로쉬)
전면적인, 대규모적인	**развёрнутый** (라스뵬누뜨이)
전문 위원회	**эксперт**

	(엑스뻬르트)
전문직업을 바꾸다, 새자격을 소류하다	**переквалифицироваться** (뻬레크왈리피치로와쨔)
전문(공)의; ~oe образование 전문교육	**специальный** (스뻬찌알리느이)
전문학교 학생, 대학 1학년생	**первокурсник** (뻬르붜꾸르쓰니크)
전문가(專門家)	**специалист** (스뻬찌알리쓰트)
전문가로서 조언(충고)을 주다	**консультировать** (꼰쑬찌라와찌)
전문가와 협의(상담)하다	**консультировать** (꼰쑬찌라와찌)
전문가의 감정	**эксперт** (엑쓰뻬르트)
전문병원, 예방(치료)원	**диспансер** (지쓰빤쎄르)
전문어, 통용어, 풀이말, 서술어, 변말,	**жаргон** (좌르곤)
전문으로 다루다[하다], 전공하다	**специализироваться** (스뻬찌알리지로와쨔)
전문적인, 특수한, 독립	**особый** (아쏘브이)
전문학교, 칼리지: военное ~ 군관학교	**училище** (우칠리쉐)
전문학교나 대학에서 동기생(동급생)	**однокурсник** (아드나꿀쓰니크)
전문화	**специализация** (스뻬찌알리자찌야)
전문화된, 전문적인	**специализированный** (스뻬찌알리지로완느이)
전반[적인]	**общий**

	(옵쉬이)
전반적인	**повальный**
	(빠왈리늬이)
전반적인, 일반적인, 총적인	**всеобщий**
	(프쎄옵쉬이)
전방(으로)의; 앞(부분)의; 전진의, (배의) 앞부분의	**вперёд**
	(프뻬료드)
전방(으로)의; 앞(부분)의; 전진의,	**нападающий**
	(나빠다유쉬이)
전방으로[에] 앞으로	**впереди**
	(프뻬레지)
전병(煎餅), 지짐	**блин**
	(블린)
전보, 전문; дать ~y 전보를 치다	**телеграмма**
	(쩰레그람마)
전보, 전신, 지급전보; 속보, 빨리알림	**молния**
	(몰니야)
전보로 알리다	**телеграфировать**
	(쩰레그라피로와찌)
전복(顚覆), 뒤집어엎다.	**ниспровержение**
	(니스쁘로볠줴니예)
전복(全鰒), 뒤집혀 엎어짐. 또는 뒤 집어 엎음	**низвержение**
	(니즈볠줴니예)
전복(함락)되다, 떨어지다;	**пасть**
	(빠쓰찌)
전복된 제도를 복고(부흥)시키다	**репставрировать**
	(레쓰따브리로와찌)
전복된 제도의 복고(부흥)	**реставрация**
	(레쓰따브라찌야)
전복(타도.파괴)하다, 뒤집어 엎다, 무너뜨리다	**низвергать**
	(니즈볠가찌)
전복시키다, (제도를) 폐지하다 뒤집어엎다, 헐다	**низвергнуть**

	(니즈볘르그누찌)
전복하다, 뒤집어엎다	**низлагать, низложить** (니즐라가찌), (니즐로쥐찌)
전부(全部), 완전히	**сполна** (스빨르나)
전부, 몽땅; 전적으로, 아주, 완전히	**целиком** (쩰리꼼)
전분(澱粉), 녹말, 녹말가루, 풀가루	**крахмал** (크라흐말)
전분으로, 풀의	**крахмальный** (크라흐말느이)
전불금,	**аванс** (아완쓰)
전사(戰士), 무인, 투사, 역전의 용사;	**вояка** (바야까)
전사(戰士), 전투기(戰鬪機).	**ястребок** (야쓰뜨례복)
전사하다, 목숨을 바치다, (많은 사람들이) 죽다	**полечь** (빨례치)
전산	**электронно-счётный** (엘렉뜨론노-쓰쵸뜨느이)
전선; 제일선 앞, 정면, 앞면; (문제의) 표면	**фронт** (프론트)
전선(용)의; 비우호국[분쟁 지역]에 인접한, 최전선의	**прифронтовой** (쁘리프론또보이)
전선(電線), 도선(導線) 철망; 철사 세공; 와이어 로프	**провод** (쁘로봇)
전선(電線), 송전선(送電線)	**электролиния** (엘렉드롤리니야)
전선, 전기 케이블	**электропровод** (엘렉뜨라쁘로봇)
전선, 전기선, 전깃줄	**проводка**

	(쁘라봍까)
전선, 전방, 제일선(진지)	**передовая** (뻬레다와야)
전선군인, 출전군인	**фронтовик** (프론따뷔크)
전선을 늘이는 것, 배선(配線);	**проводка** (쁘라봍까)
전선의, 철사의, 철망의	**фронтовой** (프론따보이)
전설(傳說), 전언(傳言), 레전드(legend)	**легенда** (레겐다)
전설, 구비전설, 옛말	**предание** (쁘레다니예)
전설적인, 전설과 같은	**легендарный** (레겐다르느이)
전세계(全世界), 세계적인	**всемирный** (프쎄미르느이)
전세계사적인	**всемирно-исторический** (프쎄미르나-이쓰또리체쓰끼이)
전속력으로 달리게 하다, 재촉하다	**разогнать** (라조그나찌)
전송(傳送), 송별(送別)	**проводы** (쁘라봐듸)
전술, 작전, 전략, 전법	**тактика** (따크찌까)
전술가, 전술에 능한 사람	**тактик** (따크찌크)
전술의, 전술적인	**тактический** (따크찌체쓰끼이)
전시의, 야전의	**военно-полевой** (바옌나-뽈레보이)
전신(電信), 전보; 전신기	**телеграф**

	(쩰레그라프)
전신국(電信局)	**телеграф**
	(쩰레그라프)
전신수, 전신기수	**телеграфист**
	(쩰레그라피쓰트)
전신의; ~ая связь 전신연락	**телеграфный**
	(쩰레그라프느이)
전신주, 전봇대	**электростолб**
	(엘렉뜨라쓰똘브)
전실(專室), 복도; 현관, 입구 홀	**прихожая**
	(쁘리호쟈야)
전압(電壓: 단위는 볼트(V))	**электронапряжение**
	(엘렉뜨라나쁘랴줴니에)
전압, 접압량, 볼트 수(略: V).	**напряжение**
	(나쁘랴줴니예)
전압계(電壓計)	**вольтметр**
	(발뜨메뜨르)
전야, 직전(直前); ~ праздника 명절전날	**канун**
	(까눈)
전에(는), 본래는. 사전에, 먼저, 미리; 예비적으로	**ранее**
	(라네예)
전연맹, 전 소련, 연합 국가, 소련연방	**общесоюзный**
	(압쉐싸유즈느이)
전연맹적인, 전 소련	**всесоюзный**
	(프쎄싸유즈느이)
전열공학	**электротермия**
	(엘렉뜨라쩨르미야)
전열에 의한 온실재배	**электросветокультура**
	(엘렉뜨라쓰베또꿀뚜라)
전열의	**электротермический**
	(엘렉뜨라쩰미체쓰끼이)
전염, 감염, 전염병, 감염증	**инфекция заражение**

	(인페크찌야) (자라줴니예)
전염되기 쉬운, 쉽게 옮는	**заразительный** (자라지쩰느이)
전염되다, 감염되다, 옮다, 병독에 바지다	**заражаться** (자라좌짜)
전염되지 않는, 비전염성	**незаразный** (네자라즈느이)
전염병 학자; 전염병 전문의사	**эпидемиолог** (에삐제미올로그)
전염병, 염병, 유행병, 돌림병	**пандемия поветрие зараза** (빤제미야) (빠붸뜨리예) (자라자)
전염병류, 유행(전염)성의	**эпидемический** (에삐제미체쓰끼이)
전염성의, 전염병의	**инфекционный, заразный** (인페크찌온느이)(자라즈느이)
전염(감염.중독)시키다, ~에 병균을 전염시키다	**заражать** (자라좌찌)
전용[유용]하다	**отрыть** (앗릐찌)
전우(戰友), 동지	**соратник** (싸라뜨니크)
전우(위훈)을 함께 세운 사람	**сподвижник** (스빠드비즈니크)
전원 이의 없음, 동의, 합의, 만장일치	**единодушие** (예지나두쉬예)
전원(만장)일치로, 이의 없게, 합의로, 동의하게	**единогласно** (예지나글라스노)
전원이 참석하는	**пленарный** (쁠레날늬이)
전원회의, 총회(總會)	**пленум** (쁠레늄)
전위 기록, 사진 전송술	**электрография** (엘렉뜨라그라피야)

전위, 포워드(略: F.W.) 공격수의;	**нападающий** (나빠다유쉬이)
전위계(電位計)	**электрометр** (엘렉뜨라메뜨르)
전율, 공포; привести кого в ~ 전율케 하다	**трепет** (뜨레뻬트)
전인민족(인)	**всенародный** (프쎄나로드느이)
전일적인, 완전무결한, 완전히, 철저히, 완벽하게	**целостный** (젤로쓰뜨느이)
전일적인, 완전한, 순수한; ~ое молоко 순우유	**цельный** (젤느이)
전임(전속.전학.소속)시키다, 다른 계산에 넣다	**перечислить** (뻬레치쓸리찌)
전임시키다, 옮기다, 이동[운반]하다;	**передвинуть[ся]** (뻬레드비누쨔)
전자 계산의	**электронно–вычислительный** (엘렉뜨론노-븨치쓰리쩰느이)
전자 광학	**электрооптика** (엘렉뜨라오쁘찌까)
전자(電子) 볼트	**эв** (에프)
전자; 일렉트론합금(electron合金);	**Электрон** (엘렉뜨론)
전자계산기 эл. (электронная вычислительная машина) 컴퓨터; 계산기(器)	**ЭВМ** (에베엠)
전자계산기화	**компьютеризация** (깜쀼쩨리자찌야)
전자공학, 전자학	**электроника** (엘렉뜨로니까)
전자기, 전자기학	**электромагнетизм** (엘렉뜨라마그네찌즘)

전자도	**электронография** (엘렉뜨라노그라피야)
전자볼트(電子volt), 일렉트론볼트. 기호: eV.)	**электрон-вольт** (엘렉뜨론-볼트)
전자악기의	**электромузыкальный** (엘렉뜨라무긔깔느이)
전자의; ~ая теория 전자이론	**электронный** (엘렉뜨론느이)
전자파, 대변인	**рупор** (루뽀르)
전자하다	**транскрибировать** (뜨란쓰크리비로와찌)
전쟁 배상금	**контрибуция** (꼰뜨리부찌야)
전쟁(戰爭); 교전(交戰),	**война** (바이나)
전쟁, 경기에서 복수(전)	**реванш** (레완쉬)
전쟁을 하다, 전쟁에 참가하다	**воевать** (바에와지)
전쟁전의	**довоенный** (다붜옌느이)
전쟁하는, 교전중인, 교전국의	**воюющий** (바유유쉬이)
전적으로, 아주, 완전히	**вполне** (프빨네)
전적으로, 완벽하게; 오로지, 전적으로	**всецело** (프쎄쩰로)
전적인, 순전한, 완전한; ~ вздор 순전한 허튼소리	**сплошной** (스쁠로쓰노이)
전접어(奠接語)	**энклитика** (엔클리찌가)

전제(前提), 조건(條件), 요건	**предпосылка** (쁘롄뽀쐴까)
전제군주(專制君主)	**деспот** (제쓰뽀트)
전제의; ~ режим 전제제도	**деспотический** (제쓰빠찌체쓰끼이)
전제제도, 전제정치(專制政治)	**самодержавие** (싸마제르좌비예)
전조, 징조(徵兆)	**предзнаменование** (쁘레드즈나메노와니예)
전주곡(前奏曲), 서곡(序曲)	**прелюдия** (쁘렐류지야)
전진(前進), 진행, 진보(進步), 발달, 지척, 숙달, 보급	**прогресс** (쁘라그레쓰)
전진(촉진, 발전)시키다	**продвигать** (쁘라드비가찌)
전진[진격]하다	**наступить** (나쓰뚜삐찌)
전진하는, 전의; 미리미리의	**вперёд** (프뼤료드)
전진하다, 진척하다. 진보하다, 발달하다	**прогрессировать** (쁘라그레씨로와찌)
전진하다, 향하다	**продвигаться** (쁘라드비가쨔)
전집전서	**собрание** (싸브라니예)
전차 운전사	**вагоновожатый** (와곤노뵈좌뜨이)
전차(電車)의, 따람와이의	**трамвай** (뜨람와이)
전착(電着), 전착물	**электроосаждение** (엘렉뜨라오싸줘제니에)

전철 운전자	**стрелочник** (스뜨렐로츠니크)
전철, 전동차, 전기 열차	**электропоезд** (엘렉드라뽀예즈드)
전철기	**стрелка** (스뜨렐까)
전체, 총체	**целое** (쩰로에)
전체를 포괄하는, 총괄적인	**всеобъемлющий** (프쎼아비엠류쉬이)
전체적인, 전반을 포괄하는	**тотальный** (또딸느이)
전초(前哨), 전초부대, 전진기지	**форпост** (포르뽀쓰트)
전축, 축음기(蓄音機);	**патефон** (빠쩨폰)
전취, 쟁취, 점령, 정복	**завоевание** (자붜예와니예)
전취물, 쟁취물, 점령물	**завоевание** (자붜예와니예)
전취(쟁취.점령)하다, 얻어내다(가지다)	**завоевать брать** (자붜예와찌)(브라찌)
전치사(前置詞), 전치사(적)인	**предлог** (쁘레들록)
전치사의, 전치사적인: ~ый падеж 전치격	**предложный** (쁘레들로즈느이)
전통, 관습, 관례, 인습, 전례(傳例), 양식(樣式)	**традиция** (뜨라지찌야)
전통의, 전통적인; 관습의, 인습의	**национальный** (나찌오날리느이)
전통적인	**традиционный** (뜨라지찌온느이)

전투(戰鬪), 대전투, 격전(激戰)	**битва баталия** (비뜨와) (바탈리야)
전투(戰鬪), 싸움	**бой** (보이)
전투기, 격추기, 구축함	**истребитель** (이쓰뜨레비쩰)
전투기의 ~ая авиация 추격항공(대)	**истребительный** (이쓰뜨레비쩰느이)
전투력 있는	**боеспособный** (보예쓰뽀쏘브느이)
전투력	**боеспособность** (보예쓰뽀소브노쓰찌)
전투력(戰鬪力), 전투성(戰鬪性)	**боевитость** (보예비또쓰찌)
전투력이 없는	**небоеспособный** (네보예쓰뽀쏘브느이)
전투속보	**листок** (리쓰또크)
전투원, 전사(戰士)	**боец** (보예쯔)
전투의, 전투적인, 작전의	**боевой** (바예보이)
전투화, 기병이나 나치군인이 신던 긴 장화	**сапоги** (싸뽀기)
전파 탐지기(電波探知機) 레이더	**радиолокатор** (라지올로까따르)
전파 탐지기에 의한 탐지[측정]. 전파탐지	**радиолокация** (라지올로까찌야)
전파(電波) (물리) 파(波),	**волна** (발나)
전파, 전자파, 무선전파	**радиоволна** (라지오발나)

전파사, 가전제품 수리점	**ателье** (아뗄이예)
전파의 진동, 진동, 발진, 진폭. 떨림	**колебание** (깔레바니예)
전파자, 유포자	**разносчик** (라스나쓰칙)
전파하다, 퍼뜨리다	**сеять** (쎄야찌)
전하다, 교환하다	**делиться** (젤리쨔)
전하다, 알리다, 통지하다	**сообщить** (싸아브쉬찌)
전해 분석, 전기 분석	**электроанализ** (엘렉뜨로아날리즈)
전해(電解)	**электролиз** (엘렉뜨롤리즈)
전해액, 전해질, 전해물	**электролит** (엘렉뜨롤리트)
전해지다, 보도되다, 발표되다	**сообщаться** (싸아브샤쨔)
전해지다, 옮다; 유전되다	**передаваться** (뻬레다와쨔)
전향하다, (변절하여)~의 편에 넘어가다	**переметнуться** (뻬레메트누쨔)
전혀, 도무지, 아주	**вовсе** (뷔브쎄)
전혀, 완전히, 전적으로, 아주	**совсем** (쌉쎔)
전혀, 전적으로	**кругом** (크루곰)
전형성	**типичность** (찌삐츠노쓰찌)
전형적인, 훌륭한	**классический**

	(클라씨체쓰끼이)
전형적인	**типичный** (찌삐츠느이)
전호(電弧), 아크방전	**электредуга** (엘렉뜨레두가)
전호(참호)를 파고 자리잡다	**окапываться** (아까쁴와짜)
전호, 참호, 구덩이; 호(壕), 호참(壕塹)	**окоп** (아꼬즈)
전화 연락을 맺다	**соединять** (싸예지냐찌)
전화 통지문, 전화 지시문, 전통	**телефонограмма** (쩰레포노그람마)
전화(초인종)로 불러내다	**дозвониться** (다즈붜니쨔)
전화, 전화기,전화통;~-автомат 공중전화	**телефон** (쩰레폰)
전화교환수	**электрификатор** (엘렉뜨리피까또르)
전화되다, ~로 되다	**выливаться** (뷜리와쨔)
전화로 연락하다	**созвониться** (싸즈보니쨔)
전화를 끊다; 떠나버리다	**проваливать** (쁘라왈리와찌)
전화를 다시 걸다,(많은 사람들에게) 전화를 걸다	**перезванивать** (뻬레즈와니와찌)
전화번호(電話番號)	**телефон** (쩰레폰)
전화의 수화기; взять (снять)~y 전화를 받다	**трубка** (뜨루브까)
전화의; ~ый аппарат 전화기	**телефонный**

- 1199 -

	(쩰레폰느이)
전환	**перерастание** (뻬레라쓰따니예)
전환의, 급변한, 변화하는	**переломный** (뻬렐롬느이)
전환시키다	**преобразовать** (쁘레옵라조와찌)
전환하다, 전화(轉化)시키다, 화학 변화시키다	**превратить** (쁘레브라찌찌)
전환되다, 전화(轉化)시키다, 바꾸다	**обратить[ся]** (아브라찌찌)
전횡(專橫), 제멋대로 구는 것, 독단	**самоуправство** (싸모우쁘라브쓰뜨붜)
전횡, 만행	**произвол** (쁘라이즈볼)
전후로(前後), 앞뒤에	**послевоенный** (빠쓸레붜옌느이)
전후의 2열 횡대, 열, 줄, 행렬	**шпалера** (쉬빨레라)
절(節), 명절, 날	**день** (젠-)
절(節), 항(項), 단락; 부호(§)	**параграф** (빠라그라프)
절, 경례; 몸을 굽힘. 인사	**поклон** (빠클론)
절; 수도승, 승려, 스님, 중	**монастырь** (마나쓰뜨리)
절개, 째어서 엶	**сечение** (쎄체니예)
절개; 자르기, 분할	**шлиф** (쉴리프)
절개수술을 하다, (의학) 째다, 해부하다	**вскрывать**

- 1200 -

	(프쓰크리와찌)
절개하다, 쪼개다, 째다, 찢다, 가르다,	**распарывать** (라쓰빠릐와찌)
절개하다, 째다, 째어서 엶	**разрезать** (라즈레자찌)
절거덕하고 소리나(게 하)다, 탁[철꺽]하고 울리다	**брякать** (브랴까찌)
절교시키다, 다투고 헤어지게 하다	**рассорить** (라쓰쏘리찌)
절교하다, 다투고 헤어지다	**рассориться** (라쓰쏘리쨔)
절구(絶句)	**ступа** (스뚜빠)
절단(切斷)하다	**ампутировать** (암뿌찌로와찌)
절단, 분할; 절개	**отрезок звено разрез** (앗레조크)(즈베노) (라즈레스)
절단, 삭제; 한 번 자르기, 자르는 것	**отрез, ампутация** (앗레스) (암뿌따찌야)
절단된(터진)곳	**разрыв** (라즈릅프)
절단면, 단면(도)	**разрез** (라즈레스)
절단하다 짧게(잘라) 줄이다; 생략하다	**урезывать** (우레즤와찌)
절단하다, 삭제[정리]하다, 잘라내다.	**отнять[ся]** (아트냐쨔)
절단하다, 자르다;(풀·머리을) 깎다; 베어 가르다	**резать** (레자찌)
절단(불완전하게)하다; 병신을 만들다	**искалечить изувечить** (이쓰깔레치찌) (이주베치찌)
절대(적인), 완전한	**абсолютный**

	(압쌀류트느이)
절대로 ~아니다(не와 결합하여)	**никакой**
	(니깍꼬이)
절대로, 전혀 완전히	**абсолютно**
	(압쌀류트나)
절대로; ~ не прощу 절대로 용서 못 하겠다	**нипочём**
	(니뽀촘)
절대의 진리, 진실	**евангелие**
	(예완겔리예)
절대적으로, 무조건(으로); 단호히	**ровно**
	(로브나)
절대적으로, 무조건적으로, 조건 없이	**беспрекословно**
	(볘쓰쁘례까쓸로브나)
절도 없는 것, 무규율성	**расхлябанность**
	(라쓰흘랴반노쓰찌)
절도 있는 요량 있는, 기민한	**тактичный**
	(따크찌츠느이)
절도 있는, 명확한, 똑똑하게 쓴	**четкий**
	(체트끼이)
절도(규율)없는	**расхлябанный**
	(라쓰흘랴반느이)
절도(節度); с [большим] ~ом (아주) 절도 있게	**такт**
	(따크트)
절도, 요량	**тактичность**
	(따크찌츠노쓰찌)
절뚝거리다,(다리를) 약간 절다; 절뚝거리며 걷다	**прихрамывать**
	(쁘리흐라므와찌)
절뚝거리다; ~ на левую ногу 왼다리를 절뚝거리다	**хромать**
	(흐로마찌)
절렁거리다, 잘거락 거리다	**бренчать**
	(브롄차찌)
절름(절뚝)거리다, 기우뚱거리며 걷다	**шкандыбать ковылять**
	(쉬깐듸와찌) (까빌랴찌)

절름발이	**хромой** (흐로모이)
절망, 자포(자기), 실망	**отчаяние** (앗차야니예)
절망에 빠지다, 절망하다, 자포자기 하다	**отчаиваться** (앗차이와쨔)
절망에 찬, 실망한, 낙심한; ~вид 실망한 모습	**убитый** (우비뜨이)
절망적인, 절망에 빠진	**отчаянный** (앗나얀느이)
절망하다, 단념하다, 자포자기하다	**отчаяться** (앗차야쨔)
절박(간절)하게 되다, 성숙되다	**назревать, назреть** (나즈레와찌), (나즈레찌)
절박성(切迫性), 긴박성, 간절성	**актуальность** (악뚜알노스찌)
절박한, 간절한, 요긴한, 당면한	**актуальный** (악뚜알느이)
절박한, 긴박한, 초미의, 현실의, 실제의	**животрепещущий** (쥐붜드레뻬수쉬이)
절반 몫, 반(1/2)사람 분	**полпорции** (빨뽀르찌이)
절반만큼, 절반쯤	**вполовину** (프빨로뷔누)
절반씩, 동등하게	**пополам** (빠뽈람)
절반으로, 절반쯤; 얼마간; 불완전하게	**наполовину** (나뽈로비누)
절벅절벅[찰싹찰싹] 소리가 나다; (물이) 튀다.	**плеснуть** (쁠레쓰누찌)
절벽, 벼랑, 낭떠러지, 끝없이 깊은 구렁; 나락	**пропасть** (쁘로빠쓰찌)

절삭 공구, 절단기; (연모의) 날	**резец** (레즈예쯔)
절실(절박)한, 긴요한; ~ая просьба 간청	**настоятельный** (나쓰또야쩰느이)
절실한, 긴요한, 당면한	**насущный** (나쑤쉬느이)
절실히, 긴요하게, 간절히	**настоятельно** (나쓰또야쩰나)
절약 하는 것	**бережливость** (볘례즐리븨쓰지)
절약(frugality), 절검(節儉), 효율적 사용	**сбережение** (즈베레줴니예)
절약, 절감, 긴축정책	**экономполитика, расчёт, экономизация** (에까놈뽈리찌까) (라쓰쵸트) (에까노미자찌야)
절약가, (열, 연료의) 절약장치.	**экономайзер** [-зэр-] (에까노마이젤)
절약하는, 살뜰한, 알뜰살뜰한	**сберегательный бережливый** (즈베레가쩰느이) (볘례즐리브이)
절약하다, 아끼다 인색하다	**сэкономить, жалеть, сберегать** (쎄까노미찌) (좔례찌) (즈베레가찌)
절연, 절연체, 절연물	**изоляция** (이졸랴찌야)
절연물, 애자(碍子), 뚱딴지	**изолятор** (이졸랴또르)
절연하다, 피복을 하다	**изолировать** (이졸리로와찌)
절이다, 염장하다; ~ рыбу 물고기를 소금에 절이다	**солить** (쌀리찌)
절인 음식	**соленья** (쌀롄니야)
절임, 염장(鹽藏)	**засол** (자쏠)

절정에 달하는, 궁극의	**кульминационный** (꿀미나찌온느이)
절제(節制), 제어(制御), 억제	**эксцизия, воздержание** (엑쓰찌지야) (바즈제르좌니에)
절제[자제]하는, 음식을 삼가는	**воздержавшийся** (바즈제르좌브쉬이샤)
절주, 금주 절제,	**безалкогольный** (볘즈알코골느이)
절지동물문(門), 마디가 있는 동물	**членистоногие** (츨롄이쓰또노기에)
절충학파, 절충주의	**эклектизм** (엑클레크찌즘)
절충주의(折衷主義). 절충학파의 사람;	**эклектичность** (에클레끄찌츠노쓰찌)
절충주의자, 절충학파의 사람 절충주의, 절충학파;	**эклектик** (에클레크찌크)
절하다, 맞절하다	**кланяться** (클라냐쨔)
젊어 보이는, 애티가 나는	**моложавый** (말로좌브이)
젊어 보이려고 애쓰다	**молодиться** (말로지쨔)
젊어지게 하는 것, 젊게 하는 법	**омоложивание омоложение** (아물로쥐와니예), (아물로제니예)
젊어지다	**молодеть, помолодеть** (말로제찌), (빠말로제찌)
젊었을 때부터	**смолоду** (스몰로두)
젊은 사내, 녀석, 청년	**молодчина** (말로드치나)
젊은 세대, 젊은, 어린, 연소한	**поросль** (뽀로쓸)

젊음, 어린, 10대의 소년(소녀), 틴에이저	**подросток** (빠로쓰또크)
젊은, 어린, 연소한	**малый, молодой** (말르이) (말로도이)
젊은이, 소년; (호칭) 여보게, 자네, 애	**мальчуган** (말추간)
젊은이, 청년; 젊은 사람, 어린 사내, 젊은 남자(男子);	**парень** (빠렌)
젊은이, 풋내기, 애송이녀석 청(소)년,	**шкет, подросток** (쉬곌) (빠로쓰또크)
젊은이들, 동무들, 동료들	**ребята** (레뱌따)
젊지 않은, 나이가 듬직한, 중년의	**немолодой** (네말로도이)
점, 득점(得點), 점수(點數)	**очко** (아츠꼬)
점, 점수, 평점	**отметка** (아트메트까)
점, 지점(地點) ~a опоры 지행점	**точка, пункт** (또츠까) (뿐크트)
점결탄(粘結炭) ~ уголь 콕스탄	**коксующийся** (꼭수유쉬이쌰)
점령의, 강점(强占)의, 점유의	**оккупационный** (아꾸빠찌온느이)
점령(점유)하다, 탈취하다	**овладевать овладеть** (아블라제와찌), (오블라제찌)
점령(점거.영유.차지)하다; (시간을) 요하다	**занять** (자냐찌)
점령하다, 강점하다, 탈취하다, 빼앗다	**захватывать** (자흐와띄와찌)
점령할 수 없는, 난공불락의	**неприступный** (네쁘리쓰뚜쁘느이)

점명, 점검	**перекличка** (뻬레클리츠까)
점선, 점이 있는	**пунктир** (뿐크띨)
점심(식사), 점심밥; 점심시간, 점심때	**обед** (아베드)
점심을 먹다 식사하다	**обедать, пообедать** (아베다찌) (빠오베다찌)
점심의, 점심식사에, 식사용으로	**обеденный** (아베젠느이)
점액(성)의; 점액소의, 끈적끈적한; 점액을 분비하는	**слизистый** (슬리지쓰뜨이)
점자인쇄	**эктипография** (엑찌뽀그라피야)
점잔빼는 태도, 점잔빼며 걷는 행동, 젠체함	**жеманство** (줴만스또붜)
점잔빼는, 점잔빼며 걷는 짐짓 꾸민, 체하는	**жеманный** (줴만늬이)
점잖게, 신중하게	**обстоятельно** (아브쓰따야쩰나)
점잖은, 신중한	**обстоятельный** (아브쓰따야쩰느이)
점잖은, 침착한, 진중한	**степенный** (스쩨뻰느이)
점적주입하다, 점안하다, 방울주입하다	**влить(ся)** (블리찌)
점점 꺼지다, 사그라지다	**затухать** (자뚜하찌)
점점 느린[느리게]. (악곡의) 리타르단도의 악절	**замедление** (자몌들레니예)
점진성, 전진(진보)적인 것	**поступательность** (빠쓰뚜빠쩰노쓰찌)

점진적; 누진적.	**прогрессивный** (쁘라그레씨브느이)
점질, 점착성 있는, 끈끈한, 진득진득한	**вязкий** (뷔야즈끼이)
점차 들어가다(들어서다), 끌려들어가다	**втягиваться** (프쨔기와짜)
점차 빛을 잃다, 흐려지다;	**меркнуть** (메르크누찌)
점차 사라지다, 줄어가다:	**таять** (따야찌)
점차 흩어(줄어, 없어)지다;	**рассасываться** (라쓰싸씌와짜)
점차, 점점, 차차로	**постепенно** (빠쓰쩨뻰나)
점차성, 단계적, 점차적, 점진적	**постепенность** (빠쓰쩨뻰노쓰찌)
점차적으로 잃다, 잃어버리다	**растерять** (라쓰쩨랴찌)
점착[부착, 유착]하다	**пристать** (쁘리쓰따찌)
점착(부착.유착.고수.집착.신봉.지지)하다	**налипать, налипнуть** (날리빠찌), (날리쁘누찌)
점착력이 있는; 밀착[결합]하는, 응집력의[있는]	**связный** (스뱌즈느이)
점치다	**гадать** (가다찌)
점토(粘土), 찰흙; 흙, 차진 흙	**глина** (글리나)
점화(點火), 착화(着火), 발화, 인화(引火); 연소	**зажигание** (자쥐가니예)
점화전, 발화전; 플러그(plug)	**свеча** (스베차)
접(接), 접목(接木), 접지; 접종(接種);	**прививка**

	(쁘리빕까)
접견(接見), 접면(接面), 인견	**аттракцион** (아뜨락찌온)
접골 치료용 부목(副木)	**шина** (쉬나)
접골[정골]하다	**перебирать** (뻬레비라찌)
접근(잠입)하다,(남몰래) 다가들다	**подкрадываться** (빠드크라디와짜)
접근(接近); 근사. 가까워짐, 가까이함.	**приближение** (쁘리블리줴느예)
접근(지); 가까이 가는 길	**подход** (빨홋)
접근, 근접(近接), 인접(隣接), 찰핍(拶逼);	**сближение** (즈블리줴니예)
접근로, 출입구, 현관, 진입로, 통로, 입구	**подъезд** (뽇예즈드)
접근시키다, 가깝게 하다	**сблизить** (즈블리지찌)
접근시키다; 앞당기다, ~에 가까워지다, 가깝다	**приблизить** (쁘리블리지찌)
접근하기 힘든, 엄엄한	**неприступный** (네쁘리쓰뚜쁘느이)
접근하다, 바싹 가까이오다(가다)	**нажать подступать** (나좌찌) (빨쓰뚜빠찌)
접근하다, 바싹 다가오다(가다)	**сблизиться подступиться** (즈블리지쨔) (빨쓰뚜삐쨔)
접는 사람[것]; 접지기(摺紙機); 접책(摺冊),	**папка** (빠쁘까)
접는 칼, 주머니칼 ~ нож 접칼, 주머니칼	**перочинный** (뻬로친늬이)
접다, 접어개다, 구부리다, 휘다, 뒤집다	**загнуть(ся),сложить**

- 1209 -

	(자그누찌)(슬라쥐찌)
접대원(接待員), 접대부	**официант** (아피치안트)
접두사, 접두어 앞붙이, 머리가지, 앞가지,	**префикс, приставка** (쁘레픽쓰)(쁘리쓰땁까)
접두어 ① "건너", "넘어"의 뜻 ② "고쳐", "다시", "달리"의 뜻 ③ "너무", "지나치게"의 뜻 ④ "많이", "많은 것을",	**пере-** (뻬레)
접목(유착)되다;	**прививаться** (쁘리비와쨔)
접목(접지)하다; 나무를 접붙이다	**прививать** (쁘리비와찌)
접목, 접지, 접붙임, 꺾꽂이, 삽목(揷木)	**черенок, росток** (체레노크) (로쓰또크)
접미사법	**суффиксация** (숲피크싸찌야)
접붙이기, 접지되는 가지	**привой** (쁘리보이)
접붙이다, 접목하다, (사상을) 주입하다, 불어넣다	**привить[ся]** (쁘리비찌)
접사(接辭: 접두어, 접사)	**приложение аффикс** (쁘릴로제니예) (앞피크쓰)
접속사, 접속어, 이음씨, 잇씨	**союз** (싸유즈)
접속사의. ~ое слово 접속어	**союзный** (싸유즈느이)
접수, 받는 것; 접견; 인수	**приём принятие** (쁘리욤)(쁘리냐찌예)
접수실; (요리를) 내주는 창구(주방과 식당 사이의)	**проходная** (쁘라호드나야)
접수자, 검수인	**приёмщик** (쁘리욤쉬크)
접수하는, 받아들이는, 받는; 수신의;	**приёмный**

접수한 원고	(쁘리욤늬이) **портфель** (빠르뜨펠)
접시 모양의 것 ~стан 판압연기	**листопрокатный** (리쓰또쁘로까드늬이)
접시; глубокая тарелка 스프 접시	**блюдо, тарелка** (블유다) (따렐까)
접시꽃, 촉규, 촉규화, 규화, 층층화, 덕두화	**штокроза** (쉬똑로자)
접시모양으로 된 그릇 (물건)	**чаша** (차샤)
접시의 무리	**табор** (따보르)
접어 갠 것, 잎, 봉오리를 펼치다(풀다)	**разворачиваться** (라스봐라치와짜)
접어 금을 내다[이 나다]; 주름 잡(히)다;	**сморщить[ся]** (스모르쉬찌)(짜)
주름 잡히다, 주름살지다; 오므라들다	**морщить** (모르쉬찌)
접었다 펼쳤다 할 수 있는	**раскладной** (라쓰클라드노이)
접었다 펼쳤다 할 수 있다	**раскладываться** (라쓰클라드와짜)
접었다 펼쳤다하다, 펴다, 펼치다	**раскладывать** (라쓰클라드와찌)
접었다 폈다하는: ~нож 접칼	**складной** (스클라드노이)
접영(蝶泳: butterfly stroke), 버터플라이	**батерфляй** (바테르플랴이)
접종되다;	**прививаться** (쁘리비와짜)
접종하다, 예방 접종하다,~에게 예방 접종을 하다	**привить[ся]** (쁘리비찌)(짜)

- 1211 -

접종하다, 예방 접종하다.	**прививать** (쁘리비와찌)
접지, 땅묻이	**заземление** (자젬레니예)
접지[어스]하다	**заземлить** (자젬리찌)
접촉(接觸), 접선; 정접(선), 탄젠트(略: tan)	**касательная** (까싸쩰나야)
접촉(참가)되다, 인입되다	**приобщаться** (쁘리옵샤짜)
접촉, 연계;	**контакт** (깐딱트)
(장소의 접촉을 나타내어) ~의 표면에, ~위에, ~에[의]; ~에서	**на** (나)
접촉, 참가; 인입; 종사	**приобщение** (쁘리옵쉐니예)
접촉자, 접점, 접촉개소	**контакт** (깐딱트)
접촉하다, 관계(연계)를 가지다	**соприкасаться контактировать** (싸쁘리까싸짜) (깐딱찌로와찌)
접촉(인입.결합.연결.접합)하다~에 닿다	**задеть приобщать** (자제찌) (쁘리옵샤찌)
접촉하여 더럽히다, 오염하다(되다)	**заразить(ся)** (자라지찌)
접침대, 접침상(摺寢牀), 휴대용 침대, 간이침대	**раскладушка** (라쓰클라드두쉬까)
접합(接合), 조인트(joint), 용접(鎔接)	**сочленение** (싸츨레네니예)
접합, 용접, 맞땜	**стык** (스띄크)
접합용 돌기, 꼭지	**шпинь** (쉬삔니)

접히다, 밀려들어가다	**подвернуться** (빤볘르누쨔)
젓다, 휘젓다, 뒤섞다, 심하게 움직이다, 흔들어대다.	**мешать** (몌샤찌)
젓다, 흔들다, 뒤흔들다	**мотать** (마따찌)
정(지정)하다, 규정하다, 결정하다	**назначать** (나즈나차찌)
정, 끌, 조각칼, (조각용) 정.	**зубило** (주빌로)
정, 정대, 오거, 타래[나사] 송곳; 굴착용 송곳	**бур** (부르)
정가(定價), 공정가격, 공정가	**такса** (따크싸)
정가표, 가격일람표	**прейскурант** (쁘레이쓰꾸란뜨)
정강, 강령	**платформа** (쁠라트포르마)
정강이, 정강이뼈, 경골(脛骨) (양·소 따위의) 정강이살	**голень** (골렌니)
정거장의 플랫폼, 역홈, 홈	**платформа** (쁠라트포르마)
정결하게(깨끗이) 하다; 정화(정결.숙청)하다	**прочищать** (쁘라치샤찌)
정광(精鑛)	**концентрат** (깐쩬뜨라트)
정교 분리파, 신자가 정교도 욕말	**щепотник** (쒜뽀뜨닉)
정교신자(正敎信者)	**единоверец** (예지나볘레쯔)
정구, 테니스; настольный ~ 탁구	**теннис** (뗴니쓰)

정구선수; 탁구선수(卓球先守)	**теннисист** (떼니씨스트)
정구의; ~ корт 정구장; ~ мяч 정구공	**тенистый** (떼니씨쓰뜨이)
정구채, 탁구채, 라켓, 공을 치는 채.	**ракетка** (라께따까)
정권(政權), 주권(主權);	**власть** (블라쓰찌)
정규, 상비;	**регулярный** (레굴랴르느이)
정규직원, 정원안에 포함된, 정원에 관한 규정에 의한	**штатный** (쉬따뜨느이)
정글, 열대밀림	**джунгли** (준그리)
정기 간행물, 기자들, 출판보도일군들	**пресса** (쁘롓싸)
정기 승차권 ~ая система 배급제	**карточный** (까르또츠느이)
정기 항행(통행.운행왕래)하다, 오가다,	**курсировать** (꾸르씨로와찌)
정기간행물	**периодика** (뻬리오지까)
정기의, 규칙으로: ~ билет 정기차표, 정기권	**сезонный** (쎄죤느이)
정기의, 규칙의	**рейсовый** (레이싸브이)
정기적으로 서는 장, 농촌의 큰 시장,	**Ярмарка** (야르말까)
정기적으로	**периодически** (뻬리오지체쓰끼)
정다운, 귀여운	**ласковый** (라쓰까브이)

정다움, 애정(愛情), 애무(愛撫)	**нежность** (네즈노쓰찌)
정당 사무소, 당위원회(黨委員會)	**партбюро** (빠르뜨뷰로)
정당 연수교육, 당학습	**партучёба** (빠르뚜쵸바)
정당 주체자, 당비서, 당책임자, 당대표, 당서기장	**парторг** (빠르또르그)
정당성, 정의	**правота** (쁘라붜따)
정당의 그룹, 당파, 당분조	**партгруппа** (빠르뜨그루빠)
정당의 자금, 정당의 조합비, 정다의 회비 당비(黨費)	**партвзносы** (빠르뜨브쓰노씨)
정당의 작은 방(조직), 당세포	**партячейка** (빠르땨체이까)
정당의 형벌, 정당의 처벌, 당책벌	**партвзыскание** (빠르뜨브씌쓰까니예)
정당의, 당파의	**пострадавший** (빠쓰뜨라다브쉬이)
정당한, 공정한, 공명정대한;	**справедливый** (스쁘라붸들리브이)
정당한, 근거 있는, 올바른, 합당한	**понятный правильный** (빠냐뜨늬이) (쁘라뷜리느이)
정당한, 응당한, 당연한, 타당한	**законный уважительный** (자꼰느이)(우와쥐쪨느이)
정당한, 합법적인, 합리적인	**правомерный** (쁘라보몔느이)
정당화하다, 변명하다;	**оправдывать** (아쁘라브드와찌)
정도, 한도, 범위, 한계, 한도, 기간	**степень протяжение** (스쪠뻰니) (쁘라쨔줴니예)

정독하다, 숙독하다, 주의하여 읽다, 자세히 읽다	**вчитаться** (프치따짜)
정돈, 말끔하게 함, 다듬질, 깎아 다듬기, 손질	**обшивка** (압쉬브까)
정돈되다, 잘(제대로.정상화)되다, 이루어지다	**налаживаться** (날라쥐와짜)
정돈하다, 정리하다, 바로잡다	**прибрать** (쁘리브라찌)
정량(正量), 순중량, 순이익, 정가,	**нетто** (네-따)
정량포장공	**фасовщик, ~ца** (파쏘브쉬크)
정력, 생기, (확 타오르는) 불길, 화재.	**огонёк** (아가뇨크)
정력, 원기, 기력, ~ей 정력적으로;	**энергия** (에네르기야)
정력적인, 진취성(내밀성) 있는	**предприимчивый** (쁘롇쁘리임치브이)
정렬시키다, 대열을 정돈하다:	**строить** (스뜨로이찌)
정렬하다, 대열을 짓다	**строиться** (스뜨로이쨔)
정례의, 정기적인; 규칙적으로 통변[월경]이 있는	**очередной** (아체례드노이)
정류관, 정류기	**выпрямитель** (븨쁘래미쩰)
정류장, 정류소, 정거장; конечная ~ 종점	**остановка** (아쓰따노브까)
정리(정돈)하다, 유별(구분)하다	**упорядочить разбирать** (우빠랴도치찌)(라스비라찌)
정리(定理), 일반원리, 공리(公理);	**теорема** (쩨오례마)

정리, 정돈, 원칙	**формула разборка** (포르물라)(라스볼까)
정리, 정돈, 질서정연, 순종, 배합	**расположение упорядочение** (라쓰빨로줴니예)(우빠르랴도체니에)
정리[정돈]하다; 해결하다, 똑바르게 하다	**одёргивать** (아죠르기와찌)
정리되다, 조직화되다; 비품 등을 갖다	**организовываться** (아르가니조븨와쨔)
정리정돈	**благоустройство** (블라가우쓰뜨로이쓰뜨뷔)
정리하다, 모습을(형태를)이루다(갖추다)	**оформить** (아포르미찌)
정리하다, 바로잡다 처리하다	**регулировать обрабатывать** (레굴리로와찌)(압라바찌와찌)
정막, 정적; на море ~ 바다는 잔잔하고 고요하다	**тишь** (찌쉬)
정말, 과연, 참말, 참말로, 참으로, 아닌게 아니라	**или** (일리)
정말, 정말(이지), 실로, 실은, 실제로, 확실히,	**. ей-богу** (예이-보구)
정말, 참말, 옳은, 올바른, (도덕상) 정당한;	**право** (쁘라보)
정말이지 많이, 얼마나(감탄의 뜻으로)	**как** (까크)
정맥(靜脈) 심줄. 혈관	**вена** (붸나)
정맥, 심줄, 혈관	**жила** (쥘라)
정면에서 찌르는 동작(動作)	**эстокада** (에쓰따까다)
정면의[으로], 정면의 얼굴	**. анфас** (안퐈쓰)

정문(正門), 대현관, 앞현관	**портал** (빠르딸)
정문(正門), 현관, 입구	**вестибюль парадное** (볘스찌뷸)(빠라드노예)
정물화, 정물사진, 스틸 라이프; 보통 사진	**натюрморт** (나쮸르몰트)
정밀성	**чуткость** (추트꼬쓰찌)
정밀시계, 측정시계크로노미터(항해용의 정밀 시계)	**хронометр** (흐라노메트르)
정밀시계에 의한 시간 측정, 작업시간측정	**хронометраж** (흐라노메트라즈)
정밀하게	**чутко** (추트꼬)
정밀한	**чуткий** (추트끼이)
정박(향해) 계류장치, 계류설비 계류장, 정박장,	**швартов** (쉬와르톱)
정박하다 бросить ~닻을 내리다	**якорь** (야꼴리)
정반대로, 전혀, 바로;	**диаметрально** (지아메뜨랄나)
정자받이, 씨받이; 매정(媒精), 수정(授精),	**оплодотворение** (아쁠로돋붜레니예)
정변, 혁명, 개혁, 혁신, 변혁; 쿠데타	**переворот** (뻬레붜로트)
정보 전달의 효율을 나타내는 양;	**энтропия** (엔뜨로삐야)
정보(첩보)기관	**разведка** (라스볘드까)
정보, 보도, 통지;	**информация** (인포르마찌야)

정보(통보.보도)의; ~ое бюро 보도국	**информационный** (인포르마찌온느이)
정보, 통보, 중상, 욕설, 허위선전, 악담, 무고,	**ябеда** (야베다)
정보의, 지식(정보, 소식)을주는, 견문을 넓히는	**насыщенный** (나쒸쉔느이)
정복, 정벌	**покорение** (뽀꼬레니예)
정복(正服), 제복, 군복(軍服)	**мундир** (문지르)
정복되는, 공략되는, победить 의 피동과거;	**побеждённый** (빠베즈죤늬이)
정복되다, 이기게 되다	**покориться** (빠꼬리쨔)
정복자, 쟁취자 정벌자	**покоритель, завоеватель** (빠꼬리쪨) (자뵈예와쪨)
정복하다, 강점하다	**завоевать** (자뵈예와찌)
정복하다, 공략하다	**покорять[ся] побеждать покорить** (빠꼬랴찌) (빠베즈다찌) (빠꼬리찌)
정부(政府), 내각, 정부성원들	**правительство** (쁘라비쪨쓰뜨붜)
정부, 행정부	**любовник** (류보브니크)
정부의 보유(통제.관리)로 하다, 국유화하다	**обобществить** (아밥쉐쓰뜨비찌)
정부역(情夫役)	**жен-премьер** (줸-쁘레미옐)
정부의 부(部), 원(院), 청(廳), 국(局), 성(省)	**департамент** (제빠르따멘트)
정비(조정.수리.조직)하다, 고치다, 꾸리다	**налаживать** (날라쥐와찌)

정사, 밀애, 간통, 불륜의 관계	**шашни** (샤쉬니)
정사각형; 사각의 것[면], 정방형	**квадрат** (크와드라트)
정사각형의, 사각의; 직각의, 직각을 이루는	**прямоугольный** (쁘랴모우고골르늬이)
정사각형의, 사각의; 직각을 이루는, 정방형의	**квадратный** (크와드라뜨늬이)
정산(精算)(서); 적응; 적합	**регулировка** (레굴리로브까)
정상적인, 보통	**нормальный** (나르말느이)
정상화; 규범화, 기준화, 표준화	**нормировка нормалицация** (나르미로브까)(나르마리짜찌야)
정상화하다, 정돈하다	**нормализовать** (나르마리조와찌)
정서(情緖), 감상적인; 다정다감한	**лирика** (릴리까)
정서적, 감정	**эмоциональный** (에모찌오날느이)
정서한 것, 정서한 글	**чистовик** (치쓰또빅)
정설, 정교; 정통파적 관행; 일반적인 설에 따름	**православие** (쁘라보쓸라비예)
정설의, 정교를 받드는, 정통파의	**православный** (쁘라보쓸랍느이)
정성껏, 열심히	**старательно** (스따라쩰나)
정세, 사태	**ситуация** (씨뚜아찌야)
꽃천의, 꽃천으로 지은	**ситцевый** (씨뜨쩨브이)

정세, 상태; 환경 분위기, 형편, 상황, 사정, 모양	**положение** (빨로제니예)
정세, 환경, 분위기, 형세	**обстановка** (아브쓰따노프카)
정수의, 적분의	**интегральный** (인쩨그랄느이)
정수, 완수 составить единое ~혼연일체를 이루다	**целое** (쩰로에)
정숙한, 얌전한, 점잖은. 수줍어하는	**скромный** (스크로므느이)
정시(正視), 눈의 정상굴절	**эмметропия** (엠메뜨로삐야)
정식으로 하다; 형식화(化)하다; 격식을 차리다.	**оформить** (아포르미찌)
정식으로, 공식으로; 형식적으로; 격식을 차려	**формально** (파르말나)
정식화(된 것), 공식: 요약한 표현말씨,	**формулировка** (파르물리로브까)
정식화하다	**сформулировать** (스포르물리로와찌)
정신이상, 광기(狂氣); 심신상실; 미친 지랄,	**невменяемость** (네브멘야예모쓰찌)
정신 적인 괴로움, 고통	**жечься сжечь** (줴치샤), (스줴치)
정신 차리게 하다	**образумить** (아브라주미찌)
정신 착란, 헛소리하는 상태	**бред** (브례드)
정신 착란의, 광란 상태의, 기뻐서 흥분한	**бредовый** (브례도브이)
정신(精神), 넋, 영(靈)(soul), 마음, (육체를 떠난) 영혼	**дух** (두흐)

정신, 자각, 의식; прийти в ~ 정신을 차리다	**сознание** (싸즈나니예)
정신박약(精神薄弱), 지력쇠퇴	**слабоумие** (슬라보우미예)
정신병 의사[학자]	**психиатр** (쁘씨히아뜨르)
정신병, 정신착란, 정신이상	**психоз** (쁘씨호즈)
정신병학, 정신 의학; 정신병 치료법.	**психиатрия** (쁘씨히아트리야)
정신병학의, 정신병치료의, 정신과의	**психиатрический** (쁘씨히아트리체스끼이)
정신분석상의 생의 본능	**Эрос, Эрот** (에로쓰, 에로트)
정신분열환자, 정신분열병의	**шизофреник** (쉬조프레닉)
정신없이, 분별없이, 지각없이	**безумно** (볘줌나)
정신을 흐리게(몽롱케)하다	**мутить** (무찌찌)
정신의, 정신적인 영적인, 심령적인; 성령의, 신의	**духовный** (두호브느이)
정신의, 정신적인	**Религиозный** (렐리기오즈느이)
정신이상, 광증(狂症), 발광(發狂)	**помешательство** (빠메샤쩰쓰뜨붜)
정신적인 짐, 부담; 걱정, 괴로움, 고생	**лейтмотив** (레이뜨모찌프)
정신적인	**моральный** (마랄리느이)
정신적인, 마음의, 무형의	**нравственный** (느라브쓰뜨볜느이)

정신의, 영(靈)의, 마음의, 영혼의, 심령술의	**духовный** (두호브느이)
정신적인, 지적인; ~ труд 정신노동	**умственный** (움쓰뜨벤느이)
정신착란, 미치는 것	**сумасшедствие** (수마쓰쉐드스뜨비예)
정액(精液)(semen); 정충	**семя** (쎄먀)
정액, 정수, 음액	**сперма** (스뻬르마)
정양, 요양(療養), 수양, 보양지(保養地)	**курортный** (꾸롤뜨느이)
정양소, 요양자, 보양[요양]지, 새너토리엄	**курорт** (꾸롤트)
정양자, 요양자, 요양생, 휴가 중인 사람	**курортник** (꾸롤뜨니크)
정어리, 온어(鰮魚), 사딘(sardine)	**сардина** (싸르지나)
정어리속(류)	**сардинелла** (싸르지넬라)
정역학	**статика** (스따찌까)
정연한; ~ые ряды 정연한정연한 대열	**строительный** (스뜨로이쩰느이)
정열(情熱), 열정, 불타는 것	**темперамент пламя горение** (쩸뻬라멘트) (쁠라먀) (가레니예)
정열적인; ~ый человек 정열적인 사람;	**темпераментный** (쩸뻬라멘뜨느이)
정열하다, (주머니·배 등을) 꽉 채우다 채워넣다	**подбить** (빧비찌)
정예핵심, 정수(부대) во ~е лет 전성기에	**цвет** (쯔베트)

정오의, 한낮의; 남쪽의, 남쪽에 있는	**полуденный** (빨루젠느이)
정원 등이 황폐해지다, 잡초가 우거지다	**заглохнуть** (자글로흐누찌)
정원, 뜰; 공원, 꽃동산	**сад** (싸드)
정원, 부원, (사무국)직원, 사원	**штат** (쉬따트)
정원, 인원(수), 총수	**контингент** (깐쩐젠트)
정원에서 자라는	**садовый** (싸도브이)
정원외, 편제 없는, 겸임의	**внештатный** (브네쉬따뜨느이)
정원외의 무급 견습의사	**экстерн** [-тэ-] (엑쓰쩨른)
정원의, 정원용의	**садовый** (싸도브이)
정의, 공정, 정당한 행동	**правда** (쁘라브다)
정의, 공정성	**справедливость** (스쁘라붸들리붸쓰찌)
정의, 정식화	**определение** (아쁘레젤레니예)
정의를 내리다	**определять** (아쁘레젤랴찌)
정의의, 올바른; ~ая война 정의의 전쟁	**справедливый** (스쁘라붸들리브이)
정이 드는, 호감을 주는, 인상이 좋은	**симпатичный** (씸빠찌츠느이)
정자(亭子), 누각(樓閣) 벤치	**павильон беседка** (빠빌온) (볘쎼드까)

정자, 정충	**живчик** (쥐브치크)
정장스커트의 (옷에 관하여) 넓은 깃	**широкополый** (쉬로까뽈르이)
정전, 휴전,	**перемирие** (뻬레미리예)
정전기학	**электростатика** (엘렉뜨라쓰따찌까)
정정, 수정, 바로잡기; 첨삭; 교정(校正)	**корректировка** (까르렉찌롭까)
정제(정련, 제련)하다	**рафинировать** (라피니로와찌)
정제, 정련	**рафинирование** (라피니로와니예)
정제면(精製綿)(엷은 층(層)으로 포갠 탈지면)	**бумазея** (부마제야)
정제한	**рафинированный** (라피니로완느이)
정중성, 친절성(親切性)	**вежливость** (볘즐리붜쓰찌)
정중하게, 예의바르게, 공손하게	**учтиво** (우츠찌붜)
정중한, 깍듯한, 예절이 바른 친절한	**вежливый, учтивый** (볘즐리브이) (우츠찌브이)
정중히 거절하다, 사절[사퇴]하다, 각하하다	**отклонить[ся]** (아트클로니쨔)
정중히(하게), 친절히(하게) 상냥하게	**вежливо** (볘즐리붜)
정지(중지)하다, 그치다	**останавливаться** (아쓰따나블리와쨔)
정지, 정박, 계류 서있는 것	**стоянка** (스따얀까)

정지, 중지, 중단, 저지, 억제	**приостановка задержка** (쁘리오쓰따노브까) (자제르즈까)
정직성, 성실성; 성실한 태도정직, 성실,	**честность** (체쓰드노쓰찌)
정직하게, 성실하게	**честно** (체쓰뜨나)
정직하지 못한 것, 불성실성	**нечестность** (네체쓰뜨노쓰찌)
정직하지 못한, 불성실성	**нечестный** (네체쓰뜨느이)
정직한, 결백한 성실한	**честный, чистоплотный** (체쓰뜨느이) (치쓰또쁘로뜨느이)
정직한, 예절바른, 점잖은	**порядочный** (빠랴도츠느이)
정차장, 정박소	**стоянка** (스따얀까)
정착, 정주, 식민, 이주조절(調節),	**урегулирование** (우레굴리로와니에)
정착금으로 정착시키다	**фиксировать** (피크씨로와찌)
정착하다	**оседать** (아쎄다찌)
정찰의, 탐사의, 수색의, 조사의	**разведочный** (라스베도치늬이)
정찰, 수색; 답사; 지형 조사;	**рекогносцировка** (레꼬그노쓰삐롭까)
정찰기(偵察機)	**разведчик** (라스벧칙)
정찰대, 정찰(偵察),	**разведка** (라스뻳드까)
정찰병; 첩보원, 정보원	**разведчик** (라스벧칙)

- 1226 -

정찰의; 정보(첩보)활동	**разведывательный** (라스뻬듸와쩰늬이)
정찰(답사.조사.탐험)하다 ~을 재정복하다	**разведывать** (라스뻬듸와찌)
정책(政策) 방침, 노선, 방책, 수단	**курс, политика** (꾸르쓰) (빨리찌까)
정체, 침체, 데드록(deadlock) 불경기, 부진	**застой, затхлость** (자쓰또이) (자뜨흘로쓰찌)
정치 학습 날	**политдень** (빨리뜨젠)
정치(政治)	**политика** (빨리찌까)
정치(政治), 정치적인	**политический** (빨리찌체쓰끼이)
정치경제학	**политэкономия** (빨리트에까노미야)
정치교양(政治敎養)	**политико-воспитательный** (빨리찌까-붜쓰삐따쩰느이)
정치망명가	**политэмигрант** (빨리트에미그란트)
정치범(政治犯), 국사범(犯).	**политзаключённый** (빨리트자클류춘느이)
정치보도원	**политинформатор** (빨리찐포르마똘)
정치부(政治部)	**политотдел** (빨리또트젤)
정치위원, 전권위원	**комиссар** (까미싸르)
정치의, 통치상의; 정부의; 행정부의	**правительственный** (쁘라비쩰쓰뜨붼느이)
정치인(政治人), 정치가(政治家)	**политик** (빨리찌크)

정치일꾼, 정치가	**политработник** (빨리트라보트니크)
정치적 무관심(성), 정치에 관여하지 않는 것	**аполитичность** (아폴리찌츠노쓰찌)
정치평론(문학)	**публицистика** (뿌블리찌쓰찌까)
정치평론가	**публицист** (뿌블리찌쓰트)
정치평론의	**публицистический** (뿌블리찌쓰찌체쓰끼이)
정치학습	**политзанятие политучёба** (빨리트자냐찌예) (빨리우쵸바)
정치화, 정당화	**политизация** (빨리찌자치찌야)
정통 그리스정교회(동방정교회)를 믿는 종파	**единоверный** (예지나뼤레느이)
정통(통달)하지 못한, 정보를 못 가진	**неосведомлённый** (네아쓰볘도믈론느이)
정통한 지식, 익히앎	**знакомство** (즈나꼼쓰뜨뷔)
정통하게 하다, 식별(판별)하도록 도와주다	**ориентировать** (아리엔찌로와찌)
정통하지못한, 서투른, 통달[숙달]하지 못한	**неграмотный** (네그라모뜨느이)
정하다, 제정(성정)하다	**установить** (우쓰따노뷔찌)
정항(반항, 대항) 하다	**сопротивляться** (싸쁘라찌블랴짜)
정해지다, 결정(확정, 규정)되다; 명백히 되다	**определяться** (아쁘레젤랴짜)
정해진 시	**урочный** (우로츠느이)

정화(淨化); 카타르시스(katharsis)	**очистка** (아치쓰뜨까)
정확성, 정당성, 치밀성	**аккуратность, правильность** (쁘라빌리노쓰찌) (악꾸라트노쓰찌)
정확성, 명확성, 정밀성	**определённость точность пунктуальность** (아쁘레젤룐노쓰찌) (또츠노쓰찌)(뿐크뚜알노쓰찌)
정확(엄밀.정밀)하게, 꼼꼼하게	**аккуратно, прямо** (악꾸라트나) (쁘랴마)
정확한 복사(사본), (책·필적·그림)모사팩시밀리;	**факсимиле** (팍시밀리)
정확한, 정밀한; 그대로의	**точный, буквальный** (또츠느이) (부크왈느이)
정확히; (*такой, так, тот* 와 함께) 꼭, 바로, 똑	**точно** (또츠노)
정회원 постоянный ~ 정회원	**член** (츨렌)
젖 같은; 유백색의; 젖의, 젖으로 된, 젖에서 얻는	**млечный** (믈레츠느이)
젖 나는, 젖을 짜는 ~ая корова 젖소	**дойный** (도이느이)
젖 짜는 사람, 착유기; 젖소, 착유공(搾油工)	**дояр** (다야르)
젖, 우유, 밀크; коровье ~ 소젖	**молоко** (말라꼬)
젖가슴, 유방(乳房), 계두육(鷄頭肉), 젖통, 젖퉁이	**грудь** (그루지)
젖꼭지, 유두	**сосок** (싸쏘크)
젖꼭지가 달린 젖병, (유아용) 젖병	**рожок** (라조크)
젖다, 잠기다, 흠뻑 젖다	**вымокать вымочить** (브마까찌) (브마치찌)

- 1229 -

젖다, 스며들다; 충만 되다	**пропитаться** (쁘라삐따짜)
젖다, 축축해지다, 후줄근해지다	**намокать, мокнуть** (나마까찌) (모크누찌)
젖먹이기	**кормление** (까르므레니예)
젖빛, 뿌연, 광택이 없는, 윤을 없앤	**матовый** (마따브이)
젖어서 부풀다	**набухать, набухнуть** (나부하찌),(나부하누찌)
젖으로, 우유의, 밀크의	**молочный** (말로츠느이)
젖은 옷을 입은 채 말리다	**сушиться** (수쉬짜)
젖은 채로 널어 구김살 없이 마르(게 하)다	**просушить** (쁘라쑤쉬찌)
젖은 해면(수건)으로 몸을 씻음	**обтирание** (압찌라니예)
젖은, 축축한, 물에 적신	**мокрый** (모크르이)
젖을 넣은, 우유로 만든	**молочный** (말로츠느이)
젖을 짜다, 착유하다	**доить** (다이찌)
젖짜기, 착유(搾乳)	**доение** (다에니예)
젖짜기하는, 착유하는	**доильный** (다일리느이)
젖짜는 량, 착유량(搾油量)	**удойность** (우다이노쓰찌)
젖통, 젖퉁이, 젖꼭지	**вымя** (븸먀)

제 16번의, 제 열 여섯 번째의	**шестнадцатый** (쉐쓷낫짜뜨이)
제 1인자	**звезда** (즈베즈다)
제 2 기의, 부차적인	**вторичный** (프따리츠느이)
제 20; 스무 번째의 것(사람), 20분의 1; 달의 20일	**двадцатый** (드와드짜뜨이)
제 3 기(紀)의 시신세(始新世).	**эоцен** (에오쩬)
제 3의; 세(번)째의. 3분의 1의(略:3rd,3d). 삼분의 일	**треть** (뜨레찌)
제 60번째의, 예순번째의	**шестидесятый** (쉐쓰찌제쌰뜨이)
제 6번의	**шестой** (쉐쓰또이)
제 70의, 일흔 번째의; 70분의 1의.	**семидесятый** (쎄미제쌰뜨이)
제 70의, 일흔째; 70분의 1.	**семидесятиление** (쎄미제쌰찔레니예)
제 7호 전차(버스)	**семёрка** (쎄묘르까)
제 것[책임]이 아니라고 말하다	**отпереть[ся]** (앗뻬레쨔)
제 나이가 지나다	**перезреть** (뻬레즈레찌)
제 사십의, 제40(의), 40번째(의); 40분의 1(의).	**сороковой** (싸로까보이)
제 입술을 핥다; (동물이) 자기 몸을 핥다	**облизываться** (아블리즈와쨔)
제(製)의	**яворчатый явор** (야보르차뜨이 야보르)

제17의, 열일곱(번)째의; 17분의 1의	**семнадцатый** (쎔낫짜뜨이)
제2의, 둘쨋번[두 번째]의; 2등의, 둘째[2위]의, 차위의	**секунда** (쎼꾼다)
제각기 멋대로	**горазд** (가라즈드)
제각기, 따로따로, 맞추지 않고, 질서 없이	**вразброд** (프라스브롣)
제강의; ~ завод 제강소	**сталелитейный** (스딸렐리쩨이느이)
제거, 적출	**энуклеация** (엔우클레아찌야)
제거하다, (걷어) 치우다; 일소(一掃)하다	**счищать** (스치샤찌)
제거(배제.삭제)하다, 없애다 몰아내다	**отсеять выбрасывать** (앗쎼야찌) (븨브라씌와찌)
제곱 (수학) 곱	**возвести** (바즈볘쓰찌)
제과공	**кондитер** (깐지쩰)
제구실을 못하는, 서투른	**неудачный** (네우다츠느이)
제국,(제왕의) 통치(권), 제정(帝政); 절대 지배권.	**империя** (임뻬리야)
제국(영토 확장)주의자, 제정주의자	**империалист** (임뻬리알리쓰트)
제국주의, 영토 확장주의; 제정(帝政).	**империализм** (임뻬리아리즘)
제국주의적인, 제국주의	**империалистический** (임뻬리알리쓰찌체쓰끼이)
제기(提起), 제출(提出), 선출	**выдвижение** (븨드뷔줴니에)

제기되다; 주장하다	**стоять** (스따야찌)
제기랄, 에의 분하군!	**пропасть** (쁘로빠쓰찌)
제기하다, 제출하다	**выдвигать** (븨드뷔가찌)
제김에 찌다: 수증기에 찜하다	**тушить** (뚜쉬찌)
제니스(테이프리코더로 쓰이는 오디오헤드·비디오헤드의 기울기; '도(度)';로 나타냄)	**зенит** (제니트)
제단(祭壇) (교회의) 성찬대	**алтарь жертвенник** (알따리)(췔뜨벤니크)
제대, 동원해제, 소집해제	**демобилизация** (제마빌리자찌야)
제대군인의	**демобилизованный** (제마빌리조완느이)
제대되다, 동원 해제되다	**демобилизоваться** (제마빌리조와짜)
제도용 펜	**рейсфедер** (레이쓰페젤)
제도(製圖); 구획 정리.	**построение** (빠쓰뜨로예니예)
제도, 법제, 시스템(system):	**строй** (스뜨로이)
제도, 작도(作圖), 선을 긋는 것	**черчение** (체르체니에)
제도공(製圖工), 도공(圖工)	**чертёжник, ~ца** (체르쬬쥐니크)(~차)
제도기 한조, 제도기 함	**готовальня** (가따왈리냐)
제도용의; ~ая доска 제도판	**чертёжный** (체르쬬쥐느이)

제도학(製圖學)	**черчение** (체르체니에)
제동기; ручной ~ 손제동기	**тормоз** (따르모즈)
제동하다, 제동을 걸다; 속도를 죽이다;	**тормозить** (따르모지찌)
제때, 시기적절한 것	**своевременность** (스붜예브레멘노쓰찌)
제때에, 때마침, 제시간에, 때마침	**вовремя, впору** (붜브레먀) (프뽀루)
제때에, 시기적절하게	**своевременно** (스붜예브레멘나)
제때의, 시기적절한	**своевременный** (스붜예브레멘느이)
제멋, 자의	**произвол** (쁘라이즈볼)
제멋대로 구는, 방종한, 전횡하는	**самовольный** (싸모볼느이)
제멋대로 놀다, 방종하다, 전횡하다	**самовольничать** (싸모볼니차찌)
제멋대로 하는 것, 독단, 전횡(專橫)	**своеволие** (스붜예볼리예)
제멋대로 하는, 전횡을 부리는	**своевольный** (스붜예볼리느이)
제멋대로 행동하다, 전횡을 부리다	**своевольничать** (스붜예볼리니차찌)
제명(제적)되다	**открепляться** (아트크레쁠랴짜)
제명, 제거, 퇴학	**отсев** (앗쎄프)
제명하다, 삭제하다 축출하다	**выводить, исключать** (븨붜지찌) (이쓰클류차찌)

제목, 주제, 문제, 연제, 화제	**предметный** (쁘레드몥느이)
제목(題目); 주제; 문제(問題)	**тема** (쪠마)
제목, 표제, 타이틀;	**заглавие заголовок** (자글라비예) (자골로복)
제목을 달다(붙이다)	**озаглавить** (아자글라비찌)
제발, 어서; 예, 좋습니다, 어서 그러하십시오	**пожалуйста** (빠좔루이쓰따)
제방; 둑, 뚝, 물둑, 강둑, 제당(提塘), 강의 기슭	**запруда** (자쁘루다)
제방쌓기, 둑, 제방; 축제(築堤), 축대;	**насыпь** (나씌삐)
제법(除法); 수학의 나누기	**деление** (젤레니예)
제복, 군복[차림]	**форма, обмундирование** (포르마) (압문지로와니예)
제복의; ~ая одежда 정복, 제복;	**форменный** (포르몐느이)
제본, 제책, 표지,	**переплёт** (뼤레쁠료트)
제본공, 제책공, 제본업자[직공], 제본소	**переплётчик** (뼤레쁠료뜨칙)
제본술[업]의. 제본업자[직공]의, 제본소의	**переплётный** (뼤레쁠료트느이)
제본하다, 제책하다, 묶다	**переплетать** (뼤레쁠레따찌)
제분하다, 맷돌로(타다)갈다, 가루로 만들다	**перемалывать** (뼤레말릐와찌)
제비 꼬리(모양의 것); 연미복	**кавалер** (까왈레르)

제비, 사연, 연을, 연자, 월연, 의이, 현조, 소연	**ласточка** (라쓰또치까)
제비꽃, 바이올렛 альпийская фиалка 시클라멘	**фиалка** (피알까)
제비를 뽑아 결정하다, 제비뽑기, 추첨뽑기	**жеребьёвка** (줴레비욥까)
제비를 뽑아 정하다	**разыграть** (라즈그라찌)
제비뽑기, 추첨, (카드) 뽑기, 당첨	**жребий, розыгрыш** (쥐레비이)(로즈릐쉬)
제사(祭祀), 향사(享祀), 향화(香火), 제향(祭享)	**поминки** (빠민끼)
제설 장치 기차	**снегоочиститель** (스네가오치쓰찌쪨)
제스터 게임 수수께끼	**шарада** (샤라다)
제시간에 해내다	**подгадать** (빧가다찌)
제안; 제언, 제의, 건의, 신청; 제공	**предложение** (쁘레들로제니예)
제안서의 제출	**внесение** (브네쎄니에)
제안하다, 제창하다, 말을 꺼내다, 권하다	**предложить** (쁘레들로지찌)
제압하다, 좌지우지하다, ~를 지배(통치)하다	**властвовать** (플라쓰뜨붜와찌)
제약성, 조건부, (국가간의) 융자 조건	**обусловленность** (아부슬로브렌노쓰찌)
제약의, 약사의	**фармацевтический** (파르마쩨브찌체쓰끼이)
제외(제거)하다	**исключать** (이쓰클류차찌)

제외, 제명, 삭제, 제거; за ~ем 제외하고는	**исключение** (이쓰클류체니예)
제의(제안)하다	**предлагать** (쁘레들라가찌)
제일 앞선 사람, 선두주자	**лидер** (리제르)
제일 좋아하는, 즐겨 쓰는, 애용하는	**излюбленный** (이즐류브렌느이)
제일 큰, 최대	**наибольший** (나이볼쉬이)
제일, 높은, 최고도	**высший** (븟쓰쉬이)
제일, 첫째;~ый номер 제 1번; ~ый том 제1권,	**первый** (뻬르븨이)
제자, 계승자	**ученик, ~ца** (우체니크)(차)
제자리에 섯!, 그만(두어)!	**стоп** (스또쁘)
제자리에 앉다, 자리 잡다	**рассаживаться** (라쓰싸쥐와짜)
제작소, 수리소, 공장(工場)	**мастерская** (마쓰쩨르쓰까야)
제작실, 방송실, 화실, 조각실; 스튜디오	**студия** (스뚜지야)
제작자, 제조업자, 메이커	**творец** (뜨뷔레쯔)
제재(題材), 주제, (관심·고찰의) 문제	**вопрос** (바쁘로쓰)
제재공장, 제재소(製材所)	**лесозавод** (레싸자볻)
제재소; 대형 제재(製材)톱	**лесопилка** (레싸삘까)

제재용의 원목; 땔나무	**бревно** (브례브노)
제적하다, 풀다, 끄르다, 떼어놓다, 놓아주다;	**откреплять** (아트크례블랴찌)
제정(帝政) 시대의 러시아 국회의원, 대의원원	**гласный** (글라쓰느이)
제정, 설립, 창립; 설치	**учреждение** (우츠례쥐졔니에)
제정된 질서	**распорядок** (라쓰빠랴독)
제정러시아 일부 나라의 중학교(中學校)	**гимназия** (김나지야)
제정신이 들다, 정신을 차리다	**очнуться** (아츠누쨔)
제정신이 들다, 정신을 차리다	**опомниться** (아뽐니쨔)
제정하다, 세우다, 정하다	**заводить, учредить, ~ждать** (자뷔지찌)(우츠례지찌)(~자찌)
제조(업)자, 생산자; 공장주. 제작자	**.производственник** (쁘라이즈보드스뜨볜니크)
제조; 제조(공)업	**производство** (쁘라이즈보드쓰뜨뷔)
제조공업, 산업;~업(業)	**индустрия, обрабатывающий** (인두쓰뜨리야) (아브라바띄와유씨이)
제조자, 생산자, 만드는 사람	**изготовитель** (이즈가또비쩰)
제지(제어, 억제)하다, 얽어매다	**обуздать обуздывать** (아부즈다찌)(아부즈듸와찌)
제지, 제동; (생리) 억제	**торможение** (따르모줴니에)
제지(금지.방해)하다	**задёрнуть** (자죠르누찌)

제지하다, 콧대를 꺾다	**осаживать** (아싸지와찌)
제지(방지.만류.저지.억제)하다, 참다	**сдерживать сдержать** (즈제르쥐와찌)(즈제좌찌)
제지업자, 제지공장 노동자	**бумажник** (부마지니크)
제집으로, 자기 집으로	**восвояси** (바쓰붜야씨)
제쳐 놓다, 챙겨 두다. 그만두다	**отложить** (알틀로지찌)
제출, 제시(提示);	**предъявление** (쁘롄야블레니예)
제출; 제안, 철하기, 서류정리	**представление** (쁘롄쓰땁레니예)
제출되다	**подаваться** (빠다와쨔)
제출자(提出者), 제시자, 제기자	**предъявитель** (쁘레디야비쩰)
제출(제공)하다, 맡기다, 일임시키다	**сдавать подавать** (즈다와찌)(빠다와찌)
제출하다, 제시하다, 보여주다 제기하다	**предъявить вносить** (쁘롄야비찌)(브노씨찌)
제출(제의.제안.제공.제기.신청)하다	**представлять загадать** (쁘롄쓰땁랴찌)(자가다찌)
제패, 지배(支配), 통치(統治)	**господство** (가쓰뽇쓰뜨붜)
제품(製品), 생산물	**продукция изделие** (쁘라둑찌야)(이즈곌리예)
제하다, 공제하다	**удержать делить** (우제르좌찌)(곌리찌)
제한(억제.한정.구속)하다	**ограничивать,ущемить,~лять** (아그라니치와찌)(우쉐미찌)(우세미랴찌)

- 1239 -

제한(한정)된, 적은	**ограниченный** (아그라니첸느이)
제한, 국한, 한정	**ограничение** (아그라니체니예)
제한되지 않는, 구속되지 않는, 자유의	**вольный** (뷜느이)
제한된, 국한된, 불충분한	**куцый** (꾸쯔이)
제한된; 중요하지 않은, 보잘 것 없이	**небольшой** (네볼쇼이)
제혁, 가죽	**кожевенный** (까줴볜느이)
제형 진지	**эшелонирование** (에쉘로니로와니예)
제형 편성, 제대, 제진; 삼각 편대	**эшелонировать эшелон** (에쉘로니로와찌)(에쉘론)
제형; 부등변 사각형; 사다리꼴	**трапеция** (뜨라뻬찌야)
제화공, 신발공장의 근로자	**обувщик** (압부쉬크)
젠체하지 않는, 겸손한, 주제넘지 않은	**скромный** (스크로므느이)
젤라틴(아교) 모양의(에 관한), 아교질의	**желатиновый** (쥌라찐노븨이)
젤라틴, 정제한 아교	**желатин** (쥌라찐)
젤리 모양으로 된(굳힌) 고기, 고기 묵, 어묵	**холодец** (할라졔쯔)
젤리 모양으로 된, 젤리를 바른, 애스픽,	**заливной** (잘리브노이)
젤리, 한천, 우무, 우묵묵	**желе** (쥌레)

조(메조, 차조)뚝새풀, 강아지풀, 보리(류)	**чумиза** (추미자)
조(組), 부대, 일행, 그룹, 무리; 일행, 패거리	**партия** (빨찌야)
조, 작업반(作業班), 분단(分段)	**группа** (그룹빠)
조가비, 조개의 껍데기. 조개껍데기. 조개껍질	**ракушка** (라꾸쉬가)
조가비; ушная ~ (해부) 귓바퀴	**раковина** (라까비나)
조각(소조)하다, 소상을 만들다 (빚다)	**лепить** (레삐찌)
조각(술); 조각물, 번개무늬 장식[세공];	**резьба** (레시바)
조각(제도. 그림)에 음영이 되게 가는 선을 긋다,	**штриховать**, (쉬뜨리호와찌)
조각에 가는 선으로 음영을 내다	**заштриховать** (자쉬뜨리호와찌)
조각, 토막, 단편, 일부, 부분, 부분품	**ломоть, отрезок осколок** (로마찌) (앗례조크) (아쓰깔로크)
조각(품), 조각술, 소상, 조판술	**изваяние, скульптура, гравюра** (이즈바야니예)(스꿀쁘뚜라) (그라뷰라)
조각, 소량, 덩어리, 토막, 동강	**кусок, клочок, штучка** (꾸쏘크)(클로쵸크)(쉬뚜츠까)
(천)조각, 헝겊; 보푸라지, 헌 천조각	**лоскут** (로라쓰꾸트)
조각가(彫刻家)	**скульптор** (스꿀쁘또르)
조각상(彫刻像), 전신상(全身像); бронховая ~ 동상(銅像)	**статуя** (스따뚜야)
조각으로 된	**кусковой** (꾸쓰까보이)

조각을 대다, 깁다	**латать** (라따찌)
조각의, 소량의	**штучканый** (쉬뚜츠까느이)
조각조각 베다(자르다), 토막 치다, 자박자박 썰다	**изрезать** (이즈레자찌)
조각조각으로 째[찢어]지다(찢다)	**разрывать** (라즈르와찌)
조각조각으로 하다(되다), 갈가리 찢다(찢기다)	**искромсать** (이쓰크롬사찌)
조각조각으로(하다) 세분하다	**шредеровать шинкованный** (쉬레데로와찌) (쉰꼬완느이)
조각하다, 새기다	**вырезать** (븨레자찌)
조건, 상태	**условие** (우쓸로븨에)
조건부(條件附 непременное(необходимое) ~필수조건)	**условие** (우쓸로븨에)
조건부가 있는	**условно** (우쓸로브나)
조건을 붙이다, 조건부를 내걸다, 제약하다	**обусловливать** (아부슬로브리와찌)
조건의; ~ый союз (언어) 조건접속사;	**условный** (우쓸로브느이)
조격(助格)의 ~ падеж 조격(助格)	**творительный** (뜨붜리쩰느이)
조국(祖國) 고국, 고향(故鄕)	**родина отечество** (로지나)(아쩨체스뜨붜)
조그마한 그림, 도해, 일러스트레이션(illustration);	**шмат** (쉬맡)
조금 깎다	**подстричь** (빹쓰뜨리치)

- 1242 -

조금 놀래다, 으르다, 위협하다, 협박하다	**припугивать** (쁘리뿌기와찌)
놀라게[겁나게]하다, 을러대어 쫓아버리다	**припугнуть** (쁘리뿌기누찌)
조금 먹다, 요기하다, (술 마실 때)안주를 먹다	**закусывать** (자꾸쓰와찌)
조금 뿌리다, 끼얹다	**побрызгать** (빠브리즈가찌)
조금 열다	**приоткрывать** (쁘리올크리와찌)
조금 열리다	**приоткрываться** (쁘리올크리와쨔)
조금(가끔) 아프다	**побаливать** (빠발리와찌)
조금(약간)마시다	**отпивать** (앗삐와찌)
조금(위로) 올리다, 약간 끌어 올리다	**приподнять[ся]** (쁘리뽇냐찌)
조금, 적게; 잘게, 가늘게, 소형으로, 작게; 소규모로.	**мало** (말라)
조금도 ~하지 않다	**нимало** (니말로)
조금도 전혀	**нисколько, ничуть** (니스꼴까) (니추찌)
조금도[결코] ~이 아니다; ~도 아무것도 아니다	**ничего** (니체보)
조금씩 갉다(물어뜯다, 깎아내다)	**щипать, щипнуть** (쒸빠찌)(쉬쁘누찌)
조금씩 모으다, (재산을) 축적하다; 부풀다. 쌓다	**накапливать** (나까쁠리와찌)
조금씩(긁어) 모으다, 저축하다, 저장하다	**скопить скапливать** (스까삐찌)(스까쁠리와찌)

조금씩, 점점, 점차	**мало-помалу** (말라-빠마루)
조금씩, 조금, 점차, 차차로, 점차로, 서서히	**понемногу** (빠넴노구)
조금이라도	**мало-мальски** (말라-말쓰끼이)
조급해하지 않는, 완완한, 느럭느럭한, 유유한	**неторопливый** (네따로쁘리브이)
조기, 너무 이른, 때 이른, 때아닌	**безвременный** (볘즈브레메느이)
조끼의, к жилет 윗도리의, 조끼의	**жилетный** (쥘레트늬이)
조난, 난파	**кораблекрушение** (까라블례크루쉐니예)
조동; 통로, 복도	**переход** (뻬레호드)
조동사, 언어의 보조적인	**служебный** (슬루줴브느이)
조락(凋落); 소멸, 소망(消亡), 소실(消失), 멸진	**отмирание** (아트미라니예)
조락(탈락)하다, 사라지다	**отмирать** (아트미라찌)
조롱(야유)하다, ~을 비웃다	**подтрунивать** (빧뜨루니와찌)
조롱하는, 비웃는, 농지거리하는	**насмешливый** (나쓰몌쉬리브이)
조롱(조소)하다, 놀리다, 비웃다	**Насмех, осмеять** (나쓰몌흐) (아쓰몌야찌)
조류(潮流), 해연(海淵)	**буревестник** (부례볘쓰뜨닉)
조류에서 알과 고기 양쪽을 다 얻는	**яйце-мясной** (야이쩨-먀쓰노이)

조류의 모래주머니	**зоб** (좁)
조리 있는, 논리 정연한, 앞뒤가 맞는	**связный, складный** (스뱌즈느이)(스클라드느이)
조리가 없는	**нескладный** (네쓰클라드느이)
조리가 없는, 두서없는, 앞뒤가 맞지 않는	**бессвязный** (볘쓰배즈느이)
조림지대, 인공 조성림, 물(모래)막이숲	**лесонасаждение** (레싸나싸즈제니에)
조립 유회 놀이감	**конструктор** (깐쓰뜨룩따르)
조립, 맞춤, 짜맞춤	**монтаж, сборка** (만따즈) (즈보르까)
조립(식)의, 조립품의, 패키지의, 일괄의	**сборный, сборочный** (즈보르느이) (즈보로츠느이)
조립공, 기계조립공	**монтажник** (만따즈니크)
조립식의, 조립식으로	**составной** (싸쓰따브노이)
조립(조직.구성)하다	**монтировать Слагать** (만찌로와찌)(슬라가찌)
조립하다; 세우다, 건조[축조·건설]하다	**настроить, проложить** (나쓰뜨로이찌) (쁘랄로지찌)
조망(眺望), 전망; 예상, 경치. 길게 내다보이는 경치	**горизонт** (가리존트)
조명등(照明燈), 탐조등(探照燈)	**прожектор** (쁘라쥑똘)
조명용의, 조명의	**осветительный** (아쓰볘띠쩰느이)
조명장치, 조명기구	**арматура** (아르마뚜라)

- 1245 -

조명탄.(신호·조명·탄막용 등의) 발연통, 발광탄	**пиротехника** (삐로쩨흐니까)
조명하는 사람[것], 조명기, 반사경, 발광체	**осветитель** (아쓰볘찌젤)
조명하다, 밝게 하다, 비추다	**озарить[ся] осветить[ся]** (아자리찌)(쨔) (아쓰볘찌찌)(쨔)
조문, 조의, 애도; день ~а 애도일	**траур** (뜨라우르)
조병(躁病), 열중, 열광, ~열, ~광(狂)	**мания** (마니야)
조사(검사, 시찰)하다	**обследовать** (아브쓸레도와찌)
조사(助詞), 불변화사	**частица** (차쓰찌짜)
조사(調査), 앙케이트, 조회(照會)	**анкета** (안께따)
조사, 탐색, 수사, 시찰, 검사; 탐구	**расследование, обследование** (라쓸레도와니예) (아브쓸레도와니예)
조사, 검사, 심사, 점검, 고찰, 검토, 음미, 검열	**досмотр** (다쓰모뜨르)
조사서(調査書), 조사표	**анкета** (안께따)
조사(체크.검사.대조)하다	**проверять** (쁘라볘랴찌)
조산술	**акушерство** (아꾸쉐르쓰트뷔)
조산원(助産員)	**акушерка** (아꾸쉐르까)
조상(대대로)의. 세습 재산의; 조상 전래의, 세습적인.	**родовой** (라도보이)
조상, 선조, 윗대, 선대	**предок** (쁘레독)

- 1246 -

조상의, 조문의; ~ый костюм 상복	**траурный** (뜨라우르느이)
조서(調書), 문서	**акт** (악트)
조선 노동당(Трудовая Партия Кореи)	**ТПК** (떼뻬까)
조선(술)의. ~ завод 조선소(造船所)	**судостроительный** (수다쓰뜨로이쩰느이)
조선공업, 선박건조, 선박건조학	**кораблестроение** (까라블레쓰뜨로예니예)
조선기사, 조선공, 선박기사	**судостроитель** (수다쓰뜨로이쩰)
조선대, 선가대; 선대, (새 배의) 진수식	**стапель** (스따뻴)
조선소(造船所) 해군 공창	**верфь судоверфь** (볘르피) (수도볘르피)
조선중앙통신(사) (Центральное телеграфное агенство Кореи)	**ЦТАК** (쩨떼아까)
조성(형성)되다, 창설(창립)되다	**образовываться** (아브라조븨와쨔)
조세를 내다, 관세를 내다	**подать[ся]** (빠다쨔)
조소, 조롱, 희롱, 남우세;	**насмешка** (나쓰몌쉬까)
조소자, 비꼬기를 잘하는 사람	**шпынь** (쉬쁸니)
조소하는, 풍자적인, 비웃는	**саркастический** (싸르까쓰찌체쓰끼이)
조수(助手), 보조원, 조교(助敎)	**ассистент** (아씨쓰쩬트)
조수, 방조자, 보조자, 거춧군	**помощник** (빠모쉬니크)

- 1247 -

조수의, 조수 같은 거춧군 같은	**подручный приливный** (빨루츠느이) (쁘릴리브느이)
조심성 있는, 허세부리지 않는,	**непритязательный** (네쁘리쨔자쩰느이)
조심성, 신중성	**осторожность, осмотрительность** (아스따로즈노스찌) (아쓰마뜨리쩰노스찌)
조심스러운, 신중한, 주의 깊은	**осторожный, осмотрительный** (아스따로즈느이)(아쓰마뜨리쩰느이)
조심스러운, 주의 깊은, 경계하는	**наблюдательный** (나블류다쩰느이)
조심스럽게, 신중하게	**осмотрительно** (아쓰마뜨리쩰나)
조심스럽지 못한, 서투른, 엄벙한	**неосторожный** (네아스또로쥐느이)
조심스럽지 못한 것, 서투른 짓, 부주의	**неосторожность** (네아쓰또로즈노스찌)
조심하게 하다, 경제하게 하다	**насторожить** (나쓰따로쥐찌)
조심하다, 주의하다	**беречься** (볘례치쌰)
조심히, 신중히, 살랑살랑;~! 주의!	**осторожно** (아쓰따로즈나)
조약 등을 맺다, 체결하다	**аключать** (자클류차찌)
조약 등을 폐기(과기)하다 ~брак 파혼하다	**расторгать** (라쓰따르가찌)
조약(條約), 계약(契約); 약정, 협약, 협정, 규약	**договор, пакт** (도가볼) (빡뜨)
조약돌, 물돌	**галька** (갈까)
조어(助語), 어조사(語助辭)	**языкотворчество** (야즤까뜨보르체쓰뜨붜)

조어의, 어조사의	**языкотворческий** (야즤까뜨보르체쓰끼이)
조언자, 충고자, 의논 상대; 카운슬러	**советник** (싸볘뜨니크)
조업개시; 시동, 발동; 발사	**пуск** (뿌쓰크)
조업개시의, 시동의	**пусковой** (뿌쓰까보이)
조업전의	**предпусковой** (쁘롑뿌쓰꼬보이)
조예가 깊은, 통달한	**сведущий** (스볘두쉬이)
조용(온순)해지다	**присмиреть** (쁘리쓰미례찌)
조용, 조용함, 고요(함), 소리 없는 것, 입다물음	**тише** (찌쉐)
조용한, 고요한, 소리 없는	**покой** (빠꼬이)
조용해졌다;	**установиться** (우쓰따노뷔쨔)
조용해지다, 진정하다, 안심하다	**успокаиваться** (우쓰뽀까이와쨔)
조용히 노래 부르다	**напевать** (나뼤와찌)
조용히, (소리) 낮게	**тихонько** (찌호니꼬)
조용히, 수수하게, 가만히, 은밀히, 몰래	**шито, крыто** (쉬따) (끄릐따)
조용히; 고요히, 몰래, 비밀히, 슬그머니	**потихоньку** (빠찌호니꾸)
조율,(무전기의) 파장 조정	**регулировка** (레굴리로브까)

조율사(調律師), 음조를 맞추는 사람	**настройщик** (나쓰뜨로이쉬크)
조음, 조절; (음성·리듬의) 변화, 억양(법);	**модуляция** (마두랴찌야)
조음(조율)하다, ~의 가락을 맞추다	**настроить** (나쓰뜨로이찌)
조작(造作). 공작(公爵); 외과(의술), 수술	**операция** (아뻬라찌야)
조작(운전.조종)하다 ~를 운전하다, ~를 조종하다	**вести** (볘쓰찌)
조잡한, 투박스러운	**дубовый** (두보브이)
조장, 반장, 분단장 분조장	**звеньевая группорг** (즈베니예와야)(그룹뽀르그)
조절, 조정, 일치	**координация** (까오르지나찌야)
조절, 조정; 단속, 제한	**регулирование** (레굴리로와니예)
조절[조정]하다, 정비하다, 매만져 바로잡다.	**подстроиться** (빧쓰뜨로이쨔)
조절수(자.기) 정비공, 정비원	**наладчик регулировщик** (날라드치크)(레굴리로브쉬크)
조절(조정.정리)하다, (꼭) 맞추다	**отрегулировать** (앗레굴리로와찌)
조절하다, 조정하다	**регулировать урегулировать** (레굴리로와찌) (우레굴리로와찌)
조정, 정리; 조절; 조정	**регулирование корректировка** (레굴리로와니예) (까르렉찌롭까)
조정(타협.합의.협정)하다	**скомбинировать сговариваться** (스깜비니로와찌)(즈고와리와쨔)
조정; 회유; 달램, 위무; 화해, 복종, 단념; 화, 일치.	**примирение** (쁘리미레니예)

조정기, 조절기; (시간)조절 장치, 거버너,	**регулятор** (레굴랴똘)
조정자; 단속자	**регулятор** (레굴랴똘)
조정(조율)하다 (꼭) 맞추다, 같은 음으로 맞추다	**подстраивать** (빨쓰뜨라이와찌)
조정하다; 조화(일치)시키다	**примирять[ся] пригнать** (쁘리미랴찌)(쨔) (쁘리그나찌)
조제술, 약학; 제약업; 약국	**Фармация** (파르마찌야)
조제학, 제약학	**фармацевтика** (파르마쩨브찌까)
조종(유도)되는; ~ спуск 조종하강;유도탄	**управляемый** (우쁘라블랴에므이)
조종대(판); 배전판	**пульт** (뿔트)
조종석(운전석의) 계기반[판],	**щиток** (쒸똑)
조준, 겨눔	**наводка** (나보드까)
조준이 정확한, 백발백중	**меткий** (메뜨끼이)
조준하다, 겨누다	**нацеливаться, метиться** (나쩰리와쨔)(메찌쨔)
조직(실시, 상연) 하다	**ставить** (스따비찌)
조직(組織)(방법)	**постановка** (빠쓰따놉까)
조직(편성)이 고쳐지다, 개편되다; 변경하다	**перестраиваться** (뻬레쓰뜨라이와쨔)
조직(하는 것), 창립	**организация** (아르가니자치야)

조직(형성, 구성)하다 ~에 달하다	**составлять** (싸쓰따블랴찌)
조직[유기]화되다; 조직적으로 단결되다	**организовываться** (아르가니조븨와쨔)
조직[적인]	**организационный** (아르가니자치온느이)
조직되다	**организовываться** (아르가니조븨와쨔)
조직성, 조직화, 만듬	**организованность** (아르가니조완노쓰찌)
조직위원회 (организационное бюро)	**оргбюро** (오르그뷰로)
조직을 와해시키다	**дезорганизовать** (제자르가니자와찌)
조직의 이식	**эксплантация** (엑쓰쁠란따찌야)
조직자, 주최자(主催者)	**организатор** (아르가니자또르)
조직자적인	**организаторский** (아르가니자똘쓰끼)
조직적으로, 집단적으로; 질서정연하게	**организованно** (아르가니조완나)
조직적인, 조직된, 단합된	**организованный** (아르가니조완느이)
조직체계의 매개급; низшая ~ 하급(기관)	**инстанция** (인쓰딴찌야)
조직하다, 편성(마련)하다	**организовывать конструировать** (아르가니조븨와찌) (깐쓰뜨루이라와찌)
조직학(組織學), (생물의) 조직 구조	**гистология** (기스똘로기야)
조직학의, 조직학적인	**гистологический** (기스똘로기체쓰끼이)

조직학자	**гистолог** (기스똘록)
조직해체, 질서파괴	**дезорганизация** (제자르가니자찌야)
조차, 심지어, ~도, ~까지(도), 마저	**даже** (다줴)
조차도, ~조차(도), ~라도, ~까지~ое чило 짝수, 우수	**четный** (체트느이)
조카, 유자(猶子), 종자(從子), 질아(姪兒), 질자	**племянник** (쁠레먄니크)
조카딸, 질녀, 질부	**племянница** (쁠레먄니차)
조타륜: (자동차) 핸들. 타륜; 조종간, 조종 손잡이	**штурвал** (쉬뚤왈)
조타륜의: (자동차) 핸들의. 타륜의; 조종간의	**штурвальный** (쉬뚤왈리느이)
조타색,(배) 키 닻, 사슬 스티어링 체인	**штуртрос** (쉬뚤뜨로쓰)
조타수의, 키잡이(비행기.우주선의) 조종사,	**штурвальный** (쉬뚤왈리느이)
조판(組版), 정판(整版)	**вёрстка** (뵤르쓰뜨까)
조판하다, 정판하다	**верстать** (베르쓰따찌)
조합, 단체	**артель, союз** (아르쪨) (싸유즈)
조합(組合), 협회, ~회,	**товарищество** (따와리쉐쓰뜨붜)
조항, 조목, 조	**пункт** (뿐크트)
조화(調和), 어울림, 화음	**симфония** (씸포니니야)

조화(調和), 협화, 일치	**гармония, согласно** (가르모니야)(싸글라쓰나)
조화[화합]하다, (배색(配色)이) 잘 어울리다	**согласовываться** (싸글라쏘븨와짜)
조화되지 않는. 맞지 않는	**несогласный** (네쏘글라쓰느이)
조화로운, 일치된, 어울리는	**гармоничный** (가르마니츠느이)
조화하다, 일치하다, 어울리다	**гармонировать** (가르마니로와찌)
족(族), 유(類), 부족, 종족, ~족	**колено** (깔례나)
족구선수	**саночник** (싼노츠니크)
족쇄, 수갑	**цепь** (쩨삐)
족제비, 서랑, 유서, 황서랑, 황서	**колонок, ласка, хорёк** (깔로노크) (라쓰까) (하료크)
존경(공경)하는, 경의를 표하는	**уважительный** (우와쥐쩰느이)
존경, 존중, 존엄, 숭배, 숭상	**уважение, почитание** (우와제니에)(빠치따니예)
존경받는, 공적 받는, 고령	**маститый** (마쓰찌뜨이)
존경심이 없는, 대수롭지 않은	**неуважительный, неучтивый** (네우바쥐쩰느이) (네우츠찌브이)
존경(존중.숭배.숭상)하다,~을 존경(존중)하다	**почитать, уважать** (빠치따찌) (우와자찌)
존경하지 않는 것	**неуважение** (네우바줴니예)
존경할 만한, 훌륭한, 높이 평가되는	**уважаемый** (우와좌에므이)

존경할만한, 훌륭한	**почтенный** (빠치쪤느이)
존엄(尊嚴), 자존심(自尊心)	**достоинство** (다쓰또인쓰뷔)
존재, 생존, 실재, 유무	**существование, наличие, существо** (수쉐쓰뜨뷔와니예)(날리치예)(수쉐쓰뜨보)
존재하다, 있다	**бытовать** (븨따와찌)
존중, 존경, 경의	**честь** (체쓰찌)
존재하지(있지도) 않는, 실지로 없는	**несуществующий** (네수쉐쓰뜨부유쉬이)
졸다, 꾸벅꾸벅 졸다, 겉잠 들다	**задремать дремать** (자드레마찌) (드레마찌)
졸다, 잠간 잠들다, 잠간 눈을 붙이다.	**вздремнуть, забываться** (쓰드렘누찌) (자븨와쨔)
졸라매다, 죄다	**перехватить, стянуть** (뻬레흐와찌찌) (스쨔누찌)
졸라서 얻다, 간청하다	**выпрашивать** (븨쁘라쉬와찌)
졸리는 것	**сонливость** (쏜리붜쓰찌)
졸업(卒業), 졸업식	**выпуск** (븨뿌쓰크)
졸업논문(卒業論文)	**диплом** (디쁠롬)
졸업생, 졸업반학생	**выпускник** (븨뿌쓰크닉)
졸업생수	**выпуск** (븨뿌쓰크)
졸업시키다	**выпускать** (븨뿌쓰까찌)

졸업의 ~ая работа 졸업논문	**дипломный** (지쁠롬느이)
졸업증서, 학위증서, 자격증	**диплом** (지쁠롬)
졸업후에 배치(파견)하다	**распределить** (라쓰쁘레젤리찌)
졸음, 기면, 졸리는 것, 졸림	**дремота, забытьё** (드레마따) (자븨찌요)
졸이다, 졸아들다; 요약하다. ~에 귀착되다, ~로되다	**свестись** (스웨쓰찌시)
졸졸 따라다니다, 시끄럽게 굴다, 잔소리로 괴롭히다	**прилипать** (쁘릴리빠찌)
성가시게 잔소리하다, 바가지 긁다, 괴롭히다,	**прилипнуть** (쁘릴리쁘누찌)
졸졸 소리 내며〔소용돌이치며〕흐르다	**журчать** (주르차찌)
좀 꾸짖다, 나무라다	**побранить** (빠브라니찌)
좀 더 많이 (много 의 비교급)	**побольше** (빠볼리쉐)
좀 더 멀리, 될수록 멀리	**подальше** (빠달쉐)
좀 더 일찍, 조금 일찍이, 더 일찍부터, 초기에,	**пораньше** (빠라느쉐)
좀 더 자주(종종, 누누이, 빈번히)	**почаще** (빠차쉐)
좀 더 조이다	**подвинтить** (빧빈찌찌)
좀 더 큰 (большой의 비교급)	**побольше** (빠볼리쉐)
좀 두려워하다, 겁내다, 우려하다	**побаиваться** (빠바이와쨔)

좀 미루다, 연기하다	**подождать** (빠다즈다찌)
좀 바르다, 칠하다; 밑에 바르다	**подмазать** (빠드마자찌)
좀 벌레, 미물, 버러지	**моль** (몰)
좀 보기 흉하게 되다, 미워지다	**подурнеть** (빠둘녜찌)
좀 부족하다(적다, 모자라다)	**маловато** (말라와따)
좀 쓴, 좀 쓴맛이 도는, 매콤한	**горьковатый** (가리까바뜨이)
좀 얇은, 약간 가는[드문드문한], 조금 야윈	**жидковатый** (쥐드꼬와뜨이)
좀 울다, 눈물을 좀 흘리다	**всплакнуть** (프쓰쁠라끄누찌)
좀 있다가, 좀 늦게	**попозже** (빠뽀즈제)
좀 반시류(半翅類)의 곤충, 일반적곤충, 벌레; 빈대	**жучок** (주초크)
좀, 가볍게, 조금, 좀, 다소, 분촌, 얼마쯤, 얼마간	**немного** (네므노가)
좀, 약간, 가볍게; 살짝	**слегка** (슬레그까)
좀, 어딘가 좀, 어쩐지 좀, 예컨대	**как-то** (깍-따)
좀, 조금, 얼마간, 다소	**несколько** (네쓰깔까)
좀도둑, 사기꾼, 협잡꾼, 속임수를 쓰는 사람	**жулик** (줄리크)
좀먹다, 녹쓸다	**разъедать** (라즈에다찌)

좁게 하다, 좁히다	**сузить** (수지찌)

좁게, 빽빽하게 — **тесно** (쩨쓰나)

좁고 깊은 골짜기, 계곡 — **расселина, ущелье** (라쓰쎌리나) (우쉘리예)

좁다, 협소하다; здесь ~ 여기는 좁다 — **тесно** (쩨쓰나)

좁아지다 — **суживаться** (수쥐와짜)

좁은 것, 배좁은 것 — **теснота** (쩨쓰나따)

좁음, 협소(狹小) — **узость** (우조쓰찌)

좁은 골짜기(협곡) 산골짜기 — **расщелина, яр** (라쓰쎌리나)(야르)

좁은 길, 작은 길; 골목; 뒷골목, 좁은 시골길 — **дорожка** (다로즈까)

좁은 철길, 협궤 철도; (시가, 고가, 지하철)궤도 — **узкоколейка** (우즈꼬꼴레이까)

좁은 홈, 이랑; 밭고랑 — **дорожка** (다로즈까)

좁히는 것, 좁아진 곳 — **сужение** (수줴니예)

좁히다, 제한(축약)하다; 줄이다 — **морщить сократить суживать** (모르쒸찌) (싸크라찌찌) (수쥐와찌)

종(種), 종류 редкий ~животного 기이한 동물 — **экземпляр** [-зэ-] (에크젬쁠랴르)

종(혼)합의 — **сборный** (즈보르느이)

종, 초인종; 종소리 — **звонок** (즈본노크)

종; бить в ~ 종을 치다	**колокол** (꼴로깔)
종결, 소멸; 종료, (기간의) 만료, 만기	**истечение** (이쓰쩨체니예)
종결, 완료, 수료, 졸업	**окончание** (아깐차니예)
종결되다, 끝나다, 진하다	**исчерпаться** (이쓰체르빠쨔)
종결시키는 사람[물건]	**истребитель** (이쓰뜨레비쩰)
종결짓다; вопрос ~ан 문제는 해결 되었다	**исчерпать** (이쓰체르빠찌)
종곡, 종막	**финал** (피날)
종교 안식일(安息日)	**шабаш** (샤바스)
종교(상)의, 종교적인	**религиозный** (렐리기오즈느이)
종교적인, 교회의, 교회 조직의; 성직자의	**духовный** (두호브느이)
종교; 종파, 신앙(생활); 신앙심	**религия** (렐리기야)
종교[교회]회의, 회의; 심의회, 평의회	**собор** (싸보르)
종교를 믿지 않은, 신앙이 없는, 회의적인	**неверующий** (네베루야쉬이)
종교상으로 대부[모](代父[母])	**крёстный** (크료쓰뜨느이)
종교의 징벌	**эпитимия** (에삐찌미야)
종교적 명상에 잠기다(특히 기도 중에).	**припоминать** (쁘리뽀미나찌)

생각해 내다, 회상하다	**припомнить** (쁘리뽐니찌)
종국적인, 최종적인	**бесповоротный** (베쓰빠뷔로드느이)
종다리(종다릿과의 새)	**жаворонковые жаворонок щевронок** (좌붜론꼬브에) (좌붜로노크) (쉐브로녹)
종대, 종탑;	**колонна** (깔론나)
종려나무(棕櫚—)	**пальма** (빨마)
종려나무의	**пальмовый** (빨마브이)
종렬, 오(伍), 병졸 열(列), 대열, 대오	**шеренга** (쉐렌가)
종루, 종각	**колокольня** (깔로꼴냐)
종류, 종(種), 유(類), 속(屬) 유형	**вид, племя род** (뷔트) (쁠레먀) (롣)
종류, 등급; (체육) 부류, 급	**категория** (까쩨고리야)
종말, 멸망, 마감; ~ец века 세기말;	**конец** (까녜쯔)
종말론(終末論)	**эсхатология** (에쓰하딸로기야)
종범, 방조자	**побочный** (빠보츠늬이)
종사시키다, 일시키다, ~을 일삼다, ~을 하다	**заниматься** (자니마쨔)
종속, 부속, 예속, 복종, 항복	**подчинение** (빧치녜니예)
종속시키다, 복종시키다	**подчинить** (빧치니찌)

종속의(종속절의)	**подчинительный** (빤치니쩰느이)
종시계, 자명종(自鳴鐘)	**будильник** (부질니크)
종아리뼈, 비골(腓骨)	**фибула** (피불라)
종알종알 말하다, 조잘거리다	**лепетать** (레뻬따찌)
종양학(腫瘍學)	**онкология** (안깔로기야)
종을 울려 ~을 보내다.	**прозвенеть** (쁘라즈베녜찌)
종의 울림; (천둥·포성 따위의) 울리는 소리	**раскат** (라쓰까트)
종의 추, 방울의 추	**язык** (야즥크)
종이 등의 장; 판	**лист** (리쓰트)
종이, 지물, 지속, 페이퍼	**бумага** (부마가)
종이끼우개, 서류철	**папка** (빠쁘까)
종이띠(우편물 발송에 사용되는)봉(封)띠, 띠지	**бандероль** (반데롤)
종이로 만든, 종이의	**бумажный** (부마쥐느이)
종이의 ~магазин 문방구 상점, 문방구점	**писчебумажный** (삐쓰체부마즈느이)
종잇조각, 종이쪽지, 전표, 부전지(附箋紙)	**бланк** (블란크)
종전(원래)대로; 구식으로, 옛날처럼, 그전식으로	**по-старому** (빠-쓰따로무)

종점, 마지막 역; билет в оба ~ца 왕복차표;	**конец** (까녜쯔)
종종, 때때로, 빈번히, 빨리, 급히	**чаще** (차쉐)
종지부, 점(點)	**точка** (또츠까)
종축, 종자말	**производитель** (쁘라이즈뷔지젤)
종축장(種畜場), 종축 목장	**питомник** (삐똠니크)
종파(주의)적인	**фракционный** (프라크찌온느이)
종파분자, 종파주의자	**фракционер** (프라크찌오녤)
종합 (화학) 합성	**синтез** (씬쩨즈)
종합공장 (기업소), 콤비나트	**комбинат** (깜비나트)
종합기계, 복식수확기, 콤바인	**комбайн** (깜바인)
종합대학의 총장; (대학) 학장	**ректор** (렉또르)
종합보고, 종합보도	**сводка** (스보드까)
종합적인, 총괄한; 혼성의	**свободный** (스붜보드느이)
종합적인, 총체적인, 합성적인	**комплексный** (꼼쁘렉쓰느이)
종합팀	**сборный** (즈보르느이)
종합(총괄.합성)하다	**суммировать, синтезировать** (숨미로와찌)(씬쩨지로와찌)

좇다, 동의(승낙.준수)하다, 따르다, 지키다	**соблюсти уважить** (싸블류쓰찌)(우와쥐찌)
좋고, 됐소, 네, 오냐	**ладно** (라드나)
좋다!, 멋있다!, 잘한다!	**браво!** (브라보)
좋다, 좋소 승낙 그래라 알았다	**пусть, якши, добро, хорошо** (뿌쓰찌)(약쉬)(도브로)(하로쇼)
좋든 싫든 하는 수 없이	**волей-неволей** (뷀레이-네뷀레이)
좋아, 알았어, 이제 됐어(납득·승낙·찬성 따위를 나타냄)	**путём** (뿌쫌)
좋아[나아]지다. 호전하다, 고쳐지다, 개심하다	**зачинить** (자치니찌)
좋아서 마음에 품다, ~을 마음속에 그리다	**пристраститься** (쁘리쓰라쓰찌쨔)
좋아지다, 개선(개량.호전)되다	**улучшаться повышенный** (울루츠샤쨔)(빠븨쉔늬이)
좋아(달가워)하지 않다 마음에 들지 않다	**недолюбливать** (네달류블리와찌)
좋아함, 소질(素質), 천품, 타고난 품성	**задатки** (자다뜨끼)
좋아함, 취미. 못 견디게 좋아하는 것	**пристрастие** (쁘리쓰뜨라쓰띠예)
좋으련만, ~하면	**добро** (도브로)
좋은 기회를 노려 간교하게 요청(제의)하다	**подъезжать** (빧예즈좌찌)
좋은 성적; 호평(好評); с большими ~ом 대성황리에	**успех** (우쓰뻬흐)
좋은, 우량한; 훌륭한 ~ посмотреть 보기가 좋다	**любо** (류바)

좋은, 우량한; 훌륭한; 질이 좋은, 고급의	**добрый** (도브르이)
좋은, 훌륭한	**хороший, хорошенький** (하로쉬이)(하로쉔끼이)
좋지 못하게, 나쁘게	**нехорошо** (네하라쇼)
좋지 못한 것 하다, 일으키다, 빚어내다	**учинить, ~ять** (우치니찌)
좋지 못한 결과 가져올 수 있는	**чреватый** (츠레와뜨이)
좋지 못한, 나쁜 불리한	**неважный, нехороший** (네바즈느이)(네하로쉬이)
좋지 못한, 마음에 차지 않는, 불충분한 부적당한, 부족한; 부적당한,	**неудовлетворительный** (네우다블레드보리쩰느이)
좋지 않게(못하게), 불충분하게 마음에 차지 않게, 만족스럽지 못하게,	**неудовлетворительно** (네우다블레드보리쩰나)
좋지 않은 일을 저지르다(하다)	**натворить** (나뜨뷔리찌)
좋지 않은(못한); ~ая оценка 좋지 못 한 평가	**невысокий** (네븨쏘끼이)
좋지 않은, 나쁜, 악질의	**отрицательный** (앗리차쩰느이)
좌경의, 좌파[급진파]의	**левый** (레브이)
좌담(座談), 좌담회; 회담	**беседа** (볘쎄다)
좌석, 침대, 관람석; 앉은 자리, 의자, 깔개, 시트(seat)	**место** (몌쓰따)
좌석이 두 개 있는	**двухместный** (드부흐몌쓰뜨느이)
좌석이 세로로 놓인 2(이)인용 자전거	**тандем** (딴쩸)
좌우상을 이루는; ~ крнсталл 좌우상	**энантиоморфный**

		(에난찌오모르프느이)
좌우상칭(相稱) 좌우대칭, 좌우균정(均整); 상칭	**симметрия**	(씸메뜨리야)
좌익(左翼)(수), 레프트 윙, 좌익(수), 레프트	**левый**	(레브이)
좌익분자, 좌경분자	**левый**	(레브이)
좌절되다	**надламываться**	(나들라믜와쨔)
좌파(세력), 급진당, 혁신당, 좌파의, 혁신적인	**левый**	(레브이)
좨치다, 재촉하다, 노력하게 하다	**подталкивать**	(빧딸끼와찌)
죄 없는 것, 결벽, 무죄	**невиновность**	(네비노브노쓰찌)
죄 없는, 무고한 무죄의	**безвинный**	(볘즈빈느이)
죄 없는, 무고한	**правый**	(쁘라브이)
죄 있는 사람, 죄진 사람, 죄인	**виновный повинный**	(뷔노브느이) (빠뷘늬이)
죄 있는, 죄 지은	**виновный**	(뷔노브느이)
죄(罪), 과오(過誤), 잘못	**вина**	(뷔나)
죄, 악행, 악사; 잘못, 범죄, 죄악	**грех**	(그레흐)
죄가 있음을 나타내다	**вменять**	(브메냐찌)
죄는 사람; 죔 쇠, 잠그개(스냅·볼트·훅·지퍼·단추)	**крепление**	(크레쁠레니예)
죄는 사람; 서류를 철하는 기구, 파스너;	**пряжка**	(쁘랴즈까)

죄는(잠그는.채우는) 제구(볼트·지퍼·클립·핀·단추·훅)	**крепление** (크례쁠례니예)
죄다, 조이다, 밀집시키다	**уплотнить , ~ять** (우쁠로뜨니찌)(우쁠로뜨냐찌)
죄다, 빡빡해서 아프다. 고통을 주다	**жмём, жмёт(е) жмёшь** (쥠욤) (쥐뭍)(제)(쥐묘쉬)
죄다, 압착하다, 짓눌러 찌그러뜨리다, 짜다	**зажать нажать** (자좌찌) (나좌찌)
죄다, 꽉 쥐다, 꼭 껴안다	**выжать,сжать** (븨좌찌) (즈좌찌)
죄다, 죄어 매다, 당겨 매다, 채우다	**затягивать пристёгивать** (자쨔기와찌)(쁘리쓰쬬기와찌)
죄를 범하다,(법.법률.계율) 어기다(범하다)	**преступать** (쁘레쓰뚜빠찌)
죄를 씌우는, 비난하는; 연좌시키는	**обвинительный** (압븨니쩰느이)
죄를 씌우다, 연좌시키다; 비난하다, 고발하다	**вменить** (브메니찌)
죄를 씻다, 속죄하다;	**искупать** (이쓰꾸빠찌)
죄를 저지르다; 과오를 범하다, 위반하다	**грешить** (그레쉬찌)
죄를 지우다, 고소[고발]하다	**вменить** (브메니찌)
죄상을 밝히다, 죄상을 증명(폭로)하다	**уличать, ~ить** (울리차찌)(울리치찌)
죄수, 죄인, 수인(囚人), 계수(繫囚), 초수	**узник невольник** (우즈니크)(네볼니닉)
죄수호송의 일단;	**этап** (에따쁘)
죄없는, 무죄의, 무죄한, 무고한	**невиновный,невинный** (네비높느이) (네빈느이)

- 1266 -

죄이다, 팽팽하게 되다, 단단해지다	**затянуть(ся),** (자쨔누찌)(쨔)
죄이다, 팽팽하게 되다, 단단해지다	**стягивать, подвинчивать** (스쨔기와찌) (빧빈치와찌)
죄인(罪人), 죄수, 기결수, 징역군	**виновник каторжник** (뷔노브니크)(까따르즈니크)
죄진, 잘못된, 책임 있는	**виноватый** (뷔노와뜨이)
죔쇠, 혁대 장식, 버클	**пряжка** (쁘랴즈까)
주(週)의, 1주일간, 주간의	**недельный** (네젤느이)
주(株), 주식(stock); 증권, 주권(株券)	**акция** (악찌야)
주(州)의, 도(道)의, 영토의	**областной** (아블라쓰뜨노이)
주, 주일, (요일에 관계없이) 7일간, 1주간, 주간	**неделя** (네젤랴)
주(註), 주석, 설명, 해설, 각주, 주해(註解),	**примечание** (쁘리메차니예)
주간의, 낮의	**однодневный** (아드노드네브느이)
주간지(신문, 잡지), 주보, 주간출판물	**еженедельник** (예줴네젤니크)
주거, 머무름, 체재, 체류, 거류	**жительство** (쥐쩰스뜨붜)
주거지, 주택; 저택, 숙소, 관저	**резиденция .жилище** (레지젠찌야) (쥘리쉐)
주거의	**жилищно-строительный** (쥘리쉬노-쓰뜨로이쩰느이)
주검, 송장, 시체(屍體)	**труп** (뜨루쁘)

주격(主格)의. ~ падеж (언어) 주격(主格)	**именительный** (이메니쩰느이)
주관성, 자기본위	**субъективизм субъективность** (수비엑찌비즘) (수비엑찌브노쓰찌)
주관주의; 주관적 관념론	**субъективизм** (수비엑찌비즘)
주관하다, 담당하다, ~을 관리하다, 관할하다	**ведать** (볘다찌)
주교(감독)의 지위(계급.임기) (감독.주교의) 전교구	**епископство** (예삐쓰까쁘스또붜)
주교관구, 그리스정교 감독관구, 주교구,대교구	**епархия** (예빠르히야)
주교좌 성당, 대성당, 대사원	**собор** (싸보르)
주권(株券)	**акция** (악찌야)
주근깨, 작란반(雀卵斑), 하일반(夏日斑), 작반(雀斑)	**веснушки** (볘쓰누쉬끼)
주기를 바라는 사람	**желающий** (젤라유쉬이)
주기를 싫어하다, 아까워하다, 인색하게 굴다, 꺼리다	**жаль** (좔)
주기성(週期性)	**периодичность** (뻬리오지츠노쓰찌)
주기적인, 순환의	**циклический** (찌끌리체쓰끼이)
주기적인, 정기적인	**периодический** (뻬리오지체쓰끼이)
주낙배(백해에서 사용함)	**ярусник** (야루쓰니크)
주는 것, ~ 하는 것	**Оказание** (아까자니예)

주는 것, 저하, 약화, 감소	**спад** (스빠드)
주는 것, 제공, 부여, 이바지	**предоставление** (쁘레도스따블레니예)
주다, 수여하다	**преподать, задавать, пожаловать** (쁘레빠다찌) (자다와찌) (뽀좔로와찌)
주다, 드리다, 수여[부여]하다; (~를) 주다	**давать, жаловать** (다와찌) (좔로와찌)
주다, 수여[부여]하다, (상을) 주다; 지급하다	**присваивать** (쁘리쓰와이와찌)
주다, 부여하다, (면허를) 교부하다; (허가를) 주다	**предоставить** (쁘레도스따비찌)
주다(영향을), 일으키다	**представить** (쁘렏쓰따비찌)
주다, 제공하다, 부여하다	**предоставлять** (쁘레도따블랴찌)
주다, 표시하다	**воздавать** (바즈다와찌)
주단(천), 비단천, 공단	**саржа** (싸르좌)
주도권, 주동력;	**инициатива** (이니찌아찌와)
주도적인, 주동적인, 지도적인, 주요한	**ведущий** (베두쉬이)
주동자, 패권, 지도권, 지배권, 헤게모니	**гегемон, гегемония** (게게몬)(게게모니야)
주도권주의, 패권주의	**гегемонизм, гегемонист** (게게모니즘) (게게모니스뜨)
주동자의, 패권의, 지배권의, 헤게모니의	**гегемонистский** (게게모니스뜨스끼이)
주둔, 배치; 주둔지	**дислокация** (지쓸로까찌야)

주둔되다, 배치되다	**дислоцироваться** (지쓸로찌로와쨔)
주둔하다, 배치하다	**дислоцировать** (지쓸로찌로와찌)
주둥이 (돼지·개·악어 등의) 삐죽한 코	**морда** (모르다)
주둥이, 덮개	**насадка** (나싸드까)
주둥이, 부리, 입; 조동이, 주둥이; 조동아리, 주둥아리	**клюв** (클류프)
주둥이, 분출구(噴出口), 내뿜는 구멍	**сопло** (쏘쁠로)
주둥이가 긴, 환자용 오강	**утка** (웃까)
주력함, 전투함, 전함(戰艦)	**линкор** (린꼬르)
주로 부인용 짧고 가벼운 모피외투	**шубка, шуба** (슈브까, 슈바)
주로 열간 태형으로 사용한 긴 채찍 또는 막대	**шпицрутен** (쉬삐쯔루쩬)
주로 외래어에서 전(前)~, 옛날의, 원래의,	**экс–** (*бывший*) (에끄쓰)
주로 자가용차의 운전사~такси 택시 기사	**шофёр** (샤표르)
주로 정부에 의한 허가, 면허, 특허, 이권, 특권	**концессия** (깐쩨씨야)
주로 해동기의 증수, 증수기	**яроводье** (야라보지에)
주로 해외로 이주하다, 망명하다	**эмигрировать** (에미그리로와찌)
주름, 구김살, 주름(살), 접은 금	**морщина, сборка, складка** (마르쉬나) (즈보르까)(스클라드까)

주름, 플리트; 주름 모양의 것 아코디언, 손풍금	**гармошка** (가르모쉬까)
주름살, (피부·천의) 주름[구김](살);	**морщина, борозда** (마르쉬나) (보로즈다)
주름살이 많은(진, 잡힌) 오글쪼글한	**морщинистый** (마르쉬니쓰띠이)
주름살이 지게 하다; 물결을 일으키다	**взволновать(ся)** (쓰발노와찌)(쨔)
주름을 잡다, ~에 주름을 잡다. 주름살지게 하다	**морщить** (모르쉬찌)
주름(살)이 지다 (입술을) 오므리다 ~에 주름을 잡다	**сморщить** (스모르쉬찌)
주름살지게 하다; (입술을) 오므리다,	**наморщить поморщиться** (나모르쉬찌) (빠몰쉬쨔)
주머니; бить по ~у 손해를 입히다;	**карман** (까르만)
주먹, 다섯 손가락을 오므려 쥔 손	**кулак** (꿀라크)
주모자, 원흉, 원악, 발기자	**зачинщик заводила** (자치느쉬크) (자뷔지라)
주목, 주의; 고려, ~에 대해서 말하면	**насчёт** (나쓰쵸트)
주목할 만한; 두드러진, 현저한, 남다른,	**примечательный** (쁘리메차쩰느이)
주목해서 보다, 주시[응시]하다, 주의[참작]하다,	**применительно** (쁘리메니쩰나)
주문 잔액, 체화(滯貨); 잔무(殘務); 축적, 예비	**портфель** (빠르뜨펠)
주문; 수주, 의뢰, 부탁, 요구, 요청, 청구	**заказ** (자까즈)
주문의, 주문에 의하여 만든; 맞춤의(양복)	**заказной** (자까즈노이)
주문자, 가게의) 손님, 고객; 단골, 거래처	**заказчик**

	(자까즈치크)
주문품, 수주물량, 요구량	**заказ** (자까즈)
주문하다, 예약하다, 명령하다	**заказывать** (자까즤와찌)
주문하다, 주문해 가져오게 하다	**заказать** (자까자찌)
주물의 심형,(변압기의) 철심;(과실의)인(仁), 응어리	**шишка** (쉬스까)
주물공, 주조공	**литейщик** (리쩨이쉬크)
주민, 거주민, 거주자, 거류민	**житель, подданство** (쥐쩰) (뽀단스뜨뷔)
주민지대 (같은 인종·동업자의) 집단, 부락(部落)	**поселение** (빠셀레니예)
주변(의 지역), 가까이, 임박하여,	**под** (뽀드)
주변에, ~의 둘레에, 주위에	**вокруг** (바크룩)
주사, (정맥에의) 주입, 주입액	**вливание** (블리와니에)
주사(액); 관장(灌腸)(약)	**впрыскивание** (프쁘릐쓰끼와니에)
주사기 세정기, 세척기, 관장기	**шприц, клизма** (쉬쁘리쯔)(클리즈마)
주사를 놓다	**впрыскивать,впрыснуть,вливать** (프쁘릐쓰끼와찌), (프쁘릐쓰누찌)(블리와찌)
주사하다, 주입하다	**впрыскивать,впрыснуть** (프쁘릐쓰끼와찌), (프쁘릐쓰누찌)
주석(석)으로 만든, 백철의	**оловянный** (알로뱐느이)
주석(主席), 대통령(大統領)	**президент** (쁘레지젠트)

주석, 석, 백철, 놋쇠, 동납철	**олово** (올로붜)
주석[양철]을 입히다, ~하게 하다, 시키다, 추동하다	**подудить** (빠두지찌)
주석단; 집행부	**президиум** (쁘레지디움)
주석도금	**лужение** (루줴니에)
주석도금공	**лудильщик** (루지리쉬크)
주석도금을 하다	**лудить** (루지찌)
주석도금을 한	**лужёный** (루죤느이)
주선하다	**хлопотать** (흘로뽀따찌)
주소지, 거주, 사람이 사는 곳, 거주지, 집;	**жильё** (쥘리요)
주소	**адрес** (아드레쓰)
주소록의,~ая книга 주소록, 주소대장	**адресный** (아드레스느이)
주시하다 감시하다	**уследить** (우쓸지찌)
주식, 주권(미국. 영국등의)	**шер** (쉘르)
주심, 레퍼리, 심판원(審判員)	**рефери** (레페린)
주어, 임자말	**подлежащее** (빠들레좌쉐에)
주역배우, 주인공, 스타의 배우, 인기배우	**премьер** (쁘레므엘)

주연, 술잔치; 술마시기 내기.	**запой** (자뽀이)
주엽관(主獵官)	**егермейстер** (예겔메이스쩰)
주요한 것, 주되는 것	**оснóваное** (아쓰노와노예)
주요한, 주된, 주요 부분을 이루는 기적적인	**магистрáльный** (마기쓰뜨랄느이)
주요한, 주되는, 주도적인, 총적	**глáвный** (글라브느이)
주위를 날아가다; 날아 돌아다니다	**облетáть** (아블레따찌)
주위를 돌다, ~에돌다, ~에돌아가다, 우회하다	**обходи́ть** (압호지찌)
주위를 태우다, (연료 따위를) 불태우다, 때다,	**обжигáть** (압쥐가찌)
주위를 파다	**окáпывать** (압까쁴와찌)
주위에 (가득) 바르다(붙이다), 발라붙이다	**облепи́ть облепля́ть** (아블레삐찌), (아블레뜨랴찌)
주위에 놓다, 둘러막다, 둘러(에워)싸다	**обстáвить обставля́ть** (아브쓰따비찌), (옵쓰땁랴찌)
주위에 심다	**обсади́ть обсáживать** (아브싸디찌), (아브사쥐와찌)
주위에 파다, 둘러파다	**окáпывать** (아까쁘와찌)
주위에, 둘레에, 둘레둘레	**вокрýг** (바크룩)
주위에, 사방에, 둘레둘레; 뒤로 돌앗!	**кругóм** (크루곰)
주위에(를) 바느질하다, 사방에[으로] 빙 꿰매어 꾸미다;	**обтáчивать** (압따치와찌)

| 주위원회, (옛 소련의) 주(州) (자치 공화국의 하위 행정구) | **обком** |
| | (областной комитет) (압꼼) |

| 주위의, 주변의; 외면의 | **периферический** |
| | (뻬리페리체쓰끼이) |

| 주위의, 주위에 있는, 부근 | **окружающий** |
| | (아크루좌유쉬이) |

| 주유공 | **смазчик** |
| | (스마즈쓰치크) |

| 주유기, 주유자(注油者); 급유기 | **маслёнка** |
| | (마쓸룐까) |

| 주의 깊게 신중히 | **внимательно, бдительный** |
| | (브니마쩰나) (브지쩰느이) |

| 주의 깊은, 신중한 | **бережный, внимательный** |
| | (볘례즈느이)(브니마쩰느이) |

| 주의(조심)하다, 자기 몸을 돌보다 | **поберечься** |
| | (빠베레치쌰) |

| 주의, 주목 | **внимание** |
| | (브니마니에) |

| 주의깊이 보다, 주시하다 | **приглядываться** |
| | (쁘리글랴드와쨔) |

| 주의를 돌리지 않다, 등한시하다 | **пренебрегать** |
| | (쁘레네브레가찌) |

| 주의를 집중한,(시선이) 집중된, 전념하고 있는 | **пристальный** |
| | (쁘리쓰딸느이) |

| 주의서, 준칙, 지침서; 해야 할 일거리를 적은 목록(지도서) | **памятка** |
| | (빠맡까) |

| 주인 노릇을 하다; | **хозяйничать** |
| | (하쟈이니차찌) |

| 주인(主人), 마님 | **хозяин, сам** |
| | (하즈야인)(쌈) |

| 주인공(主人公) | **герой** |
| | (게로이) |

주인다운, 살림꾼다운	**хозяйский** (하쟈이쓰끼이)
주인답게, 실속 있게	**по-хозяйски** (빠-호쟈이쓰끼)
주인의	**хозяйский** (하쟈이쓰끼이)
주임(主任), 책임	**главный** (글라프느이)
주입; 주사(액), 분사	**укол** (우꼴)
주입; 주사(액); 관장(灌腸)(약)	**инъекция** (인예크찌야)
주입시키다, ~으로 몰아넣다	**воткнуть** (바트크누찌)
주입하다, 심다, 찌르다, 퍼지다, 번지다, 전해지다	**насадить** (나싸지찌)
주장자, 대변자	**глашатай** (글라샤따이)
주장하다, 단언하다, 확언하다	**утверждать** (우뜨볠쥐다찌)
주장하다, 우기다, 고집하다; 강청하다	**настаивать ратовать** (나쓰따이와찌) (라또와찌)
주재국 정부로부터 영사에게 교부되는 인가장	**экзекватура** (에크제크와뚜라)
주재시키다,(외교에서) 임명하다	**аккредитовать** (악크레디따와찌)
주저, 망설임 камень ~я 장애물(障碍物)	**преткновение** (쁘롙크노볘니예)
주저, 망설임, 흔들림, 동요; без ~й 주저 없이	**колебание** (깔레바니예)
주저하다, 망설이다, 오물쪼물 거리다	**колебаться** (깔레바짜)

주전성	**электротаксис** (엘렉뜨라따끄씨쓰)
주전원	**эпицикл** (에삐찌클)
주전자, 차관, 수관	**чайник** (차이니크)
주정뱅이	**алкоголик** (알까골리크)
주정뱅이가 되다	**спиться** (스삐짜)
주정의, 알코올의	**алкогольный** (알까골느이)
주제로 나눈, 주제별로 된	**тематический** (쩨마찌체쓰끼이)
주제를 벗어남, 여담, 여록, 보충설명	**экскурс** (엑쓰꾸르쓰)
주제의 체계 (총체)	**тематика** (쩨마찌까)
주조, 주물, 주물품	**отливка, литьё** (알틀립까) (리찌요)
주조의, 주물의	**литейный** (리쩨이느이)
주조된	**литой** (리또이)
주조직장	**литейная** (리쩨이나야)
주조하다	**лить** (리찌)
주조하다, 주형으로 떠지다. 거푸집에서 뜨다	**отливать** (알틀리와찌)
주주(株主), 주권자(主權者)	**акционер** (악찌오네르)

주주(株主), 출자한 사람	**пайщик** (빠이쉬크)

주지(周知)(의 상태), 널리 알려짐 — **огласка** (아글라쓰까)

주집행위원회 (*областной исполнительный комитет*) **облисполком** (아블리쓰빨꼼)

주체, 주관 — **субъект** (수비엑트)

주최자(主催者), 조직자; 창시자; (노동조합의) 조직책 — **устроитель** (우쓰뜨리쩰)

주춤(움찔)하다, 겁을 내다, 꽁무니 빼다, 질리다 — **вздрогнуть** (쓰드로그누찌)

주춧돌, 조상의 주춧대, 대좌, 주각 — **пьедестал** (삐예제쓰딸)

주택 공급, 주택 건설 — **жилищный** (쥘리쉬느이)

주택관리사무소(*жилищно-эксплуа-тационная контора*) **ЖЭК** (쥐에께)

주택관리소 — **домоуправление** (다마우쁘라블레니에)

주택의 — **жилищно-коммунальный** (쥘리쉬노-꼼무날느이)

주택지구 — **усадьба** (우싸지바)

주파수; — **частота, цикл** (차쓰또따)(찌끌)

주관의, 주관적인 — **субъективный** (수비엑찌브느이)

주해(註解), 주석, (도서의) 해제 — **аннотация** (안나따찌야)

주해, 부호, 표기, 기호 — **помета** (빠메따)

주해, 주석	**комментарий** (까몐따리이)
주해를(해설.논평)하다, 주석을 주다	**комментировать** (깜몐따찌로와찌)
주해서 커닝페이퍼 (남의 글. 학설의) 도용, 표절.	**шпаргалка** (쉬빨갈까)
주해자, 주석자, 시사해설위원, 논설위원	**комментатор** (깜몐따따르)
주행거리	**пробег разгон** (쁘라볙)(라스곤)
주행하다, (얼마만큼의 시간, 거리를) 달리다	**наездить** (나예즈지찌)
주형, 형(型), 모형(模型)	**лекало** (레깔라)
주홍색, 주홍색머리칼(털)	**рыжий** (릐쥐이)
주홍의, 주색의, 주홍 칠한	**алый** (알르이)
죽, 밥, 카샤(동유럽의 요리) 포리지, 쌀죽	**каша** (까샤)
죽기직전, 죽어가는, 빈사(瀕死)의; 임종(시)의	**предсмертный** (쁘롇쓰몔뜨느이)
죽다, 말라 죽다, 힘이 다하다,(잎이) 지다	**сдыхать вымереть** (즈듸하찌)(븨몌레찌)
죽다, 전사(사망.서거)하다, 사라지다	**умирать** (우미라찌)
죽다, 사멸(파멸.멸망)하다;	**гибнуть, погибать, погибнуть, пасть** (깁누찌)(빠기바찌), (빠기브누찌) (빠쓰찌)
죽다; (식물이) 말라 죽다, 꽃잎이 지다	**околевать околеть** (아깔레와찌), (오꼴레치)
죽도록, 일기에; убить ~ 단방에 죽이다	**наповал** (나뽀왈)

- 1279 -

죽어버리는 것, 탈락; 누락, 낙루(落漏) 낙오(落伍)	**отмирание** (아트미라니예)
죽어버리다, 시들어버리다	**отмирать** (아트미라찌)
죽은 듯이, 정신없이	**замертво** (자메르뜨붜)
죽은 사람, 고인, 망자, 송장	**умерший, покойник мертвец** (우메르쉬이)(빠꼬이닉) (메르뜨베쯔)
죽은 사람의, 송장의	**мёртвый** (묠뜨브이)
죽은 이를 위한 미사, 그 미사곡, 위령곡, 레퀴엠	**панихида** (빠니히다)
죽은 짐승, 사육(死肉), 썩은 고기; 오물	**падаль** (빠달)
죽은, 생명을 잃은	**мёртвый** (묠뜨브이)
죽은, 생명이 없는(동물에 대하여)	**дохлый** (도흘르이)
죽은, 죽은듯한, 숨결 없는	**безжизненный** (베즈쥐즈녜느이)
죽은, 학살당한	**убитый** (우비뜨이)
죽을 수 밖에 없는 운명의	**смертный** (스메르뜨느이)
죽을 지경으로, 극도로	**смертельно** (스메르쩰카)
죽음, 막바지, 끝, 사망, 서거(逝去)	**конец, смерть, кончина** (까녜쯔)(스메르찌) (깐치나)
죽음을 가져오는, 치사의, 치명적인,	**смертоносный** (스메르또노쓰느이)
죽이는, 치사(致死)의, 죽음의	**убийственный** (우비이쓰뜨볜느이)

죽이다, 살해(학살)하다	**убивать, уморить, умертвить, губить**
	(우비와찌) (우마리찌)(우메르뜨뷔찌)(구비찌)

죽이다, 살해(도살)하다. 잡다, 해치다	**резать перебить погубить**
	(레자찌) (뻬레비찌)(빠구비찌)

죽탕, 걸쭉한 액체	**жижа**
	(쥐좌)

준결승전	**полуфинал**
	(빨루피날)

준기사, 기능사, 기수; 기술자	**техник**
	(쩨흐니크)

준비(정도)	**подготовленность, готовность**
	(빨고또블렌노스찌) (가또브노쓰찌)

준비, 마련; 양성, 훈련	**подготовка**
	(빨고똡까)

준비하는 것, 마련하는 것; 준비작업, 차비	**приготовление**
	(쁘리고또블레니예)

준비, 장비, 비품, 설비, 채비	**экипировка, сбор**
	(에끼삐로브까)(즈보르)

준비가 된, 채비[준비]가 되어 있는; 각오하고 있는	**готовый**
	(가또브이)

준비가 없는, 준비(정비)되지 못한;	**неподготовленный**
	(네빠드고또브렌느이)

준비된, 잘 훈련된, 미리 준비한	**подготовленный**
	(빨고또블렌노늬이)

준비운동, 따뜻하게 하기; 데우기, 따뜻해지기	**разминка**
	(라스민까)

준비의, 예비의	**подготовительный**
	(빨고또비쩰느이)

준비(마련.차비)하다	**готовить, подготовить, готовиться**
	(가또비찌) (빨고또비찌) (가또비쨔)

준비하다, 모든 준비를 갖추다	**приготовиться подготовиться**
	(쁘리고또비쨔) (빨고또비쨔)

준비(채비.예습.마련)하다 **подготавливать[ся] приготавливать[ся]**
(빧고따블리와찌)(쨔) (쁘리고따블리와찌)(쨔)

준비하여두다, ~을 미리 마련하다 **заготовить заготавливать**
(자고또비찌) (자고따블리와찌)

준사관: ~ состав 부사관 **сержантский**
(쎄르좐뜨쓰끼이)

준설기, 준설선 **землечерпалка, земснаряд**
(제믈레체르빨까)(젬스나랴드)

준수(엄수)하다, 지키다 **соблюдать**
(싸블류다찌)

준수, 지키는 것 **соблюдение**
(싸블류제니예)

준수하다, ~에 따라 맞게 행동하다, ~를 따르다 **держаться**
(제르좌쨔)

준수하지 않는 것, 위반(違反) **несоблюдение**
(네쏘블류제니예)

준엄한; 엄한, 무뚝뚝한 사람; ~ый человек 엄한 사람 **суровый**
(수로브이)

준의사, 간호사 **фельдшер**
(펠드쉘)

준준결승[경기] **четвертьфинал**
(체트베르찌피날)

줄(무늬) полоса의 축소; ткань в ~у 줄이 간 천 **полоска**
(빨로쓰까)

줄(칸)을 치다(긋다) **разлиновать**
(라슬리노와찌)

줄(joule: 에너지의 절대 단위; =107 에르그; 기호 J) **джоуль**
(조울)

줄, 글줄, 행(行), 글자를 쓴 줄 **строка, строчка**
(스뜨로까) (스뜨로츠까)

줄, 선; проводить ~ю 줄을 치다(긋다) **линия**
(린이야)

줄, 열, 줄기, 산맥;	**цепь** (쩨삐)
줄, 줄간. 열(列)	**линейка** (리네이까)
줄, 줄칼; трёхгранный ~ 세모줄, 삼각 줄칼	**напильник** (나삘니크)
줄, 행렬(行列), 대열, 대오, 라인	**вереница, ряд** (볘레니짜) (랴드)
줄, 현(絃)	**хорда** (하르다)
줄긋는 펜의, 철필의; 사도기(寫圖器),	**трассирующий** (뜨랏씨루유쉬이)
줄, 끈, 실, 노끈, 가닥, 선	**нитка** (니뜨까)
줄기, 대, 잎자루, 화경(花梗), 꽃자루	**ножовка стебель** (나조브까) (스쩨벨)
줄낚시(큰물고기를 잡는데 쓰는)	**жерлица** (줴를리짜)
줄넘기	**скакалка** (스까깔까)
줄다, 낮아지다, 저하(감소)되다	**спадать сбавить сбавлять** (스빠다찌) (즈바비찌), (즈발야찌)
줄다, 단축되다; 덜어지다,	**убавиться убавлять[ся] убывать** (우바븨쨔) (우바블랴찌) (우븨와찌)
줄다, 적어(작아)지다, 감소(축소)되다	**уменьшаться, терять** (우멘샤쨔) (쩨랴찌)
줄무늬, 줄, 선조(線條). 줄무늬 있는 천	**полоса** (빨로싸)
줄사닥다리, 폭풍우 때 쓰이는 그물 사다리	**штормтрап** (쉬똘뜨랍)
줄어드는 것, 감소; идти на ~ 줄다, 줄어지다, 감소되다	**убыль** (우븰)

줄에 의한 연마공	**шкурочник** (쉬꾸로츠닉)
줄을 긋다(치다), 행간을 치다	**линовать графить** (리노와찌) (그라피찌)
줄을 지어가다	**тянуться** (쨰누쨔)
줄이 난, 줄무늬가 있는	**полосатый** (빨로싸띄이)
줄이는 것, 단축	**свёртывание** (스뵤르뜨이와니예)
줄이다, 덜다, 감소시키다	**приуменьшать** (쁘리우멘쌰찌)
줄이다, 적게(작게)하다, 감소(축소)하다	**уменьшать, свернуть** (우멘샤찌)(스볘르누찌)
줄인, 단축한, 간략한, 생략한 ~ое слово 약어	**сокращённый** (싸크라숀느이)
줄임, 생략; (생리) 수축	**сокращение** (싸크라샤니예)
줄임표, 점선(點線)	**многоточие** (므나가또치예)
줄자, 띠자, 타래자	**рулетка** (룰레뜨까)
줄줄 흐르다, 쏟아지다	**литься** (리쨔)
줄지어, 여러 줄로 늘어서서	**междурядный** (몌즈두랴드느이)
줄칼로 쓸다	**спиливать** (스삐리와찌)
줏다, 수집하다, 골라내다, 선발하다, 단정히 하다	**подбирать** (빧비라찌)
줏대 없는, 속없는, 의지가 약한	**бесхарактерный** (베쓰하락쩨르느이)

중, 승려(僧侶), 수도승, 스님	**монах** (마나흐)
중간 휴식, 잠시 쉼, 숨쉴짬, 숨쉴 시간, 순간	**передышка** (뻬레듸쉬까)
중간시험, 보조시험	**зачёт** (자쵸트)
중간에서 가로챔 속임수	**шахермахерство** (샤헬마헬쓰뜨붜)
중간의, 가운데의	**промежуточный** (쁘라몌주또치늬이)
중간휴식	**отгул** (아트굴)
중개, 중재, 거간질	**посредничество** (빠쓰롄니체쓰뜨붜)
중개상인, 소상인	**шибай** (쉬바이)
중개인, 중매자, 거간군	**посредник** (빠쓰롄니끄)
중경기, 중경제초기	**культиватор** (꿀찌와또르)
중계 방송실; 라디오관리국	**радиоузел** (라지오우젤)
중계(중계점에서 증폭하는)	**ретрансляция** (레뜨란쓸랴찌야)
중계, 중계방송; прямая ~ 실황중계	**трансляция** (뜨란쓸랴찌야)
중계되다, 되풀이하다, 반복하다	**ретранслироваться** (레뜨란쓸리로와쨔)
중계방송하다	**транслировать** (뜨란쓸리로와찌)
중계의	**ретрансляционный** (레뜨란쓸랴찌온늬이)

중고(품)의, 고물의; 고물[헌것]을 다루는. 낡은,	**подержанный** (빠제르잔느이)
중기병(重騎兵), (중세기의) 병사,	**дружинник** (드루진니크)
중단 없이, 부단히, 끊임없이	**безотказно** (베조뜨가즈나)
중단(절단)되다, 끝나다	**обрываться** (아브릐와쨔)
중단, 단절	**расстановка** (라쓰따노브까)
중단, 파동성; пульс с ~ями 비정상적인 맥박	**перебой** (뻬레보이)
중단, 휴식, 휴식기간	**перерыв** (뻬레릐프)
중단하다, 멈추다, 그만두다	**обрывать** (아브릐와찌)
중대; командир ~ы 중대장	**рота** (로따)
중대의	**ротный** (로뜨느이)
중대장; 사관장, ~ роты 중대사관장	**старшина** (스따르쉬나)
중대한, 극히 중요한	**ответственный** (아트볫쓰뜨벤느이)
중독 시키다, 병들게(독살) 하다	**травить отравлять** (뜨라비찌)(앗라블랴찌)
중독(中毒)	**интоксикация, токсикоз** (인또끄씨까찌야)(따씨꼬즈)
중독되다, 중독되어 죽다	**отравляться** (앗라블랴쨔)
중독(마취)시키다; 지각을 잃게 하다; 망연케 하다	**дурманить** (두르마니찌)

중동의	**ближневосточный** (블리지느뷔쓰또츠느이)
중량급선수	**тяжеловес** (쩨첼로볘쓰)
중량이 무거운, 육중한	**тяжеловесный** (쩨첼로볘쓰느이)
중력(重力)	**гравитация** (그라비따찌야)
중력을 받는, 중력의	**гравитационный** (그라비따찌온느이)
중립, 중성; соблюдать ~ 중립을 지키다	**нейтралитет** (네이뜨랄리쩨트)
중립의, 중립적인	**нейтральный** (네이뜨랄느이)
중립주의의	**центристский** (쩬뜨랄리쓰뜨쓰끼이)
중립화, 중립(상태), 중성화(化);	**нейтрализация** (네이뜨랄리자찌야)
중립화하다; 중립 지대로 하다	**нейтрализовать** (네이뜨랄리조와찌)
중매, 중신, 매작, 매자, 매합, 통혼, 행매(行媒)	**сватовство** (스와또브쓰뜨보)
중매군, 중매자(여자)	**сваха** (스와하)
중매하다, 중매를 서다	**сватать** (스와따찌)
중복, 이중으로	**наложение** (날로줴니예)
중부러시아산 사과의 일종	**штрейфлинг** (쉬뜨레이플린그)
중사 старший(младший) ~ 상(하)사	**сержант** (쎄르좐트)

중상(重傷), 비방(誹謗)	**клевета** (클레붸따)
중상[비방]하다, 명예를 훼손하다	**налгать** (날르가찌)
중상(비방)하다, 명예를 훼손하다	**наговаривать наговорить** (나가와리와찌), (나고붜리찌)
중상모략하다, 걸고 나자빠지다	**оговаривать** (아가와리와찌)
중상자, 비방자	**клеветник** (클레붸뜨니크)
중석광(重石鑛), 볼프광	**вольфрам** (발프람)
중성;~ый раствор 중성용액	**нейтральный** (네이뜨랄느이)
중성자(中性子), 뉴트론	**нейтрон** (네이뜨론)
중성자의, 뉴트론의;~ая бомба 중성자탄	**нейтронный** (네이뜨론느이)
중세 독일의 방랑악사(放浪樂士)	**шпильман** (쉬삘리만)
중세기(中世紀)	**средневековье** (스레드네붸꼬비예)
중세기의	**средневековый** (스레드네붸꼬브이)
중세의 기사, 나이트작(爵), 훈작사	**конь,рыцарь,шевалье** (꼰니) (릐빠찌) (쉐왈에)
중심(부); (나무의) 고갱이, (초목의) 수(髓), 심	**сердцевина** (쎄르드쩨비나)
중심(점), 집중점, 모임점, 포커스; найти ~초점을 맞추다	**фокус** (포꾸쓰)
중심(中心) (점), 집중점	**средоточие** (스레도또치예)

중심주제, 중심의도, 중심 사상,	**лейтмотив** (레이뜨모찌프)
중압, 압력, 압박;~ воды 수압	**напор бремя** (나뽀르) (브례먀)
중앙 발전소	**энергоцентр** (에네르가쩬뜨르)
중앙(中央)의,~의 한가운데;~을 한창 하는 중에	**посредине** (빠쓰례지네)
중앙, 중심, 중심지; 중앙기관	**центр** (쩬뜨르)
중앙난방겸용 화력 발전소	(*теплоэлектроцентраль*) **ТЭЦ** (떼에쩨)
중앙난방화, 열공급화	**теплофикация** (쩨쁠로피까찌야)
중앙수비(방어),(축구의) 하프백, 중위(中衛)	**полузащита** (빨루자쉬따)
중앙수비수, 하프백, 중위(中衛)	**полузащитник** (빨루자쉬트니크)
중앙아세아의 차집, 차이하나	**чайхана** (차이하나)
중앙아시아의 관개수로	**арык** (아릐크)
중앙아시아의	**среднеазиатский** (스레드네아지아뜨쓰끼이)
중앙우체국	**почтамт** (빠치땀트)
중앙위원회	(*Центральный комитет*)**ЦК** (쩨까)
중앙의, 중심의	**центральный** (쩬뜨랄리느이)
중앙집권제를 실시하다	**централизовать** (쩬뜨랄리조와찌)

중앙집권주의	**централизм** (쩬뜨랄리즘)
중앙집권화	**центализация** (쩬말리자찌야)
중앙집권화된, 중앙에 집중된	**централизованный** (쩬뜨랄리조완느이)
중앙통계국	(*Центральное статисти- ческое управление*) **ЦСУ** (제에쓰우)
중얼[웅얼]거리는, 우물우물하는	**шамканье** (샴까니에)
중얼거리다 지껄이다 중얼대다, 두덜거리다	**бормотать, лепетать** (바르모따찌) (레뻬따찌)
중얼거림, 속삭임, (중얼거리는) 불평	**урчать** (주르차찌)
중요성, 중대성	**важность** (와즈노스찌)
중요치 않은, 대수롭지 않은	**мало, незначительный** (말라) (네즈나치쩰느이)
중요하다, 중대하다	**важно** (와즈나)
중요하지 않는; 하찮은, 대수롭지 않은	**неважный** (네바즈느이)
중요하지 않다; это ~ 일없다, 괜찮다	**неважно** (네바즈나)
중요한 계기	**веха** (볘하)
중요한 사건이 일어났던 시대, 획기적 시대, 새시대	**эпоха** (에뽀하)
중요한, 중대한, 의의 있는	**значительный, важный** (즈나치쩰느이) (와즈느이)
중위(中尉); младший ~ 소위; старший ~ 대위(상위)	**лейтенант** (레이쩨난트)

중유(重油), 석탄산유(石炭酸油).	**мазут** (마주트)
중재(仲裁), 조정(調整), 중재재판	**арбитраж** (아르비트라즈)
중재의; 조정의; 재정(裁定)의, 중재 재판.	**третейский** (뜨레쩨이쓰끼이)
중재인(仲裁人), 조정자	**арбитр** (아르비트르)
중점(中點), 중요한 것	**главное** (글라프노예)
중지, 두드려 떨어버리다 (일을)그만하다, 중단하다	**шабаш** (샤바스)
중지, 중단, 정침, 정폐, 준좌(蹲坐),	**мораторий прекращение** (마라또리이) (쁘레크라쉐니예)
중지하다, 끊다; 중단시키다, 멈추다, 되채다	**прервать** (쁘레르와찌)
중편소설, 중편(中篇)	**повесть** (빠볘쓰찌)
중학교 이하의 학생, 초등학생; 유년기의	**ученический** (우체니체쓰끼이)
중화시키다 (화학·전기) 중화하다;	**нейтрализовать** (네이뜨라리조와찌)
쥐, 서생원(鼠生員)	**мышь** (믜쉬)
쥐가오리; 아귀; 낙지	**каракатица** (까라까찌짜)
쥐다, (불)잡다, 악수하다	**держать, пожимать** (제르좌찌)(빠쥐마찌)
쥐다, 잡다, 받다, 움켜쥐다, 틀어쥐다	**брать, захватывать** (브라찌)(자흐와띄와찌)
쥐덫, 마우스트랩, 쥐창, 작은 집[장소].	**мышеловка** (믜쉘롭까)

쥐무우, 붉은 봄무우	**редис** (레지쓰)
쥐새끼	**мышонок** (믜쇼노크)
쥐오줌풀 뿌리에서 채취한 진정제	**валерьянка** (왈레리얀까)
쥐오줌풀, 꿀풀, 겨우살이, 바구니 나물	**валериана валерьяна** (왈레리아나), (왈레리야나)
쥐의, 쥐 같은, 쥣과의 동물	**мышиный** (믜쉬느이)
즉, 다시 말하면	**т.е., то есть** (쩨.예) (또 예쓰찌)
즉시, ~하자마자, ~하자 곧	**лишь** (리쉬)
즉시, 곧, 바로, 바로 그때, 곧바로, 즉각	**сразу** (쓰라주)
즉시, 잠시, 순간, 찰나, 단시	*см.* миг; **момент** (마몐트)
즉시에, 즉각에	**безотлагательно** (볘조뜰라가쩰나)
즉시의, 곧 일어나는, 지체 없는, 신속한	**немедленный** (녜몌들롄느이)
즉시의, 즉각의, 순간, 찰나, 단시간	**мгновение** (므그노볘니에)
즉흥(창작), 즉흥작품, 즉흥곡, 즉흥시	**импровизация** (임쁘로비자찌야)
즉흥; 즉석 연설; 즉흥곡, 즉흥시	**экспромт** (엑쓰쁘로마트)
즉흥적으로 만근(창작한),즉흥적인	**импровизированный** (임쁘로비지로완느이)
즉흥적으로 창작하다, 간단히 만들다	**импровизировать** (임쁘로비지로와찌)

즉흥적으로, 즉석에서	**экспромтом** (엑쓰쁘로므똠)
즐거운, 기분 좋은, 유쾌한 ~ слышать 듣기 좋다	**приятно** (쁘리야뜨나)
즐거운, 기쁜, 재미있는, 위안을 주는	**отрадный, занятный** (앗라드느이) (자냐뜨느이)
즐거운, 유쾌한, 쾌활한; 기분 좋은	**весёлый, веселье** (볘숄르이) (볘셸리에)
즐거움, 기쁨, 위안, 만족, 쾌감	**отрада, удовольствие** (아트라다) (우다볼쓰뜨뷔에)
즐거워하다(놀다), 유쾌히 시간을 보내다	**веселиться, гулять** (볘셸리쨔) (굴랴찌)
즐거이, 기꺼이, 자진해서	**охотно** (아호트나)
즐겁게 하다, 위로하다, 재미나게 하다	**развлечь[ся] веселить** (라스블레치)(쌰)(볘셸리찌)
즐겁게 해주다	**тешить** (쪠쉬찌)
즐겁게, 유쾌(쾌적.쾌활.상냥)하게. 쾌히	**весело, приятно** (볘셸라) (쁘리야뜨나)
즐겁다, 유쾌하다, 기분 좋다	**весело** (볘셸라)
즐겨보다, 황홀하여 바라보다, 탄성을 지르다	**любоваться** (류바바쨔)
즐겨서 하는 생각(이야깃거리)	**конёк** (까뇨크)
즐기게 하다; 위안하다, 시름을 잊게 하다	**развлекать** (라스블레까찌)
즐기다, (즐겁게) 맛보다, 향락하다, 재미보다	**насладиться** (나쓸라지쨔)
чем. ~를 즐기다(누리다)	**наслаждаться** (나쓸라지다찌샤)

즐기다, 만족을 얻다, 심심풀이하다	**тешиться, потешаться** (쩨쉬쨔)(빠쩨샤쨔)
즐기다, 재미나다, 열중(도취)하다	**упиваться, забавляться** (우삐와쨔)(자바블랴쨔)
즙(汁), 과일즙, 쥬스, 액(液) фруктовый ~ 과일즙	**сок** (쏙)
즙이 많은, 물기가(수분이)많은	**сочный** (쏘츠느이)
증가(增加), 첨가(添加)	**прибавление** (쁘리바블레니예)
증가(증대)되다, 커지다	**расти** (라쓰찌)
증가, 증식	**размножение** (라스므노쮀니예)
증가되다, 붇다	**прибыть** (쁘리븨찌)
증가량	**увеличение** (우삘리체니에)
증가시키다	**приумножать размножать** (쁘리움노좌찌) (라스므노좌찌)
증가액[량]; 증가물. 가격 인상, 가격 인상폭	**накидка** (나끼드까)
증강하다, 증대시키다, 늘이다	**наращивать** (나라쉬와찌)
증거, 증명, 근거, 증거(물)	**свидетельство, доказательство** (스비졔쩰쓰뜨붜) (다까자쩰쓰뷔)
증거없는, 무근거한	**бездоказательный** (볘즈다까자쩰느이)
증거, 근거, 증명, 증빙, 증험, 아성, 본거, 빙거	**подтверждение** (쁘드볠즈졔니예)
증기 기관차, 화통간(火筒間), 로코모티브(locomotive)	**паровоз** (빠로보즈)

증기 기관차의	**паровозный** (빠로보즈느이)
증기 롤러(도로 공사용)	**каток** (까또크)
증기(도)관, 스팀 도관(導管)	**паропровод** (빠롭로보드)
증기, 증기로 움직이는; 증기로 찐	**паровой** (빠로보이)
증기가 많은; 증기 같은. 김모양의, 증기상태	**парообразный** (빠로옵라쓰느이)
증기계(蒸氣計)(압력과 양을 잼)	**эваглена** (에와글레나)
증기로 익혀지다; 증기목욕을 하다	**париться** (빠리쨔)
증기욕실, 증기탕 (공장의) 증기실	**парилка парная** (빠릴까) (빠르나야)
증기찜을 하다, 증기소독을 하다	**парить** (빠리찌)
증기탕, 사우나(실, 탕).	**сауна** (싸우나)
증대(增大), 증가(량), 오르는 것	**возрастание, прирост** (바즈라쓰따니에) (쁘리로쓰뜨)
증류기, 보일러, 기관; 끓이는 그릇	**куб** (꿉)
증류(법); 추출된 것, 증류물, 정수(精粹);	**перегонка** (뻬레곤까)
증류의 분류(分溜)	**.фракция** (프라크찌야)
증류하다	**дистиллировать, перегонять** (지쓰찔리로와찌) (뻬레가냐찌)
증류하여 얻은 ~ая вода 증류수	**дистиллированный** (지쓰찔리로완느이)

증류하여 제거하다	**отогнуть** (아따그누찌)
증명(증언, 입증)하다;	**свидетельствовать** (스비제젤쓰뜨붜와찌)
증명(보증.검정.허가.공인)하다. ~의 증거가 되다	**заверить** (자붸리찌)
증명서, 졸업증, 증서	**аттестат, свидетельство** (아떼쓰땉) (스비제젤쓰뜨붜)
증명서, 증서, 면(허)장, 수료(이수)증	**сертификат справка** (쎄르띠피까트) (스쁘라브까)
증명서, 통장, 추천장	**книжка, аттестация, документ** (크니즈까) (아떼쓰따찌야)(다꾸멘트)
증명(입증)하다, 말하여주다	**говорить, доказать, доказывать** (가바리찌)(다까자찌), (다까즤바찌)
증명하다, 확증하다, 증언하다	**засвидетельствовать** (자쓰비제젤쓰뜨보와찌)
증발(작용), 기(체)화, 기화, 증발, 증기형성	**парообразование** (빠로옵라조와니예)
증발 측정기	**эбулиоскоп, эвапорометр** (에부리오쓰꼬쁘)(에와빠로메뜨르)
증발(蒸發), 기화(氣化), 비등	**эвапорация, испарение** (에와뽀라찌야) (이쓰빠레니예)
증발기, 농축기; 탈수기; 건조시키는 사람	**эвапоратор** (에와뽀라따르)
증발암(岩)	**эвапорат** (에와뽀라트)
증발하다, 날아나다	**испариться** (이쓰빠리쨔)
증상, 증세	**симптом** (씸쁘똠)
증서 교부, 문서(증거서류)제시	**документация** (도꾸멘따찌야)

증서(證書), 증명서, ~표	**билет** (빌롓트)
증세악화(症勢惡化)	**экзацербация** (에크자쩰바찌야)
증손녀(曾孫女), 외증손녀	**правнучка** (쁘라브누츠까)
증손자, 외증손자	**правнук** (쁘라브누크)
증쇄하다, (개정하지 않고) 다시 인쇄하다;	**переиздать** (뻬레이즈다찌)
증쇄, 재쇄(再刷), 재판. (새 판형에 의한) 재발행,	**оттиск** (옽띠쓰크)
증언(증인)의, 목격자의, 입회인의.	**свидетельский** (스비제쩰쓰끼이)
증언(진술)하다;	**показать** (빠까자찌)
증언, 진술, 입증, 증명, 증거	**свидетельство, показание** (스비제쩰쓰뜨붜)(빠까자네예)
증여하다, (심사·판정하여) 수여하다, (상을) 주다;	**присудить** (쁘리쑤지찌)
증오(심), 미움, 혐오감 вызывать ~ 미움을 사다	**ненависть** (네나비쓰찌)
증오스러운, 가증스러운, 괘씸한	**ненавистный** (네나비쓰뜨느이)
증오하다, 미워하다	**ненавидеть** (네나비제찌)
증원부대, 지원부대	**подкрепление** (빠드크레쁠레니예)
증인, 목격자, 입회자, 증거인	**свидетель понятой** (스비제쩰)(빠냐또이)
증조할머니, 외증조할머니	**прабабушка** (쁘라바부쉬까)

증조할아버지, 외증조할아버지;	**прадед** (쁘라제드)
증축(增築); 옆채, 딴채	**пристройка** (쁘리쓰뜨로이까)
증축하다, 덧붙어(잇달아) 짓다	**приделать пристраивать** (쁘리젤라찌) (쁘리쓰뜨라이와찌)
증폭기, 증강기	**усилитель** (우씰리젤)
증후군, 종합증상	**синдром** (씬드롬)
지각, 지연, 지체, 연기	**опоздание** (아빠즈다니예)
지갑 손지갑; 손가방; 돈주머니, 금낭(金囊)	**бумажник** (부마지니크)
지게차, 기중기	**автопогрузчик, грузоподъёмник, автокар** (압따빠그루스치크)(그루조뽀지욤니크) (압따까르)
지겨운 근무지[일].	**сибирь** (씨빌리)
지구(地區), 구역(區域), 구(區)	**округ** (오크룩)
지구, 대지, 육지, 지면	**земля** (제믈랴)
지구물리학	**геофизика** (게오피지까)
지구상 인류가 거주하는 지역	**эйкумена** (에이꾸메나)
지구성, 오래 견디는 것	**долговечность** (돌가볘츠노쓰찌)
지구의, 지구상의	**земной** (제므노이)
지구화학	**геохимия** (게오히미야)

지그재그 모양으로 꼬리를 끄는, 쏘아 올리는 폭죽	**швермер** (쉬뻴메르)
지극히 존경하는, 존경하여 마지않는	**глубокоуважаемый** (글루바까우와좌예므이)
지극히 존경하다, 몹시 사랑하다	**боготворить** (바가뜨붜리찌)
지금 막 언급된 것, 물건을 가리킴	**этот,** (에따트)
지금, 이제; 곧, 이제 곧	**сейчас** (쎄이차쓰)
지금, 현재(에 와서는), 오늘날, 다음은, 이제부터	**ныне, теперь** (늬네)(쩨뻴리)
지금까지 있어본 적이 없는, 이제껏 없었던	**небывалый** (네븨왈르이)
미증유의, 전대미문의	**неслыханный** (네쓸릐한느이)
지금까지(에는), 이전에(는) 오늘에 이르기까지	**прежде, поныне** (쁘레즈제) (빠느네)
지금부터, 앞으로	**отныне** (아트늬예)
지금의, 오늘날의, 현재의, 현(現)~, 이, 본	**данный** (단느이)
지급 기일이 되다, (어음 따위가) 만기가 되다	**причитаться** (쁘리치따쨔)
지급 기일이 된, 만기(滿期)가 된	**должен** (돌줸)
지급, 지불, 지출	**расплата** (라쓰쁠라따)
지급되지 않은(빚), 미납의; 지급받지 않은	**неоплачиваемый** (네아쁠라치와예므이)
지껄이기, 말공부, 헛소리, 잡담	**болтовня** (발또브냐)
지껄이다, 빈소리치다, 떠벌리다	**разглагольствовать**

	(라스글라골쓰뜨붜와찌)
지껄이다, 허튼 소리를 하다	**трепаться, возникнуть** (뜨레빠쨔)(바즈니크누찌)
지껄임, 수다	**лясы** (랴쐬)
지나가는 길에, 도중에	**мимоходом** (미모호돔)
지나가는 사람, 통행인(通行人), 여행자	**проезжий** (쁘라예즈지이)
지나가는(오는) 길에, 도중에	**проездом** (쁘라예즈돔)
지나가다, 밟고 넘다; ~의 한도를 넘다, 범하다	**заходить** (자호지찌)
지나가다, 진행되다, ~중이다	**идти, пробегать** (잇찌)(쁘라베가찌)
지나다, 끝나다	**миновать** (미나와찌)
지나다, 움직이다, 나아가다	**минуть, продёргивать, утекать** (미누찌)(쁘라죨기와찌) (우쩨까찌)
지나서, 빗나가다; пройти ~ 지나가다	**мимо** (미모)
지나서, 후에; ~ год 일 년 지나서	**спустя через** (스뿌쓰쨔)(체레즈)
지나치게 굽게[삶게]되다, 과도하게 되다	**перевариться** (뻬레와리쨔)
지나치게 냉각하다(식히다)	**переохлаждать** (뻬레아흘라다찌)
지나치게 데우다	**перегревать** (뻬레그레와찌)
지나치게 많이 싣는 것, 지나친 부하(부담)를 주다	**перегружать** (뻬레그루좌찌)
지나치게 많이 싣는 것, 지나친 부담,	**перегрузка** (뻬레그루즈까)

지나치게 먹이다, 과식시키다	**перекармливать** (뻬레가르믈리와찌)
지나치게 볶다, 지지다	**пережаривать** (뻬레좌리와찌)
지나치게 볶아지다, 익다	**пережариваться** (뻬레좌리와쨔)
지나치게 삶다	**переваривать** (뻬레와리와찌)
지나치게 서두르는, 성급한	**скорый** (스꼬릐이)
지나치게 오래 두어(놓아)두다	**передержать** (뻬레제르자찌)
지나치게 익다, 과하게 익다	**перезреть** (뻬레즈레찌)
지나치게 익은, 과하게 익은	**перезрелый** (뻬레즈렐르이)
지나치게 칭찬(찬양, 찬미)하다	**перехваливать** (뻬레흐왈리와찌)
지나치게 칭찬(아부.찬양)하다	**захвалить рекламировать** (자흐왈리찌) (레글라미로와찌)
지나치게 큰(많은), 팽창한	**раздутый** (라스두뜨이)
지나치게 하다 과장하여 연기하다 도를 넘다	**шаржировать** (샤르쥐로와찌)
지나치게 하다; 과장하다; 무리를 하다	**пересаливать** (뻬레쌀리와찌)
지나치게 하다; 과장하다; 무리를 하다.	**перебарщивать** (뻬레바르쉬와찌)
지나치게 늘어나다, 증가되다	**распухать** (라쓰뿌하찌)
지나치게, 과도하게, 한량없는; 엄청난; 겨운	**непомерно** (네빠메르나)

지나치게, 너무하게, 과도하게	**излишне чрезмерно** (이즐리쉬네)(츠레즈몔나)
지나치다, 편향을 범하다, 탈선하다	**перегибать** (뼤레기바찌)
지나친 노력, 급병 등으로(쇠진하다, 녹다, 죽다)	**сгореть** (즈고례찌)
지나친 찬양	**дифирамб** (지피람브)
지나친, 과도한, 힘겨운	**излишний чрезмерный непомерный** (이즐리쉬니이) (츠레즈몔느이)(네빠메르느이)
지나친, 불건전한, 병적인	**болезненный** (볼례즈네느이)
지나침, 과도함	**излишество** (이즐리쉐쓰뜨뷔)
지난, 과거, 전번에	**истекший, прошедший, прошлый** (이쓰쩨끄쉬이) (쁘라쉐드쉬이)(쁘로쉴릐이)
지난, 지나간; ~год 지난해	**минувший** (미누브쉬이)
지난해, 작년, 전(前)해, 묵은해	**прошлогодний** (쁘라쉴로고드느이)
지내 익다, 너무(물씬하게) 익다	**переспеть** (뼤레쓰뼤찌)
지내 익은, 너무 익은, 무르익은, 물씬하게 익은	**переспелый** (뼤레쓰뼤릐이)
지내(지나치게) 먹다, 너무 많이 먹다	**переедать** (뼤레에다찌)
지내다, 살다	**житься** (쥐짜)
지내먹기, 과식(過食), 많이 먹기	**переедание** (뼤레에다니예)
지느러미, 분수(奔水)	**плавник** (쁠랴브닉)

지느러미 엉겅퀴	**четополох** (체또뽈로흐)
지능이 떨어진, 잔잔한	**недоразвитый** (네다라즈비뜨이)
지다, 떠메다, 걸머지다	**взваливать** (쓰왈리와찌)
지다, 패하다, 실패하다	**проиграть, проигрывать** (쁘라이그라찌), (쁘라이그릐와찌)
지대, 소작료, 집세, 방세, 임대[임차]료.	**кварплата, рента** (크와르쁘라따) (롄따)
지대, 지역, 지형	**местность зона** (메스뜨노쓰찌) (조나)
지대[집세]가 ~한	**прокатный** (쁘라깥늬이)
지대가 낮은, 평야가 많은	**низменный** (니즈멘늬이)
지대의, 지역의	**зональный** (조날느이)
지대하다, 압도하다, 우세를 차지하다	**доминировать** (도미니로와찌)
지도(영도)적인	**руководящий** (루까붜쟈쉬이)
지도, 도표 등의 범례, 설명	**легенда** (레곈다)
지도(指導), 지시, 지령서, 영도	**руководство инструкция** (루꼬볻쓰뷔) (인쓰뜨루크찌야)
지도, 지휘, 지도(력); 통솔(력), 리더십	**водительство ведение** (바디쩰쓰뜨뷔) (볘제니에)
지도(地圖), 지리부도	**карта** (까르따)
지도가방, 지도 끼우개	**планшет** (쁠란쉐트)
지도게시판, 평면측량기의 평판	**планшет**

	(쁠란쉐트)
지도서, 안내서, 참고서	**руководство** (루꼬본쓰뜨뷔)
지도자, 지휘자, 선구자	**вожатый, дирижёрский** (바좌뜨이) (지리죠르쓰끼이)
지도원, 교사, 선생, 교관	**инструктор, руководитель** (인쓰뜨루크따르) (루꼬뷔지쩰)
지도자, 지휘자, 수령, 영도자, 리더(leader)	**лидер, вожак,** (리제르) (바좌크)
지도자들, 간부들, 책임자들; 지도부	**руководство** (루꼬본쓰뜨뷔)
지도적인, 책임적인	**командный** (까만드느이)
지도첩, 지도책	**атлас** (아틀라쓰)
지도(관리.감독.영도)하다	**вести, руководить, заведовать** (볘쓰찌) (루꼬뷔지찌) (자볘도와찌)
지독한 구두쇠(노랭이), 착취자	**живодёр жадюга** (쥐뵈죨) (좌쥬가)
지독한 더위, 무더위	**зной** (즈노이)
지독한 이기주의	**шкурничество** (쉬꾸르니체쓰뜨뷔)
지독한, 극악한	**чудовищный** (추도뷔쉬느이)
지독한, 너무 센, 강렬한, 대단한	**резкий, страшный** (레스끼이)(스뜨라쓰느이)
지독히 나쁜	**ужасный** (우좌쓰느이)
지독히 더운, 무더운	**знойный** (즈노느이)
지랄하다, 발광하다	**беситься** (볘씨짜)

지레, 두레박의 막대	**журавль** (주라블)
지렛대, 쇠몽둥이, 지레, 레바	**лом, рычаг** (롬) (릐차그)
지령, 명령, 지시, 훈령; 권고, 계고	**приказание, предписание** (쁘리까자니예) (쁘렏삐싸니예)
지령, 지령서, 지시, 지시문	**директива** (지렉찌와)
지령의, 지시의, 위탁의, 위임의	**директивный, мандатный** (지렉찌브느이) (만다뜨느이)
지롱드 당원	**жирондист** (쥐론지쓰트)
지뢰 공병, 지뢰를 부설(해제)하는 공병, 기뢰 부설병,	**минёр** (민뇰)
지뢰(기뢰, 수뢰)를 해제(제거)하다	**разминировать** (라스미니로와찌)
지뢰, 수뢰, 기뢰; 지뢰포, 지뢰화	**мина, фугас** (민아)(푸가쓰)
지뢰를 부설하다, 기뢰를 부설하다	**минировать** (미니로와찌)
지뢰탐지기	**миноискатель** (미노이쓰까쩰)
지루하게 끄는 일	**канитель** (깐이쩰)
지루한 훈시를 늘어놓다, 지루하게 논의하다	**резонёрствовать** (레소뇰쓰뜨뷔와찌)
지루한, 싫증나는	**тосковать** (따쓰꼬와찌)
지류(支流); (산의) 지맥(支脈), 가지, 분지(分枝)	**рукав** (루까프)
지름길 법칙, 엇바꾸기, 전환	**маневровый** (마녜브로브이)

지리(地理), 지리학(地理學)	**география** (게오그라피야)
지리의 위선; 위도	**параллель** (빠랄렐)
지리학의, 지리적인	**географический** (게오그라피체쓰끼이)
지리학자(地理學者), 지리선생(교사)	**географ** (게오그라프)
지면, 땅, 토지, 대지	**обосновать[ся] площадка** (아바쓰노와찌)(쨔) (쁠로샤드까)
지면(공장)의 구획(배치.설계.기획), 배치[구획]도	**размещение** (라스메쉐니예)
지면(바위)의 깊게 갈라진 틈; 깊은 구렁; 빈틈	**пропасть** (쁘로빠쓰찌)
지명하다, 임명하다; 명하다, 지시하다	**нарядить(ся)** (나랴지찌)
지반(地盤), 근거(根據)	**почва** (뽀츠와)
지방, 시골; 벽지; (행정구역단위) 주(州), 도, 성(省)	**провинция** (쁘라빈찌야)
지방민; 시골뜨기, 촌뜨기	**периферия** (뻬리페리야)
지방(질)의; 지방을 분비하는	**сальный** (쌀리느이)
지방, 외진 고장 끝, 변두리	**сторона** (스따로나)
지방, 지역, 지구, 지대; 행정구, 관구	**область регион, полоса** (오블라쓰찌) (레기온) (빨로싸)
지방, 지유, 비계, 지방질, 기름 그리스, 수지, 윤활유	**жир** (쥐르)
지방분권화(地方分權化)	**децентрадизация** (제쩬뜨라지자지야)

지방의 정제(精製); (벽의) 초벽질	**оказание** (아까자니예)
지방의 정제, 기름의. ~котёл. 유조탱크	**жиротопный** (쥐로또쁘느이)
지방의, 시골의; 지방민의, 고장의, 지구의;	**место** (메쓰따)
지방으로, 지방적인, 시골적인, 향토적인	**местный** (메쓰뜨느이)
지방질의 지방이 많은, 기름진 지방 과다(증)의	**жировой** (쥐로보이)
지방의 지역적인; 국부의	**региональный, областной районный** (레기오날느이) (아블라쓰뜨노이) (라이온느이)
지방이 많은, 기름기 많은, 부드럽고 풍만한	**жирный** (쥐르늬이)
지방이 많은, 기름이 오른, (끓인 음식 위에 뜬) 기름기	**навар** (나왈)
지방자치기관	**муниципалитет** (무니찝빨리쩰)
지방종, 지방 덩어리, 혹	**жировик** (쥐로비크)
지배(력); 관리, 통제, 다잡음, 단속, 감독(권)	**регулировка** (레굴리로브까)
지배[정복]하다, ~의 주인이 되다	**освоить[ся]** (아쓰보이찌)
지배[통치]권, 자치령(自治領)	**доминион** (도미니온)
지배권, 헤게모니(Hegemonie), 패권(覇權), 제패	**гегемония** (게게모니야)
지배를 받는, 복종하는, 종속하는, 부과되어야 할,	**подлежать** (빠들레좌찌)
지배의, 집권의	**правящий** (쁘라뱌쉬이)

지배인, 사장, 관리자, 책임자	**директор, заведующий** (지렉따르) (자볘두유쉬이)
지배하는, 통치하는; 주된, 우세한, 유력한	**господствующий** (가쓰뽇쓰뜨부유쉬이)
지배하다, 통치하다, 우위를 차지하다	**царить, владеть** (짜리찌) (블라졔찌)
지배(통치)하다, 최고권력을 행사하다	**главенствовать** (글라볜쓰뜨붜와찌)
지배하다, 패권을 잡다, 통치하다, 우세하다	**господствовать** (가쓰뽇쓰뜨붜와찌)
지부, 지국, 지점, 분원, 분관국, 출장소	**филиал, отделение** (필리알)(아트젤례니예)
지불, 지급, 납부, 납입, 꺾어 물기	**выплата, уплата, оплата** (븨쁠라따)(우쁠라따)(아쁠라따)
지불, 지불금, 납부금, 납입금	**платёжный** (쁠라죠즈늬이)
지불하지 않은 것; 체납	**неплатёж** (녜쁠라죠즈)
지불청산, 결산; 해고(퇴직)할 때 임금청산	**расчёт** (라쓰쵸트)
지불노임, 임금, 보수; 사용료	**плата** (쁠라따)
지불; 지불액	**платёж** (쁠라죠즈)
지불계산서, 지불지도서	**жировка** (쥐롭까)
지불기한을 몇 단계로 나누다	**рассрочивать** (라쓰로치와찌)
지불능력(구매력) 있는	**платёжеспособный** (쁠라죠줴쓰뽀쏩느이)
지불능력(支拂能力), 구매력(購買力)	**платёжеспособность** (쁠라죠줫뽀쏩노쓰찌)

- 1308 -

지불능력이 없는, 물질적으로 보장하지 못한	**несостоятельный** (네쏘쓰또야쩰느이)
지불능력이 없는, 지불 무능한	**неплатёжеспособный** (네쁠라쬬줴스뽀쏘브느이)
지불하다, 대금을 치르다, 빚갚다; 변상(변제)하다	**пробивать[ся]** (쁘라비와찌)
지불인	**плательщик** (쁠라쩰쉬크)
지불하다, 물어주다, 치르다, 갚다	**выплатить расплатиться** (븨쁠라찌찌) (라스쁠라찌쨔)
지붕, 옥개	**кровля, крыша** (크로블랴) (크릐샤)
지붕에 대하여 천막형의, 사방으로 경사면이 있는	**шатровый** (샬로브이)
지붕용 슬레이트; крыть ~ом- 석판	**шифер** (쉬펠)
지붕을 받치는 열주(列柱), 주랑, 연주	**колоннада** (깔론나다)
지붕을 잇는 사람, 기와공	**кровельщик** (크로볠쉬크)
지붕의 용마루, 마루터기	**конёк** (까뇨크)
지붕이 없는	**непокрытый** (네빠끄릐드이)
지붕이 있는, 유개(有蓋)	**крытный** (크릐뜨느이)
지붕이기; 지붕 이는 재료	**кровельный** (크로볠느이)
지사제, 설사약 ~ee средство 설사(멎는)약	**закрепляющий** (자크레쁠랴유쉬이)
지삭(支索) 버팀줄(전주. 안테나의); (일반적) 밧줄	**штаг** (쉬따그)

지삭(支索)을 팽팽하게 당기는 막대	**отводить** (아트보디찌)
지상에서 활주하다	**рулить** (룰리찌)
지색범(支索帆)	**штаксель** (쉬따끄셀)
지선, 철도지선, (혈관·신경의) 지맥	**ветка** (뼅까)
지성, 지력	**интеллект** (인쩰렉트)
지속(계속.유지)하다	**прокормить продолжить[ся]** (쁘라꼬르미찌) (쁘라돌쥐찌)
지속(유지.계속)되다, 오래 끌다	**длиться, простоять** (들리쨔) (쁘라쓰또야찌)
지수, (대수(對數)의) 지표; 율, 보임수	**индекс** (인제끄쓰)
지시(명령.처방)하다	**распоряжаться предписать предписывать** (라쓰빠랴좌쨔) (쁘롄삐싸찌), (쁘롄삐씌와찌)
지시, 지령, 명령	**установка, распоряжение** (우쓰따노브까)(라쓰빠랴줴니에)
지시(지적)의; ~ палец 집게손가락	**указательный** (우까자쩰느이)
지시를 내리다, 하락[하강]시키다. 발하다, 발포하다.	**спускать** (스뿌쓰까찌)
지시문, 지령서; 회람장, 안내장; 광고 전단	**циркуляр** (찌르꿀랴르)
지시약(指示藥), 시약(試藥)	**индикатор** (인지까또르)
지시의 ;~ое письмо 지시문, 지령서	**циркулярный** (찌르꿀랴르이)
지시하는 사람(물건); (지도·흑판 따위를 짚는) 지시봉	**указка** (우까자)

지식, 조예(造詣) 경험	**подготовка сведение** (빧고뚭까) (스볘졔니예)
지식, 익히 앎, 알려주는 것	**ознакомление** (아즈나까믈레니예)
지식·보도 따위를 전하다, 전파[보급]시키다	**ретранслировать** (레뜨란쓸리로와찌)
지식욕, 향학열, 배우려는 열의	**любознательность** (류바즈나쩰노쓰찌)
지식욕이 많은, 향학열이 있는,	**любознательный** (류바즈나쩰느이)
지식의 축적,지식이 있는, 유식한	**знающий** (즈나유쉬이)
지식인, 서궤(書樻), 식자(識者)	**интеллигент** (인쩰리곈트)
지식층, 인테리(들) 인테리계층	**интеллигенция** (인쩰리곈찌야)
지어,~도, ~조차,~까지도	**и** (이)
지어내다, 꾸며내다, 날조하다	**измышлять** (이즈믜쉴랴찌)
지역 역사의 ~ музей 향토박물관	**краеведческий** (크라예볘체쓰끼이)
지역(공동) 사회; (일반) 사회	**братство** (브라뜨쓰뜨붜)
지역의, 지구의, 구(區)의, 선거구의	**окружной, районный** (아크루즈노이) (라이온느이)
지연, 지체(각), 연체, 연기	**оттяжка, запоздание, промедление** (앗쨔즈까) (자뽀즈단니예) (쁘라몌들례니예)
지연(연기)되다	**опаздывать** (아빠즈듸와찌)
지연시키다, 방해(억제.연기)하다	**тормозить, оттягивать** (따르모지찌)(앗쨔기와찌)

지연하다(시키다), 꾸물거리다, 질질 끌다	**оттянуть** (앗쨔누찌)
지예즈, 반음높임부호, 올림표(sharp: #) 영음기호(嬰音記號). 샤프	**диез** (지예즈)
지옥(地獄)	**ад** (아드)
지옥의, 저승의	**кромешный** (크로메쉬느이)
지우는, 과(課)하는, 부과하는	**накладной** (나끌라드노이)
지우다, 삭제하다, 제명하다	**вычёркивать** (븨쵸르끼와찌)
지우다, 부과하다; ~ штраф 벌금을 부과 하다	**налагать** (날라가찌)
지워 없애다, 말살하다; 명부에서 지우다(빼다)	**сдирать** (즈지라찌)
지워버리다, 그어버리다	**зачёркивать, зачеркнуть** (자쵸르끼와찌), (자차르끄누찌)
지워지다, 벗겨지다	**стереться** (스쩨레쨔)
지원을 받는, 후원을 받는	**подшефный** (빧쉐프느이)
지원의, 임의의 ~ая армия 의용군(대)	**добровольческий** (다브로볼체쓰찌)
지원자, 지원병, 의용병	**доброволец** (다브로볼레쯔)
지위, 위(位), 포지션(position), 자리, 위치	**положение амплуа** (빨로제니예) (암쁠루아)
지의류(地衣類)(의 식물), 이끼, 돌옷	**ягель лишайник** (야겔) (리샤이니크)
지저귀다(휘파람새. 까치 등이)	**щекотать, пощекотать** (쉐꼬따찌) (빠쉐꼬따찌)

지저귐; 캑캑 우는 소리. (새가) 지저귀다	**лясы** (랴씌)
지저분한, 더러워진, 얼룩투성이의	**чумазый** (추마즈이)
지적(지정)하다; ~ срок 기한을 지정하다	**указывать** (우까즤와찌)
지적된, 정하여진, 공인(공식)의; 명백히 규정된	**указанный** (우까잔느이)
지정, 선정; 지시, 명령	**назначение** (나즈나체니에)
지정학(地政學)	**геополитика** (게오빨리찌까)
지주(기저)로 되는, 의지하는	**опорный** (아뽀르느이)
지주(支柱), 버팀목, 버팀대. 받치개, 기둥, 섶	**подпорка** (빳뽀르까)
지중해(연안의)	**средиземноморский** (스레지젬나모르쓰끼이)
지중해의 작은 삼장선의 명칭	**шебека** (쉐베까)
지지(동의.찬동)하다; 원조(지원.고무)하다	**поддержать поддерживать** (빧젤좌찌), (빧젤쥐와찌)
지지, 찬성, 지원(支援); 원조, 고무	**поддержка** (빧젤즈까)
지지난, 그저께의 ~ год 재작년	**позапрошлый** (빠자쁘로쉬르이)
지지다, 곱슬곱슬해지다, 컬(펌)하다	**завить(ся)** (자비찌)
지지다; 찜질하다, 태우다, 그을리다; 낙인을 찍다	**прижигать** (쁘리쥐가찌)
지지자, 수호자, 옹호자, 찬성자, 후원자	**поборник, болельщик** (빠바르니크) (발렐쉬크)

지지하다. 원조하다, 돕다, 거들다, 조력하다	**помочь** (빠모치)
지진, 지둥, 지동, 지명(地鳴), 큰 변동, 동란	**землетрясение** (제믈레뜨랴쎼니예)
지진계(地震計)	**сейсмограф** (쎼이쓰모그라프)
지진머리, 파마머리, 컬한 머리	**завивка** (자비브까)
지진이 잦은, 지진의	**сейсмический** (쎼이쓰미체쓰끼이)
지질 탐사(探査), 시굴(試掘); (현지) 답사(踏査)	**разведка** (라스볘드까)
지질(地質). 대(代), 기(紀)	**эра** (에라)
지질의	**геологический** (게올로기체쓰끼이)
지질탐사	**геологоразведка** (게올로고라즈볘드까)
지질탐사의	**геологоразведочный** (게올로고라즈볘도츠느이)
지질탐사자, 지질학자(地質學者)	**геолог** (게오록)
지질학(地質學)	**геология** (게올로기야)
지짐술, 소작술, 지지기, 소작법; 뜸질; 부식(제)	**прижигание** (쁘리쥐가니예)
지척을 분간할 수 없다(*ни зги не видно*)	**зги**: (즈기)
지체 없이, 미루지 않고, 시급히	**безотлагательно** (베조뜰라가쩰나)
지체 없이, 즉시, 곧	**незамедлительно** (네자몌드들리쩰나)

지체, 늦은, 지연, 방해, 저지, 연기, 유예	**замедление, затяжка** (자메들레니예) (자쨔즈까)
지체, 지장, 늦게, 뒤늦게, 더디게	**заминка** (자민까)
지체하다, 지연시키다, 끌다	**задерживать** (자제르쥐와찌)
지체할 수 없는, 미룰 수 없는, 절박한	**безотлагательный** (볘조뜰라가쩰느이)
지쳐빠지게 하다, 피로(소모)하게 하다	**измучиться** (이즈무치쨔)
지출(支出), 지불(支拂) 소비(消費)	**расходование ассигнование** (라쓰호도와니예) (아씩노와니예)
지출(소비)하다, 쓰다,	**расходовать** (라쓰호도와찌)
지출, 경비(經費), 비용(費用)	**расход** (라쓰홀)
지출된 것으로 기입하다; 폐기물로 등록하다	**списать** (스삐싸찌)
지출예산금	**кредит** (크레지트)
지출하다, 배당(분배)하다	**ассигновать** (아씩노와찌)
지치게 하다, 다 써 버리다	**истолочь** (이쓰똘로치)
지치게 하다, 힘들게 하다	**загонять** (자고냐찌)
지치는; 지루한, 싫증이 오는	**утомительный** (우따미쩰느이)
지친 몸(팔다리)을 쭉 펴다, 기지개하다	**потягиваться** (빠쨔기와쨔)
지칠 줄 모르는; 끈질긴, 물리지 않는. 싫증내지 않는	**покладая**: (빠클라다야)

지침으로 삼다, 모범을 따르다	**следовать** (슬레도와찌)
지켜보다, 응시하다, 황홀히 쳐다보다	**потупить взирать** (빠뚜삐찌)(프지라찌)
지켜보다, 주시하다; 관전하다	**досмотреть присмотреть[ся]** (다쓰모뜨레찌) (쁘리쓰모뜨레찌)(쨔)
지켜보다, 주시(관전.구경)하다, 엿보다	**подсмотреть следить** (빤쓰모뜨레찌) (슬레지찌)
지키고 있다, 붙어있다	**дежурить** (제주리찌)
지키다, 감시(감시.고수)하다	**караулить, сторожить, стоять** (까라울리찌) (스따로쥐찌) (스따야찌)
지키다, 보호(방위.보위.수호)하다	**охранять, отстаивать** (아흐라냐찌) (앗쓰따이와찌)
지키다, 준수(보호.보위간직)하다	**блюсти, оберегать защищать** (블류쓰찌) (아베레가찌)(자쉬샤찌)
지키다, 지켜보다	**стеречь** (스쩨레치)
지탱하다 유지되다, 넘어지지 않다	**удержаться, продержаться** (우제르좌쨔)(쁘라제르자쨔)
지탱하다, 버티다, (정책)지지하다	**опереться подкреплять[ся]** (아뻬레쨔) (빠드크레쁠랴찌)(쨔)
지팡이, 지팡막대, 주장	**трость** (뜨로쓰찌)
지팡이, 회초리, 장대,(가늘고 긴)막대, 지휘봉	**жезл** (줴즐)
지퍼, 쟈크; 죔 쇠, 잠그개(스냅·볼트·훅·지퍼·단추)	**молния** (몰니야)
지퍼를 열다 (~의) 단추를 끄르다	**расстёгивать** (라쓰죠기와찌)
지평층, 지평(地坪)	**горизонт** (가리존트)

- 1316 -

지표; (수학) 보임수, 지수	**показатель** (빠까자쩰-)
지푸라기, 부검지 초개, 검불	**мякина, соломинка** (매흐끼나) (쌀로민까)
지프(jeep)	**джип** (짚-)
지하(실)의	**подвальный** (빧와ㄴ늬이)
지하, 비밀, 기밀, 엄밀, 시크릿(secret);	**подпол** (뽇뽈)
지하공작원, 지하조직원, 비밀 조직원	**подпольщик** (빹뽈르쉬크)
지하실,(건물의) 지하층, 땅광, 움, 저장(실)	**подвал, подполье** (빧왈) (빹뽈리예)
지하운동, 지하공작	**подполье** (빹뽈리예)
지하의, 지하에 있는, 지하에서의,	**подземный подпольный** (빠드젬ㄴ늬이) (빹뽈리ㄴ늬이)
지하조직, 지하운동; 반체제, 전위, 급진	**подполье** (빹뽈리예)
지하철, 지하철도, 지하도	**метро метрополитен** (메뜨로), (메뜨로빨리딴)
지향(志向), 갈망(渴望);	**стремление** (스뜨례믈례니예)
지향, 동경	**тяга** (쨔가)
지향성, 경향성; идейная ~ 사상적지향성	**направленность** (나쁘라블렌노쓰찌)
지향(갈망.열망)하다;~에로 돌진하다	**стремиться, рваться** (스뜨례미쨔) (르와짜)
지혈기[대], 교압기, 구혈대	**жгут** (쥐굿트)
지혈면(止血綿)	**тампон**

(땀쁜)

지혈의; ~ее средство 지혈제	**кровоостанавливающий** (크로붜오쓰따납리와유쉬이)
지형 조사하는	**разведывательный** (라스붸듸와쩰늬이)
지형(地形), 지상, 지세	**топография ландшафт** (따쁘그라피야)(란드솨프트)
지형학, 지형측량술	**топография** (따쁘그라피야)
지형학자, 지형측량자	**топограф** (따쁘그라프)
지혜 없는, 어리석인	**неумный** (네움느이)
지혜(智慧), 두뇌, 지력, 이지(理知), 지능,	**голова** (갈로와)
지혜로운 사람	**мудрец** (무드레쯔)
지휘(감독·관리.지도)하고 있다	**вести** (붸쓰찌)
지휘, 관리 под ~м 지휘하에	**руководство, командование** (루꼬볻쓰뜨붜) (까만도와니예)
지휘의, 통솔의	**командный** (까만드느이)
지휘관, 사령관; 명령자, 장군, 팀장	**полководец, командир** (빨꼬붜드제쯔) (까만디르)
지휘봉,(관직을 나타내는) 지팡이, 사령장(司令狀)	**дубинка** (두빈까)
지휘수완, 지휘(관리, 처리)하는 능력	**распорядительность** (라쓰빠랴지쩰노쓰찌)
지휘자(指揮者), 지도자	**дирижёр** (지리죠르)
지휘(관리.통솔)하다	**дирижировать, руководить, командовать** (지리쥐로와찌) (루꼬붜지찌) (까만도와찌)

지휘하다, ~에게 명령하다, ~에게 지시하다	**распорядиться** (라쓰빠랴지짜)
지휘함의 ~ корабль 기함	**флагманский** (플라그만쓰끼이)
직경(直徑), 지름; (렌즈의) 배율	**диаметр** (지아메뜨르)
직관(直觀), 직각(直覺)	**интуиция** (인뚜이찌야)
직관상	**эйдетизм** (에이제찌즘)
직관성 있게, 명료성; для ~и 뚜렷하게 하도록	**наглядность** (나글랴드노쓰찌)
직관적으로	**интуитивно** (인뚜이찌브나)
직급, 지위 등이 보다 낮은, 하급	**младший** (믈랕쉬이)
직류 전류를 대지에 통해서 만든 지반의 건조 강화	**электродренаж** (엘렉뜨라드레나즈)
직류 발전기	**динамо-машина** (지나모-마쉬나)
직립한, 똑바로[곧추]선, 수직의. 직립(直立)의	**прямой** (쁘랴모이)
직립한, 똑바로[곧추]선, 수직의	**вертикальный** (붸르찌깔느이)
직면하는, 조우; (법정에서의) 대면, 대결;	**очный** (오츠느이)
직무, 직책, 직위	**должность** (돌즈노쓰찌)
직무상의; 공인의 ~зал 대강당(大講堂)	**актовый** (악또브이)
직물, 천, 헝겊, 옷감, 피륙	**текстиль** (쩩쓰찌리)

직물의, 옷감의, 직물의 원료. ~ станок 직포기	**ткацкий** (뜨까쯔끼이)
직사각형, 긴네모꼴, 구형(矩形)	**прямоугольник** (쁘랴모우골르닉)
직사각형의; 직각(直角)의, 90도	**прямоугольный** (쁘랴모우고골르늬이)
직선의; 직선으로 둘러싸인; 직진(直進)하는	**прямолинейный** (쁘랴몰리네이느이)
직설법의	**изъявительный** (이지야비쩰느이)
직시(直視)하다, ~에 직면하다,	**облицевать** (아블리쩨와찌)
직업, 업(業), 직(職), 업무; 일	**профессия деятельность** (쁘라페씨야) (제애쩰노쓰찌)
직업기술학교	**профтехучилище** (쁘라프쩨후칠리쉐)
직업선수, 프로선수, (높은 수준의) 전문가,	**професионал** (쁘라페씨오날)
직업의, 직업상의; 직업적인	**профессиональный** (쁘라페씨오날느이)
직원, 일군, 근무자	**сотрудник** (싸뜨루드니크)
직위, 직책(職責), 지위(地位)	**пост** (뽀쓰트)
직장, 일자리, 일터	**цех** (쩨흐)
직장노동위원회(직장) (местный комитет профсоюзов)	**местком** (메쓰뜨꼼)
직장에, 직장의	**цеховой** (쩨하보이)
직접(적으로)	**непосредственно** (네빠쓰레드쓰뜨벤나)

직접(적인), 개인적인	**личный, ближайший** (리즈느이) (블리좌이쉬이)
직접(적인), 직접의, 바로 이웃의, 인접한	**непосредственный** (네빠쓰레드쓰뜨벤느이)
직접; ~ые выборы 직접선거	**прямой** (쁘랴모이)
직통수송	**транзит** (뜨란지트)
직통의	**сквозной** (스크뷔즈노이)
직포공	**ткач,** (뜨까치)
직행의; (차표 따위가) 갈아타지 않고 직행하는	**прямой** (쁘랴모이)
직후, ~이어; ~ за собранием 모임이 끝나자 이어	**вслед** (프쓸레드)
진공(眞空)	**вакуум** (와꾸움)
진공관, 전자관	**лампа** (람빠)
진공청소기, 흡진기	**пылесос** (쁴레쏘쓰)
진급하다,~로 승진하다(시키다) (가격, 주가) 오르다	**переходить** (뻬레호드지찌)
진기한, 흥미있는, 기묘한	**затейливый** (자쪠일리브이)
진단(診斷), 검안	**диагноз** (지아그노스)
진단물, 시럽(syrup)	**сироп** (씨롭)
진단법, 진단학	**диагностика** (지아그노쓰찌까)

진단서	**бюллетень** (븰례쩬)
진달래, 두견화, 진달래꽃	**рододендрон, азалия** (로도젠드론) (아잘리야)
진동 подземные ~ки 지진	**толчок** (딸초크)
진동(振動), 흔들려 움직임	**вибрация** (뷔브라찌야)
진동(회)수	**частота** (차쓰또따)
진동(우레) 같은 소리(울림), (천둥의) 울리는 소리	**прогреметь** (쁘라그레메찌)
진동; 강한 충동; ~ мозга 뇌진탕	**сотрясение** (싸뜨랴쎼니예)
진동관, 공명관(共鳴管)	**мембрана** (몜브라나)
진동시키다; 격동시키다	**потрясти** (빠뜨럇쓰찌)
진드기, 진디; 벽슬(壁蝨), 벽이, 우슬(牛蝨)	**клещ** (클레쉬)
진득진득한, 끈적거리는, 차진	**липкий** (리쁘끼)
진디등엣과(科)의 곤충	**мошка** (모쉬까)
진디물	**тля** (뜰랴)
진땀을 빼다	**париться** (빠리쨔)
진로, 항로, (인생의) 행로(진로)	**путь** (뿌찌)
진로, 행로 ~ лечения 치료주기	**курс** (꾸르쓰)

진료소, (외래 환자의) 진찰실	**лечебница, амбулатория** (레체브니짜) (암불라또리야)
진료소의; 임상(강의)의; 병상의; 병실용의	**клинический** (클리니체쓰끼이)
진리, 진실, 사실, 정말로	**истина, правда** (이쓰찌나) (쁘라브다)
진미, 별식, 고급요리	**деликатес** (젤리까쩨쓰)
진보적; 진보주의의, 진보당의	**прогрессивный** (쁘라그레씨브느이)
진보적인; 진보한 선구의, 선진적인, 나아간	**передовой** (뻬레다보이)
진부, 평범 진부한 말, 진부한 생각	**шаблонность** (샤블론노스찌)
진부한 것, 판에 박힌 것, 상투적인 것	**стереотип** (스쩨레오찌쁘)
진부한 표현(사상,행동),상투적인문구	**штамп** (쉬땀쁘)
진부한, 낡아빠진 케케묵은	**затасканный, банальный** (자따쓰깐느이)(반날느이)
진부한, 평범한, 틀(판)에 박힌	**избитый, стандартный** (이즈비뜨이)(스딴다르뜨느이)
진부한, 틀(판)에 박힌 진부한 생각으로,	**шаблонный** (샤블론노느이)
진사, 진사에서 뽑은 물감	**киноварь** (끼노와리)
진수(식); 진수대; 발진, 발사, 시동	**запуск** (자뿌쓰크)
진술(서술)하다, 설명(말)하다,	**излагать** (이즐라가찌)
진술, 서술, 설명	**изложение** (이즐로줴니예)

진술(주장.말.진열.설명.발표.공표)하다, 보이다	**изложить** (이즐로쥐찌)
진실다운, 그럴듯한	**правдоподобный** (쁘랍도뽀볻느이)
진실성, 성실성, 정직성, 진정, 진심	**правдивость, искренность** (쁘라지보쓰찌)(이쓰크렌노쓰찌)
진실의, 사실의	**истинный** (이쓰찌느이)
진실하게, 그럴듯하게	**правдоподобно** (쁘랍도뽀돕나)
진실한, 성실한, 정직한	**правдивый** (쁘랍지브이)
진실한, 참된, 올바른, 거짓없는, 순(順)한, 신실한	**живой** (쥐보이)
진심(충심)으로부터의 진정(진지)한, 성의 있는	**искренний** (이쓰크렌니이)
진압, 탄압, 억압, 제지, 억제	**расправа, усмирение, подавление** (라쓰쁘라와) (우쓰미레니에)(빠다블레니예)
진압(탄압.압도.억압)하다, 억누르다	**подавить усмирить, ~ять** (빠다비찌) (우쓰미리찌) (우쓰미랴찌)
진압하다, 억누르다	**задавить** (자다비찌)
진앙(震央: 진원지의 지표).	**эпицентр** (에삐젠뜨르)
진액, 끈적끈적한 물질,(동식물이 분비하는) 점액;	**слизь** (슬리지)
진열[전시, 출품]하다, 연출하다, 상연[공연]하다.	**предъявлять** (쁘롙야블랴찌)
진열장(陳列欌)	**витрина** (뷔뜨리나)
진열하다, 전시하다, 나열(배열)하다	**выставлять** (븻따블랴찌)

진영, 진터, 진(陣), 진지, 군영, 유막	**лагерь, стан** (라겔리) (스딴)
진전시키다, 조장(증진.장려)하다	**продвинуть[ся] двинуть(ся)** (쁘라드비누찌)(쨔) (드비누찌) (쨔)
진전[진척]시키다, 조장[증진]하다, 장려하다	**повышенный** (빠븨쉔늬이)
진정(짐심)으로, 참말로	**подлинно** (뽀들린나)
진정, 진심, 참말	**усмирение** (우쓰미레니에)
진정되다, 누그러지다	**угомониться, униматься, утихомириться** (우가모니쨔) (우니마쨔) (우찌호미리쨔)
진정시키다, 조용하게하다	**усмирить, ~ять унимать охладить** (우쓰미리찌) (우쓰미랴찌) (우니마찌) (아흘라지찌)
진정시키다, 노여움을 가라앉히다; 적의를 없애다	**разоружить** (라자루쥐찌)
진정(성심.진담)으로, 진실하게	**искренне, всерьёз** (이쓰크렌네) (프쎄리요즈)
진정한, 진실한, 참된; 진짜로, 원작으로	**подлинный** (뽀들린느이)
진정한, 참다운, 참된	**истый истинный** (이스뜨이) (이쓰찐느이)
진주, 진주 목걸이, 진주알, 보물	**жемчуг, жемчужина** (쉠축) (쉠추쥐나)
진주알, 진주 목걸이. 에나멜 구슬(염주알)	**перл** (뻬를)
진주의 질병	**жемчужница** (쉠추즈니짜)
진주의[로 만든]; 진주를 박은, 진주색[모양]의,	**жемчужный** (쉠추느이)
진주조개	**жемчужница** (쉠추즈니짜)

- 1325 -

진주층의[과 같은]; 진주광택의. 자개의,	**перламутровый** (뻬를라무뜨로브이)
진지(신중)하게	**серьёзно** (쎄료즈나)
진지한, 진정인, 엄숙한, 심각한, 정색을 한	**вдумчиво** (프둠치붜)
진짜, 가짜가 아닌; ~ые документы 진짜문건;	**неподдельный** (네빠드젤느이)
진짜의, 순수한	**чистокровный, форменный** (치쓰또크로브느이)(포르몐느이)
진찰(검진)하다	**осматривать** (아쓰마트리와찌)
진찰, 검진	**осмотр** (아쓰모뜰)
진창눈; 진창(길) *уменьшит. от* жижа.	**жижица** (쥐쥐짜)
진척되다	**продвигаться** (쁘라드비가쨔)
진취성(進就性), 사업의욕	**предприимчивость** (쁘롄쁘리임치보쓰찌)
진탕, 진흙, 진창, 흙탕, 치료용 진흙	**грязь** (그랴지)
진통시키다, 마취시키다	**обезболивать** (아베스볼리와찌)
진통의, (감정을) 누그러지게 하는	**болеутоляющий** (볼례우똘랴유쉬이)
진퇴유곡, 진퇴양난, 산궁수진(山窮水盡)	**безвыходный** (볘즈븨호드느이)
진펄, 소택, 수렁, 사득판, 광척	**болото трясина** (발로따)(뜨랴씨나)
진펄로 되는 것	**заболачивание** (자볼라치와니예)
진펄의, 늪의 소택의	**болотный**

	(발로뜨느이)
진펄이 많은, 질퍽질퍽한	**болотистый** (발로찌쓰뜨이)
진폭(震幅), 진동범위	**амплитуда, размах** (암플리뚜다) (라스마흐)
진하게 하는, 농축하는, 수분을 감소하는, 졸이는	**сгущенный** (즈구쉐느이)
진한 단물, 당밀, 엿당	**патока** (빠따까)
진한, 독한, 센	**крепкий** (크레쁘끼이)
진한, 짙은, 농후한 ~e краски 진한색	**сочный, густой** (쏘츠느이) (구쓰또이)
진해(질어)지다, 엉기다	**сгруститься** (즈구쓰찌쨔)
진행 중에	**проходить** (쁘라호지찌)
진행(진척)되다, 이루어지다	**состояться, клеиться** (싸쓰따야쨔) (클레이쨔)
진행성의	**прогрессивный** (쁘라그레씨브느이)
진행표, 일정표, 진도표	**календарь** (깔렌다리)
진행하다, 벌리다, 처리하다, ~를하다	**вести** (붸쓰찌)
진홍색, 진홍; 농홍(濃紅), 진홍빛, 스칼렛(scarlet)	**пунцовый** (뿐쪼브이)
진홍색의, 새빨간 빨간 아닐린 물감; 자홍색(의)	**пурпурный** (뿌르뿔늬이)
진홍색의 물감	**шарлах** (샬라흐)
진홍색의	**шарлаховый** (샬라호브이)

- 1327 -

진화; теория ~и 진화론	**эволюция** (에발류찌야)
진화론, 진화설. 진화론자	**эволюционизм** (에발류찌오니즘)
진화론적인, 전개적으로, 진화적인	**эволюционный** (에발류찌온느이)
진흙(감탕) 찜질치료	**грязелечение** (그랴제에체니예)
진흙(감탕)찜질요양소	**грязи** (그랴지)
진흙(찰흙)으로 만든, 흙으로(오지로) 만든, 흙의	**глиняный** (글리난느이)
진흙의, 진흙투성이의; 진창의	**грязевой, грязный** (그랴제보이) (그랴즈느이)
진흙의; 끈적끈적한, 미끈덕미끈덕한; 불쾌한	**слизистый** (슬리지쓰뜨이)
진흙투성이가 된, 어지러운, 때가 묻은(낀), 불결한	**грязный** (그랴즈느이)
질(質)(이)좋은	**качественный, доброкачественный** (까체스뜨볜느이) (다브로까체쓰뜨볜느이)
질, 품질, 품, 품위; высшего ~a 고급, 최상급	**качество** (까체쓰뜨봐)
질경이, 차과로초(車過路草), 차전초(車前草)	**подорожник** (빠다로즈닉)
질곡, 구속, 속박, 억압, 기속(羈束), 제약	**оковы** (아꼬븨)
질긴 것, 견고성, 세기	**прочность** (쁘로츠노쓰찌)
질긴, 든든한, 튼튼한, 견고한	**прочный** (쁘로츠느이)
질량(質量: mass)	**масса** (마싸)

질문, 심문, 물음, 질문	**вопрос** (바쁘로쓰)
질문(일)을 지체 없이 척척 시작하다	**шпарить, ошпарить** (쉬빠리찌) (오쉬빠리찌)
질문서, 질문표, 앙케트; 조사표. ~лист 질문서, 조사서	**опросный** (아쁘로쓰느이)
질문(문의.조회)하다	**запрашивать** (자쁘라쉬와찌)
질문하다; 심문[문초]하다 묻다	**допросить опросить** (다쁘로씨찌) (아쁘로씨찌)
질서, 규정, 규칙, 법	**режим** (레짐)
질서; 순서, 순차, 서열, 석차, 연속, 절차	**порядок система** (뽀랴독) (씨쓰쩨마)
질서위반(秩序違反), 무례한 행동, 만행(漫行)	**бесчинство** (베쓰친쓰뜨붜)
질서의 위반, 방자, 부절제(不節制)	**экспесс** (엑쓰쩨쓰)
질서정연한, 행동의 일치	**слаженность** (슬라줸노쓰찌)
질소(窒素)(기호 N)	**азот** (아조트)
질소를 함유하는, 초석의 ~ая кислота 질산	**азотный** (아조트느이)
질소의, ~ая кислота 아질산(亞窒酸)	**азотистый** (아조찌쓰뜨이)
질식시키다, ~을 숨막히게 하다	**задохнуться** (자도흐누쨔)
질이 높은, 품질이 좋은, 고급의	**высококачественный** (븨싸까까체쓰뜨볜느이)
질적인, 질의	**качественный** (까체쓰뜨볜느이)

질주하는; 빨리 지나가는, 쏜살 같은; 덧없는	**минутный** (미누뜨느이)
질질 끌다, 당기다, 끌어 나르다	**таскать тянуть** (따스까찌)(쨰누찌)
질질 끌리다, 겨우 걸어가다	**волочиться** (발로치짜)
질책, 책망; получить ~ 질책을 받다, 경을 치다	**нагоняй** (나가냐이)
질척질척한 것, 죽탕	**месиво** (메씨붜)
질척한	**вязкий** (볘야즈끼이)
질투(시기)하다	**ревновать** (레브노와찌)
질투(嫉妬), 시기(猜忌), 시새움	**ревность** (레브노쓰찌)
질투심이 많은 사람, 투기가 강한 사람	**ревнивец** (레브니볘쯔)
질풍 같은; ~ ветер 몹시세찬바람; ~ огонь 맹사격	**ураганный** (우라간느이)
질풍, 강풍(해상. 상공의) 폭풍우;	**шторм** (쉬똘므)
짐 보내는 사람, 발송인	**грузоотправитель** (그루조오뜹라비쩰)
짐 싣는, 짐 나르는, 운반용의;	**вьючный** (볘유츠느이)
짐(물건)을 꾸리는 것, 포장	**упаковка** (우빠꼬브까)
짐(화물) 부리기, 짐(화물) 내리기, 하차(역)	**выгрузка** (븨그루즈까)
짐, 적재량, 하물(荷物); 짐바리, 복물	**нагрузка** (나그루즈까)

짐, 포장 등을 풀다	**распаковать** (라쓰빠까와찌)
짐, 화물(貨物), 짐바리	**поклажа, груз** (빠클라좌) (그루즈)
짐, 화물을 부리다	**выгружать** (븨그루좌찌)
짐꾸리기, 포장	**упаковывание** (우빠꼬븨와니에)
짐꾼, 상하차공 운반공, 짐장이	**носильщик грузчик** (나씰쉬크) (그루즈치크)
짐마차의 행렬, 수송대, 치중대	**обоз** (아보즈)
짐받는 사람, 수취인	**грузополучатель** (그루조뽀루차쩰)
짐받이	**багажник** (바가즈닉)
짐수레, 달구지	**воз** (붜즈)
짐승 같은 놈, 인간에 대한 짐승; 금수;	**скотина зверь** (스까찌나) (즈베리)
짐승 같은, 야수적인, 비인간의	**зверский** (즈베르쓰끼이)
짐승이 새끼를 밴	**щённый** (쓘느이)
짐승이 털이있는, 털이 난, 털이 북슬북슬한	**шерстоносный** (쉐르쓰또노쓰느이)
짐승의 굴, 소굴(巢窟)	**логовище, логово** (로고비쉐), (로고붜)
짐승의 떼, 소·돼지의 떼, 말떼, 말무리	**косяк** (까쌰크)
짐승의 마리	**голова** (갈로와)

짐승의 새끼	**зверёныш** (즈베료느쉬)
짐승의 주둥이; 주둥이 (돼지·개·악어의) 삐죽한 코	**рыло, пасть** (륄라) (빠쓰지)
짐승의 굴, 소굴, 굴혈, 소(巢)	**нора** (나라)
짐승의, 야수의	**звериный** (즈베리느이)
짐승의[과 같은]; 수성의 흉포한, 야만스런, 잔인한	**животный** (쥐보뜨늬이)
짐승이 냄새를 맡고 알아내다, 냄새 맡다	**чуять** (추야찌)
짐승이 똥싸다, 배설하다	**гадить** (가지찌)
짐승이 미치다	**беситься** (볘씨짜)
짐승이 새끼를 밴	**щённый** (쑌느이)
짐승이 으르렁대다	**ворчать** (바르차찌)
짐승이 짓밟다	**травить** (뜨라비찌)
짐승잡이, 수렵(狩獵)	**звероловство** (즈베롤로브쓰뜨붜)
짐승처럼 하다[되다]; 잔인하게 하다[되다].	**озвереть** (아즈붸레찌)
짐승털의	**шёрстный** (쇼르쓰뜨느이)
짐싣기(상차); 적재(適材), 탑재(搭載)	**погрузка** (빠그루즈까)
짐싣기, 선적(船積), 하역; 짐, 뱃짐	**зарядка** (자랴드까)

짐쌓기	**штивка, штилевать** (쉬찌브까) (쉬찔레와찌)
짐을 꾸리다(싸다), 꾸리다, 묶다,	**упаковывать паковать** (우빠꼬브와찌)(빠까와지)
짐을 내리다; 낮추다, 하락시키다; 자부심을 꺾다	**свозить** (스뷔지찌)
짐을 부리는 것, 덜어주는 것	**разгрузка** (라스그루즈까)
짐을 부리다(내리다)	**сгружать разгрузить[ся]** (즈그루좌찌) (라스그루지찌)
짐을 부리다; 부과된 일, 덜어(벗겨)주다	**разгружать** (라스그루좌찌)
짐을 싣는, 적재하는	**погрузочный** (빠그루조츠늬이)
짐을 싣다, 사람을 태우다, ~에 담다, 채우다	**зарядить** (자랴지찌)
짐을 지우다,~에게 부담시키다; 괴롭히다	**отяготить** (앗쨔고찌찌)
짐을 포장하지 않고 나르는 규격, 용기, 보호함	**контейнер** (깐쩨이네르)
짐을 풀다	**разгружаться** (라스그루좌쨔)
짐의, 화물의, 카고로 (선박·항공기등의) 적하의	**грузовой** (그루조보이)
짐작(추측)하다; ~인가 하고 생각하다	**догадаться** (다가다쨔)
짐짓 꾸민체 행동하다	**жеманничать** (줴마니차찌)
짐짓 꾸밈, 젠체하는	**жеманница** (줴마니차)
짐짓 꾸밈[꾸미는 태도].~인 체함,~연함	**кривлянье** (크리블랴니예)

짐짓 점잔빼는 사람, 새침데기	**кривляка** (크리블랴까)
짐차, 짐자동차, 화물자동차, 트럭	**грузовик** (그루조빅)
짐칸, 선창	**трюм** (뜨륨)
집 부근, 집 근방, 농장인접의, 농가부근[이웃]의	**приусадебный** (쁘리우싸제브느이)
집 없는, 유랑(방랑)하는, 적적한	**беспризорный бездомный** (베쓰쁘리조르느이) (베즈돔느이)
집 지키는 개, 집에서 기르는 개	**жучка** (주츠까)
집(건물)을 짓지 많은, 비어있는 땅	**незастроенный** (네자쓰뜨로옌느이)
집오리; 암오리, 암집오리:	**утка** (웃까)
집오리의, 암오리의,	**утиный** (우찌느이)
집, 거처	**кров** (크로프)
집, 살림집, 주택(住宅)	**дом** (돔)
집(방)세내기; сдавать в ~ 세놓다	**наём** (나욤)
집·방을 커튼·양탄자·가구 따위로 꾸미다	**обить** (압비찌)
집게, 부젓가락, (미장원의)컬(curl)용의 인두, 불집게	**щипцы** (쒸쁘찌)
집게로 끊다, 끊어내다	**откусить откусывать** (앝꾸씨찌), (아트꾸쓰와찌)
집게가 물다, 꼬집다, 집다;(개 따위가) 물다	**побить** (빠비찌)
집결(集結), 결성(結成)	**группировка**

	(그룹삐롭까)
집결시키다, 그룹을 만들다	**группировать** (그룹삐로와찌)
집단, 공동체, 조합, 단체, 무리	**сообщество коллектив** (싸아브쉐쓰뜨붜)(깔레크찌프)
집단농장, 콜호스(kolkhoz)	**колхоз** (꼴호즈)
집단(집체)적인, 그룹(공동)적인	**групповой, коллективный** (그룹빠보이) (깔레크찝느이)
집단주의	**коллективизм** (깔레크찌비즘)
집들이, 거주등록	**заселение** (자쎌레니예)
집들이, 집에 드는 것, 거주	**вселение, новоселье** (프쎌레니에) (나붜쎌예)
집무실, 사무소[실], 오피스, (개인의) 사무실	**кабинет** (까비네트)
집성하다, (전체에) 통합하다 완전하게 하다	**интегрировать** (인쩨그리로와찌)
집시들, 집시사람(들)	**цыгане,~ка** (쯰가네)(쯰가네까)
집시의: ~ий романс 집시의 로맨스(러시아 로맨스의 하나)	**цыганский** (쯰간쓰끼이)
집시춤 (러시아의 민족무용)	**цыганочка** (쯰가노츠까)
집안 살림	**хозяйство** (하쟈이스뜨붜)
집안 살림을 꾸리다	**хозяйствовать** (하쟈이쓰뜨붜와찌)
집안 식구들, 가족들	**домашний** (다마쉬니이)
집안사람들, 가족(家族)	**домочадцы** (다모차드쯰)

| 집안일을 맡아하는 여자, (домашняя работница) | **домработница** (다라보뜨니짜) |

| 집약적인; ~ое земледелие 집약농법 | **интенсивный** (인쩬씨브느이) |

| 집약화, 강화 | **интенсификация** (인쩬씨피까찌야) |

| 집약화하다 | **аккумулировать** (악꾸물리로와찌) |

| 집어 내리다, 치우다 | **снимать** (스니마찌) |

| 집어 뜯다, 집어 뜯어내다 | **отщипнуть отщипывать** (앗쉬누찌), (앝씨츠와찌) |

| 집어(밀어)넣다; (되는대로 슬며시) 쑤셔 넣다, 들이밀다 | **совать** (싸와찌) |

| 집어(밀어)넣다 | **подвернуть** (빧볘르누찌) |

| 집어[들어] 올리다; 꽉 움켜잡다; 간파하다 | **настигать** (나쓰찌가찌) |

| 집어넣다, 삽입하다, 써(끼워)넣다 | **вклиниваться, вправить** (프클리니와쨔)(프쁘라븨찌) |

| 집어(틀어.실어)넣다, 가득 채워 넣다, 싣다 | **размещать[ся]** (라스메샤찌)(쨔) |

| 집어(세게.힘차게) 던지다 | **кинуть(ся), швырять, швырнуть** (끼누찌)(쨔) (쉬브래찌, 쉬빌누찌) |

| 집어주다, 손을 잡고 인도하다, 손으로 돕다 | **вручить** (프루치찌) |

| 집에 들게 하다, 거주시키다 | **вселить, вселять заселить** (프쎌리찌), (프쎌랴찌)(자쎌리찌) |

| 집에 머물다, 방문하다 | **жаловать, пожаловать** (좔로와찌), (뽀좔로와찌) |

| 집에서 [손으로] 만든 전기의 퓨즈 | **жучок** (주초크) |

집에서처럼, 제집처럼	**по-домашнему** (빠-다마쉬네무)
집오리 새끼, 새끼 오리.гадкий утенок 미운오리새끼	**утёнок** (우쬬노크)
집으로(근거지로, 보금자리로) 돌아오다	**внушить** (브누쉬찌)
집으로, 집에	**домой** (다모이)
집을 세내다 렌트하다	**нанимать** (나니마찌)
집의, 가옥의, 주택의, 저택의, 주거의	**домашний** (다마쉬니이)
집주거의, 거주할 수 있는, 거주[살기]에 적당한	**жилой** (쥘로이)
집주인, 집임자, 건물소유자	**домовладелец** (다마블라쩰레쯔)
집중, 집결, 집적	**концентрация** (깐쩬뜨라찌야)
집중, 집결; ~войск 군대의 집결	**сосредоточение** (싸쓰레다또체니예)
집중되다, 집결되다	**концентрироваться** (깐쩬뜨리로와쨔)
집중적으로, 주의 깊게, 몰두하여	**сосредоточенно** (싸쓰레다또첸나)
집중적인, 집결한	**массированный, концентрированный** (마씨라완느이) (깐쩬뜨리로완느이)
집중하는; 한 점에 모이는	**обогатительный** (아밥가띠쩰늬이)
집중하다, 집결하다	**концентрировать централизовать** (깐쩬뜨리로와찌) (쩬뜨랄리조와찌)
집중하다; 한 점에 모이다, 집결하다	**обогатить(ся)** (아밥가띠찌(쨔)

집지기, 수위(守衛)	**дворник** (드보르니크)
집짐승 따위를 훔쳐가다	**уводить** (우바디찌)
집짐승 떼를 지키는 개	**овчарка** (압차르까)
집짐승 사육공, 가축 사육자, 축산노동자	**скотовод скотник** (스까또본) (스꼬뜨니크)
집짐승 순종의, 순혈통의	**чистокровный** (치쓰또크로브느이)
집짐승, 가축	**скотина** (스까찌나)
집짐승을 잡다, 도살하다, 죽이다	**бить** (비찌)
집짐승의 우리, 마구간, 양우리, 양사(羊舍), 외양간	**хлев** (흘레프)
집짐승의 이름; давать ~у 이름을 지어주다	**кличка** (끌리츠까)
집짐승의 죽음, 가축의 전염병	**падёж** (빠죠즈)
집짐승의, 가축의	**скотский** (스꼬뜨쓰끼이)
집체적인, 합의제에 의한	**коллегиальный** (깔레기알느이)
집토끼	**кролик** (크로리크)
집토끼의, 집토끼 털로 만든	**кроличий** (크롤리치이)
집토끼사양(업)	**кролиководство** (크롤리까보드쓰뜨붜)
집합,(사교·종교 등의 특별한 목적의) 집회, 회합	**сбор** (즈보르)

집합적인, 종합적인	**собирательный** (싸비라쩰느이)
집행 유예(사형의), 일시적 경감[유예, 구제]	**приостановка** (쁘리오쓰따노브까)
집행(수행, 실행)하다	**исполнять** (이쓰뽈냐찌)
집행(수행, 실행, 실현)되다	**исполняться** (이쓰뽈냐쨔)
집행의, 실행의; ~ комитет 집행위원회	**исполнительный** (이쓰뽈니쩰느이)
집행, 실행, 수행	**исполнение** (이쓰뽈네니예)
집행력이 강한, 부지런한	**исполнительный** (이쓰뽈니쩰느이)
집행자, 실행자; судебный ~ (법률) 집행원	**исполнитель** (이쓰뽈니쩰)
집행하다, 처리[경영, 관리]하다	**проводить, развести** (쁘라뷔지찌) (라스볘쓰찌)
집회의, 모이는	**сборный** (즈보르느이)
짓, 장난, 농담허구, 허풍	**штука** (쉬뚜까)
짓누르다, 짓뭉개다, 뭉개어 버리다	**замять** (자먀찌)
짓눌러 찌그러뜨리다, 짜다	**подавлять** (빠다블랴찌)
짓눌러(짓밟아) 죽이다, 뭉개다	**раздавить** (라스다비찌)
짓다, 세우다, 건설(건축,건조) 하다	**соорудить, строить** (싸아루지찌) (스뜨로이찌)
짓다, 쓰다; 조작하다, 작성하다:	**сложить, стряпать** (스뜨랴빠찌) (슬랴쥐찌)
짓밟다, 꾸겨놓다 밟아넣다(더럽히다)	**растоптать, затоптать**

	(라쓰따쁘따찌) (자또쁘따찌)
짓밟다, 자국투성이로 만들다	**наследить** (나쓸레지찌)
짓밟다; 밟아 뭉개다 반죽하다; 개다	**истоптать натоптать** (이쓰또쁘따찌) (나또쁘따찌)
짓밟다; 밟아 뭉개다	**растаптывать попрать попирать** (라쓰땁뜨와찌) (빠쁘라찌) (빠삐라찌)
짓밟다; 쿵쿵거리며 걷다	**топнуть** (따쁘누찌)
짓밟음; 짓밟는 소리	**бич** (비츠)
짓부수다, 격멸(격파, 분쇄)하다	**сокрушить** (싸크루쉬찌)
짓부시다, 억누르다	**раздавить** (라스다비찌)
짓찧다, 짓이기다, 찧어 섞다.	**намять** (나먀찌)
징(악기), 공(접시 모양의 종) 벨	**гонг** (곤그)
징계처벌, 징벌	**дисциплинарный** (지쓰찌쁠리나르느이)
징그러운, 역겨운, 얄미운, 괘씸한	**отвратительный** (아트브라찌쩰느이)
징발(몰수, 징집)하다	**реквизировать** (레끄비지로와찌)
징벌의, 처벌하는	**карательный** (까라쩰느이)
징벌, 복수	**расплата** (라쓰쁠라따)
징벌(처벌)을 받다(당하다)	**попасть** (빠빠쓰찌)
징벌대대(懲罰大隊)	**штрафбат**

	(쉬뜨라프발)
징벌부대에 편입된 군인	**штрафник** (쉬뜨라프닉)
징수하다, 받다	**собирать** (싸비라찌)
징역의, 징역살이의	**каторжный** (까따르즈느이)
징역, 징역살이 고통스러운, 고된일	**каторга** (까따르가)
징조, 징후, 전조, 조짐; 예언; 예감,	**примета, симптом, знак** (쁘리메따)(씸쁘똠)(즈나크)
징조의	**симптоматичный** (씸쁘또마찌츠느이)
징집(입대)대상자, 징집(초모)된 사람	**призывник** (쁘리즙늭)
징집(徵集), 초모(招募)	**призывной** (쁘리즙노이)
짖는 짐승; 목놓아 우는 사람; 곡꾼	**перл** (뻬를)
짖다; 짖는 듯한 소리를 내다	**залаять** (잘라야찌)
짙은 숲, 밀림지대, 밀집한 수풀	**дебри** (제브리)
짚, 볏짚; копна ~ы 짚가리	**солома** (쌀로마)
짚의, 짚으로 만든	**соломенный** (쌀라멘느이)
짜[엮어]맞추다. 섞어 짜다, 섞이다, 얽히다.	**переплетать** (뻬레쁠레따찌)
짜개다, 자르다, 베다	**рассечь расщепить** (라쓰쎼치)(라쓰쉐삐찌)
짜개바위, 편암	**сланец** (슬라네쯔)

짜개지다, 갈라지다	**расщепиться** (라쓰쉐삐쨔)
짜내다, 우려내다, 짓눌러 찌그러뜨리다,	**отжать** (아트자찌)
짜내다, 짜다	**выдавить, выжимать** (븨다븨찌) (븨쥐마찌)
짜다, 엮다; 꼬다, 꼬아서 (~으로) 만들다	**вкрутить** (프크루찌찌)
짜다, 틀다, 비틀다; 비틀어 꺾다	**выжать** (븨좌찌)
짜임새	**ансамбль** (안쌈블)
짜증나게 하다, 애타게 하다, 귀찮게[성가시게] 굴다	**досадить** (다싸지찌)
짜증나게 구는, 애태우는, 부아가 나는;	**обидный** (압비드느이)
짝(쌍)을 이루는, 두 짝으로 된, 두개로 된; 2인조	**парный** (빠르느이)
짝(쌍)을 지어, 쌍쌍이	**попарно** (빠빠르나)
짠맛이 없는, 싱거운, 소금기 없는	**пресный** (쁘레쓰늬이)
짤까닥(째각)소리나다, (소리내며 움직이다). 포핑	**щёлканье** (쑐까니에)
짤까닥(째각)소리나다(소리내며 움직이다)	**щёлкать, щёлкнуть** (쑐까찌) (쑐까누찌)
짤랑잘랑, 딸랑딸랑, 찌르릉 (방울·동전·열쇠 등의 금속이 울리는 소리)	**задребезжать** (자드레베즈좌찌)
덜걱덜걱[덜커덕덜커덕, 딸그락딸그락]하는 소리나다 (나이프·포크·접시·기계·말굽의)	**прогреметь** (쁘라그레메찌)
짤막한 노래; 동요, 소가곡(小歌曲), 소곡; 민요	**песенка** (뻬쎈까)

짧게 하는, 단축의	**усечённый** (우쎄쵼느이)
짧게 하다,~의 치수를 줄이다. 감소시키다	**сократить** (싸크라찌찌)
짧게 하다, 감소하다, 줄이다	**урезать, укорачивать обрезать** (우레자찌) (우까라치와찌) (아브레자찌)
짧게(잘라) 줄이다, 단축(생략)하다	**сокращать свёртывать** (싸크라샤찌) (스뵤르찌와찌)
짧아지다, 줄어지다, 단축(생략)되다	**сокращаться** (싸크라샤쨔)
짧고 날카로운 풍자시, 경구, 금언, 비명	**эпиграмма** (에삐그람마)
짧은 단편소설, 짧은 소설	**новелла** (나벨라)
짧은 연극, 묶음 극	**скетч** (스께뜨츠)
짧은 웃옷, 잠바	**куртка** (꾸르뜨까)
짧은 전투(戰鬪)	**стычка** (스띄치까)
짧은 주석서(書), 논평, 비평, 신문의 기사, 한 항목	**заметка** (자메뜨까)
짧은 털외투	**полушубок** (빨루슈보크)
짧은 통나무	**колода** (깔로다)
짧은 팬츠, 반바지, 짧은 바지, 운동 팬츠(trunks);	**шорты** (쇼르띄)
짧은(길이·거리·시간), 간결한, 간단한	**неполный, краткий** (네뽈르느이) (크라뜨끼이)
짧은, 간략한; 무뚝뚝한, 퉁명스런	**односложный, короткий** (아드나쓸로즈느이)(꼬로뜨끼이)

짧은여행, 출장, 소풍, 유람, (짧은) 배편 여행	**ездка** (예즈드까)
잠뽕된, 뒤버무린; 뒤섞인	**разношёрстный** (라스나숄쓰뜨느이)
짬을 내다	**урвать** (우르와찌)
짬이 있는, 한가한	**свободный** (스붜보드느이)
째각 소리를 내다	**тикать** (찌까찌)
째각거리는 소리	**тиканье** (찌깐니예)
째다, 찢다, 풀다, 잡아뜯다, 비틀어 뜯다	**изорвать** (이조르와찌)
쨈, 과일쨈	**повидло** (빠뷔드로)
쨍그렁 소리를 내다, 절커덩(절그럭) 소리를 내다,	**лязгать** (랴즈가찌)
쨍그렁(뗑그렁)울리다,	**брякать** (브랴까찌)
쩽(뗑)그렁 소리를 내며 움직이다[달리다].	**зазвонить** (자즈붜니찌)
쪼개(지)다, 찢(어지)다; 산산조각이 되다	**дробить занозить** (드라비찌)(자노지찌)
쪼개다(cleave), 찢다, 째다(rive), 분할하다	**задрать, разодрать** (자드라찌)(라조드라찌)
쪼개다, 쪼개어 가르다, 패(찢)다	**колоть, разломить, рассекать** (깔로찌) (라슬로미찌)(라쓰쎄까찌)
쪼개다, 찢다; (둘로) 쪼개어 가르다	**раскалывать[ся]** (라쓰깔릐와찌)
쪼개다, 잡아뜯다[떼다], 분열시키다	**разрубать отламывать** (라즈루바찌) (앝틀라믜와찌)

- 1344 -

쪼개어(짜개져) 떨어지다, 깨져나가다	**откалываться** (아트깔롸짜)
쪼개(갈라.찢어)지다	**расщеплять, скалывать** (라쓰쉐쁠랴찌) (스깔리와찌)
쪼(짜)개지다, 꺾어지다, 깨뜨려지다	**разломиться, расколоться** (라슬로미짜) (라쓰깔로쨔)
쪼개지지 않는, 깨지지 않는	**небьющийся** (네븨유쉬이쌰)
쪼그라지다, 앙당그러지다, 구부러(비뚤어)지다	**коробиться** (까로비쨔)
쪼아내다, 쪼아 만들다, 우비다	**выдалбливать** (븨달블리와찌)
쪼이다, 더워지다, 뜨거워지다	**греться** (그례쨔)
쪽, 방향, 편; с левой ~ы 왼쪽으로부터	**сторона** (스따로나)
쪽, 측, 측면, 면(앞뒤·좌우·상하·안팎)	**край** (크라이)
쪽마루, 베란다, 발코니	**веранда** (붸란다)
쪽머리아픔, 편두통(偏頭痛)	**мигрень** (미그롄니)
쪽무늬 그림, 모자이크	**мозаика** (마자이까)
쫒다, 내쫒다	**гнать** (그나찌)
쫒다, 찍다, 쪼아(찍어) 뚫다(구멍을 내다)	**долбить клевать** (돌비지) (클레와찌)
쫓아버리다, 쫒다, (~거리에) 몰아내다	**согнать отгонять** (싸그나찌) (아트고냐찌)
쫓기 시작하다, 추격하다	**погнать** (빠그나찌)

쫓다, 몰아치다, 추방하다	**гонять удалить** (간야찌)(우다리찌)
쫓아버리다, 흩어지게 하다, 해산시키다	**разгонять[ся]** (라스간냐찌)
쫓아내다, 몰아내다	**выгонять выкуривать** (븨가냐찌)(븨꾸리와찌)
쫓아(몰아)내다, 물리치다, 구축(제거.배제)하다	**исключить** (이쓰클류치찌)
(되)쫓아버리다, 격퇴하다	**отбить[ся] вышвыривать** (아트비찌)(븨쉬븨리와찌)
쫓아버리다, 물리치다, 격퇴(해산)시키다	**отогнать разогнать** (아따그나찌)(라조그나찌)
쫙 퍼지다, 번져가다	**разливаться** (라슬리와짜)
쬐쬐한, 너절한, 좀스러운	**мелочный** (멜로츠늬이)
쬐쬐한 것, 너절한 것, 좀스러움	**мелочность** (멜로츠노쓰찌)
쭉 펴다, 쩍 벌리다	**раскидывать** (라쓰끼듸와찌)
쭉 훑어보다;(눈 따위를) 흘긋 돌리다	**просматривать** (쁘라쓰마뜨리와찌)
쮸베쩨이까(수놓은 작은 모자)	**тюбетейка** (쮸베쩨이까)
쯧, 칫, 쳇(불만, 노여움)	**эт** (에트)
찌그러진, 비뚤어진	**перекошенный** (뻬레까쉔늬이)
찌꺼기, 인간쓰레기	**подонок** (빠다녹)
찌끼, 앙금, 밀림, 우거진 곳	**гуща** (구샤)

찌끼, 찌꺼기	**выжимки** (븨쥐므끼)
찌다,(증기로)익히다, 데치다	**парить томить** (빠리찌) (따미찌)
찌르는, 쏘는, 쑤시는 듯한	**жалоносный** (좔로노쓰느이)
찌르는, 쪼개는 찌르는 듯한	**колотый, колкий** (꼴로뜨이) (꼴르끼이)
찌르다, 꽂다, 찔러넣다, 박다, 박아 넣다	**тыкать** (띄까찌)
찌르다, 꿰뚫다 끼우다, 끼워 놓다, 삽입하다	**пронзить колоть** (쁘라느지찌) (깔로찌)
꿰뚫다; 선 채로 그 자리에서 꼼짝 못하게 하다	**приколоть** (쁘리꼴로찌)
찌르다, 찌르며 덤비다	**заколоть** (자깔로찌)
찌르다, 찔러서 빼내다, 꿰뚫다, 관통하다	**выкалывать** (븨깔릐와찌)
찌르다, 찔려 상처를 내다, 쳐서 박다	**наколоть засадить** (나꼴로찌) (자싸지찌)
찌르레기, 양조(椋鳥)	**скворец** (스크뷔레쯔)
찌르레깃과(科)의 작은 새	**иволга** (이볼가)
찌름, 아픔, 쑤심; 히트, 터치	**укол** (우꼴)
찌푸린 얼굴, 오만상; 험악[우울]한 양상	**насупить** (나쑤삐찌)
찌프러다, 찡그리다	**хмурить** (흐무리찌)
찍(미끄러져) 넘어지다, 발을 헛디디다	**соскользнуть** (싸쓰꼴즈누찌)

찍다, 촬영; 측량, 측도	**съёмка** (스윰까)
찍다, 타자하다, 인쇄하다	**перепечатать, ставить** (뻬레뻬차따찌)(스따비찌)
찍어 표적하다, 자리를 남기다	**зарубить** (자루비찌)
찍어 해치다, 찍어서 구멍을 내다	**прорубать** (쁘라루바찌)
찍어죽이다, 베어죽이다	**зарубить** (자루비찌)
찐득찐득한, 끈적[끈끈]한, 들러붙는, 끈적이는	**клейкий** (클레이끼이)
찔러 뚫는 것 맞구멍	**прокол** (쁘라꼴)
찔러넣다, 밀어넣다, 처넣다	**всунуть** (프쑤누찌)
찔러죽이다	**закалывать** (자깔릐와찌)
찔레나무의 일종. 들장미	**шиповник** (쉬뽀브닉)
찔레의 열매, 들장미 열매	**шиповник** (쉬뽀브닉)
찔리다, 꽂히다	**воткнуть** (바트크누찌)
찔리다, 주사하다, 따끔하게 찌르다;	**уколоться** (우꼴로쨔)
찔리다, 찔리워 상하다	**наколоться** (나꼴로쨔)
찜질용 물약	**примочка** (쁘리모츠까)
찡그리다, 비틀다. 곱새기다, 왜곡하다	**скривить исказить(ся)** (스크리비찌) (이쓰까지찌)

찡그리다, 찌푸리다, 주름살을 짓다	**морщить искривлять** (모르쉬찌) (이쓰크리블랴찌)
찡그린 얼굴, 추한 얼굴, 보기 싫은 입(얼굴),	**морда** (모르다)
찡그린, 찌그러뜨린 찌푸린	**искажённый хмурый** (이쓰까죤느이) (흐무르이)
찢는 도구; 내릴톱	**рыхлитель** (리흘리쩰)
찢다, 깨뜨리다, 쪼개다, 찢다, 부러뜨리다, 파손되다	**порвать** (빠르와찌)
찢다, 째다, 잡아뜯다	**прорывать разорвать рвать** (쁘라릐와찌) (라자르와찌) (르와찌)
찢다, 찢어발기다, 찢어 구멍을 내다	**драть прорвать** (드라찌) (쁘라르와찌)
찢어[뜯어]내다	**выдрать** (븨드라찌)
찢어져서 구멍이 나다	**прорваться** (쁘라르와쨔)
찢어죽이다	**задирать** (자지라찌)
찢어지는 듯한 소리를 내다, 끽끽거리다	**визжать** (뷔즈좌찌)
찢어지는 듯한 소리를 내다, 새된 소리를 내다	**взвизгивать** (쓰뷔즈기와찌)
찢어지는 듯한, 쨍쨍한	**визгливый** (뷔즈글리븨이)
찢어지는 소리, 캥캥거리는 소리, 째는 듯한 소리	**визг** (뷔쓰크)
찢어지다, 떼지다	**разорваться порваться** (라자르와쨔) (빠르와쨔)
찢어지다, 째지다, 떼지다	**разодраться рваться** (라조드라쨔) (르와쨔)

찢어진, 해진, 너덜너덜한	**изодранный** (이조드란느이)
찢어진, 헤어진, 누더기가 된	**драный** (드라느이)
찧다, 부스러뜨리다; ~ воду в ступе 헛수고를 하다	**толочь** (딸로치)
찧다, 제분하다; ~ языком 입방아를 찧다, 떠벌이다	**молоть** (말로찌)

차(茶), 다(茶); 차나무; 차잎: зелёный ~ 녹차	**чай** (차이)
차(배)에서 내리다, 상륙하다	**высаживаться** (븨싸쥐와쨔)
차(差), 계차(階差)	**разность** (라스노스찌)
차, 탈 것; 마차(자가용 4륜), (철도의) 객차	**купированный** (꾸삐로완느이)
차갑다, 으스스하다	**озябнуть** (아쟈브누찌)
차가버섯 (자작나무숲에 자라는) 돌버섯	**подберёзовик** (빧베료조빅)
차가움; 침착; 냉담; 무뚝뚝함; 뻔뻔스러움	**невозмутимость** (네뷔즈무찌모스찌)
차지인, 숙박인, 하숙인, 동거인, 세들어 있는 사람	**жилец** (쥘레쯔)
차감 계산, 상계하는 것, 맞비김, 벌충하기	**отшиб** (앗쉬브)
차게 하다; 차지다, 시원하게 하다[해지다].	**посвежеть** (빠쓰볘줴찌)
차게(식게.냉각)하다, 식히다	**остудить, остужать, охладить** (아쓰뚜지찌), (아쓰뚜좌찌) (아흘라지찌)
차고 넘치게 하다, 넘치도록 가득하게 하다	**переполнить** (뻬레뽈니찌)

차고 넘치다, 넘치도록 가득하게 되다	**переполниться** (뻬레뽈리니짜)
차고(전차, 버스, 자동차, 비행기 따위)	**парк** (빠르크)
차곡차곡 놓은 것, 묶음	**стопка** (스또쁘까)
차광막, 빛발을 좁히는 장치	**диафрагма** (지아프라그마)
차근차근하지 못한 것, 게저분한 것	**неаккуратность** (네악꾸라뜨노쓰찌)
차근차근하지 못한, 꺼벙한, 게저분한	**неаккуратный** (네악꾸라뜨느이)
차꼬를 채우다; 속박[구속]하다	**сковать** (스까와찌)
차는 버릇이 있다. 서로 차다	**брыкаться** (브르까짜)
차다, 걷어차다.	**пнуть** (쁘누찌)
차단벽을 세우다, 차폐(방폐)하다	**экранировать** (에끄라니라와찌)
차도르, 면사보, 베일, 면사포	**паранджа** (빠란드자)
차량, 차안, 찻간	**вагон** (와곤)
차려입다, 치장하다, 몸단장하다	**наряжаться** (나랴좌짜)
차렷 자세로 서다	**навытяжку** (나븨쨔주꾸)
차렷!, 차렷자세	**смирно** (스미르나)
차례, 순차, 목록, 목차	**оглавление** (아글라블레니예)
차례; идти своим чередом 순조롭게 되어가다	**черёд**

차례로, 순서로	**поочерёдно** (빠오체료드나)
차례가 되다, 손에 들어오다	**доставаться** (다쓰따와쨔)
차를 몰다, 운전하다; 차로 가다, 드라이브하다	**катание** (까따니예)
차(찻)물: 차 마시기 пить ~ 차를 마시다	**чай** (차이)
차바퀴, 차륜	**скат** (스까트)
차바퀴의 비녀못, 가로재기, 지름, 바퀴의 비녀장	**чека** (체까)
차변(借邊) 차변기입	**дебет** (제베트)
차별(대우); 권리제한	**дискриминация** (지쓰크리미나찌야)
차별의	**дифференциальный** (지프페렌찌알느이)
차별적인	**дифферинцированный** (지프페렌찌로완느이)
차분한, 문문한, 여낙낙한, 사분사분한	**мягкий** (먀흐끼이)
차비, 준비, 장비	**снаряжение** (스나랴줴니예)
차비를 하여주다	**снарядить** (스나랴지찌)
차비하다	**снаряжаться** (스나랴좌쨔)
차양을 대지 않은 부드러운 모자, 선수 모자	**шапка** (샤쁘까)
차양이 없는 부드러운 모자	**шапчонка** (샤쁘촌까)

차에 태우다, 차에 태워 가다, (물건을) 가져오다	**подвозить** (빧뷔지찌)
차에 태워 바래다(데려다주다); 실어가다(오다),	**подвезти** (빧볘즈찌)
차에서 내리다	**слезть** (슬례즈찌)
차용; 빌림, 임차, 채용(債用)	**заимствование** (자이므스뜨뷔와니예)
차의; ~ая плантанция 차농장, 차재배원	**чайный** (차이느이)
차이(差異), 차별(差別), 구별(區別); 다름	**отличие, различие** (앝틀리치예)(라슬리치예)
차이, 차액, 차(差)	**разница** (라스니짜)
차이나다, 구별되다	**различаться, разниться** (라슬리차짜)(라스니짜)
차일, 헛간	**навес** (나볘쓰)
차임벨(종)을 울리다.	**перезвонить** (뻬레즈보니찌)
차입물, 전달품	**передача** (뻬레다차)
차지다, 으스스[오싹]해지다	**промерзать** (쁘라몌르자찌)
차지다, 차가워지다	**холодеть** (할라졔찌)
차진 흙, 연니(軟泥), 이사(泥砂); 끈적끈적한 물건	**слизь** (슬리지)
차진, 점액소(粘液素). ~ий рис 찰벼	**клейкий** (클례이끼이)
차차, 점차, 차례로. 천천히	**потихоньку** (빠찌호니꾸)
차(엄)폐하다, 감시하여 적의 행동을 방해하다	**замаскировать**

	(자마쓰끼로와찌)
차표 등을 구멍가위로 찍다, (차표를) 찍다	**компостировать** (깜뽀쓰찌로와찌)
차표 등을 찍는 구멍가위	**компостер** (깜뽀쓰쩰)
착 달라붙다, 깊이 들어가다(박히다)	**впиваться** (프삐와쨔)
착 들러[달라]붙다, 고착[밀착]하다	**прильнуть, облечь** (쁘릴리누찌) (아블레치)
착간, (책의) 잘못된 장(편)	**иллюзия** (일류지야)
착륙(着陸), 도착. 상륙, 양륙	**посадка** (빠싸드까)
착륙시키다	**сажать** (싸좌찌)
착빙(着氷); (물체 표면·지표면의) 결빙, 동빙(凍氷)	**обледенение** (아블레제네니예)
착색[채색]하다; 장식하다	**выкрасить** (븨크라시찌)
착색법; 배색; 채색; (생물의) 천연색	**окраска** (아크라쓰까)
착색하다, 물들이다;	**окрасить** (아크라씨찌)
착생식물, 기생 식물	**эпифит** (에삐피트)
착선충(着船蟲)	**шашель** (샤셀)
착수(시작)하다	**приниматься** (쁘리니마쨔)
착수금	**аванс** (아완쓰)
착수하다, 시작하다	**подходить** (빨호지찌)

착암공(鑿巖工), 시추공(試錐孔), 굴진공	**бурильщик** (부릴쉬크)
착유기, 착유(제유)공장 (*маслобойный завод*)	**маслобойня** (마쓸라보이냐)
착유량; 젖짜는 량, 젖짜기;	**удой** (우다이)
착잡해지다, 혼돈되다	**перемешаться** (뻬레메샤짜)
착취, 고혈을 짜는 사람, 흡혈귀, 이기주의자	**живоглотня** (쥐뵤글롯트냐)
착취, 수탈, 각다귀	**эксплуатация** (엑쓰쁠루아따찌야)
착취자; 이기적 이용자	**эксплуататор** (엑쓰쁠루아뜨아똘)
착취하다, 수탈하다	**эксплуатировать** (엑쓰쁠루아찌로와찌)
착한, 선량한, 마음씨가 고운, 선한	**добрый** (도브르이)
찬, 가득 찬, 완전한, 충분한	**полный** (뽈늬이)
찬동치 못한, 부정적인, 좋지 않은	**нелестный** (녤레쓰뜨느이)
찬란하게 빛나는, 번쩍번쩍 빛나는	**блистательный** (블리쓰따젤느이)
찬미(상찬)의, 찬사의, хвалебная песнь 찬미의 노래	**хвалебный** (흐왈레브느이)
찬미하다, 찬송하다.	**прославлять[ся]** (쁘라쓸랍랴찌)
찬사(등을) 퍼붓다	**рассыпаться** (라쓰씌빠짜)
찬성(동의)하는	**согласный** (싸글라쓰느이)
찬성(찬동)하는, 승인하는	**одобрительный**

	(아다브리쩰늬이)
찬성(찬동)하지 않는, 비난하는	**неодобрительный** (네아다브리쩰느이)
찬성(찬동)하지 않는; 비난하듯이	**неодобрительно** (네아다브리쩰나)
찬성(찬동, 칭찬)하다	**одобрить одобрять** (아다브리찌), (아돕랴찌)
찬성, 찬동; 칭찬	**одобрение** (아다브레니예)
찬양(찬미, 칭찬)하다	**славить** (슬라비찌)
찬양(讚揚), 찬미(讚美), 칭찬(稱讚)	**восхваление** (바쓰흐왈레니에)
찬양하다, (시 혹은 노래로) 찬송하다	**воспевать воспеть** (바쓰뻬와찌), (뷔쓰뻬찌)
찬양한, 칭찬한; 칭송한	**лестный** (레쓰뜨느이)
찬장, 식장; (식당의)매대; 간이식당	**буфет** (부페트)
찬장, 작은 장, 벽장, 화장대, 경대	**шкаф** (쉬까프)
찬합(배 모양의) 소스 그릇.(배 모양의) 고깃국물 그릇	**судок** (수도크)
찰랑거리다, 절꺽거리다, 덜컥거리다	**звякать звякнуть** (즈뱌까찌), (즈뱌크누찌)
찰싹(콰르릉, 쾅, 짝짝)하기 시작하다	**захлопать** (자흘로빠찌)
찰필(擦筆): 압지나 얇은 가죽을 말아 붓처럼 만든 물건)	**эстомп** (에쓰똠쁘)
찰흙 따위로 만든 소상(塑像)의, 소상술(術)의	**пластический** (쁠라쓰찌체쓰끼)
찰흙질의, 점토질의; 점토를 바른	**глинистый** (글리니쓰뜨이)

참 좋게(훌륭하게), 참 좋다, 훌륭하다	**отлично** (앝틀리츠나)
참, 몹시, 굉장하게	**здорово** (즈다로붜)
참, 정말, 전혀	**просто** (쁘로쓰따)
참, 정말, 참말, 진언~ очень много 참 많기도 하다	**уж** (우쥐)
참; он ~ хорошо говорит! 참 그는 말을 잘 해!	**так** (딱)
참가하다, 참석하다, 관여(관계)하다	**участвовать** (우차쓰뜨붜찌)
참가, 참석, 참여; принимать ~ 참가(참석)하다	**участие** (우차쓰찌에)
참가자(參加者), 출석자(出席者)	**присутствующий** (쁘리쑤트쓰뜨부유쉬이)
참가하게 하다, 권하다	**пригласить** (쁘리글라씨찌)
참가하는, 관여(관계)하는, ~에 관여하는(관계되는)	**причастный** (쁘리찻쓰뜨느이)
참가하다, 동아리에 들다, 가입되다	**включить(ся)** (프클류치찌)
참가하다; (어떤 상태에 얼마동안) 있다	**побывать** (빠븨와찌)
참견하다, 중뿔나게 굴다	**соваться** (싸와짜)
참고서(參考書), 지도서(指導書)	**пособие** (빠쏘비에)
참깨, 백유마(白油麻), 진임(眞荏); 흑임자(黑荏子)	**кунжут** (꾼주트)
참꽁치, 대구 비슷한 식용어, 꽁치고기를 닮은 담수어	**щука** (쓔까)
참나무 숲, 오크의 작은 숲	**дубрава**

	(두브라와)
참나무의, 참나무로 만든	**дубовый** (두보브이)
참다, 인내심이 강하다, 끈기 좋다[있다]	**переносить стерпеть** (뻬레노쓰찌) (스쩨르뻬찌)
참다, 견디다, 기운을 내다	**потерпеть крепиться терпеть** (빠쩰뻬찌) (크레삐쨔) (쩨르뻬찌)
참다, 복종하다, 순종하다, 참아내다	**снести примириться** (스녜스찌) (쁘리미리쨔)
참다; ~ от смеха 웃음을 참다	**удержаться** (우제르좌쨔)
참대, (짚, 건조 등을 넣은) 포단, 깔개	**тюфяк** (쭈퍄크)
참된, 참다운, 진정한; 진짜	**настоящий** (나쓰또야쉬이)
참말로	**буквально** (부크왈나)
참모 장교, 본부 소속 장교 막료.	**штабист** (쉬따비스트)
참모, 막료, 참모본부, 사령부본국, 본사, 본부	**штаб** (쉬땁)
참모의, (간부)직원의 ~офицер 참모 장교	**штабной** (쉬따브노이)
참사, 심사원(審査員)	**референт** (레페렌트)
참사, 참화	**кошмар катастрофа** (까쉬말)(까따쓰뜨로파)
참상, 비참한 처지	**ужас** (우좌쓰)
참새, 새; 빈작, 와작, 의인작(依人雀), 황작(黃雀)	**воробей** (바라베이)
참새과의 새, 멋쟁이 새의 일종	**щур** (쓔르)

참석, 출석, 참가	**присутствие** (쁘리쑤트스뜨비예)
참석하다, 출석하다, 참가하다	**присутствовать** (쁘리쑤트스뜨뷔와찌)
참아내다, 견디어내다, 안간힘 쓰다	**терпеться** (떼르뻬짜)
참아내다, 견디어내다, 이겨내다	**пережить выносить** (뻬레쥐찌)(브노씨찌)
(많은 난관을) 이겨내다, 견디다, 인내하다	**перетерпеть утерпеть** (뻬레쩰뻬찌)(우쩰뻬찌)
참으로, 정말(이지), 실로, 실은, 실제로	**разве, прямо, будто** (라스붸)(쁘랴마)(부드따)
참을 수 없는 욕망, 갈망 정욕, 색욕	**зуд** (주드)
참을 수 없는, 견딜 수 없는, 시끄러운	**несносный** (네쓰노스느이)
참을 수 없다, ~할 힘이 없다	**невмоготу** (네브모구뚜)
참을 수 있는	**терпимый** (떼르삐므이)
참을 수(견딜 수)없는, 참기 어려운	**невыносимый** (네븨노씨므이)
참을성 있게	**терпеливо** (떼르뻴리붜)
참을성 있는 태도	**терпимость** (떼르삐모쓰찌)
참을성(인내성) 있는, 견딜힘이 센	**выносливый терпеливый** (븨노쓸리브이)(떼르뻴리브이)
참을성, 견딜성, 인내성, 견인성, 지구성	**выносливость** (븨노쓸리붜쓰찌)
참을성, 인내력; запастись ~м 참다, 견디다	**терпение** (떼르뻬니예)

참의회, 협의회, 협의기관	**коллегия** (깔레기야)
참제비 고깔속(屬)	**шпорник** (쉬뽈닉)
참지 못 하는 것, 견딜 수 없는 것	**нетерпимость** (녜쩨르삐모쓰찌)
참지 못 할; 견딜 수 없는	**невозможный** (녜붜즈모쥬느이)
참지 못하는 것, 성급해하는 것, 갈급증	**нетерпение** (녜쩨르뻬니예)
참지 못하는, 성급한, 갈급해 하는	**нетерпимый** (녜쩨르삐므이)
참을성 없는 관대성 없는	**адский, нетерпеливый** (아드쓰끼이) (녜쩨르뻬리브이)
참지 못할, 참을 수 없는, 견딜 수 없는	**нестерпимый** (녜쓰쩰삐므이)
참패[패주]시키다	**наголову:** (나골로부)
참피나무속(屬)의 식물; 참피나무, 보리수나무	**липовый** (리뽀브이)
참피나무의 인피(靭皮); 내피(內皮), 인피 섬유	**лубок** (루복)
참하나님(여호와: 구약성서의 신); 전능한 신	**Егова** (예고와)
참호; 산병호; 구덩이	**шанец** (샤녜쯔)
참호의, 개인호의	**шанцевый** (샨쩨브이)
참회, 회개, 속죄, 고행, 고백성사	**епитимья исповедь** (예삐찌미야) (이쓰뽀베지)
찻간의, 차량의	**вагонный** (와곤느이)
창(문); 창유리; 진열장	**окно**

- 1361 -

	(아크노)
창(槍); метание ~я 창던지기	**копьё** (까쁘요)
창가림, 커튼(curtain)	**занавес гардина** (자나볘쓰) (가르지나)
창가림을 거는 가름대	**карниз** (까르니즈)
창건자(創建者), 창립자(創立者)	**основатель** (아쓰노와쩰)
창고(倉庫)(석탄, 곡물의) 고간(庫間), 곳집, 곳간, 광	**арсенал бункер** (아르쎄날), (분께르)
창(倉), 고(庫), 고방(庫房), 저장고	**база, кладовая, склад** (바자) (클라도와야) (스클라드)
창구, 창문, 매표구	**окно** (아크노)
창꼬치(щука)의 새끼	**щурёнок** (쓔료녹)
창꼬치(щука)의 고기	**щучина** (쓔치나)
창립, 창건, 창성, 창설, 개립	**основание учреждение** (아쓰노와니예) (우츠레쥐제니에)
창립의, 창건의, 창설의, 구성하는, 조직하는	**учредительный** (우츠레지쩰느이)
창립하다, 창설하다	**учредить, ~ждать** (우츠레지찌)
창립자, 발기자, 발기인(發起人)	**зачинатель** (자치나쩰)
창문을 활짝 열어 제치다, 벌리다	**растворить** (라쓰뜨뷔리찌)
창문턱, 창문가, 창턱, 창틀	**окно, подоконник** (아크노) (빠다꼰니크)
창문틀, 창문 모양의 것	**окошко** (아까쉬꼬)

창발적인, 발기하는; ~ая группа 발기자 그룹	**инициативный** (이니찌아찌브느이)
창백한, (얼굴이) 헬쑥한, 윤기[핏기] 없는	**бледный** (블례드느이)
창백한, 물푸레 나무의(같은), 물푸레나무로 만든	**ясеневый** (야쎼네브이)
창살, 문살	**решётка** (레쇼뜨까)
창설(창립)되다	**организовываться** (아르가니조븨와쨔)
창설(창립,창건)하다, 수립(결성)하다	**образовывать** (아브라조븨와찌)
창세기(創世記, Genesis:(히) Bereshit('태초에'라는 뜻) (Первая глава Моисеева. Бытие 50장)	**Быт** (븨트)
창시자, 창건자(創建者)	**основоположник родоначальник** (아쓰노버빨로즈니크) (라도나찰니크)
창을가진 기병 모자장식(모자꼭대기에서 드리워진술)	**этишкет** (에띠쉬께트)
창의 고안 작성자	**рационализатор** (라찌온날리자똘)
창의, 발기, 창발성	**инициатива самодеятельность** (이니찌아찌와) (싸모제야쩰노쓰찌)
창의, 창문의, 창호로	**оконный** (아꼰느이)
창의성이 없는	**безынициативный** (베즈니찌아찌브느이)
창자, 장(腸), 내장; 배, 위; (물고기의) 배알.	**кишка** (끼쉬까)
창자를 빼다	**выпотрошить** (븨뽈로쉬찌)
창작력이 있는	**плодовитый** (쁠로도비띄이)
창작적 영감, 시적영감, 시상, 시혼	**муза**

(무자)

창조(창작)하다	**творить** (뜨붜리찌)
창조, 창설, 창작, 독창, 창작활동	**творчество, созидание** (뜨보르체쓰뜨붜) (싸지다니예)
창조되다, 만들어지다	**твориться** (뜨붜리쨔)
창조자, 창시자, 조물주, 신(God)	**творец** (뜨붜레쯔)
창조적인, 상상, 상상력	**фантазия** (판따지야)
창조(창작)적인, 전설적인	**созидательный, творческий** (싸지다쩰느이) (뜨보르체쓰끼이)
창조(창시.창작)하다; 세우다	**строить, создать** (스뜨로이찌) (싸즈다찌)
창틀, 살창, 틀	**переплёт** (뻬레쁠료트)
창피 주다, 망신시키다; 모욕(부끄러워하게)하다	**осрамить[ся]** (아쓰라미쨔)
창피(망신)를 주는, 명예를 훼손시키는	**уступчивый** (우쓰뚜쁘치브이)
창피, 모욕; 거절; 비난; 실망	**пощёчина** (빠쇼치나)
창피주다, 비방하다, 중상하다	**шельмовать ошельмовать** (쉘마와찌), (오쉘마와찌)
욕보이다 욕보여 박탈하다	**шельмовской компрометировать** (쉘마브쓰꼬이) (깜쁘로메찌로와찌)
찾다, 수색; 탐구, 요구, 명하다, 규정, 바램, 욕구	**искомый** (이쓰꼬믜이)
찾다, 얻어(찾아)내다 발견하다	**разыскивать, присматривать** (라즥쓰끼와찌) (쁘리쓰말리와찌)
찾다, 찾아 다니다, 구(추구.탐구)하다	**искать гнаться** (이쓰까찌)(그나쨔)

- 1364 -

찾아가다(오다), 방문하다	**проведать приходить** (쁘라뷔다찌) (쁘리호지찌)
참관하다, 견학하다	**посетить** (빠쎄찌찌)
찾아내는 것, 탐색, 수색, 탐지; (군사) 정찰, 정탐, 척후	**поиск** (뽀이스크)
찾아내다, 발견하다; ~을 만나다	**нащупать нащупывать** (나수빠찌), (나수쁴와찌)
찾아내다	**найти, заставать, выкроить, сыскать, раскопать** (나이찌) (자스따와찌) (븨크로이찌) (씌스까찌) (라쓰까빠찌)
찾아내다, 수색(탐색.발굴)하다	**разыскать выкапывать** (라즤쓰까찌) (븨까쁴와찌)
찾아내다, 알아내다, 발견하다	**находить доискиваться** (나호지찌) (다이쓰끼와쨔)
찾아내다, 얻어내다, 탐구하다	**изыскать отыскать, отыскивать** (이즤쓰까찌) (앗띄쓰까찌), (앝띄쓰끼와찌)
찾아오다, 방문하다, 들리다	**пожаловать навещать** (빠좔라와찌) (나붸샤찌)
찾은(얻는, 주은)물건; бюро ~ок 습득물취급소	**находка** (나홑까)
채완수하지 못하다, 완료(종결)하지 못하다	**недовыполнить** (네다븨뽈니찌)
채 차지 않은, 가득하지 않은, 불충만한	**неполный** (네뽈르느이)
채(실컷) 자지 못하다, 선잠자다	**недосыпать** (네다씌빠찌)
채광 유망지 광석 견본시굴, 수갱, 수직 시굴정	**шурф** (슐프)
채광의, 광산의, 채탄의	**горнодобы-вающий, горный** (고르노도븨와유쉬이)(고르느이)
채광장(採鑛場), 광산(鑛山); 파기; 채굴, 채광	**прииск** (쁘리이쓰크)
채광(채굴)하다, 갱도를 파다, ~의 밑을 파다	**заминировать**

- 1365 -

	(자미니로와찌)
채굴(채광)되다	**разрабатываться** (라자라바띄와짜)
채굴(채광)하다 발굴하다; (감자를) 캐다	**разрабатывать, вскопать** (라자라바띄와찌) (프쓰까빠찌)
채권, 공채, 공채증서	**облигация** (아블리가찌야)
채권자, 대부자	**кредитор** (크레지따르)
채그물	**садок** (싸도크)
채로 치다 ~ муку 가루를 채로 치다	**сеять** (쎼야찌)
채무자; 차주(借主); 차변	**должник** (달즈니크)
채비[준비]가 되어 있는; 각오하고 있는	**наготове** (나가또볘)
채비를 해주다, 차려 입히다	**экипировать** (에끼삐로와찌)
채비하다 준비하다	**приготовлять[ся]** (쁘리고또블랴찌)
채색(彩色), 색칠(色漆), 색무늬	**раскраска** (라쓰크라쓰까)
채색, 색칠; 벽화(壁畵)	**роспись** (로쓰삐시)
채석장(採石場)	**каменоломня** (까몐노롬냐)
채소 소채(蔬菜), 채식(菜食)	**вегетарианский** (볘게따리안쓰끼)
채식주의자, 채식하는 사람	**вегетарианец** (볘게따리아녜쯔)
채용, 채택; 양자결연	**проведение принятие** (쁘라볘졔니예) (쁘리냐찌예)

채용하다, 대차하다, 차대하다, 융통하다, 융자하다	**взаймы** (프자이믜)
채우다, 메우다; 보충하다; 써 넣다	**заснуть** (자쓰누찌)
채우다; 다시 채우다; (연료를) 계속 공급하다	**пополнять[ся]** (빠뽈냐찌)
채움, 충전; 충전물, 틀어막음, 메움, (음식물의) 소, 속,	**пломба** (쁠롬바)
채워 넣기: мясной~ 잘게다진 고기	**фарш** (파르쉬)
채워(밀어.다져)넣다, 소를 박다(넣다)	**заполнить(ся) начинить** (자뽈니찌)(쌰) (나치니찌)
틀어넣다(메우다), 무리하게 넣다	**начинять вдуть забивать** (나치냐찌) (프두찌) (자비와찌)
채육대회, 경기대회	**спартакиада** (스빠르따끼아다)
채육용 깔개, 매트	**мат** (마트)
채육의 슛(shoot); (공을)치기(던지다, 넣다)	**удар** (우다르)
채점법에서 2점	**двойка** (드보이까)
채종업, 육종업, 종자 개량업	**семеноводство** (쎄메노보드쓰뜨붜)
채질, 풀무질	**отсев** (앗쎄프)
채질하다, 풀무질하다, 채로 치다	**отсеивать просеять** (앗쎄이와찌) (쁘라쎄야찌)
채집, 수집, 채집생활; 채집품, 수확	**скопление** (스까쁠레니예)
채찍, (꼬아서 만든) 채, 편태	**плеть** (쁠레찌)
채찍, 가죽채찍	**бич**

- 1367 -

	(비츠)
채찍, 채; 편태(鞭笞)	**кнут** (크누트)
채찍질; 채찍질의 한 대	**бич** (비츠)
채취(채굴) 부문기업소	**промысел** (쁘로믜쎌)
채취(채굴)하다, 캐(어)내다, 따내다	**добывать добыть** (다븨와찌), (다븨찌)
채취, 개발; 경영	**эксплуатация** (엑쓰쁠루아따찌야)
채취, 캐기, 구득, 획득, 채굴; 채취량, 채굴량, 채굴물	**добыча** (다븨차)
채칼	**тёрка** (죠르까)
채칼로 채치다.(채판에)문대다(갈다)	**тереть** (쩨레찌)
채탄의 ~ая машина 채탄기(採炭器)	**врубовый** (프루바브이)
채택하다	**принимать** (쁘리니마찌)
책(원고)편집을 하다(손질하다), 교정보다	**редактировать** (레닥찌로와찌)
책 읽기: книга для ~я 독본	**чтение** (츠쩨니에)
책(논문 등의) 장(章)	**глава** (글라와)
책(冊), 서적, 기록물	**книга** (크니가)
책(종이,카드)동의 크기, 규격, 판형	**формат** (파르마트)
책동(策動), 음모(陰謀)	**происки** (쁘로이쓰끼)

책뚜껑, 책표지; 책가위	**обложка** (아블로즈까)
책략(계책)을 꾸미다	**комбинировать** (깜비니로와찌)
책략으로 ~에게 이기다, ~의 허를 찌르다	**перехитрить** (뻬레히트리찌)
책망(질책)하다, 닦아내다, 꾸지람하다	**отчитать** (앗치따찌)
책망, 주의 처분	**замечание** (자메차니예)
책망, 질책(叱責), 꾸지람, 꾸중	**выговор** (븨가뷔르)
책망하다, 꾸짖다, 잔소리하다; 호통치다	**есть** (예쓰찌)
책망하다, 비판하다, 신랄하게 비난하다	**бичевать** (비체와찌)
책벌(-罰), 처벌(處罰), 처형	**взыскание** (즤스까니에)
책시렁, 책꽂이, 선반	**стеллаж** (스쩰라쥐)
책을 많이 읽는, 많이 읽은; 박식[박학]한	**начитанный** (나치딴느이)
책의 부, 편	**часть** (차쓰찌)
책임 등을 걸머지게 되다, 부과되다	**ложиться** (라쥐짜)
책임 있는, 해명할 의무가 있는. 설명할 수 있는	**подотчётный** (빠돝춑느이)
책임 회피자, 책임 전가자	**перестраховщик** (뻬레쓰뜨라호브쉬크)
책임, 의무; 책무, 직무. 책임성	**сбор ответственность** (즈보르) (아트볠쓰뜨볜노쓰찌)
책임능력(責任能力)	**вменяемость**

	(브메냐모쓰찌)
책임능력이 없는, 무능력, 책임(책무.의무) 감소된	**невменяемый** (네브메냐예므이)
책임을 지우다, 추궁하다	**привлекать** (쁘리블레까찌)
책임을 회피하다	**перестраховаться** (뻬레쓰뜨라호와짜)
책임의 회피자(回避者)	**дезертир** (제제르찔)
책임이 있는; ~할 의무가 있는	**обязанный** (아뱌잔느이)
책임자(責任者) 학급장, 반장	**руководитель староста** (루꼬붜지쩰) (쓰따로쓰따)
책임지고 있는, 책임이 있는, 책임적인	**ответственный** (아트볫쓰뜨볜느이)
책임 지우다; 부담하다, (~일)메다	**нагружать нагрузить** (나그루좌찌), (나그루좌지찌)
책임진 사람이 없게 하다(만들다)	**обезличивать обезличить** (아베슬리치와찌), (오베스리치찌)
책임회피, 책임전가	**перестраховка дезертирство** (뻬레쓰뜨라호브까) (제제르찔쓰뜨붜)
책자, 책, 서적; 저술, 저작.	**книжка** (크니즈까)
책장, 독서대 (장식품 등을 얹어놓는) 장식 선반	**этажерка** (에따줼까)
챗열, 채찍의 휘는 부분 채찍질	**бич, плеть** (비츠) (쁠레찌)
챙이 없는 사발을 엎은 모양의 모자, 작은 모자	**ермолка** (예르몰까)
처, 아내, 부인, 마누라, 여자, 부인네	**жена** (줴나)
처(妻) 아내, 나이 먹은 여자	**баба** (바바)

처녀, 숫처녀, 아가씨	**девушка** (제부쉬까)
처녀의 땅 ~лес 원시림	**девственный** (제브쓰뜨벤느이)
처녀의, 동정의, 처녀로 있는. 처녀다운	**девичий, невинный** (제비치이) (네빈느이)
처녀지, 개간지, 미개간지	**новь, целина** (노비) (쩰리나)
처단(제재)하다 처리하다, 해제끼다	**расправиться** (라쓰쁘라비쨔)
처를 살해 하는 것	**женоубийство** (줴노우비이쓰뜨붜)
처리(처분, 관할)하다, 가지고 있다	**распоряжаться** (라쓰빠랴좌쨔)
처리(해결)되다	**улаживаться** (울라쥐와쨔)
처리(해결)하다, 관리(경영)하다	**ведать, улаживать** (붸다찌) (울라쥐와찌)
처리(흥분)하다; ~에까지 이르다, 나아가다	**обработать** (아브라보따찌)
처리하다: 잘 다루다: 이기다, 극복하다	**сладить** (슬라지찌)
처마, 채양, 추녀, 첨아(檐牙)	**стреха, навес** (스뜨레하) (나붸쓰)
처마굽도리	**карниз** (까르니즈)
처마의 낙수홈통, 활강로, 비탈진, (물)도랑,	**жёлоб** (쥴롭)
처방(전(箋), 만드는 법, 방법서; 해설서	**назначение, рецепт** (나즈나체니에) (레쩨쁘)
처방을 내다	**прописать** (쁘라삐싸찌)
처벌(處罰), 진압, 제지, 억제,	**расправа**

	(라쓰쁘라와)
처벌, 징벌, 제재	**кара** (까라)
처벌을 받지 않는	**безнаказанный** (베즈나까잔느이)
처벌(진압.제지)하다	**взыскать, взыскивать** (즤스까찌), (브즤스끼바찌)
처벌하다; строго ~ 엄벌하다	**наказать, наказывать** (나까자찌), (나까즤와찌)
처분, 일소; 청소, 정리	**четкий** (체트끼이)
처분하다, ~을 양도하다, ~을 팔아 버리다	**деть(ся) располагать** (제찌) (라쓰쁠라가찌)
처신하다, 행동하다	**держаться** (제르좌짜)
처음(으로), 최초로; 비로소	**впервые** (프뻬르브에)
처음, 시작, 개시; 시초, 초기, 최초, 최초에,	**начиная, начало** (나치나야), (나찰라)
처음의, 시초에, 애초의, 최초로, 시작의	**начальный** (나찰느이)
처음에, 먼저, 우선	**сначала** (스나찰라)
처음에는, 먼저, 우선, 애초에, 초기에는	**вначале сперва** (브나차레) (스뻬르바)
처음의, 최초의, 시작의; 초기의	**исходный** (이쓰호드느이)
처의 형제, 처남(妻男)	**шурин** (슈린)
처지, 입장, 사이, 관계(關係)	**положение** (빨로제니예)
처지다, 뒤떨어지다, 천천히 걷다, 꾸물거리다	**запоздать** (자쁘즈다찌)

처지다, 휘주근해지다, 늘어지다	**обвисать обвиснуть** (압뷔싸찌), (옵비쓰누찌)
처형하다, 사형에 처하다	**казнить** (까즈니찌)
척도	**мерка** (메르까)
척박한, 빈약한	**тощий** (또쉬이)
척수신경근염	**радикулит** (라지꿀리트)
척유, 젖짜기; 1회의 착유량, 착유(搾乳)	**дойка** (도이까)
척주, 등뼈,	**хребет** (흐레베트)
척추동물	**позвоночные** (빠즈보노츠늬에)
척추의, 등뼈의	**позвоночный** (빠즈붜노츠느이)
척후(斥候), 척후대, 척후병	**дозор** (다졸)
천 번째 одна ~ая 천분의 일	**тысячный** (띄쌰치느이)
천(옷 등의) 안, 뒷면	**изнанка** (이즈난까)
천(千)의 뜻의 결합사	**кило** (낄로)
천(千), 1000: десять тысяч 만(萬); сто тысяч 십만	**тысяча** (띄쌰차)
천, 헝겊, 직물, 양복감; 나사, 옷감	**ткань материя** (뜨까니) (마쩨리야)
천골(薦骨: 척주의 하단부, 엉치뼈. 엉치등뼈)	**крестец** (크레쓰쩨쯔)
천공하다, 시추하다 (구멍을) 뚫다	**бурить**

(부리찌)

천국, 하늘나라, 천상계(天上界), 천당(天堂); 극락	**небо** (네보)
천년간, 1000년간	**тысячилетие** (띄쌰칠레찌에)
천년간의, 천년기의	**тысячилетие** (띄쌰칠레찌에)
천년의, 1,000의; 1,000개[사람]의	**тысячилетний** (띄쌰칠레뜨니이)
천돌, 1000주년	**тысячилетие** (띄쌰칠레찌에)
천둥번개가 치는 소나기(비)	**дождик** (도즈지크)
천둥치는; 우렛소리 같이 울리는; 큰 소리를 내는	**гремучий** (그레무치이)
천막, 장막, 텐트(tent); 가게	**палатка** (빨랕까)
천막의, 장막의, 텐트의	**палаточный, шатровый** (빨라또츠느이)(샬로브이)
천만에(항의, 반대의 뜻)	**простить** (쁘라쓰찌찌)
천문대; метериологическая ~ 기상대, 관상대	**обсерватория** (아브쎄르와또리야)
천문학(天文學)	**астрономия** (아쓰트라노미야)
천문학자(天文學者)	**астроном** (아쓰트로놈)
천문학적인, 천문의	**астрономический** (아쓰트라나미체쓰키이)
천사(天使)	**ангел** (안겔)
천산갑속(穿山甲屬); 도마뱀속, 수궁, 도마뱀붙이	**ящер**

- 1374 -

	(야쉘)
천상의	**планетарий** (쁠라네따리이)
천식, 숨막힘, 질식(窒息), 숨이막힘.가사(假死), 기절	**удушье** (우두쉬에)
천식증(喘息症) (의학) 천식(喘息)	**астма** (아쓰뜨마)
천연광(天然鑛), 자연광(自然鑛)	**самородок** (싸모로도크)
천연두, 손님, 마마, 역신(질); ветряная ~ 수두, 풍진	**оспа** (오쓰빠)
천연보석	**самоцвет** (싸모쯔베트)
천연사리염	**эпсомит** (에쁘쏘미트)
천연의, 자연 그대로의, 인공에 의하지 않은	**натуральный** (나뚜랄리느이)
천연의, 가공하지 않은, 자연스러운, 꾸밈없는	**естественный** (예쓰쩨쓰뜨벤느이)
천연의, 자연 그대로의, 가공하지 않은	**Природный** (쁘리롣느이)
천왕(천문)성(天王星: Uranus)우라누스신(Gaea(지구)의 남편)	**Уран** (우란)
천을 물들이다, 염색하다	**красить** (크라씨찌)
천을 짜다	**ткать** (뜨까찌)
천의 솔기, (천·모자 등의) 가두리, 가; 가선; 감침질	**рубец** (루베쯔)
천의 실이 풀리다, 찢어지다	**сечься** (쎼치쌰)
천의 주름, 변발(辮髮); 엮은 밀짚, 땋은 끈	**жгутик коса** (쥐굿찌크) (까싸)

- 1375 -

천이 낡아서 처지다	**ползти** (빨즈찌)
천재, 수재(秀才), 비상한 재능, 재간둥이	**гений, талант** (게니이)(딸란트)
천재, 천재아, 천재아동(天才兒童), 신동(神童),	**вундеркинд** (분제르낀드)
천재; 명인, 거장	**светло** (스볘뜰로)
천재성	**гениальность** (게니알노쓰찌)
천재적인	**гениальный** (게니알느이)
천정(天頂), 천정점, 천심	**зенит** (제니트)
천정, (항공) 상승한도	**потолок** (빠또록)
천정의, 천상의	**зенитный** (제니뜨느이)
천조각, 수건 바지 앞부분에 대는천	**ширинка** (쉬린까)
천진난만한 순진한, 솔직한,	**невинный, непосредственный** (네빈느이) (네빠쓰레드쓰뜨볜느이)
천천히 가다	**плестись** (쁠레쓰찌시)
천천히 거닐다, 산보하다, 나돌아 다니다	**прогуливаться** (쁘라굴리와짜)
천천히 걸어가다, 겨우 걸어가다, 허둥지둥 걸어가다	**побрести** (빠브레쓰찌)
천천히 왔다갔다하다.	**расхаживать** (라쓰하쥐와찌)
천천히, 서서히, 완만하게	**медленно** (메드롄나)

천체력(天體曆) 달력, 일지천체위치	**эфемерида** (에페메리다)
천체망원경(天體望遠鏡)	**телескоп** (쩰레쓰꼬쁘)
천체물리학(天體物理學)	**астрофизика** (아쓰트라피지까)
천치, 바보[욕설]	**животина** (쥐뷔찌나)
천하여, 비열하게, 천하게, 인색하게; 볼꼴사납게,	**низко** (니즈꼬)
철 아닌, 계절에 맞지 않는, 불순한(기후 등);	**неурочный** (네우로츠느이)
철, 계절(季節), 시절(時節)	**сезон** (쎄존)
철갑상어, 심어(鱏魚), 심황(鱏鰉)	**осётр** (아쑈트르)
철갑상어의 고기	**осетрина** (아쎄트리나)
철갑판, 장갑판, 보호판	**панцирь** (빤치리)
철거, 철병, 철퇴	**вывод** (븨붜드)
철공: ~ -сборщик (금속제품의) 조립공, 완성공	**слесарь** (슬레싸리)
철광석, 철광	**железняк** (쥉레즈냐크)
철근 콘크리트제의	**железобетоный** (쥉레조베똔늬이)
철근조립공	**арматурщик** (아르마뚜르쉬크)
철근콘크리트, 강화[보강]하다	**железобетон** (쥉레조베똔)
철기류의 조각	**железяка**

	(젤례쟈까)
철길, 선로, 궤도(軌道), 레일(rail)	**путь** (뿌찌)
철길의	**узкоколейный** (우즈꼬꼴레이느이)
철도 건널목 등의 관목, 횡목	**шлагбаум** (쉴라그바움)
철도 대피역, 대피지점, 정거장, (전차·버스의) 정류소	**разъезд** (라즈에즈드)
철도 자갈층	**балласт** (발라쓰트)
철도 자동식 차량 연결기	**автосцепка** (압따쓰쩹까)
철도 자동폐색장치	**автоблокировка** (압따블라끼롭까)
철도(선로), 궤도. 무쇠단지(그릇)	**чугунок** (추구노크)
철도(선로,궤도)차량 수리공장	**вагоноре-монтный** (와곤노레몬뜨느이)
철도(해양)의 (제 3국을 경유하는) 통과, 운송	**транзит** (뜨란지트)
철도원, 철도 종업원, 기술자	**железодорожник** (젤레조도로쥐니크)
철도의 막힘선	**тупик** (뚜삐크)
철도의 무개화차, 목판차	**платформа** (쁠라트포르마)
철도의 조성원	**составитель** (싸쓰따비쩰)
철도의 침목. (철도에) 침목을 깔다	**шпала** (쉬빨라)
철도의[에 관한]	**железодорожникый**

	(헬레조도로쥐니크이)
철로 노반턱	**бровка** (브로브까)
철로 자동차 신호기(철도)	**автостоп** (압따쓰똡)
철면피(한), 뻔뻔스러운 사람, 파렴치한 사람	**наглец** (나글레쯔)
철면피, 뻔뻔스러운 것	**наглость** (나글로쓰찌)
철모(鐵帽); 헬멧, 철갑모(鐵甲)	**каска** (까쓰까)
철물, 철제품, 건축용 철물, 금속제품, 철기류	**железо** (젤레자)
철바람, 계절풍, 계후풍, 기후풍, 신풍, 몬순(monsoon)	**муссон** (무쏜)
철벅철벅 소리를 내다	**шпокать** (쉬뽀까찌)
철벙거리다, 덤벙거리다, 첨벙 빠지다	**бултыхнуться** (불띄흐누짜)
철봉(체육), (체조의) 평행봉	**брусья** (브류시야)
철봉대	**турник** (뚜르니크)
철수, 인양, 소개(疏開) 담당원 (러시아) 병원,	**эвакуатор** (에와꾸아또르)
철수, 후송, 귀환, 피난, 송환, 배설물	**эвакуация** (에와꾸아찌야)
철수지점, 후송소.	**эвакопункт** (에와꼬뿐트)
철썩거리는 파도(물)소리	**плеск** (쁠레쓰크)
철썩거리다 на кого-что-л. 튀기다, 뿌리다, 끼얹다	**плескать** (쁠레쓰까찌)

철썩거리다, 철써덕거리다	**плескаться** (쁠레쓰까짜)
철이 나는, 철을 함유하는, 쇠의,	**железистый** (젤레지쓰뜨이)
철이 없는, 철을 모르는	**глупый** (글루쁘이)
철저하게, 견실하게, 본격적으로	**основательно** (아쓰노와쩰나)
철저한, 시종일관한	**последовательный** (빠쓸레도와쩰느이)
철저한, 심오한	**основательный** (아쓰노와쩰느이)
철저히, 일관하게, 철두철미	**последовательно** (빠쓸레도와쩰나)
철제압연기; 철제압연 공장	**железопрокатный** (젤레조쁘로까뜨느이)
철필, 첨필;(축음기의) 바늘;(해시계의) 바늘; 필상(筆狀) 돌기	**перо** (뻬로)
철하기, 서류정리, 꿰매는 것, 철하는 것; 철한 것	**подшивка** (빧쉬브까)
철학(상)의	**философский** (필로쏘프쓰끼이)
철학(哲學), 지식애	**философия** (필로쏘피야)
철학가(哲學家), 현인, 달관한 사람	**философ** (필로쏘프)
철학의 대상(객체. 객관)	**объект** (아비예크트)
철학의 범주	**категория** (까쩨고리야)
철학적으로 연구[사색]하다; 궤변을 일삼다	**философствовать** (필로쏘프쓰뜨붜와찌)

철회, 해소	**снятие** (스냐찌예)
첨가(부)물	**аффикс** (앞피크쓰)
첨가(添加), 부가(附加)	**прибавка прибыль** (쁘리바프까) (쁘리빌리)
첨가되다, 가해지다, 붇다, 많아지다	**придаватьприбавиться** (쁘리다와찌) (쁘리바비쨔)
첨가(추가)하다, 증가하다; 더하다;	**прибавить сопроводить** (쁘리바비찌) (싸쁘라붜지찌)
첨예성, 긴장성	**острота** (아쓰뜨로따)
첨예화(격화)시키다	**обострять** (아바쓰뜨랴찌)
첨예화(격화.긴장)되다, 예민해지다	**обостряться** (아바쓰뜨레쨔)
첨예화, 격화, 악화	**обострение** (아바쓰뜨레니예)
첨예화된, 격화된, 긴장된	**обострённый** (아바쓰뜨룐느이)
첨정석(尖晶石), 스피넬(spinel).	**шпинель** (쉬삐녤)
첩보의, 수색의; 답사의	**разведывательный** (라스볘디와젤늬이)
첩자, 발쇠꾼, 간첩, 첩보원, 간자, 밀정, 첩후	**связник** (스뱌즈니크)
첫 공연(公演), 첫 출연(出演)	**дебют** (제뷰트)
첫 공연, 시연회	**премьера** (쁘레므에라)
첫 공연을 하다	**дебютировать** (제뷰찌라와찌)
첫 성과, 첫 열매	**первенец**

	(뻬르볘네쯔)
첫 시작에 в ~ом состоянии 초기에, 애초에	**зачаточный** (자차또츠느이)
첫 썰매길	**первопуток** (뻬르붜뿌똑)
첫 자리, 제1위	**первенство** (뻬르볜쓰뜨붜)
첫 자리를 차지하다, 제1위를 하다	**первенствовать** (뻬르볜쓰뜨붜와찌)
첫새벽, 꼭두새벽, 이른 새벽, 신새벽, 여명	**предрассветный** (쁘롇라쓰볘뜨느이)
첫아이, 맏아들, 장남, 장자	**первенец** (뻬르볘네쯔)
첫째가는; 일차적으로	**первейший** (뻬르볘이쉬이)
첫째로(삽입어)	**во-первых** (바-뻬르븨흐)
청각(후각이) 예민한	**чуткий** (추트끼이)
청각, 듣기 감각, 청감, 후각의 예민성	**чуткость, слух** (추트꼬쓰찌) (슬루흐)
청각의: ~ аппарат 보청기(補聽器)	**слуховой** (슬루호보이)
청강생	**слушатель, вольнослушатель** (슬루샤쩰) (뷜노슬루샤쩰)
청결하게, 깨끗이; 공정하게. переписать ~ 정서하다	**начисто** (나치쓰또)
청구,(당연한 권리로서의) 요구, 신청	**заявка поползновение** (자야브까) (빠뽈즈노볘니예)
청구서(請求書), 요청서(要請書) 신청서	**заявка требование** (자야브까) (뜨레보와니예)
청구하다, 요구하다	**затребовать** (자뜨레보와찌)

- 1382 -

청년(남녀), 젊은이	**молодёжь** (말로죠쥐)
청년의, 젊은 사람들이 쓰는(입는)	**молодёжный** (말로죠즈느이)
청년시절, 청년기, 젊은 시절; 청춘(青春), 청춘기	**молодость** (몰로도쓰찌)
청동(青銅), 놋쇠(-衰)	**бронза** (브론자)
청동의, 청동색의, 청동으로 만든	**бронзовый** (브론조브이)
청부, 청부계약, 도급(都給)	**подряд** (빠랴드)
청부로; 일 단위(의 계약으)로, 도급제로	**сдельно** (즈젤나)
청부를 맡다, 고용되다	**подрядиться** (빠랴지쨔)
청부업자, 청부인; 청부기관	**подрядчик** (빠럇칙)
청산(숙청)하다, 근절하다, 박멸하다, 없애다	**ликвидировать** (리크비지로와찌)
청산, 숙청, 폐기, 근절	**ликвидация** (리크비다찌야)
청산되다	**уничтожаться** (우니츠또좌짜)
청산주의적인	**ликвидаторский** (리크비다또르쓰끼이)
청산하다; 정리하다; 파산하다	**обанкротиться** (아반크로찌짜)
청설모, 머루다람쥐, 참다람쥐	**белка** (볠까)
청설모의	**беличий** (볠리치이)
청소(소독, 위생), 오물실어내기	**ассенизация**

	(아쎄니자찌야)
청소, 정돈, 소제, 세척	**очистка уборка, чистка**
	(아치쓰뜨까) (우보르까) (치쓰뜨까)
청소부(淸掃婦)	**уборщица, чистильщик**
	(우보르쉬짜) (치쓰찔쉬크)
청소하다; (먼지를) 쓸다, 털다	**замести, заносить наметать**
	(자메쓰찌) (자노씨찌) (나몌따찌)
청소하다; 몸을 깨끗이 하다; (부패·정계) 정화[숙정]하다	**прибирать**
	(쁘리비라찌)
청순한, 순결한, 죄짓지 않은, (여자가) 정숙한	**невинный**
	(녜빈느이)
청어(靑魚), 비웃; 관목복; 비어(鯡魚)	**селёдка**
	(쎌료드까)
청어속의 작은 물고기	**шпроты**
	(쉬쁘로띄)
청원, 청원서, 탄원서	**ходатайство, петиция**
	(하다따이쓰뜨붜)(뻬찌치야)
청중[관객]석, 방청석	**аудитория, лекторий**
	(아우디또리야) (렉또리이)
청진기(聽診器)	**стетоскоп**
	(스쩨또쓰꼬쁘)
청진하다, 들어보다	**прослушать выслушать**
	(쁘라쓸루샤찌) (븨쓸루샤찌)
청하지 않은, 초대하지 않은	**незваный**
	(녜즈와느이)
체 끝까지 않은, 미완성한	**недоконченный**
	(녜다꼰첸느이)
체결(締結), 체약(締約); 조인(調印)	**заключение**
	(자클류체니에)
체계(계통) 화하다	**систематизировать**
	(씨쓰쩨마찌지로와찌)
체계: 제도, 조직	**система**

	(씨쓰쩨마)
체계없는, 순서없는, 무질서한	**бессистемный** (베씨쓰쩸느이)
체계적으로 계통적으로	**систематически** (씨쓰쩨마찌체쓰끼)
체계적인 계통적인	**систематический** (씨쓰쩨마찌체쓰끼이)
체계화(體系化), 계통화	**систематизация** (씨쓰쩨마찌자찌야)
체구가 잘 생긴, 날씬한	**статный** (스따뜨느이)
체납자, 미납자	**неплательщик** (네쁠라쩰쉬크)
체내 기생충, 내부 기생생물	**эндопаразит** (엔다빠라지트)
체력이 약한, 힘이 약한	**маломощный** (말라모쉬느이)
체로 치다, 체질[조리질]하다.	**просеивать** (쁘라쎄이와찌)
체류(滯留), 체재, 계류	**пребывание** (쁘레븨와니예)
체류지, 거류지, 거처	**местопребывание** (메쓰따쁘레븨와니에)
체류하다, 체재하다, (어떤 상태에) 처해있다	**пребывать** (쁘레븨와찌)
체르께스계통의 사람(까프까즈의)	**шапсуг** (샤쁘숙)
체르노젬, 흑토(黑土)	**чернозём** (쵸르노좀)
체면 없는, 뻔뻔스러운, 비위 좋은	**развязный** (라스뱌즈느이)
체비엇양; 체비엇양털로 짠 두꺼운 모직물,	**шевиот** (쉐뷔옽)

체색(締索)	**штерт** (쉬떼르트)
체스, 서양장기, 장기를 두는 사람, 체스기사	**. шахматист** (샤흐마찌쓰트)
체스의, 서양장기의	**шахматный** (샤흐마뜨느이)
체스의 말, 서양 바둑돌, 서양바둑	**шашка шахматы** (샤스까) (샤흐마띄)
체스의 핀(queen, rock, bishop)	**вилка** (뷜까)
체스판, 서양 장기판, 바둑판	**шашечница, шашечный** (샤쉐츠니짜) (샤쉐츠느이)
체신부 일군	**связист** (스뱌지쓰트)
채양이 있는 모자, 제모, 군모, 학생모	**фуражка** (푸라즈까)
체언(언어); ~ существительное 명사	**имя** (이먀)
체온; (건강치 못한 때) 열; ~a спала 열이 내렸다	**температура** (쩸뻬라뚜라)
체온기, 체온계;	**термометр** (떼르모메뜨르)
체외 기생충(벼룩, 이 등)	**эктопаразит** (엑또빠라지트)
체외발생, 채외 발생론	**эктогенезис** (엑또게네지쓰)
체육 10종 경기	**десятиборье** (제쌰찌보리에)
체육기구, 밟아 돌리는 바퀴, 쳇바퀴, 시뮬레이터	**дорожка** (다로즈까)
체육(곡예)에서 안전대책을 세우다	**страховать** (스뜨라호와찌)
체육, 경연 등 인기 있는 사람, 집단	**фаворит**

- 1386 -

	(파뷔리트)
체육, 체련, 체력, 체위, 체능	**спорт** (스뽀르트)
체육구락부	**спортклуб** (스빠뜨클룹)
체육기구	**спортинвентарь** (스빠르쩬벤따리)
체육실, 실내운동장, 실내경기장	**спортзал** (스빠르뜨잘)
체육의 급수(級數)	**разряд** (라즈랴드)
체육의 링, 권투장, 권투경기장	**ринг** (린그)
체육의 재경기, 재시합	**перебежка** (뻬레베즈까)
체육의 점수판	**табло** (따블로)
체육의 주장	**капитан** (까삐딴)
체육의 팀, 선수단; сборная ~ 종합팀, 종합선수단	**команда** (까만다)
체육의, 운동의	**физкультурный, спортивный** (피쓰꿀뚜르느이) (스빠르찌브느이)
체육인, 운동선수, 육상 경기자	**физкультурник** (피쓰꿀뚜르니크)
체육촌(體育村)	**спортгородок** (스뽀르뜨가라도크)
체재하다, 묵다, (우물쭈물) 오래 머무르다,	**замешкаться** (자메쉬까짜)
체적이(용량, 부피) 큰	**объёмистый** (아비요미쓰뜨이)
체적, 용적, 부피	**объём** (아비욤)

- 1387 -

체조(體操)	**гимнастика** (김나쓰찌까)
체조선수(體操先手)	**гимнаст** (김나쓰트)
체조의	**гимнастический** (김나쓰찌체스끼이)
체질, 체격, 몸집	**комплекция** (깜쁘렉찌야)
체질하여 가르다, 체로 치다	**просеивать** (쁘라쎄이와찌)
체코슬로바키아의 무기야금 대공장 (1945 국유)	**шкода** (쉬꼬다)
체코의, 체코 사람의; 체코 말의	**чешский** (체쉬쓰끼이)
체크(check) V 모양의 표시)	**галочка** (갈로츠까)
체크하다, ~에(점검의) 표시를 하다	**накачать, накачивать** (나까차찌)(나까치와찌)
체포(逮捕), 구금(拘禁), 검거	**арест** (아레쓰트)
체포; 구류; 억류, 연기, 유예; 정지	**приостановление** (쁘리오쓰따노브까)
체포(구속)하다, (모두.많이)잡다	**взять(ся) переловить** (브재찌)(뻬렐로비찌)
체포하다	**арестовать, арестовывать** (아레쓰따와찌), (아레쓰또븨와찌)
체험(경험)하다, 겪다	**видеть** (뷔제찌)
체현(의인화,인격화)하다	**олицетворить олицетворять** (알리쩨뜨뷔리찌)(알리쩨뜨뷔랴찌)
체현, 화신	**олицетворение** (알리쩨뜨뷔레니예)
체형(體刑) 태형(笞刑), 대중학살	**экзекуция**

	(에크제꾸찌야)
첼로 연주자	**виолончелист** (뷔올론첼리쓰트)
첼로(cello)	**виолончель** (뷔올론첼)
쳐다보다, 눈길을 돌리다, 바라보다, 보다	**взглянуть** (쓰글랴누찌)
쳐들다, 추겨들다, 걷어 올리다	**задирать** (자지라찌)
쳐부수다, 마스고(깨뜨려)빼내다	**выламывать, выбивать** (빌라믜와찌) (븨비와찌)
쳐서 떨구다; (계속해서) 치다, (벌로) 때리다, 매질하다	**обивать** (압비와찌)
쳐서 떨어뜨리다, 때려(밀어) 넘어뜨리다	**сшибать** (스쉬바찌)
쳐서 빼다(못 따위를)	**выколачивать** (븨깔라치와찌)
쳐서(때려서) 떨구다, 떼내다, 넘어뜨리다, 물리치다	**сбить** (즈비찌)
쳐서죽이다, 쏘아서죽이다	**сразить** (스라지찌)
쳤다, 두드렸다, 때렸다	**битый** (비뜨이)
초심지의 탄 부분; 남은 찌끼, 하찮은 것	**нюхательный** (뉴하쩰느이)
초(超)원거리에서, 초장거리의	**сверхдальний** (스베르흐달느이)
초(秒: 1 분의 1/60), 매우 짧은 시간	**секунда** (쎄꾼다)
초, 양초, 촛불, 캔들(candle)	**свеча** (스베차)
초고(礎稿), 초안, 원고	**черновик** (체르노뷔크)

초고의, 사본으로	**рукописный** (루까삐쓰느이)
초고속도의	**сверхскоростной** (스베르흐쓰조로쓰뜨노이)
초고의; ~ой вариант 초고, 초안; ~ая тетрадь 잡기장	**черновой** (체르노보이)
초과(超過), 능가(凌駕)	**превышение** (쁘레븨쉐니예)
초과량, 여분	**перевес** (뻬레붸쓰)
초과소비(초과지출)하다	**перерасходовать** (뻬레라쓰호다와찌)
초과수행, 초과완수	**перевыполнение** (뻬레븨뿔녜니예)
초과이윤	**сверхприбыль** (스베르흐쁘리블)
초과지출, 초과소비; 지출초과액	**перерасход** (뻬레라쓰호드)
초과하다; (수량·정도·한도) 넘다, 넘어서 퍼지다	**перевыполняться** (뻬레븨뿔냐짜)
초급산화물. 아(亞)산화물	**закись** (자끼시)
초기(初期), 첫 시기, 여명기	**рассвет** (라쓰베트)
초기의, 처음의, 최초의, 시작의;	**начальный** (나찰느이)
초기 원시적 구전 서사시, 사시(史詩)	**эпопея** (에쁘뻬야)
초기의, 원시(시대)의, 태고의	**первобытный** (뻬르븨비트느이)
초단의; 초단파(의)	**ультракороткий** (울리뜨라꼬로뜨끼이)

초단파의; 단파(의)	**ультракоротковолновый** (울리뜨라꼬로뜨꼬볼노브이)
초대(招待), 초청(招請), 청빈	**подсвечник приглашение** (빧쓰볘츠니크) (쁘리글라쉐니예)
초대(초청)하다	**пригласить** (쁘리글라씨찌)
초대의 ~обед 초대연회	**пригласительный, званый** (쁘리글라씨쩰느이) (즈완느이)
초대장(招待狀), 초대권(招待券)	**приглашение** (쁘리글라쉐니예)
초대하다, 초청하다, 호소하다	**звать** (즈와찌)
초등 또는 중등의 학교, 양성소, 연구소, 강습소,	**школа** (쉬꼴라)
초등학교 남학생	**школьник** (쉬꼴리닉)
초등학교 여학생	**школьница** (쉬꼴리니짜)
초등학교 1학년생	**первоклассник** (뻬르붜클라쓰니크)
초라한 겨울외투	**шубёнка** (슈본까)
초라한 오두막, 두옥(斗屋), 판잣집오막살이(집)	**хижина** (히쥐나)
초라한, 볼품없는, 빈약한, 궁핍한	**жалкий** (좔르끼이)
초래하다, 일으키다,	**навести, нанести, привести** (나볘쓰찌) (나네쓰찌) (쁘리베쓰찌)
초래하다, 접근하다, 가까운, 가까이의 가까운 쪽의	**жать** (좌찌)
초만원을 이루다,~에서 넘쳐흐르다,~에 넘치다;	**переполнить** (뻬레뽈니찌)
초미(焦眉: 매우급함); ~ вопрос 초미의 문제	**актуальный**

	(악뚜알느이)
초벌칠(용 도료) 밑칠, 바탕칠	**грунт** (그룬트)
초보의, 초보적인, 초급, 초등, 하등	**начальный** (나찰느이)
초산은, 질산은	**ляпис** (랴삐쓰)
초산의, 식초의	**уксусный** (욱쑤쓰느이)
초상화(肖像畵)	**автопортрет** (압따빠르뜨롓트)
초상화(肖像畵), 초상(肖像)	**портрет** (빠르뜨롓)
초상화가	**портретист** (빠르뜨레찟스트)
초석, 질산칼륨	**селитра** (쎌리뜨라)
초소(哨所), 보초막, 감시소	**сторожка будка** (스따로즈까) (부드까)
초소병, 보초; 초병	**пост** (뽀쓰트)
초소에 세우다	**разводить** (라스붜지찌)
초속 1.6-13.8m의 바람, 산들바람, 미풍; 연풍(軟風)	**бриз** (브리즈)
초승달, 미월, 신월, 손톱달	**новолуние** (나뷜루니에)
초시계, 스톱워치; 타임스위치, 타이머	**таймер секундомер** (따이메르) (쎄꾼도메르)
초안, 개요, 사생문(寫生文), 촌묘(寸描)	**проспект** (쁘라쓰뻭트)
초안, 초고, 단편(短篇), 단문(短文)	**набросок** (나브로쏘크)

초원(草原)의, 들판의	**степной** (스쩨쁘노이)
초원, 스텝(steppe), 초원대	**степь** (스쩨삐)
초원, 풀밭, (복수) 들판, 목초지(木草地)	**луг** (룩)
초음속의; 마하수의	**сверхзвуковой** (스베르흐부꼬보이)
초음파(超音波:)	**．ультразвук** (울리뜨라즈부크)
초의(시간·각도의 단위; 기호). ~ая стрелка 초침	**секундный** (쎄꾼드느이)
초자연적인; 기적적인, 놀라운	**сверхъестественный** (스볘르에쓰쩨쓰뜨볜느이)
초조, 흥분, 격분; 자극	**раздражение** (라스드라줴니예)
초청, 초대	**зов** (조프)
초췌한, 후줄근한	**потрёпанный** (빠뜨료빤느이)
초침지액; 초절임(식료)품	**маринад** (마리낟)
초코아이스크림	**эскимо** (에쓰끼모)
초콜릿(빛)의 초콜릿으로 만든, 초콜릿이 든	**шоколадный** (샤깔랃느이)
초판·재판의 판(版), 간행	**редактирование** (레닥찌로와니예)
촉(觸), 끝; ~ стрелы 화살촉	**наконечник** (나꼬녜츠니크)
촉각(觸覺), 촉감(觸感)	**осязание, щупик** (아샤자니예) (슈삑)
촉감이, 만져 보니. 접촉으로, 만지기, 스치기	**ощупь**

- 1393 -

	(오슈삐)
촉매, 접촉매(接觸媒)	**катализатор** (까딸리자또르)
촉진(促進), 재촉, 독촉, 최촉,	**пальпация ускорение** (빨빠찌야) (우쓰꼬레니에)
촉진[강화]하다; 동력으로 나아가다	**смочь** (스모치)
촉진시키다	**способствовать** (스빠사브쓰뜨보와찌)
촉진하다, 추진하다	**торопить** (따로삐찌)
촌길, 시골길, 촌로 ~ая дорога 촌길	**просёлок** (쁘라쑈록)
촌스러운, 시골스러운	**деревенский** (제레볜쓰끼이)
촘촘한, 조밀한	**компактный** (깜빠크트느이)
촘촘히 봉합하다, 꿰매다	**штуковать** (쉬뚜까와찌)
총 6000명의 6000 루블의 값어치	**шеститысячный** (쉐쓰찌띠샤츠느이)
총(銃), 보총(步銃);	**ружьё** (루줴요)
총, 포를 둥구르다	**отдавать** (아트다와찌)
총~, 전체~, ~ доход 총수입; ~ой сбор 총수확고	**валовой** (왈로뷔이)
총으로 겨냥을 하다, 겨누어~을 던지다	**наметить(ся)** (나몌찌찌)
총각, 미혼(독신) 남자, 독신자	**холостяк** (할로쓰쨔크)
총검; 무력,(사람수의) 보병군대, 군세, 병력	**штык** (쉬띄크)

총계, 합하여	**итого** (이또고)
총계·금액이 ~이 되다, 총계 (~에) 달하다	**исчисляться** (이쓰치쓸랴짜)
총괄, 종합, 개괄, 일반화	**обобщение** (아밥쉐니예)
총구 청소봉, 소총 꼬질대	**шуст** (슈쓰트)
총구 청소용의 꽂을대	**шомпол** (숌뽈)
총구멍, 총구, 포구(砲口)	**дуло** (둘라)
총구멍, 화구(火口)	**бойница** (보이니짜)
총국(總局), 본부(本部)	**главк** (글라프크)
총대주교가 사용하는 십자가(✝ 꼴).	**патриархальный** (빠뜨리아르할느이)
총독(總督), 지사, 장관	**генерал-губернатор** (게네랄-구볠나따르)
총리(總理); 수상(首相), 국무총리; 주지사	**премьер** (쁘레므엘)
총사령관(總司令官)	**главнокомандующий** (글라프노까만두유쉬이)
총살(銃殺)	**расстрел** (라쓰뜨렐)
총살하다, 총으로 쏘아죽임	**расстреливать** (라쓰뜨렐리와찌)
총서(總書), 연속출판물	**серия** (셰리야)
총소리, 포소리, 사격소리	**выстрел** (븨쓰뜨렐)
총수(總數), 총체(總體), 대수	**парк**

- 1395 -

	(빠르크)
총신, 포신	**ствол** (스뜨볼)
총신내부(총강)를 청소하다	**шустовать** (슈쓰따와찌)
총아, 총애를 받는 사람	**фаворит** (파붜리트)
총알, 실탄, 탄알, 총탄	**пуля ядро** (뿔랴) (야드로)
총알, 스포츠의 투포환; 고환(睾丸)	**ядро** (야드로)
총액, 총계, 총화	**итог** (이또그)
총액, 총계; общая ~a 총액; в ~e 합하여, 합계하여	**сумма** (숨마)
총에서 총알을 빼내다	**разряжать** (라즈랴좌찌)
총영사(總領事)	**генконсул** (겐꼰술)
총으로 쏘아 부상을 입히다	**подстрелить** (빧쓰뜨렐리찌)
총으로 자살하다	**застрелиться** (자쓰뜨렐리쨔)
총의 2중 방아쇠	**шнеллер** (쉬넬렐)
총의 개머리판	**приклад** (쁘리끌라드)
총의 2중 방아쇠	**шнеллер** (쉬넬렐)
총재(總裁), 사장(社長)	**президент** (쁘레지젠트)
총참모부	**генштаб** (겐쉬따프)

총체(總體), 전체(全體), 종합체	комплекс совокупность (꼼쁘렉쓰) (싸붜꾸쁘노쓰찌)
총체, 총계, 총량, 총액(포장과 함께)	брутто (브루따)
총체로서의 지명	топонимика (따뽀니미까)
총체적인 (전문)술어, 전문용어	терминология (떼르미놀로기야)
총탄(銃彈), 총알	пулевой (뿔레보이)
총포의 반동,(용수철 따위의) 되튐; 뒤로 물러남. 뒷걸음	отдача (아트다차)
총포의 폐쇄기	замок (자모크)
총화, 총계	итоговый (이또고브이)
총화의, 총결의	отчётный (앗쵸트느이)
총회(總會), 대회(大會)	ассамблея (아쌈블레야)
촬영가, 영화촬영기사	кинооператор (끼노오뻬라또르)
촬영에 적당한	фотогеничный (포토게니츠느이)
최강력의	сверхмощный (스베르흐모쉬느이)
최고(最古), 최상(最上)	высший (븻쓰쉬이)
최고도(最高度), 절정(絶頂), 최고조	полнота (빨노따)
최고상을 받은 사람, 계관인, 수상자(受賞者)	лауреат (라우레아트)
최고의, 제일의, 최상의, 매우 높은, 초고(超高)~,	сверхвысокий

- 1397 -

	(스뻬르흐뷔쏘끼이)
최고의, 최상의	**верховный** (붸르호브느이)
최고천(最高天) 높은 곳, 천상계천공	**эмпирей** (엠쁘찌레이)
최대, 최대한(도), 최대량[수]	**максимум** (막씨뭄)
최대의, 최고의; 극대의. 최대한(도)의,	**наибольший** (나이볼쉬이)
최대의, 최대한; 최고(最高)	**максимальный** (막씨말느이)
최대한, 극상	**потолок** (빠또록)
최대한으로	**максимально** (막씨말나)
최대한으로, 최대한도(最大限度), 맥시멈(maximum);	**максимум** (막씨뭄)
최면술(催眠術)	**гипноз** (기쁘노즈)
최면술가	**гипнотизёр** (기쁘노찌죨)
최면술을 걸다	**гипнотизировать** (기쁘노찌지로와찌)
최소의, 최소한으로, 최하의, 최저의	**минимальный** (미니말느이)
최소한도, 최저한도, 최소량, 최저량	**минимум** (미니뭄)
최소한도로, 최하로	**минимально** (미니말나)
최신식, 현대식	**модерн** (마델느)
최신의, 최근의, 최신식의, 근대의	**новейший последний** (나붸이쉬이) (빠쓸레드니)

최우등, 만점; (오계단채점법에서) 5점	**отлично** (알틀리츠나)
최우등생	**отличник** (알틀리츠니크)
최저 생활비	**экзистенц-минимум** (에크지쓰쩬쯔-미니뭄)
최적임자; 혼례에 시중드는 사람	**шафер** (샤폐르)
최전선(最前線); 최첨단	**передовая** (뻬레다와야)
최종적(종국적)으로, 완전히	**окончательно** (아깐차쩰나)
최종적인, 종국적인	**окончательный** (아깐차쩰느이)
최초, 본래; 초보적인	**первоначальный** (뻬르붜나찰느이)
최초, 첫 단계; 초급, 맨처음	**первичный, первый** (뻬르비츠느이) (뻬르븨이)
최초에, 원래	**первоначально** (뻬르붜나찰나)
최초의; 본래의, 고유의	**оригинальный, преимущественный** (아리기날느이) (쁘레이무쉐쓰드벤느이)
최하층민 불량자, 인간쓰레기, 건달(乾達), 깡패	**шантрапа** (샨뜨라빠)
최후, 마지막, 끝에 있는; 종국적인	**конечный** (까네츠느이)
최후의, 마지막의, 궁극의	**неделимый** (네젤리믜)
쵸컬릿, 코코아 달콤한쵸컬릿	**шоколад** (샤깔랃)
추가, 부가, 첨가	**дополнение** (다빨녜니에)
추가공급하다, 투하하다	**подбрасывать**

	(빤브라스와찌)
추가금액, 증가액	**набавка** (나바브까)
추가량(追加量), 보탠 분량, 더한 분량	**довесок** (다볘싸크)
추가요금의, 추가 수수료	**сверху** (스볘르후)
추격자, 박해자(迫害者)	**преследователь** (쁘레쓸레도와쩰)
추구하다, ~를 추구하다	**гнаться** (그나짜)
추구하다	**преследовать** (쁘레쓸레도와찌)
추기경, 대승정, (천주교에서) 추기승정	**кардинал** (까르지날)
추기다, 부추기다, 꼬드기다, 꾀다	**натравливать, натравить** (나뜨라블리와찌), (나뜨라비찌)
충동(자극.고무.선동)하다	**настраивать, науськивать, науськать** (나쓰뜨라이와찌), (나우쓰끼와찌), (나우씌까찌)
추기다, 젖게 하다	**оросить, орошать** (아라씨찌), (오로샤찌)
추도곡, 추도가	**реквием** (렉비옘)
추도문, 애도사(哀悼辭)	**некролог** (네크롤로그)
추도하다, 추모(追慕)하다	**помянуть** (빠먀누찌)
추동력	**двигатель** (드비가쩰)
추동하다, ~하게 하다	**толкать** (딸까찌)
추렴하다, 같은 돈을 내다	**сложиться**

	(슬라쥐짜)
추리, 추측, 추론, 삼단논법, 연역법	**умозаключение** (우마자끌류체니에)
추리(추론)하다, 추단(推斷)하다, 마치다, 끝내다	**заключить** (자클류치찌)
추방(追放), 유형(類型)	**высылка** (븨씰까)
추방, 축출, 유형; жить в ~и 추방되어 생활하다	**изгнание** (이즈그나니예)
추방. 축출, 추실(追失), 출방	**выселение** (븨쎌레니에)
추방된 사람	**изгнанник** (이즈그난니크)
추방된 자, 유배자, 유형수(流刑囚)	**ссыльный** (스쉴리느이)
추방하다, 귀양 보내다. 위배보내다	**ссылать высылать** (스쉴라찌) (븨쎌라찌)
추방하다, 내쫓다, 몰아내다, 배격하다	**выдворить выгнать** (븨드뷔리찌) (븨그나찌)
추상적으로 독한 것, 해로운 것 악의, 원한	**яд** (얃)
추상적인	**беспредметный, абстрактный, отвлечённый** (볘쓰쁘레드메뜨느이) (압쓰트 라크트느이) (아트블레촌느이)
추세(趨勢), 형편(形便)	**веяние** (볘야니에)
추수, 수확, 곡물을 거두어들임, 가을걷이, 수확기	**жатва** (좌뜨와)
추수(수확)하는사람, 베어[거둬]들이는 사람	**жнея** (쥐네야)
추수의, 수확(가을)하는, 추수하는, 수확의	**жатвенный** (좌뜨와늬이)
추수후의 들(판), 벌판; 추수후의 논, 밭	**жниво** (쥐니붜)

추신, 덧씀	**постскриптум** (빠쓰뜨쓰끄리쁘뚬)
추악한, 간악한, 비렬한, 추잡한	**гнусный** (그누쓰느이)
추악한, 혐오스러운, 징그러운, 흉한, 흉측한,	**омерзительный** (아메르지쩰느이)
추운, 찬; ~ая погода 추운 날씨	**холодный** (할로드느이)
추워서 몸을 웅크(쪼그)리다, 당혹(주저)하다	**ёжиться** (요쥐쨔)
추워서 곱은, 차다, 저리다	**закоченелый** (자까체넬르이)
추워지는 것, 온도하락	**похолодание** (빠호로다니예)
추워지다, 차게 되다	**похолодать холодать** (빠호로다찌) (할라다찌)
추워하다(지다), 와들와들(후들후들)떨다	**дрогнуть, зябнуть** (드로그누찌) (쟙누찌)
추월하다, ~을 따라잡다[붙다]; 만회하다	**застигнуть** (자쓰찌그누찌)
추위 등으로 몸이 움츠려들다, 오그라지다	**жаться** (좌쨔)
추위, 추운, 찬, 차게 한 сильный ~ 강추위	**холод** (홀로드)
추위, 한기, 초한	**мороз** (마로즈)
추위가 스미다; (후추가) 콕[톡] 쏘다, 자극하다.	**искусать** (이쓰꾸싸찌)
추잡(너절)하게	**скверно** (스크베르나)
추잡하게 싸우기를 즐기는	**скандальный** (스깐달리느이)
추잡한 싸움, 추태: устроить ~ 추태를 부리다	**скандал**

- 1402 -

	(스깐달)
추잡한 싸움을 벌리다, 추태를 부리다;	**скандалить** (스깐달리찌)
추잡한, 더러운, 망측한	**гадкий скандальный** (가드끼이) (스깐달리느이)
추진(진척)되다	**подвинуться** (빤비누쨔)
추진(진척)시키다	**подвинуть** (빤비누찌)
추진; (차바퀴의) 전동력(傳動力), 구동(驅動). (광업) 굴진	**проходка** (쁘라호드까)
추진하는, 움직이게 하는, 동력 전달의, 구동(驅動)의	**ведущий** (볘두쉬이)
추진하는, 움직이게 하는, 동력 전달의,	**приводной** (쁘리붜드노이)
추천, 천거(薦擧), 거천(擧薦), 천달(薦達), 천발(薦拔),	**выдвижение** (브드뷔줴니에)
추천(천거.충고.권고)하다. ~을 권하다	**порекомендовать** (빠레꼬멘도와찌)
추천서, 소개장, 평정서	**рекомендация** (레까멘다찌야)
추천의, 추장(推獎)의, 소개의	**рекомендательный** (레꼬멘다쪨느이)
추천하다, 추대하다	**выдвигать** (브드뷔가찌)
추첨, 제비(뽑기); участвовать в ~е 추첨을 하다	**лотерея** (로떼레야)
추첨: очередной ~ 정기추첨 ~выйти в 낡아빠지다	**тираж** (찌라즈)
추출물, 정제, 엑기스. 뽑아내다	**экстракт** (엑쓰뜨락트)
추출자, 발췌자, 추출기, 분리기, 발취기구	**экстрактор** (엑쓰뜨락따르)

추측 예측 ~загадку 수수께끼를 걸다(내다);	**загадывать** (자가듸와찌)
추측(推測), 추정, 생각	**догадка, перечёт** (다가드까) (뻬레쵸트)
추측(짐작.생각)하다, 마음에 그리다	**вообразить возомнить** (바아브라지찌) (바조므니찌)
추측하다, 추정하다	**догадаться разгадывать** (다가다쨔) (라스가드와찌)
미루어 헤아리다; (어림)짐작으로 말하다	**отгадать отгадывать** (아트가다찌), (아트가듸와찌)
추크치 해(-海)	**Чукотское море** (추꼬뜨쓰꼬에 모레)
추크치반도 Чукотский n-в	**Чукотка** (추꼬뜨까)
축(軸), 굴대, 심대, 회전축(回轉軸), 중심축(中心軸)	**стержень** (스쩨르줸니)
축(築), 축대(築臺), 축선, 로라(공학)	**вал, ось** (왈), (오시)
축구선수	**футболист** (풋볼리쓰트)
축구의; ~ый матч 축구경기(시합)	**футбольный** (풋볼느이)
축구화(蹴球靴)	**бутсы** (부뜨씌)
축농(蓄膿)	**эмпиема** (엠쁘찌예마)
축배 등 술잔을 마주치다(맞추다)	**чокаться, ~нуться** (초까쨔)
축배(祝杯); 축배를 들다	**тост** (따쓰트)
축배(祝杯)	**здравица** (즈드라비짜)
축복하다, 격려하다	**благославлять**

	(블라가쓸라블랴지)
축사안의 막은 칸	**стойло** (스또일로)
축산업, 목축업(牧畜業)	**сктоводство** (스까또볻쓰뜨붜)
축산업, 축산학, 목축(업):	**животноводство** (쥐붜뜨노볻스뜨붜)
축산전문가	**зоотехник** (조오쩨흐니크)
축산학	**зоотехника** (조오쩨흐니까)
축산학의, 가축 사육학의	**зоотехнический** (조오쩨흐니체스끼이)
축소(삭감)되다	**сокращаться** (싸크라샤짜)
축소, 제한 감소	**сужение** (수줴니예)
축소도, 축도(縮圖), 줄인그림	**ракурс** (라꾸르쓰)
축소의, 몹시 작은	**миниатюрный** (미니아쮸르느이)
축소하다, (양·액수·정도 따위를) 줄이다; 한정하다	**.понижать[ся]** (빠니자찌)
축소화, 축도(縮圖), 작은 그림	**миниатюра** (미니아쮸라)
축원하다, 바라다; ~ добра кому-л ~을 바라다	**желать** (쥘라찌)
축융(縮絨)하다; (빨거나 삶아서) 천의 올을 배게 하다	**валять** (왈랴찌)
축음기, 라디오전축	**радиола** (라지올라)
축음기소리판, 축음기판	**пластинка** (쁠라쓰찐까)

축음기판, 레코드판, 소리판	**грампластинка** (그람쁠라쓰찐까)
축이다, 적시다; 젖다; 축축해지다,	**замочить смачивать** (자모치찌) (스마치와찌)
축이다; (뿌려서. 뿜어서) 적시다	**спрыскивать, смочить** (스쁘릐쓰끼와찌) (스마치찌)
축적, 집적 축적액	**накопление** (나꼬쁘레니예)
축전, 경축행사	**празднество** (쁘라즈네쓰뜨뷔)
축전, 축제, 축(제)일, 축연, 잔치	**фестиваль** (페쓰찌왈)
축전기, 냉각기	**конденсатор** (깐젠사또르)
축전지, 건전지	**аккумулятор, батарея** (악꾸물랴또르) (바떼레야)
축제의, 축제 기분의	**парадный** (빠라드늬이)
축조, 쌓기	**кладка** (클라드까)
축척, 척도, 제척, 비례척	**масштаб масштабный** (마쓰쉬따프), (마쓰쉬따브늬이)
축축하게 하다, 축축해지다; 적시다, 젖다	**влажность увлажнять** (플라즈노쓰찌) (우블라즈냐찌)
축축하다, 눅눅하다 습하게 하다	**смачивать** (스마치와찌)
축축해(습해)지다	**увлажняться** (우블라즈냐쨔)
축폐선, 축폐한	**эволюта** (에발류따)
축하(경하, 경축, 하례, 치하, 감축)하다	**поздравлять** (빠즈드라블랴찌)
축하, 경하, 경축, 하례, 치하, 감축	**поздравление**

	(빠즈드라블레니예)
축하	**чествование встреча** (체쓰뜨붜와니에) (프쓰뜨레차)
축하모임, 경축모임	**чествование** (체쓰뜨붜와니에)
축하의, 경하의, 경축의, 하례의,	**поздравительный** (빠즈드라비쩰늬이)
축하(경축)모임을 진행하다, ~에 축사를 하다	**поздравить чествовать** (빠즈드라비찌), (체쓰뜨붜와찌)
축혼의 시가	**эпиталама** (에삐딸라마)
춘분(春分), 낮과 밤의 길이가 같은 때,	**равноденствие** (라브노젠쓰뜨비예)
춘화, 외설책, 에로책; 호색 문학. 음란한 것,	**порнография** (빠르노그라피야)
춘화처리를 하다	**яровизировать** (야라비지로와찌)
출격(出擊), 기습(奇襲)	**вылазка** (빌라즈까)
출구 없는, 막다른, 궁경, 궁지	**безвыходный** (베즈븨호드늬이)
출구(出口), 나가는 문	**выход** (븨홀)
출납외의 전표(錢票)	**чек** (체크)
출납원, 회개원, 매표원, 표 파는 사람	**кассир** (까씨르)
출동하다, 출발하다, 떠나다	**выступать** (븨쓰뚜빠찌)
출두(출현)하다, 나오다; 나타나다, 일어나다	**явиться** (야비쨔)
출렁거리는 소리, 철석거리는 소리	**всплеск** (프쓰쁠레쓰크)

출력(능력, 마력)이 높은	**мощный** (모쉬느이)
출력, 용량, 마력(1초에 75kg 을 1m 높이로 올리는 일률의 단위 略: HP, H.P., hp, h.p.)	**мощность** (마쉬노쓰찌)
출발, 떠나는 것: перед самым ~ом 떠나기 바로 직전에	**уход** (우호드)
출발, 떠남; 발차; 출항(出航·出港). 취서(就緒), 발인	**отход отъезд** (앗호드) (앗띠예즌)
출발, (시발을 표시) ~에서, ~로부터	**от, ото** (옽), (오또)
출발, 출동(出動), 진출(進出)	**выступление** (븨쓰뚜쁠레니에)
출발반칙, 신호전 출발	**фальстарт** (팔쓰따르트)
출발선(점); на ~! (선수에게 출발선을 차지하라는 구령으로) 준비!	**старт** (스따르트)
출발시키다, 파견하다	**отправлять** (앗쁘라블랴찌)
출발신호수	**стартёр** (스따르죠르)
출발의: ~ пункт 출발점	**отправной** (앗쁘랍노이)
출발점, 시점; ~ улицы 거리시작	**начало** (나찰라)
출발하다 (일정한 거리를 타고) 떠나다,	**стартовать** (스따르따와찌)
출산(出産), 해산(解産)	**деторождение** (제따로즈제니에)
출생, 탄생	**рождение** (라줴니예)
출생률(出生率)	**рождаемость** (라좌다예모쓰찌)
출생의, 출생지의, 본국의, 제나라의.	**родимый, родной**

	(라지프이) (라드노이)
출생증(出生證)	**метрика** (메뜨리까)
출생증의 ~ое свидетельство 출생증	**метрический** (메뜨리체쓰끼이)
출석, 참석	**наличие** (날리치예)
출석률, 관람자수	**посещаемость** (빠쎄샤예모스찌)
출세(出世), 성공; (당·주의 따위의) 진전, 발전	**карьера** (까리에라)
출세주의(出世主義)	**карьеризм** (까리에리즘)
출세주의자(出世主義者)	**карьерист** (까리에리쓰트)
출시키다, 엎지르다; (공기 따위를) 빼다	**выпустить** (븨뿌쓰띠찌)
출신(出身), 성분(性分)	**происхождение** (쁘라이쓰호즈제니예)
출신(出身), 이주자	**выходец** (븨호제쯔)
출신, 내기: ~ец Пхеньяна 평양출신	**уроженец** (우라줴니쯔)
출애굽기(Вторая книга Моисеева. Исход 40장, 57쪽)	**Исх** (이쓰호트)
출연(공연.연설)하다, 발언하다	**выступать выступить** (븨쓰뚜빠찌), (븨쓰뚜삐찌)
출연(소개)하다, 나오다. 자기자신을 나타내다	**являться, явиться** (야블랴쨔, 야비쨔)
출입구	**ход** (혼)
출자금(出資金), 몫; 배당금	**пай** (빠이)

출자금의, 출자액의	**паевой** (빠예보이)
출장 보내다, 파견하다	**командировать** (까만디로와찌)
출장, 파견;	**командировка** (까만디로브까)
출장비(出張費)	**командировочные** (까만디로보츠느이)
출장원	**командировочный** (까만디로보츠느이)
출장의; ~ое удостоверение 출장증명서	**командировочный** (까만디로-보츠느이)
출판물 등의 검열(국)	**цензура** (쩬주라)
출판물의 검사원, 교정원, 검열관	**цензор** (쩬조르)
출판사(газеты); ~ "Правда" "쁘라우다" 신문사	**издательство** (이즈다 쩰쓰뜨붜)
출판하다, 발간하다	**издавать** (이즈다와찌)
출품자, 진열자, 증거물, 제출	**экспонент** (엑쓰뽀넨트)
출품하다, 전람하다, 진열하다	**экспонировать** (엑쓰뽀니로와찌)
출현, 외관, 현상, 사물; ~ природы 자연적인 현상	**явление** (야블레니에)
출현, 출판, 존재, 실재, 출두출석, 참가	**явка** (야브까)
출혈(出血); 졸중; 일혈(溢血), 피나기	**кровоизлияние** (크로붜이즈리야니예)
춤, 무용(舞踊); 무도	**танец пляска** (딴네쯔) (쁠랴쓰까)
춤의 스텝,	**па**

	(빠)
춤의 일종, 샤세	**шассе** (샤쎄)
춤의, 무용의, 무도의; ~ый вечер 무도회	**танцевальный** (딴쩨왈느이)
춤추는 사람, 춤 출줄 아는 사람	**танцор** (딴쪼르)
춤추는 사람; 무희, 댄서; 무용가	**танцовщик** (딴쪼브쉬크)
춤추다, (춤을) 추다. (한동안, 잠간) 춤추다	**потанцевать** (빠딴체와찌)
춤추다, 뛰어 돌아다니다, 기뻐서 껑충껑충 뛰다	**плясать** (쁠랴싸찌)
춤추다, 춤을 추다.	**станцевать** (스딴쩨와찌)
춤추다; 무도하다; ~ с кем ~와(짝이되어)춤을 추다	**танцевать** (딴쩨와찌)
춥다, 차다, 한랭(냉한.냉초)하다, 떨리다	**холодно** (홀로드나)
충각(衝角)	**шпирон** (쉬삐론)
충격, 타격 등으로 튀다, 튀어나가다	**отлетать отлететь** (알틀레따찌), (오틀레떼찌)
충고자, 조언자, 의논할 사람	**советчик** (싸베뜨치크)
충고하다[조언하다, 권하다].	**порекомендовать** (빠레꼬멘도와찌)
충당, 할당; 충당금[물]	**присвоение** (쁘리쓰붜예니예)
충당(할당.배당)하다, ~의 지출을 승인하다.	**присваивать** (쁘리쓰와이와찌)
충돌(衝突), 분쟁, 쟁의	**столкновение, конфликт,** (스똘크노베니예) (깐프리크트)

- 1411 -

충돌, 충격, 쇼크; 영향 서로 맞부딪힘.	**влияние стычка** (블리야니에) (스뛰치까)
충돌시키다, 마주치게 하다	**сталкивать** (스딸르찌와찌)
충돌되다(의견·이해 등이) 일치하지 않다, 상충[저촉]되다	**налетать** (날레따찌)
충돌로 부딪치다, 덤벼(달려)들다	**наскакивать сталкиваться** (나쓰까끼와찌) (스딸르찌와쨔)
충동, 충격, 자극(磁極)	**импульс** (임쁠쓰)
충동성, 성미 급함, 격하기 쉬운 것	**горячность** (가랴츠노쓰찌)
충만; (가득) 참, 풍부, 푸짐, 충실	**обилие** (압빌리예)
충만성, 차다, 가득 차다, 가득하다	**насыщенность** (나씌쉔노쓰찌)
충매(蟲媒)	**энтомофилия** (엔또모피리야)
충복; 봉사자	**слуга** (슬루가)
충분(넉넉)하다	**хватать** (흐와따찌)
충분, 완전; 충실; 풍부; (위(胃)의) 포만; (권력의) 절정	**полнота** (빨노따)
충분(넉넉.풍족.흡족)하다, 됐다, 족하다	**довольно вдоволь** (다볼나) (브도볼)
충분(넉넉.풍부)하다	**будет, достаточно** (부제트) (다쓰따또치나)
충분하지 못한; ~하기에 족한, ~할 만큼의	**недоспать** (네다쓰빠찌)
충분한 고려가 없이, 소홀하게, 경솔하게	**непродуманно** (네쁘라두만나)
충분한 음식[영양]을 주지 않다	**заморить**

	(자모리찌)
충분한(충분하게) 자식을 못 가진	**некомпетентный** (네꼼뻬젠뜨느이)
충분한(充分), 넉넉한	**достаточный** (다쓰따또츠느이)
충분히 가치 있는, 완전한, 존중할만한	**полноценный** (빨노젠느이)
충분히(끝까지) 지지다(굽다, 볶다)	**дожаривать дожарить** (다좌리와찌), (도좌리찌)
충분히, 상당히, 꽤	**достаточно** (다쓰따또치나)
충분히, 최대한으로, (말의) 네굽을 놓다	**опор** (아뽀르)
충성스러운, 견실한	**благонадёжный** (블라가나죠지느이)
충실성, 성실성(誠實性)	**верность** (붸르노쓰찌)
충실성, 충성(심)	**преданность** (쁘레단노쓰찌)
충실한, 변함이 없는; ~ый друг 충실한 벗	**неизменный** (네이즈멘느이)
충실한, 성실한	**верный** (붸르느이)
충실한, 헌신적인; 몰두[열애]하(고 있)는,	**преданный** (쁘레단느이)
충실한(믿을 수 있는) 부하(심복, 측근)	**приспешник** (쁘리쓰뻬쉬닉)
충실히, 충성스레	**преданно** (쁘레단나)
충심으로, 전심으로	**сердечно** (쎄르제츠나)
충심으로부터의, 따뜻한, 성심성의의; 친절한	**душевный** (두쉐브느이)

충양돌기, 맹장(盲腸)(의학)	**аппендикс** (아뻰딕쓰)
충적 광상(沖積鑛床), 사광(砂鑛); 함광	**россыпь** (로씌삐)
충적(沖積)의; 충적기의. ~ая почва 충적토	**наносный** (나노쓰느이)
충적된; ~ое золото 사금	**намывной** (나믜브노이)
충적층(沖積層)	**шариаж** (샤리아즈)
충적층(層), 충적토, 모래톱, 충적지(沖積地), 표적물	**нанос** (나노쓰)
충전되다, 감전되다	**электризовать** (엘렉뜨리조와찌)
충전하다, 감전시키다, 전기를 일으키다,	**электризовать** (엘렉뜨리조와찌)
충족시키다	**устраивать** (우쓰뜨라이와찌)
충직한, 충실한, 관대성 있는	**лояльный** (라얄느이)
충풍로(衝風爐)	**элекродоменная** (엘렉뜨라도멘나야)
췌장(膵臟)의 ~ая железа (해부) 취장	**поджелудочный** (빧젤루도츠느이)
췌장염(膵臟炎)	**панкреатит** (빤크레아찌트)
취급방법; 태도, 입장	**подход** (빧홑)
취기, 술에 취하는 것	**опьянение** (아뺘네니예)
취득(한 것), 획득, 체포, 포획(물[고]).	**приём** (쁘리욤)
취미 없는, 멋없는, 흥미 없는	**безвкусный**

	(볘즈브꾸쓰느이)
취미(趣味), 기호(嗜好)	**вкус** (프꾸쓰)
취미(趣味), 소질(素質)	**склонность** (스클론노쓰찌)
취미, 즐김, 기호; 기쁨, 즐거움 넘치는 활기(생기)	**живинка** (쥐빈까)
취산화서, 취산 꽃차례, 산방꽃차례, 산방화서	**щиток** (쒸똑)
취소하다, 철폐하다	**аннулировать** (아눌리로와찌)
취조(取調), 조사(調査), 예심	**следствие** (슬롓쓰뜨비예)
취주악의 관악기	**духовой** (두호보이)
취주하기(노래하기) 시작하다	**возникнуть** (바즈니크누찌)
취직되다	**устраиваться** (우쓰뜨라이와쨔)
취직하다 직위에 앉히다; 임명하다	**пристроиться** (쁘리쓰뜨로이쨔)
취하게 하는, 도취(열중,몰두)케하는	**хмельной** (흐멜노이)
취하게 하다; 도취[흥분]시키다; 중독시키다	**опьянеть** (아뺘녜찌)
취하다, 술 취하다; 비틀거리다	**хмелеть** (흐멜레찌)
취하다; 도취하다	**пьянеть** (삐야녜찌)
취하지 않은, 맑음:~ человек 취하지 않은 사람	**трезвый** (뜨례즈브이)
취한; в ~ ом виде 취해서	**нетрезвый** (녜뜨례즈브이)

츄잉껌, 껌(gum)	**жвачка** (쥐와츠까)
측기관, 유디오미터(eudiometer)	**эвекция** (에벡찌야)
측량간(桿); 가늠자 측량 막대	**рейка** (레이까)
측량기사	**съёмщик** (스욤쉬크)
측력계(測力計), 에르그 측정기(erg 測定器)	**эргометр** (에르고메뜨르)
측면, (사물의)옆, 모	**бок** (보크)
측면도; 측면관, 옆얼굴	**профиль** (쁘로필)
측면무대장치; за ~ами 막 뒤에서, 막후에	**кулисы** (꿀리싀)
측면의; ~ удар 측면타격	**фланговый** (플란고브이)
측은한 감을 불러일으키다, 동정심을 자아내다	**разжалобить** (라스좔로비찌)
측정하다	**размерить** (라스메리찌)
측지일군, 측지학자(測地學者)	**геодезист** (게오데지쓰트)
측지학(測地學)	**геодезия** (게오데지야)
층(層), 계층 *(в сложн. словах, не приведённых особо)*	**-этажный** (-에따즈늬이)
층, (겹겹이) 쌓인 것, 포개진 것	**слой** (슬로이)
층, 사이층, 얇은 층	**прослойка** (쁘라쓸로이까)
층, 지층, 광층	**пласт**

	(쁠라쓰트)
층을 이루다, 쌓이다	**наслаиваться**
	(나쓸라이바쨔)
층의(예 :пятиярусная пагода 5층탑)	**. ярусный**
	(야루쓰느이)
치과용 천공기(드릴) 덴탈 드릴	**бор**
	(보르)
치관(齒冠), 금관(金冠), 이발그루(치관)	**коронка**
	(까론까)
치근거리는, 지나치게 친절한	**приторный**
	(쁘리똘늬이)
치근거리다, 성가시게 굴다	**приставать**
	(쁘리쓰따와찌)
치는(때리는)소리	**удар**
	(우다르)
치다, 두드리다, 때리다	**садить, постучать, застучать**
	(싸지찌) (빠쓰뚜차찌) (자쓰뚜차찌)
치다, 벌로 때리다, 매질하다; 탈곡하다	**выколачивать забивать**
	(븨깔라치와찌) (자비와찌)
치다, 매질하다; 탈곡하다	**колотить, шибать, бить**
	(깔로찌찌) (쉬바찌) (비찌)
치다, 뿌리다	**; посыпать**
	(뽀쓰빠찌)
치다, 쳐내다	**отбивать**
	(아트비와찌)
치다, 패다, 갈리다	**отодрать**
	(아따드라찌)
치다, 펼치다; ~ палатку 천막을 치다	**раскидывать**
	(라쓰끼듸와찌)
치닫다, 나는 듯이 달리다, 질주하다; 빨리 날다	**нестись**
	(네쓰찌시)
치료(법)	**терапия**
	(쩨라삐야)

치료(治療), 의료(醫療)	**лечебный** (레체브느이)
치료받다, 치료하다	**лечиться** (레치쨔)
치료법, 처치, 조작	**процедура** (쁘라쩨두라)
치료실, 병실 병동	**перевязочная** (뻬레뱌조츠나야)
치료용 진흙(감탕)	**грязи** (그랴지)
치료의, 의료의; амбулаторное ~ 외래치료	**лечение** (레체니에)
치료(교정)하다, 고치다, 가시다, 아물리다	**лечить, залечивать** (레치찌) (잘레치와찌)
제거하다. 다루다, 대우하다	**залечить вылечивать** (자레치찌) (빌레치와찌)
치료학(治療學)	**терапевтика** (쩨라뻬브찌까)
치른(댄)돈; (재정) 임금, 세금을	**ставка** (스따브까)
치마의 주름, 플리트; 주름 모양의 것	**плиссированный** (쁠리씨로완느이)
치명적으로, 죽도록	**насмерть** (나쓰메르찌)
치명적인, 생사에 관계된; 사투(死鬪)의;	**смертный** (스메르뜨느이)
치명적인, 파멸적인	**смертельный** (스메르쩰느이)
치밀다, 북받치다	**подступать** (빳쓰뚜빠찌)
치솟다; 돌출하다, 쑥 내밀다, 싹트다	**заколоситься** (자깔로씨쨔)
치수; снимать ~y 치수를 재다, 재어보다;	**мерка**

	(메르까)
치수를 어림치다, 재다, 측정하다; 평가[판단]하다	**прикидывать** (쁘리끼듸와찌)
치쌓다, 더 쌓다, 처답다, 쌓아놓다, 뒤덮치다	**наваливать** (나왈리와찌)
치쌓다, 쌓아놓다, 쌓아올리다	**нагромождать** (나그로모즈다찌)
치외법권	**экстерриториальность** (엑쓰쩰리또리알노쓰찌)
치우다, 떼다	**отнимать** (아트니마찌)
치우다, 없애다, 퇴치(제거)하다	**устранять, прополоть, выполоть** (우쓰뜨라냐찌) (쁘라뽈로찌) (븨뽈로찌)
치우치지 않은, 적당한, 알맞은	**умеренный** (우메롄느이)
치육종(齒肉腫)	**эпулис** (에뿔리쓰)
치장하다, 성장(盛裝)시키다, 차려 입히다	**нарядить(ся)** (나랴지찌)
치즈(cheese), 건락(乾酪)	**сыр** (쓰르)
치질(痔疾), 치핵(痔核)	**геморрой** (게마로이)
치찰음(齒擦音)(*звук*)	**шип** (쉽)
치찰음이 현저한, (경멸.비난 뜻으로)시 소리를 내다	**шипение** (쉬뻬니에)
치환(置換), 전위(轉位); 이항(移項); 호환(互換);	**перестановка** (뻬레쓰따노브까)
칙령; 포고, 고시	**эдикт** (에직트)
친구 ~друг 다정한 벗, 막역한 친구	**закадычный** (자까듸츠느이)

친구답게, 동지적으로	**по-дружески** (빤-드루줴쓰끼)
친근감, 친밀한 관계	**близость** (블리조쓰찌)
친밀(친숙)한, 다정한	**интимный близкий** (인찌므느이) (블리즈끼이)
친선, 우의, 친교	**дружба** (드루즈바)
친선적인, 우의적인, 친한	**товарищеский дружеский** (따와리쉐쓰끼이) (드루제스끼이)
친애하는, 사랑하는, 귀여운, 정든	**родимый, родной, дорогой** (라지므이) (라드노이) (다라고이)
친왕, 왕자(王子)	**принц** (쁘린쯔)
친일파(親日派)	**японофил** (야뽀노필)
친절(親切), 눈치 빠른 것.	**предупредительность** (쁘레두쁘레지쩰노쓰찌)
친절, 다정, 상냥한 것, 호의	**любезность радушие** (류베즈노쓰찌) (라두쉬예)
친절하게, 다정하게, 반가이, 호의적으로	**приветливо радушно** (쁘리베뜰리붜) (라두쉬나)
친절한, 따뜻하고 정다운, 곰상곰상한	**сердечный радушный** (쎼르제츠느이) (라두쉬느이)
친절한, 상냥[다정]한, 인정있는, 동정심이 많은	**добрый** (도브르이)
친절한, 세심한, 차근차근한	**внимательный** (브니마쩰느이)
친절한, 호의적인, 인사성 있는	**приветливый** (쁘리베뜰리브이)
친절히 하다	**удружить** (우드루쥐찌)
친족관계, 연고관계, 연계, 관계, 상관	**отношение**

	(아트노쉐니예)
친족, 종족(種族), 동족(同族)	**родственный** (로드쓰뜨벤느이)
친족, 친척, 일가, 친족[혈연]관계, 연고	**родня** (라드냐)
친족관계	**родство** (라드쓰뜨보)
친족의, 친척의, 일가의	**родной** (라드노이)
친척(親戚), 친족	**родственник** (로드쓰뜨벤니크)
친척들, 한혈육	**родные** (로드느예)
친칠라; 친칠라 모피. 보풀진 두꺼운 모직	**шиншилла** (쉰쉴라)
친하게 되는(하는) 것, 친교(둘을 맺는 것)	**сближение** (즈블리줴니예)
친하게 하다, 친근케 하다	**сблизить** (즈블리지찌)
친하게, 친구처럼, 친절하게, 친구답게, 친절히	**приятельский** (쁘리야쩰쓰끼이)
친하다, 친숙해지다	**сдружиться** (즈드루쥐쨔)
친해지다, 우정을 맺다	**подружиться** (빠두루쥐쨔)
칠년간의, 7년간 계속하는; 7년 1회의, 7년마다의	**семилетний** (쎼밀례뜨니이)
칠레(남아메리카 서남부의 공화국; 수도 Santiago)	**Чили** (칠리)
칠레의	**чилийский** (칠리쓰끼이)
칠면조의 수놈(숫컷), 칠면조 고기	**индюк** (인쥬크)

칠면조 암놈	**индюшка** (인쥬쉬까)
칠면조, 칠면조 고기	**индейка** (인제이까)
칠백, 700, 칠백년, 칠백세	**семьсот** (쎔쏘트)
칠색송어	**форель** (파렐)
칠십 돌 칠십 주년	**семидесятиление** (쎄미제쌰찔레니예)
칠십 세(살)의, 70의, 일흔의	**семидесятилетний** (쎄미제쌰찔레뜨니이)
칠십년, 70년, 일흔 해	**семидесятиление** (쎄미제쌰찔레니예)
칠월, 7월; в ~e 7월에; 23~я 7월23일	**июль** (이율)
칠월의, 7월에는 июльский день 칠월의 하루	**июльский** (이율스끼)
칠판 지우게	**тряпка** (뜨랍까)
칠하는 것, 염색(染色), 색칠하는 것	**покраска** (빠끄라쓰까)
칠하다, 바르다	**красить покрывать** (크라씨찌) (빠끄릐와찌)
칠학년제의 학교, 7개년계획	**семилетка** (쎄밀레뜨까)
침(의학)	**уплотнение** (우쁠로뜨네니에)
침 따위로 찌르다.	**кольнуть** (깔누찌)
침치료, 침술(鍼術)	**иглоукалывание** (이글로우깔와니예)
침(針), 독아독침, (벌. 개미 등)의 침	**жало**

	(찰로)
침, 타액 слюни (слюнки) текут 군침이 돈다	**слюна** (슬류나)
침·가시를 가진 동식물이 쏘다, 찌르다	**искусать** (이쓰꾸싸찌)
침격(侵擊), 침노(侵擄), 침범(侵犯)	**агрессия** (아그레씨야)
침대 곁에 놓아두는 작은 장	**тумбочка** (뚬보츠까)
침대, 침상	**кровать** (크로와찌)
침대깔개	**матрас** (마뜨라쓰)
침대의, 침상의, (가축의) 잠자리의	**постельный** (빠쓰쩰느이)
침략(侵略), 침범, 침입, 침공	**агрессия** (아그레씨야)
침략의, 침략적인	**агрессивный** (아그레씹느이)
침략자, 침범자	**агрессор** (아그레쏘르)
침략적인, 약탈적인, 강탈적인	**захватнический** (자흐와뜨니체스끼이)
침례, 영세(領洗), 세례, 세례식	**крещение** (크레쉐니예)
침례를 베풀다	**окунать** (아꾸나찌)
침모, 여자재봉사; ~ мотористка 전동 미싱 조작자	**швея** (쉬볘야)
침목밑에 자갈을 밀어넣는 기구	**шпалоподбойка** (쉬빨로뽀드보이까)
침목에 방부제를 침투시키가 위한	**шпалопропиточный** (쉬빨로쁘로 삐또츠느이)

- 1423 -

침몰, 침수	**затопление** (자또쁠레니예)
침몰시키다, 가라앉히다; 빠뜨려 죽이다	**топить затапливать** (따삐찌) (자따쁠리와찌)
침묵(沈默), 묵언, 암묵	**молчание** (말차니에)
침묵(沈默), 정적(靜寂)	**безмолвие** (볘즈몰비예)
침묵(평온이) 깃들다, 닥쳐오다, (질서 등이) 잡히다	**воцариться** (바짜리쨔)
침묵을 지키다, (말하지 않고 마음에) 감추어두다	**умалчивать** (우말치와찌)
침묵을 지키다, 답변을 피하다	**отмалчиваться** (앝마르치와쨔)
침묵을 지키다, 응답하지 않다, 대답하지 않다	**отмолчаться** (아트몰차쨔)
침묵을 지키다, 입을 다물다	**помалкивать** (빠말끼와찌)
침상,(침대겸용-)소파, 침석, 잠자리	**кушетка** (꾸쉐뜨까)
침상, 판자로 만든 잠자리	**нары** (나릐)
침술, 침료법	**иглотерапия** (이글로쩨라삐야)
침식(부식)하다, 좀먹다	**есть** (예쓰찌)
침식, 용식	**коррозия** (까르로지야)
침식; ~ почв 침식작용(浸蝕作用)	**эрозия** (에로지야)
침식하다, 먹어 없애다, 한 입에 덥석 먹다; 써버리다,	**съесть** (스예쓰찌)
침실, 침방, 동방, 와방, 와실, 침소(寢所)	**спальня**

- 1424 -

	(스빨냐)
침실용 슬리퍼, 느슨한 슬리퍼	**шлёпанцы** (쉴료빤쯰)
침실이 붙은 특별 사실(私室)(꾸뻬), 칸막이,	**купе** (꾸뻬)
침울(우울)해지다	**хандрить** (한드리찌)
침울한, 갑갑한	**постный** (뽀쓰뜨느이)
침울한, 쓸쓸한, 스산한	**мрачный** (므라츠느이)
침울한, 우울한, 구슬픈, 근심어린	**хмурый унылый** (흐무르이)(우느르이)
침을 바르다	**слюнить** (슬류니찌)
침을 뱉다[내뱉다]	**наплевать сплюнуть** (나쁠례와찌)(스쁠류누찌)
침을(우울) 해지다, 흐려지다	**омрачаться** (아모라차쨔)
침울, 우울, 낙담, 실의기운[풀] 없음, 의기소침	**уныние** (우늬니에)
침입, 침공, 침범, 개입, 침략, 침습	**нашествие вторжение** (나쉐쓰뜨비예)(프따르줴니에)
침입하다, 돌입하다,침범하다,침공하다,개입하다	**вторгаться** (프따르가쨔)
침전[퇴적](작용); 침강(沈降) 분리,침강(법).	**отложение** (알틀로제니예)
침전[퇴적]하다, 가라앉다; 예금[공탁]되다	**намыть** (나믜찌)
침전물, 앙금, 찌끼	**осадок** (아싸도크)
침전지층, 퇴적(堆積), 석출(析出); 침전;	**отложение** (알틀로제니예)

침착성, 자제력, 절도	**сдержанность** (즈제르좐노쓰찌)
침착성, 침착, 냉정, 태연 태연자약한성	**невозмутимость** (네붜즈무찌 모쓰찌)
침착하게 하다, 마음을 가라앉히다; 진지하게 하다	**отрезвить** (앗레즈비찌)
침착하게, 신중하게, 절도 있게	**сдержанно** (즈제르좐나)
침착하지 못하다, 수선을 떨다	**егозить** (예고지찌)
침착하지 못한 사람, 싱숭생숭함, 마음을 졸임,	**егоза** (예고자)
침착한, 꿈쩍도 하지 않는 태연한, 냉담한	**бесстрастный** (베쓰뜨라스뜨느이)
침착한, 듬직한, 절도 있는	**уравновешенный** (우라브노붸쉔느이)
침착한, 신중한	**сдержанный** (즈제르좐느이)
침착한, 태연한, 냉정한, 열(정)이 없는	**невозмутимый** (네붜즈무찌므이)
침착히, 얌전히, 차분하게	**спокойно** (스빠꼬이나)
침출(浸出)	**экссудация** (엑쓰쑤다찌야)
침출, 분비물, 분비액	**экссудат** (엑쓰쑤다트)
침팬지(유인원).	**шимпанзе** (쉼빤제)
침해(살해, 훼손)하려했다	**посягать** (빠쌰가찌)
침해(侵害), 훼손(毁損)	**посягательство** (빠쌰가쩰쓰또붜)
칭찬(찬양), 칭송, 찬양, 갈채; 숭배, 찬미	**хвала**

	(흐왈라)
칭찬(찬양)하다	**хвалить** (흐왈리찌)
칭찬(稱讚), 찬사(讚辭)	**похвала** (빠흐왈라)
칭찬, 열광적인 기쁨, 흥분, 우쭐함, 의기양양	**экзальтация** (에크잘따찌야)
칭찬[칭송]하다, 기리다, 찬사를 드리다	**славословить** (슬라바쓸로비찌)
칭찬의, 찬사의, 찬양하는	**поздравительный** (빠즈드라비쩰늬이)
칭찬하다, ~에게 찬사를 말하다, *см.* хвалить[ся]	**похвалить[ся]** (빠흐왈리찌)
찬사하다. 찬양하다	**восхвалять** (바쓰흐왈랴찌)
칭찬할 만한, 기특한, 갸륵한, 칭찬할 만한,	**похвальный** (빠흐왈리느이)
칭호, 호칭, 이름	**звание** (즈와니예)

#

카누(canoe), 독목주(獨木舟)	**каноэ** (까노에)
카누의 짧고 폭 넓은 노; 노(주걱) 모양의 물건	**весло** (웨쓸로)
카드 도박의 이름	**штос, штосс** (쉬또쓰)
카드(목록), 카드함	**картотека** (까르또쩨까)
카드(card), 지표; фотографическая ~ 사진	**карточка** (까르또치카)
카드결재 ~ расчет 무현금 결재(結齋)	**безналичный** (베즈날리츠느이)
카드놀이 ~에 전승하다	**шлем** (쉴렘)
카드놀이의 으뜸패, 트럼프(플레잉 카드)의 으뜸패	**козырь** (꼬즈리)
카드의 6점의 패, 6의 눈이 나온 주사위	**шестёрка** (쉐쓰쬴까)
카드의 운에 맡기는 승부(모험), (도박에) 열중하다.	**железка** (젤레지까)
카드의, 판지(板紙)의, 마분지의	**карточный** (까르또츠느이)
카라카스(Caracas; 베네수엘라 수도)	**Каракас**

	(까라까쓰)
카라트 (금은보석의 중량의 단위=0.2g(그람)	**карат** (까라트)
카레이스	**автопробег** (압따쁘로벡)
카르텔(Kartell)	**картель** (까르쩰)
카리, 칼륨(Kalium)	**калий** (깔리이)
카리에스(caries)	**кариес** (까리에쓰)
카메라, 사진기; 텔레비전 카메라	**камера** (까메라)
카메룬(Cameroon)	**Камерун** (까메룬)
카멜레온, 카멜레온자리,변덕쟁이, 경박한 사람	**хамелеон** (하멜레온)
카바레 노래, (연예장의) 소곡 소창, 샹송(chanson);	**шансонетка** (샨쏘네뜨까)
카바레(cabaret), 무도장	**кабаре** (까바레)
카바레, 카바레 가수	**шансонетка** (샨쏘네뜨까)
카바이드, 탄화물	**карбид** (까르비드)
카불(Kabul)	**Кабул** (까불)
카빈소총, (옛날) 기병총, 엽총 강선이 있는 엽총	**штуцер** (쉬뚜쩰)
카빈총, 기병총	**карабин** (까라빈)
카세인, 건락소(乾酪素)	**казеин**

- 1430 -

카스트(인도와 일부 동방국가들에서) 계층	(카제인) **каста** (까쓰따)
카약(캔버스를 입힌 카누형 보트) 바이다르까(baidarka)	**байдарка** (바이다르까)
카자끼, 코사크[카자흐]인의	**казацкий** (카자쯔끼이)
카자흐사람(들)	**казахи** (까자히)
카자흐스탄, (Republic of ~; 수도 아스타나)	**Казахстан** (카자흐쓰탄)
카자흐스탄의	**казахский** (카자흐쓰끼이)
카카오나무	**шоколадник** (샤깔랃닉)
카카오나무, 코코아가루, 코코아차	**какао** (까까오)
카키색의, 황갈색의; костюм цвета~ 카키색의 옷,	**хаки** (하끼)
카타르(catarrh), 중세 유럽의 마니교의 이단파)	**Катар** (까따르)
카타르-, ~ые заболевания 감기, 고뿔 질환	**простудный** (쁘라쓰뚜드늬이)
카타르; 코[인후] 카타르; 콧물; 감기. 끈끈막염	**катар** (까따르)
카톨릭의 대부(代父), 교부(敎父).	**крёстный** (크료쓰뜨늬이)
카트만두(Katmandu: Nepal의 수도)	**Катманду** (까뜨만두)
카페, (가벼운 식사도 할 수 있는) 커피점	**кафе** (까페)
카프론(capron; 합성섬유의 한 가지)	**капрон** (까쁘론)

카프론의, 카프론으로 만든	**капроновый** (까쁘로노브이)
카프카스 지방[산맥]의 염소	**тур** (뚜르)
칸막이, 격벽, 사이벽	**перегородка, переборка** (뻬레가로드까)(뻬레보르까)
칸을 막다, 칸막이로 막다	**перегораживать, разгородить** (뻬레가라쥐와찌)(라스가라지찌)
칸타타, 교성곡	**кантата** (깐따따)
칼이 무디다 (감각, 지력 등이) 둔해지다	**тупеть** (뚜뻬찌)
칼. 창 따위의 날; ~ бритвы 면도날	**остриё** (아쓰뜨리요)
칼[벤]자국을 내기, 베기; 새김; 칼[벤]자국	**надрез** (나드레즈)
칼날	**клинок** (클리노크)
칼라, 깃, 접어 젖힌 깃. 옷깃, 목덜미	**шиворот** (쉬붸롵)
칼로 찍은 자리	**зарубка** (자루브까)
칼로리(calorie)	**калория** (깔로리야)
칼로리량, 발열량	**калорийность** (깔로리이노쓰찌)
칼새	**стриж** (스뜨리즈)
칼슘(calcium)	**кальций** (깔찌이)
칼을 갈다, 날카롭게 하다; 뾰족하게 하다, 깎다,	**отточить** (앗따치찌)

칼을 먹어 보이는 요술쟁이	**шпагоглотатель** (쉬빠고글로따쩰)
칼자루, 칼자루에 늘어뜨린 끈(술)	**эфес** (에페쓰)
칼집, 검실, 도실(刀室)	**ножны** (노즈늬)
칼집에서 뽑다, 빼내다. 잡아 뽑다	**оголить[ся], оголять[ся]** (아갈리찌)(오골랴찌)
캄파, 장뇌(樟腦)	**камфара** (깜파라)
캄팔라(Kampala)	**Кампала** (깜빨라)
캐기, 채굴; 광석체굴, 채광	**разработка** (라자라볼까)
캐나다(Canada, 수도 Ottawa)	**Канада** (까나다)
캐내다, 채광(채굴)하다. 추출(채취)하다	**добывающий добыть** :(다븨와유쉬이), (다븨찌)
캐묻는 물음	**расспросы** (라쓰쁘로싀)
캐묻다, 애써 알아내다	**допытаться допытываться** (다쁴따쨔), (도쁴띄와쨔)
캐묻다, 자세히 물어보다	**расспрашивать** (라쓰쁘라쉬와찌)
캐비지(cabbage) 양배추, 감람, 가두배추	**капуста** (까뿌쓰따)
캐어물어 알아내다, 자세히 캐어묻다	**выспрашивать** (븨쓰쁘라쉬와찌)
캔베라(Canberra: 오스트레일리아의 수도)	**Канберра** (깐벨라)
캠페인(campaign), 깜빠니야, 운동	**кампания** (깜빠니야)

캠페인, (조직적인) 운동, 사회 운동; 반대 운동, 투쟁	**поход** (빠호드)
캡(모자의 한 가지)	**кепка** (꼐쁘까)
캡스턴, 닻 따위를 감아올리는 장치	**шпиль** (쉬뻴리)
캥거루, 대서(袋鼠)	**кенгуру** (꼔구루)
커넥팅 로드, 연접봉, 부랑자	**шатун** (샤뚠)
커다란, 거대한, 굉장한; ~ая сумма 고액	**колоссальный** (깔로쌀리느이)
커다란, 당당한, 대규모의, 아주 큼직하다	**внушительный** (브누쉬쩰느이)
커다란, 크나큰, 웅장한	**огромный** (아그롬느이)
커다란, 큰, 집채 같은, 웅대한, 규모가 큰	**крупный** (크루쁘느이)
커뮤니케이션; совместное ~ 공동콤뮤니케이션	**коммюнике** (꼼뮤니께)
커지다, 증대되다, 늘어나다	**вырастать** (브라쓰따찌)
커튼(curtain), 휘장(揮帳)	**занавеска** (자나뼤쓰까)
커튼을 치다, 막을 내리다, 막으로 가리다	**занавешивать** (자나뼤쉬와찌)
커틀릿, (소·양의) 얇게 저민 고기; 까쯔레쯔	**котлета** (까뜰레따)
커틀릿, 란게트(등심살을 저며서 만든 요리) 얇게 저민고기	**лангет** (란곋트)
커프스 단추(sleeve link). (와이셔츠의) 장식 단추	**запонка** (자뽄까)

커피(나무·열매·음료); 커피색, 다갈색; 커피나무	**кофе** (꼬폐)
커피의; ~ цвет 커피색	**кофейный** (까폐이느이)
커피주전자	**кофейник** (까폐이니크)
컨닝하는 학생	**шпаргалочник** (쉬빨갈로츠닉)
컬렉터, 집전자(集電子), 전류	**дуга** (두가)
컴퍼스(compass), 나침반, 나침의 지남침	**циркуль** (찌르꿀)
컴퓨터, 전자계산기	**компьютер** (깜쀼쩨르)
컵, 잔, 고뿌; пить из ~а 잔으로 마시다	**стакан** (스따깐)
컵, 큰 잔, 잔(盞) 찻잔	**кубок** (꾸보크)
케나프, 인도삼	**кенаф** (께나프)
케냐(동아프리카의 공화국; 수도 Nairobi)	**Кения** (께니야)
케이블(선), 피복선	**кабель** (까벨)
케이블카	**фуникулёр** (푼이꿀렐)
케이크, 카스테라(건포도를 넣은 단빵)	**кекс** (껙쓰)
케이프, 어깨 망토, 소매 없는 외투. 망토, 걸치개 옷	**накидка** (나끼드까)
케케묵은, 고리타분한, 침체한	**затхлый** (자뜨홀르이)

- 1435 -

코, 매듭, 끝매듭, (끈·실·철사 등의) 고리; 고리 장식	**петля** (뻬뜰랴)
코의, 부리의	**носовой** (나쏘보이)
코;	**нос** (노쓰)
코가 큰, 큰 코.	**широконосый** (쉬로까노씌이)
코고는 소리, 코곪	**храп** (흐랍)
코끼리; ~a не приметить (야유) 제일 중요한 것을 못보다	**слон** (슬론)
코끼리의 코;	**хобот** (호보트)
코끼리의: ~ая кость 상아	**слоновый** (슬로노브이)
코냑(프랑스산 브랜디), 브랜디(brandy:)	**коньяк** (깐약)
코데인(codeine)	**кодеин** (까데인)
코드, 부호 색인, 찾아보기	**индекс** (인제끄쓰)
코란만을 인정하는 회교도의 일파, 즉 시아파	**шииты** (쉬이띄)
코르네트, 코넷(악기); 코넷 취주자	**корнет** (까르네트)
코르크, 코르크마개; 코르크 부표(浮標), 나무껍질	**пробка** (쁘롭까)
코를 골다; 콧김을 뿜다	**храпеть** (흐라뻬찌)
코를 킁킁거리다, 냄새를 맡다, 코로 숨쉬다;	**понюхать** (빠뉴하찌)

코를 풀다	**сморкаться** (스마르까쨔)
코뮌; Парижская ~ (역사) 파리코뮌	**коммуна** (꼼무나)
코발트(cobalt: 금속 원소; 기호 Co; 번호 27)	**кобальт** (꼬발트)
코브라, 안경뱀	**кобра** (까브라)
코뻬이카(100 분의 1 루블);	**копейка** (꼬뻬이까)
코사인(cosine: 기호는 cos. 여현)	**косинус** (까씨누쓰)
코사크(카자흐)인의 대위.	**есаул** (예싸울)
코사크[카자흐] 사람; 카자흐 기병; 기마경찰, 까자크	**казак** (까자크)
코스타리카	**Коста-Рика** (꼬쓰따-리카)
코시컨트(cosecant: 기호는 cosec. 여할(餘割) 코세크)	**косеканс** (까쎄깐쓰)
코안경, 무테안경	**пенсне** (뻰쓰네)
코에서 나오는;	**носовой** (나쏘보이)
코웃음 치다, 비죽이 웃다, 능글맞게 웃다,	**ухмыльнуться** (우흐밀누쨔)
코웃음 치다, 픽 웃다, 빙긋하다	**усмехаться, ~нуться** (우쓰메하쨔)
코웃음, 비웃음; с ~ой 비웃으면서	**усмешка** (우쓰몌쉬까)
코인두, 비인두(咽頭)	**носоглотка** (나쏘글로뜨까)

코일, 전기코일, 전깃줄 감개, 선륜, 줄톳	**катушка** (까뚜쉬까)
코치; 지도원; 연기[성악] 지도자; 가정교사	**тренер** (뜨레네르)
코코야자 열매, 코코넛. ~ый орех 야자 (열매)	**кокосовый** (꼭꼬소브이)
코킹(caulking), 화폐 주조,	**чеканка** (체깐까)
코킹하다. (뱃널 틈을) 뱃밥으로 메우다	**сплотить** (스쁠로찌찌)
코탄젠트(cotangent), 탄젠트의 역수	**котангенс** (까딴겐쓰)
코터(가로쐐기, 쐐기(栓); 비녀못)로 고정시키다	**шплинтовать** (쉬쁠린또와찌)
코페인	**кофеин** (까페인)
코허리, 콧대, 미간(眉間)	**переносица** (뻬레노씨짜)
코흘리개	**сопляк** (싸쁠랴크)
콕스웨인(coxswain)	**кокс** (꼭스)
콘도르의 일종, 수염수리(condor)	**ягнятник** (야그냐뜨니크)
콘베아; ленточный ~ 벨트 콘베아	**конвейер** (깐베이엘)
콘베이어(conveyor), 전송대, 반송대(搬送帶)	**транспортёр** (뜨란쓰뽀르쫄)
콘센트에 끼우는 플러그, 소켓	**втулка** (프뚤르까)
콘체른(Konzern), 기업합동, 카르텔, 트러스트	**концерн** (깐쩨른)

콘크리트 블록	**блок** (블록)
콘크리트 타입기(concrete 打入機)	**бетоноукладчик** (베따노우클라드칙)
콘크리트(concrete), 공굴, 혼응토(混凝土); 회(灰)공굴,	**бетон** (베똔)
콘크리트공(concrete 工)	**бетонщик** (베똔쉬크)
콘크리트를 다져넣다, 타입하다	**бетонировать** (베따니로와지)
콘크리트의 철근	**арматура** (아르마뚜라)
콘크리트의	**бетонный** (베똔느이)
콘크리트혼합기(concrete 混合機)	**бетономешалка** (배따노메샬까)
콘트라베이스(double bass)(최저음의 대형 현악기)	**контрабас** (깐뜨라바쓰)
콘트랄토, 최저 여성음(부) 여성 최저음	**контральто** (깐뜨랄따)
콜레라, 괴질, 호역(虎疫), 호열자	**холера** (할레라)
콜롬보	**Коломбо** (깔롬보)
콜롬비아	**Колумбия** (깔룸비야)
콜롬비아의	**колумбийский** (깔룸비이쓰끼이)
콜호스 회원	**колхозник** (꼴호즈니크)
콜호스의	**колхозный** (꼴호즈느이)

콤바인운전수	**комбайнер** (깜바이네르)
콤바인의 낟알탱크	**бункер** (분께르)
콧구멍, 비공, 비문, 천문(天門)	**ноздря** (나즈랴)
콧물, 비수(鼻水), 비액(鼻液)	**сопли** (싸쁠리)
콧수염, 구레나룻	**усы** (우쓰이)
콧수염이 있는	**усатый** (우싸뜨이)
콩(강낭콩·잠두류)	**боб** (보브)
콩, 대두(大斗), 상태(上太)	**соя** (쏘야)
콩, 대두(大豆)	**бобовый** (바보브이)
콩고(Congo)	**Конго** (꼰고)
콩고의	**конголезский** (깐고레즈쓰끼이)
콩과(科)의 ~ые культуры (복수) 콩과 작물	**зерно-бобовый** (제르노-바보브이)
콩과(科)의 식물, 콩류(식료로서)	**боб** (보브)
콩과(科)의 식물	**бобовые** (바보브예)
콩과의 하나	**эспарцет** (에쓰빠르쩨트)
콩과의 하나	**язвенник** (야즈볜니크)

콩꼬투리	**боб** (보브)
콩의, 콩(강낭콩·잠두류)의	**бобы** (바브이)
콩의; ~ый соус 간장;~ая паста 된장; ~ое масло 콩기름	**соевый** (쏘예브이)
콩팥돌증, 신석증 ~ая болезнь 신장결석증	**почечнокаменный** (빠체치노까멘느이)
쾅 울리다	**бухать** (부하찌)
쾅(탁)닫히다	**захлопнуться** (자흘로쁘누쨔)
쾌활, 낙천적, 명랑한, 기분 좋은	**жизнерадостность** (쥐즈네라도쓰뜨노쓰찌)
쾌활, 활발, 발랄, 명랑,생기, 활기(띠움), 고무	**живость** (쥐붜쓰찌)
쾌활[유쾌]해지다, 명랑한 기분이 되다	**оживить[ся]** (아쥐비찌)
쾌활한, 놀기 좋아하는, 농담 좋아하는, 개구장이,	**шалун** (샬룬)
쾌활한, 장난(짓) 궂은	**резвый** (레즈브이)
쾌활해지다, 활기 띠다	**расцвести** (라쓰쯔베쓰찌)
쿠바(Cuba)	**Куба** (꾸바)
쿠바사람(들)	**кубинцы** (꾸빈쯱)
쿠바의, 쿠바 (사람)의; 쿠바 사람	**кубинский** (꾸빈쓰끼이)
쿠션, 방석, 쿠션 모양의 물건; 받침 방석; 바늘겨레	**подушка** (빠두스까)

쿠알라롬푸르	**Куала-лумпур** (쿠알라-롬뿌르)
쿠웨이트(Kuwait)	**Кувейт** (꾸베이트)
쿡, 밀치는 것, 충격	**толчок** (딸쵸크)
쿡, 요리사, 취사원	**Кашевар** (까쉐왈)
쿡쿡 쏘는 아픔	**резь** (레시)
쿡쿡 쑤시다, 쏘다, 찌르다;	**колоть** (깔로찌)
쿡쿡 쑤시다	**мозжить** (마즈쥐찌)
쿡쿡 아프게 하다	**сверлить** (스베르리찌)
쿵하고 떨어지다	**бухать** (부하찌)
크게 계획을 세우다, 판을 크게 벌리다	**размахиваться** (라스마히와쨔)
크게 껄껄 웃다	**ржать** (르좌찌)
크게 떠들어대다 소란을 피우다, 투덜거리다	**шуметь** (슈몌찌)
크게 성공하다, 성과를 거두다	**преуспевать** (쁘레우쓰뻬와찌)
크게 소동하다; 떠들며 다니다; 부산 떨다	**засуетиться** (자쑤예찌쨔)
크게 소동하다; 야단법석이다 부산을 떨다	**похлопотать** (빠흘로뽀따찌)
크게 웃다, 포복 절도하다	**сдыхать** (즈듸하찌)

ㅋ

크게 허풍을 떠는 사람 협잡꾼, 남자 사기꾼	**шарлатан** (샬라딴)
크게 허풍을 떠는 사람 협잡꾼, 박식한 체하는	**шарлатанство** (샬라딴스뜨붜)
크고 넓은 거리, 대통로, 대로	**проспект** (쁘라쓰뻭트)
크고 독 있는 뱀의, 독사의	**змей** (즈메이)
크고 둥근 돌, 구름 돌	**валун** (왈룬)
크고 둥근 빵 덩어리	**коврига** (까브리가)
크기(길이·규모·수량), 넓이, 치수, 부피;	**величина** (뷀리치나)
크기(정도)를 정하다	**размерить** (라스메리찌)
크기, 무게, 값, 회수 등을 표시	**в(во)** (웨)
크기, 차원(次元), (길이·폭·두께의) 치수,	**измерение** (이즈메례니예)
크기, 치수, 규격(規格), 문수	**габарит, размер** (가바리트) (라스몔르)
크기가 상당한;	**солидный** (쌀리다느이)
크랭크, (Z자 꼴로) 굽은 자루; 삐뚤삐뚤, 굴곡	**коленчатый** (깔롄차뜨이)
크레이프(천), 축면사(縮緬紗); 검은 크레이프 상장(喪章)	**креп** (크레쁘)
크렘린(Kremlin), 크렘린 궁전 소련 정부(간부)	**Кремль** (크렘리)
크렘린의(Kremlin)	**кремлёвский** (크롐룝쓰끼이)

크로네(krone; 화폐단위)	**крона** (크로나)
크로노스의 형제, 토성의 제 8위성	**Япет** (야뻬트)
크로케트(야유회의 한가지)	**крокет** (크로꼐트)
크롬 칠하는 것, 크롬 도금(chrom 鍍金)	**хромирование** (흐로미로와니에)
크롬(chrom), 크로뮴(금속원소)박스	**хром** (흐롬)
크롬의; ~ая сталь 크롬강	**хромистый** (흐로미쓰뜨이)
크루아상(초승달 모양의 롤빵)	**рожок** (라조크)
크루프성(性)의	**крупозный** (크루뽀즈느이)
크리스마스, 성탄제, 성탄절(12월 25일; X mas).	**рождество** (라줴쓰뜨뷔)
크림 산지의 목장(牧場)	**яйла** (야일라)
크림; 우유의 뻑뻑한 더껑이 кофе со сливками 크림커피	**устой** (우쓰또이)
크림; 우유의 뻑뻑한 더껑이, 먹는 크림, 화장용 크림	**крем** (크렘)
크림; 우유의 뻑뻑한 더껑이. 소젖의 기름	**сливки** (슬리브끼)
크림반도(까프까즈)의 꼬치구이 양고기, 사슬릭	**шашлык** (샤슬릭)
크림의, 크림 같은; 크림색의; 매끄럽고 보드라운	**сливочный** (슬리붜츠느이)
크와스(러시아 청량음료의 한가지)	**квас** (크와쓰)

큰 (굵은) 나뭇가지	**сук** (수크)
큰 가지, 가지, 분지(分枝); 가지 모양의 것	**лапа** (라빠)
큰 금. 틈. 크게 갈라진 곳, 터진 곳	**щелина** (쉘리나)
큰 기쁨, 환희, 황홀, 열중. 무아경, 희열	**упоение** (우빠에니에)
큰 까마귀, 갈가마귀, 비거(鴨鴟), 여사(鸒斯), 연오	**ворон** (붜론)
큰 날개, 날개 폭이 넓은	**ширококрылый** (쉬로까크릴르이)
큰 단풍나무, 단풍나무 재목	**явор** (야보르)
큰 덩어리, 큰덩이	**глыба** (글릐바)
큰 물, 대홍수(大洪水)	**потоп** (빠또쁘)
큰 물결, 놀,(폭풍우의) 큰놀,(시어) 파도,(파도의) 굽이침	**вал** (왈)
큰 바늘, 송곳(가죽공. 구두공 등의)	**шило** (쉴로)
큰 병, 두루미	**бутыль** (부뙬)
큰 부담으로 되지 않은, 힘들지 않은	**необременительный** (네아브레메니쩰느이)
큰 사슴	**лось** (로시)
큰 성악작품의 가사, 가극의 대본	**либретто** (리브렡따)
큰 소동, 시위적소란(방해를 목적으로 한), 야유	**шаривари** (샤리와리)

ㅋ

- 1445 -

큰 소리로 귀를 멍멍하게 하다	**оглушить** (아글루쉬찌)
큰 소리로 울다; 짖다. 소리치다, 외치다	**зареветь** (자레볘찌)
큰 소리로	**громко** (그롬까)
큰 쇠통; 탱크	**чан** (찬)
큰 술잔, 잔(盞)	**бокал** (바깔)
큰 실수, 대(大)실책, 헛맞는 것; 잘못, 실수	**промах** (쁘라마흐)
큰 실수, 망신, 잘못	**ляпсус** (랴쁘쑤쓰)
큰 의의가 없는 대수롭지 않는	**малоценный** (말라쩬느이)
큰 의의가 없는	**малозначащий, малозначительный** (말라즈나차쉬이), (말라즈나치쩰느이)
큰 의의가 있는, 중대한	**многозначительный** (므나가즈나치쩰느이)
큰 자갈, 막돌, 주먹돌(도로포장용)	**булыжник** (불릐지닉)
큰 착오; ~ое нарушение 난폭한 위반	**грубый** (그루븨이)
큰 커다란	**здоровый** (즈다로브이)
큰 파도, 놀; 굽이치는 파동; 파도침	**прилив** (쁘릴리프)
큰 파도가 일다; 물결치는 대로 떠돌다	**взбунтоваться** (쓰분따와짜)
큰 파문: 센세이션	**сенсация** (쎈싸찌야)

큰 파문을 일키는	**сенсационный** (쎈싸찌온느이)
큰, 넓은, 커다란, 대단한	**большой** (발쇼이)
큰, 유다른	**особый** (아쏘브이)
큰길, 간선 도로 순탄한 길 도로	**шлях** (쉴래흐)
큰길, 대도로; 대로(大路), 규로	**тракт** (뜨라끄트)
큰길, 대로	**бульвар** (불와르)
큰물, 홍수	**наводнение** (나붜드네니에)
큰불, 대화재	**поджигать** (빠쥐가찌)
큰소리로 말하다	**кричать** (크리차찌)
큰소리로 부르다	**кликнуть** (클리크누찌)
큰소리로 웃다	**гоготать** (가가따찌)
큰소리로, 공개적으로	**громогласно** (그라마그라쓰나)
큰소리로(외치다, 소리[고함]치다) 이야기하다	**крикнуть** (크리끄누찌)
큰잔치, 호화로운 주연, 연회, 향연; 축연(祝宴)	**пиршество** (삘쉐쓰뜨보)
클라리넷(clarinet), 클라리오넷.	**кларнет** (클라르네트)
클라리온(예전에 전쟁 때 쓰인 나팔), 뿔피리, 각적(角笛)	**рожок** (라조크)

클럽 회관; 운동선수용 로커 룸	**клуб** (클룹)
클럽(club), 동호회; 클럽실[회관] 구락부	**клуб** (클룹)
클로로포름(chloroform. 마취제의일종)	**хлороформ** (흘로로포름)
클로로필, 엽록소, 잎파랑이	**хлорофилл** (흘로필르)
클로버, 호화롭게	**припеваючи** (쁘리뻬와유치)
클로버(토끼풀)속	**шабдар** (샤브달)
클립, 종이[서류]집게[끼우개]; (보석 등이 붙은) 장식핀;	**скрепка** (스크레쁘까)
키, 신장	**рост** (로쓰트)
키가 작은(낮은, 작달막한)	**низкорослый** (니즈꼬로쓸르이)
키가 작은, 꼬마	**малорослый** (말라로쓰리이)
키가 큰, 장대한, 성장한	**рослый** (로쓸리이)
키갈리(Rwanda의 수도)	**Кигали** (끼갈리)
키꺽다리, 꺽다리, 키다리, 장신(長身)	**каланча** (깔란차)
키꺽다리, 키다리, 장신(長身) 가등주(街燈柱)	**дылда, верзила** (딀다)(붸르질라)
키드제(製)의 새끼염소; 새끼영양(羚羊);	**лайковый** (라이꼬브이)
키르기즈스탄(Kirgizstan)	**Киргизия** (끼르기지야)

- 1448 -

키르기즈스탄사람(들)	**киргизы** (끼르기즤)
키르기즈스탄의	**киргизский** (끼르기즈쓰끼이)
키를 잡다(다루다, 돌리다);	**рулить** (룰리찌)
키만 머쓱하게 큰, 머쓱한	**долговязый** (돌가뱌즈이)
키스(kiss), 입 맞추기	**поцелуй** (빠쩰루이)
키스하다(~에) 키스하다, (~에) 입맞추다.입 맞추다	**, целовать** (쩰로와찌)
키스하다, (~에) 입맞추다	**поцеловать[ся]** (빠쩰로와찌)
키우다, 기르다, 습득시키다, (사상·지식을) 가르치다	**прививать** (쁘리비와찌)
키우다, 기르다, 키워내다, 재배하다, 가꾸다;	**вырастить** (브라쓰띠찌)
키우다, 길러내다, 사육하다	**выкармливать** (븨까르믈리와찌)
키우다, 치다	**держать** (제르좌찌)
키의, 조타의	**рулевой** (룰레보이)
키잡이, 조타수; 방향타	**рулевой** (룰레보이)
키질하다, 격화시키다	**разжечь** (라스줴치)
키질하다, 풀무질하다, 까불리다	**веять** (볘야찌)
키펀처, 구멍뚫는 사람[기구]; 펀처 프레스공,	**штамповщик** (쉬땀뽀브쉭)

키프로스(지중해 동단의 섬·공화국; 수도 Nicosia)	**Кипр** (끼쁘르)
킥킥 웃어 (감정을) 나타내다.	**хихикать** (히히까찌)
킥킥거리다, 소리를 죽이고 웃다 횡령, 절취, 약탈(掠奪)	**хищение** (히쒜니에)
킨샤사(Zaire의 수도; 구칭 Léopoldville)	**Киншаса** (낀샤싸)
킬로그램(1,000g, 약 266.6 돈쭝; 略: kg).	**кило** (낄로)
킬로그램(kilogram)	**килограмм** (낄로그람마)
킬로미터(kilometer: km);	**километр** (낄로메뜨르)
킬로와트(kilowatt); ~-час 킬로와트시	**киловат** (낄로와트)
킹킹(끙끙)거리다	**кряхтеть** (크랴흐쩨찌)

ㅋ

ㅌ

타 없어지다, 다 타다	**сгореть** (즈고레찌)
타개, 돌파	**прорыв** (쁘라릐프)
타개하다, 돌파 해나오다(나가다)	**прорваться** (쁘라르와쨔)
타격, 쇼크(shock), 충격; нанести~ 타격을 주다	**удар** (우다르)
타격, 연타; 강타; 치는 소리	**бомбёжка** (봄뵤지까)
타격으로, 충격으로, 쇼크로	**ударный** (우다르느이)
타격을 가하다, 찌르다; 격파(타승)하다	**поразить** (빠라지찌)
타고 가버리다, 떠나가다	**укатить** (우까찌찌)
타고 갔다 오다; ~ к родным 친척집에 갔다 오다	**съездить** (스예즈지찌)
타고 내려가다(오다)	**съехать** (스예하찌)
타고 다니다; ~ на коньках 스케이트를 타다	**кататься** (까따쨔)
타고 돌아다니다(다니다)	**объезжать прокатиться**

	(압비좌찌) (쁘라까찌쨔)
타고 돌아다니다, 여행하다	**разъезжать изъездить** (라즈예즈좌찌) (이지예즈지찌)
타고 들어가는 것	**въезд** (프에즈드)
타고 들어가다(오다)	**въезжать** (프에즈좌찌)
타고 떠나다, 가다	**поехать** (빠예하찌)
타고 또는 걸어서 돌아다니다	**исколесить** (이쓰깔례시찌)
타고 에돌아가다(휘돌아), 우회하다	**объезжать** (압비좌찌)
타고 오다, 도착하다	**приезжать, прикатить** (쁘리에즈좌찌)(쁘리까찌지)
타고 지나가다, 통과하다	**проехать** (쁘라예하찌)
타고 가다, (타고)오다	**ехать** (예하찌)
타고 가면서 ~에 부딪치다. ~과 마주치다	**наезжать** (나예즈좌찌)
타고난, 선천적인; 쌍생의, 동시 발생의;	**реликтовый** (롈리끄또브이)
타고난, 천부의;(의학·생물) 선천성의	**природный** (쁘리롣느이)
타고난, 천성적인, (의학)선천적인	**врождённый** (브로즈죤느이)
타고장의, 다른 나라	**чужой** (추조이)
타국, 남의 나라, 외국	**чужеземный** (추줴곔느이)
타기, 타고 다니는 것, 설매	**катание** (까따니예)

- 1452 -

타는, 타고 다니기 위한	**ездовой** (예즈도보이)
타닌(성(性))의; 타닌에서 얻은	**дубильный** (두빌느이)
타다 남은 것, 깜부기불, 여신, 빨갛게 탄 숯불, 탄불	**жар** (좌르)
타다, (뒤)섞다, 혼합하다, 합금하다	**примешать, примешивать** (쁘리메샤지)(쁘리메쉬와찌)
타다, 걸치다, 입다, 쓰다, 놓다, 두다, 설치하다	**надеть** (나졔찌)
타다, 불타다	**гореть** (가례찌)
타당(적당)하다; 알맞다, 꼭맞다, 딱맞다	**подобрать** (빠다브라찌)
타도(전복)하다, 뒤집어엎다. 쓰러뜨리다	**побить свергать** (빠비찌)(스붸르가찌)
타도, 전복	**свержение** (스붸르줴니예)
타도하라!, 물러가라!	**долой!** (달로이!)
타락[부패]하다; 붕괴하다	**развратить[ся]** (라스브라찌찌)
타락시키는 것; 방탕(放蕩), 부화	**развращение** (라스브롸쉐니예)
타락시키다, 방탕케 하다	**развращать** (라스브라샤찌)
타락하다, 곯아빠지다	**опускаться** (아뿌쓰까쨔)
타락하다, 방탕(부화)해지다	**развращаться** (라스브라샤쨔)
타락하다, 퇴폐하다, 썩어빠지다	**гнить** (그니찌)

타래선, 라선; 나사선	**спираль** (스삐랄)
타래송곳(마개뽑이. 목공용), 마개뽑이, 코르크 뽑개	**штопор** (쉬또뽈)
타르(tar), 콜타르 피치; (담배의) 댓진	**дёготь** (죠고찌)
타르칠한 방수포[범포(帆布)]; (선원의) 방수외투(모)	**парусина** (빠루씨나)
타모 공장	**шерстобойня** (쉐르쓰또보이냐)
타모공, 털실 방적공소면,	**шерстобит** (쉐르쓰또빝)
타모의, 타모용의	**шерстобитный** (쉐르쓰또비뜨느이)
타박상, ~에게 멍이 들게 하다	**ушибать[ся]** (우쉬바찌)
타박상; получить ~ю 타박상을 입다	**контузия ушиб** (깐뚜지야) (우쉬브)
타박상을 입다, 다치다	**ушибиться** (우쉬비쨔)
타박상을 입다, 상하다, 다치다	**расшибиться** (라쓰쉬비쨔)
타박상을 입은	**контуженный** (깐뚜줸느이)
타박상을 입히다	**контузить, подбивать** (깐뚜지찌)(빧비와찌)
타박상을 입히다	**ушибить расшибить** (우쉬비찌)(라쓰쉬비찌)
타버리다, 다(죄다) 타다	**догорать, догореть** (다가라찌), (다가례찌)
타산(고려)하다	**рассчитать** (라쓰치따찌)
타산(성), 주도 세밀성	**расчётливость**

	(라쓰쵸뜨리붜쓰찌)
타산, 예정, 생각	**расчёт** (라쓰쵸트)
타서 길들인, 차(말)이 통과해서 좋게 길 들여진	**езженый** (예즈줴느이)
타서 못쓰게 되다, 타서 끊어지다	**перегорать** (뻬레가라찌)
타수, 키잡이(비행기. 우주선 등의) 조종사,	**штурвальный** (쉬뚤왈리느이)
타스(물건의 12개), 1다스, 1타(打), 12(개)	**дюжина** (쥬쥐이나)
타스통신사(Телеграфное агенство Советского Союза)	**ТАСС** (따쓰)
타악기, 고격악기(敲擊樂器)	**ударный** (우다르느이)
타악기 연주자	**ударник** (우다르니크)
타오르다, 불꽃을 일으키다	**воспламениться, запылать** (바쓰쁠라메니쨔)(자뺄라찌)
타원형, 계란형, 난원형	**овал** (아왈)
타원형의, 계란형의, 동그란. 길쭉하게 둥근 모양	**овальный** (아왈느이)
타월(towel), 수건	**махровый** (마흐로브이)
타월지	**эпонж** (에쁜즈)
타이(구칭 Siam; 수도 Bangkok), 태국	**Таиланд** (따일란드)
타이가(시베리아·북아메리카 등의 침엽수림 지대).밀림의	**таёжный** (따요즈느이)
타이르다, 달래다, 순해지게 하다	**обламывать** (아블라믜와찌)

타이르다, 말리다, ~하지 말라고 충고하다	**отсоветовать** (앗싸볘또와찌)
타이르다, 훈시하다	**поучать** (빠우차찌)
타이어, 바퀴. 고무타이어 (차바퀴의) 쇠바퀴	**шина** (쉬나)
타이어. 바퀴철공	**шинник** (쉰니크)
타이틀, 표제, 제목 ~ая буква 대문자	**заглавный** (자글라브느이)
타이프라이터로 치다. (도장·기호·문자를) 찍다	**отпечатать** (앗뼤차따찌)
타이프라이터로 치다	**пописать** (빠삐싸찌)
타이프라이터로 친. ~ текст 타자글	**машинописный** (마쉬나삐쓰느이)
타이피스트, 타자수	**переписчик** (뼤례삐쓰칙)
타인(打印)하다, (구멍 뚫는 기구로) 구멍을 뚫다	**штамповка** (쉬땀뽀브까)
타인기(打印器), 구멍, 펀치,	**штамповальный** (쉬땀뽀왈리느이)
타인기의, 구멍 뚫는 기구, 표 찍는 가위	**штампованный** (쉬땀뽀완느이)
타일, 공동(空洞)벽돌	**кафель** (까펠)
타일; (화장) 기와; ~ая крыша 기와지붕	**черепичный** (체례삐츠느이)
타일; 기와, 얇은 평석(平石), 석판, 네모난 작은 판	**плитка** (쁠리드까)
타임, 반; 절반. (체육); первый ~ 전반전; второй ~ 후반전	**тайм** (따임)

타임리코더로 퇴근 시간을 기록하다	**прозвенеть** (쁘라즈볘녜찌)
타자기로 찍다, 등사(프린트)하다	**распечатать** (라쓰뻬차따지)
타자수, 타자원, 타이피스트(typist)	**машинистка** (마쉬니쓰뜨까)
타자치는 법, 타자치기	**машинопись** (마쉬나삐시)
타조(駝鳥)	**страус** (스뜨라우쓰)
타지크, 타지키스탄(Tadzhikistan) (Таджикская Советская Социалистическая республика)	**Таджикистан** (따쥐끼쓰딴)
타지크사람(들)	**таджики** (따쥐끼)
타지크의, 타지키스탄의:	**таджикский** (따쥐끄쓰끼이)
타진(打診)진료	**выстукивание** (븨쓰뚜끼와니에)
타타르 사람(의); 타타르 말(의).	**татарский** (따따르쓰끼이)
타타르(Tartar: 타타르 공화국.). (러시아 연방의 자치 공화국의 하나; 수도 Kazan)	**татарин** (따따린)
타타르 사람들(Tartar man)	**татары** (따따릐)
타탄(의), 격자무늬의(모직물)격자무늬,	**шотландка** (샤뜰란드까)
타협(妥協)	**компромисс** (깜쁘로미쓰)
타협의, 타협적인; ~ый план 타협안	**компромиссный** (깜쁘로미쓰늬이)
타협, 화해, 양보	**соглашательство** (싸글라샤쩰쓰뜨붜)
타협분자, 절충주의자	**соглашатель**

	(싸글라샤쩰)
타협없는, 비타협적인	**бескомпромиссный** (베쓰깜쁘로미쓰느이)
탁 닫다, 쾅 닫다	**захлопнуть** (자흘로쁘누찌)
탁구(卓球), 핑퐁(ping pong), 테이블 데니스(table tennis)	**пинг-понг** (삔그-뽄)
탁아소, (구유 속의) 예수 탄생도, 어린이 날	**ясли** (야쓰리)
탁탁 소리를 내다, 우지끈거리다	**потрескивать** (빠뜨롓쓰끼와찌)
탄(炭), 불타버린, 눌은	**горелый** (가렐르이)
탄, 그을은, 그을린, 겉이 탄	**палёный** (빨룐느이)
탄갱 채굴장, 채석장, 광산, (용광로의) 원통형	**шахта** (샤흐따)
탄광, 매장지(埋藏地)	**бассейн** (바쎄이느)
탄 냄새	**гарь** (가리)
탄도; крутая ~ 곡사탄도	**траектория** (뜨라예크또리야)
탄도의	**баллистический** (발리쓰티체쓰키이)
탄두(彈頭)	**боеголовка** (바예갈로브까)
탄띠, 탄갑	**патронташ** (빠뜨론따쉬)
탄력 있는, 탄성이 있는	**упругий** (우쁘루기이)
탄력, 탄성	**эластичность**

	(엘라쓰찌츠노쓰찌)
탄력이 있는, 탄성 있는	**эластичность**
	(엘라쓰찌츠노쓰찌)
탄부, 탄광주; 채탄부, 탄갱부; 석탄선;	**угольщик**
	(우갈쉬크)
탄산가스	**углекислота**
	(우글레끼쓸로따)
탄산가스에 중독되다	**угорать, ~еть**
	(우가랴찌)
탄산가스의	**углекислый**
	(우글레끼쓸르이)
탄산염, 탄산 염화[포화]; 탄(산)화(炭(酸)化)	**сатуратор**
	(싸뚜라또르)
탄산칼륨(炭酸 Kalium)	**поташ**
	(빠따쉬)
탄산화 펜, 통풍장치, 포화기[장치].	**сатуратор**
	(싸뚜라또르)
탄산화-, 탄화- ~ая вода 탄산수	**газированный**
	(가지로완느이)
탄생의, 분만의, 해산의	**родовой**
	(라도보이)
탄성고무, 생고무; синтетический ~ 합성고무	**каучук**
	(까우추크)
탄성을 약하게 하다, 켕기게 하다	**растянуть**
	(라쓰쨔누찌)
탄소(炭素)	**углерод**
	(우글레로드)
탄소강(炭素鋼)	**углеродистый**
	(우글레지쓰뜨이)
탄수화물의 광합성	**фотосинтез**
	(파토씬쩨즈)
탄식하여[한숨 지으며] 말하다	**заохать**
	(자오하찌)

탄알, 총탄; 탄피, 약통	**патрон** (빠뜨론)
탄압의, 억압으로	**репрессивный** (레쁘레씨브느이)
탄압(彈壓), 징벌(懲罰)	**репрессия** (레쁘레씨야)
탄압하다, 억압하다; 징벌하다	**репрессировать** (레쁘레씨로와찌)
탄약(기술기자재) 이동 창고	**парк** (빠르크)
탄약(彈藥)	**боеприпасы** (보예쁘리빠씌)
탄약(실탄)을 다 쏴버리다	**расстреливать** (라쓰뜨렐리와찌)
탄을 캐고 난 찌꺼기 돌더미, (광석의) 용재(鎔滓) 더미,	**отвал** (아트왈)
탄자니아(Tanzania: 수도 Dar es Salaam)	**Танзания** (딴자니야)
탄젠트(tangent: 기호: tan. 정절(正切). 정접(正接).	**тангенс** (딴겐쓰)
탄창, 탄알집, 탄약통, 약포(藥包); 카트리지	**обойма** (아보이마)
탄피(彈皮), 약통(藥桶);	**гильза** (길자)
탄환, 포탄, 산탄(散彈)	**дробь** (드로비)
탈, 가면, 마스크(mask), 탈바가지	**маска** (마쓰까)
탈곡장, 곡식을 도리깨질하는 마당; 타작마당	**ток** (똑)
탈곡하다, 마당질하다	**намолачивать бить** (나말라치와찌) (비찌)

탈구, 뼈 어긋남, 탈골(奪骨), 환치(換置), 전위	**вывих** (븨븨흐)
탈락하다	**исчезать** (이쓰체자찌)
탈모(脫毛), 모발제거	**эпиляция** (에삘랴찌야)
탈색하다, 퇴염(退染)하다	**облезать, облезть** (아블레자찌), (옵롓찌)
탈영병, 도피자, 도망자, 도주자	**дезертир** (제제르찔)
탈의실(脫衣室), 옷 보관실	**вешалка** (볘샬까)
탈이 나다, 몸이 편치 않게 되다.	**занемочь** (자네모치)
탈장, 헤르니아(hernia)	**грыжа** (그릐좌)
탈저, 탈저정(脫疽疔), 피저	**гангрена** (간그레나)
탈주, 도피(逃避), 징집기피	**дезертирство** (제제르찔쓰뜨붜)
탈주하다, 도피하다, 도망하다	**дезертировать** (제제르찌라와찌)
탈취자(奪取者), (권력·지위 등을)빼앗다	**узурпатор** (우주르빠또르)
탈퇴자, 전향자; 변절자(變節者)	**отщепенец** (앗쉐체네츠)
탈피하다, 벗(어버리)다	**слинять** (슬리냐찌)
탈회(脫灰), 탈퇴(脫退);	**выход** (븨홑)
탐, 연소; (도기의) 소성, 구워 만듦, 가소성	**обжиг обжигание** (압직), (압지가니예)

탐구(탐사)되지 않은, 연구(조사) 되지 않은	**неиследованный** (네이쓸레도완느이)
탐구, 탐색, 연구; геологические ~я 지질탐사	**изыскание** (이즉쓰까니예)
탐구심이 강한, 파고드는	**пытливый** (쁴뜰리븨이)
탐구자, 탐사지, 답사지	**изыскатель** (이즉쓰까쩰)
탐구하다, 심구(尋究), 연구하다	**обследовать** (아브쓸레도와찌)
탐내다, ~을 원하다, 갖고[손에 넣고] 싶다	**попросить[ся]** (빠쁘로씨찌)
탐내다, 욕심내다, 추구하다	**жадничать, погнаться** (좌드니차찌)(빠그나쨔)
탐미주의자	**эстетик** (에스떼찌크)
탐미파인 척하다, 미적형식만을 중시하다	**эстетствовать** (에쓰떼쓰뜨붜와찌)
탐사; ~ая партия 탐사대, 원정대	**экспедиционный** (엑쓰뻬지찌온느이)
탐사사업, 조사사업	**поиск** (뽀이쓰크)
탐사자, 탐사대원	**разведчик** (라스볟칰)
탐색(모색)하다, 탐구하다	**искать** (이쓰까찌)
탐색의, 수색의	**поисковый** (빠이쓰꼬븨이)
탐색하여 알아내다, 조사해 알다	**дознаваться** (다즈나와쨔)
탐욕 돈(재물)	**растрата** (라쓰뜨라따)
탐욕, 욕심, 물욕, 탐심, 허욕	**алчность жадность**

	(알츠노쓰찌) (좌드노쓰찌)
탐욕, 탐욕주의적 행동	**рвачество** (르와체쓰뜨붜)
탐욕스러운 사람의	**шкурнический** (쉬꾸르니체쓰끼이)
탐욕스러운, 식욕(금전욕)이 갈망하는	**жадный** (좌드느이)
탐욕스러운, 욕심이 많은	**алчный** (알츠느이)
탐욕자(貪慾者) 낭비자(浪費者)	**растратчик** (라쓰뜨라뜨칙)
탐욕하다, 부정지출 하다	**растратить** (라쓰뜨라찌찌)
탐욕한, 몹시 탐[욕심]나는	**жаждущий** (좌즈두쉬이)
탐정(探偵), 형사(刑事)	**детектив** (데쩨크찌프)
탐정, 밀정, 스파이	**шпик** (쉬삑)
탐정소설(探偵小說)	**детектив** (데쩨크찌프)
탐정적인	**детективный** (데쩨크찌프느이)
탐지관, 탐침	**зонд** (존드)
탐침으로 검진하다	**зондировать** (존지로와찌)
탑(塔), 망루, 타워	**вышка** (븨스까)
탑(塔), 타워(tower)	**пагода** (빠고다)
탑(塔), 타워(tower), 탑파	**башня** (바쉬냐)

탑(塔)의, 타워	**башенный** (바쉐느이)
탑의 뾰족한 꼭대기 (교회)뾰족탑 첨각, 첨탑(尖塔).	**шпиц** (쉬삐쯔)
탓으로, ~ 때문에, ~로 인하여, ~의 결과에	**вследствие** (프쓸레드쓰뜨뷔에)
탓하다, 죄를 만들다, 비난하다	**винить** (뷔니찌)
탕비(허비) 하다	**транжирить** (뜨란쥐리찌)
태(態)(언어)	**вид** (뷔트)
태도, 마음가짐. 자세, 몸가짐, 거동	**отношение** (아트노쉐니예)
태도, 몸가짐, 스타일(style), 행색(行色), 자세(姿勢)	**положение** (빨로제니예)
태만, 등한, 부주의, 소홀한 태도	**халатность** (할라트노쓰찌)
태만, 태업(怠業), 태공(太空)	**саботаж** (싸보따쥐)
태만성, 단정치 못함, 꾀죄죄함, 초라함	**разгильдяйство** (라스길리쟈이쓰뜨뷔)
태만자, 태공분자, 게으른자	**саботажник** (싸보따즈니크)
태만자; 채무[계약, 의무, 약속] 불이행자	**неплательщик** (네쁠라쩰쉬크)
태만하다, 나태하다, 태공하다, 태홀하다	**макировать** (마끼로와찌)
태만한, 소홀한	**халатный** (할라트느이)
태생 동물	**живородящий** (쥐붜로쟈쉬이)

태생, 혈통, 집안, 가계(家系), 가문. 출신	**род** (롣)
태생의, 모체 발아의	**живородящий** (쥐뷔로쟈쉬이)
태수(Mogul 제국 시대의 인도의 주(州)·군(郡)의). 영주	**магнат** (마그나트)
태아(사람의 경우 보통 임신 8주까지의); 배(胚)	**зародыш, плод** (자로듸쉬)(쁠로드)
태양력과 태음력 사이의 1년의 일수차(日數差)	**эпакта** (에빠크따)
태어나기 전의, 태아기의. 해산전의	**предродовой** (쁘롇로도보이)
태어나다	**рождать, происходить** (라좌다찌) (쁘라이스호지찌)
태어나다, 출생(탄생)하다	**нарождаться родиться** (나로즈다쨔)(라지쨔)
태업(태공)하다	**саботировать** (싸보찌로와찌)
태엽 감아주는 것, 시동	**завод** (자볻)
태엽, 시동장치	**завод** (자볻)
태엽장치가 있는	**заводной** (자뷔드노이)
태우고 다니다, 운행하다	**катать** (까따찌)
태우고 돌아다니다(쏘다니다), 타다, 타고 가다	**прокатить** (쁘라까찌찌)
태우다	**сажать** (싸좌찌)
태우다, 태워버리다	**выжигать** (븨쥐가찌)
태워 그슬림, 화상 볕에 탐	**жечься, сжечь**

	(췌치샤)(스췌치)
태워 그슬림; (끓는 물·김에 의한) 뎀, 눌음, 말라 죽음	**ожог** (아족)
태워 없앨 수 없는; 소비[소모]할 수 없는	**неистощимый** (네이쓰또쉬므이)
태워버리다, 소각하다	**спалить** (스빨리찌)
태워서 뚫다(구멍을 내다)	**прожечь** (쁘라줴치)
태평양의	**тихоокенский** (찌호오꼔쓰끼이)
태풍(颱風), 싹쓸바람, 폭풍(우),	**тайфун** (따이푼)
태형으로 사용한 긴 채찍 또는 가늘고 긴 막대	**шпицрутен** (쉬삐쯔루쩬)
택시 운전기사, 택시 운전사	**таксист** (딱씨쓰트)
택시(taxi), 영업용 승용차(항공기, 여객선)	**такси** (딱씨)
택시의, 택시처럼 영업하는	**таксомоторный** (따크쏘모또르느이)
탬버린, 방울 북	**бубен** (부볜)
탭, 콘센트, 전류를 따내는 중간 접점	**отводить** (아트보디찌)
탭춤, 탭댄스(춤)	**чечётка** (체쵸트까)
탱고 춤(tango: 2/4박자 또는 4/8박자의 춤곡)	**танго** (딴고)
탱크, 전차(戰車)	**танк** (딴크)
탱크, 통(桶), 물통(—桶), 초롱	**бак**

	(바크)
탱크병, 전차병	**танкист** (딴끼쓰트)
탱크의, 전차의	**танковый** (딴꼬브이)
터널, 굴; 지하도.(광산의) 갱도(坑道)	**тоннель** (딴넬)
터무니없는, 엉뚱한 언동, 장난	**эскапада** (에쓰까빠다)
터벅터벅 걸어가다	**брести** (브례쓰찌)
터보건(바닥이 평평한 썰매의 일종). 루지	**сани** (싼)
터빈(turbine)	**турбина** (뚜르비나)
터지게 하다; 깨뜨리고 지나가다; ~을 어기다	**проломить** (쁘랄로미찌)
터지게[갈라지게] 하다; 터지다, 갈라지다;	**надломить(ся)** (나들로미찌)
터지는 것	**прорыв** (쁘라릐프)
터지다, (물이) 뿜어 나오다; (싹이) 트다	**вскрываться** (프쓰크릐와짜)
터지다, (꽃봉오리가) 벌어지다; 구름이 갈라지다	**грянуть** (그랴누찌)
터지다, 쪼개지다, 금이 가다, 틈이 나다;	**треснуть** (뜨례쓰누찌)
터지면서 우지끈 뚝딱 소리를 내다,	**трещать** (뜨레샤찌)
터진 곳, 돌파구(突破口)	**прорыв** (쁘라릐프)
터진 구멍, 파열구	**пробоина**

- 1467 -

	(쁘라보이나)
터키(토이기)사람(들)	**турки** (뚜르끼)
터키(Turkey)	**Турция** (뚜르찌야)
터키에서 남자에게 붙이는 경칭	**эфенди** (에펜지)
턱(구부린 무릎을 양팔로 껴안는 다이빙형(型))	**группироваться** (그룹삐로와쨔)
턱, 아래턱.	**щёчка** (쑈츠까)
턱, 악골(顎骨), 턱뼈, 위턱	**челюсть** (첼류쓰찌)
턱받이; (에이프런의) 가슴 부분, 턱받이	**нагрудник** (나그루드니크)
턱수염	**борода** (바라다)
턱수염이 많은(긴),	**бородатый** (보라다뜨이)
턱없이 싼, 싸구려의; 갯값으로	**бесценок** (베쓰쩨녹)
턱진 부분, 턱진 곳, 돌출부(벽에서 돌출한) 선반;	**уступ** (우쓰뚜쁘)
털 (머리카락)이 빠지다, 탈모되다	**облезать, облезть** (아블레자찌), (옵롓찌)
털 씻는 공장	**шерстомойня** (쉐르쓰또모이내)
털 씻는 기계 털 씻는 공장	**шерстомойка** (쉘쓰또모이까)
털(허물)을 벗다	**линять** (린야찌)
털, 머리카락, 머리 털	**шерсть**

	(쉐르쓰찌)
털가죽, 모피, 털가죽으로 만든	**меховой** (메호보이)
털가죽; 모피류(毛皮類)	**пушнина** (뿌쉬니나)
털깎기; ~ овец 양의 털을 깎는 것	**стрижка** (스뜨리즈까)
털다, 떨다	**стряхивать, стряхнуть** (스뜨랴히와찌) (스뜨랴흐누찌)
털다, 털어내다, 흔들어 떨구다	**вытряхивать** (븨뜨랴히와찌)
털다, 털어버리다	**смахивать** (스마히와찌)
털다; 떨다	**отряхивать** (앗랴히와찌)
털실 공장	**шерстопрядильня** (쉐르쓰또쁘래딜리내)
털실 제조공, 모직물 제조공, 양모 제품상,	**шерстяник** (쉐르쓰째닉)
털실, 모직물	**шёрстность** (쇼르쓰뜨노쓰찌)
털실을 뽑는 것, 모방적(의), 털실 방적업	**шерстопрядение** (쉐르쓰또쁘래제니에)
털썩 내려뜨리다; (쓰레기 따위를) 내버리다,	**сваливать** (스왈리와찌)
털썩 쓰러지다. 떨어지다, 물에 떨어지다	**шлёпать, шлёпнуть** (쉴료빠찌) (쉴료빠누찌)
털어내다, 떨어내다, 쳐서 떨구다	**выбивать** (븨비와찌)
털어내다, 적발하다	**вскрывать** (프쓰크리와찌)
털어내다	**трясти**

	(뜨랴쓰찌)
털어놓고, 솔직하게, 공공연하게	**откровенно** (아트크로뷀나)
털어놓고, 솔직히; говорить ~ 솔직히 말하다	**начистоту** (나치쓰또뚜)
털어놓다, 자백(고백)하다	**открываться** (아트끄리와쨔)
털어놓다, 폭로하다. 적발하다, 밝히다	**раскрывать** (라쓰크르와찌)
털어놓다, 표명하다, 토로하다	**изливать** (이즐리와찌)
털어버리다, 털어내다 (구름·안개가) 걷히다, 개다.	**счищать** (스치샤찌)
털염색공	**шерстокрас** (쉐르쓰또크라쓰)
털을 갈다, 허물을 벗다. (새·뱀 털·허물을) 벗다, 갈다	**слинять** (슬리냐찌)
털을 곤두세우다, 곤두서다	**щетиниться, ощетиниться** (쉐찌니쨔)
털의, 털로 만든	**волосяной** (발라쌰노이)
털이 덮이다	**зарастать** (자라쓰따찌)
털이 많은(더부룩한)	**лохматый** (라흐마뜨이)
털이 바스러지다	**сечься** (쎄치쌰)
털이 북슬북슬한 ~ое полотенце 타올, 수건	**мохнатый** (마흐나뜨이)
텁석부리, 털보	**бородатый** (보라다뜨이)
텁수룩한, 헙수룩한, 털이 더부룩한	**косматый**

- 1470 -

	(까쓰마뜨이)
텅 빈 인간, 게으름쟁이	**шематон** (쉐마똔)
텅비게 하다, 바닥을 드러내다	**опорожнить** (아빠로즈니찌)
텅비다	**осиротеть** (아씨로쩨찌)
텅스텐(tungsten), 중석(重石), 볼프람(wolfram)	**вольфрам** (발프람)
테, (창·문짝 등의) 틀, 가장자리, 액자틀; 테두리,	**оправа** (아쁘라와)
테. (장난감의) 굴렁쇠. 쇠테; (기둥의) 가락지	**обруч** (오브루치)
테가 있는 모자, 보닛	**шляпа** (쉴래빠)
테너, 차중음(次中音); 차중음부[악기]; 테너 가수	**лейтмотив** (레이드모찌프)
테니스 따위에서 서브(방법); 서브 차례	**подача** (빠다차)
테니스 코트 теннисный ~ 정구장	**корт** (꼬르트)
테두리, 가장자리; (검은 테 따위의) 테(두리)	**обшивка** (압쉬브까)
테두리, 가장자리;	**ограничить[ся]** (아그라니치찌)
테두리, 형강, 프로필	**профиль** (쁘로필)
테두리를 두르다	**обрамлять** (아브라믈랴찌)
테두리선, (옷이나 그림 등) 두른 선	**окантовка** (아깐똡까)
테라코타(점토의 질그릇); 테라코타 건축재	**терракотовый**

	(젤라꼬또브이)
테라코타제(製)의; 테라코타색의.	**терракотовый** (젤라꼬또브이)
테러, 폭행(暴行)	**террор** (젤롤)
테러분자	**террорист** (젤라리쓰트)
테러의; ~акт 테러행위	**террористический** (젤라리쓰찌체쓰끼이)
테레빈유, 송지유(松脂油)	**скипидар** (스끼삐다르)
테레핀유(油)의 원료, 송진	**живица** (쥐비짜)
테를 달다, 테두리를 두르다, 가장자리를 매만지다	**обшить** (압쉬찌)
테이블의, 탁상의, 식탁의. 식탁용의	**настольный** (나쓰똘느이)
텐트, 덮개, 캔버스, 화포	**парусина** (빠루씨나)
텐트, 천막.	**чум** (춤)
텔레비전 등의 탑, 방송탑, 안테나	**мачта** (마츠따)
텔레비전 방송국	**телецентр** (젤레쩬뜨르)
텔레비전 시청자	**телезритель** (젤레즈리쩰)
텔레비전(방송);	**телевидение** (젤레비제니예)
텔레비전, 수상기	**телевизор** (젤레비조르)
텔레비전(TV) 방송	**телепередача**

	(젤레뻬레다차)
텔레비전 영화	**телефильм** (젤레필름)
텔레비전의	**телевизионный** (젤레비지온느이)
텔레타이프	**телетайп** (젤레따이쁘)
텔렉스	**телекс** (젤렉쓰)
토공, 흙일하는 노동자	**землекоп** (제믈레꼬쁘)
토끼풀, 클로버. 화란자운영	**клевер** (클레뻬르)
토대 등을 닦다, 닦아놓다, 쌓다	**закладывать** (자클라드와찌)
토대, 기초(基礎), 근거(根據)	**базис** (바지스)
토론(討論), 발언, 연설	**выступление** (븨쓰뚜쁠레니에)
토론, 토의(討議), 논쟁	**дебаты** (제바띄)
토론; выступить в ~x 토론하다, 토론에 참가하다	**прения** (쁘레니야)
토론하다	**дебатировать** (제바찌라와찌)
토론회, 좌담회, 심포지엄, 연찬회	**симпозиум** (씸뽀지움)
토마도 소스	**томат** (따마트)
토마토, 일년감, 남만시(南蠻柿)	**помидор** (빠미돌)
토마토의. ~ сок 토마도즙, 토마토 쥬스	**томатный**

	(따마뜨느이)
토막 이야기, 에피소드	**эпизод** (에삐조드)
토막 이야기적인, 에피소드의	**эпизодический** (에삐조드이체스끼이)
토막, 단편, 발췌문(拔萃文)	**фрагмент** (프라그멘트)
토막, 단편, 일부분	**отрывок** (앗릐보크)
토막, 지저깨비 내는 데 도움이 되는,	**щепальный** (쉐빨리느이)
토막, 지저깨비, (금속의) 깎아낸 부스러기	**щепать** (쉐빠찌)
토막토막 베다, 난도질하다	**коверкать** (까베르까찌)
토산의, 그 토지에서 태어난[산출되는]; 원산의	**туземный** (뚜제므느이)
토성(土星: 태양계의 한 행성 오황(五黃). 진성(鎭星)),	**Сатурн** (싸뚜란)
토시, 라이나	**втулка** (프뚤르까)
토실토실 살이 찐, 오동통한, 똥똥한.	**упитанный** (우삐딴느이)
토실토실 살이 찐다, 오동통해지다	**раздаваться** (라스다와짜)
토양(土壤), 토지(土地), 땅	**почва** (뽀츠와)
토양의 척박해지는 것, 황폐화	**истощение** (이쓰또쉐니예)
토양학(土壤學)	**почвоведение** (뽀츠붜베제니예)
토역청(土瀝青), 아스콘	**асфальт**

	(아스팔트)
토요노동	**субботник** (숩보뜨니크)
토요일(土曜日), 토(土)	**суббота** (숩보따)
토의(논의, 의논. 토론)하다; 고찰(검토)하다	**обсудить** (아브쑤지찌)
토의, 논의; 심의(審議), 심사(審査), 평의(評議)	**обсуждение** (아브쑤제니예)
토지 등을 수용(수탈, 몰수)하다,	**экспроприировать** (엑쓰쁘롭리이로와찌)
토지 측량사	**землемер** (제믈레멜)
토지, (별장·정원 등이 있는) 사유지, 장원, 영지	**имение** (이메니예)
토지, 집과 대지, 구내	**помещение** (빠메쉐니예)
토지개량 기술자, 토지 개량자	**мелиоратор** (메리오라따르)
토지개량, 토지 개량학	**мелиорация** (메리오라찌야)
토지건설, 토지정리, 토지사업	**землеустройство** (제믈레우쓰뜨로이쓰뜨뵈)
토지소유, 소유지(所有地)	**землевладение** (제믈레블라제니예)
토지소유자, 지주(地主)	**землевладелец** (제믈레블라제레쯔)
토지의 경계를 정하다	**размежеваться** (라스메줴와쨔)
토지의 고저, 기복, 높낮이	**рельеф** (렐리에프)
토지의 부족	**безземлье**

	(베즈제멜례)
토지의, 땅의, 농지의	**земельный** (젤멜느이)
토지이용	**землепользование** (제믈례뽈조와니예)
토착의, 원산의, 자생의, 그 고장에 고유한,	**туземный** (뚜제므느이)
토크(양태가 좁은 조그마한 여성 모자)	**ток** (똑)
토트(과자의 한 가지), 케이크, 양과자:	**торт** (똘트)
토하다, 게우다	**изрыгать** (이즈릐가찌)
톤(ton: 무게의 단위. 기호: t), 1000kg	**тонна** (똔나)
톤수, 총톤수	**тоннаж** (딴나즈)
톱(나무·쇠붙이 따위를 자르거나 켜는 데 쓰는 연장)	**пила** (삘라)
톱, 정상, 꼭대기, 절정, 고도, 표고, 윗부분,	**верх** (볘르흐)
톱날 형, 갈지자형; ~ом 구불구불하게, 갈지자형으로	**зигзаг** (지그자그)
톱날모양의 홈, 톱날모양	**зазубрина** (자주브리나)
톱니 모양이 되다	**зазубрить** (자주브리찌)
톱니바퀴, 치차	**зубчатый** (주브차뜨이)
톱밥, 거설(鋸屑), 목설, 쇠밥	**опилки** (아삘끼)
톱으로 도려내다, 따내다, 톱으로 켜서 만들다	**выпиливать**

- 1476 -

	(븨뻴리와찌)
톱으로 밑을 베다 톱으로 짧게 자르다,	**подпиливать подпилить** (빠다뻴리와찌), (빤드뻴리리찌)
톱으로 켜낸	**пилёный** (뻴론늬이)
톱으로 켜다, 자르다; ~ дерево 나무를 켜다	**спиливать** (스삐리와찌)
톱으로 켜다, 톱질하다	**пилить** (뻴리찌)
톱으로 켜다[자르다]; 톱으로 켜서 만들다	**напилить** (나뻴리찌)
톱으로 켜서 자르다, 톱으로 켜다, 톱질하다	**перепиливать** (뻬레뻴리와찌)
톱으로 켜서 쪼개다(짜개다)	**распиливать** (라쓰뻴리와찌)
톱의, 톱니 모양의; ~ завод 제재소	**лесопильный**: (레싸뻴늬이)
톱질, 작은 톱; 줄칼	**пилка** (뻴까)
통가 (왕국)	**Тонга** (따가)
통계를 내다	**считать** (스치따찌)
통계의; ~ие данные 통계자료	**статистический** (스따찌쓰찌체쓰끼이)
통계학자, 통계일군	**статистик** (스따찌쓰찌크)
통계한	**статистика** (스따찌쓰찌까)
통고하다, 공고[발표]하다. ~에게 알리다	**известить** (이즈볘쓰찌찌)
통곡(慟哭), 고함, 울부짖는 소리	**вой**

	(뷔이)
통곡, 호곡, 대곡, 방곡, 호읍	**рыдание** (리다니예)
통과(돌파)하다	**превысить, превышать** (쁘레븨씨찌), (쁘레븨싸찌)
통과(通過), 입장(허가), 입회, 입학	**доступ** (도쓰뚜쁘)
통과(通過), 통행(通行);	**проход** (쁘라홀)
통과능력	**проходимость** (쁘라호지모쓰찌)
통과시키는 것; 통행증	**пропуск** (쁘로뿌스크)
통과시키다, (보조시험에서) 합격점수를 메기다	**зачитывать** (자치띄와찌)
통과시키다; 길을 내주다	**пропускать** (쁘라뿌쓰까찌)
통과의;~ пассажир 통과여객	**транзитный** (뜨란지뜨느이)
통과하다, 꿰뚫다, 침투하다, (~에) 스며들다,	**забираться** (자비라짜)
통과하다, 지나가다, 넘어가다[서다]	**пройти** (쁘라이찌)
통과하다, 지나다, 움직이다, 나아가다	**обгонять** (압가냐찌)
통과할 수 없는, 통행할 수 없는	**непроходимый** (네쁘라호지므이)
통과할 수 있는, 접근할 수 있는	**доступный** (다쓰뚜쁘느이)
통나무 토막; 받침, 받침나무; 도마바보, 멍텅구리	**чурбан** (추르반)
통나무	**бревно**

	(브레브노)
통나무로 쌓다, (집을) 짓다	**срубать** (스루바찌)
통나무로 지은; ~ый дом 통나무로 지은 집, 귀틀집	**рубленый** (루블레느이)
통나무배, 카누; 마상이, 가죽배	**чёлн** (촐느)
통나무의, 통나무로 만든	**бревенчатый** (브례벤차뜨이)
통달(정통)하고 있는	**компетентный** (깜뻬쩬뜨느이)
통달, 정통	**компетенция** (깜뻬쩬찌야)
통로(通路), 출입구(出入口);	**проход** (쁘라홑)
통로, 골목길	**проезд** (쁘라예즈드)
통로, 노선의 ~ое такси 정로택시	**маршрутный** (마르쉬루뜨느이)
통로; 낭하, 회랑, 주랑(柱廊), 복도	**мостки** (마쓰뜨끼)
통로식 장마당, 골목시장	**пассаж** (빠싸즈)
통보, 공보	**бюллетень** (뷸례쩬)
통보자(通報者), 밀고자(密告者)	**осведомитель** (아쓰볘다미쩰)
통성하다	**рекомендоваться** (레꼬멘도와쨔)
통속 과학	**научно-популярный** (나우츠나-뽀뿌랼느이)
통속적인, 받아들일 수 있는	**общедоступный**

	(압쉐다쓰뚜쁘느이)
통신 배달통	**вымпел** (븸뻴)
통신(대)학생	**заочник, заочница** (자오츠니크)(자오츠니차)
통신, 교신, 서신 왕래, 편지거래; 왕복서한	**переписка** (뻬레삐쓰까)
통신, 연락	**связь** (스뱌지)
통신. 원격조종 등의 신호 발신 설비	**шифратор** (쉬프라따르)
통신기사, 기고, 보도	**коррозия** (까르로지야)
통신병	**связист** (스뱌지쓰트)
통신사(通信士)	**агентство** (아곈쓰트붜)
통어하는 수단; 구속(력) ~ правления 주권, 권력	**бразды;** (브라지드)
통역(원), 역자, 번역자; 통역; 번역기	**переводчик** (뻬레붜드칰)
통역원의, 번역원, 역자, 번역자; 통역; 번역기.	**переводческий** (뻬레붜드체쓰끼이)
통일(성), 조화, 일치, 협조, 화합, 합동, 합병,	**единение** (예지네니예)
통일(연합, 통합, 합동) 하다; 단결(결속)시키다	**объединять** (압비지냐찌)
통일(연합, 합동)되다, 단결(결속)되다, 뭉쳐지다	**объединяться** (압비지냐쨔)
통일의, 통합의, 연합의, 합치, 합동	**объединённый** (압비지논느이)
통일, 합동, 결합, 단합	**объединение**

	(압비제니예)
통일성, 전일성, 완전무결; 완전체	**целостность** (쩰로쓰뜨노쓰찌)
통제[관리] 수단; (기계의) 조종장치, 제어실, 관제실[탑]	**скачок** (스까초크)
통제가 없는, 무제한한, 검열(감독)이 없는	**бесконтрольный** (베쓰깐뜨롤느이)
통제의	**жезловой** (줴즐로보이)
통조림 업자[직공], 양철[주석]장이	**жестяник** (줴쓰쨔니크)
통조림 업자[직공], 양철공, 함석공	**жестянщик** (줴쓰쨘쉬크)
통조림, 양철통, 깡통; 양철 조각, 함석조각	**жестянка** (줴쓰쨘까)
통조림; рыбные ~ 물고기 통조림	**консервы** (깐세르브이)
통조림업자[공].	**упаковщик, ~ца** (우빠꼬브쉬크)(차)
통조림으로 된 훈제 килька (청어과 물고기)	**.шпрота** (쉬쁘로따)
통조림으로 된 훈제 килька (청어과 물고기) .	**шпрота** (쉬쁘로따)
통조림의	**консервный** (깐세르브느이)
통조림하다	**консервировать** (깐세르비로와찌)
통지(예고)하다, 통고하다, ~에게 통지하다	**известить** (이즈볘쓰찌찌)
통지(통보)하다	**уведомлять** (우볘돔랴찌)
통지(通知), 통보(通報), 공시	**оповещение**

	(아빠뻬쉐니예)
통지(通知)	**уведомление** (우볘돔레니에)
통지, 통신, 보도, 소식	**известие** (이즈볘쓰찌예)
통지서(通知書)	**уведомление** (우볘돔레니에)
통지서, 소환장, 호출장, 알림장	**повестка** (빠볘쓰뜨까)
통지자, 밀고자, 고발인, 정보제공자, 스파이	**ябеданица** (야베다니짜)
통째로, 한데 묶어서	**оптом** (옾똠)
통찰, 간파, 통찰력, 명민, 총명	**прозорливость** (쁘라조를리뷔쓰찌)
통찰, 이해, 체득	**проникновение** (쁘라니크나볘니예)
통찰력(通察力)	**проницательность зоркость** (쁘라니짜쩰노쓰찌)(조르까쓰찌)
통찰력이 있는, 예리한, 예민한	**вдумчиво** (프둠치붜)
통찰하다, 간파하다	**проникнуть** (쁘라니크누찌)
통치(권), 행정(권), 지배(권); 정치;	**правительство** (쁘라비쩰쓰뜨붜)
통치, 지배(支配), 관리(管理)	**правление** (쁘라블레니예)
통치시대, 통치, 지배; 통치(지배)권	**царствование** (짜르쓰붜와니예)
통치자(統治者), 집권자(執權者), 지배층(支配層)	**правитель** (쁘라비쩰)
통치하다, 지배하다, 군림하다	**царствовать**

	(짜르쓰뷔와찌)
통털어, 털어놓고; 모두같이(함께); 덮어놓고	**огульно** (아굴리나)
통풍, 환기, 환기, 공기갈이, 바람빼기	**вентиляция** (벤찔랴찌야)
통풍의	**вентиляционный, шахтный** (벤찔랴찌온느이)(샤흐뜨느이)
통풍하다, 환기하다, 공기를 갈다, 통기하다	**вентилировать** (벤찔리로와찌)
통하게 하다, 통과시키다, 옮기다, 빠져 나가다	**продевать** (쁘라제와찌)
통하여, 통과하여, 지나서;	**навылет** (나븰레트)
통하여; объявить ~ газету 신문을 통하여 광고하다	**через** (체레즈)
통학생	**экстерн [-тэ-]** (엑쓰쩨른)
통합(융합)되다	**сливаться** (슬리와쨔)
통합(統合)	**синтагма** (씬따그마)
통합(統合), 병합	**присоединение** (쁘리싸예지네니예)
통합(統合), 집성(集成), 완성	**интеграция** (인쩨그라찌야)
통합하다, 병합하다	**присоединить** (쁘리싸예지니찌)
통행(通行), 교통(交通)	**движение** (드비줴니예)
통행, 통과	**проезд** (쁘라예즈드)
통행[합격]할 수 있는, 건널 수 있는, 통행용의	**проезжий**

	(쁘라예즈지이)
통행의, 통과의 ~ая способность 통과능력	**пропускной** (쁘라뿌쓰노이)
통행인, 길손	**прохожий** (쁘라호지이)
통행할 수 없는, 지나다니지 않는	**непроезжий** (네쁘라예즈쥐이)
통화팽창, 인플레이션(inflation)	**инфляция** (인플랴찌야)
퇴각하다, 후퇴하다; 사라지다, 가버리다	**ретироваться** (레찌로와짜)
퇴보(退步), 퇴화, 후진	**регресс** (레그렛쓰)
퇴보(퇴화, 역행)하다	**регрессировать** (레그레씨로와찌)
퇴비, 풋거름, 두엄	**компост** (깜뽀쓰트)
퇴색시키다, 색깔이 날다, 탈색하다, 색감을 빼다	**обесцветить** (아베쓰쯔붸찌찌)
퇴색하지 않는; 시들지 않는; 쇠퇴하지 않는	**неувядаемый** (네우뱌다예므이)
퇴색한, 색이 난(바랜)	**линялый** (린야릐이)
퇴역; 퇴직, 사직, 면직	**отставка** (앗쓰땁까)
퇴원하다	**выписываться** (븨삐씌와짜)
퇴적, 누적; 쌘구름, 산봉우리구름, 뭉게구름	**кучевой** (꾸체보이)
퇴직, 개결(開缺), 낙직(落職), 낙사(落仕), 퇴임(退任)	**отход** (앗호드)
퇴짜놓다, ~을 코방귀 뀌다, 경멸하다	**отпихивать, отпихнуть**

	(앗뻬히와찌), (앗뻬흐누찌)
퇴치, 제거, 배제, 제거, 철수	**устранение** (우쓰뜨라네니에)
퇴탄하다, 탄환을 꺼내다	**разрядить** (라즈랴지찌)
퇴폐(頹廢), 퇴당(頹唐), 퇴괴(頹壞)	**гниение** (그니에니예)
퇴폐, 문란	**маразм** (마라즘)
퇴폐한, 부패 타락한	**гнилой** (그니로이)
퇴화(退化), 변질(變質)	**вырождение дегенерация** (븨로즈제니에)(제게네라찌야)
퇴화하는, 퇴보하는, 역행하는	**регрессивный** (레그레씨브늬이)
투구(投球), 럭비	**регби** (레그비)
투구벌레(류), 딱정벌레; навозный~ 말똥풍뎅이	**жук** (주크)
투기, 간상행위	**спекуляция** (스뻬꿀랴찌야)
투기군, 투기업자, 간신배	**спекулянт** (스뻬꿀란트)
투기하다, 간상행위를 하다	**спекулировать** (스뻬꿀리로와찌)
투덜거리는, 잔소리가 많은, 말이 많은	**ворчливый** (바르츨리브이)
투덜거리다, 웅얼거리다, 중얼거리다	**бурчать** (부르차찌)
투르게 다루다; 실수하다; 더듬어 ~하다	**мазать** (마자찌)
투르크메니스탄 사람	**туркмены**

	(뚜르끄메늬)
투르크메니스탄	**Туркменистан** (뚜르끄메니쓰딴)
투르크메니스탄의(Turkmenistan)	**туркменский** (뚜르끄메니쓰끼이)
투명하지 못한 불투명한	**непрозрачный** (녜쁘라즈라츠느이)
투명한 소성재	**плексиглас** (쁠레크씨글라쓰)
투명한, 맑은	**хрустальный** (흐루쓰딸느이)
투사(透寫) 진단(법), 투시(법)	**просвечивать** (쁘라쓰볘치와찌)
투사(鬪士), 전사(戰士)	**борец** (바례쯔)
투석기(投石機)	**шибалка** (쉬발까)
투시(透視), 염력, 천리안	**просвечивание** (쁘라쓰볘치와니예)
투시(화법)의, 원근 화법의[에 의한]	**перспективный** (뻬르쓰뻭띠브느이)
투시, 조사; 방사선치료	**облучение** (아블루체니예)
투시, 투시력, 천리안, 정확한, 통찰력이 뛰어난	**ясновидение** (야쓰노비제니에)
투영(透映), 사영, 영사	**проекция** (쁘라예크찌야)
투옥[감금]하다, 유폐하다.	**заточать** (자또차찌)
투자, 출자; 투자액; 투자의 대상	**инвестиция** (인볘쓰띠찌야)
투자, 투자된 자금	**капиталовложение**

- 1486 -

	(까삐딸롭로줴니예)
투자하는 ~доверием 신임을 얻은	**облеченный**
	(아블레첸늬이)
투쟁(鬪爭), 싸움, 다툼, 분쟁	**борьба**
	(볼리바)
투쟁의욕을 마비시키다	**разоружить**
	(라자루쥐찌)
투쟁의욕을 잃다	**разоружиться**
	(라자루쥐쨔)
투쟁하다, 투한(鬪很), 캄파냐(kampanya)	**драться**
	(드라쨔)
투표(投票), 표결(票決), 가결	**голосование**
	(갈로싸와니예)
투표, 표결, 투표수	**вотум**
	(바뚬)
투표권(投票權), 결의권	**голос**
	(골로쓰)
투표용지	**бюллетень**
	(불례쩬)
투표의 계표원; (은행의) 금전 출납원	**кассир**
	(까씨르)
투표하다, 거수하다, 손을 들다, 표결하다	**голосовать**
	(갈로가와찌)
투표하다, 투표하여 결정하다, 가결(可決)하다.	**проголосовать**
	(쁘라골로쏘와찌)
투표하여 결정하다, 가결(可決)하다, ~에 투표하다	**признать[ся]**
	(쁘리즈나찌)
투표함	**урна**
	(우르나)
툭 던지다, 탁 때리다, 쿵[쾅] 떨어뜨리다	**накрываться**
	(나끄릐와쨔)
툭[털썩] 던지다, 탁 때리다, 쿵[쾅] 떨어뜨리다	**провалиться**

	(쁘라왈리쨔)
툰드라지대(tundra 地帶), 동토대(凍土帶), 동토(凍土),	**тундра** (뚠드라)
퉁구리, 묶음, 꾸러미, 덩어리	**тюк** (쭉)
퉁퉁마디; 수송나물	**солянка** (쌀얀까)
튀겨 묻히다, ~을 튀기다; ~에 뿌리다	**расплёскивать** (라쓰쁠료쓰끼와찌)
튀김 ~ руками 손뼉 치다, 손을 쳐들다	**всплескивать** (프쓰쁠레쓰끼와찌)
튀다	**прыгать** (쁘릐가찌)
튐성, 탄력성(彈力性), 탄력도	**упругость** (우쁘루고쓰찌)
튕김 그 소리 호도 까는 도구 딱 소리를 내는 장난감 (**толкушка** 똘꾸쉬까)	**щелкушка** (쉘꾸쉬까)
튕김(손끝으로); (호도를) 쪼개는 것 딱 소리를 냄	**щёлк** (쑐크)
튜브(tube)(치약, 고약 등을 넣은 금속제의)	**тюбик** (쮸비크)
튤립(tulip), 울금향(鬱金香), 울초(鬱草), 창초(創草)	**тюльпан** (쭐빤)
트다, 틈(짬)이 나다, 갈라지다	**трескаться** (뜨레쓰까쨔)
트라코마(trachoma), 트라홈, 과립성 결막염	**трахома** (뜨라호마)
트랙터 운전수	**тракторист** (뜨락또리쓰트)
트랙터 제작공업	**тракторостроение** (뜨락또로쓰뜨로예니예)
트랙터(tractor), 견인차(牽引車). 견인 자동차	**трактор** (뜨락또르)

- 1488 -

트랙터의 견인차의	**тракторный** (뜨락또르느이)
트러스트, 기업합동. строиленьный ~ 건설사업소	**трест** (뜨레쓰트)
트럼프 등을 치다, 섞다	**тасовать** (따쏘와찌)
트럼프, 카드 등을 속임수를 쓰며 치다;	**подтасовать** (빧따싸와찌)
트럼프, 카드 играть в ~ы 트럼프를 놀다	**карта** (까르따)
트럼프놀이에서 주(으뜸)패를 내놓다(대다)	**козырять** (까즤랴찌)
트럼프의 끝수가 제일 높은 패;	**туз** (뚜즈)
트럼프의 같은 꽃의 패;	**масть** (마쓰찌)
트럼프의 여왕	**дама** (다마)
트렁크, 여행(용) 가방	**чемодан** (체마단)
트렁크스(남자용 운동[수영] 팬츠).	**трусики** (뜨루씨끼)
트레일러 화물차	**автопоезд** (압따뽀에스트)
트레일러	**автоприцеп** (압따쁘리쩹)
트렌치, 도랑, 해자, 호(壕); 해구; 참호, 진지	**щель, щемить** (쉘) (쉐미찌)
트렌치, 도랑, 호(壕)를 파는 사람	**канавокопатель** (까나붜까빠쩰)
트롤(trawl), 저인망(底引網)	**трал** (뜨랄)

트롤선(trawl 船), 저인망선	тральщик (뜨랄쉬크)
트롤선(trawl 船), 저인망선; морозильный ~ 냉동선	траулер (뜨라울렐)
트롬본(저음의 큰 나팔).	тромбон (뜨롬본)
트릭, 책략, 계교, 속임수; 못된장난	шутка (슈트까)
트림, 게트림	отрыжка (앗릐즈까)
트집, 꼬투리, 흠, 까탈, 가탈; 무리난제(無理難題)	придирка (쁘리지르까)
트집을 잡기 좋아하는, 흠을 잘 잡는	придирчивый (쁘리지르치브이)
트집을 잡다, 시비를 걸다	шиканировать (쉬까니로와찌)
트집하다, 흠잡다; 구실로 잡다	придираться цепляться (쁘리지라짜)(쩨쁠라짜)
특권 있는, 특전이 있는, 면제 받은	льготный (리고뜨느이)
특권 있는; 우선적인, 특허	привилегированный (쁘리빌레기로완느이)
특권(特權); 우점(優點); 특허권(特許權)	привилегия (쁘리빌레기야)
특기되다, 수놓아지다	ознаменоваться (아즈나메노와짜)
특별 우편배달	экстра-почта (엑쓰뜨라-뽀츠따)
특별[임시]열차[버스], 전(군)용열차	эшелон (에쉘론)
특별한, 남다른, 독특한	особый (아쏘브이)

특별한, 명백한, 분명한, 일목요연한	**подчёркнутый** (빠쵸크누뜨이)
특별한, 특수한, 독특한, 특유한, 각별한;	**специальный** (스뻬찌알리느이)
특별한, 특이한, 특수한	**особенный** (아쏘뻰느이)
특별히 뛰어나다	**выдаваться** (븨다와쨔)
특별히 지시하지 않는, 임의의[익살] 무한의, 무한대의	**энный** (엔느이)
특별히, 대단히 여분으로	**сверху** (스베르후)
특별히; 전문적으로	**специально** (스뻬찌알리나)
특색이 없는, 나타나지 않는, 무미건조한	**бесцветный** (베쓰쯔볘뜨느이)
특색, 특징; местный ~ 향토풍	**колорит** (깔로리트)
특성, 성능, 특징	**характеристика, свойство** (하라크쩨리쓰찌까) (스보이쓰뜨뷔)
특성, 특수성, 특질;	**особенность специфика, черта** (아쏘뻰노쓰찌)(스뻬찌피까)(체르따)
특수 붕대, 밴드, 배띠	**бандаж** (반다지)
특수작물을 재배하는 대농장	**плантация** (쁠란따찌야)
특유한, 특수한, 독특한	**удельный** (우젤느이)
특이한, 특유한, 특징적인, 특수한	**отличительный** (알틀리치쩰느이)
특전, 특권, 특혜	**льгота** (리고따)

특전, 특권; дипломатический ~ 외교관의 법적특권,	**иммунитет** (이무니쩨트)
특정 이름을 갖는 ~ое число (수학) 이름수	**именованный** (이메노완느이)
특정지역의 고유 동식물	**эндем** (엔뎀)
특질, 특성, 징표(徵標), 특징(特徵)	**атрибут** (알리봇트)
특징(특색)을 나타내다, 묘사(기술)하다,	**характеризовать** (하라크쩨리조와찌)
특징, 버릇, 매너리즘, 기질, 성질, 특질	**ключ** (클류치)
특징적인 맛(경향)	**привкус** (쁘립꾸쓰)
특징적인, 독특한	**колоритный** (깔로리뜨이)
특징적인, 전형적인	**показательный** (빠까자쩰늬이)
특징적인, 특(고)유한, 특성(특질)의 전형적인,	**характерный** (하라크쩨르느이)
특징적인, 특징[특색] 짓는, 특징을 이루는	**опознавательный** (아빠즈나와쩰느이)
특징지어지다, ~의 특색을 이루다	**характеризоваться** (하라크쩨리조와짜)
특징짓는 것, 특징(성격)묘사	**характеристика** (하라크쩨리쓰찌까)
특징짓다;	**охарактеризовать** (아하라크쩨리조와찌)
특허(권), 명시하다, 증명하다	**явный** (야브느이)
특허(장);	**патент** (빠쩬트)

특허 기업소, 특허청	**концессия** (깐쩨씨야)
특허를 주다(받다), 특허권을 주다(받다)	**патентовать** (빠쩬따와찌)
특허의, 특허 있는;	**патентованный** (빠쩬따완느이)
특화(特化), 특구화	**озеленение** (아젤례녜니예)
특히, 별로, 특별(特別)히, 취중(就中);	**особо** (아쏘보)
특히, 특별히, 유달리	**особенно** (아쏘볜나)
튼튼치 못한, 무튼, 견고(공고)하지 못한	**непрочный** (녜쁘로츠느이)
튼튼하지 못한, 공고하지 못한	**ненадёжный** (녜나죠느느이)
튼튼한 막대	**шарашка** (샤라스까)
튼튼한 줄기의. 울창한, 무성한, 조밀한;	**приземистый** (쁘리졔미쓰띄이)
튼튼한, 견고한	**основательный** (아쓰노와쩰느이)
튼튼한, 힘센, 공고한, 견고한;	**крепкий** (크례쁘끼이)
튼튼해지다	**укрепляться** (우크쁠랴쨔)
튼튼해지다, 견고해지다	**крепнуть** (크례쁘누찌)
튼튼히 연결시키다, 고정시키다	**скреплять** (스크례쁠랴찌)
틀, 고정격식 (글자나 그림을 따낸) 형판	**трафарет** (뜨라파례트)

- 1493 -

틀; 가대, 대; лесопильная ~ 톱질하는 대	**рама** (라마)
틀형(型)[대(臺)](자수틀·식사대·선광반·프레임)	**оправа** (아쁘라와)
틀려지다, 파탄되다	**расстроиться** (라쓰뜨로이쨔)
틀리게 한 말, 실언, 말 실수, 실어	**обмолвка** (압몰브까)
틀리게, 잘못, 부정확하게	**неверно** (네베르노)
틀리다, 옳지 않다, 부정확하다	**неверно** (네베르노)
틀린, 잘못된, 부정확한; ~ вывод 부정확한 결론	**неверный** (네베르느이)
틀림(어김)없이, 반드시, 꼭; 기어이, 기어코	**наверняка** (나베르냐까)
틀림[어김]없이, 반드시	**железно** (젤레즈나)
틀림없는, 잘못이 없는, 오류가 없는	**безошибочный** (베조쉬보츠느이)
틀림없는	**типичный** (찌삐츠느이)
틀림없이, 바로, 꼭; вот ~! 바로 그렇다!;	**именно** (이멘나)
틀어 맞추다, 틀어막다	**завернуть** (자볘르누찌)
틀어 맞추다; (나사로) 고정시키다	**привернуть** (쁘리볘르누찌)
틀어박다, 돌려 맞추다	**ввертывать** (브르뜨와찌)
틀어박다, 틀어 맞추다, 돌려 꽂다, 돌려 넣다	**ввинтить** (빈찌찌)

틀어박히다 ~ в комнате 방에 들어 박혀있다	**запираться** (자삐라짜)
틀어서 뽑다 (빼다), 비틀어 뽑다	**вывернуть** (븨볘르누찌)
틀에 박힌 사람	**ремесленник** (레몌쓸렌늬크)
틀에 박힌, 진부한	**трафаретный** (뜨라파례뜨늬이)
틀에 박힌, 창의성이 없는	**ремесленный** (레몌쓸렌늬이)
틈 없이, 빽빽이, 꽉차게	**всплошную** (프쓰쁠로쉬누유)
틈, 균열; 문, 갈라진 틈	**щель** (쒤)
틈, 짬, 사이, 틈새 간격.	**зазор, щербина, просвет** (자즈오르)(쒜르비나)(쁘라쓰볫)
틈. 금투성이의	**щелистый** (쒤리쓰뜨이)
틈새, 짬, 균열(均熱)	**трещина** (뜨레쉬나)
틈새바람	**сквозняк** (스크뷔즈냐크)
틈이 나다	**потрескаться** (빠뜨롓쓰까짜)
틈타다, 짬을 얻다; 어떻게든 해서 ~하다;	**удосужиться** (우다쑤쥐짜)
티(T)셔츠, 러닝셔츠, 스포츠 셔츠, 속셔츠, 내의	**майка** (마이까)
티(T)자, 제도용 T 형자	**рейсшина** (레이쓰쉬나)
티격나게 하다, 불화하게 하다	**разойтись** (라조이찌시)

티셔츠, 민소매 셔츠, 스웨터, 저지, (여성용) 메리야스	**фуфайка** (푸파이까)
티슈, 얇은 화장지; 종이 손수건	**салфетка** (쌀폐뜨까)
티탄(Titan)	**титан** (찌딴)
티티새; 개똥지빠귀 черный дрозд 지빠귀, 찌르레기	**дрозд** (드로즈드)
티푸스(typhus), 발진	**тиф** (찦)
팁(낡은 사회에서 고맙다는 뜻으로 계산밖에 더 주는 돈)	**чаевые** (차에븨에)
팁, 행하, 사례금. 동냥. 보수	**подачка** (빠다츠까)

ㅍ

| 파(派), 당파, 파벌 | **партия** (빨찌야) |

파, 양파 — **лук** (룩)

파(내)기, 캐다, 파서 일구는 발굴하는 — **изрытый** (이즈릐뜨이)

파견, 파송(派送), 발견(發遣); 출장(出張) — **направление** (나쁘라블레니예)

파견장, 파송장, 출장증 — **направление** (나쁘라블레니예)

파견하다 보내다 — **адресовать** (아드레쏘와찌)

파고(뚫고)들어가다 — **подкапываться** (빠드까쁘와짜)

파고들다 — **копаться** (까빠짜)

파고들다, 따져보다, 깊이 생각하다 — **вникать** (브니까찌)

파괴(분쇄)하다 — **разносить** (라스나씨찌)

파괴, 몰락, 황폐 — **разорение** (라자레니예)

파괴, 분쇄, 청산 — **ломка**

- 1497 -

(롬까)

파괴, 붕괴, 와해(蛙醢)	**разрушение** (라즈루쉐니예)
파괴, 손괴, 도괴, 파쇄	**нарушение** (나루쉐니에)
파괴, 파탄, 혼란, 파멸; 파산, 몰락; 황폐; 타락	**разруха** (라즈루하)
파괴, 훼손	**подрыв** (빤릐프)
파괴되다, 허물어지다	**разрушаться** (라즈루샤짜)
파괴된	**разорённый** (라자론느이)
파괴된, 쇠약해진	**расстроенный** (라쓰뜨로옌느이)
파괴된, 정신(서)장애(자)의; 불안한, 동요한 마음	**разрушенный** (라즈루쉔느이)
파괴적인, 파괴주의적인; 파멸적인	**истребительный** (이쓰뜨레비쩰느이)
파괴시키다; 파멸(황폐)시키다; 못쓰게 하다	**коверкать** (까베르까찌)
파괴(파멸.황폐)시키다; 소실(消失)시키다,	**ломать** (라마찌)
파괴시키다; 못쓰게(분쇄) 하다, 부수다	**губить, проваливать** (구비찌)(쁘라왈리와찌)
파괴하다, 들부시다, 격멸하다, 족치다	**громить** (그로미찌)
파괴하다, 부수다, 분쇄하다, 파멸[황폐]시키다	**разрушать** (라즈루샤찌)
파괴(폭파.분쇄)하다, 소실(消失)시키다	**разрушить[ся]** (라즈루쉬찌)
파괴(분쇄)하다, 부수다, 소실시키다	**разорять обрушить**

- 1498 -

	(라자랴찌)(아브루쉬찌)
파괴(분쇄)하다; 산산이 부수다, 박살내다	**крушить** (크루쉬찌)
파괴하다, 파멸[황폐]시키다; 못쓰게 하다.	**потопить** (빠또삐찌)
파괴하다, 부수다, 분쇄하다; 소실(消失)시키다	**. сломать[ся]** (슬로마찌)
파괴하다, 부수다, 분쇄하다; 소실(消失)시키다	**истребить** (이쓰뜨레비찌)
파괴하다, 허물다, 깨뜨리다 황폐하게 하다	**развалить разорить** (라스왈리찌)(라자리찌)
파기(破棄)의, 폐기의, 파훼의(破毁).	**кассационный** (까싸찌온느이)
파기, 채굴(採掘), 채광(採鑛)	**шурфование** (슐포와니에)
파나마 모자	**панама** (빠나마)
파나마 모자의,(채양이 달린 아동용) 여름모자	**панамка** (빠남까)
파나마의, 파나마 사람(의)	**панамка** (빠남까)
파내는 것	**раскопка** (라스꼬쁘까)
파내다, (시체를) 발굴하다, 찾아내다	**вырваться** (븨르와짜)
파내다, ~을 탐구하다; ~을 찾아[밝혀]내다, 캐내다	**нарыть** (나릐찌)
파내다, 발굴하다 얻어내다, 찾아내다	**откапывать** (아트까쁴와찌)
파내다, 파서 만들다;(사태 등에서) 구출하다	**откопать** (아트까빠찌)
파내다, 캐내다, 파서 일구다(만들다)	**выкапывать** (븨까쁴와찌)

파내다, 캐내다, 캐다	**вырывать, копать** (브리와찌) (까빠찌)
파내려 가다; 파서 무너뜨리다	**докапываться** (다까쁴와쨔)
파노라마, 회전 그림; 연달아 바뀌는 광경;	**панорама** (빠노라마)
파다, (땅을) 개간하다; 뿌리를 뽑다, 파내다	**раскапывать** (라쓰까쁘와찌)
파다, 굴절(굴착)하다	**прорыть** (쁘라르찌)
파다, (금속·나무·돌에) 조각하다; (문자·도형을) 새기다	**резать** (례자찌)
파다, 파엎다	**копать** (까빠찌)
파다, 파헤치다, (구멍·무덤을) 파다	**выкапывать, разрыть** (븨까쁴와찌) (라즈르찌)
파다, 파헤치다, 파내다	**рыть, вырывать** (릐찌)(브리와찌)
파대가리	**луковица** (루까비짜)
파도 따위가 쓸어 가버리다	**запивать** (자삐와찌)
파도와 같은 움직임; 요동, 굽이침 펄럭임, 나부낌	**мах** (마흐)
파동, 동요, 변화, 변동, 변이(變異).	**колебание** (깔레바니예)
파라메트론(parametron) (수학) 매개 변수, 보조변수	**параметр** (빠라메뜨르)
파라티푸스(Paratyphus)	**паратиф** (빠라찌프)
파라핀(paraffin), 파라핀납	**парафин** (빠라핀)

파란, 파국, 근본적 변화	**потрясение** (빠뜨랴쎼니예)
파란곡절, 파란만장, 파란중첩.	**перипетия** (뻬리뻬찌야)
파래지(게 하)다, 창백해지(게 하)다,	**побледнеть** (빠블레드네찌)
파렴치(철면피)하게	**цинично** (찌니츠나)
파렴치, 철면피	**цинизм** (찌니즘)
파렴치한(철면피한) 행위	**нахальство** (나할쓰뜨붜)
파렴치한, 난폭한	**беззастенчивый** (베자스쩬치브이)
파렴치한, 철면피한, 낯가죽이 두꺼운	**циничный** (찌니츠느이)
파렴치한자, 철면피한자	**циник** (찌니크)
파리(프랑스의 수도)	**Париж** (빠리쓰)
파리(허약)해지다	**чахнуть** (차흐누찌)
파리; 집파리, 가승	**муха** (무하)
파리의 에펠탑(Eiffel 塔)	**Эйфелева башня** (에이페레바 바쉬냐)
파리의; Парижская коммуна (1871년) 파리꼼뮨	**парижский** (빠리즈쓰끼)
파마; 곱슬곱슬한 머리, 물결머리	**перманент** (뻬르마녠트)
파마를 하다	**завиваться** (자비와쨔)

파먹다	**сверлить** (스베르리찌)
파멸, 파괴, 멸망, 격멸; 괴멸; 파괴, 붕괴	**разгром, крушение** (라스그롬) (크루쉐니예)
파멸; 파산, 몰락; 황폐; (여자의) 타락	**губить загубить смерть** (구비찌) (자구비찌) (스메르찌)
파멸시키다, 해치다, 죽이다, 망치다;	**губить** (구비찌)
파멸적인, 치명적인, 사멸적인	**гибельный, роковой** (기벨느이) (라까보이)
파멸적인, 파괴적인, 전복하는, 파괴주의적인	**разрушительный** (라즈루쉬쩰느이)
파멸적인, 해로운 파국적인, 학살적인	**губительный** (구비쩰느이)
파문(波紋). ~이 번지다	**экскоммуникация** (엑쓰꼼무니까찌야)
파묻다,(~을) 흙에 섞다. 심다,(씨를) 뿌리다	**вкопать** (프까빠찌)
파묻다, 껴묻다, 메우다; ~ яму 구덩이를 메우다	**закапывать** (자까쁴와찌)
파묻히다, 파고들어가다	**зарываться** (자릐와쨔)
파벌주의, 종파주의	**групповщина** (그룹빠브쉬나)
파산(몰락)하다, 빈궁에 빠지다	**разориться** (라자리쨔)
파산(영락)시키는, 황폐화시키는	**разорительный** (라자리쩰느이)
파산(영락)시키다	**разорить** (라자리찌)
파산(破散), 파탄(破綻)	**банкротство** (반크로트쓰트붜)

파산, 몰락, 영락	**крах, разорение** (크라흐)(라자례니예)
파산되다, 상하다	**расстроиться** (라쓰뜨로이쨔)
파산되다, 지급불능케 되다	**обанкротиться** (아반크로찌짜)
파산된, 영락된	**разорённый** (라자룐느이)
파산시키다, 해치다, 큰 손해를 끼치다	**расстроить** (라쓰뜨로이찌)
파산자, 파산채무자, 파산당한자	**банкрот** (반크로트)
파산자; 지급 불능자, 지불무능	**неплатёжеспособность** (네쁠라쬬쉐쓰뽀소브노쓰찌)
파산한; 지급 능력이 없는;	**неплатёжеспособный** (네쁠라쬬쉐스뽀쏘브느이)
파상풍(破傷風), 치경(痴痙)	**столбняк** (스똘브냐크)
파생명사의, 명사에서 파생한	**отымённый** (앗띄묜느이)
파생어 조성	**словопроизводство** (슬로붜쁘로이즈볻쓰뜨붜)
파서 일구다; 파내다, 발굴하다	**вскопать, вырвать** (프쓰까빠찌)(븨르와찌)
파손, 손상, 파괴; 깨진 곳	**ломка, авария** (롬까) (아와리야)
파스텔화, 크레파스화	**пастель** (빠스쩰)
파시스트(fascist), 파쇼분자, 국수주의자, 파쇼	**фашист** (파쉬쓰트)
파시스트의(fascist), 파쇼의	**фашистский** (파쉬쓰뜨체쓰끼이)

파시즘(fascism)	**фашизм** (파쉬즘)
파시즘의 상징표식	**свастика** (스와쓰찌까)
파얀스도기 (유약칠한 오지, 질그릇)	**фаянс** (파얀쓰)
파업 파괴자(노동자.배반자) 파업을 깸	**штрейкбрехер** (쉬뜨레이끕레헬)
파업 파괴자의, 파업을 깨뜨리는 사람	**штрейкбрехерский** (쉬뜨레이끕레헬스끼이)
파업파괴(행위). 파업, 파괴	**штрейкбрехерство** (쉬뜨레이끕레헬스뜨붜)
파업(罷業), 동맹파업	**забастовка** (자바쓰또브까)
파업(罷業)하다	**бастовать** (바쓰또와찌)
파업; всеобщая ~ 총파업	**стачка** (스따츠까)
파업에 들어가다, 일을(일시)그치다, 공인되지 않은	**шабашка** (샤바스까)
파업의	**стачечный** (스따체츠느이)
파업자(罷業者)	**бастующий** (바쓰투유시이)
파업자(罷業者), 치는 사람; 파업 참가자	**забастовщик** (자바쓰또브쉭크)
파열(破裂)	**разлом** (라슬롬)
파열(폭발)시키다	**разорвать** (라자르와찌)
파열시키다, 터뜨리다, ~을 부수다, 무너뜨리다	**взломать** (프즐로마찌)

파열음의, 폐쇄음. 터짐소리	**эксплозивный** (엑쓰쁠로지브느이)
파열하는, 크게 벌어져 있는	**разрывной** (라즈르브노이)
파열하다, 폭발하다	**ворваться, вскрываться, разрывать** (바르와쨔)(프쓰크리와쨔)(라즈르와찌)
파운드(pound)(화폐단위):~ стерлингов 스털링 파운드	**фунт** (푼트)
파의 일종 샬럿(사과를 넣은 푸딩)	**шарлот (~ка)** (샬롵)(~까)
파이널; 결승전	**финальный** (피날느이)
파이카(12 포인트 크기의 활자)	**пика** (삐까)
파인애플, 아나나스	**ананас** (아나나쓰)
파일구다, 쇠약하게 하다; 낭패[곤란]케 하다	**разойтись** (라조이찌시)
파장변경, 파장을 새로(달리) 맞추는 것	**перестройка** (뻬레쓰뜨로이까)
파장을 바꾸다	**перестраиваться** (뻬레쓰뜨라이와쨔)
파조트론싱크로사이클로트론(입자 가속장치의 일종)	**фазатрон** (파조트론)
파종(播種), 파식(播植), 식부(植付), 종파(種播), 하종	**посевной** (빠쎄브노이)
파종기, 씨뿌리는 기계	**сеялка** (쎄야르까)
파찰음의; ~ощелевые согласные 파찰음	**смычный** (스믜츠느이)
파출소, 사회 안전부, 내무서	**милиция** (밀리찌야)

- 1505 -

파충류(爬蟲類), 파충강	**пресмыкающиеся, рептилии** (쁘레쓰믜까유쉬예쌰)(레쁘찌리이)
파충학(爬蟲學)	**эрпетология** (에르뻬똘로기야)
파키스탄(수도는 Islamabad).	**Пакистан** (빠끼쓰딴)
파키스탄의	**пакистанский** (빠끼쓰딴쓰끼이)
파탄(좌절, 소멸)되다	**рушиться** (루쉬짜)
파탄(破綻), 파산(破散), 실패(失敗)	**расстройство** (라쓰뜨로이쓰뜨붜)
파탄, 결렬, 좌절; 실패, 파국;	**срыв** (스릐프)
파탄하다	**рассыпаться** (라쓰씌빠짜)
파탄되다, (일이) 틀어지다	**прогорать** (쁘라고라찌)
파탄되다, 실패하다; дело ~лось 일이 파탄되었다	**сорваться** (싸르와짜)
파탄시키다, 방해하다, 깨뜨리다	**расстроить, торпедировать** (라쓰뜨로이찌) (따르뻬지로와찌)
파파야 나무, 포포나무	**папайя** (빠빠이야)
파파하, 높은 아스트라한(모조 직물) 털모자	**папаха** (빠빠하)
파편(破片), 조각(彫刻)	**шматок** (쉬마똑)
파편, 조각, 세편, 쪼가리	**обломок** (아블로모크)
파편의, 조각의	**осколочный** (아쓰깔로츠느이)
파푸아뉴기니아	**Папуа-Новая Гвинея**

(빠뿌아-노와야 그비네야)

파피루스(고대 이집트의 제지 원료). 파피루스종이,	**папирус** (빠삐루쓰)
파피루스종이에 쓴 옛 문헌	**папирус** (빠삐루쓰)
파헤치다, (갈퀴 따위로) 긁어 헤치다, 헤집다	**разгребать** (라스그레바찌)
파헤치다, 파내다, 발굴하다	**раскопать** (라쓰까빠찌)
파헤치다, 파서엎다	**вскапывать** (프쓰까삐와찌)
파헤치다; (구멍·무덤을) 파다. 파서 찾다	**перекопать** (뻬레까빠찌)
파헤치다; (흙, 땅을) 부드럽게 하다	**взрыхлить** (즈리홀리찌)
팍팍 찍다, 자르다, 뻐개다, 잘게[짧게] 자르다	**изрубить** (이즈루비찌)
팍팍 찍다, 뻐개다, 잘게[짧게] 자르다	**обрубать, обрубить** (아브루바찌)(오루비찌)
팍팍 찍다, 자르다, (고기·야채를) 저미다	**измельчить** (이즈멜치찌)
팍팍 찍다, 자르다, 잘라 만들다, 도끼(식칼)로 썰다	**отрубить** (앗루비찌)
판(板), 금속판	**пластина** (쁠라쓰찌나)
판(瓣), 밸브, 판막(瓣膜), 여닫이, 변	**клапан** (클라빤)
판(板); 금속판(金屬板), 철판	**плита** (쁠리따)
판, 널판, 판대기; 금속판	**планка** (쁠란까)
판가름하다, 재판하다, ~에 판결을 내리다	**рассудить** (라쓰쑤지찌)

- 1507 -

판각전문가, 조각전문가	**гравёр** (그라뵤르)
판결(判決), 선고(宣告)	**приговор** (쁘리고볼)
판결을 내리다(형을 선고하다)	**приговариваться** (쁘리가바리와쨔)
판결의 재심	**кассация** (까싸찌야)
판넬의, 판넬 같은	**панельный** (빠넬느이)
판단(논단, 단정, 비난)하다; 생각(추측)하다	**судить** (수지찌)
판단(이해) 하다	**сообразить** (싸아브라지찌)
판단(判斷), 생각(生角), 고찰	**рассуждение** (라쓰쑤즈제니예)
판단력, 분석력, 통찰력	**ориентация** (아리엔따치야)
판단력, 신중성, 세심(細心)	**рассудительность** (라쓰수지젤노쓰찌)
판단하다, 생각하다; 담화하다, 논의하다	**рассуждать** (라쓰쑤즈다찌)
판매 가능한, 팔리는	**продажный** (쁘라다즈느이)
판매(販賣), 매매, 매출, 팔기	**продажа** (쁘라다좌)
판매, 매각, 팔기, 팔아 넘기기	**отпуск, распродажа** (올뿌쓰크) (라쓰쁘로다좌)
판매, 매출, 판육; иметь хороший ~ 잘 팔리다	**сбыт** (즈브트)
판매대	**стойка** (스또이까)

판매원(販賣元); 파는 사람, 장사꾼	**продавец** (쁘라다베쯔)
판매의, 판매하는[의], 팔려고 내놓은	**продажный** (쁘라다즈느이)
판벽널, 머름(창)틀	**щит** (쒸뜨)
판벽널, 머름; (창)틀, 패널(스커트 등의 색동 장식);	**панель** (빠넬)
판벽널, (벽, 천정의) 장식판; (건축) 벽장화, 그림, 회화	**панно** (빤노)
판별하다	**разбирать** (라스비라찌)
판사; (채육) 심판원; главный ~ 주심; ~ на линии 선심	**судья** (수지야)
판정(감정) 하다, 재다	**определять** (아쁘레젤랴찌)
판정, 판결, 판례; 결정, 결의, 결정서, 규정; 규칙	**определение** (아쁘레젤레니예)
판종이 뚜껑, 마분지표지, 두터운 표지	**папка** (빠쁘까)
판종이, 판지, 마분지	**картон** (까르똔)
판지의[로 된].	**картонный** (까르똔느이)
판테온(신들을 모신 신전), 만신전 위임묘	**пантеон** (빤쩨온)
판화 인쇄하다. 무늬를 날염하다. 눌러서 박다	**отпечатать** (앗뻬차따찌)
판화(版畵)	**гравюра** (그라뷰라)
팔 것이 아닌 상품 팔리지 않는 품종,	**залежь** (잘레쥐)

팔(8) 일간의	**восьмидневный** (바시미드녜브느이)
팔(8)세기 비잔틴제국의 법률집	**эклога** (에클로가)
팔(8)월	**август** (압구쓰트)
팔(8)행 연구(聯句) (octet) (sonnet의 처음의 8행).	**октава** (악따와)
팔, 다리를 펴다	**расправить** (라쓰쁘라비찌)
팔, 상지(上肢); (포유동물의) 앞발, 전지(前肢)	**рукав** (루까프)
팔, 팔뚝, 상지(上肢), 팔때기	**плечо** (쁠레초)
팔걸이	**браслет** (브라쓸렛)
팔꿈치, 팔뒤꿈치, 팔꾸머리	**локоть** (로까찌)
팔꿈치 모양의 것. 팔걸이; L자 모양의 관(管)	**колено** (깔레나)
팔꿈치를 고이고 기대다	**облокачиваться, облокотиться** (아블로까치와쨔),(오블로꼬찌쨔)
팔다, 매도[매각]하다, 다 팔다	**распродать** (라쓰쁘로다찌)
팔다, 매도[매각]하다.	**продать[ся]** (쁘라다찌)
팔다, 판매하다	**продавать** (쁘라다와찌)
팔다, 팔아버리다	**разбазаривать** (라스바자리와찌)
팔딱팔딱(두근두근)뛰다	**ёкать** (요까찌)

팔뚝, 전완(前腕), 전박(前膊), 하박(下膊)	**предплечье** (쁘롇쁠례치예)
팔띠, 완장; 붕대; 배붕대	**повязка** (빠뱌즈까)
팔레스티나	**Палестина** (빨레쓰찌나)
팔레트 나이프, 약과 안료를 바르는 주걱칼,	**шпатель** (쉬빠쩰)
팔레트 나이프, 주걱 칼, 혀를 누르는 주걱	**шпатель** (쉬빠쩰)
팔레트, 조색판, 물감판	**палитра** (빨리뜨라)
팔리다, 없어지다	**расходиться** (라쓰하지쨔)
팔리다, 판매되다, 매매되다	**продаваться** (쁘라다와쨔)
팔리지 않는, 팔 수 없는	**неходовой** (네하다보이)
팔백, 800(팔백)	**восемьсот** (뵈쎔쏱)
팔십, 80(팔십) 여든	**восемьдесят** (뵈쎔제쌰트)
팔아 넘기기, 판매	**реализация** (레알리자찌야)
팔아넘기다, 실현하다	**реализовать** (레알리조와찌)
팔아치우다, 판매하다	**сбыть** (즈브찌)
팔월(八月)의	**августовский** (압구스똡스끼이)
팔찌	**браслет** (브라쓸렛)
패(牌), 무리, 동료; (악한의) 일당, 폭력단, 갱단	**шатия**

	(샤찌야)
패거리, 일당, 무리, 한 떼; (노동자·죄수 등의) 한 부대	**свора** (스보라)
패거리, 패, 동아리	**компания** (깜빠니야)
패기 있는, 결기 있는	**задорный** (자도르느이)
패랭이꽃, 석죽화(石竹花)	**гвоздика** (그와즈지까)
패러독스(틀린 것 같으면서도 옳은 의론) 역설(逆說)	**парадокс** (빠라독쓰)
패를 짓다, 집결되다, 집중되다	**группироваться** (그룹삐로와짜)
패배, 실패	**поражение** (빠라제니예)
패서 짜개다, 까부시다, 부스러뜨리다	**расколоть** (라쓰깔로찌)
패서(짜개서) 떼다 (때내다), 족치다	**откалывать** (아트깔와찌)
패쇄부, ~실(-室)	**камера** (까메라)
패스하다(손대지 않고 다음 사람에게 넘김)	**спасовать** (스빠싸와찌)
패전자, 패배자	**побеждённый** (빠베즈죤늬이)
패주하다, 도망치다	**побежать** (빠베좌찌)
패킹(packing), 접시형 패킹	**манжета** (마느줴따)
패킹(packing), 충전물, 채워넣기, 패드를 댐(넣음)	**прокладка** (쁘라끌라드까)
팬티드로어즈, 짧고 작은 바지.	**штанишки**

	(쉬따니쉬까)
팸플릿, 작은 책자.	**брошюра** (브로슈라)
팽이, 팽구	**волчок** (발촉)
팽창주의, 확대, 확장	**экспансионистский** (엑쓰빤씨오니쓰뜨쓰끼이)
팽창하다, ~에 숨[바람]을 불어넣다;	**раздуть[ся]** (라스두찌)
팽팽하게 하다, 긴장시키다, (귀를) 쫑그리다	**накалить(ся)** (나깔리찌)
팽팽한, 켕긴, (신경·감정이) 긴장한	**накалённый** (나깔룐느이)
팽팽한, 탄력이 있는, 비싼 죈	**тугой** (뚜고이)
팽팽함; 켕김, 긴장; 신장(伸長). 극도, 극도의 긴장	**накал** (나깔)
퍼내다, 떠내다	**вычерпать** (븨첼빠찌)
퍼덕[퍼드덕]거리다, 퍼덕[펄럭]이다, 나부끼다,	**махать** (마하찌)
퍼덕[펄럭]이다, 나부끼다, 휘날리다	**замахать** (자마하찌)
퍼덕거리다, 날개치며 날다; (나비) 훨훨 날다	**заколыхать(ся)** (자깔르하찌)(쌰)
퍼뜨리다	**разливать** (라슬리와찌)
퍼뜨리다, 전파하다	**разносить** (라스나씨찌)
퍼뜩, 언뜻, 얼핏, 슬쩍	**мельком** (멜꼼)
퍼렇게 맺힌 멍	**синяк**

	(씬야까)
퍼붓는 것, 끼얹는 것	**обливание** (아블리와니예)
퍼붓다, 끼얹다; 따르다, 쏟다, 붓다	**обдавать, обдать** (압다와찌)(옵다찌)
퍼붓다, 끼얹다;	**обливать** (아블리와찌)
퍼붓다, 퍼서 붓다, 쏟다, 쏟아지다	**осыпать** (아쎄샤찌)
퍼석퍼석한, 부서지기 쉬운	**рассыпчатый** (라쓰씨쁘차뜨이)
퍼센트(%); 이자, 이율(利律)	**процент** (쁘라쩬드)
퍼스티언 천의; 야단스러운, 풍을 치는, 과장된	**бумазея** (부마제야)
퍼지는 것	**расхождение** (라쓰호즈제니예)
퍼지다	**происходить** (쁘라이쓰호지찌)
퍼지다, 나타나다	**растечься** (라쓰쩨치쌰)
퍼지다, 넓어[커]지다.	**раздаваться** (라스다와쨔)
퍼지다, 번지다, 전해지다	**разноситься, помазать** (라쓰나씨쨔)(빠마자찌)
퍼지다, 보급(전파,유포)되다	**распространяться** (라쓰쁘라쓰뜨라냐쨔)
퍼지다, 보급하다, 침투하다	**проникнуть** (쁘라니크누찌)
퍼지다, 전파되다	**просочиться** (쁘라쏘치쨔)
퍼지다, 펼쳐지다	**мазаться**

- 1514 -

	(마자쨔)
퍼지다; 깔리다; 펼쳐지다	**стлаться** (스뜰라쨔)
퍼텐셜. 포텐샬	**потенциал** (빠쩬치알)
퍼티(창유리 따위의 접합제) 도료제, 코킹하다.	**шпаклевать** (쉬빠끌레와찌)
퍼티(창유리 따위의 접합제)하는 사람	**шпаклёвщик** (쉬빠끌료브쉭)
퍼티로 접합하다[메우다].	**шпаклевать** (쉬빠끌레와찌)
퍼티분(유리. 대리석. 금속을 닦는 주석[납]의 분말)	**шпаклёвка** (쉬빠끌료브까)
퍽 좋다, 훌륭하다, 아름답다	**прекрасно** (쁘레크라쓰나)
퍽(아이스하키용); (미국속어) 아이스하키.	**шайба** (샤이바)
퍽(털썩. 쿵)하고 떨어지다. 떨어뜨리다	**шмякнуться** (쉬먀까누쨔)
풍덩하고(쿵하고. 느닷없이)떨어지다.	**шмякать, шмякнуть** (쉬먀까찌) (쉬먀까누찌)
퍽(털썩. 쿵)하고 떨어지다. 떨어뜨리다	**шмякать, шмякнуть** (쉬매까찌) (쉬매까누찌)
펀치, 구멍 뚫는 기구, 프레스 타인기	**штамп** (쉬땀쁘)
펄럭이게 하다	**развевать** (라스볘와찌)
펄럭이게 하다, 아래위로 움직이다.	**махнуть** (마흐누찌)
펄럭이다, 나부기다, 휘날리다	**веять** (볘야찌)
펄럭이다, 설레다, 너붓거리다, 흔들리다	**колыхаться**

	(꼴리하쨔)
펄스(지속시간이 짧은 전류, 변조전파), 충격전파, 임펄스	**импульс** (임뿔쓰)
펄쩍 물러나다, 후닥닥 뛰어 물러서다	**отпрянуть** (앗쁘랴누찌)
펌프 사용; 펌프 작용 ~ая станция 양수장	**насосный** (나쏘쓰느이)
펌프(pump), 무자위, 양수기(揚水機)	**помпа** (뽐빠)
펌프(pump), 폼프, 양수기	**насос** (나쏘쓰)
펌프로 물을 푸다[빨아내다]	**отливать, качать** (앝틀리와찌)(까차찌)
펌프로 물을 푸다, 펌프의 작용을 하다	**накачать накачивать** (나까차찌) (나까치와찌)
펌프로 빨아내다, 빨아올리다;	**выкачать** (븨까차찌)
펌프로 뽑아 옮기다, 퍼 옮기다	**перекачать** (뻬레까차찌)
페넌트(pennant)	**вымпел** (븸뻴)
페널티킥	**пенальти** (뻬날찌)
페니실린(penicillin), 푸른곰팡이	**пенициллин** (뻬니찔린)
페루(남아메리카의 공화국; 수도 Lima).	**Перу** (뻬루)
페르소나, 외적 인격(가면을 쓴 인격)	**личина** (리치나)
페르시아 사람, 페르시아어(語) *см.* персы	**перс** (뻬르쓰)
페르시아(1935년에 Iran으로 개칭), 페르시아 어(사람)	**персиянка**

페르시아의; 페르시아어(語) [사람]의	(뻬르씨얀까) **персидский** (뻬르시드쓰끼이)
페이지(略: p., pl. pp.), 쪽, 면; (인쇄물의) 한 장	**полоса** (빨로싸)
페이지의 란, 줄, 열	**столбец** (스딸볘쯔)
페인자리, 홈 구멍, 개탕	**выбоина** (븨보이나)
페인트(도료가)벗겨지다; 얼룩이 빠지다;	**отмываться, отмыться** (아트므와쨔) (알믜쨔)
페인트로 칠하다	**замазать** (자마자찌)
~에 물감을 칠하다, 착색[채색]하다;	**закрасить(ся)** (자크라씨찌)
페인트를 칠하다, 장식하다, 연지를 바르다	**накрасить** (나끄라씨찌)
페인트를 칠하다, 착색[채색]하다; 장식하다	**покрасить** (빠끄라씨찌)
페인트(물감을) 칠하다, ~에 채색하다; 물들이다.	**раскрасить** (라쓰크라씨찌)
페인트(물감으)로 그리다. ~에 물감을 칠하다	**выкрасить** (븨크라시찌)
페(뻬)치까공, 페(뻬)치까수리공, 난로수리공	**печник** (뻬츠니크)
페치카의, 벽난로의, 슈미네의	**печной** (베츠노이)
펜대, 철필대	**ручка** (루츠까)
펜던트(pendant) 네크리스(necklace)	**ожерелье** (아줴렐예)
펜촉, 펜(펜촉과 펜대); 만년필; 깃촉 펜, 볼펜	**перо** (뻬로)

- 1517 -

펠레톤(feuille-ton), 풍자평, 펠레톤 아티클	**фельетон** (펠예톤)
펠트로 만들다[되다]; 펠트로 덮다[씌우다].	**валять** (왈랴찌)
펠트제(製)의, 모전의, 펠트제품의	**фетровый** (페트로브이)
펠트지, 물막이종이, 방수지	**толь** (똘)
펩신(pepsin: 척추동물의 위액 속에 있는 단백질 분해 효소)	**.Пепсин** (뻬쁘씬)
펭귄(새), 인조(人鳥)	**пингвин** (뻰그빈)
펴놓다;	**разложить** (라슬로쥐찌)
펴다, (굽은 것을) 곧게 하다	**отгибать** (아트기바찌)
펴다, 곧게 하다, 고르잡다	**выправлять, выпрямлять** (븨쁘라브랴찌)(븨쁘래믈랴찌)
펴다, 깔다	**постелить** (빠쓰쩰리찌)
펴다, 놓다, (틀어쥐었던, 물었던 것을) 벌리다	**разжать** (라스좌찌)
펴다, 똑바르게 하다	**разгибать** (라스기바찌)
펴다, 반반(편편)하게 하다	**сгладить** (즈글라지찌)
펴다, 펼치다, 전개하다, 늘이다	**развесить расстилать** (라스베씨찌) (라쓰찔라찌)
펴다, 전개하다, 늘이다	**растекаться, настлать, постлать** (라쓰쩨까쨔) (나쓰뜰라찌) (빠쓰뜰라찌)
펴다, 펼치다, 풀다; 벗기다, 열다	**развернуть** (라즈베르누찌)

펴지다, 곧게 되다	**расправиться** (라쓰쁘라비쨔)
펴지다, 곧아지다, 바로 서다, 허리(몸)를 펴다	**выпрямляться** (븨쁘래믈랴쨔)
펴지다, 깊어지다	**вытягиваться** (븨쨰기와쨔)
펴지다, 깔리다	**расстелиться** (라쓰쩰리쨔)
펴지다, 반반해지다	**сгладиться** (즈글라지쨔)
펴지다, 펼쳐지다; 벗겨지다, 열리다;	**развернуться** (라스베르누쨔)
펴지다, 허리를 펴다, 똑바르게 되다	**разгибаться** (라스기바쨔)
편, 부	**раздел** (라스젤)
편각(偏角), (수학) 쏠림각	**амплитуда** (암플리뚜다)
편견(偏見), 벽견, 치우친 생각, 선입관; 편애.	**предрассудок** (쁘렏라쑤도크)
편견(偏見), 선입감, 치우친 생각	**предубеждение** (쁘렏베즈제니예)
편곡(編曲), 어레인지(arrange), 어레인지먼트	**транскрипция** (뜨란쓰크리쁘찌야)
편극, 분극, 극성화	**поляризация** (빨랴리자찌야)
편달하다, 격려하다, 자극하다	**подогнать** (빠다그나찌)
편도(선)	**миндалина** (민달리나)
편도(扁桃), 아몬드(열매·나무), 감편도, 감복숭아	**миндаль** (민달)

편도, 편도선(扁桃腺)	**гланды** (글란듸)
편도선염(扁桃腺炎)	**тонзиллит** (딴질리트)
편도선염(扁桃腺炎), 후두염	**ангина** (안기나)
편도선염, 후두염 ◊ грудная ~ 협심증; ~ у лошадей 비담	**жаба** (좌바)
편들다, 동의(가담)하다	**присоединиться** (쁘리싸예지니쨔)
편람, 안내서; телефонный ~ 전화 번호 책	**справочник** (스쁘라보츠니크)
편리, 편의; 위로, 위안, 안락	**удобство** (우다브쓰뜨붜)
편리하게, 편안히 편리하다, 알맞다	**удобно** (우다브나)
편리한, 편안한	**удобный** (우다브느이)
편모(鞭毛); 포복경(匍匐莖), 세균의 섬모	**жгутик** (쥐굿찌크)
편상화(부츠)의 구두닦이	**штиблеты** (쉬찌브레띄)
편성하다	**монтировать** (만찌로와찌)
편심률, 이심률	**эксцентриситет** (엑쓰젠드리찌쩨트)
편심의, 편심기(륜), 편심판, 편심축(ось)	**эксцентрик** (엑스젠뜨리크)
편안히	**спокойно** (스빠꼬이나)
편암의	**сланцевый** (슬라네쩨브이)

편암의, 편암질[모양]의	**слоистый** (슬로이쓰뜨이)
편의봉사	**услуга** (우쓸루가)
편입, 입적(入籍);	**зачисление** (자치쓸레니예)
편입시키다, 입적시키다, 가입시키다	**зачислить** (자치쓸리찌)
편자를 신기는 것	**ковка** (까브까)
편작, 편저	**компиляция** (깜삐랴찌야)
편작물, 편작한 글	**компиляция** (깜삐랴찌야)
편제[편성]하다; 조직하다, 구성(동원)하다	**организовать[ся]** (아르가니조와찌)
편지(신서, 서간)의(에 의한), 서한체의;	**эпистолярный** (에삐쓰똘랴르느이)
서한체	**эпистиль** (에삐쓰찔)
편지, 서한;	**письмо** (삐시모)
편지(소포)를 발송하다, 문서(짐)를 급송하다	**экспедировать** (엑쓰뻬지로와찌)
편지거래하다	**переписываться** (뻬레삐씌와쨔)
편지부, 편집국 편집부청사	**редакция** (레닥찌야)
편지연락하다, 편지로 약속하다	**списаться** (스삐싸쨔)
편집, 편즙(編輯), 편찬(編纂)	**редактирование** (레닥찌로와니예)

편집; 교정	**редакция** (레닥찌야)
편집광(偏執狂), 망상증, 파라노이아	**паранойя** (빠라노이야)
편집광 환자	**параноик** (빠라노이크)
편집부(원)	**редакция** (레닥찌야)
편집위원회, 편집국	**редколлегия** (레드꼴레기야)
편집을 하다; (원고를) 손질하다, 교정보다	**отредактировать** (앗레다크찌로와찌)
편집의; 편집자에 관한	**редакционный** (레닥찌로온느이)
편집자, 교열원, 편집원(編輯員)	**редактор** (레닥똘)
편집자[주필]의 지위[직, 임기, 기능, 권위, 수완];	**редакция** (레닥찌야)
편집출판의.	**эдиционный** (에지찌온느이)
편집하다, 편찬하다. ~을 종합하다, 합계하다;	**составить** (싸쓰따비찌)
편차(偏差), 이상, 변태(變態)	**аномалия** (아나말리야)
편차, 편각; (탄알의) 편류 편의(偏倚), 편향	**отклонение** (아트클로네니예)
편함, 경함; левый ~ 좌경; правый ~ 우경	**уклон** (우클론)
편향, 탈선, 이탈	**перегиб** (뻬레깁)
편향, 편애, 치우침	**загиб** (자기프)

- 1522 -

편협성, 협애성	**ограниченность** (아그라니첸노쓰찌)
펼쳐져있다, 전개되어있다	**простираться** (쁘라쓰찌라쨔)
펼쳐지다, 뻗다;	**тянуться, раскидываться** (쨰누쨔) (라쓰끼듸와쨔)
평(評), 비평, 논평, 서평	**рецензия** (레쩬지야)
평가(評價).	**эвальвация** (에왈와찌야)
평가(평정, 판단)하다	**оценивать, оценить, расценивать** (아체니와쨔), (오체니찌) (라쓰쩨니와쨔)
평가, 논정(論定), 논평(論評).	**мнение** (므네니에)
평가, 평판(評判); 평정서; 의견, 견해, 지론, 소신	**отзыв** (아트즤프)
평가자, 가격 평정가(사정자)	**оценщик** (아첸쉬크)
평가(감정.판단)하다. ~의 진가를 인정하다	**признать[ся]** (쁘리즈나찌)
평가하다, 어림잡다 на кого ~를 큰 소리로 꾸짖다	**накричать** (나끄리차찌)
평가하다, 평하다 ~에 미치다, 영향을 주다	**отзываться** (아트즤와쨔)
평가할 수 있는; 상당한 정도의.	**ощутимый ощутительный** (아슈찌믜), (아슈찌쩰느이)
평균의;~ee образование 중등교육	**средний** (스레드니이)
평등 (균등)하게 하는 것, 균일화	**уравнение** (우라브네니에)
평등(平等), 균등(均等); (수학) 등식(equality);	**равенство** (라붼쓰뜨붜)

평등(동등.평평.수평)하게 하다, 고르다.	**разроснять** (라즈로쓰냐찌)
평등주의(平等主義).	**эгалитаризм** (에가리따리즘)
평등주의자(平等主義者).	**эгалитарист** (에가리따리쓰트)
평등한, 동등한, 공평한, 공정한, 공명정대한	**равноправный** (라브노쁘랍느이)
평로(平爐)(반사로)의. 노(爐); 아궁이, 화덕,	**мартен** (마르뗀)
평면, 면;	**плоскость** (쁠로쓰꼬쓰찌)
평면기하학	**планиметрия** (쁠라니몔리야)
평방, 제곱, 2승, 면적의 단위, 스퀘어(100제곱피트)	**квадрат** (크와드라트)
평방미터로 표시하는 면적;	**метраж** (메뜨라즈)
평방의, 제곱의, 두 제곱; ~ый корень 이승근	**квадратный** (크와드라뜨느이)
평범하게, 보통으로, 쓸쓸하게	**посредственно** (빠쓰롇쓰뜨벤노)
평범한 사람, 보통인	**рядовой** (랴도보이)
평범한, 단조로운; 살풍경한, 활기[재미] 없는	**прозаический** (쁘라자이체쓰끼이)
평범한, 범상한	**банальный, заурядный** (반날느이)(자우랴드느이)
평범한, 보통; 지휘간부가 아닌	**рядовой, посредственный** (랴도보이) (빠쓰롇쓰뜨벤느이)
평범한, 보통으로, 예사로운	**второстепенный** (프따로쓰쩨뻰느이)

평범한, 소박한	**невзыскательный** (네브즤쓰까쩰ㄴ느이)
평범한, 평상시의, 일상적인	**будничный** (부드니치느이)
평석(平石), 석판. 죽데기, 죽데기 판자	**горбыль** (가르블)
평소의 하루, 일상생활, 세속적인, 속세의,	**житейский** (쥐쩨이쓰끼이)
평안, 평온, 안녕, 평화	**безопасность** (베조빠쓰노스티)
평안한, 침착한	**спокойный** (스빠꼬이느이)
평야, 평원, 평지,	**равнина** (라브니나)
평양(平壤), 서경, 서도	**Пхеньян** (쁴얀)
평영平泳), 개구리 헤엄	**брасс** (브라쓰)
평온(태평)한, 평안한	**мирный** (미르느이)
평온한, 날카롭지 않은	**сдержанный** (즈제르좐느이)
평점(平點), 점수(點數); 평정, 평가	**оценка** (아첸까)
평정서, 평가서	**характеристика** (하라크쩨리쓰찌까)
평정하다, 추천하다	**рекомендовать** (레꼬멘도와찌)
평지, 평원	**горизонт** (가리존트)
평집게	**плоскогубцы** (쁠로쓰꼬굽츠)

평탄하게, 평평하게 하다; 고르게 하다.	**Ровнять** (라브냐찌)
평탄한, 평평한, 미끈한	**гладкий** (글라드끼이)
평탄한, 반반한; 매끈한	**ровный** (로브느이)
평토기	**грейдер** (그레이젤)
평토기, 긁개(삽)	**скрепер** (스크레뻬르)
평판, 소문, 명성	**слава** (슬라바)
평판; 평정서, (시사문제 등의) 논평, 평언(評言), 비평	**отклик** (오뜨클리크)
평평[평탄]하게; 단조롭게, 활기 없이, 굼뜨게	**наотрез** (나오뜨레즈)
평평[평탄]하게; 평등하게; 공평하게; 대등하게	**ровно** (로브나)
평평하게 하다, 고르게 하다, 반반하게 하다	**разравнивать** (라즈라브니와찌)
평평한, 평탄한, 넓직한	**плоский** (쁠로쓰끼이)
평행; 유사; 비교, 대응 일치, 유사, 상응	**параллелизм** (빠랄렐리즘)
평행사변형(平行四邊形)	**параллелограмм** (빠랄렐로그람)
평행선. 나란히금.	**широтник** (쉬로뜨닉)
평행선[면], 평행물	**параллель** (빠랄렐)
평행육면체(平行六面體)	**параллелепипед** (빠랄렐레삐뻬드)
평행으로, 병렬로;	**параллельно**

- 1526 -

	(빠랄렐나)
평행의, 평행하는, 나란한	**параллельный** (빠랄렐느이)
평행하다, ~와 나란히 되다, 병행하다	**поравняться** (빠라브냐짜)
평형, 균형, 수평, 안정	**эквилибр, гиря** (에크빌리블) (기랴)
평화(적인) 평화로운;	**мирный** (미르느이)
평화; 강화조약	**мир** (미르)
평화롭게, 화목하게, 사이좋게	**мирно** (미르나)
평화애호, 평화를 사랑하는 것	**миролюбие** (미로류비에)
평화애호적인, 평화를 사랑하는	**миролюбивый** (미로류비브이)
폐(弊), 괴로움, 신세, 누(累)	**беспокойство** (볘쓰뽀꼬이스뜨뷔)
폐(肺), 허파, 폐장; воспаление ~их 폐렴	**лёгкое** (록꼬예)
폐기(廢棄), 파기(破棄);	**расторжение** (라쓰따르줴니에)
폐기; 무효선포하는 것	**денонсация** (제논싸찌야)
폐기물을 이용하다, 활용하다, 소용되게 하다	**утилизировать** (우찔리지로와찌)
폐기종(肺氣腫), 기종	**эмфизема**(-зэ-) (엠피제마)
폐기하다, 버리다	**денонсировать** (제논씨로와찌)
폐기하다;~ договор 조약을 폐기하다	**аннулировать**

(아눌리로와찌)

폐렴(肺炎), 폐염(肺炎) 폐에 생기는 염증. **пневмония**
(쁘네브마니야)

폐를 끼치다, 괴롭히다, 성가시게 굴다 **беспокоить**
(베쓰뽀꼬이찌)

폐를(수고) 끼치다, 방해하다 **тревожить, утрцждать**
(뜨레붜쥐찌)(우트르즈다찌)

폐마(廢馬) 도살업자; 폐옥(폐선) 매입 해체업자. **живодёр**
(쥐붜죨)

폐물(廢物), 못 쓰는 물건쓰레기(trash), 잡동사니, 고철. **утиль**
(우찔)

폐물, 찌꺼기, 찌끼 **отходы, остаток**
(앗호듸) (아쓰따또크)

폐물의, 쓸모없는; 내버려진, 나머지의, 여분의, **отработанный**
(앗라보딴느이)

폐물이용 **утилизация**
(우찔리자찌야)

폐색, 합선; короткое ~ 맞닿이, 단락(段落) **замыкание**
(자믜까니예)

폐쇄, 쇄폐, 폐색 **закрытие, закупорка**
(자크릐찌예), (자꾸뽀르까)

폐쇄기, (총, 포의) 격발기, (사진기의) 여닫이 **затвор**
(자뜨보르)

폐쇄하다, 문을 닫다 **закрываться**
(자크릐와짜)

폐의(肺), 폐의, 폐에 관한; 폐가 있는; 폐질환의 **лёгочный**
(료고츠느이)

폐의; (폐장의) 엽(葉)의; (대)엽의 **долевой**
(돌레보이)

폐지(폐기)하다, 철폐(해제)하다, 취소하다 **отменить отменять**
(앝메니찌) (앝메냐찌)

폐지(廢止); на ~х газет 신문지상에서 **сираница**

	(스뜨라니짜)
폐지, 폐기, 철폐, 해제	**отмена** (알메나)
폐지, 해산, 해체	**упразднение** (우쁘라즈드녜니에)
폐허(廢墟)	**руины** (루이늬)
폐혈증, 부폐증	**сепсис** (쎄쁘씨쓰)
폐활량계	**спирометр** (스삐로메뜨르)
폐회, 폐막, 끝남	**закрытие** (자크릐찌예)
포(包), 대포(大砲)	**артиллерия, пушка** (아르찔레리야)(뿌쉬까)
포가(砲架)	**лафет** (라페트)
포갬, 포개짐, 중첩(重疊)	**совместить** (쌉메스찌찌)
포격, 폭격	**бомбёжка** (봄뵤지까)
포경 ~ая пушка 고래잡이포, 고래포, 포경포	**гарпунный** (가르뿐늬이)
포경포수, 작살군	**гарпунщик** (가르뿐쉬크)
포고, 공포, 시명, 통고, 선고	**объявление** (아비야블례니예)
포고, 명령, 칙령	**ярлык** (야를릐끄)
포고[선언]하다, 공포하다; 성명하다	**огласить** (아글라씨찌)
포고문(布告問), 선언서(宣言書);	**манифест**

	(마니폐쓰트)
포괄, 망라, 끌어넣는 것, 인입; (군사) 익측우회포위	**охват** (아호와트)
포괄적인, 포용력이 큰.	**большой** (발쇼이)
포기하다, 단념하다.	**заречься** (자례치쌰)
포기하다; не откажусь ~~하는데 반대 없다	**отказываться** (아트까즈와쨔)
포도나무, 포도	**виноград** (븨노그라드)
포도당(葡萄糖; glucose)	**глюкоза** (글류꼬자)
포도밭, 포도원	**виноградник** (븨노그라드니크)
포도술 주조, 외인 주조	**виноделие** (븨노젤리에)
포도액, 포도주용 펌프	**эгропомпа** (에그라뽐빠)
포도재배(학[술, 연구])	**виноградарство** (븨노그라달쓰뜨붜)
포도주(葡萄酒), 와인(wine), 술	**вино** (븨노)
포동포동한, 토실토실한, 균형이 잡혀 가슴이 풍만한	**пышный** (쁴쓰늬이)
포로 수용소; 부대 집결소, 강제 수용소	**концлагерь** (깐쯀라곌)
포로(捕虜), 부로, 노수, 군로	**пленник** (쁠롄닉)
포로(捕虜), 포로병(捕虜兵)	**военно-пленный** (바옌나-쁠롄느이)
포로, 노예, 종, 노복, 노비, 비복가복(家僕),가노(家奴)	**ясырь**

- 1530 -

	(야쓰리)
포로, 이주민 등이 본국에 송환(귀국)되다	**репатриироваться** (레빠뜨리로와짜)
포로; взять в ~ 포로하다	**плен** (쁠롄)
포로의, 부로의	**пленный** (쁠롄느이)
포로하다	**пленить** (쁠레니찌)
포르말린(Formalin: 포름알데히드 수용액; 살균·방부제)	**формалин** (파르말린)
포르투갈 사람(들)	**португальцы** (빠르뚜갈츠)
포르투갈(Portugal)	**Португалия** (빠르뚜갈리야)
포르투갈의 화폐단위	**эскудо** (에쓰꾸도)
포마드(pomade), 향유, 머릿기름	**помада** (빠마다)
포물선(抛物線); 파라볼라. 탄도	**парабола** (빠라볼라)
포병(기병, 전차부대의) 대대;	**дивизион** (지비지온)
포병(砲兵), 포대포병대(砲兵隊)	**артиллерист** (아르찔레리쓰트)
포병분대 성원 (기관총) 사수(射手)	**расчёт** (라쓰쵸트)
포병의,	**артиллерийский** (아르찔레리이쓰끼이)
포병중대, 포대	**батарея** (바떼레야)
포복하다, ~까지 기어가다	**доползать доползти** (다빨자찌미), (다뽀르즈찌)

포부대병사의.	**артиллерийский** (이르찔레리이쓰끼이)
포사격지휘기	**корректировщик** (까르렉찌롭쉬크)
포수(捕手), 사냥꾼	**зверолов** (즈베롤로프)
포스겐(phosgene)	**фосген** (포쓰겐)
포스터 카라, 구아슈물감, 구아슈 수채화(법).	**гуашь** (구아쉬)
포악한, 횡포한	**деспотический** (제쓰빠찌체쓰끼이)
포옹(抱擁), 포합(抱合), 서로 껴안음	**объятия** (아비야찌야)
포위 공격하는, 공성(攻城)의, 포위 공격 기간의	**осадный** (아싸드느이)
포위(군사), 포위망	**окружение** (아크루줴니에)
포위공격하다	**осаждать** (아싸즈다찌)
포위하는 것, 둘러싸는 것	**окружение** (아크루줴니에)
포위하다, 에워싸다, 둘러싸다, 돌라싸다	**обкладывать** (압클라듸와찌)
포위하다, 에워싸다; (도로를) 막다, 봉쇄하다.	**осадить** (아싸지찌)
포유동물의 털, 양모 털실 모직물, 동물의 털 빛깔	**шерсть** (쉐르쓰찌)
포유류, 포유동물	**млекопитающие** (믈레까삐따유쉬에)
포의 포대경, 포의 회전식 조준경.	**панорама** (빠노라마)

포자(胞子), 홀씨, 아포(芽胞), 균알, 포자충(胞子蟲)	**спора** (스뽀라)
포장 도로, 차도,(철도의) 선로; (교량의) 차도 부분	**мостовая** (마쓰또와야)
포상(鋪床), 포장한 바닥. 보행자용의 작은 길; 보도	**панель** (빠넬)
포장공, 짐 꾸리는 사람;포장업자	**упаковщик, ~ца** (우빠꼬브쉬크)(~차)
포장도로, 아스팔트도로	**мостовая** (마스따와야)
포장도로면에 나타낸 교통 방향선 (황단선 등)	**шуцлиния** (슈쁠리니야)
포장물, 포장용기	**тара** (따라)
포장의 포장지의, 보자기의, 짐꾸리기의	**обёрточный** (아뵤르토츠느이)
포장재료	**упаковка** (우빠꼬브까)
포장종이, 포장(용)지	**обёртка** (아뵤르트까)
포장지, 받침종이, 포장된 우편물	**бандероль** (반데롤)
포장하다, ~을 덮다, 덮다, 씌우다	**устилать** (우쓰찔라찌)
포장하다, 싸다, 꾸리다	**обкладывать, запаковать** (압클라듸와찌) (자빠꼬와찌)
포장한; ~ая дорога 포장도로	**мощёный** (마쇼느이)
포진(疱疹), 헤르페스 стригущий ~ (의학) 버짐	**лишай** (리샤이)
포착(파악)하다	**схватить** (스흐와찌찌)

포착력이 빠른	**цепкий** (쩨쁘끼이)
포착하다, 기록하다	**фиксировать** (피크씨로와찌)
포착하다, 붙잡다, 꼭 붙잡다	**ловить** (로비찌)
포착하다, 억류하다, 멈추다, 잡아두다	**задерживать** (자제르쥐와찌)
포충(捕蟲).	**эхинококк** (에히노꼭크)
포치하다, 치다;	**разбить** (라스비찌)
포크(fork), 삼지창(三枝槍), 갈퀴, 쇠스랑	**вилка** (뷜까)
포탄 구덩이, 폭탄구덩이	**воронка** (바론까)
포탄 포환; 핵(核) 핵심(核心) 중추(中樞).	**ядрышко** (야드릐쉬꼬)
포탄	**снаряд** (스나랴드)
포트와인(고급 포도주의 일종)	**портвейн** (빠르뜨베인)
포플린(poplin)양복감·셔츠감·커튼감·장식용 등으로 씀)	**поплин** (빠쁠린)
포함(包涵), 기입(記入), 삽입;	**включение** (프클류체니에)
포함(砲艦), 소형군함	**канонерка** (까노네르까)
포함, 포괄; 산입(算入)	**вовлечение** (바블레체니에)
포함되다(동작, 행동의 시작을 표시함)	**входить** (프하지찌)

포함(기입)되다, 가입(참가)하다	**включаться, насытиться** (프클류차짜) (나씌찌짜)
포함되어 있다	**заключаться** (자클류차쨔)
포함시키다, 끌어넣다,	**включать** (프클류차찌)
포함시키다, 넣다; 셈에 넣다	**включить(ся)** (프클류치찌)
포함시키다, (~에) 존재하다, (~에) 있다	**состоять** (싸쓰따야찌)
포함시키다, 소속시키다, 가담시키다	**присоединить** (쁘리싸예지니찌)
포함시키다; 가산하다, 인정해주다	**причислить** (쁘리치쓰리찌)
포함하다, ~으로 이루진다, ~의 상태에 있다	**состоять** (싸쓰따야찌)
포함하여, 합하여	**включительно** (프클류치쩰나)
포화(飽和), 포화 상태, 침투, 침윤(浸潤).	**насыщение** (나씌쉐니예)
포화도, 포화량; 포화(상태)	**насыщенность** (나씌쉔노쓰찌)
포화된; 포화 상태가 된; 색이 포화도에 이른	**насыщенный** (나씌쉔느이)
포환 던지기 선수	**ядротолкатель** (야드로똘까쩰리)
포환 던지기. ~ ядра 포환던지기	**толкание** (딸까니예)
포환던지기 선수	**ядротолкатель** (야드로똘까쩰리)
폭, 너비, 가로 넓어짐, 넓이 ~ дороги 도로의 폭	**ширина** (쉬리나)

폭격(爆擊), 무찌르기	**бомбардировка** (봄바르디로브까)
폭격기(爆擊機)	**бомбардировщик** (봄바르디로브쉬크)
폭격하다, 무찌르다	**бомбардировать** (봄바르디로와지)
폭격하다, 폭탄을 던지다	**бомбить, разбомбить** (봄비찌) (라스밤비찌)
폭군(暴君), 포군(暴君), 난군(亂君), 걸주(桀紂)	**деспот** (제쓰뽀트)
폭군(暴君); 학대자	**тиран** (찌란)
폭군, 압제자, 전제군주. (그리스사) 참주(僭主)	**жандарм** (쟌다름)
폭넓은, 널리 광범위하게, 넓게,	**широко** (쉬로꼬)
폭넓은, 폭이 있는, 폭이 넓은 광대한.	**широкий** (쉬로끼)
폭도의, 폭동자, 반란자.	**повстанческий** (빠브쓰딴체스끼이)
폭동 참가자, 반란자	**бунтарь** (분따리)
폭동(暴動), 봉기(蜂起);	**восстание** (바쓰따니에)
폭동(暴動), 정변(政變), 반란	**путч** (뿔치)
폭동, 반란, 동란, 난리, 소요	**мятеж** (매흐쩨즈)
폭동을 일으키다, 들고일어나다	**восставлять** (바쓰따블랴찌)
폭동을 일으키다, 반항하다	**взбунтоваться** (쓰분따와짜)
폭동자(暴動者), 반란자	**мятежник, повстанец**

	(매호쩨즈니크)(빠브쓰따녜츠)
폭력, 폭행, 행포, 강박, 완력,	**насилие** (나씰리예)
폭력적인, 강압적인	**насильственный** (나씰쓰뜨볜느이)
폭로(발각)되다, 드러나다, 들켜나다	**открываться** (아트끄리와쨔)
폭로(적발)하다	**обнаруживать** (압나루쥐와찌예)
폭로(적발)하다, 까밝히다	**разоблачать** (라조블라차찌)
폭로(暴露), 누설, 적발, 적출	**разоблачение** (라조블라체니예)
폭로, 적발	**изобличение, раскрытие** (이조블리체니예)(라쓰크르찌예)
폭로하다, 밝혀내다	**вскрывать** (프쓰크릐와찌)
폭로하다, 적발하다, 밝히다	**оголить[ся] оголять[ся]** (아갈리찌), (오골랴찌)
폭로하다,(숨겨졌던 것을) 드러내다; 들추어내다	**обнажать** (압나자찌)
폭발, 파열	**разрыв** (라즈릅프)
폭발, 폭파, 파열; 폭발음, 폭음	**взрыв** (쓰즈릡프)
폭발되다, 폭파되다, 터지다	**взрываться** (즈릐와쨔)
폭발되지 않은; 아직 발사되지 않은	**неразорвавшийся** (네라조르와브쉬이쌰)
폭발로 인한 지상의 폭탄구멍, 아궁이, 구멍	**жерло** (줴를로)
폭발물(爆發物)	**взрывчатка**

	(즈릐브차뜨까)
폭발성(爆發性)	**взрывчатый** (즈릐브차뜨이)
폭발성의, 분화작용의	**эруптивный** (에루쁘찌브느이)
폭발의, 발파의, 폭파의	**взрывной** (즈릐브노이)
폭발하다, 터지다	**разорваться** (라자르와쨔)
폭약의 일종	**экразит** (에끄라지트)
폭이 넓은, 광대한, 광범위하게 걸친, 폭넓은. (*сравн. ст. от прил. широкий и нареч. широко*)	**шире** (쉬레)
폭이 넓은 띠, (여성·어린이용의)띠, 장식띠, 허리띠	**кушак** (꾸샤크)
폭이 넓은 하구(河口), 강어귀.	**эстуарий** (에쓰뚜아리이)
폭이 좁은 (공간. 장소가) 좁아서 답답한, 옹색한.	**щурить** (슈리찌)
폭이 좁은;	**узкий** (우즈끼이)
폭죽제조 기술자, 연화사, 불꽃놀이 제조기술자	**пиротехник** (삐로쩨흐닉)
폭취하다	**напиться** (나삐쨔)
폭탄(bomb;爆彈), 수류탄	**бомба** (봄바)
폭탄투하, 투탄(投彈),	**бомбометание** (봄보메따니에)
폭파, 폭발	**подрыв** (빤릐프)
폭파되다, 폭팔로 죽다, 폭발(작렬)하다; 파열하다	**подорваться** (빠도르와쨔)

폭파하다, ~에 발파약을 놓다 파열하다	**взрывать, рвать** (즈리와찌) (르와찌)
폭파하다, ~에 발파약을 놓다;	**подрывать[ся]** (빠르르와쨔)
폭파(발파)하다, 터뜨리다	**подорвать** (빠도르와찌)
폭포, 억수, 호우; 홍수(deluge).	**водопад** (바다빠드)
폭풍(暴風), 폭풍우(暴風雨)	**буря** (부랴)
폭풍, 태풍, 허리케인, 싹쓸이바람(초속32.7m 이상)	**ураган** (우라간)
폭풍우를 만나다, 모진비바람을 만나다	**штормовать** (쉬똘모와찌)
폭풍이 일 것 같은, 질풍이 잦은	**шквалистый** (쉬크왈리쓰뜨이)
폭행, 난폭, 과도	**эксцесс** (엑쓰쩨쓰)
폰드(러시아에서의 옛 무게단위:409.5 그람)	**фунт** (푼트)
폰스주(酒)(hot punch)	**жжёнка** (쥐죤까)
폴란드 귀족, 카프카즈 추장의 존칭.	**ясновельможный** (야쓰노벨모즈느이)
폴란드(수도 Warsaw) 뽈스까, 뽈까	**Польша** (뽈리샤)
폴란드(우크라이나) 남자용의 저킨 스타일의 상의.	**жупан** (주빤)
폴란드(Poland) 사람. 뽈스까사람(들)	**поляк** (빨랴크)
폴란드(Poland)의 땅 임자(지주, 귀족, 신사)	**пан** (빤)

폴란드(Poland)의; 폴란드 사람[말]의. 폴까 춤의	**польский** (뽈쓰끼)
폴란드의 소귀족 계급	**шляхта** (쉴랴흐따)
폴로(말 위에서 공치기 하는 경기). 수구(水球),	**поло** (뽈로)
폴리네시아 군도	**Полинезия** (빨리네지야)
폴리비타민	**поливитамины** (빨리비따민늬)
폴리에틸렌(polyethylene)	**полиэтилен** (빨리에찌롄)
폴리오, (급성) 회백(灰白) 척수염, 소아마비,	**полиомиелит** (빨리오미예리트)
폴립(동물); (군체를 이루는 산호 등의) 개체(個體)	**полип** (빨리프)
폴카(댄스의 일종); 폴란드의 춤, 폴까 무도곡	**полька** (뽈까)
표(票), 승차권, 입장권	**билет** (빌롓트)
표(表), 일람표; ~ умножения 구구표	**таблица** (따블리짜)
표(票), 전표(錢票), 물자구입권; ~ на питание 식권	**талон** (딸론)
표(標), 표적, 표식; 기호	**метка** (몌뜨까)
표, 기호, 부호(sign), 표지, 마크; 각인(刻印), 검인	**заметка** (자몌뜨까)
표, 표식, 기호, 부호(sign); 각인(刻印),	**риска, знак** (리쓰까) (즈나크)

дорожный ~ 도로표식; вопросительный ~ 물음표, 의문표(?); восклицательный ~ 느낌표(!); условный ~ 약호, (약속) 부호

표, 표식, 표적;	**отметка** (아트몌트까)
표류(漂流), 떠내려 감, 풍압	**дрейф** (드레이프)
표류하다, 떠돌다.	**дрейфовать** (드레이파와찌)
표를 붙이다(새기다, 찍다)	**маркировать** (마르끼라와찌)
표를 찍다, 표를 하다, 표적하다	**метить** (몌찌찌)
표를 하다, 표식을 하다	**разметить** (라스몌찌찌)
표리부동하게(양면주의적으로) 행동하다	**двурушничать** (드부루쉬니차찌)
표리부동한	**двойственный** (드보이쓰뜨벤늬이)
표리부동한, 양면주의자	**двурушник** (드부루쉬니크)
표리부동한, 위선적인	**двуличный** (드불리츠늬이)
표면, 거죽, 겉쪽, 겉, 겉면, 면	**поверхностный** (빠볘르흐노쓰띄이)
표면, 외면, 전면;	**лицевой** (리쩨보이)
표면; 겉면, 바깥면, 외부	**поверхность** (빠볘르흐노쓰찌)
표면에 털이 없는 양탄자	**палас** (빨라쓰)
표면에; 표면적으로, 외면으로, 외부로	**сверху** (스볘르후)
표면을 기름 따위로 더럽히다, 문질러 더럽히다,	**вымазать(ся)** (븨마자찌)

표면이(피부가) 트다	**треснуть** (뜨레쓰누찌)
표면전체에 깔다, 펴다;	**разостлать расстелить** (라자쓰뜰라찌) (라쓰쩰리찌)
표명(말) 하다	**объявлять** (아비야블랴찌)
표명(표현)하다, 표시하다	**изъявить** (이지야비찌)
표범(豹-), 돈점박이; 알락범, 퓨마(puma)	**леопард, барс, пантера** (레오빠라드) (바르쓰) (빤쩨라)
표본, 본보기, 견본, 샘플(sample)	**препарат, представитель** (쁘레빠라트) (쁘렏쓰따비쩰)
표상, 심볼, 상징(象徵)	**символика** (씸볼리까)
표시, 기호	**значок** (즈나초크)
표시, 부호. (글 못 쓰는 이의 서명 대신 쓰는) 기호, X표	**пометка** (빠메뜨까)
표시, 표식[하는 것]	**обозначение** (아바즈나체니예)
표시, 표현, 묘사,	**представление** (쁘렏쓰땁레니예)
표시하다, 보여주다, 과시하다	**выказать** (븨까자찌)
표식(표시)하다, 가리키다	**обозначать** (아바즈나차찌)
표식(標式), 표, 기호, 부호(sign)	**пометка** (빠메뜨까)
표식(標式); 색인, 찾아보기, 인덱스	**указатель** (우까자쩰)
표식, 기호, 표시, 부호, 특징, 징표, 표, 징후, 나타남;	**примета** (쁘리메따)
표식, 특징, 징표; 징조, 전조;	**признак**

	(쁘리즈나크)
표식되지 않은, 표식이 없는	**необозначенный** (네아바즈나첸느이)
표식을 두다, 표식하다	**отмечать** (아트메차찌)
표식을 하다, 기호를 달다, 부호를 달다	**помечать** (빠메차찌)
표식을 하다;	**замечать** (자메차찌)
표식이 있는, 표가 찍혀있는;	**меченый** (메체느이)
표식하다, 표기하다;~на карту 지도에 표식하다	**наносить** (나노씨찌)
표식하다, 표식으로 정하다	**намечать** (나메차찌)
표의, 권(券), 입장[승차]권. ~ая касса 표 파는 곳	**билетный** (빌렛뜨느이)
표적물(漂積物)., (단층면에 연한) 이동, 전위	**сдвиг** (즈드비그)
표절, 도작, 도습(蹈襲), 슬갑도적(膝甲盜賊), 본따쓰기	**плагиат** (쁠라기앝)
표절자, 남의 작품을 본따 쓴 사람	**плагиатор** (쁠라기아똘)
표절행위, 도작행위	**плагиат** (쁠라기앝)
표정, 내색, 형색, 감정표출.	**мимика** (미미까)
표정이 풍부한, 의미심장한	**выразительный** (브라지쩰느이)
표제, 제목; 자막, 타이틀, 제명(題名), 책 이름	**наименование** (나이메노와니예)
표제, 제목;	**титул**

	(찌뚤)
표제의, 제목의 ~ лист 속표지	**титульный** (찌뚤리느이)
표준(標準), 기준(基準), 척도(尺度)	**мерило** (메릴로)
표준이상으로 이행(달성)하다, 초과완수하다	**перевыполнить** (뻬레븨뽈니찌)
표준량, 기준량, 규범	**норматив** (나르마찌프)
표준발음법	**орфоэпия** (알파에삐야)
표준발음법의; ~ словарь 표준발음법 사전	**орфоэпический** (알파에삐체쓰끼이)
표준적인; 규격적인; ~ой проект 표준설계	**типовой** (찌빠보이)
표준화하다, 규격화하다	**эталонировать** (에딸로니로와찌)
표지등의 안, 안쪽	**разворот** (라스붜로트)
표창 등을 주다, 수여(지급)하다; 관심을 돌리다	**удостоить** (우다쓰또이찌)
표창되다, 장려되다, 격려를 받다	**поощряться** (빠오쉬랴쨔)
표창수여, 상수여, 수여식, 수상식	**награждение** (나그라즈제니에)
표창하다, 상금을 주다, 상을 주다, 상품을 주다	**премировать** (쁘레미로와찌)
표척; 수준척; 라크	**рейка** (레이까)
표피, 상피, 피막 세포.	**эпителий**(-тэ-) (에삐쩰리이)
표피, 외피; 세포성 외피각.	**эпидерма, эпидермис** (에삐제르마) (에삐제르미스)

- 1544 -

표현(表現), 표명, 표시(標示)	**выражение** (븨라줴니에)
표현, 표정, 표현성	**экспрессия** (엑쓰쁘레쓰씨야)
표현력이 강한, 표현성이 풍부한	**выразительный** (븨라지쩰느이)
표현상 힘이 있는, 어조가 강한, 현저한	**эмфатический** (엠파찌체쓰끼이)
표현성이 없는(풍부하지 못한), 무표정한	**невыразительный** (네븨라지쩰느이)
표현적, 표현력이 풍부한	**экспрессивный** (엑쓰쁘레쓰씨브니이)
표현주의; 표현파, ~ист (남) 표현주의, 예술가.	**экспрессионизм** (엑쓰쁘레쓰씨오니즘)
표현주의적인	**экспрессионистический** (엑쓰쁘레쓰씨오니쓰찌체쓰끼이)
표현하다 ~ая пассажирская линия 승객 표시라인.	**экспрессный** (엑쓰쁘레쓰느이)
표현하다, (표정·몸짓·그림·음악.말로) 나타내다.	**выразить(ся)** (븨라지찌)(븨라지쨔)
표현하다, 묘사하다; 연주[연출]하다	**оказать[ся]** (아까자찌)
표현하다, 표시하다, 나타내다, 노출 시키다	**выражать** (븨라좌찌)
푸다, 긷다, 얻다, 뜨다	**черпать, почерпнуть** (체르빠찌)(빠체르쁘누찌)
푸드(러시아의 무게 단위; =16.38kg, 4관 383돈 약(弱)).	**пуд** (뿓)
푸르게(푸르스름하게) 보이다	**синеть** (씬네찌)
푸르게 보이다	**зеленеть** (젤레네찌)

- 1545 -

푸르러지다, 새파래지다	**посинеть** (빠씨녜찌)
푸르러지다, 초록빛이 되다;	**зеленеть** (젤레녜찌)
푸른 공간, 푸른 하늘	**синева** (씬네와)
푸른 나무, 상록수	**вечнозелёный** (볘츠노젤료느이)
푸른 매, 송골매, 해동청	**сапсан** (싸쁘싼)
푸른 물감;	**синька** (씬니까)
푸른, 초록색의;	**зелёный** (젤룐느이)
푸른, 파란: ~ee небо(море) 파란 하늘(바다)	**синий** (씬니이)
푸른, 하늘색의;	**голубой** (골루보이)
푸른빛을 띠다, 파래지다:	**синеть** (씬녜찌)
푸른색, 푸른 것;	**синева** (씬네와)
푸른색도면 복사지	**синька** (씬니까)
푸성귀, 풋나물; 초목(草木)	**зелень** (젤롄니)
푹 삶다, 끓이다, 고다, 만들다	**разваривать** (라스와리와찌)
푹 삶아(고아)지다	**развариваться** (라스와리와쨔)
풀 김치	**силос** (씰로쓰)

풀 김치로 만드는 것	**силосование** (씰로쏘와니예)
풀 등으로 붙이다	**склеивать** (스클레이와찌)
풀 베는 기계	**косилка** (까씰르까)
풀 베는 기계	**сенокосилка** (쎼노꼬씰까)
풀 베는 사람[기계], (정원의) 잔디 깎는 기계	**сенокосилка** (쎼노꼬씰까)
풀, 곡식 따위를 베다 낫질하다	**скосить** (스까씨찌)
풀, 곡식을 베다, 베어내다	**косить** (까씨찌)
풀, 잡초; сорная ~ 잡초, 잡풀; лекарственная ~ 약초	**трава** (뜨라와)
풀, 접착제, 무리풀, 아교; 끈적끈적한 물건	**клей** (클레이)
풀·곡식의 한번 베어들인 양	**сенокос** (쎼노꼬쓰)
풀·보리 따위를 베다, 베어내다, (들의) 풀을 베다.	**скашивать** (스까쉬와찌)
풀(보리)를 베다, 베어내다, 풀을 베다	**накосить** (나꼬시찌)
풀기, 해답(解答)	**разгадка** (라스가드까)
풀기없는, 활기 없는, 나슨한, 느른한	**вялый** (꼐얄르이)
풀길이 없는	**бессильный** (베씰리느이)
풀김치로 만들다	**силосовать** (씰로싸와찌)

- 1547 -

풀다, 끄르다. (밧줄·매듭.책묶음)을 풀다, 끄르다	**отвязать[ся]** (아트뱌자찌)
풀다, 늦추다; 풀어헤치다, 펼치다	**распустить** (라쓰뿌쓰찌찌)
풀다, 뜯다 (관지, 꾸러미 등을) 열다,	**вскрывать** (프쓰크릐와찌)
풀다, 알아맞히다; 알아차리다, 알다	**разгадать** (라스가다찌)
풀다, 열다, 끄르다	**развязать** (라스뱌자찌)
풀다, 해결하다;	**решить** (레쉬찌)
풀다; 풀어(놓아)주다	**распутать** (라쓰뿌따찌)
풀려나오다	**выпутаться** (븨뿌따쨔)
풀로 밑에(뒤면을) 붙이다, 덧붙이다	**подклеивать** (빠드클레이와찌)
풀로 붙이다	**слепить, приклеивать** (슬레삐찌)(쁘리글레이와찌)
풀로 붙이다, 덧붙이다;	**наклеивать** (나끌레이와찌)
풀리다, 느슨해지다, 불안정한 건들거리는	**шатать** (샤따찌)
풀리다, 해결되다;	**решиться** (레쉬쨔)
풀리다, 해독되다	**расшифровываться** (라쓰쉬프로브와쨔)
풀리다, 해소되다;	**разрешиться** (라즈레쉬쨔)
풀리다; язык ~лся 말문이 열렸다	**развязаться** (라스뱌자쨔)
풀림성, 가용성, 용도(溶度)	**плавкость**

	(쁠랴브꼬쓰찌)
풀무(풍금 따위의) 송풍의 아궁이	**доменный** (도멘느이)
풀무, 야로, 풍상, 풍구	**мех** (메흐)
풀밭에서 풀을 뜯어먹다	**пастись** (빠쓰찌시)
풀백, 후위, 수비수, 수비(측) 선수 방어수,	**защитник** (자쉬뜨니크)
풀베기 철; 건초만들기 계절	**сенокос** (쎄노꼬쓰)
풀베기, 예초(刈草)	**косьба** (까시바)
풀베기, 예초(刈草), 곡식베기	**косовица** (까싸비짜)
풀베기; 풀 베는 때, 풀 베는 곳	**покос** (빠꼬쓰)
풀베기군, 꼴꾼	**косарь** (까싸리)
풀어 놓다, 떼(어 놓)다, (손을) 놓다	**выпустить** (븨뿌쓰띠찌)
억지로(비집어) 열다(벌리다), 손을 풀다.	**разжимать[ся]** (라스쥐마찌)
풀어 놓다, 떼(어 놓)다, (손을) 놓다;	**выпустить спускать** (븨뿌쓰띠찌)(스뿌쓰까찌)
풀어놓다, 놓아 주다; ~ курок 방아쇠를 당기다	**спускать** (스뿌쓰까찌)
풀어놓다, 풀다, 고르다;	**отвязывать** (아트뱌즈와찌)
풀어지다, 풀리다, 벗겨지다	**отвязываться, распутаться** (아트뱌즈와쨔)(라쓰뿌따쨔)
풀어지다,(연결된 것, 붙었던 것이) 떨어지다	**отцепиться**

	(앗체삐쨔)
풀어지다;	**распаковаться** (라쓰빠까와짜)
풀을 먹는, 초식의; ~ые животные 초식동물	**травоядный** (뜨라붜야드느이)
풀을 먹인;	**крахмальный** (크라흐말느이)
풀이 죽다, 원기를 잃다	**скисать, скиснуть** (스끼싸찌), (스끼스누찌)
풀이(해석, 주석, 해설) 하다	**толковать** (딸까와찌)
풀이, 해석, 주석, 해설, 설명	**толкование** (딸까와니예)
풀이표	**тире** (찌레)
풀줄기	**былинка** (빌린까)
풀질하다, 풀로 붙이다	**клеить** (클레이찌)
품고 있다, 가지고 있다, 띠고 있다	**носить** (나씨찌)
품다, 포함하다	**включить(ся)** (프클류치찌)
품목(品目), 품종(品種), 가지수	**ассортимент** (아쏘르찌멘트)
품삯, 노임; ~ки (복수) 품팔이, 돈벌이	**заработок** (자라보또크)
품위(品位)	**проба** (쁘로바)
품종 개량, 육종	**выведение** (븨볘제니에)
품종; 종류 ~ яблок 사과 품종	**сорт**

- 1550 -

	(쏘로트)
품질(품종)을 개량(개선)하다	**облагораживать** (아블라가라쥐와찌)
품질: первый ~ 일등품	**сорт** (쏘로트)
품질검사(品質檢査), 제품검사(製品檢査), 제품선별	**браковка** (브라꼬브까)
품질검사원, 제품 선별자	**браковщик** (브라꼬브쉬크)
품질이 나쁜(낮은. 상한); 부패한	**недоброкачественный** (네다브로까체쓰뜨웬느이)
품질이 높은, 고급;	**высокосортный, высосать** (븨싸까솔뜨느이) (븨쏘싸찌)
품질이 좋은, 진긴, 잘 만든; 튼튼한	**добротный** (다브로뜨느이)
풍경(그림·조각)을 그리다;	**отрекомендовать[ся]** (앗레까멘다와쨔)
풍경의	**пейзажный** (뻬이자쥐느이)
풍경, 경치	**ландшафт** (란드솨프트)
풍경, 경치, 풍경화 (문학) 자연묘사	**пейзаж** (뻬이자쥐)
풍경화가	**пейзажист** (뻬이자쥐쓰트)
풍구(농사용), 풀무, 키.	**веялка** (웨알까)
풍금(風琴), 오르간	**орган** (오르간)
풍뎅이의 일종 ~ жук (곤충)국동풍뎅이, 딱정벌레	**майский** (마이쓰끼이)
풍랑, 풍파, 가난, 고생	**невзгода**

- 1551 -

	(네베즈고다)
풍로(風爐), 노(爐); 아궁이, 화덕, 난로, 단조로	**горн** (고른)
풍류적인, 멋부린, 세련된, 스마트한 멋진	**шикарно** (쉬까르나)
풍문(風聞), 평판(評判)	**молва** (말와)
풍미(風味), 멋, 미감(味感);	**вкус** (프꾸쓰)
풍부, 많음; 부유, 가득, 다량, 충분 풍만	**обилие** (압빌리예)
풍부, 많이, 듬뿍,	**навалом** (나왈롬)
풍부한, 부유한, 유족한, 푸짐함	**богатый, обильный** (바가뜨이)(압빌느이)
풍부히 (부유케) 하는 것	**обогащение** (아밥가쉐니예)
풍부히 하다, 부유(유족)하게 하다	**обогащать** (아밥가샤찌)
풍부히, 넉넉히, 담뿍, 건하게;	**обильно** (압빌나)
풍속도, 풍속화(風俗畵), 세태화(世態畵), 세속도;	**жанр** (좐느르)
풍속화가, 일상생활을 그리는 화가	**жанрист** (좐리스트)
풍습, 관례, 관습, 통례	**обычай** (아븨차이)
풍유(諷諭), 환유법	**аллегория** (알레고리야)
풍유, 비유, 결말, 말 바꿈법	**иносказание** (이노쓰까자니예)
풍자(만화) 예술, 풍자하는 글(그림).	**карикатурный** (까리까뚜르느이)

풍자(諷刺), 야유(揶揄), 조소	**сатира** (싸찌라)
풍자, 비꼬기, 빈정댐, 빗댐. 비꼬는 말,	**парадоксальность** (빠라독살노쓰찌)
풍자만화, 만화(漫畵)	**карикатура** (까리까뚜라)
풍자문[시], 비아냥거리는 글귀. 시사 논평, 팜프렛	**памфлет** (빰프렛트)
풍자의, 풍자적인;	**сатирический** (싸찌리체쓰끼이)
풍자작가	**сатирик** (싸찌리크)
풍자작품, 풍자문학	**сатира** (싸찌라)
풍자적(피상적)으로 모작하다, 모사하다	**пародировать** (빠로지로와찌)
풍자화, (시사)만화, 그로테스크 괴기주의, 캐리커처	**шарж** (샤르즈)
풍자화하다; ~에 대하여 풍자문을 쓰다; 빈정대다	**продёргивать** (쁘라죨기와찌)
풍작의;	**урожайй** (오루도와찌)
풍족(유족)한;	**обеспеченный** (아베쓰뻬체느이)
풍족(유족, 부유) 한 것	**обеспеченность** (아베쓰뻬체노스찌)
풍족한, 유족한, 넉넉한;	**изобильный** (이조빌느이)
풍주금~a арфа 아이올로스의 하프	**эолов** (에올로프)
풍토(風土) 순화되다	**акклиматизироваться** (아크글리마찌지로와쨔)

- 1553 -

풍토(風土). 순화(馴化)	**акклиматизация** (아크글리마찌자찌야)
풍토병(風土病)	**эндемия** (엔데미야)
풍토에 순화(순응)되다;	**прививаться** (쁘리비와쨔)
풍해(風解)	**эфлоресценция** (에프로레쓰쩬찌야)
풍향기, 풍향계;	**флюгер** (플류게르)
퓌레(puree; 야채·고기를 삶아서 거른 진한 수프)	**пюре** (쀼레)
프놈펜	**Пномпень** (쁘놈뻬)
프라이, 튀김, 굽다, 불에 쬐다, 익히다, 타다, 끓다	**жарить** (좌리쨔)
프라이, 생선구이 (고기를)굽다, 굽기	**жареный** (좌레느이)
프라이팬, 번철, 적자(炙子), 전철(煎鐵),	**противень** (쁘로찌볘니)
프라이팬. 납작한 냄비. 지짐판, 번철	**сковорода** (스까뷔로다)
프라하(Praha)	**Прага** (쁘라가)
프란넬	**фланель** (플라넬)
프랑(프랑스·벨기에·스위스 등지의 화폐	**франк** (프란크)
프랑스 은화(19세기 초, 그 이전에는 금화)	**экю** (에뀨)
프랑스(France), 불국, 불란서	**Франция** (프란찌야)
프랑스사람(들)	**французы**

	(프란쭈즈)
프랑스산 적색포도주의 일종	**шато-лафит**
	(샤똘-라핕)
프랑스의 쉐블리산 포도주	**шабли**
	(샤블리)
프랑스의 추격병(경보병 또는 경기병); 수렵연대	**егерский**
	(예곌쓰끼이)
프랑스의 추격병(경보병또는경기병); 경기병(輕騎兵)	**егерь**
	(예곌)
프랑스의; ~ язык 프랑스어	**французкий**
	(프란츄쓰끼이)
프랑카드;(글줄을 곧게 쓰려고 칸 친) 종이 받치개	**транспарант**
	(뜨란쓰빠란트)
프레스 공, 프레이즈반 오프레타	**фрезеровщик, ~ца**
	(프레제로브쉬크)(차)
프레스, 압착기, 짜는 기구, 누름단추 기름 짜는 틀;	**жом**
	(좀)
프레스, 압착기.	**пресс**
	(쁘렛쓰)
프레스로 찍어내다, 압단기로 찍어내다	**штамповать**
	(쉬땀뽀와찌)
프레스하다,~을 눌러 펴다, ~에 압력을 가하다	**насесть**
	(나쎼쓰찌)
프레스하다, 다리미질하다	**нажать**
	(나좌찌)
프레스하다, 억누르다, 밀어붙이다, 꼭 껴안다	**жать**
	(좌찌)
프레스화, 압착(壓着)	**прессовка**
	(쁘렛쏘브까)
프레이즈(fraise), 절단기프레이즈반용(盤用) 커터.	**фреза**
	(프레자)
프레이즈반의; ~ станок 프레이즈반, 날개칼반	**фрезерный**

- 1555 -

(프레젤느이)

프렌치 호른(French horn: 금관 악기의 하나) **валторна**
(왈또르나)

프로빙(트랜지스터나 IC 칩의 패드에 탐침을 세워 특성 검사) **щуп**
(쓔쁘)

프로테스탄트주의 **протестантство**
(쁘라쩨쓰딴트쓰뜨붜)

프로펠라, (선박, 항공) 추진기(推進機) **винт**
(뷘트)

프로펠라식 썰매 **аэросани**
(아에로싸니)

프로펠러(propeller), 추진기 **пропеллер**
(쁘라뻴레르)

프롤레타리아, 무산자(無産者) **пролетарий**
(쁘랄레따리이)

프롤레타리아의, 무산자의 **пролетарский**
(쁘랄레따르쓰끼이)

프롤레타리아트(Proletariat), 무산계급(無産階級), **пролетариат**
(쁘랄레따리앝)

프롤로그, 전주곡, 도입곡. **Пролог**
(쁘랄로그)

프리즘 수학의 각기둥, 3각기둥 **призма**
(쁘리즈마)

플라스크, 실험병 **колба**
(꼴바)

플라스틱의[으로 만든]; 이겨서 만든. 플라스마스 **пластмассовый**
(쁠라쓰뜨마쏘븨이)

플라이휠, 속도 조절 바퀴, 핸들바퀴 **маховик**
(마호비크)

플라즈마(plasma), 전리기체, 로켓연료 **плазма**
(쁠라즈마)

플랑크톤, 부유생물, 떠살이 생물 **планктон**

- 1556 -

	(쁠쁘란크똔)
플러그, (전구따위를 끼우는) 소켓	**штепсель** (쉬뗴쁘쎌)
플러그, (전구따위를 끼우는) 소켓	**штепсель** (쉬뗴쁘쎌)
플러그를 끼우다; ~의 코드를 콘센트에 끼우다	**приложение** (쁘릴로제니예)
플러스, ~을 더하여[더한]. ~에 덧붙여서, ~외에	**плюс** (쁠류쓰)
플루트(flute); 피리, 필률; играть на ~е 피리를 불다	**флейта** (플레이따)
피 묻은, 피투성이	**кровавый** (크로와브이)
피(blood), 혈액, 강혈; анализ ~и 피검사	**кровь** (크로비)
피, 눈물 등이 나오다	**показаться** (빠까자쨔)
피, 혈액; 생피 ~ое давление 혈압; ~ые шарики 혈구	**кровяной** (크로뱐노이)
피가 나다, 출혈되다	**кровоточить** (크로붜또치찌)
피겨 스케이팅을 하는 사람. 피겨선수	**фигурный** (피구르느이)
피고(의), 피고(인), 피소자	**обвиняемый** (압븨냐에므이)
피고(인), 응답자; (조사 등의) 회답자	**ответчик** (아트볫치크)
피곤(피로) 한듯이	**устало** (우쓰딸로)
피곤(피로)해 지다, 지치다	**устать** (우쓰따찌)
피곤(피로)하다	**усталость**

	(우쓰딸로쓰찌)
피곤, 피로	**утомление** (우똠레니에)
피곤하게 하다	**утомлять** (우똠랴찌)
피곤한, 피로한, 지친, 고달픈	**усталый** (우쓰딸르이)
피곤해지다	**утомляться** (우똠랴쨔)
피나기, 출혈(出血)	**кровотечение** (크로뷔쩨체니에)
피난민(避難民), 피난자(避難者)	**беженец** (볘줴네쯔)
피난처(避難處), 안식처(安息處)	**пристанище** (쁘리쓰따니쎼)
피난처(避難處), 안식처(安息處)	**приют** (쁘리유트)
피난처를 제공하다, 안식처를 제공하다	**приютить** (쁘리유찌찌)
피난하는, 철수하는	**эвакуированный** (에와꾸이로완느이)
피난하다, 의지하다; 휴식처를 얻다	**приютиться** (쁘리유찌쨔)
피대, 벨트, 안전벨트	**ремень** (레몐니)
피동, 수동; ~ая форма 피동형, 수동형	**пассивный** (빠씨브느이)
피동사, 수동사	**пассив** (빠씨프)
피땀(고혈)을 짜내는	**потогонный** (빠또곤느이)
피뜩 나타났다 사라지다; 간신히 나타나다(보이다)	**промелькнуть**

	(쁘라멜크누찌)
피라미드(pyramid), 금자탑	**пирамида** (삐라미다)
피로하게하다, 시달리게 하다, 기진맥진하게 만들다	**измучить** (이즈무치찌)
피로한, 지쳐 있는; 녹초가 된; без~и 쉴새없이	**усталь** (우쓰딸)
피로해지다, 기진맥진해지다, 시달리다	**измучиться** (이즈무치짜)
피뢰침(避雷針), 피뢰주(柱)	**громоотвод** (그라마아트보드)
피를 없애다(뽑아버리다)	**обескровить** (아베스크로븨찌)
피를 주는 사람, (수혈용) 혈액공급자	**донор** (도노르)
피를 흘리지 않는, 무혈	**бескровный** (베쓰크로브느이)
피리(단소)를 불다, 호각을 불다	**дудеть** (두제찌)
피리, 퉁소	**свирель** (스비렐)
피리, 퉁소, 필률(觱篥); 관악기	**дудка** (두드까)
피리새, 멋쟁이 새, 졸로파(拙老婆)	**снегирь** (스네길리)
피마자, 아주까리	**клещевина** (클레쉐비나)
피마자유의 아주까리기름의	**касторовый** (까쓰또로브이)
피막(被膜). 막, 얇은 막(膜), 막피(膜皮), 양피지	**оболочка** (아바로츠까)
피발이 서다	**прилить** (쁘릴리찌)

피부 감각 측정기	**эстезиометр** (에쓰쩨지오메뜨르)
피부 등을 할퀴다; 긁다, 벗기다	**ссадить** (스싸지찌)
피부, 살 등이 긁힌(뜯긴) 자리, 긁은(할퀸)자국	**ссадина** (스싸지나)
피부, 얼굴이 빨개지다	**краснеть** (크라쓰네찌)
피부가 볕에 타다, [그을다], 쪼이다	**жечь сжечь** (줴치), (스줴치)
피부과의사, 피부병의사	**кожник** (꼬즈니크)
피부과의사; 피부병학자	**дерматолог** (제르마똘로그)
피부를 찌르다	**кусать** (꾸싸찌)
피부에 문대는 약, 비비는 약, 연고	**втирание** (프찌라니에)
피부의 벗겨짐; (기계의) 마손, 마멸; 찰과상	**обдирка** (압지르까)
피부의 튼 것, 튼 자리	**цыпки** (쯰쁘끼)
피부의; 피부를 침범하는 ~ые болезни 피부병	**накожный** (나꼬즈느이)
피뻰하븐	**Копенгаген** (꼬뺀가겐)
피살자, 전사자	**убитый** (우비뜨이)
피상적으로, 경솔하게	**поверхностно** (빠볘르흐노쓰뜨나)
피상적인, 경솔한, 천박한	**поверхностный** (빠볘르흐노쓰띄이)

피선된, 당선된	**избранный** (이즈브란느이)
피스타슈카(fistashchka), 피스타키오나무	**фисташка** (피쓰따쉬까)
피스톤(piston), 활색(活塞)	**поршень** (뽀르쉔니)
피스톤의, 피스톤식	**поршневой** (뽀르쉐네보이)
피승수(被乘數) 곱하임수	**множимое** (므노쥐마에)
피아노 모양의) 전자 악기의 이름	**эмиритон** (에미리똔)
피아노(양금) 연주가	**пианист** (삐아니쓰트)
피아노(piano), 양금(洋琴)수형(竪型) 피아노,	**фортепьяно** (파르따삐야노)
피아노(타자기)의 누르개(건반)	**клавиатура** (끌라비아뚜라)
피아노; 양금(洋琴)	**пианино** (삐아니나)
피아노반주자	**концертмейстер** (깐쩨르뜨메이쓰쩰)
피얼룩(혈반)	**кровоподтёк** (크로붜뽀드죠크)
피에 주린 피에 굶 주린, 살벌한	**кровожадный** (크로붜좌드느이)
피에로(pierrot)	**балагур** (발라구르)
피오니르 야영소, 소년 소녀단 캠프	**пионерлагерь** (삐오네를라겔)
피오니르(소련의 소년 소녀단원) 지도원,	**пионервожатая** (삐오네르붜좌따야)
피오니르(옛 소련의 소년 소녀단원)의	**пионерский**

	(삐오네르쓰끼이)
피오니르, 소년단. 보이스카우트	**пионерия** (삐오네르리야)
피우다, 타오르게 하다;	**разжечь** (라스줴치)
피의자, 용의자, 피소자.	**подсудимая** (빨쑤지마야)
피지 섬	**Фиджи** (피드쥐)
피지(皮脂), 피지선의 분비물.	**себоррея** (쎄보르레야)
피츠(개의 일종) 포메라니아종의 작은 개.	**шпиц** (쉬뻬쯔)
피치카토(줄을 손끝으로 뜯는 연주법)의.	**щипком** (쒸쁘꼼)
피투성이의	**окровавленный** (아크로와블렌느이)
피펫(극소량의 액체를 재거나 옮기는 데 쓰는 눈금 있는 관).	**пипетка** (삐뼅까)
피하다, 멀리하다	**сторониться, чуждаться** (스따로니짜)(추쥐다쨔)
피하다, 면하다;	**миновать** (미나와찌)
피하다, 벗어나다, 회피하다	**увёртываться, отстраняться** (우뵤르띄와쨔)(앗쓰라냐쨔)
피하다, 회피하다; ~ знакомых 아는 사람을 피하다;	**избегать** (이즈베가찌)
피할 수 없는, 면할 수 없는, 부득이한.	**неотвратимый** (네아뜨브라찌므이)
피할 수 없는, 불가피한	**неминуемый** (네미누예므이)
피해 달아나다	**увиливать, увильнуть**

	(우빌리와찌) (우빌리누찌)
피혁 가공자, 털가죽 가공원	**скорняк** (스까르냐크)
피후견인, 피보호자	**подопечная** (빠다뻬츠나야)
핀 따위로 달다, 꽂다	**пришпиливать** (쁘리쉬삘리와찌)
핀(pin), 빈침	**булавка** (불라브까)
핀, 못바늘, 나무(대)못, 쐐기 말뚝걸이 못 접합용 못	**шпенёк** (쉬뻬뇩)
핀란드	**финляндия** (필랸지야)
핀란드사람(들)	**финны, финн, финка** (핀늬) (핀니)(핀까)
핀란드의 군사적 파시스트 단체의 단원	**шюцкоровец** (슈쯔꼬로붸쯔)
핀란드의 군사적 파시스트단체	**шюцкор** (슈쯔꼴)
핀란드의	**финляндский, финский** (필랸드쓰끼이),(핀쓰끼이)
핀셋, 족집게 족집게 하나.	**щипчики** (쒸쁘치끼)
핀셋, 펜치, 못뽑이, 이뽑는 집게, 족집게, 겸자,	**пинцет** (삔쳍)
핀으로 꽂다, 마개로 막다 핀으로 철하다, 연결하다	**сколоть** (스깔로찌)
핀으로 꽂다, 마개로 막다	**приколоть** (쁘리꼴로찌)
핀으로 꽂다, (바늘로) 찌르다, 쑤시다	**накалывать(ся)** (나깔릐와찌)
핀으로 꽂다, 지르다(볼트·빗장 따위로)	**заколоть**

- 1563 -

	(자깔로찌)
핀으로 묶다(철하다)	**скрепить** (스크레삐찌)
핀으로 붙이다(달다)	**прикалывать** (쁘리깔리와찌)
핀잔을 주다, 익살스러운 말을 하다	**острить** (아쓰뜨리찌)
필기, 기록(記錄), 노트(note)	**запись** (자삐시)
필기자, 사자생(寫字生); 서기; 비서.	**переписчик** (뻬레삐쓰칙)
필드글라스(field glass);	**бинокль** (비노클)
필라멘트; (염증액(炎症液)이나 오줌 속의)사상체(絲狀體).	**нить** (니찌)
필름, 영화화 하다	**экранизировать** (에크라니지라와찌)
필림, 영화필림	**плёнка** (쁠론까)
필림의 한 토막, 영화의 한 화면(장면)	**кадр** (까드르)
필명, 가명, 가짜이름	**псевдоним** (쁘쎄프다님)
필법, 글씨, 서법, 글씨를 곱게 쓰는 기술	**каллиграфия** (깔리그라피야)
필사원(筆寫員), (고문서의) 필생, 필경(생); 모방자.	**переписчик** (뻬레삐쓰칙)
필사원(筆寫員); 서기(書記), (관청·회사의) 사무원[관]	**писарь** (삐싸리)
필사적인, 맹렬한;	**отчаянный** (앗차얀느이)
필요 없는, 쓸데없는; 다른 하나의, 또 하나	**лишний**

	(리쉬니이)
필요(성), 불가피성, 요구	**необходимость** (네아브호지모쓰찌)
필요(이유)가 없다	**незачем** (네자쳄)
필요(정도), 수요량	**нуждаемость** (누즈다에모쓰찌)
필요, 수요, 소요; по мере ~и 필요에 따라	**надобность** (나도브노쓰찌)
필요, 요구, 수요, 필수, 소요; 요청, 요망;	**нужда** (누즈다)
필요로 하다, 요하다, 요구되다	**нуждаться** (누즈다쨔)
필요하다, 반드시, 꼭, ~해야 한다	**необходимо** (네아브호지모)
필요하다; что вам ~? 무엇을 필요합니까?; кто ~ 누구든지	**угодно** (우가드나)
필요한 수속;	**формальность** (파르말노쓰찌)
필요한 예비지식을 주다	**подковать, подковывать** (빠드꼬와찌), (빠드꼬븨와찌)
필요한 인원수, 정족수(회의 등을 진행하기 위하여)	**кворум** (크뷔룸)
필요한, 없어서는 안 될	**надо** (나도)
필요한, 요구되는;	**нужный** (누즈느이)
필요한, 필수적인, 긴요한	**необходимый** (네아브호지므이)
필통, 연필통, 연필갑	**пенал** (뻬날)
핑계 대다	**вильнуть** (빌리누찌)

핑계, 빙자, 구실 (과실 등의) 이유; 발뺌.　　　　**отговорка**
(아트가볼까)

ㅎ

하감(下疳); 음식창, 성병	**шанкр** (샨크르)
하게하다; ~ 하게 하다	**усадить** (우싸지찌)
하고 싶다, (~을) 필요로 하다, ~하기가[하는 것이] 좋다	**хотеться** (하쩨짜)
하구(河口), 강어구	**устье** (우쓰띠에)
하급관청, 하급관리; (행정기구에 대하여) 아래	**нижестоящий** (니줴쓰또야쉬이)
하급의, 하등의, 열등한; 하원의	**низовой** (니조보이)
하나 밖에 없는 것, 둘도 없는 것, 회귀한 것	**уникум** (우니꿈)
하나, (홀수의) 1, 하나, 한 사람, 한 개; 제1.	**раз** (라스)
하나, 1(일),한개; 한사람, 하나의 물건	**один, одна, одно, одни** (아진), (아드나), (아드노), (아드니)
하나, 한 개, 단일, 동등의 뜻.	**едино** (예지나)
하나, 하나는, 한 가지, 이런 일	**одно** (아드노)
하나, 홀수의 1, 한 사람, 한 개; 제1.	**одни** (아드니)

- 1567 -

하나(일체)가 되다, 합체(연합.결합.연결.접합)하다	**сплотить** (스쁠로찌찌)

하나(일체)가 되다, 합체(연합.결합.연결.접합)하다   **сплотить** (스쁠로찌찌)

하나[한 사람]도 ~없는[않는, 아닌], 조금도[전혀] 없는   **нет** (녯트)

하나가 되다, 합쳐지다   **сливаться** (슬리와짜)

하나가 된, 결합된, 맺어진. 결합물, 꺾쇠,   **спаянный** (스빠얀느이)

하나님(God), 신, 조물주   **божество** (보제쓰뜨보)

하나님, 하느님, 천제, 성부   **бог** (보흐)

하나도 남김 없는   **поголовный** (빠골롭노늬이)

하나씩 번갈아, 어긋매끼로, 엇바뀌어   **вперемежку** (프뻬레메즈꾸)

하나씩, 하나하나, 따로따로, 단독으로, 홀로,   **отдельно** (아트젤나)

하나씩, 한사람씩; 따로따로   **поодиночке** (빠오지노츠께)

하나의 중심에서 출발하는   **централизованный** (쩬뜨랄리조완느이)

하나의, 하나가 된, 결합된, 맺어진, 합병한,   **единый** (예진느이)

하늘이(날씨가)흐려지다, 음산해지다   **хмуриться** (흐무리쨔)

하늘, 천계(天界), 창공(蒼空), 궁창, 만리장천   **небосвод** (네보쓰봇)

하늘의, 천장의, 공중으로, 허공의   **небесный** (네베쓰느이)

하늘, 한울, 하날, 천(天), 공중(空中), 창조자,   **небо** (네보)

하늘가, 지평선, 수평선;	**, горизонт**
	(가리죤트)
하늘가, 지평선, 지평	**небосклон**
	(네보쓰크론)
하늘빛의, 하늘색의, 담청의; 푸른 하늘의, 맑은	**лазоревый**
	(라조레브이)
하늘의 응징(천재·전쟁 등), 천벌	**бич**
	(비츠)
~에 열중(열광)하다, 화끈거리다,	**шалеть**
	(샬레찌)
~하다, 행하다, 수행(행동.활동)하다	**творить, чинить, поделать**
	(뜨뷔리찌) (치니찌) (빠젤라찌)
하다못해 ~하다	**хоть**
	(호찌)
하던 일 잠시 그만두다(중단하다),	**отвлекаться**
	(아트블레까쨔)
하던 일을 던져두다, 내버려두다, 방임하다	**забрасывать**
	(자브라쓰와찌)
하등, 품질(이) 낮은	**низкопробный**
	(니즈꼬쁘로브느이)
하등동물(곤충)의 촉수, 촉각, 더듬이 (식물의)촉사	**щупальце**
	(쓔빨쩨)
하루 동안의	**суточный**
	(수또츠느이)
하루, 날, 일	**день**
	(젠-)
하루, 일주야 (24시간); двое суток 2 주야	**сутки**
	(수뜨끼)
하루밖에 못 가는[못 사는](곤충·꽃 따위)	**однодневный**
	(아드노네브느이)
하루의, 1 일간의	**дневной**
	(네브노이)
하루의, 온종일(의), 하루 걸리는; 하룻동안.	**однодневный**

	(아드노녜브느이)
하류, 하급, 말류(지방)	**низовье**
	(니조비예)
하류로 강 아래로	**вниз, сверху**
	(브니즈)(스베르후)
하마, 물뚱뚱이	**бегемот гиппопотам**
	(베게모트) (깁뽀빠땀)
하마(말에서 떨어뜨리다), 하차; 벗어나다	**слезать**
	(슬레자찌)
하모니카(harmonica)	**губная гармоника**
	(굽나야 가르모니까)
하물며, 물론: а я и ~ 나야 물론이지	**подавно**
	(빠다브나)
하바로트스크(시베리아 동부 Amur 강연안의 중심 도시)	**Хабаровск**
	(하바로브쓰크)
하박국(habakkuk書) (Книга Пророка Аввакума)	**Авв**
(그니가 쁘라롭까 압와꾸마)	(아붸붸)
하소연하다, 불평하다, 우는 소리하다, 한탄하다	**пожаловаться**
	(빠좔라와짜)
하수도, 하수도 시설	**канализация**
	(까날리자찌야)
하수의, 오물의, 오수(汚水).	**сточный**
	(스또츠느이)
하원의원, 국회의원, 국민의 대표의원	**парламентарий**
	(빨라멘따리이)
하이에나	**гиена**
	(기이에나)
하이웨이 고속도로, 간선도로, 주요도로	**автомагистраль**
	(압따마기쓰트랄)
하이틴(high teen) ~ее поколение 청소년,	**подрастающий**
	(빠드라쓰따유쉬이)
하인, 머슴, 노비, 종복(從僕), 서번트(servant)	**служанка, лакей**
	(슬루좐까) (라꼐이)

- 1570 -

하잘것없는 사람[것]. 마음이 좁음, 쩨쩨함	**ничтожество** (니쉬또줴쓰뜨붜)
하지만. 아니, 그거야. ~하므로, ~해서, ~하여서	**но** (노, 누)
하찮은 것(일), 소량, 약간	**ерунда** (예룬다)
하찮은 것, 가벼이(소홀히) 다루다, 우습게 보다	**шутить,~иха** (슈띠찌) (슈띠찌하)
하찮은 것[일], 하찮은 물건	**немножко, пустяк** (네므노즈꼬) (뿌쓰쨔크)
하찮은 사람, 지질한 놈, 무가치한 놈	**ничтожество** (니쉬또줴쓰뜨붜)
하찮은(사소한, 보잘 것 없는)일(것)	**пустяк** (뿌쓰쨔크)
하찮은, 대수롭지 않은, 시시한	**несущественный ерундовский** (네쑤쉐쓰뜨붼느이) (예룬도브쓰끼이)
하찮은, 사소한, 대단치 않은. 변변찮은, 보잘것없는	**пустяковый** (뿌쓰쨔꼬브이)
하천운수노동자(공원, 직공)	**речник** (레츠닠)
하층, 아랫층, 밑층	**субстрат** (숩스뜨라트)
하층민 인간쓰레기, 구경꾼, 오합지졸, 어중이떠중이	**шпана** (쉬빠나)
하층민, 변변치않은 사람, 부랑자, 잡동사니	**шваль, шушера** (쉬왈) (슈쉐라)
하키의; ~ый матч 하키경기; ~ая команда 하키 팀	**хоккейный** (학께이느이)
하품, (입·틈 등이) 크게 벌어져 있는	**зевота** (제붜따)
하품을 하고 있는, 피로한(지루한) 기색을 보이는	**разрывной** (라즈르브노이)
하품하다, (입·틈 등이) 크게 벌어져 있다	**зевать зевнуть**

	(제와찌), (제브누찌)
하프(harp), 수금, 아르파(arpa)	**арфа** (아르파)
학개서(haggai-書)	**(Книга Пророка Аггея) Агг** (끄니가 프로로까 아게야) (아게게)
학과 사무실, (대학의) 학부, 과(科)	**кафедра** (까페드라)
학과목, 교정	**курс** (꾸르쓰)
학교 밖의, 학교외의	**внешкольный** (브녜쓰꼴느이)
학교·열차·비행기 따위의 시간표; 예정표, 예정	**. расписание** (라쓰삐싸니예)
학교에서 글짓기, 작문 (글, 음악 등이) 짓는 것	**сочинение** (싸치녜니예)
학교의, 학교 교육의 ~ учитель 초등학교선생	**школьный** (쉬꼴리느이)
학급, 반, 학년	**класс** (클라쓰)
학대자, 박해자	**мучитель** (무치쩰)
학령 전 어린이	**дошкольник** (다쉬꼴니크)
학령전의; 학교전의	**дошкольный** (다쉬꼴느이)
학문이 있는, 지식이 있는; 과학의; 지식의	**научный** (나우츠느이)
학보 (정기간행물의 명칭) 통보	**известие** (이즈볘쓰찌예)
학살; массовое ~ 대중적 학살	**избиение** (이즈비예니예)
학살하다, 마구 죽이다	**замучить** (자무치찌)

학도, 학생, 생도	**ученик,~ца** (우체니크)(~차)
학생들의 장난, 학생다운 행동거지	**школьничество** (쉬꼴리니체쓰뜨붜)
학생의 주해서 커닝페이퍼, (남 학설의) 도용, 표절	**шпаргалка** (쉬빨갈까)
학생의 숙제장	**дневник** (네브니크)
학생의, 학생다운 생도의	**школьнический** (쉬꼴리니체쓰끼이)
학설, 교리(敎理) 설(說), 논(論)	**доктрина,учение,теория** (독뜨리나)(우체니에)(쩨오리야)
학설을 세우는 사람; 이(공)론가	**теоретик** (쩨오레찌크)
학술논문발표회: пушкинские~я 푸쉬킨 연구토론회	**чтение** (츠쩨니에)
학술용어집, 전문용어집, 학명술어	**номенклатура** (나멘클라뚜라)
학술의; ~ый совет 학술평의회	**учёный** (우쵸느이)
학술탐험; 탐험대, спасательная ~ 구호대	**экспедиция** (엑쓰뻬지찌야)
학습을 도와주는 가정교사	**репетитор** (레뻬찌따르)
학습을 도와주다	**репетировать** (레뻬찌로와찌)
학습의, 교수의, 교육의; ~ыйгод 학년도	**учебный** (우체브느이)
학습장, ~ая тетрадь 정서하기 위한 학습장	**чистовой** (치쓰또보이)
학습장, 필기장; нотная ~ 악보장(樂譜帳)	**тетрадь** (쩨뜨라지)
학습조(學習組), 반	**группа**

- 1573 -

	(그룹빠)
학식(學識), 학문(學文), 지식(知識)	**грамотность** (그라마뜨노쓰찌)
학업성적, (학생들의) 진보, 발달	**успеваемость** (우쓰뻬와에모쓰찌)
학원 등의 청구(請求)	**соискание** (싸이쓰까니예)
학위(學位)	**степень** (스쩨뻬니)
학위논문(學位論文)	**диссертация** (지쓰쎄르따찌야)
학위논문제출자	**диссертант** (지쓰쎄르딴트)
학자	**учёный** (우쵸느이)
학장, 학부장(學部長)	**декан** (데깐)
학점(학과의) ~ая книжка 성적증명서	**зачётный** (자쵸뜨느이)
학정(虐政), 폭정(暴政); 전횡	**деспотизм** (제쓰빠찌즘)
한 가닥의 털실 하나의 양모	**шерстинка** (쉐르쓰찐까)
한 가족이 들 수 있는 작은 문화주택(이층은 다락방)	**коттедж** (까뜨쩨즈)
한 가지(틀에 박힌) 형으로 만들다	**шаблонизировать** (샤블로니지로와찌)
한 개 반;~ часа 한 시간 30(삼십)분	**полтора** (빨따라)
한 개 반의	**полторы** (빨따릐)
한 개, 하나, 한 마리, 한 대, 일부, 부분, 부분품	**штука** (쉬뚜까)

한 공장에서 오래산 사람; 본토배기	**старожил** (스따로쥘)
한 권짜리 책, 단편의 책	**однотомник** (아드나똠니크)
한 나라[지방]의 말, 국어(language), 방언	**речь** (레치)
한 달에 한 번, 다달이	**ежемесячно** (예줴메쌰츠나)
한 덩어리로된 막에 싸인 물고기 알,	**Ястык** (야쓰띄크)
한 동안 까불거리다, 떠들며 장난하다	**порезвиться** (빠레즈비쨔)
한 동안 일하다	**поработать** (빠라보따찌)
한 때, 언젠가, 어느 때	**некогда** (녜까그다)
한 때, 한번은,(과거 또는 미래의) 어느 날	**однажды** (아드나쥐듸)
한 모금	**глоток** (글로또크)
한 바늘, 한 땀, 한 코, 한 뜸. 바늘땀[코], 바느질 자리	**петля** (뻬뜰랴)
한 바퀴 도는 것; 일주(여행), 일순(一巡),	**тур** (뚜르)
한 번 더!, 재청(再請)!	**бис** (비쓰)
한 번 밀기; 한 번 찌르기, 찌름; 푸시(밀어대듯 침).	**толкание** (딸까니예)
한 번,(몇) 번, 회; 배, 곱; каждый ~ 매번	**раз** (라스)
한 번, 일회, 한 차례	**единожды, однажды** (예지나즈듸) (아드나쥐듸)
한 번에, 일회로, 한 차례, 동시에	**единовременно**

(예지나브레멘나)

한 번으로 완전[유효]한, 1회 한의, 단발(로)의,	**разовый** (라조브이)
한 뼘(엄지손가락과 새끼손가락을 편 사이의 길이; 보통 9인치)	**пядь** (쁘야지)
한 사람의 배역목록	**репертуар** (레뻬르뚜알)
한 사람의, 하나의, 한 개의	**одна** (아드나)
한 살 나는, 한 살짜리, 한 살의, 일년 되는	**годовалый** (가도왈르이)
한 세대의 사람들. 가문, 일가; 세대, 대	**род** (론)
한 쌍,(두 개로 된) 한 벌.(한) 켤레	**пара** (빠라)
한 쌍이 되다[으로 하다]; 짝지어 나누다. 결혼하다	**случить** (슬루치찌)
한 아름, 아름	**охапка** (아하쁘까)
한 오리의 솜털; 보푸라기	**пушинка** (뿌쉰까)
한 자리, 1인용의 방(선실) 1인석(席)의 표	**одноместный** (아드노메쓰뜨느이)
한 자리에 오래 앉아서 하는	**сидячий** (씨쟈치이)
한 잔 마시고 얼근하게 취한기분으로	**шефе, шофе** (쉐페)(쉐페)
한 장,~판 ~ое железо 철판; ~ое стекло 유리판	**листовой** (리쓰또보이)
한 장, 박판,(플레이트(plate)보다) 얇은 판	**лист** (리쓰트)
한 장소에 국한하다, 국부 화하다	**локализовать** (라까리조바찌)

한 장씩의 사진	**фотокарточка** (포토깔또츠까)
한 장의 종이, ~장[매], (서적·인쇄물·편지의) 한 장	**ведомость** (붸다마쓰찌)
한 조, 한 세트, 한 벌 столовый ~ 식기 한조	**сервиз** (쎄르비즈)
한 줄로 늘어선 나무들 가로수(도로양측); 산울타리	**шпалера** (쉬빨레라)
한 줄로, 줄지어	**гуськом** (구씨꼼)
한 줌 한 줌의 분량 세 손가락	**щепоть** (쒜뽀찌)
한 줌, 한 움큼, 한 움큼, 손에 그득	**пригоршня** (쁘리골쓰쉬냐)
한 줌의 분량(엄지.검지.장지로 집은)	**.щепотка, щепоть** (쒜뽀뜨까) (쒜뽀찌)
한 푼, 반 꼬뻬이카; 몇 푼의 돈, 헐값	**грош** (그로쉬)
한 학기(1년 2학기제 대학의), 반학년	**семестр** (쎄메쓰뜨르)
한 화차[차량]분의 화물, 트럭 1대분의 화물	**машина** (마쉬나)
한 흐름으로 합치다, 합류하다	**сливаться** (슬리와짜)
한가운데, 중간에, 중앙에.~의 한가운데	**средь** (스레지)
한가한, 볼일이 없는: 놀고 있는	**досужий** (다쑤쥐이)
한가한, 비번(非番)의; 쉬는 ~ий день 휴일, 쉬는날	**нерабочий** (네라보치이)
한결 같은, 균일한, 같은 형태의, 일치한	**единообразный** (예지나오브라즈늬이)
한결같은 것, 확고부동성	**постоянство**

	(빠쓰또얀쓰뜨뷔)
한결같음, 획일, 일치, 일률, 균등 변화가 없음	**единообразие** (예지나오브라지예)
한계(限界), 한계선, 한도, 범위, 극한	**граница** (그라니짜)
한계, 음역 ~ волн 파장(波長)	**диапазон** (지아빠존)
한계, 한계선, 경계, 활주로의 맨 끝	**порог** (빠록)
한계를 이루다, 협애하게 하다	**ограничивать** (아그라니치와찌)
한곳에 쑤셔박다, 뒤섞어놓다, 되는대로 막 쌓다	**свалить** (스왈리찌)
한곳으로, 하나로, 한데	**воедино** (바에지나)
한국말로, 한국어로	**по-корейски** (빠-꼬레이쓰끼)
한국의, 대한민국의	**корейский** (까레이쓰끼이)
한낮, 정오; до полудня 오전에	**полдень** (뽈젠)
한달음에	**бросок** (브로쏙)
한데 모으다	**сгруппировать** (즈그룹삐로와찌)
한데 붙인, 결합된	**слитный** (슬리뜨느이)
한도, 한계, 범위, 극한, 제한, 리미트(limit),	**лимит** (리미뜨)
한동안 골머리를 앓다, 힘들이다	**пробиться** (쁘라비쨔)
한동안 노래 부르다	**попеть** (빠뻬찌)

한동안 놀다	**проиграть проигрывать** (쁘라이그라찌), (쁘라이그릐와찌)
한동안 마르다	**посушиться** (빠쑤쉬쨔)
한동안 말리다	**посушить** (빠쑤씨찌)
한동안 배우다, 공부(학습)하다	**поучиться** (빠우치쨔)
한동안 서있다, 서다, 계속해서 서 있다. 주둔하다	**постоять** (빠쓰또야찌)
한동안 웃다; ~ над кем-чем 비웃다,	**посмеяться** (빠쓰메야쨔)
한동안 유쾌히 시간을 보내다	**повеселиться** (빠붸쎌리쨔)
한동안 일하다	**прорабатывать** (쁘라라바띄와찌)
한동안 입다, 쓰다, 신다; 들고 다니다, 휴대하다	**поносить** (빠노씨찌)
한동안 입방아를 찧다	**проболтать** (쁘라볼따찌)
한동안 자다, 지내자다, 늦잠을 자다, 잠을 자서 놓치다	**проспать** (쁘라쓰빠찌)
한동안 자라다, 우거지다, 무성하다	**порасти** (빠라쓰띠)
한동안 잡고 있다;(어떤 상태에) 두어두다; 잡아두다	**продержать** (쁘라졜좌찌)
한동안 찾다, 탐색하다	**поискать** (빠이쓰까찌)
한동안 타고 다니다	**проездить** (쁘라예즈지찌)
한동안 타다, 불붙다	**погореть** (빠고레찌)
한동안 묵다, 머무르다, 체류하다	**пробыть**

	(쁘라브찌)
한때, 어떤 때, 어느 때인가, 언젠가	**когда-то** (까그다-따)
한루블짜리, 1루블	**рублёвый** (루블료브이)
한마디 비치다, 말하다	**обмолвиться** (압몰븨쨔)
한마디 한마디의. 축어적인	**подстрочный** (빹쓰뜨로츠느이)
한마디로 (말해서)	**словом** (슬로봄)
한바탕의 분발; 역주, 역영(力泳).	**спурт** (스뿌르트)
한밤, 야밤중, 오밤중, 심야(深夜), 야밤	**заполночь, полночь** (자뽈노치) (뽈노치)
한배에서 낳은 새끼, 한 배 병아리;(동물의) 한 배 새끼	**помёт** (빠묘뜨)
한배의 새끼들	**выводок** (븨붜도크)
한번 붊, 한 호흡, 한숨. 혹 내뿜는 담배 연기	**дуновение** (두나베니에)
한순간; до последней ~ы 최후까지	**минута** (미누따)
한숨 쉬다(짓다) 탄식하다, 한탄[슬퍼]하다	**вздыхать, заохать** (쓰듸하찌) (자오하찌)
한숨 짓다(쉬다), 그리워 찾다(한탄하다)	**охнуть вздохнуть** (오흐누찌) (쓰도흐누찌)
한시도 떨어지지 않고(떠나지 않고), 항상 같이	**неотлучно** (네아뜰루츠나)
한시도 떨어지지 않고, 뒤로 물러서지 않고 집요하게	**неотступно** (네아뜨쓰뚜쁘나)
한시름 놓아, 마음을 놓고	**облегчённо** (아블렉촌나)

한심한, 보잘것없는	**плачевный** (쁠라체브늬이)
한없이 깊은	**бездонный** (베즈돈느이)
한옆으로, 저리로, 떨어져서, 멀리, 저쪽으로(에)	**прочь** (쁘로치)
한정(제한)하다, 한계를 정하다	**лимитировать** (리미찌로와찌)
한조, 한 벌, 일식; ~ белья 내의 한 벌	**комплект** (꼼쁘렉트)
한조가 되게 갖추는 것(묶는 것), 편성	**комплектование** (깜쁘렉또와니예)
한조가 되게 갖추다(묶다), 편성하다	**комплектовать** (깜쁘렉또와찌)
한조의 트럼프	**колода** (깔로다)
한줌; 적은 량, 소량	**горсть** (고르쓰찌)
한직(낡은 사회의 관직)	**синекура** (씬네꾸라)
한쪽 방향으로 밖에 나아가지 못하는	**одноколейный** (아드나깔레이느이)
한쪽만 날이 있는 검(劍), (펜싱의) 목검.연습용 사벨	**эспадрон** (에쓰빠드론)
한쪽으로 기울어지다, 치우치다	**отклоняться** (아트클로냐쨔)
한쪽으로 밀어내다, 밀쳐서 물리다, 구축하다	**оттеснить** (앗쩨쓰니찌)
한창, 정점(頂點)	**разгар** (라스갈)
한탄(불평) 하다, 애석해 하다, 하소연하다	**плакаться** (쁠라까쨔)
한판 승부의 종결부(終結部)	**эндшпиль**

	(엔드쉬뻴)
할 기회를 찾아내다 ~할 수 있게 되다	**умудриться, ~яться** (우무드리짜) (우무드랴짜)
할 수 있다; ~ 하다	**жарить** (좌리찌)
할 줄 알다, 할 수 있다; ~ ответить 대답할 줄 알다	**суметь** (수몌찌)
할 줄 알다	**уметь** (우몌찌)
할당, 할당된 몫	**отчисление** (앗치쓸레니예)
할당하다, 배당하다 충당하다 배치하다	**выделить(ся) класть** (븩젤리찌) (클라쓰찌)
할당(배당.분리)하다, 떨어지게 하다	**при, ткомандировать** (쁘리) (아트끄만지로와찌)
할당시키다, 분담시키다	**разложить** (라슬로쥐찌)
할랑할랑한, 품이 너무 넓은, 헐렁헐렁	**мешковатый** (메스꼬와뜨이)
할로겐족 원소의 하나, 취소(臭素)	**бром** (브롬)
할만하다,~할 가치가 있다	**заслуживать** (자쓸루줴와찌)
할머니, 조모(祖母), 할머님, 조모님	**бабушка** (바부쉬까)
할복(割腹), 배를 갈라 죽음	**харакири** (하라끼리)
할아버님, 할아버지, 조부; 조상, 선조 할배	**дедушка, дед** (제두쉬까) (제다)
할증금; 할증 가격; 프리미엄. 가격 인상	**надбавка** (나드바브까)
할퀴다, 긁다; (몸에) 할퀸 상처를 내다	**скрестись оцарапать** (스크레쓰찌시) (아짜라빠찌)

할퀴다, 긁어 구멍을 내다. 쥐어뜯다;	**почесать[ся] царапаться** (빠체싸지) (짜라빠쨔)
할퀴다, 째다	**расцарапать** (라쓰짜라빠찌)
할퀴다; 허비다	**поцарапать** (빠차라빠찌)
할퀴인(긁힌) 자리를 내다, 허비우다	**оцарапаться** (아짜라빠쨔)
할퀸(호비운) 자리	**царапина** (짜라삐나)
할핀, 코터핀	**шплинт** (쉬쁠린뜨)
핥다, 핥아먹다	**лизать, лизнуть** (리자찌), (리즈누찌)
핥다, 핥아서 깨끗이 하다	**облизывать** (아블리즈와찌)
함교(艦橋), 선교(船橋), 브리지. 다리, 교량; 육교	**мостик** (모쓰찌크)
함께 가는, 동행하는, 같이 가는	**попутный** (빠뿌뜨늬이)
함께 살게 하다, 동거시키다	**подселить** (빧쎌리찌)
함께 일하기; 협력, 합작, 공저(共著)	**соглашательство** (싸글라샤젤쓰뜨붜)
함께(같이) 넣다	**подсадить подсаживать** (빧싸지찌) (빧싸지와찌)
함께, 공동으로	**совместно** (쌉메쓰뜨나)
함께, 일치, 겸임, 일제히. ~와 동시에	**параллельно** (빠랄렐나)
함대(분함대) 사령관(司令官)	**флагман** (플라그만)
함박꽃, 함박; 작약화(芍藥花)	**пион**

(삐온)

함부로 어지럽게 쓴 글씨	**мазня** (마즈냐)
함석의 к жесть 양철로 만든	**жестяной** (줴쓰쨔이)
함성(고함)을 지르다, 울부짖다	**вопить** (바삐찌)
함성소리, 울부짖음, 비명(悲鳴)	**вопль** (붜쁠)
함수 따위를 넣는 작은병	**флакон** (플라꼰)
함수초(含羞草), 감응초(感應草), 미모사(mimosa)	**мимоза** (미모자)
함유(포함)하다	**содержать** (싸졔르좌찌)
함유되다, 포유되다, 있다	**содержаться** (싸졔르좌쨔)
함유량; с богатым ~м фосфора 인 함유량이 높은	**содержание** (싸졔르좌니예)
함정(陷穽), 덫, 그물	**сеть** (쎄찌)
함지	**лоханка, лохань** (라한까), (로한니)
함지통, 빨래통, (V자형의 긴) 구유, 물통, 여물통	**корыто** (까릐또)
함축(축소) 하다	**сжать** (즈좌찌)
함축된	**сжатый** (즈좌뜨이)
합격하다	**выдерживать** (븨졜쥐와찌)
합계의, 총계의; ~ое количество 총수	**суммарный** (숨마르느이)

합금 백금사 분쇄광	**шлих** (쉴리흐)
합금(合金), 합성금(合成金), 얼로이	**сплав** (스쁠라프)
합금의, 혼합의 ~ая сталь 합금강	**легированный** (레기로완느이)
합금이 되다; 섞이다, 녹이다; 녹다	**сплавлять** (스쁠라블랴찌)
합금철	**ферросплав** (페르로쓰쁠라프)
합금하다	**сплавить** (스쁠라비찌)
합동, 연합, 합병	**фузия** (푸지야)
합류하다, 가입하다, 보충되다	**вливаться** (블리와짜)
합류했다: на ять 1등, 훌륭하게	**ять** (야찌)
합리성, 합리적임, 온당함	**.целесообразность** (쩰레싸아브라즈노쓰찌)
합리적으로, 분별 있게, 생각이 잘 미쳐	**рационально** (라찌온날리나)
합리적으로, 이치에 닿게, 도리에 맞게. 건전하게	**здраво** (즈드라붜)
합리적으로, 정당하게, 걸맞게, 현명하게	**целесообразно** (쩰레싸아브라즈나)
합리적이다, 분별 있는, 사리를 아는, 현명한	**целесообразно** (쩰레싸아브라즈나)
합리적인, 분별 있는, 사리를 아는	**разумный** (라줌느이)
합리적인, 타당한	**целесообразный** (쩰레싸아브라즈느이)
합리화(운동)	**рационализация**

- 1585 -

	(라찌온날리자찌야)
합리화(정당화)의	**рационализаторский** (라찌온날리자똘쓰끼이)
합리화하다	**рационализировать** (라찌온날리지로와찌)
합법성, 준법성	**законность** (자꼰노쓰찌)
합법적으로, 합법칙적으로, 당연하게	**закономерно** (자깐노메르나)
합법적인, 공개적인	**легальный** (레갈느이)
합법칙성, 법칙성	**закономерность** (자깐노메르노쓰찌)
합법칙적인	**закономерный** (자깐노메르느이)
합법화하다, 법률상 공인하다	**легализировать, легализовать** (레가리지로와찌), (레가리조와찌)
합병(合倂), 병합(竝合)	**аннексия** (안넥씨야)
합병증(合倂症)	**осложнение** (아쓸로즈네니예)
합병증이 생기다	**осложняться** (아쓸로즈냐쨔)
합산하다, 부언[부기]하다, 덧붙여 말하다	**приписать** (쁘리삐싸찌)
합성; 구성, 구조	**сложение** (슬라줴니예)
합성력, 합성 운동, 종결식	**равнодействующий** (라브노제이쓰뜨부유쉬이)
합성수지(合成樹脂)	**полимер** (빨리멜)
합성수지, 플라스마스	**пластмасса** (쁠라쓰뜨마싸)

합성수지의	**полимерный** (빨리몔느이)
합성수지화, 중합	**полимеризация** (빨리메리자찌야)
합성어의 첫 부분으로서 (가짜),(사이비)라는 뜻 예:	**псевдо...** (쁘쎕도...)
합성어의 첫 부분으로서 (통과), (경유), (초월)의 뜻)	**транс-** (뜨란쓰-)
합성어의 첫 부분으로서 (정치)의 뜻	**полит ...** (빨리트...)
합성어의 첫 부분으로서 (초.극도.과잉)의 뜻; 극단으로, 초(超)~,과(過)~, 한외(限外)~' 따위의 뜻	**'ультра-** (울리뜨라)
합성어의 첫 부분으로서 더 진한의 뜻	**тёмно-** (쫌나)
합성어의 첫 부분으로서) (수력)의 뜻	**гидро...** (기드로...)
합성어의 첫 부분으로서<반>,<절반>의 뜻; пол года 반년, 6개월; на полпути 중도에, 도중에	**пол....** (뽈)
합성어의 첫 부분의 문화, 문화적	**культ...** (꿀트...)
합성의 첫 부분으로서 적은의 뜻을 부여한다	**мало** (말라)
합성의, 복합의: ~ое слово 합성어	**сложный** (슬로즈느이)
합성의: 종합의, 종합적인	**синтетический** (씬쩨찌체쓰끼이)
합성탄성섬유, 합성탄성직물	**эластик эластичность** (엘라쓰찌크) (엘라쓰찌츠노쓰찌)
합수탄소, 탄수화물	**углеводы** (우글레보듸)
합의(의견일치)를 보다	**согласиться** (싸글라씨짜)
합의(合意), (서로의) 약속(約束)	**договорённость**

	(다고붜론노쓰찌)
합의, 일치, 조화 (성.수.격의) 일치	**согласование соглашение** (싸글라쏘와니예) (싸글라쉐니예)
합의되다	**сторговаться** (스따르고와쨔)
합의를 못 본, 합의되지 못한	**несогласованный** (네쏘글라쏘완느이)
합의를 보다, (행동)일치를 보다, 합의에 이르다	**спеться** (스뻬쨔)
합의를 보다, 일치(통일, 조화)시키다,	**согласовать** (싸글라쏘와찌)
합의에 이르다, 합의를 보다	**сговориться** (즈고붜리쨔)
합의제, 집체적 협의제	**коллегиальность** (깔레기알노쓰찌)
합의하여 처리하다	**утрясать, ~ти** (우트랴사찌)
합의하여, 일치하게, 보조를 맞추어	**согласованно** (싸글라쏘완나)
합작(협조,협력)하다	**сотрудничать** (싸뜨루드니차찌)
합창(合唱), 합창단(合唱團)	**хор** (호르)
합창단 가수	**хорият, ~ка** (하리야트)
합창단 지휘자	**хоррмейстер** (하르메이쓰쩰)
합창연습	**спевка** (스뻬브까)
합쳐서, 붙여서: писать ~ 붙여 쓰다	**слитно** (슬리뜨나)
합치기, 통합, 합류	**слияние** (슬리야니예)

합치다, 연계를 맺다	**присоединить** (쁘리싸예지니찌)
합치다, 통합하다	**сливать** (슬리와찌)
합판용의 박판(薄板), (베니어) 단판사운드 트랙	**фанера** (파녜라)
합판으로 만든; ~ лист 합판	**фанерный** (파녜르느이)
합하다, 더하다	**сложить** (슬라쥐찌)
합하다, 합계를 내다, 총계를 내다	**суммировать** (숨미로와찌)
핫케이크처럼 покупать ~ 앞을 다투어 사다	**нарасхват** (나라쓰와뜨)
항. 더해질 수	**слагаемое** (슬라가예모예)
항(項); ~ пропорции 비례항	**член** (츨렌)
항공(공학) 나사(라선) 강하	**спираль** (스삐랄)
항공(航空) 항공대(航空隊)	**авиация** (아뷔아찌야)
항공(航空), 비행(飛行)	**воздухоплавание** (뷔즈두호쁠라와니에)
항공기 설계가	**авиаконструктор** (아뷔아칸쓰트룩또르)
항공기(비행기·비행선·헬리콥터 등의 총칭)	**авиа...** (아뷔아...)
항공기관사	**бортмеханик** (보르뜨메하니크)
항공기사, 항공승무기사	**бортинженер** (보르뜨인졔네르)
항공기수, 비행기 정비사	**авиатехник**

- 1589 -

	(아뷔아테쩨흐니크)
항공기지, 비행기지, 비행장	**авиабаза**
	(아뷔아바자)
항공로	**авиалиния**
	(아뷔알리니야)
항공모함	**авианосец**
	(아뷔아노쎄쯔)
항공사(航空士), 비행사, 조종사	**воздухоплаватель**
	(뷔즈두호쁠라와쩰)
항공술(航空術), 비행술(飛行術)	**воздухоплавание**
	(뷔즈두호쁠라와니에)
항공우편	**авиапочта**
	(아뷔아뽀츠따)
항공기의, 비행기의	**авиационный**
	(아뷔아쯔온느이)
항공의, 비행의	**воздушный**
	(바즈두쉬느이)
항공촬영(航空撮影), 항공사진	**аэрофотосъёмка**
	(아에로포또스욤까)
항공클럽	**аэроклуб**
	(아에로클룹)
항공학(航空學), 항공술(航空術)	**аэронавтика**
	(아에로납찌까)
항공학교	**авиашкола**
	(아뷔아쉬꼴라)
항구(港口), 항만(港灣)	**гавань**
	(가완니)
항구(港口), 항만	**портовый**
	(빠르또브이)
항구, 항만, 포구(浦口), 부두(埠頭)	**порт**
	(뽀르뜨)
항로(航路); 주행; 항행(航行); 비행기길, 항공로	**рейс**
	(레이쓰)

항목(項目), 조항(條項), 조목(條目)	**статья** (스따찌야)
항목, 조목, 조항, 품목, 세목	**наименование** (나이메노와니예)
항법학(航法學)	**аэронавигация** (아에로나뷔가찌야)
항변, 반박, 꾸짖음	**отповедь** (앗뽀볘지)
항복(투항) 하다, 굴복하다	**сдаться** (즈다쨔)
항복(투항)하다, 백기를 들다	**капитулировать** (까삐뚤리로와찌)
항복(降伏)	**сдача** (즈다차)
항복, 투항	**капитуляция** (까삐뚤랴찌야)
항복[굴복]하다. 조건부로 항복하다; 양보하다	**спасовать** (스빠싸와찌)
항상 떨어지지 않는, 항상 같이 있는	**неразлучный** (네라즐루츠느이)
항생소, 항생물질(抗生物質)	**антибиотик** (안찌비오찌크)
항생제, 마이신(mycin), 스트렙토마이신	**стрепотмицин** (스뜨레빠따미쩐)
항의, 반대, 이의, 반론. 거절, 기각; 부결	**отвод** (아트보드)
항의서(抗議書), 공소(公所)	**протест** (쁘라쩨쓰트)
항의하다, 공소하다	**опротестовать** (아쁘로쩨쓰또와찌)
항의되다, 이의를 제기되다	**взбунтоваться** (쓰분따와쨔)
항쟁, 분쟁; 도발	**пострадавший**

	(빠쓰뜨라다브쉬이)
항해 가능한, 항행이 가능한, 항행할 수 있는	**судоходный** (수다호드느이)
항해(航海), 항해술(航海術)	**мореплавание** (마레쁠라와니에)
항해(航海), 항행, 해항	**плавание** (쁠라와니예)
항해술, 항해학항해[항공]술[학]	**навигация** (나비가찌야)
항해의	**ходовой** (하도보이)
항해자(航海者), 항행자(航行者)	**мореплаватель** (마레쁠라와쩰)
항해자, 항해사, 항공사, 항법사 항해장;	**. штурман** (쉬뚤만)
항행(航行), 항해(航海)	**судоходство** (수다호드쓰뜨뷔)
해(달)의 지기	**заход** (자호드)
해(달)이 돋다, 떠오르다	**вставать** (프쓰따와찌)
해(달)이 지다; (뒤에, 뒤로)	**заходить** (자호지찌)
해(달이) 돋다, 뜨다	**всходить** (프쓰호지찌)
해(害), 해독, 손해(損害)	**вред** (프레드)
해(害),악(惡), 재난	**язва** (야즈와)
해, 년도(年度), 년(年)	**год** (곧)
해, 태양, 해, 해님, 일륜(日輪); восход ~a 해돋이	**солнце** (쏜쩨)

해·달의 무리; 후광(그림에서 성인의 머리 광륜)	**ореол** (아레올)
해가 난, 청청한, 태양의, 태양에 관한, 햇빛의	**солнечный** (쏠르네츠느이)
해가 되는, 유해한, 손해되는, 유독한	**разрушительный** (라즈루쉬쩰르느이)
해가 지기 전에, 어두워지기 전에	**засветло** (자쓰베뜰로)
해가 지다, 맥없이 주저앉다, 안보이게 하다	**запасть** (자빠쓰찌)
해가, 달이 지다	**садиться** (싸지쨔)
해가지다	**закатываться** (자까띄와쨔)
해결, 해답; искать(найти) ~ 해답을 구하다	**решение** (레쉐니예)
해결, 해명, 해답.(수학의) 해법(解法), 풀이	**разрешение** (라즈레쉐니예)
해결되지(풀리지) 않은	**неразрешённый** (네라즈레숀느이)
해결책, 출로, 활로	**выход** (븨홋)
해결하다, 재결(결정)하다, 판결하다, (승부를) 정하다	**решать** (레샤찌)
해결하다;	**разрешить** (라즈레쉬찌)
해결할 수 없는 풀 수 없는, 풀기 어려운	**неразрешимый** (네라즈레쉬므이)
해고(해직.퇴직)시키다	**сокращать** (싸크라샤찌)
해고, 해임, 퇴직;	**увольнение** (우볼네니에)
해고되다, 해임되다, 퇴직하다	**уволиться**

	(우뷜리짜)
해고하다, 면직시키다	**рассчитать** (라쓰치따찌)
해군 병참부, 해군연대 본부.	**экипаж** (에끼빠즈)
해군 사령부(海軍 司令部)	**адмиралтейство** (아드미니랄쩨이쓰트붜)
해군대장(海軍隊長)	**адмирал** (아드미랄)
해군사관생도의, 해군유년학교학생의	**нахимовский** (나히모브쓰끼이)
해군셔츠, (줄무늬 있는 해군용) 속셔츠	**тельняшка** (쩰냐쉬까)
해군소장	**контр-адмирал** (꼰뜨르-아드미랄)
해군에서 함선편대	**дивизион** (지비지온)
해군의, 수군의, 해병의, 군함의; 해군력이 있는	**морской** (마르쓰꼬이)
해군중위	**мичман** (미츠만)
해달이 지다; 시작하다	**сесть** (쎄쓰찌)
해당(상응)하게, 대응하게, 부합하게,	**соответственно** (싸아뜨볘쯔쓰뜨볜나)
해당하다, 응당하다, 적절한, 적합한	**надлежащий** (나들례좌쉬이)
해당한, 알맞은	**соответствующий** (싸아뜨볘쯔쓰뜨부유쉬이)
해당한, 적당한	**соответственный** (싸아뜨볘쯔쓰뜨볜느이)
해독분자, 암해분자	**вредитель** (프례지쩰)

해독을 끼치다	**отравлять** (앗라블랴찌)
해독적, 해독적인	**вредительский** (프레지쩰쓰끼이)
해독제, 항독소(抗毒素)	**противоядие** (쁘라찌붜야지예)
해독행위, 암해책동	**вредительство** (프레지쩰쓰뜨붜)
해동기의 증수, 증수기	**яроводье** (야라보지에)
해뜨는 시각; 동틀녘	**восход** (바쓰호드)
해로운, 유해로운, 해독적인, 해독스러운	**вредный** (프레드느이)
해롭게, 유해롭게, 해독적으로	**вредно** (프레드나)
해롭지 않는, 해(害)를 끼치지 않는, 악의 없는	**безвредный** (베즈브레드느이)
해를 끼치는, 장난하는	**шкодливый** (쉬꼬들리브이)
해를 끼치는. 장난치는 사람	**шкодник** (쉬꼬드닉)
해를 끼치다(주다)	**напортить** (나뽀르찌찌)
해를 끼치다, 못된 짓을 하다	**пакостить** (빠까쓰찌찌)
해를 주다, 해를 끼치다	**гадить** (가지찌)
해리(海里)	**бобр** (보브르)
해멀걸게 하다, 몽롱케 하다, 감추다	**затушевать** (자뚜쉐와찌)
해면동물(海綿動物: 무척추동물의 한 문(門))	**губка**

	(구브까)
해면질, 구멍이 숭숭한	**губчатый** (구브차뜨이)
해명(판명)되다	**выясняться** (븨야쓰내쨔)
해명(解明), 설명(說明), 해설(解說)	**разъяснение** (라즈애쓰녜니예)
해명(解明), 조사, 판명	**выяснение** (븨야쓰녜니에)
해명되다, 밝히다, 명료하게 하다, 설명하다	**освещаться** (아스볘샤쟈)
해명(설명.해몽)하다	**истолковать истолковывать** (이스똘까와찌), (이스딸까븨와찌)
해명(명백.판명.조사)하다, 밝혀내다	**выяснять** (븨야쓰내찌)
해명하다, 변명하다, 옹호하다	**извинять** (이즈비냐찌)
해명하다, ~의 뜻을 해석하다, 생각을 편향하다	**преломить[ся]** (쁘렐로미찌)
해바라기 씨	**семечко** (쎼몌츠꼬)
해바라기, 꽃시계, 향일화(向日花), 솔레유(soleil)	**подсолнечник** (빧쏠녜츠니크)
해바라기의 씨앗	**подсолнух** (빧쏠누흐)
해바라기의: 꽃시계의	**подсолнечный** (빧쏠녜츠늬이)
해발딱한, 심오하지 못한, 피상적인	**неглубокий** (녜글루보끼이)
해방(解放), 석방, 자유	**освободительный** (아스붜보지쩰느이)
해방, 석방(釋放), 방석(放釋); 자유(自由)	**освобождение** (아스붜보즈졔니예)

- 1596 -

해방[석방]된, 자유의, 해방; 석방,	**народно-освободительный** (나로드나-아쓰붜보지쩰느이)
해방(석방)되다, 자유롭게 되다, 벗어나다;	**освобождаться** (아쓰붜보즈다쨔)
해방시키다, 구해내다	**выпустить** (븨뿌쓰띠찌)
해방자(解放者)	**освободитель** (아쓰붜지쩰)
해방하다, 면하게 하다, 자유롭게 하다	**сгонять** (즈고냐찌)
해방(벗어나게.구출)하다	**высвободить, высвобождать** (븨쓰붜바디찌), (븨쓰붜보즈다찌)
해방하다, 석방하다 (밧줄·매듭)을 풀다, 끄르다	**развязывать** (라스뱌즈와찌)
해방(석방.방면)하다, 벗서나게되다	**освобождать освободить[ся]** (아쓰붜보즈다찌) (아쓰붜보지찌)
해벽, 물결막이 둑, 방파제(防波堤)	**мол** (몰)
해변도로, 강안도로, 강변도로	**набережная** (나베레즈나야)
해볕이 쪼이다	**палить** (빨리찌)
해병(海兵)	**флотский** (플로트쓰끼이)
해병, 선원, 뱃꾼, 뱃사람, 승무원 선인, 수부(水夫),	**матрос** (마뜨로쓰)
해병대(海兵隊)	**десант** (제싼트)
해병대원(海兵隊員)	**десантник** (제싼뜨니크)
해보는 것, 시도; 도모, 트라이(try);	**попытка** (빠쁴뜨까)
해보다, 시도하다 ~하려고 하다,~하려고 애쓰다	**порываться**

	(빠리와쨔)
해보다, 시도하다, 꾀하다	**пробовать попытаться пытаться** (쁘로보와찌) (빠쁴따쨔) (쁴따쨔)
해보다, 시도하다; (가능한지 어떤지) ~해보다	**рискнуть** (리쓰크누찌)
해부의	**анатомический** (아나따미체쓰키이)
해부, 절개(切開), 째기	**вскрытие** (프쓰크릐찌에)
해부(절개.검시)하다	**вскрыть(ся) изрезать анатомировать** (프쓰크릐찌)(이즈레자찌)(아나따미로와찌)
해부학(解剖學)	**анатомия** (아나또미야)
해빙기(결빙기) 전의 깨지기 쉬운 살얼음, 유빙(流氷)	**шуга** (슈가)
해산(시키는 것)	**разгон** (라스곤)
해산(解散), 해체(解體)	**роспуск** (로쓰뿌쓰크)
해산(解散), 해체(解體), 폐지(廢止)	**расформирование** (라쓰파르미로와니예)
해산(해체)시키다, 놓아주다, 흩어지게 하다	**распустить** (라쓰뿌쓰찌찌)
해산(해체, 폐지)하다	**расформировать** (라쓰파르미로와찌)
해산들, 분만들, 출산들, 해복들, 해만들	**роды** (로듸)
해산의, 분만의, 산욕(産褥)의, 산모(産母)의	**родильный** (라질느이)
해삼(海蔘), 사손(沙噀), 토육(土肉), 해서(海鼠)	**трепанг** (뜨레빤그)
해상보트, 소형기계 배	**баркас** (바르까쓰)

해석(解析), 해설(解說), 설명	**трактовка, интерпретация** (뜨락또브까)(인쩨르쁘레따찌야)
해석, 설명, 주석서(書); 논평, 비평	**истолкование, объяснение** (이쓰똘까와니예)(아비야쓰녜니예)
해석하다, 이해하다	**трактовать** (뜨락또와찌)
해설, 논평; излишни 설명(해설)이 필요 없다	**комментарий** (까몐따리이)
해설문(解說文)	**толкование** (딸까와니예)
해설의, 설명으로, 주석의	**пояснительный** (빠야쓰니쩰느이)
해설자, 지수, 색인, 찾아보기	**экспонент** (엑쓰뽀녠트)
해소(해답.해결)하다; (문제·수수께끼 따위를) 풀다	**разрешить** (라즈레쉬찌)
해심 측정기(반향에 의한)	**эхолот** (에홀로트)
해안. 호안의 조망이 트인) 산책, 드라이브 길	**эспланада** (에쓰쁠라나다)
해안[하안] 단구(段丘)	**терраса** (떼라싸)
해안경계, (폭풍우의) 경보구(球)	**штормовой** (쉬똘모보이)
해안의 낭떠러지, 벼랑, 절벽바위, 암석, 암반(岩盤); 암벽.	**утёс** (우쬬쓰)
해양의 활대	**рея** (레야)
해열제(解熱劑), 해열용의	**жаропонижающий** (좌로빠니좌유쉬이)
해오라기, 부금, 조군, 흑구	**аист** (아이쓰트)
해일, 해소, 폭풍해일; сейсмические ~ 지진해일	**цунами**

	(쭈나미)
해임(제명)하다	**снимать** (스니마찌)
해임, 해직, 면직, 파면, 혁직, 해고, 치직, 해면	**освобождение** (아쓰붜보즈제니예)
해임(해직, 면직, 파면)시키다	**сместить** (스메쓰찌찌)
해임, 면직, 파면, 해고	**отстранение, смещение** (앗쓰뜨라네니예)(스메쉐니예)
해임(면직.해직.파면)하다, 면직(해임.파면)시키다	**отстранять** (앗쓰라냐찌)
해임(해고.파면)하다, 면직(퇴직)시키다	**освобождать уволить** (아쓰붜보즈다찌)(우뷜리찌)
해안의 안쪽 둑 내벽; 급경사(면), 가파른 비탈	**эскарп** (에쓰까르쁘)
해적(海賊), 날강도, 해랑적(海浪賊), 해도(海盜), 수적(水賊)	**пират** (삐라트)
해적의; 해적질하는; 표절의, 저작권[특허권] 침해의	**пиратский** (삐라트쓰끼이)
해제, 취소(取消), 해합(解合)	**отбой** (아트보이)
해지다, 헐다, 모지라지다, 마모되다	**изнашиваться** (이즈나쉬와짜)
해진, 허름한, 달아 떨어진, 마모된	**изношенный** (이즈노쉔느이)
해체, 파괴; 폭파; 분쇄, 타파; 폐허	**снос** (스노쓰)
해체의, 파괴의; 폭파의; 분쇄의	**подрывной** (빤릐브노이)
해충(등을) 없애다, 박멸하다	**выводить** (븨붜지찌)
해충(害蟲)	**вредитель** (프레지쩰)

- 1600 -

해충, 페스트, 북살모사, 독사;	**язва** (야즈와)
해치다, 상하게 하다, 훼손하다	**надрывать, подорвать** (나드리와찌) (빠도르와찌)
해치다, 손상하다, 상처를 입히다	**навредить обидеть[ся]** (나브레지찌)(압비제찌(쨔)
해치다; 오유(약점)를 들추어내다, 음모를 꾸미다,	**подкапываться** (빠드까쁘와쨔)
해태, (의무·약속 따위의) 불이행, 태만;	**отсутствующий** (앗쑤뜨쓰뜨부유쉬이)
해파리, 수모, 해월	**медуза** (메두자)
해하다, 해롭다, 상하게 하다, 못쓰게 만들다	**повредить** (빠브레지찌)
해하다, 흉계를 꾸미다, 모함하다	**подсидеть подсиживать** (빧씨제찌), (빧씨지와찌)
해협(海峽), 좁은 해협; 후미, 내포(內浦)	**пролив** (쁘랄리프)
해협, 물길, 수로;(강·하구 따위의) 항로	**фарватер** (파르와쩰)
해협, 지협, 협부(峽部). 끼인땅(지협), 사이땅	**перешеек** (뻬레쉐에크)
핵(核) 핵심(核心) 중추(中樞).	**ядрышко** (야드리쉬꼬)
핵반응에 의한.	**ядернореактивный** (야제르노레악찌브느이)
핵심; 정수. 심수(心髓), 급소, 요점	**сердцевина** (쎄르드쩨비나)
핵심당원, 당열성자	**партактив** (빠르딱찌프)
핵의, 원자력의	**гандболист** (간드발리쓰트)

- 1601 -

핸들, (배, 비행기의) 키, 타, 조종간, 손잡이, 방향타	**руль** (룰)
햄(ham), (동물의) 넓적다리	**ветчина** (벹치나)
햇내기, 새내기, 생둥이, 새사람, 신인; 초대; 신입생	**новичок** (나비초크)
햇볕·바람·비 따위에 쐬다, 맞히다, 노출시키다	**изобличить** (이조블리치찌)
햇볕에 타다, 그을다	**загорать** (자고라찌)
햇볕에 탄 피부색; покрываться ~ом 햇볕에 타다	**загар** (자가르)
햇볕에 탄(그을은)	**загорелый** (자고레르이)
햇볕이 내려 쪼이다	**припекать** (쁘리뻬까찌)
햇불; 호롱등, 간데라, 회중 전등	**светоч** (스베또츠)
햇불; 호롱등, 간데라	**факел** (파껠)
햇빛(광선)을 쐬다, 투시하다	**облучать** (아블루차찌)
햇살(햇빛)을 쬐다, 일광욕을 하다	**париться** (빠리쨔)
행구는 것, 양치(養齒); 양치물	**полоскание** (빨로쓰까니예)
행구다; 양치하다	**полоскать** (빨로쓰까찌)
행구다;~ бельё 빨래를 헹구다	**споласкивать** (스쁠라스끼와찌)
행군(行軍), 행진(行進)	**походный** (빠혼느이)
행군도중의 휴식; 휴식터	**привал**

	(쁘리왈)
행동 지침으로서의 주의(主義), 신조	**евангелие** (예완겔리예)
행동(발언 등을) 부인하다, 취소하다	**дезавуировать** (제자부이라와찌)
행동(준동)하다, 행하다 (부정의미)	**орудовать** (아루다와찌)
행동규법, 관습	**правило** (쁘라빌로)
행동의 시작; заплакать 울기 시작하다	**за** (자)
행동의 자극, 동기, 이유, (마음의) 상태, 기분	**мотив** (마찌프)
행동이 괴벽한 것; 괴벽한 행동	**чудачество** (추다체쓰뜨붜)
행동이 별난, 괴벽스러운, 방종;	**экстравагантность** (엑쓰뜨라바간뜨노쓰찌)
행동하다, 수단을 쓰다, 움직이다, 활동하다	**подставлять** (빤쓰따블랴찌)
행동하다, 활동하다, 움직이다	**действовать поступить** (제이쓰뜨붜와찌) (빠쓰뚜삐찌)
행렬(行列), 행진(行進)	**процессия** (쁘라쩨씨야)
행복(幸福), 행운(幸運), 지복(祉福), 행우(幸祐)	**счастье** (스차쓰찌예)
행복설(幸福說)	**эвдиометр** (에브지오메뜨르)
행복설, 행복주의	**евдемонизм** (예브제모니즘)
행복하게 하다(만들다), 행복을 주다	**осчастливить** (아쑤차쓰뜰리비찌)
행복하게, 행운으로, 만족하게	**счастливо** (스차쓰쁠리붜)

행복한 사람, 행운아	**счастливец** (스차쓰쁠리베쯔)
행복한, 만족한, 행운의	**счастливый** (스차쓰쁠리브이)
행사, 시책, 대책	**мероприятие** (메로쁘리야찌에)
행성(行星), 떠돌이별, 유성, 혹성	**планета** (쁠라네따)
행성간의	**межпланетный** (메즈쁘라네뜨느이)
행위(어떤 목적달성을 위한)	**акция** (악찌야)
행위, 짓, 짓거리, 행동, 소위, 소행	**поступок** (빠쓰뚜뽁)
행위; 행동, 품행, 행상(行狀)., 운동	**действие, проведение, акт** (제이쓰뜨비에) (쁘라붸제니예)(악트)
행위능력, 법정자격	**дееспособность** (제에스빠**쏘**브노쓰찌)
행정(거리);	**ход** (홋)
행정부, 관리부, 행정기관	**администрация** (아드미니쓰뜨라찌야)
행정의, 관리의	**административный** (아드미니쓰뜨라찝느이)
행정적지도, 행정화, 관료주의적지도	**администрирование** (아드미니쓰뜨리로와니에)
행진(행군)연습, 교련(敎練)	**шагистика** (샤기쓰찌까)
행진, 해행; 행군, 진군; 행진곡;	**марш** (마르쉬)
행진, 행군; 행진거리	**поход переход** (빠호드) (뻬레호드)
행진, 행열. 행군, 행진훈령	**маршировка**

- 1604 -

	(마르쉬로브까)
행진; 행렬; погребальное 장례 행렬.	**шествие** (쉐스트뷔에)
행진로, 행군길, 경로	**маршрут** (마르쉬루트)
행진하다, 행진하다	**маршировать** (마르쉬로와찌)
향(신)료를 넣은, 향긋한; 향료를 산출하는	**пряный** (쁘랴늬이)
향기 나는 것, 향기를 뿜는 것	**пахучесть** (빠후체쓰찌)
향기(香氣),향취(香臭), 향내	**благоухание, духи** (블라가우하니예) (두히)
향기로운, 향기가 좋은, 방향 있는	**душистый, пахучий** (두쉬쓰뜨이) (빠후체이)
향기로운, 향내풍기는, 냄새나는	**ароматичный, ароматный** (아라마찌치느이), (아라맛트느이)
향기를 뿜다(풍기다. 내다), 향기가 서리다	**благоухать** (블라가우하지)
향내를 내기 위해 담배에 섞는 식물의 잎. 줄기	**швара** (쉬와라)
향도자, 향도성	**светоч** (스볘또츠)
향락, 쾌락, 즐거움	**блаженство, наслаждение** (블라젠쓰뜨붜) (나쓸라즈제니예)
향락하다, 환락으로 날을보내다	**жуировать** (주이로와찌)
향료(香料)	**благовония** (블라가보니야)
향료류(香料類)의, 향수의, 향료의, 화장품	**парфюмерный** (빠르퓨몔느이)
향료를 섞어 초에 담그다	**мариновать** (마리노와찌)

향료를 섞어 초에 담근	**маринованный** (마리노완느이)
향료품(화장품)제조	**парфюмерия** (빠르퓨메리야)
향료품, 향수, 화장품	**парфюмерия** (빠르퓨메리야)
향상, 진보, 증진 전진, 진척	**сдвиг** (즈드비그)
향수(香水), 향료, 냄새	**духи** (두히)
향수(鄕愁), 노스탤지어, 향수병; 과거에의 동경	**тосковать** (따쓰꼬와찌)
향수를 뿌리다(치다)	**надушить(ся) душить** (나두쉬찌)(쌰)(두쉬찌)
향유; 방향(芳香) 향고(香膏)	**бальзам** (발잠)
향토연구, 향토학	**краеведение** (크라예붸제니예)
향하게 하다, 돌진시키다	**устремлять** (우쓰뜨레믈랴찌)
향하게 하다;~ орудие 포를 조준하다	**наводить** (나붜지찌)
향하다, 가다, 걸어가다, 돌려지다	**направляться, тянуться** (나쁘라블랴쨔) (쨰누쨔)
향하다, 돌진하다, 떠나다	**устремляться, пуститься** (우쓰뜨레믈랴쨔)(뿌쓰찌쨔)
허(虛) 허약, 허박, 쇠약, 무능력	**немощь** (녜마쉬)
허가 없이 물고기 잡이군	**браконьер** (브라깐니예르)
허가(승인)하다	**пропускать** (쁘라뿌쓰까찌)
허가(許可), 허락(許諾)	**позволение**

	(빠즈뷔레니예)
허가, 면허, 허용, 인가	**лицензия, разрешение** (리쩬지야) (라즈레쉐니예)
허가, 특허, 이권(利權), 특권	**концессионный** (깐쩨씨온느이)
허가증, 인가[면허]증, 감찰(鑑札), 면허[특허]장	**лицензия** (리쩬지야)
허가(허용)하다, 용인(용납)하다	**допускать** (다뿌쓰까찌)
허간, 고간(庫間), 창고(倉庫)	**сарай** (싸라이)
허겁(을) 떨다	**дрожать** (드라좌찌)
허구(虛構), 거짓, 꾸며낸 것	**фикция фантазия** (피크찌야)(판따지야)
허구, 상상,	**домысел** (도믜쎌)
허구적인, 가상적인	**фиктивный** (피크찌브느이)
허락(허가.인가.수여)하다, 부여하다, 교부하다;	**давать** (다와찌)
허락(허가.인가)하다	**разрешать[ся] разрешить позволить** (라즈레샤찌) (라즈레쉬찌) (빠즈보리찌)
허랑한, 분별없는, 철없는	**беспутный** (볘쓰뿌뜨느이)
허리, 요부; тонкая ~ 가는 허리, 개미허리	**талия** (딸리야)
허리에 두르는 갑옷, 곤충의 흉부, 흉곽, 흉강, 흉갑	**щиток** (쉬똑)
허리에 띠를 띠다, 허리띠를 두르다	**подпоясаться** (빳뽀야싸쨔)
허리에 띠를 띠워주다	**подпоясать** (빳뽀야싸찌)

ㅎ

- 1607 -

허망한 것, 보람 없는 것	**суета** (수예따)
허무주의(虛無主義), 니힐니즘, 무정부주의	**нигилизм** (니길리즘)
허무주의자(虛無主義者)	**нигилист** (니길리쓰트)
허물다, 무너뜨리다, 파괴하다	**разломать** (라슬로마찌)
허물어지는 것, 붕괴, (산)사태	**обвал** (압왈)
허물어지다, 와르르 무너지다	**рухнуть рушиться** (루흐누찌) (루쉬쨔)
허물어지다, 헤쳐지다, 와해(붕괴, 파괴)되다	**развалиться** (라스왈리쨔)
허물없는 사이, 친교	**панибранство** (빠니브란쓰뜨붜)
허물없는, 어려움 없는	**фамильярный** (파밀리야르느이)
허물없이(자리를 널찍이 잡고) 앉다	**рассесться** (라쓰쎄쓰쨔)
허물없이, 어려움 없이, 격식을 차리지 않고	**фамильярно** (파밀리야르나)
허물이 없는, 어려움이 없는 것	**фамильярность** (파밀리야르노쓰찌)
허비(낭비)하다, 손해보다	**терять убивать** (쩨랴찌) (우비와찌)
허세부리지 않는, 젠체하지 않는, 겸손한	**незатейливый** (네자쩨일리브이)
허송세월, 무위도식(無爲徒食)	**праздность** (쁘라즈드노쓰찌)
허수아비, 허사비, 허아비	**пугало** (뿌갈로)
허약한, 노쇠한, 미약한, 힘이 빠진	**немощный, тщедушный**

	(네마쉬느이) (트쉐두쉬느이)
허약한, 쇠약한	**слабый** (슬라브이)
허연, 희끄무레한	**белесый** (벨료쓰이)
허용(용납) 하지 못할, 묵과할 수 없는	**нетерпимый** (네쩨르삐므이)
허용하다, 인정하다	**допустить** (다뿌쓰찌찌)
허용할 수 없게, 용납할 수 없게, 막되게	**непозволительно** (네빠즈볼리쩰나)
허용할 수 없는, 용납 못할, 참을 없는	**недопустимый** (네다뿌쓰찌므이)
허용할 수 없는, 용납할 수 없는; 막된	**непозволительный** (네빠즈볼리쩰느이)
허용할만한, 가능한	**допустимый** (다뿌쓰찌믜)
허위, 위선, 거짓	**фальшь** (팔쉬)
허위성(虛僞性)	**лживость** (르지보쓰찌)
허위적인, 가짜, 위조한	**ложный** (로즈느이)
허위중인, 날조자(捏造者)	**лжесвидетель** (레줴쓰비제쩰)
허튼 말, 헛된 말, 빈 말	**пустословие** (뿌쓰또쓸로비예)
허튼 소리(말.짓), 시시한 것(일), 바보 같은 말	**чушь, ересь** (추쉬) (예레시)
허풍, 흰소리, 자만	**бахвальство** (바흐왈스트뷔)
허풍을 떨다, 과장(과대 평가)하다, 높이 사다	**завысить** (자븨씨찌)

허풍을 치다, 뽐내다	**бахвалиться** (바흐왈리쨔)
허풍의, 아는 체함, 사기적인	**шарлатан** (샬라딴)
허풍쟁이	**трепач** (뜨레빠츠)
허황된 것	**фантастика** (판따쓰찌까)
헌법, 헌법상, 입건(적인)	**конституционный** (깐쓰찌뚜찌온느이)
헌법, Конституция СССР 소련헌법	**конституция** (깐쓰찌뚜찌야)
헌병,(무장) 경관, 헌병대	**жандарм** (좐다름)
헌병대(본부)	**жандармерия** (좐다르메리야)
헌쇠, 고철, 금속 부스러기, 쇠붙이	**металлолом** (메딸로롬)
헌신성,(자기) 희생성, 희생정신	**самоотверженность** (싸모오뜨베르줸노쓰찌)
헌신적으로, 자기희생적으로	**самоотверженно** (싸모오뜨베르줸나)
헌신적인(무사다운) 사람	**рыцарь** (리빠찌)
헌신적인, 자기희생적인	**самоотверженный** (싸모오뜨베르줸느이)
헌신적인, 자기희생적인, 무한한	**беззаветный** (베즈자볘뜨느이)
헌장(憲章)	**хартия** (하르찌야)
헌종이, 몹쓸 종이(책)	**макулатура** (마꿀라뚜라)
헌책방	**букинистический**

	(부끼니쓰찌체스끼이)
헐다, 해지다, 너덜너덜해지다, 모지라지다	**истрепаться** (이쓰뜨레빠쨔)
헐떡거리다, 숨이 차다	**запыхаться** (자쁴하쨔)
헐뜯다; 헐뜯음; 비웃음; 조소(하다), 우롱(하다)	**насмехаться** (나쓰메하쨔)
헐벗은 사람	**оборванец** (아보르와네쯔)
헐어지다, 낡아빠지다	**обветшать** (압붸뜨샤찌)
헐어치우다	**снести** (스네쓰찌)
험한, 깎아 자른듯한, 가파른; 험준한	**обрывистый** (아브릐뷔쓰뜨이)
헛갈리다, 혼란되다	**путаться** (뿌따쨔)
헛갈리다	**путать** (뿌따찌)
헛돌기의, 공회전의	**холостой** (할로쓰또이)
헛되게, 공연히	**вхолостую** (프할로쓰뚜유)
헛되이 지나가다, 보람 없이 끝나다	**пропасть** (쁘로빠쓰찌)
헛되이, 쓸데없이, 공연히	**напрасно, зря** (나쁘라쓰나) (즈랴)
헛되지 않게, 보람없지 않게, 무익하지 않게,	**недаром** (네다롬)
헛된 일이 아니다, 나쁘지 않다, 좋다	**нелишне** (넬리쉬네)
헛된, 공연한, 무익한, 쓸데 없는	**бесплодный, напрасный** (볘쓰쁠로드느이)(나쁘라쓰느이)

- 1611 -

헛된, 허망, 보람없는, 실속없는	**тщетный, бесплодно пустой** (트쉐뜨느이) (베쓰쁠로드나) (뿌쓰또이)
헛디디다, 빗디디다, 발을 헛디디다	**оступаться, оступиться** (아쓰뚜빠쨔), (아쓰뚜삐쨔)
헛소리, 허튼소리, 헛된 말, 헛방, 군소리, 선소리,	**бред** (브례드)
헛소리를 늘어놓다	**намолоть** (나몰로찌)
헛소리를 하는, 잠꼬대를 같은, 환상적인, 얼빠진	**бредовый** (브레도브이)
헛소리를 하다, (미친 사람같이) 소리치다, 고함치다	**бредить** (브례디찌)
헛소문; пустить~у 허위보도를 하다	**утка** (웃까)
헝겊, 천 조각, 누더기	**тряпка** (뜨럅까)
헝클어뜨리다, 뒤섞어놓다	**путать** (뿌따찌)
헝클어지다, 뒤섞이다, 엉키다	**путаться, растрепаться** (뿌따쨔) (라쓰뜨레빠쨔)
헝클어진, 너덜너덜한	**растрёпанный** (라쓰뜨료빤느이)
헤드폰, 수화기	**наушники** (나우쉬니끼)
헤뜨리다, 닳아 뜨리다	**обтрепать** (압뜨레빠찌)
헤뜨리다, 헐어뜨리다, (약간) 헝클다, 쥐어뜯다	**потрепать** (빠뜨레빠찌)
헤매다, 유랑하다, 방황하다	**блуждать кружить** (블루즈다찌) (크루쥐찌)
헤아릴 수 없는, 무수한, 숱한, 다수의	**бесчисленный** (베쓰치슬례느이)
헤아릴 수 없는, 한량없는; 무한한	**неизмеримый**

	(네이즈몌리므이)
헤어져가는 것	**разъезд** (라즈예즈드)
헤어지게(갈라지게) 하다	**разъединить** (라즈예지니찌)
헤어지다, 너덜너덜해지다	**обтрепаться** (압뜨레빠짜)
헤어지다, 작별(이별)하다	**расстаться разъехаться** (라쓰따짜) (라즈예하짜)
헤어지다, 흩어지다; 퍼지다	**расходиться** (라쓰하지짜)
헤어진, (갈기갈기)찢어진, 형체 없이 뚫어진	**рваный** (르완느이)
헤어진, 너덜너덜한	**потрёпанный** (빠뜨료빤느이)
헤엄, 수영, 헴; 미역, 멱, 수욕, 탕욕	**плавание** (쁠라와니예)
헤엄쳐서(타고)건너다, 배로 건네주다(나르다)	**переплывать** (뻬레쁠릐와찌)
헤엄쳐 나오다, 떠오르다	**выплывать** (븨쁠릐와찌)
헤엄쳐 물러나다, 헤엄쳐나가다; 출항하다	**отплывать отплыть** (앗쁠릐와찌),(앗쁘리찌)
헤엄쳐 오다,(배로) 오다, 와닿다, 떠오다	**приплывать** (쁘리쁠릐와찌)
헤엄쳐(배로) 다가가다(오다)	**подплывать** (빠드쁠릐와찌)
헤엄쳐가다, 떠가다, 항행하여가다	**уплывать** (우쁠릐와찌)
헤엄치는; 수영하는	**вплавь** (프쁠라비)
헤엄치다, ~까지 헤엄쳐가다(오다)	**доплывать** (다쁠릐와찌)

헤엄치다, 떠가다, 흐르다	**плыть** (쁠르찌)
헤엄치다, 수영하다, 헴치다, 유영(遊泳)하다	**поплыть, плавать** (빠쁠르찌) (쁠라와찌)
헤엄쳐서(떠서) 지나가다	**проплывать, пробить** (쁘라쁠릐와찌) (쁘라비찌)
헤치고 나아가다, ~을 헤치고 나아가다	**пробивать[ся]** (쁘라비와찌)
헤치고 나아가다; (깨어, 마사 구멍을) 뚫다	**проломить** (쁘랄로미찌)
헤치고 들어가다	**втираться** (프찌라짜)
헤치며 나아가다, 뚫고 나가다	**просунуть** (쁘라쑤누찌)
헥타르(면적의 단위; 1만 ㎡, 100아르; 기호 ha).	**га, гектар** (가) (곅타르)
헬륨(helium; 기호는 He, 원자번호는 2, 원자량은 4.0026.)	**гелий** (곌리이)
헬리콥터(helicopter), 잠자리 비행기, 수직 비행기	**вертолёт** (붸르딸료트)
헬멧(군인.소방.노동.항공.잠수.스포츠용 등), 철모, 투구,	**шлем** (쉴렘)
헬멧에 부착되어 있는 이어폰 (*космонавта*)	**шлемофон** (쉴레모폰)
헷갈리게 하다	**сбить** (즈비찌)
헷갈리다, 혼돈하다	**перепутать** (뻬레뿌따찌)
헷갈리게 되다	**сбиться** (즈비쨔)
헹구다, 가시다, 씻어내다	**выполоскать, прополаскивать** (븨뽈로스까찌) (쁘라뽈라쓰끼와찌)
헹구다, 가시다, 씻어내다, 린스하다	**сполоснуть, промыть**

	(스뽈로쓰누찌) (쁘로프찌)
혀, 말, 언어; копчённый ~ 사라진 언어	**язык** (야즤크)
혀가 잘 안 도는 어구, 빠른 말	**скороговорка** (스까로고보르까)
혀를 입 안으로 끌어넣다	**вобрать** (바브라찌)
혓바닥, 혀 모양의 물건, 구두혀; 관악기의 혀	**язычок** (야즤초크)
혀의, 설음의, 언어의; 혓소리의, 혀로 발음하는	**языковый** (야즤꼬브이)
혀의, 혓소리의, 혀로 발음하는	**язычный** (야즤츠느이)
혀짧은 소리를 하는, 혀짤배기	**картавый** (까르따브이)
혀짧은 소리를 하다	**картавить** (까르따비찌)
혁명(革命)	**революция** (레발류찌야)
혁명가	**революционер** (레발류찌온녤)
혁명성(革命性)	**революционность** (레발류찌온노쓰찌)
혁명적인, 혁명의	**революционный** (레발류찌온느이)
혁명전의, 대개혁을 일으키전	**дореволюционный** (다레보류찌온느이)
혁명화 되다	**революционизироваться** (레발류찌온니지로와짜)
혁명화 하다	**революционизировать** (레발류찌온니지로와찌)
혁명화	**революционизирование** (레발류찌온니지오로와니예)

혁신, 개혁, 쇄신(刷新), 유신(維新), 혁신운동	**новаторство** (나와또르쓰뜨붜)
혁신, 새 규정(규칙), 새로 도입된	**нововведение** (나붜브볘제니예)
혁신자(革新者), 개혁자, 혁명가	**новатор** (나와또르)
혁신적인, 개혁적인	**новаторский** (나와또르쓰끼이)
현(악기의), 줄의	**аккордный** (아크꼬르드느이)
현(縣)(지사의 관구). 현청; 지사 관저	**префектура** (쁘레펙뚜라)
현(縣)(프랑스의 행정구역단위)	**департамент** (제빠르따멘트)
현관, 앞방	**передняя** (뻬레드냐야)
현관에서 길까지의 통로; (공장 안의) 통로	**мостки** (마쓰뜨끼)
현금 출납원, 현금출납계원, 수금원; 징세원	**инкассатор** (인까싸따르)
현금(現金), 현찰; 돈; 현물, 즉시불, 맞돈	**касса** (까싸)
현금; 재고; *см.* наличие ~ товаров 상품재고	**наличность** (날리츠노쓰찌)
현대성, 현대적인 것	**современность** (쌉레멘노쓰찌)
현대식, 유행, 스마트, 풍류, 멋부림, 세련된 모양	**шик** (쉬크)
현대식으로, 유행으로, 세련된, 스마트한 멋진	**шикарно** (쉬까르나)
현대의, 현대적인, 현대식의	**современный** (쌉레멘느이)
현대인; 동시대인	**современник**

	(쌈례몐니크)
현대화(근대화)하다	**модернизировать** (마델니지로와찌)
현대화, 근대화	**модернизация** (마델니자찌야)
현명성, 슬기, 지혜, 눈썰미, 분별력, 예지(叡智)	**мудрость** (무드로쓰찌)
현명한, 영명한, 명철한, 슬기로운	**мудрый** (무드르이)
현물보수, 본래의, 바탕 그대로의, 꾸밈없는	**натуроплата** (나뚜로쁘라따)
현물에 의한; ~ое хозяйство 현물경리	**натуральный** (나뚜랄리느이)
현미(玄米: 벼의 껍질만 벗기고 쓿지않은 쌀), 매조미쌀	**шала** (샬라)
현미경(顯微鏡); электронный~ 전자현미경	**микроскоп** (미크로쓰꼽)
현미경에 의한	**микроскопический** (미크로쓰꼬삐체쓰끼이)
현미경으로 보기위해 광물의 박편	**шлиф** (쉴리프)
현미경적인 미세한	**микроскопический** (미크로쓰꼬삐체쓰끼이)
현상(現像)	**проявление, феномен** (쁘라야블레니예) (페노멘)
현상되다	**проявиться** (쁘라야비짜)
현상약, 현상액(現像液)	**проявитель** (쁘라야비쩰)
현상의, 입상의, 상품으로 주는. 상의	**призовой** (쁘리조보이)
현수하다, 매달려 몸을 올리다	**подтягиваться** (빧쨔기와짜)

현시대, 현실, 현재, 실재	**жизнь современность** (쥐즈니) (쌉례몐노쓰찌)
현실, 사실, 실재. 사실임.	**явь реальность** (야비) (레알리노쓰찌)
현실, 현실성, 실제	**действительность, реальность** (제이쓰뜨비쩰노쓰찌) (레알리노쓰찌)
현실성 사실성(事實性)	**реалистичность** (레알리쓰찌츠노쓰찌)
현실의, 실제의, 실재하는; 객관적인	**прямой, сущий** (쁘랴모이)(수쉬이)
현실적 태도; 현실주의; 타산	**реализм** (레알리즘)
현실적가치가 없는	**неактуальный** (네악꾸알느이)
현실주의자	**реалист** (레알리쓰뜨)
현실주의적인, 현실적인	**реалистический** (레알리쓰찌체쓰끼이)
현악의, 취주악; ~ инструмент 현악기	**струнный** (스뜨룬느이)
현옹수, 목젖 작은 혀모양의 것	**язычок** (야즤초크)
현장실습, 생산실습, 견습(見習)	**стажировка** (스따쥐로브까)
현재(출석) 있다, (быть) ~ 있다	**налицо** (날리쪼)
현재, 이제, 지금, 오늘날, 이 세상, 현세	**настоящее, сегодня** (나쓰또야쉐에) (쎄보드냐)
현재, 지금의, 오늘의, 오늘과 같은	**нынешний** (늬녜쉬니이)
현재는[익살]) 기적에 의해 나타난	**явленный** (야블렌느이)
현재의, 당면한; ~ий год 올해, 이(번)해	**текущий**

	(쩨꾸쉬이)
현저한, 두드러진; 저명한, 걸출[탁월]한.	**выдающийся** (븨다유쉬이쨔)
현저한, 상당한 큰, 많은	**заметный значительный** (자몌뜨늬이)(즈나치쩰르늬이)
현저히, 훨씬; ~ больше 훨씬 더 많이	**значительно** (즈나치쩰나)
현존의; ~ порядок 현존질서	**существующий** (수쉐쓰뜨부유쉬이)
현지답사, 견학, 짧은 여행, 소풍,	**экскурсия** (엑쓰꾸르씨야)
현지보도, 보도기사	**репортаж** (레빠르따즈)
현지사, 도지사, 주지사, 총독(總督)	**губернатор** (구베르나똘)
현탁액	**суспензия** (수쓰뻰지야)
현학, 깐깐한 것, 틀에 박힌 것	**педантизм** (뻬단찌즘)
현학적인, 깐깐한, 틀에 박힌	**педантичный** (뻬단찌츠느이)
현혹(眩惑), 미혹(迷惑), 현황(炫煌)	**ослепление** (아쓸레쁠레니예)
현혹케 하다, 황홀케 하다	**ослеплять** (아쓸레쁠랴찌)
혈관의 일부가 바르르 떠는 것,	**живчик** (쥐브치크)
혈기 있는, 열정적인	**задорный** (자도르느이)
혈기왕성한	**полнокровный** (빨노끄롭늬이)
혈색소, 헤모글로빈(hemoglobin),피빨강이	**гемоглобин** (계모글로빈)

혈액순환	**кровообращение** (크로뷔옵라쉐니예)
혈액을 나르는. ~ые сосуды 혈관	**кровеносный** (크로볘노쓰느이)
혈전(血栓), 혈쟁(血爭), 혈풍혈우(血風血雨), 피가 엉김.	**тромб** (뜨롬브)
혈전성 정맥염	**тромбофлебит** (뜨롬보프레비트)
혈청, 피말강이, 혈장, 플라스마(plasma)	**сыворотка** (쒸보로뜨까)
혈통, 씨족, 가족; 자손; 가계(家系).	**раса** (라싸)
혈통이 분명한, 순종의, 우량종(優良種)	**племенной** (쁠레멘노이)
혐오감, 얄미움, 쟁그럽다, 징글징글하다,	**омерзение** (아메르제니예)
혐오를 느끼다,~에게 혐오를[반감을]느끼게 하다	**ужаснуться** (우좌쓰누쨔)
혐오스러운, 괘씸한	**одиозный** (아지오즈느이)
혐오스러운, 추악한, 고약한	**безобразный** (베조브라즈느이)
협동단체, 협동조합;промысловая ~ 생산협동조합	**кооперация** (까오뻬라찌야)
협동작전(協同作戰), 협동동작	**взаимодействие** (프자이마졔이쓰뜨뷔에)
협동조합(協同組合)	**артель, кооператив** (아르쩰) (까오뻬라찌프)
협동화, 집단화	**коллективизация** (깔레크찌비자찌야)
협동화하다, 협동조합에 가입시키다	**кооперировать** (까오뻬리로와찌)
협력(協力), 협조(協助)	**содествие**

	(싸제쓰뜨비예)
협력하게 하다, 연합(합병.합동)시키다	**скомбинировать** (스깜비니로와찌)
협력하다, 협조하다, 촉진시키다	**содействовать** (싸제쓰뜨뷔와찌)
협력하다. 연결되다 짝이 되다, 교미하다	**сцеплять** (스쩨쁠랴찌)
협박하다, 으르대다, (위해·위험 등이) ~을 위협하다	**угрожать** (우그로좌찌)
협상[협의]하다, 교섭하여 결정하다, 협정하다	**договориться** (다고뷔리쨔)
협소한	**узкий** (우즈끼이)
협약, 공약; международная ~ 국제공약	**конвенция** (깐벤찌야)
협약을 체결하다, 맺다	**завершить(ся)** (자볘르쉬찌)
협의(의논, 상담) 하다	**совещаться посовещаться** (쌉볘샤쨔) (빠싸볘샤쨔)
협의, 상담, 질의응답	**консультация** (꼰쑬딴찌야)
협의자, 심의원, 고문; врач- ~ 협의의사	**консультант** (꼰쑬딴트)
협의회(俠義會), 회의(會意)	**совещание** (싸볘샤니에)
협잡(挾雜), 투기(鬪技)	**афера** (아표라)
협잡꾼, 투기꾼	**аферист проходимец, плут** (아페리쓰트)(쁘라호지몌즈) (쁠루트)
협정, 조약, 합의, 협약(서); 계약(서).	**соглашение** (싸글라쉐니예)
협조, 협력	**сотрудничество** (싸뜨루드니체쓰뜨뷔)

협주곡; фортепианный ~ 피아노 협주곡	**концерт** (깐쩨르뜨)
협주단, 무용단(舞踊團), 중창단	**ансамбль** (안쌈블)
협죽도(夾竹桃), 유도화	**олеандр** (알레안들)
협차(夾叉)거리; 협차 사격 한 발분(分)	**вилка** (뷜까)
협회(協會), 조합, ~회	**ассоциация, общество** (아싸찌아찌야)(옵쉐쓰뜨뷔)
협회, 조합; (국제) 차관단, 채권국 회의	**лишайник** (리샤이니크)
혓소리의, 혀로 발음하는	**языковый** (야즤꼬브이)
형(形), 유형, 식(式), 양식	**тип, профиль** (찦)(쁘로필)
형(型)[본]을 고치다, 개조[개작]하다, 개축하다.	**переделать[ся]** (뻬레젤라짜)
형, 거푸집, 틀	**формовка** (파르모브까)
형광(성)	**флюоресценция** (플류오레쓰쩬찌야)
형기를 끝마치다 ~ срок 감금되어(일정한 시간을)보내다,	**отсидеть** (앗씨제찌)
형법학(刑法學)	**криминалистика** (크리미날리쓰찌까)
형사 수사국(уголовный розыск) (Criminal Investigation Department)	**угрозыск** (우그로즥쓰크)
형사, 밀정, 염탐, 정탐, 탐정, 밀탐(密探)	**сыщик** (쓰쉬크)
형사상, 형법에 저촉되는, 범죄의	**криминальный** (크리미날느이)
형사의, 형법의; ~ый кодекс 형법전	**уголовный**

	(우갈로브느이)
형상성, 형상(形象)	**образность** (오브라즈노쓰찌)
형상적인, 비유적인	**образный** (오브라즈느이)
형상적인, 조형의, 묘사의	**изобразительный** (이조브라지쩰느이)
형상짓다, 틀에 넣어 만들다, 주조 [성형]하다	**вылить(ся)** (븰리찌)
형성(완성)되다; 격식대로 작성되다, 수속되다	**оформляться** (아포르믈랴짜)
형성(편성, 조직)되다	**формироваться** (파르미로와쨔)
형성, 조성, 성립, 창립	**образование** (아브라조와니예)
형성, 편성, 조직; ~ составов (철도) 화차편성작업	**формирование** (파르미로와니에)
형성; 성립; 설립; 편제	**становление** (스딴오블레니예)
형성력이 있는; 형체를 만드는; 빚어 만들 수 있는	**лепной** (레쁘노이)
형성력이 있는; 형체를 만드는; 조형적인;	**пластический** (쁠라쓰찌체쓰끼)
형성하다	**образовать[ся]** (아브라조와찌)
형수, 계수, 동서, 시누이, 올케, 처형, 처제	**невестка** (네베쓰뜨까)
형식(주의)적인	**формальный** (파르말느이)
형식, 양식, 격식, 스타일(style);	**форма** (포르마)
형식에 구애됨; 격식을 차림;	**формализм** (파르말리즘)

형식적인, 격식(형식)을 차리는;	**официальный** (아피치알느이)
형식주의(론)자; 딱딱한 사람	**формалист** (파르말리쓰트)
형식주의, 형식만 차리는 것;	**формальность** (파르말노쓰찌)
형식형태소(形式形態素)	**морфема** (마르폐마)
형용사(形容詞). 그림씨, 어떻씨	**прилагательное** (쁘릴가쩰노예)
형의 완장용의,(톱니바퀴의 이빨에) 형의	**шевронный** (쉐붸론느이)
형이상학, 관념적인 철학	**метафизика** (메따피지까)
형제, 동료, 친구; 여보게, 자네 남자, 사내; 남성	**друг** (드룩)
형제, 형(兄), 아우(兒憂), 오빠, 남동생, 형님, 형주(兄主);	**брат** (브랏트)
형제의 관계; 형제애	**братство** (브라뜨쓰뜨붜)
형제의, 형제적인, 다정한	**братский** (브라뜨쓰끼이)
형제임, 형제의 사이[정]	**братство** (브라뜨쓰뜨붜)
형제적으로	**по-братски** (빠-브랕쓰끼)
형제적인 우의, 단합	**братство** (브라뜨쓰뜨붜)
형태 없는, 무형태	**аморфный** (아모르프느이)
형태(격식)를 부여하다, 장식하다, 꾸미다	**оформлять** (아포르믈랴찌)
형태, 형(形): 겉모양, 모양새, 생김새, 모습	**форма**

	(포르마)
형태론(形態論), 형태변화체계	**морфология** (마르폴로기야)
형판(型板), 본, 형(形), 모형, 목형, 금형, 거푸집	**шаблон** (샤블론)
형편을 알아보다	**осматриваться** (아쓰마트리와쨔)
혜성, 살별, 꼬리별, 미성, 장성, 추성, 혜패, 모성	**комета** (까메따)
호(弧), 호형, 궁형, 활등 아치, 홍예; 아치 길; 아치 문	**дуга** (두가)
호각, 고동	**свисток** (스비쓰또크)
호감(동정)을 사다	**подкупать** (빠드꾸빠찌)
호걸, 용사	**орёл** (아룔)
호격(呼格)의, 부르는. ~ падеж 호격	**звательный** (즈와쩰느이)
호기, 숨을 내쉼	**экспирация** (엑쓰삐라찌야)
호기성의; 산소의; 산소에 의한	**аэробный** (아에로브느이)
호기심 있는, 사물을 알고 싶어하는	**полюбопытствовать** (빨류보삐쓰뜨붜와찌)
호기심, 탐구심; 관심, 흥미	**любопытство** (류바삐드쓰뜨붜)
호기심에 찬, 호기심이 많은	**любопытный** (류보삐드느이)
호되게 비판하다, 혹평하다	**прорабатывать** (쁘라라바띄와찌)
호된 모욕, 거친 조롱, 모독	**надругательство** (나드루가쩰쓰뜨보)

- 1625 -

호된 비판, 혹평	**проработка** (쁘라라볻까)
호된 시련 в ~е войны 전쟁의 시련 속에서	**горнило** (가르닐로)
호된, 가차[용서] 없는, 신랄한	**горький** (고리끼이)
호두(가래, 잣)나무 개암, 호도, 핵도, 강도, 당추자	**орех** (아례흐)
호두나무: ~ орех 희랍호두	**грецкий** (그례쯔끼이)
호령(號令), 호통	**окрик** (오끄리크)
호르몬(hormone), 각성소(覺醒素)	**гормон** (가르몬)
호른(Horn), 혼, 프렌치 호른, 코르(cor), 코르노(corno),	**горн** (고른)
호리다, 황홀케 하다, 매혹하게 하다 **очаровать очаровывать** (아차로와찌), (아차로븨와찌)	
호리호리한, 홀쭉한, 가는, 가느다란, 가냘픈, 날씬한.	**тонкий** (똔끼이)
호명하다, 외치다, (큰소리로)불러내다(부르다)	**выкликать** (븨클리까지)
호미(김맬 때 쓰는 농기구의 하나)	**тяпка** (쨰쁘까)
호밀, 호맥(胡麥), 라이(rye)보리	**рожь** (로쥐)
호밀, 호밀로 만든	**ржаной** (르좌노이)
호박, 남과(南瓜), 호박꽃	**тыква** (띄크와)
호박; чёрный ~ 검은 호박	**янтарь** (얀따리)
호박의 (*о цвете*) 호박색	**янтарный**

- 1626 -

	(얀딸느이)
호박의; ~ые семена(호박씨)	**тыквенный** (띄크벤느이)
호변(互變)	**энантиотропия** (에난찌오뜨로삐야)
호비다, 할퀴다, 각치다	**царапать** (짜라빠찌)
호색(好色), 탐색(貪色.耽色), 탐화봉접(探花蜂蝶)	**женолюбие** (줴놀류비에)
호색의, 음탕한, 원기좋은, 강장한	**женолюбивый, плотоядный** (줴놀류비브이)(쁠로또얀늬이)
호세아서(The Book of Hosea)(Книга Пророка Осии, 14장)	**Осии** (오씨)
호소(부탁)하다 ~ с призывом 호소하다	**обращаться** (아브라샤쨔)
호소[문], 요청문, 격문	**обращение** (아브라쉐니에)
호소하다, 의지하다, 도움을 청하다,	**прибегать вызывать** (쁘리베게찌)(븨즤와찌)
호송대, 호위대	**конвой** (깐보이)
호송병, 호위병	**конвоир** (깐보이르)
호송자[대], 호위자(들), 호위, 호송, 옹위, 위호,	**эскорт** (에쓰꼬르트)
호송의, 호위의, 호송자[대]의, 호위자(들)의,	**эскортный** (에쓰꼬르트늬이)
호송(호위)하다, 의장대를 붙이다;	**эскортировать** (에쓰꼬르찌로와찌)
호스로 씻어 내리다	**запивать** (자삐와찌)
호스, 관(管) пожарный ~ 소화호스	**шланг** (쉴란그)

호스, 비닐관, 고무관; поливать кишкой 물호스	**кишка** (끼쉬까)
호스, 분출관, 바람관; спустя ~a 되는대로	**рукав** (루까프)
호신용 부적	**амулет** (아물레트)
호아 올리다, 시쳐넣다, 접어(올려)호다	**поджать; поджимать** (빧좌찌) (빠드쥐마찌)
호언장담하다	**хвастаться** (흐와쓰따쨔)
호위병(원), 보위원, 수비대원	**охранник** (아흐란니크)
호위 함대	**конвой** (깐보이)
호응(응, 대답)하다	**отзываться** (아트즤와쨔)
호응, 대응, 답, 대답, 회답, 보답, 응수, 응답,	**отклик, отзыв** (오트클리크)(아트즤프)
호의 없는, 악의가 있는; ~ отзыв 악평	**неблагожелательный** (네브라고줴라쩰느이)
호의 있는, 친절한	**благосклонный** (블라가쓰클론느이)
호의(好意), 호감(好感); 친절(親切)	**доброжелательность** (다브로줼라쩰노쓰찌)
호의를 보이다, 소원을 들어주다	**одолжить** (아돌지찌)
호의를 보이다, 친절히 하다, 찬성하다	**жаловать пожаловать** (좔로와찌), (빠좔로와찌)
호의를 품는, 동정하는; к чему 경향이 있는	**расположенный** (라쓰빨로줸느이)
호의적으로, 좋도록	**по-хорошему** (빠-호로쉐무)
호의적으로, 호의를 가지고	**благосклонно**

	(블라가쓰클론나)
호의적인, 사근사근한; 친절한	**доброжелательный** (다브로췔라젤느이)
호의적인, 친절함, 선량한	**благожелательный** (블라가젤라젤느이)
호인, 마음이 너그러운 사람; 착한 사람	**добряк** (다브랴크)
호저(豪豬), 고슴도치(암컷)	**ежиха** (요쥐하)
호적(胡笛), 소뿔로 된 피리 통수	**жалейка** (쫠레이까)
호전적인, 전투적인, 적극적인	**воинственный** (바인쓰뜨붼느이)
호주머니용; ~ый фонарь 손전등	**карманный** (까르만느이)
호칭어,(언어) 부름말	**обращение** (아브라쒜니예)
호콩(胡-), 피넛(peanut)	**арахис** (아라히쓰)
호크, 걸단추	**крючок** (크류촉)
호텔, 여관(흔히 국제여관)	**отель** (아쩰)
호텔·객선·여객기·병원의 숙박[수용] 시설(좌석)	**место** (메쓰따)
호텔·객선·여객기·병원의 숙박[수용] 시설	**размещение** (라스몌쒜니예)
호텔의 짐 운반인, 수위, 문지기	**швейцар** (쉬붸이짜르)
호통꾼	**крикун** (크리꾼)
호통치다, (버럭) 소리지르며 말하다	**огрызаться огрызнуться** (아그르자쨔), (아그릐누쨔)

호통치다, 꾸짖다	**орать** (아라찌)
호화, 사치(奢侈), 화려(華麗)	**роскошь** (로쓰꼬쉬)
호화로운 것, 사치스러운 것; каюта ~ 특별 선실	**люкс** (륙쓰)
호화로운, 사치스러운, 화려한	**роскошный** (라쓰꼬쉬느이)
호화로운, 장려한; 성대한.	**пышный** (쁴쓰느이)
호화롭게 살다, 걱정이 없는 평안한 생활	**житуха** (쥐뚜하)
호화롭게, 사치스럽게, 화려하게	**роскошно** (라쓰꼬쉬나)
호흡기관, 숨틀, 호흡기	**трахея** (뜨라헤야)
호흡을 곤란하게 하다, 숨이 막히게 하다	**задохнуться** (자도흐누짜)
호흡하다, 숨을 내쉬다; 살아 있다	**выдохнуть(ся)** (븨도흐누찌)
호흡하다, 숨을 쉬다	**вздохнуть** (쓰도흐누찌)
호흡하다; 빨아들이다; 토해내다	**вдохнуть** (프다흐누찌)
혹독하게, 잔인하게	**безжалостно** (베즈좔로쓰트나)
혹독한, 가혹한, 무자비한; ~ая кара 혹독한 징벌	**суровый** (수로브이)
혹독한, 잔인한	**безжалостный** (베즈좔로쓰트느이)
혹독한, 지독한, 무서운, 치명적인	**убийственный** (우비이쓰뜨벤느이)
혹서, 대서, 염서(炎暑)	**жарынь**

	(좌릐니)
혹시 ~되겠지	**авоська** (아뵈시까)
혹시 ~지나 않았는가 생각하다	**подозревать** (빠다즈레와찌)
혹은, 또는, ~이나—	**либо** (리바)
혹은, 또는; исегодня или завтра 오늘이나 내일	**или** (일리)
혹이 둘 있는 ~ верблюд 쌍봉낙타	**двугорбый** (드부고르브이)
혹한, 지독한 추위	**стужа** (스뚜좌)
혹해하는, 정신없는, 열중하는, (감정·병이) 뿌리 깊은	**заядлый** (자야들르이)
혼내다, 벌주다	**проучить** (쁘라우치찌)
혼돈(混沌), 혼란, 무질서, 대혼란혼란 상태, 난잡	**хаос** (하오쓰)
혼돈된, 무질서한, 질서가 없는	**хаотический, ~ный** (하오찌체쓰끼이)
혼동하다,~을 ~으로 잘못 생각하다	**смешать** (스메샤찌)
혼동하다, 뒤죽박죽으로 하다, 헛갈리게 하다,	**спутать[ся]** (스뿌따찌)
혼동으로 헛갈리게 하다, 잘못 알다	**смущать** (스무샤찌)
혼란(모순)에 빠지다, 앞뒤가 맞지 않다	**сбиться** (즈비쨔)
혼란(상태), 난잡, 어수선함, 뒤죽박죽	**ералаш** (예랄라쉬)
혼란, 혼동 혼잡, 뒤엉킴	**путаница, сумбур, замешательство** (뿌따니짜) (숨부르) (자메샤쩰쓰뜨붜)

혼란(混亂), 무질서(無秩序)	**анархия, расстройство** (아나르히야) (라쓰뜨로이쓰뜨붜)
혼란되다, 혼잡하다	**расстроиться** (라쓰뜨로이쨔)
혼란된, 갈피를 잡을 수 없는	**сумбурный** (숨보르느이)
혼란시키다. ~의 조직을 파괴(문란케) 하다	**разваливать[ся]** (라스왈리와찌)
혼란시키다, 질서를 문란케 하다	**расстроить** (라쓰뜨로이찌)
혼례, 결혼식. ~ обряд 결혼식, 혼인식	**свадебный** (스와제브느이)
혼례식(婚禮式), 결혼식	**бракосочетание** (브라깐싸체따니예)
혼성곡, 접속곡; (문학 등의) 잡집(雜集)	**попурри** (빠뿔리)
혼성의, 혼합된, 섞여진	**смешанный** (스메샨느이)
혼솔, 꿰맨 것을 뜯다, 풀다	**распороть** (라쓰빠로찌)
혼솔이 터지다; 처지다, 해지다	**разлезаться** (라슬레자쨔)
혼솔이 터지다, 뜯어지다	**распороться** (라쓰빠로쨔)
혼수(상태), 기면, 무기력, 활발치 못함; 무감각	**недомогание** (네다마가니예)
혼수상태, 알아차리지 못함	**забвение** (자브베니예)
혼자 말, 독백, 독언, 모놀로그(monologue)	**монолог** (마놀로그)
혼자 태어난, 독자의 ~ сын 외아들, 독자(獨子)	**единородный** (예지나로드느이)
혼자 힘으로, 스스로, 자신이. 자기를 위하여	**выговорить**

	(븨가뷔리찌)
혼자, 홀로, 홀몸, 홑몸, 단신(單身), 단독	**один одна одно одни** (아진), (아드나), (아드노), (아드니)
혼자[독신]의, 외로운, 고독한	**одиночный** (아진노츠느이)
혼잡(混雜), 난장판	**толчея** (딸췌야)
혼잡, 난잡; 뒤범벅; 주워모은 것; 동요	**окрошка** (아크로쓰카)
혼잡, 무질서, 난장판	**столпотворение** (스똘르뽀뜨붜레니예)
혼잡, 북새, 뒤범벅판	**сутолока** (수딸로까)
혼합(물); 잡기(雜記), 문집	**меланжевый** (멜란줴브이)
혼합(混合); 혼란(混亂), 혼동(混同)	**смешание перемешивание** (스메샤니예) (뻬레메쉬와니예)
혼합기(混合機), 교반기	**миксер сместитель** (미크쎄르) (스메쓰찌쩰)
혼합되다	**раствориться** (라쓰뜨붜리쨔)
혼합된, 뒤섞인, 합친, 한데 섞인	**разношёрстный** (라스나숄쓰뜨느이)
혼합사료, 배합사료	**месиво** (메씨붜)
혼합주, 혼합음료	**коктейль** (깍테일)
혼합하다, 섞(이)다. 섯다, 혼화하다; 첨가하다	**перемесить** (뻬레메씨찌)
혼합하다; 혼란시키다, 뒤섞어 놓다	**перевирать** (뻬레비라찌)
혼합하여 이기다(개다)	**растворить** (라쓰뜨붜리찌)

홀, (호텔. 극장의) 로비, 입구 방, (정거장의) 플랫폼	**тамбур** (땀부르)
홀, 집회장, 거실(居室), 현관, 로비	**холл** (홀르)
홀, 집회장, 오락실	**палата** (빨라따)
홀, 회의장; актовый ~(대)강당	**зал** (잘)
홀로 지내기 좋아하는, 숨어사는, 사교성이 없는	**замкнутый** (잠끄누뜨이)
홀리다, 유혹하다	**завлекать** (자블레까찌)
홀린 듯이, 정신없이 바라보다	**заглядываться** (자글랴즤와쨔)
홀시(경시, 멸시) 하다	**третировать** (뜨레찌로와찌)
홀시, 무관심(無關心)	**презрение** (쁘레즈레니에)
홀아비	**вдовец** (프다볘쯔)
홀아비(홀어미)로 되다	**овдоветь** (아브다볘찌)
홀짝이다, 홀짝홀짝 마시다.	**отпить** (앗삐찌)
홈(문지방. 레코드판의); 바퀴자국 밑홈, 은촉홈	**шпунт** (쉬뿐트)
홈, 골	**борозда** (보로즈다)
홈, 바퀴자국(활자의), 밑홈	**шпунтование** (쉬뿐또와니에)
홈, 우묵한 곳	**выемка** (븨엠까)
홈, 자리, 구멍, 꽂는[끼우는] 구멍, 가늘고 긴 구멍	**гнездо**

홈; 바퀴 자국 (활자의) 밑홈, 세로 홈, 둥근 홈	(гнездо) (그네즈도) **желобок** (젤로보크)
홈대패	**шпунтубель** (쉬뿐뚜벨리)
홈스펀의, 손으로 짠	**домашний** (다마쉬니이)
홈을 파다[내다], 은촉의 홈을 내다	**шпунтовать** (쉬뿐또와찌)
홉, 홉 열매	**хмель** (흐멜)
홍당무(우), 당근(唐根), 홍나복(紅羅蔔)	**морковь** (마르꼬비)
홍반(紅斑).	**эритема**(-тэ-) (에리쩨마)
홍보석, 홍옥(紅玉), 루비	**рубин** (루빈)
홍보석의, 선홍색의	**рубиновый** (루비노브이)
홍역(紅疫), 마진(痲疹), 홍진(紅疹), 진양(疹恙)	**корь** (꼬리)
홍조(紅潮), 홍안(紅顔), 붉은 빛	**румянец** (루먀네쯔)
홍조가 떠오르다	**румяниться** (루먀니쨔)
홍조를 띤, 붉은	**румяный** (루먀느이)
홍콩(Hong Kong) 향항(香港); 빅토리아	**Гонконг** (곤꼰그)
홍피증(紅皮症)	**эритродермия** (에리뜨로젤미야)
홑눈 [안점(眼點)]이 있는; 눈알 무늬가 있는.	**пятнистый** (뺏니쓰띠이)

홑이불, 시트, 여름이불	**простыня** (쁘로쓰뜨냐)
화가 나서 속이 부글부글(지글지글)끓다	**шипеть, прошипеть** (쉬뻬찌) (쁘로쉬뻬찌)
화가 나서, 성이 나서, 결이 나서	**раздражённо** (라스드라죤나)
화가, 미술가	**художник** (후도즈니크)
화가, 페인트공, 칠장이, 도장공	**живописец** (쥐붜삐쎄쯔)
화강암(花崗巖), 화강석, 쑥돌	**гранит** (그라니트)
화강암의, 화강암과 같은, 화강암으로 된	**гранитный** (그라니뜨느이)
화급, 황급; 경솔	**осадить** (아싸지찌)
화나게 하다, 약 올리다	**злить** (즐리찌)
화란(禍乱) 사람들, 네들란드 사람들	**голландцы** (갈란드쯰)
화려체(華麗體), 미사여구	**евфуизм** (예브푸이즘)
화려한 것, 광휘로운 것, 영채	**блеск** (블레쓰크)
화려한, 광휘로운, 뛰어난	**блестящий** (블레쓰쨔쉬이)
화려한, 몸단장을 잘한, 멋진	**нарядный** (나랴드느이)
화려한, 호화로운, 휘황한	**великолепный** (볠리까레쁘느이)
화려한, 푹신푹신(폭신폭신)한, 보드라운	**пышный** (쁴쓰늬이)
화력, 사격; ~ая точка 화점	**огневой**

	(아그네보이)
화력무기, 총포의	**огнестрельный** (아그네스뜨렐리느이)
화력발전소	**теплоэлектростанция** (쩨쁠로엘레끄로쓰딴찌야)
화로, 난로, 러시아식 난로, 앞의 작은 대	**шесток** (쉐쓰또크)
화로, 놋갓장이, 풍로, 종자건조용통	**жаровня** (좌로브냐)
화를 내고, 홧김에	**сгоряча** (즈고랴차)
화를 내다, 짜증을 부리다, 역증을 내다	**злиться** (즐리짜)
화를 잘 내는 사람, 괴팍한 사람	**злюка, злючка** (즐류까), (즈류츠까)
화목, 의좋은 것; жить в ~у 의좋게 살다	**лад** (라드)
화목하지 못한, 사이가 좋지 못한	**недружный** (네드루즈느이)
화목하지 않는, 불화한	**несогласный** (네쏘글라쓰느이)
화물 운송, 화물순환, 짐나르기	**грузооборот** (그루조오보로트)
화물목록, 화물인도증, 짐 보냄 표, 송장	**накладная** (나끌라드나야)
화물의; ~ый поезд 화물열차	**товарный** (따와르느이)
화물자동차(자동하차식)	**самосвал** (싸모쓰왈)
화물자동차의 유개차체	**фургон** (푸르곤)
화법(話法), 서술법 части речи (언어) 품사	**речь** (레치)

화부, 보일러공	**кочегар** (까체가르)
화산(火山), 분화산(噴火山)	**вулкан** (불깐)
화산의, 화산 같은	**вулканический** (불까니체쓰끼이)
화살, 살, 시(矢)	**стрела** (스뜨렐라)
화살나무, 귀전우(鬼箭羽), 위모, 혼전우(魂箭羽)	**бересклет** (베레쓰클렛트)
화살대, 화살, 활 모양의 것	**дуга** (두가)
화상(부스럼)의 상처자국, 흉터(마음의) 상처(傷處),	**шрам** (쉬람)
화성, 형혹성(熒惑星), 마르스(Mars)	**Марс** (마르쓰)
화성; 선율; 완전 협화음; (악기·음성의) 음역(音域)	**диапазон** (지아빠존)
화성학자, 화성, 해조(諧調) 전문가;	**Гармонист** (가르마니스트)
화실, 미술 제작실	**ателье** (아뗄이예)
화약(火藥), 초약	**порох** (뽀로흐)
화약의; склад(погреб) 화약고	**пороховой** (빠로호보이)
화염방사기	**огнемёт** (아그네묘트)
화요일(火曜日)	**вторник** (프또르니크)
화음(和音), 협화음 화성(和聲);	**гармония, аккорд** (가르모니야) (아크꼬르트)
화음(화성)되다	**спеться**

- 1638 -

(스뻬짜)

화장(목욕·머리 쪽지기도 포함하는 몸단장); 옷맵시	**туалетный** (뚜알레뜨느이)
화장, 몸단장; 의상, 옷	**туалетный** (뚜알레뜨느이)
화장실의, 세면소의, 변소의	**туалетный** (뚜알레뜨느이)
화장장(火葬場), 화장터	**крематорий** (크레마또리이)
화장품, 안료(顔料)	**косметика** (까쓰메찌까)
화재(火災), (붙는)불, 불, 화난(火難), 화변(火變),	**пожар** (빠좌르)
화재당한 사람, 화재 이재민	**погорелец** (빠고레츠)
화재를 당하다	**погореть** (빠고레찌)
화재의, 불의, 화재를 끄기 위한;	**пожарный** (빠좌르느이-)
화전의, 개간지의 ~ое земледелие 화전농사,	**подсечный** (빧쎄츠느이)
화제의; 제목의, 논제의, 원칙적인;	**злободневный** (즐로보드네브느이)
화판(꽃잎)이 많은	**махровый** (마흐로브이)
화폐 따위의 유통(流通), 통용(通用)	**хождение** (하즈제니에)
화폐(유가증권 등의) 가치, 액면	**достоинство** (다쓰또인쓰뜨붜)
화폐(貨幣), 통화(通貨)	**валюта** (왈류따)
화폐개혁(貨幣改革)	**девальвация** (제왈와찌야)

화폐의, 금전(상)의; 금융의, 재정(상)의	**монетный** (마녜뜨느이)
화폐의, 통화의	**валютный** (왈류뜨느이)
화포, 화폭	**холст** (홀쓰트)
화폭(畵幅), 그림	**полотно** (빨로트노)
화학 유독물, 농약(제초, 살충제)	**ядохимикаты** (야도히미까뜨이)
화학(금속)의 정화(정제, 정류, 정선)하다	**очищать** (아치샤찌)
화학(化學), 화학적 성질, 화학 작용	**химия** (히미야)
화학요법	**химиотерапия** (히미오쩨라찌야)
화학의 동위원소(수소(水素) 1H와 중(重)수소 2H·3H)	**изотоп** (이조또쁘)
화학의, 화학상의; 화학용의; 화학적인	**химический** (히미체쓰끼이)
화학적 분해	**сгорание** (즈고라니예)
화학적 분해를 하다, 분해되다	**сгорать** (즈고라찌)
화학제품, 약품화학문전문가, 화학자(化學者)	**химик** (히미크)
화학제품, 약품	**химикалии, ~ты** (히미깔리이)(~띄)
화학화(化學化)	**химизация** (히미자찌야)
화합되다	**соединяться** (싸예지냐짜)
화합물(化合物)	**соединение**

	(싸예지녜니예)
화합하다	**соединять** (싸예지냐찌)
화해 пойти на ~ю 화해하다	**мировая** (미로와야)
화해(융화)할 수 없는. 비타협적인	**непримиримый** (네쁘리미리므이)
화해시키다, 사화시키다	**примирить** (쁘리미리찌)
화해시키다, 사화시키다	**согласовываться, помирить[ся]** (싸글라쏘븨와짜) (빠미리찌)(쨔)
화해(절충.중재)시키다, 알선(조정)하다	**сближать[ся],мирить** (즈블리좌찌) (미리찌)
화해하다, 사화하다	**примириться** (쁘리미리쨔)
화해하다, 화목해지다	**мириться** (미리쨔)
화환(花環), 꽃다발; 화륜(花輪), 화관(花冠)	**венок** (붸노크)
확 타오르다, 불이확붙다, 발화하다	**вспыхивать** (프쓰쁴히와찌)
확고 부동한, 고정된,(신념 등) 불변의	**выдержанный** (븨졔르좐느이)
확고 부동한, 굳은, 단단한, 튼튼한, 견고한,	**неколебимый** (네깔레비므이)
확고부동한, 깨뜨릴 수 없는	**нерушимый незыблимый** (네루쉬므이) (네즥블리므이)
확고하게	**крепко** (크레쁘까)
확고한, 견고한	**фундаментальный** (푼다멘딸느이)
확대(확장)하다	**распространять** (라쓰쁘라쓰드라냐찌)

- 1641 -

확대, 확장, 신장, 발전 영토확장팽창	. экспансия (엑쓰빤씨야)
확대, 확장, 증대; 팽창(膨脹)	расширение (라쓰쉬례니예)
확대경(擴大鏡)	лупа (루빠)
확대되다, 늘어지다	растянуться (라쓰쨔누쟈)
확대의, 한껏 뻗친 [펼친], 넓어지는;	расширенный (라쓰쉬롄느이)
확대하다; 크게 보이게 하다	приближать[ся] (쁘리블리좌찌)
확률(確率) 도수, 공산(公算), 이항분포(二項分布),	вероятность (붸라야뜨노쓰찌)
확립	утверджение (우뜨볠드줴니에)
확립되다	утвердиться (우뜨볠지쨔)
확립하다	утвердить (우뜨볠지찌)
확보하다, 고정시키다	закреплять (자크레쁠랴찌)
확산 (잔용), 펴짐	диффузия (지프푸지야)
확성기, 고성기(高聲器)	репродуктор, громкоговоритель (레쁘로둑따르) (그롬꼬고뵈리쩰)
확신성, 신념성, 믿음성	убеждённость (우베쥬죤노쓰찌)
확신, 신심, 신념, 믿음	вера, убеждение (붸라) (우베쥬제니에)
확신성 있게, 확신하게끔, 믿을만하게	убедительно (우베지쩰나)
확신시키다, 납득 시키다	убеждать

	(우베쥐다찌)
확신시키다, 믿게하다, 설득하다	**уверять** (우베랴찌)
확신하다, 납득하다	**убеждаться** (우베쥐다쨔)
확실성, 정확성, 진실성	**верность** (뷔르노쓰찌)
확실한, 정확한, 진실한	**доподлинный** (다빠들린느이)
확실한, 확인(확증, 확립)된, 기정의	**установленный** (우쓰따노블렌느이)
확실히 하다, 확증하다, ~이 옳음을 증명하다.	**подтверждать[ся]** (빧뜨벨즈다찌)
확실히, 과연 정말, 뭐라고(뭐니 뭐니)해도, 어쨌든	**же** (줴)
확실히, 꼭; 의심없이, 반드시, (윤곽.한계가) 뚜렷한; 명확한	**уж** (우쥐)
확실히, 절대적으로. 적극적으로, 단호히	**положительно** (빨로쥐쩰나)
확연하게, 명백하게; 두드러지게, 외면(상)으로,	**очевидно** (아체비드나)
확인(공중)하다	**свидетельствовать** (스비졔쩰쓰뜨붜와찌)
확인(확정)하다, 검증하다	**констатировать** (깐쓰따찌라와찌)
확인(확증, 실증)하다	**подтвердить** (빧뜨베르지찌)
확인, 확증, 확거(確據), 실증(實證), 명증, 명징	**подтверждение** (빧뜨벨즈졔니예)
확인(확증. 실증)하다	**удостовериться** (우다쓰또붸리쨔)
확정(규정)하다	**определять** (아쁘례졜랴찌)

확정적으로, 명확하게, 똑똑히	**определённо** (아쁘레젤**ён**나)
확정치 않은, 드리없는, 막연한, 애매한	**неопределённый** (네아쁘레젤**ён**느이)
확정하지 않은 것, 막연한 것, 불명확성	**неопределённость** (네아쁘레젤**ён**노쓰찌)
확증(확인)하다, 밝혀내다	**установить** (우쓰따노븨찌)
확증(확인, 실증)되다	**подвердиться** (빤드벨지쨔)
확증, 확인; ~ факта 사실의 확인	**установление** (우쓰따노블레니에)
환(環), 환면(環面), 환체(環體), 원, 원형	**круг, кольцо** (크루그) (깔쪼)
환각(幻覺), 착각(錯覺)	**галлюцинация** (갈류찌나찌야)
환각, 눈앞에 떠오르다, (아물거리다) 상상되다	**мерещиться** (메레쉬쨔)
환경, 분위기; окружающая ~ 주위환경	**среда** (스레다)
환경, 주위의 사람들	**окружение** (아크루줴니에)
환경에서; ~ при сильном ветре 세찬 바람이 부는데서	**при** (쁘리)
환관, 내시, 고자, 거세된 남자	**евнух** (예브누흐)
환기구의 ~ая печь *метал.* 수갱노; 환기[바람]구멍	**шахтный** (샤흐뜨느이)
환기장치(換氣裝置)	**вентиляция** (벤찔랴찌야)
환기창, 환기구	**форточка** (포르또츠까)
환담하다, 대작하다, 교제하다, 친해지다	**якшаться**

	(약샤짜)
환등판, 환등용 그림	**диапозитив** (지아빠지찌프)
환등필림	**слайд** (슬라이드)
환부의 전이(轉移) 옮김, 파급(波及)	**метастаз** (메따쓰따즈)
환산, 계산(하기), 계산(의 결과); 셈; 계산법.	**пересчёт** (뻬레쓰쵸트)
환산하다, (많은 것을, 모두) 세다, 계산하다	**пересчитать** (뻬레쓰치따찌)
환상(몽상)에 잠기다, 공상하다	**фантазировать** (판따지로와찌)
환상, 몽상, 공상	**мечта, фантазия** (메즈따)(판따지야)
환상, 생각이 ~에로 달리다	**унестись фантастика** (우네쓰찌시)(판따쓰찌까)
환상곡	**фантазия** (판따지야)
환상에 잠기다, 허공에 떠 돌다	**витать** (뷔따찌)
환상작가, 공상과학 소설작가	**фантаст** (판따쓰트)
환상적인, 가상적인	**призрачный** (쁘리즈라치늬이)
환상적인, 몽환(공상)적인, 기상천외의	**фантастический** (판따쓰찌체쓰끼이)
환식의, 환상의	**циклический** (찌끌리체쓰끼이)
환약, 알약, 작은 알약	**пилюля** (삘류랴)
환영(幻影), 유령(幽靈); 환상(幻想), 망상(妄想)	**призрак** (쁘리즈라크)

- 1645 -

환영, 환대; 환영의 인사	**приём** (쁘리욤)
환영곡; сыграть ~ 환영곡을 올리다	**туш** (뚜스)
환영하는	**приветственный** (쁘리볱쓰뜨볜느이)
환영회, 리셉션. 응접, 접대	**приём** (쁘리욤)
환원장치; 환원제	**редуктор** (레둑똘)
환원하다(deoxidize); ~에 수소를 첨가하다	**восстановить** (바쓰따나뷔찌)
환자(患者), 병자(病者)	**пациент** (빠치엔트)
환자(患者), 병자(病者);	**больной** (발노이)
환치(換置), 전위; 이동	**сдвиг** (즈드비그)
환희(歡喜), 환호(歡呼);	**ликование** (리까와니에)
환희, 황홀(恍惚), 감탄(感歎);	**восторг** (바쓰또르그)
환희에 넘치다, 환호하다, 기뻐 날뛰다	**ликовать** (리까와찌)
환희에 싸이다, 황홀해하다, 감탄하다	**восторгаться** (바쓰또르가쨔)
환희에 찬 (넘친), 감복하는, 열광적인;	**восторженный** (바쓰또르젠느이)
환희에 휩싸인	**торжествующий** (따르줴쓰뜨부유쉬이)
활 모양으로 구부리다 불거지다, 등을 웅크리다	**горбиться** (가르비쨔)
활, 궁(弓)	**лук**

(룩)

활강. 내리받이 ~ спорт 산악 스키 경기	**горнолыжный** (가르놀릐즈느이)
활개를 쩍 벌리고 눕다, 팔다리를 쭉 펴고 눕다	**раскидываться** (라쓰끼듸와쨔)
활공기(滑空機), 글라이더(glider)	**планёр** (쁠라뇰)
활공기 조종사, 활공기 비행사	**планерист** (쁠라네리쓰트)
활공술, 활공기조종술	**планеризм** (쁠라네리즘)
활기 띠게 하다, 용기를 북돋아주다,	**окрылить окрылять** (아크릴리찌), (아크릴랴찌)
활기(생기)있게, 힘차게, 싱싱하게; 활기차게	**оживлённо** (아쥐블룐나)
활기(원기)를 띠다, 활발해지다, 소생하게 하다	**оживляться** (아쥐블랴쨔)
활기, 생기, 부활 원기	**жизненность, оживление** (쥐즈넨노쓰찌) (아쥐블레니예)
활기, 생기, 활동(성취)하다	**жизнь** (쥐즈니)
활기를 띠게 하다, ~에 생기를[생명을] 주다;	**оживить[ся]** (아쥐비찌)
활기를 띠게 하다, 기운을 돋우다, 생기를 주다	**оживить[ся]** (아쥐비찌)
활기를 띠다, 기세가 오르다	**воодушевляться** (바아두쉐브랴쨔)
활기를 띠다, 타오르다	**воспламеняться** (바쓰쁠라메냐쨔)
활동 등을 (일시) 중지(중단)하다	**консервировать** (깐세르비로와찌)
활동(근무 등) 연한; трудовой ~ 노동연한	**стаж** (스따즈)

- 1647 -

활동, 작업, 존재의 조건, 상태	**режим** (레짐)
활동, 행동, 효능, 효력, 효과; 감화(력)	**действие** (제이쓰뜨비에)
활동, 활약; 행동, 사업; 업무	**деятельность** (제애쩰노쓰찌)
활동·작품의 서투른, 어설픈, 무능한, 잘 되지 않은	дела **швах** (쉬와흐)
활동가(活動家)	**деятель** (제애쩰)
활동능력; 에너지, 활동력	**дееспособность** (제에스빠쏘브노쓰찌)
활동무대, (활동의) 분야, 활동범위; (연구의) 방면	**нива** (니바)
활동분야(分野), 활동무대	**поприще** (빠쁘리쉐)
활동의, 운영상의, ~ая армия 전방군인	**действующий** (제이쓰뜨부유쉬이)
활동적, 생활적	**живой** (쥐보이)
활동적, 정력적, ~ человек 정력적인 사람	**энергичный** (에네르기츠느이)
활동적인 당원, 활동하는 당원, 당열성자회의	**партактив** (빠르딱찌프)
활동적인, 활동하는, 일하는. 능률적인,	**распорядительный** (라쓰빠랴지쩰느이)
활동적인, 활발한, 정력적인	**деятельный** (제애쩰느이)
활동주의(活動主義)	**энергетизм** (에네르게찌즘)
활동하지 않다, 움직이지 않다	**бездействовать** (볘즈데이쓰트붜와지)
활발, 생기 넘침, 활기, 활발히, 힘차게, 생기 있게	**живо**

(쥐뷔)

활발하지 못한, 생기가 없는, 둔한, 완만한;	**инертный** (이네르뜨느이)
활상, 소링(글라이더로 상승 기류를 이용하여 나는 것).	**парение** (빠레니예)
활석(滑石), 곱돌. 탤크(talc)	**тальк** (딸리크)
활성(活性)(화학)	**активность** (악찌프노쓰찌)
활성화, 움직이는	**активированный** (악찌뷔지로완느이)
활엽수림, 잎이 우거진 숲	**дубрава** (두브라와)
활용[변화]시키다; (동사가) 활용[변화]하다	**спрягать** (스쁘랴가찌)
활자 케이스	**шрифт-касса** (쉬리프트-까싸)
활자(자체)의, 인쇄할 문자의	**шрифтовой** (쉬리프또보이)
활자, 인쇄된 글씨체, 활자의 크기 인쇄할 문자	**шрифт** (쉬리프트)
활자, 자체; 인쇄할 문자; 인쇄된 글씨체; 활자의 크기	**печать** (뻬차찌)
활자를 다시 짜다; 다시 식자하다	**перебирать** (뻬레비라찌)
활자모형, 지형	**матрица** (마뜨리짜)
활자주조의	**шлифтолитейный** (쉬리프똘리쩨이느이)
활짝 열리다, 개방되다	**распахнуться** (라쓰빠흐누짜)
활짝 열어놓다, 젖히다, 개방하다	**распахивать** (라쓰빠히와찌)

활짝 핀; 한창인; 청춘의; 젊디젊은	**цветущий** (쯔볘뚜쉬이)
활활 불타다	**полыхать** (빨릐하찌)
활활 타오르다; 불타다	**пылать** (쁼라찌)
황달, 황달병, 달병(疸病), 달기(疸氣), 달증(疸症),	**желтуха** (쩰뚜하)
황달의, 황달에 걸린, 황달치료에 쓰는	**желтушный** (쩰뚜스늬이)
황당 무게한 것, 허튼소리, 어리석은 말	**галиматья** (갈리마쨔)
황당한 일, 부질없는 소리, 가소로운 것	**абсурд** (압쑤르트)
황마(黃麻), 주트(jute) 마닐라삼	**джут** (주트)
황무지, 초원, 목초지	**нива** (니바)
황무지, 황야, 불모지, 박토(薄土)	**пустошь** (뿌쓰또씨)
황새, 관(鸛), 관조(鸛鳥), 백관	**аист** (아이쓰트)
황색 부리가 있는, 노란 부리 모양의	**желторотый** (쩰또로뜨이)
황색안료(黃色顔料)	**шитгельб** (쉬뜨겔리프)
황색토(黃色土)	**желтозём** (쩰또죰)
황색토, 석간주, 대자, 자석고, 자토, 주토, 적토, 토주	**охра**](아흐라)
황색피부, 살갗이 누런.	**желтокожий** (쩨르또꼬쥐이)
황소	**бык**

- 1650 -

회담, 협의, 의논	заседание (자쎼다니예)
회답, 대답, 대응(對應)	ответный (아트볜느이)
회로, 궤도; ~тока전류회로	цепь (쩨삐)
회목(檜木)	лодыжка (라듸즈까)
회반죽 공사, 회반죽	штукатурить (쉬뚜까뚜리찌)
회반죽	штукатурка (쉬뚜까뚤까)
회반죽 바르기(공사), 석고 세공 고약 붙이기	оштукатурить (아쉬뚜까뚜리찌)
회반죽 바르기(의), 회반죽공사, 석고세공(의)	штукатурканый (쉬뚜까뚤깐늬)
회반죽 공사, 석고 세공 고약 붙이기	оштукатурканый (쉬뚜까뚤깐늬)
회반죽 바르기(공사), 석고 세공,	штукатурить, оштукатурить (쉬뚜까뚜리찌) (아쉬뚜까뚜리찌)
회반죽을(모르타르.회를)바르다	штукатурить, оштукатурить (쉬뚜까뚜리찌)
회반죽을 바르다, (페인트를) 칠하다	заштукатурить (자쉬뚜까뚜리찌)
회반죽을[모르타르를] 바르다	оштукатурить (아쉬뚜까뚜리찌)
회복(완쾌)되다, 정상화되다	оправляться (아쁘라블랴짜)
회복, 복구; 경기 회복, (병의) 쾌유; (병의) 회복	поправка (빠쁘랍까)
회복; 복귀, 컴백	возвращение (바즈브라쉐니에)
회복하다, (건강이) 회복(개선)되다	поправиться

- 1654 -

	(빅크)
황소(거세한 수소)	буйвол (부이볼)
황소의 눈, 표적의 중앙점; 수부의 댄스 이름	яблочко (야블로츠까)
황소의 눈, 표적의 중앙점	яблочко (야블로츠까)
황야, 무인지경, 황폐하게 내버려 둔 곳	пустыня (뿌쓰뜨냐)
황야, 황무지, 사막, 미개지, 사람이 살지 않는 땅	дичь (지치)
황어(黃魚 잉어과의 하나)	язь (야지)
황여새, 노랑연새, 와람(蝸藍)	свиристель (스비리쓰쩰)
황옥(黃玉), 토파즈	топаз (따빠즈)
황제(皇帝), 차르, 러시아 황제	царь (짜리)
황제, 제왕, 동(서)로마 황제	император (임뻬라따르)
황제기(皇帝旗), 군기(軍旗)	эстандарт (에쓰딴다르트)
황제의 수염, 입술 밑의 작은 삼각수염	эспаньолка (에쓰빠니올까)
황제의, 국왕의, 제왕의; 국왕다운	царский (짜르쓰끼이)
황제제도,(특히 제정 러시아 황제의) 독재(전제)정치	царизм (짜리즘)
황창포, 창포꽃 당창포, 글라디올러스(gladiolus)	шпажник (쉬빠즈닉)
황철광(黃鐵鑛), 누렁철광, 황화(黃化) 철광	пирит (삐리트)

- 1651 -

황폐, 황량한 것	запустение (자뿌쓰쪠니예)	핵 몸을 피하다, 살짝 비키다	петлять обводить об (뻬뜰랴찌)(아볘지찌)(압뼤
황폐하게 하다, 폐허로 만들다, 없애버리다	опустошать (아뿌쓰또샤찌)	회계 검사관	экзе (에크제꾸
황폐하게 함; 유린, 황폐 (상태); 참화, 참해	разруха (라즈루하)	회계를 마치다, 청산하다	расквит (라쓰크비
황폐해지다	вымирать, глохнуть (븨미라찌)(글로흐누찌)	회계연도	отчё (앗쵸
황폐화 된 ~ая земля 황폐화된 땅	заброшенный (자브로쉔늬이)	회계원, 부기(簿記), 경리	бух (부
황폐화, 공허하게 만드는 것	опустошение (아뿌쓰또쉐니예)	회고적인, 지난날(과거)의 것을 서술하는	ретроспект (레뜨로쓰뼤꾸
황폐화하는, 파멸적인	опустошительный (아뿌쓰또쉬쩰늬이)	회교 사원, 교회당, 교회	
황혼, 어스름, 땅거미, 종말	сумерки (수몌르끼)	회교(의), 이슬람교도(의), 이슬람교의,	мусульм (무쓸ㅁ
황홀, 광희(狂喜)	бред (브레드)	회교경전, 코란(Koran)	
황홀케 하는, 매혹적인, 매력적인	обворожительный (압뷔라쥐쩰늬이)	회교도, 마호메트교도, 이슬람교	мусул
황홀케 하다, 감탄케 하다, 매혹케 하다	восхищать (바쓰히샤찌)	회교도의 머리수건	
황홀케 하다, 매혹시키다	пленять[ся] (쁠례냐찌)	회교법전(回敎法典)	
황홀하게 하다	восхитить (바쓰히찌찌)	회귀선; ~ Рака(Козерога) 북(남) 회귀선	
황홀한, 무아지경에 빠진	экстатический (엑쓰따찌체쓰끼이)	회귀성(回歸性)의	
황홀한, 감탄을 자아내는, 매혹적인	восхитительный (바쓰히찌쩰늬이)	회귀한, 들도 없는	ун (
황홀해지다, 감탄하다, 탄복하다, 매혹되다	восхищаться (바쓰히샤짜)	회담(會談); 담판(談判)	п (
황화물	сульфид		

	(븨크)
황소(거세한 수소)	**буйвол** (부이볼)
황소의 눈, 표 적의 중앙점; 수부의 댄스 이름	**яблочко** (야블로츠까)
황소의 눈, 표적의 중앙점	**яблочко** (야블로츠까)
황야, 무인지경, 황폐하게 내버려 둔 곳	**пустыня** (뿌쓰뜨냐)
황야, 황무지, 사막, 미개지, 사람이 살지 않는 땅	**дичь** (지치)
황어(黃魚 잉어과의 하나)	**язь** (야지)
황여새, 노랑연새, 와람(蝸藍)	**свиристель** (스비리쓰쩰)
황옥(黃玉), 토파즈	**топаз** (따빠즈)
황제(皇帝), 차르, 러시아 황제	**царь** (짜리)
황제, 제왕, 동(서)로마 황제	**император** (임뻬라따르)
황제기(皇帝旗), 군기(軍旗)	**эстандарт** (에쓰딴다르트)
황제의 수염, 입술 밑의 작은 삼각수염	**эспаньолка** (에쓰빠니올까)
황제의, 국왕의, 제왕의; 국왕다운	**царский** (짜르쓰끼이)
황제제도, (특히 제정 러시아 황제의) 독재(전제)정치	**царизм** (짜리즘)
황창포, 창포꽃 당창포, 글라디올러스(gladiolus)	**шпажник** (쉬빠즈닉)
황철광(黃鐵鑛), 누렁철광, 황화(黃化) 철광	**пирит** (삐리트)

- 1651 -

황폐, 황량한 것	**запустение** (자뿌쓰쩨니예)
황폐하게 하다, 폐허로 만들다, 없애버리다	**опустошать** (아뿌쓰또샤찌)
황폐하게 함; 유린, 황폐 (상태); 참화, 참해	**разруха** (라즈루하)
황폐해지다	**вымирать, глохнуть** (븨미라찌)(글로흐누찌)
황폐화 된 ~ая земля 황폐화된 땅	**заброшенный** (자브로쉔느이)
황폐화, 공허하게 만드는 것	**опустошение** (아뿌쓰또쉐니예)
황폐화하는, 파멸적인	**опустошительный** (아뿌쓰또쉬쩰느이)
황혼, 어스름, 땅거미, 종말	**сумерки** (수메르끼)
황홀, 광희(狂喜)	**бред** (브례드)
황홀케 하는, 매혹적인, 매력적인	**обворожительный** (압붜라쥐쩰느이)
황홀케 하다, 감탄케 하다, 매혹케 하다	**восхищать** (바쓰히샤찌)
황홀케 하다, 매혹시키다	**пленять[ся]** (쁠레냐찌)
황홀하게 하다	**восхитить** (바쓰히찌찌)
황홀한, 무아지경에 빠진	**экстатический** (엑쓰따찌체스끼이)
황홀한, 감탄을 자아내는, 매혹적인	**восхитительный** (바쓰히찌쩰느이)
황홀해지다, 감탄하다, 탄복하다, 매혹되다	**восхищаться** (바쓰히샤짜)
황화물	**сульфид**

	(술피드)
홱 몸을 피하다, 살짝 비키다	**петлять обводить обвести** (뼤뜰랴찌)(아볘지찌)(압뼤씨찌)
회계 검사관	**экзекутор** (에크제꾸따르)
회계를 마치다, 청산하다	**расквитаться** (라쓰크비따쨔)
회계연도	**отчётный** (앗쵸트느이)
회계원, 부기(簿記), 경리	**бухгалтер** (부갈쩨르)
회고적인, 지난날(과거)의 것을 서술하는	**ретроспективный** (레뜨로쓰뼤끄찌브느이)
회교 사원, 교회당, 교회	**мечеть** (메체찌)
회교(의), 이슬람교도(의), 이슬람교의,	**мусульманский** (무쑬만쓰끼이)
회교경전, 코란(Koran)	**коран** (까란)
회교도, 마호메트교도, 이슬람교	**мусульманин** (무쑬만인)
회교도의 머리수건	**чалма** (찰르마)
회교법전(回敎法典)	**шариат** (샤리앝)
회귀선; ~ Рака(Козерога) 북(남) 회귀선	**тропик** (뜨로찌크)
회귀성(回歸性)의	**разовый** (라조브이)
회귀한, 들도 없는	**уникальный** (우니깔느이)
회담(會談); 담판(談判)	**переговоры** (뼤레가보릐)

회담, 협의, 의논	**заседание** (자쎄다니예)
회답, 대답, 대응(對應)	**ответный** (아트볫느이)
회로, 궤도; ~ тока전류회로	**цепь** (쩨삐)
회목(檜木)	**лодыжка** (라듸즈까)
회반죽 공사, 회반죽	**штукатурить** (쉬뚜까뚜리찌)
회반죽	**штукатурка** (쉬뚜까뚤까)
회반죽 바르기(공사), 석고 세공 고약 붙이기,	**оштукатурить** (아쉬뚜까뚜리찌)
회반죽 바르기(의), 회반죽공사, 석고세공(의)	**штукатурканый** (쉬뚜까뚤깐늬)
회반죽 공사, 석고 세공 고약 붙이기	**оштукатурканый** (아쉬뚜까뚤깐늬)
회반죽 바르기(공사), 석고 세공,	**штукатурить, оштукатурить** (쉬뚜까뚜리찌) (아쉬뚜까뚜리찌)
회반죽을(모르타르.회를)바르다	**штукатурить, оштукатурить** (쉬뚜까뚜리찌)
회반죽을 바르다, (페인트를) 칠하다	**заштукатурить** (자쉬뚜까뚜리찌)
회반죽을[모르타르를] 바르다	**оштукатурить** (아쉬뚜까뚜리찌)
회복(완쾌)되다, 정상화되다	**оправляться** (아쁘라블랴쨔)
회복, 복구; 경기 회복, (병의) 쾌유; (병의) 회복	**поправка** (빠쁘랍까)
회복; 복귀, 컴백	**возвращение** (바즈브라쉐니에)
회복하다, (건강이) 회복(개선)되다	**поправиться**

	(빠쁘라비짜)
회사(會社), 상사(商事)	**фирма** (피르마)
회사, 상사(商事)	**компания** (깜빠니야)
회상(回想), 추억, 회고(回顧);	**воспоминание** (바쓰뽀미나니에)
회상, 회람, 회칙, 동문통달	**энциклика** (엔찌클리까)
회상기, 회상록(回想錄)	**мемуары** (메무아릐)
회상기, 회상담	**воспоминание** (바쓰뽀미나니에)
회상(상기)하다, 생각해내다, (일을) 생각나게 하다	**припоминать** (쁘리뽀미나찌)
회상(추억)하다, 기억(생각)이 나다	**вспоминать, помянуть** (프쓰빠미나찌)(빠먀누찌)
회색의, 재빛의, 뽀얀, 부잇한	**серый** (쎄릐이)
회색토끼	**русак** (루싸크)
회송(전송)하다; 보내다,(짐을) 발송하다	**переправляться** (뻬레쁘라블랴짜)
회순, 회의진행절차	**регламент** (레글라멘뜨)
회염연골, 후두개(喉頭蓋)	**эпиглоттис** (에삐글로뜨찌쓰)
회오리바람, 돌개바람, 선풍	**вихрь** (뷔흐리)
회오리바람, 회리바람; 소소리바람	**смерч** (스메르츠)
회원 자격(지위), 회원(구성원)임	**членский** (츨롄쓰끼이)

- 1655 -

회유; 달램, 위무; 화해, 조정	**примирение, соглашательство** (쁘리미레니예)(싸글라샤쩰쓰뜨뷔)
회유한 인물(사물)	**\феномен** (페노멘)
회의, 대회 등의 소집	**созыв** (싸즤프)
회의, 대회, 대표자회	**конференция** (깐폐롄찌야)
회의, 모임, 집회, 회합	**собрание, заседание** (싸브라니예)(자쎄다니예)
회의, 집회; 강령회(降靈會), 교령회(交靈會)	**сеанс** (쎄안쓰)
회의를 하다	**заседать** (자쎄다찌)
회의실, 회의장	**конференц-зал** (깐폐롄쯔-잘)
회의의 서기	**секреториат** (쎼크레또리아트)
회전(回轉), 돌리는 (도는)것, 빙빙 도는 것; 선회	**вращение** (브라쉐니에)
회전(回轉), 방향전환(方向轉換) 급변(急變), 전환	**поворот** (빠뷔로트)
회전, 돌림, 돌아감; 선회, 회전운동 공전, 자전	**оборот** (아바로트)
회전, 선회; 전향	**токарный** (따까르늬이)
회전, 순환	**кругооборот** (크루고오보로트)
회전, 회전식	**вращательный** (브라샤쩰느이)
회전[선회, 윤전]하는; 회전식의	**карусельный** (까루쎌느이)
회전목마, 회전그네	**карусель**

	(까루셀)
회전식등사기	**ротатор** (라따따르)
회전의, 전환의; 급변의	**поворотный** (빠뷔롤ㄴ이)
회전(교대.순환)하다, 회전(교대.순환)시키다	**раскручивать** (라쓰크루치와찌)
회중(會衆); 집단; 집합, 집회; 집합물; 회합	**семейство** (쎄몌이쓰뜨뷔)
회중석, 군중석, 관중석, 청중석	**шеелит** (쉐엘릴)
회초리, 매, 종아리채	**шелеп** (쉘렙)
회피, 기피, 도피	**уклонение избежание** (우클로녜니에)(이즈볘좌니예)
회피적으로, 솔직하게 못 하게	**неопределённо** (네아쁘레젤론나)
회피적으로, 솔직하지 못한	**неопределённый** (네아쁘레젤론느이)
회피적인, 애매한; ~ответ 솔직하지 못한 대답	**уклончивый** (우클로치브이)
회피하다; ~от ответа 대답을회피하다	**уклоняться** (우클로냐쨔)
회화; 일상용어	**разговорный** (라스고볼느이)
회화집	**разговорник** (라스고볼니크)
획기적인, 중대한; ~ое событие 획기적인 사변	**эпохальный** (에뽀할느이)
획득물, 구입품(購入品)	**приобретение** (쁘리옵레쩨니예)
획득자, 구매자, 수매자(원), 수매일군	**заготовитель** (자고또비쩰)

획득하다 ~을 얻다	**стяжка** (스쨔쥐까)
획득하다, 얻다, 손에 넣다, 조달하다	**добывающий,добыть** (다븨와유쉬이)(다븨찌)
흰 머리칼, 백발, 흰털	**седина** (쎼지나)
횡경막, 가로막처짐, 격막, 막	**диафрагма** (지아프라그마)
횡단(판통)하다	**прорезать** (쁘라레자찌)
횡단, 도항(渡航). 수송, 운반, 여행, 도항	**переход** (뻬레호드)
횡단, 도항(渡航). 수송, 운반, 여행, 항해	**переправа** (뻬레쁘라와)
횡령 범인,(공금) 소비[착복]자	**растратчик** (라쓰뜨라뜨칙)
횡령(橫領), 약취	**присвоение** (쁘리쓰붜예니에)
횡령자, 약탈자	**хищник** (히쉬니크)
횡설수설.	**бред** (브레드)
횡설수설하여 몹시 골이 나; 확 달아올라	**изнасиловать** (이즈나씨라와찌)
횡좌표(橫座標)	**абсцисса** (압쓰찌싸)
횡포성(橫暴性), 난폭, 사악(肆惡), 횡학(橫虐)	**дикость** (지까쓰찌)
효과 없는, 능률이 오르지 않는; 무능한,	**неспособный** (네쓰빠쏩느이)
효과, (법률 등의) 영향,(약의) 효능, 효력	**эффект** (에펙트)
효과, 결과효력; ~ резонанса 공명 상태	**явление**

	(야블레니에)
효과가 있다, 영향을 주다	**действовать** (제이쓰뜨붜와찌)
효과가 적은	**малопродуктивный** (말라쁘로두크찌브느이)
효과를 내다, 효력을 내다	**помогать** (빠모가찌)
효과를 내지 못하다, 성공 못하다	**осечка** (아쎼츠까)
효과적으로, 능률높이	**продуктивно** (쁘라둑찌브나)
효력(효과)이 없는	**недействительный** (네제이쓰뜨비쩰느이)
효력, 효능	**сила** (씰라)
효모, 누룩, 곡자, 주매 이스트, 효모(酵母), 이스트균.	**дрожжи** (드로즈쥐)
효소(酵素), 뜸씨, 뜸팡이, 엔자임(enzyme)	**фермент** (페르멘트)
효소(酵素), 뜸씨, 뜸팡이, 엔자임(enzyme)	**энзим** (엔짐)
효율, 능률, 능력, 유능, 유효성[도]	**отдача** (아트다차)
효율, 능률, 효과성, 능력, 유능, 유효성[도]	**эффективность** (에펙찌브노쓰찌)
후(後)에, 다음에, 차차(次次); (какой, где, когда, куда 등의 뒤에 놓여서 의혹, 멸시감을 표시)	**там** (땀)
후각(嗅覺), (사람의) 센스, 직각력	**нюх** (뉴흐)
후각; орган ~я 후각기관	**обоняние** (아바냐니예)
후견(後見), 보호(保護)	**опека** (아뻬까)

- 1659 -

후견; 후견인의 의무(직무)	**опекунство** (아뻬꾼쓰뜨붜)
후견인(後見人)	**опекун** (아뻬꾼)
후견하다, 보호하다, 보살펴주다	**опекать** (아뻬까찌)
후과(後果), 후에 나타나는 효과(효력)	**последствие** (빠쓸레드스뜨비예)
후두두 뿌리는 비[눈]. 보슬보슬내리는 비	**крапать** (크라빠찌)
후두염, 후두 카타르	**ларингит** (라닌기트)
후드득거리며 타다	**одряхлеть** (아드랴흘레찌)
후려갈기다, 쳐부수다,~을 치다, 때리다	**смазать** (스마자찌)
후려갈기다, 쳐부수다; (볼을) 치다, 강타하다,	**избить** (이즈비찌)
후려치다, 갈기다, 채찍질[매질]하다, 때려눕다	**стегать** (스쪠가찌)
후렴(後斂), 후념(後念), 리프레인(refrain)	**припев** (쁘리뻬프)
후로 떨어져나가다, 고독하게 되다, 은거하다	**уединиться, ~яться** (우에지니쨔)(우에지니랴쨔)
후리그물	**сачок** (싸쵸크)
후림새로 낚아(꾀어) 들이다	**прикармливать** (쁘리까르믈리와찌)
후방의; ~ые части 후방부대	**тыловой** (뜔로보이)
후보, 입후보자	**кандидатура** (깐지다뚜라)
후보자; 지원자, 지망자, 응모자, 지원자, 출원자	**кандидат**

	(깐지다트)
후비다, 우비다, 쑤시다	**ковырять** (까브랴찌)
후생설, 후성설, 점성설	**эпигенез** (에삐게네즈)
후세에 전하는 것	**увековечение** (우붸꼬뷔체니에)
후손들(後孫), 자손들(子孫)	**внуки** (브누끼)
후송기지(後送基地)	(*эвакуационный пункт*)эп (에뻬)
후송병원(後送病院)	**эвакогоспиталь** (에와꼬고쓰삐딸)
후송의 эвакуация ~ пункт 대피 센터	**эвакуационный** (에와꾸아찌온느이)
후에 가서, 아래에, 후에, 다음에	**после, ниже** (뽀쓸레) (니줴)
후원자의, 후원하는	**шефский** (쉐프쓰끼이)
후치사(後置詞), 뒤에 두기	**послелог** (빠쓸레록)
후퇴(퇴각, 퇴진)하다	**отходить** (앗하디찌)
후퇴, 퇴각, 퇴거; 퇴각 신호, 후진, 퇴보	**отступление** (앗쓰뚜쁠레니예)
후퇴, 철수, 철퇴, 철병, 벗어남, 탈선, 일탈	**отход** (앗호드)
후투티, 오디새, 대승(戴勝), 대임(戴鵀)	**удод** (우다드)
후하게 대하다, 후해지다, 손이 크게 행동하다	**расщедриться** (라쓰쉐드리쨔)
후하게, 너그럽게	**щедро** (쉐드로)

- 1661 -

후회(後悔), 참회(懺悔), 참; 참세(懺洗); 고백(告白)	**покаяние** (빠까야니예)
후회하다, 유감으로 생각하다, 분해하다	**раскаяться** (라쓰까야쨔)
회개하다 (과실·죄를) 고백(자백)하다, 실토하다	**покаяться** (빠까야쨔)
혹 불기(부는 소리), 한 번 획 불기	**клуб, дуновение** (클룹) (두나볘니에)
훈계(訓戒), 훈고, 훈유	**мораль** (마랄)
훈계, 설교, 설법, 강론, 잔소리	**нравоучение** (느라뷔우체니예)
훈계(충고.권고.교화)하다, 타이르다, 깨우치다	**наставлять** (나쓰따블랴찌)
훈련(교육)을 받지 못한	**необученный** (네아부첸느이)
훈련, 교육, 수업, 교수	**учение** (우체니에)
훈련, 길들이기, 트레이닝, 단련, 교련,	**дрессировка** (드레씨로브까)
훈련, 준비(정도), 솜씨	**выучка** (븨우츠까)
훈련병(訓練兵) 막사(幕舍)	**экзерциргаус** (에크제르찌르가우쓰)
훈련생(군사복무 전에 군사훈련을 받는 청장년)	**допризывник** (다쁘리즤브니크)
훈련소, 엄중히 가르치다, 훈련하다	**школить** (쉬꼴리찌)
훈련시키다	**тренировать** (뜨레니로와찌)
훈련을 받다	**тренироваться** (뜨레니로와쨔)
훈련이 없는, 수련이 부족한; 수양이 없는	**расхлябанный**

	(라쓰흘랴반느이)
훈련이 없는, 미숙한; 규율이 없는	**недисциплинированный** (네지쓰찌블리니로완느이)
훈련자, 코치, 길들이는 사람, 트레이너	**дрессировщик** (드레씨로브쉬크)
훈련지도원, 조마사, 조교사; (경기 등의) 지도자	**тренер** (뜨레네르)
훈련하다	**экзерцировать** (에크제르찌로와찌)
훈령(훈시)하다, 지시를 주다	**инструктировать** (인쓰뜨루끄찌로와찌)
훈령, 훈시, 지령 교훈	**инструктаж, назидание** (인쓰뜨루끄따쥐)(나지다니에)
훈시, 설교; 견책	**нотация** (나따찌야)
훈시자, 스승	**наставник** (나쓰따브니크)
훈시적인, 교훈적인; ~ пример 교훈적인 실례	**назидательный** (나지다쩰느이)
훈장, 표훈, 훈패	**орден** (오르젠)
훈장의, 수훈의, 훈패의	**орденский** (오르젠쓰끼이)
훈제식품	**копчёности** (꼬쁘쵸노쓰찌)
훈제품, 훈제 식품	**копчение** (꼬쁘체니예)
훌륭하게, 가상하게	**прекрасно** (쁘레크라쓰나)
훌륭하게, 제간 있게	**сильно** (씰나)
훌륭한 [뛰어나게] 아름다운, 황홀한	**чудесный** (추제쓰느이)

훌륭한, 놀랄만치 아름다운;~ая погода 훌륭한 날씨	**чудный** (추드느이)
훌륭한, 멋진. 전적인, 완전한; 정말의, 진짜의	**записной** (자삐쓰노이)
훌륭한, 아주 좋은, 마음에 드는	**славный замечательный** (슬라브느이)(자메차쩰느이)
훌륭한, 존경할 만한, 가치 있는, 유덕한,	**достойный** (다쓰또이느이)
훌륭한, 특출한, 뛰어난	**отличный** (알틀리츠느이)
훌륭하게, 우수하게	**превосходно** (쁘레뷔쓰호드나)
훌쩍훌쩍 우는 사람	**нытик** (늬찌크)
훑어 보다, 눈여겨보다	**просмотреть** (쁘라쓰모뜨레찌)
훑어보다, 돌아보다, 살펴보다	**оглядывать** (아글랴드와찌)
훑어보다. 빠뜨리고 보다, 못보고 놓치다;	**проглядеть** (쁘라글랴제찌)
훔쳐가다, 털어가다, 도적하다	**обворовать обворовывать** (압뷔로와찌), (옵뷔로븨와찌)
훔치다, 도적질하다	**украсть** (우크라쓰찌)
훔쳐가다, 털어가다, 도적하다	**обокрасть, увозить** (아바끄라쓰찌) (우바지찌)
훔쳐내는 것, 횡령, 절취	**расхищение** (라쓰히쉐니예)
훔쳐쓰다, 따쓰다, 표절하다	**списать** (스삐싸찌)
훔치기, 도적질, 절도(竊盜)	**кража** (크라좌)
훔치다, 납치(약탈, 탈취)하다	**похитить, похищать**

	(빠히찌찌), (빠히샤찌)
훔치다, 도적질하다	**красть, тянуть** (크라쓰찌) (쨰누찌)
훔치다, 도적질해가다	**стащить** (스따쉬찌)
훔치다, 속여서 빼앗다	**утаивать, утаить** (우따이와찌) (우따이찌)
훔친, 도적맞은	**краденый** (크라제느이)
휘휘소리를 내다	**свистеть** (스비쓰쩨찌)
휘휘하는 소리	**свист** (스비쓰트)
훤하게 비치다; 빛을 뿌리다	**светиться** (스베찌쨔)
훤히 밝다, 밝아오다	**брезжить** (브레즈지찌)
훨씬 더, 대단히 많이	**намного** (나므노가)
훨씬 더 많은, 다량(多量)의, 많은, 여려	**много** (므노가)
훨씬 앞서다(경주·경마에서); (~을) 능가하다	**перегнать** (뻬레그나찌)
훨씬 전에, 옛적에, 벌써, 이미 오래전에, 아주 먼 옛날	**ещё** (예쇼)
훨씬, 매우, 크게, 단연	**гораздо** (가라즈다)
휘감다, 두르다, 처매다	**обматывать** (아브마뜨와찌)
휘날리다, 나붓기다, 펄럭이다	**развеваться** (라스볘와쨔)
휘넓은, 광활한, 광범위한	**обширный** (압쉬르느이)

휘다, 구부러뜨리다	**погнуть** (빠그누찌)
휘다, 구부리다, 기울어지다	**покоситься** (빠꼬씨쨔)
휘다, 굽어들다	**прогнуться** (쁘라그누쨔)
휘다, 굽혀지다	**пригибаться** (쁘리기바쨔)
휘다, 처지다, 축 늘어지다, 내려앉다, 굽다, 기울다	**провисать** (쁘라비싸찌)
휘다, 비끼(게 하)다, 빗나가(게 하)다, 편향(偏向)하다	**провиснуть** (쁘라비씨누찌)
휘다, 휘어들다, 휘어지다, 구부러지다	**гнуться** (그누쨔)
휘돌다, 빙글빙글 돌다, 돌아가다, 감돌다	**кружиться** (크루쥐쨔)
휘돌다, 핑(빙글)돌다, 회전하다	**крутиться** (크루찌쨔)
휘두르기, 스윙	**мах** (마흐)
휘두르다, 휘젓다	**размахивать** (라스마히와찌)
휘발(증발, 기화)하다	**улетучиваться** (울레뚜치와쨔)
휘발성의; 폭발하기 쉬운(물질).	**летучий** (레뚜치이)
휘발유(揮發油) 가솔린(gasoline), 휘발성(揮發性) 기름	**бензин** (벤진)
휘발유차, 가솔린(휘발유) 탱크, 탱크 로리(lorry)	**бензовоз** (벤조보즈)
휘발유통(탱크), 가솔린(휘발유) 탱크	**бензобак** (벤조박)
휘어 뜨리다	**пригибать**

	(쁘리기바찌)
휘어드는 것, 연약성, 탄력성	**гибкость** (깁까쓰찌)
휘어진, 옆으로 탄	**косой** (까쏘이)
휘우뚱거리다, 비뚤어지다, 기울어지다	**коситься** (까씨쨔)
휘장, 메달, 상패, 기념패	**жетон** (졔똔)
휘장, 장막	**полог** (뽈록)
휘장, 창가림	**портьера** (빠르띠에라)
휘장으로 가리다, ~에 (장)막을 치다	**занавесить** (자나볘씨찌)
휘장을 치려고 끌어당기다, 가리다, 잡아당기다	**задёргивать** (자죠르기와찌)
휘젓다	**шевырять** (쉐브래찌)
휘젓다, 뒤섞다	**болтать помешать** (발따찌)(빠메샤찌)
휘파람 (휘파람을 방불케하는) 새소리	**свист** (스비쓰트)
휘파람으로 놀려대다(조소하다)	**освистать** (아쓰뷔쓰따찌)
휘바람으로 쉿쉿 야유하여 (무대에서) 퇴장시키다	**освистывать** (옷빗찌와찌)
휘파람을 불다, 훠훠소리를 내다	**посвистывать** (빠쓰비쓰띄와찌)
휜 곳, 비뚤어진 곳	**кривизна** (크리비즈나)
휠체어. (보행 부자유자용(用)의) 바퀴 달린 의자	**коляска** (깔랴쓰까)

휩싸다, 휘둘러 싸다, 감싸다	**обдавать, обдать** (압다바찌), (옵다찌)
휩싸다, 휩쓸다, 사로잡다	**охватить, охватывать** (아흐와찌찌), (아흐와띄와찌)
휩싸다; (어떤 감정 등) 사로잡다	**обуять** (아부야찌)
휩싸이다, 둘러싸이다	**приходить** (쁘리호지찌)
휩싸인	**объятный** (아비야트느이)
휩쓸려 들어가다, 북새통에 슬그머니 끼어들다	**смешаться** (스메샤쨔)
휴가 받은 사람	**отпускник** (앗뿌쓰크니크)
휴가, 휴일, 축(제)일, 버케이션(vacation)	**отпуск** (올뿌쓰크)
휴가의	**каникулярный отпускной** (깐이꿀랼느이)(앗뿌쓰크노이)
휴가철의 ~ая местность 피서지	**дачный** (다츠느이)
휴게실, 휴게복도	**кулуары** (꿀루아릐)
휴경[휴한]지, 놀리는 땅,	**залежные земли залежь** (잘레쥐늬예)(제미리) (잘레쥐)
휴대 식량, 하루치 식량	**паёк** (빠요크)
휴대용 반도체 라디오, 반도체 3극소자	**транзистор** (뜨란지쓰또르)
휴식(일·생각 중인) 사람을 방해하다;	**встревожить(ся)** (프쓰뜨레보쥐찌)
휴식(休息), 쉴 참, 몸살풀이	**отдых** (오트드흐)

- 1668 -

휴양객, 휴양자, 쉬는 사람	**отдыхающий** (아트드하유씨)
휴양소, 요양소	**здравница** (즈드라브니짜)
휴업[폐점]하다, (문·가게 따위를) 닫다	**закрыть(ся)** (자크릐찌)
휴지, 정지(靜止), 부동상태	**покой** (빠꼬이)
훌륭한, 놀랄만한, 불가사의한	**удивительный** (우지뷔젤느이)
흉계를 꾸미는 사람, 속이 검은 사람	**злоумышленник** (즐로우믜쉬렌니크)
흉계를 품은, 악의를 품은, 음흉한	**злонамеренный** (즐로나몌롄느이)
흉내 내다, 놀려주다, 골려주다	**передразнивать** (뻬례드라스니와찌)
흉내 내다; 가장하다	**подделываться** (빧젤리와쨔)
흉내낼 수(모방할 수) 없는, 유일무이한	**неподражаемый** (녜빠드라좌예므이)
흉벽(胸壁), 흉장(胸牆). (지붕·다리 등의) 난간	**парапет** (빠라뼅)
흉부, 품, 가슴 на ~e природы 자연의 품속에서	**лоно** (로나)
흉악한, 맹악한, 잔인한, 모진, 혹심한	**лютый** (류뜨이)
흉작(凶作), 흉황	**недород** (녜다로드)
흉작의, 낮은 수확(소출)	**неурожай** (녜우로좌이)
흉책(모략)을 꾸미다, 계략을 짜다	**интриговать** (인뜨리가와찌)
흉하게 생긴 사람, 흉물(凶物)	**урод**

(우로드)

흉한 꼴	**безобразие** (베조브라지예)
흉허물 없는, 스스럼없는, 친밀한	**панибратский** (빠니브랕쓰끼이)
흐느껴 울다, 목메어 울다, 통곡하다	**рыдать хныкать** (릐다찌)(흐니까찌)
흐느껴 울다, 흐느끼다	**зарыдать всхлипывать** (자릐다찌)(프쓰흘리쁴와찌)
흐늘흐늘 하는, 축 늘어진, 연약한; 무기력한,	**дряблый** (드랴블르이)
흐려지다, 윤기가 없어지다, 생기 없게 되다	**тускнеть** (뚜쓰크네찌)
흐려지다; 어둑해지다, (눈이) 흐려지다, 침침해지다	**мутнеть** (무뜨네찌)
흐르는; (액체가) 흘러나오는	**слезоточивый** (슬레조또치브이)
흐르는; 지나가는	**проточный** (쁘라또츠늬이)
흐르다(stream); 흘러나오다 쇄도하다, 밀어닥치다	**впасть** (프빠쓰찌)
흐르다, 흘러가다, 지나가다	**бежать** (베좌찌)
흐르다, 흘러나오다 흘러나가다[들다];	**затечь** (자쩨치)
흐르다, 흘러나오다, 흘러가다	**втечь, затекать, истечь** (프쩨치)(자쩨까찌)(이쓰쩨치)
흐르다, 흘러나오다, 새다, 새어나오다	**потечь** (빠쩨치)
흐르다,(세월이) 물 흐르듯 지나가다, 물결치게 하다	**приливать** (쁘릴리와찌)
흐르다, 흘러나오다; 흘러 지나가다(가다)	**протечь протекать** (쁘라쩨치)(쁘라쩨까찌)

흐르다; 풍기다	**струиться** (스뜨루이짜)
흐르다; 물 흐르듯 지나가다, 흘러가다.	**стечь, течь** (스쩨치)(쩨치)
흐르지 않는, 고인;~ая вода 고인물	**стоячий** (스따야치니)
흐르지 않는, 괴어 있는, 정제된	**непроточный** (네쁘라또츠느이)
흐름, 조류, 해류	**ток** (똑)
흐름, 흐름식 생산법	**поток** (빠똑)
흐름; верхнее ~е 상류; нижнее ~е 하류	**течение** (쪠체니예)
흐름으로 밀어 가져 오다, 충적시키다	**намывать** (나믜와찌)
흐름을 따라가다; 시류(時流)를 좇다	**спустить** (스뿌스찌찌)
흐리게 하다; 구름으로 덮다	**заволочь(ся)** (자볼로치)
흐리게, 희미(몽롱) 하게	**тускло** (뚜쓰클로)
흐리터분한	**муторный** (무똘느이)
흐린 것, 앙금, 물때	**муть** (무찌)
흐린, 구질구질한, 궂은; ~ая погода 궂은 날씨	**ненастный** (네나쓰뜨느이)
흐린, 우중충한, 혼탁한	**мутный** (무뜨느이)
흐린, 윤기가 없는	**тусклый** (뚜쓰클르이)
흐린, 음산한; 우울한, 침울한	**пасмурный, хмурый**

	(빠쓰무르느이)(흐무르이)
흐릿한, 멍청한, 몽롱한 것	**затмение** (자뜨몌니예)
흐릿해지다, 희미[아련]해지다; (색이) 바래다	**померкнуть** (빠몌르끄누찌)
흐릿해지다, 희미[아련]해지다; (색이) 바래다	**завянуть** (자뱌누찌)
흐릿해지다, 희미[아련]해지다; (색이) 바래다.	**поблёкнуть** (빠블룍누찌)
흐릿해지다, 희미[아련]해지다;	**слинять** (슬리냐찌)
흑 독수리,	**беркут** (볘르꾸트)
흑단(黑檀), 감(나무).	**хурма** (후르마)
흑단(黑檀), 인디언 감나무과의 상록수	**эбеновое дерево** (에볘노보예 졔례붜)
흑백의 ые фотографии 흑(백)색 사진	**чёрно-белый** (쵸르노-볠르이)
흑백의, ~ая лисица 흑갈색 여우	**черно-бурый**; (쵸르노-볘르이)
흑사병, 페스트(pest) 역병(疫病), 전염병, 악역(惡疫); 유행병	**чума** (추마)
흑연(黑鉛); 석묵(石墨)	**графит** (그라피트)
흑인, 검둥이, 깜둥이, 껌둥이, 니그로, 토인, 흑구자	**негр** (녜그르)
흑인의, 검둥이 같은, 깜둥이	**негритянский** (녜그리쨘쓰끼)
흑전기석(黑電氣石)	**шерл** (쉘르)
흑해 또는 우랄해에서 나는 청어와 비슷한 물고기	**шемая** (쉐마야)

흑해(黑海); ~ое побережье 흑해 연안	**черноморский** (쵸르노모르쓰끼이)
흔드는 것, 휘젓는 것;	**взмах** (쓰마흐)
흔들거리다, 너덜거리다	**мотаться** (마따쨔)
흔들거리다. 까끄라기를 떨어뜨리다	**шастанье** (샤쓰따니에)
흔들다, 내젓다, 휘두르다	**махать** (마하찌)
흔들다, 뒤흔들다, 쥐어(잡아)흔들다;	**трясти** (뜨랴쓰찌)
흔들다, 뒤흔들다. 흔들리다, 흔들거리다	**раскачивать, сотрясти** (라쓰까치와찌) (싸뜨랴쓰찌)
흔들다, 진동하다, 흔들어 움직이다, 진동시키다	**колебать** (깔레바찌)
흔들다, 털다, 들추다	**встряхивать** (프쓰뜨랴히와찌)
흔들다, 휘젓다;	**взмахивать, взмахнуть, вильнуть** (쓰마히와찌), (브즈마흐누찌)(빌리누찌)
흔들다, 흔들리게 하다, 설레게 하다	**всколыхнуть** (프쓰깔릐흐누찌)
흔들다, 흔들어 뒤섞다, 휘젓다	**взбалтывать** (프즈발띄와찌)
흔들다, 흔들어놓다;	**раскачать, качать** (라쓰까차찌)(까차찌)
흔들리게 하다, 줄어들게 하다	**расшатывать** (라쓰샤띄와찌)
흔들리게 하다, 펄럭이게 하다	**колыхать** (꼴릐하찌)
흔들리게(놀게)하다	**раскачать** (라쓰까차찌)
흔들리는 것	**тряска**

- 1673 -

	(뜨랴쓰까)
흔들리는,(걸음걸이가) 당당한, 활발한	**вперевалку** (프뻬레왈꾸)
흔들리는, 건들거리는;	**зыбкий** (직브끼이)
흔들리는, 불안정한, 견실치못한	**неустойчивый** (네우쓰또이치브이)
흔들리는, 비틀비틀하는, 흔들흔들하는, 불확실한	**шаток** (샤또크)
흔들리다, 기울어지다, 약해지다	**пошатнуться** (빠샽누짜)
흔들리다, 동요하다, 넘늘거리다	**качаться** (까차짜)
흔들리다, 떨다, 동요하다	**трястись** (뜨랴쓰찌시)
흔들리다, 떨다	**трепеть** (뜨레뻬찌)
흔들리다, 문란해지다, 뒤흔들리다, 파괴되다	**расшататься** (라쓰샤따짜)
흔들리다, 흔들거리다 너덜거리다	**болтаться** (발따짜)
흔들리다, 흔들거리다	**закачать(ся)** (자까차찌)
흔들리다, 흔들거리다, 놀다, 움직이다	**раскачаться** (라쓰까차짜)
흔들리다,(검·곤봉·채찍 등을) 휘두르다	**размахнуть[ся]** (라스마히누찌)
흔들리다, 흔들거리다; 진동하다.	**поворачивать[ся]** (빠붜라치와짜)
흔들리다, 흔들흔들하다, 동요하다	**колыхнуть(ся)** (꼴릐흐누찌)
흔들리다, 흔들흔들하다, 흔들리는,	**шатание** (샤따니에)

- 1674 -

흔들리다; (불길 등이)너울[가물]거리다,	**заколебаться** (자깔레와쨔)
흔들리다; 진동하다. 떨다, 덜덜[벌벌]떨다	**тряхнуть** (뜨랴흐누찌)
흔들리다; 흔들(비틀)거리다 진동하다	**колебаться, поколебать** (깔레바쨔) (빠꼴레와찌)
흔들리지 않는, 동요하지 않는;	**неколебимый** (네깔레비므이)
흔들리지 않는, 확고부동한, 불요불굴의,	**непоколебимый** (네빠깔레비므이)
흔들림, 진동	**качка** (까츠까)
흔들어 깨우다	**растолкать** (라쓰똘까찌)
흔들어 뒤섞다, 헐겁게 하다	**разболтать** (라스발따찌)
흔들어 떨어뜨리다, 후두둑(뚝뚝) 떨어지다	**сбивать** (즈비와찌)
흔들어 움직이다, 갓난아이를 어르다; 귀여워하다	**покачать[ся]** (빠까차찌)(쨔)
흔들어 움직이다, 진동시키다	**болтать** (발따찌)
흔들어 움직이다; 흔들다, 휘두르다	**махать** (마하찌)
흔들어 움직이다; 흔들다, 휘두르다.	**помахать** (빠마하찌),
흔들리다 파도[물결]치다, 파동[기복]하다.	**помахивать** (빠마히와찌)
흔들어 움직이다; 흔들다, 휘두르다.	**заколыхать(ся)** (자깔르하찌)
흔들어 일으키다, 흔들어 깨우다	**расталкивать** (라쓰딸끼와찌)
흔들어 재우다;	**укачать, укачивать**

	(우까차찌)
흔들어 털다	**перетряхивать** (뻬레뜨랴히와찌)
흔들어놓다	**расшатать, расшевелить** (라쓰샤따찌) (라쓰쉐볠리찌)
흔들어서 멀미나게(졸계)하다;	**укачать, укачивать** (우까차찌)
흔들이, 진동추, 떨개	**маятник** (마야뜨니크)
흔적도 없이, 온데간데없이, 종적없이	**бесследно** (베쓸례드나)
흔적을 남기다, 자국을 남기다	**отпечатывать** (앗뻬차띠와찌)
흔하지 않은, 보기 드문, 진귀한, 보통이 아닌	**редкостный** (례드꼬쓰뜨느이)
흔해빠진, 진부한, 케케묵은 낡아[흔해]빠진	**штампованный** (쉬땀뽀완느이)
흔히 볼 수 있는	**типичный** (찌삐츠느이)
흘겨보다, 가로보다	**коситься** (까씨쨔)
흘긋보다, 일별하다, 대강 훑어보다	**оглядеться заглянуть** (아글랴제쨔)(자글랴누찌)
흘긋[언뜻] 보다, 일별하다, 대강 훑어보다	**просматривать** (쁘라쓰마뜨리와찌)
흘래바지, 승마바지	**рейтузы** (레이뚜즈)
흘러 들어가다	**втечь** (프쩨치)
흘러 옮아가다, 흘러넘치다;	**переливаться** (뻬렐리와짜)
흘러(쏟아져)나오다;	**прыснуть** (쁘릐쓰누찌)

흘러나오다, 흘러내리다	**вытекать истекать** (븨쩨까찌)(이쓰쩨까찌)
흘러내리다, 흘러들다	**стекать, лить** (스쩨까찌) (리찌)
흘러내림, 유출, 배출	**сток** (스또크)
흘러드는 것, 충만	**прилив** (쁘릴리프)
흘러들다	**прилить, стекаться** (쁘릴리찌)(스쩨까쨔)
흘러들다, 스며들다, 고이다, 누설하다, 흘리다	**натечь** (나쩨치)
흘러들어가는 것(강물이)	**впадение** (프빠제니에)
흘러들어가다, 흘러들다	**вливаться, втекать** (블리와쨔) (프쩨까찌)
흘러들어오는 것; 지류(支流)	**приток** (쁘리똑)
흘레, 교접(交接), 교배, 교미	**скрещивание** (스크레쉬와니예)
흘레붙이다, 교접(교배.교미)시키다	**скрестить** (스크레스쓰찌찌)
흘려 갈겨 쓴	**скорописный** (스까로삐쓰느이)
흘리다, 쏟뜨리다	**разливать** (라슬리와찌)
흘린(글씨)체: писать ~ю 흘려쓰다	**скоропись** (스꼬로삐시)
흘수선(吃水線), 선체가 물에 잠기는 한계선.	**ватерлиния** (와뗄리니야)
흙, 땅, 토양, 토지, 대지(大地), 지면	**грунт** (그룬트)
흙, 땅, 토지, 토양;	**земля**

	(제믈랴)
흙의(으로), 토양의	**почвенный** (뽀츠벤느이)
흙벽이 있는, 흙벽으로 둘러싸인:	**глинобитный** (글리노비뜨느이)
흙을 보드랍게 하다	**рыхлить** (릐흘리찌)
흙을 부수어서 고르다	**шлейфовать** (쉴레이포와찌)
흙의, 흙으로 된	**земляной** (제믈랴노이)
흙이 많이 섞인; ~ цвет 흙색	**землистый** (제믈리쓰뜨이)
흙탕(물)을 튀기다	**шлёпнуться** (쉴료누짜)
흠(欠)잡을 데 없는, 결점없는	**безукоризненный** (베주까리즈녜느이)
흠모(欽慕), 공경(恭敬), 경건	**благоговение** (블라가가볘니예)
흠모하고[마음을 기울이고] 있는	**при** (쁘리)
흠뻑 적시다(축이다)	**промочить** (쁘라모치찌)
흠뻑 젖게 하다[적시다]; (물·피 따위에) 담그다	**вымачивать** (븨마치와찌)
흠뻑(실컷, 잘)마시다	**напиться** (나삐짜)
흠이 있는, 부족점이 있는, 결함이 있는	**дефектный** (제펙뜨느이)
흠잡다, 무턱대고 이의를 내세우다. 트집잡다	**прицепиться** (쁘리쩨삐짜)
흠점의, 과실의, 잘못의, 허물(결점, 결함)의, 흠	**недоделки** (녜다젤르끼)

흠집, 결함(缺陷), 과실, 잘못, 허물, 결함, 흠	**порок** (빠로크)
흡수하다, 빨아들이다 흡입하다.	**впитаться вобрать** (프삐따쨔)(바브라찌)
흡수하다, (마음을) 빼앗다, 몰두시키다, 열중시키다	**засосать** (자쏘싸찌)
흡수하다, 빨아들이다. 흡수하다, (충격을) 완화시키다	**всосать** (프쏘싸찌)
흡연자, 담배피우는 사람	**курящий** (꾸르야쉬이)
흡열효과(吸熱效果)	**эндоэффект** (엔다에프펙트)
흡입(법), 증기 요법.	**парообразование** (빠로옵라조와니예)
흡입, 흡입요법	**ингаляция** (인갈랴찌야)
흡족해하다, 흥겨워하다	**смаковать** (스마꼬와찌)
흡혈귀, 뱀파이어(vampire), 착취자, 흡혈마(吸血魔),	**пиявка** (삐얍까)
흡혈귀, 잔인무도한자	**кровопийца** (크로붜삐이짜)
흥미 없는, 재미없는,	**небезынтересный** (네베즨쩨레쓰느이)
흥미 있는, 마음을 끄는	**занимательный** (자니마쩰느이)
흥미(관심, 주의)를 끌다	**интересовать** (인쩨레쏘와찌)
흥미(호기심)을 일으키다(자아내다)	**интриговать** (인뜨리가와찌)
흥미(興味), 열중(熱中)	**влечение** (블레체니에)
흥미를 끄는 종목	**аттракцион**

	(아뜨락찌온)
흥미를 느끼다, ~에 관심을 가지다	**интересоваться** (인쩨레쏘와쨔)
흥분(興奮), 열기(熱氣)	**возбуждение** (바즈즈졔니에)
흥분, 격동, 감격	**подъём** (뽀욤)
흥분된, 격분한	**раздражённый** (라스드라죤느이)
흥분된, 발작적인	**нервный** (녜르브느이)
흥분된; 고상한, 격조 높은	**приподнятый** (쁘리뽇냐띄이)
흥분성의; 자극성의; 격려하는, 고무하는	**возбуждающий** (바즈부즈다유쉬이)
흥분시키는, 미묘한, 유혹적인	**пикантный** (삐깐뜨느이)
흥분시키는, 불안하게 하는, 격동적인; 감격적인,	**волнующий** (발누유쉬이)
흥분(격동)시키다, 고무(충동)하다	**зажигать, будоражить** (자쥐가찌)(부도라쥐찌)
흥분시키다, 격하게 하다 *см.* топить,	**истопить** (이쓰또삐찌)
흥분시키다, ~에 생기를 불어넣다	**подогреть[ся]** (빠다그례찌)
흥분시키다, 자극하다, 성적으로 흥분시키다	**волнующий** (발누유쉬이)
흥분(자극)하다	**возбудить** (바즈부디찌)
흥분제(興奮劑), 자극(물), 각성제	**допинг** (도삥그)
흥분하기 쉬운, 격하기 쉬운, 자극성 있는	**возбудимый** (바즈부지므이)

흥분하다, 자극하다	**возбудиться, возбуждаться** (바즈부디짜), (붜즈부즈다짜)
흥분하여 자제력을 잃은, 미친 듯한	**невменяемый** (네브메냐예므이)
흥분한 듯한 몸(손)짓, 몸(손)짓으로 말하기	**жестикуляция** (줴스찌꿀랴찌야)
흥분한, 격동된, 당황한	**взволнованный** (쓰발노완느이)
흥분한, 활발한; 성적으로 흥분한	**возбуждённый** (바즈부즈죤느이)
흥이 나는, 오락	**увеселительный** (우볘셸리쩰느이)
흥정하다	**торговаться** (따르고와짜)
흥청거림, 법석댐 법석대는 술잔치, 야단 법석	**запой** (자뽀이)
훔치다, 소매치기라다	**вытаскивать** (브따스끼와찌)
흩(뿌리)다	**брызгать** (브르지가찌)
흩날려버리다	**развеять** (라스볘야찌)
흩뜨리다, 방산(放散)시키다; (빛·열) 발산하다.	**распространить** (라쓰쁘라쓰뜨라니찌)
흩뜨리다, 어지르다, 어수선하게 하다	**засоряться** (자쏘랴짜)
흩뜨리다, 흩어지게 하다, 뿔뿔이 헤어지게 하다,	**рассеять** (라쓰쎼야찌)
흩뜨리다, 해산(분산.패주)시키다; 쫓아 버리다	**развеивать** (라스볘이와찌)
흩뿌리다, (~의 표면을) 온통 뒤덮다,	**обсыпаться** (압씌빠짜)
흩뿌리다, 산재시키다, 장식(裝飾)으로서 박아 넣다	**пересыпать**

	(뻬레쓰빠찌)
흩어져가다, 해산하다, 분산패주하다	**рассеиваться** (라쓰쎄이와쨔)
흩어진, 분산적인, 불일치한	**разрозненный** (라즈로스논느이)
희가극, 경가극, 오페레타	**оперетта** (아뻬레따)
희게 보이다. 희끗거리다	**белеть** (벨례찌)
희게 칠하는 것; 표백(表白)	**побелка** (빠벨까)
희게 칠하다, 회칠하다	**забеливать, белить** (자벨리와찌)(벨리찌)
희곡(작품), 각본(刻本), (음악) 소품, 소곡	**пьеса** (삐예싸)
희귀한 물품	**редкость** (레드꼬쓰찌)
희극 쟁이, 익살꾼	**комик** (까미크)
희극,	**комедия** (까메지야)
희극배우	**комик** (까미크)
희극영화	**кинокомедия** (끼노꼬메지야)
희극의, 희극연기자, 어릿광대, 익살꾼, 시골뜨기	**эксцентрик** (엑쓰쩬뜨리크)
희극의, 희극풍의, 익살스런, 우스운, 웃기는	**шуточный** (슈또츠느이)
희극의, 희극풍의, 희극적인, 우스운, 익살스러운	**комический** (까미체스끼이)
희랍정교	**православие** (쁘라보쓸라비예)

- 1682 -

희랍정교의, 동방 정교회 신자의	**православный** (쁘라보쓸랍느이)
희망 등이 사라지다, 없어지다	**разлетаться** (라슬레따쨔)
희망,(생각·희망의) 빛, 서광, 한 가닥의 광명	**просвет** (쁘라쓰볫)
희망(기대, 예언) 등이 실현되다	**оправдываться** (아쁘라브드와쨔)
희망, 기대; питать ~ 희망을 품다	**надежда** (나졔즈다)
희망, 소원, 소망, 바람, 욕구, 원망, 욕망, 동경, 갈망	**желание** (젤라니예)
희망을 걸다, 바라다, 기대하다	**надеяться** (나졔야쨔)
희망을 안기다(북돋아주다)	**обнадёживать обнадёжить** (압나죠쥐와찌), (옵나죠지찌)
희망이 없는, 절망적(絶望的)으로	**безнадежно** (볘즈나죠즈나)
희망이 없는, 절망적인	**безнадежный** (볘즈나죠즈느이)
희망자, 관계자, см. желать;	**желающий претендент** (젤라유쉬이) (쁘레젠젠트)
희미한, 막연한, 어렴풋한	**смутный** (스무뜨느이)
희미한, 생기 없는, 활기 없는	**бледный** (블례드느이)
희미한, 아리송, 아리송한	**призрачный** (쁘리즈라치늬이)
희박해지다, 적어지다	**редеть бледнеть** (레졔찌) (블레드녜찌)
희비극, 희극과 비극	**трагикомедия** (뜨라기꼬몌지야)
희사금(喜捨金), 기부금(寄附金)	**пожертвование**

	(빠젤뜨붜와니예)
희생(자), 피해자, 조난자 이재민(罹災民)	**пострадавший** (빠쓰뜨라다브쉬이)
희생, 산제물, 제물, 공물, 봉납(물); (교회에의) 헌금	**жертва** (젤뜨와)
희생의, 산 제물의 희생적인	**жертвенный** (젤뜨붼늬이)
희생자, 피해자, 조난자	**жертва** (젤뜨와)
희생하다, 제물로 바치다, (신에) 바치다(드리다)	**жертвовать** (줴르뜨붜와찌)
희생하다,(자선 사업에) 기증(기부)하다(주다)	**пожертвовать** (빠젤뜨붜와찌)
희어지다, 희게 되다	**побелеть** (빠벨레찌)
희어지다, 희슥희슥해 보이다	**белеть** (벨례찌)
희토류 원소(의 산화물).	**редкоземельный** (레드꼬제멜느이)
흰 칠을 하다, 희게 칠하다	**побелить** (빠벨리찌)
흰, 흰빛, 백색(白色)	**белый** (벨르이)
흰독말풀(가짓과의 한해살이풀) 만다라화(曼陀羅華).) 독말풀	**дурман** (두르만)
흰빛, 백색(白色)	**белизна** (벨리즈나)
흰빵, 빵 한 덩어리	**булка** (불까)
흰서리, 무빙(霧氷); ~ на стекле 서리꽃	**иней** (이녜이)
흰소리쟁이, 떠벌이	**крикун** (크리꾼)

흰자위(계란, 눈의)	**белок** (벨록)
흰피톨(알), 백혈구(白血球)	**лейкоцит** (레이까찌트)
횡취자, 절취자(竊取者)	**расхититель** (라쓰히찌쩰)
횡포무도한, 방종한 제멋대로 노는	**разнузданный** (라스누스단느이)
히말라야 삼목, 삼목; 삼목 비슷한 각종 나무	**туя** (뚜야)
히말라야 삼목, 삼목재, 인도마호가니	**кипарис** (끼빠리쓰)
히스테리 발광적인 (광신적인) 행동	**истерия** (이쓰쩨리야)
히스테리	**истерика** (이쓰쩨리까)
히스테리에 걸린, 히스테리적인, 발광적인	**истеричный** (이쓰쩨리츠느이)
힘(맥)이 빠지다, 기진맥진하다, 무기력해지다	**выдыхаться** (븨듸하쨔)
힘, 능력, 세력; 권력, 실력; 완력; 병력	**мочь** (모치)
힘: ~a тяжести 중력	**: сила** (씰라)
힘겨운 일	**хомут** (하무트)
힘겹게 옮겨가다, 자리를 옮기다	**перетащиться** (뻬레따쉬쨔)
힘껏 끌다, 질질 끌다; 무리하게 끌고 가다	**потаскать** (빠따쓰까찌)
힘드는, 곤란한; 분투적인, 끈기있는, 끈질긴,	**задор** (자도르)
힘든 것, 어려운 것	**трудность**

	(뜨루드노쓰찌)
힘살 근육(筋肉)	**мышца** (믜스짜)
힘살, 힘살(근육) 계통(조직)	**мускулатура** (무스꿀라뚜라)
힘써 씌우다, 억지로 입다(신다)	**напяливать напялить** (나뺘리와찌), (나뺘리찌)
힘에 겨운(벅찬, 넘친), 고된	**непосильный** (녜빠씰느이)
힘에 맞는	**посильный** (빠씰느이)
힘으로 눌러 버리다, 제압하다	**осилить** (아씰리찌)
힘을 주어 박아넣다, 들이박다	**загонять** (자고냐찌)
힘의; 동력의: ~ая установка 동력장치	**силовой** (씰로보이)
힘이 나다, 원기를(기운을) 내다	**приободриться** (쁘리오보드리쨔)
힘이 빠지다, 기진하다, 쇠약해지다	**обессилеть** (아베쓰씰레찌)
힘이 센, 강한, 억센: 심한, 큰	**сильный** (씰느이)
힘이 없는, 무력한, 무능한, 매우약한	**бессильный** (베씰리느이)
힘이 진하다, 맥이 빠지다, 허탈하다	**изнемогать** (이즈녜마가찌)
힘장사, 장골(長骨)	**силач** (씰라츠)
힘주어 말하다	**акцентировать** (악쩬찌로와찌)(미완, 완)
힘줄, 힘줄기, 근육(筋肉), 떡심	**жила** (쥘라)

- 1686 -

힘줄, 힘줄기, 심줄, 근육(筋肉) **сухожилие**
(수호쥘리예)

힘줄의, 건질의, 힘센, 힘찬, 힘줄 투성의, 강건한 **жилистый**
(쥘리쓰뜨이)

힘찬, 성성한 활기찬, 명랑한 **живой**
(쥐보이)

힘찬, 살아 있는 듯한. 활기(생기.원기)있는 **оживлённый**
(아쥐블똔느이)

힘찬, 성성한; 활기찬, 한창인; (장소가) 번화한 **одушевленный**
(아두쉐블똔느이)

한국어-러시아어 입문사전

초판 1쇄 인쇄 2013년 4월 20일
초판 1쇄 발생 2013년 4월 30일

편저자 M.안또니나, 바실리, G. 굴쇼다, 김춘식, 김경
발행인 서덕일
발행처 도서출판 문예림

등록   1962년7월12일 제 2-100호
주소   경기도 파주시 회동길 366 3층
전화   02) 499-1281~2
팩스   02) 499-1283
전자우편 info@moonyelim.com
홈페이지 www.moonyelim.com

ISBN 978-89-7482-694-9(13790)
정가 35,000원

* 잘못된 책은 구입하신 서점에서 교환해 드립니다.
* 저자와 협의에 의해 인지를 생략합니다.